1682 J.B.METZLER

Handbuch Wirtschaftsethik

Herausgegeben von
Michael S. Aßländer

Verlag J.B. Metzler
Stuttgart · Weimar

Der Herausgeber
Michael S. Aßländer ist Professor am Fachbereich Sozialwissenschaften am Internationalen Hochschulinstitut in Zittau.

Bibliografische Information der Deutschen Nationalbibliothek
Die Deutsche Nationalbibliothek verzeichnet diese Publikation in der Deutschen Nationalbibliografie; detaillierte bibliografische Daten sind im Internet über <http://dnb.d-nb.de> abrufbar.

Gedruckt auf säure- und chlorfreiem, alterungsbeständigem Papier

ISBN 978-3-476-02270-7

www.metzlerverlag.de
info@metzlerverlag.de

Einbandgestaltung: Willy Löffelhardt / Melanie Frasch
Satz: Typomedia GmbH, Ostfildern
Druck und Bindung: Kösel, Krugzell
www.koeselbuch.de
Printed in Germany
April 2011

Verlag J. B. Metzler Stuttgart · Weimar

I. Einleitung

Zahlreiche Unternehmensskandale, wie etwa um den US-amerikanischen Energiekonzern Enron, das italienische Milchimperium Parmalat oder den deutschen Technologiekonzern Siemens, und nicht zuletzt die Finanzmarkt- und Wirtschaftskrise der Jahre 2008/2009 haben auch in der breiteren Öffentlichkeit nicht unerheblich zur Popularität wirtschafts- und unternehmensethischer Themen beigetragen. Insbesondere in den Medien werden Fragen wie etwa nach der Moral einzelner Manager, nach der Standortreue von Unternehmen und ihrer Pflicht zum Erhalt von Arbeitsplätzen oder nach der Verantwortung der Unternehmen für die Herstellungsbedingungen bei ihren Zulieferbetrieben zumeist in sogenannten Niedriglohnländern tagesaktuell thematisiert. Diskutiert werden die Frage nach den ethischen und normativen Grundlagen des Wirtschaftens und der Moral der Wirtschaft insgesamt ebenso wie die Gründe für das Fehlverhalten einzelner Wirtschaftsakteure. Wohl kaum ein Themenbereich der Angewandten Ethik erfuhr innerhalb der letzten Jahre eine derartige öffentliche Resonanz wie die Wirtschafts- und Unternehmensethik. Unternehmerisches Handeln steht zunehmend im Rampenlicht des öffentlichen Interesses. Und dabei geht es längst nicht mehr ausschließlich um Fragen der ökonomischen Leistungsfähigkeit oder der betrieblichen Mitbestimmung. Zunehmend häufiger rückt vielmehr bei der Beurteilung unternehmerischer Aktivitäten die Frage nach der moralischen Integrität von Unternehmen in den Vordergrund. Die Aufmerksamkeit der kritischen Öffentlichkeit gilt den ökologischen und sozialen Problemen der Unternehmen ebenso, wie den Fragen fairer Produktions- und Geschäftsbedingungen. Fragwürdige Geschäftspraktiken einzelner Skandalunternehmen erschütterten dabei nicht nur das Vertrauen der Öffentlichkeit in diese Unternehmen und ihre Manager, sondern ließen auch die Selbststeuerungsmechanismen einer liberalen Marktwirtschaft selbst zunehmend fragwürdiger erscheinen.

Demgegenüber steht augenfällig die gestiegene Aufmerksamkeit, die Unternehmen dem Thema Wirtschafts- und Unternehmensethik entgegenbringen. Trotz der medial inszenierten pauschalen ›Managerschelte‹ und der, mitunter durchaus berechtigten, Skandalisierung der Geschäftspolitik einzelner Unternehmen hat die Frage nach der Wertorientierung und den normativen Grundlagen der Geschäftspolitik längst auch Einzug in die unternehmerische Praxis gehalten. Insbesondere unter den Schlagworten »Corporate Social Responsibility«, »Good Corporate Citizenship« oder auch »Soziale und ökologische Nachhaltigkeit« beginnen Unternehmen, nach Mitteln und Wegen zu suchen, derartigem Fehlverhalten entgegenzusteuern und das Vertrauen der Öffentlichkeit in unternehmerische Aktivitäten wieder herzustellen. Das Spektrum unternehmerischen Engagements in Sachen ›Ethik‹ reicht dabei von den Bemühungen, die eigene Geschäftspolitik gegenüber der Öffentlichkeit transparent und vergleichbar zu machen – etwa durch Standardisierung des Berichtswesens im Rahmen der sogenannten ›Global Reporting Initiative‹ –, über die Selbstverpflichtung der Unternehmen auf bestimmte Sozial- und Verhaltensstandards – wie sie derzeit etwa im Rahmen der ›ISO 26.000 – Guidance on Social Responsibility‹ der International Organization for Standardization formuliert werden –, bis hin zur aktiven Auseinandersetzung mit den durch das Unternehmenshandeln betroffenen Anspruchsgruppen im Rahmen sogenannter Stakeholder-Dialoge als festen Bestandteil der Corporate Social Responsibility-Politik von Unternehmen.

Mit ein Grund für die aktiven Bemühungen von Unternehmen, ihrer gesellschaftlichen Verantwortung innerhalb der eigenen Geschäftspolitik Rechnung zu tragen, dürften nicht zuletzt auch die Bemühungen zahlreicher nationaler wie internationaler Organisationen und politischer Gremien um die Stärkung unternehmerischen Verantwortungsbewusstseins sein. Zu den wohl bekanntesten Initiativen dieser Art zählt der von Kofi Annan, auf dem Weltwirtschaftsforum in Davos im Jahre 1999 ins Leben gerufene ›Global Compact‹, in dem der vormalige UN-Generalsekretär die Repräsentanten der Weltwirtschaft öffentlich dazu aufrief, gemeinsam Initiativen zu ergreifen, um die Globalisierung der Weltwirtschaft mit einem menschlichen Antlitz zu versehen. Die zehn Prinzipien des Global Compact, auf deren Einhaltung sich die unterzeichnenden Unternehmen freiwillig verpflichten, umfassen zentrale Grundwerte der menschlichen Gemeinschaft wie die Allgemeine Menschenrechtserklärung der Vereinten Nationen, die Deklaration der International Labour Organization über die fundamentalen Rechte der Arbeiter, die Rio-Deklaration der Vereinten Nationen über Umwelt und Entwicklung sowie das Übereinkommen der Vereinten Nationen gegen Korruption. Zwischenzeitlich haben sich dem Global Compact mehr als 7000 Unternehmen und Organisationen der Zivilgesellschaft und Wissenschaft angeschlossen und sich auf die Förderung der dort benannten Prinzipien verpflichtet.

Ein weiteres Beispiel für Verhaltensempfehlungen internationaler Organisationen sind die speziell an multinational tätige Unternehmen adressierten »OECD-Leitsätze für multinationale Unternehmen« der Organization for Economic Co-operation and Developmen (OECD), die im Jahr 1976 verabschiedet und im Jahr 2000 einer umfassenden Überarbeitung unterzogen wurden. Sie zählen neben dem UN Global Compact und den Kenarbeitsnormen der International Labour Organization zu den weltweit wichtigsten Standards für eine verantwortungsvolle Unternehmensführung und gelten für alle Unternehmen der OECD Mitgliedsstaaten sowie zwölf weitere Staaten, die die Richtlinien ebenfalls ratifiziert haben. Zu den Besonderheiten des Standards zählt es, dass sich die Unterzeichnerstaaten verpflichten, nationale Kontaktstellen einzurichten, bei denen Beschwerden gegen einzelne Unternehmen aufgrund von Verstößen gegen die Richtlinien eingereicht werden können, die seitens der nationalen Kontaktstellen überprüft werden.

Zu den für die Bundesrepublik Deutschland wohl wichtigsten Initiativen zählt die Initiierung des European Business Network for Social Cohesion im Jahr 1996 durch die Europäische Kommission, das vier Jahre später in das werbewirksamere ›CSR Europe‹ umfirmierte. Auf Grundlage der Arbeit von CSR Europe entstand 2001 das sogenannte Grünbuch »Europäische Rahmenbedingungen für die Soziale Verantwortung der Unternehmen«, in dem die Kommission eine eigene Definition der gesellschaftlichen Verantwortung von Unternehmen vorlegte, die sich im Wesentlichen an der Vorstellung einer ökologisch und sozial nachhaltigen Geschäftspolitik und dem Grundsatz der freiwilligen Selbstverpflichtung der Unternehmen orientiert. Auf dieser Grundlage wurde 2009 seitens des Bundesministeriums für Arbeit und Soziales ein eigenes CSR-Forum der Bundesregierung etabliert, dem neben Mitarbeitern der verschiedenen Ministerien auch Vertreter verschiedenster zivilgesellschaftlicher Organisationen, der Wissenschaft und der Wirtschaft angehören. Dieses Forum verfolgt derzeit die Arbeitsschwerpunkte: ›Gute Arbeit‹, ›Verbraucherinformation‹, ›Umwelt‹ und ›Globalisierung‹, die thematisch den jeweils zuständigen Ministerien zugeordnet sind.

Entsprechend dieser veränderten Rahmenbedingungen wundert es kaum, dass auch die akademische Diskussion um eine Wirtschafts- und Unternehmensethik den geänderten Verhältnissen Rechnung trägt. Galt die Beschäftigung mit den normativen Fragen des Wirtschaftens bis weit in die 1990er Jahre hinein an den bundesrepublikanischen Universitäten bestenfalls als ›Orchideenfach‹, waren es nicht zuletzt die Vorgaben aus der wirtschaftlichen Praxis und der Politik, die das Thema Wirtschafts- und Unternehmensethik auch an den Hochschulen zunehmend ›salonfähig‹ gemacht haben. Allerdings ist die Wirtschafts- und Unternehmensethik in Deutschland noch weit davon entfernt, sich als eigenständiges Fach an den Hochschulen zu etablieren und zum festen Bestandteil des Fächerkanons einer wirtschaftswissenschaftlichen Ausbildung zu werden, wenngleich die durch den sogenannten Bologna-Prozess initiierten Veränderungen der Hochschullandschaft die Integration wirtschafts- und unternehmensethischer Fragestellungen im Rahmen der hier eingeforderten sogenannten Schlüsselkompetenzen durchaus befördern.

Die Gründe für die bisher eher zurückhaltende Position der meisten deutschen Hochschulen gegenüber einem eigenständigen Fach Wirtschafts- und Unternehmensethik sind dabei unterschiedlichster Natur. So kann trotz der aktuell zu verzeichnenden Flut an Lehrbüchern und Übersichtswerken zur Wirtschafts- und Unternehmensethik, trotz einer gesteigerten Aufmerksamkeit der Studierenden und trotz der Vorgaben aus Politik und Wirtschaft von einer echten Akzeptanz der Wirtschafts- und Unternehmensethik innerhalb der ökonomischen Wissenschaften bis heute kaum gesprochen werden. Dies liegt nicht zuletzt in dem Umstand begründet, dass – im Gegensatz zu den etablierten Fächern des wirtschaftswissenschaftlichen Curriculums wie Marketing oder Controlling – bisher kein klares Ausbildungsprofil für Wirtschaftsethik existiert. Ebenso uneinheitlich wie die unterschiedlichen Labels, unter denen das Fach versucht, an den ökonomischen

Fakultäten Fuß zu fassen – das Spektrum reicht von Compliance und Corporate Governance über Corporate Social Responsibility und Stakeholder-Management bis hin zu Nachhaltigkeit und Umweltmanagement – gestalten sich denn auch die inhaltlichen Schwerpunkte der jeweiligen Angebote und die systematische Stellung des Faches innerhalb der jeweiligen Curricula. Hinzu tritt eine gewisse Skepsis der wirtschaftswissenschaftlichen Fachvertreter gegenüber dem Fach selbst. So scheint die deutschsprachige Debatte um die Etablierung der Wirtschafts- und Unternehmensethik an den Hochschulen von der Grundannahme bestimmt zu sein, dass eine kritische Diskussion um die normativen Grundlagen der Ökonomie, wenn überhaupt, ausschließlich innerhalb der eigenen Fakultät zu führen sei und nicht ›fachfremden‹ Philosophen überlassen werden dürfe. So etwa hält Horst Albach, eine der grauen Eminenzen der Betriebswirtschaftslehre, die Beschäftigung mit wirtschafts- und unternehmensethischen Fragen schlicht für überflüssig. Selbst unter den Befürwortern einer Institutionalisierung der Wirtschafts- und Unternehmensethik in den universitären Ausbildungsgängen scheint die Meinung vorzuherrschen, Wirtschaftsethik lasse sich auf einige kritische Anmerkungen zur Sozialen Verantwortung von Unternehmen reduzieren und mit einigen reflektierenden Randbemerkungen abhandeln.

Während demgegenüber beispielsweise im US-amerikanischen Sprachraum die zahlreichen Unternehmensskandale der jüngeren Vergangenheit zumindest innerhalb der Fachdisziplin zu einer lebhaften Auseinandersetzung darüber geführt haben, ob die Ausbildung an den Business Schools reformiert werden müsse, um künftigem Fehlverhalten in den Führungsetagen vorzubeugen, ist eine vergleichbare Debatte in Deutschland trotz der Skandale um Mannesmann oder Siemens nicht auszumachen. Dennoch gerät auch in Deutschland die eher funktionalistische Ausrichtung der betriebswirtschaftlichen Ausbildung an den Hochschulen zunehmend unter Reformdruck. Erstaunlicherweise sind es hier gerade die Unternehmen, die durch die Stiftung wirtschaftsethischer Lehrstühle die Etablierung des Faches auch in der universitären Ausbildung vorantreiben.

Auch die wissenschaftliche Forschung zum Themenbereich der Wirtschafts- und Unternehmensethik gestaltet sich in Deutschland – verglichen beispielsweise mit dem angloamerikanischen Sprachraum – wenig homogen. Gemeint ist damit nicht die unterschiedliche theoretische Herangehensweise oder die unterschiedliche Schulentradition, die sich in ähnlicher Form sowohl diesseits wie jenseits des Atlantiks nachweisen lässt. Gemeint ist hier vielmehr das unterschiedliche Selbstverständnis der Fachvertreter der Wirtschafts- und Unternehmensethik. So findet die Beschäftigung mit wirtschafts- und unternehmensethischen Themen zum einen im Bereich der Moralphilosophie und der Moraltheologie statt. Entsprechend wird Wirtschafts- und Unternehmensethik hier vor allem als angewandte Ethik verstanden, der es darum geht, moralische Fragen des Wirtschaftens aus philosophischer oder theologischer Perspektive zu beantworten. Auf der anderen Seite steht die Orientierung an der eher pragmatischen Vorgehensweise im US-amerikanischen Raum. Ziel ist es hier vor allem, ein praktikables Instrumentarium für die ›Institutionalisierung‹ von Moral innerhalb der Unternehmen zu erarbeiten. Zudem befasst sich dieser Zweig der Wirtschafts- und Unternehmensethik mit empirischen Studien beispielsweise zu Werthaltungen des Managements und zur Implementierung unterschiedlichster Verhaltens- und Sozialstandards in Unternehmen.

Daneben beginnt sich auch die Soziologie zunehmend für das Thema der Wirtschafts- und Unternehmensethik zu interessieren und sich etwa mit Fragen der sozialen Akzeptanz unternehmerischen Verhaltens, der Legitimität von Stakeholder-Interessen oder mit den Ursachen wirtschaftskrimineller Verhaltens auseinanderzusetzen. Alle genannten Gruppen verweisen dabei je auf ihr eigenes wissenschaftliches Instrumentarium und ihre etablierten Forschungsmethoden. Hinzu kommt ein breites Feld an unterschiedlichsten ›Spezialdisziplinen‹ wie etwa der Bereich ›Nachhaltigkeitsmanagement‹ oder ›Corporate Citizenship‹. Obwohl es zwischen den einzelnen Forschungsrichtungen durchaus Gemeinsamkeiten und Berührungspunkte gibt, zeigt sich alleine an den unterschiedlichen Definitionen zum Teil zentraler Begriffe der Wirtschafts- und Unternehmensethik, wie beispielsweise dem Begriff der Unternehmensverantwortung oder dem Begriff der Legitimität unternehmerischen Verhaltens, das unterschiedliche Selbstverständnis der verschiedenen Disziplinen.

Jedoch verweist diese Vielfalt der Disziplinen, die sich auf Folie jeweils unterschiedlicher Wissenschaftstraditionen und mit unterschiedlichsten Forschungsmethoden mit Fragen der Wirtschafts- und Unternehmensethik im weitesten Sinne auseinandersetzen, auch auf die Aktualität des Themas.

Wenngleich ein Fach ›Wirtschafts- und Unternehmensethik‹ als eigenständige Wissenschaftsdisziplin mindestens in Deutschland allenfalls erst im Entstehen begriffen ist, so lässt sich doch konstatieren, dass es sich hier um ein eigenständiges wissenschaftliches Themengebiet handelt, das, wenn auch von verschiedenen Wissenschaftsdisziplinen bearbeitet, doch einer einheitlichen Betrachtungsweise zugänglich scheint. In diesem Sinne ist es das Anliegen des vorliegenden Bandes einen systematischen Überblick über die zentralen Theorien und die wichtigsten Begriffe der Wirtschafts- und Unternehmensethik zu bieten.

Klassischerweise unterteilt sich die Wirtschafts- und Unternehmensethik in eine Mikro-, eine Meso-, und eine Makroebene, wobei erstere das Verhalten einzelner Wirtschaftsakteure thematisiert, die Mesoebene moralische Fragen auf Eben der Unternehmen in den Blick nimmt, und letztere das gesamtwirtschaftliche System betrachtet. Dieses Handbuch folgt bewusst *nicht* dieser Einteilung. Dies zum einen deshalb, weil es jenseits rein analytischer Betrachtungen kaum möglich ist, die einzelnen Ebenen tatsächlich systematisch zu trennen. Zum anderen erweist sich diese Unterteilung als wenig geeignet, um die unterschiedlichen Betrachtungsperspektiven und die Vielfalt der Themen innerhalb der Wirtschafts- und Unternehmensethik adäquat darstellen zu können. Um dieser Komplexität Rechnung zu tragen soll im Folgenden daher auf eine explizite Unterscheidung von wirtschaftsethischen und unternehmensethischen Betrachtungen verzichtet werden. Vielmehr soll versucht werden, das Themenfeld der Wirtschafts- und Unternehmensethik aus unterschiedlichen Perspektiven sowohl theoriegeschichtlich wie auch analytisch und systematisch aufzuarbeiten. Das Handbuch gliedert sich daher in fünf Bereiche, die um einen lexikalischen Bereich ergänzt werden, in dem einzelne zentrale Begriffe, die in den bisherigen Kapiteln nur unzureichend gewürdigt werden konnten, erläutert werden.

Der erste Bereich (Kapitel II und III) umfasst die philosophischen Grundlagen und die theoriegeschichtlichen Hintergründe der Wirtschafts- und Unternehmensethik. Das Anliegen dieser Kapitel ist es zum einen, grundlegende ethische Theorien und Begriffe zu erläutern, die für das Verständnis einer Wirtschafts- und Unternehmensethik als Angewandter Ethik von zentraler Bedeutung sind und somit gleichsam vor der Klammer der eigentlichen wirtschafts- und unternehmensethischen Betrachtungen stehen müssen. Hierzu zählen grundsätzliche Ausführungen zu den Aufgaben und Methoden der philosophischen Ethik ebenso, wie die Erläuterung wichtiger ethischer Theorieentwürfe, die für das Verständnis einzelner wirtschafts- und unternehmensethischer Ansätze vorausgesetzt werden müssen. Zum anderen gilt es, die theoriegeschichtlichen Hintergründe der Wirtschafts- und Unternehmensethik zu erhellen, um so ein Grundverständnis für den Gegenstandsbereich der Ökonomie, die normativen und ethischen Fragen des Wirtschaftens, die innerhalb der Ökonomie dominierende Sicht des Menschen und die grundlegenden Paradigmen der Wirtschaftswissenschaften zu schaffen.

Der zweite Bereich (Kapitel IV) ist zentralen wirtschafts- und unternehmensethischen Ansätzen gewidmet. Dabei stehen zum einen die deutsche Tradition und ihre spezifischen Wurzeln auch in der Moraltheologie und der Konzeption einer sozialen Marktwirtschaft, aber auch die wichtigsten Theorieentwürfe der deutschsprachigen Wirtschafts- und Unternehmensethik im Vordergrund. Zum anderen umfasst das Kapitel wichtige US-amerikanische Positionen, die innerhalb der internationalen Debatte um eine Wirtschafts- und Unternehmensethik zu Bedeutung gelangt sind und mithin auch wesentlichen Einfluss auf die derzeitige Wirtschafts- und Unternehmensethikdiskussion in Deutschland ausüben. Ziel ist es, zum einen die wesentlichen philosophischen Grundlagen der jeweiligen Theorieentwürfe und ihre Stellung innerhalb der wirtschafts- und unternehmensethischen Debatte aufzuzeigen, zum anderen die betreffenden Ansätze trotz der in einem Handbuch gebotenen Kürze in ihren wesentlichen Kernelementen darzustellen.

Der dritte Bereich (Kapitel V) ist systematischer Natur und zentralen Grundproblemen der Wirtschafts- und Unternehmensethik gewidmet. Betrachtet werden dabei die Bedeutung der Wirtschafts- und Unternehmensethik als angewandte Ethik, der Verantwortungsbegriff der Wirtschaftsethik, das Spannungsverhältnis von Markt und Moral, das Problem der ›ökonomischen Rationalität‹ sowie die Frage nach den handlungsleitenden Werthaltungen der Wirtschaftsakteure. Ziel ist es, jene Themenfelder, in denen es naturgegeben zu einem Spannungsverhältnis zwischen ethischen und ökonomischen Anforderungen kommen kann, näher zu analysieren.

Wie sich dieses Spannungsverhältnis im betrieblichen Alltag überwinden lässt, ist Gegenstand des vierten Bereichs (Kapitel VI und VII). Hier sollen zum einen Instrumente der Wirtschafts- und Unternehmensethik dargestellt und zum anderen Theoriekonzepte vorgestellt werden, die eine Integration der gesellschaftlichen Verantwortung in das Alltagshandeln der Unternehmen zum Ziel haben. Während sich dabei die einzelnen Instrumente der Wirtschafts- und Unternehmensethik vor allem auf die Verhaltenssteuerung in und von Unternehmen beziehen, betrachten die Konzepte der Unternehmensverantwortung Unternehmen vor allem in ihrer Rolle als gesellschaftlicher Akteur. Beide Kapitel greifen systematisch ineinander: So verweist die Vorstellung verantwortlichen Handelns von Unternehmen auf ein geeignetes Instrumentarium, das es erlaubt, diese Handlungsweisen entsprechend zu gestalten und zu steuern. Umgekehrt ist es stets das Ziel der Implementierung spezifischer unternehmensethischer Instrumente, moralisch verantwortliches Verhalten innerhalb von Unternehmen zu fördern und setzt somit einen Begriff unternehmerischer Verantwortung und die damit einhergehenden Pflichten voraus.

Der fünfte Bereich (Kapitel VIII) ist den sogenannten ›Bereichsethiken‹ gewidmet und befasst sich mit ethischen Fragestellungen spezifischer wirtschaftswissenschaftlicher Teildisziplinen, wie Marketing, Management, Unternehmensführung, Unternehmensorganisation oder Investment. Im Vordergrund der Betrachtungen stehen dabei spezifische ethische Probleme, die sich aus den jeweiligen Besonderheiten dieser Disziplinen ergeben, wie etwa die Grundsätze von Wahrheit und Wahrhaftigkeit in der Werbung, die Führungsverantwortung von Vorgesetzten gegenüber ihren Mitarbeiterinnen und Mitarbeitern oder Fragen des ethischen Investments.

Den Abschluss des systematischen Teils bildet ein Kapitel zu den künftigen Herausforderungen einer Wirtschafts- und Unternehmensethik. Dabei soll nochmals der Blick auf die aktuellen Entwicklungen und Strömungen innerhalb der Wirtschafts- und Unternehmensethik geworfen werden und der Frage nachgegangen werden, wie sich diese aktuellen Entwicklungen, wie z.B. die Globalisierung oder die Umwelt- und Armutsproblematik auf den Forschungsbereich der Wirtschafts- und Unternehmensethik auswirken werden.

Den Abschluss des Handbuches bildet ein lexikalischer Teil, in dem einzelne Themen und Begriffe, die in den systematischen Ausführungen bisher nur am Rande oder nur unzureichend beleuchtet wurden, in knapper Form erläutert werden.

Ich darf an dieser Stelle allen Autorinnen und Autoren meinen herzlichen Dank für ihre Bereitschaft zur Mitwirkung an diesem Handbuch aussprechen. Ebenso gilt mein Dank Herrn Markus Schenkel und Frau Karin Beyer-Stehl für ihre Unterstützung bei der redaktionellen Arbeit und die Durchsicht der Beiträge. Ein besonderer Dank gebührt schließlich Frau Ute Hechtfischer vom Metzler-Verlag, die diesen Band angeregt und über alle Phasen seines Entstehens konstruktiv begleitet hat und ohne deren kompetente Unterstützung die Herausgabe dieses Buches nicht möglich gewesen wäre.

Bamberg im August 2010

II. Philosophische Grundlagen der Wirtschafts- und Unternehmensethik

1. Aufgaben und Methoden der philosophischen Ethik

Vorbemerkung: Einordnung der Ethik in die Philosophie

Die Philosophie kann grob in die *theoretische Philosophie*, die *praktische Philosophie* und die *Geschichte der Philosophie* unterteilt werden. Erstere hat es vor allem mit den Möglichkeiten und Grenzen des Denkens zu tun und fragt bspw. nach einer Ordnung in der Welt, nach den Kategorien Zeit und Raum, nach den Regeln des Denkens selbst (Logik), nach den Bedingungen und Möglichkeiten von Erkenntnis u.v.m. Letztere befasst sich mit der Geschichte des (vorwiegend abendländisch) philosophischen Denkens seit seinem Beginn in der griechischen Antike, einerseits um Entwicklungslinien im philosophischen Reflektieren nachzuzeichnen, andererseits um philosophische Texte im Detail zu analysieren (Hermeneutik) und ihre Bedeutung herauszuarbeiten. »Es gehort zum Eigentümlichen der Philosophie, dass ihre eigene Geschichte ein wesenhaftes Lebenselement ihrer selbst ausmacht« (Diemer 1958, 104).

Philosophische Ethik (oder auch Moralphilosophie) gehört zur praktischen Philosophie und hat vor allem das Handeln der Menschen zum Gegenstand. Diesen Gegenstand teilt sie prinzipiell mit anderen Wissenschaften wie z.B. der Psychologie, der Soziologie, der Politikwissenschaft und nicht zuletzt der Ökonomie. Grundsätzlich unterscheidet sich jedoch (heute) der praktisch-philosophische Blick auf das Handeln dadurch von anderen Disziplinen, dass er das Handeln nicht (in erster Linie) beschreiben oder erklären möchte, sondern nach Kriterien bzw. Begründungen sucht, um es als moralisch richtig oder falsch zu bewerten bzw. um Prinzipien, Normen oder Regeln zu entwickeln, an denen sich das Handeln orientieren soll. Philosophische Ethik ist also im Kern eine normative Disziplin.

Weiterhin gehört zur praktischen Philosophie die politische Philosophie, die sich nicht in erster Linie mit dem menschlichen Handeln befasst, sondern mit der gesellschaftlichen Ordnung und ihren Institutionen sowie dem Verhältnis der Gesellschaften (vor allem Staaten) zueinander. Auch hier ist die Perspektive vorwiegend normativ, indem beispielsweise nach der Legitimation von Herrschaft, nach gut begründeten, eine Gesellschaft regulierenden Gerechtigkeitsprinzipien und nach dem Spannungsverhältnis von Freiheit und Gleichheit gefragt wird. Das Kernthema der politischen Philosophie ist die Gerechtigkeit.

Ist Ethik eine Wissenschaft?

Diese Frage wird auch heute noch kontrovers diskutiert und die Meinungen gehen weit auseinander. Letztendlich hängt die Beantwortung dieser Frage davon ab, was man unter Wissenschaft versteht und wie man die Erkenntnisleistungen bzw. -möglichkeiten der Ethik hier einordnet. Popper war der Meinung, dass es nicht möglich sei, die Richtigkeit ethischer Prinzipien zu beweisen, noch in einem wissenschaftlichen Sinn für sie zu argumentieren – wenngleich ihm klar war, dass Wissenschaft und der von ihm vertretene *kritische Rationalismus* eine ethische Basis haben (vgl. Popper 1995, 23; Schumann 2003). Diese Position Poppers drückt eine auch heute noch weit verbreitete Skepsis gegenüber der philosophischen Ethik als Wissenschaft aus.

Die Trennung von Wissenschaft und Ethik erreichte in der zweiten Hälfte des 18. Jahrhunderts mit der scharfen Trennung von *Sein* und *Sollen* im Anschluss an David Hume ihren ersten Höhepunkt und prägte im 19. Jahrhundert auch die Auseinandersetzung um das Verhältnis von Ökonomie und Ethik. Wissenschaft geht empirisch vor, sie beschreibt und erklärt empirische Phänomene und hat das Ziel, wahre (generelle) Aussagen über ihren jeweiligen Gegenstandsbereich zu treffen; sie befasst sich mit dem *Sein* (nicht im philosophischen Sinn von Ontologie). Ethik hat es in ihrem Kernbereich dagegen nicht mit empirischen Aussagen zu tun, sondern sie versucht normative Prinzipien darüber aufzustellen, wie etwas sein soll (Handlungen, Institutionen, Verteilungen etc.); sie dient letztlich zur Orientierung und Bewertung und befasst sich daher mit dem *Sol-*

len. Die Skepsis gegenüber dem Sollen hat ausgehend von Hegel auch die Philosophie im 19. Jahrhundert stark geprägt. Bereits Adam Smith, ein Freund von David Hume, hat in einer Fußnote darauf hingewiesen, dass seine *Theorie der ethischen (im Original »moral«) Gefühle* »nicht eine Frage des Sollens betrifft [...], sondern eine Frage nach Tatsachen« (Smith 1985, 113), auch wenn er dies u.a. mit seiner Figur des *unparteiischen Zuschauers* letztlich nicht durchgehalten hat. Es bleibt festzuhalten, dass gerade die im 19. Jahrhundert vollzogene Trennung von Ökonomie und Ethik als Fortschritt für die Etablierung der Ökonomie als Wissenschaft gesehen wurde, auch wenn es immer einflussreiche Gegenströmungen zu dieser Position in der Ökonomie gab.

Einen ersten Höhepunkt dieser kontroversen Diskussion markiert der *Werturteilsstreit* zwischen Max Weber und dem Ökonomen Gustav Schmoller, dem Hauptvertreter der *ethischen Nationalökonomie* Anfang des 20. Jahrhunderts. Im Gegensatz zu Schmoller gehören für Weber Werturteile nicht in den Aussagenbereich von Wissenschaft (Weber 1988). Kurze Zeit später führte Popper das Falsifikationsprinzip als Abgrenzungskriterium ein, nach dem eine wissenschaftliche Aussage an der Erfahrung scheitern können muss (Popper 1989, 14). Das trifft offenbar für die Ethik nicht zu, da normative Prinzipien oder Aussagen ihrer Natur nach nicht empirisch widerlegt werden können. Moderne Entwicklungen in der Wissenschafts- und Erkenntnistheorie in der zweiten Hälfte des 20. Jahrhunderts haben jedoch in dieser Hinsicht berechtigte Zweifel an Poppers Position des *kritischen Rationalismus* geübt. Dazu gehören vor allen Dingen verschiedene sogenannte konstruktivistische Positionen, der Pragmatismus und die Diskurstheorie, die auch Einfluss auf aktuelle wirtschafts- und unternehmensethische Ansätze hatten bzw. haben (z.B. Steinmann/Löhr und Ulrich).

Von Seiten der Vertreter/innen der philosophischen Ethik selbst wird diese allerdings als wissenschaftliche Disziplin verstanden, die rational argumentiert und auf allen Ebenen einer rationalen Kritik zugänglich ist. So schreibt die Philosophin Annemarie Pieper: »Die Ethik als Disziplin der Philosophie versteht sich als Wissenschaft vom moralischen Handeln« (Pieper 2007, 17).

Solange Ethik ausschließlich im Rahmen der Philosophie behandelt wird, ist die Frage, ob bzw. inwiefern Ethik eine Wissenschaft ist, für die anderen Einzelwissenschaften mehr oder weniger theoretischer Natur und bleibt ein innerphilosophisches Problem, das in der Theoriegeschichte äußerst kontrovers diskutiert wurde und bis heute wird. (So besteht in weiten Teilen nach wie vor ein tiefer Graben zwischen theoretischer und praktischer Philosophie.) Tritt aber die Ethik in Gestalt der angewandten Ethik auf, sind die entsprechenden Disziplinen (Biologie, Medizin, Ökonomie etc.) auch selbst direkt angesprochen und müssen ihr Verhältnis zur Ethik in dieser Hinsicht klären bzw. diskutieren.

Begriffsabgrenzung: Ethik und Moral?

Ethik ist ein Hauptgebiet der praktischen Philosophie. Sie befasst sich im Kern mit der Frage, wie wir handeln *sollen* bzw. an welchen Prinzipien oder Normen wir uns im Handeln orientieren *sollen*. Davon ist die Frage zu unterscheiden, an welchen Prinzipien oder Normen wir *tatsächlich* unser Handeln ausrichten. Letzteres wird heute oft mit dem Begriff ›Moral‹ bezeichnet, wenn diese Regeln, Prinzipien oder Normen aus der expliziten oder impliziten Zustimmung einer sozialen Gruppe resultieren (vgl. Ricken 2003, 17). Moral in diesem Sinn ist also sozial vermittelt.

›Moral‹ betrifft demnach das vorfindbare, beobachtbare Verhalten in Bezug auf Prinzipien, Regeln und Normen. *Ethik* als philosophische Disziplin dagegen bedeutet die kritische, methodisch angeleitete Reflexion über Moral. Insofern wird Ethik auch als *Reflexionstheorie der Moral* verstanden. Die Aussage, ein Mensch handelt moralisch, bedeutet dann, er handelt in Übereinstimmung mit den moralischen Werten und Normen einer sozialen Gruppe, sei es einer Familie, eines Unternehmens, einer Gesellschaft etc. Die Aussage, ein Mensch handelt ethisch, heißt, er handelt in Übereinstimmung mit (mehr oder weniger gut begründeten) ethischen Prinzipien, die nicht unbedingt mit der Moral des sozialen Kontextes identisch sein müssen.

Was heißt nun Reflexionstheorie der Moral? Ethik in diesem Sinn versucht handlungsleitende *Prinzipien* zu entwickeln, die Voraussetzungen *konsensorientierter Kommunikation* zu klären und vor allem zu *begründen* sowie begriffliche Klarheit in die Sprache der Moral zu bringen. Hier gibt es Überschneidungen mit der Metaethik. Dabei knüpft normative Ethik an Moral bzw. an moralische Vermögen an.

Reflexionsebenen der Ethik

Typischerweise werden drei Ebenen ethischer Reflexion unterschieden: Deskriptive Ethik, Normative Ethik und Metaethik. Mit dieser Unterscheidung werden jedoch nicht alle Reflexionsebenen erfasst. Hinzu kommt heute insbesondere die angewandte Ethik. Diese vier Ebenen sollen im Folgenden skizziert werden:

Deskriptive Ethik: Deskriptive Ethik wird heute weniger als Aufgabe der Philosophie gesehen, sondern vielmehr als Aufgabe spezieller Einzelwissenschaften wie den Wirtschafts- und Sozialwissenschaften, der Psychologie etc. Gegenstand des Forschungsinteresses sind die in einer sozialen Gruppe (der eigenen Gesellschaft, ihren Subkulturen, anderen Gesellschaften bzw. Kulturen, aber auch von Organisationen wie Unternehmen etc.) vorfindbaren bzw. gelebten Werte und Normen, ohne diese aber ethisch zu bewerten. Weiterhin kann die möglicherweise hinter dieser Moral stehende ethische Überzeugung (Prinzipien) in den Forschungszusammenhang einbezogen werden, was dann nicht in erster Linie der kritischen Reflexion dient, sondern der Erklärung und/oder dem Verstehen der Moral bzw. verschiedener Moralen. »Die deskriptive Ethik rekonstruiert das Sprachspiel einer Moralgemeinschaft, das mit deren Lebensformen, ihren kulturellen Praktiken, ihrem Welt- und Menschenbild usw. verknüpft ist« (Ott 2001, 11). Ein schwieriges Problem besteht bei einer empirischen Moralforschung darin (wie auch in anderen Bereichen der Geistes- und Sozialwissenschaften), dass die Wissenschaftlerin oder der Wissenschaftler selbst, wie jeder andere Mensch, auch Mitglied einer (oder sogar mehrerer) Moralgemeinschaften ist und über entsprechende Überzeugungen verfügt. Das lässt sich im Forschungsprozess nicht vollständig neutralisieren.

Wenn man den Begriff *deskriptive* Ethik nicht zu eng auf das Beschreiben auslegt, sondern weiter fasst, dann können dazu weitere Formen einer empirischen Moralforschung gezählt werden. Zu nennen sind hier evolutionäre Ethik bzw. Moralforschung, die sich u.a. mit der Frage befasst, welche evolutionäre Funktion die Herausbildung von Moral und Ethik bei den Menschen und ggf. anderen Lebewesen haben, wie also Moral und Ethik aus evolutionstheoretischer Perspektive erklärt werden können. Weiterhin zählt dazu die psychologische Moralforschung (z.B. Kohlberg 1996) genauso wie Teile der modernen experimentellen Ökonomie, sofern sie typische moralische Motive wie Fairness mit einbezieht (vgl. z.B. Falk/Fehr/Fischbacher 2000).

Normative Ethik: Normative Ethik ist der Kernbereich der allgemeinen philosophischen Ethik. Sie versucht, gut begründete normative Prinzipien zu entwickeln, die als Orientierung auf die Frage »Was soll ich tun?« dienen. Sie entwickelt regulative Ideen, die das einzelne Handeln leiten sollen bzw. mit denen das Handeln in Übereinstimmung gebracht werden soll. Beispiele hierfür sind der Kategorische Imperativ von Immanuel Kant oder das Nutzenprinzip des Utilitarismus, aber auch der unparteiische Zuschauer von Adam Smith. Darüber hinaus werden in der normativen Ethik zentrale moralische Begriffe oder Werte wie Glück, Freiheit, Autonomie, Verantwortung etc. genau analysiert und im Hinblick auf ihre Dimensionen entfaltet, um die ethische Relevanz dieser Begriffe genau herauszuarbeiten und zu konkretisieren sowie einem gut begründeten Verständnis zuzuführen.

Methode der normativen Ethik ist vor allem die Begründung (vgl. Tugendhat 1993, 79 ff.; Ott 2001, 63 ff.) und die rationale Kritik. Die große Herausforderung vieler Ethikerinnen und Ethiker liegt in einer sogenannten Letztbegründung ethischer Prinzipien und Werte, die sich im Falle des Gelingens als wahr, objektiv bzw. universell gültig erweisen würden. Dass dies kein leichtes Unterfangen ist, wird durch das von Hans Albert so benannte Münchhausen-Trilemma (vgl. Albert 1991, 13 ff.) deutlich: Der Versuch einer Letztbegründung endet entweder im dogmatischen Abbruch, im infiniten Regress (*regressus ad infinitum*) oder im (unheilvollen) Zirkelschluss (*circulus vitiosus*). So gibt es denn auch in der Ethik Ansätze, wie in der Wissenschaftstheorie, den Anspruch der Letztbegründung zugunsten der rationalen Kritikfähigkeit aufzugeben.

Die Idee der Freiheit nimmt in der normativen Ethik seit der frühen Neuzeit eine zentrale Rolle ein. Freiheit hat mehrere Dimensionen, die für die Ethik einschließlich der politischen Philosophie von Bedeutung sind. An dieser Stelle soll nur auf das Spannungsfeld von Determinismus und Freiheit hingewiesen werden (vgl. Höffe 2009, 228 ff.; Pieper 2007, 168 ff.). In der normativen Ethik wird der Mensch i.d.R. als *autonomes* Wesen verstanden, das zur Selbstbestimmung (bzw. Selbstgesetzgebung) fähig ist, d.h. seinen *Willen* selbst bestimmen kann (Willensfreiheit). In Bezug auf das praktische Handeln bedeutet Freiheit, dass der Mensch subjektiv mindestens zwischen zwei Alternativen (im Hinblick auf die Zwecke, die Mittel und die Motive) wählen kann (vgl. Fischer 2003, 32 ff.), dass ihm eine *Entscheidung* möglich ist. Diese Annahme der Autonomie wird von verschiedenen Konzepten des Determinismus bestritten, nach dem jedes menschliche Verhalten heteronom, d.h. von außen bestimmt ist. Insbesondere neuere Forschungen in den Neurowissenschaften tragen erheblich zur Kritik am Konzept der Willensfreiheit bei.

Metaethik: Metaethik bedeutet, von einer Meta-Position, d.h. einer übergeordneten Position über Ethik zu reflektieren. Dabei hat die Metaethik, als Wissenschaftstheorie der Ethik, vor allem zwei Aufgaben: (1) die Analyse der moralischen und/oder ethischen Sprache (vgl. Pieper 2007, 86 ff.) und (2) die Untersuchung der Wahrheitsfähigkeit normativ-ethischer Aussagen bzw. Urteile (Ricken 2003, 18 f.). Was die Wahrheitsfähigkeit normativer Prinzipien betrifft, so unterscheidet man zwischen *Kognitivismus* auf der einen und *Non-Kognitivismus* auf der anderen Seite. Vertreter des Kognitivismus sind der Meinung, dass normative Prinzipien grundsätzlich wahrheitsfähig und damit der Möglichkeit nach objektiv, d.h. universell gültig sind. Vertreter des Non-Kognitivismus bestreiten das; sie sind der Meinung, dass ethische Prinzipien und moralische Urteile immer abhängig sind z.B. vom kulturellen Kontext, subjektiven Gefühlen etc. Diese Bedingungen bzw. Determinanten von Moral und Ethik sind danach unhintergehbar und verhindern die Möglichkeit einer universell gültigen bzw. universell zustimmungsfähigen Ethik bzw. Moral. Sie vertreten also eine *relativistische Position*. Das bedeutet gleichzeitig, dass es nicht möglich ist, verschiedene Moralsysteme bewertend zu vergleichen, d.h. manche Moralen gegenüber anderen ethisch auszuzeichnen. Nicht ganz zu Unrecht betont Ricken (2003, 19), dass sich bei den Vertretern des Non-Kognitivismus Ethik i.d.R. in Metaethik erschöpft, da normative Ethik per se universalistisch orientiert ist.

Angewandte Ethik: Erst in jüngerer Zeit, etwa seit Mitte des 20. Jahrhunderts, hat sich die *angewandte Ethik* herausgebildet. Hintergrund sind die zunehmende Komplexität und die damit einhergehende Ausdifferenzierung moderner Gesellschaften und die Auswirkungen, die das Handeln der Menschen in den verschiedensten Bereichen haben. Nicht zuletzt ist es der *wissenschaftlich-technische ›Fortschritt‹*, der die Menschen vor große, unausweichliche Probleme stellt und damit einen zunehmenden Bedarf an sogenanntem Orientierungswissen mit sich bringt. Aber auch im Bereich des *Ökonomischen* und *Sozialen* auf nationaler und globaler Ebene haben wir es mit Entwicklungen (z.B. globale Armut, andauernde hohe Arbeitslosigkeit, Zugang zu Bildung) oder Ereignissen (z.B. Unternehmensskandale, Wirtschaftskrisen) zu tun, die nach einer ethischen Reflexion verlangen. Hier sind vor allem auch die Wirtschafts- und Unternehmensethik angesprochen.

Der Begriff *angewandte Ethik* wird dabei von Beginn an sehr kritisch gesehen. Er lässt sich z.B. dahingehend deuten, dass die normative Ethik Prinzipien zur Verfügung stellt, die dann in den betreffenden Bereichen (Wirtschaft, Unternehmen, Medizin, Umwelt etc.) auf bestimmte Problemstellungen einfach ›angewendet‹ werden und ein entsprechendes Ergebnis produzieren können. Das ist natürlich in dieser einfachen Form nicht der Fall. Aber auch wenn verschiedene alternative Ausdrücke wie konkrete Ethik, praktische Ethik, anwendungsorientierte Ethik, Bereichsethik etc. entwickelt wurden, hat sich doch für die Problematik der ethischen Reflexion in Bezug auf konkrete Handlungsfelder der Ausdruck angewandte Ethik weitgehend etabliert. Neben der Wirtschafts- und Unternehmensethik gehören dazu vor allem Bioethik, Medizinethik, Umweltethik, Naturethik, Medienethik, Technikethik etc. Charakteristisch für viele Bereiche der angewandten Ethik ist, dass sie mit Problemen bzw. Fragen konfrontiert sind, die oft unausweichlich sind; sie lösen sich nicht von selbst. Eine Gesellschaft muss sich darauf verständigen bzw. dazu verhalten und ist daher auf ethisches Orientierungswissen angewiesen.

Literatur

Albert, Hans: Traktat über kritische Vernunft. Tübingen [5]1991.

Diemer, Alwin: Geschichte der Philosophie. In: Ders./Ivo Frenzel (Hg.): Philosophie. Frankfurt a.M. 1958, 104–107.

Falk, Armin/Fehr, Ernst/Fischbacher, Urs: Testing Theories of Fairness – Intentions Matter. Working Paper No. 63. Institute for Empirical Research in Economics. Universität Zürich 2000.

Fischer, Peter: Einführung in die Ethik. München 2003.

Höffe, Otfried: Lebenskunst und Moral, oder Macht Tugend glücklich? München 2009.

Kohlberg, Lawrence: Die Psychologie der Moralentwicklung. Frankfurt a.M. 1996.
Ott, Konrad: Moralbegründungen. Hamburg 2001.
Pieper, Annemarie: Einführung in die Ethik. Tübingen [6]2007.
Popper, Karl R.: Logik der Forschung [1935]. Tübingen 1989.
–: Die Verteidigung des Rationalismus [1945]. In: David Miller (Hg.): Karl R. Popper Lesebuch. Tübingen 1995, 12–25.
Quante, Michael: Einführung in die Allgemeine Ethik. Darmstadt 2003.
Ricken, Frido: Allgemeine Ethik. Stuttgart [4]2003.
Schumann, Olaf J.: Wirtschaftsethik und die Sphäre der Kritik. In: Markus Breuer/Alexander Brink/Ders. (Hg): Wirtschaftsethik als kritische Sozialwissenschaft. Bern 2003, 63–87.
Smith, Adam: Theorie der ethischen Gefühle [1790]. Hamburg 1985.
Tugendhat, Ernst: Vorlesungen über Ethik. Frankfurt a.M. 1993.
Weber, Max: Gesammelte Aufsätze zur Wissenschaftslehre. Tübingen [7]1988, 146–214, 489–540.

Olaf J. Schumann

2. Grundpositionen der philosophischen Ethik

Vorbemerkung

Die Wirtschafts- und Unternehmensethik beruft sich auf die Tradition der praktischen Philosophie. So sind es nicht zuletzt die innerhalb der philosophischen Ethik diskutierten Grundpositionen, die den Ausgangspunkt für wichtige wirtschafts- und unternehmensethische Ansätze bilden. Der folgende Übersichtsartikel will die für die Wirtschaftsethik wichtigen philosophisch-ethischen Positionen zusammenfassen, indem er ihre Grundbegriffe und Grundargumentationen skizziert. Dies sind ausgehend von Aristoteles die Vertragstheorie von Thomas Hobbes, die Ethik Adam Smiths, der klassische Utilitarismus von Jeremy Bentham und John Stuart Mill, die deontologische Ethik Kants, die Diskursethik von Jürgen Habermas und die Gerechtigkeitstheorie von John Rawls.

Zwischen individueller Praxis und politischer Ethik. Tugend und Glück bei Aristoteles

Im Zentrum seines ethischen Hauptwerks, der *Nikomachischen Ethik*, entfaltet Aristoteles (384–322 v.Chr.) die praktische Lehre vom guten Leben, das die beiden Aspekte von Glück und Tugend integriert. Diskutiert wird sie im Rahmen eines Strebensmodells menschlicher Handlung. Von der wirkungsmächtigen Unterscheidung von *poiesis* und *praxis*, Herstellen und Handeln, ausgehend, schlägt sie den Bogen von der individuellen zu der politischen Praxis und verklammert damit die Sphäre der Ethik mit der Politik und der Ökonomie zu einer Philosophie der menschlichen Angelegenheiten (Aristoteles 1972, 1181b14 f.). Deren Ziel ist nicht ein Wissen um seiner selbst, sondern um der *vernünftigen Praxis* willen – das gute und überlegte Handeln, in dessen Vollzug sich allein die Menschlichkeit des Menschen verwirklicht.

Als höchstes und umgreifendes Ziel allen Strebens wird der Begriff der Glückseligkeit eingeführt, der Platons Idee des Guten zu einem erreichbaren menschlichen Gut verendlicht. Von den schlichten Zielen ausgehend, die, wie etwa der Erwerb von

Reichtum, immer bloß Mittel für weitere Zwecke sind, führt der Weg zu höherstufigen Zielen (Lust, Ehre, Vernunft und Tugend), um schließlich in jenes höchste Ziel einzumünden, das immer nur um seiner selbst willen erstrebt wird. Endziel und schlechthin vollendet ist die formale Beschaffenheit des gesuchten höchsten Guts. *Endziel* aller Ziele ist das Glück in einem dominanten Sinne, insofern es die Kette der einzelnen Handlungsziele zu einer haltbaren Lebensordnung zusammenfügt; *vollkommen* aber ist es dank seines inklusiven Charakters, sofern es alle anderen Ziele noch umfasst. Zu dem im vollen Sinne Erstrebenswerten fügt Aristoteles noch das Moment der Selbstgenügsamkeit, der Autarkie hinzu.

Mit dem inneren Zusammenhang von Glück und Tugend ist das Feld aristotelischer Ethik grundsätzlich umrissen. Wird das angestrebte Glück im Rahmen der sittlichen Tätigkeit bestimmt, so verwirklicht es sich allein durch anhaltendes, tugendhaftes Handeln. Nach Gattung und Art wird die *ethische Tugend* definiert. Der Gattung nach bezeichnet sie eine Haltung, die der Einzelne seinen Leidenschaften gegenüber einnimmt: Eine Einstellung, die sich zwar auf seine Begierden und Affekte bezieht, jedoch durch Übung, Erziehung und Gewöhnung zum Bestandteil seines Charakters geformt wird, aus dem heraus er lebt und handelt. Der Art nach bezeichnet die Tugend das Maß der Mitte: keiner arithmetischen Mitte, sondern einer in sich je abgestuften Mitte für uns zwischen Übermaß und Mangel, durch die wir das Richtige auch zu treffen vermögen. So etwa zielt die Tugend der Besonnenheit, in der Mitte zwischen Zügellosigkeit und dem Mangel an Lust gelegen, auf jenen maßvollen Genuss des Angenehmen, der zur Vorbedingung einer vernünftigen Lebensführung gehört.

Nicht durch Gewöhnung, sondern durch Belehrung bilden sich die *verstandesmäßigen* Tugenden und bedürfen daher der Erfahrung und der Zeit. Das Vermögen, das für uns Gute und Zuträgliche gut und richtig zu überlegen, sei es für den Einzelnen, für die Hausverwaltung oder die Polis, nennt Aristoteles Klugheit (*phronesis*). Überlegt werden dabei nicht Ziele, die für Aristoteles je schon vorgegeben sind, sondern die angemessensten Mittel für ihre Verwirklichung. Sorgen die Charaktertugenden für die seelische Grundausrichtung auf das Glück, so zielt die kluge Überlegung auf dessen situationsspezifische Konkretisierung.

Nicht auf die Voraussetzungen, sondern auf das Zentrum des Politischen zielt die Tugend der *Gerechtigkeit*. Weil sie das individuelle Selbstverhältnis vorab schon überschreitet, indem sie immer auch den Bezug zu anderen Menschen stiftet, wird sie als vollkommene Tugend eingeführt: In der Mitte zwischen Unrecht tun und Unrecht leiden, zwischen einem Zuviel und Zuwenig an Gütern, situiert, antwortet die Tugend der Gerechtigkeit auf den natürlichen Hang des Menschen, mehr haben zu wollen. Was dem modernen Gerechtigkeitsdiskurs zerbricht, denkt Aristoteles noch zusammen, wenn er Gerechtigkeit nicht nur nach verteilender und tauschender (*iustitia distributiva* und *iustitia commutativa*) untergliedert, sondern auch nach materialer und politischer Gerechtigkeit differenziert. Dabei bezieht sich die *materiale Gerechtigkeit* auf die gleichmäßige (wenn auch nicht gleiche) Verteilung des Landes unter den Bürgern und soll nicht bloß der sozialen Spaltung der Polis nach arm und reich wehren, sondern auch deren material gegründete Eintracht gewähren, so dass die ökonomische Grundlage der besten Polis sich durch ein Mischsystem von Privat- und Gemeinbesitz auszeichnet, das die Mitte zwischen vollständigem Privatbesitz und restloser Verstaatlichung wahrt.

Doch erst mit der *politischen Gerechtigkeit* ist der höchste Punkt dieser Ethik erreicht. Sie zielt auf die »Herrschaft von Freien über Freie« (Höffe 1996, 253) – deren Voraussetzung allerdings die von Aristoteles gebilligte Institution der Sklaverei abgibt. Denn als Staatsbürger wird derjenige qualifiziert, der außer an der Regierung auch an Gerichtsentscheidungen teilnimmt. Politische Gerechtigkeit meint somit dreierlei: (1) Da hier nur Gleiches für Gleiche gilt, wird diese Form politischer Herrschaft in jener Reziprozität aktualisiert, in der alle in gleicher Weise abwechselnd regieren und regiert werden; (2) wobei sich diese Wechselseitigkeit im Akt des Herrschens durchaus so gestaltet, dass den einen Einsicht und Leitung, den anderen die richtige Meinung und Ausführung zukommt; (3) eine Herrschaft, die in gleicher Weise zwar, doch nicht gleichzeitig ausgeübt wird, weil, und darin besteht die politische Tugend der Staatsbürger, nur derjenige gut regieren wird, der zuvor auch gut regiert wurde.

Was legitimiert Herrschaft? Zur Vertragstheorie von Thomas Hobbes

Mit dem aristotelischen Denken bricht in der frühen Neuzeit der englische Philosoph Thomas Hobbes (1588–1679) radikal. Er gilt als Begründer der modernen politischen Philosophie auf vertragstheoretischer Grundlage. In seinem Hauptwerk *Leviathan* steht die Frage der Legitimation von Herrschaft im Mittelpunkt (Hobbes 1984). Anders als Aristoteles bildet bei Hobbes der Naturzustand den Ausgangspunkt, den es zu überwinden gilt. Es ist ein Zustand, in dem die Menschen als Einzelwesen in totaler Freiheit leben, in dem sie alles tun dürfen, was zur Erhaltung des eigenen Lebens nötig ist (*ius naturale*). In diesem Zustand gibt es weder Recht noch Unrecht, weder Gerechtigkeit noch Ungerechtigkeit. Aufgrund von Konkurrenz, Misstrauen und Ruhmsucht (Hobbes 1984, 95) herrscht unter den Menschen ein *bellum omnia contra omnes*, ein Krieg eines jeden gegen jeden. Aber nach Hobbes hat die Natur den Menschen mit Vernunft ausgestattet, die ihn, unterstützt von bestimmten Leidenschaften, befähigt, Grundsätze zu erkennen, die ein friedliches Zusammenleben gewährleisten und aus dem Naturzustand herausführen. Diese Grundsätze werden als Gesetz der Natur (*lex naturalis*) bezeichnet. Das erste natürliche Gesetz verlangt, dass jeder sich für den Frieden einsetzt und ihn sucht. Es ist die Basis für das Zusammenleben in einer bürgerlichen Gesellschaft. Mit dem zweiten natürlichen Gesetz formuliert Hobbes den vertragstheoretischen Grundgedanken: »Jedermann soll freiwillig, wenn andere ebenfalls dazu bereit sind, auf sein Recht auf alles verzichten [...] und er soll sich mit soviel Freiheit gegenüber anderen zufrieden geben, wie er anderen gegen sich selbst einräumen würde« (ebd., 100). Das neunte natürliche Gesetz fordert, dass die Menschen sich als Gleiche betrachten sollen, da alle Menschen von Natur aus gleich sind. Natürlich weiß auch Hobbes, dass sich alle Menschen hinsichtlich Stärke, Klugheit, Intelligenz, Herkunft etc. unterscheiden. Jedoch sind diese Unterschiede nur graduell und z.T. vorübergehend und rechtfertigen daher keine ungleiche Behandlung. Das führt ihn auch zu einer Kritik an Aristoteles (ebd., 117 f.), der der Meinung war, dass manche Menschen von Natur zum Regieren bestimmt sind und manche zum Dienen, wie die Sklaven, die nach Aristoteles nicht über Vernunft verfügen (Aristoteles 1986, 1254 b20). Das ist insofern zentral, da es Hobbes um die Legitimation von Herrschaft geht und diese kann sich niemals durch einen Unterschied der Menschen hinsichtlich Geburt, gesellschaftlichem Status, Auserwählung durch Gott etc. rechtfertigen. Grundlage der Legitimation bei Hobbes ist die wechselseitige Übertragung von Rechten gleicher Menschen in ihrem eigenen Interesse der Friedenssicherung. Durch diese wechselseitigen Verträge ist aber deren Einhaltung noch nicht gesichert. Dazu wird der Staat gegründet, indem die Vertragspartner ihre Macht auf einen oder mehrere Menschen übertragen, den Souverän, der die Einhaltung der Verträge sicherstellt und über uneingeschränkte Macht verfügt. Mit seinem Buch *Leviathan* hat Hobbes die Vertragstheorie begründet und damit die politische Philosophie bis heute stark beeinflusst. Eine der größten Schwächen liegt vielleicht darin, dass der Hobbessche Vertrag, wie Kersting schreibt, »ein Herrschaftsbegründungsvertrag, kein Herrschaftsbegrenzungsvertrag« (Kersting 1994, 96) ist. Auch in der modernen Ökonomie und in Teilen der Wirtschaftsethik spielt Hobbes noch heute eine große Rolle.

Sympathie und unparteiischer Zuschauer: Zur Ethik von Adam Smith

In seinem ersten Hauptwerke *Theorie der ethischen Gefühle* (TEG) befasst sich Smith (1723–1790) mit der Frage, nach welchen Prinzipien Menschen das Verhalten anderer und das eigene Verhalten moralisch beurteilen. Gleich der erste Satz der *Theorie der ethischen Gefühle* drückt die Zielrichtung seiner Untersuchung aus:

> »Mag man den Menschen für noch so egoistisch halten, es liegen doch offenbar gewisse Prinzipien in seiner Natur, die ihn dazu bestimmen, an dem Schicksal anderer Anteil zu nehmen, und die ihm selbst die Glückseligkeit dieser anderen zum Bedürfnis machen, obgleich er keinen anderen Vorteil daraus zieht, als das Vergnügen, Zeuge davon zu sein« (Smith 1985, 1).

Das wichtigste Prinzip ist nach Smith die Sympathie. Sympathie bedeutet hier Mitgefühl mit jeder Art von Affekten anderer, also sowohl mit positiven Affekten wie Glück, Freude, Liebe etc. als auch mit negativen Affekten wie Schmerz, Leid, Trauer, Vergeltungsgefühl etc. Sympathie drückt die dem Menschen eigentümliche Fähigkeit aus, sich in die Situation eines anderen hineinzuversetzen, »mit dem Leidenden in der Phantasie den Platz zu tauschen« (Smith 1985, 3). Wir nehmen Anteil am Schicksal anderer und versuchen, uns in ihre Lage zu versetzen und uns vorzustellen, wie wir uns in dieser Situation fühlen würden. Smith arbeitet dabei häufig mit dem Begriff des Zuschauers, der dem Betroffenen gegenübergestellt wird. Die entscheidende Frage ist nun, ob der Zuschauer die Affekte des Betroffenen billigt. Neben der Art der Affekte hängt dies u.a. auch davon ab, ob Betroffener und Zuschauer über die jeweils erforderlichen Tugenden verfügen (Aßländer 2007, 52ff.). Die Sympathie kann jedoch nicht alleine über die Billigung oder Missbilligung entscheiden, da sie selbst unter günstigen Bedingungen durch zu viele subjektive Faktoren beeinflusst ist. Um die Billigung bzw. Missbilligung zu objektivieren, führt Smith daher die Figur des unparteiischen Zuschauers (*impartial spectator*) ein. Zunächst dient der unparteiische Zuschauer bei Smith der Beurteilung eigener Handlungen oder Affekte. Wenn ein Mensch sich also selber prüfen möchte, ob die Handlung oder der Affekt moralisch richtig ist, ist er Betroffener und Zuschauer zugleich. Da über die Billigkeit nur der Zuschauer entscheiden kann, muss man versuchen, die Perspektive einer unbeteiligten Person einzunehmen, die dann nur zu einem abstrakten unparteiischen Zuschauer werden kann. Dies bezeichnet Raphael als »den originellsten und subtilsten Teil« (Raphael 1991, 45) der Smithschen Ethik. So wird der unparteiische Zuschauer insgesamt zum Prüfstein der Billigung und Missbilligung von Handlungen und Affekten. Alle Affekte der menschlichen Natur werden nur dann gebilligt, wenn der unparteiische Zuschauer mit ihnen sympathisiert (Smith 1985, 100). Durch die Figur des unparteiischen Zuschauers wird gleichzeitig die Vernunft eingeführt, die nach Smith »zweifellos die Quelle der allgemeinen Regeln der Sittlichkeit ist und zugleich die Quelle aller sittlichen Urteile bildet« (ebd., 533). Doch sie kommt erst in einem zweiten Schritt zum Einsatz, wenn die Empfindung als Gefühl der Anteilnahme am Schicksal anderer ihr Werk getan hat.

Nach Smith begrenzt die Sympathie den Egoismus bzw. das Eigeninteresse. Ja Smith geht so weit, dass derjenige am höchsten verehrt wird, der seine natürlichen egoistischen Gefühle vollständig beherrscht. Unsere »selbstischen Neigungen im Zaum zu halten und unsere wohlwollenden die Zügel schießen zu lassen« (Smith 1985, 28), das macht nach Smith die Vollkommenheit der menschlichen Natur aus. Aber dieses Wohlwollen, das sich dann in der Tugend der Wohltätigkeit zeigt, kann natürlich nicht eingeklagt werden. Und hier integriert Smith eine wichtige Unterscheidung in seine Analyse, die seinerzeit allerdings nicht neu war: die Unterscheidung von Wohltätigkeit und Gerechtigkeit. Emotionale Grundlage der Gerechtigkeit ist das Vergeltungsgefühl, das dann einsetzt, wenn einem ein positiver Schaden zugefügt wurde. Das stellt ein Unrecht dar. Daher ist es eine strengere Verpflichtung, nach den Regeln der Gerechtigkeit zu handeln als nach denen der Wohltätigkeit, die im Falle ihrer Unterlassung keinen positiven Schaden zufügen. Einhaltung der Regeln der Gerechtigkeit können also erzwungen und Nichteinhaltung kann bestraft werden. Entsprechend des unterschiedlichen Verpflichtungsgrades kann nach Smith eine Gesellschaft ohne ein ausreichendes Maß an Gerechtigkeit auf Dauer nicht fortbestehen. Gerechtigkeit ist daher das Fundament einer Gesellschaft, wohingegen Wohlwollen und Wohltätigkeit dazu beitragen, das Leben in dieser Gesellschaft zu verbessern (Smith 1985, 128f.). In diesem Sinne ist Smith ein klassischer Liberaler; er teilt die Gerechtigkeit in kommutative Gerechtigkeit und distributive Gerechtigkeit ein und verbindet die erste mit den vollkommenen Rechten (erzwingbar) und die zweite mit den unvollkommen Rechten (nicht einklagbar).

Beide Bereiche, Wohltätigkeit und Gerechtigkeit, unterliegen der Billigung des unparteiischen Zuschauers. Dabei betont Smith deutlich, dass die Frage der Billigung in keiner Weise von der Nützlichkeit abhängt. Auch ist es nach Smith aus der Perspektive des unparteiischen Zuschauers unzulässig, den Vorteil bzw. Nutzen des einen mit dem Schaden bzw. Leid eines anderen zu verrechnen. Damit distanziert er sich einerseits von David Hume und ist andererseits nicht anschlussfähig an die Ende des 18., Anfang des 19. Jahrhunderts entstandene utilitaristische Ethik, die im englischsprachigen Raum im Grunde bis heute eine dominierende Stellung einnimmt.

Der Utilitarismus bei Bentham und Mill

Die praktische Philosophie seit der frühen Neuzeit hat das Glück, das bei Aristoteles noch im Mittelpunkt seiner Tugendethik stand, vernachlässigt. Erst im Utilitarismus wird das menschliche Glück wieder zu einem Grundbegriff der Ethik, allerdings in einer ganz anderen Weise als bei Aristoteles.

Begründer des Utilitarismus waren Jeremy Bentham (1748–1832) und John Stuart Mill (1806–1873). Ein Ziel der utilitaristischen Ethik bestand darin, »verbindliche Normen mit wissenschaftlichen Mitteln zu begründen« (Höffe 2003, 8), und das hieß vor allen Dingen, sich an der Exaktheit der Naturwissenschaften zu orientieren, die im 18. Jahrhundert immer erfolgreicher und damit auch zum Vorbild für die praktische Philosophie wurden. Bentham hat mit seinem Text *Einführung in die Prinzipien von Moral und Gesetzgebung* (1780) die erste systematische Grundlage für die utilitaristische Ethik gelegt (Bentham 2003). Hier wird die Nützlichkeit zum Prinzip erhoben, anhand dessen über die Billigkeit einer Handlung, d.h. ihre normative Richtigkeit, entschieden wird. Nützlich ist sie dann, wenn sie das Glück der Gruppe, also aller Beteiligten, erhöht. Der Begriff der Handlung ist hier sehr weit gefasst, er bezieht sich sowohl auf Einzelhandlungen von Privatpersonen als auch auf politisches Handeln, also bspw. auf die Gesetzgebung. Mit dem Kriterium der Nützlichkeit rücken die Folgen von Handlungen in den Mittelpunkt, die Motive können vernachlässigt werden. Das bedeutet gleichzeitig, dass zur moralischen Bewertung vor allen Dingen empirische Kenntnisse erforderlich sind. Benthams Ziel war es, die Folgen von Handlungen möglichst exakt zu messen. Dazu entwickelte er Kriterien, anhand derer der Wert von Freude oder Leid für eine Person erfasst werden kann. Am Ende stehen in einer Bilanz die Summen der Werte von Freude und Leid gegenüber. Dieser Prozess wird nun für alle Betroffenen durchgeführt und nach einem bestimmten Verfahren kann am Ende ermittelt werden, ob die Handlung insgesamt das Glück erhöht oder nicht. Voraussetzung für diese kardinale Nutzenkalkulation ist u.a., dass das Glück jedes Menschen gleich viel zählt, also das des Aristokraten genauso wie das des Bettlers, und dass die Menschen je selber über den Wert von Freude und Leid entscheiden. Der Utilitarismus von Bentham wird daher auch als quantitativer Utilitarismus bezeichnet, da es ihm vorrangig um die Messbarkeit geht und er keine qualitativen Unterschiede bei Freude (Glück) und Leid (Unglück) anerkennt.

John Stuart Mill verfasste mit seiner Schrift *Der Utilitarismus* (engl. *Utilitarianism*, 1863), nach Birnbacher »die philosophisch anspruchsvollste Verteidigung, die der utilitaristischen Ethik – verstanden als eine ethische Theorie, nach der die Beförderung des allgemeinen Glücks das erste und einzige Kriterium des moralisch richtigen Handelns ist – zuteil geworden ist« (Birnbacher 1985, 117). Mill teilt den rein quantitativen Ansatz von Bentham nicht. Seiner Meinung nach wäre es »unsinnig anzunehmen, dass der Wert einer Freude ausschließlich von der Quantität abhängen sollte, wo doch in der Wertbestimmung aller anderen Dinge neben der Quantität auch die Qualität Berücksichtigung findet« (Mill 1985, 15). Mill führt also noch einen qualitativen Maßstab ein, der für die Bewertung von Freude und Leid hinzugezogen werden muss. Dieser Maßstab besteht vor allem darin, zwischen sinnlichen und geistigen Freuden zu unterscheiden, wobei letztere einen höheren Wert zugesprochen bekommen.

Mit Höffe kann man den Utilitarismus wie folgt zusammenfassen: Es werden nur die Folgen oder Konsequenzen einer Handlung betrachtet (Folgenprinzip), Kriterium für die Folgen ist der Nutzen (Nutzenprinzip), der Nutzen bezieht sich auf das Glück, verstanden als Steigerung der Lust (hedonistisches Prinzip) und es werden alle Betroffenen berücksichtigt (universalistisches Prinzip). Kurzum: »Diejenige Handlung bzw. Handlungsregel ist moralisch richtig, deren Folgen für das Wohlergehen aller Betroffenen optimal sind« (Höffe 2003, 11).

Seit Bentham und Mill den klassischen Utilitarismus begründet haben, hat dieser sich enorm ausdifferenziert und weiterentwickelt und gehört noch heute zu den einflussreichsten ethischen Theorien insbesondere im angloamerikanischen Sprachraum. Darüber hinaus hatte der Utilitarismus von Beginn an nachhaltigen Einfluss auf die Ökonomie. Das betrifft die Heuristik des Homo Oeconomicus, die auf Mill zurückgeht, genauso wie die Wohlfahrtstheorie und das Pareto-Kriterium.

Das Prinzip Autonomie. Moralität und Legalität bei Kant

Nicht an den Handlungsfolgen, sondern an dem Willen des Handelnden orientiert sich der deontologische Entwurf Immanuel Kants. In einer konzisen Textpassage aus der *Grundlegung zur Metaphysik der Sitten* (GMS, BA 37-BA 44) steckt Kant (1724–1804) das ganze Feld der praktischen Vernunft ab. Den Ausgang bildet die Definition des freien Willens als dem Vermögen eines vernünftigen Wesens, *nach der Vorstellung* der Gesetze, also nach Prinzipien zu handeln. Das Reich der Natur wird von dem der Freiheit streng geschieden, und wie in jenem ein jedes Naturding dem allgemeinen Naturgesetz von Ursache und Wirkung unterworfen ist, so verweist in diesem schon die erste Bestimmung des Willens auf den Grundsatz der Selbstbestimmung. Denn das Vermögen nach Prinzipien zu handeln löst den Willen von allen natürlichen Neigungen, Begierden und Interessen und bindet ihn an die Vorgaben der praktischen Vernunft. Weil beim menschlichen Willen die subjektiven Dispositionen zur Handlung nicht schon von sich aus mit den objektiven Vernunftbestimmungen übereinstimmen, weil er noch anderen Neigungen und Triebfedern folgt als denen der reinen praktischen Vernunft, fasst Kant das Verhältnis von Vernunft und Wille als Nötigung auf und nennt deren Formel *Imperativ*.

Je nach Art dieser Willensnötigung unterscheidet Kant zwischen Regeln der *Geschicklichkeit*, Ratschlägen der *Klugheit* und Geboten der *Sittlichkeit*. Ihnen werden verschiedene Imperative zugeordnet, die das Feld der praktischen Vernunft umreißen und sich dabei in den hypothetischen und kategorischen Imperativ unterscheiden lassen. Hypothetisch ist der Imperativ, der eine Handlung als Mittel zu etwas anderem vorstellt; kategorisch oder *moralisch*, wenn er die Handlung als Selbstzweck gebietet. Innerhalb des hypothetischen Imperativs unterscheidet Kant nochmals zwischen dem problematischen und assertorischen: Problematisch oder *technisch* sind die Imperative, die, entsprechend der Logik der Zweckrationalität, die adäquaten Mittel zu einem beliebigen Zweck vorstellen; assertorisch oder *pragmatisch* aber die, bei denen der Zweck nicht beliebig, sondern als das Streben nach Glückseligkeit ausgemacht wird. Natürlich interessiert Kant vor allem die Analyse des Gebots der Sittlichkeit – des obersten Prinzips aller Moralität. Dabei stellt sich Kant ausdrücklich in die Sokratische Tradition, wenn er nicht etwas Neues lehren, sondern das je schon vorhandene Prinzip bloß aufklären will, und zwar als einen synthetisch-praktischen Satz a priori. »Handle nur nach derjenigen Maxime, durch die du zugleich wollen kannst, daß sie ein allgemeines Gesetz werde« (GMS, BA 52) lautet die allgemeine Fassung des Kategorischen Imperativs – das gesuchte Kriterium der Unparteilichkeit für die Beurteilung der Gültigkeit von Handlungsnormen. Ihm zufolge ist nur diejenige Norm gültig, die den Test der Verallgemeinerung widerspruchsfrei besteht.

Von allen Formeln, unter denen Kant den Kategorischen Imperativ vorstellt, erhält die zweite Formulierung herausragende Bedeutung. Als oberstes praktisches Prinzip eingeführt, fungiert sie als Imperativ der Humanität, der vernünftige Wesen verpflichtet »die Menschheit sowohl in deiner Person, als in der Person eines jeden anderen, jederzeit zugleich als Zweck, niemals bloß als Mittel« (GMS, 67) zu betrachten. Unter dem Prinzip des Selbstzweckcharakters der Person verschränkt sie das Gebot der Wahrung des Selbstrespekts – »werdet nicht der Herren Knechte«, heißt es an anderer Stelle (*Metaphysik der Sitten* [MdS], A 97), – mit dem Gebot der Achtung der Würde des Anderen und verklammert damit den praktischen Selbstbezug mit dem Konzept der Intersubjektivität. Wird zudem diese Fassung des Kategorischen Imperativs verallgemeinert, erhält Kant die dritte Formel des Moralprinzips: die »Idee des Willens jedes vernünftigen Wesens, als *allgemein-gesetzgebenden* Willens« (GMS, BA 71); und mit ihm zugleich das Ideal eines Reichs der Zwecke, in dem ein jeder mitgesetzgebender Teilnehmer ist. Selbstgesetzgebung also, Autonomie, das ist der Schlüssel zur Kantischen Moralität, mit der die Revolution in der praktischen Philosophie eingeleitet wird: »Man sah den Menschen durch seine Pflicht an Gesetze gebunden, man ließ es sich aber nicht einfallen, daß er *nur seiner eigenen* und dennoch *allgemeinen Gesetzgebung* unterworfen sei« (GMS, BA 73).

Kants Philosophie ist eine Theorie der durch Vernunft gebundenen Freiheit. Ist das allgemeine Moralprinzip der Unparteilichkeit einmal freigelegt und begründet, so folgt die Anwendung dieses Prinzips in den distinkten Bereichen von *Moralität und Legalität* und wird nach Rechts- und Tugendimperativ ausdifferenziert. Handle »äußerlich so, daß der freie Gebrauch deiner Willkür mit der Freiheit von jedermann nach einem allgemeinen Gesetz zusammen bestehen könne« (MdS, A 34), lautet die Formel des Rechtsimperativs; »handle nach einer Maxime der *Zwecke*, die zu haben für jedermann ein allgemeines Gesetz sein kann« (MdS, A 30), heißt die entsprechende Formel von Kants Tugendimperativ. Der einen liegt Kants Konzept eines Vernunftrechts zugrunde, das in der Tradition der Vertragstheorie von den angeborenen Rechten auf Freiheit und Gleichheit ausgehend, innerstaatlich einen Republikanismus, zwischenstaatlich einen Föderalismus und global einen weltbürgerlichen Friedenszustand intendiert (Kant, Bd. XI, BA 18 ff.). Der andere aber dringt auf die Konkretisierung der kritischen Moral, die Kant nach dem Set der Pflichten gegen sich selbst und denen gegenüber anderen ausdifferenziert.

Die Moral des Diskurses. Moralität, Legitimität und Ethik bei Habermas

An Kants Architektonik orientiert sich Habermas (geb. 1929), wenn er das Feld des Praktischen nach pragmatischem, ethischem und moralischem Gebrauch der Vernunft differenziert. Die genuin praktische Frage: »Was soll ich tun?« verlangt nach guten Handlungsgründen, doch ist es diesmal die spezifische Art der Begründung, durch die sich die einzelnen Bereiche des Praktischen unterscheiden (Habermas 1991b, 101 f.). (1) Müssen wir Aufgaben lösen, um ein bestimmtes Ziel zu erreichen oder eine Entscheidung zwischen verschiedenen Zielen treffen, so folgen wir auch hier der Rationalität der Mittelwahl, die durch technische oder pragmatische Imperative bestimmt ist. (2) Ethisch nennt Habermas jenen Bereich des Praktischen, in dem es um das »gute Leben« geht, sei es nun auf individueller oder kollektiv-politischer Ebene: Auf die Frage, welches Leben man führen möchte, kommen starke Wertungen ins Spiel, so dass das existentielle Selbstverständnis eines Individuums oder einer Gruppe nach einer verstehenden Deutung verlangt, die sich schließlich in angemessenen Ratschlägen äußert. (3) Doch erst im Bereich des Moralischen geht es um eine rationale Begründung praktischer Normen, die den Anspruch auf allgemeine Anerkennung erhebt. Und von hier aus lässt sich der tiefe Unterschied zu Kant namhaft machen.

Zwar zeichnet sich auch die diskursive Moral durch drei Grundzüge aus: durch Universalismus, Kognitivismus und Formalismus. Universal ist sie, sofern nach der gründlichen Entwertung der traditionellen Sittlichkeit die Normativität partikularer Gegebenheiten verblasst und wir auch ihnen gegenüber jenen kritischen Einstellungswechsel vornehmen müssen, der den Anspruch auf Richtigkeit unter Geltungsvorbehalt stellt. Kognitiv ist sie, sofern sie bei allem Vorbehalt gegenüber eingewohnten Lebensformen in keinem Skeptizismus versandet und die in Frage gestellten Geltungsansprüche von Normen mit guten Gründen einzulösen sucht. Formal aber ist sie, weil sie um der Allgemeingültigkeit der Norm willen von allen partikularen Inhalten abstrahiert und es auch ihr um die Gewinnung eines unparteilichen Standpunktes in Sachen Normbegründung geht. Gleichwohl: Dieser Standpunkt der Unparteilichkeit wird nicht länger im Inneren des Subjekts aufgesucht. Er ist kommunikativer Natur und legt damit auch im Bereich des Praktischen Zeugnis von der tiefgreifenden Transformation des Transzendentalen ab, in deren Rahmen das einstige Noumenale von dem Medium der Sprache und der »regulative[n] Idee der *idealen Kommunikationsgemeinschaft*« (Ulrich 2008, 84) abgelöst wird. Genauer: Wie Kants praktische Vernunft in das rationale Verfahren des praktischen Diskurses überführt wird, in das Hin und Her zwischen den Diskursebenen bei der Suche nach guten und besseren Gründen, so transformiert Habermas auch den Kategorischen Imperativ zum *Grundsatz der Universalisierung*, der es den Diskursteilnehmern dank eines allgemeinen Rollentausches erlaubt, ihren je individuellen Willen zugunsten eines allgemeinen Willens zu überwinden. Anspruch auf Gültigkeit wird nur die Norm erheben können, die der Bedingung genügt, »dass die Folgen und Nebenwirkungen, die sich jeweils aus ihrer *allgemeinen* Befolgung für die Befriedigung der Interessen eines *jeden* Einzelnen (voraussichtlich) ergeben, von *allen* Betroffenen akzeptiert [...] werden können« (Habermas 1991a, 75 f.). Nach der schlankeren Version des *diskursethischen Grundsatzes* wären allein jene Normen gültig, auf die sich alle Beteiligten als Teilnehmer eines praktischen Diskurses gemeinsam und mit Gründen geeinigt hätten.

Die sprachpragmatische Transformation der praktischen Vernunft greift auch auf das Verhältnis von Moralität und Legalität hinüber, das Habermas in seiner *Diskurstheorie des Rechts* verhandelt. Formal fungiert der *Universalisierungsgrundsatz* als Moralprinzip, das im praktischen Diskurs die Rolle einer Argumentationsregel übernimmt, die es uns erlaubt, die moralische Gültigkeit einer Handlungsnorm allein unter dem Aspekt der Interessenverallgemeinerung zu prüfen; während das neu eingeführte *Demokratieprinzip* sich der Verschränkung des Diskursprinzips mit der jeweiligen Rechtsform verdankt und auf eine ganz anders geartete legitime Gültigkeit juristischer Normen abzielt (Habermas 1992, 140). Zudem gründet der Unterschied in der Art der jeweiligen Handlungsnorm: Während das Moralprinzip für jene Normen reserviert wird, die im strengen Sinne gerecht sind, wenn sie das Gemeininteresse aller Weltbürger ausdrücken, so dass Moralität in der *Menschheit überhaupt* ihr Bezugssystem hat, ist das Demokratieprinzip auf eine andere Sorte von Handlungsnormen zugeschnitten: Die *Legitimität* der Rechtsnorm verweist auf jenes komplexe Verfahren, das neben dem moralischen Aspekt strenger Verallgemeinerung auch das authentische Selbstverständnis der konkreten Gemeinschaft, die faire Berücksichtigung der Interessen und nicht zuletzt auch die zweckrationale Wahl von Strategien und Mittel in die Willensbildung einbezieht. Inhaltlich wird Kants Anspruch angeborener Menschenrechte in ein System von Grundrechten zurückgenommen, die sich der wechselseitigen Zuerkennung gleicher und freier Bürger verdanken, die ihr Zusammenleben mit Mitteln des positiven Rechts regeln wollen. Dabei wird die possessive Engführung von Kants Privatrecht zugunsten einer privaten Autonomie verabschiedet, die für die ethische Praxis der Selbstverwirklichung der Menschen einsteht.

Prinzipien sozialer Gerechtigkeit: John Rawls

John Rawls (1921–2002) kann als einer der bedeutendsten politischen Philosophen des 20. Jahrhunderts bezeichnet werden. Mit seiner *Theorie der Gerechtigkeit* (engl. 1971) hat er der schon tot geglaubten politischen Philosophie einen neuen, nachhaltigen Impuls gegeben. Seine Grundfrage lautet: Auf welche Gerechtigkeitsgrundsätze (Prinzipien) würden sich freie und gleiche Menschen in einer fairen Ausgangssituation in ihrem eigenen Interesse für ihr gesellschaftliches Zusammenleben einigen? Mit seiner Gerechtigkeitstheorie versucht er vor allem, ein Prinzip sozialer Gerechtigkeit zu entwickeln und zu begründen.

Rawls stellt seiner Gerechtigkeitstheorie einige Grundideen voran. Er begreift eine Gesellschaft als faires System der Kooperation, d.h. die Regeln der Zusammenarbeit werden von allen akzeptiert und gehorchen dem Prinzip der Reziprozität. Außerdem ist die Kooperation zum rationalen Vorteil aller Kooperationsmitglieder, die zugleich als vernünftige Personen aufgefasst werden. Die Idee der wohlgeordneten Gesellschaft bedeutet, dass die Gesellschaft wirksam von den noch zu ermittelnden Gerechtigkeitsgrundsätzen reguliert wird. Weiterhin unterscheidet Rawls zwischen der lokalen, der Binnen- und der globalen Gerechtigkeit, wobei sich seine Analyse nur auf die Binnengerechtigkeit bezieht, also auf die sogenannte Hintergrundgerechtigkeit. »Die Konzeption der Gerechtigkeit als Fairness ist eine politische Konzeption der Gerechtigkeit für den Spezialfall der Grundstruktur einer modernen demokratischen Gesellschaft« (Rawls 2002, 37). Damit hat seine Gerechtigkeitstheorie Grenzen. Sie ist keine moralische Globallehre, sondern erkennt das Faktum des vernünftigen Pluralismus an. Das bedeutet, dass sie vereinbar sein soll mit verschiedenen ethischen Konzeptionen, die von den Mitgliedern vertreten werden, seien diese nun religiöser oder philosophischer Art. Eine weitere wichtige Voraussetzung ist die Idee der freien und gleichen Person. ›Frei‹ bedeutet einerseits eine Konzeption des Guten wählen und revidieren zu können und andererseits sich »als sich selbst beglaubigende Quelle gültiger Ansprüche zu begreifen« (ebd., 50). Gleich bedeutet, dass sie »im nötigen Mindestmaß jene moralischen und sonstigen Fähigkeiten besitzen, die es ermöglichen, voll und ganz am kooperativen Leben der Gesellschaft teilzunehmen« (ebd., 46).

Wie kommt man aber zu den fairen Gerechtigkeitsgrundsätzen, denen alle Beteiligten in ihrem eigenen Interesse zustimmen können? Dazu führt Rawls die Idee des Urzustandes ein. Der Urzustand ist ein rein hypothetisches Gedankenmodell. Er steht für einen vorgesellschaftlichen Zustand, in dem sich die Mitglieder der künftigen Gesellschaft (genauer die Advokaten dieser Gesellschaftsmitglieder) treffen, um die Gerechtigkeitsgrundsätze im Konsens festzulegen. Da faire Gerechtigkeitsgrundsätze nur aus der Position der Unparteilichkeit allgemeine Zustimmung finden können, liegt über den Beteiligten ein Schleier des Nichtwissens. Dieser soll sicherstellen, dass sie nichts über ihre künftige Position in der Gesellschaft wissen. Sie wissen aber, dass sie in einer liberalen, demokratischen Gesellschaft mit Marktwirtschaft leben und dass es in dieser Gesellschaft soziale und ökonomische Ungleichheiten geben wird. Nach Rawls würden sich die Beteiligten im Urzustand auf folgende zwei Gerechtigkeitsprinzipien einigen:

> »a) Jede Person hat den gleichen unabdingbaren Anspruch auf ein völlig adäquates System gleicher Grundfreiheiten, das mit demselben System von Freiheiten für alle vereinbar ist.
> b) Soziale und ökonomische Ungleichheiten müssen zwei Bedingungen erfüllen: erstens müssen sie mit Ämtern und Positionen verbunden sein, die unter Bedingungen fairer Chancengleichheit allen offen stehen; und zweitens müssen sie den am wenigsten begünstigten Angehörigen der Gesellschaft den größten Vorteil bringen (Differenzprinzip)« (Rawls 2002, 78).

Der erste Grundsatz steht für eine gleiche Verteilung von Freiheiten, Grundrechten und politischen Rechten (Hinsch 2002, 3f.) und ist ein unstrittiges liberales Prinzip. Der zweite Grundsatz befasst sich mit dem Umgang von Ungleichheiten und zielt auf die soziale Gerechtigkeit, indem Rawls ein Gleichheitsmoment integriert. Im ersten Teil geht es um *faire* Chancengleichheit, die der formalen, rechtlichen Chancengleichheit gegenübergestellt wird. Jeder soll bei gleichen Talenten und Begabungen gleiche faire Chancen haben. Das bedeutet z.B., dass unverschuldete natürliche und soziale Vor- und Nachteile ausgeglichen werden sollen, was umfassende sozialpolitische Programme voraussetzt (ebd., 6). Der zweite Teil formuliert das Differenzprinzip, das die Verteilung von Einkommen und Vermögen reguliert. Es ist also ein Umverteilungsgrundsatz, der vor allem das

Steuersystem und soziale Transferzahlungen betrifft. Diese sollen so gestaltet sein, dass sie den Schlechtestgestellten den größten Vorteil bringen. Gerade dieser zweite Grundsatz (insbesondere das Differenzprinzip) wird aus marktliberaler Sicht scharf kritisiert, da die von Rawls geforderte Gleichheit zu Lasten der individuellen Freiheit gehe. Freiheit wird aus marktliberaler Sicht als formale, negative Freiheit verstanden (Freiheit von Nötigungen anderer), während Rawls den Vertretern des Konzeptes der positiven oder realen Freiheit zuzuordnen ist (die Freiheit, ein selbstbestimmtes, gutes Leben zu führen). Es geht darum, dass der Wert der Freiheit für die Menschen angeglichen wird (Sen 2000, 36 ff.).

Literatur

Aristoteles: Nikomachische Ethik. Übers. und hg. von Günther Bien. Hamburg 1972.

Aristoteles: Politik. Übers. und hg. von Olof Gigon. München 1986.

Aßländer, Michael S.: Adam Smith zur Einführung. Hamburg 2007.

Ballestrem, Karl Graf: Adam Smith. München 2001.

Bentham, Jeremy: Eine Einführung in die Prinzipien der Moral und der Gesetzgebung. In: Höffe ³2003, 55–83 (Auszug).

Birnbacher, Dieter: Nachwort. In: John Stuart Mill: Der Utilitarismus. Stuttgart 1985, 117–126.

Bürgin, Alfred: Zur Soziogenese der politischen Ökonomie. Marburg 1993.

Habermas, Jürgen: Diskursethik – Notizen zu einem Begründungsprogramm. In: Ders.: Moralbewusstsein und kommunikatives Handeln. Frankfurt a.M. ⁴1991a, 53–125.

–: Vom pragmatischen, ethischen und moralischen Gebrauch der praktischen Vernunft. In: Ders.: Erläuterungen zur Diskursethik. Frankfurt a.M. 1991b, 100–118.

–: Faktizität und Geltung. Beiträge zur Diskurstheorie des Rechts und des demokratischen Rechtsstaates. Frankfurt a.M. 1992.

Hinsch, Wilfried: Gerechtfertigte Ungleichheiten. Grundsätze sozialer Gerechtigkeit. Berlin 2002.

Hobbes, Thomas: Leviathan. Frankfurt a.M. 1984 (lat. 1651).

Höffe, Otfried: Aristoteles. München 1996.

–: Einleitung. In: Otfried Höffe (Hg.): Einführung in die utilitaristische Ethik. Tübingen ³2003.

Hume, David: Über den ursprünglichen Vertrag. In: Ders.: Politische und ökonomische Essays, Teilbd. 2. Hamburg 1988, 301–324 (engl. 1742).

Kant, Immanuel: Grundlegung zur Metaphysik der Sitten [1785]. Theorie-Werkausgabe in 12 Bänden, Bd. VII. Hg. von Wilhelm Weischedel. Frankfurt a.M. 1968.

–: Die Metaphysik der Sitten [1797]. Theorie-Werkausgabe in 12 Bänden, Bd. VIII. Hg. von Wilhelm Weischedel. Frankfurt a.M. 1968.

–: Zum ewigen Frieden. Ein philosophischer Entwurf [1795]. In: Ders.: Schriften zur Anthropologie, Geschichtsphilosophie, Politik und Pädagogik 1. Theorie-Werkausgabe in 12 Bänden, Bd. XI. Hg. von Wilhelm Weischedel. Frankfurt a.M. 1968.

Kersting, Wolfgang: Die politische Philosophie des Gesellschaftsvertrags. Darmstadt 1994.

Mill, John Stuart: Der Utilitarismus. Stuttgart 1985 (engl. 1871).

Raphael, David D.: Adam Smith. Frankfurt a.M. 1991 (engl. 1985).

Rawls, John: Gerechtigkeit als Fairness. Ein Neuentwurf. Frankfurt a.M. 2002 (engl. 2001).

Sen, Amartya: Ökonomie für den Menschen. München 2000 (engl. 1999).

Smith, Adam: Theorie der ethischen Gefühle. Hamburg 1985 (engl. 1759, ⁶1790).

–: Vorlesungen über Rechts- und Staatswissenschaften. Sankt Augustin 1996 (engl. 1978).

Ulrich, Peter: Integrative Wirtschaftsethik. Bern/Stuttgart/Wien ⁴2008.

Hans-Klaus Keul und Olaf J. Schumann

3. Moralentwicklung und moralische Orientierung

Die Moralpsychologie setzt sich als empirische Wissenschaft mit moralischen Wertvorstellungen von Individuen auseinander. Sie unterscheidet vier Indikatoren von Moral: moralisches Wissen, moralisches Urteil, moralische Handlungen und moralische Motivation. *Moralisches Wissen* befasst sich mit der Kenntnis von Normen. Durch das *moralische Urteil* erfolgt eine Einschätzung über den moralischen Gehalt einer Situation. Moralisches Wissen und moralisches Urteil spiegeln sich implizit in *moralischen Handlungen* bzw. *moralischem Verhalten* wider. Um jedoch tatsächlich moralisch zu handeln, bedarf es zusätzlich einer *moralischen Motivation* bzw. moralischer Gefühle wie zum Beispiel Empörung oder Schuld. Moralisches Urteil, moralisches Handeln und moralische Motivation bilden die basale Einheit des moralischen Selbst (vgl. Montada 1993).

Hinsichtlich der Entwicklung von Moral sind in der moralpsychologischen Literatur vor allem zwei Ansätze von Bedeutung: die *Entwicklung des moralischen Urteilens nach Piaget* (vgl. Piaget 1932/1954, 1983) und die *sechs Stufen der moralischen Urteilskompetenz nach Kohlberg* (Kohlberg 1974, 1995).

Die Entwicklung des moralischen Urteilens nach Piaget

Grundlage von Piagets Überlegungen bildet die Annahme, dass die geistige – und damit auch moralische – Entwicklung das Ergebnis der Interaktion eines Individuums mit seiner Umwelt ist. Diese Interaktion ist durch drei Entwicklungsprinzipien gekennzeichnet: Assimilation, Akkommodation und Äquilibration. Hierbei handelt es sich um verhaltenssteuernde kognitive Strukturen bzw. mentale Schemata. *Assimilation* beschreibt die Aufnahme von Umwelteinflüssen, die der Einzelne mit seinem bereits vorhandenen Wissen begreifen kann. Der Anpassungsmechanismus der *Akkommodation* ist als Ergänzung zur Assimilation zu sehen. Er setzt ein, sobald das Individuum mit seinen vorhandenen kognitiven Schemata nicht mehr auf neue Reize reagieren kann und seine alten Schemata modifizieren bzw. neue bilden muss. Dies gelingt immer dann, wenn die neuen Stimuli nur marginal von bekannten Schemata abweichen. Die Tendenz, dass die beiden Anpassungsprozesse Assimilation und Akkommodation von sich aus motiviert sind und keines extrinsischen Impulses bedürfen, bezeichnet Piaget als *Äquilibration* (vgl. Piaget 1932/1954).

Piagets Annahmen über die allgemeine geistige Entwicklung des Menschen bilden auch die Grundlage für seine Untersuchungen über die Entwicklung von Moral. Moral wird als ein System von Regeln verstanden, bei dem der Kern jeder Sittlichkeit in der Achtung besteht, die das Individuum für diese Regeln empfindet (vgl. Piaget 1983). Die Aussagen über die Moralentwicklung stützen sich auf zwei Ansätze: die Untersuchung des Regelverständnisses bzw. der Regelbeachtung und die Frage nach der Einschätzung von Urteilen hinsichtlich der Strafwürdigkeit. In Studien befragte Piaget insgesamt 100 Schweizer Kinder im Alter zwischen fünf und dreizehn Jahren nach der Herkunft von Normen, der gerechten Verteilung von Gütern und Pflichten sowie der Einschätzung unterschiedlicher Strafmaße. Im Ergebnis werden zwei Stadien der Entwicklung von moralischen Urteilen unterschieden. Diese werden dann noch einmal durch eine Zwischenphase getrennt.

Ungefähr im vierten Lebensjahr setzt das erste Entwicklungsstadium ein, das Stadium der *Heteronomie*, in dem das Kind kritiklos das moralische Urteil der Eltern oder anderer Autoritätspersonen übernimmt (moralischer Realismus). Abweichungen davon dürfen aus der Perspektive der Kinder bestraft werden. In dieser Phase existiert eine einseitige Achtung zwischen Kind und Autoritätsperson. Die *Übergangsphase* vom Stadium der Heteronomie zum Stadium der Autonomie zeichnet sich dadurch aus, dass Regeln an sich noch anerkannt werden, die Bedeutung der Autoritätsperson für die Kinder jedoch schwindet. Die Kinder orientieren sich nicht mehr am Urteil der Eltern, sondern an der – jetzt verallgemeinerten und wechselseitig akzeptierten – Regel. Im Stadium der *Autonomie*, welches Kinder etwa um das zehnte Lebensjahr erreichen, beginnt für Piaget die eigentliche moralische Entwicklung. Durch Kooperation und gegenseitige Achtung werden Regeln selbständig aufgestellt und befolgt.

Die Kritik an Piaget richtet sich insbesondere gegen die qualitative Ausrichtung seiner Forschungsmethode, die Orientierung an Stufen (und die damit im Zusammenhang stehenden fest vorgeschriebenen Altersangaben) sowie die Unschärfe theoretischer Begrifflichkeiten (vgl. Ruffy 1981). Ferner wird die mangelnde Berücksichtigung der Qualität von Interaktionen als ausschlaggebender Faktor für die moralische Entwicklung kritisiert (vgl. Lickona 1976).

Stufen der moralischen Urteilskompetenz nach Kohlberg

Der amerikanische Psychologe und Moralphilosoph Kohlberg entwickelt die Arbeit Piagets weiter und erstellt auf der philosophischen Grundlage von Rawls *Theorie der Gerechtigkeit* eine *Theorie zur Entwicklung des moralischen Urteilens.* Kohlberg geht davon aus, dass das Individuum innerhalb eines Entwicklungsprozesses diverse Stadien des moralischen Bewusstseins durchläuft. Um solche Normen zu begründen, konstruierte Kohlberg moralische Dilemmata, mit denen er in einer ca. 30 Jahre umfassenden Längsschnittstudie junge Menschen konfrontierte (vgl. Colby/Kohlberg 1987). Im sogenannten Heinz-Dilemma geht es beispielsweise darum, dass Heinz seiner todkranken Frau ein teures, aber wirksames Medikament aus einer Apotheke beschaffen möchte. Nachdem er sämtliche legalen Möglichkeiten ausprobiert hat, um das Medikament zu bekommen, verzweifelt er und überlegt, ob er in die Apotheke einbrechen und das Medikament stehlen solle (vgl. Kohlberg 1974, 1995).

Kohlberg stellt die Ergebnisse der Befragung in einem Entwicklungsverlauf dar, der sich an Piagets Entwicklungsstadien des moralischen Urteilens orientiert (vgl. Kohlberg 1974). Die insgesamt sechs Moralstufen sind eine irreversible Folge diskreter und zunehmend komplexer Entwicklungsstufen (Habermas 1983), die sich – wie bei Piaget – durch zunehmende Autonomie auszeichnen. Die Stufen eins bis drei erinnern dabei an das heteronome, die Stufen vier bis sechs an das autonome Entwicklungsstadium. Das Individuum reagiert auf unterschiedliche moralische Dilemmata entweder, indem Informationen in vorhandene Strukturen integriert werden (Assimilation) oder aber indem die kognitive Struktur durch neue Informationen verändert wird (Akkommodation). Letzteres zielt auf die Entwicklungsfähigkeit der moralischen Urteilskraft ab. Das moralische Urteil wird Kohlberg zufolge zum einen durch die kognitiven Denkprozesse und zum anderen durch die Fähigkeit zum Perspektivenwechsel verfeinert. Damit wird Piagets Idee von einem kognitiv-affektiven Parallelismus gefolgt (vgl. Lind 1993).

Die einzelnen Stufen zeichnen sich insbesondere durch drei Kriterien aus, die die psychologische Entwicklung von einer Verhaltensänderung im Allgemeinen unterscheiden: Invarianz, Unumkehrbarkeit und Konsekution. *Invarianz* bedeutet, dass jeder Mensch denselben Entwicklungspfad über die verschiedenen Stufen beschreitet. Die *Unumkehrbarkeit* (oder auch Sequenz) bezieht sich darauf, dass kein Individuum von einer höheren Stufe auf eine niedrigere zurückfallen kann. *Konsekution* schließlich beschreibt das Durchschreiten der Stufen in direkter Folge. Das Voranschreiten der Stufen entspricht damit einer sequenziellen Höherentwicklung der moralischen Urteilsfähigkeit. Darüber hinaus setzt eine höhere Moralstufe den Erkenntnisstand der niedrigeren Stufe voraus. Urteilt eine Person z.B. auf der vierten Stufe, so impliziert dies die Erkenntnisse der vorgelagerten Stufen eins bis drei.

Aus jeweils zwei der sechs Moralstufen lässt sich ein Moralniveau erstellen. Die erste und zweite Stufe bezeichnen das *präkonventionelle Niveau*, auf dem sich der Mensch im hedonistischen Sinne am eigenen Interesse orientiert. Die erste Stufe des präkonventionellen Niveaus ist von einem besonderen Gehorsam gegenüber Autoritäten (und nicht gegenüber einer Moralordnung) geprägt. Hier folgt das Individuum den Regeln aus Furcht vor Bestrafung oder aber aus Hoffnung auf Belohnung durch überlegene Autoritäten. Auf der zweiten Stufe des präkonventionellen Niveaus berücksichtigt das Kind erstmals die Interessen anderer, wenngleich die grundlegende instrumentelle Orientierung an den eigenen Bedürfnissen bestehen bleibt.

Die dritte und vierte Moralstufe können zum *konventionellen Niveau* zusammengefasst werden, auf dem das Individuum seine Selbstbezogenheit aufgibt, Pflichten innerhalb der Gesellschaft erkennt und allgemeine Regeln internalisiert. Auf der dritten Stufe versucht das Individuum zunächst, den Erwartungen ihm nahestehender Personen (z.B. der Familie oder anderen Primärgruppen) zu entsprechen. Eine Ausdehnung auf übergreifende Systeme wie Gesellschaft, Staat oder Religion erfolgt dann auf der vierten Stufe.

Die fünfte und sechste Moralstufe werden im *postkonventionellen Niveau zusammengefasst*, auf dem gesellschaftliche Beziehungen reflektiert werden und auf dem sich auch das Selbstbewusstsein entwickelt. Befindet sich ein Individuum auf der fünften Stufe, akzeptiert es zunächst prinzipielle Normen im Sinne eines Gesellschafts- bzw. Sozialvertrags, Gesetze zur Stabilisierung individueller Rechte oder universelle Werte wie Freiheit und Menschenrechte. Dies entspricht der Legitimität bzw. der Moralität: Der Einzelne erkennt, in welchen Situationen die Anerkennung von Recht zu Ungerechtigkeit führt. Auf der sechsten und höchsten Stufe orientiert sich der Mensch an selbst gesetzten Prinzipien, die er für sich als verpflichtend empfindet. Er ist auf der Suche nach allgemeingültigen ethischen Prinzipien wie etwa der Goldenen Regel, Kants kategorischem Imperativ oder dem Universalisierungsprinzip der Diskursethik. Ein wesentliches Kennzeichen der sechsten Stufe ist die *ideale wechselseitige Rollenübernahme*, ein Konzept, das zunächst auf Mead zurückgeht und später von Selmans *Fähigkeitsentwicklung zur sozialen Perspektivenübernahme* (1984) aufgegriffen wird. Dieser Gedanke findet sich auch in Rawls Gedankenexperiment des *Schleiers des Nicht-Wissens* wieder (vgl. Rawls 1971).

Neuere Entwicklungen in der Moralpsychologie

Kohlbergs Stufentheorie wird in der Literatur sowohl theoretisch als auch methodisch diskutiert (vgl. u.a. Gilligan 1982 sowie Lind 1993). Besonders die Kriterien der Invarianz, Unumkehrbarkeit und Konsekution werden diskutiert. Davis beispielsweise widerlegt die interkulturelle Invarianz (vgl. Davis 1987). Rest kritisiert die Unumkehrbarkeit der Kohlbergschen Stufen (vgl. Rest 1979). Kohlberg selbst findet gemeinsam mit Kramer heraus, dass Highschool-Jugendliche immer wieder auf die zweite Stufe zurückfallen und damit seine Unumkehrbarkeits-These verletzen. Die befragten Jugendlichen zeigen sich skeptisch gegenüber jeglicher Art von Moral und wählen ihre moralischen Urteile beliebig. Die Fähigkeit zur Prinzipienorientierung muss um eine individuelle Selbstverpflichtung ergänzt werden, damit entsprechend postkonventionell geurteilt werden kann. Kohlberg führt eine Zwischenstufe (Stufe 4 ½) ein, um zu verdeutlichen, dass es sich nicht um Rückentwicklungen von Sozialmoral handelt, bei der das moralische Bewusstsein regrediert (vgl. Kohlberg/Kramer 1969). Das Merkmal der Konsekution wird u.a. von Eckensberger bestätigt (vgl. Eckensberger 1992). Hier zeigen mehrere empirische Studien, dass der Lerneffekt immer dann besonders hoch ist, wenn Probanden mit einem neuen Problem konfrontiert werden, das genau eine Moralstufe über dem aktuellen Urteilsniveau liegt (vgl. Blatt/Kohlberg 1975). Dieses als *Blatt-Effekt* oder *+1-Konvention* bezeichnete Phänomen orientiert sich an Piagets Akkommodation und dient der Stimulierung der individuellen moralischen Urteilsfähigkeit.

Kohlbergs Stufentheorie wird oftmals ein *normatives Moment* zugeschrieben. Zwar unterstützt Habermas Kohlberg in der Notwendigkeit, einen normativ ausgezeichneten Bezugspunkt in Form eines postkonventionellen Niveaus zu definieren. Er bezweifelt jedoch, dass es sich bei der fünften und besonders bei der sechsten Stufe um *natürliche* Stufen handelt. Habermas entwickelt Kohlbergs Überlegungen daher weiter und sieht als Telos der moralischen Entwicklung das Universalisierungsprinzip, welches von allen Gesellschaftsmitgliedern anerkannt wird (vgl. Habermas 1983). Durch die Stufensequenz als Werthierarchie wird also einem normativen Telos gefolgt und ein Bezug zur philosophischen Begründung des moralischen Urteils hergestellt. Ferner wird über die Erweiterung zu einer siebten Stufe nachgedacht, die bei Kohlberg als religiös-metaphysische Stufe (vgl. Kohlberg 1995), bei Habermas als ethischer Diskurs verstanden wird (vgl. Habermas 1983).

Carol Gilligan, eine Schülerin Kohlbergs, kritisiert seine Forschungen, weil sich in den von ihr bei Frauen erforschten Haltungen der Anteilnahme, Fürsorge, Loyalität und Verantwortlichkeit klare Unterschiede zur eher männlich geprägten Gerechtigkeit ergeben (vgl. Gilligan 1982). Kohlberg kommt zu dem Schluss, Frauen eher der dritten, Männer der vierten Stufe zuzuordnen (vgl. Kohlberg/Kramer 1969). Gilligan forscht zur Geschlechtsspezifik moralischen Urteilens und entwirft ein Modell weiblicher Moral, das im Gegensatz zu den eher rigiden an Prinzipien orientierten männlichen Urteilen, fürsorglich, flexibel und kontextsensibel ist. Die empirische Begründung dieser sehr weitreichenden Vorstellung essentieller Geschlechterdifferenzen erweist sich letztlich nicht als sehr tragfähig. Sowohl Kohlberg als auch andere Autoren können Gilligans Vermutungen empirisch nicht bestätigen (vgl. Colby/Kohlberg 1987).

Andere Forscher untersuchen kontextabhängige *Einflussfaktoren* moralischer Urteilsfähigkeit. Die Höhe des Stufenniveaus hängt zum Beispiel vom Alter sowie von der Anzahl der sozialen Interaktionen bzw. dem Perspektivenwechsel ab (vgl. Rest 1979). Kohlberg findet ferner heraus, dass die fünfte Stufe in der Regel erst mit Ende zwanzig erreicht wird und der prozentuale Anteil in der Bevölkerung sehr gering ist. Kelman unterscheidet im Rahmen seiner sozialen Einflusstheorie drei Formen der Aneignung von Normen: Unter *Compliance* (Einwilligung, Einverständnis) versteht er eine Normaneignung aufgrund von Anreizen, unter *Identifizierung* eine Normaneignung aufgrund der Aufrechterhaltung einer bestimmten Rollenvorstellung und unter *Internalisierung* schließlich die vollständige Übereinstimmung mit den Wertvorstellungen des Adressaten. Die Internalisierung beschreibt den stärksten Einfluss von Normen. Hier werden Normen vom Adressaten als seine eigenen angenommen. Die Norm wird zu einem Bestandteil der Person selbst und prägt damit deren Identität. Die Wirkungskraft einer solchen Norm ist sehr stark, da zum Beispiel normabweichendes Verhalten zu negativen moralischen Gefühlen wie Schuld führen kann und moralisches Verhalten motiviert. Umgekehrt kann man prüfen, inwieweit sich Einstellungs- und Denkmuster verändern bzw. entwickeln lassen (vgl. Kelman 1965).

Während Kohlberg ursprünglich die Einheit von moralischem Urteil, moralischer Motivation und moralischem Handeln postuliert (moralisches Selbst), distanziert er sich in späteren Veröffentlichungen von einem eindeutigen Zusammenhang zwischen moralischem Urteil und moralischem Handeln. Entscheidend sind nunmehr individuelle Bindung, subjektives Verantwortungsbewusstsein und moralische Motivation. Nunner-Winkler versteht unter moralischer Motivation die Verfolgung einer moralischen Norm gegen ein konfligierendes Bedürfnis bzw. gegen das Eigeninteresse. Die Urteilsfähigkeit ist ihr zufolge zwischen dem vierten und fünften Lebensjahr mit Blick auf einige Regeln bereits voll ausgebildet, lediglich die moralische Motivation entwickelt sich weiter (vgl. Nunner-Winkler 1993). In diesem Zusammenhang könnte auf die Theorie der objektiven Selbstaufmerksamkeit verwiesen werden. In Situationen höherer objektiver Selbstaufmerksamkeit werden Abweichungen zwischen Motivation, Urteil und Verhalten bewusster. Folglich gibt es bei ausgeprägter objektiver Selbstaufmerksamkeit eine höhere Übereinstimmung zwischen dem moralischen Urteil und dem moralischen Verhalten (vgl. Duval/Wicklund 1972).

Wirtschafts- und unternehmensethische Implikationen

Entscheidendes Ergebnis der Arbeiten von Piaget und Kohlberg ist es, dass moralisch relevantes Urteilen und Handeln *entwicklungsfähig* ist. Bei fortschreitender moralischer Sozialisation kann das Individuum komplexe Entscheidungssituationen klarer analysieren und gut begründete Lösungen vortragen.

Unternehmen gewinnen bei der sekundären Sozialisation an Bedeutung. Der ontogenetische Bezug moralischer Orientierung eröffnet Spielräume für die *Individualethik*. Nachwuchskräfte werden zum Beispiel durch Dilemma-Situationen, Fall-Studien oder Rollenspiele moralisch sensibilisiert und entwickeln durch Ethik-Trainings diskursive Konfliktlösungskompetenz (vgl. Rebstock 1992). Durch verschiedene Interview-Verfahren zur Messung der moralischen Urteilsfähigkeit können moralische Einstellungs- und Denkmuster von Bewerbern im Rahmen von Personal-Auswahlverfahren auf Übereinstimmung mit zentralen Unternehmenswerten untersucht werden (vgl. Elm/Weber 1994). Gängige Tests sind das *Moral Judgment Interview* (vgl. Colby/Kohlberg 1987), der *Defining Issues Test* (vgl. Rest 1979) oder der *Moralische Urteils-Test* (vgl. Lind 1978). In der Führungsforschung werden moralpsychologische Forschungsergebnisse u.a. im Rahmen transformativer Führungsstile relevant, bei denen gemeinsame Werte und Normen internalisiert werden. Die transformationale Führungskraft lebt Werte persönlich vor und befähigt Mitarbeiterinnen und Mitarbeiter zum Beispiel im Rahmen der +1-Konvention auf einer höheren Moralstufe zu argumentieren (vgl. Bass 1990).

Der individuelle Handlungsspielraum, innerhalb dessen Moral entwickelt werden kann, wird durch institutionelle Rahmenbedingungen bestimmt. Einige Autoren übertragen die Theorie individueller Entwicklung Kohlbergs auf Organisationen (vgl. u.a. Spitzeck 2008; Reidenbach/Robin 1991). Reidenbach und Robin zum Beispiel erarbeiten ein hierarchisches Stufenmodell in Anlehnung an Kohlberg: Auf einer ersten Stufe sind ethische Überlegungen nahezu bedeutungslos und die Gewinnorientierung steht im Zentrum der Unternehmensführung (*amoral organization*). In der *legalistic organization* wird die Gesetzestreue fokussiert, die mit der Legitimität einer Handlung zusammenfällt. Auf einer dritten Stufe, der *responsive organization*, werden Werte in eine umfassende Unternehmenskultur gefasst und Ethik funktional zur Gewinnerzielung und Imagesteigerung eingesetzt. In der *emerging ethical organization* erfolgt ein Abwägen bzw. eine Vermittlung zwischen Ethik und Effizienz, die auf der fünften Stufe, der Stufe der *ethical organization*, ins Gleichgewicht gebracht werden. Im Gegensatz zur Kohlbergschen Theorie werden im Modell von Reidenbach und Robin nicht alle Stufen von der Institution konsekutiv durchlaufen. Einzelne Stufen können übersprungen werden; auch ein Rückfall auf vorgelagerte Stufen ist möglich. Außerdem besteht die Möglichkeit für die Institution, auf jeder beliebigen Stufe einzusetzen. Das Unternehmen wird also als künstliche Entität rekonstruiert, die analog zu Individuen einem Stufensystem der moralischen Entwicklung im Kohlbergschen Sinne folgt.

Mit Hilfe von Kohlbergs Theorie lässt sich auch die praktische Relevanz *wirtschafts- und unternehmensethischer Theorien* untersuchen. Apels transzendentalpragmatische Diskursethik etwa wird der postkonventionellen Ethik zugeordnet, da sie Letztbegründungsdiskurse behandelt und Anwendungsbedingungen ethisch reflektiert. Empirische Studien unter deutschen Führungskräften bestätigen, dass sich die meisten Manager an der geltenden Rechtsordnung orientieren, ihre moralische Urteilsfähigkeit also konventionalistisch geprägt ist (vgl. Kaufmann et al. 1986). Homanns Ansatz, der mit Blick auf die Normenimplementierung strategisches Handeln voraussetzt, ist von Mitarbeitern auf konventionellem Niveau besser nachvollziehbar. Die Positionen von Ulrich (Integrative Wirtschaftsethik) und Koslowski (Ethische Ökonomie) hingegen sind vor diesem Hintergrund weniger praxisrelevant, da beiden Theorien ein postkonventionelles Urteilsvermögen zugrunde liegt (vgl. Parche-Kawik 1999).

Literatur

Bass, Bernard M.: From Transactional to Transformational Leadership: Learning to Share a Vision. In: Organizational Dynamics 18, 3 (1990), 19–31.

Blatt, Moshe/Kohlberg, Lawrence: The Effects of Classroom Moral Discussion upon Children's Level of Moral Judgment. In: Journal of Moral Education 4, 2 (1975), 129–161.

Colby, Anne/Kohlberg, Lawrence: The Measurement of Moral Judgment. Bd. I. Theoretical Foundations and Research Validation. Cambridge 1987.

Davis, Leonard R.: Cultural Differences in Moral Reasoning, Unpublished Doctoral Dissertation. University of Minnesota 1987.

Duval, Shelley/Wicklund, Robert A.: A Theory of Objective Self-Awareness. New York 1972.

Eckensberger, Lutz H.: Ein alternatives Stufenmodell der Entwicklung des Moralurteils. In: Fritz Oser/ Wolfgang Althof (Hg.): Moralische Selbstbestimmung. Stuttgart 1992, 214–221.

Elm, Dawn R./Weber, James: Measuring Moral Judgment: The Moral Judgment Interview or the Defining Issues Test? In: Journal of Business Ethics 13, 5 (1994), 341–355.

Gilligan, Carol: In a Different Voice: Psychological Theory and Women's Development. Cambridge 1982.

Habermas, Jürgen: Diskursethik-Notizen zu einem Begründungsprogramm. In: Ders. (Hg.): Moralbewusstsein und kommunikatives Handeln. Frankfurt a.M. 1983, 53–126.

Kaufmann, Franz-Xaver et al.: Ethos und Religion bei Führungskräften. Eine Studie im Auftrag des Arbeitskreises für Führungskräfte in der Wirtschaft. München 1986.

Kelman, Herbert C.: Compliance, Identification, and Internalization: Three Processes of Attitude Change. In: J. David Singer (Hg.): Human Behavior and International Politics. Contributions from the Socio-Psychological Sciences. Chicago 1965, 232–242.

Kohlberg, Lawrence: Zur kognitiven Entwicklung des Kindes. Drei Aufsätze. Frankfurt a.M. 1974.

–: Die Psychologie der Moralentwicklung. Frankfurt a.M. 1995.

– /Kramer, Richard: Continuities and Discontinuities in Childhood and Adult Moral Development. In: Human Development 12, 2 (1969), 93–120.

Lickona, Thomas: Research on Piaget's Theory of Moral Development. In: Ders. (Hg.): Moral Development and Behavior. Theory, Research, and Social Issues. New York/Chicago 1976, 219–240.

Lind, Georg: Wie misst man moralisches Urteil? Probleme und Möglichkeiten der Messung eines komplexen Konstrukts. In: Gerhard Portele (Hg.): Sozialisation und Moral. Neuere Ansätze zur moralischen Entwicklung und Erziehung. Weinheim 1978, 171–201.

–: Parallelität von Affekt und Kognition in der moralischen Entwicklung. In: Detlef Garz/Fritz Oser/Wolfgang Althof (Hg.): Moralische Zugänge zum Menschen – Zugänge zum moralischen Menschen. München 1993, 158–179.

Montada, Leo: Moralische Gefühle. In: Wolfgang Edelstein/Gertrud Nunner-Winkler/Gil Noam (Hg.): Moral und Person. Frankfurt a.M. 1993, 259–277.

Nunner-Winkler, Gertrud: Zur Entwicklung moralischer Motivation. In: Wolfgang Schneider (Hg.): Entwicklung von der Kindheit bis zum Erwachsenenalter. Weinheim/Basel 2008, 103–123.

Parche-Kawik, Kirsten: Wirtschaftsethik und Berufsmoral – Die Auseinandersetzung um das Leitbild für den modernen Kaufmann im Lichte empirischer Befunde. In: Eberhard Jung/Thomas Retzmann (Hg.): Aktuelle Herausforderungen an die arbeits- und be-

rufsbezogene Politische Bildung: Mensch – Kommunikation – Qualifikation. Neusäß 1999.
Piaget, Jean: Das moralische Urteil beim Kinde [1932]. Zürich 1954.
–: Meine Theorie der geistigen Entwicklung. Frankfurt a.M. 1983.
Rawls, John: A Theory of Justice. Cambridge 1971.
Rebstock, Michael: Organisation und Ethik – Zur Entwicklung und Umsetzung individueller moralischer Kompetenz im Unternehmen. Frankfurt a.M. 1992.
Reidenbach, R. Eric/Robin, Donald P.: A Conceptual Model of Corporate Moral Development. In: Journal of Business Ethics 10, 4 (1991), 273–284.
Rest, Jim R.: Development in Judging Moral Issues. Minneapolis 1979.
Ruffy, Michèle: Influence of Social Factors in the Development of the Young Child's Moral Judgment. In: European Journal of Social Psychology 11, 1 (1981), 61–75.
Selman, Robert L.: Die Entwicklung des sozialen Verstehens. Entwicklungspsychologische und klinische Untersuchungen. Frankfurt a.M. 1984.
Spitzeck, Heiko: Moralische Organisationsentwicklung: Was lernen Unternehmen durch die Kritik von Nichtregierungsorganisationen? Bern u.a. 2008.

Julia Knopf und Alexander Brink

III. Theoriegeschichtliche Hintergründe der Wirtschafts- und Unternehmensethik

1. Von der aristotelischen Trias zur schottischen Aufklärung

Ökonomie als Hauswirtschaft

Die ökonomischen Vorstellungen der Antike waren eng verknüpft mit einer agrarischen Lebensweise und dem Ideal der Subsistenzwirtschaft. Dieses Bild gilt in gleicher Weise für die griechische, wie für die römische Antike. Der überwiegende Teil der antiken Produktion fand in der Landwirtschaft oder in landwirtschaftlichen Nebengewerben statt. Die Eliten des Staates lebten von den Grundrenten ihrer landwirtschaftlichen Besitztümer. Allerdings waren die politische, religiöse und soziale Ordnung städtisch geprägt. Der Einzelne bestimmte seinen Status als Bürger in der Stadt. Hier konzentrierte sich die politische Macht, und hier wurden die in der Landwirtschaft erwirtschafteten Vermögen ausgegeben, ein Umstand, der Max Weber zu der spöttischen Rede von der griechischen »Pensionopolis« veranlasste (Weber 1988, 147). Das Ideal der Bürgerelite war der freie Mann, der unabhängig von äußeren Zwängen von seinen Grundrenten leben konnte (vgl. Aristoteles 1993, 50 [1367a 25ff.]). Dieses Ideal der Selbstversorgung hielt sich bis weit in römische Zeit hinein und war prägend für das antike Wirtschaftsverständnis (vgl. Finley 1993, 122–125).

Generell wurden dabei Ethik, Ökonomie (*oikos*: Hauswirtschaft) und Politik als Einheit betrachtet. Für Aristoteles bildet diese Trias den Gegenstandsbereich der Praktischen Philosophie: Dabei regelt die Politik das Verhältnis des Einzelnen zum Staat, d.h. zur Polis. Hierzu zählen Fragen der Verfassung ebenso, wie die Verteilung politischer Ämter und Abgaben oder die Grundlagen der Gesetzgebung. Die Ökonomie regelt die Fragen der Hauswirtschaft. Hierzu zählen sowohl die Ordnung des Hausstandes, die Beschaffung der lebensnotwendigen Güter, aber auch Probleme der Sklavenerziehung oder der Ehe. Die Ethik schließlich regelt das richtige Verhalten des Einzelnen in Bezug auf seine Mitmenschen. Es geht hier vor allem um das Problem der gelungenen Lebensführung, aber auch um das Verhältnis zu Freunden oder um Fragen der Gerechtigkeit.

Das Wirtschaftsverständnis der Antike unterscheidet sich wesentlich von unserer heutigen Anschauung von Ökonomie. Mindestens vier Unterschiede sind dabei von Bedeutung:

(1) Die Idee der ›Hauswirtschaft‹: Die Auffassung von Ökonomie beschränkte sich in der Antike überwiegend auf die Hauswirtschaft. Nahezu alle antiken Textstellen in Bezug auf die ›Oikonomie‹ handeln bis auf wenige Ausnahmen von der Verwaltung des eigenen Vermögens, d.h. des landwirtschaftlichen Anwesens (vgl. u.a. Hesiod 1990; Xenophon 1956). Ziel dieses Wirtschaftens ist die Wahrung der eigenen Unabhängigkeit; deshalb sollen möglichst alle Gegenstände des täglichen Bedarfs auf dem Landgut selbst hergestellt werden. Handwerkliche Produktion und Handel werden nur am Rande beachtet und spielen nur insofern eine Rolle, als sie zum Erhalt des Landgutes und seiner Bewohner dienlich sind. Die herausragende Bedeutung der Landwirtschaft hält sich dabei bis in die römische Antike.

(2) Negative Bewertung der Arbeit: Im antiken Verständnis gilt Arbeit als eines freien Mannes unwürdig. Das antike Ideal stellt der Gutsbesitzer dar, der ohne materielle Not von seinem Grundbesitz leben kann. Frei sein bedeutet für den antiken Menschen stets auch die Freiheit von materiellen Zwängen und der Vormundschaft anderer (vgl. Finley 1993, 57ff.). Darüber hinaus existiert eine klare Vorstellung davon, welche Arbeiten als ehrenwert gelten und welche nicht. An erster Stelle steht dabei die landwirtschaftliche Arbeit, gefolgt von jenen Berufen, deren Ausübung besondere Gelehrsamkeit erfordert. Am Ende dieser Hierarchie stehen Krämer, Geldverleiher und Zöllner. Eine Ausnahme in dieser Hierarchie bildet alleine der Seehandel, der trotz seiner ›Verwandtschaft‹ mit dem Handel dennoch zu den ehrenwerten Berufen gezählt wird, da er das Land mit lebenswichtigen Importgütern versorgt und besonderen Mut und Tapferkeit erfordert (vgl. Cicero 1995, 131f. [I,150f.]).

(3) Tugend als Beurteilungskriterium: Das Urteil über richtiges ökonomisches Verhalten basiert über-

wiegend auf moralischen Vorstellungen. Die meisten antiken Autoren gehen davon aus, dass der rechtschaffene und tugendhafte Mann auch wirtschaftlich, d.h. bei der Verwaltung seines Landgutes, erfolgreich sein wird. Dabei gilt der Grundsatz, dass niedere Arbeit denjenigen, der sie ausführt, auch zu einer niederen Gesinnung verleitet. So gelten Handwerker als verweichlichte Stubenhocker und Kaufleute als potentielle Betrüger (vgl. u.a. Xenophon 1956, 249 [4, 2]; Platon 1991b, 881 [919e–920a]). In Rom wurden Handwerker und Gewerbetreibende zeitweilig per Gesetz von der Bewerbung um ein höheres Amt und vom Kriegsdienst ausgeschlossen (vgl. Mommsen 1993, I, 206). Schneller Reichtum aus Handel oder Spekulationsgeschäften erscheint den meisten Menschen der Antike als suspekt, da sie davon ausgehen, dass diese Reichtümer nicht auf ehrliche Art und Weise erworben sein können.

(4) Eigentum als Verpflichtung: Bis auf wenige Ausnahmen galt in der Antike die Garantie des Privateigentums, das in manchen Verfassungen auch den Sklaven zugestanden wurde. Allerdings war Reichtum in der Antike gleichzeitig mit starken sozialen Verpflichtungen belegt, die vor allem der Landesverteidigung, aber auch der Ausgestaltung religiöser Feste oder städtischer Einrichtungen dienten. Die Übernahme derartiger Pflichten gilt insbesondere in der griechischen Antike als Ehrenamt (*liturgia*). Vor allem in der römischen Antike werden Unsummen an Privatgeldern dafür aufgewendet, öffentliche Spiele zu gestalten und das römische Stadtproletariat zu ernähren. Eine Zählung der Empfänger von Getreidespenden zur Zeit Julius Caesars ergab die stattliche Anzahl von 320.000 Hilfsbedürftigen (vgl. Finley 1991, 31). Zahlreiche dieser (Ehren-)Ämter wurden nur an die reichsten Bürger der Stadt vergeben, ohne dass diese Ämter irgendeine Verdienstmöglichkeit geboten hätten. So war es beispielsweise in Rom durch das ›Clincische Gesetz‹ aus dem Jahre 204 v.Chr. untersagt, für die Tätigkeit als Rechtsbeistand Gebühren zu nehmen.

Oikonomik und Chrematistik

Überhaupt scheint die Vorstellungswelt der Antike wesentlich von nicht-ökonomischen Überlegungen geprägt. Ökonomische Sachtatbestände werden entweder im Bereich der Moralphilosophie oder im Bereich der Politik abgearbeitet. Zwar gelten Fleiß, die eigene Anstrengung oder die umsichtige Vermehrung des eigenen (landwirtschaftlichen) Vermögens als ›gottgefällig‹ und werden nach Meinung der antiken Menschen von den Göttern durch Segen und materiellen Reichtum belohnt (vgl. Hesiod 1990, 34 ff.). Dennoch erscheint erwerbswirtschaftliche Tätigkeit, die alleine auf die Mehrung des materiellen Reichtums zielt, dem antiken Menschen als verwerflich. Deutlich wird dies unter anderem bei Aristoteles, der drei Einzeldisziplinen des Wirtschaftens strikt unterscheidet (vgl. Aristoteles 1995, 14–26 [1253b–1258a]):

(1) Haushaltskunst (Oikonomik): Gegenstand der Haushaltslehre ist die Verwendung der Dinge. Sie dient der Bewahrung des Vermögens und schafft gleichzeitig natürlichen Reichtum. Aristoteles nennt vier Aufgaben, die mit der Haushaltungskunst verbunden sind: (1) zu erwerben, (2) zu bewahren, (3) in Ordnung zu halten (4) zu gebrauchen wissen (Pseudo-Aroistoteles 1983, 100 [1344b 21–27]). Zur Haushaltskunst zählt Aristoteles im Einzelnen: Viehzucht, Ackerbau, Obstkultur, Holzwirtschaft und Bergbau. Ziel der Haushaltungskunst ist die Autarkie; sie entspricht dem philosophischen Ideal der Selbstgenügsamkeit. Mäßiger Reichtum und geordnete Verhältnisse, d.h. ein Leben ohne Zwang zu körperlicher Arbeit, sind das Ideal des freien Bürgers. Sie erlauben es ihm, sich für die Polis nützlich zu machen und in Politik und Staatsverwaltung zu engagieren.

(2) Beschaffungskunst oder natürliche Erwerbskunst (Ktetik): Die Beschaffungskunst steht zwischen reiner Erwerbskunst und Haushaltungskunst; insofern sie dem natürlichen Erwerb jener Dinge dient, derer der Haushalt bedarf, ist sie Teil der Erwerbskunst; insofern sie auf den Erwerb von Reichtümern ausschließlich aus Gewinnsucht verzichtet, ist sie Teil der Haushaltungskunst. Zur natürlichen Erwerbskunst zählt Aristoteles die Berufe: der Hirten, der Jäger (zur Jagdkunst zählt auch der Krieg und der Erwerb von Sklaven), der Fischer, der Bauern und der Räuber.

(3) Künstliche Erwerbskunst (Chrematistik): Ziel der Chrematistik ist der Erwerb um des Erwerbs willen; es geht hier nicht mehr wie bei der Beschaffungskunst um den Erwerb zum Zwecke einer begrenzten Bedürfnisbefriedigung, sondern um den schrankenlosen Erwerb. Das wesentliche Problem der Chrematistik besteht im widernatürlichen Gebrauch der Dinge und der menschlichen Fertigkeiten. Für Aristoteles ist das oberste Prinzip bei der Herstellung einer Sache der Zweck (*causa finalis*), dem diese Sache dienen soll. So fertigt beispielsweise

der Schuster einen Schuh, nicht primär, um ihn zu verkaufen, sondern um einen guten Schuh zu fertigen. Auch der Arzt übt seine Kunst primär aus, um seinen Patienten zu heilen, nicht um einen Lohn für seine Kunst zu empfangen. Und der Bürger engagiert sich für den Staat, um dem Staat zu dienen, nicht um Gewinn und Vorteil hieraus zu ziehen. Werden diese Tätigkeiten jedoch alleine um des Gelderwerbs willen ausgeübt, gelten sie als entartet und damit als moralisch verwerflich.

Während Platon der Chrematistik als ›Wirtschaftskunst‹ eine gewisse eigenständige Berechtigung zuschreibt, da letztlich auch der kunstfertigste Handwerker vom Verkauf seiner Produkte abhängig bleibt, wenngleich wir die Qualitäten seiner Ware vor allem nach seinem handwerklichen Geschick und weniger nach seinem kaufmännischen Talent beurteilen sollten (vgl. Platon 1991a, 79 ff. [346 c–e]), zeichnet Aristoteles ein negativeres Bild der reinen Erwerbskunst. Ziel der Erwerbskunst sei der schrankenlose Erwerb: »Daher hat denn auch dieser Reichtum, der aus dieser Art Erwerbskunst fließt, kein Ende und keine Schranke« (Aristoteles 1995, 20 [1257 b 24]). Damit teilt Aristoteles die allgemein skeptische Einstellung der Antike gegenüber ›Spekulationsgewinnen‹, die von den meisten Autoren insbesondere deshalb als problematisch erachtet werden, da sie die Gier des Einzelnen wecken und ihn so zu schädlichem Verhalten gegenüber der Gemeinschaft treiben (vgl. u.a. Demokrit 1991, 182 [720]; Epikur 1988, 66 [15]).

Sklavenarbeit und Lohnarbeit

Das antike Wirtschaftsgefüge ist ohne Sklavenarbeit nicht denkbar. Sowohl handwerkliche als auch landwirtschaftliche Tätigkeiten wurden überwiegend von Sklaven erbracht. Zudem lag fast die gesamte Verwaltung des römischen Staates, die medizinische Versorgung aber auch das Bildungswesen in den Händen von Sklaven, die mitunter weitaus gebildeter waren als der römische Plebs. Zur Begründung der Sklaverei existierten dabei seit der griechischen Antike zwei Auffassungen: Entweder ging man davon aus, dass Sklavenarbeit oder die Ausübung niederer Berufe an sich als minderwertig zu gelten habe und auch die Menschen, die sie ausübten, minderwertig machte, der Sklave somit gleichsam durch sklavische Tätigkeit zum Sklaven würde. Oder man argumentierte mit Aristoteles, dass Sklaverei von Natur aus existierte und der schlechte Mensch von Natur aus Sklave des besseren Menschen sei: »Denn der ist von Natur ein Sklave, der eines anderen sein kann – weshalb er auch eines anderen ist – und der an der Vernunft nur insoweit teilhat, dass er sie in anderen vernimmt, sie aber nicht selbst hat [...]: beide, Sklaven und Haustiere, verhelfen uns zur Befriedigung unserer leiblichen Bedürfnisse« (Aristoteles 1995, 10 [1254 b 15–25]). Aristoteles sieht im Sklaven nichts anderes als ein menschliches Werkzeug, das seinem Herren zu dienen bestimmt ist. Erst im Zustand ›völliger Automation‹ wäre die Sklaverei in den Augen Aristoteles' überflüssig:

> »Dann freilich, wenn jedes Werkzeug auf erhaltene Weisung, oder gar die Befehle im voraus erratend, seine Verrichtung wahrnehmen könnte, wie das die Statuen des Dädalus oder die Dreifüße des Hephästus getan haben sollen [...], wenn so auch das Weberschiff von selber webte und der Zitherschlägel von selber spielte, dann brauchten allerdings die Meister keine Gesellen und die Herren keine Knechte« (Aristoteles 1995, 7 [1253 b 35–1254 a 1]).

Grundsätzlich unterlag die antike Wirtschaft einem Primat der Ethik. Die Zwecke des Wirtschaftens waren eng begrenzt und auf die Vermögensmehrung im eigenen Haushalt gerichtet – wie groß dieser auch immer gewesen sein mag. Fragen der Berufswahl, die Vorstellung von Arbeitsteilung, aber auch die Sichtweise von Handel oder Geldwirtschaft waren begrenzt durch die moralischen und politischen Vorstellungen, denen ein weit höheres Gewicht beigemessen wurde, als dem Kriterium ökonomischer Effizienz oder etwaigen Rentabilitätsgesichtspunkten. Wenn dennoch zahlreiche antike Autoren die Vorzüge der Arbeitsteilung betonen, scheint ihnen dabei nicht die damit verbundene mögliche Effizienzsteigerung bedeutsam, sondern vor allem betonen sie den Umstand, dass arbeitsteilige Produktion menschengemäß sei, da nun jeder eine Arbeit entsprechend seiner je spezifischen Talente und Fähigkeiten ausüben könne (vgl. u.a. Platon 1991a, 137 ff. [369b–370c]; Xenophon 1920, 97 f. [VIII,2,5]). Wirtschaft dient dem Menschen; im Zentrum stehen die Versorgung der Gemeinschaft und die Vervollkommnung der handwerklichen Qualität zum Nutzen des ›Kunden‹. Die Ausnutzung möglicher Marktvorteile oder von Zwangslagen des Käufers oder Verkäufers bleiben bis in römische Zeit hinein aus moralischen Gründen verpönt (vgl. Cicero 1995, 263–269 [III,49–57]); Ökonomie als ›Chrematistik‹ zählt als entartete Kunst, die diejenigen die sie ausüben als unmoralische und charakterschwache Subjekte an den Rand der Gesellschaft drängen.

Die theologische Sicht der Ökonomie

Diese vergleichsweise negative Sichtweise von Ökonomie wird von den Theologen des Mittelalters übernommen. Nach dem Zusammenbruch des (west)römischen Reiches und der Auflösung der bisherigen Ordnung durch die Völkerwanderung sind sie es, die die neue soziale Ordnung im Sinne der christlichen Lehre interpretieren.

Das ökonomische Denken des Mittelalters orientiert sich dabei zum einen an den klassischen Texten der griechischen und römischen Antike. Platon und Aristoteles, aber auch Cicero oder Seneca besitzen den Rang unbestreitbarer Autoritäten. Zum anderen aber existiert im Mittelalter im Gegensatz zur Antike eine einheitliche religiöse Vorstellung. Der christliche Glaube eint nicht nur Europa, er zementiert auch den unverbrüchlichen Machtanspruch von Papst und Kaiser und sichert so die Vormachtstellung Roms. Die Übereinstimmung mit der christlichen Lehre, die nun für alle Menschen bindend ist und in weiten Bereichen des Denkens und Fühlens bestimmend wird, wird so zum alleinigen Referenzpunkt für Wahrheit. Elemente der klassischen Antike, Glaubenswahrheiten und christliche Offenbarung fließen so ineinander und bestimmen alle Bereiche des mittelalterlichen Lebens – auch die Ökonomie (vgl. Le Goff 1987, 121–127). Dabei gelingt es den mittelalterlichen Denkern, unterschiedliche Wertvorstellungen der griechisch-römischen Tradition, der jüdisch-christlichen Überlieferung und der heidnischen Vorstellungswelt miteinander zu verbinden. Was hier als Nebeneinander verschiedener Auffassungen von Gesellschaft beginnt, formen christliche Theologen allmählich zu einem eigenen Gesellschaftskonzept, mit dessen Hilfe es ihnen mindestens theoretisch gelingt, das aristokratische Erbe der Antike mit den christlichen Idealen des Dienens und der Gemeinschaft zu verbindet.

Allgemeine Kennzeichen des mittelalterlichen Ökonomieverständnisses sind dabei:

(1) Umdeutung der Arbeit: Entsprechend der jüdisch-christlichen Tradition findet im Mittelalter eine Neubewertung der Arbeit statt. Dabei steht nun die Überzeugung im Vordergrund, dass Arbeit zu den Grundtatbeständen des Menschseins überhaupt zählt. Die Vorstellung des Paradieses als Garten Eden, den der Mensch durch göttlichen Auftrag bebauen und pflegen solle (vgl. Gen. 2,15), impliziert eine annähernd gleich positive Einstellung zur landwirtschaftlichen Arbeit wie in der Antike. Im Gegensatz zur Antike ist Arbeit aber nun generell von Gott gewollt; der arbeitende Mensch ist gottgefällig. Durch den Sündenfall wird die Arbeit für den Menschen jedoch zur Strafe; für sein Erkenntnisstreben bestraft Gott den Menschen mit lebenslanger Arbeit und Mühsal (vgl. Gen. 3,17 ff.). Der Fluch schwerer körperlicher Mühen wird damit zum Schicksal aller Menschen. Obwohl das Arbeitsleid des Mittelalters durchaus nicht gleich verteilt ist, stellt der Gedanke, dass ein jeder seinen Dienst zu verrichten habe, eine wesentliche Säule der mittelalterlichen Gesellschaft dar (vgl. Gurjewitsch 2000, 45). In der klösterlichen Gemeinschaft, aber auch in der Ständegesellschaft des Mittelalters wird dieser Arbeitsgedanke verwirklicht. Arbeit ist Lebensvoraussetzung für den Menschen, sie ist gottgewollt, und sie trifft alle gleichermaßen.

(2) Justum pretium und kanonisches Zinsverbot: Ebenso wie in seiner Einstellung zur Arbeit knüpft das mittelalterliche Denken auch in seiner Vorstellung von einem gerechten Preis an die antiken Vorbilder, namentlich an Aristoteles an. Unter dem gerechten Preis (*justum pretium*) versteht man im Mittelalter eine Art natürlichen Preis, der allen Gütern innewohnt. Dieser setzt sich zusammen aus dem Wert der zur Produkterstellung geleisteten Arbeit, den Ausgaben (Materialkosten, Transportkosten usw.), sowie gegebenenfalls einem Aufschlag für die Seltenheit des Produkts und eventuelle Gefahren bei der Produkterstellung. Analog dazu setzt sich der gerechte Lohn nach dem anerkannten Wert der geleisteten Arbeit und der Würde der Person, die diese Arbeit leistet, zusammen. Dies entspricht einer Arbeitswertlehre, die vor allem auf einem aristotelischen Gerechtigkeitsverständnis fußt und zugleich von einem gesellschaftlichen ›Common Sense‹ über die jeweilige Würde der einzelnen Tätigkeiten ausgeht. Entsprechend dieser Vorstellung vom natürlichen Lohn und vom gerechten Preis galten Kreditgeschäfte das gesamte Mittelalter hindurch als Sünde und wurden ab dem Jahr 1179 offiziell von der katholischen Kirche unter Strafe gestellt. Fünf Argumente waren hierfür bezeichnend: Zum einen ging man entsprechend der aristotelischen Lehrautorität davon aus, dass ›Geld keine Jungen gebiert‹ (*pecunia pecuniam parere non potest*; vgl. Aristoteles 1995, 23 [1258 b 4–8]). Geld gilt allenfalls als Tausch- und Rechenmittel. Zum

Zweiten stützte sich das Zinsverbot auf ein augustinisches Zeitverständnis. Gemäß der Lehre des Augustinus ist Zeit unumkehrbar und unwandelbar (vgl. Augustinus 1992, 310–329 [XI, 12–28]). Alle Zeit liegt bei Gott, er besitzt die Ewigkeit als die Fülle aller Zeit. Wer nun aber Zins nimmt, handelt mit der Zeit und stiehlt somit, was Gott gehört. Drittens verstößt derjenige, der Zinsen nimmt gegen das Gebot der Sonntagsruhe, da er niemals ›ruht‹ und stets ›arbeitet‹ um Geld zu verdienen (vgl. Berthold 1862–1880, I, 244 5–34 [XVII]). Viertens entsprach das Zinsverbot ebenfalls der christlich-jüdischen Überlieferung, wie sie sowohl im Alten als auch im Neuen Testament niedergelegt ist (vgl. Deut 23,20; Lk 6,34–35). Fünftens schließlich ergibt sich das Zinsverbot aus der scholastischen Eigentumsauffassung. Wer Geld leiht, lässt sich sowohl die Überlassung der Sache wie auch deren Gebrauch bezahlen, kassiert also sozusagen zweimal. Er erhält den Nominalwert seines Geldes zurück (›Kaufpreis‹) und nimmt darüber hinaus Zinsen vom Darlehensnehmer für dessen Gebrauch des Geldes. Dies widerspricht nach scholastischer Sicht der Natur des Erwerbs, da nach Meinung der Scholastiker das Eigentum an einer Sache und der Gebrauch dieser Sache in der Regel nicht voneinander getrennt werden können (vgl. Thomas von Aquin 1985, III, 359 [2II, 78, 1]).

(3) Erstarkung von Handel und Handwerk: Diese theoretische Auffassung der kirchlichen Lehrautorität gerät jedoch zunehmend in Widerspruch zur tatsächlich gelebten ökonomischen Praxis. Insbesondere in der Stadt mit ihrer arbeitsteiligen Produktionsweise und dem Warentausch auf permanenten Märkten wird die scholastische ökonomische Theorie von der Praxis überholt. So kommt es zwischen dem 11. und 13. Jahrhundert innerhalb Europas zu wesentlichen Veränderungen innerhalb der ökonomischen und sozialen Struktur, die gemeinhin unter dem Namen ›kommerzielle Revolution‹ zusammengefasst werden (vgl. u. a. Gurjewitsch 1993, 12 f.). Mit dem endgültigen Ende der Völkerwanderung beginnt eine Zeit des friedlichen Handels und Warentausches, die Transportwege zu Land und zu Wasser werden sicherer und es kommt zu einem Aufschwung des Handels. Der Rückgang der Sterblichkeit, die allgemeine Verbesserung der Ernährungslage und eine zunehmende Urbanisierung führen zu einem Anstieg von Produktion und Konsumption. Diese Entwicklungen verändern nicht nur die ökonomischen Strukturen sondern auch die Einstellung der Bevölkerung zu Handwerk und Handel. Zwar leben die reichen Händler und Kaufleute des Hochmittelalters und der Renaissance in stetiger Furcht vor dem Jenseits, dies ändert aber nichts an ihrer an ökonomischen Kriterien ausgerichteten Geschäftspraxis, die sie immer weiter verbessern und vervollkommnen (vgl. u. a. Origo 1997). Insbesondere die Arithmetik als Grundlage kaufmännischer Berechnungen gewinnt zunehmend an Bedeutung. 1494 veröffentlicht Luca Paccioli seine *Summa de Arithmetica, Geometrica, Proportioni e Proportionalita* in der er die Grundlagen für die doppelte Buchführung festhält. Auch im Bereich des Handwerks gewinnen technische Aspekte zunehmend an Bedeutung. Dabei spielen der Bergbau und das Hüttenwesen eine Vorreiterrolle: So veröffentlicht Georg Agricola 1556 seine zwölf Bücher zum Berg- und Hüttenwesen, *De re metallica* und wird damit zum Begründer der wissenschaftlichen Mineralogie und Hüttenkunde. Durch die Nutzung der Wasserkraft entstehen eigene Wirtschaftszweige, die sukzessive die Handwerkertradition mit ihrem Zunftzwang unterlaufen. Zwar blieben die allgemeinen ökonomischen Betrachtungen der Patristik und der Scholastik bis über das Mittelalter hinaus gültig, aber parallel hierzu entsteht eine Fülle an Ratgeber- und ›Hausväter‹literatur, die sich mit einzelnen Aspekten des ökonomischen und technischen Handelns beschäftigt.

Göttliche und weltliche Ordnung

Trotz dieser scheinbaren Differenz von Theorie und Praxis wird das Wirtschaftsverständnis des Mittelalters dominiert von religiösen Vorstellungen und moralischen Denktraditionen. Obwohl sich auch die Scholastik mit zahlreichen Einzelfragen des Wirtschaftens auseinandersetzt – Zinsnahme, Geldwesen, Wucher, Arbeit etc. –, handelt es sich dabei um kein geschlossenes System ökonomischer Betrachtungen, da es den Scholastikern primär um die Einsicht in die Ordnung der Welt geht, die als Gesamtschöpfung gesehen und nicht in einzelnen Teilsystemen analysiert wird. Zentral für dieses Gesellschaftsverständnis – und damit auch die ökonomische Ordnung – des Mittelalters ist die Lehre von den drei Ständen (*ordines*), die gemeinsam zum Wohle aller (*bonum communae*) zusammenwirken müssen, um so die irdische Ordnung als Abbild der himmlischen Ordnung zu verwirklichen (vgl. Berthold 1862–1880, I, 140–156 [X]). Dabei obliegt den

Rittern (*ordo bellatores*) die Aufgabe, die weltliche Ordnung nach innen und außen zu garantieren. Aufgabe des Klerus (*ordo oratores*) ist es, für das Seelenheil der Gemeinschaft zu bitten, und Aufgabe der Bauern (*ordo aratores, ordo laboratores*) ist es, die Gemeinschaft mit dem Lebensnotwendigen zu versorgen (vgl. Gurjewitsch 2000, 217). Ökonomische Fragen beziehen sich daher in der Regel auf die Pflichten, die den jeweiligen Ständen obliegen. Jeder solle, so die dezidierte Meinung der Kirche, in seinem Stand verharren und die Pflicht tun, die Gott für ihn vorgesehen hat (vgl. u. a. Tauler 1993, 251–255; Berthold 1862–1880, I, 14 4–9 [II]). Unmissverständlich heißt es bei Thomas von Aquin: »Der Arzt sorgt, daß das Leben des Menschen gesund bleibe, der Wirtschafter, dass aller Lebensbedarf ausreichend gedeckt wird, der Gelehrte, dass er die Wahrheit erkennt, der sittliche Führer des Volkes aber, dass es nach den richtigen Grundsätzen lebt« (Thomas von Aquin 1990, 53 [I, 14]).

Allerdings bewirkt die zunehmende Stadtentwicklung ab dem 11. Jahrhundert eine allmähliche Auflösung dieses idealtypischen Gesellschaftsverständnisses. Handwerker und Kaufleute beginnen das gesellschaftliche Ordnungsgefüge der drei Stände nach und nach aufzulösen. Trotz dieser faktischen Erosion der Ständegesellschaft hält die Kirche jedoch an ihrer moraltheologischen Interpretation wirtschaftlicher Tatbestände fest. Der Kaufmann, dessen erklärtes Ziel der Gelderwerb darstellt, gerät damit in einen unauflöslichen Gewissenskonflikt. Für ihn ist materieller Gewinn eigentliches Berufsziel und Vermögensbildung eben jener Leistungsnachweis, der sein soziales Prestige begründet. In der Praxis erscheint dies jedoch unvereinbar mit einem christlichen Gemeinwesen. »Da das Streben der Kaufleute sich vor allem auf den Gewinn richtet, wird durch den Betrieb des geschäftlichen Verkehrs die Begehrlichkeit in den Seelen der Bürger erweckt. Die nächste Folge daraus ist, dass im Staate alles käuflich wird [...] und für jeden Betrug Platz ist [...]« (Thomas von Aquin, 1990, 68 [II, 3]). Auf dem reichen Kaufmann lastet stets der Makel der Habsucht (*avaritia*), die zu den Todsünden zählt und ihm der ewigen Verdammnis anheim stellt. Hierfür gibt es aus kirchlicher Sicht keine Entschuldigung (vgl. u. a. Augustinus 1991, 2,71 [XII,8]; Thomas von Aquin 1985, III,446 f. [2II,118,1]): »Homo mercator nunquam aut vix potest deo placere« – der Kaufmann kann niemals oder nur kaum gottgefällig sein.

Um dennoch ihr Seelenheil zu erlangen, üben zahlreiche Kaufleute am Ende ihres Lebens tätige Reue und verschenken oder vererben ihr Vermögen an die Armen ihrer Stadt, manche von ihnen legen das Armutsgelübde ab und treten in klösterliche Gemeinschaften ein, von denen einige selbst die Gründung von Kaufleuten sind (Franziskaner, Waldenser). Insbesondere christliche Mystiker wie Meister Eckhart, Heinrich Seuse und Johannes Tauler werden nicht müde, zur Umkehr zu mahnen. So etwa predigt Johannes Tauler (1993, 237 f.):

> »Besieh dich selbst in all deinem Wandel, in Liebe, Gesinnung, Worten, Werken, Kleidern, Kleinodien, Freunden, Verwandten, Gut, Ehre, Bequemlichkeit, Lust, Benehmen und Sitten: was von deinem ganzen Leben dich daran hindert, daß Gott in dir lebt und wirkt, und wovon er nicht die wahre Ursache ist, wahrlich, Kind, das mußt du alles abstreichen, wenn du ein inwendiger, edler Mensch werden sollst.«

Noch zu Beginn der Neuzeit wettert Martin Luther in seiner Schrift »Von Kaufshandlung und Wucher« gegen die Habgier und den Geiz der Kaufleute, die ohne auf das Wohl ihres Nächsten zu achten, alleine an ihrem Reichtum interessiert seien und mit ihrem Verhalten die Gemeinschaft ruinierten (vgl. Luther 1989). Ähnlich wie in der Antike bleibt die ökonomische Handlungssphäre dem mittelalterlichen Menschen fremd. Reichtum oder Armut, Erfolg oder Misserfolg werden von Gott gegeben. Nicht ausschließlich kaufmännisches Geschick oder unternehmerischer Wagemut bestimmen den gesellschaftlichen Erfolg und ermöglichen damit den sozialen Aufstieg, sondern ebenso beeinflussen Stand, Herkommen und die Gunst der Mächtigen das individuelle Fortkommen. Wirtschaftliches Handeln steht stets unter dem moraltheologischen Vorbehalt des gottgefälligen Lebens und wird stets an der jenseitigen Heilserwartung gespiegelt.

Wirtschaft an der Schwelle zur Neuzeit

So ist die Erwerbstätigkeit des mittelalterlichen Menschen letztlich zum einen durch Stand und Herkommen zum anderen aber durch moralische Gebote begrenzt. Doch trotz dieser Begrenzungen wird der körperlichen Arbeit und dem Erwerb auch ein positiver Nutzen zugestanden, solange er sich in den Schranken der christlichen Moral bewegt. So räumt Thomas von Aquin dem geistigen Leben und der wissenschaftlichen Arbeit zwar den höheren Stellenwert in der Gesellschaft ein, zugleich aber gesteht er zu: »Der Weisheit leben ist besser als dem Erwerb. Aber für den Notleidenden ist das Erwerben besser« (Thomas von Aquin 1985, III, 578 [2 II 182, 1]). Nur wer materiell abgesichert ist – so die Überzeugung Thomas' von Aquin – kann auch ein tugendhaftes Leben führen. Allerdings werden Gelderwerb durch ehrliche Arbeit und mäßiger Wohlstand allenfalls als Voraussetzung für ein tugendhaftes Leben geduldet; keinesfalls darf das Streben nach irdischen Gütern zum Selbstzweck entarten. Denn, so betont Thomas, das wahre Glück des Menschen sei nicht in den von ihm selbst geschaffenen Dingen zu finden sondern alleine bei Gott.

In diesem System, das auch die wirtschaftliche Betätigung des Menschen als Teil einer gottgegebenen Ordnung wahrnimmt und in dem die Menschen zur Befriedigung ihrer Bedürfnisse wechselseitig aufeinander angewiesen sind, dient arbeitsteilige Produktion vor allem der Befriedigung des Gemeinwohls. Entsprechend wird arbeitsteilige Wirtschaft als notwendiger Teil der gesellschaftlichen Ordnung gesehen, wobei sich das Prestige der einzelnen Berufe aus dem Preis ableitet, den die von ihnen verfertigten Waren auf den Märkten erzielen. Wirtschaft dient in dieser Sicht nicht der Anhäufung von Gütern sondern hat die Aufgabe, allen das zum Leben Notwendige und ihnen Angemessene zuzuteilen. Solange die ökonomische Betätigung des Einzelnen daher auf einen Gewinn zielt, der auf ein gutes und sittliches Ziel hingeordnet ist und so beispielsweise der Versorgung der eigenen Familie dient, ist hiergegen nichts einzuwenden. So heißt es bei Thomas von Aquin: »Dergestalt wird das kaufmännische Geschäft erlaubt. Wie dann, wenn jemand den maßvollen Gewinn, den er als Kaufmann sucht, auf die Erhaltung seines Hauses hinordnet, oder auch, um den Bedürftigen zu helfen [...] und er den Gewinn nicht sozusagen als Zweck, sondern als Lohn der Mühe erstrebt« (Thomas von Aquin 1985, III, 353 [2 II, 77, 4]).

Dennoch hat sich gegen Ende des Mittelalters trotz der offiziellen Verdammnis von Wucher und Spekulation die soziale Realität weitgehend verändert. Voll Bewunderung schildert Marco Polo den Reichtum der Handwerker und Kaufleute von Quinsai, die so reich sind, dass sie selbst nicht mehr arbeiten müssen und eine »Lebensart wie die Könige« pflegen. Und deutlich bringt er die Einschätzung der Sachlage durch seine Generation auf den Punkt: »Nehmen wir an: ein Mann betreibt wegen seiner Armut ein Handwerk, denn nur so vermag er seinen Lebensunterhalt zu bestreiten. Mit der Zeit kommt er zu Wohlstand und könnte jetzt ohne handwerkliche Tätigkeit ein ehrenhaftes Leben führen. Warum sollte er da zur Arbeit gezwungen werden? Denn offensichtlich sind die Götter dem tüchtigen Manne wohlgesinnt. Alles, was aber der Mensch gegen den göttlichen Willen verfügt, ist unstatthaft und ungerecht« (Polo 1983, 247).

Spätestens mit der Aufklärung ändert sich die Sichtweise der Ökonomie grundlegend. Ausschlaggebend hierfür ist die theoretische Unterscheidung zwischen Staat und Gesellschaft, die es nun erlaubt, ökonomisches Handeln als gesellschaftlich relevanten Prozess zu sehen und zum Gegenstand eigenständiger Untersuchungen zu machen. Handel, Handwerk und Industrie werden nicht mehr als selbständige Bereiche individuellen, je losgelöst voneinander existierenden Handelns betrachtet, sondern in ihren Austauschbeziehungen als eigenständiges System – das des Wirtschaftens – begriffen. Erstmals sind es die Physiokraten, die mit ihrem »tableau economique« versuchen, die Gesamtwirtschaft einer Nation als ›Wirtschaftskreislauf‹ zu interpretieren und Ratschläge für eine gezielte staatliche Wirtschaftspolitik jenseits punktueller staatlicher Eingriffe zu geben. Spätestens mit Adam Smith gewinnt die Frage nach dem *Wohlstand der Nationen* schließlich wissenschaftliches Interesse. Sein Anliegen ist es, die Wirtschaft als Ganzes in ihren Funktionsbedingungen zu begreifen. Damit beginnt sich die ökonomische Betrachtungsweise allmählich als eigenständige Wissenschaftsdisziplin von Theologie und Moralphilosophie zu lösen. Ökonomische Untersuchungen sind nun nicht mehr Teilbereiche anderer Disziplinen, sondern die Ökonomie etabliert sich nach und nach als eigenständiges Thema und wird allmählich zur eigenständigen Wissenschaft, mit eigenem Forschungsgegenstand und eigenen Untersuchungsmethoden.

Literatur

Aristoteles: Rhetorik. Hg. von Franz G. Sievke. München 1993.

–: Politik. In: Philosophische Schriften. Bd. 4. Hg. von Eugen Rolfes. Hamburg 1995.

Augustinus, Aurelius: De civitate dei – vom Gottesstaat. 2 Bde. München 1991.

–: Confessiones – Bekenntnisse. München 1992.

Cicero, Marcus Tullius: De officiis – Vom pflichtgemäßen Handeln. Hg. von Heinz Gunermann. Stuttgart 1995.

Demokrit von Abdera: Sprüche. In: Michael Grünwald (Hg.): Die Anfänge der abendländischen Philosophie – Fragmente der Vorsokratiker. München 1991.
Epikur: Hauptlehrsätze. In: Ders.: Philosophie der Freude. Hg. von Paul M. Laskowsky. Frankfurt a.M. 1988.
Finley, Moses I.: Das politische Leben in der antiken Welt. München 1991.
–: Die antike Wirtschaft. München 1993.
Gurjewitsch, Aaron J.: Stimmen des Mittelalters – Fragen von heute. Mentalitäten im Dialog. Frankfurt a.M. 1993.
–: Stumme Zeugen des Mittelalters. Frankfurt a.M. 2000.
Hesiod: Werke und Tage. Hg. von Walter Marg. München 1990.
Le Goff, Jacques: Kirchliche Kultur und Volksüberlieferungen in der Zivilisation der Merowinger. In: Ders.: Für ein anderes Mittelalter. Hg. von Dieter Groh. Weingarten 1987.
Luther, Martin: Von Kaufshandlung und Wucher. In: Ulrich von Hutten/Thomas Müntzer/Ders.: Werke in 2 Bdn. Bd. 2. Hg. von Siegfried Streller. Berlin 1989.
Mommsen, Theodor: Römische Geschichte. 8 Bde. München 1993.
Pseudo-Aristoteles: Oikonomikos. Hg. von Victor Ulrich. Königstein, Ts 1983.
Origo, Iris: »Im Namen Gottes und des Geschäfts« – Lebensbild eines toskanischen Kaufmanns der Frührenaissance. Berlin 1997.
Platon: Politeia. In: Ders.: Sämtliche Werke in 10 Bdn. Bd. 5. Hg. von Karlheinz Hülser. Frankfurt a.M. 1991a.
–: Nomoi. In: Ders.: Sämtliche Werke in 10 Bdn. Bd. 9. Hg. von Karlheinz Hülser. Frankfurt a.M. 1991b.
Polo, Marco: Il Milione – Die Wunder der Welt. Zürich 1983.
Regensburg, Berthold von: Vollständige Ausgabe seiner Predigten. 2 Bde. Hg. von Franz Pfeiffer. Wien 1862–1880.
Tauler, Johannes: Predigten. In: Heinrich Seuse/Ders.: Mystische Schriften. München 1993.
Thomas von Aquin: Summe der Theologie in 3 Bdn. Hg. von Joseph Bernhardt. Stuttgart 1985.
–: Über die Herrschaft der Fürsten. Stuttgart 1990.
Weber, Max: Agrarverhältnisse im Altertum. In: Ders.: Gesammelte Aufsätze zur Sozial- und Wirtschaftsgeschichte. Hg. von Marianne Weber. Tübingen 1988.
Xenophon: Cyropädie. In: Xenophon in 4 Bdn. Bd. 3 (Langenscheidtsche Bibliothek sämtlicher griechischer und römischer Klassiker in 110 Bdn. Bd. 58–61, Bd. 60). Hg. von Christian H. Dörner. Berlin-Schöneberg 1920.
Xenophon: Oikonomikos – Die Hauswirtschaftslehre. Hg. von Ernst Bux. In: Ders.: Die sokratischen Schriften. Stuttgart 1956.

Michael S. Aßländer

2. Der Beginn der ökonomischen Wissenschaft

Der Beginn der Ökonomie als Wissenschaft im 18. Jahrhundert wird den Physiokraten und Adam Smith zugerechnet: Beide entwickeln die Ökonomie als eigenständiges System, nach eigenen Regeln. Die Physiokraten definierten den ordre naturel, Smith das *system of natural liberty*. Mit Smith entfaltete sich ein Theoriekorpus, der später ›klassische Ökonomie‹ oder, in der Bezeichnung der Zeit, ›Political Economy‹ genannt wurde. Die Ökonomie als Wissenschaft entwickelt sich aus der politischen und rechtlichen Philosophie, d.h. aus der Staatslehre bzw. aus dem Naturrecht des 17. und 18. Jahrhunderts. Die schottische Aufklärung, in die Adam Smith einzurechnen ist, entfaltet sich als eine Sozialphilosophie.

Dennoch wäre es unangemessen, die ökonomischen Theorien und Konzepte vor den Physiokraten zu ignorieren. Wir haben es mit zwei Vorläufergruppen zu tun: den Merkantilisten, denen wesentlich englische und französische Autoren zuzurechnen sind, und den Kameralisten, die in Deutschland und Österreich reüssierten – beide im 17. und 18. Jahrhundert. Beide Großkonzeptionen räsonnieren über die Wirtschaft im Kontext von Gesellschaft und Politik; bei den Kameralisten speziell wird der *salus publicus* konzipiert, die Balance der Marktdynamik mit der Staatsglückseligkeit, wie es bei Justi Mitte des 18. Jahrhunderts heißt.

Merkantilismus: Die Merkantilisten – daher der Name – betrachten die Wirtschaft eines Landes als Handelssystem und stellen sich die Frage, wie es gelingen könne, einen Handelsbilanzüberschuss zu erwirtschaften. Ausdruck der Stärke eines Landes sei sein großer Gold- und Silberschatz (Boullionismus: Milles, Malynes, Misselden, Hales; in Frankreich: Sully, Colbert), weshalb der Export einheimischer Waren durch Zollpolitiken gefördert, die Importe hoch verzollt wurden (Protektionismus). Der Export sollte neues Gold ins Land holen, damit der Staat genügend Finanzen habe, um Armee und Hofhaltung zu finanzieren. Zudem wurde die Einfuhr von Rohstoffen erleichtert, um die Preise (und Löhne) und damit die Produktionskosten zu senken.

Beides – die Stärkung der legitimen Herrschaft wie die Entfaltung des Wohls der Gesellschaft – werden als ein Systemzusammenhang entwickelt. Um ein starker Staat zu werden, benötigt man eine aktive Händlerklasse, der politische und rechtliche Zugeständnisse in ihrer Handelsfreiheit zuwachsen, um die intendierten Systemleistungen zu erlangen. Die Ökonomie wird, auch wenn sie so erst im späten 18. Jahrhundert tituliert werden wird, politisch. Das Verhältnis von adeliger und bürgerliche Klasse proportioniert sich neu; Gerechtigkeitsfragen werden virulent (insbesondere die Frage der Etablierung einer unabhängigen Justiz).

Investitionen, lesen wir bei John Locke, einem Spätmerkantilisten, sind zinsniveauabhängig, die Zinshöhe aber ist durch das (Metall-)Geldangebot determiniert. Da der Staat kein eigenes Geld schaffen kann, ist er entweder auf die Ausbeutung eigener Minen (evtl. durch koloniale Aneignung) oder durch den Geldzufluss des Exportüberschusses im Außenhandel angewiesen. Der Exportüberschuss vergrößert die inländische Geldmenge, d.h. genauer: das Geldangebot, was letztlich zu Zinssenkungen führt und so die Investitionsneigung erhöht, die Beschäftigung vergrößert und damit jene Bedingungen perpetuiert, die den Exportüberschuss ermöglichen. Denn der ›overplus‹ der positiven Außenhandelsbilanz ist – eigentumstheoretisch betrachtet – nichts anderes als die handelstechnische Aneignung fremden Eigentums durch eigene Arbeit. Locke ist dafür berühmt geworden, dass er Eigentum – anders als die Merkantilisten – allein durch die auf eine Sache angewandete Arbeit legitimiert und damit den Adel, der sein Land brach liegen lässt, als dysfunktional deklariert. Lockes Schriften bereiten so die Glorious Revolution von 1688 vor.

Thomas Mun und andere entwickelten im 17. Jahrhundert eine erweiterte Konzeption des Merkantilismus. Im Gegensatz zum vorherrschenden Edelmetallexportverbot befürwortete Mun den Export der Metallreserven, um Rohstoffe und Fertigwaren zu importieren, die mit Profit ins übrige Europa verkauft werden sollten. Der Export von Rohstoffen wäre daher eine falsche Strategie. Inländisch wurde die Staatsfinanzierung wesentlich durch den Verkauf von Monopolen betrieben, womit man zugleich meinte, die Märkte und deren Preise durch Auflagen besser regulieren zu können. Auch wurden verschiedentlich die direkten Steuern in indirekte umgewandelt (was, unter Colbert in Frankreich, auch die Adeligen, die Steuerfreiheitsprivilegien genossen, an der Staatsfinanzierung beteiligte).

Kameralismus: Der Kameralismus ist eine unabhängige, im Wesentlichen in Deutschland und Österreich auftretende Staatswirtschaftsform, die stärker auf interne Regulation setze. Um die ›fürstliche Rent- und Schatzkammer zu mehren‹, setzte die kameralistische Ökonomik auf ›Peuplierung‹, d.h. auf Ausweitung der Bevölkerungszahl (durch Auswanderungsverbote und Anreize für (qualifizierte) Einwanderer). Die Kameralisten (17. Jahrhundert: Becher; 18. Jahrhundert: Justi, von Sonnenfels) plädierten für die Förderung der Gewerbe und die Stärkung der städtischen Wirtschaft, um über die mit der Produktion steigende Besteuerung die Staatseinkünfte zu heben. Man konzentrierte sich auf ›gute Policey‹, d.h. auf Marktregulierung, Manufakturausbau und Heiratspolitiken, nebst ersten Ansätzen der Zunftregulierung. Vor allem entwickelte sich die Fiskalpolitik.

›Gute Policey‹ (in Ableitung von *politeia*: Politik) wird in der Frühneuzeit als Ordnungsleitbild der Politik verstanden (Simon 2004) und verbindet sich im Kameralismus mit Wirtschaftsregulationen, die sich bald zu einer Finanz- und Wirtschaftspolitik ausbilden. Da die Wirtschaft noch als politische Regulation verstanden wird, bildet diese den Kern der kameralistischen ökonomischen Theorie (Maier 1980; Tribe 1988). Die Aufgabe des klugen Herrschers besteht nach Justi darin, die allgemeine Staatsvernunft gegen die Begrenztheit der bürgerlichen Subjekte durchzusetzen, die in ihren privaten Interessen das Staatswohl oder, wie es dann bei Justi standardisiert wird, die »Staatsglückseligkeit« verfehlen, weil sie des allgemeinen Überblicks entbehren. Das private Interesse wird per definitionem als beschränktes angesehen, das, weil es privat ist, dem allgemeinen Interesse uninteressiert gegenübersteht. Folglich muss die Koinzidenz von Privat- und Staatsinteresse autoritativ hergestellt werden – durch die Policey, die ihre Regulation im dreifachen Sinne zu betreiben hat: (1) Sie soll einerseits die Einnahmen der Bürger fördern, (2) um so andererseits über das dadurch bedingte erhöhte Steuerpotential die Staatseinnahmen zu heben. (3) Zudem ist es ihre Aufgabe, die institutionellen oder Ordnungsvoraussetzungen auf ihre Einhaltung hin zu überwachen. Der Staat wird konzeptionell und praktisch sozial neu geordnet, mit einem Regime, das zum einen die Herrschaft sichert, zum anderen aber auf soziale und ökonomische Proportionierung achtet. Die Policey wird zur Wohlfahrtspolicey; nur der Staat könne die ›Glückseligkeit‹ seiner Bürger gewährleisten, da sie, in ihren partialen Interessen, das Ganze nicht in den Blick nähmen.

Beide Vorläufergruppen – Merkantilismus und Kameralismus – zählen deshalb nicht zur Ökonomie als eigenständige Wissenschaft, weil sie letztlich Staatswissenschaften sind, die sich den Fragen der Funktion von Märkten und ihrer Regulation zuwenden. Ihr Ziel, den Staat ›blühend‹ zu machen, ist eng verknüpft mit der Finanzierung und Mehrung der Staatseinnahmen der Herrscherhöfe. Die Analyse der Erwerbskraft der Bevölkerung und der Bedingungen für eine Ausweitung der Märkte und der Handelsgewinne dient u.a. dazu, eine Bemessungsgrundlage für die Steuerpolitik zu bekommen. Allerdings variieren die Schwerpunkte: entgegen der kontinentaleuropäischen Ausgestaltung dominieren bei den Engländern Handelstheorien und Zinspolitiken.

Vergleich Kameralismus – Merkantilismus: Der Kameralismus fördert eine paradoxe Entwicklung: Auf der Suche nach Möglichkeiten, die Staatseinnahmen zu vermehren, beschäftigt er sich mit den Gründen der Produktionsentwicklung und fördert die bürgerlichen Gewerbe. Damit macht der Staat die bürgerliche Klasse stark, ohne ihr politische Rechte zu gewähren. In England führt diese Entwicklung allerdings 1688 zur ›Glorious Revolution‹, in der die nichtadeligen Eigentümer im ›Parliament‹ Steuerbewilligungsrechte bekommen, die die absolutistische Monarchie in eine konstitutionelle verwandeln. Um seine Kriege finanzieren zu können, musste der englische König die Steuerhoheit abgeben. Es entwickelte sich die Basis einer politischen Ökonomie, die Adam Smith 1776 in seinem *Inquiry into the Nature and Causes of the Wealth of Nations* zu einer eigenen Wissenschaft ausbauen konnte.

Locke stellt eine besondere, eminent politische Relation zwischen der Regierungsform und dem Vertrauen der Geldbesitzer her: Die Geldeigner vertrauen dem fiskalischen Staat umso mehr, je mehr sie seine Steuerbeschlüsse selber mittragen können. Regierungsformen, die kein ›Parliament‹ haben, gelten als minder vertrauenswürdig, d.h. die Leihe privaten Geldes an den Staat wird als riskant eingeschätzt, was den Zinssatz in die Höhe treibt. Denn nur dann, wenn die Eigentümerversammlung selber über ihre steuerlichen Belastungen verfügen kann, ist sie auch in der Lage, jenes Vertrauen in die Rückzahlungsfähigkeit staatlicher Kreditaufnahmen herzustellen, die es erlaubt, auch zu niedrigen Zinsen an den Staat zu leihen. Eben dieser Effekt ist für die Zeit nach der ›Glorious Revolution‹ nachweisbar. Das aber ist im 18. Jahrhundert noch eine englische Besonderheit (mit den Ausnahmen der Republik der Niederlande, Venedigs und der Schweiz).

Zudem definiert Lockes Konzeption der Selbsterhaltung (des Eigentümers) den ›Egoismus‹ neu: Denn nur unter der Voraussetzung, dass man sich und seine Familie selbst erhalten kann, ist man überhaupt in der Lage, anderen zu geben (*charity*; Altruismus). Das ›Soziale‹ wird ökonomisch neu konfiguriert, als hier noch unentfaltete Basis der neuen Ökonomie im 18. Jahrhundert.

Physiokratie: In der Mitte des 18. Jahrhunderts kommt die Physiokratie mit einem neuen und eigenständigen Konzept der Ökonomie ins Gespräch; sie ist, für kurze Zeit, eine intellektuelle Mode in Paris. Dort lernt Smith sie auch auf einer Frankreichreise kennen. Die Physiokraten (Quesnay, Mirabeau de Riquetti, Du Pont de Nemours) entwickeln ein eigenes Konzept, fast vollständig unabhängig von merkantilistischen Gedanken. Sie formulieren eine aufgeklärte Agrarökonomie, gleichsam ein Reformkonzept einer Adelsökonomie. Handel und Gewerbe haben bei ihnen nur eine abgeleitetet Funktion.

Die Wirtschaft ist ein System, dessen einzelne Teile in einem gesetzesmäßigen Zusammenhang stehen. Quesnay teilte die Wirtschaftsgesellschaft in drei Einkommensklassen auf: Landbesitzer, Pächter und den Rest der Gesellschaft, im Wesentlichen Handwerker und Manufakteure, aber auch alle Dienstleistungen, inklusive des Militärs, der Kirche und des Staates (sterile oder unproduktive Klasse). Allein die *laboureurs* (die Pächter) produzieren Wert (*produit net*). Zwar arbeiten die Handwerker etc. (*artisans*) ebenfalls, aber sie produzieren nichts, sondern formen nur die in der agrarischen Produktion, die den Ackerbau ebenso umfasst wie den Bergbau, das Fischen etc., hergestellten Rohstoffe. Die Arbeit der Handwerker wird mit agrarischen Produkten entgolten; sie ist in Quesnays System notwendig, aber nicht wertschaffend, sondern ein Abzug vom Gesamtwert bzw. -produkt (*produit gros*) der Nation. Ebenso sind die Renten, die die Grundbesitzer (der Adel und die Kirche) aus der Verpachtung ihres Landes beziehen, unproduktive Einkommen, d.h. reine Konsumeinkommen. In einem ›tableau économique‹, dem berühmten ›Zig-Zag‹, der die Verteilung des ausschließlich agrarischen ›surplus‹ auf die drei Klassen ordnet, lassen sich, mit eingesetzten Zahlen, in arithmetischer Strenge Abweichungen von dem ›ordre naturel‹ einer Gleichgewichtsproportion aufzeigen. Dieser ›ordre naturel‹ bestimmt auch das Maß der Besteuerung.

›Le Zig-Zag‹ ist eine graphische Darstellung der Reproduktion des Systems, ähnlich dem Bild eines Billardtisches (auf dem Produktionen und Konsumtionen in sich kreuzenden Linien dargestellt sind). Diese Veranschaulichung (und die Tatsache, dass Louis XV. die erste Fassung des *Tableau Economique* persönlich auf seiner Hobby-Druckerpresse ausdruckte) hat wesentlich zum Erfolg der Theorie beigetragen.

Das System galt zu seiner Zeit als revolutionär (weshalb den Physiokraten auch unterstellt wurde, sie hätten zur Vorbereitung der Französischen Revolution mit beigetragen). Adam Smith wendet sich in seinem Hauptwerk nicht nur gegen die merkantilistischen Konzeptionen, sondern auch gegen die Physiokraten, denen er eine einseitige Wertlehre vorwirft. Eher wie bei John Locke schaffe auch die Arbeit Wert, nicht allein die agrarische Produktion. Während die Physiokraten die Agrarproduktivität fördern wollten, plädiert Smith für die Produktivität jedes eingesetzten Kapitals, vor allem des gewerblichen in den Fabriken und Manufakturen. Er wird der erste Theoretiker der beginnenden Industrie, die die Physiokraten lediglich als abhängige Variable der Agrarproduktion ansahen. Sie waren, wenn man es im europäischen Geschichtskontext betrachtet, die letzten Aristoteliker, weil sie von einer ›natürlichen Ökonomie‹ meinten ausgehen zu sollen (was sie wiederum zu Ahnherren jeder ökologischen Ökonomie macht).

Auch die Physiokratie ist ein Ordnungssystem, das die Diskrepanz zwischen Arm und Reich (vor allem den Hunger auf dem Lande) neu proportionieren will, nun aber nach Kriterien der natürlichen Ordnung von Produktivitäten als Fruchtbarkeiten.

Die schottische Schule der ›science of man‹ (I)

Zu den wichtigsten Vorläufern Adam Smiths zählen Francis Hutcheson, David Hume und parallel hierzu Adam Ferguson, die zusammen die ›schottische Schule‹ bilden. Ihre Hinwendung zur Ökonomie lässt sich dabei u.a. mit dem Umstand erklären, dass Edinburgh und Glasgow zu den modernsten Handelsmetropolen ihrer Zeit rechneten. Die ›schottischen Aufklärer‹ entwickelten eine neue Idee der *man's social nature* (bei Hutcheson explizit aus der griechischen Polis bezogen). Die Politische Ökonomie, in der schottischen Aufklärung entwickelt, ist eine Theorie der sozialen Beziehungen, die in der Wirtschaft eine besondere Dynamik und Ordnung entwickeln. Es geht hier nicht mehr um kluge, autoritative Ordnungspolitik der Herrscher, sondern um eine neue Weise, gesellschaftliche Entwicklungen zu sehen, in denen sich neue Beziehungen bilden, die zu Triebkräften möglichen Wohlstandes werden.

Die ›science of man‹ (David Hume) wird zur Basis aller neuen Wissenschaften. Sie steht in der antiken Tradition der Suche nach der ›best polis‹, »by a study of the human soul and it's ›summum bonum‹«. Die schottischen Aufklärer stehen im Kontext dessen, was Hirschman das »große Programm der Ausbalancierung der Leidenschaften durch die Interessen« nannte, so dass die Leidenschaften (Begierden) in Form von Interessen zu einem positiven Element der neuen Politik und Ökonomie werden konnten und nun gleichsam die ihr eigene ›Triebstruktur‹ darstellt, die sich wechselseitig blockiert. Adam Smiths Theorie des sich selber ausgleichenden Marktes ist hier sozialphilosophisch vorbereitet.

Exkurs zum Naturrecht: Die Schotten stehen in einer jungen Naturrechtstradition (Hobbes, Locke, Pufendorf, Spinoza). Mit der Säkularisierung entfällt in der Neuzeit die religiöse Basis und wird ersetzt durch eine Konzeption der ›Natur des Menschen‹. Die Gleichheit vor Gott wird in eine Gleichheit aller Menschen transformiert, die ihrer Natur entspringe, d.h. ihrer Gleichursprünglichkeit. Dieser Gleichheit wegen müssen die gesellschaftlichen Institutionen, vor allem Herrschaft, neu begründet werden: durch Übereinkunft gleicher Menschen. Man griff auf eine bekannte Rechtsfigur, den römisch-rechtlichen *contractus* zurück. Der soziale Vertrag differenziert die Menschen in zwei *status*: in den *status naturalis* vor dem Vertrag und in den *status civilis* nach Vertragsschluss. Das Heraustreten aus der natürlichen Gleichheit und Freiheit, d.h. ihre partielle Aufhebung, kann nur durch gemeinsamen Willensbeschluss erfolgen.

Einerseits ist der Mensch von Natur aus frei und gleich, aber erst im Sozialvertrag (*status civilis*) erfüllt er seine Bestimmung, so dass wir zwischen einer menschlichen Natur eo ipso und einer im *status civilis* vollendeten Natur des Menschen unterscheiden müssen. Im *consensus et pactum communicantium civicum* muss der Mensch sich einer Obrigkeit unterstellend seine natürliche Freiheit und Gleichheit aufgeben und zwar deshalb, weil nur in der geordneten oder Zivilgesellschaft sein *finis vitae* erfüllt wird. Sein *finis vitae* sind – zivilisatorisch höherwertig – Ruhe und Sicherheit, die den Menschen im *status naturalis* nicht gewährt sind.

Betrachtet man im aristotelischen Sinne den Menschen als *zoon politikon*, ist er bereits im *status naturalis* gemeinschaftsfähig; der *status civilis* bewirkt somit nur eine erhöhte Sicherungsgarantie, aber keinen qualitativen Unterschied. Pufendorf bestreitet deshalb, dass es einen nackten Naturzustand überhaupt gegeben habe, da Menschen immer bereits irgendwie verbunden sind. Durch einen natürlichen *appetitus societatis* wird der Mensch bereits zum Leben in der Gemeinschaft geführt (Althusius, Grotius, Pufendorf, Thomasius und Wolff). Der einzige Unterschied zum *status civilis* ist die fehlende Zwangsgewalt, der Mangel eines *imperans.*

Im Gegensatz zu Hobbes und Spinoza, die den Naturzustand durch den *status civilis* zu beseitigen drängen, wird hier die Natur des Menschen als positive Voraussetzung der Legitimation der Staatsgewalt verstanden; Locke nimmt eine vermittelnde Position ein. Erst die Unterordnung unter eine Zwangsgewalt mache den Menschen – bei Hobbes und Spinoza – zum Menschen, vorher sei er vom Tier nicht zu unterscheiden. Die schottischen Aufklärer hingegen konzipieren den ›man's social nature‹ als Gegenprogramm gegen den Hobbesschen Sozialvertrag (vor allem Hutcheson). Der Hobbesianische Pessimismus wird, gerade bei Hutcheson und Hume, in einen sozialen Optimismus gewandelt.

Die schottische Schule (II): Der Übergang zu Adam Smith

Insbesondere Ferguson handelt in seinem *Essay on the History of Civil Society* (1767) von der ›sociability of man‹ (wie Adam Smith in seinen *Moral Sentiments*). Er entwickelt eine geschichtliche Theorie der sozialen Evolution, die Adam Smith 1776 in seinem *Wealth of Nations* um eine ökonomische Wachstumsgeschichte ergänzt. Was Ferguson beim ›commercail state‹ noch kritisch sieht, im Kontrast zum ›band of affection‹ in der ursprünglicheren Gemeinschaft – eine Unterscheidung ähnlich wie später Tönnies Unterscheidung von Gesellschaft und Gemeinschaft –, wird Adam Smith noch einmal neu bewerten: Die ›commercial society‹ ist für ihn die höchste Form der Zivilisationsentwicklung, die zwar

nality, wie der Adel es *by authority* war. Diese liberale Umordnung der Gesellschaft ersetzte den Vorrang ständischer Grenzen, an denen sich ökonomische Aktivität vormals auszurichten hatte, durch das wirtschaftseigene Kriterium für Handlungsfähigkeit und -autorisation: die individuelle Kapazität, die Produktion und den Umsatz von Waren voranzutreiben. Mit solch einer Umstellung von ›primär stratifikatorischer‹ auf ›primär funktionale Differenzierung‹ emanzipiert sich nicht nur das leistungsfähige und kapitalbesitzende Individuum (ungeachtet seiner Herkunft), sondern auch der Markt als autonomer Allokationsmechanismus für Leistung und Kapital von der Beherrschung durch marktfremde Kriterien. Die gesellschaftspolitische Implikation des Vertrauens in die Leistungsfähigkeit einer autonomen Marktlogik äußert sich in der Maxime, Ausgeschlossene nicht durch Almosen am Leben (aber weiterhin ausgeschlossen zu halten), sondern sie durch Arbeit einzuschließen.

Dass sich so die Gesellschaftspolitik – der Staat – an die Marktlogik anpasste, obwohl die wirtschaftliche Inklusion die Arbeiterschaft zwar am Leben, aber weitgehend arm und kapitallos hielt, ließ das Misstrauen darüber keimen, ob sich die Wirtschaft nicht bloß von der Politik emanzipiert, sondern sie zu beherrschen begonnen hat. Solange man mit Arbeit zwar an Geld für Konsumgüter, aber nicht an Kapital für Investitionen kam, war die Arbeiterschaft zwar in die kapitalistische Ökonomie inkludiert; der Zugang zu Kapital blieb jedoch weiterhin eine Frage der Erbfolge im Elitennetzwerk – und damit politisch gesteuert.

Während in einer vor-kapitalistischen Nichtwachstumsökonomie ohne Produktivitätszuwächse die Frage der Zähmung der Leidenschaften eine womöglich notwendige Operation darstellte, die die Vergrößerung von Verteilungsasymmetrien bei gleichbleibendem Ressourcenallokationsstatus zu verhindern suchte, ist in einer Wachstumsökonomie der Spielraum von Allokation und Verteilung größer, so dass die Leidenschaften, in Begehrlichkeiten (*wants, desires*) übersetzt, freier walten können, weil sie rückgekoppelt ein Anreiz (*incentive*) für größere Produktivitätsfortschritte sind. Die normative Restriktion der Moral, vor allem der Politik, auf Kosten möglicher Freiheit individuellen Handlungsspielraums, erweist sich in einer Wachstumsökonomie als Restriktion des Wachstums selbst.

Fortführungen im 19. Jahrhundert: So wird die individuelle Handlungsfreiheit selbst zu einer Leidenschaft, in der das Interesse ihrer Regulation im Laufe des 19. Jahrhunderts neue Formen annimmt: in Deutschland in Form der ›socialen Ökonomie‹ (Schmoller, Sombart etc.) (Priddat 1995), in England in Form der utilitaristischen Sozialphilosophie (James und John Stuart Mill).

Die neue Konzeption des Verhältnisses von Wirtschaft, Staat und Gesellschaft fand nicht überall Befürworter. Johann Gottlieb Fichte z. B. entwarf in seinem *Geschloßnen Handelsstaat* (1800) eine Art sozialistischer Utopie (nach platonischem Muster), in dem die alte Standes-Ordnung der Gesellschaft beibehalten wurde (wie übrigens auch in Hegels Rechtsphilosophie, die sich mit Adam Smith auseinandersetzt, um bei einer zunftähnlichen Struktur zu enden). Doch fördert der Freiheitsgedanke die liberale Wirtschaftsform.

John Stuart Mill: John Stuart Mill, der große liberale Denker, war zugleich Utilitarist in der Tradition Jeremy Benthams und politischer Ökonom (Ulrich/Aßländer 2006). Er betont, in der Tradition der klassischen Ökonomie die Freiheit des Handelns – in einer großartigen Konzeption eines modernen Liberalismus (Mill 1998). Dabei erwies sich seine Philosophie der Freiheit wirkungsgeschichtlich als bedeutsamer als seine Politische Ökonomie. Hier bleibt er in einer revidierten Form der klassischen Politischen Ökonomie (James Mill, Nassau Senior) verhaftet, allerdings mit neuer Betonung von Umverteilungen. In der Mitte des 19. Jahrhunderts ist die Ökonomie mit der sozialen Frage konfrontiert, d. h. der Frage, wie sie mit der Verelendung der neuen Arbeiterklassen im sich ausweitenden Industrialisierungsprozess umgehen soll. Vorsichtig, aber bestimmt, plädiert Mill für Redistributionen und für gewisse Regulierungen der Industrie, ausgehend von seinem Freiheitskonzept, demzufolge die Freiheit des Einzelnen nicht auf der Schwächung der Freiheit der anderen beruhen dürfe.

Karl Marx: Marx hingegen zieht aus der Analyse der klassischen Ökonomie andere Konsequenzen und folgert, dass die Lohnarbeit Ausbeutung sei. Die Arbeiter produzieren das ganze Produkt, werden aber am Wert ihrer Arbeit nur durch den minimalen Lohn entgolten (der nicht nach dem Wert ihrer Arbeit, sondern nach ihren Reproduktionskosten bemessen würde). Kapitalismus basiere auf Aneignung fremden Eigentums, was nicht durch Reformen oder Umverteilung (oder Sozialpolitik) korrigiert werden könne, sondern allein durch eine Revolution der Eigentumsverhältnisse, d.h. durch Wiederaneignung des Eigentums der Arbeiter durch sie selbst als aufständische Klasse. Marx hält die moderne Ökonomie seiner Zeit für eine Ideologie, die die Ausbeutungsverhältnisse verschleiere. Kapital, Staat und Recht bilden ein Unrechtssystem. Marx will in seinen groß angelegten Analysen – die letzte Version der klassischen Politischen Ökonomie als deren Kritik – zeigen, dass die kapitalistische Wirtschaftsform notwendig ihrem Untergang durch den säkularen Niedergang der Profitrate ausgeliefert sei. Die Revolution würde diesen Prozess nur früher beenden und in eine kommunistische Wirtschaftsform überführen, in der die Arbeiter wieder als Menschen anerkannt würden.

Über die Ausgestaltung des Kommunismus bleibt Marx vage; er geht davon aus, dass der technische Fortschritt die Menschen von Arbeit entlaste, so dass mehr Zeit für Muße und Bildung für einen jeden erlangt werde – ein modernisiertes Bild der antiken Polis, in der die, die Muße haben (die Maschinen arbeiten anstelle der vordem ausgebeuteten Arbeiter), die Gesellschaft politisch gestalten (vgl. Marx' »Ökonomie der Zeit« in seinen *Grundrissen* von 1974; Priddat 2008). Es gäbe kein privates Eigentum mehr, nur gemeinschaftliches. Vieles bleibt offen, aber seine Theorie gab einen starken Impuls für sozialistische Bewegungen, deren gemeinsames Kennzeichen die Umstellung der Wirtschaft auf ausschließlich bedürfnisgerechte Produktion und öffentliche Güter war. Die praktischen Ausführungen im 20. Jahrhundert blieben hinter den idealen Erwartungen der Marxschen Theorie weit zurück, während die von Marx bekämpfte revisionistische Sozialdemokratie daran beteiligt war, den modernen Wohlfahrtsstaat mitzuentwickeln.

Insofern war John Stuart Mills Version der klassischen Ökonomie konzeptionell erfolgreicher als Marx' Kritik. Die kontinentale Variante einer sozialen Ökonomie aber lieferte die historische Schule (Schmoller, Knies, Wagner; neben den Franzosen: Saint-Simon, de Sismondi, Proudhon), die die deutsche Sozialgesetzgebung vorbereitete, die weltweit zum Vorbild wurde. In Deutschland blieb die Spannung zwischen der Theorie, die die Wertschöpfung als autonomes und effizientes Markt-Allokationssystem ausbaute und der Politik, die die Defizienzen des Marktes auszugleichen hatte, als klassische Unterscheidung zwischen Volkswirtschaftstheorie und -politik bis ins späte 20. Jahrhundert erhalten – eine Gliederung, die in der Nachfolge Kants um 1800 eingeführt wurde (als Transposition der Differenz der reinen und der praktischen Vernunft). Aber erst mit der grenznutzentheoretischen ›marginal revolution‹ Ende des 19. Jahrhunderts wurde die Idee eines allgemeinen Gleichgewichts durchgesetzt, das sich aus der Balance der Bedürfnisse und dem Nutzen der Individuen konstituierte. Damit setzt ein neues Denken in der Ökonomie ein, mit einer neuen methodologischen Anthropologie, die mit mathematischer Attitude neue Wissenschaftsmaßstäbe setzt.

Literatur

Ferguson, Adam: An Essay on the History of Civil Society. Edinburgh 1767.

Fichte, Johann Gottlieb: Der geschloßne Handelsstaat. Jena 1800.

Haakonssen, Knud (Hg.): Traditions of Liberalism. Essays on John Locke, Adam Smith and John Stuart Mill. St. Leonards 1988.

Häufle, Heinrich: Aufklärung und Ökonomie. München 1978.

Hirschman, Albert O.: Leidenschaften und Interessen. Politische Begründungen des Kapitalismus vor seinem Sieg. Frankfurt a.M. 1987.

Hobbes, Thomas: Leviathan. London 1651.

Hont, Ivan/Ignatieff, Pjotr (Hg.): Wealth and Virtue. The Shaping of Political Economy in the Scottish Enlightenment. Cambridge 1983.

Hume, David: A Treatise of Human Nature. Oxford 1888.

Hutcheson, Francis: An Essay on the Nature and Conduct of the Passions and Affections. London 1728.

–: A System of Moral Philosophy. London 1755.

Justi, Johann Heinrich Gottlob von: Staatswirthschaft, 2 Bde. Leipzig [1758]. Reprint Aaalen 1963.

Locke, John: Zwei Abhandlungen über die Regierung. Hg. von Walter Euchner. Frankfurt a.M. 1977.

MacPherson, Crawford Brough: The Political Theory of Possessive Individualism. Oxford 1962.

Maier, Hans: Die ältere deutsche Staats- und Verwaltungslehre. München 1980.

Marx, Karl: Grundrisse der Kritik der politischen Ökonomie (Rohentwurf). Berlin 1974.

–: Das Kapital. Berlin 2008.

Mill, James: Elemente der Nationalökonomie. Übers. von Adolph Ludwig von Jakob. Halle 1824.

Mill, John Stuart: On Liberty and Other Essays. Oxford 1998.

Priddat, Birger P.: Die andere Ökonomie. Über G. v.

Schmollers Versuch einer ›ethisch-historischen‹ Ökonomie im 19. Jahrhundert. Marburg 1995.
–: Theologie, Ökonomie, Macht. Eine Rekonstruktion der Ökonomie John Lockes. Marburg 1998.
–: le concert universel. Die Physiokratie. Marburg 2001.
–: Theoriegeschichte der Ökonomie. München 2002.
–: John Stuart Mill über Freiheit. In: John Stuart Mill, Studien zur Entwicklung der ökonomischen Theorie, Schriftenreihe des ›Dogmenhistorischen Ausschusses‹ des Vereins für Socialpolitik. Hg. von E.W. Streissler. Bd. 115/XIX. Berlin 2002, 17–42.
–: Leidenschaftliche Interessen: Hirschmanns Theorem im Blickpunkt alternativer Rekonstruktionen In: Albert Hirschmanns grenzüberschreitende Ökonomik. Hg. von Ingo Pies/Martin Leschke. Tübingen 2006, 29–54.
–: Karl Marx. Kommunismus als Kapitalismus 2ter Ordnung: Produktion von Humankapital. Marburg 2008.
Quesnay, Francois: Ökonomische Schriften. Hg. von Marguerite Kuczynski. 2 Bde. Berlin 1976.
Simon, Thomas: »Gute Policey«. Ordnungsleitbilder und Zielvorstellungen politischen Handelns in der Frühen Neuzeit. Frankfurt a.M. 2004.
Smith, Adam: A Theory of Moral Sentiments. London 1759.
–: An Inquiry into the Nature and causes of the Wealth of Nations [1776]. 2 Bde. Oxford 1979.
–: Lectures on Jurisprudence [1762/63]. Hg. von R.L. Meek/D.D. Raphael/P.G. Stein. Indianapolis 1982.
Tribe, Kenneth: Governing Economy. The Reformation of the German Economic Discourse 1750–1840. Cambridge 1988.
Ulrich, Peter/Aßländer, Michael S.: John Stuart Mill. Der vergessene politische Ökonom und Philosoph. Bern 2006.
Waszek, Norbert: Man's Social Nature. Frankfurt a.M. 1988.

Birger P. Priddat

3. Die Entwicklung der Ökonomik zur normativen Wissenschaft

Der Begriff einer *normativen* Ökonomik wird unterschieden von der ›positiven‹ oder ›reinen‹ Ökonomik, die sich im 19. Jahrhundert konstituierte und heute unter dem Titel ›allgemeine‹ oder ›theoretische‹ Volkswirtschaftslehre gelehrt wird. Unter der normativen Ökonomik versteht man meist die Teilgebiete der Wohlfahrtsökonomik und der Theorie der Wirtschaftspolitik. Besonders im Schulstreit zwischen Carl Menger (Menger 1883) und Gustav Schmoller wurde die Frage diskutiert, ob Wirtschaftswissenschaftler rein objektivierend zu verfahren haben oder selbst normative Urteile abgeben sollen. Schmoller bejahte die zweite Alternative und begründete dies durch die These, dass die Gesamtheit wirtschaftlicher Phänomene nicht in der Fülle ihrer Ursachen beschreibbar ist: »Die teleologische Betrachtung ist die wichtigste Art, eine Summe von Erscheinungen, deren inneren kausalen Zusammenhang wir noch nicht kennen, als ein Ganzes zu begreifen« (Schmoller 1904, S. 287). Carl Menger und Leon Walras betonen demgegenüber, dass die Wirtschaftswissenschaft gar nicht konkrete historische Phänomene erklären kann und will, sondern nur abstrakte Teilsaspekte wirtschaftlicher Prozesse. Walras zieht einen Vergleich zur reinen und angewandten Mechanik: »Similarly, given the pure theory of economics, it must precede *applied economics*; and this pure theory of economics is a science which resembles the physico-mathematical sciences in every respect« (Walras 1954, 71). Was Walras »applied economics« nennt, wurde später systematisch in der Theorie der Wirtschaftspolitik und der Wohlfahrtsökonomik unter Beibehaltung des Walrasschen Modells als Ergänzung entwickelt. Diese Dualität von reiner und angewandter Ökonomik darf heute als weitverbreitete Auffassung in der Volkswirtschaftslehre gelten. Die Dichotomie von Sein und Sollen, Fakten und Werten hat allerdings auch außerhalb der Wirtschaftswissenschaften zu zahlreichen Diskussionen geführt, seit David Hume postulierte: »No ought from an is«. Die Philosophie der Werte (Wilhelm Windelband, Heinrich Rickert, Hugo Münsterberg u.a.), worin die Dualität von Faktizität und Wert herausgearbeitet wurde, entstand in direkter Wechselwirkung mit der Konstituierung der Wirtschaftswissenschaft als »reine« Ökonomik (zu dieser Diskussion vgl. Putnam 2002).

Reine Wissenschaft – Kunstlehre – Ethik

Wenigstens prinzipiell bekennen sich die meisten Vertreter beider Richtungen – der positiven und der normativen Ökonomik – zu Max Webers Axiom der Wertfreiheit: Ökonomen sollen auf »Kathederwertungen« verzichten, also nicht im Sinn einer normativen Ethik Ziele vorschreiben. In der wissenschaftlichen Praxis geben allerdings Ökonomen vielfältige Empfehlungen und urteilen selbst sehr häufig normativ; nicht nur in der Politikberatung, auch in Verbindung mit empirischen Untersuchungen, die in den Medien kommuniziert werden. Das Webersche Prinzip ist also bis heute weitgehend ein Ideal geblieben. Dennoch schließt das Axiom der Wertfreiheit in der wissenschaftlichen Methode nicht aus, dass Normen oder Werte zum *Gegenstand* einer wissenschaftlichen Untersuchung werden. Die Urteilsform nimmt dann den Charakter instrumentellen Denkens an: Für gegebene (wirtschaftspolitische) Ziele oder Normen werden geeignete Instrumente anhand von Modellen der Wirtschaft gesucht.

Im Wissenschafts*typus* lassen sich drei Verfahrensweisen unterscheiden (vgl. Walras 1954, 61 ff.; J.N. Keynes 1965): *Erstens* die wertfreie, an reinen Fakten orientierte Erklärung; *zweitens* die Kunstlehre, die das Verhältnis zwischen jeweils gegebenen Zielen und Mitteln sowie mögliche Zielkonflikte diskutiert, und *drittens* die Ethik, die Ziele oder Normen selbst einer kritischen Prüfung unterzieht. In den Wirtschaftswissenschaften wurden alle drei methodischen Ansätze vorgeschlagen.

(1) Die reine Ökonomik, die durch William Stanley Jevons, Leon Walras und Carl Menger mit teils unterschiedlichen formalen Methoden begründet wurde, betrachtet die Gegenstände der Ökonomik ontologisch als Naturphänomen: »[...] a natural phenomenon, natural in its orgins, natural in its manifestations and natural in essence« (Walras 1954, 69). Begründet wird dieser Standpunkt durch ein physikalistisches Argument: Es wird behauptet, dass die Wirtschaft durch Kausalbeziehungen determiniert und insofern physischen Gegenständen völlig analog sei. Diese Kausalbeziehungen sieht man sehr häufig als eine ›Maschine‹ organisiert; in neueren Ansätzen verwendet man kybernetische oder evolutionsbiologische Metaphern. Philosophisch beruht dieser Ansatz auf der These, dass es in der Behandlung von natürlichen und sozialen Phänomenen keinen methodischen Unterschied gebe (Karl Popper, Friedrich August von Hayek, Hans Albert).

(2) Die Auffassung der Ökonomik als *Kunstlehre* übernimmt teilweise Methoden der reinen Ökonomik, fügt aber die rationale Diskussion von Ziel- und Ziel-Mittel-Beziehungen hinzu. Diese Analysemethode charakterisiert die Theorie der Wirtschaftspolitik und die Wohlfahrtsökonomik. Auch die Betriebswirtschaftslehre versteht sich überwiegend als Kunstlehre.

(3) Die Ökonomik war in ihrem Ursprung ein Teilgebiet der Ethik. Diese Denkform als explizit ethische Wissenschaft hat es neben der reinen Ökonomik weiter als Tradition gegeben. Die Historische Schule der Nationalökonomie (Wilhelm Roscher, Carl Knies, Gustav Schmoller, Werner Sombart), die ethisch-rechtliche Schule (Rudolf Stammler, Karl Diehl, Rudolph Stoltzmann), der Universalismus (Othmar Spann) und theologisch begründete Ansätze (Heinrich Pesch, Oswald von Nell-Breuning, Georg Wünsch) haben es stets auch unternommen, selbst Ziele für die Wirtschaft zu formulieren und mit analytischen Methoden zu begründen. Es wird meist übersehen, dass auch Keynes seine Methode durchaus als eine *ethische* interpretierte: »[...] economics is essentially a moral science and not a natural science. That is to say, it employs introspection and judgments of value« (Keynes 1973, 297). Die Entwicklung zur Ökonomik als normative Wissenschaft ist also kein linearer oder sequenzieller Prozess, worin die reine Ökonomik nachträglich durch normative Fragestellungen ergänzt wurde. Vielmehr lassen sich mehrere, sich gegenseitig beeinflussende Entwicklungslinien beobachten, die in der Gegenwart in einem Neuerstarken der Wirtschaftsethik nur einen vorläufigen Höhepunkt erreicht haben.

Der Physikalismus der »reinen« Ökonomik

Die Untersuchung ökonomischer Sachverhalte erfolgte ursprünglich als Teil der Ethik und Staatsphilosophie. Bei Aristoteles werden ökonomische Fragen jeweils als Teilgebiete der Ethik – wie im fünften Buch seiner *Nikomachischen Ethik* – und der *Politik* behandelt. Diese Stellung blieb im Prinzip auch noch in den späteren Schulen der *Politischen Ökonomie* gewahrt, auch wenn sich hierbei jeweils schon Ansätze für eine rein objektivierende Analyse finden. Die Ökonomik war von ihrer logischen Struktur her dabei eine Kunstlehre: Sie untersuchte für gegebene (politische oder private) Ziele geeignete Mittel, um diese zu erreichen. Auch die frühen ökonomischen Traktate der vorklassischen Ökonomik waren oftmals als Ratschläge an Regierende formuliert.

In der Nationalökonomie war noch bis zum Beginn des 19. Jahrhunderts die Auffassung zu finden, dass die Beschreibung sozialer Phänomene Teil der *Ethik* sei. So sagt noch Malthus: »[...] the science of political economy bears a nearer resemblance to the science of morals and politics than to that of mathematics« (Malthus 1836, 1). Ein entscheidender Schritt weg von dieser Auffassung war die von den Physiokraten in Frankreich – deren Schulbezeichnung Programm ist: »Herrschaft der Natur« – entwickelte These, dass die menschliche Gesellschaft durch Naturgesetze regierte werde (*ordre naturel*). Die Aufgabe der Regierenden sei es, die von Menschen gemachte Ordnung (*ordre positif*) dieser Naturordnung anzupassen. Diese grundlegende Denkfigur bestimmt auch den in Schottland formulierten Liberalismus, und er wurde in der Gegenwart von Friedrich August von Hayek durch den Gedanken rekonstruiert, dass Märkte und ethische Regeln Resultat eines kulturellen Evolutionsprozesses, einer spontanen Ordnung seien, ein Gedanke, den schon Adam Ferguson formuliert hatte: »[N]ations stumble upon establishments, which are indeed the result of human action, but not the execution of any human design« (Ferguson 1782, 205).

Wenn es aber eine Ordnung der Wirtschaft, wenn es ökonomische Gesetze gibt, die *nicht* den bewussten Handlungen der Menschen entspringen, so stellt sich die Frage, wie sich diese Ordnung gegen das Denken oder innerhalb des menschlichen Bewusstseins durchsetzt. Hayek bemüht hier ein mechanisches Überbewusstsein: »[...] a supra-conscious mechanism which operates upon the contents of consciousness but which cannot itself be conscious« (Hayek 1967, 61). Damit zeigt sich für die verschiedenen Schulen der reinen Ökonomik bis in die Gegenwart folgendes Bild: Die freien Entscheidungen der Menschen sind für die Theorie Daten. Diese Daten zeigen eine bestimmte Ordnung, und diese Ordnung lässt sich durch mechanische oder andere, den physikalischen analoge Prozesse beschreiben. Als Gruppen gehorchen die Menschen damit physikalistisch zu interpretierenden Gesetzen. Diese objektive Ordnung ist in sich ein von menschlicher Motivation unabhängiger Prozess und insofern wertneutral zu beschreiben. Die von Menschen gemachte Ordnung, die rational entworfen und kontrolliert wird, habe sich dieser sozialen Mechanik anzupassen. Darin liegt die normative Implikation der reinen Ökonomik, politisch seit Adam Smith verwirklicht als Politik der Abschaffung von »konstruktivistischen Eingriffen« des Staates.

Um die Autonomie des Marktsystems nachzuweisen, greift man in der Ökonomik zunächst auf explizit mechanische, später andere physikalistische oder evolutionstheoretische Modelle zurück. Seit René Descartes und Thomas Hobbes kann man eine zunehmende Mechanisierung der Denkweise erkennen; die Maschine galt methodisch als Vorbild zur Beschreibung sozialer Phänomene. Antonio Genovesi entwickelte bereits in seinem Lehrbuch der Nationalökonomie (*Lezioni di commercio o sia d'economia civile*, 1765) ein rein funktionales Wirtschaftsmodell nach dem Vorbild der Maschine. Es war aber vor allem Adam Smith, der Probleme der Morallehre und der Ökonomik im gemeinsamen Horizont eines Systems darstellte, das als Maschine interpretiert wurde (vgl. Brodbeck 2009b, 482–502).

Smith versuchte, die Moralwissenschaft auf derselben Grundlage zu rekonstruieren, wonach die Erscheinungen der sozialen Welt beschrieben werden nach dem Modell »der großen Maschine des Universums [...], mit den verborgenen Rädern und Federn, die diese Erscheinungen hervorbringen, alle die allgemeinen Objekte der Wissenschaft und des Geschmacks« (Smith 1977, 20). Als die für die Ökonomik dominierende Triebfeder sah Smith das Streben nach Eigennutz an, dessen systemische Wechselwirkung die Wirtschaftsprozesse erklärt (*invisible hand*). Im 19. Jahrhundert entsteht die Tendenz, die formalen Grundlagen des mechanischen Modells weiter zu verfeinern und auszubauen (vgl. Brodbeck 2009a, 22–73). Dies ging Hand in Hand mit einer Mathematisierung, die von Antoine-Augustin Cournot, Hermann Heinrich Gossen, William Stanley Jevons und – neben einigen anderen – vor allem von Leon Walras vorangetrieben wurde. Walras lieferte in seinem allgemeinen Gleichgewichtsmodell die paradigmatische Form jener Theorie, die heute als ›Neoklassik‹ gelehrt wird.

Die klassischen Ökonomen hatten individuelle Motive aus der Erklärung des Wirtschaftsprozesses weitgehend eliminiert – bis auf die These vom Eigennutz, einer mechanisch zu beschreibenden Verhaltensweise – und führten das Gelten von Quasi-Naturgesetzen in der Wirtschaft auf typische Massenphänomene zurück. Charakteristisch ist hierbei die Vorstellung, dass der Wettbewerb jede individuelle Motivation wechselweise aufhebt und somit an die Stelle von bewussten Entscheidungen eine unbewusste Gesetzmäßigkeit tritt. Noch Walras benutzt dieses Argument, um den Charakter der Ökonomik als Quasi-Naturwissenschaft nach Analogie der Mechanik zu begründen: »If the pure theory of economics or the theory of exchange and value in exchange, that is, the theory of social wealth considered by itself, is a physico-mathematical science like mechanics or hydrodynamics, then economists should not be afraid to use the methods and language of mathematics« (Walras 1954, 71).

Allerdings ergab sich für die Werttheorie innerhalb der ökonomischen Klassik eine Schwierigkeit: So konnte man zwar mit der These, dass jeder Wert auf Arbeit zurückgeführt werden könne (Adam Smith, David Ricardo, John Stuart Mill, Karl Marx), die Preise reproduzierbarer Güter erklären, nicht aber den Wert von Naturgütern. Die Arbeitswertlehre sollte das ›Wertparadoxon‹, dass Güter mit hohem Gebrauchswert (wie Wasser, Luft usw.) kostenlos sind, Güter mit geringem Gebrauchswert (wie beispielsweise Diamanten) hingegen einen positiven Preis besitzen, lösen. Diese Lösung war unbefriedigend, weil der offensichtliche Einfluss von Knappheiten auf Preise nicht durch Arbeit erklärt werden konnte. Hier entwickelte sich die Grenznutzenschule als Alternative, die für die Bestimmung des Güterwerts nicht den absoluten, sondern den Nutzen der zuletzt verfügbaren Einheit ansetzte. Mit der Grenznutzenschule trat allerdings erneut eine *subjektive* Dimension von Präferenzen und Motiven des Handelns in den Blickpunkt der Analyse. Um diese neue Erklärungsform mit den physikalistischen Vorstellungen zu versöhnen, entwickelten Gossen, Jevons und Walras das Konzept der Nutzenfunktion, welches heute allgemein als Präferenztheorie bekannt ist. Hier wird ein rein objektiver Zusammenhang zwischen Nutzenerwägungen und Gütermengen unterstellt, der seinerseits mathematisierbar ist. Die scheinbar neue subjektive Dimension, damit die Wiederkehr von Normen und Werten in der ökonomischen Analyse, wurde durch die erneute »Elimination der wirtschaftenden Person« (Jürgen von Kempski) mit Hilfe von Präferenzfunktionen wieder auf die mechanische Grundform zurückgeführt. Handeln aufgrund bestimmter Präferenzen als Handlungsgrund wurde ersetzt durch die Beschreibung offenbarten Verhaltens, zunächst durch die Annahme eines messbaren, intersubjektiv gültigen Nutzens, später durch bestimmte Verhaltensaxiome (*revealed preference theory*), die empirisch testbar sein sollen.

Dieses Modell aus objektivierten Präferenzen, Produktionsfunktionen und Annahmen über die Wettbewerbsform (›vollkommene Konkurrenz‹) bildet das Grundgerüst der reinen Ökonomik, die sich in ihrer wissenschaftstheoretischen Form als physikalistisches Modell präsentiert. Motive des Handelns werden teils objektiviert durch die Annahme von Verhaltensparametern – auch im neuen Zweig der experimentellen Wirtschaftsforschung –, teils ausgeschlossen durch die These, dass im Wettbewerb sich subjektive Motive gegenseitig kompensieren, um einem ›überbewussten Mechanismus‹ Platz zu machen. In diesem neoklassischen Modell der allgemeinen Gleichgewichtstheorie fand die Vorstellung von Physiokratie und schottischer Nationalökonomie, die Wirtschaft werde durch objektive Gesetze regiert, ihren formalen, mathematischen Abschluss.

Es wird hierbei allerdings einiges übersehen (vgl. Brodbeck 2009a, 47–63; 2009b, Teil IV): *Erstens* ist eine Theorie Teil der sozialen Kommunikationssphäre; die Akteure können also Kenntnis erlangen von den Aussagen der Theorie und dann *handeln*, d.h. bewusst darauf reagieren. Das hebt ontologisch die These auf, die menschliche Gesellschaft sei durch bloßes Verhalten beschreibbar. Es ist übrigens diese Tatsache – die Wiederkehr der Prognosen in den Handlungsprogrammen der Akteure –, die es erlaubt, Blasenbildung, Spekulation usw. zu erklären, was in der neoklassischen Theorie durch die These von den effizienten Märkten unmöglich ist. *Zweitens* stellt die Reduktion des menschlichen Handelns auf ein bloßes Verhalten selbst ein Werturteil dar, vor allem als Grundlage der Politikberatung. *Drittens* schließt die Tradition der reinen Ökonomik Kreativität und Innovationen aus. Innovationsprozesse bestimmen aber primär den Wettbewerb, und hierbei heben sich Motive nicht wechselseitig auf, sondern führen durch Nachahmung (Diffusion) sogar zur gegenseitigen Verstärkung. *Viertens* – diesen Punkt hat Keynes in seiner Kritik der Neoklassik besonders hervorgehoben – werden Handlungen durch Erwartungen bestimmt. Erwartungen werden aber in der Öffentlichkeit vielfältig kommuniziert und führen neben den Marktdaten ein ›Eigenleben‹, das wiederum Marktprozesse vielfältig beeinflusst. In Erwartungen fließen aber stets Motive und Werte ein, die folglich nicht aus der Analyse eliminiert werden können.

Methodologischer Individualismus

Den Begriff »methodologischer Individualismus« hat Joseph Alois Schumpeter eingeführt. Er bezeichnet damit die in der Ökonomik verwendete Methode, »daß man bei der Beschreibung gewisser wirtschaftlicher Vorgänge von dem Handeln der Individuen ausgehe« (Schumpeter 1908, 90 f.). Schumpeter fasst damit methodisch zusammen, was in der klassischen Nationalökonomie entwickelt, von John Stuart Mill systematischer beschrieben und von Carl Menger in einer heftig geführten Methodenkontroverse verteidigt wurde. David Hume hatte die These vertreten, dass Individuen am besten wissen können, was für sie selbst gut oder schlecht ist. Mill entwickelte in seinem 1844 erschienen Buch *Essays on Some Unsettled Questions of Political Economy* daraus das Modell des *economic man*. Er versteht, wie später Walras, Menger oder Schumpeter, die Ökonomik als *science*, nicht als *art*. Um die Reduktion menschlichen Handelns zur Formulierung einer *science* auf ein bloßes Verhalten zu ermöglichen, wird methodisch ein fiktives Individuum konstruiert; Introspektion und Werturteile sollen entfallen. Da aber handelnde Individuen unaufhörlich werten und bewerten, verwendet man ein reines Verhaltensmodell mit einer mathematisch beschreibbaren Wertfunktion: Der *economic man* oder – wie ihn Vilfredo Pareto nennt – der Homo Oeconomicus steht zu den wirtschaftlichen Sachverhalten (Produktion, Kauf, Konsum usw.) in einer logisch einfach konstruierten Beziehung: Er *maximiert* eine Zielgröße. Der Handelnde wird zu einer Maximierungsmaschine. Insofern hebt der methodologische Individualismus alle psychologisch zu beschreibenden Faktoren auf und verwirklicht so den physikalistischen Horizont, der sich in der Ökonomik mehr und mehr durchgesetzt hat, heute meist einfach »Rationalhypothese« genannt. Man programmiert »Roboterimitationen des Menschen« (Robert Lucas), um aus diesen logischen Atomen die Maschine der Gesamtwirtschaft als Gleichgewichtssystem zu rekonstruieren. Carl Menger sprach ausdrücklich von einem *Atomismus* der Analyse, den er gegen jede Form von holistischem Denken verteidigte.

Der methodologische Individualismus hat auch die Soziologie beeinflusst, die das Prinzip der rationalen Wahl als Maximierungsverhalten in der Rational-Choice-Theory adaptiert hat. Eine verfeinerte Variante ist z. B. das von Siegwart Lindenberg entwickelte RREEMM-Model (= Resourceful-Restricted-Evaluating-Expecting-Maximizing-Man), in dem das Maximierungsverhalten durch weitere Restriktionen ergänzt wurde. Die methodische Haltung der wertfreien Objektivierung bleibt darin allerdings unverändert erhalten. Dieses Bestreben, einerseits die Wirtschaft als Prozess menschlichen Handelns zu beschreiben, andererseits nach dem Vorbild der Naturwissenschaften eine objektive, wertfreie Wissenschaft zu formulieren, bringt als *logisches* Atom für die Modellierung einen Akteur hervor, der nicht handelt, sondern sich nur nach bestimmten, objektiv beschreibbaren Funktionen *verhält*. Die Ersetzung des Handelns – das immer auf bewusste Prozesse und Werte bezogen bleibt – durch ein Verhalten erlaubte die Formulierung einer scheinbar wertfreien Wissenschaft.

Der *Wahrheitsbegriff* verwandelt sich durch diese methodische Prämisse. Während man Werte und Motive nur im Diskurs ermitteln kann – bis hin zur reduzierten demokratischen Form der Wählerentscheidung oder der Befragung, die sich immerhin noch in der Kommunikationssphäre bewegen –, lässt sich ein auf bloßes Verhalten reduziertes Handeln nur noch in seinen beobachtbaren *Resultaten* beurteilen. Damit wird aber die Verhaltensprognose zum alleinigen Wahrheitskriterium der reinen Ökonomik: Sie muss sich der Prüfung aussetzen, ob es ihr gelingt, gültige Prognosen des wirtschaftlichen Ablaufs zu liefern. Walras und Menger betonen, ihre Wissenschaft sei rein abstrakt; sie erkläre nur Prinzipien, keine empirischen Sachverhalte. Die Nachfolger haben durch die Herausbildung der Ökonometrie diese methodische Prämisse aufgegeben und fordern empirische Beobachtbarkeit und Prognostizierbarkeit; vor allem Milton Friedman hat dies als Kriterium einer ›brauchbaren Theorie‹ betont. Gelingt dies aber nicht, dann ist offenbar die Reduktion des Handelns auf ein Maximierungsverhalten schon im Ansatz eine Fehlkonstruktion. Und es sind nicht zuletzt die scheiternden Prognosen der Ökonomik, die einerseits nach Alternativen in der Erklärung des wirtschaftlichen Handelns suchen lassen, andererseits die normative Dimension wieder ins Spiel zu bringen erlauben (vgl. Sen 1988, 78 ff.).

Zudem ist die Reduktion menschlichen Handelns auf ein Verhalten – mit dem Ziel der Objektivität und Wertneutralität – *in sich* ein Werturteil. Carl Menger spricht von der »ethischen Welt«, die in Teilsysteme (neben der Wirtschaft: Recht, Bildung, Staat usw.) zerlegt wird, um daraus dann für Teilbereiche Erklärungen zu liefern (Textbelege in: Brodbeck

2009b, 96 ff.). Die Auswahl des Teilsystems ist aber ein wertender Akt. Expliziert man aus der methodischen Prämisse des Homo Oeconomicus das darin enthaltene Werturteil, so kann man sagen, dass hier *kommunikative Prozesse* (Wahlentscheidungen, Bürgerforen, Befragungen usw.) durch *Verhaltensanreize* ersetzt werden. Man unterstellt also implizit, dass Menschen veränderungsresistent, lern- und kommunikationsunfähig sind – man könne sie nur durch *äußere Reize* steuern. Damit formuliert man aber *implizit* eine ethisch-normative Position. Nun sind aber, wie Jürgen Habermas betont, Theoretiker – z. B. die Ökonomen – Teilnehmer am sozialen Kommunikationsprozess; sie haben keine Sonderstellung über ihrem ›Gegenstand‹. Deshalb ist es erforderlich, dass die normativen Prämissen der ökonomischen Modelle auch *expliziert* werden. Dieses Bedürfnis, die Aussagen der Ökonomik in den öffentlichen Diskurs zurückzuholen, wurde auf vielen Wegen versucht. Die Wohlfahrtsökonomik als Teilgebiet der Volkswirtschaftslehre ist der innerhalb der tradierten Ökonomik beschrittene Weg.

Wohlfahrtsökonomik

Die Wohlfahrtsökonomik ist als ethische Ergänzung zur allgemeinen Gleichgewichtstheorie konzipiert worden. In diesem Zweig der Wirtschaftswissenschaften wurde eruiert, dass die *Anwendung* der reinen Theorie stets auch ein Werturteil über die betroffenen Individuen enthält. Diese Theorie übernimmt den Standpunkt des methodologischen Individualismus, den man in zwei vorausgesetzten Werturteilen zusammenfasst (Little 1970, 258): *Erstens* wird unterstellt, dass es für Individuen gut ist, das zu bekommen, was sie wünschen; *zweitens* wissen Individuen selbst am besten, *was* sie wollen. Doch diese beiden explizierten Werturteile erschöpfen nicht die normativen Implikationen der reinen Theorie. Walras selbst war sich darüber sehr wohl im Klaren. Im allgemeinen Gleichgewichtsmodell ist unterstellt, dass die Akteure mit bestimmten Anfangsbeständen von Gütern ausgestattet sind. Diese *Anfangsverteilung* wird nicht erklärt (Walras 1954, 257). Für jeden Vektor an anfänglich verteilten Ressourcen lässt sich ein allgemeines Gleichgewicht – sofern es überhaupt existiert – ermitteln. Eben dies wurde zu einer zentralen Voraussetzung der Wohlfahrtsökonomik. Da die reine Ökonomik nur die Funktionsweise der Märkte bei *gegebener* personaler Verteilung der Ressourcen erklärt, kann man die Bestimmung der Verteilung aus der Theorie ausklammern und arbeitsteilig der Politik übergeben. Die Gleichgewichtstheorie, die Marktlösungen für die Allokation der Ressourcen formuliert, kommt formal, das war ein weiteres Ergebnis der Wohlfahrtsökonomik, zum selben Ergebnis wie eine Wirtschaft, in der ein Zentralplaner die aggregierte Wohlfahrt – etwa die Summe aller individuellen Nutzen – maximiert. Insofern ist also der formale Apparat der Gleichgewichtstheorie sowohl indifferent bezüglich der Anfangsverteilung wie bezüglich der Wirtschaftsordnung: Reine Marktwirtschaft mit vollkommenem Wettbewerb und ein zentralgeplantes System mit einem ›wohlmeinenden Diktator‹ ergeben formal dieselben Optimalbedingungen. In der Diskussion der 1930er Jahre wurde vor allem die zweite These hinterfragt. Ludwig von Mises und Friedrich August von Hayek bestritten die logische Möglichkeit einer Zentralplanung durch die Gegenthese, dass keine Zentrale jemals alle *privat verteilten Informationen* aggregieren oder überhaupt kennen könnte. Diese Kritik hat sich in der Diskussion weitgehend durchgesetzt. Damit konzentrierte sich die Frage darauf, nach welchen Kriterien oder Normen Änderungen der Anfangsverteilung vorgenommen werden können.

Diese Frage wurde vor allem deshalb virulent, weil die stillschweigende Annahme der frühen Nutzentheoretiker, man könne den Nutzen von Individuen vergleichen, aufgegeben werden musste. Zunächst hatte Alfred Marshall versucht, den Grenznutzen eines Gutes durch die *Zahlungsbereitschaft* für dieses Gut operational zu machen: Die Zahlung erfolgt in der Geldeinheit und ist deshalb prinzipiell messbar. Doch Arthur Cecil Pigou zeigte in seinem grundlegenden Werk *The Economics of Welfare*, dass die subjektive Dimension des Werturteils damit nicht aufgehoben wird (Pigou 1962, 845 ff.). Um diese Wertdimension zu explizieren, greift man auf ein von Vilfredo Pareto entwickeltes Kriterium zurück, das den beiden Axiomen der Wohlfahrtstheorie genügt. Die sogenannte Pareto-Norm besagt, dass kein Individuum besser gestellt werden soll auf Kosten eines anderen Individuums. Dieses Prinzip hatte schon Adam Smith in seiner Morallehre formuliert und aus der Perspektive eines unparteilichen Beobachters begründet: »Ein einzelner darf niemals sich selbst auch nur irgendeinem anderen einzelnen so sehr vorziehen, daß er diesen anderen verletzen oder beleidigen würde, um sich dadurch einen Vorteil zu verschaffen, mag auch der Vorteil, der ihm daraus erwächst, weit größer sein als der Schaden oder die Beleidigung des anderen« (Smith 1977, 204). Ein Zustand, in dem niemand in seinem individuellen Nutzen bessergestellt werden kann, ohne andere zu benachteiligen – was einer Umverteilung entspräche –, heißt ›paretooptimal‹. Es lässt sich zeigen, dass ein allgemeines Gleichgewicht bei vollkommenem Wettbewerb und den gewöhnlich getroffenen Annahmen über Nutzen- und Produktionsfunktionen paretooptimal ist. Auf der Produktionsseite bedeutet dies, dass alle Produktionsfaktoren voll ausgeschöpft sind (Effizienz) (vgl. Samuelson 1974, 203–253).

Es wurden von Nicholas Kaldor, John Hicks und Tibor de Scitovsky allerdings Verfahren vorgeschlagen, die formal die Pareto-Optimalität verletzen, gleichwohl aber die Gesamtwohlfahrt verbessern. Leitend ist hierbei der Gedanke, dass Maßnahmen der Umverteilung oder Produktionslenkung zunächst zwar einige Individuen oder Gruppen benachteiligen; aus dem insgesamt vergrößerten Reichtum können aber die Verlierer kompensiert werden. Dieses Kriterium ist aber nicht eindeutig, weil sich zeigen lässt, dass auch ein Rückgängigmachen dieser Maßnahme nochmals die Wohlfahrt zu steigern erlaubt (Samuelson 1974, 249 ff.). Little hat die Implikationen dieser Kriterien und generell der Axiome der Wohlfahrtsökonomik einer systematischen Kritik unterzogen, worauf hier nur verwiesen sei (Little 1970; vgl. auch Sen 1988).

Weitaus fragwürdiger wird die Wohlfahrtsökonomik als Grundlage für Politikempfehlungen, wenn man die *impliziten* Annahmen dieser Theorie näher beleuchtet. Wenn Maßnahmen zur Steigerung der Wohlfahrt diskutiert werden, benötigt man ein kardinales Maß. Meist verwendet man das Bruttoinlandsprodukt. Diese Größe trifft allerdings eine ethische Vorentscheidung, weil nur *marktgängige* Leistungen berücksichtigt werden. Wenn man versucht, aus individuellen Präferenzen eine *aggregierte* Präferenzfunktion abzuleiten, so erweist sich dies – von praktisch wenig wichtigen Sonderfällen abgesehen – als unmöglich. Kenneth Joseph Arrow hat gezeigt, dass sich keine eindeutige Aggregationsregel für Präferenzen finden lässt, die nicht zu Paradoxien führt. Die Pareto-Norm entspricht einer demokratischen Abstimmungsregel, die Einstimmigkeit fordert. Obgleich es durchaus politische Arrangements gibt, in denen Einstimmigkeit gefordert wird – z. B. auf europäischer Ebene –, so ist diese Regel für demokratische Prozesse, die meist Mehrheitsentscheidungen kennen, ungeeignet. Eine Mehrheitsentscheidung kann aber für Umverteilungen votieren und so etwa in der Steuerpolitik ein Steuersystem durchsetzen, das niedrige Einkommen begünstigt, hohe dagegen benachteiligt.

Gravierender noch sind die Einwände gegen die Gleichsetzung von Pareto-Optimalität und allgemeinem Gleichgewicht (Walrasianisches Totalmodell). Dieses Modell ist statisch und kennt als Realmodell kein Geld, nur eine abstrakte Recheneinheit. Man ergänzt dieses Gleichgewichtsmodell meist mit der These der Quantitätstheorie (Quantitätsgleichung), deren Gültigkeit als geldpolitische Norm allerdings durchaus bezweifelt wird. Die Quantitätstheorie fordert eine strikte Kontrolle der Geldmenge, gemessen an der Rate des realen Wachstums (Friedman-Regel). Obwohl die meisten Zentralbanken sich formal zu einer Variante der Quantitätstheorie bekennen, offenbart die geldpolitische Praxis doch etwas ganz anderes. Nicht erst die Finanzkrise nach 2008 hat gezeigt, dass die Zentralbanken andere Normen wie die Stabilität des Banksektors, das reale Wirtschaftswachstum, Bedürfnisse des Staatshaushaltes usw. praktisch zur Geltung bringen. Diese Normen sind allerdings im Gleichgewichtsmodell weder theoretisch begründet, noch – aufgrund der Autonomie der Zentralbanken – demokratisch legitimiert. Die Geldpolitik bleibt also ein zentraler, gleichwohl am wenigsten normativ explizierter oder legitimierter Zweig der Wirtschaftspolitik.

Ein zentraler Mangel der Pareto-Optimalität ist die statische Natur des Gleichgewichtsmodells. Sobald Wachstumsprozesse berücksichtigt werden, tritt die Frage der Zeitpräferenz in den Vordergrund. Das neoklassische Gleichgewichtsmodell arbeitet meist mit ›repräsentativen‹ oder Durchschnitts-Individuen als gleichsam verdünnte Variante des methodologischen Individualismus. Dieses Konzept ersetzt das unlösbare Problem der Aggregation von Präferenzen und vermeidet Paradoxien. Doch dieser Vorteil wird erkauft durch eine Realitätsferne der Annahmen. Bei der Zeitpräferenz tritt dies besonders deutlich hervor. Ein Teilgebiet der Wohlfahrtsökonomik ist die Kosten-Nutzen-Analyse (vgl. Layard 1972). Hier tritt die Frage in den Vordergrund, wie zeitlich unterschiedlich anfallende Kosten und Nutzleistungen durch Abdiskontierung anzusetzen sind. Unterstellt man, wie die Theorie, ein ewig lebendes, durchschnittliches Individuum mit einer gegebenen Zeitpräferenzrate, so formuliert man, wie John Rawls gezeigt hat, ein irrationales Prinzip: Künftige Nutzleistungen oder überhaupt künftige Generationen abzudiskontieren, widerspricht dem Gleichheitsgrundsatz aller Individuen.

Eine weitere Schwierigkeit in der Anwendung der Pareto-Norm als Effizienzkriterium in einer dynamischen Wirtschaft sind Innovationen, die in der Neoklassik nicht explizit erklärt werden. Die Neoklassik fordert vor dem Hintergrund der Pareto-Norm einen vollkommenen Wettbewerb. In einer durch Innovationen geprägten Wirtschaft, wie sie Joseph Alois Schumpeter beschrieben hat, treten aber unaufhörlich temporäre Monopole hervor, die vom technischen Fortschritt gar nicht getrennt werden können. Deshalb hat sich in der Wettbewerbspolitik das ursprünglich vertretene Ideal der »vollkommenen Konkurrenz« immer mehr gewandelt. Die Abwägung der Normen von Wettbewerbsintensität als Anreiz und der Begünstigung von Innovationen durch temporäre Monopole hat in der Praxis der Wettbewerbspolitik zu einem unklaren Normenkatalog geführt, der eher von politischen Interessen, als von wirtschaftstheoretischen Erwägungen geprägt wird.

Eng damit zusammenhängend sind andere Grundannahmen der Neoklassik. Das Gleichgewichtsmodell als Referenz der Pareto-Norm unterstellt für die Produktion einen spezifischen Typus von Produktionsfunktionen (abnehmende Skalenerträge), die empirisch eher selten verwirklicht werden. Gilt aber nicht die Voraussetzung, dass die Grenzkosten mit steigender Produktionsmenge steigen, dann existiert kein Gleichgewicht und die Pareto-Norm wird bedeutungslos. Die Theorie des unvollständigen Wettbewerbs, in den 1920er und 30er Jahren entwickelt von Piero Sraffa, Joan Robinson, Edward Chamberlin und Heinrich von Stackelberg, hebt zentrale Aussagen der Wohlfahrtstheorie auf. Pigou reagierte auf diese Theorie nur mit dem Gedanken, dass bei unvollkommenem Wettbewerb Ressourcen verschwendet würden (Pigou 1962, 834). Ihm entging, dass der statische Effizienzbegriff für eine innovativ veränderte Wirtschaft überhaupt keinen Sinn mehr hat. So ist die Dynamik des technischen Fortschritts in der normativen Ökonomik eine Leerstelle geblieben, trotz zahlreicher Versuche, Konzepte eines ›funktionsfähigen Wettbewerbs‹ zu formulieren: Sie entbehren der einfachen Logik der Pareto-Norm, die immer noch in der wirtschaftspolitischen Beratung Anwendung findet.

Wirtschafts- und Ordnungspolitik

Die Theorie der Wirtschaftspolitik geht von politisch-normativen Zielsetzungen aus und sucht geeignete Mittel zu ihrer Verwirklichung. Obwohl sich eine explizite *Theorie der Wirtschaftspolitik* erst nach dem Zweiten Weltkrieg entwickelt hat, kann dieser normative Zweig der Volkswirtschaftslehre auf eine lange Tradition zurückblicken, worauf bereits hingewiesen wurde. Die Entstehung der Sowjetunion als ›realer Sozialismus‹ gab vielfältigen Anlass, die ordnungspolitischen, aber auch die logischen Grundlagen marktwirtschaftlicher Systeme neu zu überdenken. Ludwig von Mises und Friedrich August von Hayek haben in den 1920er und 30er Jahren die *logische* Möglichkeit des Sozialismus bestritten und daraus die Forderung abgeleitet, die Marktwirtschaft und ihre politische Form, den Liberalismus, wieder gegen sozialistische Tendenzen durchzusetzen. Was als *logische* Widerlegung des Sozialismus hervortrat, wurde getragen von dem Werturteil, dass sozialistische oder sozialstaatliche Maßnahmen eine »Auflehnung gegen das Ganze unserer Kultur und Zivilisation« (Mises 1933, 187) darstellten. Möglich war Mises diese Gleichsetzung von Logik und Marktwirtschaft durch die These, dass die ökonomische Rationalität dem menschlichen Ego *a priori* einwohne. Damit war die normative Begründung scheinbar hinfällig, während tatsächlich diese – vielfach bestrittene – These selbst die Norm transportiert, dass reine Marktwirtschaften allen anderen ökonomischen Arrangements überlegen sind.

In der ordnungspolitischen Diskussion, die in den 1930er Jahren schrittweise einsetzte und von einer Gruppe von Autoren getragen wurde, die man später als die geistigen Väter der Sozialen Marktwirtschaft ansah, wurde unmittelbar normativ argumentiert. Man war durch die Erfahrungen des Stalinismus und des Nationalsozialismus überzeugt von der Überlegenheit einer Marktwirtschaft, die allerdings eines lenkenden Rahmens bedürfe. Damit wurde faktisch das Axiom der Neoklassik, die eine Stabilität des Marktes aus sich selbst postulierte, aufgehoben. Es bedarf einer permanenten Marktüberwachung, damit die »Preisbildung in einem nicht manipulierten Markt als Steuerungsmittel des Wirtschaftsablaufs keine Behinderung erfährt« (Erhard 1964, 172). Die normative Grundlage sah man in der Wirtschaftsordnung verwirklicht, während die Väter der Sozialen Marktwirtschaft vom Markt sagten: »Wirtschaften an sich ist frei von moralischem Gehalt« (Erhard/

Müller-Armack 1972, 54). Erst die Ordnung füge dem wertfreien Markt und den wirtschaftlichen Handlungen Werte hinzu.

Dieser These von der Moralfreiheit der Wirtschaft stehen zwei Auffassungen entgegen. Die erste, noch in der klassischen Ökonomik vertretene These lautet, dass der Markt die Menschen überhaupt erst moralisch *erzieht* und so eine bestimmte Form der Ethik hervorbringt: Gleichheitsgrundsatz, Achtung des Eigentums, Vertragsformen als Vertrauensbasis usw. Bis in die jüngste Zeit wurde diese These vom Markt als Moralerzieher vertreten, wenn man z.B. sagt: »Das mobile Kapital erzieht die Wirtschaftspolitik« (Herbert Giersch). Die exakt gegenteilige Auffassung vertrat Wilhelm Röpke: »Man war [...] der Meinung, daß die auf Konkurrenz und Arbeitsteilung beruhende Marktwirtschaft eine ausgezeichnete moralische Erziehungsanstalt sei und durch den Appell an den Egoismus die Menschen zu Frieden, Anstand und allen bürgerlichen Tugenden anhalte. Während wir heute wissen (was man immer hätte wissen können), daß die Konkurrenzwirtschaft ein Moralzehrer ist und daher Moralreserven außerhalb der Marktwirtschaft voraussetzt« (Röpke 1942, 88). Nicht zuletzt die jüngste Finanz- und Wirtschaftskrise dürfte Röpke Recht gegeben haben.

Durch die Adaption des Keynesianismus kam eine weitere Wertdimension in der Wirtschaftspolitik hinzu. Sieht der Ordoliberalismus die Aufgabe vor allem darin, den Wettbewerb zu regeln, so geht der Keynesianismus von einer inhärenten Instabilität der Märkte aus, die unaufhörlich prozesspolitische Eingriffe erforderlich machen. Da hierzu auch die Geldpolitik funktionalisiert wird, ergibt sich ein Gegensatz zwischen langfristiger Preisstabilität und niedriger Arbeitslosigkeit, der nur normativ aufzulösen ist. Der absolute Vorrang der Preisstabilität gehört zur Grundauffassung des Ordoliberalismus, die auch von der Chicago-Schule geteilt wird. Dies wird damit begründet, dass nur so die langfristige Stabilität der Märkte garantiert werden kann. Ergänzt wurde diese These durch die Theorie der Effizienzmärkte (John F. Muth, Robert Lucas, William Sharpe u.a.), die ein Motiv Hayeks aus den 1930er Jahren aufgreift und davon ausgeht, dass die Rationalität der Märkte stets der individuellen und der politischen Vernunft überlegen wäre. Jede Regulierung, nachgerade der Finanzmärkte, sei deshalb effizienzmindernd.

Daraus wurde in den 1990er Jahren die wirtschaftspolitische Norm der Deregulierung abgeleitet, die durchzusetzen jede nationale Wirtschafts- und Geldpolitik angehalten sei. Was hier als globaler Sachzwang postuliert wurde, verbarg in der Forderung nach Deregulierung allerdings das Werturteil vom prinzipiellen Primat aller Marktlösungen. Die Finanzkrise nach 2008 hat den *empirischen* Gehalt der Effizienzthese weitgehend ad absurdum geführt und die Geld- und Fiskalpolitik fast aller Länder zu einer Rückkehr zu grundlegenden Aussagen des Keynesianismus gezwungen. Die Finanzmärkte erwiesen sich in ungeahntem Umfang als ›Moralzehrer‹ (Röpke), und keine globale Ordnung hat diese transnationalen Märkte reguliert – im Gegenteil, die Ökonomik hat vorauseilend den Abbau von Regeln eingefordert und mit dem wohlfahrtstheoretischen Argument der ›Effizienzsteigerung‹ begründet. Durch die Krise nach 2008 rückt die normative Dimension sowohl ordnungs- wie prozesspolitischer Regelungen erneut in den Vordergrund. Mehr und mehr wird die normative Ökonomik darin allerdings aufgefordert, Modelle einer *globalen Wirtschaftspolitik* zu entwickeln, in der zentrale Fragen aus anderen Politikfeldern (wie Klimapolitik und Armutsbekämpfung) untrennbar mit der Ordnung der Märkte verknüpft sein werden. Der Gedanke jedenfalls, dass die Märkte frei von moralischen Regeln funktionieren und nur durch die Werte aus der Wirtschaftsordnung eingeschränkt werden, hat sich als Fehlurteil erwiesen, das nicht ohne Konsequenzen für die Wirtschaftsethik im allgemeinen bleiben kann.

Literatur

Brodbeck, Karl-Heinz: Die fragwürdigen Grundlagen der Ökonomie. Eine philosophische Kritik der modernen Wirtschaftswissenschaften. Darmstadt [4]2009a.

–: Die Herrschaft des Geldes. Geschichte und Systematik. Darmstadt 2009b.

Erhard, Ludwig: Wohlstand für Alle. Düsseldorf/Wien 1964.

– /Müller-Armack, Alfred: Soziale Marktwirtschaft. Ordnung der Zukunft. Frankfurt a.M./Berlin/Wien 1972.

Ferguson, Adam: Essay on the History of Civil Society. London 1782.

Hayek, Friedrich A. v.: Studies in Philosophy, Politics and Economics. London/Henley 1967.

Keynes, John Maynard: The General Theory and After, Part II. London/Basingstoke 1973.

Keynes, John Neville: The Scope and Method of Political Economy. New York [4]1965.
Layard, Richard (Hg.): Cost-Benefit Analysis. Harmondsworth 1972.
Little, Ian M.D.: A Critique of Welfare Economics. London/Oxford/New York [2]1970.
Malthus, Thomas Robert: Principles of Political Economy. London 1836.
Menger, Carl: Untersuchungen über die Methode der Socialwissenschaften und der Politischen Oekonomie insbesondere. Leipzig 1883.
Mises, Ludwig v.: Grundprobleme der Nationalökonomie. Jena 1933.
Pigou, Arthur Cecil: The Economics of Welfare. London [4]1962.
Putnam, Hilary: The Collapse of the Fact/Value Dichotomy and other Essays. Harvard 2002.
Röpke, Wilhelm: Die Gesellschaftskrisis der Gegenwart. Erlenbach/Zürich 1942.
Samuelson, Paul A.: Foundations of Economic Analysis. New York 1974.
Schmoller, Gustav: Über einige Grundfragen der Sozialpolitik und der Volkswirtschaftslehre. Leipzig 1904.
Schumpeter, Joseph A.: Das Wesen und der Hauptinhalt der theoretischen Nationalökonomie. Berlin 1908.
Sen, Amartya: On Ethics & Economics. Malden, Mass. 1988.
Smith, Adam: Theorie der ethischen Gefühle. Hamburg 1977.
Walras, Léon: Elements of Pure Economics or the Theory of Social Wealth. London 1954.

Karl-Heinz Brodbeck

4. Normative Betriebswirtschaftslehre

Zur Entwicklung der ›Privatwirtschaftslehre‹

Zu Beginn der industriellen Revolution waren die Fragen einer ›geordneten Betriebsführung‹ weitgehend durch die Tradition der Handwerksbetriebe und das überkommene kaufmännische Wissen innerhalb der Handelskontore bestimmt. Mit dem Aufkommen großer zentralisierter Betriebe gegen Ende des 19. Jahrhunderts mit mehreren zehntausend Beschäftigten wurden jedoch die Grenzen einer derartigen, rein auf tradiertem Erfahrungswissen beruhenden Betriebsführung deutlich. Zunehmend stellte sich die Frage nach den Möglichkeiten einer effizienten Steuerung betrieblicher Vorgänge durch eigens hierfür ausgebildete Fachkräfte. Dies ist die Geburtsstunde der ›Betriebswissenschaften‹ oder ›Privatwirtschaftslehre‹ und der in ihnen ausgebildeten ›Zivilbeamten‹, in unseren heutigen Worten: der Betriebswirtschaftslehre und des Managements. Konsequent datieren die meisten Autoren daher den Beginn der ›Betriebswirtschaftslehre‹ – jenseits einiger bemerkenswerter ›Vorarbeiten‹ im 17. und 18. Jahrhundert (vgl. Sombart 1986, 886 ff.) – auf das Ende des 19. Jahrhunderts und die nun erfolgende Gründung zahlreicher Handelshochschulen in Deutschland (Leipzig, Berlin, Nürnberg), Österreich (Wien) und der Schweiz (St. Gallen), in denen praktisches Wissen zur Führung der Betriebe gelehrt werden sollte (vgl. u.a. Gutenberg 1990, 14–19; Wöhe 1984, 57). Eine erste Welle ›betriebswirtschaftlicher Publikationen‹, die sich mit der Abgrenzung des Wissensbereichs und den Methoden dieser neuen Wissenschaften beschäftigen, fällt somit in die Zeit unmittelbar vor den ersten Weltkrieg (Hellauer 1910; Schär 1911; Nicklisch 1912). Jedoch gelangte die ›Betriebswirtschaftslehre‹ als eigenständige Wissenschaft erst nach dem ersten Weltkrieg mit den Arbeiten von Eugen Schmalenbach (1919), Heinrich Nicklisch (1922), Erich Gutenberg (1929) und Fritz Schmidt (1929) zum Durchbruch (vgl. u.a. Gutenberg 1990, 14–19; Gutenberg 1989, 15–19).

Dabei ist zu Beginn dieser Entwicklung durchaus umstritten, ob es sich bei den Betriebswissenschaften tatsächlich um eine eigenständige Wissenschaft oder lediglich um ein Spezialgebiet der Nationalökonomie oder Staatswissenschaften handelt. So wird vor allem von den etablierten Vertretern der historischen Schule in Deutschland der ›Privatwirtschaftslehre‹ der Rang einer eigenständigen Wissenschaft abgesprochen und diese als ›Profitlehre‹ oder ›Technologie des Rechnungswesens‹ abgetan, die mit dem eigentlichen Forschungsgegenstand der Nationalökonomie nur wenig zu tun habe. So etwa betont Lujo Brentano in seiner am 5. Dezember 1908 bei der Königl. Bayer. Akademie der Wissenschaften vorgelegten Schrift »Versuch einer Theorie der Bedürfnisse« (2003, 87): »Ausgangs und Zielpunkt der Volkswirtschaft ist der Mensch«, und er erläutert, dass nicht das Gedeihen der Privatwirtschaft und die bloße Zunahme der Güterproduktion im Vordergrund des Wirtschaftens stehen dürfe, sondern dass die ›bedürfnisgerechte‹ Versorgung der Gemeinschaft Anliegen und Ziel aller wirtschaftlichen Betätigung sei (vgl. Brentano 2003, FN 2).

Nicht zuletzt als Reaktion hierauf erfolgte die Umbenennung des Faches in die weniger vom Vorwurf der reinen ›Profitlehre‹ belastete Bezeichnung ›Betriebswirtschaftslehre‹ (vgl. Rieger 1928, 32 f.). Zudem entwickelten sich innerhalb der Betriebswirtschaftslehre in der Folge zwei unterschiedliche Strömungen mit dem Ziel, dem Vorwurf der reinen ›Profitlehre‹ zu entgehen und die neue Fachdisziplin als Wissenschaft auszuweisen. So suchten zum einen Johann Friedrich Schär und Heinrich Nicklisch den Anschluss an die Nationalökonomie und bemühten sich, eine ethisch fundierte Betriebswirtschaftslehre vorzulegen, deren Erkenntnisgegenstand die ›Betriebsgemeinschaft‹ (insb. Nicklisch) und – ganz im Sinne Brentanos – das Wirken des Betriebes für die gesamtwirtschaftliche Güterversorgung sei. Zum anderen versuchte sich die Betriebswirtschaftslehre als eigenständige Wissenschaft zu emanzipieren, wobei sich – ähnlich wie in der bereits 75 Jahre zuvor von John Stuart Mill geführten Debatte um die angemessene Forschungsmethode der politischen Ökonomie (vgl. Mill 1976) – nun auch innerhalb der Betriebswirtschaftslehre die Frage nach dem Status dieser Disziplin als Wissenschaft (science) oder als Kunstlehre (art) stellte. Aufgrund der primär technischen Fragestellung der Betriebswirtschaftslehre – »Wie lässt sich der wirtschaftliche Erfolg mit möglichst geringem Aufwand an wirtschaftlichen Mitteln herstellen?« – trat vor allem Eugen Schmalenbach dafür ein, die Betriebswirtschaftslehre als ›Kunstlehre‹ zu konzipieren, da es ihr vor allem um die Nutzbarmachung praktischer Erkenntnisse ginge (vgl. Gutenberg 1989, 207 f.; Wöhe 1984, 68 f.; Löhr 1991, 82 f.).

Insbesondere aufgrund der Nähe Heinrich Nicklischs zum Regime des Dritten Reichs, der in den nationalsozialistischen Idealen der ›völkischen Gemeinschaft‹ seine Idee der ›Betriebsgemeinschaft‹ wiederzufinden glaubte, geriet die normativ-ethische Ausrichtung der Betriebswirtschaftslehre insbesondere in Deutschland nach 1945 in Misskredit (vgl. Löhr 1991, 86 f.). Mit Erscheinen Erich Gutenbergs dreibändigem Standardwerk *Grundlagen der Betriebswirtschaftslehre* (1951) zentrierte sich der Fokus betriebswirtschaftlicher Analysen fortan auf den betrieblichen Leistungserstellungsprozess als Produktivitätsbeziehung zwischen Faktoreinsatz und Faktorertrag, wobei normativ-ethische Grundlagenprobleme, beispielsweise bei der Gestaltung der Gruppenbeziehungen der im Betrieb arbeitenden Menschen, weitgehend ausgeklammert wurden. Erst zu Beginn der 1970er Jahre kam es hier zu einer schrittweisen Abkehr von der rein ›privatwirtschaftlichen‹ Sichtweise innerhalb der Betriebswirtschaftslehre. So geht beispielsweise der Begründer der ›systemorientierten Managementlehre‹, Hans Ulrich, davon aus, dass es sich beim Betrachtungsgegenstand der Betriebswirtschaftslehre eben nicht um technische, sondern um soziale Systeme handele und betont, »dass soziale Institutionen keine naturgegebenen Lebewesen sind, die ihren Daseinszweck in sich selbst tragen, sondern künstliche Systeme, deren Daseinsberechtigung von einem übergeordneten Zweck her abgeleitet werden muss« (Ulrich 1984, 303). Ulrich definiert die Unternehmung dabei als zweckgerichtete soziale Institution, deren Ziel es sei, bei Wahrung der eigenen Autonomie einen Beitrag zum gesellschaftlichen Ganzen zu leisten und welche von daher stets in ihrem gesellschaftlichen Funktionszusammenhang betrachtet werden müsse. Der Sichtweise des Unternehmens als »technisch-wirtschaftlicher Apparat« (ebd., 313) erteilt er ebenso eine Absage, wie der Vorstellung, dass das ausschließliche Unternehmensziel die Gewinnmaximierung zum Wohle der Kapitalgeber sei (vgl. ebd., 304). Neben Ulrich forderten auch andere betriebswirtschaftliche Autoren eine Erweiterung des Gegenstandsbereichs der Betriebswirtschaftslehre. So etwa traten Günter Schanz (1977) in seinen *Grundlagen der verhaltenstheoretischen Betriebswirtschaftslehre* für eine stärkere Berücksichtigung sozialwissenschaftlicher Erkenntnisse und Horst Steinmann (1978) in seinem Werk *Betriebswirtschaftslehre als normative Handlungswissenschaft* für eine Erweiterung der Betriebswirtschaftslehre im Sinne einer Handlungstheorie, deren Wurzeln vor allem in der menschlichen Praxis zu suchen seien, ein.

Scientific Management

Während es den ersten Fachvertretern der neuen Disziplin Betriebswirtschaftslehre insbesondere im deutschsprachigen Raum vergleichsweise schwer fiel, sich von der bereits etablierten Nationalökonomie abzusetzen und zu ihrem eigenständigen Forschungsgebiet vorzudringen, bestanden in den Vereinigten Staaten an den Hochschulen vergleichsweise wenig Ressentiments gegenüber der ›wissenschaftlichen Betriebsführung‹ (vgl. Löhr 1991, 81). Wichtigsten Ausgangspunkt stellen hier die 1911 erschienenen *Grundsätze wissenschaftlicher Betriebsführung* von Frederick Winslow Taylor dar, die insbesondere hinsichtlich des hier vertretenen Menschenbildes und des Stellenwerts menschlicher Arbeit im Betrieb nicht ohne Einfluss auf die deutsche Betriebswirtschaftslehre geblieben sind. Zugleich markiert das Werk Taylors den Beginn der sogenannten ›Arbeitswissenschaften‹.

Konzentrierte sich die industrielle Produktion des 19. und beginnenden 20. Jahrhunderts vor allem auf den Einsatz neuer Techniken und nimmt den Faktor ›menschliche Arbeit‹ dabei als gegebenen Produktionsfaktor hin, stellt Taylor heraus, dass auch der Produktionsfaktor Mensch einer rationellen Durchgestaltung und damit einer ›Leistungsverbesserung‹ zugänglich ist. Für Taylor sind es vor allem zwei Faktoren, die die effiziente Nutzung menschlicher Arbeitskraft innerhalb von Unternehmen behindern: Die natürliche Bestrebung des Arbeiters, seine Arbeitskraft soweit als möglich zurückzuhalten und die mangelhafte Organisation bei der Verwendung der Arbeitskraft. Die Tendenz zur Zurückhaltung der Arbeitskraft ist dabei der Eigenart der ›Ware Arbeit‹ selbst geschuldet, da der Arbeiter nicht dauerhaft in der Lage ist, an der oberen Grenze seiner Leistungsfähigkeit zu arbeiten. Ziel einer auf wissenschaftlichen Grundsätzen aufbauenden Betriebsführung müsse es somit sein, jene Kombination an Maschinen, Werkzeugen und Arbeit zu finden und in einen möglichst reibungslosen organisatorischen Ablauf zu bringen, die für das Betriebsergebnis optimal ist. Im Vordergrund Taylors Bemühungen um eine Verbesserung der Arbeitsleistung steht daher nicht die individuelle Tugend, die Verpflichtung gegenüber einer Gemeinschaft oder der Leistungswille des Arbeitenden, sondern der Aufbau und der Ablauf der betrieblichen Organisation (vgl. Taylor 1995, 4). Dabei kommt der Betriebsleitung ein besonderer Stellenwert zu, da sie für den möglichst optimal gestalteten Arbeitsablauf, die Auswahl der geeigneten Mitarbeiterinnen und Mitarbeiter und die Kontrolle der Arbeitsleistung verantwortlich ist (vgl. ebd., 38 ff.). Damit definiert Taylor die Leitungsfunktion als eigentliche Aufgabe des Managements und zerbricht die ursprüngliche Einheit von Planung und Ausführung, wie sie bis dahin vor allem für handwerkliche Tätigkeiten kennzeichnend war. Im System Taylors ist die Arbeit den Organisationsanforderungen möglichst effizient anzupassen; Verschwendung ist zu vermeiden, die Arbeitskraft so nachhaltig wie möglich zu nutzen. Alle Bewegungsabläufe des Arbeiters, seine Wegstrecken usw. sind von zentraler Stelle aus zu koordinieren, »[...] etwa so wie man Schachfiguren auf dem Schachbrett hin und her schiebt« (ebd., 72). Dabei betrachtet Taylor seine Idee der wissenschaftlichen Betriebsführung als durchaus human. Gegen die Kritik, in seinem System würden die Arbeiter zu bloßen Automaten verkommen und aufhören zu denken, wendet er ein, dass dies das Los aller Spezialisten sei.

Erwartungsgemäß stößt diese Reduktion des Menschen auf seine reine Funktion als Produktionsfaktor innerhalb des an einer gesamtwirtschaftlichen Gütererversorgung und den normativen und ethischen Grundlagen der ›Betriebsgemeinschaft‹ orientierten Zweiges der deutschen Betriebswirtschaftslehre auf vehemente Kritik. So wendet sich insbesondere Heinrich Nicklisch gegen ein derartiges ›Spezialistentum‹ und ereifert sich über die mit dem Taylorschen System notwendigerweise einhergehende Verkümmerung der menschlichen Werte des Arbeiters. So berichtet er unter Bezugnahme auf Robert F. Hoxie und John B. Frey über die ›Blüten‹ der Arbeitsfragmentierung:

> »›In einem Barbiergeschäft hatte ein Arbeiter für heißes Wasser zu sorgen, ein anderer den Seifenschaum zu machen, ein dritter ihn auf das Gesicht aufzutragen, ein vierter das Messer abzuziehen, ein fünfter zu rasieren, während noch einige andere das Waschen, Trocknen und Einparfümieren des rasierten Gesichtes zu besorgen hatten. Es ist richtig, daß jeder dieser Arbeiter als hoch entwickelter Spezialist bezeichnet werden kann. Aber ein so geringer Umfang von Fertigkeit und gewerblicher Erfahrung, wie er sie sich bei seiner Arbeit aneignet, dürfte für ihn, für sein Gewerbe und für die Allgemeinheit von geringem praktischen Wert sein‹« (Nicklisch 1922, 87 f.).

Insbesondere warnt Nicklisch vor den durch Arbeitsteilung bedingten Verlusten an ›Persönlichkeitswerten‹ und einer Verkümmerung der ›Geschicklichkeit‹ des Arbeiters, worunter er vor allem handwerkliches Geschick verstanden wissen will (vgl. Nicklisch 1922, 88). Er betont, dass nicht das Kapital sondern der Geist der Arbeit die Seele der Unternehmung sei und ohne verantwortungsbewusste Mitarbeiter die beste Betriebsorganisation wertlos bliebe (vgl. ebd., 56 ff.). In auffällig ähnlicher Weise wird diese Entwicklung auch von den Nationalökonomen der historischen Schule kommentiert. So konstatiert Werner Sombart den mit dem Taylorschen System verbundenen »Ausschluss der Seele« aus dem Betrieb und verweist auf die hierdurch entstehende »Vergeistung«, worunter er die rein an den Erfordernissen einer rationalen Betriebsführung orientierte und auf die Optimierung der formalen Abläufen zielende Ausgestaltung der betrieblichen Organisation versteht (Sombart 1986, 884–927).

Dennoch folgen auch die meisten Vertreter der deutschen Betriebswirtschaftslehre den vornehmlich an den technischen Aspekten der Betriebsorganisation orientierten Gedanken des ›Scientific Management‹. So heißt es etwa in dem von Fritz Schmidt herausgegebenen Standardwerk *Die Handelshochschule* zur Einführung in die Industriebetriebslehre:

> »Die Organisation [...] hat für eine möglichst reibungslose Gestaltung der innerbetrieblichen Arbeit zu sorgen, wobei Grundsatz ist, ein Höchstmaß von Leistung bei möglichst niedrigem Kosteneinsatz zu erzielen. Sie erreicht das dadurch, daß sie [...] für eine zweckmäßige Gestaltung der Arbeitsausführung sorgt« (Penndorf 1929, 1140).

Der Mensch findet so nur mehr als »psycho-physisches Subjekt« (Gutenberg 1929, 29) Eingang in die Betriebswirtschaftslehre, wobei sozialen und ethisch-normativen Aspekten allenfalls insofern Rechnung getragen wird, als sie die Leistungsfähigkeit des Faktors Arbeit beeinflussen. So wird die Leistung des Einzelnen bestimmt durch seine Antriebsstruktur, sein persönliches Temperament, seine Gesinnung, seine Begabung und seine körperliche Verfassung (vgl. Gutenberg 1983, 12 ff.), wobei sich die daraus resultierende Eignung für eine bestimmte Stelle im Betrieb im Vorfeld auf dem Wege der Eignungsprüfung feststellen lässt, um so im Sinne einer »Menschenökonomie« (Penndorf 1929, 1161 ff.) den tauglichsten Mitarbeiter für eine neu zu besetzende Stelle zu finden. Jedoch gilt es dabei zwischen zwei unterschiedlichen Tätigkeiten zu unterscheiden: Während operative Tätigkeiten nach den Taylorschen Prinzipien der Arbeitsteilung optimiert werden können, sind die leitenden Funktionen innerhalb des Betriebes derartigen Analysen nicht zugänglich (vgl. Gutenberg 1983, 132 f.; 1990, 27, 71 f.). Aufgabe der Betriebswirtschaftslehre ist es, Arbeit und Arbeitsplatzgestaltung innerhalb der betrieblichen Produktion so zu optimieren, dass der größtmögliche Output an Produktionsleistung erzielt wird. Einziger Zweck der Arbeit in dieser Sichtweise ist die betriebliche Leistungserstellung, einziges Motiv zur Arbeit die mit ihr verbundene Entlohnung. Der Mensch ist im Interesse des ›rationalen Vollzugs‹ der Betriebsabläufe als ›Akzidentielles‹ aus der Theoriekonzeption der Betriebswirtschaftslehre auszuklammern (vgl. Gutenberg 1989, 40 f.)

Das Menschenbild der Betriebswirtschaftslehre

Diese Sichtweise der Unternehmung und des Menschen als Produktionsfaktor, dessen psychische Befindlichkeiten, Wertungen und Einstellungen im Interesse der reibungslosen, an rationalen Kriterien orientierten Betriebsorganisation vor die Klammer der wirtschaftswissenschaftlichen Betrachtung zu ziehen sind, erhellt die bis heute offen zu Tage tretenden Schwierigkeiten der deutschen Betriebswirtschaftslehre mit normativen Fragen, insbesondere auch der Wirtschafts- und Unternehmensethik.

Obwohl sich das Bild des arbeitenden Menschen innerhalb des Betriebes vor allem auf Grundlage der empirischen Studien Elton Mayos (1975) und Frederick Herzbergs (1968) sowie der theoretischen Arbeiten Douglas McGregors (1986) veränderte und zunehmend psychologische und soziale Faktoren bei der Erklärung menschlicher Arbeitsleistung Berücksichtigung fanden, änderte dies wenig an der Sichtweise des Menschen als Produktionsfaktor innerhalb der Betriebswirtschaftslehre. Zwar werden diese Erkenntnisse innerhalb der Produktionswissenschaften zur Kenntnis genommen; dennoch glaubt etwa Gutenberg, dass derartige informelle Faktoren bei weitem zu labil seien, um hierauf eine langfristige Planung und eine stabile Organisation aufbauen zu können (vgl. Gutenberg 1983, 296 f.). ›Organisationspsychologie‹ oder ›Betriebssoziologie‹ stellen in seinen Augen keine Wissenschaften dar, die der Betriebswirtschaftslehre zugeordnet werden sollten (vgl. Gutenberg 1990, 14). Gleichwohl resultierten aus diesen neuen Erkenntnissen auch neue Ansätze der Unternehmensführung und der Organisationstheorie, die Kooperation und Partizipation als Instrumente der Mitarbeiterführung in den Vordergrund stellten. So entwickelt Rensis Likert ein Projektgruppen-Konzept der Organisation, das durch überlappende Gruppen mit Führungskräften als Verbindungsgliedern zwischen den verschiedenen Ebenen gekennzeichnet ist und darauf zielt: »daß jedes Mitglied mit einem Maximum an Wahrscheinlichkeit jede Interaktion und alle Beziehungen innerhalb der Unternehmung [...] als für seinen Persönlichkeitswert und seine eigene Bedeutung erhaltend und fördernd beurteilt« (Likert 1972, 102). Ähnlich kritisiert Chris Argyris die noch zu seiner Zeit etablierte Sichtweise der Managementtheorie, der zufolge innerhalb von Unternehmen vor allem jene Beziehungen von Bedeutung seien, die das Erreichen der Organisationsziele beeinflussen und Menschen dann am effektivsten handelten, wenn sie sich rational und nicht emotional verhalten und Mitarbeiterbeziehungen demzufolge am effektivsten durch Zwang, Kontrolle und Belohnung zu beeinflussen seien (vgl. Argyris 1971, 10f.). Demgegenüber betont er die Bedeutung individueller Autonomie und selbst bestimmten Handelns innerhalb der Organisation und tritt für mehr Eigenverantwortung und eine Ausweitung der selbst zu gestaltenden Freiräume der Arbeitenden ein (vgl. Argyris 1964, 228ff.).

Doch trotz dieser weitgehenden Psychologisierung der betrieblichen Sicht von Arbeit, ausgelöst durch die Human-Relations-Bewegung, und der scheinbaren aktuellen Aufwertung des ›Faktors Arbeit‹ durch den Ruf nach neuen ›multiskilled workers‹ im Rahmen von ›business re-engineering‹ und ›lean production‹ (vgl. u.a. Womack et al. 1991, 13) bleibt die für die betriebswirtschaftliche Interpretation entscheidende Sichtweise des Menschen als betrieblicher Ressource hiervon im Kern weitgehend unberührt. Ziel ist einzig und allein die maximale Auslastung des Faktors Arbeit innerhalb des betrieblichen Leistungserstellungsprozesses. In diesem Sinne unterscheiden sich auch die neuen Theorien in ihrer Zielsetzung wenig vom ursprünglichen Anliegen Frederick Winslow Taylors. Und so bemerkt Günter Wöhe in seinem bis heute verwendeten Standardwerk *Einführung in die Allgemeine Betriebswirtschaftslehre*:

> »Zweifellos kommt dem arbeitenden Menschen eine zentrale Stellung im Betriebe zu. Aber vom Standpunkt der Betriebswirtschaftslehre ist er nicht Zweck, sondern Mittel, einer der Faktoren, die zur Realisierung der mit dem Betriebsprozeß erstrebten praktischen Zielsetzung eingesetzt werden. Die Betriebswirtschaftslehre muß bei der Berücksichtigung von Erkenntnissen der Betriebssoziologie, der Betriebspsychologie, der Wirtschaftsethik u. a. ihre rein wirtschaftliche Betrachtungsweise beibehalten und muß bei allen Maßnahmen, die z.B. zur Verbesserung der Arbeitsbedingungen führen können, überprüfen, ob diese Maßnahmen auch die Wirtschaftlichkeit der Leistungserstellung und/oder die Rentabilität des Kapitaleinsatzes erhöhen oder zumindest nicht vermindern [...] Tun sie es nicht, sind sie vom wirtschaftlichen Standpunkt aus unzweckmäßig« (Wöhe 1984, 32).

Ganz im Sinne Gutenbergs werden so normative Fragen aus der rein auf rationale Betriebsführung ausgelegten betriebswirtschaftlichen Theoriebildung ausgeklammert.

Zum wissenschaftlichen Selbstverständnis der Betriebswirtschaftslehre

Insbesondere in der Zeit nach dem zweiten Weltkrieg begann sich so innerhalb der deutschen Betriebswirtschaftslehre ein auf wertfreie Erkenntnis ausgerichtetes Rationalitätsverständnis durchzusetzen, in dessen Folge die Frage nach den ethisch-normativen Grundlagen das Faches als schlicht unwissenschaftlich und irrational abgetan wurden. Zugleich konstituierte sich innerhalb des Faches eine gewisse Abwehrhaltung gegenüber den Erkenntnissen der Nachbardisziplinen, wie Soziologie, Psychologie oder Arbeitswissenschaften, da diese als Angriff auf die ausschließlich am Wirtschaftlichkeitsprinzip als Basis ihrer Erkenntnisse orientierte Betriebswirtschaftslehre empfunden wurden und man offensichtlich befürchtete, dass eine derartig erweiterte Theoriebildung Gefahr laufe, die Identität des eigenen Faches preiszugeben (vgl. Löhr 1991, 89f.; Wöhe 1984, 80f.).

Ihrem Selbstverständnis nach handelt es sich bei der Betriebswirtschaftslehre nun um eine ›Erfahrungs-‹, oder ›Realwissenschaft‹ deren primäres Anliegen die Beschreibung und Erklärung realer Sachverhalte ist und die sich nicht ›beweisbarer‹ normativer Setzungen zu enthalten habe. Als ›wertfreie‹ Wissenschaft habe sich die Betriebswirtschaftslehre an (scheinbar) empirisch vorfindbaren Zwecken zu orientieren und daher von der Gewinnmaximierung als Ziel betrieblicher Tätigkeit als Tatsache auszugehen:

»Die Betriebswirtschaftslehre dieser Prägung versteht sich also als wertfrei, weil sie die von den Betrieben verfolgten Ziele registriert, ohne sie ethisch-sozial zu beurteilen, und weil sie auch die Mittel, die geeignet sind, diese Ziele bestmöglich zu realisieren, nur auf ihre Operationalität, nicht aber auf ihre ethisch-sozialen Konsequenzen hin beurteilt. Eine solche Betriebswirtschaftslehre wird als praktisch-normativ bezeichnet« (Wöhe 1984, 41 f.).

Mit dieser strikten Orientierung am Rationalitäts- bzw. Gewinnprinzip, das innerhalb der betriebswirtschaftlichen Theorie als eine aus der Realität ableitbare und von daher als eine »zwingend vorgegebene Handlungsorientierung rationaler Unternehmensführung« (Löhr 1991, 91) aufgefasst wird, sieht sich die betriebswirtschaftliche Theoriebildung jedoch auch dem Vorwurf des naturalistischen Fehlschlusses ausgesetzt, da sie ihre normativen Vorgaben aus der Wirklichkeit des faktischen Erwerbslebens ableiten zu können glaubt und die faktische Gewinnorientierung zum dominanten Orientierungskriterium der ›praktisch-normativen‹ Betriebswirtschaftslehre erhebt (vgl. ebd., 92).

Gutenbergs ›faktortheoretischer‹ Ansatz, der sich zum einen durch die deduktive Herleitung betriebswirtschaftlicher Erkenntnisse und zum andern durch die Indienstnahme mikroökonomischer Verfahren auszeichnete, führte ab den 1950er Jahren so zwar zu einer stärker theoretischen Ausrichtung der Betriebswirtschaftslehre und zur Abkehr vom Gedanken der Kunstlehre – bereits in seinem 1929 erschienenen Werk *Die Unternehmung als Gegenstand der betriebswirtschaftlichen Theorie* hatte Gutenberg betont, dass es der Betriebswirtschaftslehre vor allem um die Gewinnung von theoretischen Einsichten in die Grunderscheinungen der Betriebswirtschaft gehen müsse (vgl. u.a. Gutenberg 1929, 36) –, zugleich aber wurden die Fragen der normativen Grundlagen vor die Klammer betriebswirtschaftlicher Betrachtungen gezogen. Dabei darf nicht übersehen werden, dass die Begrenzung des betriebswirtschaftlichen Themenfeldes auf vermeintlich empirisch vorfindbare Zielsetzungen, wie das Gewinnprinzip, selbst eine normative Setzung beinhaltet und auch innerhalb der Betriebswirtschaftslehre lange Zeit nicht unumstritten war. So sahen ja gerade die frühen Vertreter des Faches, wie Eugen Schmalenbach oder Heinrich Nicklisch, den Zweck ›privatwirtschaftlicher‹ Tätigkeit eben nicht in der Orientierung am maximalen Gewinn sondern in der gesamtwirtschaftlich optimalen Güterversorgung, und Heinrich Nicklisch ist davon überzeugt, dass es im Reich der Zwecksetzungen überhaupt keine Wertfreiheit gäbe, da Zwecksetzungen stets auf einer normativen Setzung beruhten; entsprechend sei es auch nicht möglich, von einer ›wertfreien‹ Betriebswirtschaftslehre zu sprechen (vgl. Wöhe 1984, 71). Für die betriebswirtschaftlichen Theoretiker in der Nachfolge Gutenbergs spielen derartige Betrachtungen jedoch keine Rolle, da sie nicht Gegenstand der Betriebswirtschaftslehre sind, sondern allenfalls deren »kategorialer Umklammerung« (Albach 1989, 253 f.) durch das jeweils herrschende Wirtschaftssystem darstellen. Konsequent weist Wöhe daher die Kritik am Postulat des Gewinnprinzips als für das Fach Betriebswirtschaftslehre irrelevant zurück:

»Wer die Gewinnmaximierungshypothese mit sozialethischen und gesellschaftspolitischen Argumenten kritisiert, kritisiert im Prinzip nicht die Betriebswirtschaftslehre, sondern die bestehende Wirtschaftsordnung und die durch diese Ordnung bedingten gesellschaftlichen Strukturen« (Wöhe 1984, 47).

Um trotz oder gerade wegen dieser (durchaus erklärungsbedürftigen) normativen Setzungen ihren Status als ›wertfreie‹ Wissenschaft zu verteidigen, trennt die betriebswirtschaftliche Theorie zwischen ›primären (echten)‹ Werturteilen und ›sekundären‹ Werturteilen. Erstere seien in gewisser Weise ›unwissenschaftlich‹, da sie eine auf ›ethischen Werten‹ wie Gerechtigkeit oder Chancengleichheit beruhende Wertung von Sachverhalten vornähmen. Da derartige Aussagen – beispielsweise unterschiedliche Definitionen von Gerechtigkeit – jedoch im Sinne Poppers und des kritischen Rationalismus nicht falsifizierbar seien und auch nicht an der Wirklichkeit scheitern könnten, seien sie als Beurteilungskriterium nach wissenschaftlichen Kriterien ungeeignet. Demgegenüber bezögen sich ›sekundäre‹ Werturteile lediglich auf Zweck-Mittel-Relationen und geben Auskunft darüber, welches Verfahren zur Erreichung gegebener Zwecke besser geeignet und daher vorzugswürdiger sei. Sie beinhalten daher Seinsaussagen, die empirisch scheitern können, und seien aus wissenschaftstheoretischer Sicht – im Gegensatz zu Sollensaussagen – daher zulässig (vgl. Wöhe 1984, 53 f.).

Aufbauend auf diesem Wissenschaftsverständnis haben sich innerhalb der Betriebswirtschaftslehre zwei Theoriestränge herausgebildet: Während die sogenannte ›empirisch-realistische betriebswirtschaftliche Theorie‹ vor allem deskriptiv-analytisch verfährt und versucht, durch induktive Schlüsse Kausalzusammenhänge zu erklären, bedient sich die ›reine oder exakte betriebswirtschaftliche Theorie‹ deduktiver Verfahren und versucht, ausgehend von bestimmten Prämissen, funktionale Abhängigkeiten betrieblicher Größen abzuleiten. In gewisser Weise spiegelt sich so in der Frage nach der geeigneten Vorgehensweise auch innerhalb der Betriebswirtschaftslehre – wenngleich mit erheblicher zeitlicher Verzögerung – der klassische Methodenstreit der Nationalökonomie wider, wie er vor allem zwischen der historischen Schule um Gustav von Schmoller und Werner Sombart (induktive Vorgehensweise) und der österreichischen Grenznutzenschule, mit Carl Menger als deren streitbarsten Vertreter (deduktive Vorgehensweise) Ende des 19. Jahrhunderts ausgefochten wurde. Grundsätzlich gelten daher für beide Vorgehensweisen der Betriebswirtschaftslehre die schon bereits im Methodenstreit vorgebrachten Einwände: So liegen die Grenzen der induktiven Vorgehensweise vor allem in der nur begrenzten Verallgemeinerungsfähigkeit empirisch beobachtbarer Sachverhalte, die es nur bedingt erlauben, einfache Ursachen-Wirkungs-Ketten abzuleiten; demgegenüber ergeben sich die Schwächen der deduktiven Vorgehensweise aus den möglicherweise unrealistischen Annahmen über die Wirklichkeit, die sich in den der Modellbildung zugrunde liegenden Prämissen widerspiegeln (vgl. Wöhe 1984, 34 ff.).

Normative Grundlagen der Betriebswirtschaftslehre

Allerdings ist die Position, Betriebswirtschaftslehre als ›wertfreie‹ Wissenschaft konzipieren zu wollen, nur bedingt haltbar. Jenseits der Tatsache, dass die betriebswirtschaftliche Theoriebildung, da sie sich mit sozialen und kulturellen Phänomenen beschäftigt, stets auch auf vorgängige gesellschaftliche Werturteile Bezug nimmt – etwa dann, wenn sie die Entscheidungs- und Wahlfreiheit der Wirtschaftsakteure oder deren Verfügungsgewalt über ihr Privateigentum in ihren Theorien voraussetzt –, lässt sich zeigen, dass auch eine Betriebswirtschaftslehre, will sie anwendungsorientierte Wissenschaft sein, ohne eigene normative Setzungen nicht auskommt (vgl. Küpper 2006, 7). So bedient sich die Betriebswirtschaftlehre beispielsweise dann implizit normativer Aussagen, wenn mit dem Prinzip der Gewinnmaximierung oder der Rentabilitätssteigerung stillschweigend die Sollensforderung erhoben wird, jene Verfahren zu wählen, die dieser Zielerreichung am dienlichsten erscheinen. Zwar mag man an dieser Stelle die Unterscheidung in ›primäre‹ und ›sekundäre‹ Werturteile gelten lassen und zugestehen, dass es sich hierbei – im Gegensatz zu ›ethischen‹ Forderungen wie ›soziale Gerechtigkeit‹ – mindestens prinzipiell um empirisch überprüfbare Sachverhalte im Sinne einer ›Korrespondenztheorie der Wahrheit‹ handelt. Dies erklärt jedoch nicht, *warum* dem erwerbswirtschaftlichen und nicht einem anderen Prinzip, wie etwa dem Gemeinwirtschaftlichkeitsprinzip, Folge zu leisten sei. Letztlich bewegt sich der Wissenschaftlichkeitsanspruch der Betriebswirtschaftslehre hier zwischen Scylla und Charybdis: Entweder schließt die Betriebswirtschaftslehre von der tatsächlich vorfindbaren Tatsache nach Gewinnmaximierung strebender Wirtschaftsakteure auf die Norm der Gewinnmaximierung – dann sieht sie sich mit dem Problem des naturalistischen Fehlschlusses konfrontiert. Oder sie postuliert die Norm der Gewinnmaximierung ohne Bezugnahme auf empirische Sachverhalte – dann setzt sie sich dem Vorwurf der Beliebigkeit aus, da sie keine weiteren Gründe für deren Gültigkeit angeben kann (vgl. auch Löhr 1991, 92). Auch der Versuch, die Begründungsproblematik betriebswirtschaftlicher Handlungsmaximen durch Verweis auf den lediglich erkenntnisorientierten und damit nicht-normativen Gehalt derartiger Handlungsempfehlungen zu entschärfen (vgl. Küpper 2006, 39), scheitert letztlich daran, dass die Zielfrage der betriebswirtschaftlichen Handlungsempfehlungen weder ›werturteilsfrei‹ aus den tatsächlichen Verhaltensweisen der Wirtschaftsakteure, noch aus den Rahmenbedingungen der Wirtschaftsordnung abgeleitet werden können. Konsequent kommt Hans-Ulrich Küpper daher zu dem Schluss:

> »Es wäre ehrlicher und dem Ziel der wissenschaftlichen Analyse [...] zuträglicher, zum normativen Charakter dieses Aspekts der Gestaltungsaufgabe zu stehen, statt sich von ihm auf einer Metaebene als einer mehr oder weniger fiktiven Unterstellung zu distanzieren. Eine Handlungsempfehlung bleibt normativ, auch wenn sie nur fiktiv [...] gegeben wird. Der Verzicht auf die Diskussion über die Rechtfertigung

des zu Grunde gelegten Ziels hebt den normativen Charakter einer Empfehlung nicht auf« (Küpper 2006, 39).

Als besonders problematisch erweist sich der wenig offene Umgang der betriebswirtschaftlichen Theoriebildung mit den hierbei zugrunde gelegten Normen und Werturteilen beispielsweise dann, wenn sich die theoretischen Annahmen der Betriebswirtschaftslehre auf ein fiktives Menschenbild des ›Homo Oeconomicus‹ oder die aus dessen reiner Eignnutzorientierung resultierenden organisationalen Konflikte, wie sie etwa seitens der ›Prinzipal-Agenten-Theorie‹ postuliert werden, beziehen. Die hieraus abgeleiteten Handlungsempfehlungen zur Gestaltung realer Eigentümer-Auftragsunternehmer-Beziehungen stützen sich auf theoretische Annahmen, die eben gerade nicht mehr aus der Empirie abgeleitet werden können, sondern auf einer Prämisse über menschliches Verhalten beruhen, bei der mögliche andere verhaltensbestimmende Elemente, wie soziale Werthaltungen und moralische Normen, per definitionem aus dem Betrachtungsbereich ausgeschlossen werden (vgl. Wöhe 1984, 26 f.). Die derartigen Modellen zugrunde gelegten Prämissen sind dabei so eng gefasst, dass die hieraus abgeleiteten Schlussfolgerungen zwar konsistent aus den Prämissen folgen, die Möglichkeit zu ihrer empirischen Überprüfbarkeit aber aufgrund der realitätsfremden Annahmen nicht mehr gegeben ist (vgl. Küpper 2006, 40 f.). Nicht zuletzt bedingt durch den Umstand, dass sie nicht explizierte normative Setzungen enthalten, werfen somit insbesondere die Annahmen der Betriebswirtschaftslehre über menschliches Verhalten, die Zwecksetzungen des Wirtschaftens oder die Rationalität wirtschaftlicher Entscheidungen Probleme auf, die nicht mehr auf Ebene einer ›werturteilsfreien‹ Theoriekonzeption der Betriebswirtschaftslehre abgearbeitet werden können. Da derartige Annahmen, selbst dann wenn sie unter dem Vorbehalt der rein theoretischen Modellbildung getroffen werden, letztlich dennoch die Handlungsorientierung der Wirtschaftsakteure beeinflussen, sei es auf dem Wege entscheidungstheoretischer Annahmen, sei es als auf dem Wege universitärer Ausbildung vermittelter Werthaltungen, muss sich auch die Betriebswirtschaftslehre der Diskussion um ihre normativen Grundlagen stellen, will sie nicht ihren Anspruch, ›praktische Wissenschaft‹ zu sein und Anleitungen für ›richtiges‹ Handeln zu geben, aufgeben.

Literatur

Albach, Horst: Die Betriebswirtschaftslehre: Eine Wissenschaft. In: Gutenberg 1989, 213–280.

Argyris, Chris: Integrating the Individual and the Organization. New York 1964.

–: Management and Organizational Development. New York 1971.

Brentano, Lujo: Versuch einer Theorie der Bedürfnisse. In Ders.: Konkrete Bedingungen der Volkswirtschaft. Hg. von Hans G. Nutzinger. Marburg 2003, 87–158.

Gutenberg, Erich: Die Unternehmung als Gegenstand betriebswirtschaftlicher Theorie. Berlin 1929.

–: Grundlagen der Betriebswirtschaftslehre in 3 Bdn. Bd. 1: Die Produktion. Berlin 1983.

–: Zur Theorie der Unternehmung – Schriften und Reden von Erich Gutenberg. Hg. von Horst Albach. Berlin 1989.

–: Einführung in die Betriebswirtschaftslehre. Wiesbaden 1990.

Hellauer, Josef: System der Welthandelslehre: ein Lehr- und Handbuch des internationalen Handels. Bd. 1: Allgemeine Welthandelslehre. Berlin 1910.

Herzberg, Frederick: Work and the Nature of Man. London 1968.

Küpper, Hans-Ulrich: Unternehmensethik: Hintergründe, Konzepte, Anwendungsbereiche. Stuttgart 2006.

Löhr, Albert: Unternehmensethik und Betriebswirtschaftslehre. Stuttgart 1991.

Likert, Rensis: Neue Ansätze der Unternehmensführung. Bern 1972.

Mayo, Elton: The Social Problems of Industrial Civilization. London 1975.

McGregor, Douglas: Der Mensch im Unternehmen. Hamburg 1986.

Mill, John Stuart: Über die Definition der politischen Ökonomie und die ihr angemessene Forschungsmethode. In: Ders.: Einige ungelöste Probleme der politischen Ökonomie. Hg. von Hans G. Nutzinger. Frankfurt a. M. 1976, 146–184.

Nicklisch, Heinrich: Allgemeine kaufmännische Betriebslehre als Privatwirtschaftslehre des Handels und der Industrie. Leipzig 1912.

–: Wirtschaftliche Betriebslehre. Stuttgart [6]1922.

Penndorf, Balduin: Industriebetriebslehre. In: Fritz Schmidt et al. (Hg.): Die Handelshochschule – Lehrbuch der Wirtschaftswissenschaften in 4 Bdn. Bd. 1. Berlin 1929, 1121–1199.

Rieger, Wilhelm: Einführung in die Privatwirtschaftslehre. Nürnberg 1928.

Schanz, Günter: Grundlagen der verhaltenstheoretischen Betriebswirtschaftslehre. Tübingen 1977.

Schär, Johann Friedrich: Allgemeine Handelsbetriebslehre. Leipzig 1911.
Sombart, Werner: Der moderne Kapitalismus in 3 Bdn. Bd. 3: Das Wirtschaftsleben des Hochkapitalismus. Berlin 1986.
Steinmann, Horst (Hg.): Betriebswirtschaftslehre als normative Handlungswissenschaft. Zur Bedeutung der konstruktiven Wissenschaftstheorie für die Betriebswirtschaftslehre. Wiesbaden 1978.
Taylor, Frederick Winslow: Die Grundsätze wissenschaftlicher Betriebsführung. Weinheim 1995.
Ulrich, Hans: Management. Bern 1984.
Wöhe, Günter: Einführung in die Allgemeine Betriebswirtschaftslehre. München [15]1984.
Womack, James P./Jones, Daniel T./Roos, Daniel: The Machine that Changed the World – The Story of Lean Production. New York 1991.

Michael S. Aßländer

5. Experimentelle Ökonomik

»Oportet enim experimentum non in uno modo, sed secundum omnes circumstantias probare, ut certe et recte principium sit operis.«
(Albertus Magnus: Ethica VI, 2, 25).

Experimente haben in der ökonomischen Forschung in den letzten drei Jahrzehnten eine enorme Verbreitung gefunden. Ihr Einsatz erstreckt sich auf fast alle Fachgebiete wie Arbeitsökonomie, Finanzwissenschaft, Wirtschaftspolitik, Industrieökonomik, Finanzierung usw. (vgl. Plott/Smith 2008). In jüngster Zeit findet die experimentelle und verhaltensorientierte Forschung als Behavioural Business Ethics auch zunehmend Bedeutung in der Wirtschafts- und Unternehmensethik (Banaji/Bazerman/Chug 2003; Irlenbusch 2003; Tennbrunsel et al. im Erscheinen). Ziel der Behavioural Business Ethics ist es zunächst zu untersuchen, wie sich Menschen in ethischen Dilemmasituationen verhalten. Es wird dabei generell nicht davon ausgegangen, dass unethisches Verhalten nur bei einigen wenigen Akteuren (*bad apples*) anzutreffen ist, welche eine bewusste Entscheidung treffen, um zum Beispiel auf Kosten anderer einen Vorteil zu erlangen. Vielmehr ist die Grundannahme, dass alle Menschen in mehr oder weniger ausgeprägter Form eine Disposition zu unethischem Verhalten haben (*bounded ethicality*). Dies liegt vor allem darin begründet, dass Menschen situationsabhängig zu Verhaltensweisen neigen, denen sie sich nur schwer entziehen können und die der bewussten Korrektur durch den Verstand kaum zugängig sind. Ethisch problematisches Verhalten kann so entstehen, auch wenn der jeweilige Akteur generell davon überzeugt ist, dass er sein Handeln an ethischen Wertvorstellungen orientiert. Die konkreten Mechanismen, die hier wirken, sind bislang jedoch nur sehr unvollständig verstanden. So zeigen zum Beispiel zahlreiche experimentelle Studien, dass Menschen dazu neigen, ihren eigenen Beitrag zu einem erfolgreichen Projekt systematisch zu überschätzen während eigene Anteile an einem Misserfolg regelmäßig unterschätzt werden (*self-serving bias*). Dies führt dazu, dass Situationen häufig als ungerechter empfunden werden als sie es objektiv sind – man denke nur an die Zurechnung von Teamerfolgen oder die Aufteilung von Gewinnen bei geschäftlichen Kooperationen. Empfundene Ungerechtigkeiten wiederum können leicht unerwünschte Reaktionen wie Sabotage hervorrufen. Eine andere robuste menschliche

Disposition, die durch Experimente belegt ist, ist die Schwierigkeit, kleine Schritte hin zu ethisch fraglichem Verhalten als solches zu erkennen (*self-deception*). Die Akkumulation vieler solcher kleiner Schritte kann dann zu ethisch eindeutig verwerflichen Handlungen führen (*slippery slope of ethical decision making*) – man denke zum Beispiel an die Annahme kleiner unbedeutender Geschenke für Gefälligkeiten, die dann wechselseitig Schritt für Schritt immer größer werden und nicht selten in handfeste Korruptionsfälle münden. Weitere Experimente zeigen, dass Menschen dazu neigen, im Unterbewusstsein spontane Vorstellungen über die Eigenschaften und Verhaltensweisen ihnen bislang unbekannter Personen zu entwickeln, indem sie auf Erfahrungen mit anderen ›ähnlichen‹ Personen zurückgreifen (*stereotyping*). Die Ähnlichkeit bezieht sich dabei häufig auf Äußerlichkeiten wie zum Beispiel Aussehen, Hautfarbe, Kleidung oder Sprache. Besonders besorgniserregend ist die Tatsache, dass die unbewusst gebildeten Vorstellungen im Nachhinein nur sehr schwer verändert werden können. Es liegt auf der Hand, dass diese Verhaltenstendenz leicht zu Ungerechtigkeiten führen kann – man denke nur an die Bereiche Personalauswahl oder Leistungsbewertung von Mitarbeiterinnen und Mitarbeitern in Unternehmen. Weitere experimentelle Forschung ist notwendig, um ein besseres Verständnis über die zugrundeliegenden Mechanismen dieser Verhaltenstendenzen zu gewinnen und im Idealfall aus diesem Verständnis heraus Vorschläge zu ihrer Milderung oder gar Vermeidung machen zu können.

Wichtige aktuelle Teilgebiete der Behavioural Business Ethics untersuchen zum Beispiel, inwieweit und unter welchen Bedingungen Menschen dazu neigen sich (1) altruistisch, (2) fair, (3) kooperativ, (4) reziprok oder (5) ehrlich zu verhalten und wann sie bereit sind (6) Vertrauen entgegen zu bringen oder (7) Versprechen einzuhalten. Erkenntnisse aus dieser Forschung können helfen, entsprechende Bedingungen in Unternehmen zu schaffen, um die jeweiligen Verhaltensweisen zu verstärken.

Im Folgenden wird die experimentelle Methode beschrieben, wie sie in der Behavioural Business Ethics-Forschung sowie in den anderen Bereichen der ökonomischen Forschung zum Einsatz kommt. In einem zweiten Teil soll beispielhaft Einblick in ein wichtiges Gebiet der experimentellen Forschung gegeben werden. Es werden exemplarisch zentrale Befunde zum Thema Fairness und Kooperation besprochen sowie deren Einfluss auf die Theoriebildung beleuchtet. Aufgrund des vorgegebenen Umfangs dieses Beitrags müssen die Ausführungen beider Teile notwendigerweise knapp und selektiv ausfallen. Für ausführlichere Diskussionen wird auf die angegebene Literatur verwiesen.

Kontrolle und Kausalität

Der zentrale Vorteil der experimentellen Methode ist Kontrolle, d.h. menschliches Verhalten kann unter kontrollierten und – besonders entscheidend – unter kontrolliert veränderten, experimentellen Bedingungen (*treatments*) beobachtet werden. Kontrolliert werden können verschiedenste Rahmenbedingungen, unter denen Entscheidungen getroffen werden. Beobachtet werden kann das tatsächlich gezeigte Verhalten der Experimentsteilnehmer unter den jeweiligen Rahmenbedingungen. Dies ist ein entscheidender Vorteil, insbesondere wenn man unerlaubtes oder unerwünschtes Verhalten wie zum Beispiel Korruption (Abbink/Irlenbusch/Renner 2002) oder Sabotage (Harbring/Irlenbusch 2008) untersuchen möchte, da hierzu aus naheliegenden Gründen kaum verlässliche Felddaten zur Verfügung stehen. Darüber hinaus kann der Experimentator gezielt einzelne Parameter manipulieren, um Kausalitäten bei Verhaltensweisen aufzudecken. Ein Experiment wird dabei oft sehr spezifisch gestaltet, um eine konkrete, eng umgrenzte Forschungshypothese bezüglich bestimmter Einflussfaktoren auf menschliches Verhalten zu überprüfen. Die Logik der Kausalitätsprüfung ist vereinfacht wie folgt. Betrachten wir eine experimentelle Bedingung B, die durch die Eigenschaften $\{b_1, b_2, ..., b_m\}$ beschrieben sei, und sei B^* eine veränderte experimentelle Bedingung mit den Eigenschaften $\{b_1^*, b_2, ..., b_m\}$, mit $b_1 \neq b_1^*$, d.h. die beiden Bedingungen unterscheiden sich nur in der ersten Eigenschaft. Dabei bezeichne Δb_1 den Unterschied von b_1 und b_1^*. Beobachtet man nun ein Verhalten V unter der experimentellen Bedingung B und ein signifikant verschiedenes Verhalten V^* unter der experimentellen Bedingung B^*, so schließt man, dass der Unterschied in den beiden experimentellen Bedingungen Δb_1 kausal für die Änderung im Verhalten von V nach V^* verantwortlich ist. Ein Experiment zeichnet sich durch *interne Validität* aus, wenn die Schlussfolgerung auf einen solchen kausalen Zusammenhang zulässig ist. Dies setzt insbesondere voraus, dass sich die beiden Bedingungen B und B^* tatsächlich nur in der einen zu untersuchenden Eigenschaft unterscheiden und sich der Unterschied im Verhalten robust replizieren lässt, wenn man die beiden Bedingungen erneut durchführt. Kausalitäten aufzeigen zu können ist die zentrale Stärke von Experimenten, welche direkt aus der Eigenschaft der Kontrolle folgt. Kausale Zusammenhänge können oft nur sehr schwer mit Hilfe von natürlich entstandenen Felddaten aufgedeckt werden, da man auf geeignet vorkommende Variationen der zu untersuchenden Einflussfaktoren angewiesen ist und andere Einflussfaktoren sowie Selektionseffekte ausschließen muss. Häufig analysierte Einflussfaktoren auf Verhalten in Experimenten sind zum Beispiel die Bereitstellung zusätzlicher Informationen oder Handlungsalternativen, Variation der Anzahl der Interaktionspartner oder Zufallsereignisse sowie Manipulation von Referenzpunkten oder monetären Anreizen.

Experimentelles Design

In der experimentellen Wirtschaftsforschung hat sich eine Reihe von Standards etabliert, die beim Design von Experimenten beachtet werden (vgl. z.B. Camerer 2003). Ein erster Standard ist, dass Teilnehmer generell den einzelnen experimentellen Bedingungen zufällig zugeordnet werden, um Verzerrungen aufgrund von Selektion zu vermeiden (Ausnahmen gibt es, wenn gerade die Charakteristika von Teilnehmern wie Geschlecht oder Persönlichkeitsprofil die Variation in den experimentellen Bedingungen darstellt oder wenn man daran interessiert ist, die Auswirkungen verschiedener experimenteller Bedingungen auf einzelne Teilnehmer zu untersuchen). Ein zweiter Standard ist, dass die Anzahl der unabhängigen Beobachtungen hinreichend groß sein sollte, um zumindest nicht-parametrische, statistische Tests zu ermöglichen.

Zu Beginn des Experiments werden die Teilnehmer/innen mittels schriftlicher Anleitungen über den Ablauf und die Inhalte informiert. Die Anleitungen für verschiedene Bedingungen eines Experiments sollten sich nur an wohl definierten Stellen unterscheiden, nämlich genau bei der Beschreibung der Eigenschaft, die man in den einzelnen Bedingungen variieren möchte (in obiger Notation: Eigenschaft b_1). Generell wird darauf geachtet, dass die Beschreibung der experimentellen Situation wahrheitsgemäß und vollständig erfolgt. Dies gilt insbesondere im Hinblick auf die Interaktionspartner im Experiment sowie die Generierung von Zufallseinflüssen. So ist zum Beispiel der Einsatz von ›eingeweihten‹ Teilnehmern (*confederates*), deren Verhalten von den Experimentatoren verdeckt gesteuert wird, ohne dass die anderen Teilnehmer dies wissen, nicht erlaubt. Es wird befürchtet, dass solche Täuschungen unkontrollierbare Spekulationen der Teilnehmer über verdeckte Einflussfaktoren oder Untersuchungszwecke hervorrufen, die das im Experiment gezeigte Verhalten beeinflussen könnten. Daher ist jedes ökonomische Laboratorium darauf bedacht, eine Reputation für die ehrliche Offenlegung der Experimentsbedingungen aufzubauen. Die Veröffentlichung der schriftlichen Anleitungen zum Experiment ist für eventuelle Wiederholungen durch andere Wissenschaftler unerlässlich. Die Anleitungen sind generell neutral formuliert, d.h. es werden – wenn überhaupt – nur minimale Kontextinformationen hinsichtlich der Entscheidungssituation gegeben. Meist konzentrieren sich die Anleitungen auf die Beschreibung der den einzelnen Teilnehmer/innen verfügbaren Informationen, den Ablauf und die Reihenfolge der zu treffenden Entscheidungen, die Handlungsalternativen sowie die durch die verschiedenen Handlungskombinationen aller Akteure resultierenden Auszahlungen. Auf Kontextinformation wird meist verzichtet, um den Einfluss von unkontrollierbaren individuellen Assoziationen der Teilnehmer mit einem spezifischen Kontext zu vermeiden. In jüngerer Zeit mehren sich jedoch die Stimmen, dass gerade neutral beschriebene Anleitungen Raum für individuelle Spekulationen hinsichtlich des Kontexts geben (Loewenstein 1999). Daher entstehen zunehmend neue Arbeiten, in denen gerade die Variation des Kontextes (*Framing*) Untersuchungsgegenstand ist. Beispiele für verwendete Kontexte sind Käufer/Verkäufer-Situationen oder Arbeitgeber/Arbeitnehmer-Interaktionen. Im Allgemeinen wird während des gesamten Experiments Anonymität gewahrt, d.h. ein Teilnehmer erfährt nicht, mit welcher Person er gerade interagiert und er kann sich darauf verlassen, dass die Entscheidungen, die er trifft, nicht seiner Person zugeordnet werden können. In Laboratorien wird Anonymität unter den Teilnehmern meist durch individuelle Kabinen realisiert, in denen sie ihre Entscheidungen über einen vernetzten Computer mit Experimentalsoftware individuell und unbeobachtet eingeben. Auf diese Weise sollen unkontrollierbare Einflüsse wie Wirkungen durch Aussehen oder Sprache des Interaktionspartners, ausgeschlossen werden. Die Anonymität der Teilnehmer gegenüber den Experimentatoren wird häufig durch die Vergabe von Codenamen an die Teilnehmer realisiert, so dass die Entscheidungen auch von den Experimentatoren nicht den Teilnehmern zugeordnet werden können. Ein weiteres zentrales Charakteristikum von Experimenten in der ökonomischen Forschung sind reale monetäre Anreize für die Teilnehmer. In den schriftlichen Anleitungen wird genau beschrieben, wie die einzelnen Handlungsalternativen die eigene Auszahlung sowie die Auszahlungen anderer Teilnehmer/innen bestimmen. Studien zeigen, dass die Existenz monetärer Anreize die Varianz in Entscheidungen reduziert und den individuellen Erfolg der Teilnehmer erhöht, insbesondere in Entscheidungssituationen, die nicht zu einfach und nicht zu komplex sind. Der in einem Experiment erzielte monetäre Betrag wird jedem Teilnehmer am Ende des Experiments individuell in bar ausgezahlt.

Untersuchungszwecke von Experimenten

Roth (1995) teilt die Zwecke, die man mit Experimenten verfolgt, in drei Bereiche ein: (1) Speaking to Theorists, (2) Searching for Facts, (3) Whispering in the Ears of Princes. Die erste Klasse von Experimenten (vgl. auch Croson/Gächter 2010) dient dem Test von formalen Theorien sowie der Beobachtung regelmäßiger Abweichungen des tatsächlichen Verhaltens von diesen Theorien. Werden solche regelmäßigen Abweichungen gefunden, können diese Erkenntnisse zurückwirken auf die Theoriebildung, d.h. Theorien können verfeinert werden oder es werden neue Theorien vorgeschlagen. In jüngster Zeit gibt es in Bezug auf ökonomische Experimente eine wissenschaftsphilosophische Diskussion, inwieweit es überhaupt möglich ist, formale Theorien zu testen. So argumentiert zum Beispiel Guala (2005, Kap. 10), dass empirische Arbeiten formale Theorien grundsätzlich nicht umfassend testen können, sondern nur eine (aus der Vielzahl) ihrer möglichen Interpretationen. Experimente der zweiten Kategorie untersuchen Einflussfaktoren, die in der theoretischen Modellierung bislang noch keine Berücksichtigung gefunden haben. Selten (1998) propagiert, Experimente sogar explizit zur Entdeckung neuer, bislang unbekannter Zusammenhänge einzusetzen. Dieser explorative Ansatz geht davon aus, dass eventuelle Entdeckungen zu neuen Hypothesen führen, welche dann in speziell dafür entworfenen Experimenten erneut überprüft werden müssen. In die zweite Kategorie fallen auch solche Experimente, deren Daten genutzt werden, um in Theorien verwendete Parameter zu schätzen (wie z.B. Parameter, die den Grad der individuellen Ungleichheitsaversion messen, s.u.). Die dritte Kategorie von Experimenten dient der Politikberatung oder allgemein der Beratung von Entscheidungsträgern, die Institutionen oder Verfahren gestalten müssen. Experimentelle Untersuchungen sind hier mitunter sehr geeignet, da man relativ genau einzelne Details der zur Debatte stehenden institutionellen Rahmenbedingungen implementieren kann und auch dann Empfehlungen möglich sind, wenn die institutionellen Rahmenbedingungen so komplex sind, dass eine formaltheoretische Analyse aussichtslos ist. Bekannte Beispiele sind experimentelle Untersuchungen von Steuersystemen, Wettbewerbsregulierungen oder zur Gestaltung von Märkten wie UMTS-Auktionen. Experimente aller drei von Roth (1995) vorgeschlagenen Kategorien können zurückwirken auf die Theoriebildung, indem die gewonnenen Erkenntnisse als Annahmen in neuen Theorien einfließen oder sogar durch neue Theorien erklärt werden. Ein weiteres Einsatzfeld von ökonomischen Experimenten ist die Lehre. Insbesondere Holt (2007) hat wertvolle Vorschläge gemacht, wie Experimente in Lehrveranstaltungen eingesetzt werden können, um diese anschaulicher und einprägsamer zu gestalten.

Externe Validität und Feldexperimente

Schon seit den Anfängen der experimentellen Wirtschaftsforschung sieht sie sich der Kritik ausgesetzt, dass experimentelle Befunde nur eingeschränkt oder überhaupt nicht auf ›reale‹ Situationen übertragbar seien. Ein experimentelles Ergebnis verfügt über *externe Validität*, wenn (in obiger Notation) die Änderung der Bedingung Δb_1 die Verhaltensänderung von V nach V^* nicht nur im Experiment verursacht, sondern in gleicher Weise in ähnlichen Situationen – auch außerhalb des Laboratoriums – wirkt und in diesem Sinne generalisierbar ist. Einer der Haupteinwände, warum ein experimentelles Ergebnis nicht als extern valide angesehen werden könnte, ist die möglicherweise als künstlich wahrgenommene experimentelle Situation (Bardsley et al. 2010). Diese resultiert zum einen aus der notwendigen Vereinfachung der Situation auf ihre für wesentlich gehaltenen Eigenschaften. Zu nennen sind hier zum Beispiel die Einschränkung der potentiellen Aktionsmöglichkeiten oder ein eingeschränkt dargestellter Kontext. Zum anderen ergeben sich Vereinfachungen aus Gründen der praktischen Durchführung der

Experimente wie zum Beispiel der häufige Einsatz nicht-repräsentativer Teilnehmer/innen, insbesondere Studierender sowie die vergleichsweise geringe Höhe der monetären Anreize. Die Forderung nach externer Validität wird je nach Untersuchungszweck des Experiments in unterschiedlicher Dringlichkeit erhoben. So wird im Allgemeinen bei Experimenten, die zum Test einer Theorie durchgeführt werden, der internen Validität eine größere Bedeutung zugemessen als der externen Validität. Die Forderung nach externer Validität hat jedoch größere Bedeutung für Experimente deren Ergebnisse der Beratung von (z.B. politischen) Entscheidungsträgern dienen. Als Ansatz zur Erhöhung externer Validität werden in jüngster Zeit komplementär zu Laborexperimenten auch Experimente in natürlichen Umgebungen – sogenannte Feldexperimente (Harrison/List 2004) – durchgeführt. Die Idee ist, dass man eventuell als künstlich wahrgenommene Entscheidungssituationen vermeidet, indem man das Verhalten in einer natürlichen Umgebung beobachtet, ohne dabei jedoch auf die Kontrolle zum Beispiel durch verschiedene experimentelle Bedingungen zu verzichten. In Feldexperimenten können auch solche Teilnehmer zum Einsatz kommen, die zum Beispiel aufgrund ihrer Berufstätigkeit in der zu untersuchenden Entscheidungssituation bereits Erfahrung gesammelt haben. Da in natürlichen Umgebungen der Grad der Kontrolle im Allgemeinen kleiner ist als im Labor, wird ein eventueller Zugewinn an externer Validität in Feldexperimenten meist auf Kosten eines Verlustes an interner Validität erworben.

Exemplarische experimentelle Forschung: Fairness und Kooperation

Wie man aus sehr einfachen Experimenten, wie zum Beispiel vom Diktatorspiel (Hoffman/McCabe/Smith 1996) oder Ultimatumspiel (Güth/Schmittberger/Schwarze 1982) weiß, verhalten sich Teilnehmer häufig so, als wenn sie nicht nur an der absoluten Höhe ihrer eigenen Auszahlung interessiert seien, sondern auch daran, wie sich die eigene Auszahlung relativ zu den Auszahlungen der anderen Teilnehmer verhält (dieser Vergleich stellt auf distributionale Fairness ab; wie stark Fairnessüberlegungen ökonomische Entscheidungen beeinflussen können, vgl. z.B. Kahneman/Knetsch/Thaler 1986). Um diese Beobachtung aus Experimenten in theoretischen Modellen zu berücksichtigen, sind Nutzenfunktionen vorgeschlagen worden, mit denen Aversion gegen Ungleichheit ausgedrückt werden kann. Beispielhaft soll hier der Vorschlag von Fehr und Schmidt (1999) erläutert werden. Die von ihnen vorgeschlagene Nutzenfunktion eines Akteurs i hat folgende Form:

$$(1) \quad U_i(x) = x_i - \alpha_i \frac{1}{n-1} \sum_{j \neq i} \max\{x_j - x_i, 0\} - \beta_i \frac{1}{n-1} \sum_{j \neq i} \max\{x_i - x_j, 0\}$$

Dabei bezeichnet n die Anzahl der Akteure und x_i die monetäre Auszahlung des Akteurs i. Ungleichheit in den Auszahlungen kann zum eigenen Nachteil oder zum eigenen Vorteil ausfallen. Es wird angenommen, dass unter Akteuren in vergleichbaren Situationen beide Formen von Ungleichheit den Nutzen reduzieren. Hat Akteur i eine niedrigere Auszahlung als Akteur j, so ist der Ausdruck $\max\{x_j - x_i, 0\}$ positiv. Der Faktor α_i drückt aus, wie groß der Nutzenverlust von Akteur i ist, der sich durch Ungleichheit zum eigenen Nachteil einstellt, d.h. wie stark Akteur i unter jeder Einheit leidet, die ein Akteur j mehr verdient als er selbst. Ist die Auszahlung von Akteur i höher als die Auszahlung eines Akteurs j, so ist der Ausdruck $\max\{x_i - x_j, 0\}$ positiv. Für diesen Fall gibt der Faktor β_i an, wie stark Akteur i unter Ungleichheit zu seinem Vorteil leidet. Jeder Akteur i wird charakterisiert durch eigene individuelle Werte α_i und β_i, wobei generell angenommen wird, dass $\alpha_i \geq \beta_i$, d.h. Ungleichheit zum eigenen Nachteil führt und nie zu kleineren Nutzenverlusten als Ungleichheit zum eigenen Vorteil. Weiterhin wird angenommen, dass $0 \leq \beta_i < 1$. Die erste Ungleichheitsrelation stellt sicher, dass es sich nicht um einen Nutzengewinn handelt. Die zweite Relation garantiert, dass ein Akteur i im Falle von Ungleichheit zu seinen Gunsten nicht durch Vernichtung von eigener Auszahlung – und die damit verbundene Verringerung der Ungleichheit – seinen Nutzen erhöhen kann. Im Falle von mehr als zwei Akteuren garantieren die Faktoren $1/(n - 1)$ sowie die Summenbildungen, dass die durchschnittliche Ungleichheit im Vergleich mit allen anderen Teilnehmern den eigenen Nutzen reduziert. Die Fehr/Schmidt-Nutzenfunktion stellt ausschließlich ab auf die eigenen Auszahlungen der Akteure sowie die Relation der Auszahlungen zueinander. Andere Vorschläge beziehen auch die Höhe der erzielten Gesamtauszahlung der Akteure und damit die erzielte Effizienz oder die intendierte Freundlichkeit oder Unfreundlichkeit einer gewählten Aktion mit ein.

Zur Illustration der Auswirkungen von Ungleichheitsaversionen betrachten wir ein Team bestehend aus zwei Personen, die sich zur Durchführung eines Projekts zusammengefunden haben. Nehmen wir an, dass beiden Teammitgliedern bekannt ist, dass dieses Projekt ihre einzige Interaktion sein wird und jegliche Reputationseffekte ausgeschlossen sind. Der Einfachheit halber nehmen wir ebenfalls an, dass jedes Teammitglied $i = 1, 2$ über lediglich zwei Handlungsalternativen a_i verfügt: zu kooperieren ($a_i = 1$) oder nicht zu kooperieren, d. h. zu defektieren ($a_i = 0$). Die beiden Teammitglieder entscheiden sich gleichzeitig und unabhängig voneinander jeweils für eine der beiden Handlungsalternativen. Die Gewinnfunktion des Teams sei gegeben durch $\Pi(a_1, a_2) = 16(a_1 + a_2)$. Da die individuellen Aktionen annahmegemäß außerhalb des Teams (z. B. vor einem Gericht) nicht verifizierbar sind, vereinbart das Team, den Teamgewinn in jedem Fall zu gleichen Teilen aufzuteilen. Zu kooperieren und somit seinen Beitrag zum Teamoutput zu leisten, verursache einem Teammitglied individuelle (Arbeitsleid-)Kosten in Höhe von 10. Nicht zu kooperieren verursache keine Kosten. Somit ergibt sich der Gewinn eines Teammitglieds i durch

(2) $\pi_i(a_1, a_2) = 8(a_1 + a_2) - 10a_i$

		Teammitglied 2	
		Kooperieren ($a_2 = 1$)	Defektieren ($a_2 = 0$)
Teammitglied 1	Kooperieren ($a_1 = 1$)	(6, 6)	(–2, 8)
	Defektieren ($a_1 = 0$)	(8, –2)	(0, 0)

Tabelle 1

Die beschriebene Situation hat die Struktur eines Gefangenendilemmas und lässt sich durch die Auszahlungsmatrix in Tabelle 1 darstellen. Ist ein Spieler ausschließlich an seinem monetären Vorteil interessiert, so ist ›Defektieren‹ eine dominante Strategie, d. h. unabhängig davon, was der andere Spieler wählt, resultiert ›Defektieren‹ stets in einer höheren eigenen Auszahlung. Entscheiden sich beide Spieler für ›Defektieren‹, so resultiert jedoch die ineffiziente Auszahlungskombination (0, 0). Würden beide Spieler kooperieren, würden sich beide Spieler verbessern und jeweils eine Auszahlung von 6 erhalten.

Für ungleichheitsaverse Teammitglieder mit einer Fehr/Schmidt-Nutzenfunktion verändert sich die Auszahlungsmatrix und stellt sich wie in Tabelle 2 abgebildet dar. Der Nutzen ändert sich nicht in den Fällen, in denen es keine Ungleichheit gibt, d. h. wenn die Auszahlungen für beide Spieler gleich hoch sind. Bei einem Auszahlungsunterschied in Höhe von 10 reduziert sich allerdings der Nutzen des Bessergestellten i um $10\beta_i$ (seine Nutzenreduktion aufgrund von Aversion bezüglich Ungleichheit zu seinen Gunsten). Auch der Nutzen des Schlechtergestellten j reduziert sich und zwar um $10\alpha_j$ (seine Nutzenreduktion aufgrund von Aversion bezüglich Ungleichheit zu seinen Ungunsten).

		Teammitglied 2	
		Kooperieren ($a_2 = 1$)	Defektieren ($a_2 = 0$)
Teammitglied 1	Kooperieren ($a_1 = 1$)	(6, 6)	$(-2 - 10\alpha_1, 8 - 10\alpha_2)$
	Defektieren ($a_1 = 0$)	$(8 - 10\alpha_1, -2 - 10\alpha_2)$	(0, 0)

Tabelle 2

Haben beide Spieler eine hinreichend große Aversion bezüglich Ungleichheit zu ihren Gunsten (in unserem Fall $\beta_i > 0{,}2 \Leftrightarrow 6 > 8 - 10\beta_i$), so ändert sich die strategische Situation entscheidend: Die Kooperation beider Spieler stellt nun ebenfalls ein Gleichgewicht dar. Geht ein Spieler davon aus, dass der andere Spieler kooperieren wird, so wird er selbst auch kooperieren. Die beste Antwort auf ›Defektieren‹ ist jedoch weiterhin ›Defektieren‹. Aversion bezüglich Ungleichheit zu eigenen Gunsten bewirkt somit, dass ein Spieler ›bedingt kooperativ‹ ist und es gibt zwei Gleichgewichte (in reinen Strategien). Das Spiel hat sich durch die Ungleichheitsaversion der Spieler in ein Koordinationsspiel gewandelt, d.h. auch die hohe Auszahlungskombination wird durch ein Gleichgewicht gestützt. Man beachte, dass hierfür schon die eine der beiden Arten der Ungleichheitsaversion ausreicht. Sind also beide Spieler hinreichend avers bezüglich Ungleichheit zum eigenen Vorteil und sind beide der Überzeugung, dass der andere kooperieren wird, so ist kooperieren auch im eigenen Interesse. Die Aktion ›Defektieren‹ ist somit keine dominante Strategie mehr.

Eine Modifikation der obigen Teamsituation verdeutlicht, wie Aversion bezüglich Ungleichheit zum eigenen Nachteil zu einem ähnlichen Ergebnis führen kann. Nehmen wir an, dass nachdem beide Teammitglieder ihre Strategien gewählt haben und sich der Teamgewinn realisiert hat, noch sequentiell eine gegenseitige Bestrafung erfolgen kann, d.h. Teammitglied 1 entscheidet zunächst, ob es Teammitglied 2 strafen möchte und anschließend umgekehrt. Nehmen wir weiter an, dass jedes Teammitglied die Auszahlung des jeweiligen anderen um jeweils drei Nutzeneinheiten reduzieren kann, wenn es selbst eine Nutzeneinheit aufwendet. Somit kann jedes Teammitglied *j* Ungleichheit zum eigenen Nachteil reduzieren. Ist sein Nutzenverlust durch Ungleichheit zum eigenen Nachteil groß genug (in unserem Falle $\alpha_j > 0{,}5 \Leftrightarrow -2 - 10\alpha_j < -7$), so wird ein kooperierendes Teammitglied ein nicht kooperierendes Teammitglied bestrafen und zwar indem es fünf Nutzeneinheiten investiert, um den anderen in Höhe von 15 Nutzeneinheiten zu strafen. Der Grund ist, dass sein Nutzen ohne Bestrafung in Höhe von $(-2 - 10\alpha_j)$ kleiner ist, als sein Nutzen mit Bestrafung, welcher dann $(-2 - 5) = -7$ Nutzeneinheiten beträgt. Man beachte, dass im letzteren Fall auch das bestrafte Teammitglied einen Nutzen in Höhe von $(8 - 15) = -7$ hat und somit nach der Bestrafung keine Nutzeneinbußen durch Ungleichheitsaversion mehr vorhanden sind. Auch hier ist ›Defektieren‹ nicht mehr Teil einer dominanten Strategie, denn wenn man glaubt, der andere kooperiert, sollte man im eigenen Interesse auch kooperieren. Ansonsten droht der andere zu strafen, was wegen seiner Aversion bezüglich Ungleichheit zu seinen Ungunsten tatsächlich glaubhaft ist. Wiederum gibt es zwei (teilspielperfekte) Gleichgewichte (in reinen Strategien), in denen entweder beide Teammitglieder kooperieren oder beide defektieren. Auch hier hat sich das Spiel in ein Koordinationsspiel gewandelt, in dem die Auszahlungen für das ›Kooperationsgleichgewicht‹ die Auszahlungen für das ›Defektionsgleichgewicht‹ (pareto)dominieren. Es sei noch erwähnt, dass ein Teilnehmer, der nur an seiner eigenen Auszahlung interessiert ist (und insbesondere keine Aversion bezüglich Ungleichheit zu seinen Ungunsten verspürt), keinen Anreiz hat zu bestrafen, da eine Bestrafung des anderen Kosten verursacht und die eigene Auszahlung reduziert.

Die beschriebene Team-Situation lässt sich erweitern zu einer Gruppe mit $n \geq 2$ Mitgliedern, in dem jedes Mitglied *i* zum Beispiel eine individuelle Auszahlung erhält von:

(3) $\pi_i(a_1, ..., a_n) = (16/n)(a_1 + ... + a_n) - 10a_i$

Diese Gruppensituation ist in ihrer Struktur identisch mit einem »Öffentliches Gut«-Spiel (Ledyard 1995). In einem solchen Spiel kann jeder Spieler *i* unter Aufwendung von persönlichen Kosten einen Beitrag $a_i \geq 0$ zu einem öffentlichen Projekt beitragen. Falls man nur an seiner eigenen Auszahlung interessiert ist, ist ein Beitrag aus individueller Sicht nicht sinnvoll, da die individuellen Kosten den individuellen Ertrag übersteigen. Nichts beizutragen ist also eine dominante Strategie. Da jedoch alle Spieler vom Projekt profitieren, ist es (pareto)effizient, wenn alle Spieler beitragen. In vielen Experimenten in verschiedenen Teilen der Welt (Ostrom 2000; Herrmann/Thöni/Gächter 2008) wurde gezeigt, dass die Beiträge in solchen ›Öffentliches Gut‹-Spielen zu Beginn relativ hoch sind. Dies ließe sich zum Beispiel durch die oben beschriebene Aversion bezüglich Ungleichheit zum eigenen Vorteil und der daraus resultierenden Existenz von ›bedingt kooperativen‹ Teilnehmern erklären. Wiederholt man das Spiel jedoch mehrmals in derselben Gruppe und teilt nach jedem Spiel mit, wie hoch die Beiträge in der letzten Runde gewesen sind, so sinken die Beiträge über die Zeit: die Kooperation bricht zusammen. Eine mögliche

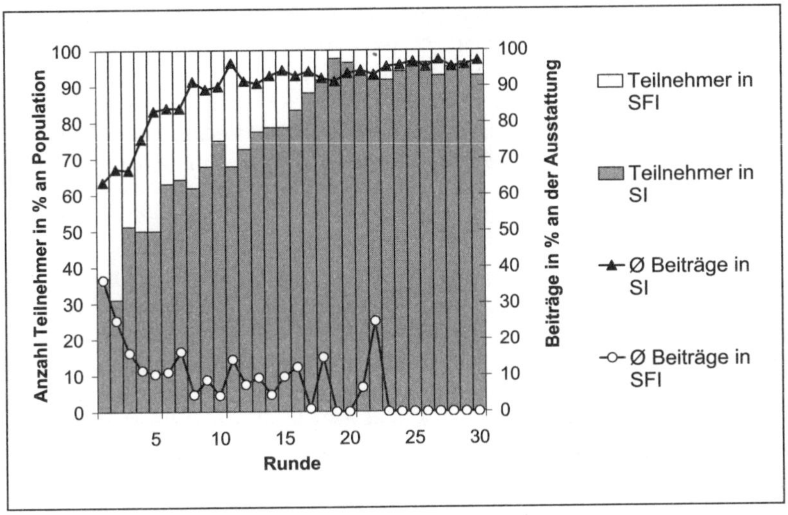

Teilnehmeranzahl und durchschnittliches Beitragsverhalten in den beiden Institutionen SI (Institution mit Sanktionen) und SFI (Institution ohne Sanktionen) (aus: Gürerk/Irlenbusch/Rockenbach 2006)

Erklärung ist, dass Teilnehmer sich daran orientieren, ob einige andere Teilnehmer keine Beiträge leisten. Wie oben erläutert, kann es unter dieser Annahme für ungleichheitsaverse Gruppenmitglieder die beste Antwort sein, nichts beizutragen. Das Beitragsverhalten in Experimenten ändert sich jedoch, wenn nach der Bekanntgabe der individuellen Beiträge in einer zweiten Stufe eine Möglichkeit zur Bestrafung eingeführt wird und somit auf als unfair empfundene Beiträge reagiert werden kann. Bestrafung sollte hier nicht im strafrechtlichen Sinne verstanden werden, sondern eher im Sinne von unfreundlichen Aktionen, die von einem einzelnen Gruppenmitglied gezielt ausgeübt werden können, um einem anderen Gruppenmitglied zu schaden (z.B. durch Nichtbeachten oder Verbreiten von negativen Gerüchten über den Anderen). Diese Formen von dezentralen Bestrafungen können hilfreich sein, um soziale Normen (z.B. hinsichtlich der Höhe des Beitragsverhaltens) zu etablieren und zu stützen. Fehr und Gächter (2000) zeigen, dass in einer solchen Umgebung hohe Kooperationsraten erreicht werden. Die Möglichkeit zu bestrafen wird häufig genutzt, obwohl, wie oben erwähnt, aus Sicht eines nur an seiner eigenen Auszahlung interessierten Akteurs eine kostenverursachende Bestrafung nicht ausgeführt werden sollte. Als Konsequenz steigen die Beiträge über die Runden. Eine Erklärung ist, dass (zumindest einige) Akteure avers bezüglich Ungleichheit zu ihren Ungunsten sind und daher bereit sind, Kosten auf sich zu nehmen, um Teilnehmer zu bestrafen, die wenig beitragen.

Es stellt sich die Frage, ob eine solche Bestrafungsumgebung tatsächlich eine Chance hat, sich im Wettbewerb mit anderen Institutionen zu behaupten. Diese Frage untersuchen Gürerk, Irlenbusch und Rockenbach (2006) in einem Experiment, in dem 12 Teilnehmer wiederholt ein dreistufiges Spiel durchlaufen (insgesamt gab es sieben unabhängige Gruppen mit jeweils 12 neuen Teilnehmern). In einer ersten Stufe hat jeder Teilnehmer die Wahl zwischen einem ›Öffentliches Gut‹-Spiel mit anschließender Bestrafungsmöglichkeit (SI) und einem ohne Bestrafungsmöglichkeit (SFI). In einer zweiten Stufe spielen diejenigen Teilnehmer, die die gleiche Institution gewählt haben, jeweils ein ›Öffentliches Gut‹-Spiel, d.h. sie können individuelle Beiträge leisten, die denjenigen, die die gleiche Institution gewählt haben, zugute kommen. Anschließend wird jeder Teilnehmer über die jeweiligen Beiträge der anderen Teilnehmer informiert. In der Institution mit Bestrafungsmöglichkeit (SI) gibt es in einer dritten Stufe die Möglichkeit, andere Teilnehmer, die die gleiche Institution gewählt haben, zu bestrafen. In der Institution ohne Bestrafungsmöglichkeit endet das Spiel nach der zweiten Stufe. Die drei Stufen bilden eine Runde. Im Experiment durchlaufen die Teilnehmer 30 Runden. Dies ist allen Teilnehmern zu Beginn des Experiments bekannt.

Es zeigt sich, dass die Teilnehmer in den ersten Runden eindeutig die Institution ohne Bestrafungsmöglichkeit (SFI) bevorzugen (s. Abb.). Etwa 2/3 der Teilnehmer/innen entscheiden sich zu Beginn für SFI. Mit zunehmender Rundenzahl jedoch wählen immer mehr Teilnehmer die Institution mit Bestrafungsmöglichkeit (SI). In den letzten Runden befinden sich nahezu alle Teilnehmer in SI. Diese Beobachtung korrespondiert mit dem Beitragsverhalten. Die durchschnittlichen Beiträge und damit die Verdienstmöglichkeiten steigen kontinuierlich in SI, während die Beiträge in SFI stetig abnehmen und am Ende gegen Null tendieren. In den letzten Runden leisten nahezu alle Teilnehmer maximale Beiträge in SI. Zu Beginn werden Teilnehmer mit niedrigen Beiträgen in SI systematisch bestraft, welches bei den Bestrafenden hohe Kosten verursacht. Offensichtlich gelingt es hierdurch, in SI eine soziale Norm für hohe Beiträge zu etablieren. Teilnehmer, welche in späteren Runden zu SI dazukommen, folgen dieser sozialen Norm und tragen auch hoch bei – möglicherweise weil sie sonst mit Bestrafung rechnen. Es ist sogar zu beobachten, dass neu dazukommende Teilnehmer in SI nicht nur hoch beitragen, sondern sich gleich daran beteiligen, Kosten auf sich zu nehmen, um Teilnehmer mit niedrigen Beiträgen zu bestrafen. Die hohen Kooperationsraten in SI in den letzten Runden sind bemerkenswert, da die Teilnehmerzahl in diesen Runden in SI besonders hoch ist. Wie aus Gleichung (3) erkennbar, sinkt jedoch der Anreiz beizutragen, wenn die Anzahl n der Teilnehmer/innen, die vom eigenen Beitrag profitieren, hoch ist. Der Grund ist, dass der individuelle Vorteil vom eigenen Beitrag mit der Teilnehmerzahl in der jeweiligen Institution sinkt, wobei die Kosten des Beitrags konstant bleiben. In den letzten Runden wird kaum noch bestraft, da fast alle Teilnehmer hohe Beiträge leisten, d.h. es wird nahezu volle Effizienz erreicht.

In einem allgemeinen Sinne kann dieses Experiment veranschaulichen, wie sich soziale Sanktionen in einer Gemeinschaft etablieren und so Kooperation ermöglicht wird.

Die gemachten Ausführungen geben einen Einblick in die Vorgehensweise und Resultate der experimentellen Ökonomik. Abschließend soll mit Hume unterstrichen werden, warum die durch Experimente – insbesondere im Hinblick auf moralische Normen – gefundenen systematischen Verhaltensweisen von Menschen von essentieller Bedeutung für die Wirtschaftsethik sind. Hume schreibt: »I found that the moral philosophy transmitted to us by Antiquity [...] being entirely hypothetical, and depending upon more invention than experience. Every one consulted his fancy in erecting schemes of virtue and of happiness, without regarding human nature, upon which every moral conclusion must depend« (Appiah 2008, 22–23). Und Appiah (ebd.) konkretisiert: »What would be the point of norms that human beings were psychological incapable of obeying? After all, normative reflection suggests, in a philosopher's formula, that ›ought‹ implies ›can‹.«

Literatur

Abbink, Klaus/Irlenbusch, Bernd/Renner, Elke: An Experimental Bribery Game. In: Journal of Law, Economic, and Organization 18 (2002), 428–454.

Albertus Magnus: Ethica VI, 2, 25. Hg. von A. Borgnet (Alberti Magni Opera Omnia, VII). Paris 1891, 443a.

Appiah, Kwame Anthony: Experiments in Ethics. Harvard 2008.

Banaji, Mahzarin R./Bazerman, Max H./Chug, Dolly: How (Un)ethical Are You? In: Harvard Business Review (Dezember 2003).

Bardsley, Nicholas/Cubitt, Robin/Loomes, Graham/Moffat, Peter/Starmer, Chris/Sugden, Robert: Experimental Economics – Rethinking the Rules. Princeton 2010.

Camerer, Colin: Behavioral Game Theory – Experiments in Strategic Interaction. Princeton 2003.

Croson, Rachel/Gächter, Simon: The Science of Experimental Economics. In: Journal of Economic Behavior and Organization 73 (2010), 122–131.

Fehr, Ernst/Gächter, Simon: Cooperation and Punishment in Public Goods Experiments. In: American Economic Review 90, 4 (2000), 980–994.

Fehr, Ernst/Schmidt, Klaus M.: A Theory of Fairness, Competition and Cooperation. In: Quarterly Journal of Economics 114, 3 (1999), 817–868.

Gächter, Simon/Renner, Elke/Sefton, Martin: The Long-Run Benefits of Punishment. In: Science 322 (2008), 1510.

Guala, Francesco: The Methodology of Experimental Economics. Cambridge, Mass. 2005.

Gürerk, Özgür/Irlenbusch, Bernd/Rockenbach, Bettina: The Competitive Advantage of Sanctioning Institutions. In: Science 312 (2006), 108–111.

Güth, Werner/Schmittberger, Rolf/Schwarze, Bernd: An Experimental Analysis of Ultimatum Bargaining. In: Journal of Economic Behavior and Organization 3 (1982), 367–388.

Harbring, Christine/Irlenbusch, Bernd: How Many Winners are Good to Have? On Tournaments with Sabotage. In: Journal of Economic Behavior and Organization 65 (2008), 682–702.

Harrison, Glenn W./List, John A.: Field Experiments. In: Journal of Economic Literature 42 (2004), 1009–1055.

Herrmann, Benedikt/Thöni, Christian/Gächter, Simon: Antisocial Punishment Across Societies. In: Science 319 (2008), 1362–1367.

Hoffman, Elizabeth/McCabe, Kevin/Smith, Vernon L.: Social Distance and Other-Regarding Behavior in Dictator Games. In: American Economic Review 86, 3 (1996), 653–660.

Holt, Charles A.: Markets, Games, & Strategic Behavior. Boston/München 2007.

Irlenbusch, Bernd: Auf der Suche nach Gerechtigkeit – Eine empirische Herangehensweise. In: Zeitschrift für Wirtschafts- und Unternehmensethik 4, 3 (2003), 351–371.

Kahneman, Daniel/Knetsch, Jack L./Thaler, Richard: Fairness as a Constraint on Profit Seeking: Entitlement in the Market. In: American Economic Review 76 (1986), 728–741.

Ledyard, John O.: Public Goods: A Survey of Experimental Research. In: John H. Kagel/Alvin. E. Roth (Hg.): Handbook of Experimental Economics. Princeton 1995, 111–194.

Loewenstein, George: Experimental Economics from the Vantage-Point of Behavioural Economics. In: Economic Journal 109 (1999), F25-F34.

Ostrom, Elinor: Collective Action and the Evolution of Social Norms. In: Journal of Economic Perspectives 14 (2000), 137–158.

Plott, Charles R./Smith, Vernon L.: Handbook of Experimental Economics Results 1. Amsterdam 2008.

Roth, Alvin E.: Introduction to Experimental Economics. In: John H. Kagel/Alvin E. Roth (Hg.): Handbook of Experimental Economics. Princeton 1995, 3–109.

Selten, Reinhard: Features of Experimentally Observed Bounded Rationality. In: European Economic Review 42 (1998), 413–436.

Tenbrunsel, Ann E./Diekmann, Kristina A./Wade-Benzoni, Kimberly A./Bazerman, Max H.: The Ethical Mirage: A Temporal Explanation as to Why We Aren't as Ethical as We Think We Are. In: Research in Organizational Behavior (im Erscheinen).

Bernd Irlenbusch

IV. Ansätze der Wirtschafts- und Unternehmensethik

A. Deutschsprachige Ansätze der Wirtschafts- und Unternehmensethik

1. Die wirtschafts- und unternehmensethische Debatte im deutschsprachigen Raum

Wirtschaftsethik als Grundlage der Sozialen Marktwirtschaft

Wenngleich dies oft vergessen wird, so ist doch die systematische Debatte um die Moral der Wirtschaft in Deutschland älter als vergleichsweise in den USA. Allerdings gehört es zu den Besonderheiten der deutschen Diskussion, dass diese vor allem in den politischen Arenen, und dort vor allem seitens der zahlreichen etablierten Parteien, Verbände und Gewerkschaften und nicht von Seiten der Unternehmen oder von den akademischen Vertretern der Wirtschaftswissenschaften geführt wurde. Es gehört zu den Eigenheiten der deutschen ›Wirtschaftsethik‹, dass sie ursprünglich als Teil eines ordnungstheoretischen Gesamtkonzepts gedacht war und hier vor allem die ›Moral der Wirtschaftsordnung‹ in den Blick nahm. Während es als Aufgabe einer vorgängigen Individualethik gesehen wurde, den Einzelnen zu einem leistungsbereiten aber stets im Sinne der Gemeinschaft handelnden Wirtschaftsbürger zu erziehen, bezog sich der Großteil der ›wirtschaftsethischen Diskussionen‹ auf die ›sozial gerechte‹ Ausgestaltung der bundesdeutschen Wirtschaftsordnung.

Hintergrund der deutschen Debatte bildet das Konzept der Sozialen Markwirtschaft, wie es von Walter Eucken (1891–1950), Wilhelm Röpke (1899–1966), Alexander Rüstow (1885–1963), Alfred Müller-Armack (1901–1978) und anderen theoretisch entworfen und unter Ludwig Erhard (1897–1977) in Deutschland und Julius Raab (1891–1964) in Österreich politisch umgesetzt wurde. Ausgangspunkt der theoretischen Überlegungen zur Sozialen Marktwirtschaft ist die Überzeugung, dass es bisher weder dem reinen Wirtschaftsliberalismus noch der reinen Zentralverwaltungswirtschaft gelungen sei, eine auch aus humanitären Gründen akzeptable Wirtschaftsordnung zu schaffen. Die Soziale Marktwirtschaft stellt somit in den Augen ihrer geistigen Väter jenen ›Dritten Weg‹ dar, der die Steuerung der Wirtschaftsprozesse weder alleine dem Wirken einer ›unsichtbaren Hand‹ des Marktes noch ausschließlich den Planvorgaben einer Zentralbehörde überlässt, sondern diese den Prinzipien einer ex ante festgelegten Rahmenordnung unterwirft, um so Machtmissbrauch und Zentralisierung zu verhindern und Verteilungsgerechtigkeit und Chancengleichheit zu garantieren (vgl. Eucken 1949, 18). Grundlage des Konzeptes der Sozialen Marktwirtschaft ist daher eine Wettbewerbsordnung, die es erlauben soll, freies Unternehmertum, Markteffizienz, Schutz der sozial Schwachen und soziale Gerechtigkeit als wichtigste Forderungen einer *sozialen* Marktwirtschaft zum Ausgleich zu bringen (vgl. u.a. Röpke 1979, 22 f.). Dabei sehen die Theoretiker der Sozialen Marktwirtschaft im Marktmechanismus den effizientesten Weg zur Reduktion von Güterknappheit und bedarfsgerechter Ressourcenzuteilung; andererseits aber ist es ihr Anliegen, Vorkehrungen für eine sozial gerechte Wirtschaftsordnung zu treffen und marktliche Fehlsteuerungen und Ungerechtigkeiten mittels einer staatlichen Wirtschaftspolitik zu verhindern.

Dabei versteht sich das Konzept der Sozialen Marktwirtschaft nicht nur als ein Wirtschaftskonzept, sondern zugleich auch als Entwurf einer Gesamtlebensordnung, in der die Elemente Freiheit, soziale Gerechtigkeit und Eigenverantwortung miteinander in Einklang gebracht werden können. Letztlich, so die grundlegende Annahme, sei eine lebensdienliche Wirtschaftsordnung ohne ihre Einbettung in ein gesellschaftliches Ganzes nicht denkbar (vgl. u.a. Röpke 1979, 161 f.; Müller-Armack 1948, 104). Tragend für das Konzept der Sozialen Marktwirtschaft ist daher der Gedanke, dass die wirtschaftliche Ordnung zum einen auf der gesellschaftlichen Ordnung, ihren Moralvorstellungen, Werthaltungen und Zielsetzungen beruhe, und zum anderen durch den Staat und seine Organe in die gesellschaftspolitisch erwünschten Bahnen zu lenken sei. Dabei seien die ökonomischen Imperative stets nachrangig zu den sozialen Anliegen zu sehen, da es lediglich die Aufgabe der Ökonomie sei, zur Verwirklichung dieser Ziele beizutragen (vgl. Barry 1989, 108). Entsprechend waren es vor allem soziale Zielsetzungen, die im Kontext der deutschen Wirtschaftsethik diskutiert wurden.

Diese spezifisch gesellschaftspolitische Sichtweise des Wirtschaftens kann erklären, warum Sozialverantwortung insbesondere in Deutschland über lange Jahre hinweg nicht als Aufgabe der Wirtschaft, sondern als Aufgabe der Politik verstanden wurde. So sehen auch die wenigen Schriften, die sich explizit mit ›Wirtschaftsethik‹ auseinandersetzen (vgl. u.a. Weddigen 1951; Walter-Raymond-Stiftung 1964), in der Durchsetzung moralischer Anforderungen in der Wirtschaft vor allem ein gesellschaftspolitisches Anliegen, das mit Hilfe staatlicher Ordnungspolitik verwirklicht werden soll, wobei insbesondere der subsidiären Mitverantwortung und Mitgestaltung der Verbände und der Einrichtungen der freien Wohlfahrtspflege eine besondere Rolle zugesprochen wird. Wesentliche Fragen, wie Lohngerechtigkeit, Mitbestimmung, Altersvorsorge, Sozialverpflichtung des Eigentums etc., wurden so in der Bundesrepublik Deutschland innerhalb der wirtschaftlichen Rahmenordnung geregelt, deren Fortschreibung und Weiterentwicklung primär in den Bereich der Sozial- und Wirtschaftspolitik gerechnet und nicht als wie auch immer geartete Sozialverantwortung der Unternehmen gesehen wurde.

Anfänge der Wirtschafts- und Unternehmensethikdebatte

Entsprechend zurückhaltend gestaltete sich in Deutschland dann auch die Beschäftigung mit Fragen der Unternehmensverantwortung und der Unternehmensethik. Während in der US-amerikanischen Wirtschaftstheorie die Debatte um eine auch über den reinen ökonomischen Erfolg hinausgehende soziale Verantwortung der Unternehmen bereits Mitte der 1950er Jahre begann, dominierte in Deutschland lange Zeit die Einstellung, dass eine ›soziale Marktwirtschaft‹ per se moralische Vorstellungen auf Ebene der Rahmenordnung zur Geltung bringe. Bis Ende der 1970er Jahre galt das Interesse der Öffentlichkeit an unternehmerischer Tätigkeit vor allem dem Beitrag der Unternehmen zu einer stabilen Beschäftigungspolitik und zu stetigem Wirtschaftswachstum. Auch die Proteste der ›68er-Bewegung‹ blieben hier weitgehend ohne nennenswerten Einfluss, da sich die Kritik vor allem gegen die bundesrepublikanische Wirtschaftsordnung und einzelne ihrer Vertreter richtete, nicht aber die Verantwortung der Wirtschaft innerhalb der Gesellschaft thematisierte. Erst mit Beginn der 1980er Jahre begann sich diese Sichtweise schrittweise zu ändern. Auslöser hiefür waren vor allem die mit dem Einzug der ›Grünen‹ in den Bundestag verschärfte ›Ökologiedebatte‹ und die insbesondere in kirchlichen Kreisen geführte Diskussion um die Verantwortung der Industrienationen für die ökonomische Entwicklung der ›Dritten Welt‹. Zudem erschütterten zahlreiche Industriekatastrophen, wie Bhopal oder Seveso, und das Bekanntwerden dubioser Managementpraktiken, wie etwa im Falle Nestlé, das Vertrauen der Öffentlichkeit in die Unternehmen und ihre Umwelt-, Sicherheits- und Produktpolitik. Insbesondere die dubiosen Verkaufspraktiken Nestlés für Muttermilchersatzprodukte in Ländern der sogenannten ›Dritten Welt‹ hatten auch in Deutschland massive Verbraucherproteste und Boykotte zur Folge. Zunehmend wurden Unternehmen nun in der öffentlichen Wahrnehmung als gesellschaftliche Akteure betrachtet, die sich für ihre Geschäftpraktiken in der ›Dritten Welt‹ ebenso zu verantworten hatten, wie für ihren Umgang mit Umwelt und Rohstoffen (vgl. Aßländer/Roloff 2004, 24 f.).

Angetrieben von der öffentlichen Debatte begannen sich seit Beginn der 1980er Jahre im deutschsprachigen Raum erste Philosophen und Ökonomen mit dem Thema Wirtschaftsethik zu beschäftigen. Dabei lassen sich vier unterschiedliche Forschergruppen unterscheiden:

(1) Wirtschaftsethik als angewandte Ethik: Ausgehend von Fragen der Technikfolgenabschätzung und angeregt insbesondere von der Debatte um eine ›angewandte Ethik‹ im Bereich der Ingenieurwissenschaften begannen sich erste Ethiker auch dem Bereich der Wirtschaftsethik zu nähern (Hans Lenk, Matthias Maring, Walther Ch. Zimmerli u.a.). Wirtschaftsethische Fragestellungen wurden hier aus dem Blickwinkel der praktischen Philosophie bearbeitet. Ähnlich wie Medizinethik, Technikethik oder Bioethik wurde die Wirtschaftsethik hierbei dem Themenfeld der ›Angewandten Ethik‹ zugerechnet

und als eine Art Brückendisziplin verstanden, die zwischen ökonomischen und ethischen Anforderungen vermitteln sollte. Zentrale Themen dieser Diskussion waren beispielsweise die Folgenverantwortung für ökonomisches Handeln, die Frage nach den Adressaten moralischer Normen in Unternehmen oder die Entwicklung geeigneter ethischer Normen zur Steuerung moralischen Verhaltens im ökonomischen Kontext. Auch die ökonomische Theorie selbst wurde seitens der Angewandten Ethik einer wissenschaftstheoretischen Kritik unterzogen. So etwa wurden die Vorstellung einer ökonomischen Rationalität, das Menschenbild der Ökonomie oder die normativen Grundlagen der Wirtschaftswissenschaften seitens der Angewandten Ethik kritisch hinterfragt (vgl. u.a. Lenk/Maring 1992; Zimmerli/Aßländer 1996/2005).

(2) Wirtschaftsethik aus betriebswirtschaftlicher Perspektive: Auch innerhalb der Betriebswirtschaftslehre begannen sich erste Forscher insbesondere aus dem Bereich der Unternehmensführung und der Managementtheorie dem Thema zuzuwenden (Horst Steinmann, Albert Löhr, Hartmut Kreikebaum u.a.). Dabei diente die Beschäftigung mit Fragen der Unternehmensethik nicht zuletzt auch der Kritik an der dominierenden, rein technischen Sichtweise der Unternehmung, welcher nun eine eher handlungstheoretische Interpretation gegenübergestellt wurde, die vor allem auf Dialog und friedliche Verständigung mit der Unternehmensumwelt ausgerichtet war. Eine diskursorientierte Unternehmensethik – so die herrschende Meinung – könne helfen, die Lücke zwischen legalem und legitimen Unternehmenshandeln qua friedlicher Verständigung mit den durch das unternehmerische Handeln Betroffenen zu schließen. Thematisiert wurden dabei insbesondere diskursethische Aspekte, wie Fragen des Stakeholder-Dialoges oder die unternehmenskulturellen und -strukturellen Voraussetzungen für moralisches Verhalten der Mitarbeiterinnen und Mitarbeiter im Unternehmen. Eine besondere Kritik dieser Ansätze galt auch der impliziten Annahme der Betriebswirtschaftslehre, dass Unternehmen stets als Grenzanbieter operierten und damit einem rigorosen Gewinnerzielungspostulat verpflichtet seien (vgl. u.a. Steinmann/Löhr 1991; Steinman/Löhr 1994; Kreikebaum 1996).

(3) Wirtschaftsethik aus Sicht der Politischen Ökonomie: Aus gesamtwirtschaftlicher Perspektive hingegen galt das wirtschaftsethische Interesse der Ökonomen vor allem der Analyse der normativen Grundlagen innerhalb der ökonomischen Theoriebildung (Peter Koslowski, Peter Ulrich, Karl Homann u.a.). Auf Basis eines je unterschiedlichen Ökonomieverständnisses entwarfen die einzelnen Fachvertreter eigene Konzeptionen einer Wirtschaftsethik, die aus republikanischer Perspektive vor allem die Mitverantwortung der einzelnen Wirtschaftsakteure betonte oder in der liberalen Sichtweise hauptsächlich die Notwendigkeit einer ethischen Rahmenordnung zur Steuerung der Wirtschaftsmoral herausstellte. Neben Fragen der Legitimation der herrschenden Wirtschaftsordnung standen dabei vor allem Probleme der Verteilungsgerechtigkeit, Fragen der politischen Mitverantwortung der Wirtschaftsakteure oder die Analyse der normativen Voraussetzungen einzelner Wirtschaftsordnungen im Fokus der Betrachtungen. Daneben galt das theoretische Interesse dieser Ansätze auch der kritischen Analyse marktwirtschaftlicher Wirtschaftsverfassungen oder der herrschenden Eigentums- und Verfügungsordnung (vgl. u.a. Ulrich 1987; Koslowski 1988; Homann/Blome-Drees 1992).

(4) Soziallehre und Sozialethik: Neben den Fachvertretern der Philosophie und der Wirtschaftswissenschaften waren es aber auch Theologen, die sich an der Diskussion um die Moral der Wirtschaft beteiligten. So konnte sich hier beispielsweise die katholische Kirche auf eine nahezu hundertjährige Tradition ihrer Sozialenzykliken berufen. Konfrontiert mit der sogenannten Arbeiterfrage thematisierte Papst Leo XIII. (1810–1903) in seiner Enzyklika »Rerum Novarum« (1891) die Fragen der Lohngerechtigkeit, der Sozialverpflichtung des Eigentums und der Gewerkschaftsfreiheit. Vierzig Jahre später befasste sich Papst Pius XI. (1857–1939) in seiner Enzyklika »Quadragesimo Anno« (1931), mit der er im Namen explizit auf die erste Sozialenzyklika Bezug nimmt, mit Fragen der gerechten Gesellschaftsordnung, wobei er das System des Sozialismus als Gesellschaftssystem ablehnt. Insbesondere das in der Enzyklika formulierte Prinzip der Subsidiarität fand Eingang in die theoretische Konzeption der Sozialen Marktwirtschaft. Innerhalb der evangelischen Sozialethik sind es vor allem Ernst Troeltsch (1865–1923) und Georg Wünsch (1887–1964), die zu Beginn des 20. Jahrhunderts Fragen des Wirtschaftens aus theologischer Perspektive erörtern. Ausgehend von einem christlichen Menschenbild und einem christlichen Werteverständnis stehen sowohl innerhalb der evangelischen Sozialethik wie auch in der katholischen Soziallehre Fragen der Mit-

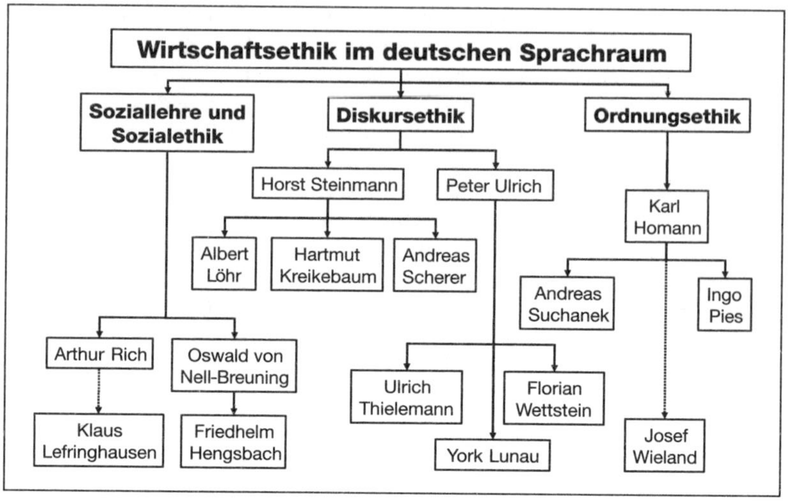

Übersicht der deutschsprachigen Wirtschaftsethik

bestimmung, des menschengemäßen Wirtschaftens, der gerechten Entlohnung und der Selbstbestimmung des Einzelnen im Wirtschaftsprozess im Vordergrund. Aber auch wohlfahrtstheoretische Überlegungen finden Eingang in die theologische Wirtschaftsethikdebatte, so etwa die Frage des Investivlohns, der dynamischen Rentenanpassung oder die sogenannte ›Dritte-Welt-Problematik‹ (vgl. u. a. Nell-Breuning 1975; Rich 1990/1991; Hengsbach 1991; Meckenstock 1997).

Ansätze der Wirtschafts- und Unternehmensethik

Ab Mitte der 1980er Jahre entwickelten sich im deutschsprachigen Raum, neben den Positionen der evangelischen und katholischen Sozialethik, vier eigenständige Ansätze der Wirtschafts- und Unternehmensethik (s. Abb). Es sind dies die eher diskursorientierten Ansätze von Peter Ulrich aus St. Gallen (vgl. Ulrich 1987; 1997) und von Horst Steinmann und Albert Löhr aus Nürnberg und Zittau (vgl. Löhr 1991; Steinmann/Löhr 1994). Demgegenüber stehen der eher ordnungsethisch orientierte Ansatz von Karl Homann aus München (vgl. Homann/Blome-Drees 1992; Homann/Suchanek 2000) und der compliance-ethische Ansatz von Josef Wieland aus Konstanz (vgl. Wieland 1999; 2004).

Bezeichnend für die deutschsprachige Debatte ist dabei die systematische Trennung zwischen Wirtschafts- und Unternehmensethik. Während sich erstere mit der Makroperspektive des Wirtschaftens beschäftigt und Fragen der gerechten Wirtschaftsordnung, der Anreizstrukturen für moralisches Handeln innerhalb der Wirtschaft oder der dem Wirtschaften zugrunde liegenden Werthaltungen behandelt, befasst sich letztere mit der Unternehmensperspektive und thematisiert dabei sowohl das Verhältnis des Unternehmens zu seiner Umwelt als auch zu seinen Mitarbeiterinnen und Mitarbeitern. Trotz mancher Überschneidungen lassen sich nach dieser Unterscheidung die Ansätze von Karl Homann und Peter Ulrich dem Bereich der Wirtschaftsethik, die Ansätze von Horst Steinmann und Albert Löhr sowie von Josef Wieland der Unternehmensethik zurechnen.

Gemeinsam ist all den genannten Vertretern, dass sie sich, mit Ausnahme von Josef Wieland, weniger der Entwicklung eines praktischen Instrumentariums zur Umsetzung unternehmensethischer Aspekte im Bereich der Betriebswirtschaftslehre widmeten, sondern vielmehr die theoretische Fundierung einer Wirtschafts- und Unternehmensethik auf je unterschiedliche Weise vorantrieben. Entsprechend war die Debatte um eine Wirtschafts- und Unternehmensethik innerhalb des deutschsprachigen Raums bis Ende der 1990er Jahre vor allem durch den ›Schulenstreit‹ der einzelnen Wirtschaftsethiker und ihrer Epigonen bestimmt.

Wirtschaftsethikausbildung in Deutschland

Im Gegensatz zu den Vertretern des angelsächsischen Sprachraumes gelang es den deutschsprachigen Protagonisten der Wirtschafts- und Unternehmensethik nicht, ein eigenständiges Fach Wirtschafts- und Unternehmensethik innerhalb der deutschen Hochschullandschaft zu etablieren.

Im Vergleich dazu werden an den US-amerikanischen Business Schools Kurse in Business Ethics innerhalb der wirtschaftswissenschaftlichen Ausbildung bereits seit den 1980er Jahren angeboten. Auch existieren in den USA bereits seit 1979 entsprechende Empfehlungen der American Assembly of Collegiate Schools of Business (AACSB) für die Integration von Business Ethics-Kursen in das wirtschaftswissenschaftliche Curriculum (vgl. Brinkmann/Sims 2001, 171). Eine vergleichbare Entwicklung steht in Deutschland erst an ihren Anfängen. Neben frühen Versuchen in St. Gallen, Eichstätt und Bamberg, ein eigenes Fach ›Wirtschaftsethik‹ innerhalb der wirtschaftswissenschaftlichen Studiengänge zu verankern, zählen heute unter anderem Leipzig, Kassel, München, Bayreuth, Zittau, Würzburg, Oldenburg, Frankfurt am Main und Halle zu den bekanntesten Hochschulen mit wirtschaftsethischem Lehrangebot. Jedoch unterscheiden sich die inhaltlichen Schwerpunkte der jeweiligen Angebote und die systematische Stellung des Faches innerhalb der jeweiligen Curricula an den deutschsprachigen Hochschulen zum Teil erheblich: Das Spektrum reicht von Wirtschafts- und Unternehmensethik über Corporate Governance, Corporate Social Responsibility und Stakeholder-Management bis hin zu Nachhaltigkeit und Umweltmanagement (vgl. Matten/Moon 2004, 325 ff.).

Obwohl es nicht an nationalen und internationalen Initiativen mangelt, seitens der Studierenden ein wachsendes Interesse an wirtschafts- und unternehmensethischen Themen festgestellt werden kann und auch die Diskussion um eine Corporate Social Responsibility innerhalb der unternehmerischen Praxis den Bemühungen um eine dauerhafte Implementierung wirtschafts- und unternehmensethischer Lehrinhalte innerhalb der wirtschaftswissenschaftlichen Curricula durchaus förderlich ist, zeigen sich die meisten Hochschulen bezüglich der Umsetzung wirtschafts- und unternehmensethischer Lehrprogramme jedoch bis heute eher reserviert. Dies dürfte nicht zuletzt vor allem an der ablehnenden Haltung der Fachkollegen selbst liegen. So scheint die deutschsprachige Debatte um die Integration einer Wirtschafts- und Unternehmensethik in die wirtschaftswissenschaftlichen Curricula eher von der Grundannahme bestimmt, dass eine kritische Diskussion um die normativen Grundlagen der Ökonomie, wenn überhaupt, ausschließlich innerhalb der eigenen Fakultät zu führen sei. So etwa schreibt Horst Albach, eine der grauen Eminenzen der deutschen Betriebswirtschaftslehre: »Die Beschäftigung mit Unternehmensethik ist überflüssig. Die Betriebswirtschaftslehre ist Unternehmensethik« (Albach 2005, 809). Ähnlich wird auch von anderen Fachvertretern die Auseinandersetzung mit den ethischen Grundlagen des Wirtschaftens mindestens mit Skepsis, wenn nicht gar als überflüssig betrachtet. Selbst unter den wenigen Befürwortern einer Wirtschafts- und Unternehmensethik scheint die Meinung vorzuherrschen, Wirtschaftsethik lasse sich auf einige kritische Anmerkungen zur Sozialen Verantwortung von Unternehmen reduzieren und mit einigen reflektierenden Randbemerkungen abhandeln. ›Fachfremde‹ Philosophen scheinen auf diesem Themenfeld unerwünscht. So etwa konstatiert Peter Koslowski (2001, 2): »Die Wirtschaftswissenschaften sind im Allgemeinen daran interessiert, die Philosophie aus ihrem Jagdgebiet fernzuhalten, und versuchen, die Fragestellung der Wirtschaftsethik entweder ganz auszulassen oder, wenn sie diese behandeln, normativistisch zu führen und andere philosophische Fragen der Wirtschaft entweder auszublenden oder als eine Aufgabe der positiven Ökonomie anzusehen.«

Literatur

Albach, Horst: Betriebswirtschaftslehre ohne Unternehmensethik! In: Zeitschrift für Betriebswirtschaft 75, 9 (2005), 809–831.

Aßländer, Michael S./Roloff, Julia: Sozialstandards als Beispiel für soziale Verantwortung von Unternehmen. In: kursiv – Journal für politische Bildung 3 (2004), 24–34.

Barry, Norman P.: Political and Economic Thought of German Neo-Liberals. In: Alan Peacock/Hans Willgerodt (Hg.): German Neo-Liberals and the Social Market Economy. London 1989, 105–124.

Brinkmann, Johannes/Sims, Ronald R.: Stakeholder Sensitive Business Ethics Teaching. In: Teaching Business Ethics 5, 2 (2001), 171–193.

Eucken, Walter: Die Wettbewerbsordnung und ihre Verwirklichung. In: Ders./Franz Böhm (Hg.): Ordo Jahrbuch für die Ordnung von Wirtschaft und Gesellschaft. Würzburg 1949.

Hengsbach, Friedhelm: Wirtschaftsethik – Aufbruch – Konflikte – Perspektiven. Freiburg i. Br. 1991.

Homann, Karl/Blome-Drees, Franz: Wirtschafts- und Unternehmensethik. Göttingen 1992.

Homann, Karl/Suchanek, Andreas: Ökonomik – eine Einführung. Tübingen 2000.
Koslowski, Peter: Prinzipien der ethischen Ökonomie: Grundlegung der Wirtschaftsethik und der auf die Ökonomie bezogenen Ethik. Tübingen 1988.
–: Wirtschaftsethik – Wo ist die Philosophie? Warum die Philosophie die Ökonomie nicht nur den Ökonomen überlassen kann. In: Ders. (Hg.): Wirtschaftsethik – Wo ist die Philosophie? Heidelberg 2001, 1–16.
Kreikebaum, Hartmut: Grundlagen der Unternehmensethik. Stuttgart 1996.
Lenk, Hans/Maring, Matthias (Hg.): Wirtschaft und Ethik. Stuttgart 1992.
Löhr, Albert: Unternehmensethik und Betriebswirtschaftslehre. Stuttgart 1991.
Matten, Dirk/Moon, Jeremy: Corporate Social Responsibility Education in Europe. In: Journal of Business Ethics 54, 4 (2004), 323–337.
Meckenstock, Günter: Wirtschaftsethik. Berlin 1997.
Müller-Armack, Alfred. Wirtschaftslenkung und Marktwirtschaft. Hamburg 1948.
Nell-Breuning, Oswald von: Der Mensch in der heutigen Wirtschaftsgesellschaft. München 1975.
Rich, Arthur: Wirtschaftsethik. Marktwirtschaft, Planwirtschaft, Weltwirtschaft aus sozialethischer Sicht. 2 Bde. Gütersloh [4]1990/1991.
Röpke, Wilhelm: Jenseits von Angebot und Nachfrage. Bern [5]1979.
Steinmann, Horst/Löhr, Albert (Hg.): Unternehmensethik. Stuttgart [2]1991.
–/–: Grundlagen der Unternehmensethik. Stuttgart [2]1994.
Ulrich, Peter: Transformation der ökonomischen Vernunft – Fortschrittsperspektiven der modernen Industriegesellschaft. Bern [2]1987.
–: Integrative Wirtschaftsethik. Bern 1997.
Walter-Reymond-Stiftung (Hg.): Die unternehmerische Verantwortung in unserer Gesellschaftsordnung. Köln/Opladen 1964.
Weddigen, Walter: Wirtschaftsethik: System humanitärer Wirtschaftsmoral. Berlin 1951.
Wieland, Josef: Die Ethik der Governance. Marburg 1999.
–: Handbuch Werte Management. Hamburg 2004.
Zimmerli, Walther Ch./Aßländer, Michael S.: Wirtschaftsethik. In: Julian Nida-Rümelin (Hg.): Angewandte Ethik – die Bereichsethiken und ihre theoretische Fundierung. Stuttgart [2]2005, 302–384.

Michael S. Aßländer

2. Ethische Grundlagen der Sozialen Marktwirtschaft

Es gehört zu den unbestreitbaren Tatsachen der Sozialen Marktwirtschaft, dass sie von ihren Gründungsvätern mit dem Anspruch entworfen wurde, das wirtschaftliche Handeln und die wirtschaftliche Ordnung grundlegend an ethischen Prämissen und den Vorstellungen einer guten und gerechten Gesellschaft auszurichten. Diese ethischen Grundlagen der Sozialen Marktwirtschaft, insbesondere verwurzelt in einem christlich-protestantischen Fundament, lassen sich – mit unterschiedlichen Akzentuierungen – bei allen Vordenkern der Sozialen Marktwirtschaft auffinden (vgl. zum Überblick: Brakelmann/Jähnichen 1994; Müller/Nutzinger 1997; Goldschmidt 2010). Die religiös-metaphysische Fundierung ist dabei – pointiert formuliert – der Wesenskern des neuen Liberalismus, den Walter Eucken (1891–1950), Franz Böhm (1895–1977), Leonhard Miksch (1901–1950), Alfred Müller-Armack (1901–1978), Wilhelm Röpke (1899–1966), Alexander Rüstow (1885–1963) und andere in Abgrenzung zu einem Laissez-faire-Kapitalismus im Konzept der Sozialen Marktwirtschaft verwirklichen wollten (zum Überblick über die einzelnen Vertreter der Sozialen Marktwirtschaft vgl. Goldschmidt/Wohlgemuth 2008). »Nicht dadurch verfiel m.E. der Liberalismus«, so Walter Eucken in einem Brief an Alexander Rüstow von 1943, »dass er religiös-metaphysisch fundiert war. Im Gegenteil. Sobald er seinen religiösmetaphysischen Gehalt verlor, verfiel er« (zit. nach Lenel 1991, 13).

Für die Zukunftsfähigkeit der Sozialen Marktwirtschaft und ihrer Akzeptanz in einer breiten Öffentlichkeit wird es von entscheidender Bedeutung sein, die von den Gründungsvätern eingeforderten ethischen Grundlagen der Sozialen Marktwirtschaft – verstanden als der Anspruch, einer gerechten Gesellschaftsordnung dienlich zu sein – unter den Bedingungen einer modernen und globalisierten Wirtschaft bestimmen und vermitteln zu können.

Das dreifache soziale Anliegen der Sozialen Marktwirtschaft

Das *soziale* Anliegen der Sozialen Marktwirtschaft lässt sich in dreifacher Hinsicht qualifizieren. Erstens und grundlegend ist damit das erklärte Ziel der Sozialen Marktwirtschaft umschrieben, die wirtschaftlichen Vorteile von Markt und Wettbewerb mit den Forderungen eines sozialen Ausgleichs zu verbinden. Es ist der fundamentale Anspruch dieses Konzepts, Lösungswege dafür aufzuzeigen, »wie die divergierenden Zielsetzungen sozialer Sicherheit und wirtschaftlicher Freiheit zu einem neuartigen Ausgleich gebracht werden können« (Müller-Armack 1976, 236) – und es ist diese Fragestellung, die bis heute im Hintergrund der Diskussion um das Verhältnis von Sozialstaat und Marktwirtschaft immer wieder aufzufinden ist. Zweitens verweist das Attribut ›sozial‹ auf einen *gesellschaftlichen* Anspruch der Sozialen Marktwirtschaft. Den Gründungsvätern und geistigen Vordenkern dieses Programms ging es um mehr als um eine effiziente Wirtschafts- und Sozialordnung, sie zielten vielmehr auf eine umfassende Gestaltung der Gesellschaft (*societas*). Angestrebt ist im Konzept der Sozialen Marktwirtschaft eine solche Ordnung des Gemeinwesens, in der prinzipiell jenseits von Klassenschranken allen gleiche Chancen zukommen. In diesem Sinne ist Ludwig Erhards *Wohlstand für alle* (Erhard 2000) nicht als ein bloßer materieller Konsumismus zu begreifen, sondern dahinter steht ein verteilungspolitisches Projekt, welches jeder und jedem die Möglichkeit eröffnen soll, an den wirtschaftlichen *und* gesellschaftlichen Errungenschaften der Moderne teilzuhaben (vgl. Goldschmidt 2009). Programmatisch fordert so auch Alfred Müller-Armack in seiner Idee einer »irenischen Formel« (von griech. *eirene*: Frieden) die Versöhnung von wirtschaftlicher Effizienz und gesellschaftlichem Wollen, die zugleich auf einer Versöhnung unterschiedlicher Vorstellungen innerhalb der Gesellschaft beruhen muss. Drittens lässt sich das soziale Anliegen der Sozialen Marktwirtschaft auch als ein genuin ethisches bzw. normatives Anliegen verstehen. Markt und Wettbewerb sind ein *Mittel* und nicht das *Ziel* der gesellschaftlichen Gestaltung. Das gesellschaftliche Ziel ist eine menschenwürdige Ordnung, die dem gelingenden Leben jedes Einzelnen dienlich ist. In klassischer Weise findet sich dieses Anliegen formuliert im Vorwort des von Franz Böhm und Walter Eucken begründeten Jahrbuchs *Ordo*: »Unsere Forderung beschränkt sich auf die Schaffung einer Wirtschafts- und Sozialordnung, in der wirtschaftliche Leistung und menschenwürdige Daseinsbedingungen gleichermaßen gewährleistet sind. Weil der Wettbewerb diesem Ziel dienstbar gemacht werden kann, das ohne ihn sogar unerreichbar bleibt, deshalb fordern wir ihn. Er ist Mittel, nicht letzter Zweck« (Ordo 1, 1948, XI).

Es ist gerade dieses Verständnis einer Sozialen Marktwirtschaft auf ethischer Grundlage, das einerseits den hohen gesellschaftlichen und ›lebensdienlichen‹ Anspruch dieser Wirtschafts- und Sozialordnung verdeutlichen kann, das aber andererseits heutige Interpreten vor die Aufgabe stellt, den normativen Gehalt dieses Konzepts immer wieder neu zu bestimmen. Hierfür ist es zunächst unerlässlich, sich auf das spezifisch ethische Anliegen der Väter der Sozialen Marktwirtschaft im Sinne der christlichen Tradition zu besinnen.

Christliche Wurzeln

Die Krise ihrer Zeit – der Zerfall der Weimarer Republik und die menschenverachtende nationalsozialistische Diktatur – war für die Vordenker der Sozialen Marktwirtschaft vor allem auch in der »geistig-moralischen Krisis der Gesellschaft« (Röpke 1979a, 193) zu suchen. Ohne eine Hinwendung zu den religiösen Wurzeln der abendländischen Kultur war ihnen der Aufbau einer ›civitas humana‹ nicht denkbar: »[D]ie Marktwirtschaft ist nicht alles. Sie muss in einen höheren Gesamtzusammenhang eingebettet sein« (Röpke 1979a, 146). Alfred Müller-Armack spricht in diesem Zusammenhang vom »Metaökonomischen« als Voraussetzung einer gelingenden Wirtschaftspolitik (Müller-Armack 1996, 300).

Neben den zahlreichen Belegstellen, die sich in den einzelnen Schriften der Vertreter der Sozialen Marktwirtschaft der ersten Stunde finden, wird die Bedeutung des religiösen und ethischen Fundaments sehr deutlich in einem Dokument, das im Umfeld der sogenannten Freiburger Kreise, drei Widerstandszirkel von Universitätsprofessoren und (vor allem evangelischen) Pfarrern gegen das nationalsozialistische Regime, entstanden und das für das Grundanliegen der späteren Sozialen Marktwirtschaft beispielhaft ist (zum Freiburger Widerstand vgl. Goldschmidt 2005). Im Sommer 1942 trat der Berliner Pfarrer Dietrich Bonhoeffer im Auftrag der sogenannten Vorläufigen Leitung der Bekennenden Kirche an die Freiburger Kreise mit der Bitte heran, eine Denkschrift für die Neuordnung Deutschlands für die Zeit nach dem Zweiten Weltkrieg zu verfassen. Diese Denkschrift, die in ihrem Hauptteil hauptsächlich von dem Freiburger Historiker Gerhard Ritter verfasst wurde, enthielt mehrere Anhänge, unter anderem einen zur Wirtschafts- und Sozialordnung, der von Walter Eucken und seinen beiden Kollegen, den Ökonomen Constantin von Dietze (1891–1973) und Adolf Lampe (1897–1948), ausgearbeitet wurde (zur historischen und inhaltlichen Einbettung dieses Anhangs vgl. Goldschmidt/Wohlgemuth 2008, 89–98). In dieser Anlage benennen die drei Autoren drei wesentliche Grundlinien einer zukünftigen Wirtschaftsordnung: (1) das Wort Gottes, (2) die ökonomischen Sachnotwendigkeiten und (3) die tatsächliche und zukünftige Wirtschaftslage. Inhaltlich bietet diese Schrift vieles von dem, was später charakteristisch für die Soziale Marktwirtschaft werden sollte (insbesondere der Vorrang des Leistungswettbewerbs in einem klar abgesteckten rechtlichen Rahmen). Zugleich wurde der neuen Ordnung abverlangt, dass sie neben ihrem sachlichen Nutzen »den denkbar stärksten Widerstand gegen die Macht der Sünde« (zit. nach Goldschmidt/Wohlgemuth 2008, 100) gewährleisten soll. Der große Vorteil der Wettbewerbsordnung – gerade gegenüber jeder kollektivistischen Ordnung der Wirtschaft – sei zudem die *Möglichkeit*, ein christliches Leben zu führen:

> »Keine Wirtschaftsordnung vermeidet die Versuchung zum lieblosen Geiz, zum Mammondienst. Aber die Wettbewerbsordnung schafft keinen Zwang, der in dieser Richtung wirken müsste. Sie ist keiner anderen Wirtschaftsordnung sittlich unterlegen. Vor allem verhindert sie niemand, ein christliches Leben zu führen und gibt die besten Aussichten dafür, dass die zur sittlichen Erziehung der Menschen berufenen Kräfte sich betätigen und der unsittlichen Vermassung entgegenwirken können« (zit. nach Goldschmidt/Wohlgemuth 2008, 113).

Entsprechend kann man folgendes Wechselspiel des Christentums im Verhältnis zur Sozialen Marktwirtschaft in ihren Anfängen ausmachen: Das christliche Denken gibt dieser Wirtschaftsordnung eine klare ethische Basis und die Soziale Marktwirtschaft lässt einen Freiraum für die Entfaltung des christlichen Lebens. Freilich treten die christlichen Elemente später bei der konkreten Umsetzung der Sozialen Marktwirtschaft wissenschaftlich und auch in der Öffentlichkeit in den Hintergrund. Doch auch unabhängig von den christlichen Idealen beruht die Soziale Marktwirtschaft auf einem metaphysisch und normativ bestimmbaren Kern, der sich durch das dahinter stehende philosophische Konzept aufweisen lässt.

Ordnung und Freiheit

Die Überlegungen der Freiburger Schule, die Walter Eucken und Franz Böhm in den 1930er Jahren begründeten, gelten bis heute als die zentralen theoretischen Grundlagen für die Ausgestaltung der Sozialen Marktwirtschaft (Klump 1997). Die Konzeption der Freiburger Schule wird dabei in der ökonomischen Theoriegeschichte zutreffend als *Ordo*liberalismus bezeichnet. Gerade auch in Abgrenzung zu anderen Spielarten des Liberalismus – insbesondere angelsächsischer Prägung – geht es den Ordoliberalen um einen Vorrang der Ordnung vor der Freiheit. Insbesondere Walter Eucken stellte seine Theorie unter den Anspruch, der Natur- oder Wesensordnung zu entsprechen (Goldschmidt 2002). Das Programm einer solchen nationalökonomischen Wissenschaft, die mehr sein will als eine Mechanik der Güterbewegungen, ist für Eucken auf die Wahrheit selbst zu beziehen, deren inneres Verständnis er entlang einer phänomenologischen Betrachtungsweise der Wirklichkeit begründet. Gewährsmann hierfür ist ihm der Freiburger Phänomenologe Edmund Husserl, mit dem er auch freundschaftlich verbunden war (vgl. Gander/Goldschmidt/Dathe 2009). So schreibt Eucken in seinem grundlegenden Werk von 1940, *Die Grundlagen der Nationalökonomie*, mit einer wörtlichen Übernahme aus Edmund Husserls erstem Band der *Logischen Untersuchungen*: »Die Wissenschaft will das Mittel sein, unserem Wissen das Reich der Wahrheit, und zwar im größtmöglichen Umfang, zu erobern, aber das Reich der Wahrheit ist kein ungeordnetes Chaos, es herrscht in ihm Einheit der Gesetzlichkeit« (Eucken 1989, 230). Entsprechend ist die angestrebte Gesellschaftsordnung eine Ordnung, die sich der Einsicht in das ›Reich der Wahrheit‹ verdankt; Freiheit kann sich erst im Rahmen dieser Ordnung entfalten.

Eine solche Interpretation der ordoliberalen Agenda (Ordnung als Voraussetzung der Freiheit) wird auch dadurch unterstützt, dass der Begriff ›Freiheit‹ – im Gegensatz zum Ordnungsbegriff – erst in den späteren Schriften Euckens an Bedeutung und durch die Erfahrungen in Zeiten größter Unfreiheit im nationalsozialistischen Regime an Kontur gewinnt (Goldschmidt 2002). Im ordoliberalen Forschungsprogramm, wie es dann Mitte der 1940er Jahre ausgearbeitet vorliegt, gilt die Freiheit des Einzelnen zwar als das entscheidende Kriterium für die Güte einer Ordnung (die mehr und mehr als Rechtsordnung, auch unabhängig von ihrem metaphysischen Gehalt, interpretiert wird), diese Freiheit kann sich aber erst im Rahmen einer wohlgeordneten Gesellschaft entfalten. Der Eucken-Schüler Leonhard Miksch schreibt 1949: »[D]ie Herrschaft des Gesetzes ist nur unter freien Menschen möglich, und Freiheit ist nur möglich innerhalb eines rechtsstaatlichen Rahmens« (zit. nach Goldschmidt/ Wohlgemuth 2008, 166).

Die Notwendigkeit einer Rechtsordnung als Voraussetzung für die individuelle Freiheit in Gesellschaft und Wirtschaft manifestiert sich bei den Ordoliberalen und den anderen Vordenkern der Sozialen Marktwirtschaft in der Idee einer Rahmenordnung (›Spielregeln‹ für die Gesellschaft). Zielpunkt ist eine prinzipiengeleitete Wirtschaftspolitik, die mit den Vorstellungen einer idealen Wettbewerbsordnung übereinstimmt. Hierfür erarbeitet Eucken in seinen wirtschaftspolitischen Arbeiten die sogenannten konstituierenden und regulierenden Prinzipien, die – wenn sie entsprechend institutionalisiert und rechtlich gesichert sind – einen funktionsfähigen und fairen Wettbewerb gewährleisten können (Eucken 2004). Konstitutiv sind für Eucken ein funktionsfähiges Preissystem vollständiger Konkurrenz, ein Primat der Währungspolitik, die Konstanz der Wirtschaftspolitik, offene Märkte, Vertragsfreiheit, Haftung und Privateigentum. Zur Regulierung und zum Funktionserhalt einer Wettbewerbsordnung sind nach Eucken Einkommenspolitik (progressives Steuersystem), Wirtschaftsrechnung (Einbeziehung externer Effekte), Vorkehrungen gegen anomales Angebotsverhalten (insbesondere auf dem Arbeitsmarkt) und vor allem eine effektive Monopolkontrolle unerlässliche Prinzipien (vgl. Blümle/ Goldschmidt 2003).

Heutige wirtschaftsethische Debatten und Soziale Marktwirtschaft

Im Unterschied zu den Gründungsvätern sehen sich heutige Interpreten der Sozialen Marktwirtschaft in zumindest dreifacher Hinsicht vor eine andere Situation gestellt: (1) In einer pluralen und weitgehend säkularisierten Gesellschaft kann eine Wirtschafts- und Gesellschaftsordnung nicht mehr – zumindest nicht mehr explizit – (religiös-)metaphysisch begründet werden. (2) Angesichts der systemischen Funktionszusammenhänge der Gesellschaft wird heute deutlich, dass der durch die klassischen Befürworter der Sozialen Marktwirtschaft vorgebrachte Verweis auf eine individuelle tugendethische Grundlegung der gesellschaftlichen Ordnung zu kurz greift. (3) Galt es nach 1945 primär die dramatische *materielle* Lage weiter Teile der Bevölkerung durch eine koordinierte Wirtschafts- und Sozialpolitik zu mildern und diese durch die Setzung einer bestimmten Rahmenordnung festzuschreiben, ist es die heutige Aufgabe – gerade auch vor dem Hintergrund einer durch den Sozialstaat gewährleisteten weitgehenden Absicherung gegenüber materiellen Existenzbedrohungen –, den ›sozialen Kern‹ der Sozialen Marktwirtschaft mit Blick auf veränderte gesellschaftliche und globale Verhältnisse sowie angesichts leerer nationalstaatlicher Haushaltskassen immer wieder neu im Sinne einer *dynamischen Weiterentwicklung* des Konzepts zu bestimmen.

Zum ersten Punkt: Heutige Theoretiker der Sozialen Marktwirtschaft verweisen in ihrem Plädoyer für die Vorteilhaftigkeit dieses Modells anstelle von (religiös-)metaphysischen Begründungen auf das wohlverstandene Eigeninteresse der Bürgerinnen und Bürger – ganz im Sinne der modernen Vertragstheorie. Neben den Arbeiten von John Rawls sind hierbei insbesondere die ökonomischen Theorieansätze von Public Choice und Constitutional Economics wichtige Bezugspunkte. So hat im Anschluss an den amerikanischen Nobelpreisträger für Wirtschaftswissenschaften, James Buchanan, der Freiburger Ökonom und Soziologe Viktor Vanberg das Forschungsprogramm einer modernen Ordnungsökonomik entwickelt, das er zugleich in der Traditionslinie der Freiburger Schule sieht (zum Überblick vgl. Vanberg 2009). Danach können wirtschaftliche und soziale Arrangements weder (religiös-)metaphysisch begründet noch allein nach ihren positiven Wirkungen auf die wirtschaftliche Effizienz und gesamtgesellschaftliche Wohlfahrt beurteilt werden, sondern sie finden ihre Legitimation vor allem darin, dass die institutionelle Ausgestaltung der jeweiligen gesellschaftlichen Ordnung, d.h. die Rahmenordnung bzw. die Regeln der Gesellschaft, im Interesse aller von diesen Regelungen betroffenen Individuen ist und nicht nur dem Vorteil Einzelner oder bestimmter Gruppen dient. ›Prüfstein‹ für vorteilhafte soziale Arrangements ist dabei das Kriterium der Zustimmungsfähigkeit: Nur wenn die Regeln der Wirtschafts- und Sozialpolitik dem Interesse der Betroffenen dienlich sind und diese ihnen prinzipiell zustimmen können, sind sie aus Sicht der modernen Ordnungsökonomik legitim und haben auch gute Chancen, in einer Demokratie tatsächlich realisiert zu werden.

Zum zweiten Punkt: Schon Ludwig Erhard musste erfahren, wie seine Appelle an die Tugend der Mäßigung (›Maßhalteappelle‹) – um den erreichten Wohlstand nicht zu gefährden – Mitte der 1950er Jahre ungehört verhallten. Dass die Bevölkerung dem gut gemeinten moralischen Aufruf Erhards nicht Folge leistete, ist aber nicht auf einen allgemeinen Verlust an Tugend in der Gesellschaft zurückzuführen (so wenig wie die gegenwärtigen Krisen des Finanzmarkts einer pauschalisierten Gier der Börsianer anzulasten ist); vielmehr ist dies die systemische Konsequenz einer funktionierenden Marktwirtschaft. Marktwirtschaftliche Systeme folgen einer eigenständigen Logik und zwar dem Prinzip der Gewinnerzielung. Teil des Marktes zu sein und zu bleiben bedeutet für den Einzelnen, sich dieser Logik unterzuordnen: Der Unternehmer, der dauerhaft Verluste erwirtschaftet, wird Konkurs anmelden müssen – unabhängig von seiner individuellen Tugendhaftigkeit. Es ist Karl Homann und seinen Schülern zu verdanken, hieraus die entsprechenden wirtschaftsethischen Konsequenzen gezogen zu haben. Vor dem Hintergrund eines systemischen Verständnisses von Wirtschaft und ihrer Eigenlogik können in einer anonymen und nicht auf persönliche Beziehungen beruhenden Gesellschaft die normativen Erwartungen an eine Wirtschafts- und Sozialordnung nicht durch das Wohlverhalten Einzelner sichergestellt werden, sondern nur durch die rechtliche Verankerung entsprechender normativer Vorgaben. Analog zum Gedanken der Freiburger Schule, dass eine funktionsfähige Wettbewerbsordnung nur durch entsprechende ›Spielregeln‹ zu gewährleisten ist, gilt auch für die ethischen Grundlagen der Sozialen Marktwirtschaft, dass sie Eingang in die Rahmenordnung finden müssen: »Der systematische Ort der Moral in einer Marktwirtschaft ist die Rahmenordnung« (Homann/Blome-Drees 1992, 35). Die ›Moral‹ der Gesellschaft zeigt sich dann nicht mehr in der Tugend des Einzelnen, sondern in rechtlich gestützten normativen Strukturen, die der Maßgabe der Gerechtigkeit folgen (Dux 2008). Es ist gerade ein Verdienst der praktischen Umsetzung der Sozialen Marktwirtschaft, dass viele Forderungen für ein gelingendes Leben nicht dem Gutdünken Einzelner anheim gestellt, sondern rechtlich festgeschrieben und rechtlich einklagbarer Teil der politisch gesetzten Rahmenordnung sind – die Sozialversicherungssysteme der Bundesrepublik Deutschland sind das beste Beispiel dafür. In diesem Sinne kann man von einem ethischen Vorsichtsprinzip sprechen: Angesichts der systemischen Anforderungen und Zwänge, die der Markt an das tagtägliche Handeln der Einzelnen stellt, kann individuelles, tugendhaftes Verhalten nicht als gesellschaftsbegründend und als Grundlage einer wohlgeordneten Gesellschaft angesehen werden. Der Einzelne wäre schlicht überfordert (und sein Handeln wäre zudem aussichtslos), wenn man ihm abverlangt, gegen die Logik des Marktes sein ›Gut-Sein‹ in Stellung zu bringen. Auch hier gilt durchaus der alte Grundsatz *ultra posse nemo obligatur* – niemand ist verpflichtet, mehr zu leisten, als er kann. Die Forderungen der Gerechtigkeit, die sich an eine zivilisierte Gesellschaft richten, müssen politisch gewollt sein und Eingang in rechtliche Regelungen finden. Erst dann besteht die Chance, dass den normativ begründeten Interessen eines jeden Einzelnen genüge getan wird.

Zum dritten Punkt: Zwar eröffnet das Kriterium der Zustimmungsfähigkeit eine neue legitimatorische Basis für das Konzept der Sozialen Marktwirtschaft und auch können mittels des Gedankens einer ›Ethik der Rahmenordnung‹ dem marktwirtschaftlichen System funktional begründet bestimmte normative Zuschreibungen entgegengebracht werden; es bleibt aber ungeklärt, in welcher Form der normative Anspruch an eine Soziale Marktwirtschaft *inhaltlich* gefüllt werden sollte. Hierfür kann das Konzept der Inklusion eine wichtige Ergänzung liefern (z. B. Bude 2008).

Aus der Eigenlogik des marktwirtschaftlichen Systems folgt mit Notwendigkeit, dass das System des Marktes individuelle Interessen nur insoweit berücksichtigt, wie sie der Logik des Systems (›Gewinnerzielung‹) dienlich sind. Zudem zeigt die Erfahrung, dass ein beachtlicher Teil der Gesellschaftsmitglieder aus dem System des Marktes herausfällt. Mit Rückgriff auf das Zustimmungsprinzip ist es plausibel, dass sich die Mitglieder einer Gesellschaft darauf verständigen würden (es damit also ›zustimmungsfähig‹ ist), allen ihren Mitgliedern prinzipiell die gleichen Rechte, aber auch prinzipiell die gleichen Chancen zuzubilligen: Jedem Mitglied der Gesellschaft sollten Wege offen stehen, seine Begabungen – im Rahmen seiner jeweiligen Fähigkeiten – tatsächlich auch einbringen zu können. Eine Gesellschaft, die vom Einzelnen her gedacht und verstanden werden muss, sollte daran gemessen werden, inwiefern es ihr gelingt, allen Mitgliedern die Möglichkeit zu geben, vollwertiges Mitglied der Gesellschaft zu sein und ein dem Standard dieser Gesellschaft angemessenes Leben zu führen. Neben der

Befreiung von existentieller Not und der Möglichkeit zu Bildung und Selbstbestimmung bedeutet dies eben auch, den Menschen die Möglichkeit zur Entfaltung ihrer individuellen Fähigkeiten zu geben (Fuchs-Goldschmidt/Goldschmidt 2010).

Alexander Rüstow hat diese Überlegungen unter den Begriff der ›Vitalpolitik‹ diskutiert. Es geht darum, die Ausgestaltung der gesellschaftlichen Strukturen danach zu befragen, ob sie den Menschen ein lebenswertes Leben ermöglichen kann. Rüstow schreibt:

> »Vital ist dasjenige, was die ›vita humana‹, was das menschliche Leben, das menschenwürdige Leben fördert. Es ist unsere neoliberale Meinung, dass diese Vitalpolitik, diese Politik, die sich auf den Marktrand [gemeint ist die Ordnung der Wirtschaft, N.G.] bezieht, eine durchaus überragende Bedeutung hat, während der Markt nur Mittel zum Zweck ist« (Rüstow 1961, 68).

In der neueren Diskussion hat insbesondere das Konzept der Verwirklichungschancen von Amartya Sen (2000) wesentlich dazu beigetragen, diese Frage nach den Bedingungen der gesellschaftlichen Teilhabe und Einbettung wieder in den Mittelpunkt der Debatte, auch innerhalb der Ökonomik, zu rücken.

Aktuelle Herausforderungen

Diskutiert man die ethischen Grundlagen der Sozialen Marktwirtschaft, steht man vor einer doppelten Aufgabe. Zum einen gilt es, die Einsicht zu befördern, dass in der Moderne und insbesondere vor dem Hintergrund der systemischen Eigenlogik marktlicher Prozesse das normative Anliegen der Sozialen Marktwirtschaft zuvorderst eine bleibende politische Aufgabe ist und sich in der Pflege und Weiterentwicklung einer entsprechenden Rahmenordnung unter der Maßgabe der Gerechtigkeit widerspiegeln muss. Hierzu ist es unerlässlich, die realen politischen Prozesse vor dem Hintergrund historischer und kultureller Entwicklungslinien sorgfältig zu analysieren, um solche Änderungen formaler Institutionen bewirken zu können, die im Interesse der Bürgerinnen und Bürger sind und zugleich auch Chancen der Umsetzung besitzen. Dabei wird man soziale Problemlagen und Ungerechtigkeiten kaum dadurch systematisch und dauerhaft begegnen können, dass man auf die tugendethische ›Besserung‹ einzelner Akteure hofft. Zum anderen ist es aber auch im Rahmen der Sozialen Marktwirtschaft die bleibende Aufgabe jeder Bürgerin und jedes Bürgers, sich immer wieder der eigenen gesellschaftlichen Verantwortung zu stellen. In den vergangenen Jahren sind in der wissenschaftlichen Diskussion wie auch in der wirtschaftlichen Praxis eine Vielzahl neuer Initiativen und Ideen entstanden (z.B. ›moralischer Konsum‹, bürgerschaftliches Engagement, Corporate Social Responsibility, Social Entrepreneurship), die heute der eigentliche Ort einer Tugendethik sind und als ergänzend zum Konzept der Sozialen Marktwirtschaft angesehen werden können.

Literatur

Blümle, Gerold/Goldschmidt, Nils: Walter Eucken und das ordoliberale Programm. In: WISU – Das Wirtschaftsstudium 32 (2003), 1539–1543.

Brakelmann, Günter/Jähnichen, Traugott: Die protestantischen Wurzeln der Sozialen Marktwirtschaft. Gütersloh 1994.

Bude, Heinz: Die Ausgeschlossenen. Das Ende vom Traum einer gerechten Gesellschaft. München 2008.

Dux, Günter: Warum denn Gerechtigkeit. Die Logik des Kapitals. Die Politik im Widerstreit mit der Ökonomie. Weilerswist 2008.

Erhard, Ludwig: Wohlstand für alle [1957]. Jubiläumsausgabe. Düsseldorf 2000.

Eucken, Walter: Die Grundlagen der Nationalökonomie [1940]. Berlin u.a. 9 1989.

–: Grundsätze der Wirtschaftspolitik [1952]. Tübingen 7 2004.

Fuchs-Goldschmidt, Inga/Goldschmidt, Nils: Inklusion als Zielpunkt einer modernen Sozialpolitik. In: Zeitschrift für Wirtschaftspolitik 59, H. 1 (2010), 62–76.

Gander, Hans-Helmuth/Goldschmidt, Nils/Dathe, Uwe (Hg.): Phänomenologie und die Ordnung der Wirtschaft. Edmund Husserl – Rudolf Eucken – Walter Eucken – Michel Foucault. Würzburg 2009.

Goldschmidt, Nils: Entstehung und Vermächtnis ordoliberalen Denkens. Walter Eucken und die Notwendigkeit einer kulturellen Ökonomik. Münster 2002.

– (Hg.): Wirtschaft, Politik und Freiheit. Freiburger Wirtschaftswissenschaftler und der Widerstand. Tübingen 2005.

–: Die Geburt der Sozialen Marktwirtschaft aus dem Geiste der Religion – Walter Eucken und das soziale Anliegen des Neoliberalismus. In: Michael S. Aßländer/Peter Ulrich (Hg.): 60 Jahre Soziale Marktwirtschaft. Illusionen und Reinterpretationen einer ordnungspolitischen Integrationsformel. Bern/Stuttgart/Wien 2009, 27–44.

–: Ideengeschichtliche Trouvaillen: Protestantische

Wurzeln und katholische Zweige der Sozialen Marktwirtschaft. In: Stephan Wirz/Philipp W. Hildmann (Hg.): Soziale Marktwirtschaft: Zukunfts- oder Auslaufmodell? Ein ökonomischer, soziologischer, politischer und ethischer Diskurs. Zürich 2010, 15–31.

– /Wohlgemuth, Michael (Hg.): Grundtexte zur Freiburger Tradition der Ordnungsökonomik. Tübingen 2008.

Homann, Karl/Blome-Drees, Franz: Wirtschafts- und Unternehmensethik. Göttingen 1992.

Klump, Rainer: Wege zur Sozialen Marktwirtschaft – Die Entwicklung ordnungspolitischer Konzeptionen in Deutschland vor der Währungsreform. In: Erich W. Streissler (Hg.): Studien zur Entwicklung der ökonomischen Theorie XVI. Berlin 1997, 129–160.

Lenel, Hans Otto: Walter Euckens Briefe an Alexander Rüstow. In: Ordo 42 (1991), 11–14.

Müller, Eckart/Nutzinger, Hans G.: Die protestantischen Wurzeln des Konzepts der Sozialen Marktwirtschaft«. In: Sylke Behrends (Hg.): Ordnungskonforme Wirtschaftspolitik in der Marktwirtschaft. Berlin 1997, 27–64.

Müller-Armack, Alfred: Stil und Ordnung der Sozialen Marktwirtschaft [1952]. In: Ders.: Wirtschaftsordnung und Wirtschaftspolitik. Bern/Stuttgart ²1976, 231–242.

–: Wirtschaftspolitik als Beruf [1969]. In: Jürgen Schneider/Wolfgang Harbrecht (Hg.): Wirtschaftsordnung und Wirtschaftspolitik in Deutschland (1933–1993). Stuttgart 1996, 283–301.

Röpke, Wilhelm: Civitas humana. Grundfragen der Gesellschafts- und Wirtschaftsreform [1944]. Bern/Stuttgart ⁴1979a.

–: Jenseits von Angebot und Nachfrage [1958]. Bern/Stuttgart ⁵1979b.

Rüstow, Alexander: Paläoliberalismus, Kommunismus und Neoliberalismus. In: Franz Greiß (Hg.). Wirtschaft, Gesellschaft und Kultur – Festgabe für Müller-Armack. Berlin 1961, 61–70.

Sen, Amartya: Ökonomie für den Menschen. Wege zu Gerechtigkeit und Solidarität in der Marktwirtschaft. München 2000.

Vanberg, Viktor J.: Wettbewerb und Regelordnung. Tübingen 2009.

Nils Goldschmidt

3. Katholische Soziallehre

Die Katholische Soziallehre ist ein Produkt der Moderne. Im 19. Jahrhundert schälten sich wirtschaftsethisch drängende Problemlagen heraus (Stichwort: ›soziale Frage‹), die eine Folge der funktionalen Ausdifferenzierung des modernen Wirtschaftssystems waren. Zunehmend wurde deutlich, dass in den Bemühungen der Kirche, etwas Nützliches zur Problemlösung beizusteuern, ein bloßer Rückgriff auf das *individual*ethische Instrumentarium der christlichen Moraltheologie nicht ausreichen konnte. Vielmehr war es erforderlich, diese *strukturellen* Probleme mit einem *struktur*ethischen Zugriff adäquat zu bearbeiten. Ein längerer Lernprozess führte zur Herausbildung der ›Katholischen Soziallehre‹.

Grundanliegen und Grundproblem

Das *Grundanliegen* der Katholischen Soziallehre besteht in der gesellschaftsethischen Umsetzung des anthropologisch fundierten Ziels, dass »der Mensch der Träger, Schöpfer und das Ziel aller gesellschaftlichen Einrichtungen« (Papst Johannes XXIII. 1961, *Mater et Magistra*, Nr. 219) sein sollte. Diese Formulierung des Leitbildes belässt zwar konkrete Konsequenzen im Unbestimmten, dennoch aber besteht im grundsätzlichen Ziel, die institutionellen Strukturen für ein menschenwürdiges Leben aller zu schaffen, das formelhaft verdichtete Kernanliegen der Katholischen Soziallehre. In diesem Sinn lässt sich – wie Oswald von Nell-Breuning formuliert hat – »im Grunde genommen [...] die ganze katholische Soziallehre [...] auf einen Fingernagel schreiben« (1985, 58).

Mit der noch unterkomplexen Schlichtheit dieses Grundanliegens verbindet sich nun aber auch gleich das *Grundproblem* der Katholischen Soziallehre: Ihr Ziel besteht zwar im »rechten Aufbau der menschlichen Gesellschaft« (II. Vatikanisches Konzil 1965, *Gaudium et Spes*, Nr. 3), also in einer am Menschen orientierten Ausgestaltung von Gesellschaft und Wirtschaft, doch verfügt sie über kein konkretisiertes ›Wirtschafts- oder Sozialprogramm Gottes‹, d.h. über keine fertigen ›Kochrezepte‹, *wie* eine Umsetzung dieses grundlegenden Ziels in einer modernen Gesellschaft bewerkstelligt werden könnte. Die Katholische Soziallehre hat wie die Kirche »keine technischen Lösungen anzubieten« (Papst Benedikt XVI. 2009, *Caritas in Veritate*, Nr. 9). Denn als Disziplin der Theologie verfügt die Katholische Soziallehre nicht als solche über das ausdifferenzierte Instrumentarium der modernen, jeweils kompetenten Einzelwissenschaften (z.B. der Ökonomik). Zu Zeiten der Entstehung des religiösen Grundlagendokuments der christlichen Theologie, der Bibel, gab es ja noch nicht einmal den Gegenstandsbereich der Katholischen Soziallehre: die moderne Gesellschaft. Diese Tatsache ist zu berücksichtigen, wenn es um die Frage geht, was die Katholische Soziallehre gleichwohl an gesellschaftlich nützlichen Orientierungsangeboten beizusteuern hat.

Entstehung und Sozialenzykliken

Die Etablierung einer durch das Marktsystem geregelten Wirtschaftsordnung im Laufe des 19. Jahrhunderts stellte für die katholische Kirche insofern eine sozialethische Herausforderung dar, als sie ihr Leitbild einer »Wirtschaft für den Menschen« weder im vorherrschenden (Manchester-)Liberalismus noch im marxistischen Sozialismus wiederfinden konnte und daher eine eigenständige Antwort auf die ›soziale Frage‹ entwickeln musste. Vorreiter dieser Entwicklung war in Deutschland u.a. der Mainzer Bischof Wilhelm Emmanuel von Ketteler (1811–1877). Lehnte er zu Anfang noch das (damalige) Marktsystem ab, so richtete er nach einiger Zeit sein Augenmerk pragmatisch auf konkrete Schritte einer Sozialpolitik *innerhalb* des marktwirtschaftlichen Systems. Ende der 1860er Jahre verfolgte von Ketteler nunmehr das Ziel institutioneller Sozialreformen: »Da also das ganze System nicht umzustoßen ist, so kommt es darauf an, es zu mildern« (Ketteler 1978, 438). Konkret forderte er zum einen Arbeitervereine und Gewerkschaften, um die Machtverhältnisse auf dem Arbeitsmarkt zu korrigieren und zum anderen eine staatliche Arbeiterschutzgesetzgebung.

Im 1871 gegründeten Deutschen Reich, das Otto von Bismarck (1815–1898) von 1871 bis 1890 als Reichskanzler sah, spielte die (mehr oder weniger) katholische Deutsche Zentrumspartei unter Ludwig Windthorst auch sozialpolitisch eine entscheidende Rolle. Konzeptionell war hier u.a. Georg Freiherr von Hertling (1843–1919) von Bedeutung: Er wehrte sich gegen die Auffassung, »dass die heutige Geld- und Kreditwirtschaft lediglich vom Bösen [...] sei. Auch in den Fortschritten der materiellen Zivilisation darf man gottgewollte Ziele erblicken« (Hertling 1884, 38f.). Unter grundsätzlicher Beibehaltung des marktwirtschaftlichen Systems ginge es, so von Hertling, nun darum, dass »auch denjenigen, welche recht eigentlich die Kosten der modernen wirtschaftlichen Entwicklung tragen müssen, die Erfüllung der Menschheitszwecke möglich bleibt, auf welche sie ein unveräußerliches Recht haben« (ebd., 42). In diesem Sinn setzte er sich – unter Ablehnung eines jeden Staatssozialismus – nachdrücklich sowohl für Sozial- und Arbeiterschutzgesetze als auch für die Bildung von Gewerkschaften ein. Auch Franz Hitze (1851–1921), der als erster Inhaber eines Lehrstuhls für »Christliche Sozialwissenschaften« an der Universität Münster ursprünglich ein scharfer Kritiker des Kapitalismus war, verfolgte schließlich die Linie einer sozialen Abfederung des marktwirtschaftlichen Systems:

> »Wenn der Löwenanteil des Gewinns der Produktionsfortschritte auch zunächst dem ›Kapital‹ zufließt, so wird es doch auch den Arbeitern, gestützt durch eine systematische *Arbeiterwohlfahrtspolitik* – insbesondere durch eine umsichtige Fortführung der Arbeiterschutz- und Versicherungsgesetzgebung – gestärkt durch ihre eigenen *Organisationen*, gelingen, auch ihren Anteil an dem wirtschaftlichen Fortschritt stetig zu erhöhen« (Hitze 1901, 265f.).

Trotz beträchtlicher Divergenzen einzelner Strömungen innerhalb des Sozialkatholizismus wurde diese mittlere Linie, die davon ausging, dass die moralischen Anliegen des Christlichen nicht gegen die moderne Ausdifferenzierung eines funktionalen Marktsystems, sondern durch reformerische Gestaltungen der Rahmenregeln dieser Marktwirtschaft zur Geltung zu bringen sind, sowohl in den päpstlichen Sozialenzykliken als auch in den Bemühungen der christlichen Sozialwissenschaft fortgeschrieben.

Kirchenlehramtlichen Rang erhielten die Anliegen des Sozialkatholizismus in den sogenannten »Sozialenzykliken«, päpstlichen Rundschreiben also, die sich inhaltlich gesellschaftsethischen Fragestellungen widmeten. Bis heute wurden neun Sozialenzykliken (im engeren Sinn) veröffentlicht:

(1) *Rerum novarum* (Papst Leo XIII., 1891): Die Enzyklika rechtfertigt *erstens* sehr deutlich in naturrechtlicher (nicht in funktionaler) Argumentation das Privateigentum, hebt allerdings auch seine soziale Funktion hervor. *Zweitens* wird der liberalistische Kapitalismus als sozial unverträglich und der marxistische Sozialismus als dem Naturrecht widersprechend abgelehnt. *Drittens* wird die Forderung nach einem ›gerechten Lohn‹ für die abhängige Arbeit erhoben. Die Enzyklika anerkennt *viertens* grundsätz-

lich die Koalitionsfreiheit der Arbeitnehmer und erhebt schließlich *fünftens* die Forderung nach Eingriffen des Staats in das Wirtschaftsleben zugunsten sozial Schwacher.

(2) *Quadragesimo anno* (Papst Pius XI., 1931): Mit *Quadragesimo anno* gewann die katholische Sozialverkündigung die Konturen eines kohärenten Systems. In ihren wichtigsten Aussagen differenziert die Enzyklika *erstens* unter Ablehnung von Individualismus – hier wird ein *metaphysischer* Standpunkt verurteilt, der in der Ökonomik verwendete *methodologische* Individualismus setzt paradigmatisch anders an – und Kollektivismus die Individual- und die Sozialfunktion des privaten Eigentums heraus. Es werden *zweitens* ›Kapital‹ und ›Arbeit‹ gegen eine Hierarchisierung des Kapitals über die Arbeit wechselseitig einander zugeordnet und Gewinnbeteiligungen der Arbeitnehmer empfohlen. *Drittens* werden die christlichen Gewerkschaften ausdrücklich anerkannt. Bezüglich einer richtigen Gesellschaftsordnung hebt die Enzyklika *viertens* zunächst in klassischer Formulierung das »Subsidiaritätsprinzip« hervor (Nr. 79; Zitat weiter unten). Dessen Konkretion sieht die Enzyklika allerdings in der sozialromantischen Idee einer ›berufsständischen Ordnung‹. In relativ scharfer Form lehnt die Enzyklika schließlich *fünftens* den Sozialismus rundweg ab, kritisiert aber auch die Vorstellung, dass »[d]ie Wettbewerbsfreiheit – obwohl innerhalb der gehörigen Grenzen berechtigt und von zweifellosem Nutzen – [...] regulatives Prinzip der Wirtschaft sein« (Nr. 88) könne. Vor dem Hintergrund einer damals in der Tat stark kartellierten Wirtschaft beklagt die Enzyklika nicht zu Unrecht »die geradezu ungeheure Zusammenballung nicht nur an Kapital, sondern an Macht und wirtschaftlicher Herrschgewalt in den Händen einzelner« (Nr. 105). Angesichts der »Notwendigkeit, die Wirtschaft wieder einem echten und durchgreifend regulativen Prinzip zu unterstellen«, verweist die Enzyklika auf »[h]öhere und edlere Kräfte [...], die die wirtschaftliche Macht in strenge und weise Zucht nehmen: die soziale Gerechtigkeit und die soziale Liebe« (Nr. 88).

(3) *Mater et Magistra* (Papst Johannes XXIII., 1961): Neben allgemeinen wirtschafts- und gesellschaftsethischen Aussagen (Privatinitiative und staatliche Intervention; Eigentumslehre; internationales Zusammenleben) machte Johannes XXIII. vor allem eine mitbestimmungsfreudige Linie hinsichtlich der Unternehmensverfassung deutlich. Daneben formulierte er auch das ›oberste‹ Prinzip der katholischen Soziallehre, das bereits zitierte ›Personprinzip‹, nach dem »der Mensch der Träger, Schöpfer und das Ziel aller gesellschaftlichen Einrichtungen« (Nr. 219) zu sein habe.

(4) *Pacem in terris* (Papst Johannes XXIII., 1963): Die zweite Sozialenzyklika Johannes' XXIII. war insofern ein Höhepunkt eigener Art, als sich die katholische Kirche mit ihr erstmals uneingeschränkt (und reichlich verspätet) zu den Menschenrechten bekannte.

(5) *Populorum progressio* (Papst Paul VI., 1967): Das zentrale Thema der Enzyklika sind die Probleme der sog. ›Dritten Welt‹. Eine solidarische Entwicklung der ganzen Menschheitsfamilie wird angemahnt. Unter Hinweis auf bestehende Machtungleichgewichte auf den Weltmärkten wird erklärt, dass »das freie Spiel des Wettbewerbs [...] den Erfolg des Entwicklungswerkes [...] nicht sichern« (Nr. 33) kann. Vielmehr brauche die »internationale Zusammenarbeit auf Weltebene [...] Institutionen, die sie vorbereiten, aufeinander abstimmen, leiten, bis eine Rechtsordnung geschaffen wird, die allgemein anerkannt ist« (Nr. 78).

(6) *Laborem exercens* (Papst Johannes Paul II., 1981): Im Zentrum der ersten Sozialenzyklika von Johannes Paul II. steht der Vorrang der Arbeit: »So ist als das Prinzip des Primates der Arbeit vor dem Kapital eine Forderung sozialethischer Natur« (Nr. 15). Konsequent werden die Menschenrechte des arbeitenden Menschen betont (Nr. 16), wobei insbesondere »die Frage des gerechten Lohnes« als »Schlüsselproblem der Sozialethik« (Nr. 19) hervorgehoben wird.

(7) *Sollicitudo rei socialis* (Papst Johannes Paul II., 1987): Die Enzyklika greift wiederum die nach wie vor ungelöste Entwicklungsproblematik auf. Erstmals rekurriert ein Papst hierbei auch auf die aus der lateinamerikanischen Befreiungstheologie bekannte »Option oder vorrangige Liebe für die Armen. Dies ist eine Option oder ein besonderer Vorrang in der Weise, wie die christliche Liebe ausgeübt wird; eine solche Option wird von der ganzen Tradition der Kirche bezeugt« (Nr. 42).

(8) *Centesimus annus* (Papst Johannes Paul II., 1991): Unter dem Eindruck des Zusammenbruchs des realsozialistischen Riesenexperiments entstanden, findet die Enzyklika außergewöhnlich positive Worte zum Thema Marktwirtschaft: Es »scheint der freie Markt das wirksamste Instrument für die Anlage der Ressourcen und für die beste Befriedigung der Bedürfnisse zu sein« (Nr. 34). Erstmals wird auch

»die berechtigte Funktion des Gewinnes als Indikator für den guten Zustand und Betrieb des Unternehmens« (Nr. 35) anerkannt. Allerdings müssten Märkte stets institutionell geordnet werden, könne sich doch »[d]ie Wirtschaft, insbesondere die Marktwirtschaft, [...] nicht in einem institutionellen, rechtlichen und politischen Leerraum abspielen« (Nr. 48). Zudem verarbeite der Markt »nur für jene Bedürfnisse, die ›bezahlbar‹ sind, die über eine Kaufkraft verfügen [...]. Es gibt aber unzählige menschliche Bedürfnisse, die keinen Zugang zum Markt haben« (Nr. 34). Würden diese Einschränkungen des Marktmechanismus ignoriert, bestehe »die Gefahr, daß sich eine radikale kapitalistische Ideologie breit macht«, die glaube, man könne die Lösung der Probleme »einem blinden Glauben der freien Entfaltung der Marktkräfte« (Nr. 42) überlassen.

(9) *Caritas in Veritate* (Papst Benedikt XVI., 2009): Die jüngste Sozialenzyklika bringt einerseits eine ungewöhnlich theologische Grundbotschaft, die erkennbar der Metaphysik des Papstes selbst entstammt, schneidet andererseits aber eine ganze Reihe unterschiedlicher Problemfelder an, bei denen offenbar unterschiedliche Hände dem Papst zugearbeitet haben. Die theologische Rahmenargumentation erklärt zunächst: »Die Liebe ist der Hauptweg der Soziallehre der Kirche« (Nr. 2), wobei diese Liebe als eine »Liebe in der Wahrheit, die Jesus Christus [...] bezeugt hat« (Nr. 1), qualifiziert wird. Erst in der Wahrheit der Vernunft des christlichen Glaubens reinige sich die Liebe zu ihrer tiefsten Wahrheit, und in diesem Sinn sei »die Soziallehre der Kirche [...] ›*caritas in veritate in re sociali*‹« (Nr. 5). Im Ergebnis kommt der Papst zu kirchlich aufgerüsteten Abgrenzungen: »*Der Humanismus, der Gott ausschließt, ist ein unmenschlicher Humanismus.* Nur ein für das Absolute offener Humanismus kann uns [...] leiten« (Nr. 78). In den konkreteren Passagen dreht sich die Enzyklika um die menschliche Entwicklung angesichts der Globalisierung. Als Probleme markiert der Papst u.a. Armut und Hunger in der Welt, die Verwerfungen der Finanzmarktkrise und des Ressourcenverbrauchs. Grundsätzlich wird dabei der Markt als Mittel zum Zweck durchaus positiv gesehen (Nr. 36), könne aber entarten, wenn »eine gewisse Ideologie ihm diese Ausrichtung« (Nr. 36) gebe, ihn also verabsolutiere und nicht mehr wahrnehme, dass »daß *das erste zu schützende und zu nutzende Kapital der Mensch ist, die Person in ihrer Ganzheit*« (Nr. 25). Hierzu fordert der Papst zur Bewältigung der globalen Aufgaben u.a. eine zentrale »echte politische Weltautorität« (Nr. 67), die über das vermutlich realistischere Ziel einer ›Global Governance‹ ohne organisatorisches Zentrum (›Netzwerk-Governance‹) deutlich hinausgeht.

Neben diesen päpstlichen Sozialenzykliken ist noch eine Reihe weiterer wichtiger Dokumente des Sozialkatholizismus zu nennen, so etwa die Pastoralkonstitution *Gaudium et Spes* (II. Vatikanisches Konzil, 1965), die Texte der II. und III. Generalversammlung des Lateinamerikanischen Episkopates in Medellin (1968) und Puebla (1979), der Apostolische Brief »Octogesima adveniens« (Papst Paul VI., 1971), das Hirtenwort *Economic Justice for all* (1986) der Bischofskonferenz der Vereinigten Staaten von Amerika, das gemeinsame Wort »Für eine Zukunft in Solidarität und Gerechtigkeit« (1997) des Rates der Evangelischen Kirche in Deutschland und der Deutschen Bischofskonferenz sowie das *Kompendium der Soziallehre der Kirche* (2004) des Päpstlichen Rates für Gerechtigkeit und Frieden.

Traditionelle Richtungen – prägende Gestalten – wirtschaftspolitische Einflüsse

Obgleich die Sozialverkündigung der Sozialenzykliken für die Katholische Soziallehre einige grundsätzliche Orientierungspunkte bereitstellt, war bereits die traditionelle Katholische Soziallehre konzeptionell alles andere als ein monolithischer Block. Neben konzeptionell eher randständigen Strömungen – wie etwa dem »Christlichen Sozialismus« oder romantisch-ständischen Strömungen – lassen sich im Rahmen der etablierten Katholischen Soziallehre tendenziell zwei Richtungen unterscheiden:

(1) »Dritter Weg«: Zumeist wurde versucht, die Katholische Soziallehre unter Verweis auf das christliche Menschenbild als einen »Dritten Weg« zwischen Kapitalismus und Sozialismus zu profilieren, so etwa im ›*Solidarismus*‹. Der von Heinrich Pesch (1854–1926) entwickelte Solidarismus verkörperte zunächst eine katholisch-soziale Einheitslinie, die von sozialromantischen Resten allerdings nie ganz frei war. In den fünf Bänden seines *Lehrbuchs der Nationalökonomie* ging Pesch, der vor allem die Einseitigkeiten eines liberalistischen Individualismus und eines kollektivistischen Sozialismus zu vermeiden suchte, von der »Solidarität« der einzelnen Menschen aus – zunächst im Sinn eines Seins –, dann aber auch im Sinn eines Sollensprinzips: Die Solidarität als »*tatsächliche* wechselseitige Abhängigkeit der Menschen« (Pesch 1924, Bd. I, 33) verweise dar-

auf, dass der Mensch zugleich moralische »Rücksicht nehmen [müsse] auf die berechtigten Interessen anderer« (ebd., 33). Dabei sollte ein »solidaristisches Arbeitssystem« (im Sinn einer ›berufsständischen‹ Ordnung) Wettbewerb und Privateigentum nutzen, dabei jedoch liberalistische Auswüchse domestizieren, um »die aus der *individualistischen, freiwirtschaftlichen Entartung* der privatwirtschaftlichen Organisation hervorgegangene *ungebundene Herrschaftsstellung des Kapitalbesitzes*, sein ungezügeltes Erwerbsstreben« und die »mammonistische, wucherische Erwerbsgier«, die »an Stelle eines maßvollen Erwerbsstrebens« getreten sei, zu überwinden (alle Zitate: Pesch 1925, Bd. II, 227). Leitend war das Ziel einer Stärkung des Faktors Arbeit gegenüber dem Faktor Kapital, ohne in einen sozialistischen Kollektivismus zu geraten. Die Pesch-Schüler Gustav Gundlach (1892–1963) und Oswald von Nell-Breuning (1890–1991), die beide entscheidenden Einfluss auf die Sozialenzyklika *Quadragesimo anno* hatten, führten diese solidaristische Lehre fort – Gundlach eher theoretisch (anthropologisch; naturrechtlich), von Nell-Breuning dagegen mit deutlicherem Bezug zu konkreten wirtschaftspolitischen Problemen. Auch von Nell-Breuning positionierte sich wie schon Pesch zwischen individualistischem Liberalismus und kollektivistischem Sozialismus, bekannte aber, dass seine Meinung »von der neoliberalen Utopie weiter entfernt ist als von der neosozialistischen Utopie« (Nell-Breuning 1954, 223). Gleichwohl trat er stets dem »irreführenden Eindruck *[entgegen]* [...], als ob die katholische Soziallehre [...] Vorbehalte gegen die Markt- oder Verkehrswirtschaft hätte und dementsprechend an einer gewissen Zuneigung zur Befehls-, Zwangs- oder Zentralverwaltungswirtschaft kranke. Dem ist nicht so« (zit. nach Rauscher 1998, Bd. 3, 681 f.). In diesem Sinn ging es ihm um ein ›Umbiegen‹ des Kapitalismus. Konkret befürwortete er (anders als Gundlach) eine starke Einheitsgewerkschaft und setzte sich für eine breite Beteiligung der Arbeitnehmer am Produktivkapital sowie für die ›paritätische Mitbestimmung‹ ein. Skeptisch blieb er gegenüber dem Konzept der ›Sozialen Marktwirtschaft‹, das seines Erachtens noch zu sehr im Bann des (Neo-)Liberalismus stand.

(2) »Geordneter Wettbewerb«: Teilweise setzte man allerdings auch – bei grundsätzlicher Bejahung der Marktwirtschaft, aber gegen das liberalistische Laissez-faire – in Anlehnung an den Freiburger Ordoliberalismus stärker auf einen (durch Wettbewerbsregeln und Sozialpolitik) gestalteten Wettbewerb, kurz: auf das Konzept der ›Sozialen Marktwirtschaft‹. So schreibt z. B. der österreichische Soziallehrer Johannes Messner (1891–1984), der Marktwirtschaft komme als solcher eine soziale Funktion zu, so dass »›sozial‹ nicht nur äußerlich mit ›Marktwirtschaft‹ in Verbindung gebracht [...], sondern die Marktwirtschaft als Teil der gesellschaftlichen Kooperation verstanden« (Messner 1960, 1021) werden sollte: »Die Kooperation erfolgt durch die Konkurrenz« (ebd., 875). Ganz im Sinne des Ordoliberalismus könne der Markt diese Sozialfunktion jedoch nur dann erfüllen, wenn es sich um einen durch geeignete Regeln »geordneten Wettbewerb« (ebd., 1024, 1030 f.) handle. Auch Joseph Höffner (1906–1987), der 1940 bei Walter Eucken promoviert hatte und lange Jahre ›Geistlicher Berater‹ des Bundes Katholischer Unternehmer (BKU) war, sah seine Vorstellung des »Ordnungsgefüges der Gesellschaft« (Höffner 1997) weitgehend im Einklang mit dem Konzept der Sozialen Marktwirtschaft.

Speziell in der Nachkriegszeit konnten Vertreter der Katholischen Soziallehre trotz der sehr unterschiedlichen Auffassungen in einzelnen Sachfragen einen nachhaltigen Einfluss auf den institutionellen Ausbau der jungen Bundesrepublik ausüben.

- Dynamische Rente: 1957 wurde mit der Einführung der ›dynamischen Rente‹ die Rentenhöhe an die Entwicklung der Löhne und Gehälter gekoppelt (Umlageverfahren). Maßgeblichen Anteil an dieser Reform hatte der langjährige Geschäftsführer des Bundes Katholischer Unternehmer (BKU), Wilfried Schreiber. Allerdings hatte Schreiber im Unterschied zum dann tatsächlich eingeführten *Zwei*-Generationen-System aus gutem Grund ein *Drei*-Generationen-System vorgesehen, da das Umlageverfahren nicht nur von den Beiträgen (Geldkapital), sondern auch vom Nachwachsen *zukünftiger* Beitragszahler (›Humankapital‹) abhinge. Diese Erkenntnis wurde in der tatsächlichen Rentenreform nicht berücksichtigt (der damalige Bundeskanzler Adenauer soll dies mit der Bemerkung begründet haben: »Kinder kriegen die Leute sowieso«).
- Arbeitnehmer-Mitbestimmung: Regen Anteil nahmen die Vertreter der Katholischen Soziallehre auch an den damaligen Debatten um eine stärkere Mitbestimmung durch die Arbeitnehmer. Umstritten war dabei insbesondere die Unternehmensmitbestimmung (im Aufsichtsrat): Während von Nell-Breuning, Edgar Nawroth und Franz Klüber die Mitbestimmung im Aufsichtsrat befür-

worteten, kamen Johannes Messner oder Wilhelm Weber zu einem abschlägigen Ergebnis.

- Investivlohn: Die ebenfalls umstrittene Idee des Investivlohns wurde von Seiten der Katholischen Soziallehre seit 1950 insbesondere von Oswald von Nell-Breuning und Wilfried Schreiber vertreten. Dabei sollte bei von Nell-Breuning der Investivlohn *zusätzlich* zum Barlohn gewährt werden (»Sparen ohne Konsumverzicht«), was ökonomisch wohl nicht unproblematisch ist.
- Eigentumsbildung in Arbeiterhand: Durchsetzen konnten sich hingegen einige Bemühungen um eine breitere Streuung des Eigentums (»312-Mark-Gesetz« von 1961; »624-Mark-Gesetz« usw.).
- Kindergeld: Schließlich wurde auch das Kindergeld (in der Bundesrepublik ab 1954) zu einem Hauptanliegen des deutschen Nachkriegskatholizismus.

Menschenbild und Sozialprinzipien

Die traditionelle Katholische Soziallehre hat typischerweise ein Menschenbild vertreten, das sich als goldene Mitte zwischen zwei konkurrierenden Menschenbildern verstand: »Zwei dieser Menschenbilder verzerren unser Verständnis vom Menschen *ein*seitig; das dritte zeigt beide Seiten – Individualität und Sozialität – im ausgewogenen Gleichgewicht« (von Nell-Breuning 1985, 31). Kritisiert werden also das individualistische Menschenbild des (Paläo-)Liberalismus und das kollektivistische Menschenbild des Sozialismus; vertreten wird ein *personales* Menschenbild (teilweise als ›solidaristisches‹ Menschenbild bezeichnet), das sowohl eine individuelle als auch eine soziale Dimension der menschlichen Wesensnatur umschließt. Als Tiefendimension dieser Personalität sieht das christliche Menschenbild zudem eine theologische Verankerung vor: Die Erschaffung des Menschen als »Abbild Gottes« sei »eine Tatsache, von der sich die unverletzliche Würde der menschlichen Person ebenso herleitet wie der transzendente Wert der natürlichen moralischen Normen« (*Caritas in Veritate*, Nr. 45). Im Mittelpunkt des christlichen Menschenbildes steht also die gleiche *Würde* eines jeden Menschen.

Diese personale Würde aller Menschen bildet zugleich den normativen Kern der einschlägigen Sozialprinzipien der traditionellen Katholischen Soziallehre:

(1) Nach dem *Personprinzip*, dem ›obersten Prinzip‹ der Katholischen Soziallehre, »muß der Mensch der Träger, Schöpfer und das Ziel aller gesellschaftlichen Einrichtungen sein. [...] Dieses oberste Prinzip trägt und schützt die unantastbare Würde der menschlichen Person« (Papst Johannes XXIII. 1961, *Mater et Magistra*, Nr. 219).

(2) Das *Gemeinwohl* ist »das Wohl aller und eines jeden« (Papst Johannes Paul II. 1987, *Sollicitudo rei socialis*, Nr. 38). Es »umfaßt [...] den Inbegriff jener gesellschaftlichen Voraussetzungen, die den Menschen die volle Entfaltung ihrer Werte ermöglichen oder erleichtern« (Papst Johannes XXIII. 1961, *Mater et Magistra*, Nr. 65). Konsequent besagt das *Gemeinwohlprinzip*, dass das gemeinsame Wohl aller Gesellschaftsmitglieder (= ›Gemeinwohl‹) zu fördern sei.

(3) Das *Solidaritätsprinzip* (lat. *solidare*: fest zusammenfügen) erklärt, dass der einzelne Mensch und die gesamte Gesellschaft wechselseitig aufeinander verwiesen und vernetzt sind (›ontologisches‹ Prinzip), woraus sich die wechselseitige Verantwortung der einzelnen Menschen für die Gesellschaft und der Gesellschaft für die einzelnen Menschen (›ethisches‹ Prinzip) ergebe: »*Solidarität* [...] ist die *feste und beständige Entschlossenheit*, sich für [...] das Wohl aller und eines jeden *[einzusetzen]*, weil wir *alle für alle* verantwortlich sind« (Papst Johannes Paul II. 1981, *Laborem exercens*, Nr. 38).

(4) Die klassische Formulierung des *Subsidiaritätsprinzips* (lat. *subsidium*: »Hilfe aus der Reservestellung«) lautet:

> »Wie dasjenige, was der Einzelmensch [...] mit seinen eigenen Kräften leisten kann, ihm nicht entzogen [...] werden darf, so verstößt es gegen die Gerechtigkeit, das, was die kleineren und untergeordneten Gemeinwesen leisten [...] können, für die [...] übergeordnete Gemeinschaft in Anspruch zu nehmen [...]. Jedwede Gesellschaftstätigkeit ist ja ihrem Wesen und Begriff nach subsidiär; sie soll die Glieder des Sozialkörpers unterstützen, darf sie aber niemals zerschlagen oder aufsaugen« (Papst Pius XI. 1931, Quadragesimo anno, Nr. 79).

Solche Sozialprinzipien liefern keine konkretisierten Rezepte zur institutionellen Lösung gesellschaftlicher Problemlagen, sondern können ›nur‹ als richtungsgebende Maßstäbe fungieren. Diese Kompetenz, Richtungsvorschläge zu machen, wird aber verspielt, wenn das theoretische Prinzipienkonzept nahezu beliebige praktische Anwendungsmöglichkeiten erlaubt. Um diese Beliebigkeit zu vermeiden, sollten die Prinzipien der Personalität, des Gemeinwohls und der Solidarität, die im wesentlichen auf das Gleiche hinauslaufen, als normative *Ziel*prinzipien konzipiert und das Subsidiaritätsprinzip als *instrumentales Mittel*prinzip (*Organisations*prinzip) in Anschlag gebracht werden. In der Konsequenz lautet das Motto: subsidiär (auch z.B. durch Wettbewerb) organisierte Solidarität.

Sozialtheologische Naturrechtsethik

Die kirchenamtliche Sozialverkündigung vertritt bis in die jüngste Zeit hinein als Begründungsmuster eine sozialtheologische Naturrechtsethik. Die dahinter stehende Substanzmetaphysik unterschied zwischen einem gleichbleibenden Grundbestand (›Substanz‹ als ›Wesen‹) und den wechselnden, zufälligen Bestimmungen (›Akzidenzien‹, beispielsweise Prozesse oder Beziehungen).

In der kritischen Analyse der Relevanz dieses traditionellen Naturrechts – das von einem modernen (vertragstheoretischen) Naturrecht unterschieden werden muss – ist zwar zunächst positiv hervorzuheben, dass *eine Funktion* des traditionellen Naturrechts letztendlich für jede christliche Ethik unverzichtbar bleibt: nämlich einen Maßstab zu liefern, der die formale Würde eines jeden Menschen festhält, doch lässt sich diese Funktion heute nicht mehr durch ein (neu)scholastisches Naturrecht fundieren:

- Philosophisch und theologisch überholt ist der *substanz*metaphysische (*essentialistische*) Begründungsmodus der (neu)scholastischen Philosophie des Naturrechts.
- Häufig erlag die Katholische Soziallehre der Gefahr der *Ideologisierung*, beispielsweise hinsichtlich einer vermuteten ›Natur‹ der Frau. Interessanterweise hatte der damalige Theologieprofessor Josef Ratzinger hierzu geschrieben, dass es in der Katholischen Soziallehre »wohl auch so etwas wie ›ideologische‹ Elemente gebe, das heißt Gedankengänge, die nur scheinbar naturrechtlich [...] sind [...] [und] unter der Hand als normativ erklärt« (1964, 24) werden.
- Schließlich liefert die Figur des (neu)scholastischen Naturrechts *kein* zweckdienliches *Testverfahren*, um das Richtige herauszufinden, während Gedankenexperimente der modernen Moralphilosophie (etwa die »original position« bei John Rawls oder – der Sache nach – bei John Harsanyi) als nützliche Testverfahren zur Unparteilichkeit des »moral point of view« dienen können.

Im Ergebnis dürfte daher vom (neu)scholastisches Naturrecht nur ein ›mobiles Ersatznaturrecht‹ (Niklas Luhmann) übrig bleiben. Denn: Eine *theologische* Sozialethik wird durchaus von der Prämisse des moralischen Realismus ausgehen (»Es gibt eine objektive moralische Ordnung«), weil sich die Vermutung einer solchen moralischen Ordnung des Universums aus der metaphysischen Annahme der Existenz des Göttlichen ergibt. Diesbezüglich unterscheidet sich eine theistische von einer atheistischen Position, wie sie etwa der religionskritische Physiker Steven Weinberg prägnant formuliert hat: »It is wrong to torture children. And the reason it is wrong to torture children is *because I say so*. [...] I mean that not only I say so, [...] probably most of us say so. But it is *not a moral order out there*. It is something *we* impose« (Weinberg 1999). Obgleich nun religiöse Menschen im Unterschied zu Weinberg von einer moralischen Ordnung »out there« oder »between us« ausgehen, müssen sie trotzdem *selbst* entscheiden, ob sie eine moralische Norm als richtig oder falsch erachten. Auch sie haben die moralische Wahrheit nicht in der Tasche (denn sie sind nicht Gott) und müssen – wie alle anderen auch – *selbst* Hypothesen aufstellen, was moralisch akzeptabel ist und was nicht. Die Annahme einer moralischen Ordnung oder eines Naturrechts verflüssigt sich also.

Christliche Sozialethik und moderne Wirtschaftsethik

Die Gegenwart ist geprägt durch eine Pluralität unterschiedlicher, zum Teil sich dezidiert von der traditionellen Katholischen Soziallehre absetzender Konzeptionen einer »christlichen Sozialethik« (so die mittlerweile übliche Fachbezeichnung). Nachdem in den 1970er und 1980er Jahren vor allem Ansätze aus der »(Neuen) Politischen Theologie« (Johann Baptist Metz) und der lateinamerikanischen Befreiungstheologie diskutiert wurden, werden heute vor allem diskursethische, strukturenethische, kontextuelle und systemethische Ansätze vertreten (ein Überblick etwa bei Gabriel 2002).

Eine Systematisierung der aktuellen Konzeption des Fachs ergibt folgendes Bild: Mit dem Grundanliegen der Katholischen Soziallehre, dass »der Mensch der Träger, Schöpfer und das Ziel aller gesellschaftlichen Einrichtungen« sein sollte, verbindet sich das Grundproblem einer jeden Christlichen Sozialethik: Sie ist keine ausdifferenzierte Einzelwissenschaft und hat also »keine technischen Lösungen anzubieten«. Vielmehr ist die Christliche Sozialethik eine gesellschaftsethisch angewandte Theologie. Nun lautet die zentrale Grundsatzhypothese der christlichen Theologie über die Wirklichkeit des Universums: Gott ist als die Liebe die tiefste Wirklichkeit aller Welten (1 Joh 4,8). Diese Glaubensaussage verdichtet sich bei Jesus von Nazareth in der Botschaft vom »Reich Gottes«, das inhaltlich die Liebe und Gerechtigkeit Gottes unter den Menschen bezeichnet. Diese zentrale theologische Aussage Jesu und des Christentums (Gott = Liebe) hat zwei moralische Kernimplikationen als ethische Rückseite:

- Nächstenliebe: »Du sollst deinen Nächsten lieben wie dich selbst« (Mt 22,34–40; vgl. Mk 12,29–31; Lk 10,25–28).
- Gerechtigkeit: »Sucht zuerst nach dem Reich Gottes und nach seiner Gerechtigkeit« (Mt 6,33).

In diesem biblisch fundierten *Begründungsdiskurs* liegt das Spezifische einer *christlichen* (Sozial-)Ethik.

Im Kontrast zum theologisch-ethischen Begründungsdiskurs stehen nun die konkreten Problemlagen in Wirtschaft und Unternehmen, für die die christliche Sozialethik »keine technischen Lösungen anzubieten« hat. (Selbstverständlich kann sich eine christliche Sozialethikerin entsprechende Kompetenzen aneignen, doch besitzt sie diese dann als Person, *nicht* von ihrer *Disziplin* her.) »[H]insichtlich einer effizienten Umsetzung moralischer Zielvorstellungen ist die Logik der Ökonomik dem [...] Repertoire einer sich um Praxisrelevanz mühenden Sozialethik deutlich überlegen« (Höhn 2002, 262). Worin also besteht heute der Beitrag einer christlichen Sozialethik?

Grundlegend ist hier die Tatsache, dass die einschlägigen Diskussionen um Arbeitsmarkt und Sozialstaat, um Korruption oder globale Armut nicht nur rein ökonomische Zweckmäßigkeitsdebatten sind. Vielmehr brechen hier immer auch genuin (sozial) ethische Fragen auf, die die Zweckmäßigkeitsargumente der Ökonomik als solcher nicht beantworten können. So stellt sich zunächst einmal ganz grundlegend die Frage, wessen Interessen überhaupt zu berücksichtigen sind. Denn ›Solidarität‹ meint gegenseitige Verantwortung, »besagt wechselseitiges Verbundensein und Verpflichtetsein« (Höffner 1997, 47). Somit stellen sich mindestens zwei grundlegend sozial*ethische* Fragen: Wessen wechselseitiges Verbunden- und Verpflichtetsein ist gemeint? Wer gehört zur Solidargemeinschaft? Während der *economic point of view* die Menschen im Licht ihrer (potenziellen) Kooperations*erträge* sieht, geht es dem *moral point of view* und erst recht einem *Christian point of view* aber um die *Identität* des Zusammenlebens (= ›identitätssemantische‹ Fragen):

(1) Wer?	1. Wer gehört zu uns? = *ontologische Solidaritätsfrage* 2. Wer wollen wir sein? = *moralkulturelle Identitätsfrage*
(2) Was?	Was wollen wir anstreben, welche konkreten Ziele? Beispiele: Wohlstand (≠ Hunger), Gerechtigkeit = *sozialethische Zweckfrage*
(3) Wie?	Wie können wir unsere – oftmals widerstreitenden – Zwecke (zweckmäßig) umsetzen? = *›ökonomische‹ Mittelfrage*

Struktur einer moralökonomischen Argumentation

(1) Die christliche Antwort auf die identitätssemantischen *Wer*-Fragen greift zurück auf Jesus von Nazareth, der in Bezug auf die *ontologische Solidaritätsfrage* mit seiner Fremden- (Lk 10, 25–37) und Feindesliebe (Mt 5,44 f.) den Begriff des ›Nächsten‹ so definiert hat, dass kein Mensch mehr ausgeschlossen bleibt: Jeder ist der ›Nächste‹ und gehört zur Solidargemeinschaft! Dies wirkt sich auch auf die *moralkulturelle Identitätsfrage* aus: Das Angebot der christlichen Identitätssemantik sieht vor, dass sich Menschen nicht nur aufgrund der Potenziale ihrer Kooperationserträge definieren, vielmehr geht es um eine Gesellschaft von Menschen, die sich grundsätzlich im Sinn der christlichen Nächstenliebe anerkennen. Es sei darauf hingewiesen, dass sich dieses identitätssemantische Angebot der christlichen Religion von der Modellierung des Problems bei John Rawls *unterscheidet*. Bekanntlich konzipiert Rawls »society« als »a cooperative venture for mutual advantage«. Bleibt diese Definition noch deutungsoffen, so

präzisiert der (sonst von mir sehr geschätzte) Moralphilosoph seine Gerechtigkeitstheorie in Bezug auf die zur »original position« überhaupt zugelassenen Parteien dann aber dahingehend, dass der Urzustand von vornherein nur für »the normal range« (Rawls 2005, 25) offenstehe, d.h. für »full and active participants in society« (ebd., 272, 10f.). »Thus the problem of special health care and how to treat the mentally defective are aside« (ebd.). Es wird deutlich, dass sich Rawls' Ansatz von der christlichen Antwort auf die identitätssemantische Solidaritätsfrage, die von einer ausnahmslos *alle* Menschen dieses Erdballs umfassenden ›Menschheitsfamilie‹ ausgeht, unterscheidet.

(2) Darüber hinaus stellen sich die *Was*-Fragen der sozialethisch relevanten Zwecke. Hier kommen u.a. *ökonomische* Zwecke (Überwindung von Hunger, Wohlstand), *politische* Zwecke (Demokratie, Freiheit, Menschenrechte) oder *ethische* Zwecke: Unparteilichkeit (Gerechtigkeitstheorie; Utilitarismus) in Frage. Dabei kann sich die christliche Sozialethik – wie die philosophische Ethik auch – insbesondere im Hinblick auf die *ethischen* Zwecke durch eine systematische Aufarbeitung der hier relevanten Ethikprinzipien (= der Unparteilichkeitskriterien) nützlich machen.

(3) Schließlich sind wir konfrontiert mit *Wie*-Fragen: *Wie* können wir unsere Zwecke effektiv umsetzen? Hierbei handelt es sich um ›ökonomische‹ Mittelfragen, die in das Gebiet der Spezialistenkompetenz ausdifferenzierter Einzelwissenschaften (z.B. Wirtschaftswissenschaften) fallen.

Zusammengefasst besteht der Nutzen einer christlichen Sozialethik darin, im Hinblick auf konkrete Probleme sowohl ein identitätssemantisches Angebot (Wer-Fragen, Fragen eines ›guten‹ Lebens) als auch Unparteilichkeitsfragen (Was-Fragen, z.B. Fragen des ›Gerechten‹) argumentativ durchzubuchstabieren und so einen problemorientierten Beitrag zu unserer Moralkultur und damit zur Zustimmungsfähigkeit und Stabilität unserer modernen Gesellschaft zu leisten.

Literatur

Anzenbacher, Arno: Christliche Sozialethik. Einführung und Prinzipien. Paderborn u.a. 1998.

Gabriel, Karl (Hg.): Gesellschaft begreifen – Gesellschaft gestalten – Konzeptionen Christlicher Sozialethik im Dialog. Jahrbuch für Christliche Sozialwissenschaften 43. Münster 2002.

Gundlach, Gustav: Die Ordnung der menschlichen Gesellschaft I/II. Köln 1964.

Heimbach-Steins, Marianne (Hg.): Christliche Sozialethik – ein Lehrbuch. 2 Bde. Regensburg 2004/2005.

Hertling, Georg Freiherr von: Aufsätze und Reden sozialpolitischen Inhalts. Freiburg i.Br. 1884.

Hitze, Franz: (Art.) Arbeiterfrage. In: Staatslexikon I. Freiburg i.Br. [2]1901, 253–288.

Höffner, Josef: Christliche Gesellschaftslehre [1962]. Kevelaer 1997.

Höhn, Hans-Joachim (Hg.): Christliche Sozialethik interdisziplinär. Paderborn u.a. 1997.

Ketteler, Wilhelm Emmanuel von: Schriften, Aufsätze und Reden 1867–1870. In: Ders.: Sämtliche Werke und Briefe. Abt. I, Bd. 2. Hg. von Erwin Iserloh. Mainz 1978.

Marx, Reinhard/Wulsdorf, Helge: Christliche Sozialethik. Konturen – Prinzipien – Handlungsfelder. Paderborn 2002.

Messner, Johannes: Das Naturrecht. Handbuch der Gesellschaftsethik, Staatsethik und Wirtschaftsethik. Innsbruck/Wien/München [4]1960.

Nell-Breuning, Oswald von: Grundsatzfragen der Wirtschaftsordnung. Berlin 1954.

–: Gerechtigkeit und Freiheit. Grundzüge katholischer Soziallehre. München [2]1985.

–: Den Kapitalismus umbiegen. Schriften zu Kirche, Wirtschaft und Gesellschaft. Hg. von Friedhelm Hengsbach. Düsseldorf 1990.

Pesch, Heinrich: Lehrbuch der Nationalökonomie. Bde I bis V (diverse Auflagen: Bd. I: [1]1905, [3-4]1924; Bd. II: [1]1909, [4-5]1925; Bd. III: [1]1913, [2-4]1926; Bd. IV: [1-2]1922; Bd. V: [1-2]1923). Freiburg i.Br. 1905–1923.

Ratzinger, Josef: Naturrecht, Evangelium und Ideologie in der katholischen Soziallehre. Katholische Erwägungen zum Thema. In: Klaus v. Bismarck/Walter Dirks (Hg.): Christlicher Glaube und Ideologie. Stuttgart 1964, 24–30.

Rauscher, Anton: Kirche in der Welt, 4 Bde. Würzburg 1998.

– (Hg.): Handbuch der Katholischen Soziallehre. Berlin 2008.

Rawls, John: Political Liberalism (Expanded Edition). New York 2005.

Stegmann, Franz-Josef/Langhorst, Peter: Geschichte der sozialen Ideen im deutschen Katholizismus. In: Helga Grebing (Hg.): Geschichte der sozialen Ideen in Deutschland. Sozialismus – Katholische Soziallehre – Protestantische Sozialethik. Essen 2000, 599–862.

Weinberg, Steven: Cosmic Questions. Steven Weinberg and John Polkinghorne – an Exchange. 1999 (www.counterbalance.org/cqinterv/swjp-frame.html).

Michael Schramm

4. Evangelische Sozialethik

›Evangelische Sozialethik‹ bezeichnet heute eine die Moral und ihre Reflexion betreffende Disziplin der evangelischen Theologie. Der Begriff geht zurück auf den evangelischen Theologen Alexander von Oettingen. In seinem Buch *Moralstatistik. Versuch einer Sozialethik auf empirischer Grundlage* (1868) reflektiert er anhand empirischer Daten über die ethischen Beziehungsfelder in der Gesellschaft sowie über Veränderungen, die sich im Laufe der Geschichte ergeben.

Sozialethik ist die Reflexion moralischer Fragen in Bezug zum gesellschaftlichen Kontext. Sie umfasst und unterscheidet sich zugleich von der Individual- und Personalethik, die das moralische Gefüge des Subjektes (Individualethik) sowie dessen Beziehung zum Gegenüber (Personalethik) untersuchen. Evangelische Sozialethik ist – entsprechend der Differenzierung der gesellschaftlichen Themengebiete – in Teilbereiche gegliedert (politische Ethik, Umwelt-, Friedens-, Bio-, Gen-, Sterbeethik etc.). Die Wirtschaftsethik ist ein solcher Teilbereich evangelischer Sozialethik.

Seit Martin Luther wurden bis zum Aufkommen der Sozialen Frage ethische Implikationen auf der Individualebene verhandelt. Entsprechend war Ethik individualisiert oder wurde in Bezug zum Gegenüber gesehen. Gleichwohl waren auch vor der Begriffsbestimmung durch von Oettingen gesellschaftspolitische und in diesem Zusammenhang wirtschaftsethische Fragen für die evangelische Theologie relevant. Nur die Blickrichtung war eine andere. Ausgangspunkt der evangelischen Sozialethik ist Martin Luther (1483–1545) und sein Freiheits- und Rechtfertigungsverständnis.

Befreit zum diakonischen Werk

Martin Luther setzt der damaligen kirchlichen Lehre von der Heils- und Werksgerechtigkeit die *Freiheit* des Individuums entgegen, eine Freiheit, die allein im Glauben geschenkt sei. In der Schrift »Von der Freiheit eines Christenmenschen« (WA 7, 20–38) legt Luther eine dualistisch gefasste Anthropologie vor: Der Mensch sei geprägt von einer geistlichen, inneren sowie einer leiblichen, äußeren Natur, die im dialektischen Miteinander stehen. Die innere Natur lebe allein im Evangelium, d.h. in der Predigt von Christus. Nur dieser Glaube sei es, der frei macht von allen äußerlichen Pflichten: »Das ist die Christlich freyheit, der eynig glaub, der do macht, nit das wir mußig gahn oder übell thun mugen, sondern daß wir keynis wercks bedurffen zur frumheyt und seligkeyt zu erlangen« (WA 7, 25).

In der äußeren Natur hingegen ist der Mensch nach Luther ein Knecht. Diese äußere, knechthafte Natur soll nach Luther der inneren, im Glauben durch Christus befreiten Natur gerecht werden. Dies könne geschehen, wenn sich der Christenmensch dem Nächsten in guten Werken als praktizierter Liebe zuwendet, gerade weil er frei ist vom heilsrelevanten Erfüllungszwang guter Werke. Luthers Ethik ist diakonisch (von griech. *diakonein*: dienen) – d.h. am und hin zum Nächsten ausgerichtet. Luther verwirft gute Werke nicht grundsätzlich, er redet auch nicht einer subjekthaften Verinnerlichung der Freiheit das Wort, im Gegenteil: »Drumb verwerffen wird die gutte / werck nit umb yhren willen, ßondern umb des selben bloßen zusats und falscher vorkerter meynung willen [...]« (WA 7, S 33/34). Die Pointe liegt in der Ausgliederung der guten Werke aus dem Heilsverständnis. Luther ordnet sie aber zugleich in den diakonisch-sozialethischen Kontext ein.

Dienst am Nächsten als Tugend – Luthers Wirtschaftsethik

Luther äußert sich je ad hoc, nicht systematisch zu Wirtschaftsfragen. Luthers Wirtschaftsethik ist – ausgehend vom Individuum – aufs Ganze gerichtet, denn eine Trennung der Systeme Ethik und Ökonomie, Moral und Wirtschaft, wie sie in der Moderne sich vollzieht, gibt es für Luther nicht.

In der Schrift »Von Kaufshandlung und Wucher« (WA 15, 293–322) setzt sich Luther mit den Grundfragen ökonomischen Handelns auseinander. Wirtschaften – Kaufen und Verkaufen – sieht er als einen notwendigen Prozess der Lebensführung an: »Das kann man aber nicht leucknen, das keuffen und verkeuffen eyn nottig ding ist, des man nicht emperen und wol Christlich brauchen kann sonderlich ynn den dingen, die zur nott und ehren dienen. Denn also haben auch die Patriarchen verkaufft und gekaufft vieh, wolle, getreyde, butter, milch und ander gueter« (WA 15, 293). Wirtschaften ist aber stets in Beziehung zu setzen zur Frage nach Gerechtigkeit und zur Frage des unmittelbaren Umfeldes. Der Aufwand gilt Luther als Maßstab für den Preis: »Nun ists aber billich und recht, das eyn kauffman an seyner wahr so viel gewynne, das seyne kost bezalet, seyne muhe erbeyt und fahr belohnet werde« (WA 15,296). In Berufung auf Lukas 10,7 sieht Luther die Preispolitik aufwandsbezogen.

Als Orientierung für wirtschaftlich geprägtes Handeln stellt Luther das Subjekt in seiner diakonischen Beziehung zum Gegenüber heraus: »Sondern weyl solch deyn verkeuffen eyn werk ist, das du gegen deynen nehisten ubest, soll es mit solchem gesetz und gewissen verfasst seyn, das du es ubest on schaden und nachteyl deynes nehisten« (WA 15, 295).

Luther kritisiert – in biblischer Tradition (2. Mose 22,24; vgl. im Kontext des Erlassjahres 3. Mose 25,36 f.; Lk 6,34 f.) – das Zinsnehmen und den Wucher – zum Teil in, gelinde gesagt, derben Worten. Sein Grundsatz für Preispolitik ist wiederum am Nächsten ausgerichtet: »Erstlich haben die kauffleut unter sich eine gemeinsame regel, das ist yhr heubtspruch und grund aller fynanzen, da sie sagen ›Ich mag meyne wahr so thewr geben als ich kann.‹ Das halten sie für eyn recht, das ist dem geyz der raum gemacht und der hellen thur und fenster alle aufgethan. Was ist das anders gesagt denn so viel: Ich frage nichts nach meynem nehisten?« (WA 15, 294). Demgegenüber setzt Luther auf den Grundsatz der Billigkeit. Grundsatz der Kaufleute solle sein: »Ich mag meyne wahr so theur geben, als ich soll odder alles recht und billich ist« (WA 15, 295). Die Kriterien, was ›billig‹ in unterschiedlichen Kontexten meint, verlagert Luther in die Intuition des Menschen: »Denn die natur leret, wie die liebe thut, das ich thun soll, was ich myr wollt gethan haben« (WA 11, 279). Wichtig ist dabei, dass Luther Billigkeit (Epikie) nicht nur je als Einzelfall gelten lassen wollte, sondern sie für seine Ethik grundlegend werden lässt.

Luthers Arbeits- und Berufsverständnis ist auf dem Hintergrund seiner Rechtfertigungs- und Freiheitslehre zu verstehen. Denn Luther setzt sich von der mittelalterlichen Zwei-Stufen-Ethik ab, die zwischen dem Handeln des Menschen in der Welt und dem mönchischen Ideal unterschied. Zudem wertete die weitgehend noch in der antiken Tugendlehre verhaftete mittelalterliche Ethik die geistige Arbeit, die Kontemplation höher als das körperliche Verrichten von Dingen. Indem Luther den Menschen als einen im Glauben zum diakonischen Handeln Befreiten sieht, gewinnt die Arbeit, der Beruf eine neue Dimension. Denn die mönchische Berufung wird auf das Handeln in der Welt, auf die Arbeit bezogen. Nicht mehr die *vita contemplativa* allein gilt als geheiligt, sondern die Berufung des Menschen zur Betätigung in der Welt: »Nun heisset ›im schweis des angesichts das Brodt essen‹ nit allein arbeiten mit den henden, wie ein Ackerman oder Paur thut, Sonder es heisset, das ein jeglicher seinen beruff vleissing nach lebe« (WA 17, I, 22). Kriterium und Ziel bleibt der Mitmensch, nicht Geld oder Arbeit als Selbstzweck.

Luther verbindet den Berufsbegriff mit der Ständelehre. Denn die Berufung des Menschen zur Arbeit ordnet ihn zugleich in einen Stand ein. Zugleich wird die Welt als ein Ort wahrgenommen, der gestaltet werden muss. Beruf ist also nach Luther der Ort, an dem sich der Mensch in seinem jeweiligen Kontext vorfindet. Luthers Wirtschaftsethik ist vom Ansatz individualethisch, erfasst aber auch Personal- und diakonisch verstandene Sozialethik.

Die Geburt lutherischer Wirtschaftsethik aus dem Geist der Sozialen Frage

Erst im Zeitalter der Industrialisierung und der konkreten Definition einer Evangelischen Sozialethik gelangen wirtschaftsethische Fragen systematisch in den Blick. Allerdings konzentrieren sich die Bestrebungen zunächst auf sozial engagierte Einzelpersonen.

Neben Alexander von Oettingen ist es vor allem Johann Hinrich Wichern (1808–1881), der 1833 in Horn bei Hamburg das »Rauhe Haus« zur Unterbringung von Kindern aus sozial schwachen Milieus gründet. Legendär ist Wicherns Rede auf dem Deutschen Evangelischen Kirchentag 1848 in Wittenberg, die zur Bildung des »Centralausschusses für die innere Mission der deutschen evangelischen Kirche« führt. Wichern vertritt die Ansicht, dass das Christentum neben der äußeren Mission in der Welt sich auch um die Schwachen im unmittelbaren Umfeld kümmern müsse (›innere Mission‹). Der Diakonie-Gedanke rückt nun in den gesellschaftlichen Kontext, da die durch die Industrialisierung sich verändernden sozialen Verhältnisse neue Handlungsformen des Protestantismus notwendig machen. Wichern, der das Versagen der Kirche gegenüber der Sozialen Frage beklagt, ist motiviert durch die christliche Barmherzigkeit und das Bestreben, den sozial Schwachen Hilfe zur Selbsthilfe zukommen zu lassen.

Rudolf Todt (1839–1887) arbeitet in seinem Buch *Der radikale deutsche Sozialismus und die christliche Gesellschaft* von 1877 die soziale Aufgabe des Staates anhand des Neuen Testamens heraus. In Abgrenzung zur atheistisch fundierten Sozialdemokratie entwickelt Todt die Grundlage für den Religiösen Sozialismus und sucht das Gespräch mit den Sozialwissenschaften. Er setzt sich für die Einführung von Lehrstühlen für Christliche Sozialwissenschaft ein, kann sich aber mit seinem Vorschlag nicht durchsetzen. Die wissenschaftliche Theologie reagiert reserviert. Zusammen mit dem Theologen Adolf Stoecker (1835–1909), dem Rechts- und Staatswissenschaftlicher Adolph Wagner (1835–1917) und dem konservativen Publizisten Rudolf Meyer (1839–1899) gründet Todt den »Zentralverein für Sozialreform«, um Vorschläge für Veränderungen der Zuwendung zu den Schwachen innerhalb der Gesellschaft zu entwickeln, die der Staat in der Gesellschaft umsetzen sollte.

Der »Evangelisch-Soziale Kongresses« (ESK), gegründet im Jahr 1890 durch Stoecker, Wagner sowie den Theologen Ludwig Weber (1846–1922), sollte ein öffentliches akademisches Forum für die immer dringlicher werdenden sozialen Fragen werden. Der ESK wollte die sozial Schwachen in den Blick nehmen und die Wirtschaft stärker an den sittlichen und religiösen Maßstäben des Evangeliums messen. Doch sind die Motivationen und Ideen der Protagonisten auf Dauer zu unterschiedlich. Stoeckers Motiv zur Hinwendung zu den Schwachen etwa ist die Sorge um den Staat, den er durch sozialistische und sozialdemokratische Agitation gefährdet sah. Bald gerät der ESK unter den Einfluss Friedrich Naumanns (1860–1919), der sich von Wicherns diakonischer Motivation angezogen fühlt. Es kommt zum Bruch.

Der ESK war zwar ein akademisch geprägtes Forum, das sich mit je aktuellen Fragen der Wirtschaft und der Gesellschaft auseinandersetzte, gleichwohl entstand daraus keine systematische Gesamtschau oder eine evangelische Soziallehre, die den Anspruch einer systematischen Wirtschaftsethik gerecht werden könnte. Allenfalls der Dortmunder Pfarrer Gottfried Traub (1869–1956) schafft mit seinen Büchern *Ethik und Kapitalismus* (1904) sowie *Der Pfarrer und die soziale Frage* (1907) erste Ansätze, Ökonomie und Ethik, Wirtschaft und Moral miteinander ins Gespräch zu bringen.

Die Weichenstellung für eine evangelische Wirtschaftsethik

Ein wichtiger Impuls für die Entwicklung evangelischer Wirtschaftsethik sind die Studien Max Webers (1864–1920). Weber analysiert die in seinen Augen zunächst indifferente Haltung Luthers zum Berufsbegriff, die – so Weber – im Laufe der Zeit bei Luther zu einer immer stärkeren, religiösen Deutung führte. Das habe den Berufsbegriff in seiner Bedeutung überhöht.

Luthers Berufs- und die calvinistischen Prädestinationslehren, insbesondere in ihrer puritanischen Ausprägung, haben – so Webers ebenso berühmte wie umstrittene These – dem modernen Kapitalismus einen neuen Geist und damit eine Legitimation eingehaucht. Signifikant für den ›Geist‹ des modernen Kapitalismus sei, dass die scheinbare Darstellung der eigenen Erwähltheit zu einer Maxime der Lebensführung wird. Gleichwohl: Der Geist sei mittlerweile dem modernen Kapitalismus entkommen. Denn der Geist, geboren aus dem religiösen Umfeld, war zunächst wie ein innerer Leitfaden des modernen Kapitalismus, so Weber. Seitdem aber der moderne Kapitalismus mechanisch funktioniere, brauche er die Stütze nicht mehr. Dabei ist in der Interpretation vorsichtig zu sein: Weber geht es nicht darum, unmittelbare Zusammenhänge aufzuzeigen. Es geht ihm darum, neben vielen anderen Motiven, die die moderne Kultur und Wirtschaftsform geprägt haben, *auch* die religiöse Komponente zu untersuchen. Die Religion als einzig relevante soziokulturelle Prägung einer Wirtschaftsform zu sehen, ginge an Webers Verständnis vorbei.

Die sogenannte Weberthese ist vielfach kritisiert und widerlegt worden. Entscheidend aber ist der hermeneutische Beitrag für eine moderne Wirtschaftsethik: Wirtschaft ist nicht ein für sich isolierter Bereich, sondern steht im Zusammenhang mit Religion, Gesellschaft und geistiger Prägung einer Zeit. Weber öffnet den Blick dafür, Ökonomie nicht isoliert zu betrachten, sondern sieht den *Wirtschaftsstil* einer Zeit als ein Ineinander von verschiedenen sozioökonomischen Faktoren.

Auch den Theologen Ernst Troeltsch (1865–1923) beschäftigte die Frage, welchen Beitrag der Protestantismus zur Entwicklung der Moderne, insbesondere des Wirtschaftssystems beigetragen hat. In seinem Werk *Die Soziallehren der christlichen Kirchen und Gruppen* (1912) geht Troeltsch von den sozialethischen Möglichkeiten seiner Gegenwart aus auf die Suche nach den Ursprüngen der religiösen Idee und ihrer jeweiligen ethischen Umsetzung. Troeltsch unterscheidet zwischen drei Haupttypen der soziologischen Selbstgestaltung der christlichen Idee in Kirche, Sekte und Mystik. Die Kirche sei dabei die Heils- und Gnadenanstalt, die sich durch die Zeit hält, weil sie sich als Institution den gesellschaftlichen Entwicklungen bis zu einem gewissen Grad anpassen kann. Die Sekte ist nach Troeltsch die freie Vereinigung strenggläubiger Christen, die durch Askese und teilweisen Radikalismus auf die unmittelbare Verwirklichung des Reiches Gottes abzielt. Die Mystik schließlich gehe den Weg der individualisierten Verinnerlichung. Seit dem Tod Jesu finden sich alle drei soziologischen Typen durch die Geschichte in jeder Konfession, so Troeltsch. Dabei präge aber die soziologische Gemeinschaftsform auch die Auffassung vom Glauben (Christusdogma) und damit auch die jeweilige Ethik. Zwar treten die verschiedenen Gemeinschaftsformen realiter immer vermischt auf, gleichwohl betont Troeltsch die Form der Vergemeinschaftung als die eigentliche, die Ausformung des Glaubens prägende.

Entsprechend unterschiedlich stünden die Gemeinschaftsformen zum Staat: Die Kirche als Anstalt benötige den Staat in doppelter Hinsicht, zum einen im Blick auf die Gewährleistung ihrer Existenz, zum anderen im Blick auf die Durchsetzung ihrer Ideale. Die Sekte hingegen verlange vom Staat Freiheit der eigenen Religionsausübung und distanziere sich zugleich von ihm. Die Mystik wiederum stehe als Verinnerlichung dem Staat distanziert gegenüber.

Gleichwohl schafft es keine der drei soziologischen Haupttypen in der jeweilig zeitaktuellen Form, die Grundprobleme des modernen Kapitalismus nach Troeltsch zu lösen. Das christliche Ethos sei eine Form des Kompromisses: Das gelte auch für die Gegenwart mit ihren vielfältigen seinerzeitigen Wertetableaus und ihren unterschiedlichen Begründungen (von individueller Setzung bis naturrechtlicher Definition). Von diesen vielfältigen Wertetableaus ausgehend, suchte Troeltsch eine Theologie von den Vorfindlichkeiten seiner Gegenwart aus zu konstruieren, mithin die Theologie nicht von einem metaphysischen Dogma her zu entwickeln, sondern von den ethischen Fragen der Gegenwart aus.

Pionierarbeit

Eine erste systematisch-theologische Wirtschaftsethik legt Georg Wünsch (1887–1964) 1927 mit seinem Werk *Evangelische Wirtschaftsethik* vor. Wünsch nimmt die Trennung der Wissenschaftsgebiete Wirtschaft und Ethik als Ausgangslage. Die Selbständigkeit der ökonomischen Disziplinen – und damit die Säkularisierung – interpretiert Wünsch in der Tradition des Kulturprotestantismus als positive Hinwendung des Menschen zur Welt. Gleichwohl will Wünsch einer vollkommenen Loslösung der Ökonomie von ethischen Themen entgegenwirken. Also ist Wünschs Ausgangsfrage, wie Wirtschaft und Ethik füreinander vermittelbar werden. Wünsch sieht den Ansatzpunkt im handelnden Menschen, damit zugleich in der ethischen Diskussion, die als Handlungstheorie zu verstehen sei.

Ethik hat bei Wünsch die Aufgabe, für die Wirtschaft materiale Wertbestimmungen vorzugeben; zugleich weist er der Wirtschaft grundsätzlich eine positive Rolle zu, denn ihre Aufgabe sei es, die materiellen Bedürfnisse zu befriedigen. Die Ökonomie solle die Grundlage schaffen, damit sich höhere Werte (geistige, religiöse, kulturelle) verwirklichen lassen. Das verlangt nach Wünsch ein differenziertes Verständnis des Wertbegriffs: Die Werte, die die Wirtschaft realisiert, sind nach Wünsch dienende Werte. Sie sind zwar, wie Wünsch das nennt, die wertstärksten, aber nicht die werthöchsten Werte. Werthöchste Werte sind die immateriellen, die das Thema der ethischen Diskussion sind. Ökonomie und Ethik haben nach Wünsch eine je relative Autonomie. Autonomie heißt für Wünsch nicht völlige Unabhängigkeit, sondern nur formale Freiheit des menschlichen Willens. Wirkliche Autonomie gebe es nur bei Gott. Das heißt: Die Autonomie der Wirtschaft kann nur sekundär sein, sie ist theologisch-religiös begrenzt.

Wünsch bindet die Wirtschaft in eine Werthierarchie, die er religiös begründet, denn Ethik stehe über der Ökonomie. Diese Hierarchisierung wird bei Wünsch durch zwei Begriffe deutlich: Die Aufwertung und die Abwertung. Aufgewertet werden sollen die Kultur, Ethik und die Religion, abgewertet werden solle die Wirtschaft, weil sie nur niedere Bedürfnisse befriedige. Wünsch grenzt sich sowohl gegen den Liberalismus wie gegen den Sozialismus ab, da beide die Ökonomie verabsolutieren. Seine Idealvorstellung ist eine durch christliche Ethik begrenzte Ökonomie, in der nach Bedarf produziert wird und nicht künstlich neue materielle Bedürfnisse geschaffen werden.

Der Beitrag Evangelischer Ethik in der Neukonzeption der Sozialen Marktwirtschaft

Die Entwicklung der Sozialen Marktwirtschaft in Deutschland lässt sich – neben den nationalökonomischen Debatten aus der Weimarer Zeit – vor allem auf die während der Herrschaft der Nationalsozialisten in den Untergrund abgewanderten Freiburger Kreise zurückführen. Aus protestantischer Perspektive ist das Gremium interessant, bei dem evangelische Theologen mitwirken. Unter den Freiburger Kreisen existiert von Oktober 1942 bis Januar 1943 der sogenannte »Freiburger Bonhoeffer Kreis«. Er hat diesen Namen, weil Dietrich Bonhoeffer (1906–1945) im Auftrag der Vorläufigen Leitung der Bekennenden Kirche 1942 mit den Freiburger Ökonomen die Frage diskutierte, wie ein Nachkriegsdeutschland strukturiert werden könne. In diesem Arbeitskreis arbeiteten unter anderem Friedrich Delekat (1892–1970), Professor der Theologie, Otto Dibelius (1880–1967), Pfarrer, und Helmut Thielicke (1908–1986), zu diesem Zeitpunkt Leiter des theologischen Amtes der Württembergischen Landeskirchen in Stuttgart mit.

Es entsteht die im Nachhinein sogenannte »Freiburger Denkschrift« (Originaltitel: *Politische Gemeinschaftsordnung. Ein Versuch zur Selbstbesinnung des christlichen Gewissens in den politischen Nöten unserer Zeit* [In der Stunde Null, 1979]), ein rund 130 Seiten starkes Grundlagenpapier zur Gestaltung der Wirtschaftsordnung nach Kriegsende. Dieses Grundsatzpapier beschreibt theoretisch eine Wirtschaftsordnungskonzeption, die der Sozialen Marktwirtschaft nahekommt. Dabei verwerfen die Autoren eine religiös oder konfessionell geprägte Wirtschaftsordnung und setzen auf die menschliche Vernunft, die leitend sein soll in einer Wirtschafts- und Gesellschaftsordnung, weil sie vor Ideologisierungen schützt. Basis einer gerechten Wirtschaftsordnung sei Wettbewerb, basierend auf einem wohlverstandenen, sozialverträglichen Leistungsprinzip. Dem Staat sind im Zweifelsfall steuernde Maßnahmen zugestanden.

Als einer der protestantischen Väter der Sozialen Marktwirtschaft gilt Alfred Müller-Armack (1901–1978). Müller-Armack setzt sich insbesondere während der Kriegsjahre – von den Nationalsozialisten aufs wirtschaftspolitische Abstellgleis gestellt – intensiv mit Fragen der Religionssoziologie auseinander und führt in breit angelegten, freilich nicht so differenzierten Studien das Werk Max Webers fort. Diese religionssoziologischen Studien und Erkenntnisse prägen entscheidend sein Verständnis von Wirtschaft und Kultur und fließen in die Konzeption der Sozialen Marktwirtschaft ein.

Die Konzeption der Sozialen Marktwirtschaft nach Müller-Armack will einen ›Sozialhumanismus‹ unter der Bedingung der Freiheit, der nicht allein ökonomischen Kriterien folgt, sondern in dem sich der Mensch in seiner anthropologischen Grundkonstitution – der Offenheit für Geist wie Natur – verwirklichen kann. Dies sei möglich, wenn in einer Wirtschaftsordnung die Grundelemente der beiden gegenüberstehenden Wirtschaftskonzepte integriert werden: Der Freiheitsgedanke des Liberalismus und der soziale Gedanke des Sozialismus. Beide Elemente haben nach Müller-Armack ihren Ursprung im christlichen Weltbild, wodurch eine Verpflichtung entstehe: Eine Wirtschaftsordnung speise sich nicht allein aus ökonomischen Kriterien, sondern es bedürfe immer auch einer geistig-religiösen Einbettung. Dazu müssten die christlichen Kirchen beitragen. Es bedürfe neben einer ökonomischen Sicherung einer gesellschaftspolitischen Ausgestaltung der Ordnung der Wirtschaft. Prägend für Müller-Armack ist der von ihm in der Diskussion neu interpretierte Begriff ›Wirtschaftsstil‹, dem er neben der historisch hermeneutischen und damit rekonstruktiven Funktion in seinen Schriften zur Sozialen Marktwirtschaft eine antizipatorische leitende Funktion zuweist und damit den Begriff zu einer ethisch deutbaren Kategorie macht.

Das Ende des Schweigens – Arthur Rich

Trotz solcher gewichtigen Beiträge zur konkreten Ausgestaltung der Wirtschaftsordnung, bleibt es um die systematische Wirtschaftsethik aus evangelischer Perspektive lange Zeit ruhig. Dies hat seinen Grund darin, dass in der deutschen Evangelischen Theologie nach dem Zweiten Weltkrieg lange Zeit die sogenannte Dialektische Theologie des Schweizer Theologen Karl Barth (1886–1968) prägend war, dessen Position eine dogmatische ist und die Ethik grundsätzlich, damit aber auch wirtschaftsethische Fragen, allenfalls als Ableitung der Dogmatik sieht.

Erst der Ansatz des Münchner Systematikers Trutz Rendtorff (geb. 1931) mit einer »ethischen Theologie« (Rendtorff 1990, Band I, 7), erstmals vorgelegt im Jahr 1980, durchbricht die Vorherrschaft der Dogmatik über die Ethik. Rendtorffs deskriptiver ethischer Ansatz, der bei der unmittelbaren Lebenserfahrung des Subjektes ansetzt, weiß sich den Gedanken Troeltschs verpflichtet. Da die vielfachen Wertetableaus und die Pluralität konkurrierender Welt- und Normverständnisse es unmöglich macht, eine evangelische Ethik auf eine bestimmte Dogmatik festzulegen, geht es Rendtorff darum, die Relevanz nicht nur evangelischer Theologie, sondern des Christentums überhaupt über die Beschreibung und den Aufweis ethischer Themen hervorzuheben. Mit seinem Ansatz bewahrt Rendtorff evangelische Ethik davor, ins Binnenkirchliche abzugleiten und schafft zugleich den Anschluss an die allgemeine Ethikdebatte. Dies gilt auch für Rendtorffs wirtschaftsethisches Verständnis: Er sieht in der Wirtschaftsform den »ökonomie-immanenten Ort ethischer Verantwortung« (Rendtorff 1990, Bd. 2, 111) und misst für die vielfältigen Interdependenzen im nationalen wie internationalen Handeln der Gerechtigkeit »die Bedeutung eines ethischen Kriteriums für die Rechenschaft über ökonomisches Handeln« (ebd., 141) zu.

Es dauert bis in die 1980er Jahre, bis der Schweizer Theologe Arthur Rich (1910–1992) eine systematische Wirtschaftsethik vorlegt, die die Grundlage für die neuere Diskussion um ethische Fragen der Ökonomie innerhalb der Evangelischen Theologie bildet. Rich ist vom Religiösen Sozialismus beeinflusst und nimmt modifiziert Elemente von Paul Tillich (1886–1965) auf.

Rich kommt aus individualethischer Perspektive und gelangt von dort zu Systemfragen. Ausgangspunkt ist die Frage nach der verantwortlichen Gestaltung der drei Grundbeziehungen Ich – Selbst (Individualaspekt), Ich – Du/Ihr (personaler Aspekt) und Ich/Wir – Es, also zu den Institutionen und Systemen, die wieder auf das Individuum zurückwirken (ökologischer Aspekt). Die Gestaltung der Beziehungen unterwirft Rich zwei Kriterien, die für seinen Ansatz grundlegend sind: Das *Sachgemäße* und das *Menschengerechte*. Sachgemäß ist danach das, was den Anforderungen des Systems und des Vorgangs entspricht, menschengerecht weist auf die Humanverträglichkeit einer Handlung hin. Eine gelingende Gestaltung des Lebens muss nach Rich beide Kriterien berücksichtigen. Es könne das nicht menschengerecht sein, was nicht sachgemäß ist, und es könne nicht wirklich sachgemäß sein, was dem Menschengerechten widerstreitet. Rich verschränkt beide Kriterien ineinander und formuliert sie als grundlegende Kriterien ökonomischer Handlungen. Normen, die das konkrete Verhalten regeln sollen, führt Rich bekenntnishaft ein und gründet sie auf die biblische Erfahrung des Menschen.

Die Grundordnungen des Lebens werden bei Rich nach der Trias ›Glaube, Liebe, Hoffnung‹ bewertet, abgeleitet aus dem Neuen Testament. An dieser Trias müssen sich – so Rich – die Normen auch für wirtschaftliches Handeln messen lassen. Zugleich verfüge der Mensch mit dieser Trias über ein Beurteilungswerkzeug, das ihn vor der Letztgültigkeit irdischer Ordnungen schützt.

Schließlich bestimmt Rich aus der Bibel weitere Kriterien für das Menschengerechte: Geschöpflichkeit, kritische Distanz, relative Rezeption, Relationalität, Mitmenschlichkeit, Mitgeschöpflichkeit und Partizipation. Dies führt Rich zu einem Plädoyer für eine – wohlverstandene – modern-sozialistisch orientierte Marktwirtschaft, die in Ansätzen mit dem Konzept der Sozialen Marktwirtschaft in Deutschland übereinstimmt. Doch Richs Modell billigt dem Staat größere und weiterreichende, notfalls auch nicht-marktkonforme Maßnahmen zur Kontrolle zu. Der Idealzustand einer Wirtschaft ist bei Rich eine nachfrageorientierte Wirtschaftsordnung.

Die aktuelle Debatte

Die aktuelle Debatte um eine Wirtschaftsethik in der Evangelischen Theologie hat im Überblick eher wieder einzelne Aspekte wirtschaftlichen Handelns im Blick und sucht hier Anschluss an die Sozialwissenschaften.

Ulrich Duchrow (geb. 1935) führt vor allem die Negativwirkungen des aktuellen wirtschaftlichen Systems auf. Die zunehmende Spaltung in eine Welt der Reichen und der Armen veranlasst Duchrow zu einer negativen Analyse des weltwirtschaftlichen Systems. Duchrow kritisiert, dass in der modernen Wirtschaft das Wettbewerbsprinzip als oberste Maxime gesetzt werde und dabei die ärmeren Länder benachteiligt werden. Demgegenüber setzt Duchrow auf eine neutestamentlich begründete Wirtschaftsordnung für das Leben, die sich an christlicher Nächstenliebe orientiert. Die Kraft der Wirtschaftsethik sieht Duchrow in der prophetischen Einmischung. Ziel muss es nach Duchrow sein, die aktuelle Form des Kapitalismus zu überwinden und zu einem sozialökologischen Wirtschaftssystem zu gelangen, das sich auf demokratische Werte stützt und zugleich den Elementen Partizipation und Transparenz breiten Raum gibt.

Günter Meckenstock (geb. 1948) sucht in seiner im Jahr 1997 vorgelegten Wirtschaftsethik (Meckenstock 1997) den Zugang zu einer theologischen Wirtschaftsethik über die Anthropologie. Dabei verknüpft er das individuelle Interesse mit der Sozialbezogenheit des Menschen, dessen Werdeprozess

»wesentlich sozial verfasst« sei (ebd., 5). Theologische Wirtschaftsethik müsse auskunftsfähig sein über das christliche Wirklichkeitsverständnis, Menschenbild und Gesellschaftsideal. Dabei geht es Meckenstock darum, dass sich christliche Ethik ins Verhältnis setzt zu der individuellen und sozialen Realität. Als biblische Impulse für eine theologische Wirtschaftsethik sieht er den Eigentumsschutz, den Schutz der Armen, die Kritik des Reichtums sowie das Arbeitsgebot. Als Kriterien christlicher Ethik im Blick auf die Wirtschaft nennt Meckenstock Geschöpflichkeit, Zeitlichkeit und Gemeinschaftlichkeit. Die Grundaufgabe theologischer Wirtschaftsethik sieht er, basierend auf einer christlichen Anthropologie, in einer Korrektivfunktion gegenüber Absolutsetzung oder vermeintlicher Eigengesetzlichkeit der Wirtschaft (Meckenstock 2007, 137 ff.).

In den verschiedenen Beiträgen zur Wirtschaftsethik von Eilert Herms (geb. 1940) (Herms 2004) geht es um die Vermittlungsfähigkeit zwischen Ökonomie und Ethik. Auch Herms argumentiert anthropologisch, nimmt dabei aber zugleich Argumente der Institutionenökonomik auf. Herms setzt der Verselbständigung der Institutionen das gereifte Selbstinteresse voraus, das erst diese Institutionen bedinge. Das individuelle Streben des Individuums, also das Eigeninteresse, müsse insbesondere durch Bildung so gesteuert werden, dass es die Bedeutung des Gemeinwohls zugleich für das Individuum erkennt. Ein dergestalt ausgebildetes Individuum bringe zugleich wichtige ökonomische Impulse.

Traugott Jähnichen (geb. 1959) setzt in seiner 2008 publizierten Wirtschaftsethik (Jähnichen 2008) auf eine im guten Sinne intendierte Anpassung und Weiterentwicklung der Sozialen Marktwirtschaft als Grundmodell evangelischer Wirtschaftsethik. In einem solchen weiter entwickelten Modell sieht Jähnichen eine angemessene Vermittlung der ökonomischen und ethischen Rationalität, zugleich auch die spezifischen Beiträge, die Evangelische Theologie zur Wirtschaftsethik leisten kann, verwirklicht (ebd., 261 ff.).

Die Wirtschaftsethik der Evangelischen Kirche

Für die Äußerungen der Evangelischen Kirche in Deutschland (EKD) zu ethischen Fragen des Wirtschaftens sind sieben Publikationen wichtig:

- 1962: Denkschrift »Eigentumsbildung in sozialer Verantwortung«
- 1978: Denkschrift »Leistung und Wettbewerb«
- 1991: Denkschrift »Gemeinwohl und Eigennutz«
- 1997 (zusammen mit der Deutschen Bischofskonferenz): »Für eine Zukunft in Solidarität und Gerechtigkeit«
- 2006: Denkschrift »Gerechte Teilhabe«
- 2008: Denkschrift »Unternehmerisches Handeln in evangelischer Perspektive«
- 2009: EKD-Text (keine Denkschrift): »Wie ein Riss in einer hohen Mauer«

Ausgangspunkt der Denkschrift von 1962 ist die Betonung der grundsätzlichen Gleichheit der Menschen untereinander, unter Berufung auf die dem Menschen verbürgte Freiheit, die ihn zur Verantwortung aufrufe. Zugleich führe das Leben der Menschen im Gefüge der Wirtschaft zu gegenseitiger Abhängigkeit. Diese Interdependenzen forderten zu einer größeren Verantwortung des Individuums auf, am Gemeinwohl mitzuarbeiten. Gleichermaßen – so die Denkschrift – müssen Staat, Verbände und Institutionen sich der Aufgabe einer gerechten Eigentumsverteilung stellen. Allzu ordnenden staatlichen Maßnahmen begegnet die Denkschrift mit Skepsis und bekennt sich indirekt zum Marktprinzip als Grundfunktion der Wirtschaftsordnung.

Die Publikation »Leistung und Wettbewerb« von 1978 fordert die kontinuierliche Weiterentwicklung und Verbesserung der gesellschaftlichen Ordnung, die stets unabgeschlossen sei. Die Denkschrift setzt sich für gleiche Aufstiegschancen ein und öffnet sich dem Leistungs- und Wettbewerbsprinzip. Gegenmaßnahmen seien nur dann zu ergreifen, wenn faire Regeln nicht gewahrt werden. Gleichwohl betont die Denkschrift auch die Ambivalenz von Leistungs- und Wettbewerbsprinzip ebenso wie deren instrumentellen Charakter. Es gehe darum, ethisch vertretbare Ziele und Zwecke der individuellen Leistung herauszustellen. Den Wachstumsbegriff bezieht die Denkschrift auf das soziale Zusammenleben und die sittlichen Werte. Daran müsse die Kirche mitwirken. Die Denkschrift legt Wert auf ordnungspolitische Maßnahmen des Staates im Rahmen des marktwirtschaftlichen Prinzips. In der Summe können Leistungs- und Wettbewerbsprinzip, so die Denkschrift, nicht als unchristlich abgelehnt werden, solange beide den Anforderungen von Fairness und Solidarität gerecht werden.

In der Denkschrift »Gemeinwohl und Eigennutz« von 1991 setzt sich die EKD mit der Sozialen Marktwirtschaft grundsätzlich auseinander, zu deren Erfolgen sie sich bekennt, stets vorausgesetzt, dass die dynamische Weiterentwicklung nicht aus den Augen verloren wird. Die EKD stellt die Soziale Marktwirtschaft als ein Modell der Integration und des Kompromisses heraus, das sich in – Aufnahme der Richschen Sprache – in menschengerechter und sachgemäßer Weise bewährt habe. Dabei sei stets darauf zu achten, dass die Komplementarität zwischen Wettbewerbs- und Sozialpolitik gewährt sei. Die EKD betont in der Denkschrift die Demokratietauglichkeit der Sozialen Marktwirtschaft, daher sei auch die grundsätzliche Bejahung der Sozialen Marktwirtschaft – weil sie Raum gebe für die Freiheit zur Nächstenliebe – in christlicher Perspektive möglich.

In dem gemeinsamen Wort »Für eine Zukunft in Solidarität und Gerechtigkeit« der EKD und der Katholischen Bischofskonferenz von 1997, bekennen sich die Kirchen zur Sozialen Marktwirtschaft, warnen aber zugleich vor einer einseitigen Betonung einer freien Marktwirtschaft. Die Kirchen sehen sich als Vertreter der Vernunft gegenüber Bestrebungen, einen der zwei Pfeiler einer Brücke, in wie auch immer gearteter Weise zu untergraben. In Aufnahme des Müller-Armackschen Diktums vom »dynamischen Charakter der Sozialen Marktwirtschaft« fordert das gemeinsame Wort die Weiterentwicklung zu einem ökologisch und global ausgerichteten System. Prominenz gewinnt der Begriff ›Nachhaltigkeit‹.

Thema der EKD-Denkschrift »Gerechte Teilhabe. Befähigung zu Eigenverantwortung und Solidarität« von 2006 ist die Bekämpfung der Armut in Deutschland. Es gehe um eine Neudefinition der Verteilungsgerechtigkeit. Die Denkschrift fordert eine aktive Rolle des Staates, um für alle Bürgerinnen und Bürger gleiche Bildungsmöglichkeiten offenzuhalten. Alle Menschen sollten ihre Talente und Potentiale (›Begabungen‹) in einer Gesellschaft entfalten können. Gerechte Teilhabe wird verstanden als »umfassende Beteiligung aller an Bildung und Ausbildung sowie an den wirtschaftlichen, sozialen und solidarischen Prozessen der Gesellschaft«. Auf dem Weg dahin seien Sozial- und Wirtschaftspolitik stärker unter dem Gerechtigkeitsaspekt zusammenzudenken; den Vorschlag, Sozialsysteme über Steuern zu finanzieren, nimmt die Denkschrift positiv auf, wenngleich dies nachhaltig geregelt und gestaltet werden müsse. Die Denkschrift fordert Christen dazu auf, sich gegen Armut und für Verteilungsungerechtigkeit einzusetzen.

In der 2008 erschienenen umstrittenen Denkschrift »Unternehmerisches Handeln in evangelischer Perspektive« versucht die EKD, ihre Position gegenüber Unternehmern zu präzisieren. Die Denkschrift hebt den wesentlichen Beitrag unternehmerischen Handelns für Innovation, Wertschöpfung und Gemeinwohl hervor. Gerade der christliche Glaube, insbesondere in seinem evangelisch geprägten Rekurs auf die Freiheit des Menschen, erlaube es dem Individuum, auch unternehmerisch aktiv zu werden. Als theologisch-ethische Orientierungen verweist die Denkschrift auf die Freiheit des Individuums, die immer auch Verantwortung bedeutet, sowie auf den lutherischen Berufsbegriff. Detailliert geht die Denkschrift auf das Miteinander von Unternehmer und Arbeitnehmer ein und hebt die Schaffung und Erhalt von Arbeitsplätzen, Mitbestimmung und Mitverantwortung sowie die – gleichwohl je nach Ausprägung – zurückhaltend zu bewertende Mitarbeiterbeteiligung an der Unternehmensentwicklung hervor. Auch die Rolle der Konsumenten nimmt die Denkschrift in den Blick und fordert zu ethisch verantwortbaren Verbraucherverhalten auf. Schließlich widmet sich die Denkschrift Fragen des Kapitalmarktes und fordert Transparenz, verstärkte staatliche Kontrolle sowie eine engagierte Selbstverpflichtungen der Marktteilnehmer. Sie rekurriert dabei auf die christlichen Werte eines ›ehrbaren Kaufmanns‹. Umstritten sind gleichwohl einige Passagen, in denen die Denkschrift für einen weitgehenden Rückzug des Staates aus der Wirtschaft plädiert (EKD 2008, 52 f.). Kritiker werfen der EKD eine zu große Nähe zu einem wie auch immer gearteten Liberalismus vor (vgl. Duchrow 2008).

Die Kritik blieb nicht unerhört: In einem im Juli 2009 angesichts der Verwerfungen durch die Finanzkrise publizierten Wort des Rates der EKD, der als »EKD-Text« zwar nicht den Rang einer Denkschrift, gleichwohl einer wichtigen Verlautbarung evangelischer Kirchenleitung hat, kritisiert der Rat der EKD – zum Teil in höchst pathetischer Sprache – das kapital- und finanzorientierte Wirtschaftssystem (EKD 2009) und plädiert erneut für eine an der Sozialen Marktwirtschaft ausgerichteten Wirtschaftsform. Bemerkenswert dabei ist, dass der Rat der EKD dabei auch eigene Fehleinschätzungen einräumt (EKD 2009, 6).

Ausblick

Evangelische Ethik, die sich auf die Rechtfertigung des Menschen durch Gott und die dadurch erwirkte Freiheit des Menschen bezieht, muss sich der Verantwortung in der Welt stellen. Grundanforderung an evangelische Wirtschaftsethik bleibt, sich auf Kernprobleme wirtschaftlichen Handelns und ökonomischer Zusammenhänge einzulassen, um aus einer profunden Kenntnis der Sachzusammenhänge ethische Implikationen anzuzeigen.

Dabei sind Subjekt und Gesellschaft so aufeinander zu beziehen, dass Individuum und Institution gleichermaßen in den Blick geraten. Basierend auf der im Glauben an die in der Rechtfertigung vollzogene Befreiung zur Welt muss der sich in dieser Freiheit vorfindende Mensch diese Freiheit gestalten und zwar so, dass das Gegenüber stets als Korrektiv des eigenen Handelns anzusehen ist (Individualethik). Das gilt auch im Blick auf die das Subjekt umgebende Umwelt (Sozialethik). Ausgehend von dieser Grundannahme lässt sich die Vermittlung von ethischer und ökonomischer Rationalität, die das Propädeutikum der Wirtschaftsethik ist (vgl. Dietzfelbinger 1998), über einen anthropologischen Zugang zu einer (evangelischen) Wirtschaftsethik gewinnen.

Evangelische Wirtschaftsethik muss demnach die anthropologischen Grundannahmen der Freiheit und Begrenztheit, Rechtfertigung wie Verfehlung in gehaltvolle und für die allgemeine Diskussion um Wirtschaftsethik anschlussfähige Argumente übersetzen. Zugleich muss Evangelische Sozialtethik die praktischen Anforderungen der in der Wirtschaft agierenden Menschen, die nach Orientierung in diesem Handeln fragen, Rechnung tragen.

Ein gangbarer Weg hierzu bietet Alfred Müller-Armacks Konzept des Wirtschaftsstils. Gemeint ist damit, ausgehend vom Individuum, nach dem für alle wünschenswerten Lebensstil zu fragen, der Ökonomie, Ethik, Religion u.a., das heißt die sozioökonomische Verfasstheit einer Zeit umgreift. Der Stilbegriff, wie er von Müller-Armack neu gedeutet wurde, macht es möglich, die in der allgemeinen Diskussion mittlerweile als selbstverständlich verstandene Differenzierung in Individualebene (›Führungsstil‹), Institutionenebene (›Charakter eines Unternehmens‹) wie Systemebene (›Wirtschaftsstil‹) aufzugreifen und dabei, auf Basis einer wohl verstandenen evangelischen Anthropologie, die sich der Freiheit, aber auch der Begrenztheit menschlichen Dasein bewusst wird, aufzunehmen. Zugleich bietet der Stilbegriff in einer antizipatorischen Funktion, eine spezifisch evangelische Kategorie, gelingendes Leben in seiner Vielschichtigkeit als sozioökonomischen Imperativ zu formulieren.

Literatur

Dietzfelbinger, Daniel: Aller Anfang ist leicht. Unternehmens- und Wirtschaftsethik für die Praxis. München [4]2004.

–: Soziale Marktwirtschaft als Wirtschaftsstil. Alfred Müller-Armacks Lebenswerk. Gütersloh 1998.

Duchrow, Ulrich: Alternativen zur kapitalistischen Weltwirtschaft. Biblische Erinnerung und politische Anätze zur Überwindung einer lebensbedrohlichen Ökonomie. Gütersloh 1997.

– et. al. (Hg.): Frieden mit dem Kapital? Wider die Anpassung der evangelischen Kirche an die Macht der Wirtschaft. Oberursel 2008.

Herms, Eilert: Die Wirtschaft des Menschen. Beiträge zur Wirtschaftsethik. Tübingen 2004.

In der Stunde Null. Die Denkschrift des Freiburger ›Bonhoeffer-Kreises‹: Politische Gemeinschaftsordnung. Ein Versuch zur Selbstbesinnung des christlichen Gewissens in den politischen Nöten unserer Zeit. Einl. von Helmut Thielicke, Nachw. von Philipp von Bismarck. Tübingen 1979.

Jähnichen, Traugott: Wirtschaftsethik. Konstellationen – Verantwortungsebenen – Handlungsfelder. Stuttgart u.a. 2008.

Kirchenamt der EKD (Hg.): Gerechte Teilhabe. Befähigung zur Eigenverantwortung und Solidarität. Eine Denkschrift des Rates der EKD zur Armut in Deutschland. Gütersloh 2006.

– (Hg.): Unternehmerisches Handeln in evangelischer Perspektive. Gütersloh 2008.

– (Hg.): Wie ein Riss in einer hohen Mauer, EKD-Texte 100. Hannover 2009.

– /Deutsche Bischofskonferenz (Hg.): Für eine Zukunft in Solidarität und Gerechtigkeit. Hannover u.a. 1997.

Kirchenkanzlei der Evangelischen Kirche in Deutschland (Hg.): Die Denkschriften der Evangelischen Kirche in Deutschland. Bd. 2: Soziale Ordnung. Gütersloh 1978.

– (Hg.): Sozialethische Überlegungen zur Frage des Leistungsprinzips und der Wettbewerbsgesellschaft. Gütersloh [2]1979.

Luther, Martin: Werke, kritische Gesamtausgabe. Weimar 1883 ff. [WA].

Meckenstock, Günter: Wirtschaftsethik. Berlin u.a. 1997.

Oermann, Nils Ole: Anständig Geld verdienen? Protestantische Wirtschaftsethik unter den Bedingungen globaler Märkte. Gütersloh 2007.

Prien, Hans-Jürgen: Luthers Wirtschaftsethik. Göttingen 1992.

Rendtorff, Trutz: Ethik. 2 Bde. Stuttgart [2]1990.

Rich, Artur: Wirtschaftsethik. Marktwirtschaft, Plan-

wirtschaft, Weltwirtschaft aus sozialethischer Sicht. 2 Bde. Gütersloh 1990/1991.
Troeltsch, Ernst: Die Soziallehren der christlichen Kirchen und Gruppen. Tübingen 1912.
Weber, Max: Die protestantische Ethik und der »Geist« des Kapitalismus [1904/1905]. Bodenheim 1993.
Wünsch, Georg: Evangelische Wirtschaftsethik. Tübingen 1927.

Daniel Dietzfelbinger

5. Integrative Wirtschaftsethik (Peter Ulrich)

»Was wirtschaftlich vernünftig ist, lässt sich nicht rein aus der Logik der (Markt-)Wirtschaft bestimmen, sondern setzt lebenspraktische Orientierungspunkte voraus: einen kulturellen Lebensentwurf und ein Leitbild der Gesellschaft, in der wir leben möchten« (Ulrich 2002, 9).

Diese Aussage ist zentral für das Denken Peter Ulrichs. Wirtschaften ist für ihn ein gesellschaftlicher Vorgang, der der Befriedigung menschlicher Bedürfnisse der Lebenserhaltung und der Lebensqualität dient. In der Theorie und der Praxis der modernen Marktwirtschaft zeigt sich ökonomische Sachlogik immer mehr als eine anonyme Sachzwanglogik. Immer mehr Menschen zweifeln an der Lebensdienlichkeit des eigendynamischen ökonomischen Rationalisierungsprozesses. Das Bedürfnis nach einer grundlegenden Neuorientierung des wirtschaftlichen Fortschritts, des wirtschaftlichen Wachstums und der ethisch-praktischen Einbindung der Marktwirtschaft wächst. Das Anliegen des wirtschaftsethischen Ansatzes von Peter Ulrich ist es, das fragwürdig gewordene Verhältnis zwischen ökonomischer Sachlogik und ethischer Vernunft von Grund auf zu klären und es in zukunftsfähiger, lebensdienlicher Weise neu zu bestimmen. Der paradigmatische Weg ist der »der Enttheoretisierung der Politischen Ökonomie und ihrer Wiederankoppelung an die lebensweltliche Kommunikationsgemeinschaft der Bürger« (Ulrich 1993, 264).

Das methodische Ziel dieser Konzeption von Wirtschaftsethik ist es, in Anlehnung an Immanuel Kant, »sich im Denken zu orientieren«, d.h. kritisch-normative Grundlagenreflexion als vernunftbasierte Orientierung im politisch-ökonomischen Denken zu versuchen, Grundfragen lebenspraktisch vernünftigen Wirtschaftens zu ermöglichen und Wirtschaftsethik als einen Teil der politischen Ethik zu verstehen.

Der Horizont ›integrativer Wirtschaftsethik‹ zeichnete sich wissenschaftlich in Peter Ulrichs Dissertation *Die Großunternehmung als quasi-öffentliche Institution. Eine politische Theorie der Unternehmung* (1977) bereits früh ab. Sie entstand in einer Zeit, als betriebswirtschaftliche und andere sozialwissenschaftliche Arbeiten sich durchaus kritisch mit der gesellschaftlichen Rolle multinationaler

Konzerne auseinandersetzten und dabei externe Effekte oder einzelne Aspekte interner Bedingungen des Handelns von Grossunternehmen analysierten. Peter Ulrichs Ansatz einer integrativen Wirtschaftsethik basiert auf dem Verständnis der Unternehmung als produktivem sozialen System, das daher Teil gesellschaftlicher Prozesse ist. Betriebswirtschaftliche Vorgänge sind in gesellschaftlich-soziale Prozesse integriert. Großunternehmen werden politisch gedacht. Die ›nicht-ökonomische‹ Dimension, in diesem Fall die politische, ist integriert in den betriebswirtschaftlichen Zusammenhang: Sie ist nicht – ob ethisch oder politisch – selektiv zugeordnet.

Integrative Wirtschaftsethik will das Normative zuallererst in der ›normalen‹ ökonomischen Sachlogik aufdecken und diese einer vorbehaltlosen ethisch-kritischen Grundlagenreflexion zuführen, ohne Reflexionsabbruch vor »gegebenen« Umständen der real existierenden Marktwirtschaft (Ulrich 1997, 5). So steht integrative Wirtschaftsethik für eine erweiterte ökonomische Denkweise, die sich darum bemüht, durch die Integration lebensweltlicher, kultureller, sozialer, ökologischer oder politischer Kontexte das Verstehen und Gestalten vermeintlich autonomer Sachgesetze zu ermöglichen. Die Integration betriebswirtschaftlichen Handelns in seinen sozialen Kontext setzte sich fort in der Habilitationsschrift von Peter Ulrich. Dort geht es um das ökonomische Denken selbst und seine philosophische Weiterentwicklung zur *Transformation der ökonomischen Vernunft* (Ulrich 1986/1993). Hier stehen die Wahrnehmung anachronistischer philosophischer Grundlagen der Wirtschaftstheorie und Versuche ihrer Modernisierung im Mittelpunkt. Diese Modernisierung folgt dem diskursethischen Ansatz durch Methoden kommunikativer Ethik zur Entwicklung von ethischen Normen. Der integrative Zugang zu ethischen Fragen für Unternehmen, Wirtschaft und Wirtschaftswissenschaft ist auch darin manifestiert, dass Peter Ulrich nicht nur als Autor wirtschaftsethischer, sondern auch betriebswirtschaftlicher Standardwerke hervorgetreten ist (vgl. Hill/Fehlbaum/Ulrich 1994; 1998; Ulrich/Fluri 1995).

Zwei-Welten-Konzeption

Integrative Wirtschaftsethik fragt nach den normativen Grundlagen des ökonomischen Denkens. Ausgangspunkt bildet dabei die Erkenntnis der Entfremdung der Wirtschaftstheorie von ihren eigenen philosophischen Fundamenten. Der modelltheoretischen Isolierung der Wirtschaftstheorie von ihren Kontexten entspricht in der politischen Praxis der Marktwirtschaft die Intensivierung der Liberalisierung, Privatisierung und Deregulierung der Wirtschaft. Anliegen der integrativen Wirtschaftsethik ist der Versuch der Wiederankoppelung dieser konzeptionellen und politischen Eigengesetzlichkeiten an die Lebenswelt. Explizit wird der Lebensweltbezug als Leitidee benannt und für die Modernisierung des philosophischen Fundamentes ökonomischen Denkens eingeführt. Ökonomisches Denken ist zur Vernunft zu bringen, d.h. eine effizienzorientierte Denkweise ist in einen umfassenden Vernunftbegriff *einzubetten*. Im Mittelpunkt der Kritik integrativer Wirtschaftsethik steht die utilitaristische, auf Individualnutzen ausgerichtete ökonomische Rationalität. Ihr wird ein philosophischer Vernunftbegriff entgegengestellt, der auch in Bezug auf die handelnden Personen auf die Vernunft setzt, ja in Bezug auf die Wirksamkeit an die Vernunft der Menschen glaubt.

> »Es ist also der *normative Gehalt der ökonomischen Rationalität selbst*, den es kritisch zu ergründen und zu erhellen gilt. Von da aus müsste es gelingen, die ethische Vernunft *in* eine umfassende regulative Idee vernünftigen Wirtschaftens zu integrieren. So und nur so kann die Zwei-Welten-Konzeption von Ethik und Ökonomik an der Wurzel überwunden und Wirtschaftsethik als *Vernunftethik des Wirtschaftens* konzipiert werden« (Ulrich 1997, 117).

Integrative Wirtschaftsethik setzt demnach als kritische Grundlagenreflexion der normativen ›Bedingungen‹ der ökonomischen Vernunft an. Systematisch umfasst sie drei analytische Grundaufgaben: Ihren ersten Reflexionsgegenstand erkennt sie in der Kritik der ökonomischen Rationalität im Sinne der reinen Ökonomik, ihren zweiten in der Klärung einer umfassenden, (diskurs-)ethisch fundierten regulativen Idee ökonomischer Vernunft, die als sozialökonomische Rationalitätsidee bezeichnet wird und drittens in der Aufgabe, prinzipielle ›Orte‹ der Moral zu bestimmen, an denen die regulative Idee sozialökonomischer Rationalität zum Tragen kommt. Für die Wirtschaftswissenschaften bedeutet diese Erweiterung im Konzept integrativer Wirtschaftsethik die Berücksichtigung der Summe aller konstitutiven nicht-ökonomischen Faktoren. Wirtschaftsethik ist auf einen erweiterten Horizont der Wahrnehmung dessen ausgerichtet, was das Wesen der Wirtschaft ist. Wirtschaft ist nicht nur quantitativ in Mengen, Zahlen und Preisen definiert, sondern qualitativ durch die den Kontext prägenden Komponenten. Der fortschreitenden Tendenz zur *Desintegration* des ökonomischen Systems tritt die *integrative* Wirtschaftsethik mit dem prinzipiellen Anspruch der Einbindung der ökonomischen Rationalisierungsdynamik in ethisch begründete Gesichtspunkte der *Lebensdienlichkeit* entgegen. Die sozialökonomische Rationalitätsidee kann daher auch als Leididee »vernünftigen Wirtschaftens aus dem Blickwinkel der Lebenswelt« verstanden werden. Aus dieser Perspektive ist Wirtschaftsethik unweigerlich als ein Stück politische Ethik in emanzipatorischer Absicht zu begreifen, der es zuallererst um die Sicherstellung oder Wiederherstellung der Voraussetzungen zwangloser politisch-ökonomischer Verständigungsverhältnisse unter mündigen Bürgerinnen und Bürgern geht. Die unbegrenzte Öffentlichkeit aller mündigen Personen ist die ideelle Instanz der Gestaltung der politisch-ökonomischen Systembedingungen dahingehend, dass wirtschaftsethische Reflexion, Argumentation und Handlungsorientierung an möglichst vielen institutionellen Orten der Moral praktisch zur *Geltung* gebracht werden kann (Ulrich 1997, 124). Entsprechende Orientierungsideen für die institutionelle Einbindung der Systemlogik in die öffentliche Kommunikation mündiger Bürger zu entwickeln, ist die *institutionenethische* Gestaltungsaufgabe integrativer Wirtschaftsethik.

Purifizierung der Wirtschaftstheorie

Die wirtschaftsethische Grundlagenreflexion umfasst zwei Ausrichtungen, einmal die Ökonomismuskritik, d.h. die systematische Erfassung der ›blinden Flecken‹ der Ökonomie als quasi-naturwissenschaftlicher, auf ökonomische Sachgesetze beschränkter Disziplin, und zum zweiten die Wahrnehmung vernünftigen Wirtschaftens aus dem Blickwinkel der Lebenswelt.

Die tragende Verbindungslinie auf der lebenspraktischen wie auf der wirtschaftstheoretischen Ebene ist die »sprachpragmatische Wendung der ökonomischen Rationalitätskonzeption«, d.h. die Transformation ihres normativen Fundaments von der utilitaristischen zur kommunikativen Ethik. Zum einen geht es im vernünftigen Wirtschaften um das normative Problem der Bestimmung vernünftiger Wertkriterien, d.h. der Zwecke und Grundsätze wirtschaftlichen Handelns (Wirtschaftsethik), zum anderen geht es um die Ermittlung zweckrationaler Handlungsstrategien (›Wirtschaftstechnik‹ im Hinblick auf die effiziente Erreichung dieser Zwecke). Die weltanschaulichen Hintergrundüberzeugungen und die normativen Prämissen einer wissenschaftlichen Disziplin kommen in der Regel nirgends deutlicher zum Ausdruck als in dem von ihr bevorzugten Menschenbild. Das ökonomische Menschenbild – der Homo Oeconomicus und seine engsten Verwandten – ist der bildhafte Ausdruck für das Rationalitätsparadigma der Disziplin. Der Homo Oeconomicus ist die symbolische Form der Abkoppelung der ökonomischen Theorie von der Lebenswelt. Der Homo Oeconomicus ist auf sein Eigeninteresse ausgerichtet. Als Unternehmer orientiert er sich so an der Gewinnmaximierung, als Konsument an der Verfügung über möglichst viele Güter, als Politiker an der Maximierung von Wählerstimmen. Das Formalziel des Gewinns könnte als »teleologischer Trichter« des Homo Oeconomicus fungieren, der das Problem der Bestimmung vernünftiger, für alle Betroffenen akzeptabler und sinnvoller Zwecke unternehmerischen Handelns ohne jede personelle Verständigung unter den Betroffenen optimal löst. Der Purifizierungsprozess der Wirtschaftstheorie prägt die Denkform des »rein ökonomischen Standpunktes«, das volkswirtschaftliche Gesamtnutzenmaximum und das betriebswirtschaftliche Formalziel ›Gewinn‹. Nach der analytischen Bereinigung der philosophisch-metaphysischen Prämissen der Wirtschaftstheorie ist die ›reine‹ Ökonomie zu einer utilitaristischen Entscheidungslogik geworden. Die fortschreitende Entfaltung des utilitaristischen Denkens (auf der Ebene der kalkulierenden Rationalität, auf der sich isolierenden Theorieebene mit ›heroischen Abstraktionen‹ und auf der Ebene der Suche nach Kriterien qualitativen Wirtschaftens), hat das soziale und institutionelle Vakuum sichtbar gemacht, in dem sich die wirtschaftstheoretischen Ansätze bewegen. Hierin besteht die Rationalitätskrise des vom Eigeninteresse und Individualnutzen motivierten Homo Oeconomicus (Ulrich 1987, 219 ff.).

Wenn Wirtschaft nicht als wert- und politikfreier Raum verstanden wird, handelt es sich um einen gesellschaftlichen, heute zentralen Teil der Kultur und Lebenswelt. Kultur ist dabei zu verstehen als die Summe der sozialen, wirtschaftlichen, politischen oder anderen geschichtlichen Faktoren, die das Leben einer Gesellschaft prägen. Ökonomische Gesetze sind nicht universal gültig, wirtschaftliche Entwicklung ist keine verallgemeinerbare Sach- oder Naturgesetzlichkeit. Durch die ›Kultur‹ als der Natur des Menschen, seinem Denken und Handeln ist Wirtschaft ein menschengemachtes ›Kulturprodukt‹. Unter dieser Prämisse gelangen die kulturellen Umstände von Raum und Zeit in ihrem Einfluss auf die normativen Fundamente und Voraussetzungen zu richtungsweisender Bedeutung. Kulturelle und lebensweltliche Grundlagen sind kontextspezifisch. Dies gilt sowohl für Stilformen der Marktwirtschaft als auch für marktwirtschaftliche Transformationsprozesse und die Entwicklung marktwirtschaftlicher Wirtschaftsformen in der Globalisierung.

»Sinn ist, was das menschliche Leben mit Bedeutsamkeit erfüllt, indem er dieses auf das für unser Leben Wesentliche ausrichtet, nämlich auf das, was wir *im Leben als Ganzes wollen*« (Ulrich 1997, 207). Die Sinnfrage durchbricht den ökonomistischen Zirkel, der darin besteht, auch noch den Zweck des Wirtschaftens in nichts als rein ökonomischen Kriterien wie Nutzenmaximierung oder Erlangung von Wettbewerbsvorteilen aufzuheben und hält dem eine prinzipiell instrumentelle Sicht der Wirtschaft aus dem Blickwinkel der Lebenswelt entgegen: Die Wirtschaft ist stets nur ein Mittel im Dienste höherer, vitaler Zwecke. Das Wirtschaften selbst ist so letztlich stets als eine geschichtlich gewordene, immer wieder auf sich verändernde Sinnhorizonte ausgerichtete Kulturleistung zu verstehen. Angesichts der Abhängigkeit allen Wirtschaftens vom Kontext einer kulturell gewollten Lebensform erinnert der elementare Gesichtspunkt der Lebensdienlichkeit daran, dass Wirtschaften einen universalen, anthropologisch konstanten Lebensbezug aufweist. Der grundlegende ›lebensdienliche‹ Sinn des Wirtschaftens besteht also in der Versorgung aller Menschen mit den notwendigen ›Lebensmitteln‹, den unabweisbaren physischen und psychischen Notwendigkeiten seiner Bedürfnisnatur.

Systematisch folgen daraus Ansatzpunkte für eine Dekonstruktion (Analyse der versteckten, anachronistischen oder rudimentären normativen Grundlagen) und Rekonstruktion (Neubestimmung) dessen, was Wirtschaft ist und was wirtschaftswissenschaftlich unter Wirtschaft verstanden wird.

Diskursethik

Der diskursethische Ansatz sieht im Menschen wesentlich ein ›Sprachtier‹. »Ohne sprachliche Begriffe gibt es kein Denken und keine Vernunft. […] Der Diskurs ist das Verfahren, in dem die intersubjektive Austauschbarkeit der Perspektiven in der Gemeinschaft von Subjekten, die an der rationalen Begründung von Geltungsansprüchen interessiert sind, durch den verständigungsorientierten Austausch von Argumenten (guten Gründen) *praktisch* geprüft wird. […] Systematischer Ansatzpunkt der Diskursethik ist also die Einsicht, dass *rationale* Verständigung unausweichlich ein kommunikatives Ethos voraussetzt« (Ulrich 1997, 78f). Der vertragstheoretische Ansatz der reinen Ökonomik mündet in die »sprachpragmatische Aufhebung der utilitaristischen Rationalitätskonzeption im Kriterium der Konsensfähigkeit einer sozioökonomischen Situation unter den Betroffenen« (Ulrich 1987, 265). Es kann so keine Kriterien ökonomischer Präferenz geben, die jenseits tatsächlicher Präferenzabstimmungsprozesse freier Bürgerinnen und Bürger definierbar wären. Soll eine Wende der lebensweltlich und gesellschaftlichen isolierten Wirtschaftstheorie erfolgen, so muss der Schritt von der utilitaristisch ausgerichteten »Vertragswissenschaft« (James Buchanan) zur »Verständigungswissenschaft« (Karl-Otto Apel) erfolgen, die die unumgänglichen normativen Voraussetzungen rationaler Kommunikations- und Konsensbildungsprozesse klärt. Damit verbunden ist die Verabschiedung vom eindimensionalen Homo Oeconomicus und von der Fiktion des idealen ökonomischen Naturzustandes. Die Entwicklung des ökonomischen Rationalitätsverständnisses erreicht einen paradigmatischen Wendepunkt vom Utilitarismus zur Kommunikativen Ethik (Diskursethik). Die sprachpragmatische Wende der Politischen Ökonomie wird als praktisch-philosophische Wende gestaltet. Wissenschaftlich erfolgt sie durch den philosophisch reflektierten Umgang mit den Voraussetzungen rationaler ökonomischer Willensbildung, praktisch durch die Wiederankoppelung an die lebensweltliche und gesellschaftliche Verständigungspraxis.

Die vermeintlich stets irrationale Wertentscheidung ist die Kehrseite der ›wertfreien‹ Rationalität. Die »Rede von der immanenten Sittlichkeit« des Menschen ist das normative Fundament der Kommunikativen Ethik und zugleich der Kern jeder Vernunftethik. Dieser Charakter der Kommunikativen Ethik als universaler Minimalethik erleichtert es, diese als mögliche Basis einer solidarischen Weltgemeinschaft über alle interkulturellen Gegensätze hinaus anzuwenden. Das Apriori der idealen Kommunikationsgemeinschaft ist die reale Erfahrung von der lebenspraktischen Möglichkeit rationaler Kommunikation, die für die Entwicklung der personalen Identität jedes menschlichen Lebewesens existentiell unverzichtbar ist. Der Mensch ist in eine soziale Kommunikationsgemeinschaft eingegliedert. Die Vermittlungsfähigkeit der kommunikativen Ethik wird sich vor allem im Bereich der politischen Ethik zeigen müssen, deren Aufgabe es ist, die institutionellen Voraussetzungen und Formen der politischen Kommunikationskultur zu klären und zu konkretisieren (Ulrich 1987, 295 ff., 356).

Die kommunikative Ethik impliziert selbst schon eine Verantwortungsethik. Die individualethisch-heroische Form der Verantwortungsethik ermöglicht als kommunikative Ethik den Zugang zu gesellschaftlichen Verantwortungsproblemen. Das Ethos (oder das Menschenbild) verantwortlicher Fürsorge wird zum Ethos kommunikativer Gegenseitigkeit im Blick auf einen gesellschaftlich-demokratischen Horizont. Verantwortung z.B. im Blick auf das Spannungsfeld ökonomischer, sozialer oder ökologischer Verantwortung ist dialogisch zu verstehen. Auf der Basis von (Beteiligungs-)Verfahren geht es um Wertfindung, weniger um das ›Setzen‹ von Werten oder um die Wertevermittlung. Es geht darum, mit welcher inhaltlichen Qualität ethische Grundkategorien wie Verantwortung, Freiheit oder Gerechtigkeit gefüllt werden. Dazu müssen Kontexte und Fachlichkeit einbezogen sein. Der ethische Prozess richtet sich auf die Suche nach dem richtigen, angemessenen Maß der Berücksichtigung und der Bewertung der verschiedenen Komponenten.

Die folgende Übersicht (s. unten) fasst die historisch-ethischen Ausgangspunkte sowie die institutionellen Ansatzpunkte der integrativen Wirtschaftsethik zusammen.

Institutionelle Handlungsebenen

Als wirtschaftsethische Handlungsebenen lassen sich innerhalb des Wirtschaftens drei ›Orte‹ der Moral identifizieren: die Wirtschaftsbürgerethik (Mikro- oder Individualethik: Das Berufs- und Privatleben als Ort wirtschaftsbürgerlicher Selbstbindung), die Ordnungsethik (Makro- oder Strukturethik: Die Rahmenordnung der Marktwirtschaft als Ort der Moral) und die Unternehmensethik (Meso- oder Institutionenethik: Geschäftsintegrität, Umgang mit Stakeholdern und kritischer Öffentlichkeit, ordnungspolitische Mitverantwortung von Unternehmen). So ist die »neue ordnungspolitische Schlüsselfrage aus dem Blickwinkel der Lebenswelt die, [die] nach den strukturellen Voraussetzungen für die Wiederankoppelung des ökonomischen Systems an rationale Formen politisch-ökonomischer Willensbildung« fragt (Ulrich 1987, 372).

Historisch-ethische Ansatzpunkte	
Dogmengeschichtlich	Ethische Wurzeln von Grundkategorien: Ökonomische Rationalität, Laissez-faire, Freiheit, Menschenbild
Sozialgeschichtlich	Veränderung von historischen Rahmenbedingungen: Soziale Marktwirtschaft, Liberalismus
Kulturgeschichtlich	Voraussetzungen des sozio-kulturellen Umfeldes: Globalisierung, Entwicklungspolitik, Systemtransformation in Osteuropa
Institutionelle Ansatzpunkte	
Individualethik (Mikroebene)	Personale Ethik, Verantwortung und Handlungsspielräume als Bürger, Mitarbeiter und Konsument
Institutionenethik I (Mesoebene)	Unternehmen und ordnungspolitische Mitverantwortung, andere Interessenorganisationen auf einer Mesoebene (Ökologie, Konsument, Arbeitnehmer, Regionen, etc.), Selbstregulierung
Institutionenethik II (Makroebene, gesellschaftliche Strukturen)	Rahmenbedingungen der Marktwirtschaft, Ordnungspolitik als Gesellschaftspolitik Globalisierung, Weltwirtschaftsethik, Global Governance

Das Vermittlungsproblem zwischen ethischen Ansprüchen und Funktions- und Sachzwängen des institutionalisierten Wirtschaftssystems betrifft Unternehmer/innen und Unternehmen. Zwischen beiden Ansprüchen besteht weder automatische Harmonie noch ein zwingender Konflikt. Es ist nicht alles unmoralisch, was unternehmerischen Erfolg verspricht und es ist nicht alles unwirtschaftlich, was ethisch geboten ist (Ulrich/Fluri 1995, 67). Es liegt ein typisches Schnittmengenproblem vor, ein regelmäßig unterschätzter Handlungsspielraum, der rentable und unternehmerisch zumutbare Wege ethisch verantwortlichen Handelns erfasst. Versteht man die Grenzen strategischer Rationalität im Vergleich mit kommunikativer Rationalität im Sinne dialogischer Unternehmenspolitik, so lassen sich die meisten jüngeren Managementansätze (partizipative Führung, Organisationsentwicklung, Unternehmenskultur oder Stakeholder-Ansätze) als Erweiterungen einer eindimensionalen Rationalisierungsphilosophie des Managements einordnen. Zwischen unternehmensethischer und strategischer Rationalität ist zu unterscheiden. Unternehmensethisch betrachtet konzentriert sich die unternehmenspolitische Ebene auf normatives Management, d.h. auf das Reagieren auf lebensweltliche und gesellschaftliche Wertorientierungen und den Aufbau unternehmenspolitischer Glaubwürdigkeits- und Verständigungspotentiale. Auf Grundlage einer ethisch tragfähigen Unternehmenspolitik werden Geschäftsstrategien und Markterfolgspotentiale aufgebaut (strategisches Management). Die operative Ebene des Managements organisiert schließlich den effizienten Umgang mit knappen Ressourcen. Alle drei Ebenen (normativ, strategisch, operativ) setzen aber aus unternehmensethischer Sicht voraus, dass auch die wirtschaftspolitische Dimensionen so gestaltet sind, dass ›unvernünftige‹ strukturelle Sachzwänge beseitigt und lebenspraktisch sinnvolle und faire Regeln auf den Märkten geschaffen werden. Dabei tragen Unternehmen ordnungspolitische Mitverantwortung zur Gestaltung dieser Regeln (Ulrich 1994, 95 ff.). Die betriebswirtschaftliche Vernunft wird transformiert, indem linear rationale Führungs*technokratie* durch ein konsensorientiertes Management ersetzt wird, das sich an den Grundsätzen partizipativer Führung orientiert. Konsensorientiertes Management ist bestrebt, durch dialogische Verbesserung der Organisationsstruktur und -kultur oder durch die Institutionalisierung eines regelmäßigen Dialogs auch mit extern betroffenen Gruppen (External Relations statt Public Relations) die Kommunikation des Unternehmens mit allen Betroffenen zu verbessern. Der Managementansatz der Ökonomie des Dialogs kann auch – und sollte letztlich – in einer »offenen Unternehmensverfassung« (Ulrich 1987, 420 ff.) verankert werden. Die offene Unternehmensverfassung entspräche der Konstituierung einer interessenpluralistischen Koalition aller Betroffenen im obersten Organ des Unternehmens.

Wirtschaftsbürgerethik

Ohne Bürgersinn, ohne zivilisierten Gemeinsinn kommt eine freiheitliche und demokratische Bürgergesellschaft nicht aus. Bürgerethos und freiheitlich-demokratische Ordnung (Bürger*rechte*) setzen sich wechselseitig voraus. Die unausweichlichen ›Tugendzumutungen‹ an moderne Wirtschaftsbürger lassen sich an zwei ›Orten‹ der Moral ausleuchten, die auf verschiedenen Ebenen liegen: auf der Ebene des öffentlichen Vernunftgebrauchs im Rahmen einer republikanisch orientierten, aber pragmatisch ausbalancierten Konzeption des politischen Prozesses in einer freiheitlich-demokratischen Gesellschaft und auf der Ebene des wirtschaftsbürgerlichen Berufs- und Privatlebens. Im reinen Wirtschaftsliberalismus und politischen Ökonomismus ist Politik die Fortsetzung des Geschäfts mit anderen Mitteln. Dem liegt die Vorstellung zugrunde, dass sich ›Bürger‹ nur durch ihre privaten Rechtsansprüche und Interessen definieren und sich ansonsten wechselseitig gleichgültig sind. In gesellschaftliche Interaktion tritt man dann, wenn sie je privat nützlich erscheint. Im Konzept integrativer Wirtschaftsethik kommt die Vorstellung wirtschaftsbürgerlicher Mitverantwortung als Teil des republikanischen Liberalismus hinzu. Freiheit wird als positive Freiheit in dem Sinne interpretiert, dass sie einerseits als politisch konstituierte und rechtsstaatlich zu gewährende, gleiche größtmögliche Freiheit aller Bürger dargestellt, die wesentlich deren Berechtigung zur aktiven Partizipation als Staatsbürger an der demokratischen Selbstbestimmung der Grundsätze des wohlgeordneten Zusammenlebens in einer freien Gesellschaft voraussetzt.

Der moralische Kern besteht darin, dass Bürgerinnen und Bürger bereit sind, ihre privaten Interessen den Legitimitätsbedingungen des Gemeinwesens zu unterstellen und sie insofern im Rahmen des öffentlichen Vernunftgebrauches zur Disposition zu stellen. Der republikanisch-liberale Weg erweist sich, was die Tugendanforderungen an die Bürger betrifft, als ein mittlerer Weg: Weder trägt die Bürgertugend wie im kommunitaristischen Entwurf die ganze Last der Stiftung des solidarischen Zusammenhalts in der Gesellschaft noch wird sie wie im ökonomischen Liberalismus zugunsten einer rein interessenbasierten Gesellschaftsintegration als nahezu entbehrlich verworfen.

Die entsprechenden Bürgertugenden werden von einer freiheitlichen Ordnung nicht ohne weiteres von selbst hervorgerufen, sondern sie müssen in fortwährender politisch-kultureller Anstrengung immer wieder neu gebildet werden. Staatsbürgertugenden sind dabei als formale Mindestansprüche der Wirtschaftsbürgerethik zu verstehen. Das republikanisch-staatsbürgerliche Ethos ist im Selbstverständnis der Wirtschaftssubjekte zu reflektieren und zur Geltung zu bringen. So tragen alle Wirtschaftssubjekte eine wirtschaftsbürgerliche Mitverantwortung für die Qualität gesellschaftlicher Prozesse und damit für die Rahmenbedingungen, unter denen sich legitime privatwirtschaftliche Interessenverfolgung vollzieht. Es ist Aufgabe der unbegrenzten kritischen Öffentlichkeit aller mündigen Wirtschaftsbürger, lebenspraktisch sinnvolle Reformen durch gute Gründe zu legitimieren und zu stärken. Der so eingebrachte öffentliche Vernunftgebrauch trägt dann dazu bei, begründete Reformen auch gegen den Widerstand von Partikularinteressen politisch durchzusetzen (Ulrich 1997, 319 f.). Die notwendige dialektische Wechselwirkung zwischen der minimalen, aber unverzichtbaren Bürgertugend einerseits (Individualethik) und einer freiheitlichen und gerechten Verfassung und demokratischer Willensbildungsverfahren (Institutionenethik) als ethisch-politische Orientierungsidee andererseits geklärt zu haben, ist die ›eigentliche Pointe‹ des republikanischen Liberalismus (ebd., 302). Der Staatsbürger als Wirtschaftsbürger ist darüber hinaus kritisch-loyaler Organisationsbürger im Spannungsfeld professioneller Ethik und der Funktionsverantwortung im Unternehmen.

Der Staatsbürger als Wirtschaftsbürger ist zugleich reflektierender Konsument, der den Willen zur Selbstbindung an jene Formen und jenes Maß an Konsum pflegt, das den Gesichtspunkten einer verallgemeinerbaren Lebensweise und damit seinen eigenen aufgeklärten Bedürfnissen gerecht wird. Ebenso bringt der Wirtschaftsbürger als kritischer Kapitalanleger sein Verantwortungsbewusstsein durch die Bereitschaft zur Selbstbegrenzung des privaten Renditestrebens zum Ausdruck.

Ausblick

Integrative Wirtschaftsethik betreibt Brückenbau zwischen den entfremdeten Welten von Ökonomie und philosophischer (und theologischer) Ethik. Nach langer historischer Entfremdung wirtschaftswissenschaftlichen und geistesgeschichtlichen Denkens beginnt die Wiedervermittlung. Ökonomie wird als letztlich normative Sozial- und Kulturwissenschaft neu konstituiert. Sie wird an ihre philosophischen Wurzeln zurückgeführt und jenseits der marktgläubigen Liberalisierung der Wirtschaft und Purifizierung der Wirtschaftswissenschaft auf eine zeitgemäße philosophisch-ethische Grundlage gestellt. Der Ansatz verbindet die geistesgeschichtlichen und wirtschaftswissenschaftlichen Denktraditionen und steht damit nicht nur für ein Konzept von Wirtschaftsethik, sondern für ein neues, umfassenderes Verständnis von Wirtschaft und Wirtschaftswissenschaft in ihren normativen, sozialen und gesellschaftlichen Kontexten. Insofern ist die Einordnung als Wirtschaftsethik durchaus irreführend, da es darum geht, Ökonomie mit Bezügen zu Ansätzen umfassenden Denkens in der ökonomischen Dogmengeschichte *kontextuell einzubetten*. Der Ansatz ist insofern herausfordernd für die ökonomische Theorie, als er Anachronismen aufdeckt und ökonomisches Denken im Blick auf die eigenen, häufig in Vergessenheit oder in Widersprüche geratenen normativen Grundlagen zurückführt. Im Konzept integrativer Wirtschaftsethik werden Konturen eines neuen Wirtschaftsverständnisses entwickelt.

Die »Arbeit am Mythos der Megamaschine« (Ulrich 1987, 475) erschien bis vor kurzem real gegenläufig zur Faktizität der gleichlaufenden ordnungs-, wirtschafts- und unternehmenspolitischen Entwicklung, die in der Zeit des Entstehens dieses Konzeptes sich immer stärker auf die vermeintlichen Sachzwänge der Liberalisierung, des internationalen Wettbewerbs und des Kostendrucks ausrichtete. Der diskursethische Ansatz ist zunächst auf Grundlagenreflexion und Verfahrensideale konzentriert. Er erfasst wesensgemäß nicht schon die materialen und politischen Inhalte, die konkret anzustreben sein sollten. So entwickelte sich eine analytische Klärung der normativen Grundlagen und Voraussetzungen der bestehenden ökonomischen Sachlogik. In Abgrenzung zur prinzipiellen Orientierung müssten Fragen der pragmatischen Umsetzung, die auch die institutionelle Aspekte und relevante Instrumente der Ordnungs-, Wirtschafts- und Unternehmenspolitik mit diskutieren, die Arbeit an der Megamaschine weiterführen und dazu beitragen, dass die überzeugenden regulativen Ideen in den Handlungsfeldern konkretisiert werden. Damit würde die Vermittlung der betroffenen wissenschaftlichen Ebenen und Wirtschaftsethik als praktischer Sozialökonomie abgerundet werden. In der praktischen Beantwortung der alten und bleibenden Kernfrage liegt die Aufgabe der Schüler, Förderer und Nachfolger der integrativen Wirtschaftsethik (Ulrich 1987, 443): »Letzten Endes geht es nicht um die Systemorganisation, sondern um unsere *Lebensform* und den ihr angemessenen Wirtschaftsstil: Wie möchten wir in Zukunft leben? Das ist die sozialökonomische Kernfrage der Zeit«.

Literatur

Assländer, Michael S./Ulrich, Peter (Hg.): 60 Jahre Soziale Marktwirtschaft: Illusionen und Reinterpretationen einer ordnungspolitischen Integrationsformel. St. Galler Beiträge zur Wirtschaftsethik. Bern/Stuttgart/Wien 2009.

Hill, Wilhelm/Fehlbaum, Raymond/Ulrich, Peter: Organisationslehre. Bd. 1: Ziele, Instrumente und Bedingungen der Organisation sozialer Systeme. Bern [5]1994.

–/–/–: Organisationslehre. Bd. 2: Theoretische Ansätze und praktische Methoden der Organisation sozialer Systeme. Bern [5]1998.

Meyer-Faje, Arnold/Ulrich, Peter (Hg.): Der andere Adam Smith. Beiträge zur Neubestimmung von Ökonomie als Politischer Ökonomie. St. Galler Beiträge zur Wirtschaftsethik. Bern 1991.

Ulrich, Peter. Die Großunternehmung als quasi-öffentliche Institution. Eine politische Theorie der Unternehmung. Stuttgart 1977.

–: Transformation der ökonomischen Vernunft. Fortschrittsperspektiven der modernen Industriegesellschaft [1986]. Bern/Stuttgart/Wien [3]1993

–: Integrative Wirtschafts- und Unternehmensethik. Ein Rahmenkonzept. In: Forum für Philosophie Bad Homburg (Hg.): Markt und Moral. Die Diskussion um die Unternehmensethik. Bern/Stuttgart/Wien 1994, 75–107.

–: Der entzauberte Markt. Eine wirtschaftsethische Orientierung. Freiburg i. Br. 2002.

–: Integrative Wirtschaftsethik. Grundlagen einer lebensdienlichen Ökonomie [1997]. Bern/Stuttgart/Wien [4]2008.

– /Büscher, Martin/Matthiesen, Kai H./Sarasin, Charles: Ethik in Wirtschaft und Gesellschaft – 24 Lehreinheiten zu Grundfragen des Wirtschaftens, Lebens und Arbeitens mit Kopiervorlagen, Materialien und Unterrichtsdispositionen. Aarau 1996.

– /Fluri, Edgar: Management. Eine konzentrierte Einführung [1975]. Bern/Stuttgart/Wien [7]1995.

– /Löhr, Albert/Wieland, Josef (Hg.): Unternehmerische Freiheit, Selbstbindung und politische Mitverantwortung. Perspektiven republikanischer Unternehmensethik. München/Mering 1999.

– /Sarasin, Charles (Hg.): Facing Public Interest. The Ethical Challenge to Business Policy and Corporate Communications. Issues in Business Ethics. Dordrecht/Boston/London 1995.

– /Thielemann, Ulrich: Ethik und Erfolg. Das unternehmensethische Verantwortungsbewusstsein von Führungskräften. Eine empirische Studie im Auftrag von ›Res Publica, Vereinigung Unternehmerische Verantwortung‹. Zürich 1991.

– /Thielemann, Ulrich: Standards guter Unternehmensführung: Zwölf internationale Initiativen und ihr normativer Orientierungsgehalt. St. Galler Beiträge zur Wirtschaftsethik. Bern/Stuttgart/Wien 2009.

– /Wieland, Josef (Hg.): Unternehmensethik in der Praxis. Impulse aus den USA, Deutschland und der Schweiz. St. Galler Beiträge zur Wirtschaftsethik. Bern [2]1999.

Martin Büscher

6. Republikanischer Ansatz (Horst Steinmann und Albert Löhr)

Friedenspflicht als normative Basis der Unternehmensethik

Horst Steinmann und Albert Löhr gehen in ihrer Konzeption vor allem von unternehmensethischen Fragestellungen aus. Sie sehen sich dabei in der Tradition der Philosophie der Erlanger Schule und lehnen sich in ihrer Argumentation insbesondere an die ethischen Theorien Paul Lorenzens an (vgl. u.a. Lorenzen 1991, 35–67). Entsprechend ergibt sich für sie die Notwendigkeit zur Implementierung einer Unternehmensethik zuallererst aus deren ›friedensstiftenden Wirkung‹. Zweck einer Unternehmensethik ist es somit, zur friedlichen Konfliktlösung bei unternehmerischen Problemen innerhalb und außerhalb des Unternehmens beizutragen. Dies sei nötig, da Unternehmen, so der Ausgangspunkt Steinmanns und Löhrs, sich zunehmend mit Konflikten zwischen unterschiedlichen Anspruchs- und Interessengruppen konfrontiert sähen, die sich nicht mehr ausschließlich über eine verbesserte Ausgestaltung der wirtschaftlichen Rahmenordnung regeln lassen. Durch diese neuen Konfliktpotentiale sei letztlich der gesellschaftliche Frieden bedroht. Unternehmensethik kann und soll einen Beitrag zur Entschärfung dieser durch unternehmerisches Handeln ausgelösten Konflikte leisten und die friedliche Beilegung dieser Konflikte fördern (vgl. Steinmann/Löhr 1992, 235 f.).

Vor allem gilt es, gemäß Steinmann und Löhr, zu klären, inwieweit eine Wirtschafts- und Unternehmensethik in der Lage ist, einen Prozess friedlicher Konfliktbewältigung einzuleiten. Dabei steht als erstes die Frage nach der Begründung einer Unternehmensethik im Vordergrund (Begründungsproblem). Als problematisch erweist sich hier zunächst der Verlust gemeinsamer gesellschaftlicher Werthaltungen und Normen, da es in post-traditionalen Gesellschaften nicht mehr möglich ist, zur Begründung einer Unternehmensethik auf ein Set geteilter Werte und Normen zu verweisen. Da eine Unternehmensethik jedoch Anweisungen für richtiges Handeln geben soll, muss sie die Gültigkeit ihrer Normen begründen. Genügte in traditionalen Gesellschaften also der Verweis auf gemeinsam anerkannte Werte und Ordnungsvorstellungen, entfällt in pluralistischen Gesellschaften diese Möglichkeit der Begründung. Jeder Begründungsversuch läuft daher Gefahr, in einem von dem Philosophen Hans Albert als ›Münchhausentrilemma‹ (vgl. Albert 1980, 11 ff.) bezeichneten Begründungsproblem zu enden. Da eine letztgültige Begründung von Normen mithin unmöglich scheint, fordern Steinmann und Löhr in konsequenter Anlehnung an den Konstruktivismus der Erlanger Schule: »Der Anfang aller ethischen Reflektionsbemühungen muss [...] an lebenspraktisch schon verfügbare Erfahrungen (›unmittelbare Praxis‹) anschließen, die erste ethisch relevante sprachliche Unterscheidungen ermöglichen« (Steinmann/Löhr 1994, 71).

Zur Begründung von ethischen Normen soll daher ein Prinzip herangezogen werden, das in der lebenspraktischen Wirklichkeit bereits Berücksichtigung findet. Ein derartiges Prinzip sehen Steinmann und Löhr in der Tendenz der Menschen, Konflikte möglichst zu vermeiden und Frieden zu suchen: »Denn dort, wo Konflikte wahrgenommen werden, und zwar so, dass sie als Unterschied zu einem wünschenswerten Zustand der gemeinsamen Gestaltung des Lebens erscheinen, dort sind Bemühungen um ihre Bewältigung implizit schon mit angelegt« (Steinmann/Löhr 1994, 72). Daher sei der Wunsch nach friedlicher Beilegung von Konflikten als lebenspraktisch bereits verfügbare Tatsache anzusehen und könne den normativen Ausgangspunkt einer Unternehmensethik bilden. Denn »[d]as Ziel des Friedens kann und braucht [...] nicht durch ethisch-politische Wissenschaften begründet werden, sondern umgekehrt ist es gerade dieses lebenspraktische Ziel, das den ethisch-politischen Wissenschaften erst ihren Sinn gibt. Bemühungen um den Frieden sind jedenfalls immer dann erforderlich, wenn ein überkommener Bestand an Normen in einer gesellschaftlichen Werteordnung an Verbindlichkeit verliert und das gemeinsame (friedliche) Handeln trotzdem aufrechterhalten werden soll« (Steinmann/Löhr 1991a, 5).

Da die Möglichkeit zur Herstellung von Frieden jedoch stets auf der vorbehaltlosen Zustimmung der von einem Konflikt Betroffenen beruht, findet sie ihren Ausdruck im Konsens, der weder willkürlich oder unter Zwang erzielt werden noch als reine Kompromisslösung ausgehandelt werden darf. Allein die Einsicht in die Richtigkeit der vorgetragenen Argumente soll Auslöser für die individuelle Zustimmung sein (vgl. Steinmann/Löhr 1994, 72 f.; Löhr 1996, 57 f.; Steinmann 1997, 11 f.). Zur friedensstiftenden Regelung dessen, was für alle Mitglieder einer Gemeinschaft verbindlich gelten soll, schlagen Steinmann und Löhr daher den herrschaftsfreien Diskurs vor, da sie in der Zustimmung aller Betroffenen zu einem bestimmten Lösungsvorschlag die einzige Möglichkeit sehen, innerhalb post-traditionaler Gesellschaften zur verbindlichen Festlegung allgemeingültiger Regeln zu gelangen, sofern man die Möglichkeit der Anwendung physischer Gewalt zur Durchsetzung außer Acht lässt (vgl. Steinmann/Olbrich 1994, 120). Innerer Frieden bei der Konfliktbewältigung lasse sich somit nur durch Konsens erreichen, wobei generell die Verständigung durch die gemeinsame Einsicht in die Richtigkeit der Konfliktlösungsvorschläge möglich wird. Eine tragfähige Wirtschafts- und Unternehmensethik ist somit zuallererst als eine rationale Konsensethik anzulegen. Verpflichtend seien in diesem Sinne nur »der zwanglose Zwang des besseren Arguments« und die Anerkennung triftiger Gründe (vgl. Steinmann/Löhr 1992, 240). Dabei werden »[d]ie Prädikate ›wahr‹ und ›gerechtfertigt‹ [...] auf Grund einer argumentativ gewonnenen Übereinstimmung zugesprochen. Sie verdanken sich einer sprachlichen Konstruktionsleistung« (Steinmann/Löhr 1994, 76 f.).

Der Dialog als Einigungsverfahren

Um zur Festlegung von als allgemeinverbindlich erachteten Normen zu gelangen, verweisen Steinmann und Löhr auf eine Dialogethik, die die Verfahrensweisen und Formalvorschriften regelt, entsprechend derer Dialoge zu führen sind (vgl. Steinmann/Löhr 1994, 80 ff.). Dabei kommt der Festlegung von Diskursregeln ein gewisser Eigenwert zu, da sie selbst im Falle eines bestehenden Wertekonsenses Vorschriften für den Umgang mit dem möglichen Konfliktfall bereithalten und mithin nicht nur aktuelle sondern generelle Regeln für den Umgang mit Konflikten darstellen: »This means, that even if we would share substantial moral norms as our ethical point of view, we would need a prior procedural rule to resolve conflicts« (Löhr/Blickle 1996, 48).

Jedoch sind sich Steinmann und Löhr durchaus der Tatsache bewusst, dass die idealtypisch zu führenden Dialoge mindestens vier *praktischen Herstellungsbeschränkungen* unterliegen (vgl. Steinmann/Löhr 1994, 87–93):

(1) Zeitliche Restriktionen: So erlauben es zeitliche Restriktionen unter Umständen nicht, dass zur Problemlösung ein Dialog mit den betroffenen Konfliktparteien eingeleitet wird, da die Entscheidungen im Allgemeininteresse schnell getroffen werden müssen. In diesem Fall muss der Entscheidungsträger die antizipierbaren Argumente der von seiner Entscheidung Betroffenen in einem Stellvertreter-Diskurs gegeneinander abwägen und in seine Entscheidung mit einfließen lassen.

(2) Sachliche Beschränkung: Zudem führt die zunehmende Komplexität arbeitsteiliger Gesellschaften und der damit einhergehende Konsensbildungsbedarf zu einer sachlichen Beschränkung. Der Einzelne ist aufgrund der Fülle der zu treffenden Entscheidungen nicht mehr in der Lage, alle Entscheidungen diskursiv zu lösen. Hier gilt es, durch Konsens legitimierte Institutionen zu schaffen, innerhalb derer dem einzelnen Entscheidungsautonomie zugestanden werden muss. »What is required than for peace, are proper institutions at all levels of society, which by their very construction promote conflict resolutions through arguing and consensus« (Steinmann/Löhr 1996, 39). Entscheidungen sind dann einer zweistufigen Legitimationsprüfung zu unterziehen: Erstens muss die Entscheidung innerhalb des durch die Institution zugestandenen Kompetenzbereichs liegen und zweitens muss die Institution, die diesen Kompetenzbereich festlegt, durch allgemeine Zustimmung legitimiert sein.

(3) Räumliche Herstellungsbeschränkung: Des Weiteren unterliegt der idealtypische Dialog einer räumlichen Herstellungsbeschränkung. Dies gilt insbesondere für Konflikte, bei denen neben einer räumlichen Distanz noch eine kulturelle Distanz, wie unterschiedlicher Sprachgebrauch oder unterschiedliche Traditionen usw., hinzutritt. Der Verweis auf eine derartige räumlich-kulturelle Distanz darf aber nicht zum Abbruch einer dialogischen Verständigung zum Zwecke der Konfliktlösung führen. Lediglich wenn diese räumliche Distanz zu zeitlichen Restriktionen bei der Entscheidungsfindung führt, ist ein ›Stellvertreter-Dialog‹ zulässig.

(4) Personelle Restriktionen: Schließlich behindern personelle Restriktionen die Durchsetzung des idealtypischen Dialogs; so zum Beispiel: die Unmöglichkeit der Präsenz aller Betroffenen im Dialog, die mangelnde Disziplin bei der Einhaltung der Diskursregeln und die Überforderung der am Diskurs Beteiligten bei der Anwendung der Diskursregeln. Letztlich lässt sich auch der Missbrauch dialogischer Verfahren zur Verfolgung eigener Machtinteressen nicht verhindern. Es gilt, ebenso wie auch zur Lösung des Problems der Überforderung der Diskurs-

beteiligten, ›Aufklärungsarbeit‹ zu leisten und mündige Organisationsbürger heranzuziehen, die gelernt haben, einen Konsens alleine durch die Richtigkeit ihrer Argumente herbeizuführen.

Trotz dieser praktischen Herstellungsbeschränkungen habe sich der praktische Diskurs stets an der regulativen Idee idealer Diskurse und Diskursgemeinschaften auszurichten. Allerdings ergeben sich bei der praktischen Anwendung der Diskursregeln zusätzliche *Umsetzungsprobleme*, wenngleich sie, wie Löhr anhand der Erfahrung mit praktischen Diskursen belegt, eine Verständigung nicht unmöglich machen. Als weitere zentrale Fragen, die es bei der Anwendung diskursiver Verfahren zur Konfliktbewältigung zu klären gilt, sieht Löhr (vgl. Löhr 2005, 194–201):

(1) Das Recht zur Teilnahme: Zwar ist theoretisch mindestens prinzipiell jeder Sprechergruppe, die ein legitimes Anliegen gegenüber dem Unternehmen vertritt, die Teilnahme am Diskurs zu ermöglichen. Jedoch muss die Zahl der Diskursteilnehmer aus Praktikabilitätsgründen beschränkt werden. Es gilt daher, Ausschlusskriterien zu formulieren, die es erlauben, die Zahl der potenziellen Teilnehmer auf ein sinnvolles Maß zu reduzieren. Als mögliche Kriterien für eine Selektion der Teilnehmer kommen dabei beispielsweise die Relevanz der vertretenen Anliegen, die unmittelbare Betroffenheit der jeweiligen Gruppen oder die Dialogbereitschaft der einzelnen Sprecher in Frage.

(2) Die Möglichkeit zur Teilnahme: Weitere Schwierigkeiten bei der Auswahl möglicher Teilnehmer ergeben sich hinsichtlich der fachlichen Kompetenz, möglicher Sprachbarrieren sowie der räumlichen Distanz der Betroffenen. Diese Probleme ergeben sich insbesondere für multinationale Unternehmen, da nicht ohne weiteres davon ausgegangen werden kann, dass die jeweils durch das Unternehmenshandeln Betroffenen einerseits über die nötigen finanziellen Mittel und andererseits über hinreichende Fremdsprachenkenntnisse verfügen, um selbst aktiv an einem Stakeholder-Diskurs teilnehmen und ihre Anliegen selbst vertreten zu können. Um dennoch ein möglichst authentisches Spektrum an Stakeholder-Vertretern zu erhalten, gilt es im Vorfeld zu klären, wer als Repräsentant möglicherweise die Anliegen der jeweiligen Stakeholder-Gruppen stellvertretend vertreten könnte.

(3) Wissens- und Interpretationsdifferenzen: Inhaltliche Differenzen zwischen den Teilnehmern an Stakeholder-Dialogen ergeben sich oftmals nicht hinsichtlich der anzuwendenden Normen, sondern hinsichtlich der Frage, ob die einzelne Norm in einem konkreten Fall verletzt wurde, respektive anzuwenden gewesen wäre. Hier werden oftmals unterschiedliche Fakten angeführt bzw. die Fakten unterschiedlich interpretiert. Während Unternehmen sich hier auf ihr ›objektives Faktenwissen‹ (Bilanz, Personalunterlagen, Umweltberichte etc.) stützen, verweisen die Vertreter von Nichtregierungsorganisationen in der Regel auf die Informationen einheimischer Aktionsgruppen, die die sozialen und ökologischen Verhältnisse vor Ort besser einschätzen könnten als die Unternehmen. Der Klärung der infrage stehenden Sachverhalte und der Validität der hierfür herangezogenen Daten kommt daher im praktischen Diskurs eine besondere Bedeutung zu.

(4) Schranken der Verständigungsbereitschaft: Jede Form der diskursiven Verständigung setzt die mindestens prinzipielle Verständigungsbereitschaft der Teilnehmer voraus. Konkret bedeutet dies, dass einmal erzielte Einigungen, beispielsweise über die Gültigkeit bestimmter Informationen, im weiteren Verlauf des Diskurses nicht erneut in Frage gestellt werden dürfen. Auch verpflichtet dies die jeweiligen Repräsentanten, die einmal erzielten Einigungen gegenüber der eigenen Basis (sei es im Unternehmen, sei es gegenüber den Mitgliedern der jeweiligen Interessengruppe) zu vertreten. Dies kann sich jedoch bei häufig wechselnden Sprechern der einzelnen Stakeholder-Gruppierungen mitunter als schwierig erweisen.

(5) Grenzen der Selbstverpflichtung: Ziel aller Stakeholder-Diskurse ist die Verständigung mit den für einen bestimmten Sachverhalt relevanten Stakeholdern, wobei der erzielte Konsens von allen Beteiligten in konkrete Handlungsprogramme umgesetzt werden muss. Die innerhalb des Diskurses erzielten Einigungen sind für die beteiligten Parteien bindend. Dies erweist sich jedoch insbesondere auf Seiten der weniger straff organisierten Nichtregierungsorganisationen als Problem, da diese in der Regel durch ihre Basis bestimmt werden und über nur unzulängliche Mittel verfügen, Entscheidungen für alle Organisationsmitglieder bindend zu machen. Jedoch sind es gerade diese wenig organisierten Aktivisten-Netzwerke, die die öffentliche Meinung entscheidend beeinflussen und deswegen von besonderer Bedeutung für das Unternehmen sind.

Trotz der benannten Schwierigkeiten kann die dialogische Auseinandersetzung mit den jeweiligen externen Anspruchsgruppen einen Beitrag zum Selbstverständnis eines dialogfähigen und lernenden Unternehmens leisten. Wie die praktischen Erfahrungen mit Stakeholder-Dialogen zeigen, können hier durchaus fruchtbare Allianzen entstehen und Lerneffekte für alle Beteiligten erzielt werden. Dennoch sind der dialogischen Verständigung in der Praxis auch Grenzen gesetzt, die es letztlich zu akzeptieren gilt.

Das Anwendungsproblem der Unternehmensethik

Neben der Frage nach der normativen Begründung einer Unternehmensethik stellt sich zum zweiten die Frage nach der praktischen Relevanz einer Unternehmensethik (Anwendungsproblem). Das Anwendungsproblem beinhaltet dabei vor allem die Frage nach dem systematischen Ort einer angewandten Unternehmensethik. »Unternehmensethik muss als eine Lehre vom richtigen Handeln der Unternehmensführung bei (weitreichenden) Konflikten mit Bezugsgruppen der Unternehmung verstanden werden« (Steinmann/Löhr 1992, 241). Dabei geht es nicht um die inhaltliche Festlegung materialer Normen, denn dies würde implizit bereits deren Konsensfähigkeit unterstellen. Die universelle Richtigkeitsbehauptung materieller Normen lässt sich also nicht aufrechterhalten. So kann es einer Unternehmensethik lediglich um die Festlegung von Verfahrensweisen gehen, wie im Konfliktfall eine friedliche Lösung erreicht werden kann (vgl. Löhr 1996, 59): »Unternehmensethik ist daher prozessual anzulegen [...]« (Steinmann/Löhr 1992, 242).

Die Aufgabe einer Unternehmensethik ist nicht die Bestandsaufnahme faktisch geltender Normen oder gelebter Werthaltungen, sondern die herrschaftsfreie Vermittlung zwischen den aus diesen unterschiedlichen Werthaltungen resultierenden Konflikten. Konsens lässt sich jedoch nur ›dialogisch‹, nicht ›monologisch‹ erzielen. »Ein begründetes Urteil in Dilemma-Situationen kann [...] nur durch eine argumentative Auseinandersetzung zwischen den Betroffenen zur Klärung aller vorgetragenen Gründe herbeigeführt werden. Kurz: Verantwortung kann nur im Dialog wahrgenommen werden« (Steinmann/Löhr 1995, 233). Wo immer möglich, ist also von Seiten der Unternehmensführung in Konfliktfällen die Ausgangsbedingung für einen herrschaftsfreien Diskurs zu schaffen. Die gesellschaftliche Verantwortung der Unternehmung bezieht sich gerade auf die Ermöglichung dieses Diskurses und ist nicht von den jeweiligen individuellen Werturteilen einzelner Unternehmensmitglieder abhängig. So verstanden ist Unternehmensethik eine Art Sozialethik, »[...] die nicht in einer bloßen Individualethik für Manager aufgehoben werden kann« (Steinmann/Löhr 1992, 243).

Konflikte von Unternehmen mit externen Bezugsgruppen zeigen, dass die Legitimation unternehmerischen Handelns nicht alleine durch eine marktwirtschaftliche Rahmenordnung gedeckt ist. Prinzipiell lassen sich mindestens sechs Ebenen unterscheiden, auf denen es zu Konflikten kommen kann. Es sind dies: die Handlungsebene, die Unternehmensebene, die Verbandsebene, die Ebene der Rahmenordnung, die politische Ebene und die Ebene der Lebenspraxis. Während sich die beiden erstgenannten Ebenen auf die Unternehmensethik beziehen lassen, verweisen die beiden nächstgenannten Ebenen auf das Themenfeld der Wirtschaftsethik und die beiden letztgenannten Ebenen auf die philosophische Ethik insgesamt (vgl. Steinmann/Löhr 1997, 11–14; Steinmann/Löhr 1996, 27–31). »Auf welcher Ebene nach einer Konfliktlösung gesucht werden muss, hängt natürlich von den Umständen des Einzelfalles ab und kann nicht theoretisch vorentschieden werden. Als Leitlinie sollte man sich jedoch am Prinzip der Subsidiarität orientieren [...]« (Steinmann/Löhr 1997, 13). Diese trotz rechtlicher Rahmenordnung auf unterschiedlichsten Gesellschaftsebenen auftretenden Konfliktpotenziale legen nahe, dass auch auf Unternehmensebene von einer systematischen Begrenztheit der Steuerungskapazität jeder rechtlichen Rahmenordnung auszugehen ist. »Treten also trotz Einhaltung der (legitimierten) Regeln der Wirtschaftsordnung doch (ethisch ernstzunehmende) Konflikte bei der Verfolgung der gewinngesteuerten Unternehmensaktivitäten auf oder sind solche zu befürchten, entsteht ein situationsspezifisches Rechtfertigungsproblem für die Unternehmung« (Steinmann/Löhr 1991b, 270). Der systematische Ort einer Unternehmensethik ist somit der permanente Diskurs um die Konsensfähigkeit der unternehmenspolitischen Strategien selbst (vgl. Steinmann/Löhr 1994, 101 f.). Im Sinne einer dialogischen Unternehmensethik sind Unternehmen im Rahmen der herrschenden Wettbewerbsordnung dazu aufgerufen, eine stärkere dezentrale Verantwortung für die Lösung moralischer Konflikte zu übernehmen (vgl. Steinmann/Löhr 1995, 226). »Freiheit und Verantwortung müssen im Zeitalter der Globalisierung an ihren Ursprungsort zurückkehren, dorthin wo situationsgerechte ökonomische Entscheidungen zu treffen sind, und das ist nun einmal die Ebene der Unternehmung [...]« (Steinmann 1997, 14). Zwar scheint es aus Vereinfachungsgründen sinnvoll, Unternehmen innerhalb bestimmter Grenzen von diesem permanenten Diskurs frei zu stellen, aber nur solange, wie durch die Befolgung der Rahmenordnung keine Konflikte mit anderen Bezugsgruppen auftreten.

Unternehmensethik als konstitutive Ergänzung des Rechts

Aus Perspektive Steinmanns und Löhrs wird Unternehmensethik so zu einer konstruktiven Ergänzung des Rechts (vgl. Steinmann/Löhr 1994, 102 f.): Während rechtliche Maßnahmen versuchen, durch antizipatorische Regelungen generelle Strukturkonflikte zu vermeiden, eignet sich eine diskursive Unternehmensethik dazu, ad hoc auftretende Konflikte im jeweils situativen Kontext zu regeln. Es ist somit Aufgabe der Unternehmensethik, die auch innerhalb des wirtschaftsethisch legitimierten Ordnungsrahmens noch offenen Legitimationsprobleme unternehmerischen Handelns zu klären. Auf Basis der Diskursethik ist dies möglich, wenn die Fragen nach der Berechtigung unternehmerischen Handelns mit guten Gründen beantwortet werden können und ein allgemeiner und freier Konsens aller Betroffenen hierüber erzielt worden ist (vgl. Steinmann/Löhr 1997, 10). »Dabei wird sich die Unternehmung im Sinne des Subsidiaritätsprinzips zunächst selbst um eine Konfliktlösung bemühen müssen. Allerdings muss sie in solchen Fällen, wo ihre eigene Konfliktlösungskapazität überschritten wird, Lösungsversuche auf übergeordneten Regelungsebenen (Verband, Staat) anstoßen« (Steinmann/Löhr 1994, 105).

Unternehmensethik soll dabei nicht das Recht ersetzen, sondern das Recht unterstützen. Da das Recht – mindestens in demokratisch verfassten Rechtsstaaten – als ›Hüter‹ des gesellschaftlichen Friedens gelten kann, verpflichtet eine Unternehmensethik die wirtschaftlichen Akteure zunächst zur Anwendung der bestehenden Gesetze (Durchsetzungsfunktion). In jenen Fällen, in denen entsprechende gesetzliche Regelungen zur Regelung gesellschaftlicher Konflikte noch nicht existieren, sollen Unternehmen selbst zur friedlichen Beilegung dieser Konflikte beitragen (Ergänzungsfunktion). Schließlich sind Unternehmen dazu aufgerufen, an der Fortentwicklung des Rechts in all jenen Bereichen mitzuwirken, in denen die Schaffung wettbewerbsneutraler Spielregeln für die Gestaltung der wirtschaftlichen Handlungssphäre notwendig scheint (Fortentwicklungsfunktion) (vgl. Steinmann 2003, 380 f.).

Eine Unternehmensethik zielt somit auf die Selbstverpflichtung der wirtschaftlichen Akteure. Entsprechend lehnen Steinmann und Löhr eine ›Außensteuerung‹ unternehmerischer Moral durch gesetzliche Sanktionsmechanismen oder durch ein Leistungsanreizsystem ab, da derartige Vorgaben Zwang auf die Diskursbeteiligten ausüben würden. Zur Steuerung unternehmerischen Moralverhaltens setzen sie vielmehr auf Verhaltenskodizes, Führungsgrundsätze und eine kritische Öffentlichkeit als Kontrollinstanz der unternehmerischen Moral (vgl. Steinmann/Löhr 1992, 246 f.).

Unter den Bedingungen des marktlichen Wettbewerbs gilt jedoch, dass der damit verbundene Zwang zur Gewinnerzielung hier einen systematischen Platz für die Umsetzung der Unternehmensethik lassen muss. »Erst in dem Augenblick, wo man voraussetzt, dass auf Unternehmensebene nicht nur zufällig, sondern systematisch Handlungsspielräume in wesentlichem Ausmaß verfügbar sind, die nicht schon durch das Gewinnprinzip und seine Konnex-Institute vollständig konditioniert werden, kann sich sinnvoller Weise ein Bedarf nach einer eigenständigen Unternehmensethik ergeben« (Steinmann/Löhr 1991a, 7). In diesem Sinne kann das Prinzip der Gewinnmaximierung zwar als eine generell notwendige, aus Sicht der Unternehmensethik aber keinesfalls als hinreichende Bedingung für das Überleben des Unternehmens gesehen werden (vgl. Steinmann/Löhr 1996, 46). Wenn somit bei der Lösung von Konfliktfällen unter Verzicht auf ungezügeltes Gewinnstreben eine Gefährdung des Unternehmensbestandes ausgeschlossen werden kann, ist die Umsetzung einer prozessualen Unternehmensethik möglich. »Insofern sind ethische Überlegungen nicht nur auf der Ordnungsebene, sondern auch auf der Unternehmensebene dem Gewinnprinzip systematisch vorgeordnet« (Steinmann/Löhr 1994, 107).

Allerdings können die innerhalb marktwirtschaftlicher Ordnungen operierenden Unternehmen die Verfolgung des Gewinnziels nicht schlechterdings außer Acht lassen. Es ist Aufgabe der Wirtschaftsethik zu klären, inwieweit hierfür geeignete Rahmenbedingungen des Wettbewerbs festzulegen sind. Für die Betrachtung einer Unternehmensethik genügt es, die Verfolgung des Gewinnziels unter bestimmten Nebenbedingungen zuzulassen (vgl. Steinmann/Löhr 1992, 246). »Unternehmensethik ist als eine selbst auferlegte Beschränkung der unternehmerischen Mittelwahlen zur Gewinnerzielung zu verstehen. Sie reduziert die Auswahl an strategischen Mitteln, die für ein ethisch verpflichtetes Managementhandeln zur Verfügung stehen, um Gewinne zu erzielen« (Steinmann/Löhr 1997, 26).

Zentrale Bedeutung kommt in diesem Kontext jedoch auch dem Mitarbeiterverhalten innerhalb der Organisation zu. Um ihrer dialogischen Verantwortung im Unternehmen gerecht zu werden, »[...] wären die Mitarbeiter zu argumentationsfähigen Organisationsbürgern heranzuziehen« (Steinmann/Löhr 1992, 249).

Moralische Defizite in Unternehmen

Um zu geeigneten Unternehmensstrukturen und zum Idealbild des Organisationsbürgers als Mitarbeiter zu gelangen, bedarf es jedoch einer grundsätzlichen Klärung der Ausgangssituation. Entsprechend gilt es, die Frage nach den Gründen für unethisches Handeln in Unternehmen zu beantworten. Wenn organisationale Defizite oder falsche Leitlinien die Durchsetzung moralischer Standards in Unternehmen verhindern, müssen diese geändert werden. Steinmann und Löhr nennen drei Bereiche derartiger moralischer Defizite (vgl. Steinmann/Löhr 1994, 27–61):

(1) Systemzwänge eines auf Gewinnerzielung ausgerichteten Geschäftsbetriebes: Die Systemzwänge des Wettbewerbs führen zu der ›Versuchung‹, sich durch Missachtung moralischer Prinzipien in einer Konkurrenzsituation Wettbewerbsvorteile zu verschaffen. »Wenn alle anderen Konkurrenten sich strikt an einen bestimmten Moralstandard halten, erhält derjenige Vorteile im Wettbewerb, der ein bisschen (marginal) unmoralischer als die anderen handelt, ohne dass diese schon Sanktionen ergreifen« (Steinmann/Löhr 1994, 28). Es entsteht in einer Wettbewerbswirtschaft somit langfristig eine Tendenz sich den niedrigst möglichen Moralstandards anzupassen. Diese ›Erosion der Moralstandards‹ ist einer Marktwirtschaft inhärent und tritt unabhängig von der jeweiligen Unternehmensstrategie und der konkreten Wettbewerbssituation auf. Sie kann erklären, warum Unternehmen unethisch handeln (vgl. ebd., 28 f.).

(2) Organisatorische Restriktionen innerhalb des Unternehmens: Weitere Probleme für die Umsetzung moralischer Standards innerhalb von Unternehmen bilden die Barrieren der *Organisationsstruktur* und der *Organisationskultur* (vgl. Steinmann/Löhr 1994, 30–46):

(a) Dabei bestimmt die *Organisationsstruktur* die Menge der möglichen Handlungsalternativen, die dem Akteur zur Verfügung stehen und blendet damit unter Umständen moralverträgliche Handlungsmöglichkeiten ex ante aus der Lösungssuche aus. »Organisationsstrukturen sind in einem doppelten Sinne (ethisch) selektiv – sie schreiben einerseits vor, was gemacht werden soll und blenden damit andererseits zugleich aus, was ein Stelleninhaber nicht tun soll. Da diese doppelte Selektionsproblematik konstitutiv für das organisierte, zweckgerichtete soziale Handeln im Unternehmen ist, scheint die klassische arbeitsteilige Organisation von vornherein ethisch problematisch zu sein« (Steinmann/Löhr 1994, 30). Arbeitsteiligkeit, Diffusion der Entscheidungskompetenzen und die klassische Befehlshierarchie wirken sich negativ auf das Moralverhalten der einzelnen Mitarbeiter aus, da sie die Wahrnehmung der Gesamtperspektive durch den Mitarbeiter verhindern, Ressortdenken begünstigen und das individuelle Verantwortungsempfinden verringern. Die Folge ist oftmals die systematische Ausblendung ethischer Reflexionen bei der Beurteilung unternehmerischen Handelns. »Das lebenspraktische Ergebnis ist dann eine ›organisierte Unverantwortlichkeit‹« (ebd., 38).

(b) Ziel der *Organisationskultur* ist es, »[...] dass die gemeinsamen Wertorientierungen die Mitarbeiter dazu veranlassen, im Einzelfall selbst richtig zu entscheiden, was die Situation erfordert und zugleich im Interesse des durch die Organisationskultur definierten Ganzen liegt« (Steinmann/Löhr 1994, 40). Bezug nehmend auf James A. Waters (vgl. 1991, 284–293) unterscheiden Steinmann und Löhr auf Ebene der Organisationskultur eine strenge Rollenerwartung, hohe Gruppenkohäsion, unklare Prioritäten und die Abschottung der Gruppe nach außen als maßgebliche Barrieren bei der Umsetzung moralischer Standards. Die starke Abgrenzung gegenüber anderen Gruppen macht die Kritik des Gruppenverhaltens von außen oftmals unmöglich. Zudem erschwert es der starke Gruppenzusammenhalt dem Einzelnen, eine kritische Distanz zu den in der eigenen Gruppe gelebten Praktiken einzunehmen. Zusätzlich wirken sich oft unklare Prioritäten bei der Umsetzung unternehmerischer Ziele in Fällen von Zielkonflikten negativ auf die Entscheidungsfindung aus. So wird vom einzelnen Entscheidungsträger zumindest insgeheim die Durchsetzung ökonomischer Zielvorgaben erwartet, ethisch-moralische Zielvorgaben treten in den Hintergrund. Ethisches Handeln kann unter diesen Bedingungen nur solange durchgesetzt werden, so lange es nicht zu Gewinneinbußen oder anderen ökonomischen Nachteilen führt.

(3) Die herrschende Moral der Manager: Horst Steinmann und Albert Löhr folgen in ihrer Interpretation moralischen Verhaltens von Managern einer Studie von Richard P. Nielsen (vgl. 1991, 320–326) und unterscheiden je nach moralischer Handlungsorientierung vier unterschiedliche Managertypen (Steinmann/Löhr 1994, 58–61):

(a) ›*Eichmann-Typ*‹: Der ›Eichmann-Typ‹ ist gekennzeichnet durch unerschütterliche Pflichterfüllung. Er ist nicht in der Lage oder gewillt, die moralischen Konsequenzen seines Tuns zu hinterfragen. »Der Eichmann-Typ repräsentiert einen Manager, der die Frage nach der moralischen Qualität seines Handelns überhaupt nicht stellt. Es geht ihm um eine unreflektierte Sachlichkeit, eine technische Effizienz in der Aufgabenerfüllung, bei völliger Ausblendung aller Fragen nach der ethischen Qualität seines Tuns. Eichmann als Manager handelt technisch effizient und moralisch gedankenlos« (ebd., 59).

(b) ›*Richard III-Typ*‹: Demgegenüber ist sich der ›Richard III-Typ‹ der moralischen Qualitäten seines Handelns durchaus bewusst. Er handelt jedoch unmoralisch, um sich dadurch einen persönlichen Vorteil zu verschaffen. »Um der eigenen Karriere willen wird z. B. die Sicherheit am Arbeitsplatz oder von Produkten vernachlässigt, damit Kosten gespart werden; dies kann als persönlicher Erfolgsausweis gelten und dem Manager besondere Aufstiegschancen verschaffen« (ebd., 59).

(c) ›*Faust-Typ*‹: Ebenso erkennt der ›Faust-Typ‹ die moralischen Qualitäten seines Handelns. Aber ebenso wie sein literarisches Vorbild wählt er moralisch verwerfliche Mittel zur Durchsetzung vermeintlich höherer Werte. »Genau in diesem Sinne identifizieren sich Manager häufig so vorbehaltlos mit ihren Aufgaben, dass ihnen die negativen Wirkungen des eigenen Handelns als nebensächlich erscheinen« (ebd., 59).

(d) ›*Organisationsbürger*‹: Als idealtypisches Leitbild für das Verhalten von Managern sieht demgegenüber Nielsen den ›Institution Citizen‹. Dieser Organisationsbürger hat sich »[...] eine moralische Urteilsfähigkeit erworben und bringt diese durch eigenes Nachdenken in konkreten Handlungssituationen [...] zur Geltung« (ebd., 60). Um diesem idealtypischen Leitbild folgen zu können, ist der Einzelne jedoch wiederum auf die Durchsetzbarkeit seiner moralischen Werthaltungen innerhalb der Organisation angewiesen.

Unternehmensethik vor der globalen Herausforderung

Extrinsischen Steuerungsversuchen moralischen Verhaltens von und in Unternehmen stehen Steinmann und Löhr generell skeptisch gegenüber, da die hier zum Tragen kommenden Compliance-Strukturen, ebenso wie die rechtlichen Rahmenbedingungen, stets in der Gefahr stehen, von den einzelnen Akteuren umgangen zu werden (vgl. Steinmann/Löhr 2002a, 525 f.). »Grundsätzlich dürfte der Integritäts-Ansatz die effizientere Lösung darstellen« (Steinmann/Löhr 2002b, 112).

In Fortschreibung ihres diskursethischen Ansatzes plädieren Steinmann und Löhr in jüngerer Zeit dafür, angesichts der globalisierungsbedingten Steuerungsdefizite nationalen Rechts die Unternehmensethik zum integralen Bestandteil der Wirtschaftsordnung selbst werden zu lassen. Entsprechend gelte es, den Integritäts-Ansatz auch auf Ebene von Politik und Gesellschaft fortzuführen und die liberale Grundorientierung des Wirtschaftens durch eine republikanische Wirtschaftsordnung abzulösen. Während sich im klassischen liberalen Wirtschaftsmodell die Verhaltenssteuerung der Wirtschaftssubjekte alleine aus dem marktlichen Wettbewerb und der staatlichen Wettbewerbsordnung ergibt und unternehmerisches Handeln alleine auf die ökonomische Handlungssphäre begrenzt bleibt, fordert demgegenüber eine republikanische Wirtschaftsordnung die Einbindung der Unternehmen auch in die politischen Entscheidungs- und Willensbildungsprozesse. Als mögliche, hierzu geeignete Kooperationsformen sehen Steinmann und Löhr sogenannte Privat Public Partnerships innerhalb derer Akteure der Zivilgesellschaft, staatliche Organe sowie Unternehmen zur Lösung konkreter gesellschaftlicher Probleme zusammenwirken. Im globalen Rahmen treten Staat, Unternehmen, Verbände und Bürger/innen so gemeinsam als Akteure innerhalb diskursiver Verständigungsprozesse auf. Während sich die unternehmerische Verantwortung im liberalen Wirtschaftsmodell alleine auf das Überleben des Unternehmens am Markt beschränkt, wird sie in diesem republikanischen Modell um die politische Mitverantwortung der Unternehmen erweitert. Es ist die Pflicht der Unternehmen, als Gegenleistung für die Freiheit der wirtschaftlichen Betätigung die konfliktrelevanten Dimensionen des eigenen Handelns in ihren Entscheidungen zu berücksichtigen und sich hierüber mit der Öffentlichkeit zu verständigen (vgl. Steinmann/Löhr 2002b, 113–121). Kann die Sicherung des sozialen Friedens auf ordnungspolitischem Wege nicht garantiert werden, »[...] wächst der Unternehmung als Ort unmittelbaren ökonomischen Handelns eine unternehmensethische Verantwortung zu« (Steinmann/Löhr 2002a, 529).

Literatur

Albert, Hans: Traktat über kritische Vernunft. Tübingen 1980.

Löhr, Albert: Die Marktwirtschaft braucht Unternehmensethik. In: Jörg Becker u.a. (Hg.): Ethik in der Wirtschaft – Chancen verantwortlichen Handelns. Stuttgart 1996, 48–83.

–: Zur Rolle der Nichtregierungsorganisationen in der Globalen Wirtschaft: Instrument, Gegner, oder professioneller Partner? In: Michael S. Aßländer/Robert Kaminski (Hg.): Globalisierung. Risiko oder Chance für Osteuropa? Frankfurt a.M. 2005, 179–207.

– /Gerhard Blickle: The Moral Dimension of Recent Organization Concepts. In: Revue Éthique des Affaires 6, 9 (1996), 43–51.

Lorenzen, Paul: Philosophische Fundierungsprobleme einer Wirtschafts- und Unternehmensethik. In: Horst Steinmann/Albert Löhr (Hg.): Unternehmensethik. Stuttgart 1991, 35–67.

Nielsen, Richard P.: Arendt's Action Philosophy and the Manager as Eichmann, Richard III, Faust or Institution Citizen. In: Horst Steinmann/Albert Löhr (Hg.): Unternehmensethik. Stuttgart 1991, 325–327.

Steinmann, Horst: Unternehmensethik: Freiheit und Verantwortung in einer globalisierten Wirtschaft. Nürnberg 1997.

–: Unternehmensethik und Globalisierung – Das politische Element in der multinationalen Unternehmung. In: Dirk Holtbrügge (Hg.): Management Multinationaler Unternehmungen. Festschrift zum 60. Geburtstag von Martin K. Welge. Heidelberg 2003, 377–398.

– /Löhr, Albert: Einleitung: Grundfragen und Problembestände einer Unternehmensethik. In: Dies. (Hg.): Unternehmensethik. Stuttgart 1991a, 3–32.

– /Löhr, Albert: Der Beitrag von Ethik-Kommissionen zur Legitimation der Unternehmensführung. In: Dies. (Hg.): Unternehmensethik. Stuttgart 1991b, 269–279.

– /Löhr, Albert: Die Diskussion um eine Unternehmensethik in der Bundesrepublik Deutschland. In: Hans Lenk/Matthias Maring (Hg.): Wirtschaft und Ethik. Stuttgart 1992, 235–252.

– /Löhr, Albert: Grundlagen der Unternehmensethik. Stuttgart 1994.

– /Löhr, Albert: Zehn Jahre Unternehmensethik – Eine Bestandsaufnahme der Kernprobleme. In: Karl-Albrecht Schachtschneider (Hg.): Wirtschaft, Gesellschaft und Staat im Umbruch. Festschrift der Wirtschafts- und Sozialwissenschaftlichen Fakultät der Friedrich-Alexander-Universität Erlangen-Nürnberg 75 Jahre nach Errichtung der Handelshochschule Nürnberg. Berlin 1995, 225–241.

– /Löhr, Albert: A Republican Concept of Corporate Ethics. In: Sabine Urban (Hg.): Europe's Challenges – Economic Efficiency and Social Solidarity. Wiesbaden 1996, 21–60.

– /Löhr, Albert: Begründungsprobleme der Unternehmensethik. In: Harald Geißler (Hg.): Unternehmensethik, Managementverantwortung und Weiterbildung. Neuwied 1997, 9–38.

– /Löhr, Albert: Unternehmensethik – Zur Geschichte eines ungeliebten Kindes der Betriebswirtschaftslehre. In: Eduard Gaugler/Richard Köhler (Hg.): Entwicklungen der Betriebswirtschaftslehre. 100 Jahre Fachdisziplin – zugleich eine Verlagsgeschichte. Stuttgart 2002a, 509–535.

– /Löhr, Albert: Unternehmensethik in der republikanischen Gesellschaft. In: Michael S. Aßländer/Jan C. Joerden (Hg.): Markt ohne Moral? Transformationsökonomien aus ethischer Perspektive. Frankfurt a.M. 2002b, 95–125.

– /Olbrich, Thomas: Unternehmensethik und internationales Management – Implementationsprobleme einer Unternehmensethik der internationalen Unternehmung. In: Bernd Schiement/Hans-Jürgen Wurl (Hg.): Internationales Management Beiträge zur Zusammenarbeit. Eberhard Dülfer zum 70. Geburtstag. Wiesbaden 1994, 117–144.

Waters, James A.: Catch 20.5: Corporate Morality as an Organizational Phenomenon. In: Horst Steinmann/Albert Löhr (Hg.): Unternehmensethik. Stuttgart 1991, 281–300.

Michael S. Aßländer

7. Ordnungstheoretischer Ansatz (Karl Homann)

Ethik unter den Funktionsbedingungen der modernen Ökonomie

Ausgangspunkt jeder wirtschaftsethischen Diskussion ist für Karl Homann der vermeintliche oder tatsächliche Interessengegensatz von Ethik und Ökonomik. Für ihn lautet die Frage jedoch nicht, wie ein Interessenausgleich zwischen Ökonomie und Ethik stattfinden könne, oder welcher der beiden Disziplinen im Konfliktfall Vorrang einzuräumen sei, sondern welche moralischen Normen und Ideale unter den Bedingungen einer modernen Wirtschaft und Gesellschaft von den Akteuren der Wirtschaft überhaupt zur Geltung gebracht werden können (Homann/Blome-Drees 1992, 14). Moral kann in einer Gesellschaft nicht gegen die Wirtschaft, sondern nur in und durch die Wirtschaft durchgesetzt werden. Mit anderen Worten: »Moral wird nur in der Anreizlogik der Ökonomik wirksam oder gar nicht« (Homann 2007, 14). Hieraus folgt, dass Wirtschaftsethik integraler Bestandteil der Ökonomik sein muss und nicht nur als Teildisziplin der Wirtschaftswissenschaften entwickelt werden darf (Homann/Blome-Drees 1992, 19; Homann/Pies 1994/2009, 49).

Um eine Wirtschaftsethik zur Geltung zu bringen, bedarf es der Übersetzung der moralischen Zielvorstellungen der Gesellschaft in die Funktionsbedingungen der modernen Ökonomie (Homan/Blome-Drees 1992, 33). Dies ist jedoch nur möglich, wenn es gelingt, die Codierung der Moral in das Sprachspiel der Ökonomie zu übertragen. Nur dann, wenn moralische Zielgrößen monetarisiert, d.h. in die Codierung Zahlung/Nichtzahlung übersetzt werden können, werden sie im Sprachspiel der Ökonomie verstanden (vgl. Luhmann 1994). Entsprechend muss eine Wirtschaftsethik so ausgestaltet werden, dass sie die Restriktionen, denen ökonomisches Handeln unterworfen ist, nicht aber die monetären Präferenzen der Akteure verändert, da diese ja gerade die Effizienz des Wirtschaftssystems garantieren. Moral und Umwelt müssen in Form von psychischen Kosten, sozialen Kosten u.ä. in die Kalkulation der Ökonomik eingehen und institutionell gestaltet werden (Homann 1993, 44). Der Wettbewerb, als wesentliches Element der Ökonomie marktwirtschaftlicher Prägung, darf dabei nicht in Frage gestellt werden, da er die Generierung von Wohlstand verbürgt und somit aus ethischer Sicht gegenüber alternativen Steuerungsmodellen der Wirtschaft vorzuziehen ist (vgl. Homann 1994b, 14; 2007, 19). Allenfalls ist es daher zulässig, ihn an bestimmte Regeln zu binden. Jedoch dürfen dabei die monetären Präferenzen der Marktakteure nicht zum Gegenstand moralischer Forderungen gemacht werden, da sie für die Aufrechterhaltung dieses Wettbewerbs von entscheidender Bedeutung sind. Denn »(d)ie Funktionslogik einer Marktwirtschaft beruht [...] auf der – ethisch begründeten (!) – Forderung an die Unternehmen, ihre Gewinne in einer mittel- bis langfristigen Perspektive zu maximieren und dabei die geltenden Gesetze zu beachten« (Pies/Blome-Drees 1993/2009, 39). Homann folgert hieraus: »Langfristige Gewinnmaximierung ist nicht ein Privileg der Unternehmen, sondern ihre sittliche Pflicht« (Homann 1994b, 14). Dabei sieht Homann Gewinnstreben nicht als personale Präferenz des Managements sondern als einen Funktionsimperativ, der sich aus der Funktionsweise der auf Wettbewerb basierenden marktwirtschaftlichen Systeme selbst ergibt und mithin gar nicht in das Belieben der einzelnen Akteure gestellt ist (vgl. Homann 2007, 33). Da für Homann Wettbewerb jedoch insgesamt eine (ethisch) positive Wirkung entfaltet, gilt, dass moralische Forderungen unter den Funktionsbedingungen einer modernen Wirtschaft stets wettbewerbsneutral sein müssen und nicht zur Außer-Kraft-Setzung der Wettbewerbsdynamik führen dürfen. Wenn individuelle moralische Leistungen in Wettbewerbswirtschaften zur Ausbeutung des Einzelnen durch diejenigen führen können, die sich in ihrem Handeln nicht an denselben moralischen Standards orientieren, erweisen sich moralische Appelle an den Einzelnen sogar als eher schädlich für die Gesamtmoral der Wirtschaft, da die so erhobenen Forderungen in einer Wettbewerbswirtschaft auf Dauer nicht eingelöst werden können (vgl. Homann/Pies 2000/2009, 104; Homann 2001, 94). »Wer in Problemstrukturen, die durch Wettbewerb gekennzeichnet sind, an die Moral und an das Gewissen einzelner appelliert, gefährdet die Moral« (Homann/Pies 1994/2009, 54). Moralische Regeln sind somit stets als Rahmenbedingungen, d.h. als Wettbewerbsordnung, zu formulieren und für alle Marktteilnehmer in gleicher Weise verbindlich auszugestalten. Mit anderen Worten: Da moralische Normen in einer Wettbewerbswirtschaft erst dann Gültigkeit besitzen, wenn sie von den Marktteilnehmern nicht mehr unterlaufen werden können, ist die erfolgreiche Implementierung von Moral Voraussetzung für deren institutionelle Stabilisierung. Jedoch ergeben sich hierbei in den Augen Homanns zwei fundamentale Probleme (Homann/Blome-Drees 1992, 21):

- Zum einen beruht das Gesamtergebnis der ökonomischen Leistungsfähigkeit auf dem Beitrag unterschiedlicher anonymer Wirtschaftssubjekte, von denen keiner alleine dieses Ergebnis hervorgebracht hat, und von denen folglich keiner alleine dafür verantwortlich gemacht werden kann.
- Zum anderen kann aufgrund dieser Anonymisierung der Gesellschaft der Leistungsbeitrag des Einzelnen nicht mehr kontrolliert werden, mit der Folge, dass ethischen Motiven wie Sympathie und Altruismus keine verhaltenssteuernde Kraft mehr zukommt.

Moderne Gesellschaften zeichnen sich in den Augen Homanns durch eine »intentionale Entkopplung« und eine »institutionelle Verknüpfung« aus (Homann/Suchanek 2000, 54): Während in früheren Gesellschaften mit face-to-face-Beziehungen Verhaltenskoordinierung durch gemeinsame Zielvorstellungen und vermittels Billigung oder Missbilligung bestimmter Verhaltensweisen durch die Gruppe möglich war, entfällt diese Möglichkeit in anonymisierten Gesellschaften, deren Austauschbeziehungen über Märkte geregelt werden. Moralische Normen und soziale Werthaltungen lassen sich nicht mehr auf direktem Wege durchsetzen und kontrollieren. Die Folge hiervon ist, dass eine Verhaltenssteuerung in modernen Gesellschaften nicht mehr über gemeinsame Ziele und Handlungsintentionen erfolgen kann, sondern über institutionalisierte Regeln erfolgen muss. Die Antwort auf die Frage, wie Moral innerhalb anonymisierter Gesellschaften zur Geltung gebracht werden kann, lautet für Homann daher: durch die Umstellung der Verhaltenssteuerung auf die allgemeingültige Regelbindung der Akteure durch eine Rahmenordnung, da so nicht nur der einzelne Akteur je individuell auf bestimmte Verhaltensstandards verpflichtet wird, sondern nun alle Akteure auf gleiche Weise an bestimmte Regeln gebunden sind. »Nicht individuelle Selbstbindung ist daher der entscheidende Gesichtspunkt, sondern kollektive Selbstbindung« (Homann/Suchanek 1987, 115). Erst jetzt ist die Einhaltung moralischer Regeln unabhängig von den persönlichen Motiven des Einzelnen gewährleistet: »Kontrolle läuft jetzt [...] über die Kombination von Eigeninteresse und formellem Sanktionsapparat: Handlungen müssen aus Eigeninteresse erfolgen können, und sie werden durch sanktionsbewehrte Regeln im Sinne des Gemeinwohls kanalisiert« (Homann/Pies 1994/2009, 59; vgl. auch Homann 2007, 12 f.).

Derartige verhaltenssteuernde Regeln erfüllen im Sinne Homanns mindestens drei Funktionen (vgl. Homann/Pies 1994/2009, 59 ff.): Zum Ersten gewähren derartige Regeln *Sicherheit*. Durch die Etablierung allgemeinverbindlicher Regeln werden stabile Verhaltenserwartungen erzeugt; der Einzelne kann sich mindestens prinzipiell darauf verlassen, dass alle anderen Marktakteure die gleichen Verhaltensstandards erfüllen, auf die auch er sich verpflichtet hat. Dies gewährt einen gewissen Schutz vor Ausbeutung, da so auch sozial erwünschte aber aus Marktperspektive wenig rentable Verhaltensweisen, z. B. Investitionen in Humankapital, ermöglicht werden, da alle anderen Akteure durch die Etablierung allgemeinverbindlicher Regeln auf die gleichen Verhaltensweisen verpflichtet werden. Da die Regeln auch seine Konkurrenten in gleicher Weise binden, ist jeder Marktakteur bereit, sich selbst ebenfalls den Regeln zu unterwerfen; entscheidend ist dabei nicht *warum* die Regeln vom Einzelnen befolgt werden, sondern lediglich *dass* sie befolgt werden. Zum Zweiten erleichtert die Etablierung von Regeln die *Koordination* von Verhaltensweisen. Da das Handlungsergebnis nicht ausschließlich vom Verhalten des Einzelnen abhängt, sondern auch durch das Verhalten aller übrigen Marktakteure beeinflusst wird, sind alleine Regeln in der Lage, diese Verhaltensweise im moralisch erwünschten Sinne zu kanalisieren. Entscheidend für moralisch erwünschte Handlungsergebnisse sind daher nicht die Motive des Einzelnen, die für sein Handeln ausschlaggebend sind, sondern die Regeln an denen er sein Verhalten auszurichten hat. Damit wird regelkonformes Verhalten abgekoppelt von den zugrunde liegenden Motiven; ›Motiv‹ und ›sozialer Sinn‹ des Handelns fallen auseinander. Der Wohl-Stand hängt nicht mehr vom Wohl-Wollen ab (vgl. Homann/Blome-Drees 1992, 23; Homann 2007, 17). Zum Dritten *ermöglichen Regeln Moral*. Erst dann, wenn moralisches Verhalten durch die formale Sanktionierung unmoralischen Verhaltens sichergestellt werden kann, ist es in modernen, anonymisierten Gesellschaften, die nicht mehr durch Billigung erwünschter oder Missbilligung unerwünschter Verhaltensweisen wie in vormodernen Gesellschaften mit face-to-face-Beziehungen gesteuert werden können, möglich, Moral durch eine verhaltensbegrenzende Rahmenordnung sicherzustellen.

Wesentliche Aufgabe einer Wirtschaftsethik im Sinne Homanns ist daher zum einen die Untersuchung gesellschaftlicher Arrangements (Regeln) und deren Auswirkung auf die Verhaltenssteuerung der einzelnen Wirtschaftsakteure (positiver Aspekt) auf der einen und die Reform und Verbesserung dieser Arrangements (Regeln), um so die Erreichung gesellschaftspolitisch erwünschter (moralischer) Ziele zu gewährleisten (normativer Aspekt), auf der anderen Seite (Homann/Pies 1994/2009. 63). Homann spricht hier von positiver und normativer Ökonomik (vgl. Homann 2001, 92). Um Regeln jedoch wirksam umgestalten zu können, ist es zunächst nötig, die Verhaltensweisen der Marktakteure unter den Bedingungen moderner Marktwirtschaften zu analysieren.

Der Wettbewerb als Gefangenendilemma

In einer Situation vollständigen Wettbewerbs ist der Einzelne – so zumindest die Theorie – bei Strafe seines Untergangs zum Leistungswettbewerb gezwungen. Jedes ›Zurückbleiben‹ im Wettbewerb führt sofort zu einem Sieg der Konkurrenz. Dabei ist es völlig unerheblich, ob dieses ›Zurückbleiben‹ im Wettbewerb durch wirtschaftliches Unvermögen oder durch andere Gründe verursacht ist. Dies gilt letztlich auch für die unternehmerische Praxis. Zwar bestehen hier gewisse Freiheitsgrade bei der Mittelverwendung – auf tatsächlichen Märkten sind nicht alle Anbieter ›Grenzanbieter‹ – dennoch haben auch hier jene Unternehmen einen Wettbewerbsvorteil, die nicht in philanthropische Projekte, sondern in Forschung und Entwicklung und die Eroberung neuer Märkte investieren (Homann/Lütge 2004, 83 f.).

Dieses Spannungsverhältnis von Markt und Moral lässt sich spieltheoretisch in Form des sogenannten ›Gefangenen-Dilemmas‹ darstellen: Zwei Häftlinge sind einer gemeinsam begangenen Straftat angeklagt. Da sie getrennt inhaftiert werden, besteht für sie keine Möglichkeit, eine gemeinsame Verteidigungsstrategie festzulegen. Verhalten sich beide Angeklagte kooperativ und schweigen, können sie wegen eines geringen Vergehens zu zwei Jahren Haft verurteilt werden. Verhält sich einer der Angeklagten nicht kooperativ und belastetet den anderen, während dieser weiterhin kooperativ bleibt und schweigt, so findet die Kronzeugenregelung Anwendung, und er geht straffrei aus, während der andere zu fünfzehn Jahren Freiheitsstrafe verurteilt wird. Verhalten sich beide Angeklagten nicht kooperativ und belasten sich wechselseitig, werden beide zu zehn Jahren Haft verurteilt. Grundsätzlich ist in diesem Falle unabhängig von der Strategiewahl des jeweiligen Mitgefangenen stets die nicht kooperative Strategie aus individueller Sicht am vorteilhaftesten. Verhält sich beispielsweise Gefangener 1 kooperativ, ist es für Gefangenen 2 vorteilhaft, sich nicht kooperativ zu verhalten, da er dann in den Genuss der Kronzeugenregelung kommt und straffrei ausgeht. Verhält sich Gefangener 1 hingegen nicht kooperativ, ist es für Gefangenen 2 ebenfalls ›rational‹ sich nicht kooperativ zu veralten, da zehn Jahre Freiheitsstrafe besser sind als fünfzehn. Da es also für beide Gefangene vernünftig erscheint, sich unter allen Umständen nicht kooperativ zu verhalten und den jeweils anderen zu belasten, werden sie letztendlich beide zu zehn Jahren Gefängnis verurteilt. Dies entspricht aber weder dem individuell erreichbaren Optimum (straffrei) noch dem gesamtgesellschaftlichen Optimum (zwei mal zwei Jahre Haft). Insgesamt wird ›gesamtgesellschaftlich‹ sogar das schlechtest mögliche Ergebnis erreicht (zwei mal zehn Jahre Haft). Deutlich zu machen gilt es dabei, dass ausschließlich die Dilemmasituation und nicht etwa die individuelle Moral der Akteure die zur Verfügung stehenden Handlungsalternativen bestimmt und so die Akteure aufgrund der stets vorhandenen ›Ausbeutungsgefahr‹ gleichsam dazu zwingt, stets ihren eigenen Nutzen unter Berücksichtigung der jeweils möglichen Handlungsalternativen ihrer Interaktionspartner zu suchen, wollen sie nicht Gefahr laufen, die ökonomischen Kosten der Moral alleine zu tragen (vgl. Homann/Suchanek 2000, 43).

Karl Homann geht davon aus, dass innerhalb moderner Marktwirtschaften der Wettbewerb anbieterseitig prinzipiell in eine dem Gefangenendilemma vergleichbare Situation führt: »Ähnlich wie die beiden Gefangenen ein Interesse daran haben, sich abzusprechen und so die Haftstrafe zu reduzieren, haben die Anbieter ein Interesse daran, sich ebenfalls abzusprechen und die Absatzpreise in die Höhe zu treiben (Kartelle). Ähnlich wie die Gefangenen durch die Spielregeln daran gehindert werden, weil der Richter sie in getrennte Zellen schickt [...], werden die Anbieter durch einen Wettbewerbsschiedsrichter, das Kartellamt, daran gehindert, ihre Mengen und Preise abzusprechen« (Homann/Blome-Drees 1992, 32).

Die für Märkte geltenden Wettbewerbsregeln sind also bewusst so konstruiert, dass sie die Anbieter dazu zwingen, gegen ihre eigentlichen Interessen zu verstoßen. Da definitionsgemäß keine Preisabsprachen möglich sind, sind alle Anbieter prinzipiell bei Strafe ihres Untergangs zum Leistungswettbewerb gezwungen. Dabei lassen sich generell zwei positive ›Wettbewerbswirkungen‹ unterscheiden: Zum einen entsteht so ein hoher Innovationsdruck für Anbieter, da derjenige, der ein innovatives und seitens der Konsumenten erwünschtes Produkt auf den Markt bringt, in der Lage ist, einen Wettbewerbsvorsprung zu erzielen und sich so ›Pioniergewinne‹ zu sichern. Zum anderen sind nun alle übrigen Anbieter zur Nachahmung gezwungen, um so den Wettbewerbsvorsprung ihres Konkurrenten einzuholen. Damit sichert die Wettbewerbsordnung einen stetigen Konkurrenzdruck, der sich in laufenden Produkt- und Prozessinnovationen und in tendenziell günstigeren Preisen niederschlägt (vgl. Homann 2007, 17; auch Schumpeter 1993, 134–142). Nutznießer dieses Wettbewerbsdrucks ist letztlich der Konsument, der so von den Wettbewerbsleistungen der Anbieter profitiert (vgl. Homann/Pies 1991/2009, 38 f.; Homann 1994c, 65 f.).

Problematisch an dieser eigentlich wünschenswerten Dilemmasituation ist, dass der so erzeugte Wettbewerbsdruck nicht zwischen den handlungsleitenden Motiven unterscheiden kann: Gleichgültig, ob ein Anbieter aufgrund von ökonomischen Fehlplanungen im Wettbewerb nicht mithalten kann oder aufgrund moralischer Beweggründe einen Wettbewerbsvorteil nicht nutzt, wird er gleichermaßen mit dem wirtschaftlichen Ruin bestraft. Der Markt sanktioniert somit moralisches aber unrentables Verhalten und fördert dabei mitunter unmoralisches, aber ökonomisch vorteilhaftes Handeln (vgl. Homann/Pies 1991/2009, 40).

Somit setzt die Dilemmastruktur des Wettbewerbs klare Grenzen für individuelles moralisches Verhalten: »In Dilemmastrukturen kontrolliert kein Akteur alleine das Resultat, und wer im Sinne des Pareto-superioren Resultats vorleistet, setzt sich der Ausbeutung aus. Die Pareto-superiore Lösung kann nur erreicht werden, wenn auch alle anderen durch Regeln verlässlich in bestimmte Verhaltensweisen eingebunden werden. An den Regeln also hängt das erwünschte Ergebnis, und neue Regeln konstituieren ein anderes Spiel« (Homann/Pies 2000/2009, 105). Homanns grundlegende Forderung ist daher, dass ein Wirtschaftssystem als ein mindestens zweistufig ausdifferenziertes Handlungssystem begriffen werden muss, damit so Moral und Effizienz ökonomischen Handelns auf systematisch unterschiedlichen Ebenen abgearbeitet werden können (vgl. Homann 2001, 93 f.). Für ihn gilt es, zwischen den allgemeinen Spielregeln des Wirtschaftens und den individuellen Spielzügen der Wirtschaftsakteure zu trennen. »Der systematische Ort der Moral in der Marktwirtschaft ist die Rahmenordnung« (Homann 1993, 112).

Die Rahmenordnung als systematischer Ort der Moral

In seinem wirtschaftsethischen Entwurf trennt Homann strikt zwischen wirtschaftspolitischen ›Spielregeln‹ auf der einen Seite und unternehmenspolitischen ›Spielzügen‹ auf der anderen Seite. Diese strikte Trennung hat ihren Grund nicht zuletzt in der Annahme, dass jede individuell durch ein Wirtschaftssubjekt erbrachte, einseitige moralische Leistung letztlich einen Wettbewerbsnachteil nach sich ziehen kann, der dieses auf Dauer schlechter stellt als seine Konkurrenten. Moralische Regeln können daher nach Homanns Auffassung, wie gezeigt, nur im Sinne allgemeinverbindlicher Spielregeln festgelegt werden, die die Ausgangsbedingungen des Wirtschaftens für alle Teilnehmer gleich stellen.

Die Spielregeln: Es gilt somit systematisch zwischen der Rahmenordnung, die den Handlungsspielraum der Akteure festlegt, und den Handlungen innerhalb dieser Rahmenordnung zu unterscheiden. Die Rahmenordnung stellt gleichsam die Spielregeln dar, innerhalb derer beliebige Spielzüge erlaubt sind, solange sie nicht gegen diese Regeln verstoßen. In einer modernen Marktwirtschaft entspricht die Wettbewerbsordnung den allgemeinverbindlich festgelegten Spielregeln. Um wirksam zu werden, muss diese den folgenden Bedingungen genügen (Homann/Blome-Drees 1992, 26 ff.):

- Die Regeln müssen für alle Akteure gleich sein,
- sie müssen allen Akteuren bekannt und von diesen anerkannt sein,
- Regelverstöße müssen wirksam sanktioniert werden können,
- es müssen polipolistische Marktstrukturen oder zumindest ein weites Oligopol vorliegen,
- die Akteure müssen den Wettbewerb ernst nehmen,
- die Regeln müssen eine bestimmte zeitliche Stabilität aufweisen,

- die Ausgestaltung der Regeln muss eine individuelle Moral der Marktteilnehmer ermöglichen.

Innerhalb des so konstituierten Handlungsrahmens sind alle weiteren Spielzüge erlaubt und können nach den Gesichtspunkten größtmöglicher Effizienz ausgestaltet werden.

> »Unter diesen Bedingungen der modernen Wirtschaft [...] ist die Moral nicht (mehr) in den einzelnen Handlungen, also nicht in den Spielzügen, zu finden. Deswegen können unter Wettbewerbsbedingungen moralische Werte auch nicht mehr durch einzelne Spielzüge geltend gemacht werden. Angesichts von Wettbewerbs-, d.h. Dilemmastrukturen sind moralische Probleme der Wirtschaft systematisch kollektiver Natur und können demzufolge nicht von einzelnen sondern nur kollektiv gelöst werden« (Homann/Blome-Drees 1992, 35).

Wirtschaftsethik muss in diesem Sinne ›Ordnungsethik‹ sein und an den Rahmenbedingungen des Wirtschaftens, also an der Wirtschaftsordnung ansetzen. Die einzige Möglichkeit moralischen Handelns einzelner Wirtschaftssubjekte unter Wettbewerbsbedingungen besteht somit in ihrer Einflussnahme auf die Rahmenordnung. Jenseits dieser Mitwirkung an den moralischen Rahmendaten des Wirtschaftens ist es die moralische Pflicht des Unternehmens, langfristig Gewinnmaximierung zu betreiben, da es hierdurch den Interessen der Konsumenten am besten gerecht wird. »Gewinnmaximierung steht so unter einer ethischen ›Richtigkeitsvermutung‹« (Homann/Blome-Drees 1992, 39).

Die Spielzüge: Innerhalb der Spielregeln sind beliebige Spielzüge erlaubt, sofern sie nicht gegen die Regeln verstoßen. Dabei ergeben sich für den einzelnen ›Spieler‹ zwei völlig unterschiedliche Klassen zulässiger Spielzüge (Homann/Blome-Drees 1992, 41):

- Er kann zum einen direkt seine ökonomischen Interessen entsprechend zulässiger Spielregeln innerhalb der Rahmenordnung verwirklichen und versuchen, seinen Erfolg zu maximieren.
- Er kann sich zum anderen indirekt um eine Umgestaltung und Fortschreibung der Rahmenordnung bemühen, um so die Menge der zulässigen Spielzüge zu erweitern oder einzuschränken, so dass durch die geänderte Rahmenordnung eine Verbesserung seiner ökonomischen Ausgangslage eintritt.

Auf Ebene der Spielzüge jedoch kann sich eine wie auch immer geartete Moral nicht durchsetzen. Dies hat mehrere Gründe. Zum einen sind per definitionem unter der Voraussetzung einer Marktwirtschaft alle Akteure einzig und allein bestrebt, ihre Gewinne unter bestimmten Nebenbedingungen zu maximieren. Doch selbst dann, wenn sie bereit wären, Gewinnverzicht aus moralischen Motiven zu üben, würde ein derartiges Verhalten aufgrund des durch die institutionellen Arrangements gesetzten Sanktions- und Belohnungssysteme Gefahr laufen, mit ökonomischen Nachteilen bestraft zu werden und so auf Dauer nicht durchzuhalten sein (vgl. Homann/Lütge 2004, 84). Als nachteilig für die Umsetzung von Moral erweist sich nun, dass der Markt nicht zwischen unterschiedlichen handlungsleitenden Motiven unterscheiden kann und das Zurückbleiben im Wettbewerb aufgrund moralischer Skrupel oder besonderer moralischer Leistungen genauso sanktioniert wird wie die mangelnde Wettbewerbsfähigkeit aufgrund ökonomischer Fehlentscheidungen oder mangelnder Innovationen. Kurz: Der Markt ist ›wertblind‹. Um also moralisches Verhalten bei der Wahl der Spielzüge sicherstellen und stabilisieren zu können, müssen die gesellschaftlichen Arrangements der Belohnung und Sanktionierung auf der Ebene der Rahmenordnung so ausgestaltet werden, dass sie Moral nicht sanktionieren, bzw. deren Aushöhlung verhindern (Homann/Blome-Drees 1992, 94).

Konversions- und Inversionsparadigma

Anliegen einer Wirtschaftsethik im Sinne Karl Homanns ist es also nicht, moralische Normen zu setzen oder zu begründen. Vielmehr fragt sie nach der Durchsetzbarkeit moralischer Standards unter den Funktionsbedingungen moderner Marktwirtschaften.

> »Dabei kann die Wirtschaftsethik helfen, indem sie der Frage nachgeht, wie moralische Werte unter den Bedingungen einer modernen, arbeitsteiligen, interdependenten und komplexen Wirtschaft mit anonymen Austauschbeziehungen zur Geltung gebracht werden können. Sie klärt auf über die Moral in der Wirtschaft und leistet einen Beitrag zu einer an den normativen Vorstellungen der Bürger orientierten Steuerung demokratisch verfasster Marktwirtschaften« (Homann/Pies 1991/2009, 34).

Dabei stellen die moralischen Werthaltungen der Bürgerinnen und Bürger ein gegebenes Datum dar und sind nicht Gegenstand einer Wirtschafts- und Unternehmensethik, sondern deren Voraussetzung (vgl. ebd., 35). Zentrales Argument Homanns ist, dass eine Steuerung des moralischen Verhaltens in modernen Wettbewerbswirtschaften nur durch entsprechend strukturierte Anreizsysteme erfolgen könne, die erwünschtes moralisches Verhalten belohnen und unerwünschtes unmoralisches Verhalten bestrafen. Zu diesem Zwecke unterscheidet er zwei grundlegende Perspektiven der Wirtschaftsethik, die er als ›Konversionsparadigma‹ und ›Inversionsparadigma‹ bezeichnet (vgl. Homann 1997/2002, 189–195). Während ersteres die ›Binnenperspektive‹ betont und primär nach der moralischen Begründung konkreter Handlungsanweisungen fragt, stellt letzteres die ›Systemperspektive‹, d.h. die Frage nach der gesellschaftlichen Funktion von Moral in den Vordergrund. So wird aus Sicht des konversionstheoretischen Paradigmas von den einzelnen Wirtschaftssubjekten erwartet, dass sie ökonomische Vorteilserwägungen gegenüber ihren moralischen Verpflichtungen zurückstellen. Da dies unter den Bedingungen moderner Marktwirtschaften jedoch langfristig die wirtschaftliche Existenz der so handelnden Marktakteure gefährden würde, folgt, dass moralische Verhaltensnormen nur durch Modifikation der den Wettbewerb bestimmenden Rahmenordnung durchgesetzt werden können. Dies bedeutet, dass sich so, ganz im Sinne des inversionstheoretischen Paradigmas, durch die Setzung moralischer Standards auf Ebene der Rahmenordnung die Leistungsanreize für Unternehmen verändern: moralisch unerwünschtes Verhalten unterbleibt, weil es sich nicht lohnt. Moralisches Verhalten wird so nicht mehr durch individuelle moralische Überzeugungen und Einsichten, sondern durch die qua Anreizstruktur gewährten Vorteile sichergestellt. Homann ist der Überzeugung, dass sich nur eine über Anreizsteuerung von Handlungsvollzügen regulierte Moral unter den Bedingungen ökonomischer Dilemmastrukturen als tragfähig erweisen kann (vgl. Homann 2007, 19). Nicht ethische, sondern strategische Überlegungen der Wirtschaftsakteure garantieren damit die Einhaltung der Moral.

> »Damit vertreten wir die These, dass strategische Rationalität das zentrale Problem für jede Ethik darstellt, die den Anspruch erhebt, zu den moralischen Problemen moderner Wettbewerbswirtschaften triftige Erkenntnisse liefern zu können: Weil der Gültigkeitsanspruch einer Norm von ihrer Realisierbarkeit abhängt, bedarf es positiver Analysen, die Aufschluss darüber geben, welche Regeln sich wie gerade auf das strategische Verhalten der Menschen auswirken« (Homann/Pies 1994/2009, 53).

Der Homo-Oeconomicus-Test als Testverfahren der Wirtschaftsethik

Um die Tauglichkeit der moralischen Normen unter den Funktionsbedingungen einer modernen Ökonomie zu testen, bedarf es somit eines Testverfahrens, das in der Lage ist, die Durchsetzungsfähigkeit moralischer Normen unter der Annahme rein strategischen Verhaltens der Marktakteure zu prognostizieren. Homann schlägt vor, die Tragfähigkeit jener gesellschaftlichen Arrangements, mit deren Hilfe moralische Normen implementiert werden sollen, an dem rein am ökonomischen Nutzen orientierten ›Homo Oeconomicus‹ zu testen: »Nur dann, wenn ein vorgeschlagenes oder etabliertes institutionelles Arrangement auch dann stabil bleibt, wenn – gedanklich – in dieses Arrangement der homo oeconomicus eingesetzt wird, kann der Ökonom die Etablierung oder Beibehaltung dieses Systems empfehlen« (Homann/Blome-Drees 1992, 95).

Diese, von Homann als H-O-Test bezeichnete Prüfroutine, ist auf alle gesellschaftlichen Institutionen anzuwenden. Mit Hilfe dieses Testverfahrens lassen sich die Wirkungen alternativer institutioneller Arrangements überprüfen. Nur dann, wenn die in Frage kommenden Arrangements auch unter den *worst case*-Bedingungen des ausschließlich an der Maximierung seines eigenen Nutzens orientierten Homo Oeconomicus zu den moralisch erwünschten gesamtgesellschaftlichen Ergebnissen führen, kann die Umsetzung der betreffenden Arrangements empfohlen werden. Mit anderen Worten: Nur jene Arrangements, die H-O-resistent sind, oder sich H-O-resistent ausgestalten lassen, sollen beibehalten werden. »Wie man nur TÜV-geprüfte Autos in den Verkehr lässt so urteilt der Ökonom über vorgeschlagene institutionelle Arrangements erst, nachdem er den Homo-Oeconomicus-Test durchgeführt hat« (Homann 1994a, 126).

Das Verhältnis von Ökonomie und Ethik lässt sich als wechselseitige Heuristik und Restriktionsanalyse beschreiben (Homann/Blome-Drees 1992, 100):

- So werden durch Ethik normative Ziele vorgegeben, die anhand der ökonomischen Restriktionen auf ihre Durchsetzbarkeit hin analysiert werden müssen.

- Umgekehrt gilt es, ökonomische Heuristiken ethischen Restriktionsanalysen wie gerechte Gesellschaft, Menschenbild usw. zu unterwerfen.

Homann sieht es als entscheidende Aufgabe der Wirtschaftsethik zur Ausgestaltung H-O-resistenter Rahmenbedingungen beizutragen, da diese alleine in der Lage seien, gesellschaftliche Moral zu stabilisieren. Der Diskursethik wirft er daher vor: »Die Diskursethik bleibt bei der kommunikativen Rationalität stehen, anstatt institutionelle Arrangements zu entwickeln, die h-o-geprüft Freiheit, Emanzipation, Solidarität und Demokratie zur Entfaltung bringen können« (Homann/Pies 1994/2009, 68). Schließlich sei es nicht nur die Aufgabe einer Ethik, Normen zu begründen, sondern auch Vorschläge zu deren Implementierung zu machen (vgl. Homann 2001, 85 f.).

Handlungsoptionen innerhalb der Ordnungsethik

Angesichts der Legitimierung ökonomischer Spielzüge durch eine nach moralischen Erwägungen gesetzte Rahmenordnung scheint die Etablierung einer eigenständigen Unternehmensethik innerhalb der wirtschaftsethischen Konzeption Karl Homanns eigentlich überflüssig. Allerdings kann aus systematischen Gründen niemals von der lückenlosen Durchsetzbarkeit einer vollkommenen Rahmenordnung ausgegangen werden (Homann/Blome-Drees 1992, 114 ff.): Zum Ersten gestaltet sich die Fortentwicklung institutioneller Arrangements von ihrem Charakter her stets reaktiv, da die institutionellen Rahmenbedingungen naturgegeben mit einer gewissen Zeitverzögerung auf vorangegangene ökonomische oder technische Entwicklungen reagieren. Hierdurch können sich immer wieder Sachverhalte ergeben, die, obwohl prinzipiell einer Regelung bedürftig, zu einem gegebenen Zeitpunkt noch nicht durch die Rahmenordnung erfasst wurden. Zum Zweiten sind Kontroll- und Sanktionsmechanismen stets defizitär im doppelten Sinne; sie können weder die vollständige Einhaltung der Spielregeln garantieren noch die Möglichkeit des Auseinanderfallens von rechtlicher Legalität und moralischer Legitimität ausschließen. Zum Dritten übersteigt die Größe der Gestaltungsaufgabe wirtschaftlicher Rahmenbedingungen angesichts des Tätigkeitsbereichs multinationaler Konzerne zunehmend die ordnungspolitische Kompetenz der Politiker. Zudem lassen sich lückenhafte Regulierungen auch einem gewissen ›Politikversagen‹ anlasten, das sich in einer mangelnden Regulierung eigentlich regulierungsbedürftiger Sachverhalte äußert (Pies/Blome-Drees 1993/2009, 39 f.). Daher konstatieren Homann und Blome-Drees für die Unternehmen im Konfliktfall die Pflicht, das durch die defizitären Rahmenordnungen entstandene Verantwortungsvakuum auszufüllen und die im Normalfall an die ordnungspolitische Ebene abgegebene moralische Verantwortung wieder selbst auszuüben und zur stetigen ›Versittlichung‹ der Marktwirtschaft beizutragen (vgl. Homann 2007, 53). »Die im klassischen Konzept an die Rahmenordnung delegierte Legitimation wirtschaftlichen Handelns fällt unter solchen Bedingungen an die Unternehmen zurück« (Pies/Blome-Drees 1993/2009, 40).

Da jedoch eine direkte Verhaltenssteuerung durch moralische Appelle auf anonymen Märkten versagt, wie Homann aufgewiesen zu haben glaubt, bleibt auch eine Unternehmensethik ebenso wie eine Wirtschaftsethik generell auf einen ordnungstheoretischen Rahmen angewiesen (vgl. Homann 1994b, 23 f.). Ziel der Unternehmensethik ist daher die indirekte Steuerung der möglichen Spielzüge durch Einflussnahme auf die Spielregel. Restriktionen der Rahmenordnung sind die einzige Möglichkeit, moralische Intentionen in einer Unternehmensethik durchzusetzen. Die Legitimität des marktwirtschaftlichen Ordnungsrahmens vorausgesetzt, ergeben sich somit zwei mögliche Ausgangssituationen einer Unternehmensethik: So kann einerseits die dem Unternehmen vorgegebene Rahmenordnung bereits sehr hohen Ansprüchen genügen und moralische Werthaltungen weitestgehend verwirklichen. Dann ergibt sich für das Unternehmen die Forderung, die bestehenden Gesetze zu beachten und langfristige Gewinnmaximierung anzustreben. Andererseits kann eine defizitäre Rahmenordnung vorliegen, so dass wesentliche moralische Intentionen durch sie nicht durchgesetzt werden. In diesem Fall lässt sich keine zweistufige Legitimation unternehmerischen Handelns herleiten. Legales und legitimes Handeln fallen auseinander, systemkonformes Verhalten ist nicht zugleich auch sittlich richtiges Verhalten.

Im Falle defizitärer Rahmenordnungen ergeben sich im Kontext von ökonomischer Rentabilität und moralischer Akzeptanz für ein Unternehmen theoretisch vier verschiedene Handlungssituationen (Homann/Blome-Drees 1992, 132–135; 141–149):

Im *positiven Kompatibilitätsfall* weist unternehmerisches Handeln sowohl eine hohe moralische Akzeptanz als auch eine hohe wirtschaftliche Rentabilität auf. Hier bestehen keinerlei Probleme bei der Durchsetzung moralisch wünschenswerter Verhaltensstandards. Entsprechend empfehlen sich Wettbewerbsstrategien, da moralisches Verhalten einen Wettbewerbsvorteil für das Unternehmen bedeutet, den es weiterhin auszunutzen gilt. Im *moralischen Konfliktfall* weist die Strategie oder Produktpolitik eines Unternehmens hohe wirtschaftliche Rentabilität auf, besitzt aber eine nur geringe moralische Akzeptanz. Es handelt sich um Situationen, in denen legales Verhalten der Unternehmen moralisch als nicht legitim erscheint. Unternehmen müssen ihr Verhalten entsprechend der gesellschaftlichen Legitimationskriterien überprüfen, da eine Legitimation offensichtlich nicht durch eine ethische Richtigkeitsvermutung gedeckt ist. Hier ergänzen sich Wettbewerbsstrategie und ordnungspolitische Strategie: Das Unternehmen kann erstens versuchen, durch eine Verbesserung seiner Produktpolitik, seiner Produktionsverfahren usw. zu einer höheren moralischen Akzeptanz seines Handelns beizutragen. Es kann zweitens versuchen, ordnungspolitisch für eine Verschärfung der Produktionsrichtlinien, Verbesserung der Produktsicherheit usw. im Allgemeinen einzutreten, um so moralisch akzeptable Verhaltensstandards zu etablieren, an denen sich der Gesamtmarkt orientieren kann. Im *ökonomischen Konfliktfall* bringt eine Handlung eine hohe moralische Akzeptanz mit sich, erscheint aber ökonomisch als nicht angeraten. Unter Bedingungen des Wettbewerbs würde hier eine Ausrichtung unternehmerischen Handelns rein an der moralischen Akzeptanz langfristig zum Ruin des Unternehmens führen. Es gilt hier, auf eine Veränderung der wirtschaftlichen Rahmenordnung hinzuwirken. Unternehmen sind nicht mehr in der Lage, durch Wettbewerbsstrategien moralische Anliegen umzusetzen. So bleibt einzig die Möglichkeit, die erwünschten moralischen Standards über ordnungspolitische Maßnahmen für alle Anbieter verpflichtend zu machen. Im *negativen Kompatibilitätsfall* ergibt sich die Situation, dass unternehmerisches Handeln weder sonderlich rentabel noch moralisch akzeptabel erscheint. Dieser Fall ist eher theoretischer Natur, denn »in der Praxis erledigen sich diese Fälle meist ohnehin von selbst« (Homann/Blome-Drees 1992, 135). Letztlich bleibt dem Unternehmen lediglich der Marktaustritt, da es weder moralisch noch unter Rentabilitätsgesichtspunkten in der Lage ist, langfristig den gesellschaftlichen und ökonomischen Standards zu genügen.

Dabei betont Homann, dass sich die Legitimation unternehmerischen Handelns ausschließlich durch die Bindung der Akteure an die moralischen Vorschriften der Rahmenordnung ergibt. Das Argument, Unternehmen seien zur Aufrechterhaltung ihrer Legitimation auf die Verständigung mit ihren Stakeholdern angewiesen, da sich unternehmerisches Handeln nur durch die Zustimmung der Betroffenen rechtfertigen lasse, weist Homann mit dem Argument zurück, dass die Ansprüche der Stakeholder bereits auf Ebene der Rahmenordnung Berücksichtigung fänden. Ihre Anliegen würden hier in Form von Steuern, Abgaben, Umweltschutzauflagen etc. beachtet und es wäre falsch, die Interessen der Stakeholder gleichsam ›zweimal‹ in Rechnung zu stellen (Homann/Lütge 2004, 84; Homann 2007, 36). Zwar gesteht Homann zu, dass sich nicht alle moralischen Probleme ex ante durch eine Rahmenordnung regeln lassen und so der individuellen oder unternehmerischen Moral im Sinne der aristotelischen ›Billigkeit‹ eine nicht zu unterschätzende Rolle zukäme. Doch er betont: »Allerdings bedarf die Moral des Einzelnen der nachhaltigen Stützung durch die Rahmenordnung, da sie sonst durch weniger moralische Konkurrenten ausgebeutet werden kann« (Homann 2007, 12). Mithin bleibt auch für die Unternehmensethik die Rahmenordnung der zentrale ›systematische Ort der Moral‹.

Literatur

Homann, Karl: Wirtschaftsethik. Die Funktion der Moral in der modernen Wirtschaft. In: Josef Wieland (Hg.): Wirtschaftsethik und Theorie der Gesellschaft. Frankfurt a.M. 1993, 32–53.

–: Marktwirtschaft und Unternehmensethik. In: Forum für Philosophie Bad Homburg (Hg.): Markt und Moral. Bern 1994a, 109–130.

–: Ethik und Ökonomik – Zur Theoriestrategie der Wirtschaftsethik. In: Ders. (Hg.): Schriften des Vereins für Socialpolitik. Neue Folge Band 228/I: Wirtschaftsethische Perspektiven I: Theorie, Ordnungsfragen, Internationale Institutionen. Berlin 1994b, 9–30.

–: Ökonomik und Demokratie – Perspektiven nach dem Ende des Sozialismus. In: Wilhelm Jäger (Hg.): Neue Wege der Nationalökonomie. Münster 1994c, 49–83.

–: Ökonomik: Fortsetzung der Ethik mit anderen Mitteln. In: Georg Siebeck (Hg.): Artibus ingenuis – Bei-

träge zu Theologie, Philosophie, Rechtswissenschaft und Wirtschaftswissenschaft. Tübingen 2001, 85–110.
–: Die Bedeutung von Anreizen in der Ethik. In: Jean P. Harpe/Wolfgang Kuhlmann (Hg.): Zur Relevanz der Diskursethik: Anwendungsprobleme der Diskursethik in Wirtschaft und Politik. Münster 1997, 139–166 (Wiederabdruck in Christoph Lütge (Hg.): Vorteile und Anreize. Tübingen 2002, 187–210).
–: Ethik in der Marktwirtschaft. Schriftenreihe des Roman Herzog Instituts. Position Nr. 3. Köln 2007.
– /Blome-Drees, Franz: Wirtschafts- und Unternehmensethik. Göttingen 1992.
– /Lütge, Christoph: Einführung in die Wirtschaftsethik. Münster 2004.
– /Pies, Ingo: Wirtschaftsethik und Gefangenendilemma. In: Wirtschaftswissenschaftliches Studium Jg. 20, 12 (1991), 608–614 (Wiederabdruck in Pies 2009, 34–47).
– /Pies, Ingo: Wirtschaftsethik in der Moderne: Zur ökonomischen Theorie der Moral. In: Ethik und Sozialwissenschaften Jg. 5, 1 (1994), 3–12 (Wiederabdruck in Pies 2009, 48–71).
– /Pies, Ingo: Wirtschaftsethik und Ordnungspolitik – die Rolle wissenschaftlicher Aufklärung. In: Helmut Leipold/Ingo Pies (Hg.): Ordnungstheorie und Ordnungspolitik – Konzeptionen und Entwicklungsperspektiven. Stuttgart 2000, 329–346 (Wiederabdruck in Pies 2009, 96–116).
– /Suchanek, Andreas: Wirtschaftsethik – Angewandte Ethik oder Beitrag zur Grundlagendiskussion? In: Bernd Biervert/Martin Held (Hg.): Ökonomische Theorie und Ethik. Frankfurt a.M. 1987, 101–121.
– /Suchanek, Andreas: Ökonomik – Eine Einführung. Tübingen 2000.
Luhmann, Niklas: Die Wirtschaft der Gesellschaft. Frankfurt a.M. 1994.
Pies, Ingo (Hg.): Moral als Heuristik – Ökonomische Schriften zur Wirtschaftsethik. Berlin 2009.
– /Blome-Drees, Franz: Was leistet die Unternehmensethik? Zur Kontroverse der Unternehmensethik als wissenschaftliche Disziplin. In: Schmalenbachs Zeitschrift für betriebswirtschaftliche Forschung Jg. 45, 9 (1993), 748–768 (Wiederabdruck in Ingo Pies (Hg.): Moral als Produktionsfaktor – Ökonomische Schriften zur Unternehmensethik. Berlin 2009, 34–59).
Schumpeter, Joseph A.: Kapitalismus, Sozialismus und Demokratie. Tübingen [7]1993.

Michael S. Aßländer

8. Governanceethischer Ansatz (Josef Wieland)

Der Konstanzer Ökonom Josef Wieland hat in den letzten Jahren ein unternehmensethisches Forschungsprogramm konzipiert, das einen festen Platz in der akademischen Diskussion zur Wirtschafts- und Unternehmensethik eingenommen hat. Wielands grundsätzliche Überlegungen finden sich bereits in seiner Habilitationsschrift *Ökonomische Organisation, Allokation und Status* (1996), für die Josef Wieland im Jahr 1998 mit dem »Max-Weber-Preis für Wirtschaftsethik« ausgezeichnet wurde; sie wurden aber insbesondere in seinem Buch *Die Ethik der Governance* (1999) in stärkerem Maße auf wirtschafts- und unternehmensethische Fragestellungen bezogen. Das Bemühen um eine stetige Weiterentwicklung dieses Ansatzes spiegelt sich in besonderer Weise in den von Josef Wieland initiierten und regelmäßig stattfindenden Werkstattgesprächen mit Fachkollegen an der Hochschule Konstanz sowie den daraus resultierenden Publikationen in der Buchreihe *Studien zur Governanceethik* im Metropolis-Verlag wider. Bemerkenswert an diesem Ansatz ist seine praktische Ausrichtung. Josef Wieland und seine Mitarbeiter (besonders erwähnenswert sind an dieser Stelle die Dissertationen von Grüninger 2001 und Fürst 2005) entwickeln die Governanceethik an hervorragender Stelle als »Wertemanagementsystem« im Sinne einer praktischen Unternehmensethik, was sich in praktischen Forschungsprojekten am Konstanz Institut für WerteManagement (KIeM) widerspiegelt sowie zur Herausgabe zweier umfangreicher Handbücher in diesem Themenbereich geführt hat (vgl. Wieland 2004; Wieland/Grüninger/Steinmeier 2010).

Die Governanceethik speist sich maßgeblich aus zwei theoretischen Orientierungen: der Systemtheorie Niklas Luhmanns einerseits und der Neuen Institutionenökonomie – besonders der Transaktionskostenökonomik von Oliver E. Williamson – andererseits. Wieland greift diese Großtheorien auf, grenzt sich in Teilen von ihnen ab und entwickelt sie für die Anwendungen auf moralische Fragestellungen in der Ökonomie weiter. Überlegungen aus der Systemtheorie dienen ihm dabei als Folie für die Ausarbeitung einer gesellschaftstheoretischen Perspektive (makrosoziologisch), auf deren Basis er sich im Weiteren institutionentheoretisch für das Steuerungsrepertoire moderner Gesellschaften und hier besonders für die Rolle von Unternehmen interessiert.

Durch die Bezugnahme auf Systemtheorie und Neue Institutionenökonomik sowie die kreative Weiterführung dieser Ansätze gelingt es Josef Wieland, einen ökonomischen Ansatz zu entwickeln, der deutlich über die Überlegungen moralökonomischer Ansätze (Karl Homann, Andreas Suchanek, Ingo Pies u. a.) hinausgeht. Für Josef Wieland muss Moral nicht in ›ökonomische Währungen‹ übersetzt werden, um wirkungsvoll zu werden (Scherer 2003, 399). Sie ist konstitutives Element des Ökonomischen und übernimmt *als solches* wichtige Koordinationsfunktionen in modernen, ausdifferenzierten Gesellschaften, wie im Folgenden deutlich werden wird.

Gesellschaftliche Differenzierung und Multireferentialität

Moderne, hochkomplexe Gesellschaften sind in Wertsphären (Weber) oder gesellschaftliche Teilsysteme (Luhmann) – wie Wirtschaft, Religion, Politik, Recht oder Wissenschaft – ausdifferenziert, die über distinkte Eigenlogiken der jeweiligen Subsysteme ›funktionieren‹. In der Luhmannschen Systemtheorie, die für Wielands Ansatz wichtige Orientierungen liefert, werden diese sozialen Subsysteme als Ordnungen *sui generis* begriffen, die kommunikative Anschlussfähigkeit sichern. Innerhalb der gesellschaftlichen Teilsysteme wirken dabei verschiedene binär kodierte Leitwerte. So erfolgt beispielsweise die wirtschaftliche Kommunikation (Tausch) im Wirtschaftssystem durch die Kodierung ›zahlen/nichtzahlen‹ oder die Kommunikation im Wissenschaftssystem durch die Kodierung ›wahr/falsch‹ (vgl. Luhmann 1984). Diese jeweiligen gesellschaftlichen Subsysteme sind selbstreferentiell (so auch schon Webers Wertsphären) und semantisch geschlossen. In dieser Perspektive der Autopoiesis lässt sich eine Wirtschaftsethik aufgrund der Inkommensurabilität der verschiedenen Systemkodierungen streng genommen nur als ökonomisches Übersetzungsprogramm – ähnlich der Moralökonomik Karl Homanns denken.

Wielands Ansatz einer Governanceethik weist jedoch aufgrund zweier zentraler Überlegungen über eine derartige Engführung einer Wirtschafts- und Unternehmensethik hinaus: *Erstens* unterscheidet Wieland zwischen einer Makroebene gesellschaftlicher Teilsysteme einerseits und einer Mesoebene von Organisationssystemen andererseits, wobei er davon ausgeht, dass Organisationssysteme zwar auf die relevante Makroebene (beispielsweise erwerbswirtschaftliche Organisationen im Wirtschaftssystem) bezogen sind, die organisationale Mesoebene jedoch autonom gegenüber den gesellschaftlichen Teilsystemen ist. Unternehmen sind damit nicht binär kodierte und semantisch geschlossene Systeme (wie das Wirtschaftssystem), sondern ›polylinguale Systeme‹ und ›multiple selves‹ (vgl. Wieland 1996, 81), die Handlungsbeschränkungen verschiedener Systeme (also nicht nur die des Wirtschaftssystems) ausbalancieren müssen. Eine solche Perspektive kann auch aus systemischer Sicht geteilt werden, denn Luhmann kennt neben binären Kodierungen teilsystemische Programme, die »sowohl selbst- als auch fremdreferentielle Elemente« enthalten; entsprechend »vermitteln formale Organisationen gleichzeitig zwischen dem Teilsystem und seiner Umwelt. Sie sind [...] wichtige Mechanismen gesellschaftlicher Systemintegration« (Schimank/Volkmann 1999, 12) und in der Lage, unterschiedliche gesellschaftliche Teilsysteme miteinander zu koppeln (vgl. Nassehi 2002, 455; Scherer 2003, 399).

Zweitens führt Wieland ›Moral‹ als Funktionssystem in die Argumentation ein, das über die Kodierung ›Achtung/Missachtung‹ funktioniert:

> »Moral codiert gesellschaftliche Kommunikation binär unter dem Gesichtspunkt ›gut/schlecht‹ (›gerecht/ungerecht‹). Sie ist wie alle anderen Funktionssysteme ein Kommunikationsmodus, der die Welt darüber strukturiert, dass er die Kontingenz von Verhalten und Handeln entlang der Unterscheidung zulässig/unzulässig reduziert. Über die Bedingungen zur moralischen Zurechnung dieser Prädikate verfügt nur die Moral. Daraus leitet sie die Unbedingtheit ihrer Ansprüche ab, das heißt ihre Autonomie und ihre operationale Geschlossenheit als Form gesellschaftlicher Kommunikation. Ihre Funktion in der Gesellschaft besteht demnach in der Zurechnung von Achtung/Missachtung auf Handlungsereignisse« (Wieland 1996, 88 f.).

Diese Argumentation ist gleichwohl mit einer Luhmannschen Soziologie nicht mehr zu rechtfertigen, da Luhmann das Vorhandensein eines Moralsystems ausdrücklich ablehnt. Nach Luhmanns Auffassung gibt es zwar Moral in Form einer ›moralischen Kommunikation‹, aber kein Moralsystem, u. a. auch deshalb nicht, weil sich Moral »nicht in der Form einer Schwerpunkt-Organisation nach dem Muster von Staat oder Kirche oder Produktionsbetrieb, auf die

die gesamte Gesellschaft sich direkt oder indirekt bezieht« (Luhmann 1978, 89 f.) darstellen lässt. Moral liegt mit anderen Worten »eher quer zu den gesellschaftlichen Funktionssystemen«, wie Hübscher (2010, 102) ausführlich und mit Bezug auf Wielands Verständnis zeigt.

Diese doppelte gesellschaftstheoretische Modifikation und Erweiterung der Luhmannschen Systemtheorie ebnet den Boden für die weitere Argumentation von Josef Wieland auf der Mesoebene: Organisationen sind multireferentiell. Sie sind auf autonome Teilsysteme bezogen, formulieren jedoch anders als diese individuelle und kollektive Organisationsziele (Wieland 1996, 75). Für eine Unternehmenstheorie bedeutet dies, dass zwar von einer Kopplung der ökonomischen Akteure an das über Preise kodierte Funktionssystem Wirtschaft ausgegangen wird, *womit jedoch nicht ausgeschlossen ist, dass auch andere Logiken in und zwischen Organisationen wirken.* Wieland geht sogar im Gegenteil davon aus, dass »Multireferentialität [...] die konstitutive Eigenart von Mesosystemen [ist]. [...] Die Wirtschaft ist ein informationell und semantisch geschlossenes System, ihre Organisationssysteme sind genau das nicht« (Wieland 1996, 81).

Die Ethik der Organisation

Während im Rahmen der neoklassischen Ökonomik davon ausgegangen wird, dass es sich bei Unternehmen um ›Ganzheiten‹ handelt, die als ›black box‹ wahrgenommen werden und von deren internen Organisationsprozessen daher abstrahiert wird, richtet Wieland in der Tradition der Neuen Institutionenökonomik sein Augenmerk auf die Governance-Strukturen im Unternehmen und präzisiert damit auch das Verhältnis von Unternehmen und unternehmerischer Umwelt.

Wieland geht mit Oliver E. Williamson (1975; 1990) von sogenannten unvollständigen Verträgen aus: So beinhaltet der Arbeitsvertrag zwischen Arbeitgeber und Arbeitnehmer keine vollständige Explikation der Leistungs- und Gegenleistungsansprüche der jeweiligen Vertragspartner (wie beispielsweise bei Kaufverträgen), sondern gibt lediglich eine grobe Beschreibung der zu erbringenden Tätigkeiten durch den Arbeitnehmer, die z.B. in Form von Stellenbeschreibungen spezifiziert sein können. Aus dieser Tatsache ergibt sich aus Sicht der Neuen Institutionenökonomik das Problem der Einhaltung des Vertrages, da dem Mitarbeiter Opportunismus und Drückebergerei unterstellt wird, man mithin davon ausgeht, dass er seine Arbeitsleistung soweit als möglich zurückhalten wird. Zur Lösung dieses Organisationsproblems wird von Williamson in dem von ihm entwickelten Transaktionskostenansatz die Installation sogenannter Beherrschungs- und Überwachungssysteme in der Organisation vorgeschlagen.

Josef Wieland geht insofern über den Ansatz von Williamson hinaus, als er die Bedeutung des mitlaufenden impliziten oder psychologischen Vertrages stärker als Williamson herausarbeitet und personale Werte wie Ehrlichkeit, Loyalität, Fairness etc. als wesentliche Faktoren für die Vertragserfüllung heranzieht. Moral wird dabei als moralisches Gut rekonstruiert, womit eine tugendethische Argumentation vermieden und ganz auf die organisationalen Bedingungen des Handelns abgestellt werden soll. Die Governanceethik bleibt von ihrem Wesen her also ein Transaktionskostenansatz, der die Interaktionen der Akteure in den Blick nimmt. Die Interaktionen von Individuen sind also in Organisationen über implizite Verträge miteinander vernetzt und unterliegen formalen und informalen Regeln. Dies ist für Wielands unternehmensethische Überlegungen von besonderer Relevanz, denn die Mesoebene der Organisation ist nicht nur auf Teilsysteme der Makroebene bezogen, sondern zugleich auch auf die Mikroebene des Individuums. Organisationen stellen damit wichtige Scharniere in Gesellschaften dar (vgl. Wieland 1996, 74) und Unternehmen zählen zu den wichtigsten Organisationen in der (Welt-)Gesellschaft.

Damit stellt sich die Frage nach der praktischen Ausgestaltung einer Unternehmensethik aus der Sicht von Josef Wieland. Vier Schlussfolgerungen Wielands scheinen in diesem Kontext von zentraler Bedeutung und sollen im Folgenden näher ausgeführt werden (Wieland 1996, 73 ff.; 1999, 56 ff.):

- Moralische Kodierung wirkt auf die Kooperationschancen in und zwischen Unternehmen und damit wiederum auf das Niveau möglicher Kooperationsrenten.
- Betriebliche Organisationen benötigen Anreizsysteme, die nicht auf ökonomische Anreize reduziert sind.
- Eine Instrumentalisierung von Moral findet im Konzept der Governanceethik nicht statt.
- Es wird ein institutionenethischer Zugang vorgeschlagen.

Kooperationsökonomie

Wieland fokussiert auf Anwendungs- und weniger auf Begründungsfragen einer Wirtschafts- und Unternehmensethik. Im Mittelpunkt seines Interesses stehen moralische Kommunikation und moralische Anreize in und zwischen Unternehmen (intraorganisational und interorganisational) sowie zwischen Unternehmen und allen gesellschaftlich relevanten Anspruchsgruppen (extraorganisational). Auf der Grundlage einer gesellschaftstheoretischen Folie der globalen Ökonomie entwickelt Wieland zunächst die Relevanz von Unternehmen in der Globalisierung. Jenseits der üblichen Globalisierungs-Polemik sieht Wieland zwar die Grenzen rein nationalstaatlicher Regulierungen erreicht, gleichzeitig sei jedoch die Kehrseite der globalen Wettbewerbsfähigkeit durch eine ›globale Kooperationsfähigkeit‹ gekennzeichnet, wofür er den Begriff der »Kooperationsökonomie« vorschlägt. Zum einen steigere die Herausbildung neuer Organisationsformen (Fusionen, strategische Allianzen, Netzwerke etc.) die Notwendigkeit zur Kooperation, womit die Kooperationsfähigkeit zu einer spezifischen unternehmerischen Kompetenz wird. Zum anderen entspräche der Zuwachs der neuen Regelsetzungskompetenz der Unternehmen einer »Progression in der Zurechnung von moralischer Verantwortung auf Unternehmen durch die Gesellschaft« (Wieland 1999, 16), wie populäre Fälle zeigten, beispielsweise um den Shell-Konzern im Zusammenhang mit der Versenkung der Ölplattform Brent Spar und die hierdurch ausgelösten Verbraucherboykotte. Unternehmen stehen demnach vor der Aufgabe, Kooperationsbereitschaft und Kooperationsfähigkeit als Ressourcen und Kompetenzen einer globalen Ökonomie zu entwickeln. Dies sei auch deshalb bedeutsam, weil Unternehmen auf eine gesellschaftliche ›licence to operate‹ angewiesen sind (vgl. Wieland 2005a, 274).

Die Aufgabe einer Organisationsökonomik sieht Wieland in der Entwicklung angemessener Governance-Strukturen, die kooperatives Verhalten ermöglichen sollen. Insofern richtet sich das Augenmerk verstärkt auf die Erforschung des Prozesses der Anbahnung von Transaktionen und weniger auf individuelle Präferenzen (Wieland 1999, 43). Wieland differenziert zwischen dem Prozess und der Form einer Organisation. Während bei ersterem die Tugenden der Akteure zum Tragen kommen, lokalisiert sich die Form *dieser* Prozesse jenseits tugendethischer Argumente; und genau in der Gestaltung dieser Form(en) wird die Aufgabe von Unternehmensethik als Governanceethik gesehen: »Der systematische Ort der Management-Tugend ist der Prozeß der Unternehmung, der systematische Ort der Governanceethik ist die Form der Unternehmung« (Wieland 1999, 50). Marc Hübscher spricht in diesem Zusammenhang von der »konsequente[n] Weiterführung des konstitutionellen Akts der Organisation qua Vertrag im Prozess« (Hübscher 2010, 123). Deutlich wird in dieser Perspektive nochmals der institutionentheoretische Zugang der Governanceethik. Ob damit zugleich Wielands Feststellung zutreffend ist, dass »Unternehmensethik als Kompetenz einer Organisation [...] nicht aus dem Handlungsbegriff heraus entwickelt werden [kann]« (Wieland 1999, 48) erscheint jedoch eher fraglich, denn ein richtig verstandener Handlungsbegriff ist immer mit dem Institutionenbegriff verbunden, wie auch der Institutionenbegriff stets mit dem Handlungsgriff verbunden ist (Beschorner 2002, 122 ff.). Dem dürfte auch Wieland mit seiner Unterscheidung in Tugend- und Führungsethik (Wieland 2005b, 41) und dem Verständnis einer Rekursivität von »individuellen Selbstbindungsstrategien« und den »Koordinations- und Kooperationsmechanismen einer Organisation« prinzipiell zustimmen (vgl. Hübscher 2010, Kap. 2.3.1).

Moralische Anreizsysteme

Wie aber ist diese Form sinnvoll zu gestalten? Wieland differenziert in diesem Zusammenhang zwischen ökonomischen Anreizsystemen, deren Relevanz sich aus der Bezogenheit von Unternehmen auf das Wirtschaftssystem ergibt, sowie moralischen Anreizsystemen und moralischen Anreizen. Es geht ihm primär um die Wirkungsweisen der Mechanismen moralischer Anreizsysteme, wobei auf der Grundlage der Unterscheidung zwischen formalen, kodifizierten und informalen, nicht kodifizierten Regeln insbesondere letztere interessieren, womit auf die informalen gesellschaftlichen moralischen Werte abgestellt wird (vgl. Wieland 1999, 60 ff.). Dabei wird die Betrachtung dieser Werte von der folgenden Einschätzung geleitet: »Im Prinzip ist zwar klar, was mit ihnen gemeint ist, aber im konkreten Anwendungsfall verwischen sich die Grenzen des Gemeinten und Zulässigen. Moralische Werte werden in der Gesellschaft kommunikativ bevorratet, aber eben nicht in anwendungsspezifischer Form« (Wieland 1999, 61).

Wielands Vorschlag läuft somit u.a. darauf hinaus, die informalen Werte z.B. durch einen ›Code of Ethics‹ festzuschreiben, um die moralische Unsicherheit in sicherere »organisationale Selbstbindung durch Regeln und Werte zu überführen« und damit eine Definition, Überwachung und Durchführung auf der Ebene der Organisation zu bewirken. Damit wird deutlich, dass eine »Governancestruktur nicht einfach ein Beherrschungs- und Überwachungssystem ist, sondern eine institutionelle Rahmenordnung für diese Codes, eine Matrix, innerhalb deren Transaktionen verhandelt und möglichst vollständig durchgeführt werden können« (Wieland 1996, 118). Zudem geht es Wieland um einen spezifischen Typus von Transaktionen, nämlich moralische Transaktionen, die er als »ökonomische Transaktionen einer Firma, die eine immanente moralische Dimension haben, also etwa Kinderarbeit oder Arbeitsverträge« kennzeichnet (Wieland 2005b, 21). Wir haben bereits oben darauf hingewiesen, dass es Wieland damit besonders um die Formgestaltung der Organisation geht, die er mit der folgenden Formel expliziert (Wieland 2001, 10):

$$Tm_i = f\,(aIS_i, bFI_{ij}, cIF_{ij}, dOKK_i)$$

Distinkte moralische Transaktionen (TM_i) sind demnach eine Funktion aus:

- individuellen Selbstbindungsstrategien (IS)
- formalen (FI) und informalen (IF) Institutionen sowie
- Koordinations- und Kooperationsmechanismen einer Organisation (OKK)

Diese Argumente betrachtet der Autor kontextuell (j) und mit Blick auf distinkte Transaktion (i). Jedes Argument der Funktion kann dabei einen positiven (+1), negativen (–1) oder zu vernachlässigenden Einfluss (0) auf die moralische Transaktion haben (a–d).

Moral: ontologisch

Wieland macht an mehreren Stellen deutlich, dass es ihm nicht um eine Instrumentalisierung von Moral geht und moralische Anreize nicht allein auf ökonomische Anreize zurückgeführt werden können (vgl. Wieland 1996, 88 ff.; 1999, 23, 62 ff., 78 ff.). Er verfolgt im Gegensatz zu dem Münchner Ökonomen und Philosophen Karl Homann kein Übersetzungsprogramm, sondern interessiert sich für die Mechanismen der Wirkungen von Moral. Daher kann ontologisch argumentiert werden: »es gibt moralische Anreize« (Wieland 1999, 63). In dem Forschungsprogramm der Governanceethik sind moralische Werte konstitutiv für die Kooperation von Transaktionspartnern und in jedem Fall ein Element des ökonomischen Problems (Wieland 1996, 91; 1999, 67). Sie werden ebenso wenig in ökonomische Kategorien übersetzt wie Ökonomie zur Morallehre wird, sondern sind in rekursiver Weise mit dem Ökonomischen verknüpft: »Es gibt ökonomische Voraussetzungen von Moral und moralische Voraussetzungen von Ökonomie. Es gibt moralische Konsequenzen von Ökonomie und ökonomische Konsequenzen von Moral« (Wieland 1999, 81).

Individuum, Institution – und Ethik?

In der vorangegangenen Darstellung wurde implizit die Frage nach dem Verhältnis von Individual- und Institutionenethik gestreift. Wieland geht es, das sollte deutlich geworden sein, um einen institutionenethischen Ansatz; er grenzt sich damit deutlich von einer tugendethischen Herangehensweise innerhalb der Unternehmensethik ab. Allerdings ergibt sich hier das Problem, dass die Handlungen einzelner Mitglieder der Organisation eben nur diesen Personen zugerechnet werden und nicht auf die Normen von Organisationen zurückgeführt werden können (Wieland 1999, 47). Somit kommt auch Wielands unternehmensethischer Ansatz nicht ohne eine individualethische Ergänzung aus, und der Autor betont sogar, dass Tugendethik als spezifische organisationale Kompetenz für eine Kooperationsökonomik zunehmend an Bedeutung gewinnt. Sie muss dies freilich unter besonderen strukturellen Bedingungen tun, denn: Individual- und Institutionenethik sind im Konzept der Governanceethik rekursiv miteinander verbunden (vgl. Wieland 1999, 71 ff.).

Der theoretische Status personaler Tugenden kann gleichwohl nicht wirklich plausibel gemacht werden. Individualethik wird in systematischer Hinsicht kein eigenständiger Platz zugewiesen, was nicht unabhängig von den theoretischen Annahmen der Transaktionskostenökonomik und dem Fokus auf Institutionen zu sein scheint. Josef Wielands Governanceethik offenbart damit zusammenhängend, doch zugleich darüber hinausgehend, ein Defizit, das jede Unternehmens*ethik* im engeren Sinne betrifft. Folgt man der generell akzeptierten Unterscheidung von Moral – als den Wertvorstellungen einer Gemeinschaft oder Gesellschaft – einerseits und Ethik – als das kritische Hinterfragen der vorhandenen Moral (Moralphilosophie) – andererseits, wäre an Wieland die Frage zu richten, ob seine Governance*ethik* überhaupt die Qualität des Handelns im Sinne eines Anspruchs gegenüber dem Guten beinhaltet oder ob nicht besser von Governance*moral* zu sprechen wäre. Schon die frühen Besprechungen zur Governanceethik zielen auf diesen Aspekt. So formuliert König (1999, 16): »Wieland nimmt die Moral eines Unternehmens als Datum, ohne sie zu hinterfragen und damit Ethik zu betreiben« (vgl. auch die Rezensionen von Scherer 1999 und Beschorner 2000).

Wieland selbst betont einerseits das Selbstverständnis der Governanceethik als anwendungsorientierte Ethik und die Disposition seines Ansatzes, »nicht vom Guten, sondern vom Besseren« (Wieland 1999, 76) zu handeln. In diesem Zusammenhang verweist Wieland einerseits mit Rawls auf philosophisch begründbare gesellschaftliche Gerechtigkeitsvorstellungen, die er als moralischen Standard unterstellt. Andererseits rekurriert er auf Leitwerte der Kooperation wie Gerechtigkeit, Fairness, Verantwortungsfähigkeit etc., die zwar auch auf den gegebenen »background justice« (Rawls) bezogen und von diesem restringiert sind, in und durch Unternehmen allerdings spezifisch selektiert und bewertet werden. Damit, so Wieland, sei Wertemanagement nicht moralpositivistisch, »sondern auch ein bedeutendes Element in der Evolution neuer gesellschaftlicher Werte« (Wieland 1999, 75).

Insgesamt scheint Wieland durch die Entkoppelung von Anwendungs- und Begründungsebene dem Vorwurf des Moralpositivismus nicht wirklich entgehen zu können und gesteht letztlich auch zu, dass »aus Gründen der Symmetrie logischer Verknüpfungen [...] der Gedanke nahe [liegt], daß irgendeine Relation zwischen den beiden Ebenen existieren sollte. Über das bereits Gesagte hinaus habe ich zur Zeit keine Antwort auf diesen berechtigten Hinweis« (Wieland 1999, 85).

Seit dem erstmaligen Erscheinen der Governanceethik im Jahr 1999 erfolgten zahlreiche Weiterentwicklungen, die Marc Hübscher (2010) besonders mit Bezug auf Wielands Artikel in der *Zeitschrift für Wirtschafts- und Unternehmensethik* (2001), Wielands Buch *Normativität und Governance* (2005b) sowie mit Verweis zum Verhältnis von Governanceethik und kohärentistischer Ethik (Badura 2004) ausführlich und instruktiv rekonstruiert. Hübscher unterscheidet hier:

- Wieland I: strikte Entkoppelung von Anwendungs- und Begründungsebene,
- Wieland II: weiterhin Entkoppelung bei zugleich näherer Bestimmung des rekursiven Zusammenhangs, besonders von Rückkoppelungseffekten zwischen Moralanwendung und Moralbegründung,
- Wieland III: Versuch der Integration normativer Begründungen in den Parameter IF (informale Institutionen),
- Wieland IV: Governanceethik als »kohärentistische Ethik« (Badura) oder »diskursive Verarbeitung distinkter Rechtfertigungskontexte« (Hübscher).

Angesichts dieser Fortschreibungen lässt sich konstatieren, dass sich die Governanceethik hinsichtlich der Verhältnisbestimmung von Implementations- und Begründungsdiskursen zwar auf dem Weg zu befinden scheint, eine konsistente Verbindung gleichwohl weiterhin aussteht.

Forschungsperspektiven in konstruktiver Absicht

Es ist das Verdienst von Josef Wieland, in den vergangenen Jahren einen innovativen unternehmensethischen Ansatz entwickelt zu haben, der theoretisch gehaltvoll und zugleich praxisbezogen ist. In theoretischer Hinsicht dienen ihm Luhmanns Systemtheorie für die Vorortung in einer gesellschaftlichen – nicht nur engeren wirtschaftlichen – Perspektive sowie die Neue Institutionenökonomik zur Bearbeitung organisations- und unternehmenstheoretischer Fragestellungen. Auf dieser Grundlage und mit Bezug auf moralische Probleme in der Ökonomie ist es Wieland möglich, konkrete Vorschläge zur Ausgestaltung eines Wertemanagements für Unternehmen zu entwickeln und diese praktisch zu erproben.

Künftige Entwicklungspotentiale, die unter Verwendung der genannten Theorien realisiert werden könnten, ergeben sich dabei *erstens* in der Anwendung der Governanceethik auf nicht-erwerbswirtschaftliche Organisationen, z.B. politische Organisationen, Nichtregierungsorganisationen etc. (vgl. dazu z.B. auch Panther 2005). Eine solche Perspektive könnte zum einen die Funktionsweise verschiedener Organisationstypen (vergleichend) untersuchen und zum anderen Forschungsergebnisse über die Arten von Interaktionen zwischen unterschiedlichen Typen von Organisationen liefern (z.B. zu Kooperationsformen zwischen Unternehmen und NGOs, vgl. dazu bspw. Vorbohle 2010). Die Arbeiten zur Netzwerk-Governance (Wieland 2009) weisen hier in eine richtige Richtung. *Zweitens* wäre es sehr wünschenswert (und unter Verwendung der Neuen Institutionenökonomik auch sehr gut möglich) in stärkerem Maße vergleichende empirische Untersuchungen zu unternehmensethischen Fragestellungen durchzuführen. Die Governanceethik zeigt Stärken in der Theorieentwicklung und im Praxisbezug, empirische Studien finden bislang jedoch nur in zu geringem Maße statt. Dies ist insgesamt im deutschsprachigen Raum ein großes Defizit.

Jenseits dieser immanenten Kritik sollen im Folgenden zwei weitere Aspekte benannt werden, die für eine weitergehende Wirtschafts- und Unternehmensethik wichtig erscheinen, zugleich aber vermutlich mit den theoretischen Grundlagen der Governanceethik nur schwer zu bearbeiten sind bzw. größerer theoretischer Umstellung bedürfen.

Erstens, Wielands Wertemanagementsystem, das aus der Governanceethik resultiert, besitzt weiterhin eine starke Compliance-Ausrichtung. Im Zentrum stehen stabile Interaktionsbeziehungen und die Vermeidung von ›bad practices‹ (Korruption, Betrug etc.). Dies ist und bleibt zweifelsohne ein wichtiges unternehmensethisches Thema. Gleichwohl ist es nicht hinreichend für ein angemessenes Verständnis von Unternehmensethik, muss es doch an zentraler Stelle um die Frage gehen, wie Unternehmen durch ›good practices‹ (proaktiv im Kerngeschäft) einen positiven Beitrag für die Gesellschaft leisten können (dazu eingehender bspw. Beschorner 2007; Pfriem 2007). Diese praktische Perspektive auf ›good business practices‹ ist eng verbunden mit Schlagworten wie Innovation, Wandel, Lernen, Kultur, Wissen, ›organizational slacks‹ etc., die nur sehr schwer mit einer Transaktionskostenökonomik bearbeitet werden können (Beschorner 2002, 132ff., 203ff.; Ansätze hierzu finden sich auch bei Wieland/Becker 2000; Wieland 2005a) und vielmehr eine Herangehensweise über interpretative handlungs- und institutionentheoretische Ansätze (aus der Ökonomie und der Soziologie) nahelegen (Beschorner 2004; Beschorner/Fischer/Pfriem/Ulrich 2004).

Zweitens – und dies steht in engem Zusammenhang mit der erstgenannten Problematik – scheint die Sperrigkeit der Governanceethik gegenüber begründungstheoretischen Fragestellungen (siehe oben) mit der Wahl der positivistischen/funktionalistischen Ansätze der Systemtheorie und der Neuen Institutionenökonomik in einem engen Zusammenhang zu stehen. So erscheinen Herangehensweisen, die faktische normative Handlungsorientierungen analysieren und die faktische normative Aufladung von sozialen Beziehungen und die normative Aufladung handlungsleitender Institutionen untersuchen, als prinzipiell anschlussfähiger an Begründungsdiskurse, da derartige Ansätze ein kritisches Potenzial gegenüber vorherrschenden Weltbildern, Ideologien und organisationalen Routinen entwickeln. Sie formulieren damit praxisrelevante Reflexionsangebote für moralisches/legitimes Handeln und die Gestaltung von Institutionen.

Trotz der genannten Schwächen und Kritikpunkte muss Wielands Governanceethik zu den wichtigsten Ansätzen der deutschsprachigen Wirtschafts- und Unternehmensethik gerechnet werden. Es ist dabei ein ganz besonderes Verdienst von Josef Wieland, die wirtschafts- und unternehmensethische Diskussion um eine interessante Herangehensweise bereichert zu haben, die nicht nur theoretisch anspruchsvoll, sondern darüber hinaus auch von praktischer Relevanz ist. Vor dem Hintergrund der Dominanz rein akademischer Beschäftigungen mit der Thematik in den 1980er und 1990er Jahren stellt die Ausarbeitung der Governanceethik zweifelsohne einen wichtigen Meilenstein in der Entwicklung der Wirtschafts- und Unternehmensethik dar.

Literatur

Badura, Jens: Moralsensitive Orientierungsphilosophie – die Governanceethik im Lichte des Kohärentismus. In: Josef Wieland (Hg.): Governanceethik im Diskurs. Marburg 2004, 19–40.

Beschorner, Thomas: Rezension zu Josef Wieland (1999): Die Ethik der Governance. In: Zeitschrift für Wirtschaft- und Unternehmensethik Jg. 1, H. 1 (2000), 116–117.

–: Ökonomie als Handlungstheorie. Evolutorische Ökonomik, verstehende Soziologie und Überlegungen zu einer neuen Unternehmensethik. Marburg 2002.

–: Institutionen – Kultur – Wandel. In: FUGO – Forschungsgruppe Unternehmen und gesellschaftliche Organisation (Hg.): Perspektiven einer kulturwissenschaftlichen Theorie der Unternehmung. Marburg 2004, 119–153.

– Unternehmensethik. Theoretische Perspektiven für eine proaktive Rolle von Unternehmen. In: Esther Hoffmann et al. (Hg.): Gesellschaftliches Lernen und Nachhaltigkeit. Marburg 2007, 69–89.

– /Fischer, Dirk/Pfriem, Reinhard/Ulrich, Günter: Perspektiven einer kulturwissenschaftlichen Theorie der Unternehmung – zur Heranführung. In: FUGO – Forschungsgruppe Unternehmen und gesellschaftliche Organisation (Hg.): Perspektiven einer kulturwissenschaftlichen Theorie der Unternehmung. Marburg 2004, 9–64.

Fürst, Michael: Risiko-Governance. Die Wahrnehmung und Steuerung moralökonomischer Risiken. Marburg 2005.

Grüninger, Stephan: Vertrauensmanagement – Kooperation, Moral und Governance. Marburg 2001.

Hübscher, Marc C.: Die Firma als Nexus von Rechtfertigungskontexten. Eine normative Untersuchung zur rekursiven Simultanität von Individuen und Institutionen in der Governanceethik. Marburg 2010.

König, Matthias: EthikManagement- und -AuditSystem: Kritische Bemerkungen zum Konzept von Wieland. In: Forum Wirtschaftsethik Jg. 7, H. 4 (1999), 16–18.

Luhmann, Niklas: Soziologie der Moral. In: Ders./Stephan H. Pfürtner (Hg.): Theorietechnik und Moral. Frankfurt a.M. 1978, 8–116.

–: Soziale Systeme – Grundriß einer allgemeinen Theorie. Frankfurt a.M. 1984.

Nassehi, Armin: Die Organisation der Gesellschaft. Skizze einer Organisationssoziologie in gesellschaftstheoretischer Absicht. In: Kölner Zeitschrift für Soziologie und Sozialpsychologie. Sonderheft 42: Organisationssoziologie (2002), 441–478.

Panther, Stephan: Governanceethik als Wirtschaftsethik. Versuch des Weiterdenkens in kritischer Absicht. In: Josef Wieland (Hg.): Normativität und Governance. Gesellschaftstheoretische und philosophische Reflexionen der Governanceethik. Marburg 2005, 101–120.

Pfriem, Reinhard: Wollen können und können wollen. Die vermeintlichen Anpasser sind die Gestalter. In: Ders. (Hg.): Unsere mögliche Moral heißt kulturelle Bildung. Unternehmensethik im 21. Jahrhundert. Marburg 2007, 161–184.

Scherer, Andreas: Transzendierung von Ökonomik und Systemtheorie? Die »Ethik der Governance« von Josef Wieland. In: Forum Wirtschaftsethik Jg. 7, H. 4 (1999), 11–15.

–: Multinationale Unternehmen und Globalisierung. Heidelberg 2003.

Schimank, Uwe/Volkmann, Ute: Gesellschaftliche Differenzierung. Bielefeld 1999.

Vorbohle, Kristin: Lokale Antworten auf globale Herausforderungen. Integrative Kooperationen zwischen Unternehmen und Nonprofit-Organisationen im Kontext von Corporate Social Responsiveness. Marburg 2010.

Wieland, Josef: Ökonomische Organisation, Allokation und Status. Tübingen 1996.

–: Die Ethik der Governance [1999]. Marburg [5]2007.

–: Eine Theorie der Governanceethik. In: Zeitschrift für Wirtschafts- und Unternehmensethik (zfwu) Jg. 2, H. 1 (2001), 8–33.

– (Hg.): Handbuch Wertemanagement. Erfolgsstrategien einer modernen Corporate Governance. Hamburg 2004.

–: Governance und Simultanität. Wissen als kooperative und moralische Ressource. In: Ders. (Hg.): Governanceethik im Diskurs. Marburg 2005a, 253–277.

–: Normativität und Governance. Gesellschaftstheoretische und philosophische Reflexionen der Governanceethik. Marburg 2005b.

– (Hg.): CSR als Netzwerkgovernance – Theoretische Herausforderungen und praktische Antworten. Marburg 2009.

– /Becker, Markus: Methodologische Grundlagen der Neuen Organisationsökonomik. Berührungspunkte und Differenzen zwischen Neuer Institutionenökonomik und Evolutorischer Ökonomik. In: Thomas Beschorner/Reinhard Pfriem (Hg.): Evolutorische Ökonomik und Theorie der Unternehmung. Marburg 2000, 25–50.

– /Grüninger, Stephan/Steinmeier, Roland (Hg.): Handbuch Compliance-Management. Konzeptionelle Grundlagen, praktische Erfolgsfaktoren, globale Herausforderungen. Berlin 2010.

Williamson, Oliver E.: Markets and Hierarchies: Analysis and Antitrust Implications. A Study in the Economic of Internal Organization. New York/London 1975.

–: Die ökonomischen Institutionen des Kapitalismus: Unternehmen, Märkte, Kooperationen. Tübingen 1990.

Thomas Beschorner

B. Anglo-amerikanische Ansätze der Wirtschafts- und Unternehmensethik

1. Business Ethics im anglo-amerikanischen Sprachraum

Einleitung – Was kennzeichnet die US-Business Ethics?

Die Auseinandersetzung mit der ethischen Dimension von Business-Aktivitäten spielt in der amerikanischen Geschichte seit jeher eine wichtige Rolle. Die ersten Siedler sehen Moral und Profit aufgrund der Ethik ihrer puritanisch-protestantischen Religion als untrennbare Einheit. Wer irdischen Erfolg hat, gilt als Auserwählter Gottes. Somit ist das Anhäufen von Reichtümern durch Fleiß und Sparsamkeit gerechtfertigt, und es kann sich die für Amerika so typische, positive Einstellung zu materiellem Gewinn entwickeln. Eingeschränkt wird das Gewinnstreben nur von der Verpflichtung zu Ehrlichkeit und zur Wahrnehmung von sozialer Verantwortung durch karitative Tätigkeiten. Die Vorstellung, dass die Reichen Treuhänder ihres Geldes sind, um Gottes Werk auf Erden zu tun, besiegelt die Partnerschaft von Gott und Mammon.

Dieses Ideal des asketischen Protestantismus hat seine Bedeutung als wünschenswerte Sollkonzeption für ein moralisch positives Verhältnis von Ethik und Geschäft nie verloren. Es ist einer der Grundpfeiler des amerikanischen Traums. Um die Diskrepanz zwischen diesem wirkungsmächtigen Ideal und den in der Realität zu beobachtenden negativen Auswirkungen des Kapitalismus auszugleichen, beschäftigt man sich in den USA besonders intensiv mit dem Verhältnis von Moral und Profit.

Die US-Business Ethics zeichnet sich durch eine pragmatische Herangehensweise in der Theoriebildung, eine stark ausgeprägte Anwendungsorientierung, einen individualethischen Schwerpunkt und den weitgehenden Verzicht auf den Versuch einer (Letzt-)Begründung von Normen aus (Palazzo 2000). Nicht zuletzt dieser individualethische Schwerpunkt begünstigte die Entstehung eines unternehmensethischen Forschungsfeldes. Im Vergleich dazu versteht sich die deutsche Betriebswirtschaftslehre häufig als angewandte Mikroökonomie, die ethische Anforderungen von den Unternehmen fernhalten will und Verhaltensregulierung eher als einen Aufgabenbereich des Staates sieht (Matten/Palazzo 2008, 64).

Forschungsrichtungen und Diskussionsfelder

Die Business Ethics-Forschung lässt sich grob in zwei Hauptrichtungen einteilen: Die positivistische und die normative Forschung.

Positivistische Business Ethics-Forschung: Die positivistische Richtung arbeitet innerhalb des in der Managementforschung dominanten Paradigmas, in dem durch empirische Methoden Korrelationen und Kausalzusammenhänge untersucht werden. In Bezug auf die Unternehmensethik wird hier eine schier unüberschaubare Vielzahl an Themen untersucht. Wichtige Forschungsthemen sind insbesondere: Modelle der ethischen Entscheidungsfindung, Einflussfaktoren ethischen Verhaltens und das Verhältnis zwischen wirtschaftlichem Erfolg und ethischer Unternehmensführung.

Die Modelle der ethischen Entscheidungsfindung analysieren, durch welche verschiedenen Phasen der Entscheidungsfindung Individuen gehen, wenn sie ein unternehmensethisches Problem antreffen (Treviño 1986), und untersuchen, welche Einflussfaktoren auf die einzelnen Phasen wirken. Hier werden z. B. die Rolle sozio-demographischer Faktoren (Geschlecht, Alter, Ausbildung oder Nationalität) und psychografische Variablen (moralische Kompetenz, Charakterzüge, Werte etc.) erforscht. Die Ergebnisse der Studien über diese individuellen Einflussfaktoren sind jedoch zumeist uneinheitlich und widersprüchlich. Inzwischen geht der Trend daher stärker zur Erforschung von Kontextfaktoren wie Anreizsysteme, Autorität, Bürokratie, soziale Rollen im Betrieb oder Unternehmenskulturen (Crane/Matten 2007, 131 ff.). Auch wenn diese empirischen Studien teilweise nicht ausreichend theoretisch fundiert sind und zudem häufig an einer mangelhaften empirischen Methodik (zu rigider Fokus auf quantitative Methoden, Vernachlässigung des Problems der sozialen Erwünschtheit etc.) kranken, liefern sie dennoch wichtige praxisrelevante Erkenntnisse. Schließlich ist neben der Frage, wie Manager entscheiden sollen, auch von Bedeutung, wie sie in der Realität tatsächlich Entscheidungen treffen. Gerade im Bereich der Auseinandersetzung mit den Bedingungen der ethischen Entscheidungsfindung sehen wir für Europa noch Nachholbedarf. Dieser für die Praxis wertvolle Forschungsstrang wird in der deutschen Diskussion bisher kaum rezipiert oder aus europäischer Perspektive erforscht.

Neben dieser Forschungsrichtung, die das individuelle Entscheidungsverhalten im organisationalen Kontext untersucht, gibt es zahlreiche Studien zu der generellen Frage des Zusammenhangs von Ethik und Gewinn. Dies ist der heilige Gral unternehmensethischer Forschung, denn die Bedeutung dieser empirischen Forschungsfrage liegt auf der Hand: Die Unternehmensethik ist auch in den USA seit jeher mit der herablassenden und ausgrenzenden Skepsis des ökonomischen und betriebswirtschaftlichen Mainstreams konfrontiert. Wenn es gelingt, die positive Verbindung von Ethik und Gewinn aufzuzeigen, wenn man also den Business Case der Ethik empirisch darlegen kann, bringt man die Skeptiker automatisch zum Verstummen. Bisher konnte allerdings eine Flut an derartigen Studien und Metastudien (Margolis/Walsh 2001) keinen robusten Zusammenhang zwischen Ethik und Unternehmenserfolg aufzeigen. Zum einen erweist sich dies aufgrund der vielen Einflussfaktoren und Wechselwirkungen methodisch als schwierig; zum anderen erscheint dieser Versuch als ethisch problematisch: »Das zentrale Argument gegen die positivistische Unternehmensethik lautet, dass hier eine genuin ethische Analyse durch eine interessengeleitete instrumentelle Analyse ersetzt wird« (Matten/Palazzo 2008, 56).

Insgesamt lässt sich also sagen, dass durch den empirisch-deskriptiven Ansatz der positivistischen Business Ethics die Gefahr besteht, dass die kritische Distanz verlorengeht und Unternehmensethik zu einem normativ entkernten Erfolgsfaktor verkommt (ebd., 56).

Der Mainstream erfasst die unternehmensethische Forschung seit einigen Jahren noch auf eine andere, angenehmere Weise: Immer mehr betriebswirtschaftliche und ökonomische Forscher beschäftigen sich mit Fragen der Unternehmensethik an den Schnittstellen zu ihren je eigenen disziplinären Kontexten. Wir können diese Tendenz interdisziplinärer Unternehmensethik-Forschung hier nur grob anhand einiger Beispiele illustrieren: Im Marketing etwa wird versucht, Kundenloyalität als Ergebnis einer Harmonie von Unternehmenswerten und Kundenwerten zu interpretieren (Bhattacharya/Sen 2003). Psychologen erforschen ethisches und unethisches Entscheiden auf Basis jüngerer kognitiver und sozialpsychologischer Forschungsergebnisse (für einen Überblick vgl. Tenbrunsel/Smith-Crowe 2008). Auch wird der Frage nach der strategischen Einbindung unternehmensethischer Aktivitäten nachgegangen (Porter/Kramer 2006). Konstruktivistische Managementtheorien werden auf unternehmensethische Fragestellungen angewandt (Sonenshein 2006; Misangyi/Weaver/Elms 2008). Diese Forschungstendenz zeigt, dass die Unternehmensethik in den USA längst nicht mehr ein isoliertes Spezialgebiet für Experten ist, sondern dass einschlägige Fragestellungen auf ein breites Forschungsinteresse und einen neuen Pluralismus an Methoden und Konzepten treffen.

Normative Business Ethics-Forschung: Während die positivistische Business Ethics also beschreibt, wie sich die Akteure in der Marktwirtschaft verhalten und warum sie sich so verhalten, versucht die normative Business Ethics mit Hilfe von philosophischen Theorien zu klären, wie sie handeln *sollen*.

Auf der Suche nach tragbaren ethischen Prinzipien stützen sich amerikanische Unternehmensethiker auf verschiedene philosophische Ansätze. Sie greifen beispielsweise auf tugendethische (Solomon 1992; Palazzo 2000, 87–93) oder vertragstheoretische Konzepte (z. B. die Integrative Social Contracts Theory von Donaldson und Dunfee) zurück. Vertragstheoretische Konzepte spielen auch in jüngster Zeit wieder eine Rolle, so etwa in den Beiträgen von Nien-he Hsieh (2004).

Der ebenfalls sehr prominente Stakeholder-Ansatz nimmt hier eine Sonderstellung ein, da es innerhalb dieser Schule sowohl positivistische, wie normative Varianten gibt. In ihrer normativen Form beruhen Stakeholder-Theorien in der Regel auf einem kantischen oder vertragstheoretischen Ansatz. Die ursprünglich von Ed Freeman in die Diskussion gebrachte Theorie wird heute führend von Robert Phillips (2003) vertreten.

Darüber hinaus gibt es eine Vielzahl anderer Ansätze, die z. B. von einer Habermasschen Diskursethik (Stansbury 2009) oder einer feministischen

Ethik (Burton/Dunn 1996) ausgehen. Die postmoderne/postkolonialistische Unternehmensethik hat in jüngster Zeit an Bedeutung gewonnen (z.B. Banerjee 2003; Khan/Munir/Willmott 2007). Dieser Ansatz steht allen rationalistischen Theorien sehr kritisch gegenüber. Für sie greifen rationalistische Ethiken immer zu kurz, da Normen und Verhaltensweisen maßgeblich durch bestehende Machtverhältnisse und/oder emotionale Impulse beeinflusst werden. Da die Diskurse vermachtet sind und das gesellschaftliche System den Bürger manipuliert, glauben die postmodernen Unternehmensethiker, dass es grundsätzlich gar nicht mehr möglich sei, Kritik zu äußern, Objektivität zu erreichen oder allgemeingültige Werte zu definieren. Allenfalls kann man bestehende Machtstrukturen offenlegen und dekonstruieren (Scherer/Palazzo 2007, 1103 ff.). Jenseits dieser breit gefächerten philosophischen Diskussion wächst allgemein das Interesse an einer stärkeren Verbindung von Emotionen und Rationalität in der Business Ethics (ten Bos/Willmott 2001).

Die Herausforderung normativer Business Ethics besteht darin, dass sie oft zu abstrakt ist, um wirklich an die unternehmerische Praxis anschlussfähig zu sein. Und auch innerhalb der allgemeinen Managementforschung mangelt es der normativen Business Ethics häufig an Legitimität: Zum einen definieren die maßgebenden Vertreter des Faches ihr Forschungsgebiet als wertfrei. Zum anderen ist der Mainstream der Managementforschung eher neoliberalen Theorien verschrieben, und ein Abweichen von rationalem und interessengeleiteten Verhalten wird als Gefahr für die in dieser Forschung bestehende hohe Bedeutung der ökonomischen Effizienz gesehen.

Es wird die große Herausforderung für die Business Ethics in den nächsten Jahren sein, einerseits ihre Anwendungsfreundlichkeit und Praxisrelevanz zu steigern, ohne dabei andererseits ihre kritische Distanz zu verlieren. Ganz auflösen lässt sich dieses Spannungsverhältnis zwischen kritischer Theorie und instrumenteller Anwendung in der Unternehmensethik vermutlich nie. Es muss ausgehalten und immer wieder ausbalanciert werden. Es hat fast den Anschein als gehöre dieses Dilemma von jeher zu den Kennzeichen der Business Ethics, wie das folgende Zitat aus dem Jahr 1991 belegt: »Sceptics damn it [business ethics] when it displays not bottom line, and other critics damn it when it does. This is the state of our art« (Goodpaster 1991, 90).

In den letzten Jahren hat sich eine Debatte um die Verantwortung der Managementausbildung an den Business Schools für die zahlreichen Unternehmensskandale von Enron bis Lehman Brothers entwickelt. Im Zentrum steht dabei die Frage, ob und inwiefern eine unzureichende Beachtung von Fragen ethischer Verantwortung in der Ausbildung und eine Überbetonung unternehmerischer Interessen auf Kosten des gesellschaftlichen Umfeldes einen Beitrag zum Fehlverhalten in Unternehmen geleistet haben (vgl. zum Beispiel Ghoshal 2005; Mintzberg 2004). Die Frage nach der Rolle der Unternehmensethik in den Curricula der Business Schools rückt damit ins Zentrum und soll daher abschließend kurz analysiert werden.

Wirtschaftsethikausbildung

Unternehmensethik-Seminare sind in den Ausbildungsprogrammen der nordamerikanischen Business Schools weit verbreitet. Von den Top 50 Business Schools des *Financial Times* Rankings von 2006 gaben 84 % an, dass sie einen Pflichtkurs in Business Ethics anbieten (Jones Christensens et al. 2007, 351). In 25 % dieser Schools besuchen die Studierenden dafür einen speziellen Ethik-Kurs, während die übrigen das Thema in den Lehrplan integrieren. In einer vergleichbaren Studie von 1988 gab es in nur 5 % der befragten Institutionen separate Ethik-Kurse.

Seit 2001 gibt es in den USA sogar ein alternatives Ranking, das die in der Berücksichtigung von ökologischen und sozialen Themen weltweit führenden MBA-Programme ermittelt. Die Existenz dieses »Beyond Grey Stipes Report« des Aspen Institutes (www.beyondgreystripes.org) ist ein Beleg für die wachsende Nachfrage nach ethikbezogenen Ausbildungen von Seiten der Studierenden. Von den 112 befragten Universitäten gaben 35 an, dass sie es den Studierenden ermöglichten, einen Studienschwerpunkt in CSR zu wählen. Zudem gibt es an einigen Universitäten spezielle Promotionsprogramme für Business Ethics (Wharton, Bentley, Darden, Loyola Chicago). Dies ist wichtig, um der zukünftigen Generation von Unternehmensethikern den Umgang mit dem interdisziplinären Handikap des Faches zu erleichtern. Auch wenn diese Zahlen wie eine Erfolgsstory klingen, so ist die Stellung der Business Ethics an nordamerikanischen Universitäten keineswegs unangefochten (Evans et al. 2006). So wird z.B. immer wieder kontrovers diskutiert, ob es besser sei, einen speziellen Business Ethics-Kurs anzubieten oder das Thema in den übrigen Fächerkanon zu integrieren. Das Argument für die Integrationsstrategie ist, dass so das Thema ›Ethik‹ jeweils in den spezifischen Funktionskontexten (z.B. Marketing, Finanzierung etc.) abgehandelt wird und so – zumindest theoretisch – seine Relevanz unmittelbar deutlich wird. Bei einem separaten Ethik-Kurs besteht dagegen das Risiko, dass er von den Studierenden leicht als weniger wichtig im Vergleich zu den betriebswirtschaftlichen Kernfächern gesehen wird.

In der Realität scheint der Integrationsansatz allerdings kaum zu funktionieren: Die Umsetzung der Integration von Ethik-Themen in die verschiedenen Lehrveranstaltungen lässt sich nur sehr schwer überprüfen und legt die Verantwortung dafür in die Hände von Lehrenden, die keine spezielle Ethikausbildung und häufig auch wenig Interesse an Business Ethics haben. Zudem führt die Integration von Ethik in eine Vielzahl von Funktionsbereichen zu einer fragmentierten Sicht von Business Ethics. Dies kann leicht zu Verwirrung führen. In einem speziellen Business Ethics-Kurs ist es dagegen möglich, eine umfassende unternehmensethische Perspektive, Methoden und Konzepte zu vermitteln, die für den Einstieg in dieses komplexe Thema unverzichtbar sind (Evans et al. 2006, 279). Vermutlich liegt der ideale Ansatz darin, spezifische unternehmensethische Kursangebote eng mit ethischen Diskussionen in anderen Kursen (Marketing, Organizational Behavior, Accounting etc.) systematisch zu verzahnen.

Eine wichtige Rolle in der Diskussion um die Art und Weise, wie Business Ethics an den Business Schools unterrichtet werden soll, spielt die Association to Advance Collegiate Schools of Business International (AACSB). Diese Akkreditierungsorganisation schreibt zwar die Integration von Business Ethics in das Curriculum vor, überlässt es aber bewusst den Schulen selbst, wie genau sie dies tun wollen. Nach Meinung einiger Kritiker führt dies allerdings in der Praxis dazu, dass sich die Business Schools lediglich pro forma zu einer Integration ethischer Inhalte in das Curriculum bekennen. Besonders nach den Skandalen um Enron und Co. haben amerikanische Unternehmensethiker wiederholt eine wirkungsmächtigere Positionierung von Unternehmensethikkursen gefordert (Swanson 2004). Die AACSB hat jedoch bisher ihre Position nicht geändert. Zudem müsste sich erst an dem grundlegenden sehr engen Fokus der MBA-Ausbildung auf ökonomische Theorien (Ghoshal 2005) etwas ändern, damit Unternehmensethikkurse – egal in welcher Form – mehr Wirkung zeigen können.

Ausblick

Stellt man sich die Frage, welchen Einfluss die Unternehmensethik auf das reale Verhalten von Managern hat, so ist die Antwort vermutlich eher ernüchternd. Schon im Jahr 1992 beschreibt David Vogel den Stand der Business Ethics in den USA wie folgt:

> »In America, each new disclosure of business misconduct prompts a new wave of public indignation, accompanied by numerous articles in the business and popular press which bemoan the general decline in the ethical conduct of managers and seek to explain ›what went wrong‹ in the most recent case. This is frequently followed by Congressional hearings featuring politicians demanding more vigilant prosecution of white-collar criminals; shortly thereafter, regulatory standards are tightened, penalties are increased, and enforcement efforts are strengthened. Executives, in turn, make speeches emphazing the importance of good ethical behavior for business success, using the most recent round of indictments and associated business failures to demonstrate the ›wages of sin‹. Business educators then re-emphasize the need for additional instruction in ethics, often receiving substantial sums of money from various businessmen to support new educational programs. The most recent scandal then becomes the subject of a case, to be taught in an ever increasing number of business ethics courses designed to assist the next generation of managers in avoiding the pitfalls of their predecessors. When a new scandal occurs – as it invariably does – the cycle begins anew« (Vogel 1992, 35).

Vogels Beschreibung eines ewigen Kreislaufs mag pessimistisch stimmen. Sein Bild erweckt den Eindruck, dass die Business Ethics mit zunehmend mehr Ressourcen versucht, die gleichen Symptome zu kurieren, ohne an den wahren Ursachen des Problems zu rütteln (»more of the same«). Trotzdem glauben wir, dass dieser Kreislauf in den USA zumindest eine Aufwärtsspirale ist, die sehr viele Initiativen, Forschungszentren, Forschungs- und Ausbildungsprogramme hervorgebracht hat.

Damit stellt sich die generelle Frage: Kann man wirklich erwarten, dass es keine Unternehmensskandale mehr gibt, wenn genug Business Ethics erforscht, unterrichtet und in den Unternehmen umgesetzt werden? Die Tatsache, dass in der unternehmerischen Praxis auch andere Unterrichtsinhalte von Business Schools wie Strategie, Leadership oder Marketing oft nur sehr unzureichend umgesetzt werden, führt kaum dazu, dass man die Themen an sich in Frage stellt. Warum sollte man die Unternehmensethik an anderen Maßstäben messen? Allerdings macht Vogels Einschätzung deutlich, dass die zentrale Herausforderung zukünftiger unternehmensethischer Forschung darin besteht, einen stärkeren Einfluss auf das Handeln von und in Unternehmen zu gewinnen.

Literatur

AACSB (Association to Advance Collegiate Schools of Business International): Ethics Education in Business Schools. Report of the Ethics Education Task force to AACSB International's Board of Directors. St. Louis, MO 2004.

Aspen/WRI: Beyond Grey Pinstripes 2005. Preparing MBAs for Social and Environmental Stewardship [accessed on 28 June 2006]. The Aspen Institute and the World Resource Institute (2005). http://www.beyondgreypinstripes.org.

Banerjee, Subhabrata Bobby: The Practice of Stakeholder Colonialism: National Interest and Colonial Discourses in the Management of Indigenous Stakeholders. In: Anshuman Prasad (Hg.): Postcolonial Theory and Organizational Analysis. New York, 2003, 255–279.

Bhattacharya, C. B./Sen, Sankar: Consumer-Company Identification: A Framework for Understanding Consumers' Relationships with Companies. In: Journal of Marketing 67 (April 2003), 76–88.

Burton, Brian K./Dunn, Craig P.: Feminist Ethics as Moral Grounding for Stakeholder Theory. In: Business Ethics Quarterly 6, 2 (1996), 133–148.

Crane, Andrew/Matten, Dirk: Business Ethics: A European Perspective Managing Corporate Citizenship and Sustainability in the Age of Globalization. Oxford ²2007.

Evans Joel M./Treviño, Linda K./Weaver, Gary R.: Who's in the Ethics Driver's Seat? Factors influencing Ethics in the MBA Curriculum. In: Academy of Management Learning and Education 5, 3 (2006), 278–293.

Ghoshal, Sumantra: Bad Management Theories Are Destroying Good Management Practices. In: Academy of Management Learning and Education 4, 1 (2005), 75–91.

Goodpaster, Kenneth: Ethical Imperatives and Corporate Leadership. In: R. Edward Freeman (Hg.): Business Ethics. The State of the Art. New York/Oxford 1991, 89–110.

Hsieh, Nien-hê: The Obligations of Transnational Corporations: Rawlsian Justice and the Duty of Assistance. In: Business Ethics Quarterly 14, 4 (2004), 643–661.

Jones Christensen, Lisa/Peirce, Ellen/Hartman, Laura P./Hoffman, W. Michael/Carrier, Jamie: Ethics, CSR, and Sustainability Education in the Financial Times Top 50 Global Business Schools: Baseline Data and Future Research Directions. In: Journal of Business Ethics 73, 4 (2007), 347–368.

Khan, Farzad R./Munir, Kamal A./Willmott, Hugh: A Dark Side of Institutional Entrepreneurship: Soccer Balls, Child Labour and Postcolonial Impoverishment. In: Organization Studies 28, 7 (2007), 1055–1077.

Margolis, Joshua Daniel/Walsh, James P.: People and Profits? The Search for a Link between a Company's Social and Financial Performance. Mahwah, NJ. 2001.

Matten, Dirk/Palazzo, Guido: Unternehmensethik als Gegenstand betriebswirtschaftlicher Forschung und Lehre – Eine Bestandsaufnahme aus internationaler Perspektive. In: zfbf (Schmalenbachs Zeitschrift für betriebswirtschaftliche Forschung) 58, 8 (2008), 50–71.

Mintzberg, Henry: Managers Not MBAs. A Hard Look at the Soft Practice of Managing and Management Development. London 2004.

Misangyi, Vilmos F./Weaver, Gary R./Elms, Heather: Ending Corruption: The Interplay among Institutional Logics, Resources, and Institutional Entrepreneurs. In: Academy of Management Review 33, 3 (2008), 750–770.

Palazzo, Bettina: Interkulturelle Unternehmensethik – deutsche und amerikanische Modelle im Vergleich. Wiesbaden 2000.

Phillips, Robert: Stakeholder Theory and Organizational Ethics. San Francisco 2003.

Porter, Michael E./Kramer, Mark R.: Strategy & Society: The Link Between Competitive Advantage and Corporate Social Responsibility. In: Harvard Business Review 84 (2006), 78–92.

Scherer, Andreas G./Palazzo Guido: Towards a Political Conception of Corporate Responsibility – Business and Society seen from a Habermasian Perspective. In: Academy of Management Review 32, 4 (2007), 1096–1120.

Solomon, Robert C.: Corporate Roles, Personal Virtues: An Aristotelian Approach to Business Ethics. In: Business Ethics Quarterly 2, 3 (1992), 317–339.

Sonenshein, Scott: Crafting Social Issues at Work. In: Academy of Management Journal 49, 6 (2006), 1158–1172.

Stansbury, Jason: Reasoned Moral Agreement: Applying Discourse Ethics within Organizations. In: Business Ethics Quarterly 19, 1 (2009), 33–56.

Swanson, Diane L.: The Buck Stops Here: Why Univer-

sities Must Reclaim Business Ethics Education. In: Journal of Academic Ethics 2, 1 (2004), 43–61.
ten Bos, René/Willmott, Hugh: Towards a Post-Dualist Business Ethics: Interweaving Emotion and Reason in Working Life. In: Journal of Management Studies 38, 6 (2001), 769–794.
Tenbrunsel, Ann E./Smith-Crowe, Kristin: Ethical Decision Making: Where We've Been and Where We're Going. In: Academy of Management Annals 2 (2008), 545–607.
Treviño, Linda K.: Ethical Decision Making in Organizations: A Person-situation Interactionist Model. In: Academy of Management Review 11, 3 (1986), 601–617.
Vogel, David: The Globalization of Business Ethics: Why America Remains Distinctive. In: California Management Review 35, 3 (1992), 30–49.

Bettina Palazzo/Guido Palazzo

2. Kantischer Ansatz (Norman E. Bowie)

Norman E. Bowie unternimmt den Versuch, die Moralphilosophie Immanuel Kants für die heutige Wirtschaftspraxis fruchtbar zu machen. Der US-Amerikaner übernimmt zentrale kantische Prämissen und entwirft anhand des Kategorischen Imperativs einen Leitfaden für unternehmerisches Handeln (vgl. Bowie 1999, 4). Gerade für international tätige Unternehmen eigne sich Kants Sittenlehre in besonderer Weise, da ihre Prinzipien unabhängig von einem geographischen und kulturellen Kontext gelten würden (vgl. Bowie 2004, 277 f.). Bowie ist der Überzeugung, eine von Kant abgeleitete Unternehmensethik könne partizipative Managementprozesse besser rechtfertigen sowie demokratischere Strukturen etablieren, als dies tugendethische und utilitaristische Ansätze vermöchten (vgl. Bowie 1999, 5). Gleichwohl räumt er ein, dass sie in einzelnen Fällen weniger tauglich als beispielsweise teleologische Ansätze sei, etwa dann, wenn es um den Umgang mit Tier und Natur gehe.

Den Rückgriff auf Kants Moralphilosophie begründet Bowie hauptsächlich wie folgt: Erstens, sie sei konsistent mit traditionellen Moraltheorien. Diese stimmten darin überein, Lügen, Betrügen und Unfairness seien moralisch falsch und berücksichtigten großteils auch die Gesinnung beim moralischen Urteilen.

Zweitens, Kants Ansatz harmoniere mit der gelebten Moral: Als präzisere Formulierung der sogenannten Goldenen Regel, sei der Kategorische Imperativ bereits in verschiedenen Kulturen implizit akzeptiert. Zudem entgehe dieser dem Problem der Bedingtheit, welches der Goldenen Regel anhafte: Denn solange ich erlaube, dass mich andere schlecht behandeln oder ich ihnen gleichgültig bin, solange bin ich – im Sinne der innerhalb der Goldenen Regel zum Ausdruck gebrachten Reziprozität – auch berechtigt, mit ihnen ebenso zu verfahren. Bowie glaubt nun, dass Manager tatsächlich versuchten, anderen genau das anzutun, von dem sie hoffen, dass man es ihnen nicht antue (vgl. ebd., 11 f.).

Drittens, in der zweiten Formulierung des Kategorischen Imperativs ist das Prinzip der menschlichen Würde angelegt, das nicht zuletzt in den Menschenrechten allgemeine Anerkennung erlangt hat. Der kantische Manager traut den Menschen laut Bowie zu, vernünftige Entscheidungen selbst treffen zu können und billigt ihnen entsprechende Ermessensspielräume zu (vgl. Bowie 2004, 283). Ebenso lägen Prinzipien der Fairness und der Reziprozität moralischer Ansprüche, die der Kategorische Imperativ in seiner dritten Formulierung verwirklicht sehen will, den meisten Gesellschaften zugrunde. Free-Riding und Opportunismus fänden hingegen keine allgemeine Zustimmung. Insofern sei es naheliegend, eine Unternehmensethik entlang der kantischen Moralphilosophie zu entwerfen (vgl. ebd., 276 ff.).

Zurückweisung des egoistischen Paradigmas

Bowie bestreitet die, zumeist unhinterfragte, wirtschaftswissenschaftliche Annahme, dass jeder Akteur nur seinen eigenen Nutzen maximieren wolle und zum Trittbrettfahrer werde, sobald sich eine Gelegenheit hierfür biete. Weder könne das egoistische Paradigma menschliches Verhalten auf angemessene Weise erklären, noch sei es eine adäquate heuristische Annahme für die Modellierung ökonomischer Transaktionen und die Berechnung von Gleichgewichten. Zudem sporne es die radikale Verfolgung ausschließlich eigener Interessen in der Praxis weiter an, wenn ein psychologischer Egoismus grundsätzlich vorausgesetzt werde. Damit sei die Ökonomie nicht länger wertfrei (vgl. Bowie 1991c, 10).

Bowie verleiht seiner Position Nachdruck, indem er sich auf Versuche bezieht, die zeigen wollen, dass sich Akteure in realen Handlungssituationen weit weniger häufig opportunistisch verhielten, als allgemein angenommen – und das, selbst wenn sie wenig Kontakt miteinander hätten. Insofern sei Opportunismus nicht dem menschlichen Wesen inhärent, sondern vielmehr kulturell determiniert. Demzufolge sei es auch kein utopisches Vorhaben, Organisationen kooperativer gestalten zu wollen (vgl. Bowie 1999, 61 f.).

Zudem will Bowie das Diktum Milton Friedmans überwinden, demzufolge es die vordringlichste Aufgabe von Unternehmen sei, Profit zu generieren (vgl. Bowie 1991c, 3 f.). Denn das kollektive Verfolgen des jeweiligen Einzelinteresses, so Bowie, führe zu einem instabilen System, in dem die Interessen aller unterminiert würden; ökonomische Institutionen, die auf Ehrlichkeit beruhten, könnten kollabieren:

> »The convenience of a standard economic transaction is a function of the number of people who are honest and prompt in paying their bills. If enough people fail to adopt the maxim of honesty, economic transactions begin to break down and, of course, if bouncing checks and non-payment of bills were universal, the credit system would collapse« (Bowie 1999, 13).

Indessen könne sich die Befolgung moralischer Prinzipien als vorteilhaft erweisen – selbst wenn sich die Konkurrenten unmoralisch verhielten. Denn das Unternehmen profitiere, wenn es glaubwürdig sei und eine gute Reputation habe. Der Ruf, sich unter allen Umständen moralisch richtig zu verhalten, sei ein entscheidender Erfolgsfaktor (vgl. ebd., 137). Allerdings darf Erfolg nicht das eigentliche Handlungsmotiv sein, wenn Moralität im kantischen Sinne beansprucht werden soll.

Bestimmungsgründe des Handelns

Eine Handlung ist nur dann moralisch im Sinne Kants, wenn sie in der Achtung vor dem Sittengesetz wurzelt. Erfolgt sie *aus* Selbstinteresse oder Neigung, kann sie zwar *pflichtgemäß* sein, besitzt aber keinerlei moralischen Wert.

In der Praxis führen Unternehmen Sponsoring, Qualitätszirkel, Teamwork und Mitarbeiterbeteiligungen zumeist ein, weil sie rentabel erscheinen – und nicht, weil sie sich dazu moralisch verpflichtet fühlen. Deswegen müssten sie jedoch nach Bowie moralisch noch nicht falsch sein. Pflichtgemäßes Handeln, insbesondere in Bezug auf unvollkommene Pflichten, erscheint Bowie unproblematisch, da es im Sinne Kants nicht verboten ist. Die Öffentlichkeit, meint Bowie, urteile in Bezug auf die Reinheit moralischer Motive strenger als Kant selbst (vgl. ebd., 145 f.). Bowie selbst schwankt in seinen Argumentationen jedoch zwischen moralischen (vgl. u. a. ebd., 23) und ökonomischen Rechtfertigungen (vgl. u. a. Bowie/Dunfee 2002, 385). Dabei gerät ihm Kants Gedanke einer reinen moralischen Handlung zuweilen aus dem Blick.

In den meisten Alltagssituationen unternehmerischen Handelns sieht Bowie kein Spannungsverhältnis zwischen Wirtschaft und Ethik, da moralische Handlungen oft mit ökonomischen Vorteilen einhergingen. Gerade weil Unternehmen aus rein moralischen Gründen handelten, könnten sie erfolgreich sein: »there are occasions when you can be profitable only if you are genuinely moral in the purest Kantian sense« (Bowie 1999, 131). Und in der Tat gäbe es zahlreiche Manager, die das Gute tun würden, weil es an sich gut sei (vgl. ebd., 137). Jedoch weicht Bowie Kants Prinzipienorientierung weiter auf, wenn er ›intuitiv‹ argumentiert, dass es ihm nicht richtig erscheine, einer ›guten‹ Handlung keinen moralischen Wert beizumessen, wenn diese durch Geschäftsinteressen motiviert sei: »I do not want to accept the suggestion that we simply admit that most corporate good deeds are not genuinely moral because they are not properly motivated« (ebd., 141). Während die Moralphilosophie hier rigoros sein könne, dürfe die Unternehmensethik nicht dieselbe Strenge an den Tag legen (vgl. ebd., 142).

Der Rehabilitierung unternehmerischer Interessen kommt in Bowies Texten auch eine moralische Pflicht zur Profiterzielung zugute, die er Kant entlehnen zu können meint, und die für alle Unternehmen, die nicht in Privatbesitz seien, gelte: »A corporation is not completely ethical if it does not find occasions to act beneficently. But a corporation need not always act in a beneficent fashion« (ebd., 145). So seien etwa Bestechung und Diskriminierung unmoralisch, weil sie auch aufgrund ihrer Ineffizienz den Test des Kategorischen Imperativs nicht bestünden und zu einem pragmatischen Widerspruch führten (vgl. ebd., 152 f.). Wer übersieht, dass Profit eine moralische Verpflichtung sei, der bleibe der Kluft zwischen Ethik und Ökonomie verhaftet. »But if profit-making is a moral obligation, then the clash between morality and profits disappears« (ebd., 143).

Bowies gemäßigter Kantianismus wird auch daran deutlich, dass er Neigungen, wie etwa das Mitgefühl, als moralisches Motiv gelten lässt. Kants strikte Trennung von Gefühl und Vernunft sei künstlich und nicht mit der Realität vereinbar. Bowie glaubt, dass derjenige, der dem Kategorischen Imperativ gemäß handelt, entsprechende moralische Gefühle habe (vgl. ebd., 138). Eingedenk der Erkenntnisse der gegenwärtigen Hirnforschung, beispielsweise um Gerhard Roth und Wolf Singer, hat Bowie vermutlich Recht, wenn er behauptet, dass eine Ethik mehr Akzeptanz finden würde, wenn wir uns von dem Gedanken einer reinen Vernunft entfernten. Entsprechend schränkt Bowie selbst mit Bezug auf die Erkenntnisse von Neurologie und Psychologie den Geltungsbereich von Willensfreiheit und Verantwortung als Grundlage einer kantischen Moralphilosophie etwas ein (vgl. Bowie 2009). Allerdings bleibt hier die Frage, ob es mit der Rezeption dieser Forschungsergebnisse bei einer bloßen ›Reform‹ (Bowie 1999, 138) der kantischen Ethik bleiben kann, wie Bowie meint, oder ob hieraus nicht konsequenter Weise ein neuer ethischer Ansatz entstehen müsste.

Autonomie und Sittlichkeit

Kants Sittenlehre liegt die Idee von der »*Würde* eines vernünftigen Wesens, das keinem Gesetze gehorcht, als dem, das es zugleich sich selbst gibt« (Kant 1786, B 77) zugrunde. Der Mensch ist also für Kant prinzipiell frei, sich selbst zu verwirklichen (positive Freiheit) und nicht nur frei von inneren und äußeren Zwängen (negative Freiheit). Derjenige, der ausschließlich triebgesteuert handelt, sei nicht wirklich frei, da er keine Handlungsmaxime besitzt, die zur Grundlage einer allgemeinen Gesetzgebung werden könnte. Als autonomes Wesen dürfe der Mensch nie nur als Objekt, sondern müsse immer auch als Subjekt gedacht werden, als Zweck an sich. Damit habe er sowohl sich selbst als auch anderen gegenüber eine Verantwortung. Im Gegensatz zu Gütern, die einen »relativen Wert, d. i. einen Preis« haben, habe der Mensch kein Äquivalent, sondern einen »innern Wert, d. i. Würde« (ebd., B 77).

Für die Unternehmenspraxis folgert Bowie hieraus, dass Menschen weder betrogen noch als bloßes Mittel zu strategischen Zwecken missbraucht oder zu bestimmten Verhaltensweisen gezwungen werden dürften. Die Würde des Anderen anzuerkennen, bedeute zudem nicht nur, ihm mit Respekt zu begegnen, sondern sich darüber hinaus aktiv um ihn zu sorgen und an der Entwicklung seiner wie an der Entfaltung der eigenen Anlagen zu arbeiten (vgl. Bowie 2003, 223 und Bowie 1999, 64).

Die Pflicht des Unternehmens zur Wohltätigkeit bestehe demnach analog zu der des Individuums: »For both the individual and the corporation, beneficence is an imperfect duty« (Bowie 1999, 145). Als unvollkommene Pflicht gelte sie nicht uneingeschränkt, sondern basiere auf folgenden Bedingungen (vgl. ebd., 65 ff.): (1) Die Beförderung dürfe nicht durch die Verletzung einer vollkommenen Pflicht – also einer, die stets zu beachten ist – erkauft werden. So sei es etwa im kantischen Sinne nicht erlaubt zu lügen, um dadurch anderen zu helfen. (2) Der Einzelne müsse es zu seiner Maxime machen, das Glück oder die positive Freiheit seiner Mitmenschen zu fördern. (3) Dennoch habe er in der konkreten Situation stets die Wahl, dies tatsächlich zu tun oder zu unterlassen. So könne etwa der Druck des Wettbewerbs dazu führen, dass er sich dagegen entscheide. Dies sei nach Bowie nicht unmoralisch. (4) Gleichwohl müsste die Pflicht zur Beförderung des Glücks anderer gelegentlich handlungsbestimmend werden. (5) Akte des Wohlwollens müssten aus angemessenen moralischen Motiven heraus geschehen.

In keinem Fall dürfe ein Unternehmen sich anmaßen zu wissen, wie der Einzelne glücklich werden könne und dementsprechend paternalistisch auftreten. Es dürfe keinesfalls die negative Freiheit eines Angestellten beschneiden und ihn zu etwas zwingen, weil es so eine vollkommene Pflicht verletzen würde. Weiterhin habe es die unvollkommene Pflicht, sich um die positive Freiheit ihrer Beschäftigten, ihr moralisches und physisches Wohlsein, zu sorgen (vgl. ebd., 66). Dabei müsse es aber stets den Respekt vor dem Anderen wahren, also ihm zutrauen, vernünftige Entscheidungen selbst zu treffen und ihm entsprechende Ermessensspielräume zubilligen (vgl. Bowie 2004, 283). Ein Unternehmen, das seine Geschäftspolitik konsequent am Kategorischen Imperativ ausrichte, gelange zu einer anderen, zu einer neuen Geschäftspraxis: »I believe that if the Kantian moral perspective in business were taken seriously, business practice would look very different from what it is today« (Bowie 1999, 4). Mittels des Kategorischen Imperativs überprüft Bowie Handlungsalternativen im Geschäftsleben auf ihre Zulässigkeit und entwirft so ein Leitbild für Unternehmen.

Würde der Organisationsmitglieder

Bowie überträgt Kants Prinzipien auf das Wirtschaftsleben und identifiziert demgemäß moralische Defizite. So seien gerade finanzkräftige Unternehmen in der Pflicht, Schwächere zu unterstützen. Sie dürften keinesfalls ihre Macht ausnützen, um von ihnen abhängige Arbeiter, aber auch Subunternehmer und Zulieferer, auszubeuten (Bowie 2003, 226). Multinationale Unternehmen dürften sich ihrer Verantwortung nicht entziehen, indem sie Teile ihrer Wertschöpfungskette auslagerten. Vielmehr müssten sie sicherstellen, dass auf allen Stufen lokale Arbeitsgesetze befolgt würden, kein Zwang ausgeübt und ein Minimum an Sicherheitsstandards eingehalten werde (vgl. ebd., 221 f.). Auch sei ein Kapitalismus, in dem die Reichen reicher werden, die einfachen Arbeiter aber kaum mehr in der Lage seien, ihren Lebensstandard zu halten, nach Kant moralisch fehlerhaft. Entsprechend sollten Gehaltsunterschiede zwischen Management und Arbeiterschaft reduziert und Mitarbeitern ein angemessener Lohn gezahlt werden (vgl. Bowie 1999, 69).

In diesem Sinne kritisiert Bowie auch autoritäre und tayloristische Strukturen. Diese nämlich ließen den Menschen zum bloßen Mittel für Systemzwecke verkommen. Sie übten einen Zwang auf die Belegschaft aus und beeinträchtigten die Freiheit des Einzelnen. An die Stelle solcher Strukturen müssten demokratische Gefüge treten, die Mitspracherechte garantierten, eine Gewinnbeteiligung vorsähen und einen wechselseitigen Informationsfluss beinhalteten. Teamarbeit stärke darüber hinaus die Autonomie des Einzelnen und erlaube Selbstbestimmung (vgl. ebd., 96 ff.). Symbolische Ungleichheiten – wie etwa privilegierte Parkplätze oder getrennte Kantinen (vgl. Bowie/Werhane 2005, 55) – seien innerhalb der hierarchischen Gliederung des Unternehmens zu eliminieren. Denn wer so als Arbeiter niedriger Qualifikation markiert sei, verliere seine Selbstachtung – was in Kants Sinn Unrecht sei. Entsprechend sollen sich Unternehmer für ein Höchstmaß an Fairness in der Organisation einsetzen. Dies sei laut Bowie erreicht, (a) wenn jeder Mitarbeiter seinen Standpunkt vertreten könne, (b) er bereit sei, den Standpunkt der anderen zu verstehen und (c) er gewillt sei, die gemeinschaftliche Entscheidung freiwillig zu unterstützen. Demokratische Entscheidungsstrukturen könnten nicht alle Konflikte vermeiden, aber sie änderten die Art und Weise des Umgangs mit ihnen, da man die Würde jedes Einzelnen respektiere (vgl. Bowie 1999, 112 ff.). In diesem Sinne seien Unternehmen als ›repräsentative Demokratie‹ auszugestalten, in der die Anliegen aller Betroffenen Gehör fänden und bei der Entscheidungsfindung ernst genommen werden würden (vgl. ebd., 102 f.). Abgesehen von den benannten moralischen Gründen führt Bowie auch empirische Befunde an, um zu zeigen, dass sich eine Mitarbeiterbeteiligung finanziell lohnen kann. Dies sei der Fall, wenn sie: (1) mit Gewinnbeteiligungsmodellen verknüpft ist, (2) auf langfristigen Arbeitnehmer-Arbeitgeberbeziehungen aufbaut, (3) den Gruppenzusammenhalt der Mitarbeiter fördert und (4) die individuellen Rechte der Arbeitnehmer respektiert (vgl. ebd., 61 f.).

Ein grundsätzliches moralisches Problem im Hinblick auf die Menschenwürde stellt für Bowie die Rationalisierung von Arbeitskraft dar. Nach Kant nämlich dürfe das Preislose, der Mensch, nicht wie Kapital verrechnet und optimiert werden (vgl. ebd. 1999, 43): »Human labor should never be treated like machinery, industrial plants, and capital, solely in accordance with economic laws for profit maximization. Any economic system that fails to recognize this distinction between human beings and other nonhuman factors of production is morally deficient« (Bowie 1982, 46). Freilich ist mit der Annahme einer Arbeitsstelle der mittelbare Zwang verknüpft, das Risiko einer Kündigung hinzunehmen. Indes könnten, so Bowie, aufgrund der Informationsasymmetrie zwischen Arbeitgeber und -nehmer, Letztere oft nicht die Angemessenheit ihrer Kündigung beurteilen. Nutzten Arbeitgeber ihr besseres Wissen über die Geschäftslage aus, komme dies einem Betrug gegenüber den Angestellten gleich (vgl. Bowie 1999, 51 ff.).

Im Rahmen eines Open-Book-Managements, für das Bowie plädiert, habe die Belegschaft zu finanziellen Informationen über das Unternehmen Zugang. Mit dieser Transparenz erkenne das Unternehmen die Autonomie seiner Belegschaft an und bringe ihren rationalen und moralischen Fähigkeiten Respekt entgegen (vgl. Bowie 2004, 283). Die Angestellten könnten so gegebenenfalls beurteilen, ob ihre Beteiligung am Gewinn des Unternehmens angemessen sei. Ferner könnten sie bei einer schlechten Geschäftslage Handlungsoptionen – wie etwa Lohnkürzungen, Kurzarbeit oder Entlassungen – gemeinsam mit dem Management erörtern. Arbeitnehmer sollten in der Beschäftigungspolitik dort mitwirken, wo sie betroffen seien (vgl. Bowie 1999, 53 ff.).

Sinnstiftende Arbeit

Ausgehend von Kants Sicht des Menschen fordert Bowie eine sinnstiftende Arbeit. Diese sieht er unter nachstehenden Bedingungen realisiert (vgl. Bowie 1999, 70 f. und Bowie/Werhane 2005, 51):

(1) Das Unternehmen dürfe niemanden in ein Arbeitsverhältnis zwingen oder innerhalb desselben Zwang auf den einzelnen Mitarbeiter ausüben. Dies nämlich habe zur Folge, dass der Einzelne andere Zwecke wählt, als er in Freiheit gewählt hätte. Der Mensch werde so zum Objekt, das nicht in der Lage sei, für sich selbst zu entscheiden. In gleicher Weise verletzten Täuschung und Betrügerei die negative Freiheit und erwiesen sich als unvereinbar mit der Zweckformel des Kategorischen Imperativs, nach der Menschen nicht instrumentalisiert werden dürften (vgl. Bowie 1999, 49 und Bowie/Arnold 2003, 228).

(2) Das Unternehmen müsse seinen Mitarbeitern die Möglichkeit geben, autonom und unabhängig zu handeln sowie ihre Fähigkeiten als vernunftbegabte Wesen weiterzuentwickeln. In diesem Sinne solle das Unternehmen auch die moralische Entwicklung seiner Mitarbeiter fördern.

(3) Arbeit und das aus ihr resultierende Einkommen und Vermögen haben für Bowie nur dann einen Wert, wenn sie den Mitarbeiter unabhängig machen und zur Entwicklung seiner Persönlichkeit beitragen. In diesem Sinne sollten Unternehmen ihren Angestellten ein angemessenes Gehalt zahlen und ihnen ein gewisses Maß an Arbeitsplatzsicherheit garantieren; langfristige Beschäftigungsverhältnisse seien eine Voraussetzung für Mitarbeiter, um ihre positiven Freiheitsrechte ausüben und sich selbst verwirklichen zu können.

(4) Der Arbeitgeber dürfe nicht paternalistisch auftreten und solle es dem Arbeitnehmer überlassen, welchen Lebensentwurf er verwirklichen will, um glücklich zu werden.

(5) Die Mitarbeiter müssten einen ihren Fähigkeiten entsprechenden Arbeitsplatz erhalten, der sie weder über- noch unterfordert. Als Kantianer lehnt Bowie das Einstellen überqualifizierten Personals ab, da dem Einzelnen die Möglichkeit gegeben werden müsse, sich als Person in seiner Arbeit zu verwirklichen. Frustrierende und langweilige Arbeiten müssten durch entsprechende Maßnahmen aufgewertet und durch Umstrukturierungen im organisatorischen Ablauf verbessert werden (vgl. Bowie 1999, 67 ff.).

Bleibe dem Menschen eine sinnstiftende Arbeit verwehrt, die ihn herausfordere und seine Autonomie respektiere, zerstöre dies sein Selbstwertgefühl. Schaffe das Unternehmen indessen Anstellungen mit Zukunft, an denen der Mensch wachsen kann, komme es damit nicht nur moralischen Prinzipien nach, sondern, so betont Bowie, habe es auch ökonomische Vorteile. Denn wenn Mitarbeiter ihr Potenzial entfalten könnten, produzierten sie automatisch gute Qualität (vgl. Bowie 1991c, 19).

Vertragstreue

Insofern Arbeits-, Kredit-, Kauf- und Garantieverträge eine formelle Form des Versprechens darstellen, ist es aus kantischer Sicht eine vollkommene Pflicht, sie zu erfüllen. Die erste Formulierung des Kategorischen Imperativs gebietet es, eine Maxime daraufhin zu prüfen, ob sie als universelles Gesetz Gültigkeit beanspruchen könnte. Eine Maxime, nach der man ein Versprechen geben dürfe, in der Absicht, es zu brechen, scheitert für Kant an ihrer Selbstwidersprüchlichkeit. Gleichermaßen führe, so Bowie, eine Maxime, die Vertragsbruch universell erlaube, sich selbst ad absurdum, da der Begriff des Vertrages die Absicht seiner Erfüllung impliziere. Wäre Vertragsbruch legitim, würde die ›Institution‹ ihr formelles Versprechen selbst aufheben (vgl. Bowie 1999:,19 ff.). Somit ist ein Vertragsbruch für den Einzelnen nur dann vorteilhaft, wenn alle anderen sich an die Regeln halten – und dann ist der für Kants Moralität unerlässliche Grundsatz der Universalisierbarkeit verletzt (vgl. Bowie 1982, 40 ff.).

Bowie ist der Überzeugung, dass es für ökonomische Systeme (Börse, Banken) unerlässlich sei, dass sich eine hinreichende Anzahl von Spielern regelkonform verhält, d. h. die Wahrheit sagt, Versprechen hält etc. Darüber hinaus mache sich das Vertrauen darauf, dass sich Vertragspartner an ihre Zusagen gebunden fühlen, für alle Mitglieder der Gesellschaft bezahlt. Da Verträge per se niemals vollkommen ausgestaltet werden könnten und sich nicht alle Vertragsbestandteile abschließend auf juristischem Wege schützen ließen, sei das Vertrauen in die Aufrichtigkeit der Geschäftspartner essentieller Bestandteil einer funktionierenden Wirtschaft. Zudem senke es die Transaktionskosten (vgl. Bowie 1999, 16). Wer in einen Wettbewerb eintritt und die Regeln, die ihn aufrechterhalten sollen, verletzt, der handele nicht nur unmoralisch, weil seine Maxime nicht universalisierbar ist, sondern mithin auch ineffizient. Wäre Regelbruch legitim, würde niemand mehr einen Sinn darin sehen, Regeln aufzustellen (vgl. ebd., 19 ff.).

Bowie reduziert die Spannung zwischen dem moralisch Gebotenen einerseits und dem ökonomisch Gebotenen andererseits, indem er auf die vollkommene Pflicht des Managers, seinen Arbeitsvertrag zu erfüllen, verweist. Indem er diesen eingehe, verpflichte er sich, zur Rentabilität des Unternehmens beizutragen. Als Treuhänder über fremdes Vermögen dürfe der Manager daher nur dann einen Teil davon für soziale Zwecke ausgeben, wenn die Anteilseigner dies billigten. Allerdings könne dies der unvollkommenen Pflicht zur Wohltätigkeit gegenüber der Gesellschaft widersprechen. Ist dies der Fall, so dürfe keine Alternative gewählt werden, welche die Würde des Menschen missachtet. Im Zweifel sei es dem Manager erlaubt, im Einzelfall Wohltätigkeit vor den Profit zu stellen, da es kaum einen Arbeitsvertrag gebe, in dem sich jemand dazu verpflichte, ausnahmslos und in jedem Fall den Gewinn zu maximieren. Überdies sei soziales Engagement von den Anteilseignern mitunter auch erwünscht (vgl. ebd., 142 ff.).

Das Unternehmen als moralische Gemeinschaft

Zwischen den Werten des Unternehmens und denen der Gesellschaft kann es zu Spannungen kommen. Dies ist insbesondere dann der Fall, wenn sich der Stammsitz in einem anderen Land oder gar in einem anderen Kulturkreis befindet. Je nachdem, welche Werte der Moral einer Gesellschaft zugrunde liegen, sieht Bowie das Unternehmen dazu verpflichtet, ihr entweder Folge zu leisten oder ihr zuwider zu handeln: Ist eine Moral eindeutig konsistent mit universellen Werten, dürfe sie das Unternehmen auch unter starkem Wettbewerbsdruck nicht verletzen. Widerstreite sie hingegen eindeutig allgemein akzeptierten universellen Prinzipien, wie etwa den Menschenrechten, sei es eine moralische Pflicht, sich nicht der gesellschaftlichen Norm zu beugen. Sind die Werte und Gebräuche des Umfeldes jedoch ethisch umstritten, gesteht Bowie dem Unternehmen einen moralischen Handlungsspielraum zu (vgl. Bowie/Dunfee 2002, 385 ff.). Die gleiche Flexibilität gelte in Fällen, in denen moralische Pflichten kollidieren: Bestünden mehrere Handlungsmöglichkeiten den Test des Kategorischen Imperativs, sei man moralisch frei zu wählen (vgl. Bowie 1999, 24).

Ausgehend von Kant formuliert Bowie folgende Handlungsprinzipien, an die das Unternehmen als moralische Gemeinschaft mindestens gebunden sei, die »Principles of a Moral Firm« (ebd., 90):

(1) Das Unternehmen muss die Interessen aller Stakeholder bei jeder Entscheidung berücksichtigen.

(2) Das Unternehmen muss alle potentiell Betroffenen an der Festlegung der Unternehmenspolitik beteiligen, bevor diese umgesetzt wird.

(3) Bei Entscheidungen darf den Interessen eines bestimmten Stakeholders kein Vorrang eingeräumt werden.

(4) Scheint es, als könne ein Interessenskonflikt nur dadurch gelöst werden, dass die Würde einer Anspruchsgruppe verletzt wird, darf die Anzahl der Betroffenen nicht als Entscheidungskriterium dienen. Jeder muss den Entscheidungen zustimmen können und niemand darf wie eine Rechengröße behandelt werden.

(5) Es dürfen keine Prinzipien zur Anwendung kommen, die gegen den Kategorischen Imperativ in seiner ersten oder zweiten Formulierung verstoßen.

(6) Jedes gewinnorientierte Unternehmen hat eine unvollkommene Pflicht zur Wohltätigkeit.

(7) Jedes Unternehmen muss Verfahren imple-

mentieren, die eine gerechte Behandlung der Stakeholder sicherstellen und die in Übereinstimmung mit den vorgenannten Prinzipien stehen. Diese müssen von allen Anspruchsgruppen gebilligt werden.

Soziale Verantwortung

Bowie verwehrt sich gegen Milton Friedmans Vorstellung, der zufolge die soziale Verantwortung eines Unternehmens ausschließlich darin bestehe, Gewinne zu erwirtschaften (vgl. Friedman 1970). Im Sinne Friedmans müsste sich ein Unternehmen nämlich nur dann um die Belange seiner Anspruchsgruppen kümmern, wenn es davon einen Profit erwarten kann. Bowie glaubt zwar, dass Unternehmen zur Lösung sozialer Probleme beitragen müssten, um wettbewerbsfähig zu bleiben. Wenn die Belegschaft etwa schlecht gebildet und unmotiviert sei, kurzfristig denke oder Drogen missbrauche, leide die Produktivität in quantitativer und qualitativer Hinsicht (vgl. Bowie 1991b, 59). Anders aber als bei Friedman ist bei Bowie die Pflicht zur Wohltätigkeit nicht durch eine damit verbundene Rentabilität bedingt: Auch wenn es sich nicht auszahle, sei es dennoch die Pflicht eines Unternehmens bis zu einem gewissen Grad zur Lösung sozialer Probleme beizutragen. Bowie verteidigt diese Forderung mit Hinweis auf (1) die Verpflichtungen des Unternehmens als Corporate Citizen, (2) seine Wiedergutmachungspflicht gegenüber der Gesellschaft und (3) die Annahme, dass soziales Engagement auch seitens der Anteilseigner erwünscht sein könne:

(1) Als institutionelle Mitglieder der Gemeinschaft hätten Unternehmen, wie alle Individuen, eine Pflicht, das Gemeinwohl zu fördern. Diese Verpflichtung sei strenger als bei dem Einzelnen, da die Existenz einer Organisation von der Zustimmung der Gemeinschaft abhänge. Deren Einverständnis setze jedoch voraus, dass die Existenz des Unternehmens im öffentlichen Interesse sei und es beispielsweise auch zur Lösung sozialer Probleme beitrage (vgl. Bowie 1999, 94).

(2) Die Gemeinschaft stelle ihren Mitgliedern – und damit auch den Unternehmen – zahlreiche Leistungen zur Verfügung, wie etwa Infrastruktur, gut ausgebildete Arbeitskräfte, Gesundheitsvorsorge, innere und äußere Sicherheit, Rechtsstaatlichkeit etc. Hierfür müssten sich Unternehmen erkenntlich zeigen. Das Argument, sie zahlten zu diesem Zweck Steuern, greife nur bedingt. Zum einen täten dies Individuen ebenso, zum anderen könnten sich Unternehmen oftmals leichter der Steuerlast entziehen, etwa durch Steuerflucht oder durch Rückerstattung der gezahlten Beiträge in Form von Subventionen. So ergebe sich für Unternehmen eine Pflicht, über ihre Steuerzahlung hinaus einen Beitrag zum Wohlergehen der Gemeinschaft zu leisten (vgl. ebd., 94 f.).

(3) Bowie ist der Ansicht, manche Anteilseigner investierten gezielt in Unternehmen, deren oberstes erklärtes Ziel gerade nicht die Maximierung des Profits ist. Obwohl er der Principal-Agent-Theorie gegenüber aus systematischen Gründen prinzipiell skeptisch bleibt (vgl. Bowie 1991a, 28 f.), argumentiert er, dass in diesem Falle die Manager als Auftragnehmer ihrer Kapitaleigner betrachtet werden müssten und daher geradezu dazu verpflichtet seien, diese Politik fortzusetzen. Profitmaximierung würde hier einen Vertrauensbruch darstellen, der seitens der Anteilseigner nicht akzeptiert würde und einen Abzug der Investitionen zur Folge hätte (vgl. Bowie/Werhane 2005, 31).

Hieraus schlussfolgert Bowie, Unternehmen sei es nicht nur gestattet, sich für wohltätige Zwecke zu engagieren, sondern sie hätten sogar eine Pflicht, über ihre Steuerzahlung und die Schaffung von Arbeitsplätzen hinaus einen Beitrag für das Gemeinwohl zu leisten (vgl. ebd., 99).

Reziprozität moralischer Ansprüche

Während der kritische Blick der Öffentlichkeit zumeist auf den Verpflichtungen liegt, die ein Unternehmen gegenüber seinen Anspruchsgruppen hat, gerät die Gegenseitigkeit dieser Pflichten oft aus dem Blick. In seiner Sittenlehre entwirft Kant die ›praktische Idee‹ eines Reichs der Zwecke, »um das, was nicht da ist, aber durch unser Tun und Lassen wirklich werden kann, und zwar eben dieser Idee gemäß, zu Stande zu bringen« (Kant 1786, B 80 Anm.). Die »systematische Verbindung verschiedener vernünftiger Wesen durch gemeinschaftliche Gesetze« (ebd., B74) liegt Bowies Auffassung zugrunde, nach der alle ethischen Richtlinien – oder aus praktikablen Gründen zumindest die Prozesse ihres Zustandekommens – die Zustimmung der Betroffenen finden sollen. Dann nämlich seien diese einerseits selbst verpflichtet, diesen zu folgen, und andererseits bilde sich so ein einheitliches Wertesystem aus (vgl. Bowie 2004, 282). Wenn also die Regeln, die das Verhalten innerhalb einer Organisation bestimmen sollten, von allen vernünftigen Lebewesen akzeptiert werden können, sei jedes Organisationsmitglied zugleich Souverän (sein eigener Gesetzgeber) und Untertan (die Befolgung der Regeln schuldig) (vgl. Bowie 1984, 168). Im Umkehrschluss heißt dies für Bowie, eine Unternehmensführung, die ausschließlich auf Anordnungen und auf der Machtausübung übergeordneter Stellen beruht, sei unzulässig (vgl. Bowie/Werhane 2005, 146 f.). Eine umfassende Theorie sozialer Verantwortung (CSR) müsse die reziproken Pflichten zwischen den Anspruchsgruppen berücksichtigen. Dazu gehöre unter anderem auch, dass die Angestellten ihrem Arbeitgeber gegenüber zur Loyalität verpflichtet seien, wie umgekehrt das Unternehmen gegenüber seiner Belegschaft (vgl. Bowie 1991b, 61 f.).

Auch im Außenverhältnis gelte die Reziprozität moralischer Ansprüche: So sei es etwa nicht legitim, einerseits von Unternehmen Umweltschutz und soziales Engagement zu verlangen, dies aber andererseits nicht entsprechend zu honorieren. Das Verhältnis von Bürger und Unternehmen sei keineswegs rein ökonomischer Natur. Daher ruft Bowie die Konsumenten auf, bei ihren Kaufentscheidungen nicht nur über den Preis zu selektieren. Vielmehr sollten sie Unternehmen, die etwa Citizenship-Prinzipien folgten, bevorzugen (vgl. ebd., 62).

Die Grundsätze, die den Umgang von Unternehmen mit ihren Anspruchsgruppen regeln, müssten die Autonomie aller respektieren und zugleich universelle Gültigkeit beanspruchen können (vgl. Bowie 1999, 88). Unternehmen begingen also einen pragmatischen Widerspruch, wenn sie zum einen geltende Gesetze unterliefen um Produktionskosten zu senken und zum anderen auf ihrem Recht beharrten, wenn es um den Schutz ihrer Interessen gehe (vgl. Bowie 2003, 228).

Legitime Ethik-Programme

Bowie ist der Überzeugung, dass Kants Moralphilosophie eine fruchtbare Basis für Ethik-Programme von Unternehmen bereitstelle. Schon deren Implementierung solle nicht in ökonomischer Vorteilhaftigkeit begründet sein, vielmehr solle die Unternehmensleitung von der moralischen Richtigkeit überzeugt sein. In seinen Augen greifen ethische Programme nur dann, wenn sie sich explizit auf eine ethische Theorie beziehen und wenn sie den Betroffenen die Möglichkeit zur eigenständigen ethischen Reflexion einräumen. Eine reine Compliance-Orientierung solle daher nicht im Mittelpunkt der Verhaltenssteuerung stehen (vgl. Bowie 2004, 276). Seine normative Legitimität erhalte ein Ethik-Programm gerade dadurch, dass es den freien Willen aller Betroffenen respektiere und in einem Prozess entstehe, der die Zustimmung aller finden kann (vgl. ebd., 284). Bowie unterlegt die Stationen eines Ethik-Programms mit Kants Moralphilosophie wie folgt (vgl. ebd., 285 ff.):

(1) Codes of Conduct: Ethik-Kodizes dürften der Belegschaft nicht aufgedrängt werden und dürften keinen Zwang auf diese ausüben. Stattdessen sollten sie die Einwilligung aller Betroffenen finden können. Wenn rein ökonomische Ziele den guten Willen der Angestellten herausforderten, sollten ihnen die Kodizes als Orientierung dienen.

(2) Ethik-Beauftragte: Wenn ein Programm Erfolg haben solle, müsse die Stelle des Ethik-Beauftragten sorgfältig und nicht nur zum Schein besetzt werden, um die Anspruchsgruppen des Unternehmens zufrieden zu stellen. Die Person des Ethik-Beauftragten solle Mentor und Coach zugleich sein sowie einen ethischen Charakter haben.

(3) Umsichtige Delegation von Autorität: Moralrelevante Entscheidungen sollten, analog zu Kants Prinzipien, an Personen mit guten Absichten und einem partizipativen Führungsstil delegiert werden. Diese müssten ein Mittelmaß zwischen zu wenig Autorität – was es ihnen erschweren würde, ihrer Verantwortung nachzukommen – und zu viel Autorität – was die moralischen Freiheitsrechte der Mitarbeiter zu sehr beschränken könnte – finden.

(4) Schulung: Oberstes Ziel eines Ethik-Trainings müsse die Verbesserung der moralischen Entscheidungskraft im Kontext der Organisation sein. Es gehe nicht in erster Linie darum, die rechtliche Verantwortung von Unternehmen zu minimieren oder die Beziehungen zu den Anspruchsgruppen zu verbessern. Vielmehr solle die Schulung den guten Willen in Erscheinung treten lassen und moralische Sensibilität sowie Tugenden wie Integrität fördern. Das bloße Verinnerlichen vorgegebener Regeln könne dies nicht leisten. Stattdessen empfiehlt Bowie Techniken, die das freie Denken der Teilnehmer forderten: Moralphilosophische Diskussionen, persönliche Erfahrungsberichte, Rollenspiele und Brainstorming könnten das Individuum befähigen, verschiedene Situationen in ethischer Hinsicht zu analysieren und zu bewerten, damit Gewohnheit und Angst nicht die Entscheidungsfindung dominierten.

(5) Audit: Bei moralischen Missständen sollten Audits einen Prozess anstoßen, der zum guten Han-

deln führt. Wichtig sei dabei, dass Personen bei der Prüfstelle nicht anonym angezeigt werden, da diesen damit kein Respekt entgegengebracht würde und somit die moralische Legitimität des Audits bedroht sei.

(6) Ahndung: Vergehen dürften nur gerechtfertigt geahndet werden, das heißt, wenn tatsächlich eine moralische Norm verletzt worden ist. Gleichwohl sei auch der Missetäter mit Respekt zu behandeln. Es sei mithin verboten, ihn öffentlich zu demütigen, ihn zu beschimpfen oder Feindschaften zwischen den Angestellten zu befördern.

(7) Kontinuierliche Verbesserung: Für den Verbesserungsprozess ist das Unternehmen aus der Sicht Bowies auf die Mitwirkung seiner Angestellten angewiesen. Diesen müsse es erlaubt sein, frei ihre Meinung über die Ethik-Kodizes, die Ethik-Beauftragten, die Delegation von Autorität, das Trainingsprogramm und das Audit zu äußern. Nur so sei gewährleistet, dass das Ethik-Programm die Vielfalt der Willen der Organisationsmitglieder reflektiere und die kantischen Gebote erfülle.

Fazit

Insgesamt gesehen gelingt es Bowie, die Prinzipien von Kants Sittenlehre auf die heutige Wirtschaftspraxis zu übertragen und hieraus konkrete Schlüsse für den unternehmerischen Alltag zu ziehen. Allerdings weicht Bowie das strenge Prinzip der reinen Bestimmungsgründe von Handlungen auf und bezieht auch Handlungsfolgen in seine Überlegungen mit ein (vgl. u.a. ebd., 278). Jedoch bleibt er Kants Idee, nach der es universelle Normen gibt, die unter keinen Umständen verletzt werden dürfen, treu: »However, there are some practices that should not be acceptable within a capitalist framework because these practices could not pass the test of the categorical imperative« (Bowie 1999, 151). Gleichwohl könnten verschiedene Kulturen verschiedene moralische Prinzipien annehmen, die dennoch alle den Test des Kategorischen Imperativs bestünden.

Bowie entlehnt Kant einen Optimismus im Hinblick auf ein künftiges Weltbürgertum. Er teilt den Glauben der Aufklärer und des Liberalismus, dass die Expansion des internationalen Handels zum Weltfrieden, zur Demokratie und zu universellen Werten, wie etwa den Menschenrechten, beitrage. Indem die Befolgung der, dem kapitalistischen Markt inhärenten, Moral komparative Vorteile verschaffe, würden sich Moralvorstellungen weltweit annähern. Mit der globalen Akzeptanz des Kapitalismus werde die Moral, die diesen ermöglicht und aufrechterhält, von den verschiedensten Kulturen angenommen. In wahrhaft globalen Märkten würden letztlich jene Praktiken aussterben, die mit dem Kategorischen Imperativ unvereinbar seien. Internationale Vereinbarungen würden dieser Entwicklung Vorschub leisten (vgl. ebd., 150 ff.).

Letztlich ist es eine Glaubensfrage, ob wir Bowie folgen wollen oder ob wir der Ansicht sind, dass ein geschichtsphilosophischer Pessimismus dem Weltlauf eher entspreche. Ähnlich verhält es sich mit der Frage, ob Bowies Versuch, das egoistische Paradigma zu überwinden, angemessen ist in Bezug auf die Wirtschaftspraxis. Eine Ethik nämlich, der ein zu optimistisches Menschenbild zugrunde liegt, wird scheitern, wenn es zu ihrer Anwendung kommt. Tatsächlich sind zahlreiche Aspekte, die Bowie in seiner Unternehmensethik beschreibt, nicht realisierbar, so etwa das Bereitstellen einer sinnstiftenden Arbeit für alle oder die Mitwirkung aller Betroffenen bei Entscheidungen. Auch bleibt fraglich, ob moralische Handlungen wirklich so häufig mit ökonomischen Vorteilen einhergehen, wie Bowie dies glauben machen will. Nichtsdestotrotz kann Bowies Unternehmensethik als Orientierung dienen, um sich einem moralisch gerechtfertigten Kapitalismus zumindest anzunähern, schließlich enthält sie konkrete Handlungsempfehlungen.

Auf dem Weg zu einem *kantischen Kapitalismus* wären noch viele Missstände zu beseitigen, viele Charaktere ethisch zu erhellen. Dennoch ist Bowie zuversichtlich:

> »It does seem, after all, that if the adoption of a Kantian theory of capitalist firms could provide a universal morality for business, provide meaningful work for employees, institute firms as moral communities, and help establish a more cosmopolitan and peaceful world, Kantian capitalism will have done most everything a theory of business ethics could do. There may be other ways to achieve this end, but the Kantian theory of capitalism offers one clear blueprint« (ebd., 173 f.).

Literatur

Bowie, Norman E.: Business Ethics. Englewood Cliffs 1982.

–: Making Ethical Decisions. New York 1984.

–: Business Ethics as an Academic Discipline. In: R. Edward Freeman (Hg.): Business Ethics – the State of the Art. Oxford 1991a, 17–41.

–: New Directions in Corporate Social Responsibility. In: Business Horizons (July-August 1991), 56–65 (1991b).
–: Challenging the Egoistic Paradigm. In: Business Ethics Quarterly 1, Nr. 1, (1991c), 1–21.
–: Business Ethics – A Kantian Perspective. Malden 1999.
–: How Empirical Research in Human Cognition Does and Does Not Affect Philosophical Ethics. In: Journal of Business Ethics 88, (2009), 635–643.
– /Dunfee, Thomas W.: Confronting Morality in Markets. In: Journal of Business Ethics 38, (2002), 381–393.
– /Arnold, Denis G.: Sweatshops and Respect for Persons. In: Business Ethics Quarterly 13, 2, (2003), 221–242.
– /Reynolds, Scott J.: A Kantian Perspective on the Characteristics of Ethics Programs. In: Business Ethics Quarterly (2004), 275–292.
– /Werhane, Patricia H.: Management Ethics. Malden 2005.
Friedman, Milton: The Social Responsibility of Business is to Increase its Profits. In: The New York Times Magazine, 13/09/1970.
Kant, Immanuel: Grundlegung zur Metaphysik der Sitten. Riga ^{2}1786.

Yvonne Thorhauer

3. Kontraktualistischer Ansatz (Thomas Donaldson und Thomas Dunfee)

Wie schon Kurt Lewin sagte, ist nichts so praktisch wie eine gute Theorie. Nach eben so einer praktischen Theorie sucht die unternehmensethische Forschung besonders intensiv, denn die Unternehmensethik muss sich zum einen als relativ junge und zudem transdisziplinäre Wissenschaft theoretisch beweisen. Zum anderen ist der Druck der praktischen unternehmensethischen Probleme groß und folglich sollten Theorien der Unternehmensethik den Führungskräften in den Unternehmen auch praktische Entscheidungshilfe in konkreten moralisch sensiblen Situationen geben.

Diese schwierige Synthese aus theoretisch fundierter Begründung und praktischer Anwendbarkeit versuchen Thomas Donaldson und Thomas Dunfee mit ihrer Integrative Social Contracts Theory (ISCT) zu erreichen. Und nicht nur das: die ISCT soll zudem eine Synthese aus einem hypothetischen Makrovertrag und realen Mikroverträgen, aus empirischem Forschungsprogramm und normativer Theorie sowie ethischem Universalismus und Relativismus sein. Es handelt sich also um einen pluralistischen Ansatz, der versucht, viele Extreme zu verbinden. Das beschert der ISCT ein großes Potential, macht sie aber gleichzeitig unübersichtlich und von vielen Seiten angreifbar.

In diesem Artikel werden wir zunächst die Grundgedanken von ISCT darstellen und das Entscheidungsmodell an Hand des Beispiels Korruption durchspielen. Danach werden wir einen Überblick über die zentralen in der wissenschaftlichen Diskussion vorgebrachten Kritikpunkte an ISCT referieren und aufzeigen, welche Weiterentwicklungen für ISCT vorgeschlagen werden.

Das Theoriemodell der ISCT

Donaldson und Dunfee vertreten die Ansicht, dass traditionelle ethische Theorien wie Utilitarismus oder die kantische Pflichtenethik für die Analyse und Entscheidungsfindung komplexer unternehmensethischer Probleme zu abstrakt und allgemein sind.

»[...] knowing all the moral theory in the world does not equip a person to specify in advance the moral norms of business ethics, much less the norms for the specific contexts of gift giving, negotiation, and employee compensation. In each, the ethical norms must be contoured to the rules of the specific economic practices and the notions of fairness of the participants« (Donaldson/Dunfee 1994, 258).

Um diese Einbindung unternehmensethischer Entscheidungen in den jeweiligen ökonomischen Kontext und die lokalen Wertvorstellungen der betroffenen Gemeinschaften zu ermöglichen, schlagen sie ein zweistufiges vertragstheoretisches Modell vor. Da das Wirtschaftsleben ebenfalls stark von Verträgen geprägt ist, liegt einer der gewichtigsten Vorteile dieser Vorgehensweise daher in ihrer hohen Anschlussfähigkeit an die ökonomische Theorie und die unternehmerische Praxis (van Oosterhout et al. 2006, 521).

Der fiktive Makrovertrag

Ausgangsbasis der ISCT ist der hypothetische Makrovertrag, in dem die Vertragspartner, die sich ihrer begrenzten moralischen Rationalität (*bounded moral rationality*) (Donaldson/Dunfee 1995, 90 ff.) bewusst sind, unter einem Schleier des Nichtwissens zu gerechten Regeln hinsichtlich ihrer Position in der Gemeinschaft (in Anlehnung an Rawls 1971) kommen wollen. Dabei haben die Vertragspartner zwei fundamentale Wünsche: Zum einen wollen sie ihre ökonomischen Bedürfnisse befriedigen können und zum anderen wollen sie in einer Wirtschaftsgemeinschaft leben, die ihre persönlichen und kulturellen Werte reflektiert.

Donaldson und Dunfee leiten aus diesem Gedankenexperiment ab, dass die Vertragspartner einen relativ großen moralischen Freiraum (*moral free space*) der jeweiligen Vertragsgemeinschaften bewahren wollen. Die über den hypothetischen Makrovertrag definierten Prinzipien gerechten Zusammenlebens sollen deshalb derart formuliert werden, dass die in der ökonomischen Praxis jeweils lokal existierenden Werte und Normen (mikrosoziale Verträge) in ihrer Flexibilität nicht unnötig eingeschränkt werden. Das Modell vereinigt also zwei Vertragsebenen, die des fiktiven Makrovertrages und die des faktischen Mikrovertrages und wird eben deshalb auch »*integrative* social contracts theory« genannt.

Die realen mikrosozialen Verträge

Die lokalen Wirtschaftsgemeinschaften legen die für sie gültigen moralischen Normen in impliziten und tatsächlichen mikrosozialen Verträgen fest. Diese Verträge müssen auf dem *informed consent* der Mitglieder der jeweiligen Gemeinschaft beruhen und durch die Möglichkeit der Mitglieder zum Verlassen der Gemeinschaft oder zum äußern ihrer Bedenken (*exit and voice*) abgesichert werden (Dunfee/Smith/Ross 1999, 19). Zudem muss geprüft werden, ob die in einer Gemeinschaft vorgefundenen Normen ›authentisch‹ sind. Es muss festgestellt werden, ob die Mehrheit der Mitglieder einer Vertragsgemeinschaft diese Normen tatsächlich freiwillig anerkennt und danach handelt.

Ein zentrales Argument von Donaldson und Dunfee für diesen relativ großen moralischen Freiraum ist die Tatsache, dass es im globalen Wirtschaftsleben sehr viele kulturelle Unterschiede in unternehmensethischen Fragen gibt. Der moralische Freiraum dient also dazu, die Anschlussfähigkeit an verschiedene kulturelle und sozio-ökonomische Umwelten (Berufsgruppen, Branchen etc.) zu ermöglichen und einen von meist westlich geprägten, universalistischen Normvorgaben bestimmten moralischen Imperialismus zu vermeiden (Donaldson/Dunfee 1999a).

Hypernormen

Andererseits darf gemäß Donaldson und Dunfee diese Öffnung für Kulturunterschiede jedoch nicht zu einem radikalen Relativismus führen. Zudem bestünde die Gefahr eines naturalistischen Fehlschlusses, würde allein aus dem Vorhandensein einer authentischen Norm (›ist‹) auf deren normative Richtigkeit geschlossen (›soll‹). Auch gibt es rein faktisch Gemeinschaften, in denen authentische Normen bestehen, die z.B. Diskriminierung oder Korruption befördern, was nicht mit den Normen auf Ebene der Makroverträge in Einklang stünde.

Deshalb wird in der ISCT das moralische Selbstbestimmungsrecht von sogenannten Hypernormen begrenzt, auf die sich die Makrovertragspartner geeinigt haben. Dabei unterscheiden Donaldson und Dunfee zwischen prozeduralen, strukturellen und materiellen Hypernormen (Donaldson/Dunfee 1999b, 41–53). Die prozeduralen Hypernormen entsprechen im Wesentlichen den bereits erwähnten Austritts- und Mitspracherechten auf der Ebene der mikrosozialen Verträge. Unter strukturellen Hypernormen verstehen Donaldson und Dunfee Organisationsstrukturen und Hintergrundinstitutionen (wie z.B. Eigentumsrechte), die in einer Gesellschaft für die wirksame Sicherung von wirtschaftlichem Wohlergehen und sozialer Gerechtigkeit sorgen. Materielle Hypernormen sind schließlich ein Set an minimalen universalistischen Basisnormen (z.B. Menschenrechte), die über alle kulturellen Unterschiede hinweg anerkannt werden:

> »Hypernorms, by definition, entail principles so fundamental to human existence that they serve as a guide in evaluating lower level moral norms. As such, we would expect them to be reflected in a convergence of religious, philosophical, and cultural beliefs [...]« (Donaldson/Dunfee 1994, 265).

Prozedurale und strukturelle Hypernormen werden von den Vertragspartnern des Makrovertrags festgelegt, während die materiellen Hypernormen von ihnen anerkannt werden. Materielle Hypernormen haben ihre Quelle also nicht im Makrovertrag selbst. Thomas Donaldson und Thomas Dunfee legen bewusst keine fixe und abgeschlossene Liste an materiellen Hypernormen vor, da sie diese Konvergenz universeller Normen als kontinuierlichen Prozess sehen. Ebenso wird auf eine tiefergehende erkenntnistheoretische Begründung der Hypernormen verzichtet. Jedoch geben Donaldson und Dunfee Merkmale an, anhand derer sich Hypernormen erkennen lassen. Zu diesen Merkmalen gehören z.B. der weit verbreitete Konsensus darüber, dass eine Norm universell ist oder die Tatsache, dass eine Norm von vielen internationalen Organisationen oder den Gesetzen vieler Länder als universell anerkannt ist (Donaldson/Dunfee 1999a, 60).

Einmal identifizierte Hypernormen sind nicht verhandelbar. Ihr zentraler Zweck ist es, den moralischen Freiraum auf dem Mikrolevel zu begrenzen, bzw. einen Maßstab für die Legitimität existierender Regeln und Werte auf der Mikroebene bereitzustellen.

Prioritätsregeln

Wenn nun zwei legitime Normen (d.h. die Normen sind Hypernorm-konform und authentisch) in den jeweiligen Gemeinschaften in Konflikt geraten, schlagen Donaldson und Dunfee einen Prozess vor, der es erlaubt, die Priorität von Normen zu klären. Diese »rules of thumb« leiten sich aus dem Makrovertrag ab und umfassen sechs Prinzipien (Donaldson/Dunfee 1995, 106):

(1) Wenn Transaktionen auf eine Gemeinschaft beschränkt bleiben und keine negativen Effekte auf andere Gemeinschaften oder Menschen haben, sollen diese durch die Normen dieser Gemeinschaft bestimmt werden.
(2) Lokale Normen einer Gemeinschaft, die geeignet sind Normenkonflikte zu lösen, sollen angewandt werden, wenn sie keine wichtigen negativen Effekte auf andere Gemeinschaften oder Menschen haben.
(3) Normen von größeren Gemeinschaften haben Vorrang vor Normen kleinerer Gemeinschaften.
(4) Normen, die für die Funktionsfähigkeit des Wirtschaftslebens einer Gemeinschaft wichtig sind, haben Vorrang vor Normen, die diese Funktionsfähigkeit gefährden.
(5) Wenn mehrere Normen miteinander in Konflikt stehen, bieten wiederkehrende Lösungsmuster über Gemeinschaften hinweg eine Basis für die Priorisierung.
(6) Gut definierte und präzise Normen haben Vorrang vor allgemeinen Normen.

Die Anwendung dieser Faustregeln versteht sich nicht als ein formaler Prozess, sondern als eine flexible ›common-sense‹-Leitlinie: »No precise formula is available, or desirable, at this time. Parties required to resolve conflicts should use their best judgment and moral imagination« (Donaldson/Dunfee 1999b, 191). Falls auch diese Regeln nicht zu einer Auflösung des Konflikts führen, hat der Entscheider das Recht, gemäß seiner persönlichen Normen zu handeln (Dunfee 2006, 317).

Zusammenfassend lässt sich also sagen, dass ISCT versucht, die für die Lösung eines wirtschaftsethischen Problems relevanten Normen zunächst induktiv aus der jeweiligen betroffenen Wirtschaftsgemeinschaft heraus festzustellen und diese praktischen Normen dann über die Filter von Authentizität, Hypernormen und Prioritätsregeln deduktiv und normativ einzugrenzen: »[...] the goal of the ISCT is to be culturally sensitive while maintaining a cross-cultural normative bite« (Douglas 2000, 102).

Entscheidungsprozess am Beispiel von Korruption

Um die Anwendungsmöglichkeiten ihrer ISCT zu verdeutlichen, analysieren Donaldson und Dunfee das Problem der Korruption.

Die moralischen Grundeinstellungen gegenüber Korruption variieren in den unterschiedlichen Kulturen. In vielen Ländern gestaltet sich die Auftragsgewinnung ohne die Zahlung eines Teils des Auftragsvolumens an einen Vermittler sehr schwierig. Es gibt vor allem im Bereich der Vergabe von Geschenken und Einladungen viele Graubereiche, die wiederum kulturell höchst unterschiedlich bewertet werden. Während es in westlichen Ländern als problematisch angesehen wird, wenn durch Geschenke ein Gefühl der Verpflichtung und Befangenheit aufgebaut wird, dienen in vielen nicht-westlichen Ländern Geschenke dem Aufbau persönlicher Beziehungen und von Vertrauen, die als Vorraussetzungen für die geschäftliche Zusammenarbeit gesehen werden. Zudem sind die Spielarten und Erscheinungsformen von Korruption äußerst vielfältig und komplex. Sie reichen von der Zahlung massiver Geldbeträge an Politiker, um den Auftrag für den Bau eines Flughafens zu bekommen, bis zu kleinen Schmiergeldzahlungen an unterbezahlte Hafenarbeiter, um das Löschen einer verderblichen Fracht zu beschleunigen (*facilitating payments*).

Eine deontologische Analyse des Problems Korruption stößt nach Meinung von Donaldson und Dunfee schnell an ihre Grenzen, da es immer möglich ist, dass es neben der Pflicht, keine Korruption zu betreiben, andere vorrangige Pflichten gibt. Demgegenüber stehen utilitaristische Ansätze vor dem Problem, dass sie alle potentiellen Vor- und Nachteile einer Entscheidung für alle betroffenen Beteiligten berücksichtigen müssen. Die zentralen Schwierigkeiten dabei sind, dass sich zum einen nicht alle Folgen voraussagen lassen und zum anderen sich die Arten der Folgen meist nicht gegeneinander aufrechnen lassen (z. B. Sicherung von Arbeitsplätzen vs. Schädigung von Konkurrenten; ebd., 24).

Wenn wir nun dem Entscheidungsfindungsmodell von Donaldson und Dunfee folgen, würde sich die Analyse des Korruptionsproblems gemäss ISCT folgendermaßen gestalten: Wird ein Problem als ethisch problematisch erkannt, gilt es die betroffenen Wirtschaftsgemeinschaften zu identifizieren. Hier ist es wichtig zu berücksichtigen, dass gerade bei Korruption der Kreis der Betroffenen meist größer ist, als die direkt beteiligten Gemeinschaften.

Würde man den Kreis der Betroffenen nur auf den Bestechungszahler und den Bestechungsempfänger und deren jeweilige Organisationen beschränken, ließe sich argumentieren, dass niemand geschädigt wird: Der Bestechungszahler erhält den ersehnten Großauftrag und der Bestechungsempfänger bekommt seine ›Abschlussprämie‹. Zählt man jedoch den Kreis der Konkurrenten und die Gesamtgesellschaft hinzu, wird schnell klar, dass diese sehr wohl geschädigt werden und sie einer Norm, die Korruption toleriert, kaum zustimmen würden.

Als nächstes ist zu überprüfen, ob die Akzeptanz von Korruption in den betroffenen Gemeinschaften eine authentische Norm ist. Hier kommen Donaldson und Dunfee zu dem Ergebnis, dass die Akzeptanz von Korruption in den meisten Fällen keine authentische Norm darstellt. Selbst in hochkorrupten Ländern ist Korruption illegal und wird von den Beteiligten geheim gehalten (Dunfee/Smith/Ross 1999, 25).

Es gibt jedoch nach Donaldson und Dunfee durchaus Formen von Korruption, vor allem im Bereich des kulturell unterschiedlichen Umgangs mit Geschenken und Einladungen, die man in westlichen Ländern als fragwürdig ansehen würde, in anderen Kulturen jedoch als unproblematisch, ja wünschenswert erachtet. Donaldson und Dunfee warnen allerdings davor, diese Korruptionsformen als ›ethnische Folklore‹ zu verharmlosen. Vielmehr sind Unternehmen verpflichtet zu überprüfen, ob eine in einem bestimmten kulturellen Umfeld übliche Praxis tatsächlich eine authentische und legitime Norm ist.

In Fällen massiver Korruption, die den Bereich der Kleinkorruption übersteigen, glauben Donaldson und Dunfee jedoch Probleme im Bereich der Hypernormen erkennen zu können. Die massive Bestechung von Politikern und Beamten verstoße demnach gegen die Hypernorm für die Ermöglichung der politischen Teilhabe. Da bestochene Regierungsvertreter nicht die Interessen der Wähler, sondern der Bestechenden vertreten, schaden sie der demokratischen Teilhabe (Donaldson/Dunfee 1999a, 56 f.). Im Falle der Bestechung von Vertretern der Privatwirtschaft wird gegen die Hypernorm der wirtschaftlichen Effektivität verstoßen, da in Folge der Korruption nicht mehr Preis und Qualität über ein Geschäft entscheiden, die Marktmechanismen verzerrt werden und es zur Fehlallokation von Ressourcen kommt (ebd., 57 f.).

Zudem lässt sich nach Donaldson und Dunfee in

Bezug auf das Verbot von Korruption eine Konvergenz von Normen feststellen: So wird in allen Weltreligionen Korruption explizit verurteilt; zudem existieren zahlreiche internationale Normen gegen Korruption, wie etwa die OECD Anti-Korruptionskonvention, das zehnte Prinzip des UN Global Compact oder die UN-Konvention gegen Korruption. Im Falle der massiven Korruption kann der Entscheidungsprozess also an dieser Stelle abgebrochen werden, da es entsprechende Hypernormen gibt, die diese Formen von Korruption verbieten.

Dies gibt den betroffenen Managern zwar eine fundierte normative Entscheidungsgrundlage, löst jedoch nicht das Problem, dass sie unter Umständen in einem korrupten Umfeld keine Geschäfte mehr machen können. Hier räumen Donaldson und Dunfee ein, dass sich dieses Problem nicht auf der individuellen Ebene lösen lässt, sondern die Einflussnahme auf die Hintergrundinstitutionen eines Landes erfordert. Zudem sollten sich Unternehmen gegen Korruption aussprechen und sich im Kampf gegen Korruption mit anderen Unternehmen zusammenschließen, also einen neuen mikrosozialen Vertrag schließen (Donaldson/Dunfee 1999a, 59).

Für die kulturabhängigen Fälle von Kleinkorruption können die Prioritätsregeln angewandt werden. Demnach wären Geschenke und Gefälligkeiten statthaft, wenn diese Transaktionen auf die Gemeinschaft, in der sie akzeptiert werden, beschränkt bleiben und keine anderen Gemeinschaften oder Menschen schädigen. Dies wäre allerdings schon nicht mehr der Fall, wenn z.B. ein westliches Unternehmen mit einem Code of Conduct, der auch Kleinkorruption verbietet, in einem Umfeld operieren würde, in dem Geschenke und Gefälligkeiten Teil der Wirtschaftskultur sind. Dann könnte die Priorität über die relative Größe der beteiligten Wirtschaftsgemeinschaften entschieden werden. Falls dies auch nicht zu einer Lösung führt, wäre zu überprüfen, ob die pro-Korruptionsnorm für die Funktionsfähigkeit des Wirtschaftslebens der betroffenen Gemeinschaft wichtig ist. Hier könnte sich jedoch ergeben, dass die Geschenkekultur für die wirtschaftliche Effizienz des nicht-westlichen Landes wichtig ist, während sie für das beteiligte westliche Land nachteilig ist. In diesem Fall gilt es, nach wiederkehrenden Mustern von Normen über verschiedene Gemeinschaften hinweg zu suchen und festzustellen, welche der konkurrierenden Normen präziser definiert ist. In den meisten Fällen würde man deshalb mit Hilfe der Prioritätsregeln zu einem Verbot auch dieser Erscheinungsformen der kulturell geprägten Kleinkorruption kommen. Trotzdem ermöglicht das Entscheidungsverfahren der ISCT, dass die Entscheider zunächst den kulturellen lokalen Kontext verstehen und so die Möglichkeit haben, kreative Wege zu finden, den Erwartungen der lokalen Geschäftspartner zu entsprechen, ohne gegen ihre eigenen rechtlichen, ethischen und kulturellen Normen zu verstoßen.

Das Durchspielen des ISCT-Entscheidungsmodells zeigt, dass es ein umfassendes und strukturiertes Verfahren ist, das für die gründliche normative und empirische Analyse spezifischer Fälle hilfreich ist. Das Modell macht deutlich, wie komplex die Lösung reeller unternehmensethischer Probleme ist, ohne rezeptartige Checklisten vorzuschlagen.

Darüber hinaus überwinden Donaldson und Dunfee in ihrem Ansatz den sonst in der amerikanischen Unternehmensethik dominanten Fokus auf individualethische Lösungen und bieten einen theoriegestützten Rahmen für die empirische Forschung (Palazzo 2000, 57–87).

Neben der Anwendung der ISCT auf Korruption gibt es eine Fülle von weiteren Beispielen für die Anwendung des Modells (Dunfee 2006, 313). Sie reichen von einer Fallstudie über Geschlechterdiskriminierung im interkulturellen Konfliktfall (Mayer/Cava 1995) über die Analyse von internationalen Normen im Bereich von Sozialstandards für Produktionsstätten (Hartmann et al. 2003) bis zu einer empirischen Untersuchung über die ethischen Einstellungen von amerikanischen Managern in den USA im Vergleich zu expatriierten amerikanischen Managern in Russland (Spicer et al. 2004).

Kritik

Die Kritik an der ISCT bezieht sich, neben Zweifeln an ihrer praktischen Anwendbarkeit, auf alle Kernelemente der Theorie: die vertragstheoretische Fundierung, die prozeduralen Hypernormen von *exit und voice*, der Entstehungsprozess für authentische Normen, die Prioritätsregeln und vor allem Dingen auf die Begründung der materialen Hypernormen.

Praktische Anwendbarkeit: Die Komplexität des ISCT-Modells hat den Nachteil, dass es in der praktischen Anwendung nicht besonders benutzerfreundlich ist. Auch wenn sich Donaldson und Dunfee um die Anbindung an die Praxis bemühen, bleibt vor allem das vertragstheoretische Grundkonzept sehr abstrakt: »Social contract theory's transcendent hypothetical agreements seem somehow too static and detached to guide those who navigate the complexity of practical moral dilemmas« (Thompson/Hart 2006, 229).

Weiterhin wird es als problematisch gesehen, dass der Prozess der Identifikation von Hypernormen nicht sehr präzise ist bzw. dass es keine vorgefertigte Liste an Hypernormen gibt. Der Identifikationsprozess ist selbst für ausgebildete Ethikexperten durchaus eine Herausforderung und es ist zu befürchten, dass Manager ohne entsprechende Ausbildung dazu kaum fähig sind. Darüber hinaus sieht Soule hier die Gefahr, dass die Entscheidungsträger in den Unternehmen Hypernormen nach opportunistischen Kriterien auswählen würden (Soule 2002, 119).

In gewisser Weise jedoch gibt die Praxis dem Projekt der Hypernormen insoweit Recht, als sie z. B. Projekte wie den UN Global Compact hervorbringt. Die im Global Compact verankerten 10 Prinzipien entsprechen sehr stark dem Konzept der (nicht verhandelbaren) materiellen Hypernormen der ISCT.

Auch der Authentizitätstest ist natürlich in der Praxis nicht ohne weiteres umsetzbar. Schließlich können Manager meist nicht erst empirische Untersuchungen durchführen, um festzustellen, ob eine gewisse Norm von der Mehrzahl der betroffenen Gemeinschaften gelebt und anerkannt wird. Donaldson und Dunfee sind hier jedoch der Meinung, dass in der Praxis nicht unbedingt langwierige empirische Studien nötig sind, um die Authentizität einer Norm festzustellen. Sie erkennen auch pragmatische Verfahren, wie Meinungsumfragen, Gespräche mit Kollegen und Vorgesetzten, die Einsicht in den Code of Conduct des Unternehmens oder die Schriften von Branchenverbänden an.

Dunfee reagiert auf den Vorwurf der geringen Anwenderfreundlichkeit zu Recht mit dem Argument, dass es nicht das Ziel von ISCT sei, einen formalen checklistenartigen Entscheidungsprozess anzubieten (Dunfee 2006, 313). Trotzdem ist auch klar, dass das Modell zuweilen unübersichtlich und vor allem für Praktiker verwirrend und zu abstrakt ist. Es ist also durchaus berechtigt, wenn sich Soule eine praktische Ergänzung der Theorie durch ein paar gute Managementprinzipien wünscht (Soule 2002, 118–119).

Die vertragstheoretische Fundierung: Ein zentrales Problem bei allen vertragstheoretischen Ansätzen ist die Frage nach der Durchsetzbarkeit der Verträge. Es lässt sich theorieimmanent nicht erklären, warum sich die Vertragspartner an die Vertragsvereinbarungen halten sollten, wenn sie diese aus opportunistischen Gründen straffrei brechen können:

> »Ein Gewissen auszubilden ist von der kontraktualistischen Basis selbst her nicht zu begründen. Ich habe freilich ein Interesse daran, daß die anderen durch den zusätzlichen Faktor eines Gewissens daran gehindert werden, die Regeln zu verletzen [...] Es ist jedoch unmöglich, ein eigenes Gewissen von der kontraktualistischen Basis her zu begründen. Das Gewissen läßt sich nicht instrumentalisieren. Es wäre im Sinn der egoistischen Klugheit irrational, auf eventuelle Vorteile zu verzichten, wenn ich sie, von außen ungestraft, haben kann« (Tugendhat 1993, 75).

Dieses Durchsetzungsproblem stellt sich im Kontext einer globalisierten Wirtschaft mit stark lückenhafter Rahmenordnung und Sanktionsmöglichkeiten in besonderer Weise. Donaldson und Dunfee versuchen, dieses Problem durch die Annahme zu lösen, dass die Vertragspartner des hypothetischen Makrovertrages dessen Regeln einhalten wollen, weil diese es ihnen ermöglichen, ihre individuellen ökonomischen Interessen und ihre moralischen Präferenzen zu verwirklichen. Ob diese Umbenennung moralischer Präferenzen in Nutzenserwägungen ausreichen kann, um auch unter Wettbewerbsdruck vertragstreu zu bleiben, ist zumindest zweifelhaft (Palazzo 2000, 69). Im Kern besteht das Problem darin, dass der individuelle Akteur ein Interesse daran haben könnte, selbst opportunistisch zu handeln, während alle anderen sich an die Regeln halten.

Wempe kritisiert darüber hinaus, dass der Makrovertrag für die Identifikation der materiellen Hypernormen gar nicht nötig sei. Er ist der Meinung, dass die Vertragstheorie nicht für die konkrete Lösung praktischer Problem geeignet ist, sondern vielmehr der Feststellung genereller Prinzipien dienen sollte. Mit Hilfe der Vertragstheorie sollten, gemäss Wempe, lieber Prinzipien zur Identifikation von Stakeholdern und zur Abwägung von konfligierenden Stakeholder-Interessen entwickelt werden (Wempe 2008).

Exit, Voice und authentische Normen: Innerhalb von ISCT ist eine Gemeinschaft legitim, wenn ihre Mitglieder ausreichende Mitsprache- und Austrittsrechte genießen und dadurch ein *informed consent* in Bezug auf die in der Gemeinschaft gültigen Normen angenommen werden kann. Es ist jedoch nicht immer leicht, zwischen freiwilliger und erzwungener Zustimmung zu unterscheiden. Gerade im Wirtschaftsleben sind z.B. die Möglichkeiten von Mitarbeiter/innen eine von der allgemeinen Unternehmenspolitik abweichende Meinung zu äußern, oftmals stark eingeschränkt. Falls also die freie Meinungsäusserung in einem Unternehmen nicht möglich ist, müsste der/die Mitarbeiter/in das Unternehmen verlassen. Diese Option steht den betroffenen Mitarbeiter/innen aus den verschiedensten Gründen nicht immer offen. Aus der Tatsache, dass die *exit*-Option wenig genutzt wird, folgt also kein hinreichender Beweis dafür, dass in einem Unternehmen Konsens über die dort gültigen Normen besteht (Rowan 2001, 383). Dieses Problem trifft umso mehr auf undemokratische Länder zu, in denen kaum Mitsprache- und Austrittsrechte für die Bevölkerung bestehen (Husted 1999, 230–231).

Eng verknüpft mit der prozeduralen Hypernorm *exit/voice* ist das Konzept der Authentizität von Normen. Authentische Normen müssen von der Mehrheit der Mitglieder einer Vertragsgemeinschaft tatsächlich freiwillig anerkannt und gelebt werden. Hier liefern Donaldson und Dunfee keine befriedigende Antwort auf die Frage, wie ein Konsens der Mehrheit einer Wirtschaftsgemeinschaft über deren Normen hergestellt werden soll. Die bloße Existenz von mikrosozialen Verträgen ist hier nicht ausreichend, da Verträge typischerweise unvollständig sind und niemals alle zukünftigen Ereignisse berücksichtigen können. Verträge befinden sich also gemeinhin in einem kontinuierlichen Prozess der Revision. Als Richtlinie für die Ausgestaltung dieses Prozesses liefern Donaldson und Dunfee die vage prozedurale Hypernorm »voice« und die Berücksichtigung materieller Hypernormen. Eine dialogische Erweiterung des Entscheidungsprozesses drängt sich hier förmlich auf:

»A pluralist process of moral sense making should offer more room for on-going dialogic engagement between the proponents of different conceptions of the right, rather than insist preemptively that majority rule, backed by exogenously derived substantive hypernorms, must carry the day« (Calton 2006, 332).

Kritik an den Prioritätsregeln

Erstaunlicherweise findet sich in der Literatur relativ wenig Kritik an den Prioritätsregeln. Rowan kritisiert, dass Donaldson und Dunfee diese Faustregeln als einen Ansatz des gesunden Menschenverstands *common sense* verstehen und nicht ein stärker formalisiertes Verfahren mit einer festgelegten Reihenfolge anbieten. Der gesunde Menschenverstand ist schließlich ein sehr vages Konzept. Auch werde nicht wirklich klar, warum die Vertragspartner des Makrovertrags auf genau diese Prioritätsregeln kommen (Rowan 2001, 385).

Für europäische und insbesondere diskursethisch geschulte Unternehmensethiker sind die Prioritätsregeln der ISCT schwer nachzuvollziehen. Wenn Donaldson und Dunfee dann auch noch vorschlagen, dass in Fällen, in denen die Prioritätsregeln zu keiner Lösung des Normenkonflikts führen, die einzelnen Entscheider gemäß ihrer persönlichen Normen entscheiden sollen, scheint die Alternative naheliegender, den Konflikt dialogisch statt monologisch aufzulösen.

Materielle Hypernormen: Der zentrale Stein des Anstoßes für das Konzept der materiellen Hypernormen ist für manche Kritiker die Weigerung Donaldsons und Dunfees, diese erkenntnistheoretisch zu begründen. Sie verteidigen dieses Vorgehen damit, dass sie mit der ISCT eher eine Entscheidungshilfe für konkrete unternehmensethische Probleme geben wollen, als die Jahrtausende alte philosophische Debatte um die Begründung von Normen neu zu erfinden. Trotzdem besteht so natürlich die Gefahr, dass durch die Gleichstellung von moralischen Konventionen und Hypernormen ein naturalistischer Fehlschluss entsteht (van Oosterhout et al. 2006, 528). Um dieses Problem zu beheben, wurden bereits einige Vorschläge gemacht: So schlägt z.B. Frederick eine Fundierung der Hypernormen durch das Naturrecht vor (Frederick 1995) und Mayer spricht sich für eine rationalistische Begründung aus (Mayer 1994).

Douglas kritisiert, dass Hypernormen nicht in das übergreifende vertragstheoretische Design von ISCT passen, da sie sich aus anderen Quellen speisen. Diese Quellen der Hypernormen sind zudem erkenntnistheoretisch unbegründet und leisten darüber hinaus keinen Beitrag zur Lösung von Normenkonflikten zwischen verschiedenen Wirtschaftsgemeinschaften. Deshalb schlägt Douglas vor, innerhalb von ISCT ganz auf Hypernormen zu verzichten und sich lieber auf die Prioritätsregeln zu konzentrieren (Douglas 2000).

Die vielversprechendste und (vor allem für Europäer) naheliegendste Erweiterung der ISCT ist eine Ergänzung um die diskursethische Begründung von Normen und die Integration diskursethischer Vorgaben für Dialogprozeduren (Gilbert/Behnam 2009). Nach Habermas kann eine Hypernorm nicht durch die Überlegungen eines einzelnen Individuums gerechtfertigt werden, sondern muss im herrschaftsfreien Dialog aller Beteiligten ermittelt werden. Dadurch werden materielle Hypernormen nicht mehr den betroffenen Stakeholdern aufgedrängt, sondern sie werden zum Objekt diskursiver Überprüfung. Gilbert und Behnam möchten diese Prinzipien der diskursiven Normbegründung in den Makrovertrag der ISCT aufnehmen.

Auf der Ebene der Mikroverträge würden dann die Kriterien der idealen Diskurssituation (Unparteilichkeit, Zwanglosigkeit, Nichtüberredung, Akzeptanz des besseren Arguments) ein genaueres Design von moralischen Diskursen innerhalb und zwischen verschiedenen Wirtschaftsgemeinschaften ermöglichen. In praktischen Diskursen könnten sich so die Beteiligten über die spezifische lokale Umsetzung von Hypernormen verständigen.

Als praktische Beispiele für ihr auf gegenseitiges Lernen orientiertes Modell der Normengenerierung verweisen Gilbert und Behnam auf Multistakeholder-Initiativen wie den Forest Stewardship Council oder den UN Global Compact. Unserer Meinung nach stellt sich allerdings die Frage, ob die vertragstheoretischen Elemente überhaupt noch einen Mehrwert bringen, wenn man sich für eine diskursive Vorgehensweise entschließt.

Beurteilung und Schlussfolgerungen

Abschließend lässt sich zusammenfassen, dass Donaldson und Dunfee mit der ISCT einen wichtigen Beitrag zur Weiterentwicklung der Unternehmensethik liefern, indem sie versuchen, normative Richtlinien für die ›schmutzige‹ unternehmensethische Wirklichkeit zu liefern, ohne dabei die kulturellen Lebenswelten universalistisch zu überrollen. Das Entscheidungsfindungsmodell der ISCT ist zudem ein umfassendes Analyseinstrument, das für die gründliche Untersuchung unternehmensethischer Problemfälle nützlich ist.

Trotzdem gelingt es Donaldson und Dunfee nicht, ein ethisches Modell für eine unparteiische Moraltheorie zu entwickeln. Den ›view from nowhere‹, den sie anstreben, kann es alleine deshalb nicht geben, da die Autoren einer Theorie immer auch von ihrem kulturellen Hintergrund geprägt sind (Scherer/Palazzo 2007, 1102). Diese kulturelle Prägung zeigt sich in der ISCT sehr deutlich: Die Kultur der USA ist sehr stark von einem ethischen Universalismus geprägt (Palazzo 2000, 243 ff.) und in gewisser Weise bleibt die ISCT letztlich doch ein universalistischer Wolf im relativistischen Schafspelz. Zwar ist man darum bemüht, interkulturell toleranter und kompatibler zu sein, doch die Wahrscheinlichkeit, dass die westlich geprägten Hypernormen sich im Entscheidungsprozess durchsetzen, ist sehr hoch.

Für eine ernsthafte Berücksichtigung kultureller Unterschiede bleibt das Konzept zu monologisch und theoretisch. Unternehmensethiker können zwar Hypernormen vorschlagen, aber um sie zu legitimieren, muss überprüft werden, ob diese Hypernormen wirklich von allen Betroffenen akzeptiert werden können. Dieser Legitimationsprozess kann nur durch praktische Diskurse mit allen Beteiligten und nicht vom Schreibtisch des Theoretikers aus geleistet werden (Scherer/Palazzo 2007, 1102).

Literatur

Calton, Jerry M.: Social Contracting in a Pluralist Process of Moral Sense Making: A Dialogic Twist on the ISCT. In: Journal of Business Ethics 68, 3 (2006), 329–346.

Donaldson, Thomas/Dunfee, Thomas W.: Toward a Unified Conception of Business Ethics: Integrative Social Contracts Theory. In: Academy of Management Review 19 (^{2}1994), 85–112.

–/–: Integrative Social Contracts Theory. A Communitarian Conception of Economic Ethics. In: Economics and Philosophy 11 (1995), 85–112.

–/–: When Ethics Travel: The Promise and Peril of Global Business Ethics. In: California Management Review 41, 4 (Summer 1999a), 45–63.

–/–: Ties That Bind: A Social Contracts Approach to Business Ethics. Cambridge, Mass. 1999b.

Douglas, Mark: Integrative Social Contracts Theory: Hype over Hypernorms. In: Journal of Business Ethics 26 (2000), 101–110.

Dunfee, Thomas W.: A Critical Perspective of Integrative Social Contracts Theory: Recurring Criticisms and Next Generation Research Topics. In: Journal of Business Ethics 68, 3 (2006), 303–328.

– /Smith, Craig N./Ross, William T. Jr.: Social Contracts and Marketing Ethics. In: The Journal of Marketing 3(1999), 14–32.

Fort, Timothy L.: A Review of TD2's Ties That Bind: A Social Contracts Approach to Business Ethics. In: Journal of Business Ethics 28, 4 (2000), 383–387.

Frederick, William C.: Values, Nature & Culture in the American Business Corporation. New York 1995.

Gilbert, Dirk Ulrich/Behnam, Michael: Advancing Integrative Social Contracts Theory: A Habermasian Perspective. In: Journal of Business Ethics 89,2 (2009), 215–234.

Hartman, Laura P./Shaw, Bill/Stevenson, Rodney: Exploring the Ethics and Economics of Global Labor Standards: A Challenge to Integrated (sic.) Social Contract Theory. In: Business Ethics Quarterly 13, 2 (2003), 193–220.

Husted, Bryan W.: A Critique of the Empirical Methods of Integrative Social Contracts Theory. In: Journal of Business Ethics 20 (1999), 227–235.

Mayer, Don: ›Hypernorms and Integrative Social Contracts Theory‹. International Association for Business and Society. Proceedings 1994.

– /Cava, Anita: *Social Contract Theory* and Gender Discrimination. In: Business Ethics Quarterly 5 (1999), 257–270.

Nielsen, Richard P.: Do Internal Due Process Systems Permit Adequate Political and Moral Space for Ethics Voice, Praxis and Community. In: Journal of Business Ethics 24 (2000), 1–27.

Palazzo, Bettina: Interkulturelle Unternehmensethik – deutsche und amerikanische Modelle im Vergleich. Wiesbaden 2000.

Thompson, Jeffery A./Hart, David W.: Psychological Contracts: A Nano-Level Perspective on Social Contract Theory. In: Journal of Business Ethics 68 (2006), 229–241.

Rawls, John: A Theory of Justice. Cambridge, Mass. 1971.

Rowan, John R.: How Binding the Ties? Business Ethics as Integrative Social Contracts. In: Business Ethics Quarterly 11, 2 (2001), 379–390.

Scherer, Andreas/Palazzo, Guido: Towards a Political Conception of Corporate Responsibility – Business and Society seen from a Habermasian Perspective. In: Academy of Management Review 32, 4 (2007), 1096–1120.

Soule, Edward: Managerial Moral Strategies – In Search of a Few Good Principles. In: Academy of Management Review 27, 1 (2002), 114–124.

Spicer, Andrew/Dunfee, Thomas/Bailey, Wendy: Does National Context Matter in Ethical Decision Making? An Empirical Test of Integrative Social Contracts Theory. In: Academy of Management Journal 47, 4 (2004), 610–620.

Tugendhat, Ernst: Vorlesungen über Ethik. Frankfurt a. M. 1993.

van Oosterhout, J./Heugens, Pursey P. M./Kaptein, Muel: The Internal Morality of Contracting: Advancing the Contractualist Endeavor in Business Ethics. In: Academy of Management Review 31, 3 (2006), 521–539.

Wempe, Ben: Four Design Criteria for any Future Contractarian Theory of Business Ethics. In: Journal of Business Ethics 81, 3 (2008), 697–714.

Bettina Palazzo/Guido Palazzo

4. Intentionalistischer Ansatz (Peter A. French)

Ausgangspunkt für Peter A. Frenchs unternehmensethische Analyse bildet die offensichtliche Tatsache, dass Organisationen zunehmend damit begonnen haben, unseren Lebensalltag zu bestimmen. In Frenchs Augen leben wir in einer ›Corporate Society‹, in der neben den natürlichen Personen zunehmend häufiger ›organisationale Akteure‹ als handelnde Subjekte auftreten, die untereinander und mit natürlichen Personen interagieren. French spricht in diesem Zusammenhang von ›Corporate Invaders‹: »The invaders were and are business corporations and their appearance en masse in what used to be an exclusively human domain has made things today not what they used to be« (French 1995, 3).

Stetig fortschreitende technische Veränderungen sowie die zunehmende Anzahl korporativer Akteure und die damit einhergehenden Veränderungen der Gesellschaft, so French, machen es notwendig, moralische Rechte und Pflichten neu zu definieren. Als problematisch erweist sich jedoch, dass die in der philosophischen Ethik dominierenden Positionen der Pflichtethik, des Kontraktualismus oder des Utilitarismus auf den Individualismus der Aufklärung aufbauen. In diesem Sinne sind ausschließlich natürliche Personen Träger moralischer Rechte und Pflichten. Korporationen werden in diesem Zusammenhang lediglich als freiwillige Vereinigungen von Individuen betrachtet, denen keine unmittelbare moralische Qualität zukommt. Dies verkennt jedoch die Tatsache, dass die ›Invasion der Korporationen‹ längst dazu geführt hat, dass sich das Sozialgefüge verändert hat; eine Wirtschafts- und Unternehmensethik muss dies berücksichtigen: »the important point is that the corporate actors are not just human persons wearing funny masks and lapel pins with logos on them. They are full-fledged participants in the social system. […] They are now the dominant members of the system, the ones on which its stability rests« (French 1995, 13).

French schlägt daher vor, auch Korporationen als ›moralische Akteure‹ zu betrachten. Seine These lautet: »Korporationen können vollwertige moralische Personen sein und haben alle Privilegien, Rechte und Pflichten, die moralische Personen normalerweise haben« (French 1992a, 317). French begründet dies damit, dass Organisationen de facto als ›Akteure‹ auftreten, denen qua ihrer intendierten Handlungen (oder Unterlassungen) entsprechende moralische Rechte und Pflichten zukommen.

Die Korporation als moralische Person

Im Unterschied zu ›unorganisierten Massen‹ besitzen Korporationen einen gewissen Grad an organisationaler Struktur, der es erlaubt, eine Korporation als Akteur zu identifizieren. French unterscheidet hierbei zwischen ›Aggregaten‹ – z. B. der Lynch-Mob auf der Straße – und ›Konglomeraten‹ – wie beispielsweise Unternehmen. Während der Mob über keinerlei organisationale Struktur verfügt, die es erlauben würde, ihm eine wie auch immer geartete rationale Entscheidungsfindung und damit einen eigenen Handlungswillen zu unterstellen, verfügen Konglomerate über eigene Entscheidungsprozeduren und -logiken, die es erlauben, auf einen eigenen ›Handlungswillen‹ derartiger Organisationen zu schließen. Konglomerate können mithin als eigenständige Akteure begriffen werden, deren Handlungsintentionen sich von den Handlungsintentionen ihrer einzelnen Mitglieder unterscheiden können, und denen daher eine eigene moralische Verantwortung für ihr Tun und Unterlassen zugesprochen werden muss (vgl. French 1995, 19 ff.). Während Aggregate wesentlich durch die Handlungsintentionen ihrer Mitglieder bestimmt werden – was spontanes Handeln und Gruppendynamiken nicht ausschließt – sind Konglomerate durch Entscheidungsroutinen geprägt, die unabhängig von den Organisationsmitgliedern existieren. Mit anderen Worten: Ein Unternehmen als Konglomerat kann unabhängig von den Organisationsmitgliedern existieren und es spielt keine Rolle, ob eine bestimmte Person zu einem bestimmten Zeitpunkt Mitglied des Unternehmens ist. »And that would be true even if at 3:45 p.m. on that day the entire senior management of IBM resigned their positions and took up similar ones at Coca Cola. Coca Cola would not have become IBM. The identity of a corporation is not dependent on particular humans being in specific positions in the corporation« (French 1995, 21).

Während also in Aggregaten die individuellen Gruppenmitglieder (Mit-)Verantwortung für das Tun und Unterlassen der Gruppe tragen (vgl. French 1992b, 76 f.), liegt die Verantwortung für das organisationale Handeln von Konglomeraten bei der Organisation selbst.

Dabei zeichnen sich Akteure, denen eine Verantwortung im moralischen Sinne zugesprochen werden kann, generell durch drei wesentliche Fähigkeiten aus, die sie als Akteur definieren (vgl. u.a. French 1995, 10ff.; 2005, 576f.): (1) Die Fähigkeit, intentional, d.h. mit bestimmter Absicht und geplant zu handeln; (2) die Fähigkeit, rationale (vernünftige) Entscheidungen zu fällen und rational Argumente abzuwägen, sowie (3) die Fähigkeit, auf Kritik und Widerstände zu reagieren, sei es durch Änderung der Intention, sei es durch Veränderung der Verhaltensweisen. Diese Eigenschaften kommen sowohl natürlichen Personen als auch den meisten Korporationen zu. Fraglich bleibt jedoch, ob Korporationen damit auch der Status einer ›moralischen Person‹ im ethischen Sinne zugesprochen werden kann.

French geht davon aus, dass sich der ›Personenbegriff‹ und damit letztlich auch der Status als ›moralische Person‹ nicht nur auf natürliche Lebewesen, sondern letztlich auch auf ›Kunstgebilde‹ wie Organisationen anwenden lässt. Entscheidend für das, was wir im üblichen Sinne als ›Person‹ bezeichnen, sei nicht der ›biologische Status‹ eines Subjekts, sondern die Fähigkeiten, die wir diesem Subjekt zusprechen (vgl. French 1988, 298). Zu diesen Fähigkeiten zählen rationale Entscheidungsfindung, Erfahrungslernen, Selbstreflexion, Eigenmotivation oder zielgerichtete Planung. Kann also durch beobachtetes Verhalten oder entsprechende Äußerungen auf derartige Fähigkeiten eines Akteurs rückgeschlossen werden, muss solchen Akteuren der Status einer Person zugesprochen werden. »What makes us all persons is not that we are made of the same stuff or have the same microstructure, but that our behavior can, by and large, be explained (and often predicted) by subsuming it under a certain specific set of empirical generalizations« (ebd., 303f.).

Damit aber gilt es, den ›moralischen Status‹ von Personen zu klären. French lehnt es hierbei ab, die ›Moralfähigkeit‹ von Personen an Fähigkeiten wie Empathie, Furcht vor Strafe oder Reue zu binden. Vielmehr ist in seinen Augen jede Person, da sie durch ihre Fähigkeit zu intentionalem und überlegtem Handeln einerseits und durch die Möglichkeit, dieses Handeln zu reflektieren, andererseits definiert ist, per se ein moralischer Akteur. Moralfähigkeit ist in diesem Sinne nicht an die Gefühle des Handelnden gebunden, sondern an dessen Fähigkeit aus Fehlverhalten (auch im moralischen Sinne) zu lernen und zukünftiges Handeln entsprechend zu ›überdenken‹. Mithin kommt French zu dem Schluss:

»We are, I think, best advised to hold that if something is a person, it is a moral person and reject the idea that a moral person is some special kind or variety of person, or a person with a difference, or a fully developed person, or whatever« (French 1988, 306).

Die Korporation als rationaler Akteur

Korporationen zeichnen sich dadurch aus, dass sie über eine eigene ›Entscheidungslogik‹ verfügen. French spricht hier von »Corporate Internal Decision (CID) Structures« (French 1995, 25). Diese erlauben es, eine Korporation als eigenständigen Akteur innerhalb der Gesellschaft zu identifizieren, auch wenn die organisationalen Entscheidungen letztlich auf den Entschlüssen personaler Akteure beruhen. Deutlich wird dies beispielsweise im Außenverhältnis einer Organisation, in dem sich (mindestens prinzipiell) stets unterscheiden lässt, ob der jeweilige Akteur als Repräsentant der Organisation oder als Privatperson auftritt. Möglich ist dies aufgrund zweier spezifischer Eigenschaften der CID-Strukturen: Sie geben zum einen einen formalen Ablaufplan vor, der es ermöglicht, Stellen, Hierarchien, Kompetenzen und Aufgaben innerhalb einer Organisation zu identifizieren. Sie geben zum anderen Regeln vor, die es erlauben, Entscheidungen und Handlungen der Organisation von den privaten Entscheidungen und Handlungen der jeweiligen Positionsinhaber innerhalb der Organisation zu unterscheiden (vgl. u.a. French 1995, 25; 1996, 151).

»A CID Structure subordinates and synthesizes the intentions and actions of various human persons (and even the behaviour of machines) into a corporate action. What I mean by that is that the CID Structure not only organizes the various human beings in the system into a decision-making and acting entity, it makes it possible for us and those within the structure to describe what is happening as corporate« (French 1996, 151).

Sind die CID-Strukturen in einem Unternehmen vollständig implementiert und wirksam, erzielen sie eine Synthese der Absichten und Handlungen der innerhalb der Organisation tätigen natürlichen Personen hin zu einer korporativen Entscheidung (vgl. French 1992a, 323). Dabei entsprechen die formalen Vorgaben der Aufbauorganisation des Unternehmens gleichsam der ›Grammatik‹ der Entscheidungsfindung, während die internen Anerkennungsregeln, d.h. das Bewusstsein der Akteure im Interesse des Unternehmens handeln zu müssen, in gewissem Sinne die ›Entscheidungslogik‹ der Organisation bestimmen (vgl. u.a. French 1995, 26; 1998, 149 f.; 2005, 579 f.).

Dies bedeutet für French nicht, dass damit die einzelnen Organisationsmitglieder aus der Verantwortung für ihr Handeln entlassen wären. Allerdings führen die durch die CID-Strukturen spezifizierten Vorgaben für organisationale Entscheidungen dazu, dass gewisse Entscheidungen nicht mehr einzelnen Personen zugerechnet werden dürfen, sondern als Entscheidungen der Organisation begriffen werden müssen, mithin auch von der Organisation als ›moralischer Person‹ zu verantworten sind. Ist es beispielsweise Teil der Unternehmenspolitik, wie im Bestechungsskandal um Siemens vermutet, Aufträge mittels Bestechung zu akquirieren, ist dieses Fehlverhalten nicht den einzelnen Organisationsmitgliedern, sondern der Gesamtorganisation anzulasten. Obwohl also Organisationen typischerweise nur durch ihre Mitglieder handeln und Entscheidungen nur von einzelnen Stelleninhabern getroffen werden können, existieren doch Ziele, Pläne und Interessen der Organisation, denen sich diese in ihrem Verhalten unterordnen und die möglicherweise deutlich im Gegensatz zu den persönlichen Werthaltungen und privaten Handlungsweisen der Organisationsmitglieder stehen. »In any event, corporations have rational reasons for actions, because they have interests in realizing their established corporate goals and plans regardless of the reasons, self-interested or otherwise, that directors, managers, and other agents may have« (French 1995, 30).

CID-Strukturen bestimmen damit auch die ›Verhaltensnormen‹ innerhalb einer Organisation. Sie legen fest, wie sich Organisationsmitglieder als Repräsentanten der Organisation verhalten sollen. Im Gegensatz zu natürlichen Personen führen Verhaltensinkonsistenzen von Organisationsmitgliedern, d.h. ein Handeln entgegen der durch die Unternehmenspolitik vorgegebenen Verhaltensrichtlinien, jedoch dazu, dass die einzelnen Akteure nicht mehr als Vertreter ihrer Organisation handeln. So mag sich eine natürliche Person dem Grundsatz von Ehrlichkeit und Aufrichtigkeit verschrieben haben, diesen Grundsatz aber gelegentlich aus vermeintlich höheren Interessen heraus verletzen und lügen – sie bleibt damit immer noch dieselbe Person (vgl. ebd., 32). Anders verhält es sich beispielsweise bei einem Bankangestellten, der entgegen der offiziellen Vorgaben seiner Bank, aus welchen Gründen auch immer, seine Kund/innen nur unzureichend über die möglichen Risiken einer Kapitalanlage informiert. In diesem Fall hört er auf, als Repräsentant des Unternehmens zu agieren; für das entsprechende Fehlverhalten ist er damit persönlich und nicht die Bank als Organisation verantwortlich. Anders läge der Fall, wäre es Teil der Geschäftspolitik der Bank, ihre Kund/innen über mögliche Risiken bei ihren Geldanlagen nicht hinreichend zu informieren, da das ›moralische Fehlverhalten‹ hier Teil der CID-Strukturen des Unternehmens ist und mithin das Handeln der in ihr tätigen Organisationsmitglieder bestimmt.

Kommen also im Handeln einer Person lediglich die Vorgaben der Unternehmenspolitik zum Ausdruck und befindet sich dieses Handeln im Einklang mit den Unternehmensprozeduren, dann kann dieses Handeln als ein Handeln im Dienste der Organisation aufgefasst und mithin als ein organisationales Handeln beschrieben werden (vgl. u.a. French 1996, 152; 1998, 150; 2005, 580). Im Einzelfall kann es sich aber als durchaus schwierig erweisen, eine klare Abgrenzung vorzunehmen. So argumentierte beispielsweise die US-amerikanische Regierung im Verfahren gegen die Unternehmensberatungsagentur Arthur Andersen, dass es sich bei der Vernichtung wichtiger Dokumente, die als Beweismaterial gegen den Energiekonzern Enron hätten verwendet werden können, nicht um die Taten einzelner Mitarbeiterinnen und Mitarbeiter gehandelt habe, sondern dass diese Vorgehensweise Teil der Geschäftspolitik Arthur Andersens gewesen sei und die Unternehmensberatungsagentur deshalb als Organisation haftbar gemacht werden müsse. Die Behörden belegten dies anhand der internen Entscheidungs- und Handlungsstrukturen des Unternehmens (vgl. French 2005, 580).

Damit sind es also die CID-Strukturen, die über die Identität, die Persönlichkeit und den Charakter einer Organisation Auskunft geben. Sie erlauben es, Korporationen als einzigartig zu identifizieren und sie als ›moralische Personen‹ für ihre Entscheidungen und ihr Verhalten verantwortlich zu machen. Sie bestimmen die interne Organisationsstruktur und die damit verbundenen Verantwortlichkeiten und legen Regeln fest, entsprechend derer die Ziele des Unternehmens bestimmt und umgesetzt werden (vgl. French 1995, 35).

Die Korporation und ihre Akteure

CID-Strukturen legen die Routinen innerhalb der Unternehmung fest. Sie bestimmen, was wann, von wem und auf welche Weise zu tun ist. Manager operieren innerhalb von CID-Strukturen, die ihnen ihren Handlungsspielraum und ihre Entscheidungskompetenzen sowie die Richtung ihrer strategischen Entscheidungen vorgeben. Die fachliche Kompetenz von Managern beschränkt sich daher ausschließlich auf ihr möglichst gutes ›Funktionieren‹ innerhalb der vorgegebenen Strukturen: »Managing has become an ›end in itself‹. It is severable from the productive activities it manages. It doesn't matter what is being produced or what services are being provided by the corporation; its managers can easily shift their energies from one product to another, from one corporation to another« (French 1995, 119).

›Funktionieren‹ Manager in ihrer Rolle als Manager, so French, agieren sie sowohl im Innen- wie auch im Außenverhältnis des Unternehmens als dessen Agenten. Konkret bedeutet dies, dass auch die Handlungen von Managern innerhalb des Unternehmens keine ›persönlichen Verhaltensweisen‹ darstellen sondern durch die CID-Strukturen des Unternehmens bestimmt sind.

Allerdings ergibt sich hieraus die Gefahr, dass in den Entscheidungen des Managements moralische Fragestellungen oftmals ausgeblendet und kurzfristig befriedigende Lösungen angestrebt werden. French spricht hier in Anlehnung an Kenneth Goodpaster von der Gefahr der ›Teleopathie‹ (vgl. Goodpaster 1992, 94). Gemeint ist damit eine ›krankhafte Zweckorientierung‹ des Managements, die in der Ausrichtung der Management-Entscheidungen an kurzfristigen Erfolgen, der Missachtung langfristiger Zielperspektiven und der mangelnden Berücksichtigung ethischer Grundsätze bei der Mittelwahl zum Ausdruck kommt. Ziel des Managements ist es ›das Spiel zu gewinnen‹ und ›die gesetzten Ziele zu erreichen‹, wobei die Gesamtperspektive und die Frage nach den eigentlichen Zwecken dieses Verhaltens aus dem Blick gerieten (vgl. Goodpaster 1992, 94 f.). »Teleopathy is not so much a theory as it is a condition. And while we might be inclined to assume that it is a rare condition, I suggest that it is not only common, but even encouraged by the professional climate and culture of modern life. In the business environment, it is evidently widespread« (ebd., 95).

Die Folgen hiervon sind, dass Manager versucht sind, moralische Fragen innerhalb ihrer Entscheidungsfindung auszublenden und sich an rein technischen Problemlösungsmustern, wie z. B. einer Kosten-Nutzen-Analyse orientieren. Beredtes Beispiel hierfür ist für French das Verhalten der Ford Motor Company im Falle des ›Ford Pinto‹. Obwohl im Unternehmen bekannt war, dass das Fahrzeug eine Fehlkonstruktion war und bei Auffahrunfällen das Risiko bestand, dass aufgrund einer Leckage des Benzintankes das Fahrzeug in Brand geriet, entschied sich das Unternehmen auf Grundlage einer Kosten-Nutzen-Analyse dafür, die Unfallopfer billigend in Kauf zu nehmen, da die Schadensersatzansprüche der Unfallopfer mit geringeren Kosten für das Unternehmen verbunden waren als eine nachträgliche Umarbeitung der Tankkonstruktion im Gegenwert von 11 USD je Fahrzeug (vgl. French 1995, 129). French kommt hier zu dem Schluss: »The idea that acting on a calculated risk intended to profit the corporation is, in and of itself, an ethical justification of managerial decisions is an unmistakable symptom of teleopathy« (ebd., 133).

Generell kann Teleopathie in drei Grundorientierungen zum Ausdruck kommen und so die CID-Strukturen einer Unternehmung bestimmen (vgl. French 1996, 153): (1) Dies ist zum einen eine strikte Orientierung des Managements an einem reinen Kosten-Nutzen-Kalkül unter Missachtung ethischer Grundsätze. (2) Dies ist zum zweiten der Glaube an eine ›Metaphysik des Marktes‹ demzufolge der Markt qua ›invisible hand‹ von selbst dafür sorge, dass das Verhalten der Marktakteure auch aus ethischer Perspektive vertretbar sei. (3) Und dies ist schließlich eine strikt legalistische Orientierung des Managements, die dazu führt, dass das Recht als alleiniger Indikator für die moralische Zulässigkeit einer Handlung verstanden wird und darüber hinausgehende Überlegungen und ethische Reflexionen des eigenen Handelns ausgeblendet werden; was rechtlich zulässig ist, wird zugleich als ethisch richtig verstanden: »If it's not illigal, it's not unethical« (French 1995, 133).

Zur Lösung dieses Problems schlägt French ein etwas gewagtes Konstrukt vor. Er plädiert für eine Fortschreibung der Principal Agent-Theorie zu einer »affine agency«. In einer ›affinen Agentur‹ identifizieren sich die Agenten mit den Zielen und dem Wohl ihres Prinzipals – vergleichbar der Sorge der Eltern für ihre Kinder – mit der Folge, dass sich die Interessen des Agenten vollständig in den Interessen des Prinzipals auflösen. In einer derartigen Beziehung erwartet der Agent im Idealfall keine (monetäre) Gegenleistung für seine Leistungen sondern ist zufrieden, wenn er die Interessen des Prinzipals verwirklicht sieht. Zugleich sieht French nicht die Kapitalgeber oder Eigentümer als Auftraggeber des Agenten, sondern das Unternehmen ›als eigenständige Person‹ selbst. In diesem Sinne darf sich mindestens das Top-Management nicht länger als Auftragsnehmer der Kapitalgeber betrachten, sondern muss sich als in einer affinen Agenturbeziehung direkt zu seinem Unternehmen stehend verstehen (vgl. French 1995, 135 f.). Damit tragen Manager eine treuhänderische Verantwortung für ihr Unternehmen. »The managers, understood as a CID structural unit, bear ethical responsibility for the corporate actor's interests and behaviour« (ebd., 140).

Damit sieht French das Top-Management in der Verantwortung für die moralische Ausrichtung des Unternehmens. Manager sind aufgerufen, in ihren Entscheidungsfindungsprozessen Raum für ethische Überlegungen zu lassen, den eigenen Mitarbeiterinnen und Mitarbeitern als moralisches Vorbild zu dienen und ethische Werte und Normen als Handlungsgrundsätze innerhalb ihrer Unternehmen zu implementieren (vgl. ebd., 141–144).

Die Korporation und ihre Integrität

Die Orientierung an moralischen Normen und Werten ist nicht nur Zeichen der moralischen Ausrichtung des Unternehmens, sondern kann zugleich Ausdruck seiner moralischen Integrität sein. Die Integrität einer moralischen Person entscheidet wesentlich über ihre Anerkennung und Authentizität als moralische Person. Allerdings scheint es nur auf den ersten Blick leicht zu bestimmen, was exakt mit Integrität gemeint ist. Um zu klären, was ›Integrität‹ im korporativen Kontext bedeutet, unterscheidet French in Anlehnung an Martin Benjamin zunächst vier unterschiedliche Idealtypen nicht integren Verhaltens (vgl. French 1995, 166 ff.; 1996, 142 ff.):

(1) Das moralische Chamäleon: Dieser Typus nicht-integren Verhaltens zeichnet sich dadurch aus, dass er keine eigenen Grundwerte besitzt, für die er bereit wäre einzustehen. Moralische Chamäleons beugen sich prinzipiell jeder Art sozialen Drucks und sind damit ›unberechenbar‹. Sie sind in der Lage, jene zu betrügen, mit denen sie gestern noch befreundet waren und dies nicht etwa, weil sie hierin einen persönlichen Vorteil sähen, sondern weil sie schlicht über keinerlei Werte verfügen, die die Grundlage einer solchen Verpflichtung gegenüber anderen bilden würden. Moralische Chamäleons stehen für nichts und ändern ihre Meinungen von Minute zu Minute.

(2) Der Opportunist: Seine Werte und Prinzipien sind fließend und werden bestimmt durch das Streben nach persönlichen Vorteilen und Gewinnen. Der wesentliche Unterschied zwischen dem Chamäleon und dem Opportunisten besteht also in den Motiven des ›Gesinnungswandels‹. Faktisch bedeutet dies, dass aber auch auf den Opportunisten kein ›Verlass‹ ist, da auch er seine Zusagen, Meinungen und Versprechen jederzeit ändert. Die einzige ›Konstante‹ im Leben des Opportunisten ist sein stetiges und andauerndes Streben nach Selbstüberhöhung.

(3) Der Heuchler: Er verfügt gleichsam über zwei Sets an Werthaltungen: diejenigen Werte, denen er zu folgen in der Öffentlichkeit vorgibt, und diejenigen Werte, die er vor der Öffentlichkeit verbirgt und an denen er sein tatsächliches Verhalten ausrichtet. Obwohl sich beim Heuchler eine offensichtliche Diskrepanz zwischen seinen Worten und Taten ausmachen lässt, verfügt er dennoch über einen konsistenten Verhaltensgrundsatz: Seine möglichen externen Inkonsistenzen sind nämlich nichts anderes als der Ausdruck seiner inneren Hinterlist, an der er sein Verhalten in Wahrheit ausrichtet.

(4) Der Selbstbetrüger: Er zeichnet sich durch eine gewisse Schizophrenie aus, die darin zum Ausdruck kommt, dass er in seiner Selbsteinschätzung anderen Werten und Normen zu folgen glaubt, als seinem Verhalten tatsächlich zugrunde liegen. Um diese Diskrepanz zwischen idealisierter Selbstwahrnehmung und tatsächlicher Motivationsstruktur zu überbrücken, täuschen sich die Selbstbetrüger oftmals selbst über ihre eigene Inkonsistenz hinweg. Sie sind nicht in der Lage, diese Diskrepanz selbst wahrzunehmen und unternehmen daher auch keine Anstrengungen, um die ihrem Verhalten zugrundeliegenden Motive kritisch zu hinterfragen.

In Abgrenzung hierzu setzt ›Integrität‹ (a) ein vernünftiges, kohärentes und relativ stabiles Set an als wertvoll erachteten Werten und Normen, (b) ein ›verbales Verhalten‹ in dem diese zentralen Werte und Normen zum Ausdruck gebracht werden und (c) ein tatsächliches Verhalten, das sich aus diesen geäußerten Normen und Werten konsistent zu ergeben scheint, voraus (vgl. French 1996, 143 f.). Allerdings umfasst Integrität für French mehr als diese formale Beziehung zwischen geäußerten und gelebten Werten. Denn nichts würde uns im Sinne dieser formalen Umschreibung daran hindern, den bekennenden Pädophilen, der entsprechend seines Bekenntnisses handelt, als ›integere Person‹ zu bezeichnen (vgl. ebd., 144.). Integrität scheint somit die Orientierung an allgemein als richtig anerkannten moralischen Werthaltungen vorauszusetzen. Allerdings erweist sich auch die Forderung, Integrität nur im Falle eines dem Handeln zugrundeliegenden akzeptablen Normen- und Wertesystems zuschreiben zu wollen, als problematisch, da es sich letztlich als schwierig bis unmöglich erweist, auf eine einheitliche ethische Theorie zu verweisen, die die Akzeptanz eines bestimmten Wertesystems für alle Menschen und zu allen Zeiten einheitlich zu bestimmen in der Lage wäre (vgl. ebd., 145).

Da Integrität also weder durch eine rein formale Beschreibung noch durch den Verweis auf ein stets und allgemeingültiges Wertesystem zu beschreiben ist, an dem sich ein bestimmtes Handeln ausrichten soll, schlägt French eine erweiterte Definition von Integrität vor, der zufolge sich ›integeres Verhalten‹ im Wesentlichen aus zwei sich ergänzenden Grundhaltungen ergibt. (1) Integrität setzt den Glauben voraus, dass die eigenen Überzeugungen wahr und moralisch richtig, edel und gerecht sind und den eigenen angenommenen Prinzipien zu folgen daher richtig ist. (2) Da der hierbei erhobene Wahrheitsanspruch der eigenen Normen und Überzeugungen aber niemals als vollständig gesichert gelten kann, gilt es, die Gültigkeit der eigenen Prinzipien stetig zu überprüfen und die Gründe für ihre moralische Rechtfertigung fortlaufend zu hinterfragen (vgl. French 1996, 145). »The crucial difference between the position I am recommending and pure formalism about integrity is that the person of integrity is required to have a specific set of intentions on my view: the intention to pursue the proper moral principles and the truth of one's convictions« (ebd, 146).

Bezogen auf die Unternehmenspolitik bedeutet dies für French, dass Unternehmen einer Geschäftspolitik folgen sollten, in der sie ständig die Aufrichtigkeit ihres korporativen Engagements überprüfen und stets bereit sind, die Richtigkeit ihrer Überzeugungen und Geschäftsprozeduren hinsichtlich ihrer moralischen Begründbarkeit kritisch zu hinterfragen (vgl. ebd., 153).

Das Prinzip der responsiven Anpassung

Mit dieser Forderung nach Integrität wird auch die Frage nach den innerhalb der CID-Strukturen festgelegten Anpassungsroutinen als Reaktion auf korporatives Fehlverhalten zum Gegenstand von Frenchs unternehmensethischen Untersuchungen.

Das Prinzip der responsiven Anpassung (PRA) bezeichnet dabei Unternehmensroutinen, die darauf ausgelegt sind, auf ein zufälliges, nicht intendiertes Fehlverhalten der Organisation zu reagieren und die entsprechenden CID-Strukturen an die neuen Erkenntnisse anzupassen, um so dem Wiederholungsfall vorzubeugen (vgl. French 1984, 107). Dabei entscheidet die notwendige Anpassung der CID-Strukturen infolge eines Fehlverhaltens nicht nur über die moralische Verantwortung des Unternehmens für künftige Handlungsfolgen sondern auch ex post über die Verantwortung für das frühere Fehlverhalten. Vereinfacht ausgedrückt: Reagiert ein Unternehmen nicht auf die möglichen falschen Veraltensroutinen, die zu einem nicht intendierten und damit nicht schuldhaft verursachten Schadensereignis geführt haben, wird es nachträglich schuldig. »PRA, as I construe it, [...] allows that when the expected adjustments are not made, and in the absence of convincing evidence supporting and exculpating excuse for nonadjustment, the party in question can be held morally responsible for the earlier event« (ebd., 107).

Das Prinzip der responsiven Anpassung ist für French wesentlicher Ausdruck korporativer Integrität. Es verweist auf den ›Willen‹ der Organisation die eigenen Verhaltensroutinen und deren moralische Grundlagen stetig zu überprüfen und an neue Herausforderungen anzupassen. In diesem Sinne gilt es, jene Verhaltensroutinen, die zu positiven Effekten geführt haben (und beispielsweise Fehler verhindern halfen) auszubauen und zu stabilisieren und andere Verhaltensroutinen, die zu moralisch nicht vertretbaren Resultaten (wie etwa der Gefährdung Dritter) geführt haben, zu verbessern oder zu eliminieren. Die Weigerung eines Unternehmens, seine Verhaltensroutinen zu verbessern und aus Fehlern zu lernen, sieht French als ein ›moralisches Versagen‹, das auch auf die moralische Bewertung früherer Ereignisse zurückstrahlt.

Analysiert man das unbeabsichtigte Fehlverhalten einzelner Personen aus dieser Perspektive, so ist dieses Fehlverhalten solange ›entschuldbar‹, solange es den Charakter der Einmaligkeit trägt und der Einzelne bereit ist, aus seinen Fehlern zu lernen. Wird diese Art des Fehlverhaltens jedoch zum Teil des Charakters der betreffenden Person, kann derartiges Fehlverhalten nicht mehr entschuldigt werden. Dies lässt sich im Sinne Frenchs auch auf den ›Charakter‹ von Unternehmen übertragen. Bleibt die Unternehmung in teleopathischen Verhaltensroutinen verhaftet, ist sie nicht bereit, Fakten künftig sorgsamer gegeneinander abzuwägen, Entscheidungsprozeduren zu ändern oder ihre CID-Strukturen anzupassen und ist sie nicht gewillt, auf die moralische Kritik von außen respektive auf die Folgen des Fehlverhaltens zu reagieren und künftigem Fehlverhalten vorzubeugen, wird dies auch für Unternehmen zur ›Charakterfrage‹.

Dies meint jedoch nicht, dass sich die Rahmenbedingungen, unter denen eine vormalige Handlung stattfand, nun im Nachhinein verändern würden, so dass das ursprüngliche Urteil, z. B. die Handlung ist entschuldbar, weil ihre Folgen nicht beabsichtigt waren oder nicht gewusst werden konnten, nun zurückgenommen werden müsste.

»›Backward causation‹ is not entailed in PRA. By intentionally doing something today, however, a person can make something that happened yesterday an event for which that person should bear moral responsibility. A person's past is captured in the scope of the person's present and future intentions. [...] In other words, the intention that motivates a lack of responsive corrective action or the continuance of offending behavior affirms or loops back to retrieve the behavior that caused the evil« (French 1992b, 13).

Die Entschuldigung einer Person, etwas nicht gewusst oder beabsichtigt zu haben, wird somit im Nachhinein unglaubwürdig, wenn sie keinerlei Anstrengungen unternimmt, derartige Fehler in Zukunft zu vermeiden.

In diesem Sinne fordert PRA die ›moralische Lernfähigkeit‹ von Organisationen, die das erneute Auftreten von unmoralischen Verhaltensweisen unwahrscheinlicher werden lässt, da die betreffenden Organisationen bemüht sind, entsprechende Routinen und Verhaltensweisen zu ändern oder zu verbessern, zusätzliche Prüfroutinen in ihren Verhaltensstandards einzubauen oder die ihren Verhaltensstandards zugrundeliegenden moralischen Normen zu überdenken (vgl. French 1992b, 14 f.). Um die Moral von Korporationen ebenso wie von natürlichen Personen beurteilen zu können, gilt es daher, nicht einzelne Handlungen und Verhaltensweisen zu beurteilen, sondern die ›Gesamtbiographie‹ der entsprechenden Akteure in Augenschein zu nehmen.

Kritik

Da Korporationen also über eigene Entscheidungsstrukturen verfügen, die es erlauben, korporative Entscheidungen von den Entscheidungen der jeweiligen Organisationsmitglieder zu trennen, da Korporationen in der Lage sind, absichtsvoll und geplant zu handeln, mithin über ein gewisses Maß an Handlungsintentionalität verfügen und da Korporationen über eine eigene ›Moralbiographie‹ verfügen, die es erlaubt, ihren ›moralischen Charakter‹ zu beurteilen, geht French davon aus, dass Korporationen als vollwertige moralische Personen und mithin auch als vollwertiges Verantwortungssubjekt nicht nur im juristischen, sondern auch im moralischen Sinne zu begreifen sind. Letztlich gilt somit, »daß Korporationen als solche für das, was sie tun, verantwortlich zu machen sind, um als metaphysische Person in der Eigenschaft als moralische Person behandelt zu werden« (French 1992a, 327).

Trotz einer gewissen Plausibilität dieser Argumentation ist Frenchs Interpretation der Korporation als moralische Person zum Teil heftiger Kritik unterzogen worden (zur Übersicht vgl. Smythe 1985), bei der vor allem drei Punkte im Vordergrund standen:

(1) Ein erster Kritikpunkt betrifft dabei Frenchs Unterscheidung von Aggregaten und Konglomeraten. So argumentiert etwa Pfeiffer (1990, 473 ff.), dass es sich dabei bestenfalls um eine graduelle, keinesfalls jedoch um eine systematische Unterscheidung handeln könne. Er begründet dies damit, dass die von French zur Konstitution von Konglomeraten herangezogenen Eigenschaften, wenngleich in abgeschwächter Form und nicht systematisch entwickelt, auch in Aggregaten nachgewiesen werden können. So etwa verfügen auch Aggregate über interne Entscheidungsstrukturen, wenngleich möglicherweise nur in Form informeller Regeln. Auch sei es in Agglomeraten möglich, die Einhaltung bestimmter Regeln mindestens informell zu erzwingen und es existierten ›formale Zuständigkeiten‹, wenngleich möglicherweise nur in Form von ›Meinungsführerschaften‹. Trotz dieser Einrede bleibt jedoch festzuhalten, dass es der Grad der formalen Bindung der Unternehmensmitglieder an die ›Unternehmensentscheidung‹, sowohl in zeitlicher wie auch in formaler Hinsicht, wohl dennoch gerechtfertigt erscheinen lässt, systematisch zwischen Aggregaten und Konglomeraten zu unterscheiden.

(2) Ein zweiter Kritikpunkt bezieht sich auf Frenchs Definition der moralischen Person. In den

Augen der Kritiker sei es hier unzulässig, einerseits Organisationen einen Personenstatus und andererseits jeder Person zugleich den Status einer moralischen Person zuzusprechen (vgl. Smythe 1985, 330; Pfeiffer 1990, 479). So setze das ›moralische Personsein‹ eine Reihe emotionaler Fähigkeiten wie Reue, Furcht vor Strafe oder ein Gewissen voraus, die für Organisationen nicht gegeben seien. Zum anderen leiten sich daraus spezifische moralische Rechte ab, die Organisationen genau aus diesem Grunde nicht zugeschrieben werden, wie etwa das Recht auf Selbstverwirklichung oder das Streben nach Glück. Dieser Einwand lässt sich jedoch zugunsten Frenchs in zweierlei Hinsicht wenn nicht entkräften so doch abmildern. Zum einen sind Organisationen mindestens mittelbar in der Lage, nach ›Glück zu streben‹ oder bestimmte ›Wünsche‹ zu haben, sofern man dieses Streben seiner emotionalen Komponente entkleidet. Mittelbar lässt sich dann auch für Unternehmen der ›Wunsch‹ unterstellen, eine erfolgreiche Unternehmenspolitik zu realisieren. Zum anderen sind viele der Unternehmen nicht zugesprochenen Personenrechte – wie etwa das Wahlrecht – in der Praxis lediglich Ausdruck rechtlicher Regulierungen und nicht der Natur der Sache geschuldet (vgl. Smythe 1985, 330 f.).

(3) Schließlich bezieht sich ein letzter Kritikpunkt auf Frenchs vermeintliche Gleichsetzung von der Regelgebundenheit der Organisationsmitglieder und intentionalem korporativen Handeln. Dieses Argument geht jedoch am eigentlichen Gedanken Frenchs vorbei. Theoretisch ist es nämlich den Organisationsmitgliedern, mindestens dem Top-Management, möglich, diese Regeln und Entscheidungsprozeduren im Sinne der Organisation zu ändern. Im dem Fall, dass unzureichende Entscheidungsprozeduren zu moralischem Fehlverhalten der Organisation beitragen, ist dies im Sinne des Prinzips der responsiven Anpassung sogar gefordert. Mithin ist das, was im Sinne der Organisation ist, nicht ausschließlich durch formale ›Spielregeln‹ bestimmt, sondern einem gewissen Bewusstsein der Spieler im Dienste und zum Wohle der Organisation zu handeln, geschuldet (vgl. Smythe 1985, 328 f.). »A corporations CID structure provides its ›common end‹ and the organizational edifice in which its members ›conspire‹« (French 1992b, 140).

Literatur

French, Peter A.: The Principle of Responsive Adjustment in Corporate Moral Responsibility: The Crash on Mount Erebus. In: Journal of Business Ethics 3, 2 (1984), 101–111.

–: Kinds and Persons. In: Michael F. Goodman (Hg.): What is a Person? Clifton 1998, 293–307.

–: Die Korporation als moralische Person. In: Hans Lenk/Matthias Maring (Hg.): Wirtschaft und Ethik. Stuttgart 1992a, 317–328.

–: Responsibility Matters. Lawrence 1992b.

–: Corporate Ethics. Fort Worth 1995.

–: Integrity, Intentions, and Corporations. In: American Business Law Journal 34, 2 (1996), 141–155.

–: Corporate Moral Agency. In: Patricia H.Werhane/R. Edward Freeman (Hg.): Encyclopedic Dictionary of Business Ethics. Malden 1998, 148–151.

–: Inference Gaps in Moral Assessment: Capitalism, Corporations and Individuals. In: International Social Science Journal 57, 185 (2005), 573–584.

Goodpaster, Kenneth: Ethical Imperatives and Corporate Leadership. In: R. Edward Freeman (Hg.): Business Ethics – The State of the Art. Oxford 1992, 89–110.

Pfeiffer, Raymond S.: The Central Distinction in the Theory of Corporate Moral Personhood. In: Journal of Business Ethics 9, 6 (1990), 473–480.

Smythe, Thomas W.: Problems about Corporate Moral Personhood. In: The Journal of Value Inquiry 19, 4 (1985), 327–333.

Michael S. Aßländer

5. Stakeholderorientierter Ansatz (Joseph Weiss, Ed Freeman et al.)[1]

Stakeholder – es steht etwas auf dem Spiel

Der Begriff ›Stakeholder‹ umschreibt gesellschaftliche Ansprüche an Unternehmen. Die terminologische Nähe zum Begriff des ›Shareholders‹ will zum Ausdruck bringen, dass es – jenseits der Ansprüche von Anteilseignern (z.B. Aktionären) – noch weitere Ansprüche anderer Interessengruppen an das Unternehmen gibt. Besonders wichtig ist die Einsicht, dass es sich dabei auch um nicht-ökonomische Akteure mit nicht-ökonomischen Interessen handeln kann. Die Anzahl und Diversität von Interessengruppen, die Art und Weise wie Ansprüche und Interessen an Unternehmen herangetragen werden (nämlich nicht nur über die ökonomische Währung) und (normative) Abwägungen hinsichtlich der Einbeziehung legitimer Ansprüche in unternehmerische Entscheidungsprozesse erweitern damit die traditionelle Shareholder-Value-Perspektive. Stakeholder-Ansätze sind somit Inklusionsansätze zur Einbeziehung »[of] any group or individual who can affect or is affected by the achievement of the organization's objectives«, wie Freeman (1984, 46) in seiner klassischen Definition formuliert.

Die Grundidee eines Stakeholder-Ansatzes wurde von Edward R. Freeman in seinem Buch *Strategic Management: A Stakeholder Approach* (1984) erstmals systematisch eingeführt. Der Buchtitel umschreibt bereits einige Intentionen des Autors: Es geht ihm um »[a] more pragmatic approach that reconnects a stakeholder approach to management practise« (Freeman/McVea 2001, 204) und er beabsichtigt einen Ansatz oder ein Modell, nicht eine Stakeholder-Theorie zu entwickeln. Der englische Begriff *stake* kann durchaus vielseitig interpretiert werden: *Stake* kann ebenso ›Anteil‹ und ›Einfluss‹ wie ›Beteiligung‹ und ›Stütze‹ bedeuten. »To be at stake« heißt, dass »etwas auf dem Spiel steht«.

Stakeholder-Ansätze stellen den Versuch dar, eine Verhältnisbestimmung von Unternehmen und Gesellschaft zu konzeptualisieren: Wie sind Unternehmen in Gesellschaften faktisch eingebettet (deskriptiv)? Welche gesellschaftlichen Belange sind von Unternehmen aus ökonomischer Sicht sinnvollerweise einzubeziehen (strategisch)? Welchen Beitrag sollen Unternehmen für eine gute und gerechte Gesellschaft leisten (normativ)? Wie kann dies realisiert werden? Da alle drei Analysedimensionen – deskriptiv, strategisch, normativ (Donaldson/Preston 1995) – sowie ebenso die Fragen nach dem ›Warum‹ einerseits und dem ›Wie‹ andererseits zu zentralen Themenkomplexen der Wirtschafts- und Unternehmensethik zählen, überrascht es nicht, dass Stakeholder-Ansätze in diesem Bereich weite Verbreitung finden.

Ausgangspunkt

Ausgangspunkt für die Entwicklung von Stakeholder-Ansätzen in den vergangenen gut 25 Jahren war die Beobachtung, dass »current theories are inconsistent with both the quantity and kinds of change that are occuring in the business environment« (Freeman 1984, 5). Die Dynamik und Vielschichtigkeit der Wandlungsprozesse im Umfeld von Unternehmen hat seit dieser Zeit nicht abgenommen. Es gibt im Gegenteil vielfache Hinweise darauf, dass Unternehmen unter den Schlagworten Globalisierung, Liberalisierung und technologische Entwicklung in zunehmend komplexer werdenden Umwelten agieren, die eine verstärkte Außenorientierung erforderlich machen:

> »The rise of globalization, the dominance of information technology, the liberalization of states, especially the demise of centralized state planning and ownership of industry, and increased societal awareness of the impact of business on communities and nations have all been suggested as reasons to revise our understanding of business« (Freeman u.a. 2010, Kap. 1).

Entsprechend ist es das Ziel von Stakeholder-Ansätzen »to provide a *single strategic framework* flexible enough to deal with environmental shifts without requiring managers to regularly adopt new strategic paradigms« (Freeman/McVea 2001, 193).

Auf Grund des (auch moralisch zweifelhaften) häufig impliziten Ansatzes vieler Management-Konzepte, Ansprüche von Stakeholdern lediglich in Abhängigkeit davon anzuerkennen, inwiefern sie *gegenwärtig* wirkungsmächtig erhoben werden können, während andere Ansprüche marginalisiert oder

---

1 Der Autor dankt Ed Freeman für die freundliche Vorabbereitstellung des bei Cambridge University Press erschienenen Buches *Stakeholder Theory: The State of the Art.*

ignoriert werden, stoßen derart reduktionistische Konzepte in einem turbulenten und von schnellem Wandel gekennzeichneten Unternehmensumfeld schnell an Grenzen. Den damit einhergehenden Risiken versucht der Stakeholder-Ansatz durch ein von vornherein anspruchsgruppenorientiertes Management zuvor zu kommen. Für die Gestaltung von Stakeholder-Beziehungen stehen Unternehmen, so ist der Stakeholder-Literatur zu entnehmen (Freeman 1984, 144 ff.; Merkle 1996, 124; Roloff 2002, 78 ff.), prinzipiell vier verschiedene Handlungsoptionen zu Verfügung. Ein Unternehmen kann Erwartungen und Ansprüchen einer Gruppe

- zustimmen und sie ins eigene Zielsystem integrieren,
- ablehnen und Maßnahmen zur Verhinderung ihrer Durchsetzung ergreifen,
- an die eigenen Interessen mittels manipulativer oder kooperativer Methoden anpassen oder
- die Ansprüche ignorieren.

Stakeholder-Management als kontinuierliche Aufgabe des Ausgleichs und der Integration von Stakeholder-Interessen soll das dauerhafte Überleben eines Unternehmens sichern und das Erreichen der grundlegenden Unternehmensziele auch in einem turbulenten Unternehmensumfeld ermöglichen. Betont werden soll an dieser Stelle, dass die Grundidee eines Stakeholder-Managements im Sinne von Freeman (1984; 2010) oder Weiss (2006) nicht (nur) die eines raffinierten Risikomanagements ist, bei dem die Stakeholder möglichst gut in Schach gehalten werden sollen, sondern dass die Autoren in ihrem Ansatz auch auf die Wahrnehmung von Chancen abstellen. In diesem letztgenannten Sinne stehen Stakeholder-Ansätze in einer gewissen Nähe zur Corporate Social Responsiveness (Frederick 1994) als Suchprozesse für Zukunftsthemen (»issues«; s. dazu unten) und unter Berücksichtigung von zukünftigen Stakeholder-Beziehungen (Mitchell/Agle/Wood 1997, 859) – jenseits von aktuellen »Bedrohungen«.

Charakteristisch für den Stakeholder-Ansatz ist die unternehmensspezifische Identifikation der einzelnen Stakeholder und ihrer Interessen, genauer ein *scanning, monitoring, forecasting* und *assessment*. Ziel ist die Entwicklung einer integrativen Strategie im Umgang mit verschiedenen Stakeholdern. Weiss (2006, 53 ff.) schlägt sieben Schritte für ein konkretes Stakeholder-Management vor, die wie folgt kategorisiert werden können:

A Die Identifikation von (1) einzelnen Stakeholdern und (2) Stakeholder-Koalitionen;
B Die Bewertung der (3) Stakeholder-Interessen und (4) der Macht der Stakeholder: Joseph Weiss unterscheidet hier u. a. idealtypisch zwischen unterstützenden und nicht-unterstützenden Stakeholdern einerseits und zwischen politischer und ökonomischer Macht andererseits;
C Die Festlegung der Unternehmensverantwortung für Stakeholder unter Verwendung einer (5) Matrix, in der nach Weiss legale, ökonomische, ethische und freiwillige Verpflichtungen für einzelne Stakeholder-Gruppen identifiziert werden;
D Die Entwicklung von (6) Strategien zum Umgang mit Stakeholdern auf der Grundlage der Schritte in B und C, bspw. stärkere Einbeziehung von unterstützenden, eine verteidigende Haltung gegenüber nicht-unterstützenden Stakeholdern, die Entwicklung von Kooperationsbeziehungen mit »gemischten« Stakeholdern;
E Die (7) Überwachung der daraus resultierenden (neuen) Beziehungen mit den Stakeholdern sowie Beobachtung gesellschaftlicher Trends.

Eine (spezifische) empirisch-deskriptive Analyse und Darstellung des Unternehmens auf Basis der Stakeholder-Beziehungen stellt bei der Umsetzung des Stakeholder-Ansatzes den Ausgangspunkt dar. Die Idee einer weitgehenden strategischen Planbarkeit der zukünftigen Unternehmensentwicklung soll dabei zugleich mit dem Ziel eines aktiven Managements der Unternehmensentwicklung verbunden werden. Stakeholder-Beziehungen sollen im Einklang mit der grundlegenden Entscheidung über die Unternehmensausrichtung stehen (Freeman/McVea 2001, 193 ff.).

Zur praktischen Realisierung in Unternehmen wird beim Stakeholder-Ansatz ein Unternehmensmodell vorgeschlagen, das die bilateralen Stakeholder-Beziehungen in den Mittelpunkt des Interesses rückt und mit der Abbildung auf Seite 165 beschrieben werden kann.

Deutlich wird in der Abbildung die Perspektive sichtbar, die mit traditionellen Stakeholder-Ansätzen eingenommen wird. Im Zentrum stehen das betrachtete Unternehmen und dessen Ziele. Das Unternehmen fungiert jedoch nicht als isolierter Akteur, sondern die Unternehmensaktivitäten nehmen Einfluss auf und werden beeinflusst von verschiedenen Stakeholdern. Anspruchsgruppen können durch ihr Handeln umgekehrt unterstützenden oder ge-

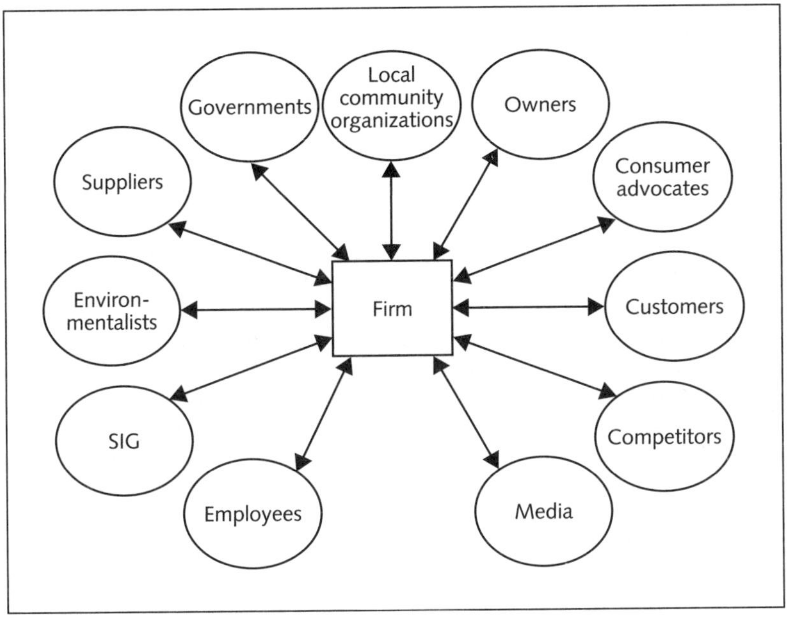

»A typical stakeholder map« (aus: Freeman 1984, 25)

fährdenden Einfluss auf die Erreichung der Unternehmensziele nehmen (»group or individual who can affect or is affected«, Freeman 1984, 46; vgl. dazu auch eingehender die Diskussion von Mitchell/Agle/Wood 1997, 859).

Kritik am Stakeholder-Ansatz

Der Stakeholder-Ansatz hat wesentlich dazu beigetragen, dass in weiten Teilen der betriebswirtschaftlichen Theorie und Praxis ein Bewusstseinswandel dahingehend stattgefunden hat, neben Marktinteressen auch nicht-marktliche Ansprüche an Unternehmen prinzipiell zu berücksichtigen. Er stellt damit einen ersten und wichtigen Schritt zur Öffnung des Unternehmens gegenüber der Gesellschaft dar. Der traditionelle Stakeholder-Ansatz blendet jedoch wichtige Dimensionen aus, die sowohl für ein strategisches Management als auch für Aspekte der sozialen Verantwortung von Unternehmen wichtige Erweiterungsoptionen bieten. Dies zeigt sich insbesondere (1) durch die Verwendung einer spezifischen, nämlich *funktionalistischen Methode*, (2) in der Betonung *bilateraler Beziehungen* (zwischen Unternehmen und einzelnen Stakeholdern) sowie (3) in der *Vermengung von strategischen und normativen Ansätzen* (vgl. dazu auch Beschorner/Lindenthal/Behrens 2004).

Interpretativ versus funktionalistisch: Eine dominante Denkfigur im Rahmen der Stakeholder-Diskussion ist die Überführung nicht-marktlicher Ansprüche in eine einzelwirtschaftliche Logik des Unternehmens. Die Ansprüche der Stakeholder werden genau dann – und nur dann – berücksichtigt, wenn sie in eine ökonomische Grammatik überführt werden können. Insbesondere Stakeholder-Value-Ansätze (Janisch 1993; Figge/Schaltegger 2000) versuchen, die nicht-marktlichen Beziehungen von Unternehmen auf ökonomische Größen zu beziehen. Es wird dabei argumentiert, dass eine Übersetzungsleistung von Stakeholder-Ansprüchen in Kosten-Nutzen-Dimensionen erforderlich ist, die sich in Abhängigkeit der Relevanz von Stakeholdern »errechnet«. Damit versperrt sich der Stakeholder-Ansatz einer *interpretativen Herangehensweise.*

Institutionen sind nicht objektiv gegeben und ihre Wirkungsweise reduziert sich nicht nur auf ökonomische Anreize und Handlungskoordinationen durch Recht. Institutionen können vielmehr als subjektiv geteilte Bedeutungen begriffen werden, die gesellschaftliche Wirklichkeiten von Akteuren mittels kognitiver Landkarten oder Skripten prägen (Suchman 1995; Mitchell/Agle/Wood 1997, 866; Beschorner 2004a). Dies ist sowohl in theoretischer als auch in praktischer Hinsicht bedeutsam, weil damit institutionelle Arrangements als *originäre Logik* sozialer

Handlungskoordination entwickelt werden können. In diesem Sinne wäre hier zwischen marktlichen und legitimen Ordnungstypen zu unterscheiden, die – Max Weber folgend – als originäre Kategorien zu begreifen sind (Beschorner 2002, 93 ff., 183 ff.). Die Vielzahl der Umweltveränderungen, denen Unternehmen heute ausgesetzt sind, erfordern strategische Veränderungen, die mit traditionellen Managementansätzen nicht zu leisten sind. Um adäquat auf die Veränderungen einzugehen, ist eine verstehende Sichtweise notwendig, die eine funktionalistische Verkürzung vermeidet. Der Fall Brent Spar erscheint hierfür paradigmatisch. In der Auseinandersetzung mit Greenpeace um die Versenkung der Ölplattform Brent Spar im Jahr 1995 argumentierte das Unternehmen über weite Strecken mit Bezug auf das geltende internationale Recht und war (mindestens zu Beginn der Kontroverse) nicht in der Lage, die Anliegen der Anspruchsgruppen zu verstehen. Legale Handlungen sind jedoch nicht notwendiger Weise auch legitime – genauer: als legitim betrachtete – Handlungen. Das Anliegen der Umweltschützer war es daher nicht, die ›Rechtmäßigkeit‹ der geplanten Versenkung der Ölplattform in der Nordsee in Frage zu stellen, sondern moralische Bedenken hinsichtlich der Zulässigkeit zu äußern.

Unternehmen operieren nicht ausschließlich nur mit ökonomischen ›Sprachspielen‹, in denen Handlungen durch Kosten-Nutzen-Erwägungen gesteuert werden und bei denen nur dem Prinzip der Gewinnmaximierung Folge geleistet wird, sondern Unternehmen sind als polylinguale Akteure zu begreifen. Es ist zwar davon auszugehen, dass das Gewinnprinzip eine wichtige Leitfunktion im ökonomischen System darstellt, es charakterisiert jedoch nicht vollständig die Handlungsbedingungen von Unternehmen (ähnlich Wieland 1999). Diese sind ebenso von gesetzlichen Regelwerken sowie von kulturellen und moralischen Sprachspielen beeinflusst. Moral ist daher kein äußeres Korrektiv, sondern integrales Element des Ökonomischen. Jenseits des Auslotens von Handlungsspielräumen erlaubt »moralisches Verhalten« die *Schaffung neuer Handlungsmöglichkeiten* durch die Erhöhung von Kooperationschancen (Wieland 1999).

Eine vorschnelle Übersetzung von (empirisch vorzufindenden) Legitimitätsansprüchen in ein Kosten-Nutzen-Kalkül ist unterkomplex und kann *auch* aus ökonomischer Sicht zu kurz greifen. Es ist wichtig, die unterschiedlichen Sprachspiele der Anspruchsgruppen *in ihren Absichten zu verstehen*, was nicht heißt, dass daraus keine ökonomischen Konsequenzen resultieren können. Eine solche Sichtweise ist von einem ökonomischen Übersetzungsprogramm zu unterscheiden: Es gibt (empirisch) ökonomische Voraussetzungen für Legitimität und Legitimitätsvoraussetzungen für ökonomisches Handeln. Es gibt ökonomische Konsequenzen durch Legitimitätsvoraussetzungen und Konsequenzen für Legitimitätsvoraussetzungen durch ökonomisches Handeln (ähnlich Wieland 1999, 81).

Felder und Arenen versus bilaterale Beziehungen: Der strategische Stakeholder-Ansatz betont bilaterale Beziehungen zwischen dem Unternehmen und seinen Anspruchsgruppen (›Planet-Satelliten-Modell‹, vgl. Beschorner 2004b; vgl. auch Roloff 2008, 234), wobei z. B. auf vertragstheoretische Ansätze und Agency-Theorien zurückgegriffen wird (vgl. z. B. den Überblick und die Kritik in Jonker/Foster 2002, 190 ff.; Roberts/Mahoney 2004, 399 ff.; Eurich/Brink 2003, 335). Theoretisch kaum behandelt wird in dieser Sichtweise das Interdependenzgefüge der Stakeholder in einem Feld oder einer Arena, wie Jonker und Foster (2002, 190) deutlich machen:

> »A focus of investigation is the nature of the relationships established between the focal organization and stakeholders. Freeman (1984) presented a hub-and-spoke conceptualization of these relationships. Many scholars are critical of this dyadic conceptualization, suggesting that it is very simplistic and ignores the complexities of the interactions between stakeholders themselves«.

Diese Stakeholder-Arenen zu berücksichtigen, erscheint *auch* aus einer ökonomischen Logik heraus sinnvoll und notwendig, denn es sind durchaus Konstellationen denkbar, bei denen ein einzelner Stakeholder keinen *direkten* wirkungsmächtigen Einfluss auf das jeweilige Unternehmen hat (und insofern aus ökonomischer Sicht zu vernachlässigen wäre), gleichwohl aber ein Schlüsselakteur in dem jeweiligen Feld ist und insbesondere zukünftige Entwicklungen beeinflussen kann. Eine solche Perspektive ist darüber hinaus besonders dann wichtig, wenn Institutionalisierungsprozesse und institutionelle Dynamiken untersucht werden sollen, denn diese werden durch Akteursstrukturen und Akteursinteraktionen (zwischen Stakeholdern) in gesellschaftlichen Arenen ermöglicht oder verhindert. Empirisch ist dieser Sachverhalt u. a. am Beispiel der ›Institutionalisierung von Nachhaltigkeit‹ (Beschorner u. a. 2005) und am Beispiel von ›Multi-Stakeholder-Netzwerken‹ (Roloff 2008) deutlich gezeigt worden. Damit geht letztlich auch eine Verschiebung hin zu einem ›Issue Management‹ (Garriga/Melé 2004, 58; Roloff 2008, 238), das Weiss (2006, 48) als eine komplementäre Herangehensweise zu Stakeholder-Ansätzen sieht.

Zur Annäherung an diese Forschungsagenda wurde in den vergangenen Jahren von zahlreichen Autoren (vgl. bspw. Beschorner 2004b; Roloff 2008; sowie die Beiträge in Wieland 2009) ein – zum Stakeholder-Ansatz komplementärer – Perspektivenwechsel von der »gesellschaftsorientierten Unternehmenslehre zu einer unternehmensorientierten Gesellschaftslehre« vorgeschlagen.

Strategisch oder normativ: Das Stakeholder-Konzept erhebt einerseits den Anspruch, dass es Gruppen mit legitimen Ansprüchen ein berechtigtes Interesse an einer Unternehmung zubilligen will. Andererseits ist es als Managementinstrument (für die Unternehmensführung) konzipiert, um Anspruchsgruppen-Beziehungen effektiv ›zu managen‹. Das Konzept erhebt einen normativen Anspruch, und auch Freeman betont explizit, dass die Bedürfnisse und Bedenken aller Stakeholder verstanden werden müssten, also ein Umgang mit sämtlichen Stakeholdern notwendig sei (Freeman 1984, 26, 32). Insbesondere Donaldson/Preston (1995) argumentieren, dass der Stakeholder-Ansatz vor allem eine normative Komponente aufweist und sehen im Stakeholder-Ansatz mehr als ein Konzept des strategischen Managements. Sie gehen davon aus, dass eine Unternehmung durch eine Vielzahl von Interessen und externen Anspruchsgruppen konstituiert wird, die unterschiedliche Interessen an eben diese Unternehmung herantragen. Die Aufgabe der Unternehmung ist es demnach, die Interessen zum Ausgleich zu bringen. Gleichzeitig zeigt es sich zum Teil bereits in Freemans Ansatz und insbesondere in späteren Überlegungen, dass die Interessen des Unternehmens zumeist im Mittelpunkt stehen und damit dann doch weitgehend autonome Entscheidungen getroffen werden.

Peter Ulrich (1997, 440 ff.) hat in aller Deutlichkeit darauf hingewiesen, dass systematisch zwischen machtstrategischen und kritisch-normativen Stakeholder-Konzepten zu differenzieren ist. Mitchell, Agle und Wood (1997, 859) sowie Waxenberger und Spence (2003, 244–245) unterscheiden in diesem Sinne zwischen ›stakeholder‹/›influencers‹ einerseits und ›claimholder‹/›claimants‹ andererseits: »When we talk of ›stakeholder‹ the connotation is a strategic one, whereas ›claimholder‹ indicates the legitimacy-based view.« Machtstrategische Ansätze unterscheiden sich von einem normativ-kritischen Stakeholder-Ansatz – für letzteren steht Ulrich selbst – dadurch, dass sie nur wirkungsmächtige Ansprüche berücksichtigen (wollen). Ulrich hingegen geht es »um eine regulative Idee, in deren Lichte kritisch zu prüfen ist, wer berechtigte Ansprüche gegenüber der Unternehmung erheben können *soll* (also nicht nur: wer wirkungsmächtige Ansprüche erheben *kann*)« (Ulrich 1997, 443). Pfriem und Fischer (2001, 16) argumentieren hier ganz ähnlich und stellen weitergehend fest, dass das erfolgsstrategische Stakeholder-Konzept das Zielsystem des Unternehmens nicht in Frage stellt und daher wirtschaftsethisch verkürzt ist, denn

> »welche Ansprüche als legitim zu betrachten sind und welche legitimen Ansprüche gegenüber anderen, ebenfalls legitimen, aber konfligierenden Ansprüchen bevorzugt erfüllt werden, wird nicht vom Management oder gar den Anteilseignern bestimmt, sondern soll im offenen Diskurs geklärt werden« (Pfriem/Fischer 2001, 17).

Living Wiki: Stakeholders, Claimholders, Issues, Arenen

Ed Freeman et al. beschreiben Stakeholder-Ansätze als »living ›Wiki‹ constantly evolving, as stakeholder theorists attempt to invent more useful ways to describe, re-describe, and relate our multiple conceptions of ourselves and our institutions such as business« (Freeman u. a. 2010, Kap. 10). Es erscheint für zukünftige Überlegungen in einem ersten Schritt geboten, zwischen einer sozialwissenschaftlich orientierten, beschreibenden Perspektive einerseits und einer »Ethik des Stakeholder-Managements« andererseits zu unterscheiden. Bei ersterer ginge es darum, Gewissheit über die konkreten Interaktionsbeziehungen von Unternehmen mit den Anspruchsgruppen und hinsichtlich der (institutionellen) Einbettung in gesellschaftliche Arenen zu erlangen, was ein großes Maß an empirischer Forschung notwendig macht. Eine »Ethik des Stakeholder-Managements« hätte im Gegensatz (und ergänzend) dazu herauszuarbeiten, welche moralischen Grundprinzipien handlungsleitend sein sollen und wie sichergestellt werden kann, dass es im konkreten Anwendungsfall zu einer kohärenten ethischen Entscheidung darüber kommt, welche Ansprüche von welchen Anspruchsgruppen als legitim betrachtet werden sollen. Beide Forschungsprogramme sind wichtig. Sie sind jedoch präzise voneinander zu differenzieren.

Die oben beschriebenen Begriffe Stakeholders, Claimholders, Legitimität, Issues und Arenen können zu Schlüsselbegriffen für eine kreative Weiterentwicklung im Stakeholder-Wiki werden. Oder in den Worten Freemans et al. (2010, Kap. 10): »as pragmatists we believe in encouraging a diversity of ideas. Some of them will undoubtedly lead to dead ends, but many will bear fruit«.

Literatur

Beschorner, Thomas: Ökonomie als Handlungstheorie. Evolutorische Ökonomik, verstehende Soziologie und Überlegungen zu einer neuen Unternehmensethik. Marburg 2002.

–: Institutionen – Kultur – Wandel. In: FUGO – Forschungsgruppe Unternehmen und gesellschaftliche Organisation – Universität Oldenburg (Hg.): Perspektiven einer kulturwissenschaftlichen Theorie der Unternehmung. Marburg 2004a, 119–153.

–: Unternehmensethische Untersuchungen aus gesellschaftlicher Perspektive. Von der gesellschaftsorientierten Unternehmenslehre zur unternehmensorientierten Gesellschaftslehre. In: Zeitschrift für Wirtschafts- und Unternehmensethik (zfwu) 5, 3 (2004b), 255–276.

– /Behrens, Torsten/Hoffmann, Esther/Lindenthal, Alexandra/Hage, Maria/Thierfelder, Barbara/Siebenhüner, Bernd: Institutionalisierung von Nachhaltigkeit. Eine vergleichende Untersuchung der organisationalen Bedürfnisfelder Bauen und Wohnen, Mobilität und Information und Kommunikation. Marburg 2005.

– /Lindenthal, Alexandra/Behrens, Torsten: Unternehmenskultur II. Zur kulturellen Einbettung von Unternehmen. In: FUGO – Forschungsgruppe Unternehmen und gesellschaftliche Organisation – Universität Oldenburg (Hg.): Perspektiven einer kulturwissenschaftlichen Theorie der Unternehmung. Marburg, 2004, 273–308.

Donaldson, Thomas/Preston, Lee E.: The Stakeholder Theory of the Corporation: Concepts, Evidence and Implications. In: Academy of Management Review 20, 1 (1995), 65–91.

Eurich, Johannes/Brink, Alexander: Anerkennung als Voraussetzung gesellschaftlicher und unternehmerischer Teilhabe. In: Zeitschrift für Wirtschaft- und Unternehmensethik (zfwu) 4, 3 (2003), 325–344.

Figge, Frank/Schaltegger, Stefan: »Was ist Stakeholder Value«. Vom Schlagwort zur Messung. Lüneburg 2000.

Frederick, William C.: From CSR1 to CSR2: The Maturing of Business-and-Society Thought. In: Business & Society 33, 2 (1994), 150–164.

Freeman, R. Edward: Strategic Management: A Stakeholder Approach. Marshfield 1984.

– /Harrison, Jeffrey/Wicks, Andrew C./Parmar, Bidhan/Colle, Simone de: Stakeholder Theory: The State of the Art. Cambridge 2010 (im Erscheinen).

– /McVea, John: A Stakeholder Approach to Strategic Management. In: Michael A. Hitt (Hg.): The Blackwell Handbook of Strategic Management. Oxford 2001, 189–207.

Garriga, Elisabet/Melé, Domènec: Corporate Social Responsibility Theories: Mapping the Territory. In: Journal of Business Ethics 53, 1–2 (2004), 51–71.

Janisch, Monika: Das strategische Anspruchsgruppenmanagement. Vom Shareholder Value zum Stakeholder Value. Bern/Stuttgart/Wien 1993.

Jonker, Jan/Foster, David: Stakeholder Excellence? Framing the Evolution and Complexity of a Stakeholder Perspective of the Firm. In: Corporate Social Responsibility and Environmental Management 9 (2002), 187–195.

Merkle, Hans: Einzelbetrieblicher Dialog mit gesellschaftlichen Interessengruppen. Erfahrungen mit dem HAGE-Dialog. In: Ursula Hansen (Hg.): Marketing im gesellschaftlichen Dialog. Frankfurt a. M./New York 1996, 30–37.

Mitchell, Ronald K./Agle, Bradley R./Wood, Donna J.: Toward a Theory of Stakeholder Identification and Salience: Defining the Principle of Who and What Really Counts. In: Academy of Management Review 22, 4 (1997), 853–886.

Pfriem, Reinhard/Fischer, Dirk: Anspruchsgruppen. In: Werner F. Schulz et al. (Hg.): Lexikon nachhaltiges Wirtschaften. München/Wien 2001, 13–20.

Roberts, Robin W./Mahoney, Lois: Stakeholder Conceptions of the Corporation: Their Meaning and Influence in Accounting Research. In: Business Ethics Quarterly 14, 3 (2004), 399–431.

Roloff, Julia: Stakeholdermanagement: Ein monologisches oder dialogisches Verfahren? In: Zeitschrift für Wirtschafts- und Unternehmensethik (zfwu) 3, 1 (2002), 77–95.

–: Learning from Multi-Stakeholder Networks: Issue-Focussed Stakeholder Management. In: Journal of Business Ethics 82 (2008), 233–250.

Suchman, Mark C.: Managing Legitimacy: Strategic and Institutional Approaches. In: Academy of Management Review 20 (1995), 571–610.

Ulrich, Peter: Integrative Wirtschaftsethik. Grundlagen einer lebensdienlichen Ökonomie. Bern/Stuttgart/Wien 1997.
Waxenberger, Bernhard/Spence, Laura J.: Reinterpretation of a Metaphor: From Stakes to Claims. In: Strategic Change 12, 5 (2003), 239–249.
Weiss, Joseph W.: Business Ethics. A Stakeholder and Issues Management Approach. Mason, OH 2006.
Wieland, Josef: Die Ethik der Governance. Marburg 1999.
– (Hg.): CSR als Netzwerkgovernance – Theoretische Herausforderungen und praktische Antworten. Marburg 2009.

Thomas Beschorner

6. Kommunitarischer Ansatz (Amitai Etzioni)

Eine Herausforderung und Erweiterung der neoklassischen Ökonomik

Amitai Etzionis *Die faire Gesellschaft. Jenseits von Sozialismus und Kapitalismus* (1996) ist zuerst 1988 unter dem Titel *The Moral Dimension. Towards a New Economics* erschienen. Es handelt sich bei diesem Buch um eine kritische Herausforderung des neoklassischen Paradigmas der Ökonomik, das Etzioni als utilitaristisch, rationalistisch und individualistisch charakterisiert. In den Sozialwissenschaften hat es seit langem ein Unbehagen an diesem Modell gegeben, weil Menschen faktisch nicht von vornherein Individualisten und Egoisten sind, sondern dazu erst erzogen werden müssen. Darüber hinaus ist Individualismus als Lebensform ohnehin erst in einer arbeitsteilig hoch entwickelten Gesellschaft mit ausgeprägter Rechtssicherheit möglich. Das radikal individualistische Gesellschaftsmodell tritt vielfach mit der Rhetorik eines ›realistischen‹ Modells auf, das die Menschen sieht, wie sie wirklich sind. Auf diese Weise wird ein normatives Postulat als empirisches Faktum ausgegeben. Es neigt aber dazu, die sozialen Voraussetzungen des Individualismus systematisch zu übersehen. Das kommunitarische Denken hat sich zur Aufgabe gemacht, genau diese Quellen und Voraussetzungen des modernen liberalen Selbst aufzudecken und auf diese Weise das bindungslose Ich wieder an die Bedingungen seiner Möglichkeit zu erinnern (vgl. Taylor 1999). Amitai Etzioni versucht, gemäß dem Satz »You can't beat a theory with nothing« ein Gegenmodell zu entwickeln, das die Neoklassik jedoch nicht in toto verwirft, sondern an zwei entscheidenden Punkten auf eine Weise erweitert, dass man auch von einer Sprengung des Modells reden könnte. Das neue Modell wird in *Die faire Gesellschaft* weitgehend entfaltet; auf ihm bauen die meisten heutigen Veröffentlichungen zur kommunitarischen Ökonomik auf.

Etzioni nimmt drei grundlegende Veränderungen vor: *Erstens* hinsichtlich der Ziele der Menschen. Neoklassisch werden diese als Nutzenmaximierung beschrieben, bestehe dies nun im Vergnügen, Konsum, Glück oder Ähnlichem. Etzioni geht davon aus, dass die Menschen zumindest zwei nicht weiter reduzierbare ›Nutzen‹ verfolgen, nämlich Vergnügen und Moral. *Zweitens* bestreitet er die neoklassische Annahme, dass die Menschen ihre Entscheidungen rational treffen. Er vertritt die Gegenthese, nicht nur die Ziele (was unbestritten ist), sondern auch die Mittel zu ihrer Erreichung würden in der Regel und vor allem aufgrund von Werten und Emotionen gewählt (was gelegentlich den Entscheidungsprozess nicht nur stören, sondern auch effektiver machen kann). Das rationale Entscheidungsverhalten ist ein Sonderfall des Entscheidungsverhaltens, der unter bestimmten Bedingungen auftritt, unter denen die Neoklassik dann auch unbestreitbar Gültigkeit hat. *Drittens* wird die Annahme, dass das Individuum der Entscheidungsträger sei, dahingehend modifiziert, dass in der Regel Kollektive, wie ethnische Gruppen oder *peer groups* dafür den prägenden Kontext bilden. Individuelle Entscheidungen werden durchaus getroffen, aber innerhalb des von zahlreichen Kollektiven definierten Rahmens.

Insgesamt gesehen ist die Wirtschaft in der Sichtweise Etzionis nur ein Subsystem innerhalb einer viel umfassenderen Gesellschaft, eines Staatssystems und seiner Kultur. Kollektive werden in Etzionis methodologischem Kommunitarismus nicht als Aggregate von Individuen betrachtet, sondern vielmehr als Organisationsformen mit eigenen Strukturen und Gesetzmäßigkeiten, die nicht vollständig aus dem Aufeinanderwirken individueller Interessen erklärt werden können. Das neoklassische Paradigma verbietet methodologisch, Kollektiven kausale Eigenschaften zuzusprechen. Etzioni dagegen spricht von einer teilweisen Überlappung des Ich und des Wir, weil viele kollektive Wertvorstellungen internalisiert, d.h. in die Identitätsbildung des Ich aufgenommen werden. Dies ist im Weiteren sozialphilosophisch, epistemologisch und methodologisch zu explizieren.

Sozialphilosophisch argumentiert Etzioni, dass die individualistische Sichtweise zwar aus der Ideengeschichte der liberalen Kritik an autoritären Herrschaftsstrukturen verständlich sei, die sich an kollektiven Entitäten wie Nation, Kirche, dem Vaterland oder der herkömmlichen Sittlichkeit orientierte, aber doch zu einer ›untersozialisierten‹ Sichtweise des menschlichen Handelns führte. Er selbst sucht nach einem dritten Modell, das er als den Standpunkt der »responsive community« bezeichnet, also den Standpunkt einer Gemeinschaft, die ihre individuellen Mitglieder nicht unterdrückt, sondern für ihre Regungen und Bedürfnisse sensibel und reaktionsfähig ist. Zu Ehren seines sozialphilosophischen Lehrmeisters Martin Buber spricht Etzioni auch von einer »Ich+Wir«-Sichtweise. Die Idee der *responsive community* soll deutlich machen, dass Individuum und Gemeinschaft in gleicher Weise als grundlegend betrachtet werden.

Epistemologisch geht es um eine Überwindung des erkenntnistheoretischen Rationalismus. Diese Überlegung greift zurück auf den neuzeitlichen Streit zwischen Rationalismus und Empirismus, also zwischen Descartes, Spinoza und Leibniz auf der rationalistischen und Locke, Hume und Condillac auf der empiristischen Seite. Rationalismus heißt hier Deduktion aus Prinzipien, Empirismus Rekurs auf Erfahrungswerte, in der Wirtschaftsethik auch Rückgriff auf moralische Gefühle (*moral sentiments*). Empirisch gesehen handeln die meisten Menschen die meiste Zeit hindurch bestenfalls subrational: »Entscheidungen können als mehr oder wenig rational betrachtet werden, sie sind es jedoch selten in besonders hohem Maße« (Etzioni 1996, 44).

Methodologisch strebt er die transdisziplinäre Integration von Elementen der Sozialwissenschaften und der ehemaligen politischen Ökonomie (diesen Ausdruck lehnt er ab, weil er sich in seinen Augen bis heute hauptsächlich mit neomarxistischen und diesen ähnlichen Ansätzen verbindet) zu dem, was er Sozioökonomik nennt. Dementsprechend hat er im Jahre 1989 die Society for the Advancement of Socio-Economic mit dem Ziel gegründet, der vorherrschenden neoklassischen Wirtschaftstheorie ein *neues Paradigma* entgegenzusetzen. Ehrenvorsitzender dieser neuen Gesellschaft ist der Nobelpreisträger Amartya Sen. In Deutschland sind vor allem Politikwissenschaftler wie Fritz W. Scharpf und Wolfgang Streeck vom Kölner Max-Planck-Institut für Gesellschaftswissenschaften Mitglieder geworden.

Etzioni stellt fest, dass wichtige neoklassische Theoreme oft so formuliert werden, dass sie nicht falsifizierbar sind. Damit steht er in einer Linie mit Amartya Sen, der darauf hinwies, dass Interessendefinitionen so weit gefasst werden, dass sie alles umgreifen können (Sen 1982). Schon Kenneth Arrow hatte die Rationalitätsannahme als schwache Hypothese erklärt, die daher als Erklärung nicht sehr brauchbar sei. Besonders große Sorgen bereitet den Neoklassikern der ökonomische Status von Geschenken oder von altruistischen Handlungen. Meist wird der Präferenzbegriff so ausgeweitet, dass ganz gegen den Adam Smith des *Wohlstands der Nationen* nicht nur die Eigenliebe, sondern auch die Menschenliebe dazu zählt. Damit aber fällt der methodologische

Grundstein der klassischen Ökonomie Smiths aus dem Gebäude heraus, welcher doch gerade darin bestand, dass der Metzger, Brauer und Bäcker uns das, was wir zum Leben brauchen, nicht aus Wohlwollen, sondern aus Eigennutz bereitstellen. Etzioni geht noch weiter: dann würde auch die Unterscheidung zwischen Gewinn und Verlust entbehrlich, weil des einen Verlust der Gewinn des anderen sei.

Sozioökonomik – Eine sozialwissenschaftlich eingebettete Wirtschaftstheorie

Ziel der Sozioökonomik ist die Entwicklung einer deontologischen Sozialwissenschaft. Etzioni wehrt sich dagegen, die Notwendigkeit, in Übereinstimmung mit moralischen Werten zu handeln, einfach nur als eine Präferenz unter anderen zu werten, vergleichbar mit der Präferenz für kalifornische Weine gegenüber französischen bzw. von Coca Cola gegenüber Pepsi Cola. Schon aus rein methodologischen Gründen hält er es für konsequenter, ein Handeln aus moralischen Verpflichtungen auch als solches zu deuten, statt nach komplizierten Scheingründen zu suchen. Im Gegenteil hält er, strikt sozioökonomisch, die Moral für einen der Hauptwege, auf denen Externalitäten in die individuellen Überlegungen und den Entscheidungsprozess Eingang finden können und hält dies für ein im Vergleich zu staatlichen Zwangsmaßnahmen, aber auch zu öffentlichen Anreizen, durchweg kostengünstigeres und darüber hinaus häufig noch als angenehmer empfundenes Verfahren, Formen des Allgemeinwohls zur Geltung zu bringen.

Moralische Handlungen sind von sonstigen Präferenzen wie der Vorliebe für bestimmte Konsumgüter verschieden, weil sie einem Imperativ gehorchen, verallgemeinert werden können, eine Symmetrie aufweisen, wenn sie auf andere angewendet werden und darüber hinaus vielfach in der Persönlichkeit angelegt sind. Bei Wahlhandlungen werden wichtige Optionsmöglichkeiten dadurch eliminiert, dass sie für unmoralisch gehalten werden. Empirische Studien zu Entscheidungen in Situationen des Gefangenen-Dilemmas führen immer wieder dazu, dass entgegen den Annahmen sehr viele Personen dazu neigen, zu kooperieren. Es zeigt sich auch, dass Menschen selbst dann an politischen Wahlen teilnehmen, wenn das Ergebnis nicht voraussehbar knapp ist und dass sehr viele Menschen selbst dann nicht betrügen, wenn niemand zuschaut. Keine Gesellschaft könnte überleben, wenn ihre Mitglieder in dem Maße ›schwarzfahren‹ würden, wie die Theorie das voraussagt (Etzioni 1996, 115; vgl. Maxwell/Ames 1981, 295–310).

Etzionis Generalthese besagt, dass der Großteil der von Menschen getroffenen, auch ökonomischen, Entscheidungen vollständig oder in großem Maße auf normativ-affektiven Erwägungen, also auf Werten und Emotionen beruht. Das gilt nicht nur für die Wahl der Ziele (wie das bei Max Weber vorausgesetzt wird), sondern auch für die Wahl von Mitteln. Die äußerst beschränkten Bereiche, in denen andere, nämlich logisch-empirische Erwägungen bestimmend sind, sind ihrerseits zur Legitimation und Motivation auf normativ-affektive Faktoren angewiesen. Dieses Grundkonzept der normativ-affektiven Akteure betrachtet Etzioni sozialwissenschaftlich als Idealtypus, von dem es vielfältige Abweichungen geben kann.

Entscheidungstheoretisch ist es ohnehin wahrscheinlich, dass wirklich rationale Entscheidungen gar nicht möglich sind. In einer heute als klassisch geltenden Studie hatte Charles Lindblom schon 1965 sieben Gründe dargelegt, warum dies nicht möglich ist und allein eine Strategie des *muddling through* möglich bleibt: Erstens sind die intellektuellen Fähigkeiten der Menschen zu beschränkt, um eine umfassende Analyse aller Optionen und ihrer Konsequenzen zu ermöglichen; zweitens sind viele der benötigten Informationen unzulänglich; drittens ist die Analyse für die meisten Entscheidungen viel zu kostenträchtig; viertens gibt es keine hinreichenden Kriterien, um die Ergebnisse beurteilen zu können; fünftens sind die Fakten und Werte untrennbar miteinander vermengt; sechstens ist das untersuchte Variablensystem in unbestimmter Weise offen, für eine Entscheidungsfindung bräuchte es aber ein geschlossenes System; siebtens lässt sich meist nicht einmal ein bestimmtes ›Problem‹ isolieren, sondern es handelt sich bei Entscheidungen um eine Unzahl miteinander verflochtener Probleme mit voneinander abhängigen Lösungen (Lindblom 1965, 138–143). Diese Sicht wird Inkrementalismus genannt (von lat. *incrementum*: Wachstum). Etzioni hält diese Kritik für etwas zu pessimistisch und plädiert für adaptive Verhaltensregeln, die im Stil von Fallstudien nach dem *trial and error*-Prinzip entwickelt werden. Die Anpassungsmethode, die er vorschlägt, nennt er *mixed scanning*. Sie siedelt sich zwischen dem rationalistischen und dem inkrementalistischen Modell an (vgl. Etzioni 1968, 286–88).

In dem Modell, das Etzioni entwickelt, spielen Individuen sehr wohl eine Rolle, aber immer nur innerhalb des Kontextes ihrer Kollektive. Diese haben auf die Entscheidungsfindung meist prägenden Einfluss. Die Beobachtung der individualistischen Theoretiker, dass Kollektive nicht denken, nicht überlegen und nicht entscheiden können, hat durchaus etwas für sich. Allerdings bilden viele Kollektive einen eigenen, organisierten Sektor der Deliberation und Entscheidungsfindung aus. Viele Unternehmen können als Kollektive, die mit einem leitenden Entscheidungsgremium ausgestattet sind, aufgefasst werden. In Kollektiven besteht zudem die Möglichkeit, die kognitiven Defekte, die dadurch entstehen, dass kaum jemand mehr als fünf bis acht Umstände gleichzeitig berücksichtigen kann, zu kompensieren oder zu korrigieren. In kommunitarischer Sichtweise sind solche kollektiven Einbettungen methodisch nicht als Externalitäten zu den Individuen zu begreifen, sondern vielmehr als Teil der Person, der Angehörigen dieser Kollektive. Daher auch die Desorientierung, die bei Individuen auftritt, wenn sie von ihrem oder gar von allen Kollektiven abgeschnitten werden. Ein relativ hoher Individualitätsgrad würde dann gerade nicht auf Vereinzelung und Isolation beruhen, sondern daher rühren, dass viele Individuen Mitglieder mehrerer Kollektive sind, wodurch sich ein weiteres Optionsfeld öffnet, neuartige Präferenzmischungen möglich sind, aber häufig auch Inkompatibilitäten auftreten, weil differierende Kollektive das Denken und Entscheiden auf miteinander nur schwer vereinbare Weise zu lenken versuchen (z. B. Staatsverband und Religionsgemeinschaft). Die sozioökonomische Analyse beginnt deshalb nicht bei den Individuen, sondern bei deren Referenzgruppen, also den einander überlappenden sozialen Kollektiven, denen diese angehören.

Gruppen erbringen meist bessere Ergebnisse als das Durchschnittsindividuum, wenn auch weniger gute als das beste Mitglied (Etzioni 1996, 333; McGrath/Kravitz 1982, 203). Teams werden oft rationalere Entscheidungen treffen können als die meisten Einzelpersonen. Bei Forschungsteams hat sich gezeigt, dass die Forschungsleistung umso höher ist, je höher das Kommunikationsniveau im Team ist. Dabei bringen zentralisierte Informationskanäle meist schlechtere Resultate als solche, in denen Informationen frei von jedem Punkt zu jedem anderen fließen können. Dies erklärt das schlechte Image des herkömmlichen Kollektivismus, sofern dieser autoritär und zentralistisch organisiert war. Der Kommunitarismus modernen Typs ist netzwerkartig, nicht-hierarchisch und nach dem Prinzip der Freiwilligkeit, Offenheit und Gleichheit organisiert.

Eingekapselter Wettbewerb – Effizienzsteigerung durch regulative Einrahmung

Ein wichtiges Kernstück von Etzionis Modell einer kommunitarischen Ökonomik ist die Idee des eingekapselten Wettbewerbs (*encapsulated competition*). In Etzionis Ich+Wir-Paradigma wird der Markt bzw. die Wirtschaft überhaupt als Subsystem eines umfassenden gesellschaftlich-politischen Kontextes gesehen. Der Wettbewerb kann sich nicht selbst aufrechterhalten. Diese Annahme teilt Etzioni mit der deutschen Ordoökonomik der Freiburger Schule, die ja auch die These vertritt, Konkurrenz könne zu Kartellbildung oder gar zu Monopolen führen, so dass es einer kontrollierenden Regulationsinstanz bedürfe, um die Bedingungen freien und gleichen Wettbewerbs aufrechtzuerhalten, innerhalb dessen sich überhaupt erst die Segnungen der Marktökonomie entfalten könnten (Eucken 1952, 1990). Ohne ausdrückliche Bezugnahme auf die Freiburger Schule kommt Etzioni zu seiner These von der gesellschaftlichen Kapsel, innerhalb welcher der Wettbewerb stattfindet. Je nach Beschaffenheit der Kapsel wird sich Wettbewerb in verschiedenen Graden und Formen ergeben, von denen einige konstruktiver sind als andere. Die reale Welt ist nie vollkommen kompetitiv, so dass das einfache und übersichtlich zu rechnende Modell des vollkommenen Wettbewerbs zwar als Idealtyp angesehen werden kann, aber in der Wirklichkeit so nicht vorkommt. Die Ökonomie sucht deshalb nach *second best*-Modellen, um wenigstens annähernde Abbilder der Realität zu bekommen.

Hier setzt Etzioni mit seinem sozialökonomischen Gegenvorschlag ein: Wettbewerb ist grundsätzlich eine Form des Konflikts, wenn auch ein gezügelter Konflikt. Allerdings ist nicht zu garantieren, dass im Sinne von Adam Smiths unsichtbarer Hand die divergierenden Interessen und das Streben verschiedener Individuen wirklich im Resultat ein harmonisches Ganzes wirtschaftlicher Produktivität bilden. »Daher werden spezielle Mechanismen notwendig, die den Wettbewerb bewahren, Konflikte begrenzen und sie daran hindern, bis zur Selbstzerstörung zu eskalieren« (Etzioni 1996, 343). Der Wettbewerb soll nicht selber den Kontext bilden, sondern vielmehr auf den Bereich der instrumentellen Rationalität und der Mittel begrenzt bleiben. Ganz wie die Freiburger

Schule versucht Etzioni, die Dichotomie von freiem Wettbewerb und staatlicher Intervention zu überwinden. Die Freiburger allerdings entwickelten ein zweistufiges Modell, in dem die Rahmenbedingungen des Wettbewerbs durch das politische System gestaltet werden sollten. Bei Etzioni ist das Modell ein skaliertes oder graduelles. Er schlägt eine Skalierung vor, innerhalb derer der Grad bzw. das Maß des Wettbewerbs gefunden werden soll, das dem Gemeinwohl am förderlichsten ist.

Seine Metapher für den Wettbewerb ist die kontrollierte Kernreaktion, die zerstörerisch wirkt, sobald sie außer Kontrolle gerät, aber ihre Kraft verliert, wenn sie stillgestellt wird (Etzioni 1996, 345 f.). Es muss deshalb einen dritten Weg einer Regulierung ohne Effizienzverluste geben, welche die konstruktiven Kräfte freisetzt. Je dynamischer der Wettbewerb sich entwickelt, umso drängender wird die Frage nach den Spielregeln. Etzioni verlangt nach Regeln, die nicht nur den Wettbewerb aufrechterhalten, sondern auch für das Überleben der Konkurrenten sorgen sollen. Damit scheint er vor allem das Verbot eines Verdrängungswettbewerbs durch Marktmacht zu meinen, der darauf zielt, im Erfolgsfall Oligopol- oder Monopolpreise einnehmen zu können. Ihm geht es um die produktivste Mischung von Wettbewerbern (Etzioni 1996, 348).

Sobald der Staat mehr unternimmt, als nötig ist, um die Kapsel des Wettbewerbs aufrechtzuerhalten, und direkt den Versuch unternimmt, die Einzelergebnisse zu beeinflussen, z.B. durch Bevorzugung einzelner Konkurrenten, wird der Wettbewerb unterminiert. Dies könnte gerade auch durch Haltungen wie soziale Gerechtigkeit legitimiert werden, die Etzioni also durchaus kritisch betrachtet, weil so die Ergebnisse des Wettbewerbs von außen bestimmt und beschnitten werden, statt die Fähigkeit zu steigern, in der Konkurrenz erfolgreich zu sein. Jede Einkapselung muss im Einzelfall genau untersucht werden. So können bestimmte Kapseln wie die Ladenschlusszeiten am Sonntag vielleicht ruinösen Wettbewerb verhindern, aber auch die Funktion haben, zum Beispiel weiße, christliche Geschäftsinhaber gegenüber ethnischen Minderheiten zu begünstigen.

Die Kapsel kann normativ, sozial oder staatlich-politisch gebildet werden. Diese drei Faktoren stehen in einem einander substituierenden Verhältnis. Zum Beispiel wird der Bedarf an staatlichen Eingriffen umso geringer sein, je stärker die moralische Ablehnung von Gewalt und je enger die sozialen Beziehungen sind. Wichtig ist es, sich klarzumachen, dass das Modell des vollkommenen Wettbewerbs von der gleichen Macht aller Akteure ausgeht. Die Sozioökonomie geht demgegenüber vom Normalfall einer Transaktion unter Ungleichen aus. Die Machtdifferentiale führen zu ungleichen Tauschraten (*rates of exchange*). Neben Angebot und Nachfrage können so die Machtunterschiede als Untersuchungsgegenstand treten.

Die Herstellung einer wettbewerbsförderlichen Kapsel ist zugleich ein Allgemeininteresse, wenn auch nicht das einzige. So kann z.B. das Verbot von übergroßen Plakaten an Überlandstraßen seinen Grund in der Erhaltung der Schönheit der Landschaft haben. Mit ökonomischen Erwägungen hat dies nur insoweit zu tun, als dieses Verbot fairer Weise gleichermaßen für alle Konkurrenten gelten müsste. Die Pluralität der Interessen macht als ausgleichenden Faktor eine Gemeinschaft als landesweites ›Wir‹ notwendig, um die Egoismen auf Gruppenebene auszugleichen. Etzioni schließt diesen Teil seiner Überlegungen mit dem Hinweis, dass wir gerade erst dabei sind, die Bedingungen zu verstehen, unter denen die Kapsel stark genug ist, ohne jedoch zu restriktiv zu wirken.

Machtbeziehungen sind hier vermutlich der Schlüssel. Der vollkommene Wettbewerb würde die vollkommene Streuung der Macht bedeuten. Wirtschaftliche oder soziale Macht kann dagegen zu dem verführen, was die Ökonomen *rent-seeking* nennen. Die naive Vorstellung, der Staat habe hier regulierend und eindämmend zu wirken, wird durch diese Erkenntnis in Frage gestellt, weil ja, wie Etzioni entwickelt, oftmals gerade der staatliche Einfluss genutzt wird, um sich Vorteile vor den Konkurrenten oder die Abschottung gegen die Konkurrenz zu verschaffen. Monopole scheinen auf rein wirtschaftliche Weise nur sehr selten zustande zu kommen und dann auch eher instabil zu sein. Stabil sind sie hingegen eher, wenn sie auf einer Mischung von politischer und wirtschaftlicher Macht beruhen.

Staatliche Aktivitäten allein sind hier also nicht unbedingt die Rettung, denn es gibt keinen Grund, den Staat als unparteiischen Schiedsrichter zu verherrlichen. Die normative und die gesellschaftliche Seite der Einkapselung müssen dem staatlichen Handeln vorausgehen und dieses nach Möglichkeit formen. Es kommt also nicht nur auf Anreize oder Regeln an, sondern ebenso sehr auch auf die Bildung von Präferenzen durch Moralerziehung, durch Gruppenkultur, durch gemeinschaftliche Wertbildungen und die Mobilisierung einer entsprechenden öffentlichen Meinung. Dies alles sind Faktoren, die in der neoklassischen Ökonomie meist unberücksichtigt bleiben, weil dort davon ausgegangen wird, dass die Präferenzen als gegeben vorauszusetzen sind (Etzioni 1996, 407). Für die Einbeziehung der Herausbildungsprozesse und Steuerungsprozesse von Präferenzen gibt es dort keinen analytischen Rahmen, obwohl wir genau solche Entwicklungen beobachten und diese ja auch keineswegs als gesellschaftsextern anzusehen sind. Dazu allerdings muss dieses Feld synthetisiert, vereinfacht und operationaler gemacht werden: eine wichtige Zukunftsaufgabe für die Sozioökonomik. Es soll keineswegs eine staatliche Kontrolle sozialer Normen geben, zumal diese zu einem großen Teil auch nicht auf solche Weise kontrollierbar sind. Aber die Verbesserung der Bürgererziehung an den Schulen kann hier Wesentliches beitragen. Hierbei ist zu berücksichtigen, dass in den USA die Elternmitbestimmung an den Schulen vielfach ausgeprägter ist als in Europa.

Die moralische Dimension der Verantwortungsgesellschaft

Etzioni fordert also die Einbeziehung dessen, was er die moralische Dimension nennt, in die ökonomische Analyse. Er sieht sein Buch *The Moral Dimension* (dt. *Die faire Gesellschaft. Jenseits von Sozialismus und Kapitalismus*) auch als seine Antwort auf die vorherrschenden Ansichten von Studierenden der Wirtschaftswissenschaften an der Harvard Universität, wo er als Gastprofessor tätig war. Diese hatten in überlegener Haltung jegliche moralische Erwägung als wirtschaftsfremd abgetan. Die Sozialisation an einem Ökonomie-Department hatte sie der Moralität des Common Sense entfremdet. Das neoklassische Paradigma ist Teil einer modernen Geisteshaltung vor allem unter Wirtschaftsstudierenden geworden. Obwohl es doch vom Ansatz her nur ein methodologisches Modell einer Wissenschaftsdisziplin war, beginnt es aus dieser Ecke eines spezialisierten Denkens heraus die Alltagswahrnehmung von immer mehr Menschen zu prägen und zu formieren.

Die kommunitarische Wirtschaftsethik hat also zwei Seiten. In einer wertfrei-methodologischen und erkenntnistheoretischen Betrachtung erinnert sie zum Ersten daran, dass radikal individualistische Modellbildungen dazu führen, die soziale Einbettung der Individuen zu übersehen. Sie versucht, diese systematisch in den Blick zu nehmen, ohne die technischen Errungenschaften der Rational-Choice-Konzeptionen zu verwerfen. Die Einbeziehung der moralischen Dimension soll also die Erklärungskraft der Theorie erweitern. Auf der normativen Ebene beklagt sie zum Zweiten, dass der methodologische Individualismus bei den Wirtschaftsstudierenden sich unversehens in einen normativen Individualismus verwandelt, der gemeinschaftsvergessenes und sogar gemeinschaftsfeindliches Handeln nahelegt. Da dies nach kommunitarischer Ansicht den sozialen Zusammenhalt gefährdet und damit auch die sozial komplexen und anspruchsvollen gesellschaftlichen Voraussetzungen eines entfalteten Individualismus untergraben kann, kommt es darauf an, für eine Stabilisierung dieser Voraussetzungen zu sorgen, also im Gemeinwohlinteresse die Rahmenbedingungen des Wettbewerbs so zu organisieren, dass dieser bestmögliche Wohlstandsresultate erbringt, aber nicht zerstörerisch wirkt, keine unmenschlichen Züge annimmt und insbesondere sich nicht selbst aufhebt oder von unwilligen sozialen Bewegungen aufgehoben wird. Wichtig dabei ist, dass die Gestaltung der Rahmenbedingungen nicht allein als Staatsaufgabe angesehen wird, weil dessen Interventionen eine Verfälschung der Wettbewerbsbedingungen zugunsten von Partikularinteressen bewirken könnten (Monopole, Protektionismus, *rent seeking*). Vielmehr ist dies eine sozialmoralische Aufgabe der öffentlichen Diskussion und Meinungsbildung. Diese öffentliche Moralität kann insofern als aufgeklärt betrachtet werden, als nicht die überkommene, traditionelle, paternalistische oder religiöse Moralität gemeint ist, sondern eine, die sich im öffentlichen Diskurs ständig neu entwickeln und damit auch überprüfen lassen muss.

Der Anspruch der kommunitarischen Wirtschaftsethik besteht darin, die Individuen nicht als zitternde Atome in der Kälte des Neoliberalismus allein zu lassen, sondern vielmehr ihre Selbstbestimmung in responsiven Communities zu organisieren. Der Globalisierungsprozess verlangt nach einer Sozialtheorie mit globaler Wirkung. Etzionis Ansatz bietet sich vor allem deshalb an, weil er einen dritten Weg zwischen gruppenbezogenem Partikularismus und anonymer und atomistischer Universalität zu finden sucht. Die Pflege und Neuerfindung von Gemeinschaften, auch grenzübergreifenden und globalen Gemeinschaften, ist nicht nur ein attraktives Ziel mit sozialutopischen Zügen, sondern eine praktische Notwendigkeit, wenn die sich globalisierende Ökonomie nicht an zunehmenden protektionistischen Abwehrhaltungen und Widerständen von tatsächlichen oder vermeintlichen Modernisierungsverlierern scheitern will.

Etzioni war über die anerzogenen antimoralischen Affekte vieler Wirtschaftsstudierenden an der Harvard University entsetzt. Seine kommunitarische Wirtschaftsethik betreibt ganz bewusst so etwas wie eine aufgeklärte Remoralisierung des ökonomischen Diskurses. Etzioni hatte schon in den 1960er Jahren in seiner vergleichenden Studie über politische Vereinigungsprozesse eine funktionalistische Typisierung dreier Integrationskräfte vorgelegt: Integrationskräfte sind entweder zwangsbasiert (*koerziv*: z.B. militärische Gewalt, Eroberung), *utilitär* (z.B. ökonomischer Druck oder Gewinnerwartungen) oder *identitiv*. Identitive Potentiale sind üblicherweise in Werten oder Symbolvorstellungen enthalten. Die Anwendung von Gewalt ist die am meisten entfremdende Integrationsform, die utilitären Elemente lassen mehr Freiräume, sind den identitiven Potentialen aber insofern unterlegen, als diese das Moment der Freiwilligkeit sehr viel überzeugender ins Spiel bringen. Etzionis Studien zur Rolle von Wertkonzeptionen in modernen Gesellschaften sind vor dem Hintergrund dieser Theorie zu lesen. Dadurch unterscheiden sie sich signifikant von gängigen Moralpredigten (Etzioni 1965/2001, 37 ff.).

Die ideengeschichtlichen Quellen dieses Denkens der ›Verantwortungsgesellschaft‹ sind die Soziologie von Emile Durkheim, Ferdinand Tönnies, Robert Nisbet, die pragmatistische Sozialphilosophie von John Dewey und George Herbert Mead, aber auch das Denken Martin Bubers. Nachdem vor allem Autoren wie Charles Taylor, Michael Walzer und der Taylor-Schüler Michael Sandel den individualistischen Liberalismus der 1980er Jahre mit vorwiegend philosophischen Argumenten scharf kritisiert hatten, hat Etzioni diese Kritik mit den Methoden seiner funktionalistischen Soziologie erweitert und sozialwissenschaftlich fundiert.

Bei Etzioni wird jedoch die traditionelle partikularistische Gemeinschaftsorientierung des kommunitarischen Denkens, wie sie für die Zeit von Ferdinand Tönnies bis Martin Buber charakteristisch war, durch einen responsiven Kommunitarismus abgelöst, der die Rechte des Individuums als gleichrangig mit den Anforderungen der Communities anerkennt. Rechte und Verantwortlichkeiten werden miteinander verbunden. Der Partikularismus wird aufgelöst, weil die moralischen Standards der Communities sich zu messen haben an denen der nächsthöheren Gemeinschaften. Letztlich geht es um die Entwicklung von Wertvorstellungen, die auch universell akzeptabel sind. Allerdings sollen diese nicht zentralistisch auferlegt werden, sondern durch permanente moralische Dialoge der Gemeinschaften von unten her entstehen. So haben sich die Menschenrechtsideen in der Wirklichkeit ausgebreitet: durch Übernahme und Nachahmung. Etzioni betont, dass er sich als kommunitarischer Liberaler versteht, also das kommunitarische Element nur als Adjektiv zu seiner Kernhaltung als politischer Liberaler versteht (Interview in Reese-Schäfer 2001a, 134).

Der Globalisierungsprozess verlangt vor allem eine Beschleunigung von Anpassungsleistungen der Wirtschaftsunternehmen und damit auch der Arbeitskräfte. Die psychosozialen Folgen für die ›Langsameren‹, die vom Zurückbleiben Gefährdeten sind außerordentlich ernstzunehmen, ebenso die Folgen für den sozialen Zusammenhalt von Gesellschaften. Die Fortsetzung der Arbeitsgesellschaft unter den Bedingungen von Globalisierung und zugespitzter Konkurrenz führt zu gebrochenen Erwerbsbiographien, zu unterschiedlichen Phasen von verlängerter Ausbildung, Berufsarbeit, vorzeitiger Entlassung, Arbeitsplatzsuche, Weiterbildung und Umschulung bis hin zu neuen Tätigkeiten, gemischt mit Zwischenphasen von Selbständigkeit, versuchter Selbständigkeit und Scheinselbständigkeit, also zu prekären Existenzformen (Sennett 1998). Dieses Modell verlangt von den Arbeitskräften eine erhöhte Flexibilität, d.h. eine ständige Suche nach Nischen für die Arbeitstätigkeit und das immer neue Sich-Hineinfinden in kurzzeitige Projektarbeit mit immer neuem begeisterten Engagement, ohne dass einem das positiv angerechnet würde, was man früher schon geleistet hatte. Jeder muss sich im Grunde dann täglich neu beweisen (vgl. Reese-Schäfer 2007a).

Es ist klar, dass das kommunitarische Denken Antworten auf diese Herausforderungen entwickeln musste. Diese bestehen unter anderem in einer Verlangsamung der Anpassungsanforderungen, die der Globalisierungsprozess stellt. Westeuropa, Australien und Neuseeland folgen ganz offenbar einem langsameren Weg als die USA. Darüber hinaus geht es um die Schaffung von *community jobs*. Auf lokaler Ebene sollen Geldmittel für Schulen, öffentliche Bibliotheken, Kindergärten oder Umweltschutzmaßnahmen, also für die Produktion von öffentlichen Gütern bereitgestellt werden. Die Entscheidungen auf lokaler

Ebene sollen eine Nähe zu den realen Bedürfnissen gewährleisten, die sonst bei der Bereitstellung von nicht marktmäßig finanzierten öffentlichen Arbeitsangeboten auf eine sehr kostenträchtige Weise verfehlt werden könnten (Etzioni 1998, 159–192).

Vor allem muss ein Grundgefühl sozialer Sicherheit für alle geschaffen werden. Niemand soll ohne Krankenversicherung und eine gewisse Grundversorgung sein. Entscheidend ist hier nicht der genaue Umfang der Unterstützung, sondern vielmehr die feste und verlässliche Überzeugung, dass alle Arbeitslosen, Behinderten oder Kranken sowie ihre Kinder eine Grundsicherung erhalten, egal welche Partei gerade regiert und welcher politische Kurs gerade gefahren wird.

Obwohl in diesem Artikel die praktischen Folgerungen und Reformvorschläge in sozusagen natürlicher Reihenfolge an den Schluss gestellt wurden, ist doch wohl eher die kritisch-selbstkritische Analyse des ökonomischen Paradigmas interessant und folgenreich, die in der Tat in die Gründung einer wirkungsmächtigen internationalen Organisation von Ökonomen und Sozialwissenschaftlern geführt hat. Das Rational-Choice-Paradigma wird durch Etzioni und seine Mitstreiter auf extremste Weise gedehnt, in den Augen seiner strengeren Befürworter gewiss ausgehebelt. Die Tatsache jedoch, dass diese kritischen Argumentationen nicht wie die Ökonomiekritik der Frankfurter Schule von außen (in jenem Fall aus einem philosophisch-geisteswissenschaftlichen Paradigma) kommen, sondern von innen und dass herausragende Vertreter des Rational-Choice-Ansatzes wie Kenneth Arrow dieser Kritik entscheidende Stichworte liefern, legt den Schluss nahe, dass es sich hier um Selbstkritik und Selbstaufklärung des ökonomischen Paradigmas handelt.

Literatur

Etzioni, Amitai: Die aktive Gesellschaft. Opladen 1975 (amerik. The Active Society. A Theory of Societal und Political Processes. New York/London 1968).

–: Die faire Gesellschaft. Jenseits von Sozialismus und Kapitalismus. Frankfurt a.M. 1996 (amerik. The Moral Dimension. Toward a New Economics. New York u.a. 1988).

–: Die Verantwortungsgesellschaft. Individualismus und Moral in der heutigen Demokratie. Frankfurt a.M./New York 1997 (amerik. The New Golden Rule. New York 1996).

–: Political Unification Revisited. A Comparative Study of Leaders and Forces [1965]. New York/Lanham/Oxford 2001.

–: Die Entdeckung des Gemeinwesens. Ansprüche, Verantwortlichkeiten und das Programm des Kommunitarismus. Frankfurt a.M. 1998 (amerik. The Spirit of Community. Rights, Responsibilities and the Communitarian Agenda. New York 1993).

Eucken, Walter: Grundsätze der Wirtschaftspolitik [1952]. Tübingen [6]1990.

Lindblom, Charles: The Intelligence of Democracy. New York 1965.

Maxwell, Gerald/Ames, Ruth E.: Economist Free Ride, Does Anyone Else? In: Journal of Public Economics 15 (1981), 295–310.

McGrath, Joseph E./Kravitz, David A.: Group Research. In: Annual Review of Psychology 33 (1982), 195–230.

Reese-Schäfer, Walter: Amitai Etzioni zur Einführung. Hamburg 2001a.

–: Kommunitarismus. Frankfurt a.M./New York 1994, [3]2001b.

–: Das überforderte Selbst. Globalisierungsdruck und Verantwortungslast. Hamburg 2007a.

–: Grenzgötter der Moral. Der neuere europäisch-amerikanische Diskurs zur politischen Ethik. Neuausgabe Frankfurt: Humanities Online (2007b).

Sen, Amartya: Rational Fools. A Critique of the Behavioural Foundations of Economic Theory. Cambridge/London 1982.

–: Ökonomie für den Menschen. Wege zu Gerechtigkeit und Solidarität in der Marktwirtschaft. München 1999.

Sennett, Richard: Der flexible Mensch. Die Kultur des neuen Kapitalismus. Berlin 1998.

Taylor, Charles: Quellen des Selbst. Frankfurt a.M. 1999.

Walter Reese-Schäfer

V. Grundprobleme der Wirtschafts- und Unternehmensethik

1. Wirtschaftsethik als angewandte Ethik

Vorbemerkung

Das Grundproblem angewandter Ethik ergibt sich aus der Frage, wie formale Positionen der Ethik auf konkrete moralische Problemlagen übertragen werden können. Die Schwierigkeit, der sich eine angewandte Ethik dabei gegenübersieht, besteht zum einen darin, dass sie sich den praktischen Anforderungen einer sich dynamisch entwickelnden Lebenswelt zuwenden und zu einem gewissen Grade von der rein fachphilosophischen Prinzipienreflexion der allgemeinen Ethik lösen muss. Zum anderen aber sieht sich die angewandte Ethik der Herausforderung gegenüber, dass sie – ausgehend von den praktischen Erfahrungen innerhalb ihres jeweiligen Anwendungsgebietes – zugleich auch selbst einen Beitrag zur ethischen Theorie leisten muss, um Antworten auf spezifische Probleme in ihrem Anwendungsgebiet finden zu können (vgl. Zimmerli/Aßländer 2005, 303).

Dies führt letztlich dazu, dass angewandte Ethik nicht, wie es der Terminus nahezulegen scheint, als bloße Anwendung ethischer Theorien auf die menschliche Praxis missverstanden werden darf, sondern als ein eigener Themenbereich innerhalb der philosophischen Ethik einerseits und den betroffenen Fachdisziplinen andererseits betrachtet werden muss. Ethik versteht sich per se als eine praktische Disziplin, deren Anliegen es ist, auf menschliches Handeln einzuwirken und Kriterien richtigen Handelns zu entwickeln. Kennzeichen angewandter Ethik ist daher nicht der ›Praxisbezug‹, da dies wesentliches Merkmal aller Ethiken ist, sondern vielmehr die Anpassung und Entwicklung ethischer Konzepte, die es erlauben, Antworten auf spezifische Probleme einer sich stetig wandelnden technischen, wissenschaftlichen, sozialen und ökonomischen Welt zu geben. Dabei sieht sich die angewandte Ethik prinzipiell vor zwei Aufgaben gestellt: Sie muss zum einen jene Prinzipien und Regeln bestimmen, die zur Lösung der jeweils in Frage stehenden Problemlagen geeignet sind. Sie muss zum anderen nicht nur die anzuwendenden Prinzipien und Regeln begründen – dies ist vor allem die Aufgabe der allgemeinen Ethik – sondern auch erklären, warum die Anwendung der Prinzipien im vorliegenden Fall sinnvoll ist (vgl. Thurnherr 2000, 21). Die Vorstellung einer möglichen Trennung zwischen letztbegründeten Normen und deren praktischer Anwendung muss im Kontext einer angewandten Ethik aber zu Gunsten eines wechselseitigen Einflusses von Theorie und Praxis aufgegeben werden: Im Sinne dieses Anwendungsbezuges geht es einer angewandten Ethik daher einerseits um die Übertragung ethischer Normen auf konkrete Sachverhalte und andererseits um die Fortentwicklung ethischer Konzepte, um so deren Anwendbarkeit zu ermöglichen.

Was heißt angewandte Ethik?

Die Anwendung ethischer Prinzipien auf konkrete Sachverhalte setzt zunächst die Gültigkeit dieser ethischen Prinzipien voraus. Während es so Aufgabe einer allgemeinen oder theoretischen Ethik ist zu klären, was beispielsweise unter Gerechtigkeit zu verstehen ist und wie sich Gerechtigkeitsprinzipien als normative Forderung begründen lassen, setzt eine angewandte Ethik die Gültigkeit des Prinzips bereits voraus und fragt nach den hieraus für den konkreten Fall folgenden Implikationen. In diesem Sinne stützt sich eine angewandte Ethik auf einen vorgängigen Konsens hinsichtlich der Geltung grundlegender ethischer Werte, wie etwa Gerechtigkeit, Menschenwürde oder Freiheit, um hieraus konkrete Forderungen für den Einzelfall abzuleiten (vgl. Bayertz 1994, 9). Das heißt: Einer angewandten Ethik geht es nicht primär um eine Begründung ethischer Prinzipien, wie der allgemeinen oder theoretischen Ethik, sondern um Orientierungshilfe bei der Lösung oder Bewertung praktischer moralischer Probleme in konkreten Handlungsbereichen. Wichtig ist hier der Begriff der Orientierung bzw. Orientierungshilfe, der darauf abzielt, die ethische Reflexionsfähigkeit in zunehmend komplexeren Handlungszusammenhängen zu erhöhen. Denn angewandte Ethik darf nicht so verstanden werden, als ließe sich eine Ethik einfach auf Einzelfälle anwenden, die dann, je nachdem welche Ethik ausgewählt wird, eine Lösung gleichsam automatisch (deduktiv) herbeiführt. Aus diesem Grund ist auch der Terminus ›angewandte Ethik‹ immer kritisiert worden (vgl. Düwell 2006, 243). Alternativvorschläge, die besser zu erfassen suchen, worum es geht, konnten sich jedoch aus verschiedenen Gründen nicht in dieser Form durchsetzen. Dazu gehören die Begriffe Bereichsethiken, anwendungsorientierte Ethik, konkrete Ethik, praktische Ethik u.a.m. Der Begriff angewandte Ethik ist also eher als ein programmatischer Ausdruck zu verstehen.

Seit den 1960er Jahren gewinnt die angewandte Ethik zunehmend an Bedeutung. Aufgrund des wissenschaftlich technischen Fortschritts einerseits sowie der steigenden Komplexität und Interdependenz gesellschaftlicher und damit auch ökonomischer Prozesse andererseits, ergeben sich neue Herausforderungen im Hinblick auf das konkrete Handeln sowie bei der Gestaltung von Institutionen. So werden mit angewandter Ethik zunächst auch häufig Probleme verbunden, die mit der naturwissenschaftlich-technischen Entwicklung einhergehen. Dies sind zum einen negative externe Effekte, also Handlungsfolgen, die nicht intendiert sind und als ethisch problematisch bewertet werden, wie beispielsweise die Folgen der Umweltverschmutzung, des Klimawandels oder soziale Folgen bei der Anwendung neuer Technologien. Zum anderen eröffnet der naturwissenschaftlich-technische Fortschritt stetig neue Handlungsoptionen, die den Einzelnen und die Gesellschaft auch zur Beantwortung neuer Fragen zwingen. So etwa ergibt sich im Rahmen der Bioethik die Frage, ob verbrauchende Embryonenforschung erlaubt sein soll oder nicht. Aber auch im Bereich der Wirtschaft stellen sich im Zuge der Globalisierung und des gesellschaftlichen Wandels alte Fragen immer wieder neu und neue Fragen kommen hinzu, die ethische Reflexionen erfordern. Vor diesem Hintergrund haben sich zahlreiche Bereiche der angewandten Ethik herausgebildet und mittlerweile einen hohen Grad an Professionalisierung erreicht; dazu gehören Bioethik, Medizinethik, Naturethik, Umweltethik, Wissenschaftsethik, Medienethik, Technikethik, Politische Ethik, Sozialethik etc. und eben auch die Wirtschafts- und Unternehmensethik.

Ein wichtiges Ziel der angewandten Ethik ist es, einen Beitrag zur Lösung moralisch-ethischer Probleme in der Gesellschaft zu leisten. So unterschiedlich die Handlungsfelder der oben genannten Bereichsethiken auch sind, so verbindet sie doch der Bedarf an ethischer Reflexion. Daher fühlen sich zunächst und zu Recht jene Wissenschaften angesprochen, die sich professionell mit normativer Ethik beschäftigen. Das sind vor allem die Philosophie und die Theologie bzw. religiöse Ethiken. Obwohl der Beitrag der Letztgenannten zu den Bereichen der Angewandten Ethik enorm und unverzichtbar ist, sollen sie doch im Folgenden ausgeklammert bleiben. Wenn sich also mit der angewandten Ethik Philosophinnen und Philosophen angesprochen fühlen, so stehen sie dabei übergeordnet vor zwei großen Schwierigkeiten: Erstens versteht sich die philosophische Ethik (als theoretische oder allgemeine Ethik) seit langem als autonome Wissenschaft, die sich kaum um konkrete Einzelprobleme kümmert, sondern vor allem um die Begründung normativer Prinzipien; sie befasst sich allgemein mit der Frage nach dem moralisch Richtigen, allerdings auf einer sehr abstrakten Ebene. In weiten Teilen, insbesondere in der modernen angloamerikanischen Tradition, konzentriert sie sich vor allem auf metaethische Fragestellungen. Damit hat sich die philosophische Ethik ein Stück weit von der Lebenswelt entfernt und auch an praktischer Relevanz eingebüßt. Einerseits war so die philosophische Ethik als Fachdisziplin auf die zunehmende Nachfrage nach moralischer Orientierung im Rahmen einer angewandten Ethik nicht gut vorbereitet. Andererseits aber fühlten sich die Fachvertreter durch die überraschende ›öffentliche Nachfrage‹ nach ethischer Grundorientierung, gerade in jenen Bereichen, die ethischen Reflexionen bisher in nur geringem Maße zugänglich waren, wie Technik oder Ökonomie, sozusagen geschmeichelt und waren bemüht, ihrer neuen Rolle gerecht zu werden. Mit ihrer Ausrichtung an praktischen Problemen hatten die Vertreterinnen und Vertreter der angewandten Ethik jedoch auch mit Widerständen innerhalb der Philosophie zu kämpfen, die sich nur ungern in die Niederungen anwendungsbezogener Einzelprobleme begibt. Aus der Perspektive vieler Philosophinnen und Philosophen wird im Bereich der angewandten Ethik daher das klassische Feld der Philosophie als wissenschaftliche Disziplin verlassen. In ihren Augen ist der systematische Ort der angewandten Ethik nicht die Philosophie, sondern die politische und gesellschaftliche d.h. öffentliche Debatte. Eine angewandte Ethik als neue Teildisziplin der philosophischen Ethik wurde daher nur bedingt ernstgenommen. Die erste Schwierigkeit ist also innerphilosophischer Natur. Die zweite Schwierigkeit besteht darin, dass die Philosophie im Rahmen der angewandten Ethik diese nicht (nur) allgemein betreiben kann, sondern sich auch auf die entsprechenden Bereiche, in denen sie zur Anwendung kommen soll, einlassen muss. Das ist aber allein aus der Philosophie heraus nicht zu leisten. Hinzukommen muss entsprechende einzeldisziplinäre Fachkenntnis, und zwar sowohl theoretischer wie auch empirischer Art. Diese zweite Schwierigkeit besteht also in der interdisziplinären Kompetenz. Beide Schwierigkeiten führen dazu, dass die Philosophie nicht für sich allein die wissenschaftliche Deutungshoheit auf dem Gebiet der angewandten Ethik beanspruchen kann. Letztlich sind es auch die betroffenen Einzelwissenschaften, in denen und aus denen heraus ethische Reflexion in Bezug auf das jeweilige Fach erfolgen kann und muss. Dem entspricht das von einigen Seiten, insbesondere aus Tübingen entwickelte Konzept einer Ethik in den Wissenschaften. Aber auch in diesem Konzept treten die zwei genannten Schwierigkeiten zu Tage: Aus Sicht der Einzelwissenschaften, die es vor allem mit dem Erklären, dem Sein zu tun haben, gehören normativ-ethische Fragen, die es mit dem Sollen zu tun haben, nicht in den Bereich der Wissenschaft. Das ist noch immer eine häufige (allerdings zu Recht umstrittene) wissenschaftstheoretisch gestützte Ansicht, die vor allen Dingen im kritischen Rationalismus Poppers zum Ausdruck kommt und in dem prägnanten Satz zusammengefasst wird: »Die Ethik ist keine Wissenschaft« (Popper 1995, 23; vgl. dazu ausführlich Schumann 2003). Öffnet sich eine Einzelwissenschaft dennoch aus guten Gründen für normativ-ethische Fragen, steht sie vor demselben interdisziplinären Kompetenzproblem wie die philosophische Ethik, nur mit geänderten Vorzeichen: Nun ist es die jeweilige Fachdisziplin, die sich eine philosophisch-ethische Expertise erwerben oder zumindest philosophisch gut informiert und in der Lage sein muss, daraus eine interdisziplinäre Kompetenz zu entwickeln.

Gleichgültig, von welcher Seite man angewandte Ethik betreibt, ob von Seiten der Philosophie oder von Seiten der betreffenden Einzelwissenschaften, zeigen sich für das Forschungsfeld angewandte Ethik zahlreiche spezifische Probleme, die von Konrad Ott (1996) als »Strukturprobleme angewandter Ethik« bezeichnet wurden. Ohne dies hier im Detail diskutieren zu können, sollen einige Problemlagen im Folgenden kurz skizziert werden.

Zum Verhältnis von angewandter und allgemeiner Ethik

Ein erstes Problem stellt das Verhältnis von angewandter und allgemeiner oder theoretischer Ethik dar. Es wurde bereits darauf hingewiesen, dass die moderne philosophische Ethik die Frage der Anwendung weitgehend ausblendet und sich auf die Frage der Begründung ethischer Prinzipien sowie metaethische Fragen (Wahrheitsgehalt normativer Sätze, logische Struktur der ethischen Sprache, Semantik ethischer Begriffe etc.) konzentriert. Das war in der Ethik nicht immer so, vielmehr ist dies ein Kennzeichen der modernen Ethik, wie sie sich seit dem 20. Jahrhundert entwickelte. Vorbereitet wurde die Vernachlässigung von Anwendungsfragen in der philosophischen Ethik dabei im 18. Jahrhundert mit der strikten Trennung von normativen und deskriptiven Fragen (vgl. Nida-Rümelin 2005, 4). Hier spielten David Humes (logischer) Sein-Sollen-Fehlschluss und später George Edward Moores (semantischer) Naturalistischer Fehlschluss eine wichtige Rolle. Wegbereitend war es Kant, der sein Moralprinzip, den kategorischen Imperativ sowie die darauf aufbauende Rechts- und Tugendlehre aus Begriffen a priori, also unter Ausblendung empirischer Bedingungen, entwickelte und dabei der Begründungsfrage einen zentralen Stellenwert einräumt. Für Kant ist die Moral Ausdruck der Vernunft und in Inhalt und Form bereits im Wesen des Vernünftigseins enthalten, somit also absolut begründbar. Dabei wird die Prämisse des ›Vernünftig-Sein-Müssens‹ zugleich zu den fundamentalen Tatsachen des Menschseins gezählt und muss daher nicht mehr hinterfragt werden (vgl. Tugendhat 1993, 70). Gleichwohl hat Kant bekanntermaßen in der *Grundlegung zur Metaphysik der Sitten* und in seiner Kasuistik in der *Metaphysik der Sitten* auch Anwendungsbeispiele integriert, so z. B. zur Verdeutlichung seiner Unterscheidung in vollkommene und unvollkommene Pflichten gegenüber anderen und gegenüber sich selbst. Die Anwendung der Ethik, hier des Kategorischen Imperativs, auf Einzelhandlungen bzw. bei Kant genauer auf Maximen – verstanden als subjektive Handlungsgrundsätze oder Regeln – sind integraler Bestandteil der Ethik, wenn sie denn bei der Beantwortung der Frage helfen soll: Was soll ich tun? Wie soll ich handeln? Als Lehre vom moralisch richtigen Handeln ist die Ethik als praktische Philosophie von Beginn an auf das konkrete Handeln bezogen. Sie ist normative Handlungstheorie und von daher schon dem Begriff nach auf die Bewertung konkreter Handlungen angelegt. Aber sie gibt keine Anweisungen, welche Handlung in der einzelnen Situation die moralisch richtige ist. Vielmehr bewirkt die Überhöhung des Begründungsgedankens innerhalb des neuzeitlichen Rationalismus die Trennung von Begründung ethischer Prinzipien auf der einen und deren Anwendung auf der anderen Seite. Beide Bereiche bleiben jedoch insofern aneinander gekoppelt, als die rationale Begründung ethischer Prinzipien dazu dient, hieraus deduktiv das moralisch Gebotene abzuleiten. Grundlegend ist dabei die Idee, dass normative Urteile aus den jeweils zugehörigen Obersätzen abgeleitet werden können und so die Nachvollziehbarkeit und Überprüfbarkeit von Moralsystemen garantieren (vgl. Bayertz 1994, 10).

Anders als bei der deontologischen Ethik (z.B. Kant) ist die teleologische Ethik (z.B. Tugendethik bei Aristoteles sowie Konsequentialismus und Utilitarismus) enger mit der Empirie verknüpft. Während die deontologische Ethik Kants den Bestimmungsgrund einer Handlung oder Handlungsregel moralisch bewertet (also das Motiv), sind für die konsequentialistische Ethik die empirischen Handlungsfolgen von Bedeutung. Der Anwendungsbezug ist hier also in einem stärkeren Maße gegeben. Es verwundert daher wenig, dass sich die meisten angewandten Ethiken als Verantwortungsethiken in dem Sinne begreifen, dass es ihnen vor allem um die Verantwortbarkeit der Folgen technischen oder ökonomischen Handelns und dessen sinnvolle Beschränkung geht (vgl. u.a. Jonas 1984; 1987). Folgenorientierung, Einzelfallbetrachtung und ›vernünftige Güterabwägung‹ kennzeichnen daher nahezu alle Bereiche der angewandten Ethik. In seinem Artikel »How Medicine Saved the Life of Ethics« exemplifiziert Stephen Toulmin diese Grundorientierungen angewandter Ethik am Beispiel der Medizinethik (vgl. Toulmin 1986). Zum Ersten, so Toulmin, besitze eine angewandte Ethik, wie etwa die Medizinethik, stets tatsächliche Relevanz, da es nicht um die Diskussion abstrakter Prinzipien in philosophischen Seminaren, sondern um die Lösung konkreter Probleme auf Basis ethischer Prinzipien gehe, so beispielsweise um die Frage, nach welchen Kriterien knappe intensivmedizinische Ressourcen zuzuteilen sind. Zum Zweiten mahnt die Medizinethik zur Einzelfallbetrachtung, da im klinischen Alltag ›Fälle‹ nur bedingt vergleichbar sind; abstrakte, um Generalisierung bemühte ethische Theoriekonzepte sind daher mitunter in der Praxis nicht anwendbar. Drittens verstelle die Diskussion der Moralphilosophie um die Universalisierbarkeit ethischer Prinzipien den Blick für die Tatsache, dass moralische Dilemmasituationen ihre Wurzeln zumeist in praktischen Handlungsbeschränkungen haben, mithin also stets kontextabhängig sind. Schließlich gelte es viertens zu beachten, dass es einer angewandten Ethik wie der Medizinethik stets darum gehen müsse, zustimmungsfähige Lösungen zu finden, die für alle betroffenen Parteien vernünftig erscheinen. Ähnlich wie Jürgen Habermas geht es Stephen Toulmin also um »›gute Gründe‹, die uns kraft Einsicht motivieren, Forderungen als moralische Verpflichtungen anzuerkennen« (Habermas 1992, 67).

Allerdings ist dieser Reduktionismus auf den Einzelfall innerhalb der angewandten Ethik nicht mit reiner Beliebigkeit gleichzusetzen. Auch die Einzelfallbetrachtung und die ›Güterabwägung‹ der angewandten Ethik bleibt stets auf die generelle Reflexion der Moral und die Prinzipien der allgemeinen Ethik angewiesen. Mit anderen Worten: Zu entscheiden, ob in einem spezifischen Fall eine Ausnahme zur Regel gestattet sein soll, da die gegebenen Umstände dies unter Hinzuziehung weiterer guter Gründe zu rechtfertigen scheinen, setzt ja bereits die Kenntnis der allgemeinen Regel voraus, für die eine Ausnahme gerechtfertigt werden soll. Ein moralisches Problem ergibt sich daher auch nicht aus der Situation an sich, sondern erst aus der Perspektive der in der Situation anzuwendenden moralischen Normen (vgl. Bayertz 1994, 18), wobei es zu beachten gilt, dass derartige moralische Normen – im Gegensatz zu ethischen Prinzipien – einem permanenten Wandel unterworfen sind und stets in Abhängigkeit von bestimmten Kulturkreisen und historisch begründeten Traditionen verstanden werden müssen (vgl. Pieper 2000, 43 f.). Ziel der angewandten Ethik ist es aber gerade, durch Fortschreibung normativer Prinzipien ihren Beitrag zur Lösung moralischer Probleme zu leisten, in dem sie die Probleme bisheriger moralischer Regeln im direkten Anwendungsfall aufzeigt und auf Basis ethischer Prinzipien Vorschläge für neue Regeln erarbeitet. Sie überwindet damit sowohl die deduktive Systematisierung der Moral im Sinne rationalistischer Ethikkonzeptionen wie auch die reine Kasuistik situationsbezogener Klugheitsüberlegungen und versteht sich als eine ›hermeneutische Ethik‹, deren Ziel es ist, die Tauglichkeit ethischer Prinzipien in moralischen Problemfällen zu testen und entsprechend der Erkenntnis ihrer möglichen Anwendungsdefizite zu verbessern (vgl. Bayertz

1994, 33 f.). Während die angewandte Ethik so im ersten Falle die Gültigkeit ethischer Prinzipien voraussetzt, ist sie im zweiten Falle darum bemüht, diese zu kritisieren und fortzuschreiben (vgl. Zimmerli/Aßländer 2005, 303). »Grundlegend für eine hermeneutische Verfahrensweise in der Ethik ist die Hin- und Herbewegung zwischen Einzelfall und faktisch geltenden Normen, die vor dem Hintergrund ethischer Prinzipien einer wechselseitigen Kritik unterworfen werden« (Irrgang 1998, 28).

Zur Methode der angewandten Ethik

Damit ergibt sich die Frage nach der geeigneten methodischen Vorgehensweise einer angewandten Ethik. Grundsätzlich sind es hier drei Besonderheiten, die die Vorgehensweise einer angewandten Ethik bestimmen und diese von der theoretischen Ethik unterscheiden (vgl. Zimmerli/Aßländer 1999, 48):

(1) Verstärkte Ausrichtung an der Empirie: Um die Erkenntnisse der theoretischen Ethik auf konkrete Sachverhalte übertragen zu können, bedarf es der Aufarbeitung der mit diesem Sachverhalt verknüpften Fakten. Ausgangspunkt der angewandten Ethik bilden dabei die konkreten Problemlagen innerhalb bestimmter Wissenschaftsdisziplinen. Um hierzu Aussagen treffen zu können, muss sich die angewandte Ethik zum einen in die zu problematisierenden Themenkreise der jeweiligen Disziplinen einarbeiten, um so an den dort herrschenden Forschungsstand anschließen zu können. Zum anderen muss sie sich auf empirische Fakten einlassen und die realen kontextuellen Handlungsbeschränkungen bei ihren Lösungsvorschlägen mit berücksichtigen. Mit anderen Worten: Nicht das jeweilige Problem ist der zu applizierenden Ethik anzupassen, sondern die angewandte Ethik hat entsprechend ihrer Problemanalyse nach Möglichkeiten zu suchen, Lösungen speziell für die jeweils konkrete Problemstellung zu entwickeln. Eine angewandte Ethik trägt somit der Erkenntnis Rechnung, dass eine friktionsfreie Übertragung ethischer Konzepte auf komplexe Handlungssituationen, die sich oftmals durch eine Vernetzung in ihren Wirkungszusammenhängen und durch eine Zunahme der Reichweite ihrer Handlungsergebnisse auszeichnen, nicht möglich ist.

(2) Übersetzung ethischer Imperative: Da sich eine angewandte Ethik mit moralischen Problemen unterschiedlicher Wissenschaften beschäftigt und so stets an der Schnittstelle zu anderen Fachdisziplinen angesiedelt ist, ist es ihre Aufgabe, einen Wissenstransfer zwischen der philosophischen Ethik und diesen Wissenschaften zu ermöglichen. Dabei muss sie den jeweils geltenden Funktionsimperativen und Sprachspielen in diesen Wissenschaften Rechnung tragen, will sie sich Gehör verschaffen. Generell kann eine angewandte Ethik hierzu zwei Wege beschreiten. Sie kann zum einen versuchen, ethische Imperative in das ›Sprachspiel‹ der jeweils anderen Wissenschaft zu übersetzen. – So ist beispielsweise im Bereich der Unternehmensethik das Argument weit verbreitet, dass die Beachtung ethischer Verhaltensstandards sich in Form von Reputationsgewinnen auch ökonomisch ›bezahlt‹ machen würde. – Sie kann zum anderen versuchen, ethische Imperative als formale oder informelle Handlungsbeschränkungen der jeweiligen Akteure zu formulieren. Dies bedeutet, bezogen auf eine Wirtschafts- und Unternehmensethik, dass bestimmte moralisch bedenkliche Verhaltensweisen, wie etwa Korruption oder unlauteres Wettbewerbsverhalten, entweder auf Ebene einer ökonomischen Rahmenordnung auf gesetzlichem Wege ausgeschlossen werden oder qua Selbstverpflichtung der Akteure auf bestimmte Verhaltensregeln untersagt sind.

(3) Generierung von Orientierungswissen: Damit eine angewandte Ethik praktische Relevanz im Zusammenspiel mit anderen Wissenschaften gewinnt, muss sie diesen anderen Wissenschaften Orientierungswissen und Entscheidungshilfen für die Lösung moralischer Probleme zur Verfügung stellen können. Dies tut sie, indem sie mithilft, Handlungsregeln zu erarbeiten, die einerseits ethischen Prinzipien genügen, andererseits aber den spezifischen Anforderungen der jeweiligen Wissenschaften nicht zuwiderlaufen. Hierbei lassen sich mehrere Ebenen unterscheiden: So kann sich die angewandte Ethik zum einen darauf beschränken, Orientierungswissen alleine für jene Fälle zur Verfügung zu stellen, in denen innerhalb bestimmter Wissenschaften Probleme auftreten, die den Methoden dieser Disziplin nicht oder nur unzureichend zugänglich sind. So etwa sah sich die Medizin angesichts der technischen Möglichkeit der Organtransplantation vor das Problem gestellt, über die Kriterien zur Feststellung des Todeszeitpunktes neu nachzudenken und nunmehr den Hirntod als gültiges Todeskriterium festzulegen. Zum zweiten kann sich eine angewandte Ethik darum bemühen, defizitäre Zielsetzungen und Methoden bestimmter Wissenschaften, die als Ursache für bestimmte moralische Fehlentwicklungen erkannt werden, kritisch zu hinterfragen und direkt auf die

Zielformulierung und das Selbstverständnis dieser Wissenschaft einzuwirken. Führt also beispielsweise in den technischen Wissenschaften die Überbetonung eines einseitig formulierten Rationalitätsbegriffes zu einer moralisch nicht erwünschten Entwicklung innerhalb dieser Wissenschaften, hat eine Technikethik auf eine Veränderung dieses Rationalitätsbegriffes hinzuwirken. Schließlich kann die angewandte Ethik zum dritten versuchen, ethisch relevante Sachverhalte zum Gegenstand gesetzlicher Normierung zu machen und so den Forschungsbereich bestimmter Wissenschaften und/oder die Anwendung ihrer Erkenntnisse qua gesetzlicher Rahmenordnung einschränken. So verbietet es beispielsweise das Embryonenschutzgesetz in Deutschland, menschliche Embryonen zu Forschungszwecken herzustellen.

Trotz der scheinbar klaren Aufgabenstellung und Vorgehensweise gelangt auch die angewandte Ethik selten zu eindeutigen Lösungen. Dies hat zum einen damit zu tun, dass die für eine Entscheidung praktischer ethischer Fragen relevanten empirischen Fakten höchst unterschiedlich bewertet werden können (vgl. Bayertz 1994, 28 f.). So ergibt sich beispielsweise bei der ethischen Bewertung von Sterbehilfe – ohne an dieser Stelle auf ›technische Details‹ näher eingehen zu wollen – ein generelles Bewertungsproblem hinsichtlich der Irreversibilität der Schädigungen der betroffenen Person, der durch diese Schädigungen hervorgerufenen Beschränkung der Lebensqualität und der Einschätzung des subjektiven Willens des Betroffenen, in diesem Falle sein Leben tatsächlich beenden zu wollen, bzw. die Fortführung lebenserhaltender Maßnahmen abzulehnen. Zum anderen unterscheiden sich auch die angewandten Ethiker in den für ihre Argumentation maßgeblichen normativen Prämissen. Während sich so im Falle der Sterbehilfe auf der einen Seite mit der Heiligkeit des menschlichen Lebens oder jenen vollkommenen Pflichten, die der Einzelne gegenüber sich selbst besitzt (Kant), argumentieren lässt, um ein unter allen Umständen gültiges Selbsttötungsverbot zu begründen, lassen sich auf der anderen Seite Grundwerte wie Selbstbestimmung oder utilitaristische Positionen anführen, auf deren Grundlage eine Selbsttötung unter bestimmten Bedingungen gerechtfertigt erschiene. Schließlich ergibt sich als weiteres Problem, dass eine anwendungsorientierte Ethik in hohem Maße auf den gesellschaftlichen Konsens hinsichtlich der konkreten Umsetzung ihrer Lösungsvorschläge angewiesen ist. Insofern tendiert die angewandte Ethik dazu, vermittelnde Positionen einzunehmen. Ein gutes Beispiel dafür sind die aus der Medizinethik entwickelten ›mittleren Prinzipien‹ (vgl. Beauchamp/Childress 2001), die nicht nur auf die Konsensfähigkeit in praktischer Hinsicht abzielen, sondern auch auf eine Konvergenz der sich teils kontrovers gegenüberstehenden ethischen Positionen. Hinzu kommt, dass die Prinzipien der verschiedenen Positionen der allgemeinen Ethik jeweils unterschiedliche Interpretationen im Hinblick auf konkrete praktische Fragen zulassen.

Wirtschaftsethik als angewandte Ethik

Unterlagen die Grundsätze des Wirtschaftens und die wirtschaftliche Betätigung des Einzelnen in der Antike und im Mittelalter strengen normativ-ethischen Vorgaben, kam es mit Beginn der Aufklärung und der Ausdifferenzierung verschiedener Wissenschaften zu einer ›Entmoralisierung‹ der Wirtschaft. »Spätestens im 18. Jahrhundert wird [...] deutlich, dass die Wirtschaftsordnung [...] sich den Anforderungen einer moralischen Codierung entzieht« (Luhmann 1994a, 186). Im Sinne Luhmanns führt die funktionale Ausdifferenzierung verschiedener gesellschaftlicher Subsysteme, wie etwa Politik oder Wirtschaft, zu einer gleichzeitigen Reduktion der gesellschaftlichen Relevanz von Moral als Grundlage menschlicher Verhaltenssteuerung. Wirtschaft wird so zum ›moralfreien Raum‹ in dem ›Moral‹ vor allem als Störfaktor empfunden wird. Grundlage der Wirtschaft bilden Tauschbeziehungen in denen von der moralischen Bewertung der Tauschpartner als Person vollständig abstrahiert wird (vgl. Luhmann 1994b, 324 f.).

Mit Kurt Bayertz lassen sich dieser Diagnose jedoch mindestens drei Argumente entgegenstellen (vgl. Bayertz 1994, 24 ff.): So lässt sich zum einen feststellen, dass mindestens in unserer Alltagsbewertung moralische Urteile auch im ökonomischen Kontext handlungsrelevant erscheinen. So bewerten wir beispielsweise die Bespitzelung von Mitarbeitern durch Vorgesetzte oder die systematische Diskriminierung von Frauen am Arbeitsplatz durchaus anhand moralischer Kriterien und ziehen hieraus mitunter unsere (ökonomischen) Konsequenzen, indem wir beispielsweise in bestimmten Geschäften nicht mehr einkaufen oder bestimmte Produkte nicht mehr verwenden. Zum zweiten lässt sich gerade innerhalb der scheinbar ›moralfreien‹ Ökonomie eine gegenläufige Tendenz zur »Moralisierung der

Märkte« konstatieren, die nicht zuletzt in einem geänderten Produzenten- und Konsumentenverhalten zum Ausdruck kommt, in dem sich kulturelle Werthaltungen manifestieren und so über Angebot und Nachfrage mitentscheiden (vgl. Stehr 2007, 71 ff.). Schließlich gilt es, darauf hinzuweisen, dass die normative Geltung von Moral nicht durch deren faktische Unwirksamkeit infragegestellt werden kann. Die Gültigkeit moralischer Urteile, beispielsweise über die Angemessenheit von Managementgehältern, bleibt auch dann bestehen, wenn sich in der Unternehmenspraxis niemand danach zu richten müssen glaubt.

Entsprechend geht es einer Wirtschafts- und Unternehmensethik also um die Analyse der moralischen Qualitäten ökonomischen Handelns sowie des Ordnungsrahmens bzw. der Institutionen und der Interdependenz von Handlungs- und Institutionenebene in moralischer Hinsicht. Dabei steht wirtschaftspolitisches und unternehmerisches Handeln oftmals unter Bedingungen, die die Handlungsmöglichkeiten der einzelnen Akteure begrenzen. Stabilitäts- und wachstumspolitische Erwägungen, Gewinnstreben im Interesse der Anteilseigner oder die Sicherung der Marktposition gelten als Ziele, die im ökonomischen Entscheidungsprozess oftmals vor moralischen Überlegungen rangieren und primär zu beachten sind. Wirtschafts- und Unternehmensethik versucht, dieses Spannungsverhältnis zu analysieren und Vorschläge zur Lösung derartiger Dilemmasituationen zu erarbeiten. Zum zweiten setzt sich die Wirtschafts- und Unternehmensethik mit der ökonomischen Theoriebildung und den Prämissen ökonomischer Verhaltensmodelle auseinander. Da sie als angewandte Ethik im beschriebenen Sinne hermeneutisch strukturiert ist, verfährt sie sowohl deskriptiv, indem sie die normativen Grundlagen bzw. Dimensionen der ökonomischen Theoriebildung sowie ihres Vokabulars analysiert, als auch normativ, indem sie moralische Ansprüche formuliert und begründet, an denen sich sowohl wirtschaftliches Handeln als auch die Gestaltung einer Rahmenordnung auf der Meso- und Makroebene orientieren soll. Schließlich setzt sich die Wirtschafts- und Unternehmensethik auch mit der sich permanent wandelnden Rolle von Unternehmen innerhalb von Wirtschaft und Gesellschaft auseinander. Dabei geht es nicht nur um Fragen legitimer Geschäftspraktiken und moralischer Verpflichtungen der Unternehmen, beispielsweise in Schwellen- und Entwicklungsländern, sondern auch um innerbetriebliche Aspekte, wie Mitarbeiterführung, Entscheidungsstrukturen in Unternehmen und unternehmerische Zielsetzungen (vgl. Zimmerli/Aßländer 2005, 304 f.).

Ein Sonderproblem in diesem Kontext stellt dabei die Frage dar, ob Unternehmen selbst als moralische Akteure innerhalb der Wirtschaft begriffen und damit als Organisation zum Adressaten moralischer Forderungen gemacht werden können. So lässt sich einerseits argumentieren, dass ausschließlich Individuen Adressaten moralischer Normen sein können, da nur Individuen in der Lage sind, Gebote zu reflektieren und diese in ihren Entscheidungen zu berücksichtigen. Zwar seien Unternehmen mitunter als juristische Person konstituiert, denen mithin de jure bestimmte Rechte, wie etwa Eigentum oder Vertragsfreiheit, aber auch bestimmte Pflichten, wie etwa Haftungsverantwortung oder Rechenschaftspflicht, zukommen. Dennoch ließe sich hieraus kein Status der Unternehmung als moralischer Person ableiten, da es nur schwer gelingen dürfte, fundamentale personale Voraussetzungen der Ethik, wie etwa Gewissen, die Fähigkeiten, etwas bedauern zu können oder Reue zu empfinden, oder das Bewusstsein um die Verantwortung für das eigene Handeln auf Organisationsebene zu rekonstruieren. Letztlich konstituiere sich das vermeintliche Unternehmenshandeln nur durch die Handlungen individueller Akteure, und ausschließlich dieses könne einem moralischen Urteil unterworfen werden (vgl. Aßländer/Brink 2008, 111). So weist Oswald von Nell-Breuning nicht zu Unrecht darauf hin, dass sich Individuum und Kollektiv stets in einer Wechselbeziehung befinden und Gemeinschaft erst aus dem Zusammenwirken aller entsteht. Der Einzelne ist daher überall dort für die Gemeinschaft (mit)verantwortlich, wo er Einfluss auf die Gemeinschaft ausübt (vgl. v. Nell-Breuning 1968, 20). Selbst wenn der Einzelne im Rahmen einer Korporation tätig ist und im Sinne der Korporation zu handeln hat, ist er alleiniger Träger des moralischen Handelns, und es steht ihm frei, sich seinen individuellen Werthaltungen entsprechend zu verhalten, vorausgesetzt, er ist im Zweifel dazu bereit, die Korporation zu verlassen und damit seine Mitwirkung an einer Entscheidung zu verweigern.

Andererseits existieren innerhalb der Wirtschafts- und Unternehmensethik Positionen, die sich darum bemühen, den Status von Unternehmen als eigenständige moralische Person zu begründen. So argumentiert etwa Patricia H. Werhane, dass Korporationen, wenn sie etwa Rechte auf Freiheit und Autonomie beanspruchen, diese stets zugleich auch als moralische Rechte in Anspruch nehmen. Diesen moralischen Rechten stehen entsprechende moralische Pflichten gegenüber, die mindestens darin bestehen, die gleichen Rechte bei allen übrigen Akteuren in gleicher Weise zu achten (vgl. Werhane 1992). Damit seien Unternehmen als moralische Akteure zu begreifen. Einschränkend gibt Werhane jedoch zu bedenken, dass es sich hierbei lediglich um den Status »sekundärer moralischer Akteure« handeln könne, da die Handlungen der Unternehmen aus den primären Handlungen rationaler Erwachsener konstituiert werden (vgl. Werhane 1992, 330). Entsprechend können sie die primären Rechte rationaler Individuen in ihrem Geltungsanspruch nicht verdrängen. Eine ähnliche Auffassung vertritt Peter A. French, der seine Ansicht, Unternehmen seien vollwertige moralische Akteure, auf die empirische Tatsache stützt, dass Manager in ihren Entscheidungen in der Regel nicht ihren persönlichen Werthaltungen folgen, sondern im Interesse ihres Unternehmens entscheiden. Unternehmerisches Handeln folge daher einer eigenen Intentionalität, die durch die interne Entscheidungsstruktur des Unternehmens vorgegeben und unabhängig von den persönlichen Entscheidungen und Werthaltungen der einzelnen Organisationsmitglieder ist. Es lässt sich somit unterscheiden, ob der Einzelne qua Funktion innerhalb des Unternehmens oder als Privatperson handelt (vgl. French 1992). Handeln Personen qua Funktion sind es nicht mehr Individuen, die für ihr Verhalten verantwortlich gemacht werden müssen, sondern es ist die Institution selbst, die dieses Verhalten bestimmt und mithin moralisch beurteilt werden muss.

Systematik der Wirtschafts- und Unternehmensethik

Angesichts der Vielschichtigkeit der Themenbereiche hat sich innerhalb der Wirtschafts- und Unternehmensethik eine eigenständige Systematisierung der jeweiligen Ansätze etabliert. Generell lassen sich die verschiedenen Ansätze dabei anhand zweier Kriterien ordnen (vgl. Zimmerli/Aßländer 2005, 322–327): (1) Zum einen erlaubt eine systembezogene Einteilung wirtschaftsethischer Ansätze eine Unterscheidung nach der jeweiligen systematischen Ebene ihrer Analyse. (2) Zum anderen ergibt eine akteursspezifische Einteilung eine Zuordnung wirtschaftsethischer Ansätze entsprechend den unterschiedlichen Adressaten, an die sich die jeweiligen Normen wenden.

(1) Folgt man der systematischen Einteilung, gliedert sich die Wirtschaftsethik in drei Ebenen, eine Mikro-, Meso- und Makroebene (vgl. u. a. DeGeorge 1992, 302; Lenk/Maring 1992, 19). Untersuchungsgegenstand der Wirtschaftsethik auf der Makroebene sind der Staat, das Wirtschaftssystem, die Gesamtgesellschaft usw. Die Makroebene wird daher oftmals als Wirtschaftsethik im engeren Sinne bezeichnet. Grundsätzlich geht es dabei um die Beziehung ökonomischer Grundbegriffe und Konzepte zu ethisch-normativen Positionen. Thematisiert werden beispielsweise das Spannungsverhältnis von Effizienz und Gerechtigkeit, Fragen der sozialen Gerechtigkeit in ihrer Beziehung zum Sozial- und Wohlfahrtsstaat einerseits und zu eher marktliberalen Positionen andererseits und damit verbunden eine Reflexion zentraler Begriffe wie Freiheit, Menschenwürde, Gleichheit, Glück etc. Aber auch eher wissenschaftstheoretische Fragen wie die Konsistenz der ökonomischen Theoriebildung, z. B. Probleme der Werturteilsfreiheit innerhalb der ökonomischen Wissenschaften oder der ökonomischen Rationalität als Grundparadigma der ökonomischen Theoriebildung gehören ebenso dazu wie die praktischen Folgewirkungen wirtschaftlicher Aktivitäten, wie etwa Umweltzerstörung oder die wirtschaftspolitische Einflussnahme auf Entwicklungs- und Schwellenländer. Auf der Mesoebene setzt sich die Wirtschaftsethik mit ethischen Problemen von und in Unternehmen, Korporationen, Organisationen und deren Handeln auseinander. Hierfür hat sich der Begriff der Unternehmensethik (im engeren Sinne) eingebürgert. Zu ihren Themenbereichen zählen Fragen der Unternehmensverantwortung, so zum Beispiel für die Folgen- und Nebenwirkungen unternehmerischen Handelns oder nach den im Rahmen einer Corporate Social Responsibility zu übernehmenden Unternehmenspflichten, ethische Aspekte der Unternehmensführung, wie etwa der Vorbildfunktion des Managements (Leadership) oder Fragen der Unternehmenssteuerung (Corporate Governance), und die ethische Analyse unternehmenspolitischer Zielsetzungen, beispielsweise bei der Festlegung von Ethikkodizes und der Art ihrer Implementierung. Auf der Mikroebene versucht die Wirtschaftsethik, Fragen des individuellen richtigen Handelns innerhalb des ökonomischen Lebensbereichs zu beantworten. Gelegentlich wird hierfür der Ausdruck ›Management-Ethik‹ verwendet. Jedoch greift diese Sichtweise zu kurz, da Individuen beispielsweise auch in ihrer Rolle als Konsumenten

Einfluss auf ökonomische Prozesse nehmen können. Auf der Mikroebene beschäftigt sich die Wirtschafts- und Unternehmensethik daher beispielsweise mit Fragen nach der Verantwortung des Einzelnen im Unternehmen, etwa für die Verhinderung von moralisch bedenklichen Verhaltensweisen (Whistleblowing), den Werthaltungen des Managements oder den Einflussmöglichkeiten des Konsumenten auf die Unternehmenspolitik (politischer Konsum).

(2) Im Sinne der akteursspezifischen Einteilung ergibt sich eine Unterscheidung der Wirtschaftsethik in ein individualethisches und ein institutionenethisches Paradigma. Grundlegend für diese Einteilung ist dabei nicht die systematische Ordnung des Untersuchungsgegenstandes, sondern die unterschiedliche Adressierung des Verantwortungssubjekts – Individuum oder Institution – innerhalb der jeweiligen theoretischen Konzeption. Ausgangspunkt des individualethischen Paradigmas ist somit das Individuum als alleiniges Verantwortungssubjekt. Ausgehend von der Annahme, dass nur der Einzelne in der Lage ist, moralische Kompetenz zu entwickeln, wird gefolgert, dass auch innerhalb des Wirtschaftsprozesses moralische Probleme nur im Handeln des Einzelnen zutage treten. Ansätze der Wirtschaftsethik, die dem individualethischen Paradigma folgen, beziehen sich daher u.a. auf Fragen nach den Möglichkeiten der Verhaltenssteuerung und ethischen Selbstverpflichtung des Managements (Manager-Eid), nach der Verbesserung moralischer Entscheidungskompetenzen der Mitarbeiterinnen und Mitarbeiter (Ethik-Schulung und Dilemmatraining) oder nach den Möglichkeiten zur Verhaltenssteuerung der Mitarbeiterinnen und Mitarbeiter im Entscheidungsprozess (Compliance vs. Integrity). Ansätze, die dem institutionenethischen Paradigma folgen, sehen als Adressaten moralischer Normen nicht mehr allein das Individuum. Da Korporationen de facto als Handlungssubjekte auftreten, so die Annahme, seien sie auch als Organisation für die Folgen ihres Handelns zur Verantwortung zu ziehen. Gestützt auf die Erfahrung, dass Individuen dazu neigen, im Interesse ihrer Organisation zu entscheiden, auch wenn dies gegebenenfalls gegen die eigenen moralischen Vorstellungen verstößt, unterstellt das institutionenethische Paradigma der Korporation eine eigene Handlungsintention, die durch die internen Entscheidungsstrukturen der Organisation festgelegt ist. Aus institutionenethischer Perspektive untersucht werden daher Fragen nach dem Umgang von Organisationen mit den Anliegen der durch das Unternehmenshandeln direkt oder indirekt Betroffenen (Stakeholder-Approach), nach den innerhalb der Entscheidungsprozeduren zu implementierenden unternehmensethischen Grundsätzen (ISO 26000; OECD-Richtlinien für Multinationale Unternehmen) oder nach der Verantwortung der Unternehmen innerhalb des ökonomischen Globalisierungsprozesses (Global Compact).

Zu beachten gilt es bei diesem Versuch der systematischen Einteilung wirtschafts- und unternehmensethischer Themenfelder jedoch, dass es sich hier um eine eher akademische Aufgliederung des Themenspektrums handelt, die insgesamt idealtypischer Natur ist. In der Praxis lassen sich derartige Zuordnungen in Reinform kaum analysieren. Dies nicht zuletzt deshalb, da Maßnahmen, die idealtypisch der ein oder anderen Ebene zugeordnet werden können, stets auch auf die anderen Ebenen zurückwirken. So etwa hat die Übernahme gesellschaftlicher Verpflichtungen im Rahmen einer Corporate Social Responsibility (Mesoebene) auch Auswirkungen auf eine Gesellschaftsordnung, da Unternehmen nun mitunter als quasi-staatliche Akteure aktiv werden und bisher staatlicherseits garantierte Leistungen, etwa Förderung der Gesundheitsvorsorge, kompensieren. Ebenso wirkt sich die Verbesserung individueller moralischer Kompetenzen der Mitarbeiterinnen und Mitarbeiter durch entsprechende Schulungsmaßnahmen (individualethisches Paradigma) auch auf die jeweilige Unternehmenskultur aus und kann mithin auch aus institutionenethischer Sicht analysiert werden. Trotz der benannten Schwächen erlaubt es die, wenngleich idealtypische, Systematisierung jedoch, unterschiedliche Perspektiven und Ausrichtungen wirtschafts- und unternehmensethischer Konzeptionen zu unterscheiden und grundlegende Unterschiede in den einzelnen Herangehensweisen dieser Ansätze aufzuzeigen.

Das Verhältnis von Wirtschaftsethik und ökonomischer Wissenschaft

Da sich eine Wirtschafts- und Unternehmensethik, wie jede angewandte Ethik, als Brückendisziplin versteht, deren Aufgabe es ist, zwischen der philosophischen Ethik und den jeweiligen Fachdisziplinen zu vermitteln, soll es abschließend darum gehen, das Verhältnis der Wirtschafts- und Unternehmensethik zur ökonomischen Wissenschaft näher zu bestimmen. Generell scheinen hier vier mögliche Beziehungsmodelle zwischen Wirtschaftsethik und ökonomischer Wissenschaft denkbar (vgl. Aßländer

2005, 327 ff.): Zum Ersten lassen sich Ethik und Ökonomie ihrem theoriegeschichtlichen Ursprung nach als gemeinsame Teilbereiche der Praktischen Philosophie begreifen. Somit handelt es sich zwar um zwei getrennte Lebensbereiche, die in je unterschiedlichen Fachdisziplinen abgearbeitet werden, die aber über das gemeinsame Anliegen der praktischen Philosophie – Anweisungen für gutes und richtiges Handeln zu geben – miteinander verbunden bleiben. Diese Sichtweise war prägend für Antike und Mittelalter, in der Ethik, Oikonomik und Politik als widerspruchsfrei gestaltbares Regelsystem zur Regulierung der privaten, häuslichen und öffentlichen Handlungssphäre gedacht wurden. Für eine moderne Verhältnisbestimmung von Ökonomie und Ethik scheint diese Sichtweise jedoch ungeeignet, da sich der Geltungsbereich der Ökonomie nicht mehr nur auf die privatwirtschaftliche Handlungssphäre des eigenen Hausstandes bezieht und die moderne Ökonomik hinsichtlich ihres methodischen Selbstverständnisses längst den Bereich der praktischen Philosophie verlassen hat.

Zweitens lässt sich das Verhältnis von Ökonomie und Ethik als ein Über- und Unterordnungsverhältnis konzipieren. Ungeachtet der Frage, welcher Wissenschaft hier der Vorrang gebührt, würde dies bedeuten, dass entweder die eine oder die andere Wissenschaft den Lösungsraum der jeweils anderen Wissenschaft bestimmen soll. Dies hätte zur Folge, dass entweder der Lösungsraum für ökonomische Entscheidungen durch das moralisch Gebotene oder der Geltungsbereich der Moral durch das ökonomisch Sinnvolle bereits im Vorfeld begrenzt würde. Dieser Sichtweise folgt unter anderem Karl Homann, der durch seine Trennung von Spielregeln und Spielzügen den systematischen Ort der Moral auf die Ebene der wirtschaftlichen Rahmenordnung verlegt, mithin ökonomisches Handeln bereits im Vorfeld durch moralische Gebote eingeschränkt wissen will (vgl. u.a. Homann/Blome-Drees 1992, 20–36).

Drittens kann das Verhältnis von Ökonomie und Ethik als eine Art wechselseitiger Verflechtung interpretiert werden. In diesem Sinne konkurrieren im Anwendungsfall ökonomische und moralische Ansprüche wechselseitig um die Einlösung ihrer Forderungen. Als problematisch erweist sich dies jedoch dann, wenn die vorgeschlagenen Lösungen entweder ökonomisch sinnvoll, aber moralisch inakzeptabel erscheinen, oder aber moralisch geboten, aber ökonomisch unrentabel sind. Somit würde sich der generelle Zielkonflikt zwischen ethischen und ökonomischen Handlungsgeboten lediglich von der theoretischen auf die praktische Ebene verlagern. Zur Aufhebung dieses Dilemmas schlagen Horst Steinmann und Albert Löhr die herrschaftsfreie Verständigung der Betroffenen über konfligierende Ansprüche als Lösung ökonomisch-sozialer Probleme im Rahmen von ›ad-hoc‹-Diskursen vor, um so die Legitimität der jeweiligen Handlungsoption aus der Zustimmung aller Betroffenen abzuleiten (vgl. u.a. Steinmann/Löhr 1994, 102 f.).

Viertens schließlich könnte versucht werden, die Aufhebung der einen in der anderen Disziplin zu betreiben. Gemeint ist damit entweder die Auflösung der Ethik in der Ökonomie oder umgekehrt der Ökonomie in der Moralphilosophie. Während die antike und mittelalterliche Philosophie dazu tendierten, ökonomische Fragestellungen vor allem unter Bezugnahme auf ethische und theologische Grundsätze abzuhandeln, scheint seit Beginn der Moderne die umgekehrte Tendenz vorzuherrschen, Moral als Ergebnis ökonomischen Handelns zu begreifen. In diesem Sinne garantiere die ›unsichtbare Hand‹ des Marktes, dass das ›ökonomisch Gewollte‹ automatisch zum ›ethisch Gesollten‹ werde, da das Marktergebnis dem Wohle aller diene. Kritik an dem dieser Vorstellung zugrunde liegenden Rationalitätspostulat übt vor allem Peter Ulrich mit seiner integrativen Wirtschaftsethik, indem er anstelle ökonomischer Effizienz als Zielkriterium des Wirtschaftens die Sinnfrage (gutes Leben) und die Legitimitätsfrage (gerechtes Zusammenleben) des Wirtschaftens (»lebensdienliche Ökonomie«) in den Vordergrund rückt und für eine Demokratisierung wirtschaftlicher Prozesse eintritt (vgl. u.a. Ulrich 2002, 34).

Ziel der Wirtschafts- und Unternehmensethik ist es, zum einen als ›Brückendisziplin‹ zwischen der rein instrumentellen Rationalität der Ökonomie und den moralischen Anforderungen der Gesellschaft an die Ökonomie zu vermitteln. Zum anderen will sie praktische Lösungen für konkrete moralische Problemlagen des Wirtschaftens erarbeiten. In diesem Sinne tritt sie weder für eine Aufhebung der Ethik in der Ökonomie oder der Ökonomie in der Ethik noch für ein klassisches Primat der einen über die andere Disziplin ein. Ihr Ziel ist es vielmehr, moralische Forderungen zu begründen und berechtigten moralischen Forderungen innerhalb der Ökonomie Geltung zu verschaffen, indem sie sich um die Schaffung geeigneter Institutionen und die Erarbeitung und Implementierung von Instrumenten, Regeln und

Methoden bemüht, die die Beachtung moralischer Forderungen innerhalb der Wirtschaft fördern.

Literatur

Aßländer, Michael S.: Philosophia Ancilla Oeconomiae? – Wirtschaftsethik zwischen Hilfswissenschaft und Orientierungswissenschaft. In: Thomas Beschorner et al. (Hg.): Wirtschafts- und Unternehmensethik: Rückblick – Ausblick – Perspektiven. München 2005, 325–338.

– /Brink, Alexander: Begründung korporativer Verantwortung: Normenkonkretion als Prozess. In: Andreas G. Scherer/Moritz Patzer (Hg.): Betriebswirtschaftslehre und Unternehmensethik. Wiesbaden 2008, 103–124.

Bayertz, Kurt: Praktische Philosophie als angewandte Ethik. In: Kurt Bayertz (Hg.): Praktische Philosophie. Grundorientierungen angewandter Ethik. Hamburg 1994, 7–47.

Beauchamp, Tom L./Childress, James F.: Principles of Biomedical Ethics. New York/Oxford ^{5}2001.

DeGeorge, Richard: Unternehmensethik aus amerikanischer Sicht. In: Hans Lenk/Matthias Maring (Hg.): Wirtschaft und Ethik. Stuttgart 1992, 301–316.

Düwell, Marcus: Einleitung zu Teil III: Angewandte oder Bereichsspezifische Ethik. In: Ders./Christoph Hübenthal/Micha H. Werner (Hg.): Handbuch Ethik. Stuttgart/Weimar ^{2}2006, 243–247.

French, Peter A.: Die Korporation als moralische Person. In: Hans Lenk/Matthias Maring (Hg.): Wirtschaft und Ethik. Stuttgart 1992, 317–328.

Habermas, Jürgen: Moralbewusstsein und kommunikatives Handeln. Frankfurt a. M. 1992.

Homann, Karl/Blome-Drees, Franz: Wirtschafts- und Unternehmensethik. Göttingen 1992.

Irrgang, Bernhard: Praktische Ethik aus hermeneutischer Sicht. Paderborn 1998.

Jonas, Hans: Das Prinzip Verantwortung – Versuch einer Ethik für die technologische Zivilisation. Frankfurt a. M. 1984.

–: Technik, Medizin und Ethik – Praxis des Prinzips Verantwortung. Frankfurt a. M. 1987.

Lenk, Hans/Maring, Mathias: Wirtschaftsethik – ein Widerspruch in sich selbst? In: Dies. (Hg.): Wirtschaft und Ethik. Stuttgart 1992, 7–30.

Luhmann, Niklas: Die Wirtschaft der Gesellschaft. Frankfurt a. M. 1994a.

–: Soziale Systeme – Grundriss einer allgemeinen Theorie. Frankfurt a. M. 1994b.

Nell-Breuning, Oswald von: Baugesetze der Gesellschaft. Freiburg i. Br. 1968.

Nida-Rümelin, Julian: Theoretische und angewandte Ethik: Paradigmen, Begründungen, Bereiche. In: Ders. (Hg.): Angewandte Ethik. Die Bereichsethiken und ihre theoretische Fundierung. Stuttgart 2005, 2–87.

Ott, Konrad: Strukturprobleme angewandter Ethik und Möglichkeiten ihrer Lösung. In: Ders. (Hg.): Vom Begründen zum Handeln. Aufsätze zur angewandten Ethik. Tübingen 1996, 51–85.

Pieper, Annemarie: Einführung in die Ethik. Tübingen 2000.

Popper, Karl: Die Verteidigung des Rationalismus. In: David Miller (Hg.): Karl Popper. Ein Lesebuch. Tübingen 1995, 12–25.

Schumann, Olaf J.: Wirtschaftsethik und die Sphäre der Kritik. In: Markus Breuer/Alexander Brink/Olaf J. Schumann (Hg.): Wirtschaftsethik als kritische Sozialwissenschaft. Bern 2003, 63–87.

Stehr, Nico: Die Moralisierung der Märkte – Eine Gesellschaftstheorie. Frankfurt a. M. 2007.

Steinmann, Horst/Löhr, Albert: Grundlagen der Unternehmensethik. Stuttgart 1994.

Thurnherr, Urs: Angewandte Ethik. Hamburg 2000.

Toulmin, Stephen: How Medicine Saved the Life of Ethics. In: Joseph, P. DeMarco/Richard M. Fox (Hg.): New Directions in Ethics – The Challenge of Applied Ethics. New York 1986, 265–281.

Tugendhat, Ernst: Vorlesungen über Ethik. Frankfurt a. M. 1994.

Ulrich, Peter: Der entzauberte Markt – eine wirtschaftsethische Orientierung. Freiburg i. Br. 2002.

Werhane, Patricia H.: Rechte und Verantwortung von Korporationen. In: Hans Lenk/Matthias Maring (Hg.): Wirtschaft und Ethik. Stuttgart 1992, 329–336.

Zimmerli, Walther Ch./Aßländer, Michael S.: Angewandte Ethik. In: Helmut Reinalter (Hg.): Perspektiven der Ethik. Innsbruck 1999, 48–74.

–/–: Wirtschaftsethik. In: Julian Nida-Rümelin (Hg.): Angewandte Ethik – die Bereichsethiken und ihre theoretische Fundierung. Stuttgart ^{2}2005, 302–384.

Michael S. Aßländer und Olaf J. Schumann

2. Der Verantwortungsbegriff der Wirtschaftsethik

Der Verantwortungsbegriff ist ein »folgenbasiertes Legitimationskonzept« (Wieland 1999, 57). Das Konzept der Verantwortung bezieht sich nicht nur auf die voraussichtlichen Konsequenzen einer Handlung, sondern auch auf die spezifischen Umstände und Rahmenbedingungen unter denen Handlungen vollzogen werden. Die Absichten, mit denen ein Akteur ›guten Gewissens‹ etwas zu erreichen trachtet, sind genauso Bestandteile der Verantwortung wie sein Wissensstand und das normative Regelsystem, innerhalb dessen er handelt. Im Unterschied zu anderen ethischen Kategorien ist ›Verantwortung‹ ein kontextualistisches Moralprinzip, das auf der Berücksichtigung akteursbezogener Eigenschaften und situativer Handlungsbedingungen beruht.

Der Verantwortungsbegriff ist aber noch durch eine weitere Besonderheit gekennzeichnet. Er lässt sich, obwohl sein Ursprung personalistischer Natur ist, auf höherstufige Handlungseinheiten übertragen. Verantwortung kann auch Gruppen, Verbänden, Institutionen oder Organisationen zugeschrieben werden. Diese Zuschreibung ist nicht unumstritten, sie hat sich aber im Lauf der Zeit durchgesetzt und wird sowohl im Alltag, wie auch in der Wissenschaft praktiziert.

Daher ist es kein Zufall, dass der Verantwortungsbegriff in der Wirtschaftsethik eine zentrale Rolle spielt. Versteht man unter Wirtschaftsethik »die Frage, wie moralische Normen und Ideale unter den modernen Bedingungen einer eher internationalen, wettbewerblich verfassten Marktwirtschaft zur Geltung gebracht werden können« (Pies/von Winning 2005, 495), lässt sich die ökonomische Relevanz des Verantwortungsbegriffs unmittelbar erkennen. Aus Sicht des Verantwortungsprinzips wird danach gefragt, wie Marktakteure ihre Handlungen so gestalten können, dass deren Folgen weder wettbewerbliche Nachteile mit sich bringen, noch zu Schäden des Individual- oder Gemeinwohls führen.

Das wirtschaftsethische Verantwortungsprinzip zielt, anders gesagt, auf eine Vermittlung der ökonomischen Rationalität mit der moralischen Vernunft. Die Kategorie der Verantwortung ist zu dieser Vermittlung besonders gut geeignet, weil sie als folgenbasiertes Legitimationskonzept nicht nur nach den normativen Gründen von Entscheidungen fragt, sondern auf den praktischen Erfolg oder Misserfolg von Handlungen gerichtet ist. Das immanente Erfolgskalkül prädestiniert das Verantwortungsprinzip zu einer normativen Reflexionskategorie wirtschaftlicher Prozesse, die mit den herkömmlichen Mitteln kategorischer Ethiken nicht adäquat zu erfassen sind.

Hierin liegt der Grund dafür, dass der Begriff der Verantwortung in der Wirtschafts- und Unternehmensethik in den letzten Jahren eine auffällige Konjunktur erlebt hat. Der Ausdruck ›Corporate Social Responsibility‹ macht dies genauso deutlich wie entsprechende unternehmensethische Konzepte des Wertemanagements oder des ›Responsible Leadership‹. Durch diese Aktualität treten aber die Probleme umso deutlicher zutage. Sie liegen zum einen darin, dass der Begriff der Verantwortung von seinen Ursprüngen her ein individualethisches Konzept der persönlichen Rechtfertigung von Handlungsentscheidungen ist und der dialogischen Tradition der Ethik entstammt, die auf interpersonalen Interaktionsverhältnissen und diskursiven Begründungsverfahren beruht. Zum anderen setzt die Übertragung des Verantwortungsbegriffs auf Märkte, Organisationen oder Unternehmen voraus, dass diese sich nach dem Muster von intentionalen Entscheidungsprozessen und gesteuerten Handlungsvorgängen beschreiben lassen. Genau das ist aber unter Bedingungen eines ausdifferenzierten Wirtschaftssystems und globalisierter Märkte nur eingeschränkt möglich.

Dieser Artikel gliedert sich in vier Teile. Zuerst wird der Begriff der Verantwortung in seiner historischen und systematischen Entwicklung beschrieben. Dann folgt eine Auseinandersetzung mit den wichtigsten Dimensionen, Ebenen und Modalitäten des Verantwortungsbegriffs. Darauf hin werden Modelle korporativer Verantwortung zur Darstellung gebracht und anschließend neuere Ansätze der Systemverantwortung behandelt.

Zum Begriff der Verantwortung

Der Verantwortungsbegriff, so wie er heute verwendet wird, ist eine genuin moderne Kategorie, die erst am Beginn des 19. Jahrhunderts auftaucht. Der Begriff existiert zwar schon ab der zweiten Hälfte des 15. Jahrhunderts, wo er sich auf die Rechtfertigung von begangenen Handlungen vor Gott oder dem Gericht bezieht. Der semantische Ursprung des Begriffs jedoch liegt in der römischen Rechtslehre, von wo aus er auf den Bereich der Moral übertragen wurde

(Grimm 1956, 79 ff.). Dabei geschieht der Vollzug der Verantwortung in Analogie zur christlichen Rechtfertigung vor dem Richterstuhl Gottes: Man hat für seine Taten einzustehen und sie gegenüber einer höheren Instanz zu verantworten, die über das Maß der Strafe entscheidet. Der traditionelle Verantwortungsbegriff besitzt somit apologetische Züge und gründet in der Schuldhaftigkeit bzw. Unrechtmäßigkeit des Handelns: Wer zur Verantwortung gezogen wird, hat gegen eine bestehende Ordnung von Gesetzen, Normen oder Werten verstoßen und muss sich dafür rechtfertigen.

Die Gleichsetzung von Verantwortung mit Rechtfertigung hat, vor allem in der christlichen Philosophie des Mittelalters, die Frage nach der Zurechnung aufgeworfen. Die Lehre der *imputatio* lässt sich bis auf Aristoteles zurückverfolgen, der eine Reihe von grundlegenden Kriterien für die Zurechenbarkeit von Handlungen formuliert hat. Hierzu zählt vor allem die Freiwilligkeit, denn nur derjenige, der ohne Nötigung handelt, kann für seine Taten zur Rechenschaft gezogen werden. Neben der Freiwilligkeit (*hekoúsion*) gehören auch Wissentlichkeit und Willentlichkeit zu den Bedingungen der Zurechenbarkeit von Handlungen. Nur wer unter der Kenntnis absehbarer Umstände und aus eigenem Entschluss (*prohaíresis*) handelt, lässt sich für sein Tun verantwortlich machen. Dabei ist es dem Handelnden nicht gestattet, sich auf sein Unwissen herauszureden. Er besitzt vielmehr die Sorgfaltspflicht, sich über die genauen Umstände seines Handelns zu informieren. Nach Aristoteles ist auch derjenige verantwortlich, der aus Willensschwäche (*akrasia*) gegen die rechtmäßige Ordnung verstößt und es trotz besserer Einsicht unterlässt, auf den Pfad der Tugend (*arete*) zurückzukehren (Aristoteles 1985, 44 ff.).

Aristoteles hat die bis heute zentralen Kriterien der Freiheit, Kausalität und Intentionalität benannt, die für die Zurechenbarkeit von Handlungen erforderlich sind. Die wesentlichen Erweiterungen in der nachfolgenden Zeit liegen vor allem in der Verbindung von deterministischen und indeterministischen Handlungselementen. Neben Thomas von Aquin hat vor allem David Hume betont, dass trotz Freiheit des Handelns eine innere Gesetzmäßigkeit vorliegen muss, damit die Zurechnung von Handlungsfolgen möglich ist. Nach Hume müssen Handlungen auf dem »Prinzip der Notwendigkeit« (Hume 1978, 127) beruhen, d.h. einer immanenten Kausalität von Ursache und Wirkung gehorchen, damit sie Personen zugeschrieben werden können. Das »Prinzip der Notwendigkeit« ist erforderlich, um den Grad der Freiheit und damit den Anteil der Verantwortlichkeit zu bestimmen, den eine Person für ihre Handlungen trägt.

Handlungs- und Willensfreiheit sind deshalb auch keine empirischen, sondern normative Prädikate. Sie beruhen auf der Bewertung nicht nur der Handlung, sondern auch des Handelnden von einem externen Standpunkt aus, von dem in Ansehung der konkreten Tatbedingungen und nach Maßgabe verbindlicher Regeln ein Urteil über den Grad der Verantwortlichkeit gefällt wird. Die in einem juridischen Sinn prototypische Verantwortlichkeit eines Akteurs für seine Handlungen hängt somit von einer doppelten Zurechnung ab: der Zurechnung einer vollzogenen Handlung nach institutionalisierten Rechtsregeln (*imputatio iuris*) und der Zurechnung der entsprechenden Handlung auf eine verantwortliche Person (*imputatio facti*).

Im 17. und 18. Jahrhundert findet sich der Verantwortungsbegriff zwar auch bei Autoren wie Hobbes, Locke oder LaMettrie wieder, wenn von der politischen Verantwortlichkeit des Ministers oder der Regierung gesprochen wird, wobei hier zumeist die Zuständigkeit und die Erfüllung von Aufgaben aufgrund eines ausgeübten Amts oder Mandates im Vordergrund stehen (McKeon 1957, 8 f.). Die Verwendung des Verantwortungsbegriffs im Sinn der individuellen Rechtfertigung von Handlungsfolgen lässt sich genaugenommen jedoch erst bei Kant beobachten, der die »Person« als »dasjenige Subjekt« definiert, »dessen Handlungen einer Zurechnung fähig sind« (Kant 1977, 334). Nach Kant ist es das persönliche »Gewissen«, das »als subjektives Prinzip einer vor Gott seiner Taten wegen zu leistenden Verantwortung gedacht werden« (ebd. 1977, 574) muss. Die Verantwortung gehört für Kant in den Bereich der Pflichten gegen sich selbst und wird als Selbstverantwortung eines Akteurs für seine moralischen Entscheidungen bestimmt. Hegel verleiht dem Verantwortungsbegriff eine stärker konsequentialistische Bedeutung, indem er von der »Zersplitterung der Folgen« spricht, die Akteuren auch dann zugerechnet werden können, wenn diese nur über ein begrenztes Wissen der »Umstände« verfügen, die »allgemeine Natur« der Handlung aber hätten kennen können (Hegel 1970, 219, 222).

Die Erweiterung des Verantwortungsbegriffs durch die Einbeziehung nicht intendierter Handlungsfolgen und Unterlassungen ist charakteristisch für das 19. Jahrhundert. Nach John Stuart Mill kann der Mensch andere »nicht nur durch sein Handeln schädigen, sondern auch durch sein Nicht-Handeln, und in beiden Fällen ist er ihnen billigerweise für den Schaden verantwortlich« (Mill 1969, 18). Mit der Ausbreitung von Technik, Wissenschaft und Industrie nehmen Schadensentwicklungen zu, die zwar durch individuelles Handeln verursacht wurden, sich aber nicht mehr auf die persönliche Verantwortung einzelner Akteure zurückführen lassen. Arbeitsunfälle, technische Katastrophen und ökonomische Fehlplanungen beruhen zumeist nicht auf individueller Schuld, sondern stellen unvorhersehbare Nebenfolgen kollektiver Prozesse dar. Zu den Mitteln, dieser Nebenfolgen Herr zu werden, gehören neben der Herausbildung von Sozialversicherungssystemen etwa das zivilrechtliche Institut der verschuldensunabhängigen Gefährdungshaftung, wonach jemand für Schäden einzustehen hat, die sich aus der Errichtung und dem Betrieb technischer Anlagen ergeben, auch wenn den Betreiber keine unmittelbare Schuld trifft.

Die Kollektivierung und Verrechtlichung des Verantwortungsprinzips, die vor allem im 20. Jahrhundert in den Vordergrund treten, resultieren aus dem Umstand, dass in arbeitsteiligen und funktional differenzierten Gesellschaften die Kategorie der Zurechnung vom Handlungssubjekt abgelöst und auf höherstufige Prozessvollzüge übertragen werden muss. Zurechnungs- und Handlungssubjekt treten auseinander und machen erweiterte Verantwortungskonzepte erforderlich, die der sachgesetzlichen und systemischen Dynamik moderner Wirtschafts- und Industriegesellschaften angemessen sind. Das Verantwortungsprinzip hat seinen Ort nicht mehr vorrangig im moralischen Bewusstsein personaler Akteure, sondern »in der Struktur der Geschehnisse« (Picht 1969, 325), die durch eine autonome Entwicklungslogik gekennzeichnet sind. Komplexe Handlungsprozesse machen eine Erweiterung des moralischen Verantwortungsbegriffs nicht nur um rechtliche und strukturelle Elemente erforderlich, sondern auch um die futurische Dimension, da die Folgen komplexer Prozesse weit in die menschliche Zukunft hineinreichen. Hans Jonas hat deshalb das Verantwortungsprinzip zu einem prospektiven Vorsorgeprinzip der technologischen Zivilisation gemacht, das nicht die »ex-post-facto Rechnung für das Getane, sondern die Determinierung des Zu-Tuenden betrifft« (Jonas 1987, 174).

In dem Maße, in dem der Verantwortungsbegriff auf komplexe soziale Prozesse übertragen wird, tritt die Vielschichtigkeit und Mehrwertigkeit des Verantwortungsbegriffs in den Vordergrund. Der Begriff der Verantwortung erfährt eine zunehmende Differenzierung im Hinblick auf seine Geltungs- und Anwendungsdimensionen, die für die Herausbildung eines genuin wirtschaftsethischen Verantwortungsprinzips von Bedeutung ist.

Dimensionen, Ebenen und Modalitäten der Verantwortung

Von seiner Grundstruktur her ist der Verantwortungsbegriff durch drei primäre Dimensionen bzw. Relationen gekennzeichnet: dem Subjekt der Verantwortung, dem Objekt der Verantwortung und der Instanz der Verantwortung. Im Vordergrund steht dabei die Frage, wer für wen (oder was) nach welchen Kriterien verantwortlich ist (oder gemacht werden kann). Der Verantwortungsbegriff ist ein mindestens dreistelliger Zuschreibungsbegriff, der das Verantwortungssubjekt, den Verantwortungsbereich und die Verantwortungsinstanz umfasst. Otfried Höffe hat den drei Dimensionen des Verantwortungsbegriffs noch die vierte Dimension der notwendigen »Beurteilungskriterien« hinzugefügt (Höffe 1993, 23), während nach Hans Lenk der Verantwortungsbegriff auf insgesamt sechs Dimensionen bzw. Relationen fußt, die sich auf »jemanden« beziehen, der »für« etwas »gegenüber« einem Adressaten »vor« einer Instanz »in bezug auf« normative Kriterien »im Rahmen« eines Handlungsbereiches verantwortlich ist (Lenk 1992, 81 f.).

Der moderne Verantwortungsbegriff hat die schon genannten Bedingungen der Freiheit, Kausalität und Intentionalität zur Voraussetzung, damit Akteuren die Folgen ihres Handelns zugerechnet werden können. Dabei hängen die Kriterien und Maßstäbe, die für die Zuschreibung von Verantwortung erforderlich sind, in der Praxis von den konkreten Umständen und vorliegenden Rahmenbedingungen ab, unter denen Akteure ihre Handlungen vollziehen (Heidbrink 2003, 30 ff.). Vorsatz und Absicht, Fähigkeiten und Kenntnisse, Aufgaben und Rollen, das Arbeitsumfeld und gesetzliche Regelungen sind Faktoren, die bei der Verantwortungsattribution berücksichtigt werden müssen.

Es handelt sich somit bei Verantwortungsurteilen um interpretative Zurechnungskonstrukte, die durch die Verbindung von deskriptiven Beschreibungen mit normativen Wertungen zustande kommen: Akteure sind nicht verantwortlich, sondern werden nach Maßgabe von Zuständigkeiten und Regeln, aufgrund bestimmter Rollen und Aufgaben, durch ihre Zugehörigkeit zu einer Organisation oder Korporation oder als Bürger eines politischen Gemeinwesens zur Verantwortung gezogen. Aus diesem Grund ist es sinnvoll, über die genannten Dimensionen bzw. Relationen hinaus zwischen verschiedenen Ebenen des Verantwortungsbegriffs zu unterscheiden (Lenk 1994, 247 ff.):

- die Handlungs(ergebnis)verantwortung, unter die positive und negative Formen der Kausal- bzw. Präventionsverantwortung für begangene und zukünftige Handlungsfolgen fallen, die in individueller, kollektiver, institutioneller und korporativer Hinsicht spezifiziert werden müssen,
- die Rollen- und Aufgabenverantwortung, die sich auf die berufsspezifische Zuständigkeit von Akteuren, aber auch auf Fragen der Loyalität, der Für- und Vorsorge sowie der Haftung und Entschädigung in organisationalen und institutionellen Handlungsfeldern bezieht,
- die (universal)moralische Verantwortung, die sich auf prinzipielle Formen der Verantwortung von Akteuren gegenüber anderen bezieht, aber auch rollen- und aufgabenspezifische Pflichten umfasst, die als solche nicht delegierbar und aus ethischen Gründen persönlich zu erfüllen sind,
- die rechtliche Verantwortlichkeit, die im Gegensatz zur moralischen Verantwortung nicht auf subjektiver (Selbst-)Verpflichtung, sondern objektiven Schuldkriterien beruht und durch die juridisch einklagbare Sanktionierung von Fehlverhalten gekennzeichnet ist.

Mit Hilfe dieser vier Ebenen lassen sich die Modalitäten des Verantwortungsbegriffs genauer bestimmen. Nach der klassischen Unterscheidung von H.L.A. Hart umfasst der Verantwortungsbegriff nicht nur die Rollenverantwortung und die Kausalverantwortung, sondern auch die Haftungsverantwortung und die Fähigkeitenverantwortung von Akteuren (Hart 1968, 212). Geht man über diese noch stark an einem juridischen Verständnis orientierte Bestimmung des Verantwortungsbegriffs hinaus, wird deutlich, dass Verantwortung sich nicht nur auf die moralische Grundverantwortlichkeit von Akteuren und die durch ihr Handeln verletzten Normen und Regeln bezieht, sondern auch auf ihre Zuständigkeit für sozial definierte Aufgabenfelder. Solche Aufgabenfelder sind nicht nur durch rechtliche Regeln oder moralische Normen vorgegeben, sondern entstehen auch durch kollektive Erwartungen oder gehen aus dem freiwilligen Engagement von Akteuren hervor.

Damit lassen sich drei Grundformen der Verantwortung unterscheiden, die häufig nicht klar genug voneinander abgegrenzt werden: Der ethische Sinn von Verantwortung (*responsibility*) besteht darin, dass Akteure aufgrund moralischer Prinzipien für die Folgen ihres Handelns einstehen. Der rechtliche Sinn von Verantwortung (*liability*) liegt darin, dass Akteure nach Maßgabe von Gesetze und Regeln für ihre Handlungen sanktioniert werden können. Der soziale Sinn von Verantwortung (*accountability*) ist dadurch gekennzeichnet, dass Akteure sich aufgrund von bestehenden Erwartungen oder persönlicher Bereitschaft um die nicht selbstverständliche Erfüllung von Aufgaben kümmern.

Anhand der beschriebenen Dimensionen, Ebenen und Grundformen lässt sich erkennen, dass der Verantwortungsbegriff im Unterschied zu anderen moralischen und rechtlichen Grundbegriffen durch eine bipolare Grundstruktur charakterisiert ist, die ihn für die Anwendung auf komplexe Handlungsprozesse prädestiniert, zugleich aber seine Auslegungsbedürftigkeit erhöht. Verantwortung kann grundsätzlich zugerechnet und übertragen, aber genauso auch übernommen und aktiv ausgefüllt werden. Diesen beiden Seiten der externen Zurechnung und der internen Übernahme von Verantwortung entspricht die Unterscheidung von passiver und aktiver Verantwortung bzw. negativer und positiver Verantwortung. Danach liegt eine negative Verantwortung vor, wenn ein Akteur für eine begangene Handlung nachträglich zur Rechenschaft gezogen wird, während die positive Verantwortung darin besteht, dass jemand sich aus eigener Initiative um die Vermeidung von Schadensfolgen kümmert oder sich aktiv für die Verbesserung von Zuständen einsetzt.

Im Unterschied zur negativen Verantwortung, die sich normalerweise auf zurückliegende Handlungen bezieht, richtet sich die positive Verantwortung auf in Zukunft eintretende Handlungs- oder Unterlassungsfolgen. Man kann diese beiden Ausrichtungsweisen der Verantwortungskategorie auch mit temporalen Begriffen beschreiben: Der Verantwortungsbegriff besitzt eine retrospektive Ausrichtung, wenn er auf vergangene Handlungsvollzüge angewendet wird; und er besitzt eine prospektive Ausrichtung, wenn er zukünftige Handlungskonsequenzen mit einschließt. Man spricht in diesem Zusammenhang auch von einer rückwärtsgewandten Ex-post-Verantwortung, die auf vollzogene Handlungsvorgänge übertragen wird, und einer zukunftsorientierten Ex-ante-Verantwortung, die sich auf vorausliegende Handlungsfolgen richtet. Dabei geht die zeitliche Differenz im Verantwortungsbegriff mit einer sachlichen Differenz einher: Während die Ex-post-Verantwortung primär handlungsbezogen ist und ihr Fundament in der Umsetzung von Prinzipien und Regeln hat, ist die Ex-ante-Verantwortung primär ereignis- und zustandsbezogen; ihr Ziel besteht vor allem in der Herstellung bestimmter Güter und der Vermeidung bestimmter Übel.

Aus diesem Grund wird üblicherweise die Ex-post-Verantwortung auf deontologische Moralstrukturen zurückgeführt, die den Vollzug kategorisch oder obligatorisch gebotener Handlungen vorschreiben. In der Umsetzung des Pflichtgemäßen (*to deon*: die Pflicht) realisiert der Handelnde das Gebotene, ohne dabei auf den Erfolg oder Misserfolg seiner Handlung zu achten. Handlungen werden vollzogen und zugerechnet, weil sie unter bestimmte allgemeine Regeln fallen, die vorgeben, was im Einzelfall zu tun ist. Im Unterschied dazu wird die Ex-ante-Verantwortung auf teleologische Moralstrukturen zurückgeführt, die das Handeln auf das Erreichen vorzugswürdiger Ziele (*to telos*: das Ziel, der Zweck) ausrichten. Eine Handlung ist dann geboten, wenn mit ihrer Umsetzung eine Minderung von Übeln oder eine Vermehrung von Gütern erreicht wird und somit ein Übermaß an positiven gegenüber negativen Folgen entsteht (Frankena 1994, 32 ff.).

Der Verantwortungsbegriff ist somit sowohl durch kategorische Komponenten gekennzeichnet, die aus seiner deontologischen Verfassung in der Gestalt handlungsanleitender Pflichten und Regeln hervorgehen, als auch durch utilitaristische Komponenten, die durch seine teleologische Ausrichtung in der Gestalt von erstrebenswerten Gütern und Zielen vorgegeben werden. Beide Komponenten sind relevant für ein vollständiges Verständnis des Verantwortungsbegriffs. Wo Akteure bestimmte Ziele verfolgen oder sich für die Verbesserung von Zuständen einsetzen, tun sie dies aus vorausliegenden, zumeist intrinsischen Prinzipien und Überzeugungen. Wenn Akteure für vollzogene Handlungen zur Verantwortung gezogen werden, geschieht dies unter dem Bezug auf geltende Normen und Regeln und im Hinblick darauf, wieweit sie in der Lage waren, die Folgen ihrer Handlungen vorauszusehen und zu beeinflussen.

Die Unterscheidung von retrospektiver und prospektiver Verantwortung, von deontologischer Ex-post-Verantwortung und teleologischer Ex-ante-Verantwortung ist analytisch sinnvoll, lässt sich aber unter normativen und praktischen Aspekten nicht durchweg aufrechterhalten. Die Frage, die mit dem Verantwortungsbegriff aufgeworfen wird, lautet nicht, ob jemand aus universalmoralischen Geltungsgründen oder innerhalb einer bestehenden Rechtsordnung handelt, um bestimmte Ziele oder Zustände zu realisieren, sondern ob die Realisierung von Zwecken in einem angemessenen Verhältnis zu den eingesetzten Mitteln steht. Als folgenbasiertes Legitimationskonzept beruht der Verantwortungsbegriff auf der Abwägung von bestehenden Handlungsgründen mit erwartbaren Handlungsfolgen. Bei der Bestimmung des Verpflichtungsgrads, mit dem Handlungsgründe im Hinblick auf ihre Handlungsfolgen beurteilt werden, lassen sich im Anschluss an die Kantische Urteilslehre drei Modalitäten unterscheiden, nach denen Verantwortlichkeiten zugeschrieben und übernommen werden (vgl. Höffe 1993, 30):

Apodiktische Verantwortung:
- aus (universal)moralischen Gründen geboten
- resultiert aus kategorialen Grundprinzipien mit unbedingter Geltung
- nicht delegierbare und teilbare Notwendigkeit von Handlungen

Assertorische Verantwortung:
- aus tatsächlichen, impliziten oder expliziten Verpflichtungen geboten
- resultiert aus positiven rechtlichen Gesetzen oder politischen Regeln
- in vertraglichen oder sozialen Vereinbarungen verankerte faktische Verpflichtungen

Problematische Verantwortung:
- nicht aus notwendigen oder tatsächlichen, sondern freiwilligen Gründen geboten
- verdienstliche Mehrleistungen, die aus Benevolenz oder Philantrophie hervorgehen
- in persönlichen Überzeugungen oder prosozialen Einstellungen verankertes Wohlverhalten

Damit ergibt sich folgendes Zwischenfazit: Der Verantwortungsbegriff ist ein mindestens dreistelliger Relationsbegriff, der auf normativen und deskriptiven Zuschreibungen beruht, die sich in moralischer, rechtlicher und sozialer Hinsicht unterscheiden lassen. Dabei umfasst der Verantwortungsbegriff apodiktische (notwendige) Grundprinzipien, assertorische (tatsächliche) Verpflichtungen und problematische (mögliche) Verdiensthandlungen. Wo Akteure

Verantwortung übernehmen oder diese ihnen zugeschrieben wird, kommen deshalb nicht nur Nichtschädigungsgebote zum Tragen (negative Verantwortung), sondern auch prosoziale Einstellungen und Wohlverhaltenspflichten (positive Verantwortung). Im Folgenden soll nun geklärt werden, welche besondere Rolle der Verantwortungsbegriff für ökonomische Prozesse und wirtschaftliche Akteure spielt.

Verantwortung von Korporationen

Der Verantwortungsbegriff ist aufgrund seiner prinzipien- und erfolgsorientierten Fundierung in besonderer Weise für die Anwendung auf marktwirtschaftliche Prozesse geeignet. Weil der Verantwortungsbegriff sowohl auf richtige Regeln des Handelns, als auch auf deren erfolgreiche Umsetzung gerichtet ist, integriert er ethische und ökonomische Kriterien. Aus der Perspektive der Verantwortbarkeit wird nicht nur danach gefragt, ob eine Aktion rechtlich oder moralisch geboten ist, sondern auch, ob die Mittel für ihre Realisierung gegeben sind. Mit anderen Worten: Das eingebaute Erfolgskalkül prädestiniert das Verantwortungsprinzip zu einer ethischen Reflexionskategorie ökonomischer Prozesse (Heidbrink 2008, 17 f.).

Vor diesem Hintergrund wird deutlich, warum der Verantwortungsbegriff eine zentrale Rolle in der aktuellen wirtschafts- und unternehmensethischen Diskussion spielt und vor allem im Konzept der ›Corporate Social Responsibility‹, aber auch des ›Corporate Citizenship‹, der ›Corporate Sustainability‹ und ›Corporate Governance‹ verwendet wird. Der Verantwortungsbegriff ist ein Grundprinzip der guten Unternehmensführung sowie der sozialen und nachhaltigen Verantwortung von Unternehmen, da er auf den legitimen Einsatz ökonomischer Mittel für gesamtgesellschaftliche Zwecke gerichtet ist. Aus Sicht des Verantwortungsprinzips wird nicht nur beurteilt, ob das Erwirtschaften von Gewinnen innerhalb rechtlicher Rahmenregeln stattfindet, sondern auch, inwieweit dabei moralische Grundprinzipien eingehalten und philanthropische Leistungen übernommen werden.

Diese unterschiedlichen unternehmensbezogenen Dimensionen des Verantwortungsbegriffs sind von dem amerikanische Unternehmensethiker Archie B. Carroll seit den 1970er Jahren in vierfacher Hinsicht genauer klassifiziert worden (Caroll/Buchholtz 2003, 39 f.):

Ökonomische Verantwortlichkeiten (*economic responsibilities*):
- Verpflichtung von Unternehmen zur Profitabilität und Erwirtschaftung von Gewinnen,
- bildet die obligatorische Voraussetzung für alle weiteren Aktivitäten von Unternehmen,
- wird von Shareholdern, Stakeholdern und der Gesellschaft vorausgesetzt.

Rechtliche Verantwortlichkeiten (*legal responsibilities*):
- Verpflichtung von Unternehmen zur Einhaltung von Gesetzen, Rahmenregeln und Ordnungsprinzipien,
- bildet die kategorische Voraussetzung für die Legitimität von Unternehmen,
- wird ebenfalls von Shareholdern, Stakeholdern und der Gesellschaft vorausgesetzt.

Moralische Verantwortlichkeiten (*ethical responsibilities*):
- Rücksichtnahme von Unternehmen auf ethische, soziale und ökologische Grundstandards,
- beruht auf Prinzipien der Fairness, Gerechtigkeit und Nachhaltigkeit,
- wird von Shareholdern, Stakeholdern und der Gesellschaft nicht vorausgesetzt, sondern erwartet.

Philanthropische Verantwortlichkeiten (*philanthropic responsibilities*):
- Freiwilliges Engagement von Unternehmen für gesellschaftliche Zwecke,
- beruht auf karitativen und benevolenten Mehrleistungen,
- wird von Shareholdern, Stakeholdern und der Gesellschaft nicht vorausgesetzt und erwartet, sondern erwünscht.

Carrolls in der Gestalt einer Pyramide versinnbildlichtes Modell zeigt, dass Unternehmen nicht eine, sondern verschiedene, miteinander zusammenhängende Formen der Verantwortung tragen, die von der Verpflichtung zu profitablem Wirtschaften über die Einhaltung von Gesetzen und die Beachtung moralischer Prinzipien bis zum karitativen gesellschaftlichen Engagement reichen. Die unterschiedlichen Ebenen unternehmerischer Verantwortung bauen hierarchisch aufeinander auf und beeinflussen sich wechselseitig: ökonomische Gewinne sorgen dafür, dass Unternehmen sich soziale Aktivitäten leisten können; moralische Selbstverpflichtungen tragen dazu bei, dass Unternehmen sich auch jenseits rechtlicher Regeln an Gemeinwohlstandards halten, und philanthropische Überzeugungen unterstützen das gesellschaftliche Engagement von Unternehmen.

Carrolls Pyramidenmodell der Unternehmensverantwortung ist in der jüngeren Forschung aufgegriffen und weiter entwickelt worden. Stefanie Hiß unterscheidet zwischen drei Verantwortungsbereichen, die konzentrisch angeordnet sind: der innere Bereich umfasst die Basispflichten der Marktorientierung und Gesetzesbefolgung, der mittlere Bereich die kategorische Einhaltung von Verhaltensstandards und die Integration von CSR-Aktivitäten ins Kerngeschäft, der äußere Bereich die verdienstliche Ausübung gesellschaftlichen Engagement jenseits der Wertschöpfungskette (Hiß 2006, 37 ff.). Mario Schranz unterteilt das Feld der Unternehmensverantwortung in vier Ansätze: den instrumentellen Ansatz, der auf der strategischen Umsetzung des ökonomischen Profitgebots beruht; den ethischen Ansatz, der durch die Erfüllung moralischer Normen und die Ausrichtung am Gemeinwohl gekennzeichnet ist; den politischen Ansatz, der die Verantwortung von Unternehmen in der Beteiligung an öffentlichen Aufgaben und der Sicherung sozialer Ordnung sieht; den organisationalen Ansatz, der in der Unternehmensverantwortung einen Faktor der Identitätsbildung und Marktdifferenzierung sieht (Schranz 2007, 31 ff.).

Gemeinsam ist den bisher behandelten Theorien, dass sie in Unternehmen vor allem Normen ausführende und Normen generierende Akteure innerhalb marktwirtschaftlicher Ordnungsstrukturen sehen. Nach den oben betrachteten Modaltypen tragen Unternehmen nicht nur eine apodiktische Verantwortung für die Einhaltung universeller moralischer Prinzipien wie Gerechtigkeit und Fairness, sondern auch eine assertorische Verantwortung für explizit und implizit eingegangene Verpflichtungen, die sich aus Verträgen, Arbeitsverhältnissen und politischen Mitwirkungspflichten ergeben. Darüber hinaus übernehmen Unternehmen problematische Verantwortlichkeiten in Gestalt verdienstlicher Mehrleistungen, zu denen karitative Tätigkeiten und bürgerschaftliches Engagement gehören.

Damit ist allerdings noch nicht die Frage beantwortet, ob sich Korporationen, als höherstufige Akteursformen behandeln lassen, denen Verantwortung in herkömmlicher Weise zugeschrieben werden kann. Zu dieser Frage existieren zwei gegensätzliche Positionen. Zum einen werden Unternehmen als Organisationsformen behandelt, die eine eigenständige Verantwortung tragen. Zum anderen wird die Ansicht vertreten, dass die Adressaten von Verantwortungsnormen Individuen sein müssen, da nur Personen in der Lage sind, ihre Handlungen nach Regeln und Geboten auszurichten (Zimmerli/Aßländer 1996, 305).

Die Frage, ob Korporationen eigenständige Organisationsformen darstellen oder als höherstufiges Konglomerat von individuellen Einzelhandlungen betrachtet werden müssen, hat zu unterschiedlichen korporativen Verantwortungsmodellen geführt (Maring 2001, 264 ff.):

- Hierzu gehört das *Aggregatmodell*, das Unternehmen, Kapitalgesellschaften oder Personengesellschaften als assoziativen Zusammenschluss einzelner Akteure betrachtet, die allein die Verantwortung für das Handeln der Korporation tragen, ohne dass es eine Gesamtverantwortung von Korporationen gibt.
- Aus Sicht des *Maschinenmodells* bilden Korporationen formale Organisationen, die nach funktionalen Zielvorgaben agieren und weder als Ganzes noch im Rückgriff auf ihre Mitglieder für Handlungsfolgen verantwortlich gemacht werden können.
- Das *Organismusmodell* geht davon aus, dass es in Korporationen reflexive Abstimmungen über Mittel und Zwecke gibt und eine Gesamtverantwortlichkeit der Korporation für ihre Operationen besteht, da ein interner Zusammenhang von Einzelentscheidungen vorliegt.
- Aus der Perspektive des *Vertrags- und Rechtsmodells* sind innerkorporative Einzelhandlungen kontraktuell geregelt und insoweit individuell und gesamtkorporativ zurechenbar. Ebenso besteht zwischen Korporationen und Stakeholdern ein Vertragsverhältnis, das Unternehmen (z.B. in Gestalt juristischer Personen) zur Einhaltung von Verantwortlichkeiten verpflichtet, soweit diese rechtlich geboten sind.
- Im Unterschied dazu sieht das *Personenmodell* in Korporationen moralische Akteure *sui generis*, die in vollem Umfang für ihre Operationen verantwortlich sind, ohne dass Unternehmensentscheidungen auf Handlungen einzelner Mitglieder zurückgeführt werden müssen.
- Ähnlich geht das *Modell sekundärer Verantwortung* davon aus, dass Korporationen sekundäre moralische Akteure sind, die eine eigene Gesamtverantwortung tragen. Die sekundäre Verantwortung von Unternehmen lässt sich auf die Einzelverantwortung der Unternehmensmitglieder zu-

rückführen, ohne mit dieser identisch sein zu müssen.

- Aus Sicht des *Systemmodells* sind Korporationen autonome Handlungssysteme, die zwar auf individuellen Einzelentscheidungen beruhen, aber nicht auf diese zurückführbar sind. Korporative Systeme tragen keine rechtliche oder moralische Gesamtverantwortung, es gibt nur hierarchisch und funktional abgestufte Teilverantwortlichkeiten.

Für die Beantwortung der Frage, inwieweit Unternehmen eigenständige Verantwortungsakteure darstellen, ist die Bestimmung des Verhältnisses von individueller und kollektiver Verantwortung entscheidend. Grundsätzlich bilden das Personenmodell und das Modell sekundärer Verantwortung probate Ansätze, um den besonderen Status korporativer Verantwortung angemessen zu erfassen. Unternehmen lassen sich nach Patricia Werhane als »sekundäre moralische Akteure« (Werhane 1992, 330) beschreiben, deren genereller Verantwortungsstatus aus den Rechten und Pflichten individueller Akteure resultiert und sich in einem Analogieschluss daraus ableiten lässt. Die Position der analogen Verantwortung zwischen Individuen und Korporationen wird auch von Kenneth Goodpaster vertreten, der die »responsible corporation« aus der prinzipiellen Übertragbarkeit moralischer Prinzipien (›moral projection‹) von Personen auf Unternehmen ableitet (Goodpaster 1983, 14, 15). Korporationen sind danach den strukturell gleichen normativen Verpflichtungen unterworfen wie Individualakteure. Voraussetzung hierfür ist, dass Unternehmen über interne Entscheidungsstrukturen verfügen, die es ihnen ermöglichen, ähnlich wie Personen zurechnungsfähige Handlungsentscheidungen zu generieren. Nach Peter French ist eine solche »Corporation's Internal Decision Structure« (CID-Structure), die auf der organisationsinternen Regelung von Macht- und Anerkennungsverhältnissen beruht, eine zentrale Bedingung dafür, Unternehmen als vollwertige Verantwortungsakteure zu behandeln (French 1992, 322 f.).

Unternehmen lassen sich somit als höherstufige Handlungseinheiten betrachten, die nicht nur juristische, sondern auch moralische Rechte und Pflichten besitzen, für deren Erfüllung sie *sui generis* verantwortlich sind. Wesentlich für die Zuschreibung von Verantwortung ist, dass Unternehmen durch eine interne strukturelle Homogenität gekennzeichnet sind, die es ihnen ermöglicht, intentionale Handlungsprozesse umzusetzen. In welchem Maß dabei personale Akteure Mitverantwortung tragen, hängt von den innerkorporativen Organisationsstrukturen sowie formellen und informellen Regeln der Verantwortungsteilung ab, die unter anderem auf der Zuständigkeit für Aufgaben und Gebiete, betrieblichen Hierarchien und Weisungsbefugnissen, Kompetenzfeldern und Machtverhältnissen beruhen (Lenk/Maring 1995, 276 ff.).

Systemverantwortung

Gleichwohl tragen Korporationen nur in einem analogen und sekundären Sinn Verantwortung für ihre Operationen, die aus dem Zusammenwirken primärer Einzelhandlungen von Individualakteuren in der Korporation hervorgehen. Das Zusammenspiel korporativer Einzelhandlungen unterliegt formellen und informellen Regeln, die nicht in identischer Weise für die Gesamtorganisation gelten. Die normative Verhaltenskontrolle folgt auf der Ebene der Korporation einer anderen Steuerungs- und Zurechnungslogik als auf der Ebene der Individualakteure. Korporationen können zwar moralisch und rechtlich haftbar sein, Zurechenbarkeit im dezidierten Sinn des Wortes bleibt jedoch an Personen gebunden, so dass der Begriff der korporativen Verantwortung genaugenommen nur dort sinnvoll ist, wo er sich auf individuelle Verantwortung zurückführen lässt.

Der Umstand, dass Korporationen durch eine normative Eigenlogik gekennzeichnet sind, macht eine Erweiterung der an personalistischen Kriterien orientierten korporativen Verantwortungsmodelle erforderlich. Mit Hilfe des schon erwähnten Systemmodells können Korporationen als autonome Handlungseinheiten innerhalb des sozialen Subsystems der Wirtschaft beschrieben werden, die durch eigenständige Verantwortungsformen gekennzeichnet sind. Die Notwendigkeit eines eigenständigen Konzepts der Systemverantwortung resultiert daraus, dass Unternehmen selbstständige Organisationssysteme im Wirtschaftsystem sind und dadurch der spezifischen Eigenlogik komplexer Prozesse unterworfen sind, »die zwar durch Handlungen bzw. Entscheidungen bedingt sind (kulturelle Prozesse), die aber nicht sinnvoll als irgend jemandes Handlung konzipierbar sind (subjektlose Prozesse)« (Lübbe 1998, 15).

Gegenstand der Systemverantwortung sind Systemprozesse, die zwar aus Handlungsprozessen hervorgehen, sich aber nicht auf diese zurückführen lassen. Die Systemverantwortung stellt deshalb nicht nur eine Erweiterung akteurszentrierter Verantwortungstheorien dar, sondern bezieht die Eigendynamik und Selbstreproduktion (Autopoiesis) sozialer Systemprozesse mit ein, die auf nicht-linearen Vollzügen der emergenten Selbstorganisation beruhen (Bühl 1998, 92 ff.). Die Hauptkennzeichen der Systemverantwortung im Unterschied zu akteurszentrierten Verantwortungsmodellen sind:

- Einbeziehung von Risikofolgen, die sich aus Systemprozessen ergeben und durch systemtypische Faktoren der Ungewissheit (fehlende Informationen) und Unsicherheit (mangelnde Planung und Kontrolle) bewirkt werden.
- Erweiterung der Handlungs- um die Designverantwortung, die sich auf die Förderung von Ressourcen (z. B. der Unternehmenskultur) und die Gestaltung von Rahmenbedingungen (etwa durch Corporate Governance-Regeln) richtet, die zur Selbstbindung von Korporationen an Prinzipien der guten Unternehmensführung beitragen.
- Vorrang der Kontextsteuerung, die den Akzent auf die systemische Selbstorganisation setzt und durch das (politisch und rechtlich unterstützte) Management von Verantwortlichkeiten dafür sorgt, dass die Eigensteuerung von Unternehmen in kooperativer Abstimmung mit Fremdinteressen erfolgt.

Die Systemverantwortung zielt auf die Ausbildung von Subsystemen mit autonomer Verantwortungsbereitschaft, indem sie die institutionelle Steuerung von Korporationen mit Praktiken der Selbstverpflichtung verbindet und dabei den Akzent auf die Einbettung von Unternehmen in kooperative Netzwerke setzt. Der Verantwortungsbegriff tritt hierbei nicht als regulatives Handlungsprinzip, sondern prozedurales Steuerungsprinzip auf, das über die Organisation von Zurechenbarkeiten zur »Absorption von Unsicherheit« (Luhmann 1999, 174) beiträgt, indem es Entscheidungsverläufe kommunizierbar und für weitere Systemprozesse anschlussfähig macht, auch wenn keine vollständigen Informationen und Markttransparenzen vorliegen.

Die systemische Erweiterung sekundärer Verantwortung hat den Vorteil, dass sich Unternehmen und ökonomische Organisationssysteme auch dann als moralfähige Entitäten adressieren lassen, wenn sie in multiple Netzwerke eingebunden und disparaten Ansprüchen ausgesetzt sind. Die Systemverantwortung bildet einen probaten Ansatz, um die unterschiedlichen Obligationsformen genauer in den Blick zu bekommen, die aus der Einbettung von Unternehmen in Multistakeholder-Netzwerke resultieren, durch die globale Marktwirtschaften in wachsendem Maß gekennzeichnet sind. Aufgrund der zunehmenden Interdependenzen zwischen Unternehmen, NGOs, zivilgesellschaftlichen Akteuren und politischen Institutionen sind neuartige, sich überlappende Verantwortungssektoren entstanden, die sich nicht mehr allein mit dem Konzept sekundärer korporativer Verantwortung erschließen lassen. Sie erfordern einen »systems approach« (Werhane 2007, 465 ff.), der Unternehmen als responsive Organisationssysteme behandelt, die in dynamischen Kommunikations- und Interaktionsverhältnissen mit ihrer ökonomischen, politischen, sozialen und ökologischen Umwelt stehen und durch die Übernahme von Verantwortung zu einer Stabilisierung kollektiv relevanter Ordnungsstrukturen (z. B. durch Sozial- und Menschenrechtspolitik) beitragen.

Schluss

Verantwortung ist ein notwendiges Subsidiaritätsprinzip der Marktwirtschaft und damit ein Grundbegriff der Wirtschaftsethik. Das Verantwortungsprinzip sorgt dafür, dass ökonomische Akteure sich an kollektive Ordnungsregeln halten und Bereitschaftspotentiale zur Selbstbindung an gemeinwohlförderliche Handlungsnormen entwickeln. Das Verantwortungsprinzip umfasst Nicht-Schädigungsgebote und prosoziale Einstellungen, durch die wirtschaftliches Handeln in den gesellschaftlichen Kontext eingebettet wird, vor dem es sich nicht nur in seiner ökonomischen Effizienz, sondern auch moralischen Legitimität ausweisen muss.

Aufgrund der Globalisierung und Vernetzung wirtschaftlicher Prozesse stößt der individualethische Verantwortungsbegriff allerdings an sachliche und normative Grenzen. Der ursprünglich am Personenmodell ausgerichtete Verantwortungsbegriff muss durch ein systemisches Verständnis ökonomischer Verantwortung erweitert werden, durch das sich Korporationen als responsive Organisationssysteme innerhalb multipler Stakeholder-Netzwerke begreifen und adressieren lassen. Das systemisch erweiterte Konzept individualethischer Verantwortung beruht nicht nur auf ökonomischen, rechtlichen und moralischen Zurechnungskriterien. Es bezieht operative Risikofolgen, organisatorische Designgestaltung und politische Kontextsteuerung mit ein, denen das Wirtschaftssystem und seine korporativen Organisationssysteme in wachsendem Maß ausgesetzt sind.

Literatur

Aristoteles: Nikomachische Ethik. Hg. von Günter Bien. Hamburg [4]1985.

Bühl, Walter L.: Verantwortung für Soziale Systeme. Grundzüge einer globalen Gesellschaftsethik. Stuttgart 1998.

Carroll, Archie B./Buchholtz, Ann K.: Business and Society. Ethics and Stakeholder Management. Ohio [5]2003.

Frankena, William K.: Analytische Ethik. München [5]1994.

French, Peter A.: Die Korporation als moralische Person. In: Hans Lenk/Matthias Maring (Hg.): Wirtschaft und Ethik. Stuttgart 1992, 317–328.

Goodpaster, Kenneth E.: The Concept of Corporate Responsibility. In: Journal of Business Ethics 2 (1983), 1–22.

Grimm, Jacob und Wilhelm: Deutsches Wörterbuch, Bd. 25 (12. Bd., I. Abt.). Leipzig 1956, 79–82.

Hart, Herbert L.A.: Punishment and Responsibility. Oxford/London 1968.

Hegel, Georg Wilhelm Friedrich: Grundlinien der Philosophie des Rechts. Werke, Bd. 7. Hg. von Eva Moldenhauer/Karl Markus Michel. Frankfurt a.M. 1970.

Heidbrink, Ludger: Kritik der Verantwortung. Zu den Grenzen verantwortlichen Handelns in komplexen Kontexten. Weilerswist 2003.

–: Das Verantwortungsprinzip in der Marktwirtschaft. In: Ludger Heidbrink/Alfred Hirsch (Hg.): Verantwortung als marktwirtschaftliches Prinzip. Zum Verhältnis von Moral und Ökonomie. Frankfurt a.M./New York 2008, 11–27.

Hiß, Stefanie: Warum übernehmen Unternehmen gesellschaftliche Verantwortung. Ein soziologischer Erklärungsversuch. Frankfurt a.M./New York 2006.

Höffe, Otfried: Moral als Preis der Moderne. Ein Versuch über Wissenschaft, Technik und Umwelt. Frankfurt a.M. 1993.

Hume, David: Ein Traktat über die menschliche Natur. Bd. 2. Hamburg 1978.

Jonas, Hans: Das Prinzip Verantwortung. Versuch einer Ethik für die technologische Zivilisation. Frankfurt a.M. [7]1987.

Kant, Immanuel: Metaphysik der Sitten. Werkausgabe. Bd. 8. Hg. von Wilhelm Weischedel. Frankfurt a.M. 1977.

Lenk, Hans: Zwischen Wissenschaft und Ethik. Frankfurt a.M. 1992.

–: Von Deutungen zu Wertungen. Frankfurt a.M. 1994.

– /Maring, Matthias: Wer soll Verantwortung tragen? Probleme der Verantwortungsverteilung in komplexen (soziotechnischen-ökonomischen) Systemen. In: Kurt Bayertz (Hg.): Verantwortung – Prinzip oder Problem? Darmstadt 1995, 241–286.

Lübbe, Weyma: Verantwortung in komplexen kulturellen Prozessen. Freiburg i.Br./München 1998.

Luhmann, Niklas: Funktionen und Folgen formaler Organisation. Berlin [5]1999.

Maring, Matthias: Kollektive und korporative Verantwortung. Begriffs- und Fallstudien aus Wirtschaft, Technik und Alltag. Münster 2001.

McKeon, Richard: The Development and the Significance of the Concept of Responsibility. In: Revue internationale de philosophie 39 (1957), 3–32.

Mill, John Stuart: Über Freiheit. Frankfurt a.M. 1969.

Picht, Georg: Wahrheit, Vernunft, Verantwortung. Stuttgart 1969.

Pies, Ingo/von Winning, Alexandra: Wirtschaftsethik. In: Rolf Hasse/Hermann Schneider/Klaus Weigelt (Hg.): Lexikon Soziale Marktwirtschaft. Paderborn [2]2005, 495–498.

Schranz, Mario: Wirtschaft zwischen Profit und Moral. Die gesellschaftliche Verantwortung von Unternehmen im Rahmen der öffentlichen Kommunikation. Wiesbaden 2007.

Werhane Patricia H.: Rechte und Verantwortungen von Korporationen. In: Hans Lenk/Matthias Maring (Hg.): Wirtschaft und Ethik. Stuttgart 1992, 329–336.

–: Corporate Social Responsibility/Corporate Moral Responsibility. Is There a Difference and the Difference It Makes. In: Steve May/George Cheney/Juliet Roper (Hg.): The Debate over Corporate Social Responsibility. Oxford 2007, 459–474.

Wieland, Wolfgang: Verantwortung – Prinzip der Ethik? Heidelberg 1999.

Zimmerli, Walther Ch./Aßländer, Michael: Wirtschaftsethik. In: Julian Nida-Rümelin (Hg.): Angewandte Ethik. Die Bereichsethiken und ihre theoretische Fundierung. Ein Handbuch. Stuttgart 1996, 290–344.

Ludger Heidbrink

3. Das Verhältnis von Markt und Moral

In einem der berühmtesten Zitate der wirtschaftswissenschaftlichen Dogmengeschichte formuliert Adam Smith (2005, 98): »Nicht vom Wohlwollen des Metzgers, Brauers und Bäckers erwarten wir das, was wir zum Essen brauchen, sondern davon, daß sie ihre eigenen Interessen wahrnehmen.« Smith, der Moralphilosoph war, bringt damit zum Ausdruck, dass Märkte das Eigeninteresse der Menschen in den Dienst der gesellschaftlichen Kooperation zu stellen vermögen. Unter den Voraussetzungen einer Rechtsordnung und eines funktionsfähigen Wettbewerbs werden »wie von einer unsichtbaren Hand gelenkt« Millionen wirtschaftlicher Handlungen in einer Weise koordiniert, die eine effiziente Versorgung mit Gütern und Dienstleistungen gewährleistet. Märkte bzw. die Marktwirtschaft – beides wird nachfolgend in aller Regel synonym gebraucht – sind so gesehen die Grundlage für den *Wohlstand der Nationen*.

Diese Sichtweise legt eine Harmonie von Moral und Markt nahe, die indes bis heute angezweifelt wird. Karl Marx und nach ihm viele andere Kritiker brachten zahlreiche Gründe vor, warum das Verhältnis von Markt und Moral eher als konfliktgeladen zu betrachten sei; und dafür scheint es genügend Belege zu geben. Immerhin handelt es sich bei der Marktwirtschaft um ein System, das

- zu ungerecht empfundenen Verteilungsergebnissen, d.h. einer Spreizung von Arm und Reich tendiert, die sich etwa in hohen Gewinnrenditen und Managergehältern bei gleichzeitigen Entlassungen oder schlechten Arbeitsbedingungen äußern kann,
- notwendigerweise immer wieder ›Verlierer‹ (Konkurse, Arbeitsplatzverlust) hervorbringt,
- einen hohen Druck zur Kostensenkung erzeugt, der auch zu Praktiken wie Korruption, Bilanzmanipulation, geringen Sozialstandards, Externalisierung von Kosten, etc. führen kann,
- soziale Beziehungen und tradierte, kulturelle Ordnungen zu unterminieren droht,
- und – nicht zuletzt – kurzfristige Orientierungen und Entscheidungen ebenso wie Egoismus, Profitgier und ähnliche moralisch problematische Haltungen zu fördern scheint.

Der letztgenannte Punkt verstärkt die These eines Gegensatzes zwischen Markt und Moral noch, indem behauptet wird, dass nicht nur die Ergebnisse einer Marktwirtschaft aus moralischer Sicht kritisch ausfallen; vielmehr führen, wie es scheint, Märkte selbst dazu, moralische Regeln und Dispositionen zu unterminieren.

Interessanter Weise gibt es zu dieser Gegensatzthese auch ein Pendant, wonach es die ›Moral‹ – im Sinne empirisch vorfindbarer moralischer Urteile – ist, die ihrerseits zu einer Erosion funktionierender Märkte führt. Die moralischen Einschätzungen vieler Menschen führten zu einer Kritik, die die Legitimation der Marktwirtschaft in Frage und diese damit zur Disposition stellte; allerdings beruhe diese Kritik auf dem fehlenden Verständnis der Funktionsbedingungen einer Marktwirtschaft und deren Beitrag zur sozialen Ordnung der Gesellschaft. Nicht die Marktwirtschaft, sondern die Moralvorstellungen und die damit verknüpften Erwartungen seien daher das Problem.

Nach der hier vertretenen Auffassung sind weder die Harmoniethese noch die Gegensatzthesen uneingeschränkt richtig. Allerdings weisen sie alle auf richtige und wichtige Aspekte des komplexen Verhältnisses von Markt und Moral hin, die für eine angemessene Beurteilung zu berücksichtigen sind. So bedarf es nicht nur verantwortlichen Handelns der Marktteilnehmer, sondern auch der Gestaltung (der Märkte) durch geeignete Regeln, aber auch immer wieder der Aufklärung, einschließlich des moralischen Urteilsvermögens, hinsichtlich der Funktionsbedingungen ›guter‹ Märkte, um beides, Markt und Moral, immer wieder von neuem in Einklang zu bringen.

Diese Überlegungen werden nachfolgend genauer entfaltet. Dafür werden zunächst die Konzepte ›Moral‹ und ›Markt(wirtschaft)‹ genauer betrachtet. Anschließend werden die Harmoniethese und die Gegensatzthesen kurz vorgestellt und kritisch diskutiert. Danach erfolgt der Versuch einer normativen Verhältnisbestimmung von Markt und Moral, die geleitet ist von der These: Der Markt ist für die Menschen da.

Das Konzept ›Moral‹

Moral ist ein komplexer Begriff. Da er sich auf viele selbst sehr allgemeine Begriffe wie Handlung, Verantwortung, Gesinnung, Gerechtigkeit, das Gute usw. beziehen kann, vor allem aber aufgrund der Tatsache, dass er Allgemeingültiges aussagen und zugleich in unzähligen je konkreten Situationen Anwendung finden soll, kann es kaum ausbleiben, dass jeder Versuch einer Bestimmung Defizite aufweist.

Für die Diskussion des Verhältnisses von Moral und Markt ist es zweckmäßig, drei Ebenen zu unterscheiden, auf denen Moral in der Gesellschaft zur Geltung kommt: (1) in den Handlungen selbst (etwa durch respektvolles, faires, verantwortliches, nachhaltigkeitsorientiertes usw. Agieren), (2) in Institutionen, Regeln, Standards usw., die moralisches Verhalten anleiten oder unterstützen (z.B. dem Kategorischen Imperativ, der Goldenen Regel oder konkreteren sozialen Ge- und Verboten), sowie (3) im Verständnis von Moral, wie es in Form von moralischen Intuitionen, Argumenten, Urteilen usw. zum Ausdruck kommt. Dieses Verständnis seinerseits bezieht sich in aller Regel wiederum auf Regeln, auf Handlungen, aber auch auf Handlungsfolgen sowie handelnde Akteure und deren Eigenschaften.

Das folgende Schema, verbunden mit der metaphorischen Begrifflichkeit des Spiels, mag helfen, die drei angesprochenen Ebenen und ihre Zusammenhänge deutlicher zu sehen:

Wie im Sport oder bei Spielen geben die Spielregeln für die Spielzüge einen Rahmen vor – in gewissem Sinne ermöglichen sie überhaupt erst ein ›geregeltes‹ Spiel –, und Änderungen der Spielregeln führen zu anderen Spielverläufen oder gar anderen Arten von Spielen. Beides wird jedoch immer auch beeinflusst von dem Spielverständnis aller Beteiligten, zu denen nicht nur die Spieler gehören, sondern auch jene, die Spielregeln gestalten oder durchsetzen sowie jene, die in sonstiger Weise Einfluss auf das Spiel haben (›Zuschauer‹, Wähler, Bürgerinnen und Bürger etc.). Dabei beeinflussen sich alle drei Ebenen ständig wechselseitig; so führen etwa Innovationen bei Spielzügen zur Notwendigkeit neuer Spielregeln und können sogar das Spielverständnis verändern.

Die drei Ebenen sind mithin interdependent. Diese wechselseitige Beeinflussung zeigt sich auch, wenn man das Schema auf Moral überträgt: So sind beispielsweise moralische Handlungen immer auch maßgeblich geprägt von den moralischen Vorstellungen – sowohl den eigenen als auch jenen, die man anderen unterstellt –, aber auch von den bestehenden Regeln, die moralisches Handeln begünstigen oder erschweren.

Moralische Urteile weisen einige typische Eigenschaften auf:

- Ihr Maßstab ist letztlich das Gute bzw. Richtige, das in der Regel verbunden werden kann mit der Frage nach dem guten Leben in einer (guten) sozialen Ordnung. Dieser Maßstab wird auch durch solche moralischen Grundwerte wie Solidarität, Gerechtigkeit, Würde des Einzelnen und seit Neuerem auch Nachhaltigkeit näher bestimmt.
- Sie beanspruchen in der Regel unbedingte (kategorische) Geltung.
- Sie sind typischerweise mit einer spezifischen Form der Achtung/Nichtachtung bzw. Billigung/Nicht-Billigung des jeweils beurteilten Gegenstands oder Subjekts verbunden.

Moralische Urteile ergeben sich aus zwei Arten von Prämissen bzw. Überzeugungen: Zum einen normativen Annahmen, die Ideale, Ziele oder Werte zum Ausdruck bringen und die gewissermaßen eine Spezifizierung des ›Guten‹ bzw. ›Richtigen‹ sind; zum anderen Prämissen hinsichtlich der empirischen Bedingungen, denen das eigentliche Objekt des moralischen Urteils unterliegt. Beispielsweise kann eine Handlung, z.B. das Bezahlen eines gleichen Lohns an verschiedene Mitarbeiterinnen und Mitarbeiter, in bestimmten Kontexten als gerecht angesehen werden, in anderen als ungerecht – etwa dann, wenn mit den Mitarbeiterinnen und Mitarbeitern eine leistungsorientierte Entlohnung vereinbart ist und die Leistungen unterschiedlich waren.

Schematisch lässt sich dieser Zusammenhang folgendermaßen darstellen:

1. normative Prämissen (z.B. moralische Ideale, Grundwerte)
2. Annahmen / Überzeugungen im Hinblick auf empirische Bedingungen

---

3. konkrete moralische Urteile

Ein typisches Problem moralischer Urteile besteht oft darin, dass sie hergeleitet werden ohne angemessene Kenntnis der relevanten empirischen Bedingungen. Solche »normativistischen Fehlschlüsse« (Suchanek 2007, 31 ff.) führen typischerweise zu unberechtigten Schuldzuweisungen, zu undurchführbaren oder unzumutbaren Forderungen, zum Wecken von unrealistischen Erwartungen und, nicht zuletzt, zu kontraintentionalen Folgen, etwa wenn moralische Forderungen politisch in Maßnahmen umgesetzt werden, die möglicherweise gerade jenen schaden, denen sie nützen sollen; ein Beispiel sind Schutzbestimmungen für Arbeitnehmer ohne besondere Qualifikationen, die wegen der dadurch erhöhten Kosten zu verringertem Arbeitsplatzangebot führen. Es sind solche normativistischen Fehlschlüsse, die Niklas Luhmann formulieren ließen, es sei »Aufgabe der Ethik [...], vor Moral zu warnen« (Luhmann 1990, 41); und sie sind es auch, die die Grundlage für eine der später diskutierten Gegensatzthesen bilden. Umgekehrt existiert das Problem, dass Entscheidungen bzw. Urteile nur an den situativen empirischen Bedingungen orientiert sind und die normativen Prämissen aus dem Blick geraten. Dies ist gerade in der Wirtschaft nicht selten der Fall, wo Entscheidungen in aller Regel unter hohem Zeitdruck gefällt werden müssen, was für eine ethische Reflexion kaum je Raum lässt. Auf diese Problematik wird indes an dieser Stelle nicht weiter eingegangen.

Markt(wirtschaft)

Als das grundlegende Merkmal eines Marktes bzw. einer Marktwirtschaft wird im Folgenden die dezentrale gesamtwirtschaftliche Koordination wirtschaftlicher Aktivitäten verstanden. Im Gegensatz dazu stehen gesamtwirtschaftliche Koordinationsformen, in denen diese Aktivitäten durch zentrale Planung, Organisation und entsprechende Hierarchien und Anordnungsstrukturen miteinander abgestimmt werden. Aufgrund der fehlenden zentralen Steuerung bilden Märkte eine »spontane Ordnung« (Hayek), was auch den wichtigen Sachverhalt impliziert, dass Marktergebnisse zwar politisch mitgeprägt sind durch die bestehende Rahmenordnung, aber nicht politisch entschieden werden können, sondern sich als Resultat einer sehr großen Vielzahl autonomer und zugleich interdependenter Handlungen ergeben. Wohl aber können bestimmte mögliche Ergebnisse, bzw. zu ihnen führende Handlungen, ausgeschlossen werden; dies ist einer der Gründe, weshalb der Rahmenordnung, also den ›Spielregeln‹, des Marktes eine solche, auch moralische, Bedeutung zukommt.

Die dezentrale Koordination auf Märkten setzt zunächst die Existenz von Privateigentum voraus, die es dem Eigentümer ermöglicht, im Rahmen allgemeiner Grenzen selbst zu bestimmen, wie das Eigentum verwendet wird.

Eine der wichtigsten Verwendungsmöglichkeiten ist die des Tausches. Marktliche Tauschprozesse, d.h. das Aufeinandertreffen von Anbietern und Nachfragern, sei es auf einem Marktplatz oder im Supermarkt, an der Börse oder im Internet, finden in aller Regel unter der Bedingung des Wettbewerbs statt, der insofern als ein weiteres konstitutives Merkmal anzusehen ist. Von Bedeutung ist insbesondere, dass Wettbewerb auf einer Marktseite der anderen Marktseite die Möglichkeit der Abwanderung von einem Tauschpartner zu einem anderen eröffnet. Diese ›Exit-Option‹ führt dazu, dass der Wettbewerb vor allem auf der Anbieterseite erhebliche Innovations- und Disziplinierungswirkungen (Hayek 1969) entfaltet und Machtpositionen, wie sie ein Monopolist hat, zu Gunsten der anderen Marktseite unterminiert.

Auch dieser Marktwettbewerb hat, was zu betonen ist, geeignete Regeln zur Voraussetzung, die das Wettbewerbsverhalten eingrenzen. Ansonsten wäre binnen kurzem damit zu rechnen, dass sich das Marktgeschehen in einen regellosen Kampf auflöst. Die gelegentliche Rede von ›freien Märkten‹ darf mithin nicht darüber hinwegtäuschen, dass jeder Markt notwendigerweise zahlreiche institutionelle Voraussetzungen erfordert. Neben den schon erwähnten Verfügungsrechten und Institutionen, die den Wettbewerb kanalisieren, zählen auch Vertragsrecht, Haftungsregeln sowie soziale und ökologische Regulierungen dazu.

Wenn man von Märkten – und insbesondere von Marktwirtschaft – spricht, so sind damit in der Regel preisbildende Märkte gemeint; Stigler und Sherwin gehen sogar so weit zu sagen: »Markets are where prices are established« (1985, 555). Die Besonderheit von Preisen liegt darin, dass sie, sofern sie nicht manipuliert sind und unter regulären Marktbedingungen zustande kommen, eine einzigartige Verdichtung relevanter Informationen über die Präferenzen, besser: die Zahlungsbereitschaft der Nachfrager einerseits und die Möglichkeiten der Produktion auf der Anbieterseite andererseits darstellen. So weist ein hoher Preis immer zugleich auf das relativ große Interesse der Nachfrager an dem betreffenden Gut und die relativ hohen Kosten der Bereitstellung hin (die auch darin bestehen können, dass alternative Verwendungen des Gutes oder der darin eingegangenen Vorprodukte einschließlich der Zeit und der Fähigkeiten der Produzenten ebenfalls ertragreich sein können).

Zum Verständnis von Märkten bzw. der Marktwirtschaft ist weiterhin auf deren Interdependenz hinzuweisen, die sich in der heutigen globalen Gesellschaft in besonders ausgeprägter Weise bemerkbar macht. Grundsätzlich ist diese Interdependenz schon durch die Abwanderungsmöglichkeiten insbesondere der Nachfrager gegeben: Wird Rindfleisch teurer, wechselt man zu Schweinefleisch (oder Fisch usw.), was wiederum den Preis dieses Substituts beeinflusst. Diese Interdependenz hat sich durch den Abbau von Grenzen und die drastisch verbesserten Informations- und Kommunikationstechniken sowie Mobilitätsbedingungen noch einmal in dramatischer Weise intensiviert, da mittlerweile die Wertschöpfungsketten global geworden sind und schon in einfachen Gütern nicht selten Dutzende Vorprodukte bzw. Produktionsstufen in verschiedenen Ländern eingegangen sind. Dies eröffnet zahlreiche »Appropriationschancen« (Max Weber), hat jedoch zahlreiche funktionierende Institutionen zur Voraussetzung, wenn unangemessene Schädigungen Dritter oder der Umwelt (›negative externe Effekte‹) vermieden werden sollen.

Die Harmoniethese

Basierend auf den Werken der Schottischen Aufklärer und insbesondere dem *Wohlstand der Nationen* von Adam Smith sowie im Gefolge der Herausbildung einer Einzelwissenschaft Ökonomik (Nationalökonomie, Volkswirtschaftslehre) entwickelte sich eine Position, die Markt und Moral in einem Harmonieverhältnis sieht. Ausgehend von der realistischen Annahme, dass Menschen bei ihrem wirtschaftlichen Handeln – vielleicht nicht nur, aber doch in der Regel maßgeblich – ihre eigenen Interessen im Auge haben, stellt der Markt ein »System der natürlichen Freiheit« (Smith) dar, durch das die eigeninteressierten Handlungen der Marktteilnehmer so koordiniert würden, dass es allen dient: Es sei gerade im Interesse des Einzelnen, für andere Leistungen zu erbringen, die diese anderen ihm am Markt mit Gegenwerten honorieren. Dadurch wohne dem System eine starke Tendenz zu, wie man es nennen könnte, anreizkompatiblen Wertschöpfungsprozessen, die grundsätzlich allen zugute kämen, inne. Zudem verfüge der Markt durch die dezentrale Koordination über Marktpreise über die Möglichkeit flexibler Anpassungen an sich ändernde Umstände, wodurch ihm ein hohes Maß an Selbstheilungskräften innewohnt.

Eine Untermauerung erhielt die Harmoniethese durch die Theorieentwicklung der Volkswirtschaftslehre. Hier konnte durch anspruchsvolle Modelle gezeigt werden, wie preisbildende Märkte ihre bemerkenswerte Koordinationsleistung erbringen. Verstärkt wurde diese Harmoniethese durch die Behauptung, dass Märkte zum Frieden und zur Zivilisierung gesellschaftlicher Beziehungen beitrügen (Hirschman 1989, 193 ff.).

Diese Harmoniethese hat zweifellos Gehalt, doch wurde ihre Überzeugungskraft durch zahlreiche Skandale, Krisen und gesellschaftlich unerwünschte Tendenzen erschüttert. Folgerichtig ist sie immer wieder bis heute in Frage gestellt worden und es gab und gibt immer wieder Auffassungen, nach denen Markt und Moral miteinander im Konfliktverhältnis stehen.

Gegensatzthesen

Nachfolgend sollen drei Formen von Gegensatzthesen genauer betrachtet werden:

(1) die relativ unspezifische These, wonach die Marktwirtschaft an sich zu unmoralischen Ergebnissen führt,
(2) die These, wonach eine Marktwirtschaft das Eigeninteresse bzw. Gewinnstreben fördert und damit zur Erosion der gesellschaftlichen Ordnung – und auch ihrer selbst – beiträgt sowie
(3) die These, wonach eine (unaufgeklärte) Moral durch ›Moralisieren‹ die Funktionsbedingungen der Marktwirtschaft untergrabe.

Zu (1): Diese erste These enthält Auffassungen, wie sie in der öffentlichen Diskussion immer wieder vorfindbar sind. Danach existieren eine Reihe bereits eingangs genannter typischer Kritikpunkte an der Marktwirtschaft: als ungerecht empfundene Einkommens- und Vermögensspreizungen, Korruptions-, Bilanz-, Umwelt- und andere Delikte, übermäßiger Wettbewerbs- und Kostendruck und nicht zuletzt das Problem der Arbeitslosigkeit bzw. des Stellenabbaus, das insbesondere dann als unmoralisch empfunden wird, wenn die betreffenden Unternehmen zur gleichen Zeit erhebliche Gewinne verzeichnen. Diese Kritik spiegelt sich auch wider in den Umfragen, nach denen die Marktwirtschaft sinkende Zustimmungsraten verzeichnet.

Nun ist nicht zu bestreiten, dass solche Defizite existieren, die als Konflikt von Moral und Markt interpretiert werden können. Allerdings stellt sich die

Frage, wie damit umzugehen ist. Sollten sie zu dem Schluss führen, dass die Marktwirtschaft durch eine andere Koordinationsform ersetzt werden sollte? Sollte die Marktwirtschaft reformiert werden (und wenn ja: wie)? Und gehen möglicherweise manche der empfundenen Konflikte auf Erwartungen zurück, die unrealistisch sind und denen normativistische Fehlschlüsse (s.o.) zugrunde liegen? Auf einige Aspekte möglicher Antworten wird im Folgenden noch näher eingegangen.

Zu (2): Die stärker theoretisch geprägte, typischerweise sozialwissenschaftliche Kritik am Markt bzw. der Marktwirtschaft macht sich zunächst ebenfalls an deren negativen Folgen fest, die in der Regel abstrakter beschrieben werden: »Sie reichen von seelischer Verkrüppelung, Vereinzelung, Instrumentalisierung der Arbeitskraft, von nachhaltigen, stark vertikalen Ungleichheitsstrukturen etwa in Form unterschiedlicher Lebenserwartung, dem Verlust der Lebensqualität, politischer Machtlosigkeit, der Zerstörung von Authentizität, von anerzogenem Konformismus und schmerzlicher Ausbeutung bis zur vorenthaltenen Bildung der Eigentumslosen« (Stehr 2007, 135).

Es gibt verschiedene theoretische Ansätze, anhand derer begründet wird, warum es zu diesen Folgen kommt. Viele von ihnen lassen sich in reduzierter Form folgendermaßen darstellen: Wie schon von Adam Smith dargestellt, sind die Institutionen des Marktes daraufhin ausgerichtet, das Eigeninteresse der Marktteilnehmer zu aktivieren und es der »unsichtbaren Hand«, sprich: den Koordinationsformen Tausch, Wettbewerb und Preisbildung zu überlassen, gesellschaftlich erwünschte Ergebnisse hervorzubringen. Vor allem auf der Seite der Anbieter, wo sich das Eigeninteresse als Gewinninteresse bzw. Suche nach Wettbewerbsvorteilen darstellt, führt dies dazu, dass diese Interessen alles andere dominieren – und auch dominieren müssen, um überhaupt im Wettbewerb bestehen zu können. Wie u.a. Karl Marx (1932) betonte, können die Akteure dann gar nicht mehr anders als entsprechend ›eigeninteressiert‹ zu handeln; die Struktur des Marktes ›zwingt‹ sie dazu. Hinzu kommt, wie Max Weber (1980) herausstellte, dass die »Appropriationschancen«, die sich auf den Märkten bieten, zur Unterminierung festgefügter sozialer Strukturen und traditioneller Wertesysteme führen, was verschiedene Autoren zu der These führte, dass der Markt von Wertvoraussetzungen lebe, die er aus sich selbst heraus nicht zu schaffen imstande, auf die er jedoch zugleich angewiesen sei (vgl. etwa Hirsch 1978). Der Marktwirtschaft wohnt eine Dynamik inne, immer mehr Bereiche der ökonomischen Kalkulation zu unterwerfen mit der Folge, dass all jenes, was sich wirtschaftlich nicht rechnet, in den Hintergrund gerät. Jedoch seien es gerade soziale und moralische Werte, Traditionen und Regeln, die sich einer solchen Kalkulation entziehen mit der Folge, dass sie in einer ökonomisierten Umgebung nicht angemessen zur Geltung kommen und erodieren. Zugleich gibt es die Tendenz, darauf mit institutionellen Maßnahmen zu reagieren, die den systemischen ›Sachzwangcharakter‹ und die dazu passenden Orientierungen an typischerweise kurzfristigem Erfolgshandeln noch weiter verstärken.

Der Wirtschaftsethiker Peter Ulrich (2007) hat dieser Kritik eine weitere Präzisierung gegeben, indem er – wie der Sache nach schon Karl Marx – ausführte, dass die ökonomische Rechtfertigung des Marktes, der er den Rang einer Ideologie beimisst, ihrerseits noch einmal verstärkend darauf hinwirkt, dass Märkte diesen Charakter der Unterminierung von Moral, wie man es bezeichnen könnte, aufweisen.

Auch diese These hat viel Richtiges an sich, zugleich wirft sie aber die Frage auf, wie man mit diesem festgestellten Gegensatz von Markt und Moral umgehen will: Gibt es eine relevante Alternative zur Marktwirtschaft, die moralischen Ansprüchen besser genügt? Gibt es Reformvorschläge? Und was ist mit möglichen normativistischen Fehlschlüssen, die, wie die nachfolgenden Ausführungen zeigen, selbst zu dem Problem des Konflikts zwischen Moral und Markt beitragen können?

Zu (3): So ergibt sich eine dritte Gegensatzthese gerade aus den zuvor angeführten kritischen Überlegungen zu Märkten, allerdings in Form (der These) einer nicht-intendierten Folge. Gerade weil Märkte unzweifelhaft manche soziale Situation hervorbringen, die moralisch bedenklich ist, liegt die moralische Kritik an dem System, das dafür, wie es scheint, verantwortlich zu machen ist, nahe. Dies kann jedoch zu dem Problem führen, dass die moralische Kritik, typischerweise auf dem politischen Wege, zu Maßnahmen führt, die die Funktionsfähigkeit der Märkte beeinträchtigen und manchmal geradezu das Gegenteil des Gewünschten herbeiführen kann.

Insbesondere Friedrich August von Hayek (1996) hat darauf hingewiesen, dass der hochkomplexe ›unsichtbare‹ Funktionszusammenhang einer Marktordnung zwar einerseits auf Moral – im Sinne des

Einhaltens von Regeln der Fairness, der Integrität und der Verantwortlichkeit – angewiesen ist, dass aber andererseits dieser Funktionszusammenhang gefährdet ist durch eine andere Seite der Moral, nämlich die moralische Kritik an einzelnen Ergebnissen des Marktes, verbunden mit der Vorstellung, man könne, durch Interventionen in den Funktionszusammenhang, diese Ergebnisse verbessern bzw. vermeiden, was jedoch oftmals zur Unterminierung der Märkte beitrage – entsprechend dem Spruch: Gut gemeint ist das Gegenteil von gut.

Wie auch in den vorherigen Fällen muss hierbei nicht ein zwingender Gegensatz vorliegen. Doch verweist diese These darauf, dass nicht nur der Markt gegebenenfalls reformbedürftig sein kann, sondern auch bestimmte Formen des Moralverständnisses.

Das Verhältnis von Moral und Markt – eine integrative normative Perspektive

Insbesondere aus den Gegensatzthesen haben sich einige Fragen ergeben, denen nun nachgegangen werden soll. Ausgehend von dem Umstand, dass es zahlreiche Konfliktfelder im Verhältnis von Moral und Markt gibt, ist nun erstens zu fragen, ob Märkte an sich unvereinbar mit Moral sind. Sollte diese Frage verneint werden, der Marktwirtschaft mithin grundsätzlich sittliche Qualität zugesprochen werden können, ergibt sich daraus die zweite Frage, welche Voraussetzungen erfüllt sein müssen, damit auch im Fall von konkreteren Konflikten Vereinbarkeit nach Maßgabe der jeweiligen Möglichkeiten erreicht werden kann.

Zur Beantwortung dieser Fragen seien zunächst die normativen Prämissen spezifiziert, die der weiteren Argumentation zugrunde gelegt werden:

(1) Das Wirtschaftssystem ist für die Menschen da (nicht umgekehrt).

(2) Das Wirtschaftssystem sollte soviel Selbstbestimmung (Freiheit) wie möglich zulassen.

(3) Das Wirtschaftssystem sollte eine gerechte generationenübergreifende Solidarität, d.h. eine nachhaltige gesellschaftliche Zusammenarbeit fördern.

(4) Als universelle Norm wird die Goldene Regel in folgender Formulierung zugrunde gelegt: Investiere in die Bedingungen der nachhaltigen gesellschaftlichen Zusammenarbeit zum gegenseitigen Vorteil!

Zu (1): Diese Prämisse stellt das menschliche Wohlergehen in den Mittelpunkt. Sie dient zur Orientierung, dass das Wirtschaftssystem so zu gestalten ist, dass die Menschen es verstehen und sich (einigermaßen) mit ihm identifizieren können. Zugleich verweist sie darauf, dass das Wirtschaftssystem auch dem Menschen als empirisch bedingtem Wesen gerecht werden muss. Damit ist gemeint, dass Menschen nicht nur moralische Subjekte, mit Würde und zur Freiheit begabt, sind, sondern immer auch biologischen, sozialen und anderen Bedingungen unterworfen sind, die ihre Handlungen wesentlich mitbestimmen. Als Konzept, das diese empirischen Bedingungen gewissermaßen zusammenfasst, sei der Begriff ›Eigeninteresse‹ verwendet (was Interessen am Wohlergehen anderer, an Artenvielfalt usw. nicht ausschließt). Demnach schließt die erste Prämisse auch mit ein, dass das Wirtschaftssystem grundsätzlich auf Anreizkompatibilität hin angelegt sein muss. (Auch in anderen Hinsichten ist gerade bei dieser Prämisse darauf zu achten, dass man nicht normativistischen Fehlschlüssen erliegt.)

Zu (2): Diese Prämisse drückt das von praktisch allen ernstzunehmenden Ethiken geteilte Prinzip der Bedeutung des moralischen Subjekts und seiner Würde aus. Spezifischer wird der konsensethische Grundsatz unterstellt, dass Menschen die »letzte Quelle von Werten« (Buchanan 1987, 586) sind, was eben in dem Gedanken der Selbstbestimmung zur Geltung kommt.

Zu (3): Diese Prämisse der Solidarität ergibt sich in gewissem Sinne aus der vorherigen: Da *jeder* Mensch zählt, sollte das Wirtschaftssystem entsprechend nach Maßgabe der Möglichkeiten auch allen Menschen zu Gute kommen, wobei ausdrücklich der Aspekt der Nachhaltigkeit, d.h. die künftigen Generationen, zu berücksichtigen ist.

Zu (4): Dieser ethische Imperativ basiert erstens auf der einzigen ethischen Norm, die universellen Charakter beanspruchen kann: der Goldenen Regel und ihrer Logik der Reziprozität. Zweitens nimmt sie Kants Gedanken der Universalisierung auf, indem es um die (nachhaltige) *gesellschaftliche* Zusammenarbeit zum gegenseitigen Vorteil geht, die zugleich als Ausdruck des zuvor genannten Solidaritätsgedankens verstanden werden kann. Drittens wird die Idee der Selbstbestimmung aufgegriffen, indem von Investitionen zum eigenen (und zugleich allgemeinen) Vorteil die Rede ist. Viertens ist – erweiternd gegenüber der klassischen Goldenen Regel – von »Bedingungen« die Rede; gemeint sind damit solche Voraussetzungen, die die gesellschaftliche Kooperation erst möglich machen bzw. verbessern sollen; genannt werden können etwa ökologische Voraussetzungen, geeignete Institutionen, Bildung und anderes mehr. All diese Bedingungen erfordern verschiedenste Arten der Investitionen, damit sie aufgebaut, erhalten oder weiterentwickelt werden.

Die sittliche Qualität der Marktwirtschaft

Zur ethischen Beurteilung der Marktwirtschaft ist es allerdings auch erforderlich, noch einige weitere empirische Bedingungen zu berücksichtigen, um etwaigen normativistischen Fehlschlüssen vorzubeugen (vgl. u.a. Homann/Suchanek 2005). Drei solche Bedingungen allgemeiner Art sollen nachfolgend kurz aufgeführt werden:

1. Sachdimension: Knappheit: Ressourcen sind knapp. Dies trifft nicht nur für Rohstoffe sowie die aus ihnen hergestellten Güter zu, sondern auch auf individuelle Fähigkeiten und Wissen (›Humankapital‹) sowie Zeit. Als Folge dieser Knappheit ergibt sich die Notwendigkeit, immer wieder darüber zu entscheiden, welcher Verwendung knappe Ressourcen zugeführt werden sollen, genauer: welche Ressource wie für wen verwendet wird und wer darüber entscheidet. Auf einige Aspekte sei besonders hingewiesen:

- Knappheit ist, da sie subjektiv empfunden wird, ein relatives Problem mit der Folge, dass sie mit wachsendem Wohlstand nicht unbedingt abnimmt, sondern unter Umständen sogar zunehmen kann, weil attraktive Alternativen entstehen können, die man nicht wahrnehmen kann. Am deutlichsten zeigt sich dieses Phänomen bei der ›Ressource‹ Zeit.
- Knappheit ist ein wichtiger Anstoß für individuelle Leistungsbereitschaft und Kreativität und ist insofern keineswegs nur negativ zu bewerten. Es ist durchaus fraglich, ob Menschen in einer Welt ohne Knappheit glücklich sein könnten.
- Die relative Knappheit von Ressourcen hängt immer auch ganz wesentlich von den technischen Möglichkeiten ihrer Verwendung ab. Insofern ist es eine der wichtigsten Fragen eines Wirtschaftssystems, ob und in welcher Weise in die verschiedenen Formen von Kapital investiert wird.
- Schließlich ist darauf hinzuweisen, dass Knappheit wesentlich auch ein soziales Phänomen ist. Das subjektive Empfinden der Knappheit wird immer auch in erheblichem Maße mitgeprägt durch das, was die Mitmenschen als wertvoll bzw. knapp empfinden. Mehr noch: Knappheit führt zu Interessenkonflikten, aber auch zu der Motivation, Knappheitsprobleme durch Kooperation zu bewältigen.

2. Sozialdimension: Kleine Gruppe vs. ›große‹ Gesellschaft: Gerade wirtschaftliche Beziehungen sind geprägt von der gleichzeitigen Präsenz gemeinsamer und gegensätzlicher Interessen. Selbst beim einfachen (anonymen) Markttausch existieren Interessenkonflikte, da beide Seiten es in der Regel bevorzugen, lieber weniger als mehr zu geben und lieber mehr als weniger zu erhalten. Ressourcenknappheit ist insofern nie eine bloß technische Frage. Vor allem ist das Problem der zweckmäßigen Nutzung von Ressourcen in einer kleinen Gruppe ganz anders zu lösen als in einer sehr großen, anonymen (Welt-)Gesellschaft. In der kleinen Gruppe herrscht möglicherweise ein Gemeinschaftsgefühl, welches in dieser Form ab einer bestimmten Gruppengröße aufgrund fehlender wechselseitiger Bekanntheit nicht mehr existieren kann. Weiterhin ist in der kleinen Gruppe praktisch jederzeit die wechselseitige soziale Kontrolle des Verhaltens gegeben; Versuche der ›Ausbeutung‹ gemeinsam verfügbarer Ressourcen (Tragik der Allmende), d.h. auftretende Dilemmastrukturen, können in der Regel relativ rasch und unproblematisch unterbunden werden, Regeln können informell festgelegt werden, sind in der Regel relativ stabil und hinsichtlich der Einhaltung durch die Beteiligten selbst kontrollierbar. Allerdings ergeben sich auch nur geringe Möglichkeiten, durch verstärkte Arbeitsteilung oder gar Etablierung eines Leistungswettbewerbs die Möglichkeiten der Realisierung von Kooperationsgewinnen zu steigern.

Demgegenüber existieren in einer großen anonymen Gesellschaft, in der die Handlungen vieler Akteure zwar interdependent sind, sie sich untereinander jedoch nur zu einem sehr geringen Teil kennen (können), sehr viel mehr Chancen der Realisierung von Kooperationsgewinnen durch vermehrte Ausnutzung der verschiedenen Formen der Zusammenarbeit zum gegenseitigen Vorteil; zugleich ist indes ihre Aneignung sehr viel anspruchsvoller und verlangt zwingend geeignete Regelsysteme, die die Vielzahl individueller Handlungen koordinieren und die vielfältigen Informations- und Anreizprobleme menschlichen Zusammenlebens, wie sie insbesondere in einer freiheitlichen Gesellschaft auftreten, lösen. So ist die wechselseitige Bekanntheit, Beobachtbarkeit und Kontrolle untereinander, die in der kleinen Gruppe vorherrschte, in der großen Gesellschaft nicht mehr gegeben. Statt der informellen wechselseitigen Kontrolle sind es nun vor allem formelle Institutionen, die die für die Zusammenarbeit zum gegenseitigen Vorteil nötige Verlässlichkeit der wechselseitigen Verhaltenserwartungen gewährleisten.

3. Die Zeitdimension: Anpassungsfähigkeit und Nachhaltigkeit: Ein Wirtschaftssystem, das die Handlungen einer großen Zahl von Akteuren koordinieren soll, muss in der Lage sein, den stets auftretenden Notwendigkeiten von Anpassungen Rechnung tragen zu können. Hierbei ist insbesondere zu berücksichtigen, ob es um einmalige Ausnahmesituationen geht, also besondere Umstände vorliegen, mit denen man nicht so bald wieder rechnen muss. In diesem Fall können Lösungen wie z. B. spontanes ›Teilen‹ als Ausdruck der Solidarität angemessen sein; so wird bei Hungersnöten, Überschwemmungen und anderen Katastrophen oft in dieser Form geholfen.

Anders ist es in Alltagssituationen, in denen sich dauerhafter Anpassungsbedarf ergibt. Hier wird man nicht auf permanente Hilfsbereitschaft setzen können, unter anderem deshalb, weil eine solche Hilfsbereitschaft sehr oft ›ausgebeutet‹, würde und die meisten Menschen nicht bereit wären, eine solche ›Ausbeutung‹ zu akzeptieren. Gerade also, wenn es um längerfristige gesellschaftliche Kooperation geht, wird die Frage wichtig: Unter welchen Bedingungen sind Menschen bereit, immer wieder in die künftigen Bedingungen – insbesondere Naturkapital, Humankapital, institutionelles Kapital – der gesellschaftlichen Zusammenarbeit zum gegenseitigen Vorteil zu investieren?

Damit kann das Grundproblem, das ein Wirtschaftssystem zu lösen hat, nunmehr in präzisierter Form wie folgt formuliert werden: Wie können die wirtschaftlichen Aktivitäten freier Subjekte so koordiniert werden, dass jeder Möglichkeiten und Anreize zu Investitionen in die Bedingungen einer nachhaltigen gesellschaftlichen Zusammenarbeit hat?

Nimmt man das oben genannte Kriterium der Selbstbestimmung ernst, wird damit in einer großen anonymen Gesellschaft eine zentrale Planung und Organisation der wirtschaftlichen Aktivitäten ausgeschlossen, denn diese ist schlechterdings nicht in der Lage, eine freiheitliche (und damit auch grundsätzlich anreizkompatible) Abstimmung zu ermöglichen. Demgegenüber gilt für die Marktwirtschaft, dass sie ein freiheitliches System ist, welches grundsätzlich darauf ausgerichtet ist, dass jeder Marktteilnehmer seine Freiheit nicht zu Lasten Dritter nutzt, sondern in einer für andere produktiven Weise. Dabei ist eine Besonderheit des Marktes, dass er diese Koordinationsleistung vollbringt, ohne dabei voraussetzen zu müssen, dass jeder Einzelne mit seinem Handeln auch das Gemeinwohl befördern will (was in der komplexen Gesellschaft angesichts der Abstraktheit des Konzepts ›Gemeinwohl‹ eine Überforderung wäre).

Sofern man diese Grundentscheidung für Märkte, also für ein freiheitliches, d. h. dezentrales System der Koordination wirtschaftlicher Aktivitäten, getroffen hat, stellt sich in einem zweiten Schritt die Frage danach, wie die Vereinbarkeit von Moral und Markt gefördert werden kann.

Dazu sei zurückgegriffen auf die weiter oben ausgeführte Unterscheidung der drei Ebenen, auf denen Moral zur Geltung kommen kann: den Handlungen (Spielzüge), den Regeln (Spielregeln) und den Urteilen (Spielverständnis). Als These formuliert: Dauerhaft funktionsfähige Märkte benötigen (1) verantwortliches Verhalten der Marktteilnehmer, (2) gute Spielregeln sowie (3) die grundsätzliche Akzeptanz der Marktwirtschaft als solcher.

Zu (1): Gerade weil der Markt ein freiheitliches Koordinationssystem wirtschaftlicher Handlungen darstellt, ergibt sich aus ethischer Sicht zwingend, dass die Marktteilnehmer ihre Freiheit verantwortlich gebrauchen, sofern der Markt nicht dauerhaft unterminiert werden soll. Angesprochen ist hier zunächst jeder Akteur, der auf Märkten aktiv wird, Nachfrager ebenso wie Anbieter, aber auch jene, die die Bedingungen von Märkten mitgestalten, insbesondere jene die für die ›Spielregeln‹ verantwortlich sind (Politik, Verwaltung) bzw. das ›Spielverständnis‹ maßgeblich mit beeinflussen (Medien, Intellektuelle).

Besondere Bedeutung kommt hierbei der Verantwortung von Unternehmen zu, die oft auch unter dem Kürzel CSR (Corporate Social Responsibility) diskutiert und implementiert wird. Ohne dies hier weiter ausführen zu können, sei jedoch gesagt, dass diese Verantwortung nicht darin besteht, durch einzelne wohltätige Projekte der Gesellschaft ›etwas zurückzugeben‹. Auch kann sie nicht auf das bloße Ziel der Gewinnerzielung reduziert werden, da es offensichtlich immer wieder Möglichkeiten der Gewinnerzielung gibt, die im Widerspruch zu allgemein geteilten moralischen Auffassungen stehen (z. B. Korruption, Menschenrechtsverletzungen, Umweltverschmutzung, Bilanzfälschung usw.). Stattdessen kann diese Verantwortung durch die oben angeführte Goldene Regel bestimmt werden: Unternehmen sind dafür verantwortlich, jederzeit in die Bedingungen einer nachhaltigen Wertsteigerung zu investieren, was insbesondere bedeutet, dass sie die legitimen Erwartungen der verschiedenen Kooperationspartner (einschließlich der Öffentlichkeit) nicht verletzen. Das bedeutet zunächst, die Gesetze und vertragliche Vereinbarungen zu respektieren, auch wenn dies im Einzelfall als Zumutung erfahren werden kann. Zum anderen heißt unternehmerische Verantwortung, sich dadurch als vertrauenswürdiger Kooperationspartner auszuweisen, dass man die verschiedenen konkreten und allgemeinen Versprechen, die im Namen des Unternehmens gegeben werden, hält.

Zu (2): Verantwortliches Verhalten kann vom einzelnen Akteur, auch und gerade von korporativen Akteuren, also Unternehmen, dann nicht erwartet werden, wenn es *systematisch* zu Nachteilen führt; dies gilt insbesondere unter Wettbewerbsbedingungen. Insofern ist es kein Zufall, wenn immer wieder die Bedeutung geeigneter ›Spielregeln‹ – Eigentumsrechte, Vertrags-, Wettbewerbs-, Haftungsrecht und andere institutionelle Regulierungen – hervorgehoben wird, die für die Funktionsfähigkeit von Märkten unverzichtbar sind; Karl Homann (1990) spricht folgerichtig von der Rahmenordnung als einem »systematischen Ort der Moral«, da diese Regeln die Voraussetzung für eine gelingende gesellschaftliche Zusammenarbeit bilden.

Zu (3): Verantwortungswahrnehmung und Spielregelgestaltung und -durchsetzung hängen ganz wesentlich davon ab, welche Handlungen bzw. Regeln man als für sich vorteilhaft, aber auch als moralisch richtig ansieht. In diesem Zusammenhang ist noch einmal auf die dritte Gegensatzthese zu verweisen, aus der sich die Bedeutung einer hinreichenden Aufklärung hinsichtlich grundlegender Bedingungen gelingenden gesellschaftlichen Zusammenlebens ergibt. Dementsprechend ist eine der wesentlichen Bedingungen dafür, dass Moral und Markt grundsätzlich miteinander vereinbar sind und bleiben, auch das Vorhandensein moralischer Urteilskraft, die die Funktionsbedingungen von Märkten hinreichend kennt, um sie bei moralischen Urteilen kompetent berücksichtigen zu können.

Dies lässt sich anhand grundlegender Ambivalenzen verdeutlichen, die gewissermaßen ein Ausdruck der ökonomischen Alltagsweisheit sind, dass nichts im Leben umsonst sei. Dieser Hinweis auf die Bedingung universeller Knappheit bzw. universeller Dilemmastrukturen gilt auch in abstrakterer Weise, eben in Form von Ambivalenzen, von denen einige nachfolgend genannt seien:

- Die allgemeinste Ambivalenz betrifft ein grundlegendes Merkmal der modernen Gesellschaft: die Freisetzung des Eigeninteresses, sowohl durch die Herauslösung aus tradierten Wert-, Normen- und Klassenbindungen als auch durch die Eröffnung zahlreicher neuer Freiheiten durch technischen Fortschritt und gestiegenen materiellen Wohlstand. Dieses Mehr an Freiheit, das aus Sicht der meisten Ethiken als positiv zu bewerten ist, bringt jedoch zwingend das Problem mit sich, dass diese Freiheiten auch missbraucht werden können bzw. dass die Herausforderungen der Koordination individueller Handlungen freier Subjekte rasch wachsen (was sowohl an der Zunahme formaler Institutionen als auch an der wiederkehrenden Klage eines Werteverfalls ablesbar ist). Diese Ambivalenz ist deswegen von Bedeutung, da, wie zuvor angedeutet, Märkte dazu tendieren, eigeninteressiertes Handeln zu fördern durch die Eröffnung attraktiver Konsum- oder Gewinnerzielungsmöglichkeiten.
- Eine zweite sehr generelle Ambivalenz betrifft Regeln. Diese koordinieren Handlungen, schaffen wechselseitige Verhaltensverlässlichkeit und erweisen sich so als fundamentale Grundlage der sozialen Ordnung bzw. als Infrastruktur individueller Freiheit. Doch sind Regeln zugleich Grenzen, die nicht selten als Einschränkung, und damit als entfremdet, d. h. als unerwünschte Fremdbestimmung, erlebt werden; dies gilt sowohl für politische (Demokratie) als auch für wirtschaftliche (Markt-)Strukturen.
- Eine weitere für Märkte grundlegende Ambivalenz betrifft die Etablierung bzw. Aufrechterhaltung des Wettbewerbs. Dabei soll an dieser Stelle weniger betont werden, dass diejenigen, die dem Wettbewerb unterworfen sind, stets Anstrengungen unternehmen, ihm zu entgehen bzw. ihn außer Kraft zu setzen. Vielmehr ist die eigentliche Ambivalenz die, dass der Wettbewerb unter anderem gerade dazu dient, zu einem effizienten Umgang mit knappen Ressourcen anzuhalten, doch dass genau dieser Druck dazu führen kann, Kosten zu externalisieren.
- Im Zusammenhang mit dem Wettbewerb steht auch der Umstand, dass einige seiner positiven

Wirkungen dadurch zustande kommen, dass die andere Marktseite die Möglichkeit der Abwanderung hat. Doch genau dies führt dazu, dass geringere Bindungsmöglichkeiten existieren bzw. man sich auch Beitragsleistungen entziehen kann, die eigentlich der Gesellschaft – und oft auch einem selbst – dienlich sind (Kollektivgutproblematik).

- Wettbewerb und Märkte sind so ausgelegt, dass Leistung – im Sinne von Wertschöpfung – das dominante Kriterium ist, um Erfolg zu haben. Das bedeutet indes, dass Nicht-Leistung eben nicht honoriert wird – und dies zunächst unabhängig davon, worin diese Nicht-Leistung besteht bzw. warum sie zustande kommt (z. B. durch Krankheit, soziale Härten, fehlende Ausbildung usw.). Mehr noch: Was als Leistung gilt, entscheidet kein Philosophenkönig oder Experte der Bedürfnisforschung, sondern Marktteilnehmer, die bereit sind, Leistungen mit Gegenleistungen zu vergelten, und die einen anderen Geschmack haben können als der jeweilige Beobachter.
- Die Dezentralität der Märkte vermeidet tendenziell viele Probleme einer zentralen Steuerung des Wirtschaftsgeschehens: volkswirtschaftliches Missmanagement, fehlende Anpassungsleistungen, massive Korruption und Vetternwirtschaft und anderes mehr. Doch ist mit dieser Verringerung politischer Steuerung unweigerlich verbunden, dass sich die Märkte einer unmittelbaren (interventionistischen) Steuerung und Kontrolle entziehen. Das hat zunächst gute Seiten, da politische Lenkungen wirtschaftlicher Aktivitäten oft genug Einladungen zu Machtmissbrauch, Korruption und Verschwendung waren (und sind); doch führt die Dezentralität in Einzelfällen auch immer wieder zu unvorhergesehenen Härten (ebenso übrigens wie zu zufälligen und, in gewissem Sinne unverdienten, Erfolgen).
- Märkte haben grundsätzlich aufgrund ihrer oben erwähnten Interdependenz an sich den solidaritätsfördernden Effekt einer gesellschaftlichen Integration. Doch werden damit auch wechselseitige Abhängigkeiten erzeugt, die durchaus unerwünscht sein können, wie etwa das Beispiel der Finanzkrise von 2008 illustriert.

Diese und andere Ambivalenzen verweisen auf die ›Kosten‹, die die Etablierung von Märkten mit sich bringen, wenngleich es von der konkreten Ausgestaltung der Marktstrukturen abhängt, wer und in welcher Form diese Kosten tragen muss.

Umso wichtiger ist es, im gesellschaftlichen normativen Diskurs über die richtige Weise des Wirtschaftens Kenntnisse über grundlegende strukturelle Zusammenhänge in möglichst klarer Weise einzubringen, verbunden mit der Verdeutlichung, welche Verantwortlichkeiten mit welchen wirtschaftlichen Aktivitäten einhergehen, und warum es im wohlverstandenen Eigeninteresse liegt, diese Verantwortlichkeiten wahrzunehmen. Hier liegt auch eine zentrale Aufgabe des Bildungssystems und seiner Vertreter, ihren Teil zur Vereinbarkeit von Moral und Markt beizutragen.

Schlussbemerkung

In den nächsten Jahrzehnten wird sich vor allem in drei Feldern zeigen, ob das Verhältnis von Markt und Moral als nachhaltig positiv zu beurteilen ist oder nicht: im Bereich des Klimawandels, der Entwicklung der Finanzmärkte und der Bekämpfung der Armut. Dabei werden sowohl einige tradierte Moralvorstellungen als auch allzu vereinfachte und optimistische Auffassungen hinsichtlich der Funktionsweise von Märkten einer differenzierteren Betrachtung weichen müssen, wenn es gelingen soll, die immense Herausforderung zu bewältigen, künftigen Generationen die Voraussetzungen für ein *gutes* Wirtschaftssystem, von den Rohstoffen über die institutionellen Strukturen bis hin zum Humankapital, zu hinterlassen.

Literatur

Buchanan, James M.: Constitutional Economics. In: John Eatwell/Murray Milgate/Peter Newman (Hg.): The New Palgrave. A Dictionary of Economics. London 1987, 585–588.

Hayek, Friedrich August von: Der Wettbewerb als Entdeckungsverfahren. In: Freiburger Studien. Gesammelte Aufsätze. Tübingen 1969.

–: Die verhängnisvolle Anmaßung. Die Irrtümer des Sozialismus. Tübingen 1996.

–: Recht, Gesetzgebung und Freiheit. Tübingen 2003.

Hirsch, Fred: Social Limits to Growth. Cambridge 1978.

Hirschman, Albert O.: Der Streit um die Bewertung der Marktgesellschaft. In: Ders.: Entwicklung, Markt und Moral. Abweichende Betrachtungen. München 1989, 192–225.

Homann, Karl: Wettbewerb und Moral. In: Jahrbuch für Christliche Sozialwissenschaften 31, 1990, 34-56.

– /Suchanek, Andreas: Ökonomik. Eine Einführung. Tübingen ^{2}2005.

Luhmann, Niklas: Paradigm Lost: Über die ethische Reflexion der Moral. Frankfurt a.M. 1990.
Marx, Karl: Das Kapital. Kritik der politischen Ökonomie. Berlin 1932.
Smith, Adam: Untersuchung über Wesen und Ursachen des Reichtums der Völker. Tübingen 2005 (engl. 1776).
Stehr, Nico: Die Moralisierung der Märkte. Eine Gesellschaftstheorie. Frankfurt a.M. 2007.
Stigler, George J./Sherwin, Robert A.: The Extent of the Market. In: Journal of Law & Economics 28 (1985), 555–585.
Suchanek, Andreas: Ökonomische Ethik. Tübingen [2]2007.
Ulrich, Peter: Integrative Wirtschaftsethik. Grundlagen einer lebensdienlichen Ökonomie. Bern u.a. [4]2007
Weber, Max: Wirtschaft und Gesellschaft: Grundriß der verstehenden Soziologie. Tübingen [5]1980.

Andreas Suchanek

4. Ökonomische Rationalität

Rationales Handeln, Rationalitätsprinzip und Rationalitätshypothesen

Die Annahme des rationalen Handelns zählt, neben der Annahme des Selbstinteresses, zu den zentralen Grundannahmen der neoklassischen Ökonomik. Die zentrale Rolle, die der Rationalität in der ökonomischen Theorie zugeschrieben wird, zeigt sich bereits bei der Fokussierung des Gegenstandsbereichs der ökonomischen Wissenschaft. Sie analysiert, wie Menschen bzw. Individuen knappe Mittel für erstrebenswerte Ziele oder Zwecke beschaffen und verwenden. Die Annahme, dass den unbegrenzten Bedürfnissen der Individuen nur begrenzte Ressourcen gegenüberstehen, führt zur Notwendigkeit des Wirtschaftens, d.h., die knappen Mittel ihrer gewünschten Verwendung zuzuführen. Mit anderen Worten, die ökonomische Theorie hat den rationalen Umgang mit knappen Gütern zum Gegenstandsbereich.

Rationales Handeln wird in diesem Zusammenhang als zweckgerichtetes, intentionales Handeln verstanden. In der ökonomischen Welt der Theorie des rationalen Handelns werden die Handlungen der Individuen streng instrumentell betrachtet. Die Wirtschaftssubjekte, ob Konsumenten oder Produzenten, nehmen jeweils Handlungen vor, um erwünschte Wirkungen und Ergebnisse herbeizuführen. Menschliches Verhalten ist in der Ökonomik somit zweckgerichtet, vorausschauend und durch die hierdurch hervorgerufenen Konsequenzen bestimmt. Das ökonomische Verhaltensmodell des rationalen Handelns geht davon aus, dass in einer gegebenen Entscheidungssituation unter allen potenziellen Handlungsoptionen daher diejenige ausgesucht wird, von der die vorzugswürdigsten Konsequenzen erwartet werden. Die Akteure müssen daher stets die verschiedenen, zur Auswahl stehenden Handlungsoptionen kennen und deren Konsequenzen eindeutig bewerten können. Es wird somit unterstellt, dass die Wirtschaftssubjekte die Kausalzusammenhänge zwischen der gewählten Handlung und dem erzielten Ergebnis beurteilen bzw. darüber stabile Erwartungen bilden können. Gleichzeitig wird unterstellt, dass die Wirtschaftssubjekte eine Entscheidung darüber treffen können, welches Ergebnis sie als wünschenswert bzw. als zu bevorzugen erachten. Es wird daher von der Existenz subjektiver Präferenzen und den entsprechenden Theorien über die Ursache-Wirkungs-Zusammenhänge zwischen Handlung und Ergebnis ausgegangen. Daher ist zweckgerichtetes, intentionales Verhalten stets präferenz- und theoriegeleitet.

Im ökonomischen Verhaltensmodell wird die Rationalitätskomponente durch die Maximierungsannahme, mit gegebenen Mitteln einen maximalen Zielereichungsgrad oder ein gegebenes Ziel mit minimalem Mitteleinsatz zu erreichen, spezifiziert. Sowohl die Maximierungs-, als auch die Minimierungskomponenten sind zwei Seiten der gleichen Medaille: Sie beschreiben die individuelle Nutzen- bzw. Gewinnmaximierung. Diese Annahme des Homo Oeconomicus-Verhaltens ist konstituierend für die ökonomischen Verhaltensmodelle und beschreibt das in der ökonomischen Modellwelt vorherrschende Rationalitätsprinzip.

Schon bei einer ersten oberflächlichen Betrachtungsweise wird schnell offensichtlich, dass dieses Rationalitätsprinzip sehr stark interpretationsbedürftig ist (Arrow 1996, XIII). Entsprechend der obigen Darstellung ist menschliches Handeln in der ökonomischen Verhaltenswelt genau dann rational, wenn ein Akteur entsprechend seiner zum Zeitpunkt der Entscheidung gültigen Präferenzen und der bekannten Kausalzusammenhänge von Handlungen und Konsequenzen jene Handlung wählt, die der vorzugswürdigsten Alternative entspricht. Die Rationalität dieser Entscheidung ist daher immer zeitpunktbezogen zu betrachten. Die subjektiven Ziele bzw. Zwecke müssen mit den subjektiven Vorstellungen des Handelnden zum Zeitpunkt der Entscheidung übereinstimmen. Wann immer diese Konsistenzbedingung erfüllt ist, erfolgt die Handlung in Einklang mit dem Rationalprinzip (Vriend 1996, 272). Die Problematik, die sich hinter dieser Argumentation verbirgt, wird schnell sichtbar. Ex post kann nahezu jedes Verhalten als rational bezeichnet werden, solange die Bedingung der subjektiven Konsistenz erfüllt ist.

Dieses Rationalitätsprinzip, das ausschließlich auf die subjektive Konsistenz zwischen Zielen und Vorstellungen über die Konsequenzen der Handlung zu einem bestimmten Zeitpunkt der Entscheidung abstellt, ist wissenschaftlich betrachtet nicht bestreitbar. Damit ist es aber auch ohne empirischen Gehalt: Sämtliche denkbaren Handlungen, egal wie absonderlich sie erscheinen mögen, können als rational bezeichnet werden (Lucas 1977, 15). Gleichzeitig entziehen sich die subjektiven Präferenzen und Vorstellungen einer systematischen empirischen Beobachtung, wodurch eine theoretische Überprüfung unmöglich wird.

Um das Rationalprinzip einer empirischen Überprüfung zugänglich zu machen, müssen aus ihm sogenannte Rationalitätshypothesen abgeleitet werden, die dann auf ihre Evidenz hin untersucht werden können. Diese Rationalitätshypothesen stellen nichts anderes als unterschiedliche Interpretationen des Rationalprinzips dar. Typischerweise wird hierbei zwischen weichen und harten Rationalitätshypothesen unterschieden. Die weichen Rationalitätshypothesen ergänzen das Rationalprinzip der Konsistenz zwischen subjektiven Zielen und Vorstellungen in der Weise, dass den handelnden Akteuren bestimmte Schranken bzw. Restriktionen auferlegt werden (Lipnowski 1998, 31). Solche weichen Rationalitätshypothesen gelten insbesondere für die Behauptung, dass die Wirtschaftssubjekte nicht in unzweckmäßiger Weise handeln oder dass sie auf Anreize und Veränderungen der Anreizmechanismen reagieren. Während die weichen Rationalitätshypothesen verhaltenswissenschaftlich weitgehend als unstrittig angesehen werden können, gehen die harten Rationalitätshypothesen in ihren Behauptungen weit darüber hinaus. So wird im Rahmen der harten Rationalitätshypothesen im Vergleich zur weichen Variante die Behauptung aufgegeben, dass es für die Erfüllung des Rationalitätsprinzips auf die Konsistenz zwischen subjektiven Zielen und Vorstellungen zum Zeitpunkt der Handlungsentscheidung ankommt. Es wird vielmehr nun darauf abgestellt, dass Menschen in dem Sinne rational handeln, dass die Gesamtheit ihrer Präferenzen bzw. Ziele und ihrer Vorstellungen über die Konsequenzen ihrer Handlungen in sich widerspruchsfrei und mit ihren Handlungen konsistent sind. Das Kriterium der lokalen Konsistenz des Rationalprinzips wird somit durch das Kriterium der globalen Konsistenz ersetzt. Eine weitere Variante der harten Rationalitätshypothesen stellt auf die Realitätsadäquanz der subjektiven Vorstellungen der Entscheidungsträger ab. Danach ist die Rationalitätsbedingung dann erfüllt, wenn die Wirtschaftssubjekte nicht nur subjektiv rational handeln, sondern auch von objektiven Annahmen über die Wirkungszusammenhänge zwischen Handlung und Konsequenz geleitet sind. Die harten Rationalitätshypothesen finden sich insbesondere in der vorherrschenden Annahme der neoklassischen Ökonomie in Form der perfekten Rationalität. Hierbei wird nicht nur auf die interne Konsistenz aller Präferenzen und Vorstellungen abgestellt, sondern auch auf die objektive Angemessenheit der Vorstellungen über die Kausalzusammenhänge zwischen gewählter Handlung und der sich daraus ergebenden Konsequenzen.

Insbesondere die Annahme der perfekten Rationalität war und ist seit Jahren Gegenstand kontroverser Diskussionen (Hayek, 1952, 49; Simon 1987, 26). Mit den beobachtbaren Realitäten hat diese Annahme nichts gemein. Weder kann unterstellt werden, dass die Wirtschaftssubjekte über alle relevanten Informationen sowie die dafür notwendigen Informationsverarbeitungskapazitäten verfügen, noch spiegelt die Annahme der perfekten Rationalität das tatsächliche Verhalten von Wirtschaftssubjekten in angemessener Weise wider. In der letzten Zeit hat diese Kritik, vor allem hervorgerufen durch die Ergebnisse der experimentellen Ökonomik, neue Nahrung erhalten.

Rationalprinzip, Verhaltensanomalien und die Ergebnisse der experimentellen Verhaltensökonomik

In der Öffentlichkeit besonders bekannt geworden sind die Ergebnisse des sogenannten Ultimatumspiels (Güth/Schmittberger/Schwarze 1982). An diesem Experiment nehmen zwei Probanden teil. Beide Probanden sind einander unbekannt und stehen in keinem Abhängigkeitsverhältnis zueinander. Ein Proband fungiert als Anbieter, während der andere Proband als Antwortender agiert. Der Anbieter erhält vom Experimentleiter einen bestimmten Geldbetrag unter der Auflage, diesen beliebig zwischen beiden Probanden aufzuteilen. Wenn nun der als Antwortender agierende Proband den ihm zugewiesenen Geldbetrag akzeptiert, können beide den Geldbetrag behalten, lehnt der Antwortende dagegen den ihm zugewiesenen Geldbetrag ab, so bekommt keiner von beiden etwas. Entsprechend dem ökonomischen Rationalkalkül würde man erwarten, dass der Anbieter seinem Spielpartner den geringst möglichen Betrag anbietet und dieser dieses Angebot auch akzeptiert, weil er sonst überhaupt nichts bekommen würde.

Im Gegensatz zu dieser Erwartung stehen jedoch die tatsächlich beobachteten Ergebnisse. Im Durchschnitt bieten die Anbieter den anderen Probanden vierzig Prozent des Geldbetrages an. Umgekehrt lehnen die Antwortenden Angebote, die unterhalb der Schwelle von zwanzig Prozent des dem Anbieter zugewiesen Geldbetrages liegen, regelmäßig ab (Camerer 2003). Selbst in sogenannten Diktatorspielen, in denen der zweite Proband keine Möglichkeit hat, auf den Geldbetrag, der ihm angeboten wird, Einfluss zu nehmen, da er lediglich Optionsempfänger ist, geben die Anbieter im Durchschnitt zwar weniger aber immerhin noch freiwillig ca. zwanzig Prozent des erhaltenen Geldbetrages ab.

Aus der Sicht der Verhaltensökonomen lassen sich für die experimentell ermittelten Spielergebnisse eine Reihe von Erklärungen anführen. Dabei wird sehr häufig auf die Existenz der sogenannten Verhaltensanomalien hingewiesen (Kahnemann/Knetsch/Thaler 1991). Abweichungen vom Rationalprinzip (Verhaltensanomalien) lassen sich in der Regel durch die Annahme erklären, dass die Standards einer Gesellschaft, wie beispielsweise Fairness, Gerechtigkeit und Großzügigkeit, das Handeln der Akteure maßgeblich beeinflussen. Erweitert man den Inhalt der individuellen Nutzenfunktion, die es zu maximieren gilt, um solche sozialen Standards wie Fairness, Gleichheit und Gerechtigkeit, muss ein solches Verhalten nicht im Widerspruch zum Rationalprinzip stehen (Kahnemann/Knetsch/Thaler 1987, 114). So lässt sich das Ergebnis der Ultimatumspiele damit erklären, dass der Anbieter entweder bereits bestimmte Fairnessregeln in seiner Zielfunktion mitberücksichtigt oder er antizipiert, dass sein Spielpartner ein geringes Angebot als unfair erachten und somit das Angebot ablehnen würde (Elster 1998, 68 f.; Bolten/Ockenfels 2000, 169 ff.). Damit wird kein eklatanter Verstoß gegen das in der Ökonomie vorherrschende Rationalprinzip gesehen. Vielmehr sei es das Selbstinteresse, verstanden als rein monetäre Nutzenmaximierung, welches einer Revision bedürfe. Zu diesem Selbstinteresse gehören nämlich nicht nur die eigenen materiellen und monetären Vorteile, sondern eben auch soziale und gesellschaftliche Präferenzen (Sen 2002, 24; Kliemt 2005, 207). In der Ökonomik hat sich daher weitgehend die Ansicht durchgesetzt, dass eine Revision des Verhaltensmodells der Rationalität nicht erforderlich sei. Den empirisch und experimentell nachgewiesenen Anomalien kann im Rahmen einer Theorie rationalen Handelns Rechnung getragen werden, wenn man die Annahme des Selbstinteresses abschwächt, indem man altruistische Interessen oder soziale Präferenzen, beispielsweise bezüglich der reziproken Fairness, in die individuelle Nutzenfunktion mit aufnimmt (Fehr/Schmidt 1999; Fehr/Fischbacher 2002; Fehr/Falk 2003).

Inwieweit diese Argumentation tatsächlich zu überzeugen vermag, kann kontrovers diskutiert werden. In der Modellwelt der Ökonomen stellt das Rationalprinzip stets auf die Ergebnisse einer Handlung ab. Unter den verschiedenen zur Auswahl stehenden Handlungsalternativen wird stets diejenige ausgewählt, deren Ergebnisse den Nutzen des Individuums maximieren. Gegen die obige Interpretation ist jedoch einzuwenden, dass moralische Normen, Prinzipien der Fairness, Gerechtigkeit und Reziprozität nicht auf Ergebnisse abstellen, sondern auf die Handlungen selbst. Vor allem stellen diese Prinzipien auf die Art und Weise ab, wie diese Ergebnisse erzielt werden (Vanberg 2008, 245). Es handelt sich daher um Präferenzen bezüglich der Handlungen per se und nicht um Präferenzen bezüglich der Ergebnisse. Damit stellt sich die Frage, ob es sich bei den Ansätzen, die die Verhaltensökonomen zur Erklärung der Ergebnisse der experimentellen Ökonomik und der durch sie nachgewiesenen Anomalien verwenden, nicht um eine unzulässige Vermischung moralischer Präferenzen, die sich auf die Art und Weise einer Handlung beziehen und altruistischer Präferenzen, die tatsächlich auf das Ergebnis einer Handlung abzielen, handelt. Daher ist nach einer differenzierteren Argumentation zu suchen.

Einen viel versprechenden Erklärungsansatz hierfür liefert Amartya Sen. Er unterscheidet bei der Auswahl von Handlungsalternativen zwischen der Berücksichtigung von Mitgefühl und Selbstverpflichtung (Sen 2002). Während Mitgefühl problemlos in die Nutzenfunktion eines jeden Individuums überführt werden kann, können Verhaltensbindungen wie Selbstverpflichtungen nicht mehr ohne Einschränkungen im Standardmodell rationaler Entscheidungen behandelt werden. Dies würde bedeuten, dass die Wirtschaftssubjekte in der Verfolgung ihrer Ziele durch die Berücksichtigung der Ziele anderer beeinträchtigt werden (ebd., 215). Dies impliziert, dass die Individuen in der realen Welt zunächst Regelbefolger sind und nicht reine Ergebnismaximierer. Gerade diese Regelbefolgung ist es, aus der die entsprechenden Kooperationsgewinne entstehen. Rationalverhalten wird dann nicht mehr nur auf das Maximierungskalkül reduziert, sondern um die Komponente der Regelbefolgung erweitert.

Dies führt wieder zurück zur neoklassischen Annahme der perfekten Rationalität. In der Tat, für perfekt informierte Entscheidungsträger, die die Bedingungen der internen Konsistenz aller Präferenzen und Vorstellungen erfüllen und deren Vorstellungen auch dem Kriterium der objektiven Angemessenheit entsprechen, ist die Ergebnismaximierung die einzig existierende Vorgehensweise, um die besten Ergebnisse zu erzielen. Verfügen jedoch die Entscheidungsträger nicht über alle relevanten Informationen, so dass nur unvollkommenes Wissen unterstellt wird, dann kann es für einen solchen Akteur rational sein, sich anstelle der Ergebnismaximierung an der Regelbefolgung zu orientieren (Heiner 1993, 570 ff.). Dies gilt insbesondere dann, wenn er davon ausgehen kann, durch eine allgemeine Regelbefolgung im Durchschnitt bessere Ergebnisse zu erzielen, als beim Versuch einer Ergebnismaximierung, die nur auf unvollständigen Informationen beruht. Damit rücken die Fragen der beschränkten Rationalität (*bounded rationality*), d.h. des Entscheidens unter unvollständigen Informationen, stärker in den Vordergrund des Interesses.

Das Konzept der beschränkten Rationalität

Wenn eine Theorie darüber Aussagen treffen soll, wie die Wirtschaftssubjekte real agieren und nicht als hypothetisch allwissende Agenten fungieren, müssen die Annahmen der Theorie perfekter Rationalität durch die Theorie der unvollkommenen bzw. beschränkten Rationalität ersetzt werden. Dabei ist davon auszugehen, dass die Menschen weder über die vollständigen Informationen einer konkreten Entscheidungssituation noch über perfekt funktionierende Informationsverarbeitungsmechanismen verfügen (Simon 1992, 3). Das heißt, selbst wenn zwei Wirtschaftssubjekte über exakt dieselben Informationen verfügen, dann ist aufgrund der unterschiedlichen kognitiven Fähigkeiten nicht sichergestellt, dass in absolut vergleichbaren Situationen auch die gleichen Entscheidungen getroffen werden würden.

Entgegen den Annahmen der perfekten Rationalität sind die Wirtschaftssubjekte eben nicht in der Lage, alle denkbaren Handlungsalternativen wahrzunehmen, deren Konsequenzen abzuschätzen und eine vollständige sowie gleichfalls konsistente Bewertung aller möglichen Konsequenzen bzw. Ergebnisse vorzunehmen. Dies spiegelt sich in den Annahmen des Konzeptes der beschränkten Rationalität wider. Die Wirtschaftssubjekte würden demnach nicht dem Optimierungskalkül unterliegen, sondern sind vielmehr routine- und regelgesteuert und würden sich mit zufriedenstellenden Ergebnissen (*satisficing*) begnügen (Simon 1957, 1959 und 1981). Das

Entscheidungskalkül des zufriedenstellenden Entscheidungsverhaltens lässt sich nach der Theorie von Herbert Simon wie folgt beschreiben: Die Menschen bewerten die Ergebnisse nur noch mit »zufrieden stellend« und »nicht-zufrieden stellend«. Dabei ist es das individuelle Anspruchsniveau, das zwischen zufriedenstellenden und nicht zufriedenstellenden Ergebnissen unterscheidet. Damit ein Ergebnis als zufriedenstellend bewertet wird, muss es auf oder über dem individuellem Anspruchsniveau liegen. Werden sehr schnell Handlungsalternativen gefunden, die das Anspruchsniveau weit übertreffen, wird das Anspruchsniveau so lange schrittweise angehoben, bis am Ende des Prozesses nur noch eine Handlungsalternative übrig bleibt, die dann auch gewählt wird. Lassen sich im umgekehrten Fall keine geeigneten Handlungsalternativen finden, so wird das Anspruchsniveau schrittweise abgesenkt.

Im Gegensatz zur Annahme der perfekten Rationalität in der neoklassischen Ökonomik erfolgt hier kein geschlossener Optimierungsansatz, sondern ein offener Entscheidungsprozess, der durch kognitiv-individuelle Faktoren determiniert wird, beispielsweise bei der Festlegung des Anspruchsniveaus.

Die Auswahl der geeigneten Handlungsalternative erfolgt nach Simon vor allem durch Rückgriff auf vertraute Routinen und Regeln. Sie erlauben es den Menschen, in der Situation unvollkommener Informationen und beschränkter Informationsverarbeitungskapazitäten das geeignete Anspruchsniveau zu definieren und damit wünschenswerte Ergebnisse von unerwünschten abzugrenzen. Damit stellt Simon vor allem die Bedeutung von Regeln in einer Gesellschaft heraus, denn nur in einer Welt, in der es den Menschen nicht möglich ist, die Komplexitäten vollständig zu erkennen und zu verarbeiten, ist regelgeleitetes Handeln eine überlegene Strategie (Erlei/Leschke/Sauerland 2007, 10). Im Rahmen dieser Sichtweise lassen sich die oben beschriebenen Ergebnisse der experimentellen Ökonomik, die eindrucksvoll belegen, dass Regeln der reziproken Fairness und der Gerechtigkeit in den jeweiligen Entscheidungskalkülen einfließen, auch als ein Beleg für dieses regelgeleitete Handeln im Rahmen der Theorie der beschränkten Rationalität interpretieren.

Transaktionskosten

Betrachtet man menschliches Entscheidungsverhalten unter dem Aspekt der Regelgebundenheit, dann führt dies im nächsten Schritt zur Analyse dieser Regeln. Die Fähigkeit der Wirtschaftssubjekte, problemadäquate Entscheidungen zu treffen, wird dann vor allem auch von der Qualität der in einer Gesellschaft existierenden Regeln abhängen. Damit rücken Regeln selbst in den Mittelpunkt des wissenschaftlichen Interesses. Die Fragen, wie Regeln entstehen, wie sie sich im Zeitverlauf verändern und wie diese das menschliche Entscheidungsverhalten beeinflussen, ist der Gegenstandsbereich der Neuen Institutionenökonomik. Unter Institutionen wird hierbei die Gesamtheit aller in einer Gesellschaft existierenden formalen und informalen Regeln verstanden (North 1992). Die Neue Institutionenökonomik unterscheidet sich von der neoklassischen Ökonomik vor allem durch die Aufgabe der Annahme der perfekten Rationalität und geht von beschränkt rationalem Verhalten aus. Unterstellt man, dass Wirtschaftssubjekte unter unvollständigen Informationen handeln, dann hat dies zur Konsequenz, dass die Informationsstände der verschiedenen Akteure unterschiedlich sind. Eine direkte Konsequenz unterschiedlicher Informationsstände bzw. asymmetrischer Informationen ist die Möglichkeit des opportunistischen Verhaltens. Das opportunistische Verhalten beschreibt eine verschärfte Form des eigennützigen Verhaltens, bei dem die einzelnen Akteure auch unter Anwendung von Hinterlist und Tücke sowie durch das bewusste Zurückhalten und Verzerren von Informationen versuchen, persönliche Vorteile zu generieren (Williamson 1985, 47). Die Möglichkeit des opportunistischen Verhaltens eröffnet sich erst dadurch, dass Wirtschaftssubjekte unterschiedliche Informationsstände haben. Für die Neue Institutionenökonomik ist die Annahme opportunistischen Verhaltens zentral, denn dadurch wird das Abschließen vollständiger Verträge unmöglich (Richter/Furubotn 1999, 6). Das heißt, die Wirtschaftssubjekte müssen jetzt in ihren Handlungen Sicherheitsvorkehrungen treffen, damit Vertragszusagen eingehalten werden, was die Entscheidungskosten zusätzlich erhöht. Diese Kosten sind zentraler Bestandteil der Transaktionskostenökonomik.

Im Schrifttum wird eine Vielzahl begrifflicher Facetten für den Terminus der Transaktionskosten verwendet. Die dabei verwendeten Definitionen lassen sich im Wesentlichen in drei Gruppen zusammenfassen. Die erste Gruppe umfasst all diejenigen Definitionsvorschläge, die von allgemeinem und damit auch generellem Charakter sind. Hierzu zählen die Begriffsbestimmungen von Coase (»costs of using the price mechanism«; Coase 1937, 390), Arrow

(»costs of running the economic system«; Arrow 1983, 149) oder von Richter, der Transaktionskosten als die Kosten der Institutionennutzung bezeichnet (Richter 1990, 576 f.). Innerhalb der zweiten Gruppe wird stärker auf das vertragsrechtliche Element von ökonomischen Transaktionen abgestellt. So charakterisiert Williamson Transaktionskosten als die Kosten ökonomischer Verträge (Williamson 1985, 20) oder Matthews als ex ante-Kosten für Entwurf und Verhandlung einer Vereinbarung sowie als ex post-Kosten der Absicherung nach Vertragsschluss (Matthews 1986, 906). Eine dritte Gruppe von Autoren setzt den Terminus der Transaktionskosten gleich dem Begriff der Informationskosten (Dahlmann 1979, 148).

Den verschiedenen genannten begrifflichen Facetten ist gemein, dass Transaktionskosten als der monetär bewertete Ressourcenaufwand, der mit dem Tausch von Verfügungsrechten an Gütern, Dienstleistungen und Produktionsfaktoren verbunden ist, aufgefasst werden können. Sie sind damit der Wert der Inputs zur Organisation von Transaktionen. Dabei können sie sowohl als die Kosten des Markttausches als auch als die Kosten der Koordination innerhalb einer Unternehmung bzw. Organisation aufgefasst werden; denn eine Unternehmung bzw. Organisation kann selbst als eine Vernetzung von Verträgen interpretiert werden. Um somit das gesamte Spektrum des Transaktionskostenbegriffes zu erfassen, erscheint es notwendig, zwischen externen Transaktionskosten – die die Kosten der Koordination über Märkte erfassen – und den internen Transaktionskosten – die im Rahmen der Koordination innerhalb einer Organisation anfallen – zu unterscheiden.

Im Rahmen der Transaktionskostenanalyse leitet die Neue Institutionenökonomik Erklärungsansätze ab, um die Fragen zu beantworten, warum unterschiedliche Arten von Transaktionen im Rahmen verschiedener institutioneller Arrangements abgewickelt werden und wie auf diese Weise Transaktionskosten eingespart werden können. Am weitesten und prägnantesten hat Oliver Williamson den Transaktionskostenansatz ausgearbeitet (Williamson 1975, 1985). Dabei unterscheidet Williamson drei Dimensionen, deren unterschiedliche Ausprägungen die Art und Weise der Transaktionen beeinflussen. Dies sind Unsicherheit, Häufigkeit und Faktorspezifität.

Die Dimension der Unsicherheit, die mit den einzelnen Transaktionen einhergeht, bezieht sich dabei nicht nur auf die Eintrittswahrscheinlichkeit zukünftiger Ereignisse im Sinne eines Verhaltens unter Risiko, sondern auch darauf, dass vertragsrelevante Ereignisse, vor allem aufgrund möglichen opportunistischen Verhaltens, bei Vertragsschluss nicht einmal benannt werden können. Sie spiegelt die beschränkte Rationalität der Wirtschaftssubjekte in konkreten Entscheidungssituationen wider. Aufgrund dieser beschränkten Rationalität sind Verträge über Transaktionen regelmäßig unvollständig.

Die Bedeutung der Dimension der Häufigkeit von Transaktionen ergibt sich daraus, dass regelmäßig wiederkehrende Transaktionen eine andere vertragliche Ausgestaltung erfordern als nur gelegentliche oder gar nur einmalige Transaktionen.

Im Mittelpunkt der transaktionskostentheoretischen Analyse steht jedoch vor allem die Dimension der Spezifität der bei der Durchführung der Transaktion eingesetzten Produktionsfaktoren. Spezifische Produktionsfaktoren sind durch ihren Doppelcharakter gekennzeichnet: Zum einen besitzen sie in ihren speziellen Verwendungen eine hohe Produktivität, zum anderen sind sie in ihren Verwendungsbereichen festgelegt. Dies bedeutet, dass die Opportunitätskosten gegen Null streben. In ihren speziellen Verwendungsrichtungen erwirtschaften die spezifischen Produktionsfaktoren ›Quasi-Renten‹; die Kosten der Investition gelten aufgrund der hohen Spezifität als versunken. Quasi-Renten ergeben sich aus dem höheren Einkommen, das aus einer spezialisierten Tätigkeit gewonnen werden kann. Mit zunehmender Spezifität nimmt die Anzahl alternativer Verwendungsmöglichkeiten und damit die Wahlfreiheit der Vertragspartner/innen ab, wodurch die wechselseitigen Abhängigkeiten zwischen den Vertragsparteien ansteigen. Aus diesen Abhängigkeiten der Vertragspartner – unter Berücksichtigung möglichen opportunistischen Verhaltens zum Schaden einer schwächeren Vertragspartei – ergibt sich die Notwendigkeit, die vertraglichen Beziehungen umfassend abzusichern. Dieser Umstand ist ausschlaggebend für die Höhe der anfallenden Transaktionskosten.

Hinsichtlich der unterschiedlichen Ausprägungsformen der genannten Eigenschaften von Transaktionen typologisiert Williamson unterschiedliche Vertragsformen, die für eine effiziente Abwicklung der Transaktionen geeignet sind. Dabei unterscheidet Williamson zwischen drei Vertragsformen: klassischer Vertrag, neoklassischer Vertrag und relationaler Vertrag.

Während Transaktionen, für die nur unspezifische Produktionsfaktoren verwendet werden, mit Hilfe klassischer Verträge über den Markt abgewickelt werden, sind bei gelegentlichen Transaktionen mit mittel- und hochspezifischen Produktionsfaktoren neoklassische Verträge, d.h. unter bilateraler oder trilateraler Koordination effizient. Regelmäßige Transaktionen mit mittel- und hochspezifischen Produktionsfaktoren können dagegen nur durch relationale, also nur unvollständige Verträge effizient abgewickelt werden.

Gesellschaftliche Regeln, wie Normen und Werte, beeinflussen die Höhe der Transaktionskosten. Unter der Annahme der beschränkten Rationalität werden Entscheidungen in der Realität in den meisten Fällen unter Unsicherheit getroffen. Stellt sich ex post heraus, dass sich eine Entscheidung als richtig erwiesen hat, weil sie problemadäquate Lösungen bzw. Konsequenzen herbeigeführt hat, so werden sich rational handelnde Individuen in analogen Entscheidungssituationen auf diese Strategien zurückbesinnen und ähnliche oder gar identische Entscheidungen treffen. Verhaltensmuster, die sich somit im Zeitverlauf als problemadäquate Lösungsstrategien herausgestellt haben, können dann auf dem Weg der Selbstbindung zu internen Regeln eines Individuums werden. Weist dieses Verhalten bestimmte Regelmäßigkeiten auf, so wird es für die anderen Gesellschaftsmitglieder antizipierbar und trägt zur Übertragung solcher informellen Regeln auf die Gesamtgesellschaft bei. Die Selbstbindung schränkt zwar die eigenen Handlungs- und Entscheidungsfreiheiten ein, führt aber in einem erheblichem Maße zu einer Reduktion der Irrtumswahrscheinlichkeit im Sinne, keine problemlösungsadäquate Alternative gewählt zu haben. Selbstbindung ist dann eine rationale Strategie, wenn die Kosten einer möglichen Fehlentscheidung höher sind als die Kosten der Aufgabe bestimmter Handlungs- und Entschließungsfreiheiten. Den informellen Regeln wie die Werte für Gerechtigkeit, Fairness und Reziprozität kommt eine solche transaktionskostensenkende Bedeutung zu, da sie helfen, strategische Unsicherheit innerhalb des Marktes und der Gesellschaft zu reduzieren. So zeigen empirische Untersuchungen, dass die Neigung zu kooperativen Verhalten sowohl statistisch signifikant als auch quantitativ bedeutsam für die Leistungsfähigkeit gesamter Volkswirtschaften ist (La Porta et al. 1997).

Die Bedeutung formeller und informeller Regeln für die Entwicklung von Gesellschaften findet sich bereits bei Douglass North. So ist die Spezifizierung von Institutionen ausschlaggebend dafür, ob sich eine Gesellschaft positiv entwickelt, stagniert oder gar in ihrem Entwicklungsniveau zurückfällt (North 1988). Der Grund hierfür findet sich wiederum in den Transaktionskosten. In einer Welt beschränkter Rationalität kommt den geeigneten institutionellen Arrangements die Aufgabe zu, die strategische Unsicherheit und Komplexität zu reduzieren, wodurch diese Transaktionskosten gesenkt und die privaten Ertragsraten erhöht werden können.

Reduktionismus der ökonomischen Modellwelt

Wie bereits oben gezeigt, war und ist die in der ökonomischen Modellwelt dominierende Annahme der perfekten Rationalität Gegenstand zahlloser kontroverser Auseinandersetzungen. Dabei ist zu berücksichtigen, dass in der neoklassischen Welt die Annahme der perfekten Rationalität zunächst nur ein analytisches Instrument der allgemeinen Gleichgewichtsanalyse darstellt, aus deren Ergebnissen Aussagen darüber abgeleitet werden können, wie eine wirtschaftliche Welt funktionieren würde, wenn sie von perfekt rational handelnden Individuen bestimmt werden würde.

Die Rechtfertigung der Ökonomen dafür, dass sie dennoch in einer Vielzahl ihrer Modelle an der Annahme der perfekten Rationalität festhalten, speist sich vor allem aus der Plausibilität der Annahme des rationalen Handelns. Rationales Handeln bezieht sich auf einen Aspekt menschlichen Verhaltens, dessen Beobachtung im Alltagsverhalten selbstverständlich ist. Menschen verhalten sich intendiert, d.h. ziel- und zweckgerichtet, und suchen nach adäquaten Problemlösungsmechanismen. Entsprechend wird versucht, dieses beobachtbare Verhalten mittels der vereinfachenden Annahme der Rationalität abzubilden. Problematisch an der so verstandenen intuitiven Plausibilität menschlichen Verhaltens ist, dass in der ökonomischen Theorie diese Intentionalität und die mit ihr verbundene Annahme des rationalen Verhaltens menschlichen Handelns als definitorische Attribute per se vorgegeben werden und keine weiteren erklärungsbedürftigen Eigenschaften menschlichen Handelns unterstellt oder gar erklärt werden (Vanberg 2005, 57). Der Reduktionismus der ökonomischen Theorie ist darin zu sehen, dass weitere Eigenschaften des menschlichen Verhaltens nahezu vollständig ausgeblendet werden und man sich nur auf die Erörterung der Konsequenzen des als von vornherein angenommenen rationalen Verhaltens im Sinne eines Rational-Choice-Ansatzes konzentriert. Die Fähigkeit der Individuen, Konsequenzen von Handlungen perfekt zu antizipieren und das eigene Verhalten friktionsfrei an den erwarteten Konsequenzen auszurichten wird in der Rational-Choice-Theorie der Neoklassik per Definition angenommen. Die menschliche Fähigkeit der Rationalität wird nicht weiter hinterfragt. Dieser Reduktionismus in der Ökonomie hat bedauerlicherweise dazu geführt, dass Ökonomen nicht danach fragen, wie Menschen die Fähigkeiten zum wirtschaftlichen Handeln erwerben und wie diese sich im Zeitverlauf verändern. Dominiert wird die Diskussion ausschließlich von der Frage, wie viel Rationalität man in den Modellen unterstellt, ob von perfekter oder nur beschränkter Rationalität auszugehen ist. Dies ist sicherlich eine Ursache dafür, warum es der ökonomischen Theorie bis heute nicht gelungen ist, bestimmte empirisch beobachtbare Phänomene, wie beispielsweise die Wirtschafts- und Finanzkrise 2008/2009, adäquat in ihren Modellen abzubilden.

Eine wesentliche Ursache, die die Ökonomen darin bestärkte, in ihren Modellen an der Annahme der perfekten Rationalität festzuhalten, ist primär darin zu sehen, dass ihre Modelle stets auf die Analyse wettbewerblicher Märkte abzielen. Die wettbewerblichen Märkte sind dadurch charakterisiert, dass sie friktionslos geeignete von ungeeigneten Strategien separieren können. Die Selektionsfunktion des Wettbewerbs gibt den Akteuren verhältnismäßig schnell ein stabiles Signal darüber, welche Strategien Erfolg versprechend sind und welche nicht. Je vollkommener ein solcher Wettbewerb ist, desto schneller erhalten die Wirtschaftssubjekte die entsprechenden relevanten Informationen über die Konsequenzen ihrer Handlungen. Insofern erzwingt die Annahme des perfekten Wettbewerbs perfekt rationale Akteure (Arrow 1987, 69). Das heißt, der Reduktionismus der ökonomischen Theorie erstreckt sich nicht nur auf die Annahme der perfekten Rationalität, sondern er bezieht sich auch auf die ex ante Annahme des perfekten Wettbewerbs. In der neoklassischen Ökonomik ist es logisch konsistent von perfektem Wettbewerb auf perfekte Rationalität zu schließen, da perfekter bzw. vollkommener Wettbewerb perfekte Rationalität auf Seiten der Entscheidungsträger erzwingt.

Aus den restriktiven Annahmen der perfekten Rationalität, darf jedoch nicht die Schlussfolgerung gezogen werden, dass die neoklassische Ökonomik in ihren Modellergebnissen zu irrelevanten Aussagen gelangt. Vielmehr zeigen die Modelle auf, welche Ergebnisse sich einstellen würden, wenn sich die Wirtschaftssubjekte entsprechend der Modellannahmen rational verhalten würden. Vorsicht ist immer nur dann geboten, wenn auf der Basis dieser Modelle der Anspruch erhoben wird, reale Phänomene perfekt zu erklären oder insbesondere dann, wenn auf der Annahme perfekter Rationalität normative Handlungsempfehlungen bspw. für eine Wirtschaftspolitik allgemeingültig abgeleitet werden.

Individuelle vs. kollektive Rationalität

Die bisherigen Ausführungen bezogen sich nur auf die Behandlung der individuellen Rationalität in der ökonomischen Theorie. Von dieser individuellen Rationalität ist jedoch die kollektive Rationalität zu unterscheiden. Während die individuelle Rationalität auf die Maximierung des individuellen Nutzens abstellt, bezieht sich die kollektive Rationalität auf die Maximierung des Gesamtnutzens der Gemeinschaft, bestehend aus der Summe der Einzelnutzenpositionen. Grundsätzlich schließen sich individuelle und kollektive Rationalität nicht aus, bedingen sich aber auch nicht gegenseitig. Dies wird dann deutlich, wenn ein Gesellschaftsmitglied seinen eigenen Nutzen dadurch erhöht, dass es die anderen Gesellschaftsmitglieder durch sein Verhalten schädigt und der Nutzenzugewinn des Schädigers kleiner ist als die Summe der Nutzeneinbußen der Geschädigten. Für das einzelne Individuum ist es dabei individuell rational seine Nutzenposition zu vergrößern, während der Gesamtnutzen aller Gesellschaftsmitglieder geringer geworden ist. Diese Situation beschreibt das Auseinanderfallen zwischen individueller und kollektiver Rationalität.

Sichtbar wird die Unterscheidung zwischen individueller und kollektiver Rationalität in der Spieltheorie. Das bekannteste Beispiel für das Auseinanderfallen von individueller und kollektiver Rationalität (in dieser Situation spricht man auch von der kollektiven Irrationalität) ist das Gefangenendilemma. Obwohl diese Spielsituation in einem Einperiodenspiel (*one shot game*) zu einem Nashgleichgewicht führt, in dem sich kein Spieler durch einseitiges Abweichen besser stellen kann, ist diese Situation nicht notwendigerweise paretoeffizient. Das heißt, der Nutzen beider Wirtschaftssubjekte ließe sich erhöhen, wenn diese ihr Verhalten gemeinsam koordinieren könnten. Ohne einen geeigneten Koordinationsmechanismus ist aber für jeden einzelnen Spieler die gewählte Strategie individuell rational, unabhängig davon, wie sich der andere Spieler verhält. Dadurch werden beide Spieler ihre einmal gewählte Strategie beibehalten, auch wenn sie sich dadurch kollektiv schädigen. Hierin besteht die kollektive Irrationalität.

In der ökonomischen Theorie lässt sich die Situation des Gefangenendilemmas auf eine Reihe von Bereichen übertragen. Dies gilt beispielsweise bei der Bereitstellung von öffentlichen Gütern, die durch Nicht-Ausschließbarkeit und Nicht-Rivalität im Konsum gekennzeichnet sind. Da niemand vom Konsum dieses Gutes ausgeschlossen werden kann, ist es individuell rational, sich selbst nicht an der Erstellung dieses Gut zu beteiligen und damit auch nicht für die Kosten der Bereitstellung aufzukommen. Stattdessen wird die Möglichkeit des Trittbrettfahrens (*free riding*) genutzt. Handeln alle Wirtschaftssubjekte gemäß dieser Maxime, so wird im Ergebnis das öffentliche Gut aufgrund fehlender Zahlungsbereitschaft nicht bereitgestellt, wodurch sich der Gesamtnutzen der Gesellschaft verringert. Auch hier zeigt sich wiederum das Auseinanderfallen individueller und kollektiver Rationalität.

In der wohlfahrtsökonomischen Analyse wird daher im Fall der kollektiven Irrationalität vom sogenannten Marktversagen gesprochen. In dieser Situation sind wettbewerbliche Märkte nicht in der Lage, eine effiziente Allokation herzustellen. An diesem Punkt setzt dann die Legitimation zentraler Entscheidungen durch wirtschaftspolitische Kompetenzen des Staates an. Aufgabe stattlicher Wirtschaftspolitik ist es dann, durch geeignete Regeln, bis hin zum Zwang, das Konfliktspiel, welches zum Gefangenendilemma führt, in ein Kooperationsspiel zu überführen.

Anzumerken ist hierbei jedoch, dass das Gefangenendilemma nicht immer notwendigerweise das Ergebnis eines solchen Spiels sein muss. Hebt man beispielsweise die Annahme eines Einperiodenspiels auf und unterstellt, dass die Menschen über längere Zeiträume hinweg interagieren und sie das Ende der Interaktion gar nicht kennen (im Sinne eines unendlich wiederholten Spieles), kann es durchaus sein, dass die Wirtschaftssubjekte aufgrund von Lerneffekten von sich aus auf das Kooperationsspiel wechseln, ohne dass es staatlicher Eingriffe bedarf.

In der ökonomischen Theorie ist jedoch nicht nur zwischen individueller und kollektiver Rationalität zu unterscheiden, sondern auch zwischen individuellem und kollektivem Nutzen. Der individuelle Nutzen wird von den individuellen Präferenzen bestimmt, die wiederum das Selbstinteresse des Individuums zum Ausdruck bringen. Der kollektive Nutzen wird als die Summe der Nutzen aller Individuen abgebildet und wird in der Ökonomik mit Hilfe des Konzepts der Wohlfahrtsfunktionen beschrieben, die als soziale Präferenzen interpretiert werden und die es dann entsprechend dem Rationalprinzip zu maximieren gilt. Die Aggregation der individuellen Nutzenpositionen zu einer solchen sozialen Wohlfahrtsfunktion ist jedoch in der Theorie mit erheblichen Schwierigkeiten verbunden.

Um die Präferenzen eines Individuums in eine konsistente Nutzenfunktion zu überführen, ist die Annahme der Transitivität von zentraler Bedeutung. Die Transitivitätsbedingung besagt, dass jedes Individuum in der Lage ist, seine Präferenzen in einer logisch widerspruchsfreien Reihenfolge zu ordnen. Bei kollektiven Mehrheitsentscheidungen über mehrere Allokationsalternativen ist allerdings nicht mehr sichergestellt, dass die kollektiven Abstimmungsergebnisse der Annahme der Transitivität entsprechen. Mit anderen Worten: Gesellschaftliche Mehrheitsentscheidungen sind nicht in der Lage, eine eindeutige Reihenfolge der jeweiligen Alternativen festzulegen. In der Ökonomik ist dies auch bekannt unter dem Begriff des Unmöglichkeitstheorems von Arrow (1963). Je ähnlicher die Präferenzen der einzelnen Individuen sind, desto weniger stark fällt die bei kollektiven Entscheidungen auftretende Intransitivität ins Gewicht. Besonders deutlich wird sie jedoch dann, wenn sich die Präferenzen der Individuen stark unterscheiden. Im Ergebnis führt diese Intransitivität bei kollektiven Entscheidungen nach der Mehrheitsregel zu mehrgipfligen, zyklischen Präferenzen. Bei kollektiven Mehrheitsentscheidungen wird so lange verhandelt, bis die Mehrheit bereit ist, einer Allokation zuzustimmen. Dabei kann es aber durchaus sein, dass bei weiteren Verhandlungen eine größere Mehrheit, bis hin zur Einstimmigkeit erzielt werden könnte, nach der jedoch nicht weiter gesucht wird. Daher ist bei kollektiven Entscheidungen nach der Mehrheitsregel keineswegs sichergestellt, dass die meist präferierte Lösung überhaupt zustande kommt. Im Ergebnis führt dies dazu, dass die überstimmten Individuen zugunsten der obsiegenden Mehrheit schlechter gestellt werden.

Dieses Phänomen bleibt nicht ohne Konsequenzen für die Maximierung sozialer Wohlfahrtsfunktionen. Das Unmöglichkeitstheorem von Arrow besagt, dass es bei heterogenen Präferenzen keine ideale Möglichkeit gibt, individuelle Präferenzen zu sozialen Präferenzen zu aggregieren. Dies bedeutet, dass Entscheidungen, die nach dem ökonomischen Rationalprinzip der Maximierung einer gesamtgesellschaftlichen Wohlfahrtsfunktion getroffen werden, nicht zwangsläufig der von allen Individuen am meisten präferierten Lösung entsprechen.

Um dieses Problem zu lösen, ist auch hier wiederum darüber nachzudenken, welche Art einer gesamtgesellschaftlichen Wohlfahrtsfunktion maximiert werden soll. Hierbei können verschiedene Modelle der Wohlfahrtsfunktionen verwendet werden, deren Auswahl jedoch willkürlich ist. Eine Alternative wäre die Verwendung gewichteter Wohlfahrtsfunktionen oder die Verwendung einer Minimax-Regel, die besagt, dass die soziale Wohlfahrt einer Allokation nur von der Wohlfahrt des am schlechtesten gestellten Akteurs – der Person mit dem minimalsten Nutzen – abhängt.

Unabhängig von der gewählten Lösung zeigt sich jedoch, dass die Verwendung des Konzeptes der ökonomischen Rationalität nicht nur auf der individuellen Ebene mit erheblichen Problemen behaftet ist, sondern diese Probleme auch insbesondere auf kollektiver Ebene der ökonomischen Analyse enge Grenzen setzen.

Literatur

Arrow, Kenneth J.: Social Choice and Individual Values. New York 1963.

–: The Organization of Economic Activity: Issues Pertinent to the Choice of Market versus Non-Market Allocation. In: Collected Papers of Kenneth J. Arrow. Bd 2: General Equilibrium. Oxford 1983, 133–155.

–: Economic Theory and the Hypothesis of Rationality. In: The New Palgrave: A Dictionary of Economics. Bd. 2. London 1987, 69–75.

–: Preface. In: Ders./Enrico Colombatto/Mark Perlmann/Christian Schmidt (Hg.): The Rational Foundation of Economic Behavior. New York 1996, XIII–XVII.

Bolton, Gary E./Ockenfels, Axel: ERC: A Theory of Equity, Reciprocity, and Competition. In: The American Economic Review 90 (2000), 166–193.

Camerer, Collin F.: Behavioral Game Theory. New York 2003.

Coase, Ronald H.: The Nature of the Firm. In: Economica 4 (1937), 386–405.

Dahlmann, Carl J.: The Problem of Externality. In: Journal of Law and Economics 22 (1979), 141–162.

Elster, Jon: Emotions and Economic Theory. In: Journal of Economic Literature XXXVI (1998), 47–74.

Erlei, Matthias/Leschke, Martin/Sauerland, Dirk: Neue Institutionenökonomik. Stuttgart [2]2007.

Fehr, Ernst/Falk, Armin: Reciprocal Fairness, Cooperation and Limits to Competition. In: Edward Fullbrook (Hg.): Intersubjectivity in Economics, Agents and Structure. London/New York, 28–42.

– /Fischbacher, Urs: Why Social Preferences Matter: The Impact of Non-Selfish Motives on Competition, Cooperation and Incentives. In: The Economic Journal 112 (2002), C1-C33.

– /Schmidt, Klaus M.: A Theory of Fairness, Competition and Cooperation. In: Quarterly Journal of Economics 114 (1999), 817–868.

Güth, Werner/Schmittberger, Rolf/Schwarze, Bernd: An Experimental Analysis of Ultimatum Bargaining. In: Journal of Economic Behavior and Organization 3 (1982), 367–388.

Hayek, Friedrich August von: Wirtschaftstheorie und Wissen. In: Ders.: Individualismus und wirtschaftliche Ordnung. Erlenbach/Zürich 1952, 49–77.

Heiner, Ronald A.: The Origin of Predictable Behavior. In: The America Economic Review 73 (1993), 560–595.

Kahnemann, Daniel/Knetsch, Jack L./Thaler, Richard: Fairness and the Assumptions of Economics. In: Robin Hogarth/Melvin W. Reder (Hg.): Rational Choice – The Contrast Between Economics and Psychology. Chicago/London 1987, 101–116.

–/–/–: Anomalies: The Endowment Effect, Loss Aversion and Status Quo Bias. In: The Journal of Economic Perspectives 5 (1991), 193–206.

Kliemt, Hartmut: Public Choice and Political Philosophy: Reflections of the Works of Gordon Spinoza and David Immanuel Buchanan. In: Public Choice 125 (2005), 203–213.

La Porta, Rafael/Lopez-de-Silanes, Florencio/Shleifer, Andrei/Vishny, Robert W.: Trust in Large Organizations. In: the American Economic Review – Papers and Proceedings 87 (1997), 333–338.

Lipnowski, Irwin: Rationality: A Global Concept. In: Ken Dennis (Hg.): Rationality in Economics: Alternative Perspectives. Boston/Dordrecht/London 1998, 17–32.

Lucas, Robert E.: Understanding Business Cycles. In: Karl Brunner/Allen H. Meltzer (Hg.): Stabilization of the Domestic and International Economy. Amsterdam 1977, 7–29.

Matthews, Robert O. C.: The Economics of Institutions

and the Sources of Growth. In: Economic Journal 96 (1986), 903–918.
North, Douglas C.: Theorie des institutionellen Wandels. Tübingen 1988.
–: Institutionen, institutioneller Wandel und Wirtschaftsleistung. Tübingen 1992.
Richter, Rudolf: Sichtweise und Fragestellungen der Neuen Institutionenökonomik. In: Zeitschrift für Wirtschafts- und Sozialwissenschaften 110 (1990), 571–591.
– /Furubotn, Eirik: Neue Institutionenökonomik. Tübingen [2]1999.
Sen, Amartya: Rationality and Freedom. Cambridge, Mass/London 2002.
Simon, Herbert A.: Models of Man. New York/London 1957.
–: Theories of Decision-Making in Economics and Behavioral Science. In: The American Economic Review 49 (1959), 253–283.
–: Entscheidungsverhalten in Organisationen. Landsberg am Lech 1981.
–: Rationality in Psychology and Economics. In: Robin M. Hogarth/Melvin W. Reder (Hg.): Rational Choice: The Contrast Between Economics and Psychology. Chicago/London 1987, 25–40.
–: Economics, Bounded Rationality and the Cognitive Revolution. Aldershot 1992.
Vanberg, Viktor: Rationalitätsprinzip und Rationalitätshypothesen: Zum methodologischen Status der Theorie rationalen Handelns. In: Hansjörg Siegenthaler (Hg.): Rationalität im Prozess kultureller Evolution: Rationalitätsunterstellungen als eine Bedingung der Möglichkeit substantieller Rationalität des Handelns. Tübingen 2005, 33–63.
–: Rationalität, Regelbefolgung und Emotionen: Zur Ökonomik moralischer Präferenzen. In: Nils Goldschmidt/Michael Wohlgemuth (Hg.): Wettbewerb und Regelordnung. Tübingen 2008, 241–267.
Vriend, Nicolaas J.: Rational Behavior and Economic Theory. In: Journal of Economic Behavior and Organization 29 (1996), 263–285.
Williamson, Oliver E.: Market and Hierarchies: Analysis and Antitrust Implications: A Study in the Economics of Internal Organization. New York/London 1975.
–: The Economic Institutions of Capitalism: Firms, Markets, Relational Contracting. New York/London 1985.

André Schmidt

5. Werthaltungen in Unternehmen

Aktuelle Werte-Diskussionen

1997 betrachteten 85 % der Befragten im Speyrer Werte- und Engagementsurvey den Egoismus der Menschen als das wichtigste gesellschaftliche Problem (Klages 2008). Dies scheint zu bestätigen, was Miller (1999) als Befürchtung formuliert hat: Eigeninteresse, zentrale Orientierung eines ›Homo Oeconomicus‹ so Miller, ist in westlichen Kulturen nicht nur als abstraktes theoretisches Konstrukt, sondern als kulturell geteilter sozialer Wert zu verstehen. Eigeninteresse wirkt als eine sich selbst erfüllende Prophezeiung; denn je machtvoller das Konstrukt, desto eher werden in Übereinstimmung mit diesem weitere Theorien entwickelt und Institutionen gestaltet und mit entsprechenden Anreizsystemen versehen. Diese verstärken durch Eigeninteresse gesteuerte Verhaltensweisen und bestätigen wiederum die Richtigkeit des Konstrukts.

Menschen leben jedoch gemeinschaftlich in sozialen Umwelten und orientieren sich auch am Gemeinwohl von Kleingruppen und Gesellschaften. So mag man die aktuelle Diskussion um die gesellschaftliche und soziale Verantwortung der Unternehmen als Wunsch nach höherer Gemeinwohlorientierung als Antwort auf die Dominanz des Konstrukts Eigeninteresse interpretieren.

Im ökonomischen Kontext spielt Werteorientierung, zu der hier auch die Orientierung an sozialer Verantwortung gerechnet werden soll, meist nur als Präferenz eine Rolle, die in sogenannten rationalen Entscheidungsmodellen anderen Präferenzen gleichgesetzt wird. Doch die Diskussion um die soziale Verantwortung von Unternehmen wird häufig gerade nicht rational geführt, sondern ist mit Emotionen aufgeladen. Dies lässt sich möglicherweise durch die sogenannten geschützten Werte erklären. Das sind Werte, die absolut und unantastbar tief verankert sind und daher nicht aufgegeben werden. Sie sind durch rationale Begründungen kaum veränderbar und von einem moralischen Verpflichtungsgefühl begleitet (Tanner 2008).

›Werte‹ sind im alltäglichen Sprachgebrauch normativ besetzt. Wenn ein ›Werteverlust‹ beklagt wird, wird auf eine Setzung Bezug genommen, die möglicherweise nur für den Sprecher gilt, da Werteverlust im eigentlichen Sinn gar nicht möglich ist. Bestehende Werte, z.B. Orientierung am Gemeinwohl oder an kollektiven Idealen, werden durch andere Werte wie Leistungsorientierung und Individualismus ersetzt, typische Orientierungen in einer kapitalistischen Wirtschaftsordnung. Werte geraten dabei allerdings in Konflikt zueinander, was als eine der größten Herausforderungen für Unternehmen und Gesellschaften gilt und als Widerspruch des Kapitalismus benannt werden kann (Laux 2005). Einerseits wird hohe Flexibilität, Mobilität und Leistungsorientierung von Arbeitnehmerinnen und Arbeitnehmern verlangt, was mit einer Zerstörung sozialer Bindungen einhergeht, zugleich wird andererseits aber eine Rückbesinnung auf Verantwortung für Familie und Gemeinwohlorientierung gefordert. Während man sich als Arbeitnehmer pflichtgetreu und loyal für sein Unternehmen einbringen soll, soll man in seiner Freizeit als hemmungsloser Konsument das Wirtschaftssystem stützen.

Werte als Konstrukte

Werte sind übergeordnete Orientierungen oder mentale Programme für eine Vielzahl von Situationen, die wie Handlungsziele wirken. Nach Kluckhohn und Strodtbeck (1961) sind Werte abstrakte Aussagen über eine Auffassung von etwas Wünschenswertem, das für einen Einzelnen oder eine Gruppe kennzeichnend ist. Werte beeinflussen damit die Auswahl von Weisen, Mitteln und Zielen des Handelns und stellen damit eine Beziehung zwischen einem wünschenswerten Objekt oder Zustand und einer bewertenden Person her.

Werte lassen sich inhaltlich bestimmen. Spranger (1925) unterscheidet z.B. sechs Lebensformen: theoretisch, ökonomisch, ästhetisch, sozial, politisch und religiös. Diese Typologie greifen später Allport, Vernon und Lindzay (1951) auf und untersuchen und bestätigen Zusammenhänge zwischen Werten, Berufswahl und allgemeinen Verhaltensweisen. Rokeach (1968) unterscheidet zwischen terminalen Werten, die auf Zielzustände der Existenz abheben (Sicherheit, Glück usw.) und instrumentellen Werten wie Kompetenz, Selbstverwirklichung oder moralische Werte, welche dazu dienen, die terminalen Werte zu erreichen. Er ordnet den Werten weitere Orientierungen unter. An der Spitze stehen terminale Werte, aus denen sich instrumentelle Werte (bzw. Ziele) ableiten lassen, die wiederum auf Einstellungen, diese dann auf Handlungsabsichten und Verhalten wirken.

Neben diesen Modellen bestehen viele andere. Meist sind sie jedoch unvollständig oder greifen mehr oder weniger willkürlich Werteorientierungen heraus (Stackmann/Pinder/Connor 2000). Als ein universales Wertemodell, als Werte-Circumplex, wird hingegen das Modell von Schwartz (1992) bezeichnet, das andere Wertemodelle integrierend, die Vielfalt individueller Werte in zehn motivationale Werttypen auf zwei orthogonalen Wertedimensionen klassifiziert. Die eine Wertdimension wird als »Selbsttranszendenz« vs. »Selbsterhöhung« benannt, die andere als »Offenheit für Neues« vs. »Wahrung des Bestehenden« bezeichnet. Innerhalb dieses, durch die zwei Dimensionen aufgespannten Raumes, lassen sich zehn Wertetypen ordnen: Universalismus, Wohlwollen, Tradition, Konformität, Sicherheit, Macht, Leistung, Hedonismus, Stimulation und Selbstbestimmung (s. Abb.). Nebeneinander liegende Werte weisen dabei Ähnlichkeit auf, einander gegenüberliegenden Werte weisen dagegen ›Unvereinbarkeit‹ auf. Schwarz stellt damit eine übergreifende Wertetaxonomie zur Verfügung, anhand derer sich Forschungen, die auf unterschiedliche Wertetypologien beruhen, vergleichend bewerten lassen.

Es können verschiedene am Individuum ausgerichtete Wertemodelle in das Schwartz-Modell überführt werden (Bilsky 2008). Der ökonomische Typus nach Spranger lässt sich z.B. den Werten Macht und Leistung zuordnen, der religiöse Typus dem Wert ›Tradition‹. Doch auch Modelle zur Erhebung von Unternehmenswerten lassen sich in das Schwartz-Modell einpassen, wie Bilsky und Jehn (2002) aufzeigen.

Werte sind – wie schon erwähnt – als übergeordnete Orientierungen zu betrachten. Die Abgrenzung von Werten gegenüber Normen, Motiven, Interessen, Leitbildern, Vorurteilen, Idealen oder Einstellungen – Konstrukte, die auf Handlungen wirken – ist unscharf und nicht endgültig geklärt (Klages 2008). Werte werden abgegrenzt von Einstellungen, die konkrete Orientierungen gegenüber Handlungen und Objekten beinhalten (Rokeach 1968). Auch werden Werte von Motiven durch die kognitive Komponente unterschieden: Werte sind bewusstseinsfähig und explizierbar. Bilsky und Schwartz (2007) zeigen empirisch, dass mit unterschiedlichen Instrumenten gemessene Motive und Werte sich auf einem Kontinuum von implizit nach explizit ordnen lassen. Werte lassen sich demnach mit explizierbaren Motiven gleichsetzen, Bedürfnisse hingegen mit unbewussten und impliziten Motiven. Dabei bleibt

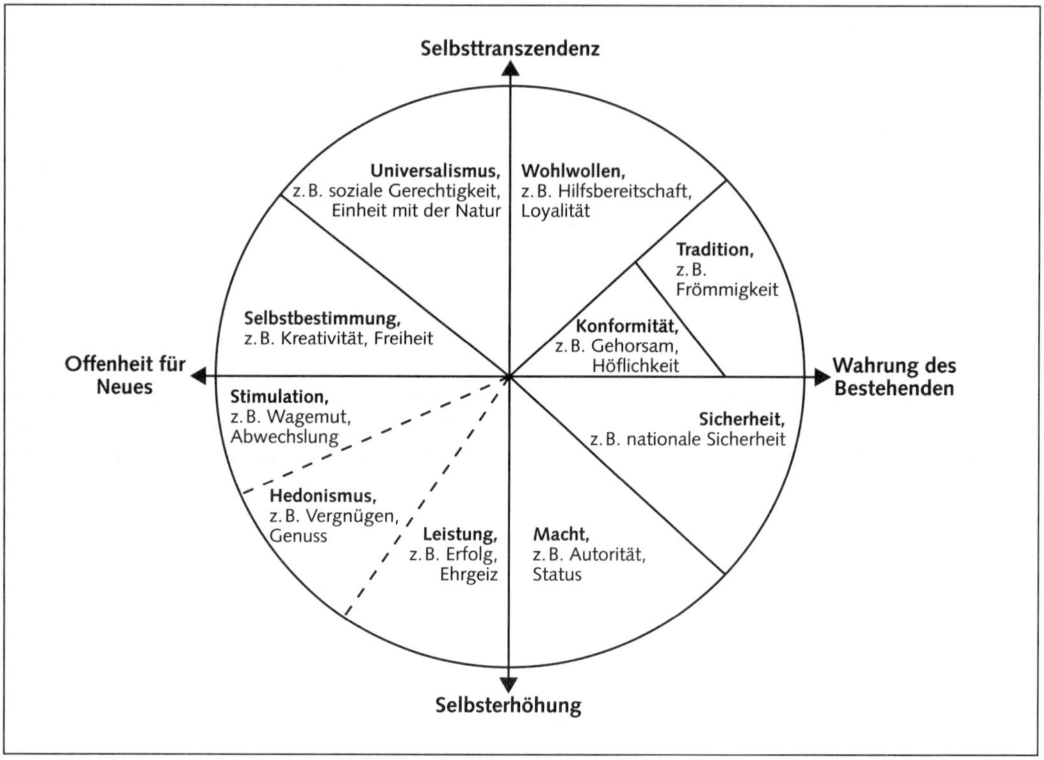

Typologie nach Schwartz (1992)

aber die Übereinstimmung in der inhaltlichen Ausrichtung erhalten. Somit wird einerseits der Sinn der konzeptionellen Unterscheidung von Motiven und Werten, die Ähnlichkeit der Konstrukte andererseits bestätigt.

Das Konstrukt ›Werte‹ lässt sich schließlich umfassend definieren (zitiert nach Bilsky 2009, 43):

> »Werte sind (a) Konzepte oder Überzeugungen, die sich (b) auf wünschenswerte Zielzustände oder Verhaltensweisen beziehen, (c) situationsübergreifend sind, (d) die Wahl und Bewertung von Verhalten und Ereignissen leiten und (e) im Hinblick auf ihre relative Bedeutung geordnet sind. Sie sind kognitive Repräsentationen individueller (biologischer) Bedürfnisse (Motive), interaktiver Erfordernisse für die Abstimmung interpersonalen Verhaltens und gesellschaftlicher Erfordernisse für die Sicherung sozialen Wohlergehens und Überlebens«.

Damit steht neben der Motivierung von individuellen Verhaltensweisen (Mikroebene) eine weitere Funktion von Werten, nämlich die der Steuerung von Verhalten zwischen Personen. Die Verhaltenssteuerung zwischen Personen ist in Gesellschaften (Makroebene) und in Gruppen oder Organisationen (Mesoebene) von Relevanz. Nachfolgend werden exemplarische Befunde zu Makroebene, Mesoebene und Mikrobene dargestellt.

Werte auf gesellschaftlicher Ebene

Werte als Bindeglied in Gesellschaften: Werte sind Bindeglied zwischen Gesellschaft, Kultur und Person, bilden einen normativen Bezugspunkt und werden damit als eine Erklärung für das Funktionieren von Gesellschaften betrachtet (Klages 2008). Parsons (1964) gilt als einer der frühen Theoretiker, der sich Werten im Zusammenhang mit dem Funktionieren von Gesellschaften widmet. Er interpretiert die bei den Individuen auffindbaren Wertestrukturen als Spiegelbild gesellschaftlicher Muster und Kulturen. Während traditionelle Gesellschaften u. a. durch die Grundmuster wie Partikularismus und Kollektivorientierungen gekennzeichnet sind, finden sich in modernen Gesellschaften universalistische und Leistungsorientierungen sowie eine Orientierung am Selbst (Klages 2008). Nach dem Soziologen Max Weber ermöglichen erst Werte der calvinistischen Gnadenlehre und der protestantischen Berufsethik die Entstehung des derzeitigen Kapitalismus (Laux 2005).

Zentrale Werte als gemeinsame Bezugspunkte von Gemeinschaften oder Religionen werden von den in ihnen lebenden Personen kaum in Frage gestellt und sind gemeinsames Fundament, aus welchem sich moralische Normen und Verhaltensweisen ableiten lassen. Eine Renaissance in der Betrachtung von gesellschaftlichen Werten mit Bezug zur Arbeitsorientierung findet sich in der Erforschung interkultureller Unterschiede. Kluckhohn und Strodtbeck (1961) definieren z. B. sechs kulturelle Grunddimensionen: die Beziehung zur Umwelt, Zeitorientierung, Menschenbild, Handlungsorientierung, Fokussierung von Verantwortlichkeit sowie die Konzeption von Raum, die mit spezifischen Werten in Verbindung gebracht werden können. Bekannt ist auch die Typologie von Hofstede (1980) mit den Dimensionen Individualität vs. Kollektivität, Machtdistanz, Vermeiden von Unsicherheit, Androgynität sowie Umgang mit Zeit (Langzeit- vs. Kurzzeitorientierung).

Ein anders gelagertes (Forschungs-)Interesse entwickelte sich, als sich in Aufarbeitung des Zweiten Weltkriegs und in Folge wirtschaftlicher Prosperität westliche Gesellschaften und Kulturen massiv veränderten. Ingelhart (1977) beschreibt den sich zwischen den Jahren 1970 und 1989 in allen untersuchten westlichen Ländern parallel vollziehenden Wertewandel: den Wandel von materialistischen Werteorientierungen (Ordnung, Sicherheit) zu postmaterialistischen Orientierungen (Selbstverwirklichung, Partizipation). Die den Arbeiten zugrunde liegende Sozialisationshypothese besagt, dass Zusammenhänge zwischen sozioökonomischer Umwelt und den subjektiven Wertprioritäten nicht direkt gegeben sind, sondern Werteorientierungen in Kindheit und Jugend erworben werden, die sich später im Erwachsenenleben ausdrücken. Jüngere Generationen treffen daher in lange bestehenden Organisationen und Unternehmen auf Werteorientierungen, die ihnen nicht entsprechen. Die Knappheitshypothese geht indes davon aus, dass subjektiv das am höchsten eingeschätzt wird, was verhältnismäßig knapp ist. Insofern wird heute aufgrund neuer empirischer Befunde wieder eine vermehrte Orientierung an materialistischen Werten diskutiert; ein Befund, der sich in den nächsten Jahren noch bestätigen muss.

Soziale Verantwortung von Unternehmen in der Wahrnehmung der Bürger: Gesellschaftliche Wertemuster sind wie eine ›Hintergrundfolie‹, vor der die aktuellen Diskussionen um soziale Verantwortung von Unternehmen betrachtet werden müssen. Möglich machte diese Diskussion wohl erst eine postmaterialistische Orientierung breiter Gesellschaftsschichten. Ohne einen Konsens über Werte und darauf basierendes Handeln kann kein Gemeinwesen bestehen und wird Wirtschaften unmöglich, wie z. B. Produktboykotte beleg(t)en. Erst ein von allen Beteiligten gemeinsam getragenes Verständnis darüber, welche Werte wirtschaftend geschaffen werden sollen, verhelfen den Unternehmen zu einer ›Licence to Operate‹. Was Bürgerinnen und Bürger an sozialer Verantwortung und Werten von Unternehmen erwarten, ist indes unklar und widersprüchlich. Was informierte Bürger als soziale Verantwortung von Unternehmen verstehen und wie das Engagement der Unternehmen von den Bürgern wahrgenommen wird, wollten Lunau und Wettstein (2004) mittels einer telefonischen Befragung bei 1000 informierten deutschen Bürgerinnen und Bürgern herausfinden.

Die Ergebnisse zeigen, dass die Bürger von Unternehmen keine schlechte Meinung haben. Zwar vermuten sie eine gewisse Inkompetenz in der Unternehmensführung im Umgang mit sozialer Verantwortung, glauben aber, dass Unternehmen gute Produkte und Dienstleistungen erstellen (sehr gut oder gut 83 %). Als Bestandteil der sozialen Verantwortung versteht eine überwältigende Mehrheit (91 %) der Bürgerinnen und Bürger die Menschenrechte. Ähnliche Zahlen gelten auch für weitere Themen: Arbeitsbedingungen in Zulieferbetrieben, risikoarme Produktentwicklungen, Umweltschutz, Ausbildung und Förderung von Behinderten, Boykott von Kinderarbeit (96 %). Beim Arbeitsplatzerhalt wird den Unternehmen bescheinigt, der Aufgabe, sich um Arbeitsplätze zu kümmern, eher schlecht oder sehr schlecht nachzukommen (81 %).

Viele Bürger rezipieren, was sie über Unternehmen wissen, über die täglichen Medien: Tageszeitung, Radio und Fernsehen. 54 % der Bürger haben noch nie einen Nachhaltigkeitsbericht o.Ä. in die Hand genommen. Zwar scheinen die Bürger von Unternehmen ein umfassendes Engagement zu erwarten, honorieren dieses aber nur teilweise: 71 % der

Bürger haben nach ihren Angaben noch nie in einen Aktienfond investiert, der soziale oder ökologische Kriterien berücksichtigt. Allerdings behaupten 77 % der Bürger von sich, Gütesiegel beim Einkauf immer, häufig oder gelegentlich zu berücksichtigen. Zudem erwarten sie, dass dem Thema soziale Verantwortung in Zukunft eine größere Bedeutung beigemessen werden wird.

Wie sieht es demgegenüber in den Unternehmen aus? Als Antwort auf die Studie von Lunau und Wettstein (2004) lässt sich die Studie der Bertelsmann-Stiftung (2005) interpretieren, die deutlich werden lässt, dass in manchen Bereichen die Erwartungen und Bewertungen von Bürgern und der Unternehmen zu den Anforderungen der sozialen Verantwortung nicht allzu weit auseinander liegen.

Soziale Verantwortung in der Selbstwahrnehmung der Unternehmen: Für ein Meinungsbild der obersten und oberen Führungsebene der deutschen Wirtschaft befragte 2005 die Bertelsmann-Stiftung durch TNS Emnid telefonisch 500 Entscheiderinnen und Entscheider. Dies erfolgte durch eine Zufallsauswahl aus Unternehmen mit mindestens 200 Beschäftigten oder mindestens 20 Millionen Euro Umsatz.

Assoziationen der Entscheider zum Begriff ›gesellschaftliche Verantwortung‹ sind an erster Stelle »Verantwortung für ihre Mitarbeiter und Arbeitsplätze sichern« (jeweils 38 %). An zweiter Stelle steht »gesamtgesellschaftliche Verantwortung« (26 %), an dritter »Innovationsbereitschaft der Wirtschaft« (19 %). Kunden (97 %), Mitarbeitern (96 %) und Shareholdern (88 %) fühlt man sich mehr gegenüber in der Verantwortung als gegenüber Gesellschaft (66 %) oder Standort (63 %).

Eher hohe Zustimmung erhalten die Aussagen: Die Aufgabe der Wirtschaft ist es, soziale und ökologische Belange einzubeziehen, dabei sollte die Politik ein solches Engagement fördern, z. B. durch Wettbewerbsvorteile. Insgesamt bescheinigen sich über 80 % der Unternehmen ein aktives Umgehen mit den Herausforderungen der sozialen Verantwortung. Als Hauptgründe für das gesellschaftliche Engagement werden genannt Mitarbeitermotivation (86 %) und Unternehmenskultur (87 %), wobei die wirtschaftliche Situation des Unternehmens (83 %) von großer Bedeutung ist. Kundenerwartungen stehen erst an vierter Stelle der Nennungen (60 %). Fortschreibung der Unternehmenstradition (66 %) und die Reputation des Unternehmens (65 %) sind weitere Beweggründe für ein Engagement.

Felder des Engagements finden sich überwiegend im Mitarbeiter- und Kundenbereich, z. B. Förderung von Aus- und Weiterbildung sowie Kunden- und Beschwerdemanagement (je 83 %), während dagegen die Kontrolle der Zulieferkette nach Umwelt- und Menschenrechtsaspekten kaum beachtet wird (26 %). Hindernisse für die Umsetzung sozialer Verantwortung sind nach Angaben der Entscheider: zu hohe zeitliche Belastung (42 %), zu hohe Kosten (39 %) und fehlende Messbarkeit der Wirkung (36 %).

Auch die Entscheider erwarten, dass in Zukunft das Thema soziale Verantwortung eine größere Rolle spielen wird (67 %). Doch wissen über die Hälfte nicht, welches Bild ihre Stakeholder vom Unternehmen haben. Überprüft wird dies nur von 29 % der Unternehmen. Auch werden nur in etwa 30 % der Unternehmen eigene Mitarbeiterinnen und Mitarbeiter für das Thema soziale Verantwortung beschäftigt, wobei ein eigenes Budget eher bei proaktiv agierenden Unternehmen vorhanden ist. Zur Kommunikation ihres Engagements nutzen über 80 % der Unternehmen Presseberichte, Geschäftsberichte und Internet.

Übereinstimmung in der Bedeutung von sozialer Verantwortung: Beide Befragungen zeichnen eine ähnliche Wahrnehmung der sozialen Verantwortung von Unternehmen. Sowohl Bürgerinnen und Bürger als auch Unternehmen stellen Arbeitsplatzsicherheit und Verantwortung für die Mitarbeiter und Kunden als zentrales Problem- und Handlungsfeld heraus, wobei die Bürger den Unternehmen hier teilweise ein Versagen attribuieren. Auch bei der Kundenorientierung wird hohe Verantwortung wahrgenommen. Verantwortung in der Wertschöpfungskette dagegen wird von den beiden Seiten nicht als zentrales Thema benannt, obwohl Menschenrechten in anderen Aussagen eine hohe Priorität eingeräumt wird. Dies wirkt ein wenig widersprüchlich. Eine vorsichtige Interpretation dieser Zahlen legt nahe, dass Menschenrechtsprobleme durch die Medien eine hohe Bekanntheit erfahren haben und möglicherweise besonders gut zu skandalisieren sind, nicht aber mit einer Kontrolle der Wertschöpfung verbunden werden.

Ein Unterschied zwischen beiden Studien besteht in der unterschiedlichen Zuschreibung von Kompetenz im Umgang mit der gesellschaftlichen Verantwortung. Während sich Unternehmen ausgesprochen positiv und kompetent einschätzen, wird dieser Eindruck von den Bürgern nicht geteilt, wobei es keine Hinweise in den Studien gibt, weshalb dieser Eindruck entsteht.

Die Bertelsmann-Studie stellt darüber hinaus einen deutlichen Zusammenhang der sozialen Verantwortung zur Unternehmenskultur her: Es scheint, wie die Bertelsmann-Studie es nennt, wohlverstandenes Eigeninteresse zu sein, das soziale Verantwortung im Interesse der Mitarbeitermotivation fördert. Daneben scheint Traditionsbewusstsein ein weiterer wichtiger Wert für das Engagement zu sein. Etwas überraschend ist, dass die Effekte der sozialen Verantwortung von Unternehmen vielen Entscheidern als nicht messbar erscheinen, bestehen doch aus der Organisationsklimaforschung mittlerweile etliche Befunde, die belegen, dass Orientierung an sozialer Verantwortung gegenüber Mitarbeitern positive Effekte zeitigt.

Werteorientierungen innerhalb der Unternehmen

Organisationsklima als kritische Größe: Durch die Etablierung und Aufrechterhaltung eines Werte- und Normensystems, das Mitarbeiterverhalten sanktioniert oder belohnt, kreiert jede Organisation ihr eigenes Organisationsklima bzw. Unternehmensklima als Teil ihrer Organisations- bzw. Unternehmenskultur. Klima ist eine wesentliche Größe, um die Kultur einer Organisation zu erfassen und unterliegt vor allem dem Einfluss von Führungskräften und Management. Es weist systematische, differentielle Zusammenhänge mit Gedanken, Gefühlen und Verhalten der Beschäftigten sowie Erfolgsmaßen auf.

Als spezieller Aspekt des Organisationsklimas gilt das ethische Klima (Victor/Cullen 1987). Ethisches Klima wird u.a. definiert als geteilte Wahrnehmung der Beschäftigten, was in der eigenen Organisation als korrektes, moralisch richtiges Denken und Handeln angesehen wird. Dabei wird häufig das Modell von Kohlberg zugrunde gelegt. Auch das ethische Klima nach Victor und Cullen (1987) basiert auf dem Kohlberg-Modell, welches hier mit soziologischen Rollentheorien verquickt wird. So finden sich drei Niveaus moralischer Orientierung: Egoismus, Fürsorge und Prinzipienorientierung und drei Analyseebenen in Form von Referenzgruppen: Individuum (*individual*), Team/Unternehmen (*local*) und Gesellschaft (*cosmopolitan*), die in Kombination neun Klimatypen ergeben und sich mittels des Ethical Climate Questionnaire erfassen lassen (vgl. dazu Eigenstetter/Löhr/Driesel 2007).

Belegen lassen sich Zusammenhänge zwischen ethischem Klima und berufsbezogenem Sozialverhalten wie Organizational Citizenship Behavior (OCB), Commitment, Integrität und kontraproduktives Verhalten. OCB als psychologisches Konstrukt meint eine außerordentliche Einsatzbereitschaft der Mitarbeiterinnen und Mitarbeiter für die eigene Organisation, welches mit Commitment und anderen positiven Einstellungen kovariiert. Als Integrität werden aus psychologischer Perspektive klassische Arbeitswerte bzw. -tugenden bezeichnet, so die Bereitschaft zum Einhalten von Regeln und Pflichtgefühl. Ein Fehlen von Integrität weist Zusammenhänge mit kontraproduktiven Verhaltensweisen auf, z.B. Diebstahl, Alkoholmissbrauch, das Beschönigen von Berichten, das Vertuschen von Fehlern, Steuerhinterziehungen und opportunistische Verhaltensweisen.

Werteorientierte Programme in Unternehmen: Das Deutsche Netzwerk Wirtschaftsethik ging zusammen mit der Deutschen Gesellschaft für Personalführung e.V. der Frage nach, ob Programme zur sozialen Verantwortung in Unternehmen für diese einen Mehraufwand bedeuten, der sich nachteilig für sie auswirkt. Den Kontaktpersonen im Personalmanagement der Unternehmen wurde ein umfangreicher Fragebogen zugesandt, der von 89 Personen vollständig bearbeitet wurde (Eigenstetter/Löhr/Driesel 2007). Überwiegend größere Unternehmen antworteten auf den Fragenbogen.

Mit 85 % scheinen Unternehmenswerte bzw. Leitbilder in den Unternehmen sehr verbreitet. Während Verhaltenskodizes zu Korruption (75 %) und Verhaltenskodizes zu sozialer Verantwortung (53 %) mit Maßnahmen zur Implementierung einhergehen, z.B. Trainings, Hotlines oder Sanktionen, werden Unternehmenswerte und Leitbilder eher als Grundlage für Personalentscheidungen betrachtet. Zusammenhänge zwischen den Verhaltenskodizes bzw. Werten und den Ergebnisgrößen der Unternehmen treten nicht auf.

Deutliche Zusammenhänge zeigen die Kodizes dagegen mit verschiedenen Facetten des ethischen Klimas. Individuelle Egoismen und Orientierung an individuell relevanten Werten sind vermindert, ebenso wie eine überwiegende Orientierung am Unternehmensprofit. Kodizes zeigen zudem einen positiven Zusammenhang mit Teamklima sowie mit Orientierung an Gesetzen und Berufskodizes in Unternehmen.

Ähnliche Zusammenhänge zeigen Facetten des ethischen Klimas mit dem berufsbezogenen Sozialverhalten. Je höher die Klimafacette Eigeninteresse in Unternehmen wahrgenommen wird, desto mehr kontraproduktives Verhalten und desto weniger OCB und Commitment gegenüber dem Unternehmen werden berichtet. Dagegen zeigt sich, je höher das Teaminteresse bzw. je höher eine Orientierung an Gesetzen und Berufskodizes, desto eher sind Beschäftigte auch hilfsbereit und verteidigen das Unternehmen nach außen.

Obgleich sich zwar direkte ökonomische Vorteile aus einer Orientierung an sozialer Verantwortung in dieser Studie nicht zeigen lassen, so belegt die Studie doch Zusammenhänge mit wünschenswerten Verhaltensweisen von Mitarbeiterinnen und Mitarbeitern. Mitarbeitermotivation und Commitment sind höher bei einem Engagement in sozialer Verantwortung, wie auch die Entscheider aus der Bertelsmann-Studie vermuten. Verzicht auf Eigeninteresse, dagegen eine Orientierung am Wohl der Mitarbeiter sowie auch am Gemeinwohl (z.B. durch eine Orientierung an Recht und Gesetz) gehen mit vermindertem kontraproduktiven Verhalten einher.

Individuelle Werte und Handeln

Ein neues Verständnis von Gemeinwohlorientierung im Handeln von Führungskräften: Was die vorangehenden Studien nicht betrachten, sind individuelle Werteorientierungen von Führungskräften und Entscheidern. Diese aber sind es, die – gerade im Mittelstand – Klima und Kultur der Unternehmen prägen, sei es durch Vorbildverhalten oder die Gestaltung und Durchsetzung von Regeln. Nach Ulrich und Thielemann (1992) ist jeder Entscheidungsträger für sich gezwungen, ein mehr oder weniger tragfähiges Handlungskonzept zu entwickeln, um die Erfordernisse der unternehmerischen Erfolgserzielung und -sicherung mit ethischen Erfordernissen in Einklang zu bringen.

Beispielhaft für eine derartige Forderung kann das Konzept des Public Value genannt werden, welches nach Moore (1995) als ein Bindeglied zwischen Person und Gesellschaft definiert wird. Meynhardt und Metelmann (2008) verwenden das Konzept als Kompass für die Führung in der öffentlichen Verwaltung. Sie untersuchen, wie eine Führungskraft eine Orientierung am Gemeinwohl für sich als notwendige Reaktion auf die Ablösung eines traditionellen Berufsethos selbst neu definiert, als ein kreativ-verantwortliches Handeln für die gesellschaftliche Wertschöpfung. Dies erfordert nicht die Rückkehr zu einer privaten Moralität der Führungskräfte, sondern eine persönliche Ausrichtung am Gemeinwohl, um daraus zukunftsfähige Ideen zu generieren ohne demokratische Regeln oder gewachsene Traditionen zu missachten.

Werteorientierungen bei Führungskräften: Ulrich und Thieleman (1992) führten im Auftrag von Res Publica (Vereinigung unternehmerische Verantwortung, die als politisch unabhängiges Forum für unternehmerische Entscheidungsträger einen neuen Sinn wirtschaftlichen und politischen Handelns sucht) eine Studie zu Denkmustern bei Führungskräften durch.

Als theoretische Dimensionen eines Handlungskonzepts definieren Ulrich und Thielemann (1992) (1) die Wahrnehmung von Wirtschaft: Sachzwangdenken, da Wirtschaft eine eigene Handlungslogik aufweist (Systemorientierung) versus Wirtschaft als Teil der Kultur ohne eigene Handlungslogik (Kulturorientierung) und (2) Problembewusstsein: Ethik und Ökonomie stehen in Konflikt versus Harmonie zueinander, woraus sich vier Grundtypen ableiten lassen:

- Ökonomisten (Systemorientierung/Harmonie)
- Konventionalisten (Kulturorientierung/Harmonie)
- Idealisten (Kulturorientierung/Konflikt)
- Reformer (Systemorientierung/Konflikt)

Aus den Aussagen von 60 interviewten Führungskräften lässt sich eine Typologie mit neun ›Realtypen‹ ableiten, welche nachfolgend skizziert werden. Mit diesen Typen wird allerdings kein Anspruch auf ein Auftreten in reiner Form erhoben.

Führungskräfte mit ökonomistischen Denkmustern, mit 33 % an zweiter Stelle, führen ethische Probleme darauf zurück, dass zu viel Marktsteuerung vorhanden ist. Dabei argumentiert der Typ A, metaphysischer Betriebswirt, für eine betriebswirtschaftlich möglichst kluge Anpassung. In einer langfristigen Marktorientierung ist eine ›Ethik‹ angelegt, da diese Orientierung den Interessen der Anteilseigner, Beschäftigten, Kundinnen und Kunden und Lieferanten diene. Eine gute Geschäftsführung soll als Treuhänder der Unternehmung agieren und sachlogischen Prinzipien folgen. Typ B, Instrumentalist, sieht Ethik und Erfolg als zusammengehörig, lässt sich doch Ethik als Mittel einsetzen, z.B. zur Erhöhung der Mitarbeitermotivation.

Führungskräfte mit konventionalistischen Denkmustern, mit 55 % die Hauptgruppe, verstehen Wirtschaften nicht als ethisch problematisch, da man sich innerhalb eines von sozialen Beziehungen geprägten Systems bewegt. Ursachen für Missstände werden im Individuum lokalisiert. Typ C, Paternalist, weist eine wertkonservative Prägung auf, eine Mischung aus Vorbildorientierung und Strenge. Typ D, Personalist, betont den Zusammenhang von Macht und Verantwortung. Typ E, Kulturharmonist, argumentiert: Unternehmen als Teil der Gesellschaft haben zum Wohl der Allgemeinheit spezifische Aufträge zu erfüllen. Typ F, Legalist, vertritt die Meinung: Was offiziell rechtmäßig (legal) ist, ist auch rechtens (legitim).

Führungskräfte mit idealistischen Denkmustern, mit 2 % vertreten, verweisen dagegen auf die unauflöslichen Konflikte zwischen Ethik und Ökonomie. Typ G, Idealist, vertritt die These, dass Individuen mit einem ethischen Verantwortungsbewusstsein agieren müssten, da sich die allgemeine Kultur in Richtung Materialismus und Egoismus gewandt habe.

Führungskräfte mit reformorientierten Denkmustern, ca. 10 %, vertreten nach Ulrich und Thielemann (1992) moderne unternehmensethische Konzepte, die sowohl die unternehmerische Zumutbarkeit als auch die ethische Verantwortbarkeit berücksichtigen. Typ H, neuer Unternehmer, sucht die Synthese beider Aspekte, z. B. im Wertschöpfungsprozess und durch Innovation. Ethische Reflexion in innovativen Suchprozessen paart sich mit einem rationalen Umgang mit Sachzwängen, die als nur ordnungspolitisch lösbar erkannt werden. Typ I, Rahmenreformer, sieht innerhalb der marktwirtschaftlichen Spielregeln wenig Raum zur Gestaltung, doch der ordnungspolitische Rahmen soll ethisch bestimmt sein.

Sowohl bei den metaphysischen Betriebswirten als auch bei Paternalisten und Instrumentalisten, finden sich die Personen mit dem höchsten Durchschnittsalter. Paternalisten finden sich zudem überwiegend in mittelständischen Unternehmen und der Industrie, während metaphysische Betriebswirte sich v. a. in Großunternehmen finden: Die Befunde verweisen auf Sozialisationseffekte und Selbstselektion der Befragten.

Ethos und Werte bei Führungskräften: Zusammenhänge zwischen religiöser Orientierung und Gemeinwohlorientierung werden durch die Arbeiten von Kaufmann, Kerber und Zulehner (1986) deutlich. Sie untersuchten, vor dem Hintergrund einer zunehmenden Säkularisierung aller Lebensbereiche und eines gesellschaftlichen ›Wertewandels‹, auf welche Werteorientierungen Führungskräfte in ihren Entscheidungen zurückgreifen. Dazu wurden nach einer qualitativen Vorstudie Intensivinterviews bei 42 Führungskräften sowie eine Repräsentativerhebung mittels standardisierter Interviews bei 530 Führungskräften nach einem zweistufigen Quotenauswahlverfahren durchgeführt.

Die Repräsentativerhebung bezeugt einen Zusammenhang zwischen Werten und Handeln, z. B. zwischen beruflicher Orientierung und individueller religiöser Ansprechbarkeit. So finden sich im privatwirtschaftlichen Sektor etwa doppelt so viele religiös wenig ansprechbare Führungskräfte wie im öffentlichen Sektor. Auch beschreiben sich kirchenfeste Gläubige als engagierter für das Staatswesen, die Demokratie, die soziale Marktwirtschaft, sozial Schwache oder die sogenannte Dritte Welt. Kirchenfeste Gläubige nehmen dabei etwa viermal so viele Ehrenämter wahr wie religiös kaum Ansprechbare.

Verantwortungsthemen wie Familie, Freunde, Umwelt, soziale Marktwirtschaft oder die sogenannte Dritte Welt werden allerdings nicht im Zusammenhang mit religiösen Themen gesehen. Mehr als 50 % aller befragten Personen fühlen sich in ihren ethischen Lebensregeln der Kantschen Maxime verpflichtet. Dies gilt ebenso für die allgemeine Verbindlichkeit von Rechtstaat und Demokratie, Freiheit und Menschenrechten und der Erhaltenswürdigkeit der Natur; aber nur 20 % stimmen zu, dass das Christentum als allgemein akzeptiert gilt.

Aus weiteren Fragen lassen sich hoch diskriminierende Skalen bilden: »Opportunismus« (z. B. Fragen nach materiellem Wohlstand, unvollständige Angaben gegenüber Steuerbehörden, Zweifel an der Allgemeingültigkeit von ethischen Maßstäben) und »Unglaube« (z. B. »mit Religion habe ich nichts im Sinn«). Opportunismus zeigt dabei negative Zusammenhänge mit der Orientierung an der Kantschen Maxime oder einer Orientierung am Gemeinwesen. Dagegen zeigt Opportunismus positive Zusammenhänge mit Verantwortung gegenüber sich selbst, Orientierung an den Reaktionen anderer, Unabhängigkeitsstreben und Unglaube.

Dies spiegelt sich auch in den Einstellungen wider: Während mit ausgeprägtem Opportunismus und Unglaube Taten wie Mitwisserschaft bei Straftaten, nebeneheliche Beziehungen oder Sterbehilfe als eher weniger bedenklich bewertet werden, beurteilen Personen mit einer hohen Gemeinschaftsorientierung diese als schuldhaftes Handeln.

In dieser Studie zeigen sich Orientierungen, die den Befunden ähneln, die man aus der Integritäts- und der Organisationsforschung kennt. Opportunistische, nicht-integre Einstellungen befördern kontraproduktive Verhaltensweisen. Kaufmann, Kerber und Zulehner (1986) argumentieren aus ihren Befunden, dass eine Trennlinie nicht zwischen postmaterialistischen und materialistischen Orientierungen aufzumachen sei, sondern eine Trennlinie zwischen individuumsbezogenen vs. individuumstranszendierenden Orientierungen. Dies entspricht der eingangs getroffenen Unterscheidung zwischen Eigeninteresse und Gemeinwohlorientierung.

Nutzen des Wertekonzepts für die Unternehmen und Unternehmer

Bewertung der Studien vor dem Hintergrund der Typologie von Schwartz: Der Werte-Circumplex von Schwartz (1992) erweist sich als nützlich, um die vorliegenden Befunde einzuordnen. Kaufmann, Kerber und Zulehner (1986) verweisen in anderen Worten und in Unkenntnis des Schwartz-Modells auf die Trennung zwischen Selbsttranszendenz und Selbsterhöhung und können spezifische Verhaltensweisen damit in Verbindung bringen, die in den Organisationswissenschaften als berufsbezogenes Sozialverhalten bezeichnet werden. In eine ähnliche Richtung deuten die Befunde von Eigenstetter, Löhr und Driesel (2007), die einen Zusammenhang zwischen konstruktiven Verhaltensweisen wie Loyalität und Klimafacetten belegen, die sich post hoc den Dimensionen ›Selbsttranszendenz‹ und ›Wahrung des Bestehenden‹ zuordnen lassen. Auch organisationale Verhaltensweisen lassen sich damit idealtypisch Werten zuordnen: OCB korrespondiert vor allem mit Werten, die entlang der Dimension Selbsttranszendenz zu finden sind. Zudem spiegelt sich eine Ausrichtung an Themen der sozialen Verantwortung und damit Selbsttranszendenz in Ehrenämtern wider. Kontraproduktives Verhalten wird dagegen dort gefunden, wo Selbsterhöhung im Vordergrund steht.

In Kombination mit den Überlegungen von Rokeach (1968) bzw. den Arbeiten von Bilsky und Schwartz (2008), die eine weitere Dimension von implizit nach explizit integrieren, lässt sich daher das Werte-Modell von Schwartz um Einstellungen, Verhaltensweisen und Artefakte ergänzen (s. Abb.). Dies ist auch mit den Modellen der Unternehmenskultur z. B. nach Schein oder Sackmann kompatibel. Sowohl Verhaltensweisen werden hierbei der Artefaktebene zugeordnet als auch Strukturen wie Wertemanagementsysteme oder Kodizes.

Werte als Steuerungsinstrument in Unternehmen: Einige für das Funktionieren der Marktwirtschaft wichtige Werte stehen nach dem Modell von Schwartz (1992) in Konflikt mit den Werten der sozialen Verantwortung und sind durch die Dimension Selbsttranszendenz vs. Selbsterhöhung beschreibbar. Damit wird der inhärente Widerspruch und Balanceakt für Unternehmen, nämlich zwischen Marktmacht und Gemeinwohlorientierung, überdeutlich veranschaulicht. Es scheint daher plausibel zu sein, dass zwischen den Dimensionen auftretende Dilemmata nur durch einen Balanceakt zu lösen sein dürften und eine hohe Innovativität von Nöten ist, um dies zu bewältigen. Dies scheinen aber eben nur 10 % der Unternehmer zu erkennen und leisten zu wollen (vgl. Ulrich/Thielemann 1992).

Welcher Nutzen kann nun im Werte-Modell liegen? Unternehmen vermögen anhand eines derartigen Werterasters eine Standortbestimmung für sich vorzunehmen und zu eruieren, in welchem Ausmaß welche Werteorientierungen bei ihnen vorhanden sind. Sie können diese in einem Ist-Soll-Vergleich überprüfen. Anhand eines übergreifenden Wertemodells wird auch kontrollierbar, ob Unternehmen, die die Übernahme sozialer Verantwortung in Hochglanzbroschüren formulieren, diese auch ernstnehmen. Welche Werte bei den Mitarbeiterinnen und Mitarbeitern gelebt werden, ist Ausdruck der mehr oder weniger erfolgreichen Umsetzung proklamierter Werte im Unternehmen.

Es ist nicht anzunehmen, dass in jedem Markt die gleichen Werte notwendig und erwünscht sind, weder aus Kunden- noch aus Mitarbeiterperspektive. Besondere Risikobereiche, die sich durch hoch individualistische und machtorientierte Unternehmenskulturen ergeben (z. B. im Vertrieb), lassen sich anhand der Werteorientierungen identifizieren und gegebenenfalls durch strukturelle Maßnahmen wie regelbasierte Kodizes verstärkt absichern, während dies vermutlich in Bereichen, die durch eine besondere Dienstleistungsorientierung geprägt sind, eher über wertebasierte Kodizes erfolgen kann.

Nutzen liegt im Wertekonzept auch, da sich zeigen lässt, dass ein ausgeprägter Werterelativismus nicht weit vom Opportunismus entfernt ist, was Hinweise auf die Gestaltung von Auswahlverfahren und inter-

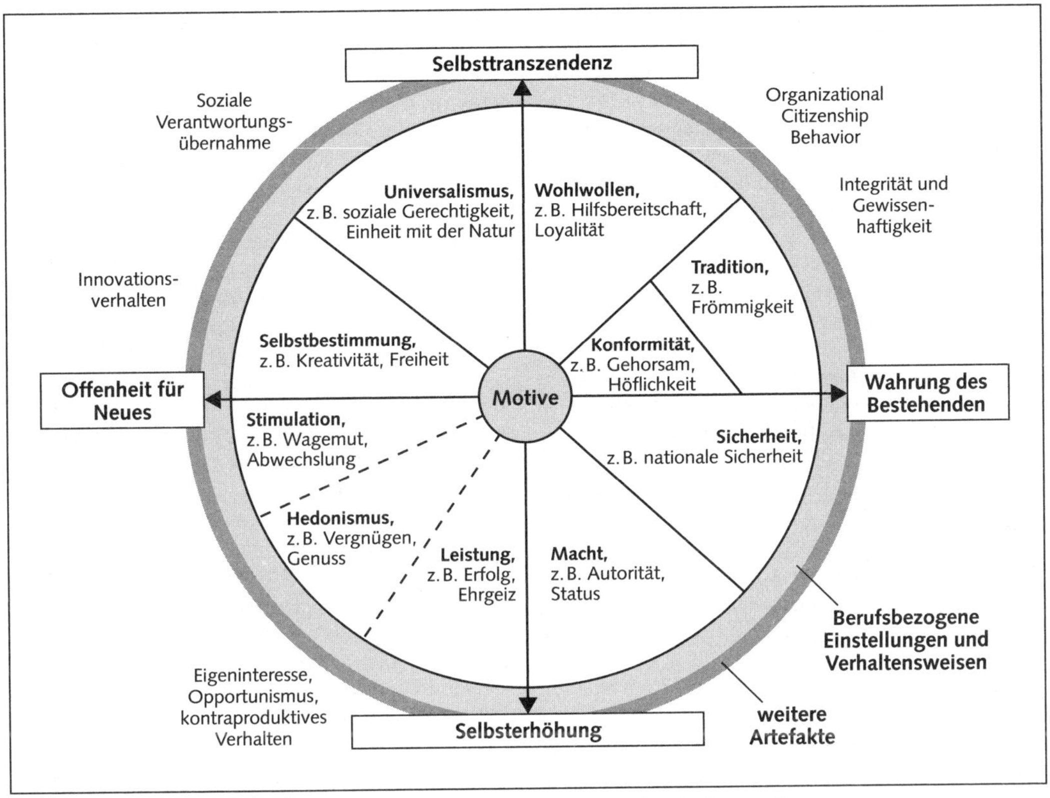

Erweiterung des Modells von Schwartz um Motive, Einstellungen und Verhaltensweisen

nen Selektionsmechanismen, aber auch für Personalentwicklungsprozesse gibt. Führungskräfte sind Vermittler von unternehmenseigenen Werten. Was sie vorleben, ist prägend. Daher sollte bei der Diagnostik neben Leistungsorientierung auf die in der Unternehmenskultur typischen Orientierungen geachtet werden. So birgt das Werte-Modell die Möglichkeit, Auswahlprozesse in Übereinstimmung mit der Unternehmenskultur transparenter und damit auch gestaltbarer zu machen.

Literatur

Allport, Gordon W./Vernon, Philip E./Lindzey, Gardner: Study of Values. Boston 1951.

Bertelsmann Stiftung (2005): Die gesellschaftliche Verantwortung von Unternehmen: Dokumentation der Ergebnisse einer Unternehmensbefragung der Bertelsmann Stiftung. In: http://www.bertelsmann-stiftung.de/cps/rde/xbcr/SID-E1DD8F53-15BFAD87/bst/xcms_bst_dms_15645__2.pdf (29.11.10).

Bilsky, Wofgang: Werte. In: Veronika Brandstätter/Jürgen H. Otto (Hg.): Handbuch der Allgemeinen Psychologie – Motivation und Emotion. Göttingen 2009, 42–44.

– /Jehn, Karen A.: Organisationskultur und individuelle Werte: Belege für eine gemeinsame Struktur. In: Michael Myrtek (Hg.): Die Person im biologischen und sozialen Kontext. Göttingen 2002, 211–228.

– /Schwartz, Shalom H.: Measuring Motivations: Integrating Content and Method. In: Personality and Individual Differences 44 Jg. (2008), 1738–1751.

Eigenstetter, Monika/Löhr, Albert/Driesel, Nicole: Ethik in Unternehmen: Zusammenhänge mit Innovationsklima und Fehlerkultur. Ergebnisse einer Befragung. In: www.dgfp.com/praxispapiere (PraxisPapier 6/2007).

Hofstede, Geert: Culture's Consequences: International Differences in Work-Related Values. Beverly Hills 1980.

Ingelhart, Ronald: The Silent Revolution. Changing Values and Political Styles among Western Politics. New York 1977.

Kaufmann, Franz X./Kerber, Walter/Zulehner, Paul M.: Ethos und Religion bei Führungskräften: Eine Studie im Auftrag des Arbeitskreises für Führungskräfte in der Wirtschaft. München 1986.
Klages, Helmut: Entstehung, Bedeutung und Zukunft der Werteforschung. In: Erich H. Witte (Hg.): Sozialpsychologie und Werte: Beiträge des 23. Hamburger Symposiums zur Methodologie der Sozialpsychologie. Lengerich 2008, 11–29.
Kluckhohn, Florence/Strodtbeck, Fred L.: Variations in Value Orientations. Evanston, IL 1961.
Laux, Bernhard: Ökonomische Vernunft und ihr Anderes – oder: Warum baut Nike Kathedralen? In: Monika Eigenstetter/Marianne Hammerl (Hg.): Wirtschafts- und Unternehmensethik – ein Widerspruch in sich? Kröning 2005, 193–223.
Lunau, York/Wettstein, Florian: Die soziale Verantwortung der Wirtschaft. Was Bürger von Unternehmen erwarten (St. Gallener Beiträge zur Wirtschaftsethik 35). Bern u.a. 2004.
Meynhardt, Timo/Metelmann, Jörg: Public Value – ein Kompass für die Führung in der öffentlichen Verwaltung. In: Verwaltung und Management 14. Jg., 5 (2008), 246–251.
Miller, Dale T.: The Norm of Selfinterest. In: American Psychologist 54. Jg. (1999), 1053–1060.
Moore, Mark H.: Creating Public Value: Strategic Management in Government. Cambridge, Mass. 1995.
Parsons, Talcott: The Social System. New York 1964.
Rokeach, Milton: A Theory of Organization and Change within Value-Attitude-Systems. In: Journal of Social Issues 1. Jg. (1968), 13–33.
Schwartz, Shalom H.: Universal in the Content and Structure of Values: Theoretical Advances and Empirical Tests in 20 Countries. In: Mark P. Zanna (Hg.): Advances in Experimental Social Psychology. Bd. 25. Orlando 1992, 1–65.
Spranger, Eduard: Lebensformen. Halle 1925.
Stackman, Richard W./Pinder, Craig C./Connor, Patrick E.: Values Lost: Redirecting Research on Values in the Workplace. In: Neal M. Ashkanasy/Celeste P.M. Wilderom/Mark F. Peterson (Hg.): Handbook of Organizational Culture and Climate. Thousand Oaks 2000, 37–54.
Tanner, Carmen: Zur Rolle von geschützten Werten bei Entscheidungen. In: Erich H. Witte (Hg.): Sozialpsychologie und Werte: Beiträge des 23. Hamburger Symposiums zur Methodologie der Sozialpsychologie. Lengerich 2008, 172–188.
Ulrich, Peter/Thielemann, Ulrich: Ethik und Erfolg: Unternehmensethische Denkmuster von Führungskräften. Eine empirische Studie. Bern u.a. 1992.
Victor, Bart/Cullen, John B.: A Theory and Measure of Ethical Climates in Organizations. In: Research in Corporate Social Performance and Policy 9. Jg. (1987), 51–71.

Monika Eigenstetter

VI. Instrumente der Wirtschafts- und Unternehmensethik

1. Ethikkodizes

Begriff und Bedeutung

Ethikkodizes sind ein zentrales Instrument zur Implementierung einer Unternehmensethik. Ein unternehmensethischer Kodex ist ein Dokument, das moralisch relevante Normen zum Ausdruck bringt, denen sich ein Unternehmen freiwillig und unternehmensweit verpflichtet.

Das Wort ›Kodex‹ stammt aus dem Lateinischen und bezeichnet ursprünglich eine Sammlung von Gesetzen, Handschriften oder Ähnlichem (Kaptein/Wempe 2002, 271). Die Kodexinhalte müssen jedoch keineswegs zwingend Gesetzescharakter besitzen. Ganz allgemein stellen Kodizes vielmehr Normenkataloge dar, wobei Normen verbindliche Standards für menschliches Verhalten setzen, das heißt, sie gebieten, verbieten oder erlauben bestimmte Handlungen.

Ethikkodizes beinhalten Normen über gutes oder richtiges Handeln im Unternehmen (Brien 1996, 24). Als formales Instrument der unternehmensethischen Implementierung bedürfen Kodizes der Schriftform. Der Kodexbegriff wird in anderem Zusammenhang zwar abweichend verwendet, da und soweit die informalen, oft durch Traditionen, Sitte und Brauch konservierten Normenkataloge von gesellschaftlichen Schichten oder beruflichen Ständen ebenfalls als Kodex (bzw. ›Ehrenkodex‹ oder ›Moralkodex‹) bezeichnet werden. Dennoch entspricht es dem vorherrschenden Verständnis innerhalb des unternehmensethischen Diskurses, den Kodexbegriff für formale, schriftlich fixierte Handlungsgrundsätze zu reservieren.

Ethikkodizes können in Abhängigkeit ihrer Adressaten unternehmensübergreifend Geltung beanspruchen (Berufs-, Branchen- und Verbandskodizes), sich auf ein einzelnes Unternehmen beziehen (Unternehmenskodizes) oder nur an einzelne Abteilungen und Berufsgruppen innerhalb eines Unternehmens gerichtet sein (z.B. Verhaltenskodizes für Vertriebsmitarbeiter oder ethische Grundsätze der Forschung und Entwicklung). Sie stellen insoweit eine Form der Selbstregulierung dar, als ihre Einsetzung und Einhaltung den Unternehmen nicht von außen verbindlich auferlegt werden, sondern einem entsprechenden Beschluss des Unternehmens folgen.

In der Praxis ist die Nutzung von Ethikkodizes seit längerem (Center for Business Ethics 1992) und zunehmend verbreitet (Murphy 2005; O'Dwyer/Madden 2006). Eine Vielzahl von Unternehmen verfügt inzwischen über mehrere Dokumente, die als Ethikkodex zu kennzeichnen sind (Murphy 2005). Die Popularität dieses Instruments beruht allerdings nicht ausschließlich darauf, dass die betreffenden Unternehmen von seiner Eignung zur Durchsetzung moralisch zuträglicher Handlungsweisen überzeugt sind. Vielmehr wird mit der Kodexeinführung auch den Erwartungen und Auflagen wichtiger Anspruchsgruppen und Regelsetzer entsprochen.

Die inzwischen fast flächendeckende Verbreitung von Ethikkodizes in den USA ist durch die in Aussicht stehenden Haftungserleichterungen maßgeblich gefördert worden, die die »U.S. Sentencing Commission Guidelines« jenen Unternehmen einräumen, die ein wirksames Compliance- und Ethik-System eingerichtet haben (Guidelines Manual, § 8 B 2.5(f)). Zu einem solchen System gehören nach den Guidelines, die 1991 erstmals in Kraft getreten und im Anschluss an den Sarbanes Oxley-Act noch einmal konkretisiert worden sind, auch Standards zur Prävention und Aufdeckung kriminellen Handelns (Guidelines Manual, § 8 B 2.1). Darüber hinaus verlangt z.B. die New York Stock Exchange (NYSE) von den dort notierten Gesellschaften, einen Ethik- und Verhaltenskodex zu verabschieden und zu veröffentlichen (Listed Company Manual, Sec. 303 A.10). An anderen Börsenplätzen wird die Etablierung eines Ethikkodex zumindest empfohlen (Singh 2006, 18).

Funktionen unternehmensethischer Kodizes

Ethikkodizes sind ein Instrument zur Etablierung einer Unternehmensethik. Die Einführung eines Kodex stellt demnach keinen Selbstzweck dar. Während die Rechtfertigung einer Unternehmensethik oder unternehmensethischer Normen durchaus auf der

Basis deontologischer Argumente erfolgen kann, muss die Begründung von Kodizes daher konsequentialistisch und auf die Folgen gerichtet sein, die durch die Einrichtung eines Ethikkodex evoziert werden (Brien 1996, 31). Die Funktionen ethischer Kodizes lassen sich als die Zielsetzungen umschreiben, die sich mittels dieser Maßnahmen erreichen lassen sollen. Sie bezeichnen somit die Aufgaben, Verrichtungen oder Leistungen, die Kodizes innerhalb eines übergeordneten Ganzen (das heißt innerhalb des Unternehmens oder der Gesellschaft) zukommen.

Eine Einteilung dieser Funktionen kann unter anderem danach erfolgen, ob unternehmensinterne oder unternehmensexterne Effekte angestrebt werden oder nach der Stakeholder-Gruppe, die mit der jeweiligen Zielsetzung tangiert ist (Fulmer 1969, 53). Weitere Differenzierungsmöglichkeiten bieten sich insoweit, als die jeweiligen Kodizes entweder tatsächlich verhaltensbeeinflussend wirken (sollen) oder sich auf nur symbolische Funktionen erstrecken können (Weaver 1995, 369). Schließlich lassen sich erklärte, beabsichtigte, erzielte und wahrgenommene Kodexeffekte unterscheiden. So differenzieren Cassell, Johnson und Smith (1997, 1080) zwischen intendierten und realisierten Kodexeffekten oder Farrell und Cobbin (2000, 183) zwischen tatsächlichen und verlautbarten Kodexfunktionen.

Mit Blick auf die Fundierung ihrer Einsetzung können sich Kodizes systematischer aus vier unterschiedlichen Perspektiven als nützlich erweisen, die isoliert oder im Verbund den Beschluss über die Kodexeinführung begründen können. Neben der für ein unternehmensethisches Implementierungsinstrument originären Aufgabe der Verbesserung ethischer Entscheidungsfindung (moralphilosophische Perspektive) können Kodizes zur verbesserten Koordination arbeitsteiligen Leistungsaustauschs im Unternehmen (organisationstheoretische Perspektive), zur Sicherstellung der Legitimität unternehmerischen Handelns (gesellschaftliche Perspektive) und zur Verringerung seiner bzw. Verhinderung weiterer Regulierung beitragen (rechtliche Perspektive). Kurz gefasst lassen sich die auf den einzelnen Beurteilungsfeldern ergebenden Zielsetzungen als Ethisierungs-, Koordinations-, Legitimierungs- sowie Deregulierungsfunktion unternehmensethischer Kodizes bezeichnen (Talaulicar 2006, 126 ff.). Dabei steht die Ethisierungsfunktion naturgemäß im Vordergrund, soweit Kodizes als unternehmensethisches Implementierungsinstrument betrachtet werden.

Themenstrukturelle Inhalte

Ethikkodizes können sich hinsichtlich ihrer themenstrukturellen Inhalte erheblich unterscheiden. Wesentliche Einflussfaktoren bilden dabei unter anderem Eigenschaften des Unternehmens wie seine Größe und Branche, aber auch Merkmale der Umwelt wie insbesondere der regulatorische Kontext, in den das Unternehmen eingebunden ist. So überlassen zwar die »Sentencing Guidelines« den Kodexinhalt weitestgehend dem Ermessen der einzelnen Unternehmen. In den Erläuterungen zu der Kotierungsregel der NYSE werden hingegen die themenstrukturellen Empfehlungen gegeben, dass der Kodex Regelungen über die Handhabung von Interessenkonflikten, den Umgang mit Geschäftschancen, die Vertraulichkeit von Unternehmensinformationen, den fairen Umgang mit Kundinnen und Kunden, Lieferanten, Wettbewerbern und Mitarbeiterinnen und Mitarbeitern, den Schutz und die angemessene Nutzung von Unternehmenseigentum, die Einhaltung rechtlicher und regulatorischer Auflagen sowie die Berichterstattung von Fällen vermuteten Fehlverhaltens enthalten sollte. Diese Empfehlungen haben in der Folge zu einer entsprechenden Anpassung und stärkeren Konvergenz der Kodexinhalte bei den Unternehmen geführt, die an der NYSE notiert sind.

Die Themenstruktur unternehmensethischer Kodizes kann unter anderem danach unterschieden werden, ob sie Verhaltensweisen im Namen des Unternehmens betreffen oder aber Verhaltensweisen, die gegen das Unternehmen gerichtet sind (Cressey/Moore 1983, 56; Mathews 1987, 114; Singh 2006, 22 ff.). Zur ersten Gruppe sind vor allem die Normen zu zählen, die sich auf die Relationen mit den verschiedenen Anspruchsgruppen des Unternehmens, Fragen der Produktsicherheit und -qualität sowie Spenden, Bestechungszahlungen oder Kickbacks beziehen, soweit sie (der Intention nach) für das Unternehmen getätigt werden. Unter der zweiten Rubrik sind insbesondere solche Regelungen zu subsumieren, die Interessenkonflikte, den Schutz vertraulicher Unternehmensinformationen, Insidergeschäfte oder die Richtigkeit von Rechenschaftslegungen (z. B. der Buchführung und Bilanzierung) zum Gegenstand haben.

Beschränkt man sich auf diese Zweiteilung, so zeigen die vorliegenden empirischen Befunde zur Themenstruktur von Ethikkodizes, dass Verhaltensweisen im Namen des Unternehmens, die aus seinen

Pflichten und Verantwortlichkeiten resultieren, tendenziell seltener vorzufinden sind. Normen über das soziale Engagement des Unternehmens für die Gemeinschaft oder Gemeinde, in die es eingebunden ist, über die Qualität und Sicherheit seiner Produkte oder Arbeits- und Beschäftigungsbedingungen wie auch die Rechte der Mitarbeiter im Allgemeinen bleiben in Kodizes häufig unerwähnt.

In der Unternehmenspraxis werden Ethikkodizes stattdessen vornehmlich zum Schutz des Unternehmens eingesetzt. Aus diesem Grund sind Regelungen über Interessenkonflikte besonders verbreitet (Cressey/Moore 1983, 58; O'Dwyer/Madden 2006, 226; Singh 2006, 21 ff.). Außerdem ist festzustellen, dass die Themenstruktur von Kodizes oft sehr legalistisch ausgerichtet ist. Der legalistische Charakter zeigt sich auch in der Auswahl der angesprochenen Sachverhalte, die zu einem Großteil bereits rechtlich reguliert sind (z. B. Bestechungszahlungen, Betrug, Diebstahl, wahrheitswidrige Rechnungslegungen oder Kartellabsprachen), wie auch in der konkreten Normierung eingeforderter Gesetzestreue. Aufgrund dieser Themenorientierung werden die Kodexadressaten bei Unklarheiten über die normierten Inhalte nicht selten an die Rechtsabteilung des Unternehmens verwiesen (Mathews 1987, 116), die entsprechend häufig die schriftliche Fassung des Kodex entwirft (Pitt/Groskaufmanis 1990, 1604) sowie die formal-organisatorische Verantwortung für den Ethikkodex trägt (Weaver/Trevino/Cochran 1999, 46).

Der legalistische Charakter unternehmerischer Kodizes muss nicht zwangsläufig implizieren, dass diese Dokumente ausschließlich defensiv ausgerichtet sind und in erster Linie illegale Handlungen vermeiden, nicht aber moralische Entscheidungen ermöglichen sollen. Die vorliegenden empirischen Befunde bieten jedoch auch keine Anhalte dafür, dass ethische Normen im Zeitablauf gegenüber einer rechtlichen Compliance-Orientierung an Gewicht gewinnen. Längsschnittvergleiche legen vielmehr die Einschätzung nahe, dass rechtliche Auflagen und Compliance-Mechanismen zur Durchsetzung der Kodexnormen die Kodexgestaltung vermehrt beeinflussen (Singh 2006; Canary/Jennings 2008).

Probleme unternehmensethischer Kodizes

Ungeachtet der beträchtlichen Vorteile und positiven Effekte, die mit den Kodizes realisierbar zu sein scheinen, finden sich ebenso sehr kritische Stimmen, die den Nutzen von Kodizes für die Implementierung einer Unternehmensethik skeptisch beurteilen. Bereits Ende der 1960er Jahre hat Fulmer (1969, 49 ff.) die nach seiner Ansicht besonders wichtigen Kritiken zusammengestellt. Demnach werden vor allem deshalb Vorbehalte gegen Kodizes laut, weil sie oft schwach (das heißt z. B. zu vage oder zu verbotslastig) formuliert sind, fragwürdige Zielsetzungen (wie reine PR-Effekte) anstreben, auf erkennbar falschen Wirkungsannahmen (wie der voraussetzungslosen Akzeptanz durch die Kodexadressaten) basieren, mit nur unzureichendem Engagement (das heißt z. B. ohne aktive Unterstützung durch das Topmanagement) implementiert werden und zu unbeabsichtigten Konsequenzen (wie Zynismus auf Seiten der Mitarbeiter/innen) führen können. Im Kern wird damit bezweifelt, dass die Normierungsziele unternehmerischer Kodizes ethisch zuträglich oder aber praktisch erreichbar sind. Ähnlich geben Jamal/Bowie (1995, 703 f.) als die drei grundlegenden Nachteile von Ethikkodizes an, dass sie lediglich wirkungslose PR-Instrumente darstellen, zum Schutz der ökonomischen Interessen des Unternehmens vor allem eigennützigen Motiven folgen oder aber insofern moralisch kontrovers zu beurteilen sind, als die kodifizierten Grundsätze nur mit den Wertvorstellungen einer Minderheit der Kodexadressaten übereinstimmen.

Analytisch lassen sich die Einwände, die gegen die ethisierende Wirkung von Kodizes vorgebracht werden, nach der jeweils dominanten Stoßrichtung der zugehörigen Argumente in normativ-ethische, emanzipatorische und deskriptiv-empirische Bedenken einteilen (Talaulicar 2006, 145 ff.). Aus normativer (oder moralphilosophischer) Perspektive wird auf die konzeptionelle und ethische Inkohärenz von Kodizes hingedeutet. Unter der Kohärenz eines Normensystems, wie es auch ein Kodex darstellt, wird dabei nicht nur seine Widerspruchsfreiheit, sondern auch seine Einheitlichkeit und Stimmigkeit verstanden. Als Ansammlungen von Normen, die den Adressaten bestimmte Handlungsweisen vorgeben, widerspreche das Wesen eines Kodex dem fundamentalen Prinzip ethischer Autonomie. Den Adressaten werde insoweit die Möglichkeit genommen, eigene moralische Urteile zu treffen, als sie schlechterdings heteronome Regeln zu befolgen haben. Die emanzipatorischen (oder machtpolitischen) Bedenken stellen gleichsam nicht unbedingt in Frage, dass Kodizes Verhaltenseffekte ausüben können. Sie fürchten jedoch, dass diese Dokumente lediglich den

Interessen der kodexsetzenden Instanz dienen (sollen) und die Belange der Unternehmensmitarbeiter entsprechend unzureichend respektieren. In deskriptiv-empirischer Hinsicht hingegen wird Kodizes vorgehalten, dass sie zur Beeinflussung menschlichen Urteilens und Handelns ungeeignet oder faktisch mit dysfunktionalen Konsequenzen verbunden, kurz also nutzlos oder sogar schädlich sind.

Diese summarischen Darlegungen machen bereits deutlich, dass die Bedenken gegen Kodizes insoweit zu differenzieren sind, als sie die Maßnahme einer Kodexetablierung entweder als prinzipiell ungeeignet ablehnen oder aber nur die praktischen Ausformungen dieses Instruments für untauglich halten, um die angestrebten Ethisierungseffekte zu erreichen. Die erste und elementare Stoßrichtung der Kritik lässt sich insoweit entkräften, als Kodizes durchaus zur Ethisierung des Unternehmensgeschehens beitragen können. Ihr Ethisierungsbeitrag richtet sich allerdings nach dem Inhalt und der Implementierung der kodifizierten Normen. Die vorgebrachten Bedenken sind bei der Kodexgestaltung daher entsprechend zu berücksichtigen, um das Ethisierungspotential von Kodizes auszuschöpfen.

Effektivität unternehmensethischer Kodizes

Empirische Studien über die Wirksamkeit von Ethikkodizes gelangen überwiegend, nicht aber einheitlich zu dem Ergebnis, dass dieses Instrument sich als hilfreich erweisen kann, um die moralische Qualität unternehmerischen Handelns zu erhöhen (vgl. O'Fallon/Butterfield 2005, 397; Talaulicar 2006, 175 ff.; Helin/Sandström 2007; Kaptein/Schwartz 2008).

Die Mehrheit der Studien betrachtet lediglich das Vorhandensein eines Unternehmenskodex und ignoriert, dass die Kodexeffektivität auch und im Besonderen von der Art des Kodex und seiner Einbindung in das Unternehmensgeschehen abhängt. In dieser Hinsicht ist immerhin gezeigt worden, dass ein Kodex z. B. dann ein umso größeres Ethisierungspotential verspricht, wenn er überzeugend kommuniziert, von den Mitarbeiterinnen und Mitarbeitern verstanden, in die Organisationskultur eingebunden und durch Sanktionen bewehrt wird. Erst vereinzelt ist schließlich untersucht worden, inwieweit die Ethisierungseffekte durch ausgewählte Merkmale des Unternehmens (z. B. das vorherrschende Ethikklima) bzw. seiner Umwelt (z. B. deren Turbulenz) und der Adressaten (z. B. ihre persönliche Moralphilosophie bzw. -ideologie) beeinflusst werden (Talaulicar 2006, 190 ff. mit weiteren Nachweisen).

Aus einer managerialen Perspektive, die den Gestaltungsaspekt in den Vordergrund rückt und das Interesse auf die praktische Nützlichkeit der empirischen Belege richtet, sind die genannten Nachweise, dass die Effektivität eines formalen Kodex tendenziell steigt, sofern die Kodexstandards wirksam vermittelt sind, von ihren Adressaten zutreffend ausgelegt werden, sich im Zusammenspiel mit den im Unternehmen informell vorherrschenden Normen als (ausreichend) konsistent erweisen und nicht ohne Konsequenzen übertreten werden dürfen, zwar verdienstvoll. Die praktische Anwendung dieser Erfolgshypothesen verlangt jedoch detailliertere Empfehlungen darüber, wie die Gestaltung und die Geltendmachung von Kodizes ausgeprägt sein sollten, damit ihre Normierungen jeweils tatsächlich wahrgenommen, nachvollzogen, in die Organisationskultur integriert und wirksam bewehrt werden.

Darüber hinaus haben es die empirischen Untersuchungen zur Kodexeffektivität bisher weitestgehend versäumt, originäre Kodexmerkmale in den Blick zu nehmen und insbesondere solche Kodexeigenschaften zu thematisieren, deren Ausprägungen ein Unternehmen gezielt und kontextabhängig sinnvoll verändern kann. Aus einer managerialen Perspektive sind den Unternehmen Gestaltungsalternativen aufzuzeigen, die sich nicht generell nach ihrer (potentiellen) Erfolgsträchtigkeit ordnen lassen, sondern sich unter unterschiedlichen Bedingungen als unterschiedlich erfolgsträchtig erweisen können. In diesem Sinne sind nur solche Optionen gestaltungsrelevant, die einer tatsächlichen Gestaltungsentscheidung des Kodexstifters bedürfen.

Typen unternehmensethischer Kodizes

Die grundlegenden Gestaltungsdimensionen unternehmensethischer Kodizes betreffen zum einen ihren Inhalt und dabei konkret die Art der Normierung und zum anderen die Art der Implementierung. (Kodex-)Normen lassen sich danach unterscheiden, ob es sich um Regeln oder um Prinzipien handelt. Demgemäß können Kodizes insoweit entweder regel- oder prinzipiengebunden sein, als die Normen regelgebundener Kodizes (»R-Codes«) entsprechend regelartig sind, während prinzipiengebundene Kodizes (»P-Codes«) hingegen aus prinzipienartigen Normen bestehen. Die zweite Gestaltungsdimension bezieht sich darauf, wie den (Ko-

Art der Normierung / Art der Geltendmachung	Regelbindung (R-Code)	Prinzipienbindung (P-Code)
Restriktionsbezogene Implementierung (RbI)	**R-Code$_{RbI}$**	**P-Code$_{RbI}$**
Präferenzbezogene Implementierung (PbI)	**R-Code$_{PbI}$**	**P-Code$_{PbI}$**

Typologie unternehmensethischer Kodizes (Quelle: Talaulicar 2006, 538)

dex-)Normen Geltung verschafft werden soll. Zur Geltendmachung dieser Normen können sich Unternehmen einer restriktions- oder einer präferenzbasierten Vorgehensweise bzw. einer Implementierungsstrategie der Sanktion oder der Persuasion bedienen. Durch Kombination dieser zwei Gestaltungsdimensionen mit ihren jeweils zwei (reinen) Ausprägungen ergeben sich insgesamt vier entsprechend verschiedene Kodextypen (s. Tabelle).

Bei dieser Typologie handelt es sich um die Bildung von Idealtypen, die in der Realität als Mischformen auftreten können und häufig auch werden. Die generischen Kodextypen werden als R- oder P-Code bezeichnet, wenn ein regel- bzw. prinzipienartiger Kodex vorliegt. Die vorherrschende Art der Geltendmachung symbolisiert ein nachgestellter Index. Der Index »RbI« markiert dabei eine restriktionsbezogene, »PbI« eine präferenzbezogene Implementierung.

Regelgebundene Kodizes: Ethikkodizes lassen sich nach der Konkretheit ihrer Normen danach einteilen, ob sie regel- oder prinzipiengebunden sind. Diese qualitative Differenzierung greift auf rechtstheoretische Vorarbeiten zurück (Dworkin 1990; Alexy 1994) und kennzeichnet Regeln als definitive Gebote, während Prinzipien die Approximation als Ideal beschriebener Zustände gebieten. Mit dieser Abgrenzung geht einher, dass sich Regeln und Prinzipien hinsichtlich ihrer Struktur, ihrer charakteristischen Form der Anwendung und ihres Kollisionsverhaltens unterscheiden.

Regelartige Normen sind definitive Gebote, da sie Problemlösungen definitiv vorgeben, die immer dann zu übernehmen sind, wenn die Anwendungsvoraussetzungen der Regel erfüllt sind. Andernfalls ist die Regel unmaßgeblich und infolgedessen für die betrachtete Problemstellung irrelevant.

Aus diesem Grund ist die kennzeichnende Form der Regelanwendung die Subsumtion. In einer praktischen Entscheidungssituation hat sich der Normadressat zu vergewissern, ob die Merkmale der konkreten Situation der allgemeinen Situationsbeschreibung der Norm entsprechen, ob also die konkreten Situationsmerkmale unter die normierten Tatbestandsvoraussetzungen zu subsumieren sind. Sind die Anwendungsbedingungen der Regel erfüllt, so legt die für den spezifischen Sachverhalt demnach gültige Regel definitiv fest, welche Handlungsweise geboten ist.

Aufgrund der Regelstruktur ist definitionslogisch ausgeschlossen, dass sich zwei gültige Regeln widersprechen und in einer konkreten Anwendungssituation unvereinbare Handlungsvorgaben machen. Sollten Regeln in einem bestimmten Kontext abweichende Konsequenzen vorschreiben, so ist der Rückgriff auf eine weitere Norm erforderlich, um festzulegen, welche der beiden Regeln vorgeht. Einer Regel könnte z.B. Vorrang zuzuerkennen sein, wenn dies entweder durch eine andere Regel bestimmt ist oder sie durch wichtigere Prinzipien gestützt wird. Diese Vorzugsregelung konstituiert einen Ausnahmetatbestand für die zurückzustellende Regel, deren Gültigkeit in der speziellen, den Konflikt ursprünglich auslösenden Situation dann aufgehoben ist.

Prinzipiengebundene Kodizes: Prinzipienartige Normen gebieten, Ideale zu approximieren. Sie lassen offen, wie weit das betreffende Ideal im Falle der Prinzipiengültigkeit zu realisieren ist. Prinzipien legen nicht eine bestimmte Entscheidung fest, sondern geben nur Gründe an, welche die Entscheidungsfindung in eine bestimmte Richtung lenken. Prinzipien haben daher eine Dimension des Gewichts oder der Bedeutung, die in die situationsspezifische Abwägung über die gebotene Lösung einer speziellen Problemstellung eingeht.

Die Anwendung von Prinzipien macht es notwendig, ihren Gegenstand auf die deskriptiven und normativen Möglichkeiten zu relativieren. Um über das konkret gebotene Ausmaß der Prinzipienrealisierung zu befinden, sind sowohl die faktischen Gegebenheiten als auch die Auflagen weiterer Normen zu berücksichtigen. Der Akteur muss dabei abwägen, inwieweit einem Prinzip unter Berücksichtigung seiner deskriptiven und normativen Begleitumstände zu folgen ist. Dieses Urteil richtet sich nach dem Gewicht, welches das Prinzip in der gegebenen Anwendungssituation besitzt.

Prinzipienkollisionen bedeuten in der Folge nicht, dass eines der beiden widerstreitenden Prinzipien durch die Konfliktlösung seine Gültigkeit verliert. Eine Bewältigung des Konflikts erfordert stattdessen, das relative Gewicht der konkurrierenden Prinzipien zu ermitteln. Diese Bestimmung ist sehr anspruchsvoll, da sich das Gewicht nicht exakt messen lässt und die Gewichtsurteile daher nicht selten kontrovers sein werden. Die Urteile sind allerdings dennoch begründungsfähig und auch begründungsbedürftig, sofern die Konfliktlösung intersubjektiv nachvollziehbar und in diesem Sinne rational erfolgen soll. Die Gewichtungsbegründungen enthalten zweckmäßigerweise Argumente über die (voraussichtlichen) Konsequenzen, die sich bei unterschiedlichen Gewichtungen in der vorliegenden Situation jeweils ergeben. Es sind somit konkret die Gewichtungen der jeweiligen Konsequenzen, die Aufschluss darüber geben, wie die konkurrierenden Prinzipien unter den speziellen Anwendungsbedingungen zu ordnen sind.

Die Strukturunterschiede von Regeln und Prinzipien haben unter anderem zur Konsequenz, dass sich Prinzipien im Normalfall über einen breiteren Anwendungsbereich erstrecken, da sie – im Unterschied zu definitiven Geboten – noch nicht auf die faktischen und normativen Möglichkeiten relativiert sind. Damit ist aber zugleich auch verbunden, dass prinzipienartige Normen eine wesentlich anspruchsvollere Form der Anwendung verlangen, da die Normadressaten die faktischen und normativen Gegebenheiten abwägen müssen, um über das gebotene Ausmaß der Normerfüllung zu entscheiden.

Prinzipien bieten demnach einerseits die Vorteile, in einer größeren Zahl von Entscheidungssituationen moralisch sensibilisieren und die jeweils zu beachtenden Bewertungskriterien substantiieren zu können. Auf der anderen Seite birgt die Abstraktheit von Prinzipien die Gefahren, dass die Kodexadressaten die moralische Relevanz einer konkreten Entscheidungssituation übersehen oder mit einer angemessenen Abwägung der Prinzipien überfordert sind. Regeln können demgegenüber sehr konkrete Vorgaben über die gebotenen Handlungsweisen machen. Ihre Anwendung ist jedoch auf den regelbasiert normierten Bereich und somit weitaus enger begrenzt. Ausschließlich regelgebundene Kodizes müssen sich daher auf die Normierung ausgewählter, besonders gravierender und definitiv regelbarer Handlungsweisen beschränken (Talaulicar 2007).

Präferenzbasierte Kodeximplementierung

Eine präferenzbezogene Implementierung kann einem Kodex dadurch Geltung verschaffen, dass nur präferenzkompatible Normen kodifiziert werden (Strategie der Partizipation), nur Mitarbeiterinnen und Mitarbeiter mit kodexkompatiblen Präferenzen rekrutiert werden (Strategie der Personalselektion) oder auf die Präferenzen der Kodexadressaten in der Weise eingewirkt wird, dass sich die normative Abweichung zwischen den individuell präferierten und den kodifizierten Normen verringert (Strategie der Persuasion).

Die ersten beiden Alternativen der Partizipation und der Personalselektion scheitern sowohl aus normativen als auch aus instrumentellen bzw. praktischen Gründen. Als eine grundlegende Implementierungsstrategie müssen sie bereits deshalb ausscheiden, weil ihre Anwendung entweder auf die Erstellung eines neuen Kodex oder die Einstellung neuer Mitarbeiter eingeschränkt ist. Unter einer präferenzbasierten Implementierung im engeren Sinne sind daher Akte der Persuasion zu verstehen. Dabei handelt es sich um Kommunikationsmaßnahmen, die zum Ziel haben, den Adressaten die Notwendigkeit und die Angemessenheit der kodifizierten Gebote authentisch zu vermitteln.

Der Erfolg der Persuasionsstrategie bestimmt sich sowohl nach kommunikations- als auch nach normenbezogenen Determinanten. Die angestrebten Persuasionseffekte lassen sich tendenziell umso eher erreichen, je stärker die Adressaten in die kodexbezogene Kommunikation eingebunden sind, je stichhaltiger sich die Kodexnormen begründen lassen und je glaubwürdiger die Kodexkommunikatoren und -setzer den Adressaten erscheinen. Überdies hängt der Persuasionserfolg davon ab, wie häufig die

Anwendungsvoraussetzungen der betreffenden Kodexnorm gegeben sind, wie komplex sich die Subsumtion der Normgültigkeit gestaltet und inwieweit die Adressaten als Nutznießer der Norm gelten können.

Eine erfolgreiche Persuasionsstrategie kann eine sehr weitreichende Kodexgeltung bewirken. Die Einsicht der Akteure in die Notwendigkeit und die Angemessenheit der Kodexnormen schafft günstige Voraussetzungen dafür, dass die Adressaten die Normen sinnvoll anwenden und sich auch in ihrem Umfeld für eine sinnvolle Anwendung des Kodex einsetzen. Allerdings können Persuasionsmaßnahmen auch scheitern, wenn die betreffende Kodexnorm grundlegenden Präferenzen des Adressaten widerspricht. Solche grundsätzlichen Konflikte sind jedoch zumindest insoweit weniger wahrscheinlich, als der Kodex sich auf die Normierung unternehmensbezogener Belange bezieht und Fragen der privaten Lebensführung unberührt lässt. Ungleich häufiger ergeben sich die Grenzen der Persuasion vor allem daraus, dass bestimmte Kodexforderungen deshalb abgelehnt werden, weil ihre Anwendung aufwendig ist und subjektive Interessen der Adressaten verletzt. Diese Grenzen sind jedoch überwindbar, wenn die Kodexnormen sich ausreichend stichhaltig begründen lassen.

Restriktionsbasierte Kodeximplementierung

Eine restriktionsbasierte Implementierung verändert den Aktionsraum der Kodexadressaten mit dem Ziel, dass sich ihnen die Einhaltung des Ethikkodex als nützlicher und seine Missachtung als weniger nützlich darstellt. Dies lässt sich dadurch erreichen, dass das Unternehmen die Normbeachtung belohnt oder die Normmissachtung bestraft. Wenngleich Belohnungen kodexkonformen Verhaltens zum Teil durchaus empfohlen werden (Stevens 2008, 607), diese ganz unterschiedlich ausgestaltet sein können und das Anreizsystem des Unternehmens mit den Anforderungen des Kodex abzustimmen ist (Coughlan 2005, 52), so sind Belohnungen dennoch unter anderem deshalb ungeeignet, die Geltung der kodifizierten Gebote zu verbessern, da sie deren Verbindlichkeit zu relativieren scheinen. Eine restriktionsbasierte Implementierung im engeren Sinne setzt daher negative Sanktionen. Diese Bestrafungen stellen einen Nachteil dar, der einem Normbrecher (dem Sanktionsobjekt) in Reaktion auf seinen Normbruch durch eine entsprechend autorisierte Instanz (das Sanktionssubjekt) intentional auferlegt wird.

Der Erfolg einer solchen Sanktionsstrategie richtet sich sowohl nach output- und prozessbezogenen Sanktionsmerkmalen als auch nach Eigenschaften der sanktionsbewehrten Kodexnormen. Die angestrebten Sanktionseffekte verlangen eine prinzipiengeleitete Abwägung der vorzusehenden und der zu verhängenden Bestrafungen, die weder allein präventiven oder retributiven Zwecksetzungen zu unterwerfen sind, noch dem Gerechtigkeitsempfinden der Akteure grundlegend widerstreiten dürfen. Im Hinblick auf die Sanktionsergebnisse betrifft dies eine angemessene Dosierung der Sanktionsstärke, der Sanktionswahrscheinlichkeit und der Sanktionsgeschwindigkeit. Das Sanktionsverfahren ist derart zu gestalten, dass die Rechte der Betroffenen geachtet,.die Beschuldigten angehört, die Beschlüsse über die gebotenen Sanktionen neutral gefasst und die Begründungen der vorgesehenen wie auch der verhängten Bestrafungen offen gelegt werden. Schließlich hat auch die Sanktionsstrategie die Präferenzkompatibilität, die Anwendungshäufigkeit und die Komplexität der Kodexnormen zu berücksichtigen, da diese Kodexeigenschaften darauf einwirken, welche Ausprägungen der sanktionsbezogenen Determinanten zweckmäßig sind.

Restriktionsbezogene Bewehrungen empfehlen sich insbesondere dann, wenn die Kodexnormen den Präferenzen der Adressaten widersprechen und andernfalls nicht beachtet werden würden. Um die Geltungschancen der Kodexnormen tatsächlich zu erhöhen und keine (noch) stärkeren Widerstände zu erregen, muss sich die Gestaltung der Sanktionsstrategie an den zuvor erläuterten ergebnis- und verfahrensbezogenen Auflagen ausrichten. Da diese Gestaltungshinweise letztlich darauf hinwirken, dass die Sanktionen als notwendig und angemessen eingesehen werden, lassen sich im Ergebnis Sanktionsbewehrungen nur solcher Kodexnormen konsistent begründen, deren Verbindlichkeit nicht willkürlich gesetzt, sondern einer rationalen Rechtfertigung zugänglich ist. Insofern schlägt die Begründung der Kodexnormen auch auf das Gelingen einer Sanktionsstrategie durch. Unzureichend begründete Kodexnormen können durch die Androhung und Vollstreckung von Strafen zwar ebenfalls weiter durchgesetzt werden. Dieser Art der Geltendmachung sind jedoch Grenzen gesetzt, da die mangelnde Einsicht in die Angemessenheit der Strafen Ablehnung hervorruft, die freiwillige Akzeptanz der Kodexnormen zurückdrängt und in der Folge die Kodexübereinstimmung immer dann unwahrscheinlich macht, wenn sie sich durch das Unternehmen nicht ausreichend eindeutig und mit vertretbarem Aufwand feststellen lässt.

Literatur

Alexy, Robert: Theorie der Grundrechte. Frankfurt a.M. [2]1994.

Brien, Andrew: Regulating Virtue: Formulating, Engendering and Enforcing Corporate Ethical Codes. In: Business & Professional Ethics Journal 15, 1 (1996), 21–52.

Canary, Heather E./Jennings, Marianne M.: Principles and Influence in Codes of Ethics: A Centering Resonance Analysis Comparing Pre- and Post-Sarbanes-Oxley Codes of Ethics. In: Journal of Business Ethics 80 (2008), 263–278.

Cassell, Cathy/Johnson, Phil/Smith, Ken: Opening the Black Box: Corporate Codes of Ethics in Their Organizational Context. In: Journal of Business Ethics 16 (1997), 1077–1093.

Center for Business Ethics: Instilling Ethical Values in Large Corporations. In: Journal of Business Ethics 11 (1992), 863–867.

Coughlan, Richard: Codes, Values and Justifications in the Ethical Decision-Making Process. In: Journal of Business Ethics 59 (2005), 45–53.

Cressey, Donald R./Moore, Charles A.: Managerial Values and Corporate Codes of Ethics. In: California Management Review 25, 4 (1983), 53–77.

Dworkin, Ronald: Bürgerrechte ernstgenommen. Frankfurt a.M. 1990.

Farrell, Brian J./Cobbin, Deirdre M.: A Content Analysis of Codes of Ethics from Fifty-seven National Accounting Organisations. In: Business Ethics – A European Review 9 (2000), 180–190.

Fulmer, Robert M.: Ethical Codes for Business. In: Personnel Administration (May-June 1969), 49–57.

Helin, Sven/Sandström, Johan: An Inquiry into the Study of Corporate Codes of Ethics. In: Journal of Business Ethics 75 (2007), 253–271.

Jamal, Karim/Bowie, Norman E.: Theoretical Considerations for a Meaningful Code of Professional Ethics. In: Journal of Business Ethics 14 (1995), 703–714.

Kaptein, Muel/Schwartz, Mark S.: The Effectiveness of Business Codes: A Critical Examination of Existing Studies and the Development of an Integrated Model. In: Journal of Business Ethics 77 (2008), 111–127.

Kaptein, Muel/Wempe, Johan: The Balanced Company. A Theory of Corporate Integrity. Oxford 2002.

Mathews, M. Cash: Codes of Ethics: Organizational Behavior and Misbehavior. In: Research in Corporate Social Performance and Policy 9 (1987), 107–130.

Murphy, Patrick E.: Developing, Communicating and Promoting Corporate Ethics Statements: A Longitudinal Analysis. In: Journal of Business Ethics 62 (2005), 183–189.

O'Dwyer, Brendan/Madden, Grainne: Ethical Codes of Conduct in Irish Companies: A Survey of Code Content and Enforcement Procedures. In: Journal of Business Ethics 63 (2006), 217–236.

O'Fallon, Michael J./Butterfield, Kenneth D.: A Review of the Empirical Ethical Decision-Making Literature: 1996–2003. In: Journal of Business Ethics 59 (2005), 375–413.

Pitt, Harvey L./Groskaufmanis, Karl A.: Minimizing Corporate Civil and Criminal Liability: A Second Look at Corporate Codes of Ethics. In: Georgetown Law Review 78 (1990), 1559–1654.

Singh, Jang B.: A Comparison of the Contents of the Codes of Ethics of Canada's Largest Corporations in 1992 and 2003. In: Journal of Business Ethics 64 (2006), 17–29.

Stevens, Betsy: Corporate Ethical Codes: Effective Instruments for Influencing Behavior. In: Journal of Business Ethics 78 (2008), 601–609.

Talaulicar, Till: Unternehmenskodizes: Typen und Normierungsstrategien zur Implementierung einer Unternehmensethik. Wiesbaden 2006.

–: Normierungsansätze unternehmensethischer Kodizes. In: Schmalenbachs Zeitschrift für betriebswirtschaftliche Forschung 59. Jg. (2007), 752–774.

Weaver, Gary R.: Does Ethics Codes Design Matter? Effects of Ethics Code Rationales and Sanctions on Recipients' Justice Perceptions and Content Recall. In: Journal of Business Ethics 14 (1995), 367–385.

– /Treviño, Linda Klebe/Cochran, Philip L.: Corporate Ethics Programs as Control Systems: Influences of Executive Commitment and Environmental Factors. In: Academy Management Journal 42 (1999), 41–57.

Till Talaulicar

2. Whistleblowing

Definition

Ein Whistleblower ist jemand, der Missstände innerhalb seiner Abteilung oder seiner Organisation an Personen oder Instanzen außerhalb dieser Abteilung oder Organisation berichtet und damit formal die Kommunikationsstrukturen seiner Organisation verlässt. Im Allgemeinen fühlt sich der Whistleblower dazu durch sein Gewissen veranlasst. Für die Entscheidung, sich an andere Stellen zu wenden, stellt der Whistleblower moralische Motive über die der organisationalen Rationalität.

Die Absicht des Whistleblowers ist es, Missstände innerhalb der eigenen Organisation abzustellen oder Gefahr für Dritte abzuwenden. Bei diesen abzustellenden Missständen innerhalb der Organisation kann es sich sowohl um Gesetzesverstöße handeln, wie z.B. Korruption oder Bilanzfälschung, als auch um sozial oder moralisch bedenkliche Handlungen, wie etwa legaler Datenhandel, Irreführung von Kunden oder Umgehung von Umweltschutzstandards oder Arbeitssicherheitsbestimmungen durch Betriebsstättenauslagerungen in Länder mit weniger restriktiven Vorschriften. Auch ohne das Vorliegen einer konkreten Handlung kann der Whistleblower sich veranlasst sehen, die Öffentlichkeit zu informieren, z.B. bei einer latenten Gefährdung einzelner Personen oder der Öffentlichkeit. Der Druck, den der Whistleblower hervorrufen will, kann entsprechend gesetzlich, medial oder durch die kritische Öffentlichkeit ausgeübt werden.

Whistleblowing ist ein Prozess organisationellen Ungehorsams, der für den Whistleblower und für die Organisation ähnliche Bedeutung hat wie der des zivilen Ungehorsams für den Staat. Es handelt sich um ein rein empirisches Phänomen, es gibt zahlreiche Fälle von Whistleblowing, die extensiv analysiert und beschrieben worden sind.

Obwohl Whistleblowing in jeder beliebigen Organisation vorkommen könnte, zeigen empirische Studien, dass es vor allem in großen formalen Organisationen mit deutlichen Hierarchien und arbeitsteiligen Strukturen vorkommt. Whistleblowing ist dabei nicht auf produzierende Organisationen oder Wirtschaftsunternehmen beschränkt, sondern kann ebenso in Non-Profit-Organisationen oder Verwaltungen und Regierungsorganisationen vorkommen.

Whistleblowing kann namentlich oder anonym geschehen. Der Unterschied zwischen beiden Vorgehensweisen besteht in erster Linie darin, dass der anonyme Whistleblower seinen Namen nicht preisgibt; ein zweiter wichtiger Unterschied ist, dass, sofern seine Identität nicht aufgedeckt wird, der anonyme Whistleblower von Reaktionen der Organisation wie z.B. Kündigung oder informeller Benachteiligung verschont bleibt (vgl. u.a. Leisinger 2003, 90 ff.).

Der bislang aktuellste große Fall zeigt exemplarisch, worum es sich beim Whistleblowing handelt: Durch einen anonymen Whistleblower gelangten Informationen an die rheinische Presse, denen zufolge die Düsseldorfer Staatskanzlei eine Video-Überwachung der Spitzenkandidatin der Oppositionspartei angeordnet haben sollte. Zwar herrscht politischer Streit darüber, ob die Video-Überwachung tatsächlich illegal ist und ob es sich bei dieser Handlung um eine illegale Vermischung von Amts- und Parteiinteressen handelt. Jedoch sieht sich die Staatskanzlei nun als Opfer des Whistleblowing und versucht, den Whistleblower ausfindig zu machen und entsprechend zu strafen.

Ursachen

Wie für viele Begriffe im Bereich Organisationswissenschaften und Wirtschaftsethik hat sich auch für den Begriff des ›Whistleblowing‹ der englische Ausdruck etabliert, statt der wörtlichen Übersetzung ›Verpfeifen‹ oder der inhaltlich adäquaten Übersetzung ›Verpetzen‹. Das liegt daran, dass beide deutschen Begriffe eher einer kindlichen Sprache zugeschrieben werden und negativ belegt sind. Denn Kinder lernen, man solle niemanden verpetzen, weil dies auf eine Schwäche hinweist und auf die Unfähigkeit, Probleme zu besprechen und zu lösen. Tatsächlich beschreibt das Whistleblowing genau diesen Sachverhalt, jedoch in einem organisationalen Kontext: Ein Mitglied einer Organisation hat einen Konflikt mit einer anderen Person oder Personengruppe innerhalb der Organisation, im Allgemeinen mit einem Vorgesetzten oder einem Management-Team, und wendet sich an eine andere Person oder Instanz innerhalb oder außerhalb der Organisation, um auf ein Problem hinzuweisen, das für Außenstehende relevant ist und das der betreffende Mitarbeiter nicht innerhalb der gegebenen organisationalen Strukturen zu lösen imstande ist. Je nachdem, ob der/die Mitarbeiter/in den Konflikt innerhalb oder außerhalb der Organisation zu besprechen oder lösen sucht, sprechen wir von *internem* oder *externem*

Whistleblowing (vgl. u. a. Weiss 1994). Beide Formen werden zumeist für unterschiedliche Arten von Konflikten verwendet.

Konfliktpotentiale innerhalb von Organisationen ergeben sich, da mehrere Menschen mit verschiedenen Einsichten, Funktionen, Interessen und Überzeugungen und aus unterschiedlichen Abteilungen und Kulturen vielfach zu divergierenden Einschätzungen von Situationen gelangen können, unterschiedliche Vorstellungen über Problemlösungen haben und Entscheidungen unterschiedlich bewerten. Organisationen verwenden strukturelle und prozedurale Standards, um diese Konflikte im Interesse des Unternehmens zu lösen. Der wichtigste dieser Standards ist die Einführung von Hierarchien, durch die einer Person oder Gruppe Entscheidungsbefugnisse innerhalb des jeweiligen Kompetenz- und Aufgabenbereichs zugeschrieben werden. Auch demokratische Prozesse, wie Abstimmungen mit Mehrheitsentscheidungen oder Konsensprinzipien finden Anwendung. Entscheidungsbefugnisse und Hierarchien erzeugen Macht, und diese Macht ist organisationell notwendig, um effiziente Entscheidungen zu ermöglichen und Entscheidungsprozesse zu vereinfachen und zu beschleunigen. Es ist im Interesse der Organisationen und der Mitarbeiterinnen und Mitarbeiter, dass Manager ihre Macht und ihre Kompetenz dazu nutzen, um z. B. ihre Abteilung zu leiten, Teilverantwortlichkeiten zu delegieren oder Entscheidungen über Produktionsverfahren, Produktlinien oder Personalpolitik und individuelle Karrieren zu treffen. Partiell kann damit immer wieder gegen die Unternehmens- oder Personalinteressen verstoßen werden, ohne dass deren Ziele langfristig gefährdet werden. So ist es möglich, dass ein Manager aus Sympathiegründen einen Mitarbeiter fördert und ihm Kompetenzen zuschreibt und zuweist, obwohl ein anderer Mitarbeiter besser qualifiziert oder geeigneter wäre. Im Allgemeinen werden solche Arten des Machtmissbrauchs wenig Aufmerksamkeit erregen, insbesondere, wenn ein Abteilungsleiter seine Abteilung insgesamt erfolgreich leitet. Zwar handelt es sich in diesem Beispiel um eine Ungerechtigkeit und ein benachteiligter Mitarbeiter hat generell die Möglichkeit, dies zu besprechen und eventuell eine Änderung des Verhaltens des Vorgesetzten zu erwirken. Allerdings geschieht dies alles innerhalb der Strukturen und entsprechend der Protokolle der Organisation. Mit anderen Worten: Auch wenn eine Entscheidung objektiv als ungerecht bewertet werden kann, muss sie deshalb nicht rechts- oder regelwidrig sein. Und gerade deshalb, weil die Betrachtung einer Situation aus verschiedenen Perspektiven zu unterschiedlichen Ergebnissen führen kann, kann es in Organisationen zu Auseinandersetzung und Streit kommen, aber idealiter auch die Beilegung eines Streites organisationsintern und unter Einbeziehung verschiedener Beteiligter in den Lösungsprozess stattfinden.

Völlig unterschiedlich ist die Situation zu bewerten, wenn ein Regelverstoß vorliegt oder von einer Handlung oder Entscheidung eine Bedrohung oder Gefahr für Mitarbeiter oder Außenstehende ausgeht. Ist eine entsprechende Entscheidung gefallen oder eine Handlung vollzogen, verschieben sich organisationale Konflikte zu personen-internen und häufig moralischen Konflikten. Zwar ist der organisationale Konflikt formell dadurch aufgelöst, dass eine Entscheidung getroffen wurde, die hierarchisch abgesichert ist und damit der formal-organisationalen Rationalität entspricht. Gleichzeitig aber entsteht für diejenige Person, die den Vorgang beobachtet oder erlebt und als moralisch verwerflich erkennt und zudem bezweifelt, dass der Vorgang rechtmäßig ist, nun ein moralischer Konflikt, der scheinbar nicht mehr innerhalb der Organisation gelöst werden kann. Erschwert wird die Lösung des Problems dadurch, dass die betreffende Person, die nun eine Lösung außerhalb des Unternehmens sucht, andererseits durch ihren Arbeitsvertrag und ihren psychologischen Vertrag mit der Organisation und den Kollegen zu Loyalität und vielfach auch zur Geheimhaltung verpflichtet ist.

Beim internen Whistleblowing, d. h. der Berichterstattung an betriebsinterne Kanäle, geht es vielfach um Reaktionen auf Machtsmissbrauch von Vorgesetzten gegenüber Mitarbeitern, z. B. in Form von Mobbing oder sexuellen Aufdringlichkeiten. Hier sind sowohl Fälle bekannt, in denen sich der Genötigte selbst über seinen Vorgesetzten beschwert als auch Fälle, in denen dies ein anderer Mitarbeiter tut, der seinen Kollegen vor dem Machtsmissbrauch in Schutz nehmen möchte. Internes Whistleblowing wird zudem auch in Fällen beschrieben, in denen es innerhalb einer Abteilung zu Handlungen kommt, durch die ein Kunde, Patient oder sonstiger Beteiligter gefährdet oder geschädigt wird oder ein höheres Recht verletzt wird.

Findet ein solches Verhalten jedoch systematisch statt und wird es durch die Leitung der Organisation nicht sanktioniert oder gar gedeckt, gefördert und honoriert oder ist die oberste Führungsebene einer

Organisation an den als illegitim empfundenen Praktiken beteiligt, wird sich der Whistleblower an die Öffentlichkeit, die Medien oder die Gerichtsbarkeit wenden müssen, um hierdurch eine Verhaltensänderung bei den Beteiligten herbeizuführen oder die Gefährdung Dritter abzuwenden. Gute Gründe, sich an die Öffentlichkeit zu wenden sind zum Beispiel das systematische Ausspionieren von Mitarbeitern, Buchhaltungsbetrug sowie das Lancieren unsicherer oder gefährlicher Produkte.

Bestimmte Organisationen sind häufiger Ziele eines externen Whistleblowing; betroffen sind vor allem große formale Organisationen mit guter Reputation und schlechtem Management, schlechten Kommunikationsstrukturen und Unternehmen bestimmter Branchen, wie etwa Gesundheitssektor oder Verteidigungsindustrie (vgl. Bowen et al. 2009).

Faktoren

Man kann nicht ohne weiteres das Charakterbild eines Whistleblowers zeichnen. Tatsächlich sind die Ergebnisse aus wissenschaftlichen Studien zu divers und uneinheitlich, als dass man eine Aussage über typische Charakterzüge und soziologische Merkmale eines Whistleblowers treffen könnte. Auch die Merkmale, über die man statistische Aussagen treffen kann, sind vielfach wenig aussagekräftig, wie z. B. das Ergebnis, dass Männer signifikant aber nur ein wenig mehr zum Whistleblowing neigen als Frauen (Miceli et al. 2008). Allerdings ist aus untersuchten Fällen bekannt, dass Whistleblower im Allgemeinen bestimmte organisationale und situationale Merkmale gemeinsam haben: Der Whistleblower ist oder war Mitglied derjenigen Abteilung oder Organisation, innerhalb derer das Unrecht geschieht oder von der die Gefahr ausgeht. Der Whistleblower ist nicht selbst direkt von der Handlung betroffen oder benachteiligt. Eine Ausnahme hierfür stellt das Whistleblowing nach sexuellen Aufdringlichkeiten dar, nach denen sich vor allem die Betroffenen selbst beschweren. Der Whistleblower handelt in der Regel nicht aus egoistischen Motiven oder gar mit dem Vorsatz, sich zu bereichern. Auch ist es nicht seine Absicht, sein Unternehmen zu schädigen. Vielmehr will er erreichen, dass der entsprechende Missstand behoben wird, das Unternehmen seine Handlungsweise ändert oder die Gefahr gebannt wird. Zu seiner Handlung zusätzlich angetrieben wird er häufig dadurch, dass es seine moralische Überzeugung ist, über einen Missstand aufklären zu müssen, Transparenz zu schaffen und offene Kommunikation zu pflegen. Die moralische Beurteilung bezieht sich dann nicht in erster Linie auf die Handlung selbst, über die die Öffentlichkeit informiert werden soll, sondern auf die Tatsache, dass sie verschwiegen wird. Diese Überzeugung kann aber auch einem stark antrainierten moralischen Empfinden entspringen und bedeutet nicht zwingend, dass der Whistleblower auch in der Lage ist, die Situation in ihrer moralischen Bedeutung ausreichend einzuschätzen. Auch Religiosität scheint für die Wahrscheinlichkeit, dass sich ein Mitarbeiter zu Whistleblowing entscheidet, keine Rolle zu spielen. Ein Whistleblower hat jedoch das Interesse, die Allgemeinheit oder die potentiell Betroffenen zu schützen.

Der Whistleblower hat zudem im Allgemeinen ein höheres Ausbildungsniveau sowie eine Position innerhalb der Organisation, die ihm einige Macht sowie den notwendigen Zugang zu relevanten Informationen verschafft. Jedoch verfügt er nicht über ausreichend Macht innerhalb der Abteilung oder Organisation, um die strittige Entscheidung oder Handlung zu ändern.

Auf der Grundlage der bekannten Fälle lässt sich zusammenfassend sagen, dass man nicht voraussagen kann, ob ein Mitarbeiter wahrscheinlich ein Whistleblower werden könnte oder nicht. Jeder konnte es werden, aber die wenigsten werden es tatsächlich.

Jedoch lässt sich ebenfalls aus Fallstudien ableiten, dass Mitarbeiter eher zu Whistleblowing neigen, wenn ein organisationales Fehlverhalten besonders schwerwiegend ist oder häufig wiederholt wird oder wenn es von Entscheidungsträgern, die eine hohe hierarchische Position innehaben, verübt wird. Ebenfalls förderlich für die Bereitschaft von Mitarbeitern, Fehlverhalten nach Außen zu melden, ist ein Unternehmensklima, dass durch eine hohe allgemeine Akzeptanz von Fehlverhalten gekennzeichnet ist. Einige Studien deuten zudem an, dass Whistleblowing in Organisationen, die allgemein gute Programme für verantwortliches Management haben, seltener auftritt (Miceli et al. 2008).

Es ist anzunehmen, dass eine Reihe von gesellschaftlichen Faktoren die Bereitschaft zum Whistleblowing beeinflusst. Zwar gibt es Fallbeispiele für Whistleblowing aus allen Kontinenten, aber westliche Länder und Organisationen sind darin – wie in der gesamten Organisations- und CSR-Literatur – überrepräsentiert. Einige Studien legen die Vermutung nahe, dass innerhalb von Kulturen mit strikteren Hierarchien Mitarbeiter seltener zum Whistleblowing bereit sind; innerhalb von Gesellschaften, in denen Moral und Wirtschaftethik als wichtig angesehen werden, tritt es hingegen häufiger auf (Tavakoli et al. 2003).

Prozess

Prozesse des Whistleblowing verlaufen in einer großen Vielzahl der bekannten Fälle ähnlich ab. Zwar sind gerade einige der spektakulärsten Fälle Ausnahmen, aber die Mehrheit der Fälle hat große Gemeinsamkeiten (vgl. Near et al. 1985):

Der spätere Whistleblower erlebt oder beobachtet eine Handlung, mit der er zumeist aus moralischen Gründen nicht einverstanden ist. Hier setzt der erste relevante Entscheidungsprozess ein, der sich mit der grundsätzlichen Frage beschäftigt, ob die intuitive Beurteilung einer Prüfung standhält und ob es sich um ein objektiv falsches Verhalten handelt. Nun wird der spätere Whistleblower zunächst versuchen, das Verhalten und die Missstände abteilungs- oder unternehmensintern zu besprechen und zu lösen. Hat er damit keinen Erfolg, tritt er in die zweite Entscheidungsfindungsphase.

In dieser Phase entscheidet sich der spätere Whistleblower, ob das Fehlverhalten so schwerwiegend ist, dass ein Außenstehender darüber informiert werden müsste. In dieser Phase ist der potenzielle Whistleblower einem zweifachen Druck ausgesetzt: Zum einen belastet ihn der interne Konflikt zwischen der Loyalität gegenüber Organisation und Kollegen einerseits und seinem Gewissen und der Verpflichtung gegenüber der Gesellschaft andererseits. Zum zweiten ist der künftige Whistleblower auch weiteren positiven oder negativen Anreizen ausgesetzt, die es ihm erschweren, sich hinter die entsprechende Entscheidung oder Handlung zu stellen. Ein negativer Anreiz ist vielfach die Androhung der Kündigung, die vor allem für Väter und Mütter oftmals mit der Infragestellung der finanziellen Sicherheit der Familie einhergeht. Ein positiver Anreiz besteht vielfach darin, den späteren Whistleblower mit Karriereaussichten und Beteiligungen zum Mitwisser und Mittäter zu machen. Diese Entscheidungsfindung ist ein langfristiger Prozess, der häufig emotional eine große Belastung für den Entscheidungsträger darstellt, währenddessen er sich auch häufig von seiner Organisation oder Abteilung distanziert und nicht selten kündigt oder gekündigt wird.

Entscheidet sich der Whistleblower, über ein Unrecht oder eine Gefahr öffentlich zu berichten, ist die eigentliche Tat des Whistleblowings relativ kurz und besteht in einem Brief, der an die Medien oder Gerichtsbarkeiten geschickt wird oder einer mündlichen Beschwerde bei einer der für zuständig erachteten Stellen.

Danach ist der Whistleblower kein Entscheidungsträger mehr und hat im Allgemeinen wenig Einfluss auf den weiteren Prozessverlauf. Die nächste Entscheidung, die nun getroffen wird, richtet sich auf denjenigen oder diejenige Organisation, deren Fehlverhalten der Whistleblower berichtet hat. Die entsprechende Stelle wird nun ihrerseits zu prüfen haben, ob sie zuständig ist, ob es sich um ein Fehlverhalten handelt und ob, wie und durch wen dieses Fehlverhalten sanktioniert werden muss. Gleichzeitig setzt auch bei derjenigen Person oder Organisation, über deren Fehlverhalten berichtet wurde, ein Entscheidungsprozess ein, ob man das Fehlverhalten ändern kann.

Fällt dieser Entscheidungsprozess so aus, dass auch hier das Fehlverhalten verurteilt wird, beginnt die Phase des Sanktionierens. Inhaltlich, nicht prozedural, ist hier zwischen internem und externem Whistleblowing zu unterscheiden. Bei internem Whistleblowing werden bei der Beurteilung in erster Linie organisationale Beurteilungskriterien und Interventionsmethoden angewendet, also Abmahnungen, Entlassungen und eventuelle Umstrukturierungen. Beim externen Whistleblowing werden juristische Methoden angewendet, dazu kommen häufig Reaktionen der kritischen Öffentlichkeit, z. B. der Boykott von Produkten oder Dienstleistungen der betreffenden Organisation.

Der letzte Entscheidungsprozess findet ebenfalls sowohl in der Organisation oder Abteilung als auch außerhalb statt und ist auf den weiteren Umgang mit dem Whistleblower gerichtet. Auch hier ist wieder zwischen internem und externem Whistleblowing zu unterscheiden. Im ersten Fall stehen der Organisation organisationale Mittel zum Umgang mit dem Whistleblower zur Verfügung, also z. B. Beförderung oder Entlassung, um die beiden Extreme zu nennen. Beim externen Whistleblowing ist zu unterscheiden zwischen dem öffentlichen Umgang mit dem Whistleblower und dem organisationalen Umgang. Juristisch ist der Whistleblower ein Zeuge der Anklage. Öffentlich kann er entweder ein Held sein oder ein Verräter. Dies hängt letztlich davon ab, wie die Gesellschaft das berichtete Fehlverhalten einerseits und das Verhalten des Whistleblowers andererseits einschätzt. Für den organisationalen Umgang nach externem Whistleblowing stehen im Prinzip die gleichen Mittel zur Verfügung wie nach internem Whistleblowing. Allerdings ist in vielen Fällen das Verhältnis zwischen Organisation und Whistleblower so nachhaltig gestört, dass die Zusammenarbeit nicht mehr fortgesetzt werden kann.

In vielen Fällen zeigt sich zudem, dass der Prozess einen anderen Verlauf nehmen kann als den formaljuristischen oder als den durch den Whistleblower beabsichtigten. Sobald der Missstand in weiteren Kreisen bekannt ist, nehmen vielfach andere Organe Einfluss auf das weitere Geschehen, wie z. B. Medien oder Politiker, die vielfach andere Interessen verfolgen als der Whistleblower (vgl. Löhr 2001).

Folgen

Betrachtet man die Folgen von Whistleblowing ist es sinnvoll, zwischen direkten und indirekten Folgen zu unterscheiden: Direkte Folgen sind diejenigen Folgen, die sich direkt auf denjenigen beziehen, über dessen Verhalten der Whistleblower berichtet. Indirekte Folgen sind die Folgen für den Whistleblower.

Die wichtigste Zielsetzung von Whistleblowern ist es, das Fehlverhalten der Organisation zu verändern, zu sanktionieren und Dritte zu schützen. Eine wichtige Frage im Hinblick auf Whistleblowing richtet sich demnach auch auf die Effektivität der Maßnahme (Miceli et al. 2008). Wünschenswert für den Whistleblower, die Gesellschaft und die betreffende Organisation wäre es, wenn es so gelänge, Fehlverhalten rechtzeitig zu erkennen und problematische Verhaltensweisen zu ändern, bestehende Gefährdungen zu entschärfen und Betroffene gerecht zu entschädigen. Zudem ist eine Bestrafung des Verantwortlichen in organisationaler oder juridischer Form denkbar, also eine Entlassung oder Degradierung einerseits oder eine Strafzahlung oder Haftstrafe andererseits. Dies würde dazu beitragen, dass der Verantwortliche sein Verhalten nicht wiederholen kann.

Ein weiterer wichtiger Aspekt effektiven Whistleblowings bezieht sich auf die indirekten Folgen und damit auf die Position des Whistleblowers nach seinem Schritt in die Öffentlichkeit. Zwar ist einiges über die Effektivität von Whistleblowing aus einzelnen Fallbeispielen bekannt, allerdings bisher wenig systematisch aufbereitet. Hier herrscht weiterhin Forschungsbedarf, insbesondere im Hinblick auf die Gestaltung jener Bedingungen und Faktoren, die Whistleblowing zum Nutzen der Gesellschaft und der Unternehmen wirksam werden lassen und so letztlich auch den Schaden für den einzelnen Whistleblower begrenzen (Miceli et al. 2008).

Man kann davon ausgehen, dass Whistleblowing dem betreffenden Unternehmen zumindest kurzfristig vor allem in finanzieller Hinsicht schadet. Wenn ein Fall von Whistleblowing bekannt wird, fallen die Aktienkurse börsennotierter Unternehmen. Zudem zieht ein Fall von Whistleblowing häufig Gerichtsprozesse und damit Rechtskosten nach sich. Auch ist häufig zu beobachten, dass Organisationen nach einem Fall von Whistleblowing zu Umstrukturierungen genötigt sind und mitunter auch der Vorstand ausgetauscht werden muss (Bowen et al. 2009).

Whistleblower selbst sind nach dem Prozess zumeist schlechter gestellt, was ihre berufliche und finanzielle Situation angeht. Dennoch und dies ist auch ein wichtiger Indikator, geben mehr als 90 % der Whistleblower an, dass sie in einem vergleichbaren Fall wieder so handeln würden (Soeken/Soeken 1987).

Bewertung

Den meisten Whistleblowing-Prozessen liegt eine tiefe moralische Grundhaltung zugrunde, die gepaart mit Standfestigkeit und Charakterstärke dazu führt, dass sich der Whistleblower entscheidet, in erster Linie seinem Gewissen zu folgen und nicht den organisationellen Sachzwängen. In der Konsequenz wendet er Schaden von der Gesellschaft, von einzelnen Personen und eventuell auch der eigenen Organisation oder Abteilung ab. Insbesondere große formale Organisationen erweisen sich dabei aufgrund ihrer Größe und Strukturen als dermaßen unübersichtlich, dass sie auf Warnhinweise angewiesen sind, um Fehlverhalten organisational erkennen zu können. Whistleblower stellen insofern eine personale Ergänzung organisationaler Kontrollstrukturen und -prozesse dar, die naturgegeben systematisch immer unvollständig sind (vgl. Miethe 1999). Vor allem Manager, die eine zu geringe Einsicht in die organisationale Komplexität haben oder die eigene Fähigkeit zu kontrollieren überschätzen, bewerten Whistleblowing negativ. Gleiches gilt für Manager, die sich unbeobachtet sozialschädlich verhalten wollen, wenn auch aus anderen Gründen. Grundsätzlich jedoch beruht dieses Negativbild auf einer Fehleinschätzung und auf der Furcht, dass Whistleblowing mögliche Mängel im Management und in den Kommunikationsstrukturen öffentlich macht. Whistleblower setzen ihre Fähigkeiten, Kenntnisse und ihre Einsicht und Zivilcourage für das Unternehmen und die Gesellschaft ein. Zudem ist es für eine Organisation im Allgemeinen langfristig vorteilhaft, sich gesetzeskonform und moralisch unzweifelhaft zu verhalten (van Beurden/Gössling 2008). Neben der höheren Marktakzeptanz können bei moralischen Unternehmen auch eine größere Motivation der Mitarbeiter, weniger interne Konflikte und eine größere Attraktivität auf dem Arbeitsmarkt beobachtet werden. Trägt ein Whistleblower also dazu bei, dass illegales oder unmoralisches Verhalten eingestellt oder korrigiert wird, trägt er damit zur Legitimität, Viabilität und Effizienz der Organisation bei.

Generell ist das Whistleblowing damit positiv zu bewerten. Allerdings kann ein Whistleblower der eigenen Abteilung oder Organisation durchaus Schaden zufügen, wenn das Unternehmen infolge seiner Veröffentlichungen einer öffentlichen medialen oder strafrechtlichen Verfolgung ausgesetzt ist. Jedoch ist diese Bewertung relativ, da es sich um den Vergleich mit einer Situation handelt, in der sich die Akteure des Unternehmens unentdeckt und damit straffrei illegal oder unmoralisch verhalten können. Darüber hinaus besteht mindestens latent die Gefahr, dass Whistleblowing ungerechtfertigte Weise geschieht, sei es aufgrund von Informationsdefiziten oder Fehleinschätzung des tatsächlichen Sachverhalts oder aufgrund persönlicher Motive, wie Rache oder der Wunsch, die eigene Karriere durch Verleumdung unliebsamer Konkurrenten zu fördern. Empirisch hängt die tatsächliche Bewertung des Whistleblowing also entscheidend von der eingenommenen Perspektive des Beurteilenden und von den Folgen ab, die dem Whistleblowing zugeschrieben werden. Unterschiedliche Fallbeispiele zeigen, dass Whistleblower vielfach ihren Arbeitsplatz verlieren, sich langfristig ihre Karriere verderben und wenig soziale Anerkennung oder gar Wiedergutmachung durch die Gesellschaft erfahren.

Eine frühe amerikanische Studie zeigt, dass von 87 befragten Whistleblowern 86 Repressalien erfahren haben (Soeken/Soeken 1987) Zwar gibt es auch hier Ausnahmen. Auch existieren zahlreiche Initiativen und politische Bestrebungen, dies zu ändern. Dennoch ist die Stigmatisierung von Whistleblowern in der Öffentlichkeit als Verräter mindestens im deutschsprachigen Raum derzeit noch weit verbreitet. Dies belegen auch die unterschiedlichen gesetzlichen Bestimmungen im englischen und deutschen Sprachraum, die zum Schutz potenzieller Whistleblower erlassen wurden.

Gesetzliche und rechtliche Situation

In den USA und Großbritannien gibt es umfassende Gesetze, die Whistleblower schützen. In den USA wird der erste Zusatzartikel der Verfassung, der freie Meinungsäußerung zusichert, für Angestellte von öffentlichen Organisationen auch auf Whistleblowing angewendet. Zudem regelt eine Vielzahl verschiedener Bundes- und Bundestaaten-Gesetze den Schutz der Whistleblower. Dazu gehören der Whistleblower-Protection-Act, der Angestellte von Regierungsorganisationen vor formellen Sanktionen durch die Organisation schützt sowie der Sarbanes-Oxley-Act, der sich auf Unregelmäßigkeiten in der Rechnungslegung börsennotierter Unternehmen bezieht und der in alle Aktionen, die sich gegen einen Whistleblower richten, unter Strafe stellt. Damit sind in den USA auf Bundesebene formell alle Angestellten von Regierungsorganisationen und börsennotierten Unternehmen gegen Repressalien als Reaktion auf Whistleblowing abgesichert. Auf der Ebene einzelner Bundesstaaten, z. B. New Jersey und Kalifornien, bestehen zusätzlich Gesetze, die auch Whistleblower in allen übrigen Organisationen schützen.

In Großbritannien ist die Gesetzeslage einheitlicher und umfassender. Hier gibt es seit 2003 den Public Interest Disclosure Act, der Mitarbeiterinnen und Mitarbeiter aller Organisationen gegen formelle Repressalien schützt, wenn sie sich wegen Gesetzesverstößen oder der Gefährdung von Personen oder der Umwelt an die Öffentlichkeit oder entsprechende Instanzen wendet. Das britische Gesetz ist von Südafrika und den Niederlanden übernommen und von der OECD gezeichnet worden.

Auf internationaler Ebene schreibt die Anti-Korruptionskonvention UNCAC anonyme Anlaufstellen für Whistleblower vor, die Korruption offenlegen. Ein Schutz der Whistleblower ist allerdings nicht rechtsverbindlich vorgeschrieben. Hingegen schreibt Art. 9 der Europäischen Zivilrechtskonvention verbindlich vor, dass Whistleblowing im Fall von Korruptionsverdacht legal ist.

Die Schweiz hat diese Konvention ratifiziert und zudem mit der Motion Gysin ein Bundesgesetz verabschiedet, das ebenfalls für Whistleblowing in Korruptionsfällen gilt und Whistleblower vor Kündigungen und anderen Formen der Diskriminierung schützt.

In Deutschland hingegen gibt es bislang kein entsprechendes Gesetz. Lediglich Beamte dürfen sich bei bestimmten, klar abgegrenzten Verdachtsfällen direkt an die Staatsanwaltschaft wenden. Whistleblower können allenfalls unter das allgemeine Zeugenschutz-Programm fallen und Polizeischutz oder eine neue Identität beantragen. Das Verständnis, dass es sich beim Whistleblowing um eine Form organisationalen Ungehorsams handelt, das positiv zu bewerten ist, hat sich bisher weder in der Politik, noch in der Rechtssprechung durchgesetzt.

Bedeutung für das Management

Ein Fall von Whistleblowing bedeutet für das Management zunächst einmal drei Dinge: Erstens, dass die Organisation nun ein akutes Problem hat, mit dem sich das Management beschäftigen muss. Zweitens deutet Whistleblowing deutlich darauf hin, dass Management und Organisationsstruktur sowie -kultur einer gesteigerten Aufmerksamkeit bedürfen und wahrscheinlich einem Veränderungsprozess unterzogen werden müssen. Drittens bedeutet es, dass die Organisation sich glücklich schätzen kann, beurteilungsfähige, couragierte und engagierte Mitglieder zu haben, die es auf sich nehmen, einen Missstand zu bemängeln.

Erkennt das Management einer Organisation an, dass Größe und Komplexität der Organisation diese nur bedingt steuer- und kontrollierbar machen, muss es anerkennen, dass Whistleblowing aus Fähigkeiten und Eigenschaften von Mitarbeitern resultiert, die grundsätzlich zum Unternehmenserfolg beitragen. Daher müsste es einerseits an Whistleblowern und Whistleblowing interessiert sein. Umgekehrt gilt: Gerade weil eine Organisation für die Entscheidungen oder Handlungen, die dem Whistleblowing zugrunde liegen, sanktioniert werden kann, muss eine Organisation daran interessiert sein, Whistleblowing zu vermeiden. Organisationen sollten versuchen, so weit wie möglich zu verhindern, dass illegale oder unmoralische Entscheidungen getroffen und in Handlungen umgesetzt werden. Allerdings ist dies systematisch niemals vollständig zu verhindern. Für den Fall, dass innerhalb einer Organisation unmoralische Entscheidungen getroffen werden, liegt es allerdings im Interesse der Organisation, dass Mitarbeiter über derartige Entscheidungen organisationsintern kommunizieren können. Um dies zu ermöglichen, können strukturelle Möglichkeiten der Kommunikation angeboten werden, wie z.B. Hotlines, Schiedsstellen, Mitarbeitervertretungen, Panels und die Möglichkeit der anonymen Beratung durch Vertrauenspersonen.

Letztlich geht es also darum, jene Arten des Fehlverhaltens zu vermeiden, die zu Whistleblowing nötigen, kurz: Es geht um ein umfassendes Konzept verantwortlichen Managements (*sozialverantwortliches Wirtschaften*, CSR). Eine Organisation, die sich um verantwortliches Handeln auf allen Ebenen bemüht, wird sich sehr wahrscheinlich keinem externen Whistleblowing ausgesetzt sehen. Findet Whistleblowing trotz aller Maßnahmen zur Vermeidung von Problemfällen und der Möglichkeit zur internen Berichterstattung statt, sollte das Unternehmen sich dennoch bemühen, in erster Linie auf die Ursache des Whistleblowing einzugehen und den Whistleblower zu unterstützen und zu schützen.

Forschung

Obwohl Whistleblowing ein empirisches Phänomen ist und eine Theorie des Whistleblowing nicht vorliegt oder möglich zu sein scheint, sind zu diesem Thema eine Vielzahl theoretisierender Schriften erschienen, die die moralische Bewertung des Whistleblowing diskutieren und dadurch auch dazu beigetragen haben, dass adäquate organisationelle Umgangsformen mit Whistleblowing entwickelt und gefunden wurden.

Es liegt in der Natur der Sache des Whistleblowing, dass der gesamte Prozess nicht beobachtbar ist, da der Prozess bereits im Vorfeld einer strittigen Entscheidung oder kritischen Handlung beginnt, die jedoch erst mit der eigentlichen Aktion des Whistleblowing bekannt wird. Dies führt dazu, dass das Phänomen des Whistleblowing empirisch nur auf drei Arten zu erforschen ist: Mit Fallstudien, mit Experimenten oder Quasi-Experimenten und mit Meta-Analysen, die wieder vornehmlich auf Fallstudien basieren. Fallstudien bieten den Vorteil, dass sie vielfach tiefe Einblicke in Entscheidungskontexte und -prozesse gewähren. Allerdings sind sie nicht valide zu generalisieren. Experimente und Quasi-Experimente sind demgegenüber zum einen nur schwer durchführbar. Zum anderen besitzen die Aussagen aus Laborexperimenten nur bedingte Gültigkeit, da die gesamte situationale Eingebundenheit des Whistleblowers in der Realität weit komplexer ist, als dies unter Laborbedingungen modelliert werden kann. Vergleichende Fallstudien und Meta-Analysen von Fällen hingegen bieten mehr Möglichkeiten, Aussagen über typische Situationen, Personenmerkmale, Entscheidungen, Prozesse oder Folgen zu treffen.

Fallbeispiele

Der wohl bisher spektakulärste Fall von Whistleblowing ist der Fall von Roger Boisjoly, einem US-amerikanischen Ingenieur, der für einen Zulieferbetrieb der NASA für die Challenger-Raumfähre arbeitete (vgl. Vaughan 1996). Er erkannte im Jahr 1985 einen Bauteilfehler und warnte zunächst das Management seines Unternehmens. Seine Firma stellte die Dichtungsringe für den Kompressor her. Das Management scheute allerdings die Kosten, die mit einer Neuentwicklung der Bauteile verbunden waren, vor allem, da sich hierdurch der Start der Raumfähre verzögert hätte. In der Folge machte Boisjoly auch die Verantwortlichen in dem Unternehmen aufmerksam, das den Kompressor lieferte. Auch dort wurde seine Warnung ignoriert, um den Start nicht verschieben zu müssen. Der Start der Challenger wurde am 28. Januar 1986 durchgeführt; spröde Dichtungen führten zum Absturz und zum Tod von sieben Menschen. Boisjoly erlebte im Anschluss daran das Ende seiner Karriere als Ingenieur, entwickelte aber eine neue Karriere als Wirtschaftsethik-Dozent.

Zwei viel besprochene Fälle im deutschen Sprachraum haben sich bei zwei Banken zugetragen: Christoph Meili war Mitarbeiter einer Sicherheitsfirma und entdeckte 1997 in der Schweizer Bankgesellschaft Belege, die im Zusammenhang mit Holocaust-Opfern standen und durch die Bank vernichtet werden sollten. Meili vermutete eine Straftat und übergab die Daten einer jüdischen Gemeinde. Atypisch ist an diesem Fall, dass offenbar kein Gespräch Meilis mit den Verantwortlichen innerhalb der Bank stattgefunden hatte, bevor er sich an Außenstehende wandte. In der Schweiz gilt Meili heutzutage als Landesverräter und Staatsfeind. Seine Karriere und sein Privatleben sind zerstört.

Viele deutsche Steuerhinterzieher hatten ihre Gelder bei der liechtensteinischen LGT Treuhand AG angelegt. Ein oder mehrere Mitarbeiter der Bank verkauften im Jahr 2008 Daten über Steuerhinterzieher an den Bundesnachrichtendienst für mehrere Millionen Euro. Daraufhin ergingen in Deutschland mehrere Haftbefehle gegen Steuerhinterzieher. Einer der Informanten hat im Nachhinein angegeben, um sein Leben zu fürchten. Er wurde mit einer neuen Identität ausgestattet und wird vom Staat Liechtenstein mit internationalem Haftbefehl gesucht. An diesem Fall ist untypisch, dass der Whistleblower auch einen finanziellen Vorteil suchte und erhielt.

Literatur

Beurden, Pieter van/Gössling, Tobias: The Worth of Values – A Literature Review on the Relation Between Corporate Social and Financial Performance. In: Journal of Business Ethics 82, 2 (2008), 407–424.

Bowen, Robert M./Call, Andrew C./Rajgopal, Shivaram: Whistle-Blowing: Target Firm Characteristics and Economic Consequences. AAA 2007 Financial Accounting & Reporting Section (FARS) Meeting Papers (http://ssrn.com/abstract=890750, 30.8.2010).

Leisinger, Klaus M.: Whistleblowing und Corporate Reputation Management. München 2003.

Löhr, Albert: Whistleblowing als Prozess: Auf welche Böden fällt Zivilcourage? In: Herrmann Reichold/Ders./Gerhard Blickle (Hg.): Wirtschaftsbürger oder Marktopfer? München 2001, 147–174.

Miceli, Marcia P./Near, Janet P./Dworkin, Terry Morehead: Whistle-blowing in Organizations. New York 2008.

Miethe, Terance D.: Whistle-blowing at Work: Tough Choices in Exposing Fraud, Waste and Abuse on the Job. Boulder, CO [2]1999.

Near, Janet P./Miceli, Marcia P.: Organizational Dissidence: The Case of Whistle-Blowing. In: Journal of Business Ethics 4, 1 (1985), 1–16.

Soeken, Karel/Soeken, Donald: A Survey of Whistleblowers: Their Stressors and Coping Strategies. Association of Mental Health Specialities. Laurel, Maryland 1987.

Tavakoli Assad A./Keenan John P./Cranjak-Karanovic Biljana: Culture and Whistleblowing. An Empirical Study of Croatian and United States Managers Utilizing Hofstede's Cultural Dimensions. In: Journal of Business Ethics 43, 1–2 (2003), 49–64.

Vaughan, Diane: The Challenger Launch Decision: Risky Technology, Culture, and Deviance at NASA. Chicago/London 1996.

Weiss, Joseph: Business Ethics. A Managerial, Stakeholder Approach. Belmont, CA/Wadsworth 1994.

Tobias Gößling

3. Wertemanagement

Geschichte

Idee und Konzept des modernen Wertemanagements sind in den USA in den 1980er Jahren entstanden. Die sich dort neu entwickelnde ›Business Ethics‹-Bewegung war eine Reaktion auf die seinerzeitigen Wirtschaftsskandale, die die Frage nach der nachhaltigen Realisierbarkeit moralischer Ansprüche unter den Bedingungen wirtschaftlicher Rationalität in Unternehmen und im Geschäftsalltag wieder auf die Agenda der öffentlichen Diskussion gesetzt hatte (für die ersten Dokumente vgl. Andrews 1989). Dabei ging es von Anfang an aber keineswegs um eine kurzatmige Reaktion auf Skandale, sondern vielmehr um die Frage, wie moralische Werte als Entscheidungsparameter in Geschäftsprozesse so endogenisiert werden können, dass sie ein unverzichtbarer Teil des unternehmerischen Erfolges werden können. Ökonomische Wertschöpfung und moralische Werthaltung sind, so die Überlegung, keine Widersprüche, sondern füreinander Realisierungsvoraussetzung. Charles S. McCoy, einer der wesentlichen Vordenker des Wertemanagements, brachte die Aufgabenstellung damals wie folgt auf den Punkt:

> »A few years ago, it would have been necessary to explain the importance of corporate culture and value commitments for the performance of a company. This is no longer the case. […] The developing and shaping of its culture and value commitments are crucial for the institutionalizing of ethics and for enhancing corporate performance. How to do it is the difficult problem«. (McCoy 1985, 180)

Zur Lösung dieses Implementierungsproblems leistete Michael W. Hoffman vom Center for Business Ethics (CBE) am Bentley College wesentliche Beiträge (vgl. hierzu Hoffman/Driscoll 1992), die dann im Jahre 1991 in die Gründung der Ethics Officer Association, einem Berufsverband für professionelles Ethik- und Wertemanagement, mündete.

In Deutschland wurde diese Entwicklung vor allem von Josef Wieland rezipiert (vgl. Wieland 1993) und dann zu einem vollständigen Werte-Management-System im Rahmen einer Theorie der Corporate Governance entwickelt (vgl. Wieland 1994; 1996; 2004).

Psychologische und philosophische Dimensionen des Wertemanagements

Werte sind Orientierung gebende Aussagen über das Wünschbare (vgl. Werner 2002) und gehören zur Moralkultur jeder Gesellschaft. In ihnen bringt sich zum Ausdruck, was in einer Gesellschaft wertgeschätzt wird. Sie bilden in dieser Weise einen Maßstab für Entscheidungen und Handeln. Werte sind nicht nur moralischer Natur, sondern es lassen sich Leistungs-, Kommunikations-, Kooperations- und moralische Werte unterscheiden. Die untenstehende Wertematrix gibt eine beispielhafte Übersicht über Werte und deren Zuordnung.

Wertemanagement handelt daher nicht einfach von der Anwendung moralischer Werte in der ökonomischen Alltagspraxis der Menschen, sondern es geht im Kern um die Integration und das Balancieren je spezifischer und verschiedener Entscheidungsorientierungen im Hinblick auf eine genau definierte Entscheidungssituation und die durch sie erforderte Handlung. Werte haben drei zu unterscheidende Funktionen: Framing, Handlungsorientierung, Identitätsstiftung.

Der »framing effect« (vgl. Tversky/Kahneman 1981) besagt, dass Werte zu dem Kontext von Wahrnehmung gehören, der überhaupt erst darüber bestimmt, ob ein bestimmtes Problem oder eine bestimmte Handlung als moralisch relevant wahrgenommen wird. Ob Kinderarbeit oder Korruption als solche und als fragwürdig wahrgenommen werden, hängt im Wesentlichen von den jeweiligen Werten

Leistungswerte	**Kommunikationswerte**
❐ Nutzen ❐ Kompetenz ❐ Leistungsbereitschaft ❐ Flexibilität ❐ Kreativität ❐ Innovationsorientierung ❐ Qualität	❐ Achtung ❐ Zugehörigkeit ❐ Offenheit ❐ Transparenz ❐ Verständigung ❐ Risikobereitschaft
Kooperationswerte	**Moralische Werte**
❐ Loyalität ❐ Teamgeist ❐ Konfliktfähigkeit ❐ Offenheit ❐ Kommunikations-orientierung	❐ Integrität ❐ Fairness ❐ Ehrlichkeit ❐ Vertragstreue ❐ Verantwortung

Wertevieck (Wieland 2004, 24)

ab, die eine Gesellschaft Kinderarbeit oder Clanstrukturen zurechnet.

Die handlungsorientierende Funktion von Werten liefert Aussagen nicht nur über verbotene, sondern vor allem über erwartete und gebotene Handlungen (vgl. Oddie 2005). So wird sich wertegetriebenes Compliance-Management in genau dieser Weise von einem rechtsgetriebenen Compliance-Management unterscheiden (vgl. Wieland 2010a), wofür Paine (1994) die Unterscheidung von Compliance- und Integrity-Orientierung vorgeschlagen hat.

Der identitätsstiftende Aspekt von Werten liegt in ihrer Markierung von Zugehörigkeit, sei es zu einer Gruppe, einer Organisation oder einem kulturellen Raum. Werte ordnen die Differenz ›Ich/Andere‹ und ›Wir/Andere‹, das heißt, sie definieren stets individuelle und kollektive Identität (vgl. Appiah 2006). Unternehmenswerte sind daher nicht die Summe oder der gewichtete Durchschnitt der individuellen Überzeugungen, die es in einem Unternehmen gibt, sondern sie sind die Werte des kollektiven Akteurs ›Unternehmung‹, die dieser gegenüber all seinen individuellen Akteuren als bindend zur Geltung bringt.

Im Zuge der Globalisierung hat die Frage nach dem universalistischen oder dem transkulturellen Charakter von Werten an Bedeutung gewonnen. Zusätzlich zum interkulturellen und multikulturellen Diversity Management (vgl. u.a. Schneider/Hirt 2007; Straub et al. 2007) tritt zunehmend die Bedeutung transkulturell geteilter Wertvorstellungen hervor. Während inter- und multikulturelles Wertemanagement auf die Differenz der Wertvorstellungen abstellt, die es dann durch Wissen und Toleranz zu managen gilt, stellen transkulturelle Werte auf das An- und Wiedererkennen des Anderen in den eigenen Wahrnehmungen und Handlungen ab, die auf einem gemeinsamen Band geteilter Werte und Tugenden basieren. Auch in postmodernen und hoch individualisierten Gesellschaften, so das transkulturelle Postulat, verfügen Menschen aus unterschiedlichen Schichten und Kulturen über gemeinsame Werte, die sich evolutionär aus den Existenz- und Stabilitätsbedingungen von menschlicher Zivilisation ergeben. Der darin steckende Universalismus von Werten ergibt sich freilich nicht aus Diskursen oder anderen rationalen Verfahren, sondern aus der Praxis der Menschen selbst (vgl. Welsch 1999; Appiah 2006; Wieland 2010b). Donaldson argumentiert für »hypernorms« (vgl. Donaldson 1996) und absolute Werte wie Achtung menschlicher Würde, Respekt für Grundrechte und ›Good Citizenship‹. Küng hat ein Weltethos vorgeschlagen, das um den Wert der Menschlichkeit zentriert ist (vgl. Küng 1998). Die Diskussionen in der neurologisch inspirierten ›Neuroethics‹ (vgl. Engel/Singer 2007; Glimcher et al. 2009) oder der Behavioural Business Ethics (vgl. Cropanzano/Stein 2009; Salvador/Folger 2009; Wieland 2010c) gehen ebenfalls von Grundwerten wie Empathie oder Mitleid aus, die hier zur biologischen, das heißt emotionalen Grundausstattung aller Menschen gehören. Bemerkenswert an dieser noch weitgehend offenen Diskussion ist ihre pragmatische Ausrichtung. Die globale Akzeptanz von Werten leitet sich weniger aus deren intellektueller Begründung ab, als vielmehr aus dem Umstand, dass global gültige Werte solche sind, die immer schon in allen uns bekannten menschlichen Gesellschaften entwickelt wurden, weil ohne sie Kooperation zum wechselseitigen Vorteil und zivilisatorischer Fortschritt nicht möglich sind.

Gesellschaftliche Standards für Wertemanagement

Bisher wurden Werte und ihre Framing-, Handlungsorientierungs- und Identifikationsfunktion nur in ihrer Eigenschaft als informelle Institutionen der Kultur einer Gesellschaft oder einer potenziellen Weltgesellschaft erörtert. Die gleichen Funktionen erfüllen Werte allerdings auch in einer kodifizierten Form. Als formelle Institutionen nehmen sie dann die Form von Standards an, die lokal, regional oder global akzeptierte Regeln guten Geschäftsverhaltens oder Verhaltens überhaupt definieren. Lokale oder regionale Standards aus dem Bereich der Wirtschaft sind etwa das Wertemanagementsystem der deutschen Bau- und das der deutschen Immobilienwirtschaft, die Werte wie Integrität und Qualität zur verpflichtenden Branchenkultur machen (vgl. beispielsweise in Deutschland das WerteManagement Bau des Bayerischen Bauindustrieverbands). Das Werte ManagementSystem^{ZfW} (vgl. www.dnwe.de/wertemanagement.html sowie die dort angegebenen Dokumente) oder die Leitlinie ComplianceProgram Monitor^{ZfW} (vgl. www.dnwe.de/complianceprogrammonitor.html sowie die dort angegebenen Dokumente) des Zentrums für Wirtschaftsethik des Deutschen Netzwerk Wirtschaftsethik (DNWE) definieren Prinzipien, Werte und praktische Bausteine für Nachhaltigkeit und Rechtstreue in der Unternehmensführung. Diese Art von Standards sind vor allem in Europa weit verbreitet und sie haben, wenn sie sich als Branchenstandards durchsetzen, wie etwa der SA 8000, auch eine internationale Bedeutung (vgl. Wieland 2003; 2004; Zadek 2003). Globale Standards, die für das Wertemanagement von Bedeutung sind, sind die ILO Core Conventions (vgl. www.ilo.org) der International Labour Organization, der UN Global Compact (vgl. www.unglobalcompact.org) der Vereinten Nationen sowie die im Herbst 2010 verabschiedete ISO Norm 26000 Social Responsibility (SR) (vgl. Hardtke/Kleinfeld 2010; Tamm Hallström 2006). In all diesen Standards, hier am Beispiel der geplanten ISO 26000, werden Prinzipien und Werte wie etwa Zuverlässigkeit, Transparenz, ethisches Verhalten, Respektieren von Stakeholder-Interessen, Achtung vor dem Recht, Beachtung internationaler Verhaltensnormen und Menschenrechte definiert, dann für die Kernthemen der Governance von Organisationen wie Menschenrechte, Arbeitsbedingungen, Umwelt, Compliance, Konsumentenbeziehungen und Engagement in Gemeinden erläutert und schließlich an Beispielen in ihren praktischen Konsequenzen demonstriert. Insgesamt zeigt ein Durchgang durch die vielfältigen Standards, dass Wertemanagement sich heute thematisch sehr stark auf die Fragen des Compliance-Managements und der Wahrnehmung gesellschaftlicher Verantwortung von Unternehmen (Corporate Social Responsibility - CSR) konzentriert.

Theoretische Einordnung des Wertemanagements

Dass Werte einem Management zugänglich sind und in der praktischen Anwendung dies gerade voraussetzen, ergibt sich in epistemologischer Perspektive aus der immanenten ›fuzzy logic‹ von Werten, die ihre Unschärfe und Unsicherheiten, was sie in der Praxis wirklich meinen, bezeichnet. Dass wir die Wahrheit sagen sollen – also: die Gültigkeit des Werts ›Wahrhaftigkeit‹ – ist unstrittig; aber jeder kann sich Situationen vorstellen, in denen nicht mehr klar ist, ob wir wirklich die Wahrheit sagen sollten. Ebenso ist ›Freundschaft‘ als Wert unstrittig, aber in manchen Kulturen werden damit Sachverhalte bezeichnet, die in den westlichen Kulturen unter der Rubrik Korruption eingeordnet sind. Appiah (2009, 183 ff.) hat auf die »offene Textur« von Werten hingewiesen, das heißt, dass Werte für zwei Akteure in einem spezifischen Umfeld Unterschiedliches bedeuten können. Das führt zur ›Bestreitbarkeit‹ von Werten, was besagt, dass über deren Verständnis und Anwendung immer gestritten werden muss. Schließlich gilt es, die ›relative Bedeutung‹ von Werten im Hinblick auf Anwendungssituationen festzustellen. Da in der Wirtschaft, wie auch sonst in der menschlichen Praxis, keine kontextübergreifende Bedeutung von Werten existiert, ist ein Wertemanagement erforderlich, das für einen gegebenen Kontext oder für eine gegebene Entscheidung die Relevanz und die spezifische Bedeutung der anzuwendenden Werte definiert. Verhaltensstandards, Leitfäden und ähnliche Dokumente erhalten ihre Relevanz also daher, dass sie kontextsensibel die genaue Bedeutung von Werten für eine bestimmte Entscheidungssituation formal definieren. Corporate Stories, etwa über das Verhalten des Managements in bestimmten moralischen Entscheidungssituationen, tun dies ebenfalls, allerdings auf informale Weise durch die Kommunikation von vorbildlichem (oder abweichendem) Verhalten. Werte, anders als Ethik, haben also den Vorteil einer immanenten Plastizität, die durch Managementverfahren oder Vorbild-Funktionen auf die Gegebenheiten einer Situation hin entwickelt werden können. Strikt und theoretisch gesprochen kann es deshalb im deutschen Sprachraum kein *Ethik*management, sondern nur ein *Werte*management geben. Werte sind die Sprache der Moral (Appiah 2009, 163 ff.).

Aus organisationstheoretischer Sicht bedeutet dies, das Unternehmen, also der kollektive Akteur, bildet mit seinem Wertemanagement den epistemologischen Rahmen, an dem jedes seiner Mitglieder qua reflexiver Selbstbeobachtung seine individuellen Entscheidungen und Handlungen mit den kontextuell vorgegebenen Werten abgleicht. Dieser Prozess der Governance anhand des vorgegebenen Werterahmens und der Selbstkontrolle (Self-Governance) sowie anhand der Kontrolle durch das Unternehmen selbst wird als Wertemanagement institutionalisiert und damit integraler Bestandteil der Organisation. Das Wertemanagement hat hinsichtlich moralischer Kommunikation eine zentrale Funktionen nach innen und nach außen: unternehmens*intern* die Funktionen der Wahrnehmungssteuerung, Integration und somit der Homogenisierung von grundsätzlich differenten oder gar konfligierenden Interessen; so entwickelt sich die Basis für alle Entscheidungen und im weiteren eine Unternehmensidentität. Darauf aufbauend hat es die unternehmens*externe* Funktion, die geschilderte unternehmensinterne moralische Kommunikation nach

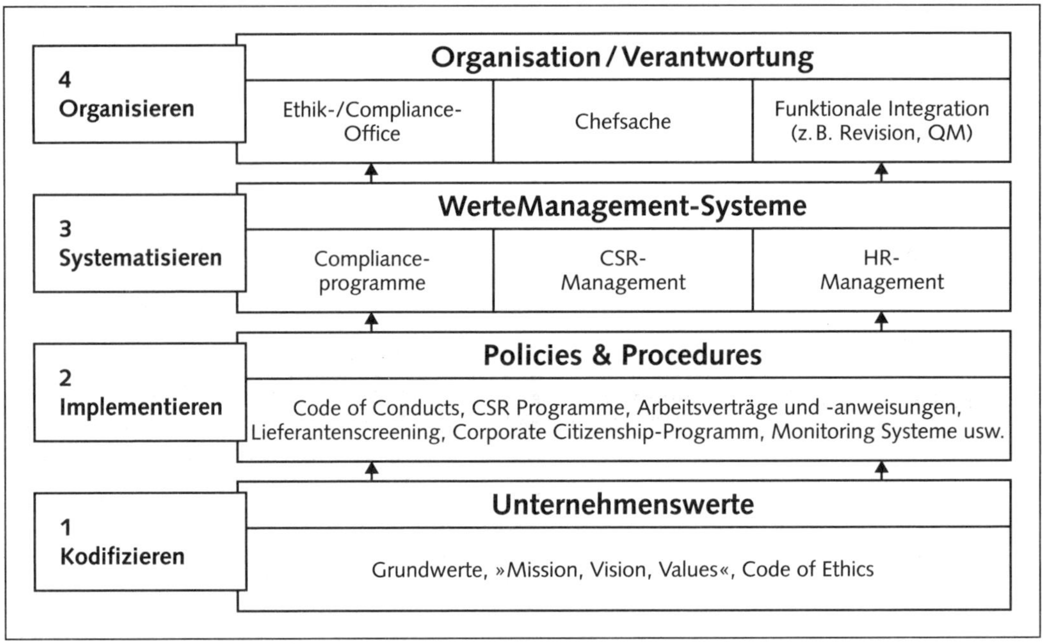

Vier Prozessstufen des WerteManagementSystems (Wieland 2010a, 84)

außen hin zum Gegenstand der Unternehmenspolitik zu machen. Auf diese Weise werden Vertrauenswürdigkeit und Selbstbindung an Werte signalisiert, die es dem potenziellen Partner erlauben, sich selbst ebenfalls auf moralische Verhaltensstandards festzulegen (vgl. hierzu Wieland 1994, 24).

Bausteine des Wertemanagements

Wertemanagementsysteme sind nicht nur in den Unternehmen der Wirtschaft eingeführt und erfolgreich erprobt worden, sondern in Deutschland und den USA ebenfalls in Verwaltungen, Krankenhäusern, Arztpraxen und Sportvereinen. Unabhängig von damit gegebenen unterschiedlichen inhaltlichen oder thematischen Schwerpunkten folgt das Management von Werten einer Systematik und inneren Logik, die für alle Typen von Organisationen und Branchen gleich ist. Die Abbildung auf dieser Seite demonstriert diese Systematik.

Stufe 1 – Kodifizieren: Die Grundlage jedes Wertemanagementsystems ist die Auswahl, Festlegung und Kodifizierung derjenigen Werte eines Unternehmens oder allgemein betrachtet einer Organisation, die seine Identität bestimmen und seine Entscheidungen strukturieren. Solche ›Codes of Ethics‹, ›Grundwerte‹ und ›Prinzipien‹ sind heute Standards im Wirtschaftsleben, und sie sind eine Art Visitenkarte des Unternehmens. Die dort festgehaltenen Leistungs-, Kommunikations-, Kooperations- und moralischen Werte des kollektiven Akteurs beantworten die Fragen: Wer sind wir? Welche Art von Geschäften wollen wir? Wie gehen wir miteinander um? Wofür halten wir uns selbst verantwortlich? Die Festlegung dieser Werte geschieht in der Regel ›top down‹ und ›bottom up‹ und kann sich sowohl auf Traditionen als auch auf Standards beziehen. Diese Werte müssen nicht vollständig sein, sondern relevant für die strategische und operative Führung und Ausrichtung eines Unternehmens. Werte beschreiben keinen Ist-Zustand, sondern sie bestimmen in Übereinstimmung mit den soeben entwickelten drei Dimensionen von Werten die Verhaltenspräferenzen eines Unternehmens, sie bilden ein Selektionskriterium für Entscheidungen, und sie sind nicht zuletzt ein Versprechen für die Stakeholder in Bezug auf das zukünftige Handeln und Verhalten des Unternehmens.

Stufe 2 – Implementieren: Kodifizierte Werte müssen im zweiten Schritt im Geschäftsalltag mit Leben ge-

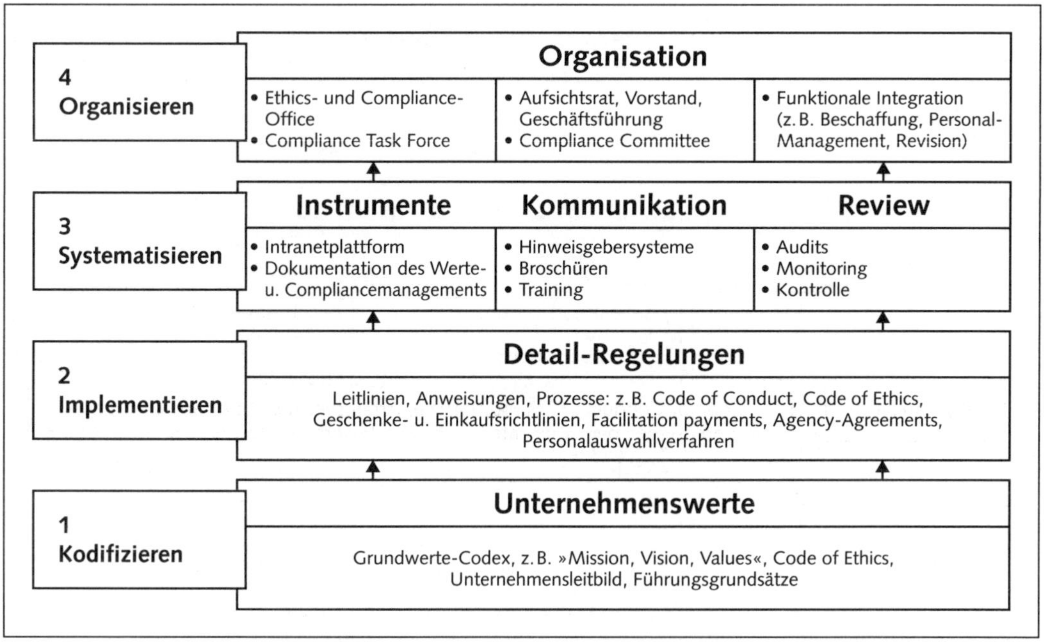

Aufbau- und Ablauforganisation eines Compliance-Management-Systems (CMS) (Wieland 2010a, 15)

füllt werden. Zu diesem Zweck werden sie in Leitlinien und Verfahren wie Verhaltensstandards, Umgang mit Geschenken, Personalauswahl, Karriereplanung, Zielvereinbarungen, Lieferantenbewertung, Umgang mit Kundinnen und Kunden und so weiter konkretisiert und werden auf diese Weise überhaupt erst anwendbar. Es sind erst diese Leitlinien und Verfahren, die die konkreten praktischen Konsequenzen moralischer Überzeugungen benennen, einfordern und damit überprüfbar machen. Werte haben, wie bereits erwähnt, eine bestimmte ›fuzzy logic‹, was bedeutet, dass ungefähr, aber nicht im Einzelfall klar ist, welches Verhalten sie genau einfordern, und genau diese Unbestimmtheit und Offenheit wird auf dieser zweiten Stufe des Wertemanagements in Bestimmtheit und Klarheit umgewandelt. Ohne diese ›Instrumentierung‹ der Werte kann es kein Wertemanagement und auch keine gelebte Wirtschafts- und Unternehmensethik geben. Es ist erst die Implementierung von Werten in verbindliche Routinen einer Organisation, die sie für diese auf Dauer stellen und damit deren Nachhaltigkeit sicherstellen kann. Wie im Bereich der Individual- und Tugendethik bedürfen die Werte kollektiver Akteure der Einübung und dann auch der regelmäßigen Ausübung, damit sie für die Praxis wirksam werden. Genau dies wird mit der Stufe 2 des Wertemanagements, der Implementierung der Werte in Leitlinien und Verfahren, sichergestellt. Auf dieser Ebene werden auch Monitoring- bzw. Audit-Systeme festgelegt, die in allen Bereichen eine adäquate Kontrolle gewährleisten.

Stufe 3 – Systematisieren: Auf dieser Stufe werden die verschiedenen einzelnen Leitlinien und Verfahren der Stufe 2 systematisiert, aufeinander bezogen und ins HR Management (Human Resources) integriert bzw. als Compliance- oder CSR-Programm den relevanten Stakeholdern des Unternehmens zugänglich gemacht. Dieser Prozess wird betrieben über die Verallgemeinerung von Instrumenten (wie etwa die Lieferanten-Compliance, die Personalauswahl), die Kommunikation des Systems als System (beispielsweise durch eine Intranet-Plattform für alle Dokumente und Trainings oder mittels Hinweisgebersystem) und der regelmäßigen Überprüfung des Systems (wie in Stufe 3 festgelegt, durch interne oder externe Audits oder Monitoring). In Analogie zur individuellen Tugendethik lässt sich feststellen, dass diese Stufe des Wertemanagements vor allem der Sicherstellung des erwarteten Verhaltens durch Zugänglichkeit, Evaluierung und Kontrolle dient.

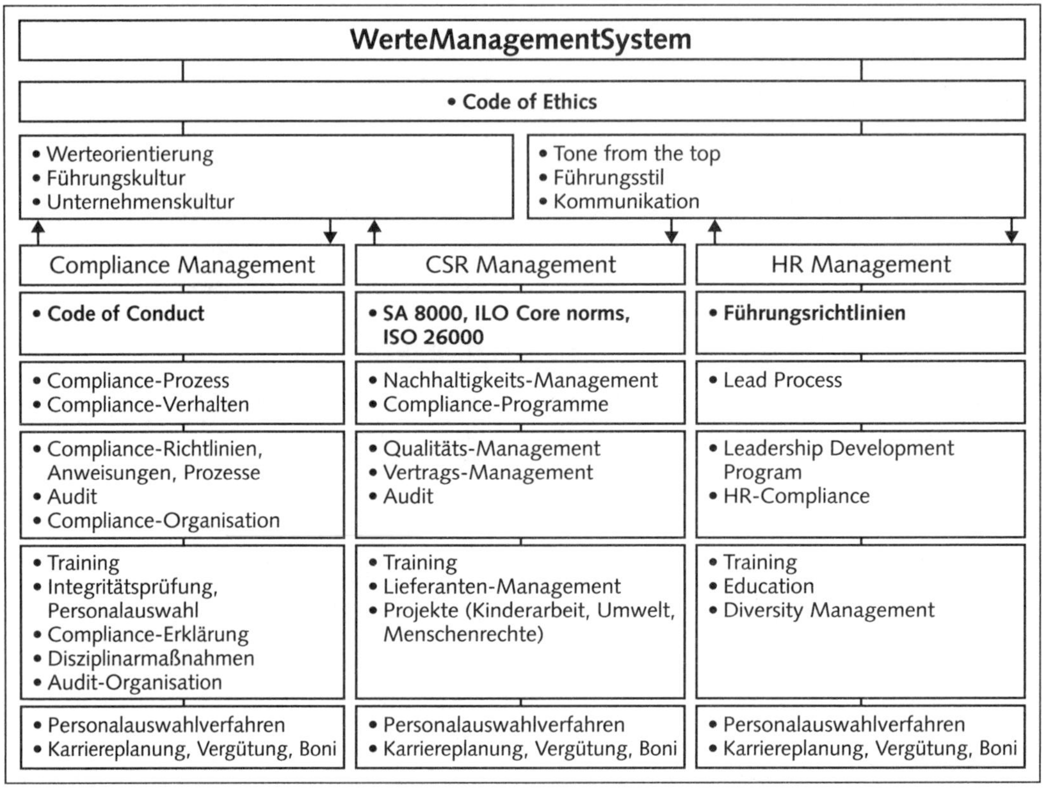

Wertemanagement, Compliance-Management, CSR-Management und HR-Management (Wieland 2010b, 102)

Stufe 4 – Organisieren: Wertemanagement braucht fachliche Professionalität und zugleich ein Gesicht. Genau davon handelt diese Organisationsebene. Ethics oder Compliance-Offices, Nachhaltigkeitsmanagement und funktional integrierte Qualitäts- oder Revisionsabteilungen sichern nicht nur die Kontinuität des Wertemanagements, sondern erfüllen eine Dienstleistungsfunktion im Unternehmen, indem sie dieses bei der Umsetzung beraten und unterstützen. Entscheidend jedoch ist die Vorbildfunktion des Top-Managements und aller Führungskräfte. Diese materialisiert sich erstens in der klaren und entschlossenen Kommunikation der Werte, zweitens im eigenen und exemplarischen Verhalten der Führungskräfte und drittens in den ›Corporate Stories‹ (vgl. Moberg 2007) einer Organisation, mit der deren wertegetriebene Professionalität und Führungskultur allen Stakeholdern zugänglich wird. Es geht dabei um die autoritätsbezogene Legitimierung und Stabilisierung der Werte und dessen Management in der Organisation. Auch hier gilt die Analogie zur individuellen Werteethik, denn auch diese kann ohne ein glaubwürdiges ›Gesicht‹, ohne sachliche und moralische Führung und ohne Vorbild nicht mit Erfolg praktiziert werden.

Zur Illustration des bisher Entwickelten zeigt die Abbildung auf Seite 249 die Aufbau- und Ablauforganisation eines Compliance-Managements, das Bestandteil eines Wertemanagements ist.

Diese Systematik lässt sich auch für das CSR- oder Personalmanagement eines Unternehmens durchführen. Das obige Schaubild zeigt die grundlegende Logik des Wertemanagements für beide Bereiche.

Die in einem Code of Ethics, Grundwertekatalog und so weiter kodifizierten Werte eines Unternehmens strukturieren über die Dimensionen Framing, Orientierung und Identität die Organisations- und Führungskultur eines Unternehmens und damit dessen Führungs- und Kommunikationsstil. Werte wirken stets und nur auf dieser Ebene einer Organisation, die Umsetzung in Leitlinien, Prozessen und

Instrumenten ist damit zwar den moralischen Überzeugungen, aber eben auch und vor allem der Professionalität eines Managements geschuldet. Es ist dieses Zusammenwirken von Charakter und Professionalität, von Person und Struktur, von moralischen Überzeugungen und moralsensitiven Leitlinien, Verfahren und Instrumenten, das das Wesen eines Wertemanagements ausmacht und dessen Effizienz und Effektivität bestimmt.

Wirksamkeit des Wertemanagements

Diese Zusammenhänge sind in einigen empirischen Studien belegt worden. So haben Grüninger und Fürst die Wirksamkeit des Wertemanagementsystems der Bayerischen Bauindustrie empirisch belegt (vgl. Grüninger 2001; Fürst 2005). Die empirischen Studien von Weaver, Treviño und Cochran (1999) sowie Treviño, Weaver, Gibson und Toffler (1999) belegen ebenfalls die Zusammenhänge von ›ethics programs‹ und der Wahrnehmung moralischer Sachverhalte bei Mitarbeiterinnen und Mitarbeitern von Unternehmen. Sie verweisen allerdings auf eine Differenzierung in ihren Ergebnissen entlang der Differenzierung von ›ethics programs‹ und ›compliance programs‹. Während die werteorientierten Managementsysteme definiert sind als Kontrollsysteme, die gewünschtes Verhalten durch die Betonung von geteilten Werten und die Unterstützung von Mitarbeitern bei der Entscheidungsfindung herbeiführen, sind die complianceorientierten Systeme charakterisiert durch die Betonung von Regeln und durch die Überwachung und Disziplinierung von Mitarbeitern. Eine ebenfalls empirisch angelegte Studie zeigt, dass eine wahrnehmbare und glaubwürdige Werteorientierung zu einem höheren ethischen Bewusstsein und zu der Bereitschaft führt, sich mit negativer Praxis auseinanderzusetzen (vgl. Weaver/Treviño 1999). Im Ergebnis findet sich so ein Rückgang unethischen Verhaltens. Dies gilt alles gleichfalls für complianceorientierte Programme, aber mit einer statistisch signifikant geringeren Häufigkeit. Die höchste Bereitschaft, Fehlverhalten zu melden, erzielt man dieser Studie zufolge mit der Kombination beider Systeme. »Overall, results from this company show that employee perceptions of ethics program orientation are important and that a perceived values orientation is key to most outcomes« (ebd., 333).

Vorbild und Tugend der Führungskräfte sind entscheidende Determinanten der Wirksamkeit von Wertemanagement, aber nicht isoliert. Dies hängt mit dem Charakter ethischen Handelns als Situationen »lokaler Gerechtigkeit« (vgl. Elster 1992; Wieland 1993) zusammen, das heißt, dass individuelle Tugenden als Entscheidungsalgorithmus für das zu behandelnde Problem stets eingebettet sind in und konfrontiert werden mit anderen Entscheidungslogiken (Ökonomie, Recht, Technik, Verfahren etc.) und sich in der Regel alleine nicht gegen diese durchsetzen können. Die strukturelle Schwäche individueller Werthaltungen in lokalen Kontexten hat unlängst erst die Wiederholung des Milgram-Experiments in den USA belegt, die nahezu zu den gleichen Ergebnissen wie die Durchführung des Experiments in den 1960er Jahren führte (vgl. Burger 2009).

Tugendethik ohne professionelle Managementstrukturen ist in den Systemkontexten der Gesellschaften systematisch nicht erfolgreich möglich, sondern nur als heroische Ausnahme. Die strukturelle Schwäche und das systematische Versagen isolierter individueller Tugenden in funktional differenzierten Gesellschaften war einer der Gründe für die zunehmende Irrelevanz anwendungsorientierter Wirtschafts- und Unternehmensethik mit Beginn des 20. Jahrhunderts. Die Entwicklung und Einführung von Wertemanagementsystemen hat diese Tendenz gestoppt. Das Abstellen auf die Entfaltung situativer Kräfte zur Stabilisierung moralischen Strebens individueller und kollektiver Akteure vor dem Hintergrund kollektiver Werte ist es, was ausbalancierte Entscheidungssituationen in modernen Gesellschaften ermöglicht. Ohne sie wären auf wirkliche Praxis zielende ethische Aspirationen in der Wirtschaft (oder auch Politik, Verwaltung, Universität etc.) nachhaltig nicht möglich.

Literatur

Andrews, Kenneth Richmond: Ethics in Practice. Boston 1989.

Appiah, Kwame Anthony: Cosmopolitanism: Ethics in a World of Strangers. New York 2006.

–: Ethische Experimente. Übungen zum guten Leben. München 2009.

Burger, Jerry M.: Replicating Milgram: Would People Still Obey Today? In: American Psychologist 64 (2009), 1–11.

Cropanzano, Russell/Stein, Jordan H.: Organizational Justice and Behavioural Ethics: Promises and Prospects. In: Business Ethics Quaterly 19, 2 (2009), 155–233.

Donaldson, Thomas: Values in Tension: Ethics Away from Home. In: Harvard Business Review 74, 5 (1996), 48–56.
Elster, Jon: Local Justice. How Institutions Allocate Scare Goods and Necessary Burdens. New York 1992.
Engel, Christoph/Singer, Wolf: Better Than Conscious? Decision Making, the Human Mind, and Implications for Institutions. London 2007.
Fürst, Michael: Risiko-Governance. Die Wahrnehmung und Steuerung moralökonomischer Risiken. Marburg 2005.
Glimcher, Paul W./Camerer, Colin F./Fehr, Ernst/Poldrack, Russell Alan: Neuroeconomics – Decision Making and the Brain. London 2009.
Grüninger, Stephan: Vertrauensmanagement – Kooperation, Moral und Governance. Marburg 2001.
Hardtke, Arnd/Kleinfeld, Annette (Hg.): Gesellschaftliche Verantwortung von Unternehmen. Von der Idee der Corporate Social Responsibility zur erfolgreichen Umsetzung. Wiesbaden 2010.
Hoffman, W. Michael/Driscoll, Dawn-Marie: Ethics Matters. How to Implement Values-Driven Management. Waltham 1992.
Küng, Hans: A Global Ethic for Global Politics and Economics. New York 1998.
– /Leisinger, Klaus M./Wieland, Josef: Manifest für ein Globales Wirtschaftsethos. München 2010.
McCoy, Charles S.: Management of Values. Boston u.a. 1985.
Moberg, Dennis J.: Practical Wisdom and Business Ethics. In: Business Ethics Quarterly 17, 3 (2007), 535–561.
Oddie, Graham: Value, Reality and Desire. Oxford u.a. 2005.
Paine, Lynn Sharp: Managing for Organizational Integrity. In: Harvard Business Review (March-April 1994), 106–117.
Salvador, Rommel/Folger, Robert G.: Business Ethics and the Brain. In: Business Ethics Quarterly 19, 1 (2009), 1–31.
Schneider, Ursula/Hirt, Christian: Multikulturelles Management. München/Wien 2007.
Straub, Jürgen/Weidemann, Arne/Weidemann, Doris (Hg.): Handbuch interkulturelle Kommunikation und Kompetenz. Grundbegriffe, Theorien, Anwendungsfelder. Stuttgart/Weimar 2007.
Tamm Hallström, Kristina: ISO Enters the Field of Social Responsibility (SR). In: Gunnar Folke Schuppert (Hg.): Global Governance and the Role of Non-State Actors (Konferenz London 2004). Baden-Baden 2006, 117–156.
Treviño, Linda K./Weaver, Gary R./Gibson, David G./Toffler, Barbara L.: Managing Ethics and Legal Compliance: What Works and What Hurts: In: California Management Review 41, 2 (1999), 131–151.
Tversky, Amos/Kahneman, Daniel: The Framing of Decisions and the Psychology of Choice. In: Science 28 (1981), 453–458.
Weaver, Gary R./Treviño, Linda K.: Compliance and Values Oriented Ethics Programs: Influences on Employees' Attitudes and Behavior. In: Business Ethics Quarterly 9, 2 (1999), 315–335.
–/–/Cochran, Philip L.: Corporate Ethics Practices in the Mid–1990's: An Empirical Study of the Fortune 1000. In: Journal of Business Ethics 18, 3 (1999), 283–294.
Welsch, Wolfgang: Transculturality – the Puzzling Form of Cultures Today. In: Mike Featherstone/Scott Lash (Hg.): Spaces of Culture: City, Nation, World. London 1999, 194–213.
Werner, Folke: Vom Wert der Werte. Münster 2002.
Wieland, Josef: Die Moral der Wirtschaft als Problem lokaler und konstitutioneller Gerechtigkeit. In: Ders. (Hg.): Wirtschaftsethik und Theorie der Gesellschaft. Frankfurt a. M. 1993, 7–31.
–: Organisatorische Formen der Institutionalisierung von Moral in der Unternehmung. Empirische Resultate, theoretische Reflexionen. In: Hans G. Nutzinger (Hg.): Aktuelle Probleme der Wirtschaftsethik II. Schriften des Vereins für Socialpolitik. Berlin 1994.
–: Ökonomische Organisation, Allokation und Status. Tübingen 1996.
– (Hg.): Standards and Audits for Ethics Management Systems – The European Perspective. Heidelberg 2003.
– (Hg.): Handbuch Wertemanagement. Erfolgsstrategien einer modernen Corporate Governance. Hamburg 2004.
–: Compliance Management als Corporate Governance – konzeptionelle Grundlagen und Erfolgsfaktoren. In: Ders./Roland Steinmayer/Stephan Grüninger (Hg.): Handbuch Compliance-Management. Konzeptionelle Grundlagen, praktische Erfolgsfaktoren, globale Herausforderungen. Berlin 2010a, 15–38.
–: Globales Wirtschaftsethos als transkulturelles Management. In: Küng/Leisinger/Ders. 2010, 76–91 [2010b].
–: Formen der Selfgovernance – Behavioural Business Ethics und Governanceethik. In: Ders. (Hg.): Behavioural Business Ethics. Psychologie und Governanceethik. Marburg 2010c, 17–34.
Zadek, Simon: The Civil Corporation: The New Economy of Corporate Citizenship. London 2003.

Josef Wieland

4. Sozialstandards

Der Begriff ›Sozialstandards‹ wird für Mindeststandards in den Bereichen Arbeits- und Menschenrechte verwendet. Sie sind neben den Umweltstandards ein typischer Bestandteil freiwilliger Verhaltenskodizes. Insbesondere Unternehmen, die in Entwicklungs- und Schwellenländern arbeiten, in denen das Arbeitsrecht unzulänglich kontrolliert wird oder nicht den internationalen Normen entspricht, verpflichten sich freiwillig zur Einhaltung solcher Mindeststandards in eigenen Produktionsstätten und bei ihren Zulieferern.

Inwieweit Unternehmen für die Einhaltung von Sozialstandards bei ihren Zulieferern verantwortlich sind, wurde insbesondere in den 1990er Jahren kontrovers diskutiert, nachdem die Praxis der Fremdproduktion, Stichwort ›Outsourcing‹, in verschiedenen Industrien, beispielsweise bei Bekleidungsherstellern, zum Standard wurde (Sethi 2003; Zadek 2004). Heutzutage wird die Durchsetzung und Kontrolle von Sozial- und Umweltstandards in Zuliefererbetrieben als Teil der gesellschaftlichen Verantwortung von Unternehmen verstanden (Crane/Matten/Moon 2008, 115). Die genauen Grenzen dieser Verantwortung sind allerdings weder präzise umrissen, noch endgültig definiert. Die meisten Unternehmen, die Sozialstandards kontrollieren, beschränken sich auf direkte und mittelbare Zulieferer erster und zweiter Stufe. Eine Kontrolle von Sozial- und Umweltstandards bei sämtlichen Akteuren in der Wertschöpfungskette vom Rohstoff bis zum Produkt und dessen Entsorgung kann derzeit kein Unternehmen garantieren.

Im Folgenden wird beschrieben, welche Normen als Sozialstandards bezeichnet werden, mit welchen Methoden diese bei Zulieferern kontrolliert und durchgesetzt werden sowie mit welchen Herausforderungen Unternehmen hierbei konfrontiert sind. Abschließend wird erörtert, warum Standardverletzungen trotz aller Kontrollbemühungen weiterhin auftreten.

Definition

Es gibt keine international verbindliche Definition, welche Normen unter den Begriff ›Sozialstandard‹ zu subsumieren sind und welche nicht. Allerdings ähneln sich die Kodizes von Unternehmen, Multistakeholder-Initiativen und Standardisierungsorganen stark, da sie sich alle auf die gleichen Grundlagen im internationalen Recht beziehen, nämlich auf die Allgemeine Erklärung der Menschenrechte und auf die Konventionen der International Labor Organization (s. Tabelle S. 254).

Folgende Forderungen gelten gemäß gängiger Kodizes als Sozialstandards:

- Verbot von Kinderarbeit
- Verbot von Zwangsarbeit (inklusive eines Verbots erzwungener Überstunden)
- Verbot von jeglicher Form der Diskriminierung
- Schutz vor menschenunwürdiger Behandlung (wie zum Beispiel unangemessenen Strafen, sexuellen Missbrauch usw.)
- Recht auf Gewerkschafts- und Vereinigungsfreiheit
- Schutz vor Gesundheitsrisiken und Unfällen
- Begrenzung der Arbeitszeit
- Recht auf angemessene Entlohnung entweder gemäß gesetzlicher Vorgaben (Mindestlohn) oder in Form eines den Bedürfnissen angepassten ›Living Wage‹

Durch Unternehmen festgelegte Standards gelten nur dann, wenn sie höhere Anforderungen stellen als bestehende gesetzliche Regelungen an dem jeweiligen Standort.

Für die Formulierung von Sozialstandards hat der Artikel 23 der Menschenrechtserklärung eine besondere Relevanz für Unternehmen, da dieser Menschenrechte in Unternehmen festlegt. Dort heißt es:

> »1. Jeder hat das Recht auf Arbeit, auf freie Berufswahl, auf gerechte und befriedigende Arbeitsbedingungen sowie auf Schutz vor Arbeitslosigkeit.
> 2. Jeder, ohne Unterschied, hat das Recht auf gleichen Lohn für gleiche Arbeit.
> 3. Jeder, der arbeitet, hat das Recht auf gerechte und befriedigende Entlohnung, die ihm und seiner Familie eine der menschlichen Würde entsprechende Existenz sichert, gegebenenfalls ergänzt durch andere soziale Schutzmaßnahmen.
> 4. Jeder hat das Recht, zum Schutze seiner Interessen Gewerkschaften zu bilden und solchen beizutreten.«

Einige Sozialstandards werden jedoch auch durch andere Passagen in der Menschenrechtserklärung gestützt. Diskriminierung wird durch den Gleichbehandlungsgrundsatz in Artikel 1 und 2 verboten. Artikel 3 sichert jedem »das Recht auf Leben, Freiheit und Sicherheit der Person« zu. Hieraus kann eine Pflicht zur Durchsetzung von Maßnahmen für Ge-

Standard	Menschenrechte	Konventionen der ILO
Verbot von Kinderarbeit, Schutz junger Arbeitnehmer	Indirekter Verweis in Artikel 3 (Schutzgebot) und in Artikel 26 (Recht auf Bildung)	Mindestalter: Konvention 5, 10, 33, 59, 123 und 138 Medizinische Untersuchung junger Arbeitnehmer: Konventionen 77, 78 und 124 Nachtarbeit junger Arbeitnehmer: Konventionen 6, 79 und 90 Verbot der schlimmsten Formen der Kinderarbeit: Konvention 182
Verbot von Zwangsarbeit	Artikel 4	Konvention 29 und 105
Verbot von jeglicher Form der Diskriminierung	Artikel 1, 2 und 23	Gleicher Lohn für gleiche Arbeit: Konvention 100 Diskriminierungsverbot: Konvention 111 Arbeitnehmer mit Erziehungs- und Pflegeverpflichtungen: Konvention 156
Schutz vor menschenunwürdiger Behandlung	Artikel 1, 3 und 5	Keine Konvention
Recht auf Gewerkschafts- und Vereinigungsfreiheit	Artikel 20 und 23	Konventionen 11, 84, 87, 98, 135, 141, 151 und 154
Schutz vor Gesundheitsrisiken und Unfällen	Artikel 23	Allgemeine Bestimmungen: Konventionen 155, 161 und 187 Spezifische Risiken: Konventionen 13 (bleihaltige Farben), 45 (Arbeit unter Tage von Frauen), 62 (Gebäude), 115 (Strahlungsschutz), 119 (Umgang mit Maschinen), 120 (Hygiene), 127 (Beschränkung der Traglast), 136 (Benzol), 139 (Krebs als Berufskrankheit), 148 (Luftqualität, Lärm und Vibrationen), 162 (Asbest), 167 (Sicherheit im Bau), 170 (Chemikalien), 174 (Vermeidung schwerwiegender Industrieunfälle), 176 (Bergbau) und 184 (Landwirtschaft) Mutterschutz: Konventionen 3, 103 und 183
Begrenzung der Arbeitszeit		Begrenzung der Arbeitszeit: Konventionen 1, 30, 47 und 153 Ruhezeiten und Urlaub: Konventionen 14, 52, 101, 106, 132 und 153 Nachtarbeit: Konventionen 89 und 171 Teilzeitarbeit: Konvention 175
Recht auf angemessene Entlohnung	Artikel 23	Konventionen 26, 94, 95, 99, 131 und 173

Sozialstandards und ihre Grundlagen in der Allgemeinen Erklärung der Menschenrechte und in den Konventionen der International Labor Organization (ILO)

sundheit und Sicherheit am Arbeitsplatz abgeleitet werden. Das Recht auf Vereinigungs- und Gewerkschaftsfreiheit wird ebenfalls durch Artikel 20 unterstützt, der jede Art von Vereinigungsfreiheit schützt. Ein Verbot von Zwangsarbeit resultiert aus Artikel 4, der jede Form von Sklaverei verbietet. Formen erniedrigender oder grausamer Bestrafungen werden durch Artikel 5 verboten. Im Artikel 26 wird ein Recht auf Bildung festgestellt, wodurch der Kinderarbeit implizit Grenzen gesetzt werden.

Die Konventionen der International Labor Organization sind in den Ländern, die die jeweilige Konvention ratifiziert haben, durch nationale Gesetzgebung umzusetzen. Obwohl alle Konventionen durch eine Mehrheit der Mitgliedsländer ratifiziert wurden, gibt es diesbezüglich von Land zu Land Unterschiede im Detail. So hat auch Deutschland nicht alle der 188 Konventionen ratifiziert (www.ilo.org). Im Gegensatz zur allgemein formulierten Menschenrechtserklärung legen die durch Protokolle und Erklärungen ergänzten Konventionen der International Labor Organization Mindestanforderungen bezüglich der Standardausgestaltung von Arbeitsbedingungen fest. Beispielsweise verbietet die Konvention 138 nicht nur Kinderarbeit, sondern definiert das fünfzehnte Lebensjahr als Mindestalter für Arbeitnehmer und beschränkt Ausnahmeregelungen. Die International Labor Organization hebt acht ihrer Konventionen als fundamentale Prinzipien und Rechte am Arbeitsplatz – oft »Core Labour Standards« genannt – hervor (Tapiola 2002). Hierzu gehören neben dem Verbot von Kinderarbeit (Konvention 138 und 182) die Konventionen zur Gewerkschafts- und Vereinigungsfreiheit (Konvention 87 und 98), das Verbot der Zwangsarbeit (Konvention 29 und 105) sowie das Diskriminierungsverbot (Konvention 111) und die Forderungen von gleichem Lohn für gleiche Arbeit (Konvention 100).

Eine Vielzahl von Konventionen regeln Aspekte des Gesundheitsschutzes und der Sicherheit am Arbeitsplatz. Neben allgemeinen Regelung zum Management der Arbeitssicherheit im Unternehmen werden auch spezifische Risiken thematisiert wie zum Beispiel der Umgang mit Asbest, Strahlungen, krebserregenden Stoffen, Chemikalien und die Vermeidung schwerwiegender Industrieunfälle. Hier kommt es zu Überschneidungen zwischen Sozial- und Umweltstandards. Die International Labor Organization limitiert die durchschnittliche wöchentliche Arbeitszeit auf 48 Stunden an sechs Arbeitstagen (Konvention 1) mit einem garantierten Ruhetag pro Woche (Konvention 14). Bei der Regelung von Löhnen hält sich die International Labor Organization zurück. Sie fordert lediglich die Gesetzgeber in Entwicklungsländern dazu auf, Mindestlöhne festzusetzen. Des Weiteren gewährt die Konvention 173 im Insolvenzfall Arbeitnehmerinnen und Arbeitnehmern besonderen Schutz, so dass noch ausstehende Lohnzahlungen vorrangig durch das insolvente Unternehmen zu leisten sind.

Sozialaudits

Angesichts der Komplexität des internationalen Regelwerks und der Vielfältigkeit nationaler Spezifika im Arbeitsrecht ziehen viele Unternehmen es vor, einen eigenen Verhaltenskodex zu formulieren, der für das Unternehmen international verbindliche Regeln festsetzt. Solche unternehmensinternen Kodizes orientieren sich meist stark an den Konventionen der International Labor Organization und haben den Vorzug, dass sie sich einfacher kommunizieren und kontrollieren lassen, als lokal spezifische Standards. Zudem erlauben sie es, Sozial- und Umweltstandards in einem Regelwerk zu kombinieren.

Der erste Schritt zur Implementierung von Sozialstandards besteht darin, diese im Unternehmen und bei Zulieferern bekannt zu machen. Zulieferer müssen sich zur Einhaltung von Sozialstandards vertraglich verpflichten und entsprechenden Kontrollen zustimmen. In der Regel sind Kontrollen in Form von Sozialaudits notwendig, um sicherzustellen, dass Zulieferer diese umsetzen (Sethi 2003). Es gibt eine Vielfalt verschiedener Organisationsformen für das Monitoring von Sozialstandards. Beispielsweise können Unternehmen Sozialaudits bei Zulieferern selbst durchführen, Prüfungsfirmen beauftragen oder sich einer auf diesem Gebiet spezialisierten Organisation anschließen (Wick 2003).

Typischerweise besteht ein Sozialaudit aus Gesprächen mit der Unternehmensführung, Mitarbeiterinnen und Mitarbeitern sowie dem Betriebsrat, einer Begehung der Produktionsstätten sowie einer Prüfung relevanter Unterlagen (Gewerbeerlaubnis, Personalakten, Stunden- und Lohnzettel usw.). Weitere Elemente wie zum Beispiel Gespräche mit Vertretern von Gewerkschaften und lokaler Nichtregierungsorganisationen (NGO) können hinzukommen. Ziel von Sozialaudits ist es, anhand einer Liste von etwa 100 bis 200 Indikatoren die Einhaltung der Sozialstandards systematisch und nach objektiven Kriterien zu überprüfen. Beispielsweise wird die Forderung nach sicheren Fluchtmöglichkeiten im Brandfall kontrolliert, indem evaluiert wird, ob die Fluchtwege unverstellt und deutlich gekennzeichnet bei der Begehung des Unternehmens vorgefunden werden, ob sich die Mitarbeiter an regelmäßige Evakuierungsübungen erinnern können und ob Management oder Sicherheitsverantwortliche Angaben zu deren Ablauf machen können.

Insbesondere schwer zu erfassende und häufig verletzte Standards, wie zum Beispiel die Einhaltung der Arbeitszeitbegrenzung und die korrekte Entlohnung von Überstunden, sind durch mehr als eine Datenerhebungsmethode zu überprüfen. Ein Vergleich von Arbeitszeit- und Gehaltslisten sowie den individuellen Lohnabrechnungen mit den Angaben der Arbeitnehmerinnen und Arbeitnehmer erschwert es, Verstöße in diesen Bereichen zu verschleiern. Aus dem gleichen Grunde sollten Auditoren diejenigen Mitarbeiter, die mit Hilfe eines Gesprächleitfadens befragt werden, selbst und erst während des Audits auswählen.

Werden in einem Audit Mängel festgestellt, wird mit der Unternehmensführung des Zuliefererbetriebes ein Korrekturplan (*corrective action plan*) vereinbart. Der Korrekturplan beschreibt die vorgefundenen Mängel, die verabredeten Maßnahmen zur Behebung der Probleme sowie das Datum, bis zu dem die Korrekturen umgesetzt sein sollten. Wenn gravierende Mängel vorliegen, ist es üblich, die Implementierung des Korrekturplans mittels eines verkürzten Audits zu überprüfen.

Vereinheitlichung von Sozialstandards

Seit den 1990er Jahren ist es zu einer deutlichen Zunahme von Sozialaudits gekommen. Insbesondere bei Zulieferern, die für verschiedene auditierende Auftraggeber arbeiten, kann es zu einer sogenannten Auditmüdigkeit kommen als Folge von bis zu 50 Audits im Jahr (Jørgensen et al. 2003, 18). Während gut durchgeführte Erstaudits den Zulieferern eine nützliche Analyse ihrer Stärken und Schwächen bieten und Lösungswege aufzeigen können, nimmt aus der Sicht der Zulieferer der Nutzen von Sozialaudits bei einer zu häufigen Durchführung ab (Roloff 2006). Dies ist problematisch, da Audits Kosten verursachen, die in der Regel von den Zulieferern zu tragen sind. Hierzu gehören die Gebühren für den Auditor und die Investitionen, welche notwendig werden, wenn die Standards nicht erfüllt sind. Hinzu kommt, dass während jedes Audits sowohl Führungs-, als auch Arbeitskräfte von ihrer Tätigkeit abgehalten werden, um den Kontrolleuren Rede und Antwort zu stehen, ihnen Zugang zu Gebäuden und Dokumenten zu verschafften und um gegebenenfalls notwendige Veränderungen abzusprechen. Besonders ärgerlich ist es, wenn verschiedene Auftraggeber mit unterschiedlichen Interpretationen desselben Standards arbeiten. Der Chef eines chinesischen Textilunternehmens berichtet beispielsweise, dass ein Kunde blaue Hinweisschilder für Notausgänge verlangt, während ein anderer hierfür die Farbe Rot festlegt. Zu Recht stellt er fest, dass das beste Hinweisschild jenes sei, das die Leute im Notfall sehen – unabhängig von der Farbe (Harney 2008, 254).

Um widersprüchliche Anforderungen zu verhindern und die Kosten für Kontrollen zu reduzieren, etablieren sich zunehmend Initiativen, in denen sich mehrere Kunden derselben Zulieferer zusammenschließen und diese gemeinsam auditieren. Hierzu gehören die Multistakeholder-Initiativen Fair Labor Association (FLA) und Ethical Trading Initiative (ETI). Die amerikanische Fair Labor Association konzentriert sich auf die Textilindustrie (www.fairlabor.org), während die britische Ethical Trading Initiative Zulieferer verschiedener Industrien kontrolliert, insbesondere Hersteller von Nahrungsmitteln, Schnittblumen und Bekleidung (www.ethicaltrade.org). Der europäische Einzelhandel hat mit der Business Social Compliance Initiative eine eigene Plattform für gemeinsame Auditierungen geschaffen (www.bsci-eu.com). Neben solchen bekannten, oftmals mit staatlicher Unterstützung geschaffenen Organisationen gibt es eine Vielzahl weniger bekannter Zusammenschlüsse von Unternehmen, die ihre Zulieferer gemeinsam auditieren.

Eine Alternative zu solchen Zusammenschlüssen ist die Zertifizierung der Sozialstandards durch eine neutrale Institution, wie dies beispielsweise von Social Accountability Accreditation Services (SAAS) für den von der Multistakeholder-Initiative Social Accountability International (SAI) entwickelten SA 8000 angeboten wird (www.sa-intl.org). Im Unterschied zu den zuvor genannten Initiativen, bei denen die Auftrag gebenden Unternehmen Mitglied werden, richtet sich der SA 8000 direkt an die Zulieferer. Vergleichbar mit dem ISO 14001-Standard für Umweltmanagement akkreditiert SAAS Unternehmen, die nach Durchführung einer Selbstevaluierung und eines durch eine Drittorganisation durchgeführten Audits die wichtigsten Sozialstandards einhalten und sich zu weiteren Verbesserungen verpflichten.

Die International Organization for Standardization (ISO) entwickelt ebenfalls einen internationalen Standard für gesellschaftliche Verantwortung, der auf der Menschenrechtserklärung und den Konventionen der International Labor Organization beruht (www.iso.org). Der ISO 26000 Standard unterscheidet sieben Kernthemen: organisationale Governance, Menschenrechte, Arbeitnehmerrechte, Umwelt, faire Verfahrensweisen, Konsumentenrechte, gesellschaftliches Engagement und Entwicklung (ISO 2009, 18). Im Gegensatz zum SA 8000 handelt es sich beim ISO 26000 um einen Leitfaden für sozial verantwortliches Management und nicht um einen zertifizierbaren Standard (ISO 2009, V).

Unternehmen entscheiden sich aber nicht nur für solche Zertifizierungs- und Kontrollprogramme, um

Mehrfachauditierungen zu vermeiden, sondern auch, weil verschiedene Stakeholder-Gruppen eine transparente und vor allem unabhängige Kontrolle von Sozialstandards in Zuliefererketten fordern. Insbesondere Nichtregierungsorganisationen und Gewerkschaften sind skeptisch, wenn die Auftraggeber selbst Standards überprüfen (Clean Clothes Campaign 2008). Zu Recht weisen sie daraufhin, dass ein Teil der Standardverstöße dadurch entsteht, dass Auftraggeber niedrige Preise verhandeln, knapp bemessene Lieferzeiten vorgeben und hohe Anforderungen an die Produktqualität stellen. Diese Anforderungen stehen teilweise im Widerspruch mit der Erfüllung von Sozial- und Umweltstandards (Pollin/Burns/Heintz 2004). Kritiker bemängeln, dass Einkäufer der Versuchung nachgeben können, negative unternehmensinterne Auditberichte zu ignorieren oder laxere Prüfungen zu fordern, wenn der betreffende Zulieferer ansonsten preiswert und gut ist. Kontrollen durch Dritte und die Veröffentlichung von Auditergebnissen hingegen können den Druck auf Einkäufer erhöhen, Sozialstandards verstärkt als Kaufkriterium zu berücksichtigen.

Grenzen der Auditierung

Die Kontrolle von Sozialstandards durch Audits ist ein wichtiger Schritt, um deren Implementierung voranzutreiben. Allerdings hat dieser Ansatz seine Grenzen: (1) die Methodologie zur Messung von einigen Standards ist nicht ausgereift, (2) die auditierten Unternehmen lernen mangelhafte ›Compliance‹ zu verheimlichen und (3) die Komplexität vieler Zuliefererketten macht eine lückenlose Kontrolle nahezu unmöglich.

(1) Methodologische Probleme treten insbesondere bei weniger technischen Standards auf. Bei diesen ist der Implementierungsgrad deshalb schwer zu messen, weil es an klaren Kriterien mangelt, wie Abstufungen zwischen vorbildlichen und unverantwortlichen Praktiken zu bewerten sind. Beispielsweise kann man zwischen Unternehmen, in denen Gewerkschaftsfreiheit sichergestellt ist und solchen, in denen ein derartiges Engagement höchst riskant ist, unterscheiden. Doch oftmals finden sich in Ländern, in denen Gewerkschaften nicht nur von Unternehmern, sondern auch von Politikern mit Misstrauen betrachtet werden, Unternehmen, in denen Angestellte und Gewerkschaftler sehr zurückhaltend agieren oder gar ganz passiv bleiben, obwohl theoretisch Gewerkschafts- und Vereinigungsfreiheit gegeben ist. Hier stellt sich die Frage, wie sich Selbstzensur von Desinteresse unterscheiden lässt und welche Aktivitäten man in Rahmen eines ›Corrective Action Plans‹ fordern darf. Das kritische NGO-Netzwerk Clean Clothes Campaign (2008) rät Unternehmen, die in Ländern mit gesetzlich eingeschränkter Gewerkschaftsfreiheit tätig sind (z. B. China oder Vietnam) dazu, Arbeitnehmer bezüglich ihrer Fähigkeit zur Selbstorganisation mittels Training und der Wahl von Betriebsräten zu fördern, während sie gleichzeitig im Dialog mit der Regierung auf eine Gesetzesnovelle drängen sollen.

Ähnliche Probleme treten auf, wenn man einen den Bedürfnissen angepassten ›Living Wage‹ fordert. Das Konzept findet sich bereits im Artikel 23 der Menschenrechtserklärung und auch die Definition von Mindestlöhnen gemäß der International Labor Organization spiegelt diese Idee wider (Konvention 131, Artikel 3). Allerdings erlaubt es Konvention 131, ebenfalls ökonomische Faktoren wie gesellschaftliche Entwicklung und die Sicherung von Arbeitsplätzen bei der Festsetzung des Mindestlohns zu berücksichtigen. Tatsächlich berechnen Entwicklungs- und Schwellenländern oftmals bewusst niedrige Mindestlöhne oder passen sie nicht an die Inflation an mit dem Ziel, Auslandsinvestitionen anzulocken (U.S. Department of Labor 2000; Labour Behind the Label 2001; ITGLWF 2008). Die Problematik bei der Berechnung von Living Wages besteht in erster Linie darin, festzulegen, wie man einen typischen Haushalt definiert (Anzahl von Personen, Anzahl von Berufstätigen) und welche Waren und Serviceleistungen notwendig sind, um das Existenzminimum zu sichern (Anker 2006; ITGLWF 2008). In beiden Bereichen sind sowohl interkulturelle und regionale Unterschiede, als auch sich verändernde Ansprüche zu berücksichtigen. Ohne sehr gute Landeskenntnisse ist es schwer zu beurteilen, inwieweit ein bestimmtes Gehalt den landesüblichen Bedürfnissen und Lebensbedingungen angepasst ist. Aus diesem Grund kontrollieren Auditoren oftmals nur, ob regionale oder industrietypische Mindestlöhne gezahlt werden (Fair Labor Association 2008; Business Social Compliance Initiative 2008).

(2) Aber auch Standards, deren Prüfungskriterien in Prinzip unangefochten sind, können in der Praxis schwer zu kontrollieren sein. In den letzten Jahren häufen sich Berichte über zum Teil hochgradig ausgefeilte Täuschungsmanöver von Zulieferbetrieben gegenüber den Auditoren. Insbesondere aus China erreichen uns Berichte von Arbeiterinnen und Ar-

beitern, die auf Audits vorbereitet werden, indem sie unwahre Antworten für eine eventuelle Befragung auswendig lernen, von doppelter Buchführung und von Modellfabriken, die für Auditierungszwecke vorbildlich verwaltet werden, während ein Großteil der Produktion in illegalen Schattenfabriken stattfindet (Egels-Zandén 2007; Harney 2008). Aus diesem Grund suchen Unternehmen und Multistakeholder-Initiativen nach neuen Wegen, um Zulieferer von der Notwendigkeit und Nützlichkeit von Sozialstandards zu überzeugen. In einer Vielzahl von Pilotprojekten wurden verschiedene Formen des Manager- und Arbeitnehmertrainings erprobt, Methoden der Selbstevaluierung entwickelt und nach Wegen der Zusammenarbeit mit lokalen NGOs, Gewerkschaften und Arbeitsinspektoren gesucht (Business Social Compliance Initiative 2008; Clean Clothes Campaign 2008; Fair Labor Association 2008). Die Wirtschaftlichkeit von verantwortungsvoller Unternehmensführung hängt allerdings davon ab, ob Auftraggeber und Endverbraucher bereit sind, Preise zu zahlen, welche die Produktionskosten decken (Pollin/Burns/Heintz 2004). Der weit verbreitete Trend, Preise für Konsumprodukte und damit auch im Einkauf vom Zulieferer zu senken, steht teilweise im Widerspruch mit der Einhaltung von Sozialstandards (Harney 2008; Roloff/Aßländer 2008).

(3) Ein weiteres Problem besteht darin, dass Zuliefererketten höchst komplex sind, da auch Zulieferer ihrerseits mit Subunternehmen zusammenarbeiten, um den Wertschöpfungsprozess im eigenen Unternehmen zu optimieren. In diesem Zusammenhang stellt sich die Frage, wer für die Einhaltung von Mindeststandards bei Zulieferern zweiter, dritter und vierter Ordnung verantwortlich ist. Ist es das Unternehmen, welches das Endprodukt an die Konsumenten verkauft oder ist es das Auftrag gebende Unternehmen? Sollen beispielsweise Bekleidungsunternehmen, beginnend mit dem Anbau der Baumwolle, über die Herstellung des Reißverschlusses und der Farben, über das Nähen bis hin zum Verkauf, die Einhaltung von Sozialstandards kontrollieren? Angesichts der Tatsache, dass die großen Mitgliedsunternehmen der Fair Labor Association mitunter zwischen 200 und 800 Zulieferer haben (Fair Labor Association 2008), mit denen sie überwiegend direkt zusammenarbeiten, wird deutlich, dass eine vollständige Kontrolle von Zuliefererketten Audits bei über tausend Subunternehmern notwendig machen würde. Einige Unternehmen delegieren daher einen Teil ihrer Kontrollen von mittelbaren Zulieferern bereits heute an direkte Zulieferer. Macht der direkte Zulieferer einen Fehler bei der Kontrolle seines Zulieferers, fällt dies dennoch zumeist auf das Markenunternehmen zurück. Dies hat z. B. Mattel Inc. erlebt, als 2007 einige Mattel-Spielzeuge positiv auf Blei getestet wurden. Die Kontrolle, der bei der Produktion eingesetzten Farben, war von Mattel an einen langjährigen chinesischen Zulieferer delegiert worden, welcher unzulässiger Weise bleihaltige Farben für die Produktion einkaufte und verwendete (Roloff/Aßländer 2010).

Ursachen für die Verletzung von Sozialstandards

Angesichts der großen Schwierigkeiten bei der Durchsetzung von Sozialstandards in internationalen Zuliefererketten stellt sich die Frage nach den Ursachen mangelhafter Compliance (van Heerden/Baumann 2005). Da Verstöße gegen Sozialstandards weltweit ein Problem darstellen und eine Vielzahl von Industrien und Unternehmen betroffen sind, die sich in wesentlichen Charakteristika unterscheiden, lässt sich diese Frage nicht abschließend beantworten. Eine große Anzahl individueller, organisatorischer, ökonomischer und gesellschaftlicher Faktoren spielen hierbei eine Rolle. Beispielsweise werden Sicherheitsstandards, wie das Tragen von Schutzbekleidung, zum Teil aus Unwissenheit oder Unbequemlichkeit ignoriert (van Heerden/Baumann 2005). In anderen Fällen wird versucht, Kosten einzusparen. Dies kann aus individuellem Gewinninteresse erfolgen, aber auch eine Reaktion sein auf Preise von Wettbewerbern und auf Druck von Kundinnen und Kunden. Die Nachfrage nach gleichzeitig sehr preiswerten und qualitativ guten Produkten auf den Verbrauchermärkten als Folge von Arbeitslosigkeit in Industrieländern einerseits und dem Entstehen einer Mittelschicht in Schwellenländern andererseits trägt zum Kostendruck bei. Eine Missachtung von Mindeststandards wird auch dadurch begünstigt, dass in manchen Niedriglohnländern die Einhaltung von gesetzlich verankerten Arbeitsrechten nicht hinreichend kontrolliert wird (Yu 2007).

Obwohl die Verfechter von Sozialstandards argumentieren, dass die Einführung solcher Standards zu Produktivitätssteigerungen führen kann, beispielsweise weil ausgeruhte und gesunde Arbeitnehmerinnen und Arbeitnehmer weniger Ausschuss produzieren, bleiben viele Zulieferer diesem Argument gegenüber skeptisch. Auch empirische Untersuchungen, die sich zumeist auf Fallstudien stützen, kommen bezüglich der Frage, ob Sozialstandards sich bezahlt machen, zu widersprüchlichen Ergebnissen (Yu 2007; Collinson 2001). Diese wenig erfreuliche Bilanz kann möglicherweise dadurch erklärt werden, dass multinationale Unternehmen in erster Linie versuchen, Compliance bei ihren Zulieferern durchzusetzen und dabei auf rigorose Audits setzen, in denen Sozialstandards anhand von Checklisten kontrolliert werden und Fehlverhalten bestraft wird, ohne dass die Ursachen für Standardverletzungen ergründet werden (van Heerden/Baumann 2005). Als Alternative zu diesem Compliance-Ansatz erproben Multistakeholder-Initiativen wie die Fair Labor Association derzeit Monitoringverfahren, in denen Zulieferer mehr Mitspracherechte bei der Problemanalyse und -behebung haben (van Heerden/Baumann 2005).

Zusammenfassend kann festgestellt werden, dass eine vollständige Umsetzung von Sozialstandards nicht alleine durch die Auftrag gebenden Unternehmen durchgesetzt werden kann, sondern dass eine Zusammenarbeit zwischen Unternehmen, Zulieferern, Gesetzgebern, staatlichen Kontrolleuren, Gewerkschaften, Multistakeholder-Initiativen, der Zivilgesellschaft und nicht zuletzt der Konsumenten notwendig ist, um die Rahmenbedingungen zu verändern, welche die Umsetzung dieser Standards erschweren oder sogar unmöglich machen.

Literatur

Anker, Richard: Living Wages around the World: A new Methodology and Internationally Comparable Estimates. In: International Labour Review 145, 4 (2006), 309–338.

Business Social Compliance Initiative: Annual Report 2007–2008. In: http://www.bsci-eu.com/index.php?id=2035 (13.3.2009, veröffentlicht in 2008).

Clean Clothes Campaign: Full Package Approach to Labour Codes of Conduct. In: http://www.cleanclothes.org/resources/ccc/corporate-accountability/full-package-approach-to-labour-codes-of-conduct (17.8.2010, veröffentlicht: 29.4.2008).

Collinson, Chris: The Business Costs of Ethical Supply Chain Management: South African Wine Industry Case Study. Natural Resources Institute Report No. 2606 (2001). In: http://www.sa-intl.org/index.cfm?fuseaction=document.showDocumentByID&nodeID=1&DocumentID=14 (26.2.2010).

Crane, Andrew/Matten, Dirk/Moon, Jeremy: Corporations and Citizenship. Cambridge 2008.

Egels-Zandén, Niklas: Suppliers' Compliance with MNCs' Codes of Conduct: Behind the Scenes at Chinese Toy Suppliers. In: Journal of Business Ethics 75, 1 (2007), 45–62.

Fair Labor Association: 2007 Annual Report. In: http://www.fairlabor.org/images/WhatWeDo/2007_annualpublicreport.pdf (17.8.2010, veröffentlicht in 2008).

Harney, Alexandra: The China Price. The True Costs of Chinese Competitive Advantage. New York 2008.

International Organization for Standardization (ISO): Committee Draft ISO 26000 »Guidance on Social Responsibility«. Referenznummer ISO/TMB/WG SR N 157. Genf 2009.

International Textile, Garment and Leather Workers' Federation (ITGLWF): Bargain for a Living Wage: A Trade Union Guide. In: http://www.itglwf.org/lang/en/bargaining-for-a-living-wage-campaign.html (17.8.2010, veröffentlicht in 2008).

Jørgensen, Helle Bank/Pruzan-Jørgensen, Peder Michael/Jungk, Margaret/Cramer, Aron: Strengthening Implementation of Corporate Social Responsibility in Global Supply Chains. Bericht im Auftrag der Weltbank. Washington 2003.

Labour Behind the Label: Wearing Thin. The State of Pay in the Fashion Industry 2000–01. Norwich 2001.

Pollin, Robert/Burns, Justine/Heintz, James: Global Apparel Production and Sweatshop Labour: Can Raising Retail Prices Finance Living Wages? In: Cambridge Journal of Economics 28 (März 2004), 153–171.

Roloff, Julia: Sozialer Wandel durch deliberative Prozesse. Die Einführung von Sozialstandards in marokkanischen Textilunternehmen. Marburg 2006.

– /Aßländer, Michael S.: Autonomy in Buyer-Supplier Relationships. In: Academy of Management Proceedings (2008), 1–6.

– /Aßländer, Michael S.: Corporate Autonomy and Buyer-Supplier Relationship: The Case of Unsafe Mattel Toys. In: Journal of Business Ethics 97, 4 (2010) 517–534.

Sethi, S. Prakash: Setting Global Standards. Guidelines for Creating Codes of Conduct in Multinational Corporations. Hoboken 2003.

Tapiola, Kari: Core Labor Standards and Globalization. Vortrag des Executive Director Standards and Fundamental Principles and Rights at Work der International Labour Office vor der Asian Development Bank in Manila am 1. Juli 2002. In: http://www.adb.org/SocialProtection/tapiola.pdf?q=assessing-the-copenhagen-summit-views-from-within (17.8.2010).

U.S. Department of Labor: Wages, Benefits, Poverty Line, and Meeting Workers' Needs in the Apparel and Footwear Industries of Selected Countries. Washington 2000.

van Heerden, Auret/Baumann, Dorothee: Die nachhaltige Verankerung von Arbeitsrechtsstandards in der Herstellung von Fußballprodukten – ein Projekt der Fair Labor Association. In: Forum Wirtschaftsethik 13, 4 (2005), 16–23.

Wick, Ingeborg: Workers' Tool or PR Ploy? A Guide to Codes of International Labour Practice. Bonn/Siegeburg [3]2003.

Yu, Xiaomin: Impacts of Corporate Code of Conduct on Labor Standards: A Case Study of Reebok's Athletic Footwear Supplier Factory in China. In: Journal of Business Ethics 81, 3 (2007), 513–529.

Zadek, Simon: The Path to Corporate Responsibility. In: Harvard Business Review Dezember (2004), 125–132.

Julia Roloff

5. Stakeholder-Management

Stakeholder-Definitionen

›Stakeholder‹ ist ein prominenter und erfolgreicher Begriff der Managementtheorie mit einer nur geringen theoretischen Bestimmtheit. Es lassen sich drei Definitionsvarianten unterscheiden: Differenzkonzepte, Identitätskonzepte und Eigenschaftskonzepte.

Differenzkonzepte stellen zur Definition eines Begriffs auf seinen Gegenbegriff ab. Im Fall des Stakeholders ist das der Shareholder, und die Definition läuft über Eigentums- und Verfügungsrechte (vgl. Jensen 2002; Williamson 1984). Der Shareholder ist je nach theoretischem Ansatz der Eigentümer, der Risikonehmer oder die zentrale Vertragspartei eines Unternehmens, dessen Wesen dann konsequenterweise durch den Zwang oder die Pflicht zur Maximierung des Shareholder Values bestimmt ist. In der Regel ist das der monetarisierte Unternehmenswert. Stakeholder-Theorien kritisieren die damit einhergehende Verengung der Aufgabe und Funktion eines Unternehmens und seines Managements und schlagen alternativ einen Stakeholder Value (vgl. Earl/Clift 1999; Hosseini/Brenner 1992) vor.

Identitätskonzepte verstehen Stakeholder als Rolle, die in spezifischen Interaktionssituationen mit normativen und faktischen Inhalten gefüllt wird (vgl. Palazzo 2004). Ein Stakeholder ist dann kein Interessenvertreter seiner selbst oder anderer Gruppen, sondern jemand, der in einem dialogischen Prozess seine Identität zur Geltung bringt oder überhaupt erst herausbildet. Dieses Verständnis liegt vor allem politischen und deliberativen Stakeholder-Konzeptionen zugrunde (vgl. Scherer/Palazzo 2007). Auch hier geht es dann in der Konsequenz um das Verständnis dessen, was eine Firma überhaupt ist. Aus gesellschaftspolitischer Sicht hat nicht nur das Unternehmen Stakeholder, sondern ist selbst einer von vielen Stakeholdern der Gesellschaft, deren Steuerung über Multistakeholder-Dialoge (vgl. hierzu z. B. Hemmati 2002; Susskind et al. 2003) läuft, die rollenspezifisch identitätsstiftend und gesellschaftstheoretisch legitimitätsstiftend sind. Unternehmen mutieren dann zur politischen Agentur.

Eigenschaftskonzepte entwickeln funktionalistische Stakeholder-Definitionen im Hinblick auf die organisatorische Einheit, in der jemand einen ›stake‹ hat. ›Stakes‹ können legale oder legitime Interessen und Ansprüche sein. Eigenschaften können aber auch Betroffenheit, Abhängigkeit, Verantwortlichkeit, Verpflichtung, Tauschbeziehung oder Bedeutung sein (vgl. Mitchell et al. 1997; Frooman 1999). Eigenschaftskonzepte zielen auf eine als kausal gedachte Ursache-Wirkungs-Relation, entweder der Organisation auf den Stakeholder oder des Stakeholders auf die Organisation. Anders als im Fall des Differenz- oder Identitätskonzepts geht es in der Regel um die Analyse von bestimmten Handlungsentscheidungen. Funktionalistische Definitionen dominieren die managementtheoretische und ökonomische Stakeholder-Diskussion und deuten das Wesen des Unternehmens als organisierte Kooperation. Beide Sichtweisen, die der Management-Theorie und die der ökonomischen Firmentheorie, sollen im Folgenden eingehender erläutert werden.

Donaldson und Preston (1995) haben schon früh darauf hingewiesen, dass alle theoretischen Stakeholder-Konzepte einen deskriptiven, einen instrumentellen und einen normativen Aspekt haben, der explizit gemacht werden muss; bei aller Pluralität liegt hier das Gemeinsame der unterschiedlichen Ansätze. Deskriptiv wird die Theorie genutzt, um bestimmte Charakteristika und Verhaltensweisen eines Unternehmens zu beschreiben. Instrumentell wird die Stakeholder-Analyse immer dann, wenn auf eine kausale Beziehung zwischen Stakeholder-Management und ökonomischer Leistung abgestellt wird. In normativer Hinsicht geht es schließlich um die Legitimität und Rechtfertigung der Unternehmensfunktion, die ethische Orientierung der Managemententscheidungen und der Interessen von Stakeholdern. Dabei stellen die Autoren vor allem im Sinne Kants darauf ab, dass Stakeholder-Interessen einen intrinsischen Wert haben, der im Wesentlichen auf diejenigen moralischen Ansprüche abstellt, die sich aus den Eigentumsrechten der Stakeholder gegenüber dem Unternehmen ergeben (Donaldson/Preston 1995, 84 f.). Damit ist aber auch gesagt, dass die Beziehung zwischen einer Organisation und ihren Stakeholdern auf einem impliziten oder expliziten sozialen oder privaten Vertrag basiert.

Stakeholder aus Management-Sicht

Der Umgang mit Stakeholdern ist aus Sicht von Management-Theorien Bestandteil der strategischen Unternehmensführung. Diese basiert auf der Kernidee, dass über den wirtschaftlichen Erfolg eines Unternehmens diejenigen Akteure entscheiden, die ein Interesse am Erfolg eines Unternehmens haben, weil damit zugleich ihre eigenen Interessen realisiert werden. In einer Stakeholder-Map werden die in ein Unternehmen oder in eine seiner Entscheidungen involvierten Interessengruppen erfasst. Typische Stakeholder sind dabei neben den Investoren, Mitarbeiterinnen und Mitarbeitern, Kundinnen und Kunden sowie den Lieferanten vor allem Gemeinden, politische Körperschaften, Gewerkschaften, Bürgerinitiativen und andere Organisationen der Zivilgesellschaft, wobei diese Aufzählung nur exemplarisch und nicht abschließend ist (vgl. dazu Freeman et al. 2010). Ihrem Wesen nach sind Management-Theorien, die sich mit der Funktion von Stakeholdern beschäftigen, spezifische Wertschöpfungstheorien. Deren Primat besteht in der Annahme, dass die Berücksichtigung und Integration der Interessen von Akteuren, die in Unternehmensentscheidungen und in Unternehmenstransaktionen involviert sind, ökonomische Werte und neue Andockpunkte für ökonomische Transaktionen schaffen und zwar sowohl beim Unternehmen als auch bei den jeweils involvierten Akteuren. Es geht dieser Stakeholder-Theorie demnach nicht um Wirtschaftsdemokratie, Mitbestimmung, gesellschaftliche Verantwortung von Unternehmen usw., sondern um die Gestaltung der Bedingungen des wirtschaftlichen Erfolges eines Netzwerkes ökonomischer Akteure (vgl. Freeman et al. 2006; 2010). Diese Bedingungen sind nach Freeman im Wesentlichen mit drei Prinzipien beschrieben: dem »Prinzip der Stakeholderkooperation«, dem »Prinzip der Stakeholderverantwortlichkeit« und dem »Prinzip der Komplexität« (Freeman et al. 2006).

- Das ›Kooperationsprinzip‹ besagt: »Value can be created, traded, and sustained because stakeholders can jointly satisfy their needs and desires by making voluntary agreements with each other, that for the most part are kept« (ebd., 26). Dies ist die vertragstheoretische Komponente der Stakeholder-Theorie, wobei es unerheblich ist, ob die wechselseitigen Vereinbarungen und Versprechen auf formalen oder informalen Verträgen basieren.
- Das ›Verantwortlichkeitsprinzip‹ besagt: »Value can be created, traded, and sustained because parties to an agreement are willing to accept responsibility for the consequences of their actions« (ebd., 26). Dies ist die konsequentialistische Komponente der Stakeholder-Theorie, die bedeutsam ist für die Beantwortung der Frage, wer von den vielen potenziellen zu einem aktuellen Stakeholder einer Organisation wird, nämlich derjenige, der

auch bereit ist, Verantwortung für die Resultate der Stakeholder-Kooperation zu übernehmen.

- Das ›Komplexitätsprinzip‹ besagt: »Value can be created, traded, and sustained because human beings are complex psychological creatures, they are able of acting of many different values and points of view« (ebd., 26). Dies ist die verhaltenstheoretische Komponente der Stakeholder-Theorie; sie stellt im Wesentlichen heraus, dass einseitige Konzepte, wie das der Nutzenmaximierung, eine Verengung des Verständnisses der Verhaltensdimensionen von wirtschaftlichen Akteuren nach sich ziehen; dabei kann dieses verengte Verständnis einen negativen Einfluss auf die Wertschöpfungsfähigkeit einer Organisation haben, weil dadurch zu viele Handlungsoptionen ausgeschlossen werden und der Erwartungsraum von Vorteilen zu beschränkt definiert wird.

Alle drei Prinzipien beruhen auf einer Integration von ökonomischer und ethischer Entscheidungslogik, von wirtschaftlichen und moralischen Werten als Voraussetzung von Wertschöpfung und Tausch in modernen Ökonomien. Während das ›Komplexitätsprinzip‹ darauf abstellt, dass Akteure über moralische Präferenzen verfügen, die sie auch bedienen wollen, umfasst das ›Verantwortlichkeitsprinzip‹ die Seite der moralischen Verantwortung der Akteure für ihr Handeln. Der theoretische Kern der Integration von ökonomischem Kalkül und ethischem Anspruch ist das vertragstheoretisch gestützte ›Kooperationsprinzip‹, weil jede Form des Vertrags ja immer schon moralische Vorstellungen und Verpflichtungen einschließt (vgl. van Oosterhout et al. 2006, 525).

Kooperation ist eine nicht hintergehbare und nicht weiter reduzierbare Qualität sozialen Lebens (vgl. Wieland 1999). Sie bestimmt auch das Wesen des Stakeholder-Managements. Das Management von Stakeholder-Beziehungen, das den drei genannten Prinzipien genügt, bezieht sich auf drei zu unterscheidende Gegenstandsbereiche, nämlich auf (a) das Unternehmen als Organisation, (b) seine Prozesse und Verfahren und (c) auf dessen spezifische Transaktionen. Die Bezugseinheit der Analyse sind dabei die für diesen Gegenstandsbereich relevanten Interessen und Ressourcen als Komponenten des sich dort vollziehenden Wertschöpfungsprozesses.

Dabei muss das Management in Betracht ziehen, dass nicht alle Stakeholder einen positiven Beitrag zu dem Kooperationsprojekt leisten wollen oder können. Freeman und seine Co-Autoren (Freeman et al. 2010) tragen dieser Tatsache mit der Unterscheidung von »definitional« und »instrumental stakeholders« Rechnung. Während die erste Gruppe Kunden, Mitarbeiter, Lieferanten, Kreditgeber und Kommunen umfasst, die entscheidend für das Wachstum und das Überleben des Unternehmens sind, gehören zur zweiten Gruppe Wettbewerber, Medien, Regierungs- und Verwaltungsorgane sowie Nichtregierungsorganisationen (NGOs), welche die Beziehung des Unternehmens zu ihren primären Stakeholdern (»definitional stakeholders«) positiv oder negativ beeinflussen können und damit deren Bereitschaft, ihre Interessen und Ressourcen einzubringen. Aus dieser Perspektive können Regierungen und Verwaltungsorgane des Staates, wenn sie als Rechtsetzungs- und Rechterzwingungsinstitutionen auftreten, nicht Stakeholder eines Unternehmens sein, weil sie in dieser Funktion nicht freiwilliger Vertragspartner sind (vgl. hierzu van Oosterhout et al. 2006, 532).

Die Management-Theorie der Stakeholder-Beziehungen eines Unternehmens als Theorie der Wertschöpfung und des Tauschs basiert, um die Diskussion nun zusammenzufassen, auf drei grundlegenden Annahmen, die das Wesen der Unternehmung und des Managements dieser Unternehmung betreffen:

(1) Das Wesen der Unternehmung ist bestimmt als ein *Kooperationsprozess zwischen Stakeholdern* (primär Kunden, Lieferanten, Mitarbeiter, Kreditoren, Kommunen), der auf Erfolg und Wachstum für alle involvierten Stakeholder abzielt, auf Wertschöpfung durch die Zufriedenheit der Stakeholder.

(2) Das Wesen des Managements kann konsequenterweise dann nur noch als *strategisches Gestalten* von sozialen Beziehungen verstanden werden, deren Ziel Folgendes ist:

(3) »Creating values for stakeholders« (Freeman et al. 2006, 16). Diesen beiden genannten Annahmen über das Wesen der Unternehmung und seines Managements korrespondiert eine integrative Methodologie, die sich in der »Verhältnisbestimmung von unternehmerischen und gesellschaftlichen Interessen, von Wirtschaft und Moral« oder von strategischem Management und Organisationsethik (vgl. Phillipps 2003) zum Ausdruck bringt.

Stakeholder-Management aus ökonomischer Sicht

Die Ökonomik teilt die deskriptiv gehaltenen Annahmen der Management-Theorie, formuliert sie allerdings vorwiegend im Rahmen der Begrifflichkeit der Neuen Organisationsökonomik (vgl. hierzu Barney 1991; Teece et al. 1997). In dieser Perspektive sind Unternehmen zu definieren als ein Nexus von formellen und informellen Verträgen, mit denen sich Ressourcen- oder Kompetenzbesitzer zu einem Team konstituieren. Teams sind definiert als »Governanceform spezialisierter Ressourcenbesitzer«, die ihre jeweiligen Produktivitätsvorteile kombinieren und dadurch, verglichen mit der Einzelverwertung ihrer Ressourcen am Markt, ein höheres Niveau der Faktorentlohnung erreichen. Unternehmen als Teams oder Teamproduktion zu verstehen bedeutet, sie als Kooperationsprojekt zu interpretieren, das durch eine spezifische Bündelung von Ressourcen und Kompetenzen einen Wettbewerbsvorteil erreicht, der zu einer Kooperationsrente führt, die dann im Team entlang der Ressourcenbeiträge verteilt werden kann und muss. Integriert in diese vertragstheoretische ist eine organisationstheoretische Deutung der Firma als Team. Im Wesentlichen besagt die Kooperation spezialisierter Ressourcen- und Kompetenzbesitzer, dass sie einhergeht mit der Abhängigkeit und den daraus folgenden Konflikten zwischen diesen Akteuren.

Die nachhaltige Stabilisierung der Kooperation der individuellen Ressourcenbesitzer erfordert dafür geeignete Organisationsformen und -prozesse durch die Zuschreibung legaler, ökonomischer und moralischer Verantwortlichkeit. Es sind Formen und Prozesse der Ordnung, welche das Team als vertraglich konstituierten, distinkten kollektiven Akteur gegenüber seinen Stakeholdern symbolisieren und stabilisieren. Stakeholder wird in der ökonomischen Vorteilslogik nur derjenige werden, der »organisationsspezifische und transaktionsbezogene Assets« einzubringen hat. Dies gilt sowohl aus der Sicht des schon existierenden Teams als auch des potenziell neu aufzunehmenden Mitglieds.

Dabei sind *organisationsspezifische Assets* eines Teammitglieds solche, die einen Beitrag zur Dauerhaftigkeit der Organisationsform und ihrer -prozesse leisten, zur Identifikation mit dem und zum Engagement für das Team, zur Befolgung der legalen und moralischen, internen und externen Spielregeln des Teams, kurzum, seine Bereitschaft und Fähigkeit zu einem »organizational citizenship behaviour« (zur Übersicht vgl. Podsakoff et al. 2000). Das ultimative Ziel des Unternehmens als einer »entity in its own« ist Kontinuität (vgl. Williamson 2005, 2), die Sicherung seiner Existenz.

Transaktionsbezogene Assets hingegen sind solche, mit denen die Identifizierung und erfolgreiche Bearbeitung distinkter ökonomischer Tauschvorgänge unter Wettbewerbsbedingungen gelingen, also etwa technische oder funktionale Kompetenzen des Teammitglieds. Diese können sowohl genereller als auch spezifischer Natur sein, solange sie nur transaktionsbezogen sind.

Stakeholder sind potenzielle Stakeholder, wenn sie über organisations- oder transaktionsspezifische Ressourcen verfügen, aber nicht Teammitglied sind. Durch den Prozess ihrer Identifizierung und Priorisierung werden sie zu aktuellen Stakeholdern, also Teammitgliedern. Identifizierung bedeutet, eine Antwort auf die Frage zu geben, wer Stakeholder ist und aus welchem Grund. Bei der Priorisierung wird danach gefragt, welche Stakeholder aus der Sicht der Teams und deren Mitglieder vorzugswürdige Anliegen repräsentieren.

In der von Freeman entwickelten Konzeption werden die beiden Fragen über die bereits eingeführten Unterscheidungen zwischen definitional/instrumental und primary/secondary beantwortet. »Definitional stakeholder« sind verantwortliche Vertragspartner im Sinne des Wertschöpfungsprozesses, während die »instrumental stakeholder« keine Vertragspartner sind, sondern diese positiv oder negativ beeinflussen können. Über die Vorzugswürdigkeit der Interessen entscheidet in dieser Konzeption das normative Prinzip der »Stakeholderfairness« (vgl. hierzu instruktiv Phillips 2003, Kap. 5 und 6). Gerade weil Unternehmen Ergebnis und Mittel menschlicher Kooperationen sind, müssen die Erträge der Kooperation, so der Gang der Argumentation von Phillips, primär fair an die ›definitional stakeholder‹ verteilt werden. ›Secondary stakeholder‹ haben nur eine aus den Interessen der ›primary stakeholder‹ abgeleitete (derivative) Legitimität. Das heißt, deren Interessen werden nur insoweit berücksichtigt, als sie den Interessen der ›primary stakeholder‹ nutzen und nicht schaden.

Die ökonomische Theorie des Stakeholder-Managements nimmt diese Überlegungen auf und reformuliert sie ressourcen- und teamtheoretisch:

(1) Stakeholder kann nur sein, wer über Ressourcen verfügt, die entweder für die Dauerhaftigkeit des

Teams oder dessen distinkten Transaktionen relevant sind (vgl. hierzu Wieland 2008; 2009). Ressourcen können dabei sehr unterschiedlicher Natur sein, nämlich materieller (z.B. Kapital, Zahlungen) oder immaterieller (z.B. Wissen, soziale Kompetenz), wirtschaftlicher (z.B. Finanzkapital, Rohstoffe) oder moralischer (z.B. Charakter, Tugend) Natur.

(2) Stakeholder, die diese Ressourcen in das Team einbringen, stimmen damit einem informellen oder formellen Vertrag zu, der sie zum Teammitglied macht. Die Differenzierung zwischen formellen und informellen Verträgen erlaubt es, dass Teammitglieder – und damit Stakeholder – sowohl Management und Mitarbeiter (formeller Vertrag) als auch z.B. NGOs, Gemeinden (informeller Vertrag) sein können. Dies hat selbstverständlich Bedeutung für die Grenzen der Firma, die wir hier aber nicht diskutieren wollen.

(3) Stakeholder müssen mit ihren Ressourcen und ihrem Vertragsbeitritt einen Beitrag zur nachhaltigen Erwirtschaftung einer Kooperationsrente leisten. Dieser Beitrag kann pekuniärer (z.B. Kostenreduktion, Nachfrage) oder non-pekuniärer (z.B. Reputation, Risikowahrnehmung), funktionaler (z.B. spezifische Informationen, Know-how) oder struktureller (z.B. Beitrag zur Organisationskultur, Geschäftsethik) Art sein.

Damit sind die grundlegenden theoretischen Voraussetzungen zur Identifizierung und Priorisierung von Stakeholdern durch ein Team benannt. Die Frage, *wer* Stakeholder ist, *wie* und *warum*, ist in dieser Hinsicht zentral für die Stakeholder-Theorie. Mitchell et al. (1997) schlagen auf der Basis einer nützlichen Zusammenschau der wissenschaftlichen Diskussion die Attribute Macht, Legitimität und Dringlichkeit als Auswahlkriterien zur Beantwortung der drei Fragen vor. Frooman (1999) knüpft an diese Diskussion an und setzt diese Attribute in den theoretischen Kontext der »resource dependence theory« und klärt damit, wie Stakeholder ihre Macht, Legitimitäts- und Dringlichkeitsansprüche überhaupt zur Geltung bringen können. Stakeholder repräsentieren für das Unternehmen einen aktuellen oder potenziellen Interessenkonflikt und zugleich bilden sie die Umwelt von Unternehmensentscheidungen. Damit hängt der Erfolg des Unternehmens substanziell von der Fähigkeit ab, diejenigen Stakeholder zu identifizieren und priorisieren, die seine relevante Umwelt definieren und einen Einfluss auf die Ressourcen der Firma haben oder selbst eine Ressource sind. Wenn wir diese Diskussion zusammenführen mit den soeben entwickelten Management- und ökonomischen Theorieansätzen, ergibt sich folgende Systematik.

Stakeholder-Identifizierung

Die Konzeption des Stakeholders als eines Eigentümers oder Besitzers von Ressourcen oder Kompetenzen, die er mittels eines informalen und formalen Vertrags in ein Team einbringt, hat eine Reihe von Konsequenzen für das Management dieses Organisationstyps.

Zunächst ist die gelegentlich anzutreffende deutsche Übersetzung des Begriffs Stakeholder mit ›Anspruchsgruppe‹ irreführend. Ausgeblendet bleibt damit völlig, dass ›Ansprüche‹ nur derjenige hat, der zuvor Ressourcen in die Bildung und/oder den Erfolg eines Teams investiert. Damit ist er aber immer schon Mitglied dieses Teams und nicht ein dem Team gegenüber externer ›Anspruchsteller‹. Jeder Stakeholder ist aus Sicht einer Eigenschaftskonzeption ein *Interessenvertreter*, was den Sachverhalt besser trifft als der Begriff der ›Anspruchsgruppe‹.

Die Vorstellung einer Anspruchsgruppe leitet sich aus der allseits bekannten Definition von Freeman her, ein Stakeholder sei jemand, »who can affect or is affected by the achievement of an organization's objectives« (Freeman et al. 2010, 207), wobei die ›Anspruchsgruppe‹ nur noch die passive Beeinträchtigung (»affected by«) von Interessen reflektiert, nicht aber das aktive Einbringen von Ressourcen (»can effect«). Im ersten Fall leitet sich der Status der Anspruchsgruppen aus einem negativen externen Effekt von Organisationshandeln ab. Nur die Internalisierung dieses negativen Effekts in das Teamgeschehen kann aber aus einer derart bestimmten ›Anspruchsgruppe‹ einen Stakeholder machen, der Interessen und Ressourcen in ein Team investiert. Im zweiten Fall hingegen ist es ein von vorneherein positiver interner Organisationseffekt, der den Status als Stakeholder konstituiert und nicht mehr identisch mit einem bloßen Anspruch ist. Als Konsequenz aus dieser Überlegung folgt, dass die Identifizierung und Priorisierung von Stakeholdern nicht aus deren ›Ansprüchen‹ gegenüber einem Unternehmen, sondern aus der Art und dem Umfang der Investition von Ressourcen des Stakeholders in ein Team resultiert.

Eine nächste Konsequenz ist der Umstand, dass die Ressourceninvestition zwar den Stakeholder konstituiert, aber es ist die Form der vertraglichen Bindung an das Team, welches seinen Status letztlich qualifiziert. Vertragstheoretisch basiert jede Form von ökonomischer Organisation, sei es nun ein Unternehmen oder ein von diesem Unternehmen eingeleiteter oder mitgetragener Stakeholder-Dialog, auf einem expliziten und/oder impliziten Vertrag (vgl. Williamson 1985, 20 ff.). Explizite oder auch formale Verträge sind charakterisiert durch eine kodifizierte Spezifikation von Leistungen und deren Erzwingbarkeit durch dritte Parteien, also etwa durch das Rechtssystem. Arbeitsverträge, Lieferantenvereinbarungen, Kaufverträge und so weiter gehören in diese Kategorie. In jeder formalen vertraglichen Beziehung eines Teams läuft aber immer ein impliziter oder psychologischer Vertrag mit (vgl. Schein 1965), der aus wechselseitigen Versprechungen und Erwartungen besteht, die in einem bestimmten Umfang verbindlich sind, obwohl sie nicht expliziter Bestandteil des formalen Vertrags und damit nicht oder nur schwer rechtlich erzwingbar sind. Arbeitsverträge sind von Karriereversprechen, Lieferantenvereinbarungen von Integritätsvereinbarungen, Kaufverträge von Qualitätsgarantien begleitet, um nur einige Beispiele zu nennen. NGOs hingegen, um das bereits angeführte Beispiel fortzuführen, die Mitglieder eines Teams oder dessen Stakeholder sind, sind dies auf der Basis eines impliziten gesellschaftlichen Vertrags.

Der Unterscheidung von expliziten und impliziten Verträgen korrespondieren in der Transaktionskostentheorie drei Vertragsarten, die alle als Grundlage für die Konstituierung und die Transaktionen eines Teams in Frage kommen. Dies sind *klassische*, *neoklassische* und *relationale Verträge* (vgl. Williamson 1985, 69 ff.), die sich hinsichtlich der Art und des Umfangs der Unvollständigkeit und damit der rechtlichen Erzwingung expliziter und impliziter Verträge unterscheiden. In klassischen Verträgen sind rechtliche Ansprüche genau fixiert und vollständig durchsetzbar. Die Identität der Partner zählt nicht. Neoklassische Verträge sind durch langfristige Vertragsbeziehungen und damit durch Abhängigkeiten zwischen den Partnern charakterisiert. Diese bilaterale Abhängigkeit schränkt die effiziente rechtliche Durchsetzbarkeit der Vertragsbeziehung ein, und daher zählt die Identität der Vertragspartner, wenn Probleme der Vertragserfüllung auftauchen. Relationale Verträge sind ebenfalls durch wechselseitige Abhängigkeit und prohibitive Durchsetzungskosten charakterisiert; hier müssen Vertragsdifferenzen intern gelöst werden, da sie gegenüber dritten Parteien kaum dokumentiert und geklärt werden können. Wenn der klassische Vertrag ein rein expliziter Vertrag ist, so gewinnt in den beiden anderen Formen der implizite Vertrag zunehmend an Bedeutung.

Die vertragstheoretische Differenzierung für die Identifikation von Stakeholdern zeigt, dass langfristige Investoren, Eigentümer, Management sowie Mitarbeiterinnen und Mitarbeiter mittels eines relationalen Vertrages zu Stakeholdern werden, während kurzfristige Investoren, Kundinnen und Kunden, Lieferanten und Kreditgeber entweder über einen klassischen oder über einen neoklassischen Vertrag an das Team gebunden sind. Aus dem Primat der prinzipiell infiniten Dauerhaftigkeit des kollektiven Akteurs als einer ›Entity on its own‹ ergibt sich mit den relationalen, neoklassischen und klassischen Vertragstypen ein Aspekt der Priorisierung von Interessen, und zwar genau in dieser Reihenfolge.

Schließlich soll hervorgehoben werden, dass Kommunen, Regierungen und NGOs weder eine klassische, neoklassische noch relationale Vertragsbeziehung zu einem Team haben, aber dennoch können sie abhängig von einer spezifischen Transaktion Stakeholder eines Teams sein, weil und insofern sie ihre Ressourcen und Kompetenzen in dieses einbringen. Dieser Status basiert in solchen Fällen auf einem Gesellschaftsvertrag. Dafür spricht die Grundannahme der Stakeholder-Theorie, die besagt, dass Unternehmen und Teams als distinkte kollektive Akteure Mitglied einer gegebenen Gesellschaft sind. Dies drückt sich nicht zuletzt, sogar in erster Linie, auch darin aus, dass Gemeinden und Kommunen, also das unmittelbare gesellschaftliche Umfeld des Unternehmens, in der Terminologie Freemans »primary stakeholder« oder »definitional stakeholder« sind, weil sie für das Überleben und das Wachstum von Unternehmen wesentlich sind.

Stakeholder-Priorisierung

Im Hinblick auf die Priorisierung von Stakeholder-Interessen muss zunächst unterschieden werden, ob diese sich auf die dauerhafte Konstituierung des Teams als kollektiver Akteur oder auf dessen distinkte Transaktionen beziehen. Für den konstitutiven Aspekt scheinen die Vertragsformen und die angestrebte Vertragsdauer ein geeignetes Kriterium zur Priorisierung zu sein. Eine vollständige Auflistung von Priorisierungskriterien führt zu folgender Liste:

›*Vertragsrelevanz*‹: Demnach wären bezüglich der ›Vertragsrelevanz‹ die Interessen von langfristigen Investoren und Mitarbeitern denen von kurzfristigen Investoren und NGOs vorzuziehen. Allerdings muss diese konstitutionelle Perspektive um die Anforderungen spezifischer Transaktionen ergänzt werden, zu deren Realisierung die Ressourcen von Stakeholdern benötigt werden. Dabei dürften die folgenden weiteren Kriterien von Interesse sein:

›*Ressourcenrelevanz*‹: Stakeholder sind Besitzer von Ressourcen, deren Spezifität von unterschiedlicher Wichtigkeit und Bedeutung für die Realisierung einer bestimmten Transaktion sein kann. Technisches Wissen kann Lieferanten oder Mitarbeiter als Stakeholder im Hinblick auf die Produktion von Gütern oder Dienstleistungen auszeichnen, gesellschaftliches Wissen und moralische Legitimität wiederum eine NGO im Hinblick auf die Wahrnehmung gesellschaftlicher Verantwortung durch ein Unternehmen.

›*Kooperationsrelevanz*‹: Teams sind Kooperationsprojekte von Stakeholdern, und daraus folgt, dass der Grad an Kooperationsbereitschaft und Kooperationsfähigkeit für die Erwirtschaftung einer Kooperationsrente und wechselseitiger Vorteile von zentraler Bedeutung ist. Berechenbarkeit, Zuverlässigkeit und Konfliktfähigkeit sind Indikatoren, mit denen sich die kooperative Qualität eines Stakeholders definieren lässt. Potenzielle Stakeholder, die über diese Qualitäten nicht oder nur mangelhaft verfügen, können keine aktuellen Stakeholder werden. Dies gilt in gleicher Weise sowohl für Mitarbeiter, Lieferanten und NGOs, anders hingegen für die Akteure mit klassischen Verträgen, da diese über den Markt gesteuert werden.

›*Investitionsrelevanz*‹: Die Bereitschaft, teamspezifische und transaktionsbezogene Ressourcen zu bilden und diese in das Team zu investieren, ist ein Indikator für die Qualität und Dauerhaftigkeit einer Stakeholder-Beziehung und für die Bereitschaft, Verantwortung für das Team und die Konsequenzen, die möglicherweise aus seinen Transaktionen erwachsen, zu übernehmen.

NGOs etwa können durch eine hohe Ressourcenrelevanz, mittlere Kooperationsrelevanz und eine niedrige Investitions- und Vertragsrelevanz charakterisiert sein; und dies bedeutet, dass ein Team diesem Stakeholder Anreize bieten sollte, in teamspezifische oder transaktionsbezogene Ressourcen zu investieren, damit es von einem potenziellen zu einem aktuellen Teammitglied werden kann. Ein Wertemanagement-System (vgl. Wieland 2004) kann einen solchen Anreiz bilden, der NGOs über einen impliziten Vertrag an ein Unternehmen bindet oder die Expertisenträger dieser NGOs dazu motiviert, von einem impliziten in einen expliziten und formalen Vertragszustand zu wechseln. Gleiches gilt für Mitarbeiter, die über eine hohe Vertragsrelevanz, eine mittlere Ressourcen- und Kooperationsrelevanz und eine niedrige Investitionsrelevanz verfügen. Hier kann die Lösung in einer Erhöhung der Investitionsspezifität der eingebrachten Ressource gesucht werden.

Allgemein gilt, dass der Prozess der Priorisierung von Stakeholder-Beziehungen in erster Linie nicht auf die Akzeptanz, Ablehnung oder Reihung von Stakeholdern abstellen sollte, sondern immer auch auf deren Qualifizierung für eine dauerhafte Teammitgliedschaft. Stakeholder, deren Relevanz durch Vertrag, Ressourcen, Kooperation und Investitionsspezifität niedrig ist, werden aus dem Team ausscheiden oder in dieses nicht aufgenommen werden.

In diesem Sinne ist die Identifikation und Priorisierung von Stakeholdern ein zweistufiges Verfahren der Governance von Stakeholder-Beziehungen, also der Schaffung derjenigen formalen und informalen Regeln, über die ein Team zur Sicherung seiner Kontinuität in der Realisierung von Transaktionen und der Erwirtschaftung einer Kooperationsrente verfügen sollte.

Literatur

Barney, Jay: Firm Resources and Sustained Competitive Advantage. In: Journal of Management 17, 1 (1991), 99–120.

Donaldson, Thomas/Preston, Lee E.: The Stakeholder Theory of the Corporation: Concepts, Evidence, and Implications. In: Academy of Management Review 20, 1 (1995), 65–91.

Earl, Graham/Clift, Roland: Stakeholder Value Analysis: A Methodology for Integrating Stakeholder Values into Corporate Environmental Investment Decisions. In: Business Strategy and the Environment 8, 3 (1999), 149–162.

Figge, Frank/Schaltegger, Stefan: Was ist »Stakeholder Value«? Vom Schlagwort zur Messung. Lüneburg 2000.

Freeman, R. Edward: Strategic Management. A Stakeholder Approach. Boston 1984.

–: The Stakeholder Approach Revisited. In: Zeitschrift für Wirtschafts- und Unternehmensethik (zfwu) 5, 3 (2004), 228–241.

– /Harrison, Jeffrey S./Wicks, Andrew C./Parmar, Bidhan L./de Colle, Simone: Stakeholder Theory. The State of the Art. Cambridge/New York 2010.
– /Wicks, Andrew C./Parmar, Bidhan L./McVea, John: Stakeholder Theory: The State of the Art and Future Perspectives. In: Notizie di Politeia. Rivista di Etica e scelte pubbliche 20, 74 (2004), 9–22.
– /Wicks, Andrew C./Parmar, Bidhan L.: Stakeholder Theory as a Basis for Capitalism. The Darden School, University of Virginia 2006 (unveröffentlichtes Paper).

Frooman, Jeff: Stakeholder Influence Strategies. In: Academy of Management Review 24, 2 (1999), 191–205.

Hemmati, Minu: Multi-stakeholder Processes for Governance and Sustainability. Beyond Deadlock and Conflict. London 2002.

Hosseini, Jamshik C./Brenner, Steven N.: The Stakeholder Theory of the Firm: A Methodology to Generate Value Matrix Weights. In: Business Ethics Quarterly 2, 2 (1992), 99–119.

Jensen, Michael C.: Value Maximization, Stakeholder Theory, and the Corporate Objective Function. In: Business Ethics Quarterly 12, 2 (2002), 235–256.

Mitchell, Ronald K./Agle, Brandley R./Wood, Donna J.: Toward a Theory of Stakeholder Identification and Salience: Defining the Principle of Who and What Really Counts. Academy of Management Review 22, 4 (1997), 853–886.

Palazzo, Guido: Identität versus Interessen. Die Governanceethik unter Dissensdruck. In: Josef Wieland (Hg.): Governanceethik im Diskurs. Marburg 2004.

Phillips, Robert: Stakeholder Theory and Organizational Ethics. San Francisco 2003.

Podsakoff, Philip M./MacKenzie, Scott B./Paine, Julie B./Bachrach, Daniel G.: Organizational Citizenship Behaviours: A Critical Review of the Theoretical and Empirical Literature and Suggestions for the Future Research. In: Journal of Management 26, 3 (2000), 513–563.

Schein, Edgar H.: Organizational Psychology. Englewood Cliffs, N.J. 1965.

Scherer, Andreas G./Palazzo, Guido: Towards a Political Conception of Corporate Responsibility – Business and Society seen from a Habermasian Perspective. In: Academy of Management Review 32, 4 (2007), 1096–1120.

Susskind, Lawrence E./Fuller, Boyd W./Ferenz, Michèle/Fairman, David: Multistakeholder Dialogue at the Global Scale. In: International Negotiations 8 (2003), 235–266.

Teece, David J./Pisano, Gary/Shuen, Amy: Dynamic Capabilities and Strategic Management. In: Strategic Management Journal 18, 7 (1997), 509–533.

Van Oosterhout, J. Hans/Heugens, Pursey/Kaptein, Muel: The Internal Morality of Contracting: Advancing in the Contractualist Endeavor in Business Ethics. In: The Academy of Management Review 31, 3 (2006), 521–539.

Wheeler, David/Sillanpää, Maria: The Stakeholder Corporation: A Blueprint for Maximizing Stakeholder Value. London u. a. 1997.

Wieland, Josef: Die Ethik der Governance. Marburg 1999.
– (Hg.): Handbuch Wertemanagement. Hamburg 2004.
–: Governanceökonomik: Die Firma als Nexus von Stakeholdern. In: Ders. (Hg.): Die Stakeholder-Gesellschaft und ihre Governance. Marburg 2008, 15–38.
–: Die Firma als Kooperationsprojekt der Gesellschaft. In: Ders. (Hg.): CSR als Netzwerkgovernance – Theoretische Herausforderungen und praktische Antworten. Über das Netzwerk von Wirtschaft, Politik und Zivilgesellschaft. Marburg 2009, 263–294.

Williamson, Oliver E.: Corporate Governance. In: The Yale Law Journal 93, 6 (1984), 1197–1230.
–: The Economic Institutions of Capitalism. London/New York 1985.
–: Economics of Governance. In: American Economic Review 95, 2 (2005), 1–18.

Josef Wieland

6. Deutscher Corporate Governance Kodex

Entstehungsgeschichte

›Corporate Governance‹ bezeichnet das System der Leitung und Überwachung von Unternehmen. Governance-Kodizes enthalten Standards guter und verantwortungsvoller Unternehmensführung. Diese Kodizes können entweder durch ein einzelnes Unternehmen gesetzt und für dessen Aktivitäten verbindlich sein (unternehmerische Kodizes) oder aber unternehmensübergreifend Standards formulieren, die eine größere Zahl von Unternehmen adressieren (generelle Kodizes). Den Regelwerken ist gemein, dass sie keinen Gesetzescharakter haben. Sie können daher nicht mit hoheitlichem Geltungsanspruch durchgesetzt werden, sondern sollen durch (mehr oder weniger) freiwillige Selbstbindung der Unternehmen wirksam werden (Selbstregulierung).

Die internationale Debatte um Corporate Governance hat weltweit zu einer großen Zahl von generellen Kodizes geführt (vgl. z.B. die Zusammenstellungen von Van den Berghe/De Ridder 1999, 220 ff.; Iskander/Chamlou 2000, 112 ff.; Gregory/Simmelkjaer 2002, 14 ff.). Treiber dieser Bewegung sind zum einen vor allem die Globalisierung der Kapitalmärkte, die sowohl durch die Transformationsprozesse ehemals staatswirtschaftlicher Regime und weitere Privatisierungsaktivitäten in anderen Regionen als auch die zunehmende Bedeutung von Pensionsfonds gefördert worden ist, und die damit verbundene Intensivierung der Einflussnahme aktiver Aktionäre auf die Leitung und Überwachung von Unternehmen. Zum anderen haben wiederholt Unternehmensschieflagen, die in Folge unzureichender Governance-Praktiken entstanden sind, die Auseinandersetzung mit Fragen guter Corporate Governance und die Einsetzung entsprechender Kodizes ausgelöst. In dieser Hinsicht ist auch aufgrund der jüngsten Finanzmarktkrise 2008/2009 zu erwarten, dass Regelungen guter Corporate Governance und ihrer Kodifizierung weitere Aufmerksamkeit zukommt.

Deutschland ist der internationalen Kodex-Bewegung, die bereits Anfang der 1990er Jahre mit der Verabschiedung des sogenannten Cadbury-Code in Großbritannien einsetzte, erst vergleichsweise spät beigetreten. Dies ist vor allem darauf zurückzuführen, dass wichtige Gestaltungsfragen der Corporate Governance, für deren Regelung im Ausland Kodizes geschaffen worden sind, hierzulande bestehenden gesetzlichen Vorschriften unterliegen. So gibt das deutsche Aktiengesetz zwingend eine personelle und institutionelle Trennung von Leitung (durch den Vorstand) und Überwachung (durch den Aufsichtsrat) der Aktiengesellschaft vor. Die Aktiengesellschaft bildet danach ein dualistisches System der Corporate Governance, das durch eine zweigliedrige Board-Struktur (*two-tier board*) gekennzeichnet ist. Wesentliche Passagen ausländischer Kodizes zielen hingegen auf eine von der Leitung unabhängige Überwachung der Unternehmensführung, was unter anderem erreicht werden soll, indem die Rollen des CEO und des Chairman personell getrennt werden, die in monistischen Governance-Systemen mit einem *one-tier board* prinzipiell auch in Personalunion ausgeübt werden dürfen.

Darüber hinaus erklären die vorausgegangenen Versuche freiwilliger Selbstkontrollen der Corporate Governance, die sich in Deutschland tendenziell als eher erfolglos erwiesen haben (vgl. Hopt 2002, 47), die Zurückhaltung bei außergesetzlichen Regulierungsbestrebungen. Dennoch sind in der Folge des globalen Trends im Jahr 2000 zwei privat initiierte Kodexentwürfe entwickelt worden. Dabei handelt es sich zum einen um die von der Grundsatzkommission Corporate Governance (2000) aufgestellten »Corporate Governance-Grundsätze (›Code of Best Practice‹) für börsennotierte Gesellschaften« und zum anderen um den vom Berliner Initiativkreis German Code of Corporate Governance (2000) vorgelegten »German Code of Corporate Governance« (GCCG). Diese Vorschläge für einen deutschen Governance Kodex unterscheiden sich sowohl hinsichtlich ihrer Konzeption als auch im Hinblick auf den Umfang und den Inhalt der Einzelregelungen, weshalb ihre parallele Existenz als problematisch angesehen wurde (vgl. Baums 2001, 51). Dennoch ist die Idee der Schaffung eines deutschen Governance Kodex nach internationalem Vorbild auf breite Resonanz gestoßen. Das Bundesministerium der Justiz hat deshalb im Jahr 2001 eine Regierungskommission mit dem Auftrag eingesetzt, auf der Grundlage des geltenden Rechts einen Deutschen Corporate Governance Kodex zu erarbeiten.

Diese Kommission setzt sich aus Vertretern der Unternehmen, der Aktionäre und Investoren, der Gewerkschaften, der Praxis der Wirtschaftsprüfung und der Wissenschaft zusammen. Die Zusammensetzung folgt damit dem Bestreben, die relevanten Bezugsgruppen der Kodexregulierung in die Erstellung des Kodex einzubeziehen (vgl. Ringleb et al. 2008, 17). Die Kommission arbeitet unabhängig vom Bundesministerium der Justiz, wird von diesem aber betreut und beraten (vgl. Seibert 2002, 582). Die Ursprungsversion des »Deutschen Corporate Governance Kodex« (DCGK) ist der Öffentlichkeit am 26. Februar 2002 vorgestellt und später vom Bundesministerium der Justiz im amtlichen Teil des elektronischen Bundesanzeigers bekannt gemacht worden.

Der DCGK richtet sich in erster Linie an börsennotierte Gesellschaften. Da er in weiten Passagen allgemein anerkannte Standards guter Unternehmensführung enthält, wird allerdings auch nicht börsennotierten Gesellschaften die Beachtung des Kodex empfohlen, sofern seine Bestimmungen für den jeweiligen Gesellschaftstyp geeignet sind. Die Kommission besteht weiterhin als Standing Commission, um die Entwicklung der Corporate Governance in Gesetzgebung und Praxis zu verfolgen und mindestens einmal im Jahr einen eventuellen Anpassungsbedarf des Kodex zu prüfen. Diesem Auftrag entsprechend ist mit Ausnahme des Jahres 2004 bislang regelmäßig eine Überarbeitung des Kodex vorgenommen worden. Die Kodexrevisionen sind jedoch jeweils unterschiedlich umfangreich ausgestaltet gewesen.

Normierungsarten

Nach ihrem Verbindlichkeitsanspruch lassen sich die Kodexregeln in drei Kategorien einteilen, die kurz als Muss-Vorschriften, Soll-Empfehlungen und Sollte- bzw. Kann-Anregungen bezeichnet werden können (vgl. Werder 2002, 802; Werder/Talaulicar 2003, 17; Ringleb et al. 2008, 57 ff.). Muss-Vorschriften referieren – wenn auch nicht unbedingt im Wortlaut, sondern lediglich sinngemäß – zwingende Regelungen, die sich aus dem Gesetz und der herrschenden Meinung seiner Auslegung ergeben und von den Unternehmen daher (auch ohne Kodex) zu beachten sind. Ein Beispiel für eine Muss-Vorschrift ist die nach § 84 AktG geltende Regelung, dass der Aufsichtsrat die Mitglieder des Vorstands bestellt und entlässt. Im Gegensatz zu den obligatorischen Muss-Vorschriften, stellen Regeln der beiden anderen Kategorien gesetzesergänzende und somit optionale Bestimmungen dar, von denen die Unternehmen abweichen dürfen. Auf diese Weise soll der Kodex zur Flexibilisierung und Selbstregulierung der deutschen Unternehmensverfassung beitragen und den Gesellschaften die Berücksichtigung branchen- oder unternehmensspezifischer Bedürfnisse ermöglichen. Beispiele umfassen die Empfehlung, bei der Zusammensetzung des Vorstands auch auf Vielfalt (Diversity) zu achten, und die Anregung, die Vorbereitung der Bestellung von Vorstandsmitgliedern einem Aufsichtsratsausschuss zu übertragen.

Für die Empfehlungen, die im DCGK durch Verwendung des Worts »soll« gekennzeichnet sind, gilt allerdings das Prinzip des »comply or explain«, das mit dem Gesetz zur weiteren Reform des Aktien- und Bilanzrechts, zu Transparenz und Publizität (TransPuG) vom 19. Juli 2002 in § 161 in das Aktiengesetz eingefügt worden ist. Vorstand und Aufsichtsrat einer börsennotierten Gesellschaft haben demnach jährlich zu erklären, dass den Empfehlungen des Kodex entsprochen wurde und wird oder welche Empfehlungen nicht angewendet wurden oder werden. Diese sogenannte Entsprechenserklärung ist den Aktionären dauerhaft zugänglich zu machen. Die Unternehmen dürfen von den Empfehlungen also abweichen, müssen dies dann jedoch entsprechend offenlegen.

Mit der Verabschiedung des Gesetzes zur Modernisierung des Bilanzrechts (Bilanzrechtsmodernisierungsgesetz – BilMoG) vom 29. Mai 2009 ist § 161 AktG neu gefasst und um die drei Wörter »und warum nicht« ergänzt worden. Abweichungen von den Empfehlungen müssen danach künftig nicht nur offen gelegt, sondern auch begründet werden. Die Neuregelung des § 161 AktG, die nun tatsächlich dem Gedanken des »comply or explain« folgt und faktisch nicht mehr lediglich ein »comply or disclose« verlangt, basiert auf der Richtlinie 2006/46/EG vom 14. Juni 2006 des Europäischen Parlaments und des Rates der Europäischen Union. Der DCGK selbst hatte den Gedanken der (freiwilligen) Kommentierung eventueller Empfehlungsabweichungen von Beginn an aufgegriffen. Er enthielt bereits in seiner ersten Fassung die Empfehlung, solche Abweichungen zu erläutern. Als Ort der Abweichungserläuterungen wurde allerdings nicht die Entsprechenserklärung, sondern der Geschäftsbericht bzw. ab dem 2. Juni 2005 der Corporate Governance-Bericht empfohlen.

Die Anregungen, für die der Kodex die Begriffe »sollte« und »kann« verwendet, sind nach Auffassung der Kodexkommission zwar ebenfalls Ausdruck guter Unternehmensführung, in der Praxis aber noch weit weniger verbreitet. Sie sollen daher entsprechende Anstöße zur Weiterentwicklung der Corporate Governance geben (vgl. Werder 2002, 802 f.). Ihre Befolgung ist für die Unternehmen weder rechtlich verbindlich noch öffentlich darzulegen. Die Anregungen entfalten somit die vergleichsweise geringste Bindungskraft. Der Kodex regt jedoch seit 2003 immerhin an, auch zu seinen Sollte- bzw. Kann-Bestimmungen Stellung zu nehmen.

Zielsetzungen

Mit dem DCGK soll der Standort Deutschland für nationale und internationale Investoren attraktiver gemacht werden. Zu diesem Zweck soll der Kodex im Kern zwei Aufgaben erfüllen, die als Kommunikationsfunktion und als Qualitätssicherungsfunktion beschrieben werden können (vgl. Werder 2002, 801 f.; Werder/Talaulicar 2003, 17 f.; Ringleb et al. 2008, 38 ff.). Darüber hinaus kann der Kodex deregulierende Effekte ausüben, indem er einer weiteren Verrechtlichung entgegenwirkt und das Ausmaß der governancebezogenen Regelungsbreite und -tiefe rechtlicher Normen begrenzt (Deregulierungsfunktion).

Die Kommunikationsfunktion ergibt sich zum einen daraus, dass das deutsche Corporate Governance-Modell im internationalen Vergleich Besonderheiten aufweist. Zu den strukturellen Besonderheiten der deutschen Aktiengesellschaft zählen – neben ihrer dualistischen Unternehmensverfassung – das für den mehrköpfigen Vorstand geltende Kollegialprinzip, das hierarchische Weisungsbeziehungen zwischen den Vorstandsmitgliedern verbietet, während angelsächsisch verfasste Unternehmen direktorial durch einen CEO geführt werden dürfen, und die Unternehmensmitbestimmung, die vorsieht, in Abhängigkeit der Unternehmensgröße maximal die Hälfte der Aufsichtsratsmitglieder mit Vertretern der Arbeitnehmer zu besetzen, und in dieser Ausprägung international kein Pendant kennt. Zum anderen sind die einschlägigen, relativ detaillierten Vorschriften zur Leitung und Überwachung börsennotierter Gesellschaften über mehrere Gesetze verstreut. Gerade für den ausländischen Kapitalgeber hat sich die deutsche Corporate Governance deshalb mitunter als wenig transparent erwiesen, was Fehleinschätzungen über ihre Wettbewerbsfähigkeit ermöglicht und finanzielle Engagements behindern kann. Vor diesem Hintergrund soll der DCGK namentlich für ausländische Investoren die vorherrschenden Regelungen der Corporate Governance in kompakter Kodexform darlegen. Auf diese Weise lässt sich im Ausland das Verständnis für die Corporate Governance in Deutschland verbessern, da ihre wesentlichen Grundmerkmale einfacher zugänglich gemacht werden, als es allein durch den Verweis auf die relevanten Rechtsnormen möglich wäre.

Die Qualitätssicherungsfunktion betrifft vorrangig die gesetzesergänzenden Kodexnormen, die empfehlen oder anregen, wie rechtlich zulässige Governance-Spielräume zweckmäßigerweise auszufüllen sind. Dabei soll die Aufnahme weithin anerkannter Leitlinien guter und verantwortungsvoller Corporate Governance in das Regelwerk dazu beitragen, eine gewisse Mindestgüte der Corporate Governance zu gewährleisten und die Leitungs- und Überwachungsqualität deutscher Unternehmen (weiter) zu verbessern. Daneben ist zumindest vorstellbar, dass auch die Wiedergabe wichtiger Muss-Vorschriften, deren Befolgung eigentlich selbstverständlich sein sollte, die Geltung bestehender Gesetze in Erinnerung bringt, ihre Akzeptanz stärkt und damit die Qualität der praktizierten Corporate Governance sichert.

Die Deregulierungsfunktion des Kodex schließlich soll die Verrechtlichung des Unternehmensgeschehens begrenzen. Der DCGK erlässt zwar seinerseits neue Regelungen, die jedoch keinen hoheitlichen Geltungsanspruch haben und deren Einhaltung im Ermessen der adressierten Unternehmen liegt. Da der Kodex auf der Grundlage des geltenden Rechts erstellt worden ist, die Kommission zu Gesetzesänderungen nicht autorisiert ist und der Gesetzgeber keine Rechtsnormen aufgehoben hat, um sie der Selbstregulierung durch den Kodex zu überlassen, kann der DCGK offenbar nicht in der Weise deregulierend wirken, dass seine Einführung die Anzahl der Rechtsnormen reduziert. Die Deregulierungseffekte des Kodex bestehen vielmehr darin, dass er einer weiteren Zunahme der Regelungsdichte entgegenwirkt, indem der Gesetzgeber bei neu aufkommendem Regelungsbedarf – zur Sicherung der Qualität und Kommunikation der deutschen Corporate Governance – von eigenen Normierungen absieht und die Problemlösung dem Kodex vorbehält. Der Kodex kann somit den Erlass weiterer Rechtsnormen abwehren. Dies setzt allerdings voraus, dass die durch den Kodex empfohlenen oder angeregten Problemlösungen den gesellschaftlichen Regelungsbedarf zufriedenstellend adressieren. Aus diesem Grund müssen die entsprechenden Empfehlungen und Anregungen des Kodex in der Unternehmenspraxis ausreichende Akzeptanz erfahren und angemessen umgesetzt werden. Andernfalls bleibt dem Gesetzgeber die Möglichkeit, die verbleibenden und unzureichend adressierten Problemstellungen durch die Verabschiedung neuer Rechtsnormen wieder in seine Regelungskompetenz zu ziehen (vgl. Seibert 2002, 582). Dass der Gesetzgeber von dieser Möglichkeit durchaus Gebrauch macht, haben zuerst das Gesetz über die Offenlegung der Vorstandsvergütungen (Vorstandsvergütungs-Offenlegungsgesetz – VorstOG) vom 3. August 2005 und in jüngster Zeit das Gesetz zur Angemessenheit der Vorstandsvergütung (VorstAG) vom 31. Juli 2009 bewiesen. Die erfolgreiche Realisierung der Deregulierungsfunktion erfordert daher eine hinreichende Beachtung der Kodexregeln in der Unternehmenspraxis, damit es sich auch für den staatlichen Regelgeber anreizkompatibel gestaltet, auf den Einsatz seiner Regulierungsmacht zu verzichten.

Aufbau und Schwerpunkte des Kodex

Entsprechend seiner Zielsetzung enthält der DCGK Regelungen zur Leitung und Überwachung börsennotierter Gesellschaften, die wesentliche gesetzliche Vorschriften referieren oder national und international anerkannten Standards der Unternehmensführung folgen. In einer Präambel (1) werden der Zweck des Kodex, die Grundordnung der deutschen Aktiengesellschaft und die Verbindlichkeitsstufen sowie der Geltungsbereich der Kodexbestimmungen dargelegt. In der gegenwärtigen Kodexfassung wird dabei insbesondere auch die Verpflichtung von Vorstand und Aufsichtsrat hervorgehoben, im Einklang mit den Prinzipien der sozialen Marktwirtschaft für den Bestand des Unternehmens und seine nachhaltige Wertschöpfung zu sorgen (Unternehmensinteresse). Der DCGK gliedert sich im Weiteren in sechs Themengebiete, welche die Aktionäre und Hauptversammlung (2), das Zusammenwirken von Vorstand und Aufsichtsrat (3), den Vorstand (4), den Aufsichtsrat (5), die Transparenz (6) sowie Rechnungslegung und Abschlussprüfung (7) betreffen (zu den Inhalten des Kodex vgl. Werder 2002, 803 ff.; Peltzer 2004; Ringleb et al. 2008).

Auf die Bedeutung, die bestimmten Fragestellungen der Corporate Governance beigemessen wird, deutet zum einen hin, an welcher Stelle sie im Kodex positioniert sind und ob sie in einem eigenen Abschnitt gesondert behandelt werden (systematische Themengewichtung). So beginnen die materiellen Regelungen des Kodex – im Unterschied zum Aktiengesetz – mit den Bestimmungen für die Aktionäre und die Hauptversammlung. Diese Platzierung ist als wichtiges Signal zu werten, da sie die herausgehobene Bedeutung unterstreicht, die den Anteilseignern, ihren Rechten und der wirksamen Wahrnehmung ihrer Rechte zuerkannt wird. Mit dem dritten Abschnitt, der ausschließlich dem Zusammenwirken von Vorstand und Aufsichtsrat gewidmet ist, wird der Tatsache Rechnung getragen, dass die Erfüllung zahlreicher wichtiger Governance-Fragen ungeachtet der dualistischen Verfassung der deutschen Aktiengesellschaft das konstruktive Zusammenspiel von Leitungs- und Überwachungsorgan erfordert. Durch diese organübergreifende Perspektive wird auch verdeutlicht, dass sich das dualistische und das monistische Corporate Governance-Modell in der Praxis aufeinander zu bewegen (vgl. z. B. Gregory/Simmelkjaer 2002, 74). Schließlich zeigt die systematische Themengewichtung die Bedeutung der Transparenz, die weltweit als ein Grundprinzip guter Corporate Governance erachtet wird und durch bessere Sichtbarkeit des Unternehmensgeschehens opportunistische Verhaltenweisen der Verwaltung weniger wahrscheinlich machen soll. Gleiches gilt für die Rechnungslegung und Abschlussprüfung, die bei einem weiten Verständnis der Corporate Governance ebenfalls zu erfassen sind und nicht zuletzt auch deshalb besondere Relevanz aufweisen, da einige viel beachtete Governance-Skandale der Vergangenheit durch unzureichend organisierte und in der Folge manipulative Bilanzierungspraktiken verursacht waren.

Zum anderen ist aufschlussreich, mit welcher Intensität die ausgewählten Problemkreise der Corporate Governance im Kodex behandelt werden (vgl. Werder/Talaulicar 2003, 19). Die Intensität der themenbezogenen Auseinandersetzung kann unter anderem an der Anzahl gesetzesergänzender Bestimmungen abgelesen werden (systemimmanente Themengewichtung). Dabei ist festzustellen, dass sich die Kodexregelungen mehrheitlich an die Verwaltungsorgane der Aktiengesellschaft richten und schwerpunktmäßig den Aufsichtsrat thematisieren. Diese Schwerpunktbildung wird noch verstärkt, wenn man berücksichtigt, dass einige Bestimmungen in anderen Kodexabschnitten – wie die Empfehlungen zur Zusammensetzung und Vergütung des Vorstands in Abschnitt 4 oder die empfohlenen Vereinbarungen mit dem Abschlussprüfer in Abschnitt 7 – primär den Aufsichtsrat und seine Verantwortung für eine gute Corporate Governance adressieren.

Akzeptanz des Kodex

Die Akzeptanz der Kodexbestimmungen wird jährlich durch das Berlin Center of Corporate Governance (BCCG) erhoben (zuletzt und zum Folgenden vgl. Werder/Talaulicar 2009). Die sogenannten Kodex-Reports, die im Auftrag der Regierungskommission erstellt werden, beziehen seit 2004 neben sämtlichen Empfehlungen auch alle Anregungen des Kodex ein und weisen eine insgesamt sehr positive Resonanz des DCGK in der Praxis aus. Längsschnittbetrachtungen zeigen zudem, dass der Kodex maßgeblich zu Veränderungen der Corporate Governance-Gepflogenheiten deutscher Unternehmen beiträgt. Die kontinuierliche Fortentwicklung der Corporate Governance ist vor allem auch auf die jeweils neu aufgenommenen Kodexbestimmungen zurückzuführen, für die die Gesellschaften nicht selten erklären, sie künftig erstmals befolgen zu wollen.

Der zuletzt erschienene Kodex-Report 2009 bezieht sich auf die Kodexversion vom 6. Juni 2008, die 84 Empfehlungen und 19 Anregungen enthält. Die Auswertung basiert auf den Angaben von 203 der 656 an der Frankfurter Wertpapierbörse gelisteten Gesellschaften aus den vier Auswahlindizes DAX, TecDAX, MDAX und SDAX und den Börsensegmenten des Prime Standard und des General Standard (zu Methodik und Ergebnissen des Kodex-Report 2009 im Einzelnen vgl. Werder/Talaulicar 2009).

Akzeptanz der Empfehlungen

Zum Erhebungszeitpunkt Anfang 2009 befolgen sechs DAX-, ein TecDAX- und ein MDAX-Unternehmen sämtliche Empfehlungen. Bis Ende des Jahres 2009 gaben ein weiteres DAX- und zwei weitere MDAX-Unternehmen eine uneingeschränkte Entsprechenserklärung ab. Durchschnittlich entsprechen die Unternehmen zum Zeitpunkt der Untersuchung 70,4 der insgesamt 84 Empfehlungen. Die durchschnittliche Befolgungsquote, die angibt, welchen Anteil aller Kodexbestimmungen die Unternehmen im Durchschnitt umsetzen, liegt daher bei 83,9 %. Aufgrund weiterer Anpassungen ihrer Corporate Governance haben die Gesellschaften bis Ende 2009 im Durchschnitt 1,2 weitere Empfehlungen umgesetzt, denen sie zuvor noch nicht entsprachen. Die Befolgungsquote steigt damit – über alle Unternehmen betrachtet – auf 85,3 % (vgl. Werder/Talaulicar 2009, 690).

Die Akzeptanz hängt tendenziell von der Unternehmensgröße ab. So stimmen die DAX-Gesellschaften zu Beginn des Jahres 2009 mit durchschnittlich 79,8 Empfehlungen überein und erreichen damit eine Quote von 94,9 %, während die Unternehmen im General Standard im Durchschnitt lediglich 64,0 Empfehlungen anwenden, was einer Befolgungsquote von 76,2 % aller Soll-Bestimmungen entspricht (vgl. Werder/Talaulicar 2009, 690).

Das Akzeptanzniveau einer Kodexbestimmung gibt darüber Auskunft, welcher Prozentsatz der befragten Unternehmen (der Gesamtstichprobe bzw. einzelner Börsensegmente) die betreffende Empfehlung oder Anregung umsetzt. Dabei werden in einem ersten Schritt die allgemein akzeptierten Kodexbestimmungen, die von der ganz überwiegenden Mehrheit der Gesellschaften (90 % und mehr) angewendet werden, von den neuralgischen Kodexbestimmungen abgegrenzt, die von mehr als einem Zehntel der Unternehmen nicht befolgt werden. Die neuralgischen Bestimmungen werden weiterhin danach unterschieden, ob ihnen wenigstens 50 % der Unternehmen entsprechen oder aber es sich um mehrheitlich abgelehnte Kodexbestimmungen handelt.

Nach den Befunden des Kodex-Report 2009 erweisen sich – über alle Unternehmen und Börsensegmente betrachtet – zum Zeitpunkt der Untersuchung 39 und bis Ende des Jahres 2009 noch 37 der 84 Empfehlungen als neuralgisch. Ebenso wie die durchschnittliche Anzahl befolgter Empfehlungen pro Unternehmen variiert auch die Anzahl neuralgischer Kodexempfehlungen mit dem jeweils betrachteten Segment. So werden im General Standard auch zukünftig noch 50 Empfehlungen neuralgisch sein, im DAX hingegen nur noch sieben Empfehlungen (vgl. Werder/Talaulicar 2009, 690 f.). Diese sieben neuralgischen Empfehlungen betreffen

- die Vereinbarung eines angemessenen Selbstbehalts, sofern die Gesellschaft für Vorstand und Aufsichtsrat eine D&O-Versicherung abschließt (Akzeptanz im DAX zum Erhebungszeitpunkt und Ende 2009: 81,5 %),
- die Begrenzung von Zahlungen an ein Vorstandsmitglied bei vorzeitiger Beendigung seiner Vorstandstätigkeit ohne wichtigen Grund, die einschließlich Nebenleistungen den Wert von zwei Jahresvergütungen nicht überschreiten (Abfindungs-Cap) und nicht mehr als die Restlaufzeit des Anstellungsvertrages vergüten sollen (Akzeptanz im DAX zum Erhebungszeitpunkt: 65,4 %, Ende 2009: 76,9 %),

- die Berechnung des Abfindungs-Caps nach der Gesamtvergütung des abgelaufenen Geschäftsjahres und gegebenenfalls auch unter Berücksichtigung der voraussichtlichen Gesamtvergütung für das laufende Geschäftsjahr (Akzeptanz im DAX zum Erhebungszeitpunkt: 80,8 %, Ende 2009: 88,5 %),
- die Begrenzung von Zusagen für Leistungen aus Anlass der vorzeitigen Beendigung der Vorstandstätigkeit infolge eines Kontrollwechsels (Change of Control), die 150 % des Abfindungs-Caps nicht übersteigen sollen (Akzeptanz im DAX zum Erhebungszeitpunkt: 56,5 %, Ende 2009: 65,2 %),
- die Berücksichtigung der internationalen Tätigkeit des Unternehmens, potenzieller Interessenkonflikte und einer festzulegenden Altersgrenze bei Vorschlägen zur Wahl von Aufsichtsratsmitgliedern (Akzeptanz im DAX zum Erhebungszeitpunkt und Ende 2009: 85,7 %),
- die Begrenzung eines Wechsels des bisherigen Vorstandsvorsitzenden oder eines Vorstandsmitglieds in den Aufsichtsratsvorsitz oder den Vorsitz eines Aufsichtsratsausschusses, der nicht die Regel sein soll (Akzeptanz im DAX zum Erhebungszeitpunkt: 81,5 %, Ende 2009: 85,2 %), sowie
- die Gewährung einer erfolgsorientierten Vergütung für die Mitglieder des Aufsichtsrats (Akzeptanz im DAX zum Erhebungszeitpunkt und Ende 2009: 89,3 %).

Über alle Unternehmen bzw. Börsensegmente gerechnet, werden drei Empfehlungen von der Mehrheit der befragten Unternehmen abgelehnt. Bei diesen mehrheitlich abgelehnten Kodexbestimmungen handelt es sich um die Empfehlungen, einen angemessen Selbstbehalt zu vereinbaren, falls die Gesellschaft für Vorstand und Aufsichtsrat eine D&O-Versicherung abschließt (Akzeptanz zum Erhebungszeitpunkt: 47,0 %, Ende 2009: 47,5 %), Zusagen für Leistungen aus Anlass der vorzeitigen Beendigung der Vorstandstätigkeit infolge eines Kontrollwechsels (Change of Control) auf maximal 150 % des Abfindungs-Caps zu begrenzen (Akzeptanz zum Erhebungszeitpunkt: 40,9 %, Ende 2009: 48,9 %) und einen Nominierungsausschuss des Aufsichtsrats zu bilden, der ausschließlich mit Vertretern der Anteilseigner besetzt ist und dem Aufsichtsrat für dessen Wahlvorschläge an die Hauptversammlung geeignete Kandidaten vorschlägt (Akzeptanz zum Erhebungszeitpunkt: 45,0 %, Ende 2009: 48,7 %).

Akzeptanz der Anregungen

Bei den (Sollte- bzw. Kann-)Anregungen fällt das Akzeptanzniveau im Vergleich zu den Kodexempfehlungen niedriger aus. Dieser Befund ist insoweit wenig überraschend, als von den Anregungen – im Unterschied zu den Empfehlungen – abgewichen werden darf, ohne dies in der Entsprechenserklärung offenlegen zu müssen. Dennoch gibt es immerhin fünf DAX-, und ein MDAX-Unternehmen, die allen Anregungen genügen (vgl. Werder/Talaulicar 2009, 690).

Im Durchschnitt befolgt ein Unternehmen 12,2 der insgesamt 19 Anregungen. Die Befolgungsquote der Anregungen beträgt somit 64,0 %. Die Akzeptanz der Anregungen steigt, wie auch bei den Empfehlungen, tendenziell mit der Unternehmensgröße. Die durchschnittliche Anzahl der zum Erhebungszeitpunkt umgesetzten Kodexanregungen liegt zwischen 9,7 im General Standard und 16,4 im DAX. Die korrespondierenden Befolgungsquoten betragen 50,9 % bzw. 86,1 %. Die Unternehmen planen bis zum Ende des Jahres 2009 durchschnittlich 0,3 Anregungen zusätzlich aufzugreifen (vgl. Werder/Talaulicar 2009, 690).

Größenabhängige Unterschiede bestehen auch für die Anzahl neuralgischer Kodexanregungen. Über die Gesamtheit der erhobenen Unternehmen sind zum Zeitpunkt der Untersuchung 17 und zum Ende des Jahres 2009 16 Anregungen als neuralgisch zu kennzeichnen, da sie von weniger als 90 % der Gesellschaften aufgegriffen werden. Die Anzahl der neuralgischen Anregungen ist insgesamt hoch, jedoch wiederum index- bzw. segmentabhängig unterschiedlich. So sind im General Standard 18 Anregungen neuralgisch. Im DAX wird sich die Anzahl der neuralgischen Anregungen demgegenüber im Laufe des Jahres 2009 von 9 auf 8 verringern (vgl. Werder/Talaulicar 2009, 695). Dabei handelt es sich um die Anregungen, dass

- der Stimmrechtsvertreter auch während der Hauptversammlung erreichbar sein sollte (Akzeptanz im DAX zum Erhebungszeitpunkt und Ende 2009: 89,3 %),
- die Gesellschaft den Aktionären die Verfolgung der Hauptversammlung über moderne Kommunikationsmedien (z. B. Internet) ermöglichen sollte (Akzeptanz im DAX zum Erhebungszeitpunkt und Ende 2009: 76,9 %),
- in mitbestimmten Aufsichtsräten die Vertreter der Aktionäre und der Arbeitnehmer die Sitzungen

des Aufsichtsrats jeweils gesondert, gegebenenfalls mit Mitgliedern des Vorstands, vorbereiten sollten (Akzeptanz im DAX zum Erhebungszeitpunkt: 81,5 %, Ende 2009: 85,2 %),

- im Corporate Governance-Bericht auch zu den Kodexanregungen Stellung genommen werden kann (Akzeptanz im DAX zum Erhebungszeitpunkt: 66,7 %, Ende 2009: 74,1 %),
- die variablen Bestandteile der Vorstandsvergütung auch Komponenten mit langfristiger Anreizwirkung enthalten sollten (Akzeptanz im DAX zum Erhebungszeitpunkt und Ende 2009: 89,3 %),
- bei Erstbestellungen von Vorstandsmitgliedern die maximal mögliche Bestelldauer von fünf Jahren nicht die Regel sein sollte (Akzeptanz im DAX zum Erhebungszeitpunkt und Ende 2009: 88,0 %),
- der Vorsitzende des Prüfungsausschusses kein ehemaliges Vorstandsmitglied der Gesellschaft sein sollte (Akzeptanz im DAX zum Erhebungszeitpunkt und Ende 2009: 89,3 %) und
- die erfolgsorientierte Vergütung des Aufsichtsrats auch auf den langfristigen Unternehmenserfolg bezogene Bestandteile enthalten sollte (Akzeptanz im DAX zum Erhebungszeitpunkt und Ende 2009: 60,7 %).

Im DAX werden demnach bereits zum Zeitpunkt der Untersuchung sämtliche Anregungen von mehr als 50 % (und wenigstens zwei Drittel) der Unternehmen befolgt. Über sämtliche Unternehmen hinweg gibt es hingegen drei Anregungen, die mehrheitlich abgelehnt werden (vgl. Werder/Talaulicar 2009, 696). Hierbei handelt es sich um die Bestimmungen, den Aktionären die Verfolgung der Hauptversammlung über moderne Kommunikationsmedien (z. B. Internet) zu ermöglichen (Akzeptanz zum Erhebungszeitpunkt: 25,5 %, Ende 2009: 27,0 %), im Corporate Governance-Bericht auch zu den Kodexanregungen Stellung zu nehmen (Akzeptanz zum Erhebungszeitpunkt: 42,0 %, Ende 2009: 47,0 %) und im Rahmen der erfolgsorientierten Vergütung des Aufsichtsrats auch auf den langfristigen Unternehmenserfolg bezogene Bestandteile vorzusehen (Akzeptanz zum Erhebungszeitpunkt: 37,2 %, Ende 2009: 37,7 %).

Umsetzung des Kodex

Die Kodexbestimmungen belassen Interpretationsspielräume, wie sie im Unternehmen konkret umzusetzen sind. Diese Offenheit der Regelungen ist einerseits gewollt, um den Unternehmen Flexibilität zu gewähren und eine optimale Anpassung an die jeweils vorliegenden Unternehmensbedingungen zu ermöglichen. Sie folgt dem Prinzipiencharakter des Kodex (vgl. Ringleb et al. 2008, 22, 180), der weniger materiell substantiierte Regeln enthält, die speziell vorgeben, welche Governance-Modalitäten im Detail anzuwenden sind. Auf der anderen Seite können diese Spielräume auch missbraucht oder zumindest missverstanden werden, wenn bestehende Regelungslücken nicht im Sinne des Kodex ausgefüllt werden.

Erhellend sind in dieser Hinsicht wiederum ergänzende Befunde der Kodex-Reports, die nicht nur die Akzeptanz des Kodex erheben, sondern Zusatzfragen über die konkrete Umsetzung ausgewählter Bestimmungen enthalten. Ein in der Corporate Governance-Debatte besonders intensiv diskutierter Aspekt ist die Unabhängigkeit der Aufsichtsratsmitglieder. Im Anschluss an eine diesbezügliche Empfehlung der Europäischen Kommission zu den Aufgaben von Aufsichtsratsmitgliedern börsennotierter Gesellschaften (Empfehlung der EU-Kommission vom 15. Februar 2005 – 2005/162/EG, ABlEU L 52/51) enthält der DCGK seit Juni 2005 die Soll-Regelung, dass dem Aufsichtsrat eine nach seiner Einschätzung ausreichende Anzahl unabhängiger Mitglieder angehören soll, um eine unabhängige Beratung und Überwachung des Vorstands durch den Aufsichtsrat zu ermöglichen. Die Kodexbestimmung hat von Beginn an hohe Zustimmungswerte erfahren (vgl. Werder/Talaulicar 2006, 853). Im DAX, TecDAX und MDAX wird sie nach den Befunden des Kodex-Report 2009 ohne Ausnahme befolgt. Über die gesamte Stichprobe geben lediglich sechs Unternehmen an, dieser Regelung auch künftig nicht nachzukommen (vgl. Werder/Talaulicar 2009, 693).

Der Kodex fordert weder eine bestimmte Anzahl noch einen konkreten Anteil von unhängigen Aufsichtsratsmitgliedern. Er überlässt es vielmehr dem Aufsichtsrat, selbst einzuschätzen, ob ihm eine als ausreichend anzusehende Zahl unabhängiger Mitglieder angehört. Diese Interpretationsoffenheit hat zur Konsequenz, dass in der Praxis sehr unterschiedliche Auffassungen hinsichtlich der ausreichenden Anzahl unabhängiger Aufsichtsratsmitglieder existieren. Auf der Basis der Angaben von 162 Unternehmen, die der Kodexempfehlung nachkommen und entsprechende Auskünfte über die Anzahl der als unabhängig eingeschätzten Aufsichtsratsmitglieder gemacht haben, weisen die Befunde eine große Spannweite aus (vgl. Werder/Talaulicar 2009, 693).

Die Zahl der als unabhängig eingestuften Aufsichtsratsmitglieder reicht von 0 bis 21, wobei die Extremwerte jeweils nur von einem Unternehmen angegeben werden. Immerhin sieben Unternehmen erklären, die Empfehlung dadurch zu erfüllen, dass ihrem (drei- bzw. sechsköpfigen) Aufsichtsrat nur ein einziges unabhängiges Mitglied angehört. Drei dieser Aufsichtsräte sind drittelparitätisch mitbestimmt. Demgegenüber antworten 73 Unternehmen, dass sämtliche ihrer Aufsichtsratsmitglieder unabhängig sind. Lediglich rund die Hälfte (37) dieser Gesellschaften unterliegt keiner Form der unternehmerischen Mitbestimmung. Nach den Angaben der Unternehmen sind durchschnittlich rund drei Viertel der Aufsichtsratsmitglieder unabhängig. Besonders bemerkenswert erscheint die Beobachtung, dass die Zahl der als unabhängig eingestuften Aufsichtsratsmitglieder im Durchschnitt mehr Personen umfasst als die gesamte Bank der Anteilseignervertreter (vgl. Werder/Talaulicar 2009, 693 f.).

Die Bandbreite der Unabhängigkeitsbeurteilungen mag zum Teil dadurch erklärbar sein, dass die Unternehmen unterschiedliche Kriterien ansetzen, um über die Unabhängigkeit ihrer Aufsichtsratsmitglieder zu befinden. Diese Kriterien scheinen mitunter allerdings wenig anspruchsvoll zu sein, wenn man den – auch international – ungewöhnlich hohen Anteil unabhängiger Aufsichtsratsmitglieder betrachtet, dem oft auch Vertreter der Arbeitnehmer zugerechnet werden.

Erfolgswirkungen

Standards guter Corporate Governance werfen stets die Frage auf, ob ihre (mehr oder weniger ernsthafte) Umsetzung tatsächlich den Unternehmenserfolg erhöht. Wenngleich die Annahme eines positiven Zusammenhangs durchaus plausibel erscheint, ist der empirische Nachweis dieser Korrelation ein äußerst komplexes Unterfangen, da sich die Auswirkungen der Kodexentsprechung auf den – wie auch immer im Einzelnen definierten – Unternehmenserfolg kaum isolieren lassen. Inzwischen ist eine Reihe von Studien vorgelegt worden, die einen Zusammenhang zwischen der Anzahl (und der Art) abgelehnter Kodexempfehlungen und der ökonomischen Performance des Unternehmens untersuchen (vgl. Nowak/Rott/Mahr 2005; Bassen/Kleinschmidt/Prigge/Zöllner 2006; Goncharov/Werner/Zimmermann 2006). Die Studien kommen indes zu uneinheitlichen Befunden und können somit keine eindeutige Beziehung zwischen Kodexentsprechung und Unternehmenserfolg nachweisen.

Die inkonsistenten Befunde, die ähnlich in anderen Governance-Umgebungen zu beobachten sind (vgl. Talaulicar/Werder 2008, 256 m.w.N.), erscheinen schon aufgrund der Komplexität und Unstrukturiertheit der untersuchten Zusammenhänge wenig überraschend. Die Erfolgswirkungen einer bestimmten Governance-Maßnahme werden durch eine Vielzahl vernetzter Faktoren beeinflusst, können zeitlich verzögert auftreten und sind selbst bei einem monovariablen Oberziel aufgrund möglicher (Unter-)Zielkonflikte schwierig prognostizierbar. Hinzu kommt, dass der Erfolgsbeitrag von Standards der Unternehmensleitung und -überwachung in der Regel weniger durch die – in den bisherigen Untersuchungen primär betrachtete – Erklärung, sondern vielmehr durch die Ernsthaftigkeit ihrer jeweiligen Entsprechung beeinflusst wird (Erklärungsentsprechung). Die Untersuchung der Erfolgswirkungen erfordert deshalb komplexere Modellierungen, die weitere Kontextmerkmale und vor allem auch die Art der Kodexumsetzung einbeziehen. Beim heutigen Wissensstand können die Empfehlungen und Anregungen des DCGK daher im Wesentlichen nur, aber auch immerhin beanspruchen, auf der Basis der vorliegenden Erkenntnisse durch gute Gründe gestützt zu sein.

Literatur

Bassen, Alexander/Kleinschmidt, Maik/Prigge, Stefan/Zöllner, Christine: Deutscher Corporate Governance Kodex und Unternehmenserfolg. Empirische Befunde. In: Die Betriebswirtschaft 66. Jg. (2006), 375–401.

Baums, Theodor (Hg.): Bericht der Regierungskommission Corporate Governance. Köln 2001.

Berliner Initiativkreis German Code of Corporate Governance: German Code of Corporate Governance (GCCG). In: Der Betrieb 53. Jg. (2000), 1573–1581.

Goncharov, Igor/Werner, Joerg Richard/Zimmermann, Jochen: Does Compliance with the German Corporate Governance Code Have an Impact on Stock Valuation? An Empirical Analysis. In: Corporate Governance: An International Review 14 (2006), 432–445.

Gregory, Holly J./Simmelkjaer, Robert T., II: Comparative Study Of Corporate Governance Codes Relevant to the European Union And Its Member States. Brüssel 2002.

Grundsatzkommission Corporate Governance: Corporate Governance-Grundsätze (»Code of Best Practice«) für börsennotierte Gesellschaften. In: Der Betrieb 53. Jg. (2000), 238–241.

Hopt, Klaus J.: Unternehmensführung, Unternehmenskontrolle, Modernisierung des Aktienrechts. In: Zeitschrift für das gesamte Handelsrecht und Wirtschaftsrecht, Beiheft 71 (2002), 27–67.

Iskander, Magdi R./Chamlou, Nadereh: Corporate Governance: A Framework for Implementation. Washington, DC 2000.

Nowak, Eric/Rott, Roland/Mahr, Till G.: Wer den Kodex nicht einhält, den bestraft der Kapitalmarkt? Eine empirische Analyse der Selbstregulierung und Kapitalmarktrelevanz des Deutschen Corporate Governance Kodex. In: Zeitschrift für Unternehmens- und Gesellschaftsrecht 34. Jg. (2005), 252–279.

Peltzer, Martin: Deutsche Corporate Governance. Ein Leitfaden. München ²2004.

Ringleb, Henrik-Michael/Kremer, Thomas/Lutter, Marcus/Werder, Axel v.: Kommentar zum Deutschen Corporate Governance Kodex. Kodex-Kommentar. München ³2008.

Seibert, Ulrich: Im Blickpunkt: Der Deutsche Corporate Governance Kodex. In: Betriebs-Berater 57. Jg. (2002), 581–584.

Talaulicar, Till/Werder, Axel v.: Patterns of Compliance with the German Corporate Governance Code. In: Corporate Governance: An International Review 16 (2008), 255–273.

Van den Berghe, Lutgart/De Ridder, Liesbeth: International Standardisation of Good Corporate Governance. Boston, Mass. 1999.

Werder, Axel v.: Der Deutsche Corporate Governance Kodex – Grundlagen und Einzelbestimmungen. In: Der Betrieb 55. Jg. (2002), 801–810.

– /Talaulicar, Till: Der Deutsche Corporate Governance Kodex: Konzeption und Konsequenzprognosen. In: Schmalenbachs Zeitschrift für betriebswirtschaftliche Forschung, Sonderheft 50/03 (2003), 15–36.

– /Talaulicar, Till: Kodex Report 2006: Die Akzeptanz der Empfehlungen und Anregungen des Deutschen Corporate Governance Kodex. In: Der Betrieb 59. Jg. (2006), 849–855.

– /Talaulicar, Till: Kodex Report 2009: Die Akzeptanz der Empfehlungen und Anregungen des Deutschen Corporate Governance Kodex. In: Der Betrieb 62. Jg. (2009), 689–696.

Till Talaulicar

7. Nachhaltigkeitsberichterstattung

Das Erfordernis, sich gegenüber der Gesellschaft zu verantworten, hat für Unternehmen im 21. Jahrhundert radikal an Bedeutung gewonnen. Insbesondere um sich den Herausforderungen einer nachhaltigen Entwicklung zu stellen, haben Unternehmen eine Reihe von praktischen Konzepten entwickelt und implementiert, mit deren Hilfe sie versuchen, ihre gesellschaftlichen Verantwortungen auszugestalten. Die sogenannte ›Nachhaltigkeitsberichterstattung‹ ist eines der am meisten diskutierten und angewendeten Instrumente, die in den Diskursen zu ›Corporate Social Responsibility‹ (CSR) und ›Nachhaltigkeitsmanagement‹ auftauchen. CSR und Nachhaltigkeit sind keine Synonyme. Während CSR zunächst die gesellschaftliche Einbettung von Unternehmen und die damit verbundenen Herausforderungen betont, bezeichnet Nachhaltigkeit als regulative Idee eine umfassende Perspektive, wie bestimmte Herausforderungen inhaltlich ausgestaltet werden können. Da aber im praktischen Sprachgebrauch gleichermaßen von CSR- wie von Nachhaltigkeitsberichten die Rede ist, werden die Begriffe zunächst nicht differenziert; erst im letzten Abschnitt werden diese semantischen Unterschiede wieder aufgegriffen.

Entwicklung, Verbreitung und Bedeutung der Nachhaltigkeitsberichterstattung

Das, was heute unter dem Begriff Nachhaltigkeitsberichterstattung praktiziert und diskutiert wird, hat eine Vorgeschichte, die bis in die 1940er Jahre zurückreicht (vgl. etwa Hess 2008, 453 ff.). Eine erstmalige breitere Popularität sowohl in der praktischen Anwendung als auch in der wissenschaftlichen Forschung erlangte das Konzept eines ›gesellschaftsbezogenen Informations- und Rechnungssystems‹ in den 1970er Jahren unter dem Titel ›Sozialbilanz‹ (Dierkes 1974). In Form eines Sozialberichts, einer Wertschöpfungsrechnung und einer Sozialrechnung sollten freiwillig erstellte Sozialbilanzen damals systematisch und regelmäßig die gesellschaftlichen Auswirkungen von Unternehmensaktivitäten erfassen und dokumentieren, scheiterten dann aber als Projekt bereits Anfang der 1980er Jahre u.a. daran, dass die Unternehmen einseitig ihre Erfolge herausstellten (also nicht wirklich bilanzierten) und die wichtigsten Zielgruppen wie Öffentlichkeit und Mitarbeiter nicht erreichten (Pianowski 2003, 117 f.). Mit dem Aufkommen von Ökobilanzen und Umweltmanagementsystemen seit den 1980er Jahren (vgl. etwa Hallay/Pfriem 1992) und insbesondere der europäischen Öko-Audit- bzw. EMAS-Verordnung – Eco Management and Audit Scheme (vgl. http://ec.europa.eu/environment/emas/) – haben die daran teilnehmenden Unternehmen begonnen, in Umwelterklärungen über ihre Umweltziele und ökologischen Leistungsindikatoren zu berichten. Seit dem Brundtland-Bericht der Weltkommission für Umwelt und Entwicklung 1987 und der ersten Weltkonferenz zu Umwelt und Entwicklung in Rio de Janeiro 1992 wurde die Umweltdebatte verknüpft mit dem Problem der globalen Gerechtigkeit. So kam mit dem Begriff der Nachhaltigkeit ein gesellschaftliches Leitbild auf die Agenda, welches eine Entwicklung anstrebt, die »die Bedürfnisse der Gegenwart befriedigt, ohne zu riskieren, dass zukünftige Generationen ihre eigenen Bedürfnisse nicht befriedigen können« (Hauff 1987, 46). Allerdings gab es zum Weltgipfel in Rio noch kein Konzept einer global anwendbaren und akzeptierten Nachhaltigkeitsberichterstattung.

Erst in der Folge entstand aus einer Zusammenarbeit des Umweltprogramms der Vereinten Nationen (UNEP) und des umweltorientierten Unternehmensverbandes CERES ein Projekt, welches zur Entwicklung eines weltweit anwendbaren Leitfadens zur Nachhaltigkeitsberichterstattung führte: Mit den Richtlinien der 1997 entstandenen Global Reporting Initiative (GRI) (vgl. www.globalreporting.org) hat sich seither ein international verbreiteter Quasi-Standard herausgebildet, dem viele Experten auch in Zukunft eine dominierende Rolle zusprechen. Die Attraktivität des GRI-Leitfadens für Unternehmen erklärt sich dadurch, dass er ein standardisiertes, aber insgesamt doch ziemlich flexibles Instrument ist: Unternehmen können selbst die Schwerpunkte setzen, den Aufbau gestalten sowie Detailliertheit und Umfang bestimmen; zudem besteht die Möglichkeit, an seiner konzeptionellen Weiterentwicklung mitzuwirken (vgl. Rieth 2009, 266).

Neben der Global Reporting Initiative existieren weitere Organisationen, die für das Thema Nachhaltigkeitsberichterstattung von Bedeutung sind: In Deutschland haben Forschungs- und Beratungsinstitute zunächst eigene Leitfäden zur Nachhaltigkeitsberichterstattung herausgegeben (Clausen et al. 2001; IFEU 2002), die Unternehmen heute insbesondere dabei helfen sollen, »von der Umwelterklärung zum Nachhaltigkeitsbericht« (BMU 2007) zu gelangen, da Umwelterklärungen aufgrund der relativ hohen Beteiligung an EMAS in Deutschland bereits verbreitet sind. Auf internationaler Ebene gibt es weitere Leitfäden von Unternehmensvereinigungen wie dem World Business Council for Sustainable Development (WBCSD 2003) sowie Konzepte von standardsetzenden Organisationen wie AccountAbility mit dem AA1000 Standard (vgl. www.accountability21.net) oder der International Standardization Organization (ISO) mit ihrer 14000er Serie zum Umweltmanagement und dem 2010 herausgekommenen Leitfaden für die gesellschaftliche Verantwortung von Organisationen (ISO 26000, vgl. www.iso.org/sr; für eine Beschreibung und einen Vergleich dieser und weiterer Standards vgl. Adams/Narayanan 2007).

Um Nachhaltigkeitsberichterstattung jedoch als neues Phänomen in seiner Bedeutung angemessen beurteilen zu können, muss man es in den richtigen Kontext setzen: Der zahlenmäßige Anstieg der jährlich veröffentlichten Berichte auf über 2000 pro Jahr ist, für sich genommen, beachtlich, gemessen an den rund 60.000 multinationalen Unternehmen jedoch gering; von 600–700 genauer erforschten Berichten (in einer Studie von KPMG 2005) wurden nur 200 extern geprüft; weniger als 200 Berichte aus dem Jahre 2008 erreichten die Klasse A des G3-Leitfadens; und von den ›führenden‹ Berichterstattern aus den Benchmark-Studien von UNEP und Sustain Ability erhielt jeweils nur eine geringe Zahl mehr als die Hälfte der möglichen Punktzahlen; also weniger als 0,5 % der multinationalen Unternehmen geben zurzeit vernünftige, glaubwürdige und unabhängig geprüfte Auskünfte über ihre soziale und ökologische Bilanz (gemessen an den Kriterien von GRI und UNEP/SustainAbility) (Milne/Gray 2008, 62).

Zusammenfassend lässt sich festhalten: Auch wenn aus globaler Perspektive die Bedeutung der Nachhaltigkeitsberichterstattung noch nicht so ausgeprägt sein mag, wie es wünschenswert wäre, so sind doch mit Blick auf einzelne Unternehmen beachtliche qualitative Fortschritte zu verzeichnen. Insbesondere die »GRI als Schrittmacher der CSR-Bewegung« hat das CSR-Engagement von Unternehmen gefördert, indem neue Stakeholder wie Investoren und Analysten für das Thema CSR gewonnen werden konnten und durch eine bessere Vergleichbarkeit ein Wettbewerb in Gang gesetzt wurde, der

CSR innerhalb der Unternehmen von einem Randthema zu einem Teilaspekt der gesamten Unternehmensstrategie werden ließ (vgl. Rieth 2009, 255 ff.). Vor diesem empirischen Hintergrund wird die Nachhaltigkeitsberichterstattung in den folgenden Abschnitten als Managementinstrument und Kommunikationsmedium in seiner Bedeutung für CSR und Nachhaltigkeit erörtert.

Nachhaltigkeitsberichterstattung als Managementinstrument: Reporting, Accounting und CSR-Management

Nachhaltigkeitsberichterstattung kann als praktisches Instrument des betrieblichen CSR-Managements eigentlich gar nicht isoliert betrachtet werden, weil der Veröffentlichung von CSR-relevanten Informationen immer auch ein Prozess der Erhebung, Messung, Bewertung, Dokumentation, Bilanzierung und Aufbereitung dieser Informationen – kurz: ein Accounting-Prozess vorausgehen muss. In der Literatur wird daher häufig das ›Social and Environmental Accounting and Reporting‹ (SEAR) integriert behandelt. Analog zum klassischen Rechnungswesen kommt sogar häufig noch ein dritter Schritt (und ein zweites ›A‹) in diesem Prozess hinzu: die Prüfung und Qualitätssicherung der Informationen gemessen an vorgegebenen Standards (Auditing/Assurance) (vgl. etwa Hess 2008, 454). Die Grundlage für jedes ›SEAAR‹ ist eine Standardisierung der zugrundeliegenden Prinzipien und Prozesse, damit eine zeitliche Vergleichbarkeit der gewonnen Informationen und eine Vergleichbarkeit zwischen verschiedenen Unternehmen möglich wird. Dabei ist zu unterscheiden zwischen einem Prozessstandard wie dem AA1000 (Wie soll berichtet werden?) und einem an den Inhalten orientierten Standard wie dem von GRI (Worüber soll berichtet werden?) (vgl. Adams/Narayanan 2007, 77 f.).

Ziel ist es, durch den Einsatz derartiger Instrumente der ›Accountability‹, d. h. der Rechenschaftspflicht des Unternehmens gegenüber seinen Anspruchsgruppen bzw. der gesamten Gesellschaft gerecht zu werden, wobei die gewählten Standards und die konkrete Ausgestaltung des SEAAR letztlich darüber entscheiden, wem gegenüber, worüber und in welchem Umfang berichtet wird. Allgemein zu postulieren, dass damit »über die ökonomische, ökologische und soziale Wertschöpfung« (Maak/Ulrich 2007, 202) eines Unternehmens Rechenschaft abgelegt würde, kann jedoch irreführend sein, weil der Begriff Wertschöpfung in Bezug auf soziale und ökologische Belange unbestimmt, ja sogar widersinnig ist. In den allermeisten Fällen der Bewertung von Auswirkungen wirtschaftlicher Aktivitäten auf die natürliche Umwelt geht es nicht darum, dass ›Werte‹ geschaffen werden, sondern dass Schäden verringert oder vermieden werden. Um also nicht von ›Schadschöpfung‹ sprechen zu müssen, könnte zumindest in ökologischer Hinsicht zunächst lediglich von einer Bilanzierung der Umwelteinwirkungen durch Unternehmen gesprochen werden. Ausgehend von der klassischen Umweltbilanzierung, die in physikalischen Größen die Material- und Energieverbräuche von Unternehmen abbildet, sind in den letzten Jahren diverse produktlebenszyklus- und wertschöpfungskettenorientierte Ansätze entwickelt worden, mit deren Hilfe Unternehmen etwa in Form von ›Fußabdrücken‹ (Carbon Footprint, Water Footprint, Social Footprint) spezifische Ökobilanzen von einzelnen Produkten oder ganzen Standorten erheben und veröffentlichen können. Eine Umrechnung physikalischer Größen in monetäre erscheint zunächst sinnvoll und wünschenswert, weil sie so von wirtschaftlichen Entscheidungsträgern besser verstanden werden und dazu beitragen, volkswirtschaftlich die Schadenskosten zu erheben. Monetäre Größen können aber immer nur die Kosten einer erforderlichen Schadensbeseitigung oder der Implementierung eines neuen Programms oder einer neuen Technologie abbilden, doch nie den gesamten Wert eines Sozial- oder Ökosystems; daher sollten Informationen über die ökologischen und sozialen Wirkungen von Unternehmensaktivitäten nicht in monetären Größen ausgedrückt, sehr wohl aber mit finanzökonomischen Indikatoren in Relation gesetzt werden (Korhonen 2003, 32 f.).

Vergegenwärtigt man sich die zahlreichen ökologischen und sozialen Wirkungen von Unternehmensaktivitäten, so wird die Unmöglichkeit einer gemeinsamen ›Währung‹ augenfällig: Familienfreundlichkeit im Betrieb und Fairness im Wettbewerb können weder summiert noch objektiv gewichtet werden, sondern müssen jeweils für sich und im Kontext bewertet werden und zwar immer mit der oft unangenehmen Begleiterscheinung, dass verschiedene Beobachter unterschiedliche Bewertungen abgeben (vgl. Norman/MacDonald 2004, 251 f.). Daraus sollten Unternehmen jedoch nicht die Konsequenz ziehen, sich nur auf die Investitionsseite zu konzentrieren, also zu erheben und zu berichten, wie viel sie für welche Sozial- und Umweltbelange ausgegeben haben (vgl. Porter/Kramer 2006, 81). Denn das wäre letztlich wieder nur eine rein finanzielle Bilanzierung. Es braucht also ein Maß, welches sich an der Ergebnisseite orientiert und nicht-finanzielle Dimensionen einschließt. Dieser Bedarf wurde insbesondere in Politik- und Wirtschaftskreisen gedeckt, indem dort ein Accounting- und Reporting-Konzept populär geworden ist, das einen ›dreifachen Gewinn‹ postuliert. Diese sogenannte ›Triple Bottom Line‹ ist hinsichtlich beider Wortbestandteile jedoch höchst zweifelhaft: Die Anwendung einer betriebswirtschaftlichen Terminologie (›Bottom Line‹) auf komplexe Fragen der gesellschaftlichen Verantwortungen von Unternehmen ist irreführend, weil ein – neben dem finanziellen Gewinn existierendes – gleichwertiges, eindeutiges, aggregiertes Ergebnis suggeriert wird, welches jedoch für soziale und ökologische Belange unmöglich ist (vgl. Norman/MacDonald 2004). Hierbei werden auch die Grenzen der Bilanzierungsidee deutlich: Monetäre Aufwendungen und Erträge können problemlos miteinander verrechnet – bilanziert – werden; ökologischen oder sozialen ›Goods‹ (z. B. Vitalität und Begeisterung der Mitarbeiterinnen und Mitarbeiter) auf der einen Seite und ›Bads‹ (Depression und Demotivation der Mitarbeiterinnen und Mitarbeiter) auf der anderen Seite fehlt dagegen der Vergleichsmaßstab, um sie miteinander ›verrechnen‹ zu können. Hinzu kommt, dass das Outsourcing von Unternehmensaktivitäten bilanzökonomisch betrachtet vielleicht wünschenswerte Effekte mit sich bringt, in sozialökologischer Hinsicht jedoch zu einer Verlagerung, wenn nicht sogar einer Verschleierung der immer systemisch (nicht nur organisationsbezogen) zu betrachtenden Effekte führt. Weil also soziale und ökologische Effekte zumeist nicht an den Unternehmensgrenzen halt machen, ist als Ergänzung zu Berichten von Einzelunternehmen eine Nachhaltigkeitsberichterstattung von Wertschöpfungsketten und -netzwerken erforderlich (vgl. Korhonen 2003, 31).

Auch der zweite Begriffsbestandteil (›Triple‹), der sich in Form eines (reduzierten) Verständnisses von Nachhaltigkeit als einem gleichrangigen Nebeneinander von ›Ökonomie‹, ›Sozialem‹ und ›Ökologie‹ (›Drei-Säulen-Modell der Nachhaltigkeit‹) ausgebreitet hat, wirft ein fundamentales Problem für eine seriöse Bewertung sozialökologischer Probleme auf. Denn die hierarchisch strukturierten Sphären der menschlichen Lebensgrundlagen als gleichberechtigte Zielbereiche nebeneinander zu stellen, lenkt vom eigentlichen Sinn einer nachhaltigen Entwicklung – die Lebensgrundlagen zukünftiger Generationen zu bewahren – ab (vgl. Meyer-Abich 2001). Da Nachhaltigkeit in diesem Sinne immer nur im Nachhinein bestimmt werden kann, ist ein ›Sustainability Accounting‹ im Prinzip unmöglich. Trotzdem ist das gesamte Projekt einer Bewertung und Kommunikation nachhaltigkeitsrelevanter Daten natürlich eine Grundbedingung, um – wenn überhaupt – Nachhaltigkeit zu erreichen. Insofern ist Nachhaltigkeitsberichterstattung vielmehr als andauernde Dokumentation eines Such- und Annäherungsprozesses zu verstehen, der im besten Fall durch organisationale Lernprozesse (vgl. Gond/Herrbach 2006) befördert wird.

Weil solche Such- und Lernprozesse immer in eine unsichere Zukunft hineingehen, muss in das Accounting und Reporting ein weiterer Inhalts- und Handlungsbereich einbezogen werden, nämlich der Bereich der Visionen, Strategien, Werte, Absichten und Ziele, also die normativ-strategische Dimension des CSR-Managements (vgl. Lautermann/Pfriem 2010). Die Aussage »Top-Quality Reporting Requires a Strategic Approach« (MacLean/Rebernak 2007, 3) kann sich dabei auf zwei Ebenen niederschlagen: Erstens können Strategien, Ziele und deren (Nicht-) Erreichung integraler Bestandteil der Berichtsinhalte sein. Dies kann etwa erfolgen, indem ein Unternehmen in seinem Bericht die früher gesetzten Ziele, ihren aktuellen Erreichungsgrad und die neu gesetzten Ziele in einen systematischen Zusammenhang stellt (vgl. die Beispiele bei Maak/Ulrich 2007, 197 f.). Gemessen an den Langfristanforderungen einer nachhaltigen Entwicklung müsste eine ernsthafte Nachhaltigkeitsberichterstattung zudem den Nachhaltigkeitsbezug der Geschäftsstrategie samt Chancen und Risiken klar herausstellen.

Zweitens kann der oben beschriebene Komplex der Datenmessung und -veröffentlichung mit der Zieldimension des Managements auf organisatorischer Ebene systematisch verknüpft werden (vgl. Schaltegger/Wagner 2006). Die Rolle von standardisierten Konzepten wie dem GRI-Leitfaden ist dabei ambivalent zu beurteilen. Einerseits ist in dem GRI-Leitfaden eine Chance zu sehen, zu einer ›integrierten Nachhaltigkeit‹ zu gelangen, bei der externe CSR-Initiativen mit internen ›Ethik-Management-Praktiken‹ in Übereinstimmung gebracht werden (vgl. Painter-Morland 2006, 355). Andererseits können Quasi-Standards (wie GRI) wie auch die Wettbewerbe und Rankings im Bereich der Nachhaltigkeitsberichterstattung einen Anreiz für Unternehmen bilden, ihre Berichterstattung eher an rein formalen Kriterienkatalogen auszurichten, statt an substantieller Leistung (›conformance‹ statt ›performance‹) (Schaltegger/Wagner 2006, 14 f.).

Nachhaltigkeitsberichterstattung als Medium der Unternehmenskommunikation

Versteht man die Nachhaltigkeitsberichterstattung als Kommunikationsmittel, so stellt sich zunächst die Frage, warum Unternehmen überhaupt Berichte herausgeben und damit eine Kommunikation über ihr Verhältnis zu Fragen der gesellschaftlichen Verantwortung und Nachhaltigkeit initiieren bzw. befördern. Betrachtet man diese Prozesse vom Unternehmen her, so lassen sich empirisch drei Gruppen von Motiven feststellen: marktorientierte Motive (v.a. wegen Informationsbedürfnissen von Marktpartnern zu nicht-marktlichen Fragen), managementorientierte Motive (v.a. Mitarbeitermotivation und -information in Bezug auf Nachhaltigkeitsfragen) sowie öffentlichkeitsorientierte Motive (v.a. bei Groß- bzw. Markenunternehmen mit Legitimitäts- und Reputationsproblemen) (vgl. Clausen et al. 2001, 10 ff.). Die Begründungen für eine Nachhaltigkeitsberichterstattung, seien sie nun eher werte-, image- oder wettbewerbsorientiert, können jeweils wiederum unterschiedliche Ausprägungen haben: Modellhaft lässt sich für jeden Typ von Gründen eine eher proaktive oder eher reaktive Ausprägung unterscheiden (vgl. Buhr 2007, 64). So können ethische Gründe etwa in Form einer intrinsischen Motivation einer Führungsperson (proaktiv) oder als allgemeines Pflichtgefühl gegenüber Recht und Gesetz (reaktiv) vorliegen (ebd.).

Betrachtet man die Nachhaltigkeitsberichterstattung von ihren Adressaten her, so waren es historisch gesehen zwei Zielgruppen, deren Forderungen mit der Einführung von Nachhaltigkeitsberichterstattungen entsprochen werden sollte: Während in europäischen Unternehmen die Berichterstattungspraxis ursprünglich als internes Kommunikationsmittel zwischen Unternehmen und Gewerkschaften entstanden ist, kam sie im angelsächsischen Raum aufgrund des Drucks kritischer Anspruchsgruppen (v.a. Umweltgruppen) als externes Kommunikationsmittel auf (vgl. Perrini 2005, 612). Wie eingangs gezeigt, weitete sich der Adressatenkreis aus und heute sind es neben kritischen Anspruchsgruppen, denen gegenüber das Unternehmen versucht, seine Legitimität und Akzeptanz (›Licence to Operate‹) zu verbessern, zunehmend auch Analysten und Investoren, die sich für außermarktliche Risiken und Wertschöpfungspotentiale interessieren (vgl. UNEP et al. 2006, 27 ff.).

Der GRI-Leitfaden bietet nicht nur Prinzipien an, die den Inhalt eines Berichts definieren, sondern auch solche, die seine Qualität sicherstellen sollen (vgl. GRI 2006, 13 ff.). In diesem Sinne lassen sich verschiedene Kriterienlisten aufstellen, um die Anforderungen an eine hochwertige Nachhaltigkeitsberichterstattung zu definieren (vgl. Maak/Ulrich 2007, 196 ff.; Bernhart 2009, 26). Hierzu zählt zunächst die Glaubwürdigkeit der Berichterstattung, die sich vor allem aus der Orientierung an globalen Standards, der Vollständigkeit der relevanten Nachhaltigkeitsthemen und der externen Überprüfung der Berichte sowie der Offenlegung von Fehlern und dem Ansprechen von Schwachstellen, ungelösten Problemen und Konflikten ergibt.

Betrachtet man die Glaubwürdigkeit der Nachhaltigkeitsberichterstattung aus einer kommunikatorzentrierten Sichtweise, so wirft dies das praktisch nicht triviale Problem auf, inwieweit ein Unternehmen bzw. seine verantwortlichen Entscheidungsträger überhaupt bereit sind, wahrheitsgemäß zu berichten; denn diese Bereitschaft ist an die Voraussetzung geknüpft, dass das Unternehmen von der Richtigkeit der kommunizierten Aussagen überzeugt ist – ansonsten wäre es Augenwischerei – und sich der Konsequenzen (einschließlich möglicher Konflikte mit anderen Unternehmenszielen) bewusst ist bzw. diese auszuhalten bereit ist (vgl. Spelthahn et al. 2009, 65). Die Bereitschaft zu mehr Transparenz und zu einer Öffnung des Unternehmens gegenüber seinen Anspruchsgruppen sind entscheidende Voraussetzungen einer jeden Unternehmensstrategie, die gesellschaftliche Verantwortung ernst zu nehmen versucht. Der sogenannte Stakeholder-Dialog wird für die Unternehmensführung daher immer wichtiger und hinsichtlich der vermehrten Fragen nach den gesellschaftlichen Verantwortungen von Unternehmen und ihrem Beitrag zu einer nachhaltigen Entwicklung kristallisiert sich die Nachhaltigkeitsberichterstattung als eines der zentralen Medien der Stakeholder-Kommunikation heraus. Um entscheiden zu können, wie ein effektiver Bericht auszusehen hat, muss ein Unternehmen die Bedürfnisse und Erwartungen seiner Anspruchsgruppen ermitteln; das heißt: Wenn der Nachhaltigkeitsbericht nicht aus reinem Zufall sein Ziel erreichen soll (nämlich die

Informationsbedürfnisse der Stakeholder zu befriedigen), dann muss der Stakeholder-Dialog ein Kernelement der Nachhaltigkeitsberichterstattung sein (vgl. Unerman 2007, 91 f.). Umgekehrt können Nachhaltigkeitsberichte ein guter Ausgangspunkt für erfolgreiche Stakeholder-Dialoge sein, wenn sie explizit zum Antworten einladen; sie bilden eine Dialog-Grundlage, da sie es den Beteiligten erlauben zu überprüfen, ob alle relevanten Perspektiven in den Verständigungsprozess mit einbezogen wurden, und weil sie (andere und noch nicht beteiligte) Stakeholder-Gruppen über die laufenden Diskussionen informieren (vgl. Kaptein/van Tulder 2003, 208 f.).

Insofern kann man in der Nachhaltigkeitsberichterstattung ein vielversprechendes Werkzeug sehen, um die Komplexität der CSR-Kommunikation zu managen. Dennoch sind viele der heutigen Berichte Ausdruck einer konventionellen ›stakeholder information‹- oder ›stakeholder response‹-Strategie, die die Einbindung von Anspruchsgruppen zumeist nur durch eine einfache Auflistung der Partner darstellen (vgl. Morsing/Schultz 2006, 334). Hinzu kommt das verbreitete Defizit, dass die bestehenden Berichte kaum Anhaltspunkte darüber liefern, ob der Dialog mit und die Einbindung von Anspruchsgruppen tatsächlich stattfinden (vgl. Unerman 2007, 86). Allerdings kann davon ausgegangen werden, dass sich insbesondere durch die Verbreitung von Internetkommunikation die Nachhaltigkeitsberichterstattung zukünftig in Richtung (1) eines stärker öffentlichen Verfahrens, (2) eines stärker maßgeschneiderten (›customized‹) Ansatzes und (3) eines Stakeholder-Dialogs bewegen wird (vgl. Isenmann et al. 2007, 489 f.). Empirische Studien zeigen allerdings, dass die berichtenden Unternehmen noch weit davon entfernt sind, die Potentiale des Internets für die Nachhaltigkeitsberichterstattung zu realisieren (vgl. Blanke et al. 2007, 30). Auch wenn die nachhaltigkeits- bzw. CSR-bezogenen Informationen bei den Internetauftritten der meisten Unternehmen mittlerweile leicht zu finden sind, hat keines der Unternehmen, die in der internationalen Studie »Trends in Online Sustainabiliy Reporting« untersucht wurden, neuere (Web 2.0) Kommunikationstechnologien verwendet, um die Benutzer einzubinden und mit ihnen in Dialog zu treten, während in anderen Bereichen der Unternehmenskommunikation durchaus solche Technologien zur Anwendung kommen (vgl. Radley Yeldar/GRI 2009).

Welche Potentiale einer internetgestützten Nachhaltigkeitsberichterstattung sich entfalten werden und welche nicht, wird nicht allein von ökonomischen Entwicklungskräften wie dem Marktsog und dem Technologieschub (vgl. Isenmann/Marx Gómez 2008, 17 f.) entschieden. Denn weil diese Potentiale nicht nur technische Funktionalitäten umfassen, sondern weitreichende gesellschaftliche Implikationen haben können, ist ihre mögliche Entfaltung durchaus noch offen. Es ist nämlich auch eine politische Richtungsentscheidung, ob eine umfassende Transparenz und Vernetzung sämtlicher nachhaltigkeitsbezogener Daten von Unternehmen im Internet ermöglicht werden soll, damit etwa ökonomisch-ökologische Zusammenhänge, zeitliche Entwicklungen und strategische Pfade unternehmensübergreifend beurteilt werden können (z. B. durch Nachhaltigkeitsbilanzen ganzer Wertschöpfungsketten und Branchenvergleiche). Doch stehen hier nicht zuletzt auch etablierte Interessen auf dem Spiel, da eine Berichterstattung im Web 2.0 die Möglichkeiten einer stärkeren demokratischen Kontrolle und einer größeren Teilhabe von Anspruchsgruppen durch partizipative, interaktive Kommunikationstechnologien eröffnet. Diese Potentiale für einen weitreichenden gesellschaftlichen Wandel legen es nahe, dass zumindest einige mächtige Wirtschaftsinteressen sich einer konsequenten Ausbreitung der Nachhaltigkeitsberichterstattung im Internet entgegenstellen werden.

Nachhaltigkeitsberichterstattung als neuartige Vermittlungsinstitution zwischen Unternehmen und Gesellschaft

Aus einer gesellschaftspolitischen Perspektive – und nichts anderes implizieren die Konzepte CSR und Nachhaltigkeit – ist die Nachhaltigkeitsberichterstattung eine neuartige Institution, die die gesellschaftliche Einbettung von Unternehmen fördern kann. Aus dieser Perspektive werden aber auch die qualitativen Schwächen und Mängel der bestehenden Berichterstattungspraxis evident: Besonders erwähnenswert sind die Unzulänglichkeiten beim Ansprechen der Verbindung zwischen Kerngeschäft und Nachhaltigkeit; beim Aufzeigen eines Kontextes der Geschäftstätigkeiten, um die Berichte interpretieren zu können; beim Ausweis der Verbindungen zwischen Unternehmen und politischem Kontext, insbesondere Lobbyaktivitäten; bei den externen Prüfungen und dem Aufzeigen daraus resultierender Konsequenzen; sowie bei der Ermöglichung von Vergleichen innerhalb der jeweiligen Branchen (vgl. Milne/Gray 2007,

191). Diese kritische Bestandsaufnahme betrifft in erster Linie Anforderungen an die Transparenz der Berichterstattung hinsichtlich breiterer gesellschaftlicher Kontexte, die für eine angemessene Beurteilung von Unternehmensverantwortung und Nachhaltigkeitsrelevanz erforderlich erscheinen.

Die Gefahr der Halbherzigkeit bei der Ausgestaltung der Nachhaltigkeitsberichterstattung wird befördert durch eine verbreitete Begriffsbestimmung bzw. -verwendung, die Nachhaltigkeitsberichterstattung von ihren möglichen Inhalten her definiert, die zunächst einmal negativ als ›nicht-finanzielle‹ Inhalte einen diffusen, willkürlich ausdeutbaren Restbereich von irgendwie auch relevanten Fragen darstellen. Konzepte wie ›Triple Bottom Line‹ unterstützen das Risiko, dass der Zweck der Nachhaltigkeitsberichterstattung je nach Interesse oder Situation verschleiert oder instrumentalisiert werden kann. So kann beispielsweise die Rede von der ›ökonomischen Dimension‹ in der Nachhaltigkeitsberichterstattung ganz unterschiedlich ausgedeutet werden: Hierunter lassen sich entweder die klassischen finanzökonomischen Ergebnisse (›financial bottom line‹) oder aber Umfang und Qualität volkswirtschaftlich und damit gesellschaftspolitisch relevanter Unternehmensaktivitäten (Steuerzahlungen, Beschäftigungsverhältnisse, Ausbildung oder Forschung und Entwicklung) verstehen. Daher ist es für ein an den Berichtsinhalten orientiertes Verständnis der Nachhaltigkeitsberichterstattung als Fortschritt anzusehen, dass statt von einem ›ökonomischen‹ Bereich mitunter präziser von einem Themenbereich ›Governance‹ gesprochen wird, der Aufgaben wie Compliance, Anti-Korruption und Risikomanagement umfasst. So findet man für Nachhaltigkeitsberichterstattung auch den Begriff ESG-Reporting (Environmental, Social and Governance). Die globale Standardisierung der als relevant geltenden Themenbereiche wirkt zwar der Gefahr einer Vernebelung oder Instrumentalisierung der Bedeutung von Nachhaltigkeitsberichterstattung entgegen. Trotzdem spricht einiges dafür, Nachhaltigkeitsberichterstattung nicht von den Berichtsinhalten, sondern von ihrem Zweck als neuartiger gesellschaftlicher Institution her zu definieren.

An dieser Stelle bekommt der semantische Unterschied zwischen CSR und Nachhaltigkeit (Sustainability) eine entscheidende Bedeutung. Denn welches der beiden Konzepte gewählt wird, um den Zweck der Nachhaltigkeitsberichterstattung im Kern zu beschreiben, entscheidet darüber, wie, worüber und in welchem Umfang berichtet werden soll. Beide Konzepte haben ihre Vor- und Nachteile. Stellt man konsequent das Leitbild der Nachhaltigkeit ins Zentrum und deutet die Nachhaltigkeitsberichterstattung als eine umfassende Auseinandersetzung mit der Frage, ob und wie ein Unternehmen zu einer nachhaltigen Entwicklung der (Welt-)Gesellschaft beiträgt, dann werden Fragen der Risikoabwägung, der Unternehmensstrategie und der Substanz des Kerngeschäfts bedeutsam. Das kann dann auch die unbequeme Konsequenz haben, sich mit der grundsätzlichen Unvereinbarkeit der bestehenden Praktiken und mit den Anforderungen der Nachhaltigkeit auseinandersetzen zu müssen. Der Beitrag der Unternehmen für eine nachhaltige Entwicklung und die Möglichkeit für Außenstehende, diesen Beitrag nachzuvollziehen, gilt immer noch als ein Defizit in der Nachhaltigkeitsberichterstattung: Viele Nachhaltigkeitsberichte schaffen es nicht, die notwendigen Analysen und Informationen im Bereich der nachhaltigen Entwicklung zu liefern, um bewerten zu können, ob sie auf einem nachhaltigen Pfad sind oder nicht (vgl. UNEP et al. 2006, 31). Auf zwei Weisen wird in der bisherigen Nachhaltigkeitsberichterstattung vermieden, sich der Herausforderung Nachhaltigkeit in der gebührenden Ernsthaftigkeit zu stellen: Zum einen, indem die gesellschaftliche Bezugs- und Anwendungsebene von Nachhaltigkeit, nämlich die des Öko- bzw. Sozialsystems (und nicht der Organisation!), ignoriert und etwa von ›nachhaltigen Unternehmen‹ gesprochen wird; zum anderen, indem Nachhaltigkeit von Unternehmen in eine Bedeutung übertragen wird, die konsistent ist mit bisherigen Wirtschaftsweisen (auch wenn vielleicht radikal andere notwendig wären) (vgl. Milne/Gray 2007, 194 f.). Mit einem sustainability-zentrierten Verständnis der Nachhaltigkeitsberichterstattung werden viele Anforderungen an die Berichterstattung und letztlich an die Unternehmenspolitik in ihrer Konsequenz wie auch in ihrer Schwierigkeit unverkennbar; gleichzeitig könnten damit aber wichtige gesellschaftliche Themen wie Demokratie, Korruptionsbekämpfung oder Frieden konzeptionell ausgeblendet werden, weil sie mit Nachhaltigkeit im strengen Sinne nicht unmittelbar etwas zu tun haben.

Dieses Problem entfällt bei der zweiten Variante, den Begriffskern der Nachhaltigkeitsberichterstattung inhaltlich zu bestimmen: Wenn man nämlich die Verantwortung von Unternehmen für sämtliche gesellschaftlichen Belange in den Mittelpunkt rückt, dann sind alle unternehmerischen Handlungsbereiche angesprochen, in denen Beziehungen zu (potentiellen) Anspruchsgruppen bestehen. Insbesondere unternehmensinterne Themen wie die angesprochenen Governance-Aufgaben oder sämtliche Mitarbeiterfragen (wie Gleichstellung der Geschlechter, Vereinbarkeit von Familie und Beruf oder Integration von benachteiligen Gruppen) können viel überzeugender über den Verantwortungs- als über den Nachhaltigkeitsbegriff in die Berichterstattung einbezogen werden, wenn letzterer semantisch nicht überdehnt werden soll, was ihm ja oft vorgeworfen wird. Nimmt man den Verantwortungsbegriff ernst, so hat er nicht minder anspruchsvolle Konsequenzen für die Nachhaltigkeitsberichterstattung, weil mit der Idee einer ›Corporate Accountability‹, einer umfassenden gesellschaftsorientierten Rechenschaftspflicht, ein weitgehender demokratischer Anspruch formuliert wird, der nicht ohne Weiteres durchzusetzen sein wird. Aber auch ein accountability-zentriertes Verständnis der Nachhaltigkeitsberichterstattung hat seine systematischen Grenzen. »Paradoxien der Verantwortung« (Heidbrink 2007) in komplexen, dynamischen Umfeldern stellen durch ungeplante Nebenwirkungen, Langfristfolgen und unklare Verursacheridentifikation den Sinn von Rechenschaftsberichten insofern in Frage, als diese voraussetzen, dass bestimmte Ergebnisse bestimmten Handlungen zugerechnet werden können. Daher muss das retrospektive Verantwortungsverständnis (im Sinne von Rechenschaft) um ein prospektives ergänzt werden. In der praktischen Nachhaltigkeitsberichterstattung kann sich dies in der Thematisierung von Strategien, Zielen, Werten etc. widerspiegeln – und auch darin, dass unter dem Begriff ›Governance‹ die Prozesse und Strukturen dokumentiert werden, die Unternehmen eingerichtet haben, um in einer offenen Zukunft mit sozialökologischen Herausforderungen auf eine verantwortungsvolle Weise umzugehen. Wie bei allen anderen Berichtsthemen kann dies auf eine oberflächliche Art erfolgen (als bloße Darstellung von Leitbildern und Absichterklärungen) oder auf eine anspruchsvolle Weise (als transparenter Nachweis ernstgemeinter und wirksamer Wahrnehmungs-, Reflexions- und Strategieprozesse). Die glaubwürdige Dokumentation der Zukunftsorientierung erfordert dann wiederum ein gesellschaftliches Leitbild, auf das sich die Unternehmensstrategien hin ausrichten, beispielsweise das Leitbild der nachhaltigen Entwicklung.

Damit wird deutlich, dass sowohl Nachhaltigkeit als auch gesellschaftliche Verantwortung für die Bestimmung der Nachhaltigkeitsberichterstattung von ihrem Zweck her als einer neuartigen Institution, die zwischen Unternehmen und Gesellschaft vermittelt, unerlässliche Konzepte sind. Globale Standards, Multistakeholder-Netzwerke, neue Kommunikationstechnologien sowie staatliche Unterstützungsversuche sind wichtige Triebkräfte, um die Nachhaltigkeitsberichterstattung als wirksame Institution einer »New Governance Regulation« in einem Prozess des »demokratischen Experimentalismus« (Hess 2008) weiterzuentwickeln.

Literatur

Adams, Carol/Narayanan, Venkat: The ›Standardization‹ of Sustainability Reporting. In: Jeffrey Unerman/Jan Bebbington/Brendan O'Dwyer (Hg.): Sustainability Accounting and Accountability. London 2007, 70–85.

Bernhart, Michelle: The Rules of the Game. In: Communication World 26, 5 (2009), 24–28.

Berthoin Antal, Ariane/Sobczak, André: Beyond CSR: Organisational Learning for Global Responsibility. In: Journal of General Management 30, 2 (2004), 77–98.

Blanke, Moritz/Godemann, Jasmin/Herzig, Christian: Internetgestützte Nachhaltigkeitsberichterstattung. Eine empirische Untersuchung der Unternehmen des DAX30. Lüneburg 2007 (online unter http://www.leuphana.de/fileadmin/user_upload/Forschungseinrichtungen/infu/files/pdf/infu-reihe/36_07.pdf).

Bundesministerium für Umwelt, Naturschutz und Reaktorsicherheit (Hg.): EMAS. Von der Umwelterklärung zum Nachhaltigkeitsbericht. Berlin 2007 (online unter http://www.bmu.de/files/pdfs/allgemein/application/pdf/emas_leitfaden_web_070913.pdf).

Buhr, Nola: Histories of and Rationales for Sustainability Reporting. In: Jeffrey Unerman/Jan Bebbington/Brendan O'Dwyer(Hg.): Sustainability Accounting and Accountability. London 2007, 57–69.

Clausen, Jens/Loew, Thomas/Klaffke, Kathrin/Raupach, Michaela/Schoenheit, Ingo: Der Nachhaltigkeitsbericht. Ein Leitfaden zur Praxis glaubwürdiger Kommunikation für zukunftsfähige Unternehmen. Berlin/Hannover 2001 (online unter http://www.nachhaltigkeitsberichte.net/img_neu/NachhBer.pdf).

Dierkes, Meinolf: Die Sozialbilanz. Ein gesellschaftsbezogenes Informations- und Rechnungssystem. Frankfurt a. M. 1974.

Ehrenfeld, John R.: Industrial Ecology: Paradigm Shift

or Normal Science? In: American Behavioral Scientist 44, 2 (2000), 229–244.

Global Reporting Initiative (Hg.): Leitfaden zur Nachhaltigkeitsberichterstattung. Version 3.0., 2006 (online unter http://www.globalreporting.org/NR/rdonlyres/B77474D4-61E2-4493-8ED0-D4AA9BEC000D/2868/G3_LeitfadenDE1.pdf).

Gond, Jean-Pascal/Herrbach, Olivier: Social Reporting as an Organisational Learning Tool? A Theoretical Framework. In: Journal of Business Ethics 65, 4 (2006), 359–371.

Hallay, Hendric/Pfriem, Reinhard: Öko-Controlling. Umweltschutz in mittelständischen Unternehmen. Frankfurt a. M. 1992.

Hauff, Volker (Hg.): Unsere gemeinsame Zukunft. Brundtland-Bericht der Weltkommission für Umwelt und Entwicklung. Dt. Ausgabe. Greven 1987.

Heidbrink, Ludger: Handeln in der Ungewissheit. Paradoxien der Verantwortung. Berlin 2007.

Hess, David: The Three Pillars of Corporate Social Reporting as New Governance Regulation: Disclosure, Dialogue, and Development. In: Business Ethics Quarterly 18, 4 (2008), 447–482.

Institut für Energie- und Umweltforschung (ifeu): Zukunftsfähiges Wirtschaften. Ein Leitfaden zur Nachhaltigkeitsberichterstattung von Unternehmen. Hg. von Ministerium für Umwelt und Verkehr Baden-Württemberg. Stuttgart 2002 (online unter http://www.um.baden-wuerttemberg.de/servlet/is/3305/?shop=true).

Isenmann, Ralf/Bey, Christoph/Welter, Markus: Online Reporting for Sustainability Issues. In: Business Strategy and the Environment 16 (2007), 487–501.

Isenmann, Ralf/Marx Gómez, Jorge (Hg.): Internetbasierte Nachhaltigkeitsberichterstattung. Maßgeschneiderte Stakeholderkommunikation mit IT. Berlin 2008.

–/–: Einführung in die internetgestützte Nachhaltigkeitsberichterstattung. In: Dies. 2008, 13–34.

Kaptein, Muel/van Tulder, Rob: Toward Effective Stakeholder Dialogue. In: Business & Society Review 108, 2 (2003), 203–224.

Korhonen, Jouni: Should we Measure Corporate Social Responsibility. In: Corporate Social Responsibility and Environmental Management 10, 1 (2003), 25–39.

Lautermann, Christian/Pfriem, Reinhard: State of the Art in CSR. Ein praxisorientierter Überblick über den Stand strategischen CSR-Managements. In: Michael Mesterharm (Hg.): Nachhaltigkeit in Unternehmen. Konzepte für Organisation und Kommunikation. Berlin 2010, 33–101.

Maak, Thomas/Ulrich, Peter: Integre Unternehmensführung. Ethisches Orientierungswissen für die Wirtschaftspraxis. Stuttgart 2007.

MacLean, Richard/Rebernak, Kathee: Closing the Credibility Gap: The Challenges of Corporate Responsibility Reporting. In: Environmental Quality Management 16, 4 (2007), 1–6.

Meyer-Abich, Klaus-Michael: Nachhaltigkeit – ein kulturelles, bisher aber chancenloses Wirtschaftsziel. In: Zeitschrift für Wirtschafts- und Unternehmensethik 2, 3 (2001), 291–310.

Milne, Markus J./Gray, Rob: Future Prospects for Corporate Sustainability Reporting. In: Jeffrey Unerman/Jan Bebbington/Brendan O'Dwyer (Hg.): Sustainability Accounting and Accountability. London 2007, 184–207.

–/–: International Trends in Corporate ›Sustainability‹ Reporting. In: Chartered Accountants Journal 87, 11 (2008), 60–63.

Morsing, Mette/Schultz, Majken: Corporate Social Responsibility Communication: Stakeholder Information, Response and Involvement Strategies. In: Business Ethics: A European Review 15, 4 (2006), 323–338.

Norman, Wayne/MacDonald, Chris: Getting to the Bottom of »Triple Bottom Line«. In: Business Ethics Quarterly 14, 2 (2004), 243–262.

Painter-Morland, Mollie: Triple Bottom-line Reporting as Social Grammar: Integrating Corporate Social Responsibility and Corporate Codes of Conduct. In: Business Ethics: A European Review 15, 4 (2006), 352–364.

Perrini, Francesco: Building a European Portrait of Corporate Social Responsibility Reporting. In: European Management Journal 23, 6 (2005), 611–627.

Pianowski, Mathias: Nachhaltigkeitsberichterstattung. In: Annett Baumast/Jens Pape (Hg.): Betriebliches Umweltmanagement. Theoretische Grundlagen. Praxisbeispiele. Stuttgart [2]2003, 109–123.

Porter, Michael E./Kramer, Mark R.: Strategy & Society: The Link Between Competitive Advantage and Corporate Social Responsibility. In: Harvard Business Review 84, 12 (2006), 78–92.

Radley Yeldar/Global Reporting Initiative: Trends in Online Sustainability Reporting, 2009 (online verfügbar unter www.sustainabilityreportingonline.com).

Rieth, Lothar: Global Governance und Corporate Social Responsibility. Welchen Einfluss haben der UN Global Compact, die Global Reporting Initiative und die OECD Leitsätze auf das CSR-Engagement deutscher Unternehmen? Opladen 2009.

Schaltegger, Stefan/Wagner, Marcus: Integrative Management of Sustainability Performance, Measurement and Reporting. In: International Journal of Ac-

counting, Auditing and Performance Evaluation 3, 1 (2006), 1–19.
Spelthahn, Sabine/Fuchs, Livia/Demele, Uwe: Glaubwürdigkeit in der Nachhaltigkeitsberichterstattung. In: uwf – UmweltWirtschaftsForum 17, 1 (2009), 61–68.
Thurm, Ralph: Zukunftsperspektiven der Nachhaltigkeitsberichterstattung aus Sicht der Global Reporting Initiative. In: Isenmann/Marx Gómez 2008, 217–229.
UNEP/Standard & Poor's/SustainAbility (Hg.): Tomorrow's Value. The Global Reporters 2006. Survey of Corporate Sustainability Reporting. 2006.
Unerman, Jeffrey: Stakeholder Engagement and Dialogue. In: Ders./Jan Bebbington/Brendan O'Dwyer (Hg.): Sustainability Accounting and Accountability. London 2007, 86–103.
World Business Council for Sustainable Development (Hg.): Striking the Balance – Sustainable Development Reporting. 2003 (online unter http://www.wbcsd.org/web/publications/striking_the_balance.pdf).

Christian Lautermann und Reinhard Pfriem

8. Ethics Officer

Definition

Der mit der Stelle des Ethics Officers verbundene Leitgedanke ist es, ›Unternehmen moralisch besser zu machen‹. Dabei liegt der Schaffung der Funktion eines Ethics Officers die Idee zugrunde, dass eine Person mit besonderen moralischen Kompetenzen dazu beitragen könne, auch die moralischen Kompetenzen der Unternehmung insgesamt zu steigern, um so besser mit den moralischen Herausforderungen, denen sie ausgesetzt ist, umgehen zu können.

Der Ethics Officer ist somit gleichsam die verkörperte moralische Instanz eines Unternehmens, diejenige Person, die verantwortlich ist für die Verantwortlichkeit des Unternehmens. Er hat die Aufgabe, das moralische Leitbild des Unternehmens zu entwickeln, es umzusetzen und seine Einhaltung zu überwachen. Zudem bietet der Ethics Officer Training für moralische Entscheidungsfindung an, er berät Management und Mitarbeiter bei moralisch relevanten Entscheidungssituationen und er kann gegebenenfalls als Schlichter bei moralischen Konflikten zwischen Mitarbeitern in Organisationen fungieren. Zu seinen weitern Aufgaben kann es gehören, das sogenannte Stakeholder-Management einer Organisation zu entwickeln. In diesem Fall zählt es zu seinen Pflichten, die unternehmensrelevanten Stakeholder zu identifizieren, diese zu kontaktieren, ihre Ansprüche zu klären und die Strategie des Unternehmens im Umgang mit diesen Ansprüchen zu definieren. Ein wichtiges Instrument im Rahmen des Stakeholder-Managements ist das Ethik-Audit, auch bekannt unter den Begriffen Social-Audit, CSR-Report oder Nachhaltigkeits-Bericht, und die entsprechende Dokumentation und öffentliche Berichterstattung. Einen solchen Jahresbericht zu erstellen und intern zu prüfen, kann ebenfalls zu den Verantwortlichkeiten eines Ethics Officers zählen.

Aus den Beschreibungen dieser Tätigkeiten und Anforderungen ergibt sich auch ein persönliches Eignungsprofil des Ethics Officers: Er sollte moralisch und organisatorisch geschult sein und wenn möglich über gute Kenntnisse des Unternehmens verfügen; ideal wäre somit ein praktischer Philosoph mit Management-Erfahrung. Zudem sollte er seiner Tätigkeit unabhängig nachgehen können und nur dem Aufsichtsrat gegenüber rechenschaftspflichtig sein (vgl. Adobor 2006). Allerdings unterscheidet sich diese idealisierte Sicht der Position und Aufgabe des Ethics Officers erheblich von dem, was in der Praxis tatsächlich anzutreffen ist. Denn im Allgemeinen berichtet der Ethics Officer an das obere Management und ist diesem gegenüber weisungsgebunden; sein Stab umfasst durchschnittlich sechs Mitarbeiter (Weber/Fortun 2005).

Neben der Bezeichnung ›Ethics Officer‹ hat sich in den letzten zehn Jahren auch die Bezeichnung ›Compliance Officer‹ etabliert, zudem gibt es den Begriff des ›Ombudsmannes‹, in einigen Europäischen Ländern auch die des ›Sustainability Managers‹ bzw. ›Sustainability Directors‹, des ›CSR Managers/Directors‹ oder des ›Nachhaltigkeits-Managers‹. Die verschiedenen Bezeichnungen spiegeln die verschiedenen möglichen Funktionen des Ethics Officers wider und deuten auf die unterschiedlichen strategischen und PR-Ziele hin, die mit der Schaffung derartiger Stellen in Unternehmen verfolgt werden. Zudem sind sie vielfach bezeichnend für den jeweiligen Schwerpunkte, den das Management im Hinblick auf die verschiedenen Aspekte der Unternehmensverantwortung setzt. Auch verweisen die unterschiedlichen Bezeichnungen auf ein zum Teil unterschiedliches Verständnis von Unternehmensverantwortung (Corporate Social Responsibility) im US-amerikanischen und im europäischen Sprachraum. Trotz der unterschiedlichen Funktionsbeschreibungen und der mit den jeweiligen Funktionen verbundenen unterschiedlichen Zielsetzungen dient die Schaffung derartiger Stellen stets dem Zweck, verantwortliches Wirtschaften in Unternehmen sicherzustellen und dies auch nach außen zu dokumentieren. International ist der Begriff des Ethics Officers gebräuchlich und wird in der Praxis gleichwertig neben dem Begriff ›Compliance Officer‹ verwendet. Insbesondere in deutschen Unternehmen trifft man jedoch fast ausschließlich auf die Bezeichnung ›Compliance Officer‹. Allerdings hat sich im wissenschaftlichen Sprachgebrauch für alle Funktionen, die vorrangig dem verantwortlichen Wirtschaften gewidmet sind, der Begriff des Ethics Officers als Oberbegriff etabliert und soll im Folgenden in dieser Form verwendet werden.

Geschichte

Die Diskussion um die Funktion und Bedeutung von Ethics Officers als Verantwortliche für Ethikfragen innerhalb von Unternehmen begann in den USA zu Beginn der 1990er Jahre (vgl. Izraeli/BarNir 1998). Zu dieser Zeit hatte in den USA bereits eine starke Professionalisierung der Wirtschaftsethik stattgefunden. Die Unternehmen wurden sich bewusst, dass sie die vermehrten Ansprüche, Forderungen und Verhaltensvorschläge der unterschiedlichsten Anspruchgruppen (Konsumenten, Wissenschaft, Kirchen), wie sie zunehmend häufiger an die Unternehmen und die Wirtschaft insgesamt herangetragen wurden, nur mehr bedingt mit den herkömmlichen Management-Methoden beantworten konnten. Dies bildete den Anlass, über die Schaffung eigener Stellen nachzudenken, die sich innerhalb der Unternehmen mit spezifisch ethischen Fragestellungen auseinandersetzen sollten.

Einen weiteren starken Anreiz dafür bildete die Einführung der sogenannten Federal Sentencing Guidelines im Jahre 1991 (vgl. Köhler Emmert 2006, 134 f.). Aufgrund der Sentencing Guidelines können U.S.-amerikanische Unternehmen Strafminderung bei Vergehen erwarten, wenn sie nachweisen können, dass sie Maßnahmen ergriffen haben, die unmoralisches Verhalten des Unternehmens oder von Mitarbeitern des Unternehmens verhindern sollen. Interne Richtlinien für verantwortliches Wirtschaften bestanden in der Verteidigungsindustrie bereits seit 1986, aufgestellt und vertreten durch die Defence Industry Initiative (DII). Für zivile Sektoren hingegen bestand ein Bedarf an entsprechenden Maßnahmenkatalogen und Regelwerken.

Vor allem Unternehmen, Berater und auch praxisnahe Wissenschaftler bemühten sich daher zu Beginn der 1990er Jahre darum, geeignete Richtlinien und Maßnahmenkataloge zu entwickeln, mit deren Hilfe sich die Anstrengungen von Unternehmen, unmoralisches Verhalten zu verhindern, dokumentieren und überprüfen lassen. Dabei ging es in der Diskussion neben dem allgemeinen Erfahrungsaustausch zum einen um die Frage nach den nötigen Kompetenzen und Befugnissen eines Ethics Officers im Unternehmen und zum anderen um die Frage einer geeigneten Standesvertretung, die in der Lage sei, die Unabhängigkeit der Ethics Officers zu schützen. Zu diesem Zweck wurde am 18. Oktober 1991 auf dem Campus der Bentley University in Massachusetts, die Ethics Officers Association (EOA) als unabhängiger Verband gegründet, der sich zwischenzeitlich, entsprechend des in der Praxis herrschenden Sprachgebrauchs, in Ethics and Compliance Officers Association (ECOA) umbenannt hat. Wichtigster Gründungsgedanke war es dabei zunächst, eine Plattform für den kollegialen Gedankenaustausch von Ethics Officers zu schaffen. Heute zählt der Verband mehr als 1200 Mitglieder und hat sich zur wichtigsten Standesvertretung von Ethics Officers entwickelt. Obwohl es sich bei der Ethics and Compliance Officers Association im Wesentlichen um eine US-amerikanische Organisation handelt und das Management und die Sponsoren überwiegend in den USA beheimatet sind, beschreibt sich der Verband selbst als Organ mit weltweitem Einfluss und Geltungsbereich. Allerdings ergibt sich dies vor allem aus der Tatsache, dass es sich bei den Mitgliedsunternehmen vielfach um multinational operierende Konzerne handelt, die jedoch überwiegend in den USA beheimatet sind. Die wenigen nichtamerikanischen Ausnahmen, die sich unter den Mitgliedsunternehmen finden, sind zumeist international operierende Unternehmen für deren Geschäfte der U.S. Markt von zentraler Bedeutung ist.

Die Ethics Officer Association kooperiert mit einer Vielzahl internationaler Ethics und Compliance Officers Verbände, darunter auch einer italienischen und einer irischen Ethics Officers Association (Association of Compliance Officers in Ireland ACOI; Associazione Italiana Compliance, AICOM). Vergleichbare Einrichtungen innerhalb des deutschen Sprachraums existieren bisher nicht, wenngleich das Deutsche Netzwerk Wirtschaftsethik (DNWE) und das European Business Ethics Network (EBEN) mit der ECOA partnerschaftlich verbunden sind. Allerdings bieten diese Netzwerke keine expliziten Dienste oder Foren für Ethics Officers an. Gewissermaßen als Konkurrenzorganisation wurde im Jahr 2002 die Society of Corporate Compliance and Ethics (SCCE) gegründet, die es sich ebenfalls zur Aufgabe gemacht hat, Richtlinien für verantwortliches Wirtschaften aufzustellen und Maßnahmen zu deren Einhaltung zu entwickeln. Dieser Verband richtet sich allerdings nicht vornehmlich an Ethics Officers und hat inzwischen über 1800 Mitglieder.

Im internationalen Sprachgebrauch der Unternehmenspraxis dominiert zwischenzeitlich die Bezeichnung des Compliance Officers, da der Begriff ›Ethik‹ als solcher in Wirtschaftsorganisationen vielfach als unprofessionell abgelehnt wird. Deutlich wird diese stärker an Managementerfordernissen ausgerichtete Neuorientierung nicht zuletzt auch an der stärkeren Akzentuierung des Begriffs einer Corporate Social Responsibility (CSR) anstelle des Begriffs ›Business Ethics‹ innerhalb der Unternehmen. Auch trägt diese Bezeichnung der Tatsache Rechnung, dass die Funktion des Ethics Officers in den meisten Unternehmen nicht mit Moralphilosophen besetzt wird, sondern mit Juristen und Betriebswirten (Weber/Fortun 2005), deren vordringliche Aufgabe nicht mehr in der ›moralphilosophischen Beratung‹ gesehen wird, sondern in der Klärung von Haftungsfragen und der Durchsetzung von Verhaltensrichtlinien. So hat sich nicht nur die ursprüngliche Bezeichnung sondern auch das Aufgabenspektrum des Ethics Officers geändert, da Compliance Officers sich vor allem mit juristischen Fragen und der Sicherstellung vertraglicher Regelbefolgung beschäftigen. Das heißt, dass Compliance Officers dafür verantwortlich sind, dass sich einerseits ihre Organisation an die geltenden Gesetze und Regeln hält und dass sich andererseits die Mitarbeiterinnen und Mitarbeiter ihrer Organisation entsprechend der geltenden internen Regeln verhalten. Es ist daher auch üblich, die Funktion des Ethics Officers an die Funktion oder Person eines Personal-Managers zu koppeln.

Gemäß der Leitlinien der ECOA zählt es zu den Aufgaben eines Ethics Officers, das Verhalten der Mitarbeiterinnen und Mitarbeiter innerhalb des Unternehmens an die in den Unternehmensleitlinien festgeschriebenen moralischen Standards anzupassen und die einzelnen Mitarbeiterinnen und Mitarbeiter des Unternehmens hierfür zu schulen und hierzu anzuleiten. Der Ethics Officer gilt als eine »Führungsperson auf dem Gebiet der Verhaltensstandards von Unternehmen, und hat die Aufgabe, Unternehmensethik, Werte-Management, Regelbefolgung und Verhaltensstandards in die Entscheidungsprozesse auf allen Ebenen im Unternehmen zu integrieren« (vgl. Weber/Fortun 2005, 98). Während man in den USA davon ausgehen kann, dass sich die Stelle des Ethics oder Compliance Officers in den meisten Unternehmen fest etabliert hat, gilt für den Großteil der europäischen Unternehmen noch immer, dass sich eine vergleichbare Entwicklung erst am Anfang befindet. Zwar verfügen auch deutsche Unternehmen über eine Vielzahl von Funktionen, die partiell der des Ethics Officers entsprechen, wie z.B. Gleichstellungsbeauftragte, Frauenbeauftragte, Umweltbeauftragte, Mobbingbeauftragte etc.; im Gegensatz zum Ethics Officer haben diese Beauftragten jedoch eher eine beratende Funktion und besitzen nicht den Status und die Autorität eines Ethics Officers. Allerdings deutet auch die Entwicklung in Deutschland auf die künftig zunehmende Bedeutung derartiger Stellen in Unternehmen hin. So hat beispielsweise die Siemens AG in Folge des aktuellen Korruptionsskandals 2007 einen führungserfahrenen Manager als Chief Compliance Manager bestellt, der direkt dem Vorstand berichtet. Auch die Daimler AG sah sich im Herbst 2010 dazu veranlasst, erstmals einen Vorstand für ›Integrität und Recht‹ zu berufen, nachdem Daimler 185 Millionen US-Dollar Strafe wegen Betrug und Korruption an die US-amerikanische Regierung überweisen musste.

Zudem wird auch in Deutschland die Einrichtung derartiger Stellen durch rechtliche Vorgaben vorangetrieben. So legt der deutsche Corporate Governance Kodex in §4.1.3 fest, dass die Vorstände aktiennotierter deutscher Unternehmen »für die Einhaltung der gesetzlichen Bestimmungen und der unternehmensinternen Richtlinien zu sorgen« haben und »auf deren Beachtung durch die Konzernunternehmen hin« wirken müssen (Deutscher Corporate Governance Kodex 2006). Um dieser Verpflichtung nachkommen zu können, stellen deutsche Unternehmen vermehrt Ethics Officers ein, wobei in Deutschland vor allem der Compliance Aspekt betont wird, und die entsprechenden Stellen als Compliance Officer oder Compliance Committee firmieren. Lediglich in zwei Fällen wird auch der schwedische Begriff des Ombudsmannes verwendet. Von den führenden 50 deutschen Unternehmen haben derzeit 36 zumindest einen Ethics Officer, zwei der 50 größten Unternehmen haben den Bereich Compliance durch die Schaffung eines selbständigen Compliance Offices vollständig unabhängig gestaltet. Allerdings liegt nur in vier Fällen die Aufgabe ›Compliance‹ formell im Zuständigkeitsbereich eines Vorstandsmitgliedes. Auch finden sich in den Beschreibungen der Compliance Officers oder Compliance-Abteilungen der größten 50 Deutschen Unternehmen nur sehr wenig Bezüge zu Moral oder Ethik, die Verantwortlichen in den Positionen haben zum größten Teil eine juristische oder kaufmännische Ausbildung.

Bedeutung für Management und Organisation

Für das Management und die Organisation von Unternehmen gewinnt das Aufkommen der Position des Ethics Officers in mehrfacher Hinsicht an Bedeutung: Zum Ersten bedeutet das Einrichten einer Ethics Officers Stelle ein klares Bekenntnis zu den im Unternehmen zu beachtenden moralischen Standards, wie sie in den Führungsgrundsätzen und Unternehmensleitlinien festgeschrieben sind. Sobald ein Ethics Officer angestellt wird, wird deutlich, dass moralische Fragen für das Unternehmen relevant sind und ernstgenommen werden. Zum Zweiten bedeutet die Verortung der sozialen Verantwortung des Unternehmens in einer leitenden oder einflussreichen Management-Position, dass Fragen der Unternehmensverantwortung zu einem Kerngebiet des Managements aufgewertet werden, dem die besondere Aufmerksamkeit aller Führungsverantwortlichen zu gelten hat. Seitens des Ethics Officers erhalten das Management und die Mitarbeiter der Organisation Unterstützung hinsichtlich moralisch relevanter Fragen und dadurch eine Hilfe bei ihrer Entscheidungsfindung. Zum Dritten führt die Professionalisierung und Personalisierung der Verantwortlichkeit in Organisation dazu, dass sich unternehmensintern wie -extern ein konkreter Ansprechpartner für Fragen organisationaler Verantwortung benennen lässt. Viertens schließlich erhalten Organisationen durch die Schaffung derartiger Stellen auch externe Unterstützung, da Ethics Officers im Allgemeinen in Verbänden eingebunden sind, von denen sie eine Hilfestellung in all jenen Fragen erfahren, die sie selbst nicht ausreichend beantworten können. Hier geht es vor allem um den Erfahrungsaustausch über typische mit den Aufgaben des Ethics Officers verbundenen Probleme und das Lernen anhand von Beispielen erfolgreicher und weniger erfolgreicher Lösungsansätze.

Auch im Rahmen des Stakeholder-Managements kann der Ethics Officer dazu beitragen, die positiven Wirkungen lauteren Geschäftsgebarens und verantwortungsbewussten Managements zu verstärken. Im Allgemeinen wird dabei davon ausgegangen, dass das wirtschaftliche Ergebnis im Rahmen einer verantwortungsbewussten Unternehmensführung besser ist als das einer weniger verantwortungsbewussten, da eine integere Geschäftspolitik sowohl extern wie auch intern positive Wirkungen entfaltet: So sind verantwortungsbewusste Unternehmen in der Lage, in ihrer Außendarstellung ein positives Image zu erzeugen und dadurch qua Legitimitätszuschreibung für ihre Unternehmenspolitik ihre *licence to operate* aufrechtzuerhalten. Zudem ist es möglich, entsprechende Reputationseffekte – beispielsweise als guter Arbeitgeber oder als Vorreiter in Sachen Umweltschutz – zu nutzen, um eine entsprechende Kundenbindung zu erreichen. Intern wirkt sich ein verantwortungsbewusstes Management vor allem auf das Mitarbeiterverhalten aus. Es ist zu beobachten, dass Mitarbeiterinnen und Mitarbeiter sich stärker motiviert fühlen, seltener bestrebt sind, sich bei einem anderen Unternehmen zu bewerben, positiver über ihre Arbeit denken und sprechen und auch besser arbeiten je verantwortungsbewusster sie die Führung ihres Unternehmens wahrnehmen. Entsprechend trägt der Ethics Officer dazu bei, intern wie extern das Bild des Unternehmens zu verbessern und Legitimität für unternehmerisches Handeln zu erzeugen. Es hängt nicht zuletzt von der Position und der Fähigkeit des Ethics Officers ab, ob Skandale vermieden werden können und damit der Gefahr des Legitimitätsverlustes wirkungsvoll entgegengewirkt werden kann. Insofern ist die zentrale Aufgabe des Ethics Officers das Kreieren und Aufrechterhalten der externen und internen Legitimität, die die Grundlage des Wirtschaftens einer Unternehmung darstellt.

Forschungsergebnisse

Ethics Officers sind eher ein empirisches Phänomen als ein wissenschaftlich relevantes Thema. Es gibt keine ›Theorie‹ des Ethics Officers, allerdings lässt sich die Position sehr gut im Zusammenhang mit Werte-Management und Stakeholder-Management beschreiben. Die wenigen vorhandenen normativen und konzeptuellen Beiträge beschäftigen sich daher überwiegend mit der Rechtfertigung der Position von Ethics Officers oder versuchen, ideale Anforderungsprofile und Stellenbeschreibungen für Ethics Officers zu entwickeln (vgl. Llopis/Gonzalez/Gasco 2007; Morf/Schumacher/Vitell 1999, Hoffman/Neill/Stovall 2008a; Sobol 2009).

Zu den wichtigsten normativen Forderungen gehört vor allem die Verortung des Ethics Officers im Büro des CEO oder die noch weitergehende Annahme, dass ein Unternehmen ›moralisch‹ dann am besten funktioniert, wenn der Ethics Officer zugleich der CEO ist (vgl. Naimi 2006). Allerdings existieren nur wenige empirische Forschungsarbeiten, die sich mit der Rolle des Ethics Officers beschäftigen, was nicht zuletzt darauf zurückzuführen ist, dass Ethics Officers als vorstandsnahe Manager bzw. Mitglieder des Vorstandes wesentlich weniger einfach zu befragen und zu beobachten sind als dies bei anderen, vorstandsferneren Positionen in Organisationen der Fall ist. Anhand der bisherigen Forschungsergebnisse zu Funktionsbeschreibungen und zum Profil von Ethics Officers lässt sich jedoch feststellen, dass das Wort ›Ethik‹ in der Funktionsbezeichnung nur von wenigen Personen geführt wird (21,4%), die Mitglied eines Ethics Officer Verbandes sind und eine entsprechende Position im Unternehmen innehaben, während das Wort ›Compliance‹ üblicherweise Verwendung findet (85,7%) (Weber/Fortun 2005). Zudem zeigt sich, dass das hierarchische Niveau von Ethics Officers stark variiert (ebd.). Auch gaben in einer Befragung 46% der Compliance Officers an, keine Verantwortung für sozialverantwortliches Wirtschaften zu tragen. Weitere empirische Befunde zeigen, dass in größeren Unternehmen relativ häufiger Ethics Officers angestellt sind als in kleineren Unternehmen. Dies hängt vor allem mit dem gesteigerten Bedarf größerer Unternehmen, Unternehmensverantwortung intern wie extern sichtbar innerhalb der Organisation zu verankern sowie der geringeren öffentlichen Sichtbarkeit kleiner Unternehmen zusammen (Chavez/Wiggins/Yolas 2001).

Diese Tendenz lässt sich auch in Deutschland beobachten. Während in den 40 größten deutschen Unternehmen 32 einen Compliance Officer oder eine Compliance-Abteilung haben (80%), sind es von den Unternehmen auf Platz 41 bis 50 nur vier (25%). Vor allem Konzerne verfügen über Compliance Officers, was auch damit zusammenhängt, dass Compliance durch die Regierungskommission Deutscher Corporate Governance Kodex gefordert wird. Im Hinblick auf die Branchenverteilung lässt sich bei den 50 größten deutschen Unternehmen als Muster lediglich erkennen, dass das Thema Compliance bei den unter diesen Unternehmen vertretenen Bauunternehmen nur sehr schwach ausgeprägt ist. Dies ist einerseits überraschend, wenn man bedenkt, dass gerade die Baubranche sehr regelmäßig im Zusammenhang mit Korruption kritisiert wird. Jedoch ist die Baubranche stärker an nationale und regionale Märkte gebunden als produzierende Unternehmen, was ein Zurückbleiben hinter der internationalen Entwicklung tendenziell erklären kann.

Zudem lässt sich anhand empirischer Ergebnisse eine schwach negative Korrelation zwischen dem Bestehen einer Ethics Officers-Position und dem Betriebsergebnis zeigen (ebd). Dies ist zunächst überraschend, weil es im Allgemeinen einen positiven Zusammenhang gibt zwischen dem Maß an Verantwortlichkeit, das ein Unternehmen zeigt, und seinem Betriebsergebnis. Für den beschriebenen positiven Zusammenhang und den vermeintlichen Widerspruch sind jedoch drei Gründe zu nennen: Erstens ist das Einrichten der Stelle eines Ethics Officers vielfach eine Reaktion auf einen Skandal, der auch die Reputation des Unternehmens geschädigt hat, was sich auf den Unternehmenserfolg auswirkt. Zweitens ist es mit Kosten verbunden, einen Ethics Officer anzustellen oder eine Ethik-Abteilung im Unternehmen einzurichten. Drittens ist nach bisheriger Forschungslage noch unklar, ob ein Ethics Officer letztlich tatsächlich dazu beiträgt, dass ein Unternehmen ein höheres Maß an Verantwortung zeigt, was nicht zuletzt auch auf die erheblichen Schwierigkeiten bei der empirischen Erfassung von Unternehmensverantwortung zurückzuführen ist, die zumeist hilfsweise anhand ökologischer Kriterien, wie etwa ›Carbone-Footprint‹, oder den Aufwendungen für soziale und philanthropische Zwecke gemessen wird. Derartiges ›Nachhaltigkeitsengagement‹ fällt jedoch häufig nicht in den Verantwortungsbereich eines Ethics Officers. Die wahrscheinlich relevanteste und interessanteste Forschungsfrage, nämlich die, ob Unternehmen mit Ethics Officers tatsächlich ›moralisch‹ besser sind als andere Unternehmen und ob Ethics Officers wirklich in der Lage sind, die Moral in Unternehmen zu stärken, bleibt also somit bislang noch unbeantwortet. Dennoch vertrauen Unternehmensvorstände darauf, dass sie mit dem Einrichten der Position eines Ethics Officers mindestens in der Außenwirkung positive Effekte für ihre Unternehmung erzielen können.

Kritik

Die Idee des Ethics Officers ist keineswegs unumstritten, und zwar sowohl aus moralphilosophischer, als auch aus empirisch-pragmatischer Perspektive. Eine zentrale Kritik ergibt sich daraus, dass es die Schaffung einer derartigen Position erleichtere, die Verantwortung einer Organisation auf eine einzelne Person abzuschieben. Dies erweist sich aus mindestens zwei Gründen als problematisch. Zum einen findet hierdurch eine moralische Verdrängung (*moral displacement*) dergestalt statt, dass nun die Führungsverantwortlichen, aber auch die einzelnen Mitarbeiterinnen und Mitarbeiter des Unternehmens in Fragen moralischen Handelns scheinbar dadurch entlastet werden, dass nun an ihrer Stelle die hiermit eigens beauftragte Person des Ethics Officers moralisch urteilt, moralisch entscheidet oder moralisch bewertet (vgl. Trant 1981). Diese moralische Entlastung führt dazu, dass es für den Einzelnen im Unternehmen überflüssig erscheint, über die moralischen Dimensionen seines Handelns und seine Verantwortung nachzudenken. Dies widerspricht fundamental einem integrativen Verständnis einer Wirtschafts- und Unternehmensethik, der zufolge jeder Mitarbeiter einer Organisation bei jeder seiner Entscheidungen und Handlungen auch die moralischen Folgen dieser Entscheidungen und Handlungen mitzudenken und mitzuverantworten habe. Zum anderen zeigen empirische Befunde die Tendenz, den Ethics Officer in seiner Funktion als Spezialist für die Moral im Unternehmen gegenüber den anderen Mitarbeitern der Organisation in seinen moralischen Kompetenzen zu überschätzen, da ihm oder ihr seitens der übrigen Organisationsmitglieder eine Art moralische Überlegenheit zugeschrieben wird. Dies widerspricht dem Grundsatz, dass Menschen generell in ihrer Moralfähigkeit als gleichwertig anzusehen sind.

Herausforderung

Als eine der größten Herausforderungen des Ethics Officers muss seine Stellung im Unternehmen und die damit verbundene Beziehung zum Top-Management gesehen werden (vgl. auch Hoffman/Neil/Stovall 2008b). Analysiert man die Unternehmensskandale der jüngeren Vergangenheit, fällt auf, dass die Ursachen hierfür häufig in einem Management-Versagen auf höchster Ebene zu finden sind. In einigen der bekanntesten Fälle (Enron, Parmalat) war das Top-Management direkt in kriminelle Handlungen involviert oder missbrauchte seine Macht gegenüber Untergebenen, in anderen Fällen versagten Management und Aufsichtsräte in der Ausübung ihrer Weisungsrechte und in ihrer Kontrollfunktion. Als problematisch erweist sich dabei, dass in mindestens einigen der Skandalunternehmen Ethics Officer-Stellen existierten, die derartigen Skandalen hätten eigentlich vorbeugen sollen. Es ist mithin davon auszugehen, dass die Ethics Officers nicht immer in der Lage sind, das Top-Management zur Einhaltung moralischer Standards zu bewegen. Hierfür lassen sich drei Hauptgründe anführen: Erstens sind Ethics Officers dem Top-Management gegenüber verantwortlich und weisungsgebunden. Durch diese wechselseitige Abhängigkeit und Kontrolle ergibt sich für den Ethics Officer ein interner Rollenkonflikt, da er einerseits das moralische Verhalten des Managements kontrolliert, andererseits aber dem Management gegenüber rechenschaftspflichtig ist und von diesem entlassen werden kann. Zweitens ist in der Praxis vielfach zu beobachten, dass die Büros von Ethics Officers personell unterbesetzt sind und Ethics Officers nicht notwendigerweise Mitglieder in allen entscheidungsrelevanten Gremien des Unternehmens sind. Dies hat zur Folge, dass sie im Einzelfall mitunter nicht über alle notwendigen Informationen verfügen, die sie zum Handeln veranlassen würden. Drittens leidet die Position des Ethics Officers häufig unter der Tatsache, dass die Rolle und die Aufgaben des Ethics Officers durch die Aufsichtsorgane des Unternehmens zu wenig ernstgenommen werden und der Diskussion moralischen Verhaltens im Unternehmen seitens dieser Organe nur wenig Zeit eingeräumt wird. Um das Problem der Abhängigkeit des Ethics Officers vom Management zu entschärfen, seine Position innerhalb des Unternehmens zu stärken und seinen Handlungsspielraum zu erweitern, scheint es sinnvoll, dass Ethics Officers ausschließlich von der obersten Geschäftsführung beauftragt und angestellt werden und auch nur von dieser entlassen werden können. Zwar lässt sich damit das Problem der Abhängigkeit nicht vollständig auflösen, allerdings wird es nun auf die höchste Führungsebene verlagert, so dass eine gewisse Garantie dafür besteht, dass ein Bericht über mögliches Fehlverhalten in Unternehmen an die richtige Stelle adressiert wird und dieses Fehlverhalten mit einer größeren Wahrscheinlichkeit sanktioniert werden kann. Letztlich ließe sich das Ideal einer vollständigen Unabhängigkeit nur durch eine Berufung des Ethics Officers als Mitglied der Geschäftsführung erreichen; allerdings sind diesen Königsweg nur wenige deutsche Unternehmen gegangen.

Doch auch Ethics Officer sind weder unfehlbar noch sind Unternehmen davor gefeit, dass nicht auch Ethics Officer ihre Macht in Unternehmen missbrauchen, sich an unmoralischen Praktiken in Unternehmen beteiligen oder diese wissentlich – aus welchen Gründen auch immer – dulden und decken. Ein Beispiel hierfür ist der Skandal um die ehemalige Vorstandsvorsitzende von Hewlett-Packard Patricia Dunn. Diese hatte eine Privatdetektei beauftragt, um herauszufinden, welches Vorstandmitglied vertrauliche Informationen an Dritte weitergegeben hatte. Der Chief Ethics Officer von HP, Kevin Hunsaker, war offensichtlich in diese Vorgehensweise der Vorstandsvorsitzenden eingeweiht und ließ sie gewähren (vgl. Clark 2006). Nach Aufdeckung des Skandals im Jahr 2006 verlor Patricia Dunn ihren Job und Kevin Hunsaker kündigte wenige Monate später. Einen ähnlichen Skandal erlebte Deutschland, als bekannt wurde, dass die Deutsche Bahn Kontoinformationen von Angestellten ausspioniert hatte, um Betrug und Korruption aufdecken zu können. Obwohl sich die Deutsche Bahn in ihrem Ethik-Verhaltenskodex ausdrücklich auf den Schutz personenbezogener Daten verpflichtet, geschahen diese Aktionen mit Wissen des Vorstandes. Nach Aufdeckung des Skandals trat auch hier der vormalige CEO, Hartmut Mehdorn, Anfang 2009 zurück. Obwohl es sich in diesem Fall nicht um die Taten eines Ethics Officers handelt oder eine wissentliche Duldung unterstellt werden kann, muss dennoch auch im Fall der Deutschen Bahn ein Versagen des Compliance Offices konstatiert werden. Pikantes Detail am Rande ist hier, dass das Verhalten der Deutschen Bahn ja nicht zuletzt durch die Intention bestimmt war, Korruption innerhalb des Unternehmens aufzudecken und die Handlungen so eigentlich der Durchsetzung des eigenen Verhaltenskodex, der auch die effektive Korruptionsbekämpfung innerhalb des Unternehmens vorschreibt, hätten dienen sollen. Als Reaktion auf diesen Fall hat die Bahn im Jahr 2009 einen neuen Chief Compliance Officer berufen.

Eine weitere wichtige Herausforderung ergibt sich aus der Begrenzung des Aufgabenbereichs des Ethics Officers, dessen Aufgabenspektrum in der Praxis weit weniger umfassend ist als dies die theoretische Definition des Ethics Officers nahelegt und vielfach auf das Gebiet der gesetzlichen Regelbefolgung und Korruptionsbekämpfung beschränkt bleibt. So sind beispielsweise Ethics Officers zumeist nicht für die Nachhaltigkeitsbemühungen des Unternehmens verantwortlich. Diese Verteilung der Aufgaben führt letztlich dazu, dass mitunter die Entscheidung über moralisch relevante Fragen im Unternehmen funktional nicht dort verortet ist, wo sie hinsichtlich Kompetenz und Entscheidungsbefugnis verortet sein sollte. Dies kann sich für das betreffende Unternehmen dann als problematisch erweisen, wenn hierdurch moralische Probleme nicht mehr adäquat gelöst werden können. Umgekehrt kann dies jedoch auch für den Ethics Officer ein Problem darstellen, nämlich beispielsweise dann, wenn sein Unternehmen in einen Skandal verwickelt wird, der auf schlechtes Ethik-Management schließen lässt und damit ein Versagen des Ethics Officers andeutet, obwohl dieser aufgrund seiner beschränkten Handlungsmöglichkeiten keinen Einfluss auf die betreffende Entscheidung hat nehmen können.

Als Problem erweist sich auch die vielfach im Zusammenhang mit Maßnahmen der Corporate Social Responsibility geäußerte Kritik des Window-Dressing, der zufolge wirtschaftsethische Maßnahmen in Organisationen vor allem dazu dienten, das Unternehmen nach außen hin gut darzustellen. Entsprechend würden Unternehmen zwar große Anstrengungen unternehmen, sich in ihrem Außenverhältnis den Anschein moralischer Exzellenz zu geben, tatsächlich aber bei der Gestaltung ihrer Geschäftsprozesse und ihrer betrieblichen Abläufe hierauf wenig Wert legen. So ist es ein seit Beginn der Wirtschaftsethikdebatte immer wiederkehrender Kernpunkt der Kritik an der eher legalistischen und nur bedingt moralischen Ausrichtung von Unternehmen, dass nicht alles, was Unternehmen juristisch gesehen dürfen auch moralisch vertretbar sei. Entsprechend lautet die seitens der Wirtschaftsethik an die Unternehmen gerichtete Forderung, moralische Grundsätze ernstzunehmen, sich um den Erwerb moralischer Kompetenzen zu bemühen, moralische Normen in ihren Entscheidungen zu beachten und sich auch dann moralisch zu verhalten, wenn dies möglicherweise den kurzfristigen Gewinninteressen des Unternehmens widerspricht. War es der ursprüngliche, mit der Schaffung von Ethics Officern verbundene Anspruch, genau diesem Anliegen zu dienen, sind zwischenzeitlich die Aspekte der Haftungsvermeidung und der juristischen Vertragserfüllung im Aufgabenprofil des Ethics Officers so stark in den Vordergrund getreten, dass der gesamte Berufsstand der Ethics Officers heute eher von Juristen dominiert wird, deren fachliche Expertise sich eben weniger auf die Stärkung der moralischen Urteilsfähigkeit in Unternehmen erstreckt, sondern sich vielmehr auf die Überwachung der Regelbefolgung bezieht. Die große Herausforderung der Wirtschaftsethik als Fachgebiet besteht demnach darin, die Ethik als Kerndisziplin des Ethics Officers erneut einzufordern und ein Verständnis dafür zu schaffen, dass verantwortliches Unternehmenshandeln mehr beinhaltet als die bloße Beachtung der Gesetze.

Künftige Entwicklung

Vor allem international agierende Unternehmen erkennen auch in Europa zunehmend die Notwendigkeit, in ihren Organisationen Ethics Officer-Positionen einzurichten. Auch die ECOA bemüht sich hier darum, entsprechend ihres Selbstverständnisses, ein weltweiter Verband aktiver Ethics Officers zu sein, Aufklärungsarbeit zu leisten. Ebenso bemühen sich gegenwärtig auch einzelne europäische Verbände um die Entwicklung und Umsetzung entsprechender Standards für Ethics Officers und die vermehrte Schaffung entsprechender Positionen in europäischen Unternehmen nach amerikanischem Vorbild. Zunehmend bringen amerikanische Unternehmen Ethics Officers nach Europa und dienen so auch nicht-amerikanischen Unternehmen als Beispiel. Insgesamt lässt sich feststellen, dass Fragen der Wirtschaftsethik in den Unternehmen zunehmend ernstgenommen und als echte, zentrale Managementaufgabe angesehen werden. Auch bei den zahlreichen Unternehmensberatungen haben derartige Problemstellungen aktuell eine gewisse Konjunktur zu verzeichnen. Einen nicht zu unterschätzenden Auftrieb erfährt diese Entwicklung durch die zunehmend auch an der formalen Sicherstellung der Einhaltung ethischer Mindeststandards interessierten Rating-Agenturen, die so stark zu einer Professionalisierung der Wirtschafts- und Unternehmensethik in den Unternehmen beitragen. Hier wird die Bedeutung von Legitimität unternehmerischen Handelns als Grundvoraussetzung des Unternehmenserfolges zunehmend erkannt und beachtet. Auch sind in jüngster Zeit die gesetzlichen Vorgaben für die Schaffung derartiger Stellen erheblich konkreter geworden. Angesichts dieser Entwicklung ist davon auszugehen, dass es auch im deutschen Sprachraum künftig zu einer stärkeren Professionalisierung der Wirtschafts- und Unternehmensethik in den Unternehmen kommen wird. Allerdings wird dabei nicht die Stellenbeschreibung ›Ethics Officer‹ gebraucht werden, sondern die des ›Compliance Officers‹.

Literatur

Adobor, Henry: Exploring the Role Performance of Corporate Ethics Officers. In: Journal of Business Ethics 69, 1 (2006), 57–75.

Chavez, Gonzalo A./Roy A. Wiggins/Munevver Yolas: The Impact of Membership in the Ethics Officer Association. In: Journal of Business Ethics 34, 1 (2001), 39–56.

Clark, Hannah: Chief Ethics Officers: Who Needs Them? In: Forbes.com, http://www.forbes. com/2006/10/23/leadership-ethics-hp-lead-govern-cx_hc_1023 ethics.html (1.10.2010).

Hoffman, Michael W./Neil, John D./Stovall, O. Scott: Mutual Fund Compliance Officer Independence and Corporate Governance. In: Corporate Governance: An International Review 16, 1 (2008a), 52–60.

Hoffman, Michael W./Neil, John D./Stovall, O. Scott: An Investigation of Ethics Officer Independence. In: Journal of Business Ethics 78, 1–2 (2008b), 87–95.

Izraeli, Dove/BarNir, Anat: Promoting Ethics Through Ethics Officers: A Proposed Profile and an Application. In: Journal of Business Ethics 17, 9–10 (1998), 1189–1196.

Köhler Emmert, Claudia: Unternehmensethiker – Schrittmacher zum legitimen Erfolg. Bern 2006.

Llopis, Juan, M. Reyes Gonzalez und Jose L. Gasco: Corporate Governance and Organisational Culture: The Role of Ethics Officers. In: International Journal of Disclosure and Governance 4, 2 (2007), 96–105.

Morf, Duffy A./Schumacher, Michael G./Vitell, Scott J.: A Survey of Ethics Officers in Large Organizations. In: Journal of Business Ethics 20, 3 (1999), 265–271.

Naimi, Linda: Leading with Integrity: The Emerging Role of the CEO as Chief Ethics Officer. In: The Institute for Business and Finance Research Proceedings 1, 1 (2006), 156.

Regierungskommission Deutscher Corporate Governance Kodex (2006): Deutscher Corporate Governance Kodex in der Fassung vom 26. Mai 2010, http://www.corporate-governance-code.de/ger/kodex/1.html (1.10.2010).

Sobol, Rob: Conversations at the Top: The Tone of the Independent Chief Compliance Officer. In: Journal of Investment Compliance 10, 4 (2009), 10–15.

Trant, Charles, E.: OSHA and the Exclusionary Rule: Should the Employer Go Free Because the Compliance Officer Has Blundered? In: Duke Law Journal 31, 4 (1981), 667–716.

Weber, James/Fortun, Dana: Ethics and Compliance Officer Profile: Survey, Comparison, and Recommendations. In: Business and Society Review 110, 2 (2005), 97–115.

Tobias Gößling und W. Michael Hoffman

9. Forensic Management

Das Konzept des Forensic Management ist bis dato in der wissenschaftlichen und praxisbezogenen Literatur noch nicht begrifflich etabliert. Bibliographische Recherchen für den Zeitraum zwischen 1990 und 2009 zeigen, dass der Ausdruck erst seit Beginn des 21. Jahrhunderts in den Titeln von Veröffentlichungen vorkommt. An erster Stelle finden sich dabei Publikationen, die im kriminalpolitischen und im forensisch-psychiatrischen Bereich angesiedelt sind. In jüngerer Zeit wird die Bezeichnung Forensic Management darüber hinaus auch in Veröffentlichungen verwendet, die sich mit Strategien der Prävention und Behandlung dysfunktionalen Verhaltens in engeren organisationalen Kontexten befassen. Einer der Gründe für die zunehmende Verwendung des Ausdrucks in einem organisations- und managementtheoretischen Kontext besteht nicht zuletzt darin, dass sich seit den 1990er Jahren – bedingt durch Gesetzesnovellen im internationalen Wirtschaftsrecht sowie durch eine zunehmende Internationalisierung der Märkte – die rechtlichen Rahmenbedingungen und legalen Umwelten für wirtschaftliche Unternehmungen zunehmend weniger als konstante Größe darstellen. Dies nötigt Unternehmen immer häufiger zu einer Anpassung an die jeweils geltenden rechtlichen Rahmenbedingungen wirtschaftlichen Handelns. Darüber hinaus müssen insbesondere international agierende Konzerne ihre wirtschaftlichen Aktivitäten mit den rechtlichen Umweltgegebenheiten auf unterschiedlichen nationalen bzw. regionalen Märkten abstimmen, was in Grenzfällen ebenfalls bedeutet, dass sie im Rahmen ihrer unternehmerischen Aktivitäten für unterschiedliche rechtliche Umwelten optieren können.

Im Kontext der Betriebswirtschaftslehre lässt sich Forensic Management als koordinierte Steuerung von Unternehmensprozessen unter besonderer Berücksichtigung forensischer, d. h. rechtlicher und gerichtsbezogener Anforderungen und Risiken auffassen. Das Aufgabenfeld der Steuerung der gerichtlichen Belange liegt dabei – analog zu anderen Managementbereichen – quer zu den Sachfunktionen unternehmerischen Handelns und bedarf einer übergreifenden Organisation. Es betrifft zum einen Strategien und Prozesse, die sich bei Verfolgung von Unternehmenszielen unter Umständen mit gerichtlichen und strafrechtlichen Haftungsrisiken für die Unternehmung verbinden. Forensic Management zielt dabei auf die Sondierung von Haftungsrisiken und Bereichen besonderer rechtlicher Verantwortung innerhalb der Geschäftsfelder eines Unternehmens. Es betrifft zum anderen die Bearbeitung und Prävention strafrechtlich relevanter Handlungen von Unternehmensangehörigen und Vertragspartnern. Ziel ist hier die Minimierung von Haftungs- und Integritätsrisiken und im Besonderen die Prävention und betriebsjustizielle Bearbeitung wirtschaftskrimineller Handlungen in allen Unternehmensbereichen. Insofern wirtschaftskriminelles Handeln übergreifend durch eine Verletzung des für wirtschaftliches Handeln konstitutiven Vertrauens zwischen Vertragspartnern gekennzeichnet ist (vgl. Friedrichs 2007, 8), zielt Forensic Management – hierzu gegenläufig – auf die (Re-)Stabilisierung von Vertrauen und Erwartungssicherheit zwischen den Marktparteien. Es leistet auf diese Weise einen konstitutiven Beitrag zum Erhalt der sozialstrukturellen Voraussetzungen marktwirtschaftlichen Handelns. Aufgrund ihrer herausragenden Bedeutung für die marktwirtschaftliche Praxis konzentriert sich der vorliegende Beitrag auf die kriminalpräventiven Aspekte des Forensic Management.

Zielstellung und Steuerungsgrößen des Forensic Management

Forensic Management ist im Rahmen der Prävention wirtschaftskriminellen Handelns mit der Minimierung von Kriminalitäts- und Haftungsrisiken im Unternehmenskontext befasst. Es geht dabei um die systematische Auswertung von Faktoren, die ein erhöhtes Risiko für wirtschaftskriminelles Handeln anzeigen können. Dies gilt im Besonderen für personale, organisationale und marktbezogene Risikofaktoren, die – nach Einschätzung wirtschaftskriminologischer Theorien und Befunde – das Auftreten von Wirtschaftskriminalität in einem erhöhten Maße begünstigen.

Als Modell der Risikofaktoren bzw. Entstehungsursachen von Wirtschaftskriminalität wird in der Literatur klassischerweise auf das sogenannte »Fraud-Triangle« von Donald R. Cressey (1971, 30) Bezug genommen (s. Abb.). Cressey sieht wirtschaftskriminelles Handeln (Betrug) wesentlich durch drei Faktoren bedingt: (1) durch einen erhöhten Tatanreiz, (2) durch das Vorhandensein einer Tatgelegenheit im Unternehmenskontext und (3) durch die Verfügbarkeit von Rationalisierungen, die es dem Täter ermöglichen, sich vom Geltungsanspruch einer Verbotsnorm zu distanzieren und seine Handlung auf diese Weise vor sich und anderen zu legitimieren. Alle drei von Cressey genannten Entstehungsursachen werden durch Rahmenbedingungen begünstigt, die sich auf personaler, auf organisationaler sowie auf der Ebene der Organisationsumwelt verorten lassen. Das Cresseysche Schema soll im Folgenden als Ausgangspunkt dienen, um den Stand der Forschung zu den ursächlichen Bedingungen wirtschaftskriminellen Handelns in einem Mehrebenenmodell personaler, organisationaler und metaorganisationaler Risikofaktoren zu systematisieren. Die herausgearbeiteten Risikofaktoren dienen im Weiteren als Steuerungsgrößen für das forensische Management.

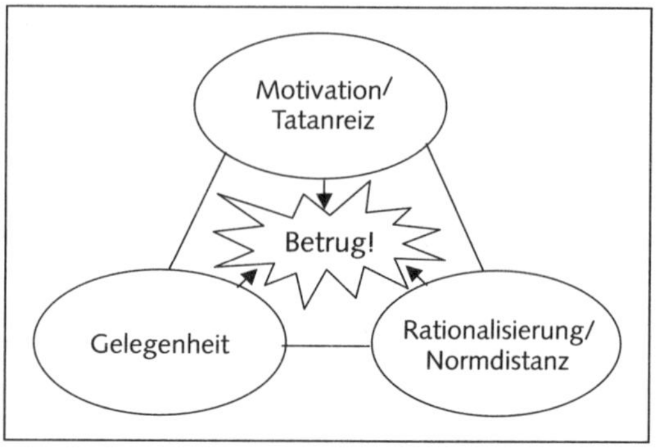

Betrugsdreieck (nach Cressey 1971)

Motivation, Tatanreiz

Der Faktor der Tatmotivation steht im Betrugsdreieck Cresseys für den internalen oder externalen Anreiz, der zu Formen illegaler Vorteilsnahme stimuliert. Bezeichnet werden damit die persönlichen Motive und situativen Umstände, die die illegale Handlung für einen einzelnen oder für eine Korporation attraktiv werden lassen. Im Sinne der sogenannten Anomie- und Strain-Theorien der Kriminalität (vgl. Friedrichs 2007, 215 f.) entstehen kriminelle Handlungsmotivationen bei Akteuren primär dann, wenn sie einem erhöhten inneren oder äußeren Druck ausgesetzt sind, erwünschte Ziele zu erreichen, gleichzeitig aber nicht oder nur begrenzt über adäquate Mittel zur Zielerreichung verfügen.

Befunde kriminalpsychologischer Untersuchungen geben einen Hinweis darauf, dass das Erleben von Ziel-Mittel-Diskrepanzen bei Akteuren durch unterschiedliche personale Faktoren begünstigt wird. So zeichnen sich wirtschaftskriminelle Täter häufig durch eine Persönlichkeit aus, die Druckerlebnisse der beschriebenen Art – aufgrund einer idiosynkratisch gesteigerten Sensibilität – in erhöhtem Maße wahrscheinlich macht. Als persönlichkeitsbezogener Risikofaktor für Wirtschaftskriminalität wird in der Literatur in diesem Zusammenhang häufig auf eine übersteigerte Profitgier (»greed for more«; Wheeler 1992, 112) sowie auf ein erhöhtes Maß an Rücksichtslosigkeit und Machtstreben verwiesen. In Anlehnung an die Befunde wirtschaftskriminologischer Studien beschreibt Friedrichs (2007) als typische Merkmale von Wirtschaftsstraftätern »a tendency toward risk taking and recklessness, ambitiousness and drive, and egocentricity and a hunger for power« (ebd., 202). Er relativiert diese Befunde allerdings durch die Feststellung, dass die beschriebenen Persönlichkeitsmerkmale ebenfalls bei solchen Personen beobachtbar sind, die Erfolgsziele durch legitime Mittel erreichen. Risikoorientierung und Ehrgeiz stellen folglich keine hinreichende Bedingung dafür dar, dass kriminelle Tatanreize für den Einzelnen handlungsrelevant werden. Aussagekräftiger scheinen demgegenüber Untersuchungen zu den Handlungsorientierungen wirtschaftskrimineller Straftäter zu sein. So weist u.a. die Studie von Blickle u.a. (2006) als abweichende Persönlichkeitsmerkmale wirtschaftskrimineller Straftäter vergleichsweise hohe Narzissmuswerte sowie eine niedrige Selbstkontrolle (vgl. Blickle et al. 2006, 228) aus. Niedrige Selbstkontrolle bezeichnet dabei die vermindert entwickelte Fähigkeit von Personen, beim Streben nach erwünschten Gratifikationen einen Belohnungsaufschub hinzunehmen (Gottfredson/Hirschi 1990). Entsprechend entwickeln Personen mit einer verminderten Selbstkontrolle beim Erleben von Ziel-Mittel-Diskrepanzen eine erhöhte Bereitschaft, angestrebte Ziele mit illegalen Mitteln zu realisieren. Jedoch ist die Bedeutung persönlichkeitsbezogener Ursachen für wirtschaftskriminelles Handeln in der Literatur umstritten. So scheint es schwer bis unmöglich, kriminogene und nicht-kriminogene Persönlichkeiten – zumal im Vorfeld der Begehung wirtschaftskrimineller Delikte – mittels differentialpsychologischer Methoden eindeutig zu unterscheiden. Insgesamt muss der Stand der Forschung hier als in hohem Maße unbefriedigend eingestuft werden (vgl. Bussmann 2004, 41).

Ergänzend zu Überlegungen zu den kriminogenen Persönlichkeitsmerkmalen wirtschaftskrimineller Straftäter wird in jüngerer Zeit auch auf die Bedeutung von kriminovalenten Wertorientierungen als Risikofaktor für die Entstehung von Wirtschaftskriminalität hingewiesen (vgl. u.a. Schneider 2008). Als in erhöhtem Maße kriminovalent werden dabei im Besonderen hedonistisch-materialistische *Werte* wie ein hoher Lebensstandard, eine stark ausgeprägte Genussorientierung und das Streben nach Macht und Einfluss herausgestellt (vgl. ebd., 143f.). Dabei wird unterstellt, dass Wertorientierungen der beschriebenen Art die Wahrscheinlichkeit des subjektiven Erlebens von Ziel-Mittel-Diskrepanzen und infolgedessen den Anreiz zur illegalen Vorteilsnahme steigern.

Auch organisationale Faktoren, wie Unternehmenskulturen, oder gesamtgesellschaftliche Erwartungen, die den Erwartungsdruck hinsichtlich der Zielerreichung im Unternehmen erhöhen, können den Anreiz zur illegalen Vorteilsnahme erhöhen. In einer Studie zu Gesetzesverletzungen in öffentlich und privat geführten Altenpflegeheimen identifizieren so etwa Jenkins/Braithwaite (1993) den Profitdruck von Seiten des Geschäftsführers bzw. Vorstands als einen entscheidenden Prädiktor für das Auftreten von Regelabweichungen. Ähnliche Anreizeffekte sind in Kapital- und Aktiengesellschaften zu erwarten, in denen dominante Shareholder-Gruppen von Seiten der Unternehmensleitung schnelle und renditeträchtige Erfolge einfordern. Analog hierzu setzt eine Entgeltpolitik für Manager, die die Realisierung kurzfristiger Gewinnerwartungen unverhältnismäßig honoriert, erhöhte Anreize für Bilanzmanipulationen und illegale Geschäftsmodelle. Weisburd und Mitarbeiter (2001) schreiben ebenfalls dem punktuellen Organisationsversagen eine signifikante Bedeutung für das nachfolgende Auftreten wirtschaftskrimineller Handlungen zu. So habe etwa das Nichterreichen zeitlich terminierter Zielvorgaben sowie das unerwartete Auftreten finanzieller Engpässe eine zentrale Bedeutung für die Erhöhung der Anreizwirkung vertrags- und gesetzeswidriger Kompensations- und Verschleierungshandlungen. Schließlich weist Colemann (2002, 17) darauf hin, dass perzipierte Ungerechtigkeiten im Beförderungs- und Entlohnungssystem von Unternehmen bei benachteiligten Unternehmensangestellten erhöhte Anreize zu kompensatorischen Delikten und Regelverletzungen freisetzen.

Auf der Ebene nationaler bzw. regionaler Märkte werden nach Coleman (2002, 188ff.) Anreize zur illegalen Vorteilsnahme für Unternehmen im Weiteren ebenfalls durch Art und Ausmaß des Wettbewerbs bzw. durch die sog. Wettbewerbskultur (»culture of competition«) freigesetzt. Dies gilt vor allem dann, wenn einzelne Wettbewerber durch grenzmoralische oder auch illegale Geschäftsmodelle Wettbewerbsvorteile erzielen und hierdurch Marktvorteile legal operierender Unternehmen nivellieren (vgl. u.a. Pies et al. 2005, 144 f.).

Die besondere Bedeutung der Verfassung nationaler oder auch regionaler Märkte für divergierende Anreize zu wirtschaftskriminellen Handlungsweisen wird ebenfalls von Studien der international vergleichenden Korruptionsforschung hervorgehoben. Wichtige Anregungen gehen in diesem Zusammenhang von dem seit 1995 jährlich von der zivilgesellschaftlichen Organisation Transparency International (TI) erstellten »Corruption Perception Index« (CPI) aus. Der CPI beansprucht in der Form eines Rankings international vergleichend abbilden zu können, mit welcher Wahrscheinlichkeit Unternehmen im Rahmen von Auslandsgeschäften in verschiedenen Ländern mit Schmiergeldforderungen von Seiten staatlicher Bediensteter rechnen müssen. Die Ergebnisse des CPI legen gravierende nationale Differenzen hinsichtlich der Normalität von Korruptionszahlungen im Rahmen des geschäftlichen Verkehrs nahe. Unterschiede ergeben sich dabei nicht nur zwischen den Ländern der sogenannten ersten und Dritten Welt, sondern ebenfalls zwischen EU-Mitgliedstaaten. Dies lässt sich theoretisch einerseits durch Unterschiede in den nationalen Wirtschaftskulturen der untersuchten Länder erklären (vgl. Lipset/Lenz 2000). Andererseits wird insbesondere von Autoren aus dem Umfeld der Neuen Institutionenökonomie auf die besondere Bedeutung des Institutionenvertrauens für nationale Unterschiede der Korruptionshäufigkeit hingewiesen. Einschlägig ist hierbei eine empirische Untersuchung der Wirtschaftswissenschaftlerin Vartuhi Tonoyan (2006), die den Einfluss des Institutionenvertrauens von Unternehmern auf deren Korruptionsbereitschaft untersucht. Tonoyans Analysen zeigen, dass ein erhöhter Anreiz zu Bestechungszahlungen in besonderem Maße bei jenen Unternehmern wahrgenommen wird, bei denen sich ein tendenziell geringes Vertrauen in die Effizienz formal-rechtlicher Institutionen mit einem erhöhten Vertrauen in die Verlässlichkeit informeller Gewährspersonen und bestehender sozialer Netzwerke verknüpft. Erhöhte Anreize zu korruptivem Handeln scheinen entsprechend häufig durch die Art der institutionellen Einbettung der Märkte in einem gegebenen Wirtschaftsraum bedingt zu sein. Die Untersuchung legt nahe, dass der Erfolg von Anti-Korruptionsmaßnahmen maßgeblich von dem zuverlässigen Funktionieren staatlich-rechtlicher und finanzwirtschaftlicher Institutionen sowie der rechtlichen Durchsetzbarkeit von Verträgen in einem Wirtschaftsraum abhängt.

Tatgelegenheiten

›Tatgelegenheit‹ bezeichnet das Vorhandensein einer Möglichkeit zur illegalen Vorteilsnahme bei gleichzeitig geringer Entdeckungswahrscheinlichkeit des wirtschaftskriminellen Verhaltens. Die relative Bedeutung von Tatgelegenheiten für die Entstehung wirtschaftskrimineller Handlungen wird von verschiedenen Autoren unterschiedlich eingeschätzt. Während etwa Benson und Simpson (2009) die Verfügbarkeit krimineller Gelegenheiten als Schlüsselvariable für die Erklärung von wirtschaftskriminellem Handeln begreifen, sieht Coleman (2002) in der Sache wettbewerbsbedingte Anreize und Drucksituationen als wichtigere Einflussgröße an. Jenseits der unterschiedlichen theoretischen Positionierung lässt sich jedoch konstatieren, dass Gelegenheiten zur illegalen Vorteilsnahme in nahezu jedem Unternehmen mehr oder minder gegeben sind, da eine Totalüberwachung des Mitarbeiterverhaltens in Organisationen unmöglich erscheint. Doch variieren die Möglichkeiten zur illegalen Vorteilsnahme auch hier in Abhängigkeit von personalen, situationalen und marktbezogenen Rahmenbedingungen.

Auf personaler Ebene verknüpft sich der Faktor der Tatgelegenheit mit dem persönlichen Wissen von Angestellten um gegebene Sicherheitslücken in betrieblichen Abläufen und Kontrollen. Erst erworbene Kenntnisse über mögliche Sicherheitslücken befähigen Angestellte dazu, eine Handlungssituation als ›günstige Gelegenheit‹ zu erkennen und für eigene Zwecke zu nutzen. Diese Überlegungen erklären u.a., warum Wirtschaftsstraftäter – wie empirische Untersuchungen ergeben – häufig erst drei bis fünf Jahre nach Beschäftigungsbeginn in einem Unternehmen mit wirtschaftskriminellen Aktivitäten einsetzen.

Auf organisationaler Ebene entstehen kriminelle Tatgelegenheiten, wenn das Entdeckungs- und Sanktionsrisiko für die Begehung illegaler Handlungen von Unternehmensangehörigen als gering wahrgenommen wird. Dies ist mit erhöhter Wahrscheinlichkeit dort der Fall, wo operative Kontrollen – in Form etwa der Anwendung des Vier-Augen-Prinzips bei der Abzeichnung von Buchungsbeträgen oder des sogenannten Need-to-know-Systems bei der Verteilung von Zugriffsrechten auf sensible Unternehmensdaten im Intranet – nicht oder nur unzureichend in Geschäftsprozesse implementiert sind. Gleiches gilt für den Fall, dass auf personeller Ebene keine strikte Funktionstrennung zwischen der Durchführung und Prüfung sensibler Geschäftsvorgänge vollzogen ist oder diese Kontrollvorgänge durch Angestellte leicht manipuliert werden können. Auf der Ebene der Corporate Governance findet dieses organisationale Kontrolldefizit sein Pendant in fehlenden oder nur eingeschränkten Rechenschaftspflichten für Geschäftsführer und Vorstände.

Auf einer metaorganisationalen Ebene ergeben sich Gelegenheiten zur illegalen Vorteilsnahme von Unternehmen vor allem dann, wenn die verfügbaren Möglichkeiten zur Aufdeckung und Sanktionierung von Regelverletzungen begrenzt sind. Die Bedeutung dieses Faktors wird dadurch unterstrichen, dass wirtschaftskriminelle Delikte in der Regel erst durch spezifische Kontroll- und Entdeckungsmaßnahmen oder durch ›Kommissar Zufall‹ aufgedeckt werden. Dabei gehen Experten im Bereich der Wirtschaftskriminalität derzeit von einer Dunkelziffer von mehr als 80 Prozent aus. Mit anderen Worten: Auf eine entdeckte Straftat entfallen vier unentdeckte wirtschaftskriminelle Delikte. Erleichtert wird die illegale Vorteilsnahme im Marktkontext häufig durch klientelistische Netzwerke, die dem einzelnen Unternehmen – etwa im Rahmen von Auslandsgeschäften – Schmiergeldpfade zu schnelleren behördlichen Genehmigungen und Wettbewerbsvorteilen gegenüber Konkurrenten erschließen.

Rationalisierungen, Normdistanz

Rationalisierungen und Rechtfertigungen als dritter Faktor wirtschaftskriminellen Verhaltens weisen eine primär informelle oder auch kulturelle Verankerung auf. Dabei wird implizit unterstellt, dass Wirtschaftsstraftäter auch im Zuge ihrer normabweichenden Handlungen in ihrem Selbstverständnis an die Grundnormen des Anstands und der moralischen Integrität gebunden bleiben. Um entgegen ihrer eigenen normativen Überzeugungen handeln zu können, ist für sie deshalb erforderlich, ihrem Handeln eine moralisch schlüssige Begründung zu geben (Rationalisierung) und sich dadurch von den in der gegebenen Situation geltenden Normen zu distanzieren. Derartige Rationalisierungen können in verschiedenen Rechtfertigungssätzen zum Ausdruck kommen. So wird die unerlaubte Mitnahme von Werkzeug und Material vom Arbeitsplatz häufig durch die Aussage legitimiert, dass dies nicht so schlimm sei, da es doch alle tun würden. Andere Straftäter rationalisieren die Unterschlagung einer Geldsumme mit dem Hinweis, dass sie sich angesichts unabwendbarer finanzieller Probleme in einer einmaligen Ausnahmesituation befänden, die in der gegebenen Situation keinen anderen Ausweg zulasse.

Wichtig ist, dass auch die Rationalisierung wirtschaftskrimineller Handlungen durch verschiedene personale, organisationale und marktbezogene Faktoren begünstigt wird. Auf personaler Ebene werden Tatrationalisierungen einerseits durch persönlichkeitsbedingte Integritätsdefizite begünstigt. Die Bedeutung niedriger Integritätswerte für die Vorhersage kontraproduktiven Verhaltens am Arbeitsplatz wird durch die Ergebnisse jüngerer empirischer Studien aus dem Feld der Arbeits- und Organisationspsychologie unterstrichen (vgl. etwa Marcus et al. 2002). Andererseits wird – mitunter in Abgrenzung zu Autoren, die Handlungen der illegalen Vorteilsnahme auf Grundlage eines materialistischen Kosten-Nutzen-Kalküls erklären – auf die kriminalpräventive Bedeutung moralischer Integritäts- und Fairnesswerte im Kontext der Kriminalitätsentstehung verwiesen (vgl. u. a. Schneider 2008, 143). Zentral ist in diesem Zusammenhang das Argument, dass die Bindung an Integritäts- und Fairnesswerte als moralische Überzeugungen die individuelle Normakzeptanz beeinflussen und entsprechend maßgeblich dafür sind, inwieweit Personen überhaupt dazu bereit sind, normabweichende Handlungen für sich in Erwägung zu ziehen (vgl. Hermann 2003, 168 ff.). Hiermit verbindet sich im Weiteren die Annahme, dass norm- und wertbezogene Orientierungen eine irreduzible Dimension des Sozialen darstellen, die Handlungs- und Entscheidungsprozesse jedweden Typs beeinflussen und nicht ohne Weiteres in ein rationales Kosten-Nutzen-Kalkül überführbar sind (vgl. Etzioni 1988).

Fetchenhauer (1998) zeigt im Rahmen einer Untersuchung zum Versicherungsbetrug, dass die Abschreckungswirkung angedrohter Sanktionen gegen betrügerisches Verhalten – verglichen mit der Präventivwirkung von moralischen Wertüberzeugungen – von untergeordneter Bedeutung ist (vgl. hierzu auch Bussmann 2004, 37 f.). Darüber hinaus machen Untersuchungen zur Abschreckungswirkung von

Sanktionen deutlich, dass Personen in der Mehrzahl der Fälle normative Regeln nicht deshalb einhalten, weil sie die Sanktionierung einer abweichenden Handlung als mögliche negative Handlungskosten vermeiden wollen, sondern weil sie die Regeln als richtig akzeptieren (Braithwaite 2006, 71). Entsprechend ist davon auszugehen, dass Wertorientierungen im Hinblick auf die Wahrnehmung und Definition krimineller Handlungsgelegenheiten wie ein *frame* der Orientierung wirken, der die Situationswahrnehmung und infolgedessen auch die Handlungsplanung von Akteuren beeinflusst. Dabei lässt sich annehmen, dass eine erhöhte Bindung an Fairness- und Integritätswerte die persönliche Bereitschaft zur Rationalisierung von Handlungen der ökonomischen Vorteilsnahme eher hemmt und auf diese Weise eine kriminalpräventive Wirkung entfaltet.

Gegen die These einer kriminalpräventiven Wirkung von Werten wird häufig die im Rahmen der Rational-Choice-Theorie des Umweltverhaltens entwickelte *Low-Cost*-Hypothese angeführt. Sie besagt, dass Werteinstellungen von Akteuren nur dort handlungsrelevant werden, wo die ökonomisch oder auch psychologisch zu erwartenden Kosten des Handelns oder Unterlassens aus der Perspektive des Handelnden vergleichsweise gering sind. Analog hierzu wurde auch bei der Analyse krimineller Handlungen empirisch bestätigt, dass sich die kriminalpräventive Wirkung von Werteinstellungen auf solche Handlungsgelegenheiten beschränkt, bei denen die in Aussicht stehenden Profite als vergleichsweise niedrig eingeschätzt werden (vgl. Hermann 2003, 173 ff.). Die Geltung der *Low-Cost*-Hypothese im Hinblick auf die Verursachung wirtschaftskriminellen Handelns wurde bis dato nicht empirisch untersucht. Allerdings mahnt sie gleichwohl, die Bedeutung individueller Wertorientierungen als kriminalpräventiven Sicherungsmechanismus nicht zu überschätzen.

Mit Blick auf das kriminalpräventive Wirkungspotenzial individueller Wertorientierungen ist darüber hinaus davon auszugehen, dass diese auf organisationaler Ebene immer schon in eine Umgebungskultur eingebettet sind, durch die sie gestärkt bzw. geschwächt werden. Das Unternehmen stellt entsprechend ebenfalls eine kulturelle Umgebung dar, die – gewollt oder ungewollt – in stärkender oder schwächender Weise auf die Integritäts- und Fairnessorientierungen von Unternehmensangestellten wirken kann. So können etwa Rationalisierungen delinquenter Handlungen durch kriminogene Subkulturen im Unternehmenskontext gestützt werden. Subkulturen bezeichnen dabei abweichende Normalitätsauffassungen von Regeln und Verhaltensweisen, die sich in Gruppen und Organisationen herausbilden und in diesem Kontext regelwidrige Handlungsweisen legitimieren können. Kriminogene Subkulturen machen dem Einzelnen Rationalisierungen und Rechtfertigungen für sein abweichendes Handeln verfügbar und können abweichendes Verhalten von diesem auch geradezu fordern. Die kriminalitätsbegünstigende Wirkung kriminogener Subkulturen wird dabei durch zahlreiche Untersuchungen zum Thema belegt (vgl. u.a. Coleman 2002, 17 f.). Die Existenz kriminogener Angestelltenkulturen im Unternehmen kann ihrerseits dadurch begünstigt werden, dass Integritätswerte nicht durch einen Code of Conduct kommuniziert werden und gegebenenfalls auch auf der Ebene der Unternehmensleitwerte keine Verankerung haben. Möglich ist allerdings ebenso, dass ein bestehender, integritätsorientierter Verhaltenskodex von Seiten der Unternehmensleitung nicht ›gelebt‹ wird und entsprechend keine Verankerung in der faktischen Unternehmenskultur findet. Hiermit korrespondierend weist etwa Eigenstetter (2006) darauf hin, dass ein als egoistisch-selbstinteressiert wahrgenommenes Unternehmensklima – vermittelt über entsprechende Rationalisierungstendenzen – auf Seiten der Angestellten eine erhöhte Devianzbereitschaft freisetzen kann.

Bezugnehmend auf die Ebene regionaler oder auch branchenspezifischer Märkte sind Rationalisierungen wirtschaftskriminellen Verhaltens bevorzugt bei Unternehmen in solchen Marktsegmenten zu erwarten, in denen – wie bis vor wenigen Jahren etwa in der Baubranche oder auch aktuell im Speditionssektor (vgl. Bannenberg/Schaupensteiner 2004, 52 f.) – rechtswidrige Praktiken die Normalität des Geschäftslebens prägen.

Systematisiert man die referierten Forschungsbefunde in einem Mehrfaktorenmodell unternehmensbezogener Risikofaktoren von Wirtschaftskriminalität, so lassen sich auf personaler, organisationaler und meta-organisationaler Ebene verschiedene Risikofaktoren wirtschaftskriminellen Handelns als Bezugspunkte eines Forensic Management herausstellen (s. Tabelle S. 299).

Die dargestellte Übersicht stellt ein heuristisches Schema dar, das noch einer übergreifenden theoretischen Klärung bedarf und somit nicht den Anspruch erhebt, im Sinne einer Allgemeinen Kriminalitätstheorie alle Risikofaktoren wirtschaftskriminellen Handelns adäquat abzubilden. Festzuhalten bleibt,

	Motivation/Anreiz	Gelegenheiten	Rationalisierungen + Normdistanz
Metaorganisationale Ebene	– geringe Stabilität von Rechts- und Verwaltungsinstitutionen – hoher Wettbewerbsdruck; »culture of competition« – illegale Geschäftsmodelle bei Wettbewerbern	– fehlende/inkonsequente Strafverfolgung bei wirtschaftsstrafrechtlichen Regelverletzungen – Subventionsgesetze zur staatlichen Förderung einzelner Wirtschaftszweige – Vorherrschaft klientelistischer Netzwerke	– markt- bzw. branchenspezifische Normalität rechtswidriger Praktiken (z. B. korruptive Praktiken in Bau- und Speditionsbranche)
Organisationale Ebene	– hoher Erfolgsdruck von Seiten des Vorstands bzw. von Seiten dominanter Shareholder-Gruppen – Nichterreichen von Zielvorgaben; erhöhter Termindruck; auftretende finanzielle Engpässe – Entgeltpolitik für Manager, die die Realisierung kurzfristiger Gewinnerwartungen honoriert – (perzipierte) Ungerechtigkeiten im Beförderungs- und Entlohnungssystem	– eingeschränkte Rechenschaftspflichten für Geschäftsführer und Vorstände – Verfügbarkeit von Optionen zur illegalen Vorteilsnahme – fehlende operative Kontrollen im Geschäftsprozess und hierdurch bedingt geringes Entdeckungsrisiko von Regelverletzungen	– ökonomistische Unternehmensleitwerte (z. B. reine Shareholder-Orientierung) – fehlender bzw. ›nicht gelebter‹ *Code of Conduct* – egoistisch-selbstinteressiertes Unternehmensklima – Entstehung und Verbreitung von devianten Subkulturen
Personale Ebene	– machiavellistische Persönlichkeit – narzisstische Persönlichkeit – »low self-control« – materialistische Wertorientierungen	– Wissen um gegebene Sicherheitslücken in betrieblichen Abläufen und Kontrollen	– Integritätsdefizite – Haltung des moralischen Relativismus – geringe Bindung an Fairness- und Integritätswerte

Risikofaktoren wirtschaftskriminellen Handelns

dass die genannten Risikofaktoren in ihrer Wirkungsweise nicht unabhängig voneinander sind und entsprechend auch nicht losgelöst voneinander betrachtet werden können. So ist etwa zu berücksichtigen, dass Tatanreize durch Aspekte des ethischen Unternehmensklimas oder auch der Unternehmenskultur verstärkt werden können. Dies gilt ebenfalls für den Einfluss von personalen Wertorientierungen auf die Wahrnehmung von kriminellen Gelegenheiten (vgl. Schneider 2008, 144 f.). Zudem ist davon auszugehen, dass aus der Perspektive eines forensischen Risikomanagements immer ein Restrisiko verbleibt, das zwar nicht operativ gesteuert werden kann, aber unter strategischen Gesichtspunkten mit zu berücksichtigen ist.

Methoden und Instrumente des Forensic Management

Die im vorausgegangenen Abschnitt herausgearbeiteten Risikofaktoren wirtschaftskriminellen Handelns können als Steuerungsgrößen eines forensischen Managements zur Prävention von Wirtschaftskriminalität dienen. Dabei bedient sich Forensic Management verschiedener kriminalpräventiver Instrumente.

Good Corporate Governance: Zur Prävention von Kriminalitätsrisiken insbesondere von wirtschaftskriminellen Deliktformen, die vordergründig Unternehmensinteressen befördern – wie etwa Formen der Bilanzfälschung oder der Korruption – ist Forensic Management an erster Stelle auf Prinzipien einer guten Corporate Governance angewiesen. Dies meint die Verpflichtung des Unternehmens in der Unternehmensverfassung auf Standards guter Unternehmensführung – innerhalb der für das Unternehmen gültigen Branchenstandards – und auf die Einrichtung interner und externer Systeme der Unternehmensüberwachung sowie der Unternehmensberichterstattung. Gute Corporate Governance zielt in diesem Zusammenhang darauf, Anreize und Motivationen zu wirtschaftskriminellem Handeln abzubauen bzw. zu vermeiden. Mögliche Optionen gouvernementalen Handelns sind in diesem Zusammenhang das Meiden institutionell instabiler Märkte, die Bindung von Managerboni an mittel- bis langfristige Erfolgsindikatoren oder auch die Einrichtung unabhängiger Prüfungsausschüsse im Rahmen der Finanzberichterstattung.

Compliance Management: Der Begriff ›compliance‹ stammt aus der angelsächsischen Rechtsterminologie und bedeutet »Einhaltung, Befolgung, Übereinstimmung, Einhaltung bestimmter Gebote«. Compliance Management zielt entsprechend auf die Einhaltung rechtlicher und korporativer Regeln im Unternehmenskontext, wobei der Fokus wesentlich auf der Minimierung von Gelegenheiten zu wirtschaftskriminellem und unternehmensschädigendem Handeln liegt. Compliance-Systeme in Unternehmen sind in der Regel stark formal-administrativ gestaltet und beziehen sich hauptsächlich auf die Organisationsstruktur. Zu den Methoden der Corporate Compliance gehören vor allem die Festlegung von Kontrollsystemen, Schulungen über bestehende Kontrollsysteme, Überwachung der Regeleffizienz sowie die Erzwingung der Regelbefolgung (*enforcement*), Berichterstattung und Überprüfung von Fehlverhalten und eine entsprechende Sanktionierung von Non-Compliance (vgl. Hofmann 2008, 403). Das Compliance-Management beginnt dabei typischerweise mit einer umfassenden Risikoanalyse des gegebenen Unternehmens, die die Risiken der Verletzung festgelegter ethischer Grundsätze in verschiedenen Geschäftsbereichen sondiert. Auf ihrer Basis wird eine Compliance-Strategie erarbeitet, die sich in einem ausgearbeiteten Verhaltenskodex oder auch Code of Conduct widerspiegelt. Die Strategie wird durch eine passende Compliance-Organisation umgesetzt und in den Unternehmensleitlinien konkretisiert. Von zentraler Bedeutung sind in diesem Zusammenhang die Kommunikation der Verhaltenskodizes und ihre Sanktionierung in allen Handlungs- und Geschäftsbereichen des Unternehmens. Um sicherzustellen, dass das Compliance-System im Unternehmensalltag auf Dauer funktioniert, sollte der Stand der Implementation des Compliance-Systems regelmäßig auditiert werden (vgl. Wieland 2008, 163 f.).

Wie bereits skizziert, wäre es allerdings kurzsichtig, die Ursachen für Integritäts- und Haftungsrisiken in Unternehmen ausschließlich auf der Ebene mängelbehafteter Persönlichkeiten und formaler Kontrollstrukturen zu verorten. Ursächlich sind ebenso informelle Tatanreize, wie etwa das wahrgenommene ethische Klima im Unternehmen und eine hieraus resultierende Abnahme der Loyalität zwischen Führungskräften und Mitarbeitern (vgl. Eigenstetter 2006).

Integrity Management: Im Rahmen eines Forensic Management sollten deshalb neben compliancebasierten Strukturen ebenfalls Maßnahmen des sogenannten Integrity-Ansatzes implementiert werden. Der Integrity-Ansatz wurde zum ersten Mal von Paine (1994) beschrieben. Er beruht auf der Idee der systematischen Förderung des eigenverantwortlichen Handelns der Unternehmensmitarbeiter (Self-Governance), das wiederum auf selbstbestimmten ethischen Prinzipien basiert. Der Integrity-Ansatz soll zu einer Stärkung der Integritätswerte in der Unternehmenskultur führen und Mitarbeiterinnen und Mitarbeiter dazu befähigen, sich selbstgesteuert an einem integritätsbasierten *moral compass* bzw. Wertegerüst zu orientieren (vgl. Hofmann 2008, 402 f.; Paine 1994, 111). Dem liegt die Auffassung zugrunde, dass Menschen nur dann zu nachhaltigen Verhaltensänderungen gelangen, wenn sie in ihrer spezifisch menschlichen Freiheit zu ethisch legitimem Handeln angesprochen und nicht durch Regelwerke entmündigt werden.

Methodisch setzt der Integrity-Ansatz bei den unternehmenseigenen Standards und Leitwerten an: Diese Basiswerte werden in alle Managementsysteme implementiert, und die Mitarbeiterinnen und Mitarbeiter werden im Sinne einer ethisch orientierten Personalentwicklung hinsichtlich ihrer Fähigkeiten zu eigenverantwortlichem Entscheiden in den Bereichen Konflikterkennung und Konfliktlösung geschult. Dabei steht weniger eine ›blinde‹ Wertevermittlung im Vordergrund; vielmehr soll die ethische Reflexionsfähigkeit der Angestellten im Hinblick auf das individuelle Entscheidungsverhalten in geschäftlich vorkommenden moralischen Dilemmasituationen erhöht werden. Ziel einer ethischen Personalentwicklung kann in diesem Zusammenhang sein, den Einzelnen für die moralischen und Reputationskosten des Unternehmens im Gefolge von Regelverletzungen zu sensibilisieren.

Ein besonderes Augenmerk gilt im Rahmen des Integrity-Ansatzes der verantwortlichen Unternehmensführung. Es ist sicherzustellen, dass die Grundwerte des Unternehmens – auf der Ebene geschäftspolitischer Entscheidungen sowie im Umgang mit unternehmensinternen Status- und Interessenkonflikten – tatsächlich ›gelebt‹ werden; eventuelle negative Abweichungen werden auch in diesem Fall korrigiert bzw. sanktioniert (vgl. Hofmann 2008, 403). Entscheidend beim Integrity-Ansatz ist dementsprechend die Entwicklung eines integritätsfördernden Unternehmensklimas und einer entsprechenden Organisationskultur, in der die Vorbildfunktion der Unternehmensführung von höchster Bedeutung ist. Mit Blick auf das Forensic Management geht es dabei u.a. um die Etablierung eines prinzipienorientierten und die Grundwerte legaler Verantwortung betonenden Unternehmensklimas. Mit hierzu beitragen kann auch die Einrichtung eines Ombudssystems zur vertraulichen Weitergabe von Informationen über wirtschaftskriminelle Handlungen von Vorgesetzten und Leitungspersonal. Die Implementation eines entsprechenden Hinweisgebersystems stärkt die Glaubwürdigkeit der Unternehmensführung mit Blick auf die wahrgenommene Geltung kriminalpräventiver Unternehmensleitwerte und trägt auf diese Weise zur Entstehung eines Integritätsklimas innerhalb des Unternehmens bei.

Der zentrale konzeptionelle Unterschied zwischen Compliance- und Integrity-Ansatz liegt darin, dass Compliance Management erwünschtes Verhalten auf Basis extrinsischer Anreize anstrebt (Kontrollen, Sanktionen), während Integrity Management darauf zielt, ein entsprechendes Verhalten intrinsisch zu stimulieren (vgl. Hofmann 2008, 402 f.; Paine 1994, 111). Entsprechend stehen beide Ansätze in einem latenten Spannungsverhältnis zueinander. Dies gilt einerseits im Hinblick auf den Umstand, dass der Einsatz extrinsischer Anreize in der Unternehmenspraxis zu einer Erosion intrinsischer Verhaltensmotive führen kann. Dies gilt andererseits im Hinblick darauf, dass übertriebene Kontrollmaßnahmen im Unternehmen ein Klima des Misstrauens hervorbringen können. Festzuhalten bleibt gleichwohl, dass kontrollbasierte Compliance-Maßnahmen für ein Forensic Management im Unternehmen unverzichtbar sind. Dies gilt insbesondere in den Geschäftsbereichen, die für Betrugs- und Diebstahlsdelikte in erhöhtem Maße sensibel sind. Kontrollen werden im Unternehmenskontext allerdings verstärkt dann als legitim erfahren, wenn sie zu integritätsbezogenen Leitwerten des Unternehmens in Beziehung stehen und den Angestellten grundsätzlich bekannt sind. Compliance und Integrity lassen sich entsprechend als zwei distinkte Dimensionen eines ethisch fundierten Forensic Management auffassen, die sich wechselseitig bedingen und ergänzen (vgl. Thielemann 2005, 31).

Bilanziert man die vorstehenden Ausführungen, so basiert Forensic Management bei der Steuerung von Kriminalitätsrisiken im Unternehmen auf dem Zusammenwirken von Strategien einer Good Corporate Governance, der Corporate Compliance und der Corporate Integrity. Der Corporate Governance kommt im Kontext des Forensic Management die Aufgabe zu, die systematische Erhebung und Bear-

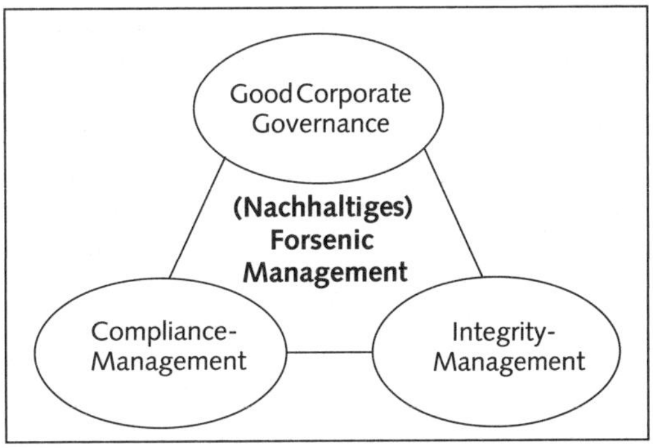

Präventionsdreieck im Kontext eines nachhaltigen Forensic Management

beitung von Integritäts- und Haftungsrisiken im Unternehmen zu institutionalisieren. Good Corporate Governance zielt in diesem Zusammenhang darauf, im Hinblick auf risikobehaftete Unternehmensentscheidungen Transparenz zu schaffen und schwerwiegende Druck- und Krisensituationen durch eine sicherheitsorientierte Unternehmenssteuerung präventiv zu verhindern. Der Corporate Compliance kommt als Instrument des Forensic Management die Aufgabe zu, die strikte Einhaltung rechtlicher Vorschriften und interner Unternehmensgrundsätze zu forcieren. Die Corporate Integrity zielt schließlich darauf, auf Seiten von Führungskräften und Mitarbeitern integres Verhalten intrinsisch zu stimulieren. Haftungs- und Integritätsrisiken sollen so entsprechend durch ein unternehmensintern etabliertes Wertesystem präventiv minimiert werden.

Good Corporate Governance, Compliance- und Integrity-Management sind im Kontext des Forensic Management entsprechend eng miteinander verzahnt. Sie lassen sich als Eckpunkte eines Präventionsdreiecks darstellen (s. Abb.), die Kernelemente eines nachhaltigen forensischen Managements bezeichnen.

Literatur

Bannenberg, Britta/Schaupensteiner, Wolfgang: Korruption in Deutschland. Portrait einer Wachstumsbranche. München 2004.

Benson, Michael/Simpson, Sally: White-Collar Crime. An Opportunity Perspective. New York 2009.

Blickle, Gerhard/Schlegel, Alexander/Fassbender, Pantaleon/Klein, Uwe: Some Personality Correlates of Business White-Collar Crime. In: Applied Psychology: An International Review 55 (2006), 220–233.

Braithwaite, John: Crime, Shame and Reintegration. Cambridge ²2006.
Bussmann, Kai-D.: Kriminalprävention durch Business Ethics. In: Zeitschrift für Wirtschafts- und Unternehmensethik 5, 1 (2004), 35–50.
Coleman, James William: The Criminal Elite. The Sociology of White-Collar Crime. New York ⁵2002.
Cressey, Donald R.: Other People's Money: A Study of the Social Psychology of Embezzlement [1953]. Belmont ³1971.
Eigenstetter, Monika: Ethisches Klima in Organisationen. Eine deutsche Übersetzung und Adaption des Ethical Climate Questionaire. In: Bruno Klauk/Martina Stangel-Meseke (Hg.): Mit Werten wirtschaften – Mit Trends trumpfen. Lengerich 2006, 51–78.
Etzioni, Amitai: The Moral Dimension. Toward a New Economics. New York 1988.
Fetchenhauer, Detlev: Versicherungsbetrug. Eine theoretische und empirische Analyse betrügerischen Verhaltens gegenüber einem anonymen Geschädigten. Baden-Baden 1998.
Friedrichs, David O.: Trusted Criminals. White-Collar Crime in Contemporary Society. Belmont, CA ³2007.
Gottfredson, Michael/Hirschi, Travis: A General Theory of Crime. Palo Alto, CA 1990.
Hermann, Dieter: Werte und Kriminalität. Wiesbaden 2003.
Hofmann, Stefan: Handbuch Anti-Fraud-Management. Berlin 2008.
Jenkins, Anne/Braithwaite, John: Profits, Pressure and Corporate Lawbreaking. In: Crime, Law, and Social Change 20 (1993), 221–32.
Lipset, Seymour Martin/Lenz, Gabriel Salman: Corruption, Culture and Markets. In: Lawrence E. Harrison/Samuel P. Huntington (Hg.): Culture Matters: How Values Shape Human Progress. New York 2000, 112–124.
Marcus, Bernd/Schuler, Heinz/Quell, Patricia/Hümpfner, Gerhardt: Measuring Counterproductivity: Development and Initial Validation of a German Self-report Questionnaire. In: International Journal of Selection and Assessment 10 (2002), 18–35.
Paine, Lynn Sharp: Managing for Organizational Integrity. In: Harvard Business Review 2 (1994), 106–117.
Pies, Ingo/Sass, Peter/Meyer zu Schwabedissen, Henry: Prävention von Wirtschaftskriminalität. Zur Theorie und Praxis der Korruptionsprävention. Halle Wittenberg 2005.
Schneider, Hendrik: Person und Situation: Über die Bedeutung personaler und situativer Risikofaktoren bei wirtschaftskriminellem Handeln. In: Albert Löhr/Eckhard Burkatzki (Hg.): Wirtschaftskriminalität und Ethik. München/Mering 2008, 135–153.
Thielemann, Ulrich: Compliance und Integrity – Zwei Seiten ethisch integrierter Unternehmenssteuerung. In: Zeitschrift für Wirtschafts- und Unternehmensethik 6, 1 (2005), 31–45.
Tonoyan, Vartuhi: The Bright and Dark Sides of Trust: Corruption and Entrepreneurship – a Cross-cultural Comparison of Emerging vs. Mature Market Economies. In: Hans-Hermann Höhmann/Friederike Welter (Hg.): Trust and Entrepreneurship: A West-East-Perspective. Cheltenham 2006, 39–58.
Weisburd, David/Waring, Elin/Chayet, Ellen F.: White Collar Crime and Criminal Careers. Cambridge 2001.
Wheeler, Stanton: The Problem of White-Collar Motivation. In: Kip Schlegel/David Weisburd (Hg.): White-Collar Crime Reconsidered. Boston 1992.
Wieland, Josef: Die Kunst der Compliance. In: Albert Löhr/Eckhard Burkatzki (Hg.): Wirtschaftskriminalität und Ethik. München/Mering 2008, 155–169.

Eckhard Burkatzki und Marta Mistela

VII. Konzepte der Unternehmensverantwortung

1. Corporate Citizenship

Seit Beginn des dritten Jahrtausends findet ein neuer Begriff in der Diskussion um die gesellschaftliche Verantwortung von Unternehmen breite Verwendung: ›Corporate Citizenship‹. Die Bezeichnung kommt aus den USA, wo sie unter anderem von dem 1985 gegründeten Boston College Center for Corporate Citizenship eingeführt wurde. In Europa verbreitete sich der Begriff Corporate Citizenship erst mit einiger zeitlicher Verzögerung; die Adaption des Begriffes erfolgte dann jedoch sehr schnell und weitreichend. Die Metapher von der Unternehmung als (gutem) Bürger ist so attraktiv, dass sie zum Namensgeber von Institutionen wie dem Center for Corporate Citizenship an der Katholischen Universität Eichstätt-Ingolstadt, dem Centrum für Corporate Citizenship Deutschland oder dem Center for Corporate Citizenship Austria geworden ist, den Gründungsimpuls für das Journal of Corporate Citizenship gegeben hat und auch den Titel für zahlreiche Fachtagungen und Nachhaltigkeitsberichte verschiedener Großunternehmen liefert. Die wissenschaftliche Auseinandersetzung mit Corporate Citizenship füllt inzwischen zahlreiche Bücher und ist Gegenstand einer kaum mehr zu überblickenden Anzahl an Artikeln.

Eine genauere Analyse zeigt, dass mit dem Ausdruck Corporate Citizenship höchst unterschiedliche Konzepte und Objektbereiche bezeichnet werden. Ein explizite Auseinandersetzung mit den grundlegenden Theorien der Bürgerschaft oder zumindest eine explizite Bezugnahme darauf findet sich dabei ebenso selten wie eine klare Abgrenzung zu verwandten Konzepten wie beispielsweise Corporate Social Responsibility (CSR). Damit bleibt oft unklar, ob Corporate Citizenship nur ein modisches Management-Schlagwort ist oder ob es sich um ein abgrenzbares, theoretisch fundiertes und weiterführendes Konzept handelt.

Vor diesem Hintergrund sollen zunächst die unterschiedlichen Verwendungen des Begriffs Corporate Citizenship systematisiert und gegenüber dem Begriff der (CSR) abgegrenzt werden. Es folgt eine Auseinandersetzung mit dem Republikanismus und dem Liberalismus als den grundlegenden Bürgerschaftstheorien, auf deren Basis dann Anforderungen an echtes Corporate Citizenship, also an eine legitime Übertragung des Bürgerbegriffs auf Unternehmen abgeleitet werden.

Drei-Sektoren-Konzept als Grundlage der Systematisierung

Die unterschiedlichen Objektbereiche von Corporate Citizenship lassen sich anhand des Drei-Sektoren-Konzepts erläutern, das ein Grundmodell für die Strukturierung moderner Gesellschaften liefert. Demnach besteht die Gesellschaft aus den drei Sektoren Staat, Wirtschaft und Zivilgesellschaft, wobei die Abgrenzung zwischen den Sektoren nicht immer eindeutig vorzunehmen ist.

Allen gängigen Konzepten von Corporate Citizenship ist gemein, dass sie ein Unternehmenshandeln thematisieren, das über den Wirtschaftssektor hinaus weist. Dabei lassen sich die meisten Begriffsverwendungen einer der folgenden drei Kategorien zuordnen: (1) Corporate Citizenship im engeren Sinne: an der Schnittstelle zur Zivilgesellschaft, (2) Corporate Citizenship im weiteren Sinne: auch an der Schnittstelle zum Staat, (3) Corporate Citizenship im weitesten Sinne: auch im Kerngeschäft. Während also die Zusammenarbeit von Unternehmen mit zivilgesellschaftlichen Akteuren in fast allen Konzepten von Corporate Citizenship thematisiert wird, besteht Uneinigkeit, ob auch die Zusammenarbeit mit dem Staat und die Übernahme gesellschaftlicher Verantwortung im Kerngeschäft Teil von Corporate Citizenship sind.

Generell sehen verschiedene Autoren die zentrale Begründung für den Bedeutungszuwachs von Corporate Citizenship in der relativen Schwächung der Nationalstaaten und dem gleichzeitigen Machtzuwachs von Unternehmen und Zivilgesellschaft im Zuge der Globalisierung (vgl. u.a. Logan 1998). Dieser Hintergrund gilt generell auch für andere Konzepte der gesellschaftlichen Verantwortung von Unternehmen und soll daher an dieser Stelle nicht weiter thematisiert werden.

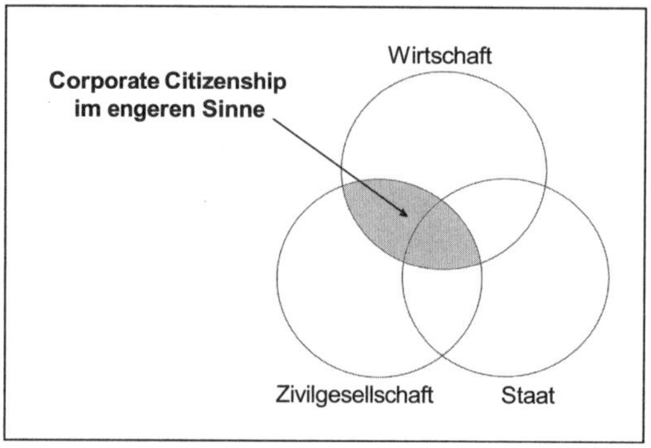

Corporate Citizenship im engeren Sinne

Corporate Citizenship an der Schnittstelle zur Zivilgesellschaft

Corporate Citizenship im engeren Sinne bezeichnet die Aktivitäten von Unternehmen in der Zivilgesellschaft (s. Abb. oben).

In diesem Verständnis von Corporate Citizenship agieren Unternehmen wie gute Bürger, die sich für die Belange des Gemeinwesens einsetzen, in dem sie tätig sind. Dieses enge Verständnis von Corporate Citizenship ist insbesondere in Deutschland vorherrschend (vgl. Mutz 2002; Backhaus-Maul 2003).

Das bürgerschaftliche Engagement von Unternehmen in der Zivilgesellschaft lässt sich in die Grundformen Corporate Giving und Corporate Volunteering unterteilen (vgl. dazu z. B. die konzeptionellen Überlegungen und praktischen Beispiele in Backhaus-Maul et al. 2010). In beiden Bereichen gibt es verschiedene Unterformen (vgl. Abb. unten).

Corporate Giving kann in Form von Sponsoring oder Spenden erfolgen. Beim Sponsoring handelt es sich um ein klassisches Marketing-Instrument, bei dem Zuwendungen auf Basis vertraglich vereinbarter kommunikativer Gegenleistungen erfolgen. Das spezifische des Sponsorings im Rahmen des Corporate Citizenship ist, dass der Gesponserte – anders als etwa beim Spitzensportsponsoring – gemeinwohlorientierte Ziele verfolgt. Gemeinwohlorientierung liegt auch Spenden zugrunde, wobei diese im Gegensatz zum Sponsoring ohne jede vertraglich vereinbarte Gegenleistung erfolgen. Das schließt nicht aus, dass Spenden zu freiwilligen Kommunikationsmaßnahmen der Geförderten oder von Dritten führen, die sich – ähnlich wie das Sponsoring – positiv auf das Image der gebenden Unternehmen auswirken.

Sowohl beim Spenden als auch beim Sponsoring kann die Leistung der Unternehmen in Form von Geldzahlungen erfolgen, aber auch in Sachleistungen bestehen (z. B. Überlassung von Räumen und Infrastruktur). Während Spenden und Sponsoring traditionell oft aus einem bestimmten Anlass einmalig erfolgt, ist die Zusammenarbeit von Unternehmen und zivilgesellschaftlichen Akteuren im Rahmen von Corporate Citizenship häufig auf eine längere Dauer hin angelegt und zeigt sich z. B. in regelmäßigen Geldspenden oder der dauerhaften Überlassung von Büroinfrastruktur. Unabhängig von der jeweiligen Form erfolgt Corporate Giving gerade bei Großunternehmen oft durch spezielle Stiftungen.

Anders als Spenden und Sponsoring ist Corporate Volunteering ein Instrument, das erst im Rahmen der Diskussion um Corporate Citizenship breitere

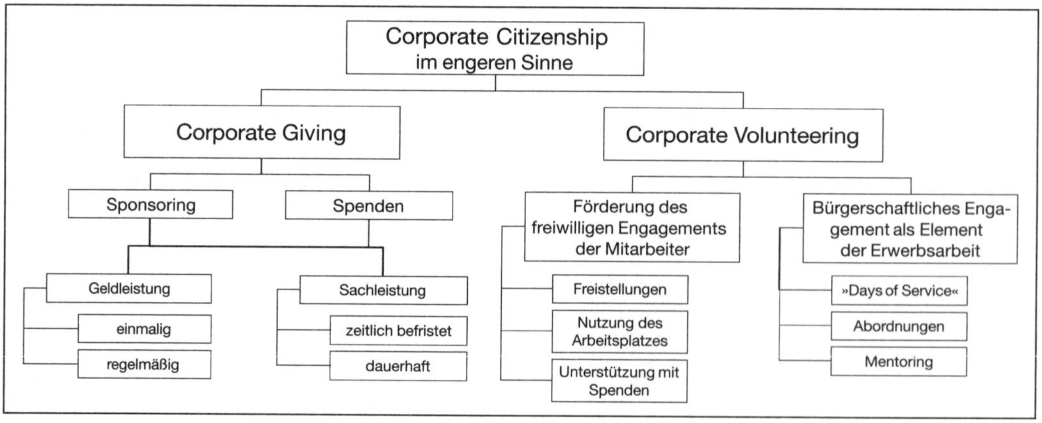

Formen von Corporate Citizenship im engeren Sinne

Beachtung gefunden hat. Beim Corporate Volunteering geht es um die Förderung des bürgerschaftlichen Engagements von Mitarbeiterinnen und Mitarbeitern. Dieses Engagement kann freiwillig in der Freizeit stattfinden oder auch Teil der Erwerbsarbeit sein. Die Förderung des freiwilligen Engagements von Mitarbeitern, z.B. bei Umweltverbänden, bei Sportvereinen oder in der freiwilligen Feuerwehr, erfolgt durch befristete Freistellungen, durch Nutzung des Arbeitsplatzes nach Dienstschluss oder auch ergänzend durch Spenden, wodurch sich hier eine Überschneidung mit dem Corporate Giving ergibt. Im Rahmen der Erwerbsarbeit findet bürgerschaftliches Engagement z.B. an speziellen – insbesondere in den USA verbreiteten (Backhaus-Maul 2003) – Aktionstagen (»Days of Service«) statt, an denen beispielsweise die Abteilung eines Unternehmens beim Bau eines Spielplatzes oder der Renovierung eines Kindergartens vor Ort hilft. Arbeiten einzelne Mitarbeiter während ihrer Arbeitszeit für einen begrenzten Zeitraum bei zivilgesellschaftlichen Organisationen mit, spricht man von Abordnungen oder Secondments. Intermediäre, wie etwa die Patriotische Gesellschaft von 1765 mit ihrem Programm »SeitenWechsel«, können dabei helfen, Unternehmen und soziale Institutionen zusammenzubringen. Eine weitere Form, wie Mitarbeiter ihre Arbeitszeit und ihre Kompetenzen in der Zivilgesellschaft einsetzen, ist das Mentoring zur Förderung bestimmter Personengruppen. Beispielsweise übernehmen hier Führungskräfte eine Art Patenschaft für sozial benachteiligte Jungendliche, um diese in der Berufsfindungsphase zu unterstützen.

Letztlich ist Corporate Volunteering also primär eine Form der Zeit-Spende (oder des Zeit-Sponsoring) und ließe sich dort neben Geld- und Sachleistungen einordnen. Dass dies nicht erfolgt, liegt auch daran, dass hier oftmals Personalentwicklungsziele wie die Förderung von Sozial- und Persönlichkeitskompetenzen im Vordergrund stehen und die positiven Wirkungen für die zivilgesellschaftlichen Organisationen nicht immer eindeutig sind.

Damit die hier beschriebenen Instrumente zum Einsatz kommen können, müssen Unternehmen mit zivilgesellschaftlichen Organisationen in Kontakt kommen. Diese Kontaktaufnahme wird bundesweit vor Ort beispielsweise durch die Initiative »Gute Geschäfte – Marktplatz für Unternehmen und Gemeinnützige« angestoßen (www.gute-geschaefte.org).

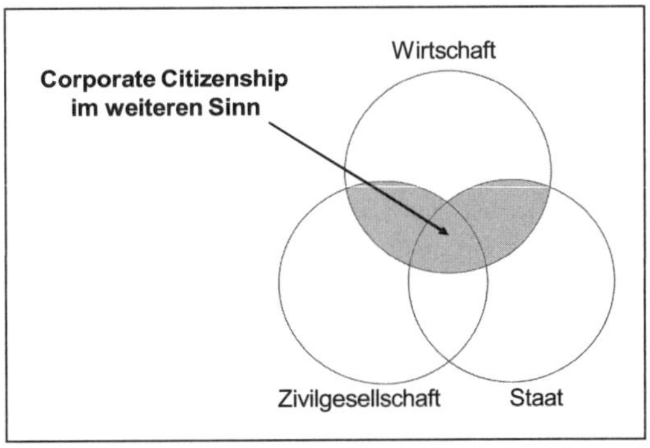

Corporate Citizenship im weiteren Sinne

Corporate Citizenship an der Schnittstelle zum Staat

Corporate Citizenship im weiteren Sinne umfasst neben dem Engagement in der Zivilgesellschaft auch die Übernahme ordnungspolitischer Mitverantwortung an der Schnittstelle zum Staat (s. Abb. oben).

Diese Sichtweise lenkt den Blick darauf, dass Unternehmen sich nicht nur an geltende Rahmenbedingungen anpassen müssen, sondern auch eine Mitverantwortung für deren Weiterentwicklung und Durchsetzung tragen. Dieses Verständnis von Corporate Citizenship wird in Deutschland vor allem von André Habisch (2003) vertreten. Im Rahmen umfassenderer Corporate Citizenship-Konzepte benennen jedoch auch andere Autoren die Bedeutung der unternehmerischen Verantwortung für die Rahmenbedingungen.

Ordnungspolitische Mitverantwortung drückt sich im Rahmen von Corporate Citizenship darin aus, dass ohnehin stattfindendes politisches Lobbying eine zumindest auch gemeinwohlorientierte Ausrichtung erfährt. Ein Beispiel dafür ist das Copenhagen Communiqué on Climate Change, in dem Unternehmensführer im Vorfeld des Kopenhagener Klimagipfels Ende 2009 die verantwortlichen Politiker zum Abschluss eines verbindlichen Klimaschutzvertrages aufgefordert haben. Dieses Communiqué wurde auf Initiative der »Prince of Wales's Corporate Leaders' Group on Climate Change« unter Beteiligung der »Initiative 2 – Deutsche Unternehmer für Klimaschutz« erstellt.

Dort wo sich befriedigende rechtsverbindliche Regelungen nicht durchsetzen lassen, kann ordnungspolitische Mitverantwortung auch zu Selbstregulierung in Form freiwilliger Selbstbindungen führen.

Beispiele hierfür sind die Business Social Compliance Initiative europäischer Einzelhändler zur Sicherstellung von Sozialstandards in der Zulieferindustrie, der Common Code for the Coffee Community zur Förderung von Nachhaltigkeit im Kaffeeanbau oder der Global Compact der Vereinten Nationen zur globalen Einhaltung von Mindeststandards in den Bereichen Menschen- und Arbeitnehmerrechte sowie Umweltschutz. Dabei geht die Verantwortung der Mitgliedsunternehmen über ihre eigene Produktion hinaus und umfasst die Sicherstellung der Regeln bei den Zulieferern. Auch wenn die Reichweite und Ausgestaltung derartiger Initiativen umstritten ist, so zeigen sie doch, dass unternehmerisches Engagement in einer globalisierten Welt auch die Setzung und Durchsetzung von überbetrieblichen Regeln umfasst und damit eine Domäne, die traditionell Staaten zugedacht war.

Corporate Citizenship auch im Kerngeschäft

In seiner weitesten Interpretation umfasst der Begriff Corporate Citizenship alle Formen der Übernahme von gesellschaftlicher Verantwortung durch Unternehmen. Damit gehört auch die Verantwortungsübernahme im Kerngeschäft zum Objektbereich von Corporate Citizenship (s. Abb. unten).

Diese weiteste Definition von Corporate Citizenship ist international die am stärksten verbreitete (vgl. Logan 1998; Marsden/Andriof 1998; Maignan/Ferrell 2001, 2004; Wood/Logsdon 2001; Ulrich 2002), wobei allerdings einige Autoren die explizite Beschäftigung mit ordnungspolitischer Mitverantwortung vernachlässigen. Durch den Einbezug des Kerngeschäfts umfasst Corporate Citizenship alle

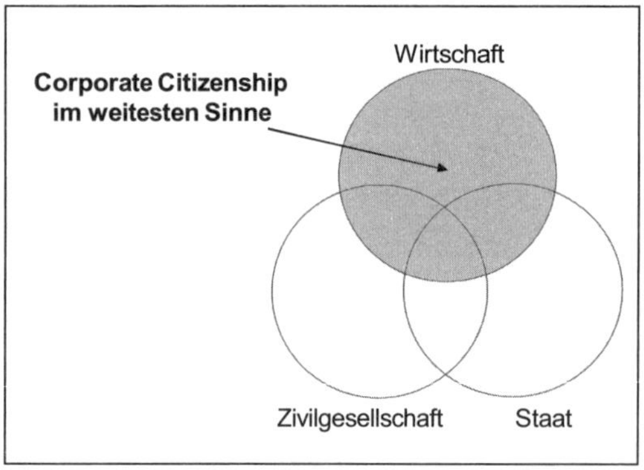

Corporate Citizenship im weitesten Sinne

Aspekte des Nachhaltigkeitsmanagements wie sie beispielsweise in den Guidelines der Global Reporting Initiative zur Nachhaltigkeitsberichterstattung aufgeführt sind. Es geht also um die Berücksichtigung sozialer und ökologischer Neben- und Folgewirkungen des Wirtschaftens auf allen Stufen der Wertschöpfungskette. In dieser Perspektive agiert eine »Unternehmung als quasi-öffentliche Institution« (Ulrich 1977), die nicht nur Verantwortung für ihren wirtschaftlichen Erfolg besitzt, sondern auch für die Vermeidung negativer und die bewusste Erzeugung positiver externer Effekte, von denen auch andere als die direkten Geschäftspartner betroffen sind.

Abgrenzung von Corporate Citizenship und Corporate Social Responsibility

Eine explizite Abgrenzung von Corporate Citizenship zu dem weiter verbreiteten Begriff einer Corporate Social Responsibility (CSR) findet sich in der Literatur nur selten. Implizit werden die Begriffe oft als Synonyme verwendet, unabhängig von der Größe des Objektbereichs, den sie abdecken sollen. So bezeichnet etwa Archie B. Carroll die vier Verantwortungsstufen seiner bekannten CSR-Pyramide knapp zwanzig Jahre nach ihrer ersten Veröffentlichung als »The Four Faces of Corporate Citizenship« (Carroll 1998), Maignan/Ferrell (2001, 2004) publizieren dasselbe Konzept sowohl unter der Überschrift »Corporate Citizenship« als auch unter »Corporate Social Responsibility« und dass Habisch/Schmidpeter/Neureiter (2007) die Begriffe für austauschbar halten verdeutlichen sie durch den Titel ihres Herausgeberbandes *Handbuch Corporate Citizenship: Corporate Social Responsibility für Manager*.

Dort wo eine Abgrenzung vorgenommen wird, erfolgt dies mit unterschiedlichem Ergebnis. In Deutschland ist dabei die Unterordnung von Corporate Citizenship unter Corporate Social Responsibility vorherrschend, was vor dem Hintergrund des hier dominierenden engen Corporate Citizenship Verständnisses auch konsequent ist. So wird beispielsweise in einer Studie für das Bundesumweltministerium Corporate Citizenship als das »über die eigentliche Geschäftstätigkeit hinausgehende Engagement des Unternehmens zur Lösung sozialer Probleme im lokalen Umfeld des Unternehmens und seiner Standorte definiert«, das »als Teil von CSR anzusehen« wäre (Loew et al. 2004, 71). In diesem – von der deutschen Bundesregierung (2005, 127) wörtlich übernommenen – Verständnis beschränkt sich Corporate Citizenship auf Aktivitäten der Gewinnverwendung; gesellschaftliche Verantwortung im Rahmen der auf Gewinnerzielung gerichteten Wertschöpfung ginge demnach über Corporate Citizenship hinaus.

Dem entgegengesetzt ist das international häufiger anzutreffende Verständnis, wonach Corporate Citizenship der übergeordnete Begriff ist, der CSR mit umfasst (z.B. Marsden/Andriof 1998). In dieser Perspektive wird CSR mit der Übernahme von gesellschaftlicher Verantwortung im Kerngeschäft gleichgesetzt, während Corporate Citizenship auch alle anderen gemeinwohlorientierten Aktivitäten der Unternehmung, also Aktivitäten in der Zivilgesellschaft und ordnungspolitische Mitverantwortung, mit umfassen würde.

Letztlich hängt die Über- oder Unterordnung von der Definition der beiden Begriffe ab. Geht man deskriptiv von den herrschenden Begriffsverständnissen aus, dann ist in Deutschland ein enges Verständnis von Corporate Citizenship als Teilbereich von CSR angemessen. Fragt man jedoch, was vor dem Hintergrund der relevanten Theorien zur Bürgerschaft ein angemessenes normatives Verständnis von Corporate Citizenship wäre, dann gibt es – wie im Folgenden zu zeigen sein wird – gute Gründe, von einem spezifizierten und dennoch weiten Begriff von Corporate Citizenship auszugehen.

Liberalismus und Republikanismus als grundlegende Bürgerschaftstheorien

Als grundlegende Bürgerschaftstheorien lassen sich Liberalismus und Republikanismus unterscheiden. Beide Theorietraditionen beschäftigen sich mit den Rechten und Pflichten des Einzelnen als Mitglied eines Gemeinwesens, legen dabei jedoch ganz unterschiedliche Schwerpunkte (vgl. ausführlich Schrader 2003).

Der in der westlichen Welt in den letzten gut 200 Jahren vorherrschende Ansatz ist der Liberalismus (vgl. u.a. Heater 1999, 4). Dieser hat seine Ursprünge in der römischen Republik im 1. Jahrhundert n.Chr. als die Beziehungen zwischen den Mitgliedern der Gemeinschaft und zu den staatlichen Organen erstmals umfassend rechtlich geregelt wurden und eine Formalisierung von Rechten und Pflichten erfolgte. Der Bürger wurde als Rechtssubjekt (*homo legalis*) verstanden, dessen zentrale Pflicht in der Einhaltung von Gesetzen bestand (Pocock 1992, 40 ff.)

Als zentrale Theoretiker des Liberalismus gelten insbesondere Thomas Hobbes (1588–1679) mit seinen Büchern *Vom Bürger* (1642) und *Leviathan* (1651) sowie John Locke (1632–1704) mit seiner Abhandlung *Über die Regierung* (1689). Beide halten es für gerechtfertigt, die individuelle Freiheit der Bürgerinnen und Bürger durch Errichtung einer Regierung einzuschränken, wenn diese im Gegenzug in der Lage ist, zentrale Bürgerrechte zu garantieren. Hobbes (1998,115) argumentiert, dass Menschen ohne starke Regierung einander in einem »Krieg aller gegen alle« schutzlos ausgeliefert seien. Für Locke (1983, 97 [§ 127]) ist die Sicherung der Triade Leben, Freiheit und Eigentum »das ursprüngliche Recht und der Ursprung« des Staates. Liberale Bürgerrechte gemäß Hobbes und Locke beziehen sich aber nicht nur auf ein Schutzrecht der Bevölkerung vor gegenseitiger Gewalt, sondern insbesondere auch auf einen möglichst geringen Eingriff des Staates in Leben, Freiheit und Eigentum seiner Bürger. Von daher stehen traditionell die sogenannten negativen Rechte, also Abwehrrechte gegenüber dem Staat, im Mittelpunkt des liberalen Bürgerbegriffes.

Dieser Anspruch an den Staat, Eingriffe in die Freiheit seiner Bürgerinnen und Bürger auf ein Minimum zu beschränken, prägt auch die politische Philosophie von John Stuart Mill (1806–1873), die er beispielsweise in seinem Essay *Über die Freiheit* (1859) niedergelegt hat. Für Mill steht der Grundsatz der Selbstbeschränkung jedoch nicht im Widerspruch zu einer aktiven und verantwortlichen Rolle des Staates gegenüber seinen Bürgern, etwa durch die Ermöglichung des Bildungserwerbs für Kinder und Erwachsene oder durch soziale Mindestabsicherung (die aber nicht die Eigeninitiative ersticken dürfe). Auch die Forderung nach stärkerer politischer Mitwirkung gehört zum Bürgerschaftsverständnis von Mill.

Diese Erweiterung der liberalen Bürgerschaftstradition um positive Rechte wurde von Thomas H. Marshall (1893–1983) aufgegriffen. Am Beispiel von England zeigt er in seinem wegweisenden Essay »Citizenship and Social Class« (1949), dass die seit dem 18. Jahrhundert etablierten zivilen Bürgerrechte (v.a. Recht auf Eigentum, Meinungsfreiheit und Organisationsfreiheit) im 19. Jahrhundert ergänzt wurden um politische Bürgerrechte (v.a. aktives und passives Wahlrecht) und im 20. Jahrhundert um sozial-ökonomische Bürgerrechte (v.a. Gesundheitsschutz, Bildung und Armutsabsicherung). In diesem Sinne umfasst liberale Freiheit nicht nur die Freiheit des

Bürgers vor Übergriffen des Staates und seiner Mitbürger, sondern auch die Freiheit zur Mitgestaltung des Staates und die Befreiung von materiellen Notlagen. Über das angemessene Maß sozial-ökonomischer Bürgerrechte gibt es allerdings insbesondere unter Liberalen unterschiedliche Ansichten. So wird davor gewarnt, dass ab einer gewissen Schwelle der Wohlfahrtstaat zum »nanny state« degenerieren kann, der nicht mehr die individuelle Freiheit, sondern Abhängigkeit und Fremdbestimmtheit erhöht (Heater 1999, 24 ff.).

Insgesamt zeigt die Übersicht, dass die liberale Bürgerschaftstradition auf Rechte fokussiert ist. Es geht ihr darum, Möglichkeiten zur Gewährleistung maximaler individueller Freiheit aufzuzeigen. Alle Mitglieder eines Gemeinwesens können von den Bürgerrechten und den damit verbundenen Freiheiten profitieren, weitgehend unabhängig von ihrem individuellen Verhalten. Gute Bürgerschaft (Good Citizenship) im Sinne einer spezifischen, gemeinwohlfördernden Aktivität gibt es im liberalen Verständnis nicht. Die Zuweisung der Bürgerschaft erfolgt qua Status als Mitglied eines Gemeinwesens (Oldfield 1990). Die Pflichten des Bürgers beschränken sich darauf, die Gesetze einzuhalten.

Ein in vieler Hinsicht entgegengesetztes Bürgerschaftsverständnis wird im Republikanismus vertreten. Diese Theorietradition hat ihren Ursprung in der Athener Polis der Jahre 462–322 v.Chr. Ihre Grundgedanken wurden von Aristoteles (384–322 v.Chr.) vor allem in seinem Buch zur *Politik* niedergeschrieben, wobei unklar ist, inwieweit es sich hier um eine Aufzeichnung der realen Situation im damaligen Athen oder um seine politische Philosophie handelt. Nach Aristoteles (1989, 185 [1283b]) ist ein Bürger »allgemein der, der Anteil hat am Herrschen und am Beherrschtwerden«, wobei hiermit die gegenseitige Herrschaft von Freien und Gleichen gemeint ist. Für Aristoteles (ebd. 162 [1277a]) ist es die zentrale Tugend (*areté*) eines jeden Bürgers, »sowohl gut zu herrschen als auch beherrscht werden zu können« und damit das Gemeinwohl zu mehren. Da »der Mensch von Natur aus ein staatsbezogenes Lebewesen« (*zoon politikon*) (ebd. 78 [1252b]) sei, bedeute es für ihn auch kein Opfer, sondern vielmehr die Verwirklichung der Freiheit, seine Schaffenskraft in den Dienst der Polis zu stellen (ebd., 300 [1317b]).

Diese Gedanken wurden im 18. Jahrhundert von Jean-Jacques Rousseau (1712–1778) aufgegriffen. Auch er geht in seinem zentralen Werk *Vom Gesellschaftsvertrag* davon aus, dass die Ausübung der Bürgerpflichten bzw. -tugenden (*vertu*) nicht ein Zwang, sondern ein Ausdruck von Freiheit sei (Rousseau 1762/2000, 19). Rousseau hat jedoch ein dualistisches Menschenbild: Als geistig-sittliches Wesen sei der politische Bürger (*citoyen*) in der Lage, sich an der Aufstellung von Regeln zu beteiligen, die am Gemeinwohl (*volonté générale*) orientiert sind; als sinnliches Alltagswesen würde er diese Regeln aber nur befolgen, wenn sie durch die Regierung durchgesetzt würden.

In der Gegenwart wird die republikanische Begründungstradition des Bürgertums vor allem von Kommunitaristen bzw. Kommunitariern wie z.B. Amitai Etzioni, Robert D. Putnam oder Michael Walzer vertreten (z.B. Heater 1999). Etzioni (1996, 42) formuliert als zentrales Ziel der Kommunitarier »die Rückbesinnung auf die staatsbürgerlichen Tugenden. Statt nur auf ihre Rechte zu pochen, sollten sich die Menschen wieder auf ihre Pflichten besinnen«. Es geht den Kommunitariern also darum, das Gleichgewicht zwischen Rechten und Pflichten wieder neu zu justieren, was nach ihrer Meinung in westlichen Gesellschaften durch die liberalistische Überbetonung der Rechte zerstört worden sei. Kennzeichnend für den Kommunitarismus ist, dass er weniger das Verhältnis der Bürger zum Staat, sondern vielmehr das Verhältnis der Bürger untereinander in den Mittelpunkt stellt. Durch bürgerschaftliches Engagement sollen temporäre oder systematische Mängel der Sicherung des Gemeinwohls durch den Staat kompensiert werden.

Dieser kurze Überblick zeigt, dass republikanische Bürgerschaftstheoretiker vor allem die Pflichten der Bürgerinnen und Bürger betonen. Ihre Überlegungen zielen auf die Funktionsfähigkeit des Gemeinwesens ab, das durch die aktive Übernahme von Verantwortung gestärkt werden soll. Diese Aktivität ist Zeichen und Voraussetzung von Bürgerschaft. Nur ein ›good citizen‹ ist in diesem Sinne vollwertiges Mitglied des Gemeinwesens (Oldfield 1990).

Die folgende Tabelle (S. 309) stellt die zentralen Charakteristika von Liberalismus und Republikanismus noch einmal in der Übersicht dar.

Ableitung einer Corporate Citizenship-Definition aus der Bürgerschaftstheorie

Ein breit rezipierter Ansatz zur Ableitung einer Corporate Citizenship-Definition aus der Bürgerschaftstheorie stammt von Matten und Crane (2005). Sie gehen von der liberalen Tradition (insbesondere von

	Liberalismus	Republikanismus
Ursprung	Römische Republik	Athener Polis
Zentrale Theoretiker	Hobbes Locke Mill Marshall	Aristoteles Rousseau Kommunitaristen (z. B. Etzioni, Putnam, Walzer)
Schwerpunkt	Rechte	(Freiwillige) Pflichten
Zentrales Ziel	Individuelle Freiheit	Funktionierendes Gemeinwesen
Bürgerschaft durch	Status	Aktivität: Teilhabe »am Herrschen und am Beherrschtwerden« (Aristoteles)
Zeichen »guter Bürgerschaft«	Einhaltung von Gesetzen	Beitrag zum Gemeinwohl

Charakteristika von Liberalismus und Republikanismus

Marshall) aus und beschreiben Corporate Citizenship als Gewährung von zivilen, politischen und sozioökonomischen Bürgerrechten durch Unternehmen, die damit zunehmend an die Stelle von Staaten treten würden. Das gewählte Bild ist gut geeignet, um die gewandelten Rollen von Unternehmen und Nationalstaaten in der globalisierten Welt zu beschreiben und zu problematisieren. Allerdings ist zweifelhaft, ob der Begriff Corporate Citizenship hier angemessen verwendet wird. Der Bürger ist traditionell immer der Adressat und Nutzer von Rechten, nicht derjenige, der diese gewähren kann. Die republikanische Tradition berücksichtigt zwar die Rolle der Bürger bei der Aufstellung und Weiterentwicklung der rechtlichen Rahmenordnung, jedoch widerspricht die Bezeichnung der Gewährung von Rechten als Citizenship der bisherigen Begriffsverwendung, insbesondere in liberaler Tradition.

Der Rückführung von Corporate Citizenship auf den Bürgerbegriff des Liberalismus wird auch die Begriffsverwendung im Rahmen der aktuellen Diskussion um die gesellschaftliche Verantwortung von Unternehmen nicht gerecht. Wenn dort von Corporate Citizenship die Rede ist, geht es – wie oben gezeigt – in der Regel darum, wie Unternehmen freiwillig mehr Verantwortung für das Gemeinwesen übernehmen können. Diese aktive und freiwillige Übernahme von Pflichten zur Förderung des Gemeinwohls entspricht genau der republikanischen Vorstellung von Good Citizenship. Deshalb wird hier auch der Republikanismus als Ausgangspunkt einer theoriegeleiteten Corporate Citizenship-Definition gewählt (zu einem ähnlichen Vorgehen vgl. Moon/Crane/Matten 2005).

Das erste relevante Merkmal des Bürgerschaftsdiskurses ist allerdings theorieübergreifend: Auch wenn Beschränkungen des Bürgerstatus aufgrund von Stand, Vermögen, Geschlecht und Alter im Laufe der Zeit gelockert oder aufgegeben wurden, bezog sich der Bürgerbegriff bis zur Diskussion um Corporate Citizenship immer auf Menschen. Bürger sind im allgemeinen Sprachgebrauch also natürliche Personen und nicht juristische wie Unternehmen oder andere Institutionen. Aus diesem Bild des mit Kopf, Herz und Hand agierenden Menschen bezieht die Corporate Citizenship-Metapher auch einen Gutteil ihrer Attraktivität (Moon/Crane/Matten 2005). Wollen Unternehmen diesem Bild entsprechen, dann müssen sie – wie Menschen auch – eine möglichst konsistente Identität entwickeln. Insbesondere für Großunternehmen, die aus zahlreichen natürlichen und juristischen Personen bestehen, stellt das eine beträchtliche Herausforderung dar (Crane/Matten/Moon 2008). Eine solche Identität impliziert, dass sich die Übernahme gesellschaftlicher Verantwortung nicht auf Corporate Giving und Corporate Volunteering im Rahmen der Gewinnverwendung beschränken darf, sondern auch das Kerngeschäft mit einbeziehen muss. Ein Mensch, der sich zwar durch ehrenamtliches Engagement auszeichnet, aber in seinem Privatleben einen problematischen Umgang mit der Familie und Bekannten pflegt, würde auch nicht als Vorbild für einen guten Bürger taugen. Eine konsistente Unternehmensidentität erfordert zudem, dass auch Corporate Citizenship-Aktivitäten im engeren Sinne wie Spenden, Sponsoring oder Volunteering einen Bezug zum Kerngeschäft besitzen müssen (z.B. Habisch 2003). Dementsprechend müsste ein Pharmaunternehmen sein gesellschaftliches Engagement vor allem auf den Gesundheitsbereich beziehen, während ein Automobilhersteller seinen Fokus auf nachhaltige Mobilität bzw. auf die Steigerung des Gemeinwohls durch die Ermöglichung von Mobilität zu richten hätte.

Republikanische Bürgerschaft erfordert zudem, dass die Mehrung des Gemeinwohls als höchstes Ziel anerkannt wird. Für Unternehmen bedeutet dies, dass die Übernahme gesellschaftlicher Verantwortung nicht nur als Mittel zum Zweck eines übergeordneten, ökonomisch motivierten ›business case‹ praktiziert, sondern als Ziel an sich angesehen wird (Ulrich 2002). Bei Unternehmen, die in einer Marktwirtschaft bestehen wollen, kann daraus nicht abgeleitet werden, dass sie sich allein auf die Mehrung des Gemeinwohls konzentrieren sollten. Wohl aber erfordert eine solche Ausrichtung die bewusste Suche, Schaffung und Nutzung von Win-Win-Potenzialen, also Aktivitäten, die sowohl dem Gemeinwohl als auch dem Unternehmensinteresse zuträglich sind. Eine solche Ausrichtung erfordert die Fähigkeit und Bereitschaft zu Kooperationen mit anderen Akteurinnen und Akteuren. Zugleich impliziert dieses Ziel den bewussten Verzicht auf ökonomisch attraktive Optionen, die für das Gemeinwohl schädlich sind. Dabei kann sich der kurzfristige Gewinnverzicht langfristig durchaus zu Gunsten der Corporate Citizens auswirken.

Kennzeichnend für republikanische Ansätze in der Tradition von Aristoteles und Rousseau ist auch, dass Bürger an der Rahmensetzung beteiligt werden. Die legitime Selbstauszeichnung als Good Corporate Citizen ist deshalb an die Bereitschaft der Unternehmen geknüpft, politische Mitverantwortung zu übernehmen (Wood/Lodgson 2001). Dabei geht es um das oben genannte Lobbying für eine gemeinwohlorientierte Weiterentwicklung der rechtlichen Rahmenordnung sowie um Maßnahmen der Selbstregulierung für den Fall, dass staatliche Regulierungen unzureichend sind.

Wenn dadurch Unternehmen als Corporate Citizens Aufgaben übernehmen, die traditionell staatlichen Institutionen zukommen, dann müssen sie auch denselben Ansprüchen an Transparenz gerecht werden, die in einer Demokratie an politische Akteure gestellt werden (Matten/Crane 2005). Bei Unternehmen drückt sich eine solche Bereitschaft zu Transparenz aus in umfassender Nachhaltigkeitsberichterstattung, in der Beteiligung an CSR-Tests und -Ratings oder der Durchführung von Stakeholder-Dialogen. Mit derartigen Kommunikationsinstrumenten können Unternehmen über ihre Citizenship-Aktivitäten unterrichten, gleichzeitig sind sie aber auch selbst unverzichtbarer Bestandteil eines echten Corporate Citizenship.

Die folgende Abbildung führt noch einmal die Elemente des republikanischen Bürger-Begriffs und einer theoriegeleiteten Corporate Citizenship-Definition zusammen.

Führt man diese Bedingungen zu einer Definition zusammen, dann bezeichnet echtes Corporate Citizenship eine unternehmerische Praxis,

- die mit einer konsistenten Unternehmensidentität verknüpft ist und auch im Kerngeschäft zum Ausdruck kommt,
- die eine Mehrung des Gemeinwohls als Ziel an sich verfolgt,

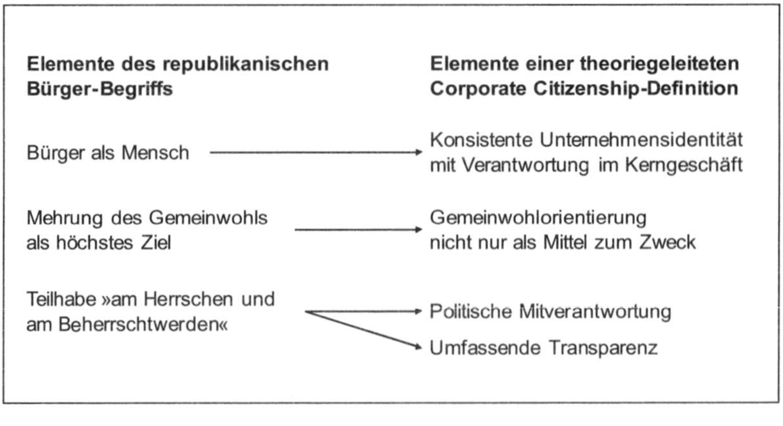

Ableitung einer Corporate Citizenship-Definition aus dem republikanischen Bürgerbegriff

- die Mitverantwortung für die politische Rahmenordnung beinhaltet und
- die sich in umfassender Rechenschaftslegung ausdrückt.

Fazit

Corporate Citizenship gemäß der oben genannten Definition ist ein sehr anspruchsvolles Konzept. Dieser Beitrag ist keine normative Werbung dafür, dass sich Unternehmen immer diesen Vorgaben entsprechend verhalten sollen. Wohl aber ist die theoriegeleitete Ableitung von Bedingungen für ein echtes Corporate Citizenship ein Aufruf dazu, den Begriff mit Bedacht zu verwenden. Wenn ein Unternehmen sich selbst als Good Corporate Citizen bezeichnet, sollten die Verantwortlichen wissen, was das impliziert.

Die Beobachtung der Debatte um gesellschaftliche Verantwortung von Unternehmen legt nahe, dass die Verwendung des Begriffes Corporate Citizenship im Vergleich zu CSR wieder nachgelassen hat. So trägt beispielsweise die sozial-ökologische Berichterstattung von Siemens und der Deutschen Bank, zwei Exponenten der deutschen Corporate Citizenship-Diskussion, seit 2003 bzw. 2004 nicht mehr die Überschrift »Corporate Citizenship Report«, sondern »Corporate (Social) Responsibility Report«. Das könnte auch daran liegen, dass CSR als »freiwillige Verpflichtung der Unternehmen, auf eine bessere Gesellschaft und eine sauberere Umwelt hinzuwirken« (EU-Kommission 2001, 4) noch weniger greifbar und freier interpretierbar ist als Corporate Citizenship. Bei letzterem gibt es mit der Theorie der Bürgerschaft zumindest einen klaren Bezugspunkt, aus dem sich ein Anspruch ableiten lässt, dem nur wenige Unternehmen gerecht werden können und wollen.

Von daher ist zu vermuten, dass der Begriff Corporate Citizenship zumindest in Deutschland entweder weiter an Bedeutung verliert oder weiterhin als Sammelbegriff für freiwilliges bürgerschaftliches Engagement jenseits der eigentlichen Geschäftstätigkeit Verwendung findet. Damit bleibt allerdings das Innovationspotenzial, das in einer konsequenten Beschäftigung mit den Bedingungen für ein echtes Corporate Citizenship liegt, weitgehend ungenutzt.

Literatur

Aristoteles: Politik. Schriften zur Staatstheorie. Stuttgart 1989.

Backhaus-Maul, Holger: Engagementförderung durch Unternehmen in den USA. Über die produktive Balance zwischen Erwerbsarbeit, Familienleben und bürgerschaftlichem Engagement. In: Enquete-Kommission »Zukunft des bürgerschaftlichen Engagements« des Deutschen Bundestages (Hg.): Bürgerschaftliches Engagement von Unternehmen. Opladen 2003, 85–147.

– /Biedermann, Christiane/Nährlich, Stefan/Polterauer, Judith (Hg.): Corporate Citizenship in Deutschland. Gesellschaftliches Engagement von Unternehmen. Bilanz und Perspektiven. Wiesbaden [2]2010.

Bundesregierung: Wegweiser Nachhaltigkeit 2005. Bilanz und Perspektiven. Berlin 2005.

Carroll, Archie B.: The Four Faces of Corporate Citizenship. In: Business and Society Review 100/101 (1998), 1–7.

Crane, Andrew/Matten, Dirk/Moon, Jeremy (Hg.): Corporations and Citizenship. Cambridge 2008.

Etzioni, Amitai: Die verantwortungsbewußte Gesellschaft. Zur Rolle gemeinsamer Werte für das Gleichgewicht zwischen Individuum und Gesellschaft. In: Warnfried Dettling (Hg.): Die Zukunft denken: Neue Leitbilder für wirtschaftliches und gesellschaftliches Handeln. Frankfurt a. M./New York 1996, 42–49.

EU-Kommission: Europäische Rahmenbedingungen für die soziale Verantwortung der Unternehmen. Grünbuch. KOM(2001) 366 endgültig. Brüssel 2001.

Habisch, André: Corporate Citizenship. Gesellschaftliches Engagement von Unternehmen in Deutschland. Berlin u. a. 2003.

– /Schmidpeter, René/Neureiter, Martin (Hg.): Handbuch Corporate Citizenship. Corporate Social Responsibility für Manager. Berlin u. a. 2007.

Heater, Derek: What is Citizenship? Cambridge 1999.

Hobbes, Thomas: Leviathan. Stuttgart 1998 (engl.: Leviathan or The Matter, Form, and Power of a Common-Wealth Ecclesiastical and Civil. London 1651).

Locke, John: Über die Regierung. Stuttgart 1983 (engl.: The Second Treatise of Government. London 1689).

Loew, Thomas/Ankele, Kathrin/Braun, Sabine/Clausen, Jens: Bedeutung der internationalen CSR-Diskussion für Nachhaltigkeit und die sich daraus ergebenden Anforderungen an Unternehmen mit Fokus Berichterstattung. Berlin/Münster 2004.

Logan, David: Corporate Citizenship in a Global Age. In: RSA journal 146, 3/4 (1998), 64–71.

Maignan, Isabelle/Ferrell, O. C.: Corporate Citizenship as a Marketing Instrument: Concepts, Evidence, and

Research Directions. In: European Journal of Marketing 35, 4 (2001), 457–484.
–/–: Corporate Social Responsibility and Marketing: An Integrative Framework. In: Journal of the Academy of Marketing Science 32 (2004), 3–19.
Marsden, Chris/Andriof, Jorg: Towards an Understanding of Corporate Citizenship and how to Influence it. In: Citizenship Studies 2, 2 (1998), 329–352.
Marshall, Thomas H.: Citizenship and Social Class. In: Bryan S. Turner/Peter Hamilton (Hg.): Citizenship. Critical Concepts II. London/New York 1994, 5–44 (Original in: The Marshall Lectures. Cambridge 1949).
Matten, Dirk/Crane, Andrew: Corporate Citizenship: Towards an Extended Theoretical Conceptualization. In: Academy of Management Review 30, 1 (2005), 166–179.
Mill, John Stuart: Über die Freiheit. Stuttgart 1986 (engl.: On Liberty. London 1859).
Moon, Jeremy/Crane, Andrew/Matten, Dirk: Can Corporations be Citizens? Corporate Citizenship as a Metaphor for Business Participation in Society. In: Business Ethics Quarterly 15, 3 (2005), 427–451.
Mutz, Gerd: Corporate Citizenship in Deutschland: Annäherung an ein zivilgesellschaftliches Konzept? In: Politische Psychologie 10, 1–2 (2002), 129–138.
Oldfield, Adrian: Citizenship: An Unnatural Practice? In: The Political Quarterly 61 (1990), 177–187.
Pocock, J.G.A.: The Ideal of Citizenship Since Classical Time. In: Queens Quarterly 99 (1992), 33–55.
Rousseau, Jean-Jacques: Vom Gesellschaftsvertrag oder Grundlagen des politischen Rechts. Frankfurt a.M./Leipzig 2000 (frz.: Du Contrat social ou principes du droit politique. Amsterdam 1762).
Schrader, Ulf: Corporate Citizenship. Die Unternehmung als guter Bürger? Berlin 2003.
Ulrich, Peter: Die Großunternehmung als quasi-öffentliche Institution: Eine politische Theorie der Unternehmung. Stuttgart 1977.
–: Republikanischer Liberalismus und Corporate Citizenship. Von der ökonomischen Gemeinwohlfiktion zur republikanisch-ethischen Selbstbindung wirtschaftlicher Akteure. In: Herfried Münkler/Harald Bluhm (Hg.): Gemeinwohl und Gemeinsinn: Zwischen Normativität und Faktizität. Berlin 2002, 273–291.
Wood, Donna J./Logsdon, Jeanne M.: Theorising Business Citizenship. In: Jörg Andriof/Malcolm McIntosh (Hg.): Perspectives on Corporate Citizenship. Sheffield 2001, 83–103.

Ulf Schrader

2. Public Private Partnerships und Multistakeholder-Initiativen

Unternehmen kooperieren mit staatlichen und supranationalen Akteuren in Public Private Partnerships und mit unterschiedlichen zivilgesellschaftlichen und öffentlichen Akteuren in Multistakeholder-Initiativen. Zweck beider Organisationsformen ist es, gesellschaftlich wünschenswerte Ziele zu erreichen, beispielsweise öffentliche Infrastruktur bereitzustellen oder ein gesellschaftliches Problem zu lösen. Die Einbindung von Unternehmen erfolgt in beiden Organisationsformen in unterschiedlicher Weise.

Definition und Verbreitung von Public Private Partnerships

Bei öffentlich-privaten Partnerschaften handelt es sich laut *Grünbuch der Europäischen Union* um »Formen der Zusammenarbeit zwischen öffentlichen Stellen und Privatunternehmen zwecks Finanzierung, Bau, Renovierung, Betrieb oder Unterhalt einer Infrastruktur oder die Bereitstellung einer Dienstleistung« (Kommission der Europäischen Gemeinschaft 2004, 3). Ihr Zweck ist es also, Güter und Dienstleistungen bereitzustellen, die traditionell vom Staat zur Verfügung gestellt werden (International Monetary Fund 2004, 4). Eine verbindliche Definition für Public Private Partnerships gibt es weder im europäischen Recht (Kommission der Europäischen Gemeinschaft 2004, 3) noch auf internationaler Ebene (ebd., 6). Sowohl die Praxis von Public Private Partnerships als auch ihre rechtlichen Rahmenbedingungen variieren von Land zu Land. Dies liegt an der Vielfalt von Projekten, die unter dem Begriff der Public Private Partnerships subsumiert werden. Insbesondere Großbritannien, Australien, Irland und Frankreich nutzen Public Private Partnerships für die Bereitstellung von Infrastruktur (ebd., 2004, 5; Europäisches Parlament 2006, 10). Im Vergleich dazu gibt es in Deutschland weniger Public Private Partnerships, wobei sich ihre Anzahl in den letzten Jahren jedoch erhöht hat und vor allem die Entwicklungszusammenarbeit dieses Instrument seit der Jahrtausendwende systematisch einsetzt. Einen vergleichbaren Trend findet man in anderen Ländern und bei den Vereinten Nationen vor, die verstärkt Public Private Partnership-Projekte fördern.

Der besondere Vorteil von Public Private Partnerships liegt in einer optimalen Risikoallokation, bei der derjenige Partner diejenigen Risken übernimmt, für deren Kontrolle und Übernahme er am besten qualifiziert ist. In der Regel bedeutet dies, dass der private Partner eine Leistung mit der für Unternehmen typischen Effizienz erbringt, während die Qualität der Leistung vom öffentlichen Partner kontrolliert wird (Europäisches Parlament 2006, 1). Das Unternehmen übernimmt folglich die Rolle des Leistungserbringers, mit dem Vorteil, dass das Projekt von seinem Know-how und effizienten Managementmethoden profitiert, während der Staat im Einklang mit seiner sich verändernden Rolle in der Gesellschaft verstärkt die Aufgaben eines Koordinators, Organisators und Kontrolleurs übernimmt, anstatt das Gut bzw. den Service selbst bereitzustellen (Kommission der Europäischen Gemeinschaft 2004, 3).

Typische Kooperationsformen von Public Private Partnerships

Im *Grünbuch der Europäischen Union* wird zwischen Public Private Partnerships auf Vertragsbasis und institutionalisierten Public Private Partnerships unterschieden (Kommission der Europäischen Gemeinschaft 2004, 9). Während erstere in der Regel von kurzfristiger Natur sind, sind letztere auf Dauer angelegt, wobei zur Erreichung der gemeinsamen Ziele ein eigenständiges Rechtssubjekt geschaffen wird. Angesichts der Vielfalt von Aufgaben, die von Public Private Partnerships erfüllt werden, gibt es ebenfalls eine Vielfalt von Kooperationsformen. Die wichtigsten sind Dienstleistungsverträge (»service contracts«), Managementverträge (»operation and management contracts«), Leasingverträge, Verträge bei denen der private Partner für die Konstruktion und das Management verantwortlich ist und die öffentliche Hand zum Eigentümer wird (»turnkey procurement« bzw. »build-operate-transfer«) sowie Konzessionen für Ertrag bringende Projekte (»design-build finance-operate concession«) (Europäisches Parlament 2006, 4f.; Bundesverband deutscher Banken 2004, 8).

Dienstleistungsverträge werden zumeist für kurzfristige operationelle Aufgaben, insbesondere für die Beschaffung oder Instandhaltung eines Gutes, vergeben. Die finanzielle und organisatorische Verantwortung liegt dabei bei dem öffentlichen Partner, der auch den Großteil der mit dem Projekt verbunden Risken trägt und die Qualität der Projektergebnisse kontrolliert. Durch die Vertragsvergabe profitiert die öffentliche Hand von den technischen Kenntnissen des Unternehmens, welches die Dienstleistung kostengünstiger als ein öffentlicher Akteur bereitstellen kann. Dienstleistungsverträge werden häufig für das Sammeln von Straßennutzungsgebühren, für die Bereitstellung und Pflege von Fahrzeugen sowie für andere technische Dienstleistungen vergeben (Europäisches Parlament 2006, 4).

Managementverträge werden abgeschlossen, wenn der private Partner Verwaltungsaufgaben für einen festgelegten, meist kurzen, Zeitraum übernimmt. Derartige Verträge sind in der Regel verlängerbar und eignen sich insbesondere für die Übergangsphase bei der Privatisierung öffentlicher Dienstleistungen. Das Unternehmen wird entweder mit einem Fixbetrag oder gestaffelt nach Leistung entlohnt. Hierdurch entsteht ein Anreiz, Investitionen zu tätigen, welche die Effizienz erhöhen, die Kosten reduzieren oder die Nachfrage sichern (ebd., 2006, 4).

Leasingverträge erlauben es einem Unternehmen, das Recht an den Erträgen eines aus öffentlichen Mitteln erstellten Gutes für einen festgesetzten Betrag zu kaufen, wobei es sich als Gegenleistung zu seiner Verwaltung und Instandhaltung verpflichtet. Der private Partner trägt folglich Nachfrage- und Finanzierungsrisiken und hat daher ein Interesse daran, seine Leistung so effizient wie möglich zu erbringen. Leasingverträge werden beispielsweise für die Bereitstellung des öffentlichen Nah- und Fernverkehrs vergeben, da dieser durch den Fahrkartenverkauf ein eigenständiges Einkommen generieren kann (ebd., 2006, 4).

Build-Operate-Transfer (BOT) bezeichnet Public Private Partnerships, in denen das Unternehmen verantwortlich für das Design, den Bau bzw. die Herstellung und die Verwaltung eines öffentlichen Gutes ist. Eigentümer des erstellten Gutes ist bei Projektende der Staat. Dadurch, dass derselbe Akteur für alle drei Projektphasen verantwortlich ist, können weitere Effizienzgewinne realisiert werden. Allerdings verliert die öffentliche Hand die Kontrolle über wichtige Projektentscheidungen, obwohl das mit dem Projekt verbundene finanzielle Risiko weiterhin bei ihr liegt. Aus diesem Grund ist die Festlegung und Kontrolle von Qualitätskriterien seitens des öffentlichen Partners von großer Bedeutung für den Erfolg eines solchen Projekts. Verschiedene Varianten dieses Projekttypus werden insbesondere im Bereich des Wasser- und Abfallmanagements angewandt (ebd., 2006, 4f.).

Konzessionen und *Design-Build Finance-Operate* (DBFO) Arrangements erweitern das zuvor beschriebene Arrangement. Hier ist der private Partner zusätzlich für die Gestaltung des Gutes oder der Dienstleistung verantwortlich, das er ebenfalls bereitstellt, finanziert und verwaltet. Zu unterscheiden sind hierbei Konzessionen, welche die Nutzungsrechte des Unternehmens auf einen festgelegten langfristigen Zeitraum (meist 25–30 Jahre) beschränken (ebd., 2006, 5), und *Build-Operate-Own* (BOO) Projekte, bei denen das Unternehmen dauerhaft zum Eigentümer des Projekts wird (Bundesverband deutscher Banken 2004, 8). Beide Vertragsformen eignen sich für den Straßenbau, Wasser- und Abfallprojekte sowie für alle anderen Dienstleistungen, für die Gebühren erhoben werden können (Europäisches Parlament 2006, 5).

Da Kooperationsverträge für Public Private Partnerships oft individuell auf das Projekt zugeschnitten werden, finden sich in der Praxis weitere Varianten der hier beschriebenen Kooperationsformen.

Beispiele für Public Private Partnerships

Public Private Partnerships erhalten seit der Jahrtausendwende verstärkt Aufmerksamkeit von Seiten der Politik, wie an der Zunahme von Studien und politischen Stellungnahmen seit diesem Zeitpunkt zu erkennen ist. Beispielsweise ist 2004 das *Grünbuch zu öffentlich-privaten Partnerschaften und den gemeinschaftlichen Rechtsvorschriften für öffentliche Aufträge und Konzessionen* von der Kommission der Europäischen Gemeinschaft veröffentlicht worden, das ihre Rahmenbedingungen im europäischen Recht zusammenfasst. Damit reagierte die Kommission auf die verstärkte Förderung von Public Private Partnerships in den Mitgliedsstaaten. Trotz dieses Trends sind Public Private Partnerships keine neue Entwicklung. Die Zusammenarbeit von privaten und öffentlichen Akteuren bei der Finanzierung, dem Bau und der Verwaltung von Infrastrukturprojekten ist historisch bereits früh belegt.

Beispielsweise wurde im 17. Jahrhundert in Frankreich der Canal du Midi, der in Verbindung mit dem Canal de Garonne das Mittelmeer mit dem Atlantik verbindet, auf Anregen des Geschäftsmann Pierre-Paul Riquet in Form einer Public Private Partnership realisiert. Die Finanzierung des Projekts teilten sich Riquet, die Staatskasse und die Provinz Languedoc. Mit Mittel aus der Staatskasse wurde das benötigte Land gekauft, die Provinz bezahlte die Arbeit selbst. Die Planungs-, Verwaltungs- und Organisationskosten trug Riquet. Mit einem königlichen Erlass beauftragte Ludwig XIV Riquet 1665 und 1666 mit dem Bau des Kanals in zwei Abschnitten und überließ der Familie des Geschäftsmanns das Eigentum und die Verwaltung der Wasserstraße. Zum Zeitpunkt des Baubeginns hatte Riquet bereits über 10 Jahre an der Planung und Realisierung des Projektes gearbeitet. Die Baukosten überstiegen um etwa 70 Prozent den ursprünglich erwarteten Betrag, da der Kanal an einem Abschnitt über die Ufer zu treten pflegte und mittels Aquädukten erhöht werden musste. In Anbetracht dieses unerwarteten Problems galt die Kostenerhöhung als maßvoll (UNESCO 1995). Erst nach Riquets Tod amortisierte sich der Kanalbau und bescherte seiner Familie Reichtum. Nach aktuellem Sprachgebrauch liegt hier ein Design-Build-Operate-Own Arrangement vor.

In Deutschland findet sich eine Vielzahl größerer und kleinerer Public Private Partnership Projekte auf kommunaler, Länder- und Bundesebene. Laut einer Umfrage im Auftrag des Bundesministeriums für Verkehr, Bau und Wohnwesen nimmt die Anzahl von Public Private Partnerships seit dem Jahr 2000 deutlich zu (Deutsches Institut für Urbanistik 2005, 7). In den Kommunen dominieren Projekte in den Bereichen Schulen, Sport, Touristik, Freizeit und Verwaltungsgebäude, während Bund und Länder überwiegend bei den Themen Verkehr, Verwaltungsgebäude und Justiz nach privaten Partnern Ausschau halten (Deutsches Institut für Urbanistik 2005, 10). Sowohl mittelständische als auch große Unternehmen profitieren von den Geschäftsmöglichkeiten, die sich im Rahmen von Public Private Partnerships ergeben. Hierbei gilt derzeit in Deutschland, dass die Größe der als privater Partner gewählten Unternehmen mit dem finanziellen Projektvolumen zunimmt (Deutsches Institut für Urbanistik 2008).

Besondere Aufmerksamkeit und Kritik hat die Public Private Partnership zur Einführung, Erhebung und Verwaltung der LKW-Maut erregt. Die Toll Collect GmbH wurde zu diesem Zweck durch ein privates Betreiberkonsortium gegründet. Das Unternehmen gehört zu 45 Prozent der Daimler Financial Services AG, zu 45 Prozent der Deutschen Telekom AG und zu 10 Prozent der französischen Cofiroute S.A (www.toll-collect.de). Der Betreibervertrag zwischen dem Konsortium und dem Bundesamt für den Güterverkehr (BAG) soll insgesamt 17.000 Seiten stark sein und war lange Zeit insbesondere bezüglich Haftungsfragen strittig (Hagen 2004).

Public Private Partnerships in der Entwicklungszusammenarbeit

Auch die Entwicklungszusammenarbeit hat Public Private Partnerships als Organisationsform für sich entdeckt. Beispielsweise fördern die Vereinten Nationen im Rahmen des Global Compact sogenannte ›Partnerships for Development‹ (www.unglobalcompact.org). Diese Partnerschaftsprojekte sollen einen Beitrag zur Erreichung der Millennium-Entwicklungsziele leisten. 1999 legte das Bundesministerium für wirtschaftliche Zusammenarbeit und Entwicklung (BMZ) seinerseits ein Programm für Public Private Partnership-Projekte mit Entwicklungszielen auf. Seitdem wurden knapp 3000 Projekte mit einem Mittelvolumen von 16,4 Milliarden Euro durchgeführt bzw. angefangen (BMZ 2008, 3). Ein Drittel dieser Projekte wurde im Bereich nachhaltiger Wirtschaftsentwicklung durchgeführt. Des Weiteren wurden Projekte in den Bereichen Investitionsförderungen, Umwelt, Landwirtschaft, Gesundheit, Wasser, Bildung, Energie, Finanzwesen und Landwirtschaft gefördert (BMZ 2008, 39).

Um durch das Ministerium gefördert zu werden, müssen die Projektvorschläge folgende vier Kriterien erfüllen (BMZ 2005, 4): Erstens muss das Projekt eine klare Entwicklungsrelevanz haben, sowie umwelt- und sozialverträglich sein. Zweitens müssen sich die Leistungen beider Partner gut ergänzen. Beide müssen in der Lage sein, ihre Ziele (entwicklungspolitischen Nutzen und unternehmerischen Erfolg) zu erreichen. Drittens werden finanzielle, personelle oder Sachleistungen als Beitrag des Unternehmens erwartet, die insgesamt mindestens 50 Prozent der Projektkosten decken sollten. Viertens müssen die Projekte erkennbar über die eigentlichen unternehmerischen Kernaufgaben hinausgehen, also nicht gesetzlich gefordert oder Teil des Kerngeschäfts sein (BMZ 2005, 4). Unterstützt wurden beispielsweise Projekte zur Förderung deutscher Umwelttechnik für den Klimaschutz in China, zur Verbesserung des Mobilfunknetzwerks in Ghana, zur Brunnensanierung in Brasilien und zur HIV/AIDS-Prävention und Behandlung in Uganda (BMZ 2008).

Unternehmensethik und Public Private Partnerships

Public Private Partnerships sind ein interessantes Geschäftsfeld für Unternehmen beispielsweise in der Bauindustrie. Insbesondere kurzfristige Public Private Partnerships, zum Beispiel der Bau einer Schule oder eines Verwaltungsgebäudes, unterscheiden sich unter ethischen Gesichtspunkten dabei nicht wesentlich von anderen Aufträgen. Komplexere Public Private Partnerships, bei denen der private Partner im größeren Umfang Verantwortung übernimmt, etwa für das Design, die Bereitstellung und die Verwaltung öffentlicher Infrastruktur, erfordern hingegen ein erhöhtes Maß an Integrität auf Seiten des privaten Partners, da hier der Einfluss und die Kontrollmacht des öffentlichen Partners aufgrund der Aufgabenverteilung eingeschränkt ist.

Das *Grünbuch der Europäischen Union* fordert bei der Vertragsvergabe durch den öffentlichen Partner die Einhaltung des Grundsatzes »der Transparenz, der Gleichbehandlung, der Verhältnismäßigkeit und der gegenseitigen Anerkennung«, um Marktverzerrungen zu vermeiden (Kommission der Europäischen Gemeinschaft 2004, 5). Für den privaten Partner sollten ähnliche Grundsätze gelten, wie zum Beispiel das der Transparenz und der Rechenschaftspflicht. Eine besondere Verpflichtung besteht gegenüber den Bürgerinnen und Bürgern und somit den potentiellen Kundinnen und Kunden des Gutes, die mit ihren Steuergeldern und Gebühren die Erstellung dieses Gutes finanzieren. Aus diesem Grund spielt die Gewährleistung von Bürger- und Menschenrechten bei der Gestaltung, Bereitstellung und Vermarktung des Gutes bzw. der Dienstleistung eine besondere Rolle. Beispielsweise muss der Zugang zu wichtigen Gütern und Dienstleistungen wie z.B. Elektrizität, Wasser, Bildung und zu einem Bankkonto für jeden gewährleistet werden, auch wenn dies im Einzelfall nicht wirtschaftlich ist.

Die Beteilung an Public Private Partnerships in der Entwicklungszusammenarbeit ist im Gegensatz dazu bereits aufgrund der Vergabebedingungen ein Ausdruck freiwilligen Engagements für das Ziel der gesellschaftlichen Entwicklung. Somit handelt es sich hier um die freiwillige Übernahme gesellschaftlicher Verantwortung, also um Corporate Social Responsibility im Sinne der Europäischen Union (Kommission der Europäischen Gemeinschaft 2001). Nichtsdestotrotz besteht dieselbe moralische Verpflichtung zu Transparenz, Rechenschaft, der Gewährleistung von Bürger- und Menschenrechten sowie zu einem effizienten Umgang mit öffentlichen Ressourcen.

Definition und wissenschaftliche Deutung von Multistakeholder-Initiativen

Der Begriff Multistakeholder-Initiative wird in Zusammenhang mit Organisationen und Netzwerken wie zum Beispiel dem Global Compact der Vereinten Nationen, die World Commission of Dams, der Fair Labour Association, der Ethical Trading Initiative und der Global Reporting Initiative verwendet (Utting 2001; Roloff 2008a). Obwohl Multistakeholder-Initiativen seit den 1990er Jahren quantitativ wie qualitativ an Bedeutung zunehmen, gibt es bisher weder eine verbindliche Definition noch eine einheitliche Bezeichnung. Dabei haben Multistakeholder-Netzwerke und -Initiativen insbesondere in den Politikwissenschaften Aufmerksamkeit erregt, da sie die Funktion von außerparlamentarischen Foren zur Schaffung von freiwilligen – oft internationalen – Standards und Prozessen erfüllen und somit als Ausdruck der von Habermas beschriebenen deliberativen Demokratie interpretiert werden können (Habermas 1998; Hajer/Wagenaar 2003; Reinicke 1998; Reinicke/Deng 2000).

Reinicke (1998) bezeichnet Multistakeholder-Initiativen als Public/Policy Networks, welche in ihrer internationalen Variante den Zweck erfüllen, operationale und Partizipationslücken zu schließen, welche weder durch nationale Regierungen noch durch supranationale Organisationen wie den Vereinten Nationen und der Europäischen Union zufriedenstellend reguliert werden können (Reinicke/Deng 2000, 9). Reinicke und Kollegen unterscheiden anhand ihrer Zwecke zwischen drei verschiedenen Arten von Netzwerken: In Verhandlungsnetzwerken (z.B. World Commission of Dams) entwickeln die Stakeholder gemeinsame Standards und Strategien. Koordinationsnetzwerke (z.B. Roll Back Malaria Initiative) zielen darauf ab, die Bemühungen verschiedenartiger Akteure bezüglich eines bestimmten Sachverhaltes zu koordinieren. Implementierungsnetzwerke (z.B. Clean Development Mechanism) werden im Gegensatz hierzu auch bei der Projektimplementierung selbst aktiv (Benner/Reinicke/Witte 2002).

Mit einem stärkeren Fokus auf die Rolle von Unternehmen beschreibt Utting (2001) Multistakeholder-Initiativen als Kooperation zwischen Nichtregierungsorganisationen (NGOs) und multilateralen Organisationen wie den Vereinten Nationen oder der Weltbank, mit dem Zweck, Unternehmen dazu zu bewegen, Sozial- und Umweltstandards sowie Kontrollmechanismen zu entwickeln, über ihre sozialen und Umweltwirkungen Rechenschaft abzulegen, Erfahrungen und ›Best Practices‹ auszutauschen und somit Soziales Lernen zu fördern. Anders formuliert, sind Multistakeholder-Netzwerke Kooperationen zwischen Unternehmen, zivilgesellschaftlichen und staatlichen oder multilateralen Akteuren, mit dem Zweck, eine spezifische Thematik – oftmals ein Problem – zu adressieren, von dem alle Teilnehmerinnen und Teilnehmer betroffen sind und welches zu komplex ist, um im Alleingang bewältigt zu werden (Roloff 2008b).

Martens (2007) untersucht Multistakeholder-Initiativen unter der Bezeichnung »Global Partnerships« und fasst ihre Eigenschaften wie folgt zusammen: Die Teilnahme ist freiwillig. Sie sind horizontal organisiert, d.h. es gibt keine vorgegebene Hierarchie unter den Teilnehmern. Sie sind hochgradig partizipativ. Jeder Akteur kann inhaltlich wie organisatorisch einen Beitrag leisten. Sie vereinen verschiedenartige Akteure aus der Geschäftswelt, der Zivilgesellschaft und von öffentlichen Institutionen. Zudem adressieren sie zumeist eine grenzüberschreitende Thematik und haben daher eine internationale Ausrichtung (ebd., 20f.). Martens (2007, 21) unterscheidet fünf verschiedene Zwecke, die typischerweise von solchen Partnerschaften übernommen werden: Lobbying, Standardentwicklung, Projektfinanzierung und -implementierung sowie die Koordinierung staatlicher und nichtstaatlicher Aktivitäten in einem bestimmten Sektor.

Zusammenfassend kann festgestellt werden, dass Multistakeholder-Initiativen Zusammenschlüsse heterogener Partner aus Wirtschaft und Gesellschaft sind, welche den Zweck verfolgen, gesetzlich nicht verbindliche Standards, sogenannte ›Soft Laws‹, zu entwickeln und/oder umzusetzen. Im Vergleich zu Public Private Partnerships werden sie weniger stark durch öffentliche Akteure strukturiert und beeinflusst, obwohl Anschubfinanzierungen aus öffentlichen Mitteln nicht ungewöhnlich sind. Bei der inhaltlichen Ausgestaltung sind häufig Teilnehmer aus Wirtschaft und Zivilgesellschaft die treibenden Kräfte und tragen oft mittels Mitgliedsbeiträgen oder als Kunden zur mittelfristigen finanziellen Eigenständigkeit der Initiativen bei.

Beispiele für Multistakeholder-Initiativen

Besondere Aufmerksamkeit erregen internationale Multistakeholder-Initiativen, die supranationale Organisationen wie die Vereinten Nationen oder die Weltbank zu ihren Partnern zählen. Hierzu gehören der Global Compact der Vereinten Nationen, der sich zum Ziel gesetzt hat, verantwortungsvolles und nachhaltiges Wirtschaft zu fördern, die Global Reporting Initiative, die mit der Unterstützung des United Nations Environment Programm (UNEP) Richtlinien für die Erstellung von Nachhaltigkeitsberichten definiert und die World Commission of Dams, welche unter der Schirmherrschaft von UNEP Richtlinien für die sozial und umweltgerechte Durchführung von großen Dammbauprojekten entwickelte und Institutionen wie die Weltbank und die Kreditanstalt für Wiederaufbau zu ihren Teilnehmern zählen konnte (Benner/Reinicke/Witte 2002). Reinicke und Deng identifizierten im Jahr 2000 etwa 50 bis 60 internationale Netzwerke, die man als Multistakeholder-Initiativen bezeichnen kann. Seitdem sind weitere internationale Multistakeholder-Initiativen gegründet worden, wie zum Beispiel die Extractive Industry Transparency Initiative (EITI), welche es sich zum Ziel gesetzt hat, den Missbrauch von Erträgen aus natürlichen Ressourcen wie Erdöl, Edelmetallen, Diamanten und Uran zu bekämpfen, der dazu führt, dass ressourcenreiche Entwicklungsländer arm bleiben.

Eine Reihe von Multistakeholder-Initiativen adressiert spezifische Probleme eines oder weniger Sektoren wie zum Beispiel die Ethical Trading Initiative (Nahrungsmittel, Schnittblumen, Bekleidung), die Fair Labour Association (Bekleidung, Landwirtschaft) sowie die Common Code for Coffee Community Association (Kaffee), welche Sozial- und Umweltstandards und Verifizierungsmechanismen entwickelt haben. Andere Multistakeholder-Initiativen bieten sektorübergreifende Lösungen wie zum Beispiel Social Accountability International mit dem SA 8000, einem zertifizierbaren Sozialstandard. Die Ansätze dieser Multistakeholder-Initiativen waren so erfolgreich, dass sie inzwischen von Unternehmenszusammenschlüssen wie der Business Social Compliance Initiative (Handel) kopiert werden, die sich ebenfalls um die Institutionalisierung eines Multistakeholder-Mechanismus bemüht. Neben solchen großen, internationalen Initiativen finden sich zahlreiche kleinere Multistakeholder-Initiativen, die sich regional engagieren und sich beispielsweise mit Fragen der Stadtentwicklung, des Landschaftsschutzes und der Planung von Infrastrukturprojekten beschäftigen (Hajer/Wagenaar 2003).

Charakteristika und Verlaufsform von Multistakeholder-Initiativen

Multistakeholder-Initiativen zeigen ein typisches Verlaufsmuster ihrer Entwicklung, das dem von Gruppen ähnelt (Roloff 2008a, 2008b). Tuckman (1965) beschrieb Gruppenprozesse in fünf Phasen: Die Teilnehmer formieren sich, geraten über ihre Rolle in Konflikt, definieren Regeln, arbeiten miteinander und lösen gegebenenfalls die Gruppe wieder auf. Auch Multistakeholder-Initiativen durchlaufen typischerweise nach ihrer Gründung eine Phase des Kennenlernens und der Deliberation über Ziele und Vorgehensweisen der Initiative. Nicht alle Initiativen erreichen jedoch eine Phase, in der sie ihre Ideen implementieren. Erfolgreiche Multistakeholder-Initiativen nutzen erste Kooperationserfahrungen, um die Zusammenarbeit zu konsolidieren und zu institutionalisieren, beispielsweise indem eine Organisation gegründet wird und Quellen für ein gesichertes Einkommen erschlossen werden. Im Folgenden wird zunächst die politische Natur von Multistakeholder-Initiativen beschrieben (1). Anschließend werden die Fragen diskutiert, wer an einer Multistakeholder-Initiativen teilnehmen sollte (2) und welche Prozessregeln notwendig sind, damit die Initiative zu einem Ergebnis kommt (3). Anschließend wird der typische Verlauf von Multistakeholder-Prozessen dargestellt, wobei die Deliberationsphase (4) von der Implementierungsphase (5) unterschieden wird.

(1) Bei einer Analyse von Multistakeholder-Initiativen wird deutlich, dass diese, ein Mindestmaß an demokratischen Regeln erfüllen müssen, um ihre Ziele zu erreichen (Roloff 2008a, 2008b). Dies liegt insbesondere daran, dass die Teilnahme an Multistakeholder-Initiativen prinzipiell freiwillig ist und die mit der Teilnahme verbundenen Kosten durch die Akteure selbst zu tragen sind. Das zentrale Motiv, sich trotzdem in einer Multistakeholder-Initiative zu engagieren, ist die Möglichkeit zur politischen Einflussnahme, welche insbesondere bei der Formulierung von Standards gegeben ist.

Die politische Natur von Multistakeholder-Initiativen ist insbesondere während ihrer Gründungsphase offensichtlich. Oftmals werden sie von Politikerinnen und Politikern initiiert: Beispielsweise lud im Jahr 1999 der damalige Generalsekretär der Vereinten Nationen, Kofi Annan, Unternehmer auf dem Weltwirtschaftsforum in Davos ein, mit ihm einen Pakt zur verantwortungsvollen Gestaltung der Globalisierung einzugehen, der als Global Compact bezeichnet wird (Annan 1999). Ein ähnliches Ansinnen verfolgte im Jahr 1996 der damalige US-Präsident Bill Clinton, der amerikanische Bekleidungshersteller und ihre Kritiker ins Weiße Haus einlud und damit die Apparel Industry Partnership ins Leben rief, aus der sich später die Fair Labour Association entwickelte (Bobrowsky 2000).

(2) Die Charakteristik von Multistakeholder-Initiativen wird stark davon beeinflusst, wer an ihnen teilnimmt. Dies liegt daran, dass die Ziele und die Agenda der Initiative erst im Laufe der Interaktion zwischen den Stakeholdern festgelegt werden und somit stark von der Perspektive und den Interessen der Teilnehmer geprägt sind. Dadurch, dass es sich hier anfangs immer um informelle und spontane Zusammenschlüsse handelt, kommt es schnell zum Ausschluss von Akteuren, die als Stakeholder im Sinne der Initiative gelten müssten, weil sie von dem Problem direkt betroffen sind. Insbesondere Personengruppen mit geringen finanziellen und politischen Ressourcen (z.B. Bildung) fehlen oftmals und sind daher nicht in der Lage, die Problemanalyse und -lösung durch die Multistakeholder-Initiativen zu beeinflussen (Löhr 2005). Ein Beispiel sind Arbeitnehmerinnen und Arbeitnehmer aus Entwicklungsländern, die als Nutznießer zahlreicher Multistakeholder-Initiativen gelten, aber in der Regel nur mittelbar, oftmals ohne ihre Kenntnis und ohne explizites Einverständnis durch internationale Gewerkschaftsvertreter und Repräsentanten von NGOs vertreten werden.

Ein besonderes Charakteristikum von Multistakeholder-Initiativen ist, dass alle Aspekte der Zusammenarbeit deliberativ, das heißt im offenen Austausch von Argumenten, ermittelt werden. Dies ist besonders heikel, wenn die teilnehmenden Stakeholder sich prinzipiell antagonistische gegenüberstehen, wie dies zum Beispiel bei Unternehmen und denjenigen NGOs, die zu ihrem Boykott aufrufen, der Fall ist. Vor diesem Hintergrund muss eine grundsätzliche Bereitschaft zur konstruktiven Zusammenarbeit als Voraussetzung für die Teilnahme an einer Multistakeholder-Initiative gelten (Löhr 2005). Es darf allerdings auch nicht vergessen werden, dass eine heterogene Zusammensetzung der Teilnehmer für die Lösung besonders komplexer gesellschaftlicher Probleme förderlich ist, weil hierdurch einerseits ein breiteres Verständnis der Problematik erreicht wird und andererseits die Ergebnisse der Multistakeholder-Initiative durch einen breiteren Personenkreis als legitim anerkannt werden. In der deliberativen Phase führt Heterogenität allerdings zu einem großen Diskussionsbedarf und zu Konflikten. Folglich muss in der Gründungsphase abgewogen werden, inwieweit es sinnvoll ist, Akteure, die in Bezug auf das Problem extreme Positionen vertreten, in den Prozess einzubeziehen, um die Vollständigkeit der Informationen und die Legitimität des Prozesses abzusichern, oder sie außen vor zu lassen, um schwere Konflikte und Blockaden zu vermeiden.

(3) Eine Möglichkeit langfristige Blockaden des Prozesses zu vermeiden, ist es, einen Minimalkonsens bezüglich der Spielregeln der Verhandlungen herzustellen. Hierbei ist insbesondere zu klären, wie die Teilnehmer mit Dissens umgehen und auf welche Weise Teilnehmer, die mit den Entscheidungen der Gruppe nicht einverstanden sind, ihren Standpunkt innerhalb der Gruppe und Außenstehenden gegenüber verteidigen dürfen. Dürfen beispielsweise alle im Dialog ausgetauschten Informationen an Dritte weitergegeben werden oder besteht bezüglich bestimmter Aspekte ein Gebot der Verschwiegenheit? Eine übliche Vereinbarung ist die Chatham-House-Regel, die besagt, dass die Teilnehmer die während des Treffens ausgetauschten Information später verwenden dürfen unter der Voraussetzung, dass sie weder die Identität noch die Zugehörigkeit eines Sprechers oder die irgendeines anderen Teilnehmers preisgeben (www.chathamhouse.org.uk/about/chathamhouserule/). Komplexere Prozessregeln können auch den Umgang mit Argumenten während des Treffens festlegen. Zum Beispiel können sich die Teilnehmer dazu verpflichten, die Argumente und Standpunkte der Anderen stets ernstzunehmen, sich bei der Darstellung der eigenen Position um eine wahre, authentische, legitime sowie verständliche Argumentation zu bemühen (Habermas 1999, 149) und im Rahmen der eigenen Möglichkeiten das Finden und Umsetzen einer gemeinsamen Lösung zu unterstützen.

Multistakeholder-Initiativen sind Teil der zivilgesellschaftlichen Arena und von deren Habitus und ihrer Konfliktfreudigkeit geprägt. Für Vertreter aus der Wirtschaft kann diese Arbeitsweise ebenso gewöhnungsbedürftig sein, wie für die Repräsentanten von NGOs und Politik das Bedürfnis der Unternehmen, möglichst ohne Umwege einen realistischen und bezahlbaren Handlungsplan zu entwerfen. Sowohl die teilnehmenden Organisationen und Unternehmen als auch ihre Repräsentanten müssen zum Teil schwierige Anpassungs- und Lernprozesse durchmachen, um eine Multistakeholder-Initiative zum Erfolg zu verhelfen.

(4) Zu Beginn der Kooperation müssen sich die verschiedenen Akteure gegenseitig kennenlernen, sie müssen sich über ihr jeweiliges Verständnis des Problems austauschen und schließlich sich auf eine gemeinsame Problemdefinition einigen. Beispielsweise mussten die Teilnehmer am Apparel Industry Partnership entscheiden, ob Unternehmen für die Arbeitsbedingungen bei ihren Zulieferern verantwortlich sind und welche Aspekte gegebenenfalls unter diese Verantwortung fallen sollten. Sollte beispielsweise nur Kinderarbeit oder jeder Verstoß gegen internationales Arbeitsrecht thematisiert werden? Die Problemdefinition hat einen Einfluss darauf, welche Lösungsansätze später durch die Multistakeholder-Initiative gewählt werden und bestimmt damit auch, welche Akteure welchen Beitrag zur Problemlösung beisteuern müssen. Aus diesem Grunde werden sowohl Problemdefinition als auch alternative Problemlösungen kontrovers und ausgiebig diskutiert.

Am Ende der deliberative Phase sollten Multistakeholder-Initiativen drei Ziele erreicht haben: Die Teilnehmer müssen einander gut kennen und ein Verständnis für abweichende Standpunkte erworben haben. Es sollte Einigkeit bezüglich der Ziele und Zwecke der Initiative bestehen, indem eine gemeinsame Problemdefinition erreicht wurde. Zuletzt sollten sich die Teilnehmer auf einen Lösungsansatz geeinigt haben, wobei es sich hierbei auch um einen ersten Schritt in Richtung einer komplexeren Lösung handeln kann. Manche Multistakeholder-Initiativen enden nach der Deliberationsphase. Dies kann dann der Fall sein, wenn sie ihren Zweck bereits erfüllt haben, beispielsweise mit der Erstellung eines Regelwerks, welches anderweitig implementiert wird. Dies war zum Beispiel der Fall bei der World Commission of Dams, die Richtlinien für die Kreditvergabe bei großen Dammprojekten entwickelte. Das Regelwerk findet heute bei verschiedenen Banken Anwendung, die Kommission selbst hat sich aufgelöst (Benner/Reinicke/Witte 2002; Roloff 2008b).

(5) Viele Multistakeholder-Initiativen versuchen, ihre Ideen selbst zu implementieren. Beispielsweise organisieren die Fair Labour Association und die Ethical Trading Initiative unabhängige Audits für Unternehmen, die sich an den Standards der Initiativen orientieren. Die Implementierung verläuft normalerweise in mehreren Schritten. Insbesondere am Anfang scheuen sich manche Akteure, sich zu einem großen Projektbeitrag zu verpflichten, da sowohl der Erfolg des oftmals innovativen Lösungsansatzes als auch die Kooperationsbereitschaft der Partner als unsicher gelten. Von kritischen Beobachtern werden Multistakeholder-Initiativen in ihrem Anfangsstadium daher oft dafür gescholten, dass ihre Lösungen halbherzig und nicht ausreichend seien. Erfolgreiche Initiativen, wie zum Beispiel die Global Reporting Initiative und die Fair Labour Association, nehmen die Kritik sowie erste Kooperationserfahrungen zum Anlass, um hierauf aufbauend anspruchsvollere Lösungen zu entwickeln und umzusetzen.

Im Laufe der Zeit konsolidieren sich die Prozesse in Multistakeholder-Initiativen und führen zu ihrer Institutionalisierung. Organisationen werden gegründet, Mitgliedschaften formalisiert und der Lösungsansatz wird häufig zum intellektuellen Eigentum erklärt, an dem Außenstehende nur gegen Gebühr teilhaben können. Im Idealfall sichern Multistakeholder-Initiativen sich damit ihre finanzielle Eigenständigkeit. Da die von ihnen entwickelten Standards und Prozesse meist die Eigenschaften von quasi-öffentlichen Gütern haben, fällt es Multistakeholder-Initiativen oft schwer, langfristig finanziell nachhaltig zu arbeiten. Dies ist nicht unbedingt ein Manko, da es die Stärke von Multistakeholder-Initiativen ist, die Vielfältigkeit ihrer Teilnehmerinnen und Teilnehmer und deren Erfahrungen und Kenntnisse dazu zu nutzen, innovative Lösungen für komplexe gesellschaftliche Probleme zu finden und zu testen.

Multistakeholder-Initiativen fungieren somit als Think Tank und Experimentierfeld von Wirtschaft, Zivilgesellschaft und Politik. Für eine flächendeckende Umsetzung sind sie allerdings nur bedingt geeignet, beispielsweise dann, wenn sich alle bedeutenden Unternehmen eines Sektors einer Multistakeholder-Initiative anschließen. Alternativ ist es möglich, dass vielversprechende Ansätze von Gesetzgebern daraufhin überprüft werden, ob sie sich als verbindliche Lösung eignen oder freiwillig von anderen Gruppierungen übernommen werden. Um die Vorteile des Multistakeholder-Dialogs zu nutzen, ohne bei der täglichen Arbeit mit den Nachteilen ihrer demokratischen Verfasstheit konfrontiert zu sein, findet man in vielen aus Multistakeholder-Initiativen hervorgegangenen Organisationen wie der Global Reporting Initiative oder Social Accountability International eine Trennung zwischen ausführendem Organ und Multistakeholder-Dialog. Der letzte spielt dabei die Rolle eines kreativen und kritischen Aufsichtsrats, der die Erfahrungen aus der Implementierung und neue Ideen der Teilnehmer nutzt, um die Ziele und Prozesse zu revidieren oder – wenn nötig – zu revolutionieren.

Unternehmensethik und Multistakeholder-Initiativen

Im Gegensatz zu Public Private Partnerships bieten Multistakeholder-Initiativen zumeist nur geringe Chancen für Unternehmen, sich ein neues Geschäftsfeld zu erschließen. Stattdessen können Unternehmen Lösungen zu komplexen Problemen finden, die auch von ihren Kritikern als sinnvoll anerkannt werden und dabei vom Wissen und den Erfahrungen ihrer Mitstreiter profitieren. Das Ergebnis von Multistakeholder-Initiativen kommt in der Regel sowohl ihren Teilnehmern als auch einer weiteren Öffentlichkeit zu Gute. Somit ist das Engagement in derartigen Foren vor allem als Ausdruck einer aktiven Übernahme gesellschaftlicher Unternehmensverantwortung zu werten. Da die Entwicklung und Umsetzung sogenannter ›Soft Laws‹ Ziel und Zweck vieler Multistakeholder-Initiativen ist, übernehmen die teilnehmenden Unternehmen auch politische Verantwortung (Crane/Matten/Moon 2008).

Mit der Teilnahme an Multistakeholder-Initiativen sind in der Regel erhebliche Mühen und Kosten verbunden, wobei der Erfolg im Wesentlichen von der Kooperationsbereitschaft anderer abhängt. Dies macht die Teilnahme an Multistakeholder-Initiativen zu einem riskanten Unterfangen. Allerdings kann sich das Engagement deutlich auszahlen, da selbst weniger erfolgreiche Kooperationen soziales Kapital und Kenntnisse im Unternehmen wachsen lassen. Ist die Initiative erfolgreich, hat dies oft einen positiven Einfluss auf die Reputation ihrer proaktiv agierenden unternehmerischen Gründungsmitglieder.

Literatur

Annan, Kofi: The Secretary General Proposes Global Compact on Human Rights, Labour, Environment. In: Address to World Economic Forum in Davos. Press Release SC/SM/6881 (1999).

Benner, Thorsten/Reinicke, Wolfgang H./Witte, Jan Martin: Wandel gestalten im Zeitalter der Globalisierung: die Rolle globaler Politiknetzwerke. In: Bertelsmann Stiftung (Hg.). Transparenz – Grundlage für Verantwortung und Mitwirkung. Gütersloh 2002, 23–51.

Bobrowsky, David: Creating a Global Public Policy Network in the Apparel Industry: The Apparel Industry Partnership. In: Global Public Policy Case Studies, Global Public Policy Institute. 2001 (http://www.gppi.net).

Bundesministerium für wirtschaftliche Zusammenarbeit und Entwicklung (BMZ): BMZ Materialien: Public Private Partnerships (PPP) in der deutschen Entwicklungszusammenarbeit. Bonn/Berlin 2005.

–: Jahresbericht 2007. Entwicklungspartnerschaften mit der Wirtschaft – Public Private Partnerships. Bonn/Berlin 2008.

Bundesverband deutscher Banken: Public Private Partnership – Chance für die Modernisierung von Infrastruktur und Verwaltung. Berlin 2004.

Crane, Andrew/Matten, Dirk/Moon, Jeremy: Corporations and Citizenship. Cambridge 2008.

Deutsches Institut für Urbanistik: Public Private Partnership Projekte: Eine aktuelle Bestandsaufnahme in Bund Ländern und Kommunen. Berlin 2005.

–: PPP und Mittelstand. Untersuchung von 30 ausgewählten PPP-Hochbauprojekten in Deutschland. Berlin 2008.

Europäisches Parlament: Public-Private Partnerships. Models and Trends in the European Union. IP/A/IMCO/NT/2006–3. Brüssel 2006.

Habermas, Jürgen: Faktizität und Geltung. Beiträge zur Diskurstheorie des Rechts und des demokratischen Rechtsstaats. Frankfurt a. M. 1998.

–: Theorie des kommunikativen Handelns. Bd. 1: Handlungsrationalität und gesellschaftliche Rationalisierung. Frankfurt a. M. ³1999.

Hagen, Andreas: Toll Collect. Ein Public Private Partnership (PPP) Desaster. In: http://www.heise.de/tp/r4/artikel/16/16684/1.html (veröffentlicht am 5.2. 2004).

Hajer, Maarten A./Wagenaar, Hendrik (Hg.): Deliberative Policy Analysis. Understanding Governance in the Network Society. Cambridge 2003.

International Monetary Fund: Public-Private Partnerships. In: http://www.imf.org/external/np/fad/2004/pifp/eng/031204.htm (veröffentlicht am 12.3.2004).

Kommission der Europäischen Gemeinschaft: Grünbuch Europäische Rahmenbedingungen für die soziale Verantwortung der Unternehmen. KOM(2001) 366. Brüssel 2001.

–: Grünbuch zu öffentlich-privaten Partnerschaften und den gemeinschaftlichen Rechtsvorschriften für öffentliche Aufträge und Konzessionen. KOM(2004) 327. Brüssel 2004.

Löhr, Albert: Zur Rolle der Nichtregierungsorganisationen in der Globalen Wirtschaft: Instrument, Gegner oder professioneller Partner? In: Michael S. Aßländer/Robert Kamiński, (Hg.): Globalisierung – Risiko oder Chance für Osteuropa? Frankfurt a.M. 2005, 179–207.

Martens, Jens: Multistakeholder-Partnerships Future Models of Multilateralism? In: Dialogue on Globalization. Berlin 2007.

Reinicke, Wolfgang H.: Global Public Policy. Governing without Government? Washington 1998.

– /Deng, Francis: Critical Choices. The United Nations, Networks, and the Future of Global Governance. Ottawa 2000.

Roloff, Julia: A Life Cycle Model of Multi-Stakeholder Networks. In: Business Ethics: A European Review 17, 3 (2008a), 311–325.

–: Learning from Multi-Stakeholder Networks: Issue-Focused Stakeholder Management. In: Journal of Business Ethics 82, 1 (2008b), 233–250.

Tuckman, Bruce W. Developmental Sequence in Small Groups. In: Psychological Bulletin Juni 1965, 384–399.

UNESCO: Advisory Body Evaluation on World Heritage List: Le Canal du Midi. In: http://whc.unesco.org/archive/advisory_body_evaluation/770.pdf (veröffentlicht am 28.9.1995).

Utting, Peter. Regulating Business via Multistakeholder Initiatives: A Preliminary Assessment. 2001. In: http://baseswiki.org/w/images/en/3/38/Regulating_Business_via_Multistakeholder_Initiatives_-_Utting.pdf

Julia Roloff

3. Corporate Social Responsibility

Begriffliche und inhaltliche Grundlagen

Die Forschungsarbeiten zur Corporate Social Responsibility (CSR) befassen sich mit der Verantwortung der Unternehmung in der Gesellschaft. Der Verantwortungsbegriff (»Für was ist die Unternehmung verantwortlich?«) erstreckt sich in der CSR-Literatur dabei nicht allein auf die soziale Dimension, sondern umfasst zumeist auch ökologische und ökonomische Anforderungen. Gelegentlich wird daher auch von ›Corporate Responsibility‹ gesprochen. Die Diskussion dieser Problematik ist durch einen Begriffspluralismus gekennzeichnet, in dem verschiedene Termini zur Betonung unterschiedlicher Schwerpunkte in Theorie und Praxis benutzt werden. Die teilweisen Überlappungen in den Verwendungsweisen erschweren allerdings eine präzise Abgrenzung (vgl. Garriga/Melé 2004; Waddock 2008). So stehen im deutschsprachigen Raum Begriffe wie ›gesellschaftliche Verantwortung der Unternehmung‹ und ›Unternehmensethik‹, im internationalen Raum Begriffe wie ›Business Ethics‹, ›Business & Society‹, ›Corporate Sustainability‹ oder auch ›Corporate Citizenship‹ in einem verwandtschaftlichen Verhältnis zu CSR (vgl. Carroll 1999; Matten/Palazzo 2008). Die Arbeiten zur Business Ethics (vgl. Donham 1929) und zur Corporate Responsibility (vgl. Clark 1916) können gleichermaßen auf eine lange Tradition zurückblicken. In jüngster Zeit hat sich jedoch, getrieben insbesondere durch das Interesse in der Praxis und in der Politik, der Terminus ›CSR‹ nicht nur in den USA, sondern auch international als der derzeit am häufigsten verwendete Oberbegriff durchgesetzt (vgl. Carroll 1999; Crane et. al. 2008).

So hat die Bezeichnung ›Corporate Social Responsibility‹ Eingang in die Europäischen Rahmenbedingungen für die soziale Verantwortung von Unternehmen im *Grünbuch 2001* gefunden. CSR wird darin als »ein Konzept [bezeichnet], das den Unternehmen als Grundlage dient, auf freiwilliger Basis soziale Belange und Umweltbelange in ihre Unternehmenstätigkeit und in die Wechselbeziehungen mit den Stakeholdern zu integrieren« (Europäische Kommission 2001, 7). Damit werden bereits zentrale Charakteristika von CSR, wie etwa die Freiwilligkeit und die Verfolgung und Vermittlung multipler Zielsetzungen angesprochen. Bevor wir eine Systematisierung bestehender Ansätze vornehmen, sollen im Folgenden zunächst die maßgeblichen Treiber des Interesses an CSR näher betrachtet werden, die das Thema zu einem Schlagwort in der öffentlichen Wahrnehmung und zu einem aktuellen Gegenstand der Managementforschung haben avancieren lassen.

Historie und Treiber der Entwicklung

In ihrer jüngsten Analyse der internationalen Forschungslandschaft zeigen Matten und Palazzo auf, dass sich Überlegungen zur sozialen Verantwortung der Unternehmung nicht nur in einer zunehmenden Zahl hochrangiger Publikationen niederschlagen, sondern dass sich auch der Charakter der wissenschaftlichen Gemeinschaft langsam verändert. Waren ursprünglich viele der CSR-Publikationen noch durch eine relativ überschaubare Zahl von spezialisierten Forschern lanciert worden, so scheint sich das Thema in erhöhtem Maße auch auf den ›Mainstream‹ der Managementforschung auszudehnen (vgl. Matten/Palazzo 2008, 58 f.). Die Ursache hierfür läge, so Matten und Palazzo, in einer erhöhten Sensibilität gegenüber der neuen Qualität ökonomischer, sozialer und ökologischer Probleme auf nationaler und internationaler Ebene sowie deren medialer Präsenz.

In den Anfängen der CSR-Forschung im amerikanischen Raum stand – ähnlich wie bei der Diskussion um die Unternehmensethik in Deutschland – noch das Verhältnis der Unternehmen zu ihren lokalen und nationalen Gemeinschaften im Vordergrund (vgl. Carroll 1999; Clark 1916; Steinmann/Löhr 2002). Dies beruhte auf der Einsicht, dass der Staat über die Systeme ›Recht‹ und ›Verwaltung‹ allein nicht in der Lage ist, das Verhalten der Wirtschaftsakteure so zu kanalisieren, dass die Folgen gewinnorientierten Handelns dem Gemeinwohl nicht schaden (Stone 1975). Durch die vielen Berichte über Unternehmensskandale gerieten Fragen nach der Verantwortung der Unternehmen und ihrer Manager und Eigentümer immer wieder in das Zentrum der öffentlichen Aufmerksamkeit. Dadurch wurde auch die Diskussion um CSR und Unternehmensethik regelmäßig befördert. Maßgeblich wurde die Vorstellung der sozialen Verantwortung von Unternehmen durch die Arbeiten Carrolls geprägt, der die Unterscheidung von *ökonomischer*, *legaler*, *ethischer* und *diskretionärer* Verantwortung vorschlug (vgl. Carroll 1979). Carroll betont, dass die primäre Pflicht von Unternehmen weiterhin die Generierung von Profiten bleibt, dies allerdings im Rahmen des Rechts zu erfolgen hat. Darüber hinaus kommt den wirtschaftlichen Akteuren eine ethische Verantwortung zu. Diese ethische Verantwortung berücksichtigt die gesellschaftlichen Erwartungen, Normen und sozialen Praktiken, die jenseits des Rechts in einer Gemeinschaft wirksam sind. Letztlich repräsentiert die diskretionäre bzw. philantrophische Verantwortung die Bereitschaft von Unternehmen jenseits der gesellschaftlichen Erwartungen zusätzliche soziale Rollen zu übernehmen und damit ihrer Rolle als guter ›Corporate Citizen‹ gerecht zu werden. Hierunter fallen beispielsweise finanzielle Unterstützungen zur Förderung von kulturellen und sozialen Einrichtungen. Diese vier Dimensionen bilden eine Pyramide der sozialen Unternehmensverantwortung (vgl. Carroll 1991). Carroll will diese Dimensionen in einem wechselseitig ergänzenden Verhältnis verstanden wissen, betont allerdings, dass spätestens seit den 1990er Jahren insbesondere die Bedeutung der diskretionären Verantwortung stark gewachsen ist (vgl. Carroll 1999).

Seit dem Ende der 1990er Jahre wird darüber hinaus die Verantwortung der Unternehmung in Wirtschaft und Gesellschaft intensiv diskutiert. Wesentlicher Auslöser hierfür war vor allem die zunehmende Globalisierung der Wirtschaft. Die Globalisierung lässt sich als die zunehmende Vernetzung überterritorialer sozialer und ökonomischer Austauschprozesse verstehen (Beck 1997). Die Aufhebung von Handelsbeschränkungen und die Öffnung der Kapitalmärkte aufgrund politischer Entscheidungen und die technologischen Entwicklungen im Bereich der Kommunikations- und Transporttechnologien haben wesentlich zum Globalisierungsprozess beigetragen. Die Globalisierung führt zu einer Fragmentierung kollektiver Handlungsfähigkeit, Einschränkung staatlicher Regulierungsfähigkeit und zu einer Teilprivatisierung öffentlicher Autorität (Private Authority). Begleitet wird der Globalisierungsprozess von einer Auflösung nationaler Konsensgemeinschaften durch zunehmende Individualisierung, Infragestellung von Traditionen, Werteerosion, anwachsende Migrationsprozesse und die Entstehung pluralistischer und multikultureller Gesellschaften, die sich immer weniger durch Verweis auf gemeinsam anerkannte Werte integrieren lassen. Beide Gesichtspunkte, die sinkende staatliche Steuerungsfähigkeit einerseits und die wachsende Heterogenität der kulturellen und der Wertebasis einer Gesellschaft andererseits, wurden von Habermas als »postnationale Konstellation« beschrieben (Habermas 1998).

Die postnationale Konstellation stellt die Theorie und Praxis der CSR vor neue Herausforderungen. Die Fragen nach der Verantwortung privater Akteure (z.B. NGOs und Unternehmen) und ihrer Rolle in der Weltgesellschaft sind auch über die Grenzen der Managementforschung hinaus auf Resonanz gestoßen und werden etwa in den Rechtswissenschaften (McBarnet/Voiculescu/Campbell 2007) oder in den Politikwissenschaften (Wolf 2008) intensiv beleuchtet. In der betriebswirtschaftlich orientierten CSR-Forschung wurden diese Herausforderungen in der jüngeren Vergangenheit aufgegriffen, um die Rolle der Unternehmung neu zu überdenken. Im Gefolge dieser Entwicklungen bahnt sich ein Paradigmenwechsel in der CSR-Forschung an (vgl. Garriga/Melé 2004; Scherer/Palazzo 2008).

CSR in der Praxis: Initiativen und Projekte

Auch in der Unternehmenspraxis findet das Thema CSR zunehmend Resonanz, dies unter anderem in Reaktion auf die gestiegenen globalen Herausforderungen, die wachsenden Aktivitäten von NGOs und Anspruchsgruppen und den im Lichte von Unternehmensskandalen, Finanzkrise und Managerschelte zunehmenden Erwartungsdruck der Öffentlichkeit. In dieser Konstellation steht die Legitimität, also die gesellschaftliche Akzeptanz, der Unternehmen und ihrer Protagonisten auf dem Prüfstand (Palazzo/Scherer 2006). Das verstärkte gesellschaftliche Engagement der Unternehmen lässt sich auch als Versuch interpretieren, diese Legitimitätslücke zu schließen.

In den vergangenen Jahren haben sich in großer Zahl CSR-Initiativen formiert, die sich unter Beteiligung von privaten, öffentlichen und zivilgesellschaftlichen Akteuren für die Formulierung und Implementierung von CSR-Standards einsetzen. Neben den bereits angesprochenen Richtlinien der EU-Kommission stellen der »Global Compact« der Vereinten Nationen, die »Labor Standards« der Internationalen Arbeitsorganisation (ILO) sowie die Leitsätze der OECD wohl die bekanntesten Initiativen dar. Im Mittelpunkt des Global Compact stehen zehn Prinzipien zu Menschenrechten, Sozialstandards und Umweltschutz sowie zur Korruptionsbekämpfung (www.unglobalcompact.org). Das Ziel der Vereinten Nationen ist es, weltweit Unternehmen zur freiwilligen Anerkennung und Umsetzung dieser Prinzipien im jeweiligen Einflussbereich der Unternehmen zu gewinnen. Dabei soll der Global Compact als Interaktionsplattform dienen, die den Austausch zwischen wirtschaftlichen und anderen gesellschaftlichen Akteuren sowie die Vermittlung von ›Best Practices‹ bei der Verfolgung der zehn Prinzipien ermöglichen soll (vgl. BMZ 2009; Global Compact 2009). Auch die »OECD-Leitsätze für multinationale Unternehmen« stellen einen rechtlich nicht verbindlichen Verhaltenskodex dar, der Empfehlungen für eine verantwortungsvolle Unternehmensführung in Hinblick auf die Menschenrechte sowie auf ökologische und wirtschaftliche Nachhaltigkeit ausspricht (www.oecd.org). Die »Kernnormen der ILO« zielen durch die Sicherstellung von Vereinigungsfreiheit, die Abschaffung von Zwangs- und Kinderarbeit und das Verbot von Diskriminierung auf die Verbesserung der Arbeits- und Lebensumstände aller Menschen ab. Dabei entfalten sie zum Teil auch rechtsverbindliche Wirkung durch ihren Eingang in das Arbeitsrecht der Teilnehmerstaaten (vgl. ILO 2009).

Neben diesen Initiativen existiert noch eine Vielfalt weiterer Bemühungen, die die Problembereiche der Unternehmensverantwortung in verschiedenen Politikfeldern oder Funktionsbereichen adressieren. Wir können hier nur selektiv einige der bekanntesten nennen, so beispielsweise die Richtlinien der CSR-Berichterstattung durch die »Global Reporting Initiative« (GRI) (www.globalreporting.org), die »Social Accounting 8000 Standards« (SA 8000) (www.sa-intl.org) zur Überwachung von *supply-chains* und Zertifizierung von Zulieferern, die »Wolfsberg-Principles« zur Bekämpfung von Geldwäsche und Korruption (www.wolfsberg-principles.com), die »Equator Principles« zur nachhaltigen Kreditvergabe (www.equator-principles.com) oder auch die ISO-Zertifizierungen (www.iso.org), insbesondere das Umweltgütesiegel ISO 14000 und die Ethiknorm ISO 26000. Erstere zielt auf eine Verbesserung des unternehmerischen Umweltmanagements ab. Letztere ist als Standard für gesellschaftliche Unternehmensverantwortung konzipiert und soll als solcher helfen, den Überlegungen zu CSR in der Praxis mehr Geltung zu verschaffen.

Diese Bemühungen stellen einen Beitrag zur Bewältigung der globalen sozialen und ökologischen Herausforderungen dar. Sie verdeutlichen die Handlungsbereitschaft der Unternehmen, diese Themen anzugehen und gesellschaftliche Verantwortung zu übernehmen.

Hierin sehen Kritiker allerdings auch die latente Gefahr des ›Greenwashing‹ oder ›Bluewashing‹ seitens der Teilnehmerunternehmen, wenn Unternehmen solchen Initiativen lediglich aus Reputationsgründen beitreten, ohne aber ihre Wertschöpfungsprozesse den Erfordernissen einer sozial und ökologisch verantwortlichen Unternehmensführung anzupassen (vgl. Laufer 2006, 164 ff.). Solange die Verletzung von Sozial- oder Umweltstandards ohne wirksame Sanktionen bleibt, ist der Reputationsgewinn bei offizieller Anerkennung von CSR-Standards auch für Unternehmen ohne wahrhaftiges CSR-Commitment kostenfrei oder nur zu geringen Kosten zu haben. Auch scheint es, als kämen die Unternehmen einer rechtsverbindlichen Fassung durch ihre freiwilligen privaten Selbstregulationsinitiativen zuvor (Shamir 2004). Darüber hinaus kritisiert z. B. Banerjee, die CSR-Diskurse seien trotz ihrer emanzipatorischen Rhetorik letztlich nur Versuche, die Legitimität und Macht von Organisationen zu sichern. Eine Engführung der Diskurse auf bloße Geschäftsinteressen könne aber einen Ausgleich zwischen Gesellschaft und Wirtschaft nicht erzielen. Ein solches Unterfangen liefe vielmehr auf einen Stakeholder-Kolonialismus hinaus, der den politischen Bemühungen um das gesellschaftlichen Wohl zuwider läuft (vgl. Banerjee 2003; 2008).

CSR in der Theorie: Systematisierung der Forschungsansätze

In der Wissenschaft wurden in den vergangenen Jahrzehnten eine Vielzahl von Ansätzen zum Thema Corporate Social Responsibility entwickelt. Die Forschungslandschaft ist inzwischen so weit ausdifferenziert, dass man von einem ›Theorienpluralismus‹ in der CSR-Forschung sprechen kann. Einige Autoren haben bereits Vorschläge zur Systematisierung dieses heterogenen Forschungsgebietes unterbreitet, auf die wir im Folgenden kurz eingehen wollen (Garriga/Melé 2004; Windsor 2006; Scherer/Palazzo 2007):

(1) Elisabet Garriga und Domènec Melé (2004) haben eine Einteilung der bestehenden Ansätze in vier Gruppen vorgeschlagen. Sie unterscheiden zwischen instrumentellen, politischen, integrativen und ethischen Theorien. Die *instrumentellen Ansätze* verstehen CSR-Aktivitäten als strategisches Instrument bei der Verfolgung ökonomischer Zielsetzungen (wie z. B. McWilliams/Siegel 2001). CSR wird dabei hinsichtlich des Beitrags zur Wertsteigerung analysiert, sei dieser nun direkt durch die Maximierung des Shareholder Value oder indirekt durch die Schaffung eines Erfolgspotentials im Wettbewerb gekennzeichnet. Prominentester Vertreter dieser Grundhaltung ist wohl Friedman mit seiner These: »the social responsibility of business is to increase its profits« als einzige soziale Verantwortung von Unternehmen (Friedman 1970). Diese Ansätze fußen zumeist auf der Annahme, dass der Staat die Rahmenbedingungen schaffe, innerhalb derer die Unternehmen ihren Gewinninteressen nachgehen. Die Rahmengesetzgebung sorge dafür, dass die Folgen der gewinnorientierten Strategien nicht dem Gemeinwohl schaden (vgl. Sundaram/Inkpen 2004). Unter den *politischen Theorien* verstehen die Autoren diejenigen Ansätze, die das Verhältnis von Wirtschaft und Gesellschaft hinsichtlich der Position und Machtfülle von Unternehmen und der daraus erwachsenen Verantwortung, bspw. im Rahmen einer Corporate Citizenship, untersuchen (bspw. Matten/Crane 2005). Diese Ansätze sind vor allem durch die politische Theoriebildung inspiriert. Die Unternehmung wird dabei nicht allein in ihrer privaten Rolle, sondern auch in ihrer Rolle als politischer Akteur mit der daraus erwachsenden Verantwortung bei der Bewältigung gesellschaftlicher Herausforderungen thematisiert. *Integrative Theorien*, worunter unter anderem das Stakeholder Management oder auch Corporate Social Performance-Ansätze fallen, gehen der Frage nach, auf welche Weise Unternehmen gesellschaftliche Anliegen auf eine legitimitätsstiftende Art und Weise im Geschäftsprozess berücksichtigen können. Dazu bedarf es der Ausbalancierung von Ansprüchen der verschiedenen gesellschaftlichen Gruppen mit denen der Anteilseigner. Von zentraler Bedeutung ist hierbei die adäquate Erkennung und Einbindung legitimer bzw. relevanter Anspruchsgruppen. Als *ethische Theorien* wird von Garriga und Melé schließlich die Gruppe der Ansätze bezeichnet, die an den Ausgangspunkt der Beziehungsgestaltung zwischen Unternehmen und Gesellschaft eine Moralkonzeption stellen. Hier geht es um die Frage, wie eine Ethik des Verhaltens der Unternehmung begründet werden kann. In der philosophischen Diskussion finden sich hierzu verschiedene Vorschläge, die etwa auf eine Pflichtenethik (z. B. Kant), Tugendethik (z. B. Aristoteles), vertragstheoretische Konzeption (z. B. Hobbes, Rawls) aufbauen oder aber an den Nachhaltigkeitsbegriff oder die Menschenrechte anknüpfen. Je nachdem, welche Ethikkonzeption dabei zugrunde gelegt wird, werden die Rechte und Pflichten der Wirt-

schaftsakteure unterschiedlich begründet. Ihr Ziel ist es, zur Realisierung einer im normativen Sinne ›guten‹ Gesellschaft beizutragen.

(2) Eine alternative Unterscheidung von CSR-Theorien wurde von Duane Windsor (2006) vorgeschlagen, der drei »Key Approaches« unterscheidet. Die Theorien einer *ökonomischen Verantwortung* vertreten die These, die Wertschöpfung einer Unternehmung müsse im Sinne einer »market wealth creation« betrieben werden. Dabei soll die private Tätigkeit durch den Staat und durch eine eingeübte Verhaltensethik (»customary business ethics«) nur soweit als unbedingt nötig eingeschränkt werden. *Ethische Theorien* sind nach Windsor durch eine Selbstbeschränkung wirtschaftlicher Akteure, Verpflichtung zu Altruismus und verstärkte staatliche Regulierung zur Stärkung der Stakeholder-Interessen gekennzeichnet (Windsor 2006, 94). Eine vermittelnde Position nehmen die verschiedenen Corporate Citizenship-Ansätze ein, ohne allerdings, so Windsor, eine klare Mittelstellung darzustellen oder gar eine Synthese erzielen zu können. Windsor sieht in der Metapher der ›Corporate Citizenship‹ vielmehr eine Möglichkeit zur stärkeren Integration dieser beiden Positionen, weist jedoch darauf hin, dass auch innerhalb des Corporate Citizenship-Diskurses instrumentelle (»instrumental citizenship interpretation«) und idealistische Ansätze (»ideal citizenship interpretation«) unterschieden werden können. Ebenso wie Garriga und Melé liefert auch Windsor eine Systematisierung zu den bestehenden Schulen innerhalb der CSR-Debatte. Die von diesen Autoren gewählten Systematisierungsdimensionen führen jedoch zu Abgrenzungen zwischen CSR-Ansätzen, die zum einen zu wenig trennscharf sind und zum anderen die Grundannahmen der CSR-Forschungsansätze unbeleuchtet lassen.

(3) Scherer und Palazzo (2007) haben die bestehenden Ansätze nach ihrer paradigmatischen Konzeption unterschieden. Sie greifen damit die Unterteilung sozialwissenschaftlicher Theorien nach Gibson Burrell und Gareth Morgan (1979) auf, nach der Paradigmen entlang zweier Dimensionen unterschieden werden können: Zum einen auf Basis ihrer epistemisch-methodologischen Grundannahmen, zum anderen auf Basis der jeweils zugrunde gelegten Theorie der Gesellschaft (vgl. Burrell/Morgan 1979). Damit sollen dem in der CSR-Forschung vorherrschenden Theorienpluralismus und der Inkommensurabilität zwischen den anzutreffenden deskriptiv-instrumentellen, normativ-theoretischen oder auch empirischen Arbeiten Rechnung getragen werden. Unter *positivistischer CSR* verstehen sie diejenigen Ansätze, die auf ein in den Naturwissenschaften entwickeltes Erklärungsmodell zurückgreifen. Dabei werden beobachtbare Phänomene durch generelle oder statistische Gesetze über Ursache-Wirkungs-Zusammenhänge unter Berücksichtigung der jeweiligen situativen Randbedingungen erklärt (vgl. Hempel 1998). Positivistische CSR widmet sich der Untersuchung der Mechanismen, die die Formulierung gesellschaftlicher Erwartungen an die Unternehmen (»corporate social responsibility«), die Prozesse der internen Verarbeitung dieser Erwartungen in der Unternehmung (»corporate social responsiveness«) und die Wahrnehmung gesellschaftlicher Verantwortung durch konkrete CSR-Aktivitäten erklären (»corporate social response«) (vgl. Strand 1983). Über dieses wissenschaftliche Erklärungsziel hinaus, zielt die positivistische Forschung (zumindest implizit) darauf ab, ein technisches Verfügungswissen bereitzustellen, das die soziale und wirtschaftliche Leistungsfähigkeit der Unternehmung steigert (z.B. Carroll 1979). *Postpositivistische CSR* ist in Abgrenzung dazu durch die Reflexion der normativen Grundlagen der Beziehung zwischen Unternehmen und Gesellschaft gekennzeichnet. Diese Forschungsrichtung steht der Philosophie näher, wo unterschiedliche Moralkonzeptionen und gesellschaftliche Theorieentwürfe diskutiert werden (vgl. Weaver/Treviño 1998). Ausgangspunkt dieser normativen Theorien ist die Suche nach ethischen Prinzipien, die sich zur Beantwortung der Frage »Wofür sind Unternehmen verantwortlich?« heranziehen lassen. Scherer und Palazzo unterscheiden hierunter monologische und dialogische Konzeptionen. Unter die *monologischen CSR-Ansätze* fallen solche Theorien, deren ethische Prinzipien aus den Theoriekonstruktionen eines Wissenschaftlers abgeleitet werden. Beispiele hierfür sind etwa die kantische Pflichtenethik oder auch die Vertragstheorie nach Rawls; hierzu zählt aber auch die »Integrative Social Contracts Theory« nach Thomas Donaldson und Thomas W. Dunfee (1994) (vgl. kritisch dazu Scherer/Palazzo 2007). Diesen Ansätzen ist gemein, dass sie auf einem monologischen Konzept der Vernunftbegründung beruhen. Einzelne Tugenden, der Kategorische Imperativ als Entscheidungsregel oder auch der implizite Sozialvertrag zwischen allen Gemeinschaftsmitgliedern werden als Regeln für das soziale Miteinander vorgeschlagen. Die Gültigkeit dieser Regeln gründet auf Überlegungen, die der jeweilige Wissenschaftler an-

stellt und die von dessen soziokulturellen Hintergrund abhängen (Scherer/Palazzo 2007). Die eigentliche Prüfung der Gültigkeit dieser Regeln kann aber erst diskursiv durch die Beteiligung aller Betroffenen erfolgen.

Im Rahmen der *diskursiven CSR-Theorien* unterscheiden die Autoren postmoderne, philosophische und politische Konzeptionen. Erstere schließen die Möglichkeit einer universellen Ethik grundsätzlich aus, liefern jedoch Hinweise, wie die bestehenden Managementtheorien und die durch sie bestärkten Machtstrukturen hinterfragt und kritisiert werden können. Im Rahmen der *philosophischen Konzeptionen*, wie beispielsweise Critical Strategy Research, steht eine diskursethische Moralbegründung im Zentrum der Betrachtung. In ihrem universalpragmatischen Rahmen wird die ›ideale Sprechsituation‹ durch das Aufzeigen der notwendigen Bedingungen sprachlicher Verständigung begründet. Die Vernunft kommt dabei in den prozeduralen Bedingungen des Diskurses zum Ausdruck und wird als kommunikative Vernunft betrachtet (vgl. Habermas 1991). Die ideale Sprechsituation und die mit ihr verknüpfte Notwendigkeit zur Konsensfindung als Grundlage der chancengleichen Einlösung von Geltungsansprüchen stellen hohe, wenn nicht utopische Anforderungen an die Praxis dar, die im Regelfall dort nicht eingelöst, sondern allenfalls als kontrafaktisches Ideal wirksam werden können. Die *politische Konzeption* überwindet die ethische Engführung des politischen Diskurses und erkennt an, dass in realen politischen Diskursen unterschiedliche Modi der Kommunikation zu Anwendung kommen (vgl. Habermas 1992; 1996). Scherer und Palazzo (2007) haben hierzu ein politisches Verständnis von CSR vorgeschlagen. Dieses zeichnet sich dadurch aus, dass die Begründung der Moralkonzeption nicht mehr im Rahmen des Primates der Philosophie, sondern durch das Primat der Verfahren einer deliberativen Demokratietheorie erfolgt. In ihr vollzieht sich der Meinungs- und Willensbildungsprozess in öffentlichen und parlamentarisch verfassten Diskursen, welche die Handlungslegitimation der gesellschaftlichen Akteure sichern (vgl. Habermas 1992; 1996). Unternehmen sind in diesem Konzept, insbesondere im Rahmen ihrer multinationalen Tätigkeiten als politische Akteure zu verstehen, die ihre soziale Verantwortung durch die Teilnahme an den öffentlichen Willensbildungsprozessen und die Öffnung der internen Entscheidungsprozesse wahrnehmen (vgl. Scherer/Palazzo 2007, 1108 ff.).

Internationaler Forschungsstand und Status Quo der deutschsprachigen CSR

Die bisherige Rekapitulation von Ansätzen und Systematisierungen bezieht sich in erster Linie auf internationale Forschungsbemühungen, die vornehmlich aus der nordamerikanischen CSR-Forschung hervorgegangen sind. Hier finden sich die substantiellen Beiträge in Hinblick auf die Entwicklung der bereits angesprochenen Konzepte, aber auch Beiträge zu artverwandten Themen wie der Verankerung von CSR in der Managementausbildung (vgl. Ghoshal 2005).

Die deutschsprachige Auseinandersetzung mit CSR bzw. unternehmensethischen Fragestellungen liefert ein heterogenes Bild. Zum einen finden sich hier einige langjährige Forschungstraditionen, die sich durch unterschiedliche Begründungsprogramme auszeichnen, man denke an die Arbeiten von Karl Homann, Horst Steinmann, Peter Ulrich, Josef Wieland und den jeweiligen Schülern. Die Diskussion um die Rolle der Unternehmensethik in der deutschsprachigen BWL wurde anfangs sehr kontrovers geführt und traf beim betriebswirtschaftlichen Mainstream auf Ablehnung (vgl. Hax 1993; Schneider 1990). Heute kann konstatiert werden, dass sich das Fach inzwischen etabliert hat und dass es nicht mehr um die Frage geht, ob CSR und Unternehmensethik Gegenstände der Betriebswirtschaftslehre sein sollen, sondern vielmehr darum, wie diese Gebiete in der BWL in Forschung und Lehre integriert werden können (Küpper 2006 sowie im Überblick Küpper/Schreck 2008; Scherer/Picot 2008).

Grundsätzlich hinkt die Verbreitung des Faches CSR und Unternehmensethik im deutschsprachigen Raum der internationalen Entwicklung jedoch hinterher. Ursächlich hierfür ist sicherlich auch die Tatsache, dass viele Themen der angelsächsischen CSR-Diskussion im Verständnis der deutschen Wirtschaftsordnung als ›Soziale Marktwirtschaft‹ mit berücksichtigt worden sind. Die hierzulande stark ausgeprägten wohlfahrtstaatlichen und rechtlichen Institutionen mit ihren Errungenschaften wie dem Arbeitsschutz, den Sozialversicherungen oder auch der Mitbestimmung der Arbeitnehmerinnen und Arbeitnehmer sind wesentlicher Bestandteil dieser Wettbewerbsordnung, wodurch das Thema ›gesellschaftliche Verantwortung‹ noch stärker als in den USA in die Verantwortungssphäre des Staates und seiner Rahmensetzungskompetenz eingeordnet wurde. Eine gewisse Praxisferne der akademischen

Diskussion spielt hierbei ebenfalls eine Rolle, ebenso wie die starke mikroökonomische Fundierung der deutschsprachigen BWL sowie eine in weiten Teilen isolierte Wissenschaftskultur, die die deutschsprachige Diskussion zu lange gegenüber dem Wettbewerb der Ideen und Themen in der internationalen Diskussion abgeschirmt hat (vgl. Matten/Palazzo 2008, 64 f.).

Die vermehrte Zahl von Publikationen und Tagungen zu dem Thema der Unternehmensverantwortung sowie deren breite Wahrnehmung in Wissenschaft, Politik und Öffentlichkeit gibt Grund zur Annahme, dass sich unternehmensethische Fragestellungen dauerhaft auch im deutschsprachigen Raum in der Betriebswirtschaft etablieren werden (vgl. exemplarisch Scherer/Patzer 2008; Scherer/Picot 2008).

Zusammenfassung

In der postnationalen Konstellation agieren Unternehmen unter Bedingungen, die durch staatliche Regulierungslücken und heterogene gesellschaftliche Erwartungen gekennzeichnet sind. In der traditionellen Perspektive zum Verhalten privater Unternehmen und öffentlicher Politik fällt allein den staatlichen Akteuren die Aufgabe zu, die regulativen Rahmenbedingungen des Wirtschaftens zu definieren und durchzusetzen. In dem Maße, in dem staatliche Institutionen hierzu nicht oder nicht mehr in der Lage sind, entstehen Steuerungslücken, die durch gemeinsame Initiativen von Regierungsorganisationen, NGOs, internationalen Organisationen und privaten Unternehmen geschlossen werden. Das freiwillige gesellschaftliche Engagement der Unternehmen spielt hierbei eine wichtige Rolle und findet in den verschiedenen CSR-Projekten seinen Niederschlag.

Die Betriebswirtschaft hat hierauf im Rahmen ihrer Theoriebildung reagiert. Sie leistet ihren Beitrag durch die kritische Reflexion der Verantwortung der Unternehmung gegenüber der globalen Gemeinschaft. Eine zentrale Rolle kommt nicht nur der Forschung sondern auch der Lehre zu. Ethische Herausforderungen finden zunehmend einen festen Platz in den Curricula der Betriebswirtschaftslehre. Die deutsche Betriebswirtschaftslehre vollzieht damit Entwicklungen nach, die an den wichtigsten Business Schools in den USA und in Großbritannien bereits vorgezeichnet wurden.

Literatur

Banerjee, Subhabrata Bobby: The Practice of Stakeholder Colonialism: National Interest and Colonial Discourses in the Management of Indigenous Stakeholders. In: Anshuman Prasad (Hg.): Postcolonial Theory and Organizational Analysis. New York 2003, 255–279.

–: Corporate Social Responsibility: The Good, the Bad and the Ugly. In: Critical Sociology 34, 1 (2008), 51–79.

Beck, Ulrich: Was ist Globalisierung? Frankfurt a.M. 1997.

BMZ: Der UN Global Compact. Gesellschaftlich verantwortungsvolles unternehmerisches Handeln. Factsheet des Bundesministerium für wirtschaftliche Zusammenarbeit und Entwicklung (BMZ). In: http://globalcompact.de/fileadmin/PDFs/BMZ-Factsheet_UN_Global_Compact_2009.pdf (27.3.2009).

Burrell, Gibson/Morgan, Gareth: Sociological Paradigms and Organisational Analysis. Hants 1979/2005.

Carroll, Archie B.: A Three-Dimensional Conceptual Model of Corporate Performance. In: Academy of Management Review 4, 4 (1979), 497–505.

–: The Pyramid of Corporate Social Responsibility: Toward the Moral Management of Organizational Stakeholders. In: Business Horizons (July-August 1991), 39–48.

–: Corporate Social Responsibility – Evolution of a Definitional Construct. In: Business & Society 38, 3 (1999), 268–295.

Clark, J. Maurice: The Changing Basis of Economic Responsibility. In: The Journal of Political Economy 24, 3 (1916), 209–229.

Crane, Andrew/McWilliams, Abagail/Matten, Dirk/Moon, Jeremy/Siegel, Donald S. (Hg.): The Oxford Handbook of Corporate Social Responsibility. Oxford 2008.

Donaldson, Thomas/Dunfee, Thomas W.: Toward a Unified Conception of Business Ethics: Integrative Social Contracts Theory. In: Academy of Management Review 19, 2 (1994), 252–284.

Donham, Wallace B.: Business Ethics – A General Survey. In: Harvard Business Review 7 (July 1929), 385–394.

Europäische Kommission: Grünbuch. Europäische Rahmenbedingungen für die soziale Verantwortung der Unternehmen. In: http://eur-lex.europa.eu/LexUriServ/LexUriServ.do?uri=COM:2001:0366:FIN:DE:PDF (19.3.2009).

Friedman, Milton: The Social Responsibility of Business is to Increase its Profits. In: New York Times Magazine (13.9.1970), 122–126.

Garriga, Elisabet/Melé, Domènec: Corporate Social Responsibility Theories: Mapping the Territory. In: Journal of Business Ethics 53, 1/2 (2004), 51–71.

Ghoshal, Sumantra: Bad Management Theories Are Destroying Good Management Practices. In: Academy of Management Learning and Education 4, 1 (2005), 75–91.

Global Compact: Deutsches Global Compact Netzwerk. In: http://globalcompact.de (27.3.2009).

Habermas, Jürgen (Hg.): Erläuterungen zur Diskursethik. Frankfurt a. M. 1991.

–: Faktizität und Geltung. Beiträge zur Diskurstheorie des Rechts und des demokratischen Rechtsstaates. Frankfurt a. M. 1992.

–: Drei normative Modelle der Demokratie. In: Ders. (Hg.): Die Einbeziehung des Anderen. Frankfurt a. M. 1996, 277–292.

–: Die postnationale Konstellation. Politische Essays. Frankfurt a. M. 1998.

Hax, Herbert: Unternehmensethik – Ordnungselement der Marktwirtschaft. In: zfbf (Schmalenbachs Zeitschrift für betriebswirtschaftliche Forschung) 45 (1993), 769–779.

Hempel, Carl G.: Studies in the Logic of Explanation. In: Elmer D. Klemke/Robert Hollinger/David W. Rudge/A. David Kline (Hg.): Introductory Readings in the Philosophy of Science. Amherst, NY 1998, 206–224.

ILO: ILO Kernarbeitsnormen. In: http://www.ilo.org/public/german/region/eurpro/bonn/kernarbeitsnormen/index.htm (27.3.2009).

Küpper, Hans-Ulrich: Unternehmensethik. Hintergründe, Konzepte und Anwendungsbereiche. Stuttgart 2006.

– /Schreck, Philipp: Unternehmensethik in der Praxis, Forschung und Lehre – Status quo und Perspektiven im deutschsprachigen Raum. In: zfbf (Schmalenbachs Zeitschrift für betriebswirtschaftliche Forschung) Sonderheft 58 (2008), 72–92.

Laufer, William S.: Corporate Bodies and Guilty Minds. The Failure of Corporate Criminal Liability. Chicago 2006.

Matten, Dirk/Crane, Andrew: Corporate Citizenship: Toward an extended Theoretical Conceptualization. In: Academy of Management Review 30, 1 (2005), 166–179.

Matten, Dirk/Palazzo, Guido: Unternehmensethik als Gegenstand betriebswirtschaftlicher Forschung und Lehre – Eine Bestandsaufnahme aus internationaler Perspektive. In: zfbf (Schmalenbachs Zeitschrift für betriebswirtschaftliche Forschung) Sonderheft 58 (2008), 50–71.

McBarnet, Doreen J./Voiculescu, Aurora/Campbell, Tom (Hg.): The New Corporate Accountability: Corporate Social Responsibilty and the Law. Cambridge 2007.

Palazzo, Guido/Scherer, Andreas Georg: Corporate Legitimacy as Deliberation: A Communicative Framework. In: Journal of Business Ethics 66, 1 (2006), 71–88.

Scherer, Andreas Georg/Palazzo, Guido: Towards a Political Conception of Corporate Responsibility – Business and Society seen from a Habermasian Perspective. In: Academy of Management Review 32, 4 (2007), 1096–1120.

–/–: Globalization and Corporate Social Responsibility. In: Crane et al. 2008, 413–431.

Scherer, Andreas Georg/Patzer, Moritz (Hg.): Betriebswirtschaftslehre und Unternehmensethik. Wiesbaden 2008.

Scherer, Andreas Georg/Picot, Arnold: Unternehmensethik und Corporate Social Responsibility – Herausforderungen an die Betriebswirtschaftslehre. In: zfbf (Schmalenbachs Zeitschrift für betriebswirtschaftliche Forschung) Sonderheft 58 (2008), 1–25.

Schneider, Dieter: Unternehmensethik und Gewinnprinzip in der Betriebswirtschaftslehre. In: zfbf (Schmalenbachs Zeitschrift für betriebswirtschaftliche Forschung) 42 (1990), 869–891.

Shamir, Ronen: Between Self-Regulation and the Alien Tort Claims Act: On the Contested Concept of Corporate Social Responsibility. In: Law & Society Review 38, 4 (2004), 635–664.

Steinmann, Horst/Löhr, Albert: Unternehmensethik – Zur Geschichte eines ungeliebten Kindes der Betriebswirtschaftslehre. In: Eduard Gaugler/Richard Köhler (Hg.): Entwicklungen der Betriebswirtschaftslehre. 100 Jahre Fachdisziplin – zugleich eine Verlagsgeschichte. Stuttgart 2002, 510–535.

Stone, Christopher D.: Where the Law Ends: The Social Control of Corporate Behavior. New York 1975.

Strand, Rich: A Systems Paradigm of Organizational Adaptations to the Social Environment. In: Academy of Management Review 8, 1 (1983), 90–96.

Sundaram, Anant K./Inkpen, Andrew C.: The Corporate Objective Revisited. In: Organization Science 15 (2004), 350–363.

Waddock, Sandra: Corporate Responsibility/Corporate Citizenship: The Development of a Construct. In: Andreas Georg Scherer/Guido Palazzo (Hg.): Handbook of Research on Corporate Citizenship. Cheltenham 2008, 50–73.

Weaver, Gary R./Treviño, Linda K.: Methodologies of Business Ethics Research. In: Cary L. Cooper/Chris Argyris (Hg.): The Concise Blackwell Encyclopedia of Management. Oxford 1998, 412–415.

Windsor, Duane: Corporate Social Responsibility: Three Key Approaches. In: Journal of Management Studies 43, 1 (2006), 93–114.
Wolf, Klaus Dieter: Emerging Patterns of Global Governance: The New Interplay between the State, Business and Civil Society. In: Andreas Georg Scherer/Guido Palazzo (Hg.): Handbook of Research on Corporate Citizenship. Cheltenham 2008, 225–248.

Andreas Georg Scherer und Moritz Patzer

4. Global Compact der Vereinten Nationen

Entstehung

Als mittlerweile größte freiwillige Initiative zur Förderung nachhaltigen Wirtschaftens blickt der Global Compact der Vereinten Nationen auf eine wechselvolle und ereignisreiche Geschichte zurück.

Seine Ursprünge findet der Global Compact in den 1990er Jahren, als die Rolle und Verantwortung global agierender Konzerne immer mehr zum Gegenstand einer kritischen öffentlichen Diskussion wurde. Eine Serie folgenreicher Unternehmensskandale und die Formierung einer global agierenden Anti-Globalisierungsbewegung ließen Rufe nach weltweit verbindlichen Regeln für das Handeln multinationaler Unternehmen lauter werden.

Vor diesem Hintergrund beschloss der damalige Generalsekretär der Vereinten Nationen, Kofi Annan, mit einem Appell an die Weltwirtschaft für größere unternehmerische Verantwortung zu werben. In einer weit beachteten Rede am 31. Januar 1999 vor dem Weltwirtschaftsforum in Davos forderte Annan »einen globalen Pakt universeller Werte, um dem Weltmarkt ein menschliches Antlitz zu verleihen«. Die Ansprache vor zahlreichen Unternehmensvertretern aus aller Welt fand große positive Resonanz.

Dabei gab es anfangs freilich wenig konkrete Vorstellungen, wie dieser ›globale Pakt‹ letztlich aussehen solle. Eine operative Ausgestaltung unter Führung der Vereinten Nationen war eigentlich nicht geplant. Vielmehr war die Rede des Generalsekretärs als mahnender Ruf an die Wirtschaft gedacht, verbunden mit der Einladung, in Partnerschaft mit den Vereinten Nationen und ihren Organen, aber auch der Zivilgesellschaft, globale Herausforderungen anzugehen.

Schon bald war jedoch klar, dass es einer Organisationsstruktur bedurfte, um die enthusiastische Reaktion vieler Firmen in geeignete Bahnen zu lenken. Ein kleines Team im Büro des Generalsekretärs wurde mit der Betreuung der jungen Initiative betraut. Daraus erwuchs das Global Compact-Büro als zentrale Schaltstelle der Initiative. Erste Dokumente wurden entwickelt, man begann, gezielt bei Firmen um Unterstützung zu werben.

Knapp 18 Monate nach dem Appell von Davos wurde dann am 26. Juli 2000 im UN-Hauptquartier in New York der eigentliche Startschuss gegeben. 44 Firmen, dazu die Spitzen globaler Nichtregierungsorganisationen (NGOs), Arbeitgeber- und Arbeitnehmerverbände sowie hochrangige UN- und Regierungsvertreter waren der Einladung Kofi Annans gefolgt, um ein gemeinsames Bekenntnis zu den Werten und Prinzipien der Vereinten Nationen abzugeben. Die Ziele waren hoch gesteckt: Einerseits ging es darum, Unternehmen jeder Größe, Herkunft und jeden Industriezweiges von der Bedeutung universeller Werte für das eigene unternehmerische Handeln zu überzeugen. Und gleichzeitig sollte die Wirtschaft einen sinnvollen Beitrag zur nachhaltigen Entwicklung leisten. Letzteres Anliegen war beseelt von den Planungen für den UN-Millenniumsgipfel im gleichen Jahr, in dessen Verlauf sich Staats- und Regierungschefs aus aller Welt auf die Millenniums-Entwicklungsziele (Millennium Development Goals, MDGs) einigten, einen umfangreichen Katalog ambitionierter Vorgaben zur Armutsbekämpfung und Förderung nachhaltiger Entwicklung.

Prinzipien

Im Kern der Initiative standen anfangs neun, seit 2004 zehn universelle Prinzipien zu Menschenrechten, Arbeitsnormen, Umweltschutz und Korruptionsbekämpfung. Sie sind abgeleitet von weithin ratifizierten internationalen Konventionen und Erklärungen – beginnend mit der Universellen Erklärung der Menschenrechte (1948) über die Erklärung zu den Fundamentalen Rechten und Prinzipien am Arbeitsplatz der International Labor Organization (ILO), bis hin zur Rio-Erklärung zur Umwelt (1992) und der UN-Konvention gegen Korruption aus dem Jahr 2003.

Mit dem Beitritt zum Global Compact erklärt ein teilnehmendes Unternehmen bzw. eine teilnehmende Organisation ausdrücklich, folgende Prinzipien innerhalb seines/ihres Einflussbereiches umzusetzen:

Menschenrechte
Prinzip 1: Unternehmen sollen den Schutz der internationalen Menschenrechte innerhalb ihres Einflussbereichs unterstützen und achten und
Prinzip 2: sicherstellen, dass sie sich nicht an Menschenrechtsverletzungen mitschuldig machen.

Arbeitsnormen
Prinzip 3: Unternehmen sollen die Vereinigungsfreiheit und die wirksame Anerkennung des Rechts auf Kollektivverhandlungen wahren sowie ferner für
Prinzip 4: die Beseitigung aller Formen der Zwangsarbeit,
Prinzip 5: die Abschaffung der Kinderarbeit und
Prinzip 6: die Beseitigung von Diskriminierung bei Anstellung und Beschäftigung eintreten.

Umweltschutz
Prinzip 7: Unternehmen sollen im Umgang mit Umweltproblemen einen vorsorgenden Ansatz unterstützen,
Prinzip 8: Initiativen ergreifen, um ein größeres Verantwortungsbewusstsein für die Umwelt zu erzeugen und
Prinzip 9: die Entwicklung und Verbreitung umweltfreundlicher Technologien fördern.

Korruptionsbekämpfung
Prinzip 10: Unternehmen sollen gegen alle Arten der Korruption eintreten, einschließlich Erpressung und Bestechung.

Kontroversen

Die Schaffung einer Wirtschaftsinitiative durch die Vereinten Nationen war von Beginn an nicht unumstritten. Auf der einen Seite argumentierten interne wie externe Kritiker, dass am Tisch der Vereinten Nationen als Organisation staatlicher Souveräne kein Platz sei für die Wirtschaft als gleichberechtigtem Partner. Zahlreiche NGOs fürchteten um die Unabhängigkeit der Vereinten Nationen und beklagten, die Gründung des Global Compact komme einem schleichenden Ausverkauf der Organisation an die Interessen der Wirtschaft gleich.

Dem gegenüber stand die Überzeugung des Generalsekretärs, dass zur Lösung globaler Herausforderungen, von der Armutsbekämpfung bis zum Klimawandel, eine aktive Beteiligung der Wirtschaft unverzichtbar sei. Auch wenn die kritische Diskussion um die Einbindung des Privatsektors in die Arbeit der Vereinten Nationen nie vollständig verstummt ist, haben die letzten zehn Jahre doch gezeigt, welchen entscheidenden Beitrag Unternehmen durch verantwortliches Handeln in ihrem Einflussbereich leisten können – aber auch, wo noch immer Defizite liegen.

Das unternehmerische Bekenntnis zum Global Compact ist eine freiwillige Erklärung, diese Prinzipien im eigenen Einflussbereich umzusetzen und gleichzeitig einen Beitrag zu den übergeordneten Zielen der Vereinten Nationen zu leisten. Bewusst wurden nie hohe Einstiegsbarrieren errichtet. Solange ein ernstzunehmender Veränderungswille erkennbar ist, sollen auch Problemfälle Zugang zum Global Compact finden, um über konstruktiven Dialog und Erfahrungsaustausch Lösungsansätze zu entwickeln.

Gerade in diesem Zusammenhang tritt wohl bis heute der größte Gegensatz zwischen Innen- und Außenwahrnehmung der Initiative zutage.

Zivilgesellschaft und kritische Öffentlichkeit hatten vom ersten Tag an größere Erwartungen an die Initiative gerichtet, als es jemals im Sinne ihrer geistigen Väter war. Für die Vereinten Nationen war das Mandat des Global Compact von Beginn an klar umrissen. Die Initiative sollte eine freiwillige Lernplattform sein, keine Regulierungsbehörde und auch kein Gütesiegel. Schon gar nicht konnte der Global Compact die Verantwortung von Regierungen ersetzen, auf nationaler wie auf internationaler Ebene verbindliche Regelungen zu schaffen.

Vor allem im Zusammenhang mit der Diskussion um die vielfach diskutierten »Draft Norms on the Responsibilities of Transnational Corporations and Other Business Enterprises with Regard to Human Rights« wurde der Global Compact immer wieder zum Gegenstand scharfer Kritik, die in der Existenz der Initiative einen Grund für das Scheitern der »Draft Norms« sahen. Gerade den Firmen im Global Compact wurde immer wieder vorgeworfen, die weitere Beratung und Verabschiedung der »Draft Norms« mit Hinweis auf den Global Compact als ausreichendes Instrument zur Umsetzung unternehmerischer Verantwortung zu sabotieren. Mögen wenige Firmen und Industrieverbände den Global Compact tatsächlich in diesem Zusammenhang auf missverständliche Weise instrumentalisiert haben, so hat sich die Initiative selbst nie als schwächere Alternative zu multilateralen Abkommen und Regelwerken verstanden.

Integrity Measures

Um einerseits den Kritikern entgegenzukommen, aber auch, um das Engagement vorbildlicher Firmen zu schützen, wurden ab 2005 eine Reihe sogenannter ›Integrity Measures‹ eingeführt. Diese Maßnahmen sollten den Ruf der Initiative wie auch den der Vereinten Nationen schützen und verbindliche Regeln schaffen, um Transparenz und Verantwortlichkeit des unternehmerischen Bekenntnisses zu den zehn Prinzipien der Initiative zu fördern.

Im Einzelnen bestimmen die Integrity Measures beispielsweise die Grenzen der Verwendung des Global Compact-Logos durch die Unterzeichner der Initiative. Im Weiteren wurde ein sogenannter ›Dialogue Facilitation Mechanism‹ geschaffen. Dieses Verfahren bietet eine Möglichkeit, im Konfliktfall einen konstruktiven Dialog zwischen Unternehmen und all jenen zu vermitteln, die unternehmerisches Fehlverhalten im Zusammenhang mit den zehn Prinzipien des Global Compact beklagen. Verweigert sich ein Unternehmen diesem Dialog, besteht die Möglichkeit des Ausschlusses aus der Initiative. Allerdings ist die Zahl der eingegangenen Klagen unter diesem System vergleichsweise gering – vor allem gemessen an der hohen Zahl weithin publizierter Unternehmensskandale vergangener Jahre.

Antrieb für die Einführung der Integrity Measures war nicht allein zivilgesellschaftlicher Druck, sondern auch das berechtigte Interesse vieler Firmen, ihr aktives Engagement nicht durch das Fehlverhalten einiger weniger diskreditiert zu sehen.

Seit 2005 sind nun alle Firmen im Global Compact verpflichtet, einmal jährlich einen öffentlichen Bericht zu verfassen, der im Einzelnen beschreibt, wie die zehn Prinzipien der Initiative in der unternehmerischen Praxis umgesetzt werden. Diese Fortschrittsmitteilungen (engl. Communication on Progress, kurz COP) sollen nicht nur dazu dienen, die Transparenz von Unternehmen nach außen zu fördern, sondern Firmen auch ein Instrument bieten, um die eigene Leistung nach klaren Erfolgsparametern zu messen und auf dieser Erkenntnisgrundlage kontinuierliche Verbesserungen vorzunehmen.

Die Einhaltung der Fristen zur Berichterstattung wird durch das Global Compact-Büro in New York überprüft. Nach mehreren Anpassungen der Regeln über die vergangenen Jahre gilt nun die Formel, wonach alle Firmen vom Zeitpunkt des Beitritts zum Global Compact ein Jahr Zeit haben, um die erste Fortschrittsmitteilung vorzulegen. Wird die Frist zur Berichterstattung nicht eingehalten, wird das Unternehmen auf der Website des Global Compact entsprechend gekennzeichnet. Bei wiederholter Fristversäumnis werden Unternehmen komplett aus der Liste des Global Compact gestrichen (*expelled*). Im Zuge dieses Verfahrens wurden seit Einführung der Berichtspflicht mehr als 2000 Unternehmen aus dem Global Compact entfernt. Ausnahmeregelungen in Form verlängerter Fristen existierten bis Januar 2011 für Unternehmen aus nicht-OECD/G20-Nationen. Das trug dem Umstand Rechnung, dass vielen Unternehmen aus jenen Nationen schlicht die notwendigen Ressourcen und Kapazitäten fehlten, um Nachhaltigkeitsberichterstattung im gleichen Umfang und Rahmen durchzuführen, wie es in vielen Industrienationen schon seit einigen Jahren gängige Praxis war.

Wirkung

Die Zahl der Unterzeichner des Global Compact ist über die Jahre kontinuierlich gestiegen, von etwa 40 Firmen zu Beginn auf nun über 6000 Firmen aus rund 135 Staaten (Stand: Januar 2011). Dabei machen Firmen aus Entwicklungs- und Schwellenländern knapp die Hälfte aller beteiligten Unternehmen aus. Der Anteil kleiner und mittelständischer Unternehmen liegt bei etwa 54 Prozent. Die monatliche Zuwachsrate liegt bei rund 100 Firmen.

Die Generalversammlung der Vereinten Nationen hat die Arbeit des Global Compact seit 2002 in insgesamt acht Resolutionen gewürdigt und gleichzeitig das Mandat des Global Compact-Büros in der Förderung und Ausgestaltung der Partnerschaft zwischen Vereinten Nationen und Privatsektor gestärkt. Die Anerkennung der Initiative als ›innovative public private partnership‹ unterstreicht dabei auch den Beitrag des Global Compact zur Reform der Vereinten Nationen.

Auf ähnliche Weise haben übrigens auch die G8-Staaten seit 2001 in einer Reihe von Erklärungen und Dokumenten die Bedeutung des Global Compact als Instrument zur Förderung nachhaltigen Wirtschaftens betont.

Ausblick und Perspektiven

Das beeindruckende Wachstum des Global Compact in den ersten zehn Jahren seines Bestehens ist zweifellos Ausdruck der gestiegenen Bedeutung, die dem Thema ›Nachhaltigkeit‹ in der Wirtschaft heute beigemessen wird. Was in den 1990er Jahren, vielfach getragen von zivilgesellschaftlichen Akteuren, als ethisch-moralischer Diskurs begann, ist gerade in jüngerer Zeit um eine wichtige ökonomische Dimension erweitert worden. Die gestiegene Relevanz von Umwelt- und Sozialrisiken in den Finanzmärkten, angetrieben von institutionellen Investoren, war ein entscheidender Faktor, um den vielfach skeptisch betrachteten ›Business Case‹ verantwortlichen Wirtschaftens greifbarer und glaubhafter werden zu lassen. Hinzu kamen ein wachsender regulativer Druck und nicht zuletzt immer stärker artikulierte Verbraucherpräferenzen, die Unternehmen mit nachweisbar nachhaltigen Praktiken je nach Sektor deutliche Wettbewerbsvorteile in Aussicht stellen.

Die Finanz- und Wirtschaftskrise seit 2008 hat die Frage nach dem Sinn und Zweck nachhaltigen Wirtschaftens erneut in den Mittelpunkt einer öffentlichen Debatte gerückt. Während die Skeptiker die Frage stellten, ob ›corporate responsibility‹ in unsicheren Zeiten nicht ein unnötiger Kostenfaktor sei, überwog die Ansicht, dass es angesichts der Dynamik der Krise nie bessere Gründe gab, von kurzfristiger Profitmaximierung auf langfristige, nachhaltige Planung umzuschwenken. Letzteres wurde durch die eigenen Erkenntnisse des Global Compact unterstrichen: In den meisten Fällen, in denen Unternehmen im Zuge der Krise Ausgaben für Nachhaltigkeits- oder CSR-Abteilungen zusammenstrichen, waren diese Abteilungen nicht wirklich umfangreich in die strategische und operative Planung integriert.

Für die Initiative selbst gilt es in den kommenden Jahren, der Phase des Wachstums eine Phase der qualitativen Vertiefung folgen zu lassen. Mit der Schaffung spezieller Themeninitiativen (z. B. zu Wasser oder Klimaschutz) wurde der Grundstein gelegt, um gerade den führenden Firmen Möglichkeiten für Innovation, ›thought leadership‹ und ›advocacy‹ zu geben. Gleichzeitig müssen die eigenen Prozesse weiter optimiert werden, beispielsweise in der Nachhaltigkeitsberichterstattung, mit klaren Hilfestellungen für all jene Firmen, denen bislang Ressourcen und Kapazitäten fehlten, sinnvolle Fortschrittsmitteilungen zu produzieren.

Auf inhaltlicher Ebene hat sich gezeigt, dass globale Herausforderungen in weit größerem Maß verflochten sind als man bislang zugestehen mochte. Angesichts wachsender Interdependenzen zwischen Klimawandel, Wassermangel, Hunger, öffentlicher Gesundheit, Armut und globaler Sicherheit, um nur einige zu nennen, erscheint ein aktiver positiver Beitrag der globalen Wirtschaft notwendiger als je zuvor – vor allem vor dem Hintergrund der auf das Jahr 2015 gerichteten Millenniums-Entwicklungsziele. Die Förderung der Partnerschaft zwischen Wirtschaft, Vereinten Nationen, Regierungen und Zivilgesellschaft wird für den Global Compact daher besondere Bedeutung haben.

Lenkungsstrukturen

Das rapide Wachstum der Initiative warf früh die Frage nach geeigneten Lenkungsstrukturen auf. Bereits im August 2005 wurde das erste Governance Framework verabschiedet, um der Initiative einen genauso angemessenen wie effektiven organisatorischen Rahmen zu verleihen. Dieser Rahmen sollte dem Netzwerkcharakter des Global Compact gerecht werden, den bürokratischen Aufwand minimieren und alle Firmen und sonstigen Organisationen im globalen Netzwerk stärker involvieren und an Entscheidungsprozessen beteiligen.

Nach Überarbeitung des ursprünglichen Regelwerks im Jahr 2008 ruht der Global Compact nun (Stand: Januar 2011) auf sieben Säulen mit konkreten Verantwortungsbereichen:

Global Compact Leaders Summit: Der alle drei Jahre stattfindende Global Compact Leaders Summit ist das bedeutendste Forum für Global Compact-Teilnehmer, um die Entwicklung der Initiative rückschauend zu beurteilen, neue, kollektive Initiativen und Programme zu präsentieren, aber vor allem um zentrale, übergeordnete Entwicklungen im Zusammenhang mit Unternehmensverantwortung zu diskutieren und damit die Richtung der Initiative für die nähere Zukunft zu bestimmen.

Der erste Global Compact Leaders Summit fand am 24. Juni 2004 am UN-Hauptsitz in New York statt. Wichtigster Tagesordnungspunkt der Veranstaltung mit damals noch rund 400 Teilnehmerinnen und Teilnehmern war die Einführung des zehnten Prinzips zur Korruptionsbekämpfung im Zusammenhang mit der wenige Monate zuvor verabschiedeten UN-Konvention gegen Korruption.

Am zweiten Global Compact Leaders Summit am 5./6. Juli 2007 im Palais des Nations in Genf nahmen bereits mehr als 1100 Vertreter aus Wirtschaft, Zivilgesellschaft und Regierungen teil. Als erster Leaders Summit unter Leitung von UN-Generalsekretär Ban Ki-moon stand dieser Gipfel ganz unter dem Zeichen des rapiden Wachstums der Initiative und der damit verbundenen Notwendigkeit, neue Themenfelder zu erschließen und geeignete Plattformen anzubieten, um das Engagement der beteiligten Firmen zu konkreten Herausforderungen zu vertiefen. Mit den »Principles for Responsible Management Education«, dem »CEO Water Mandate« und »Caring for Climate« nahmen gleich drei neue Initiativen in Genf ihren Anfang.

Der dritte Global Compact Leaders Summit, das bislang größte Zusammentreffen von Wirtschaft, Zivilgesellschaft und öffentlichem Sektor unter dem Dach der Vereinten Nationen fand am 24./25. Juni 2010 in New York statt.

Local Networks: Bereits früh formierten sich auf nationaler, wie auch regionaler (Skandinavien), Ebene lokale Netzwerke von Teilnehmern, um im gemeinsamen Erfahrungsaustausch die Umsetzung der zehn Prinzipien im jeweiligen ökonomischen und politischen Kontext zu beraten.

Mittlerweile (Stand: Januar 2011) existieren in mehr als 90 Staaten sogenannte Local Networks, mit durchaus unterschiedlichen Organisationsformen. Allen gemein ist, dass sie als teilnehmergeführte formelle oder informelle Netzwerke weitgehende Handlungsautonomie besitzen, wenngleich sie bestimmte Mindeststandards erfüllen müssen, darunter die jährliche Berichterstattung an das Global Compact-Büro in New York, ein Mindestangebot von Veranstaltungen pro Jahr für lokale Mitglieder sowie die Benennung eines Netzwerk-Koordinators und eines offiziellen Netzwerkrepräsentanten.

Eine zentrale Rolle der Netzwerke besteht auch darin, als ›Peer Network‹ vor Ort die Durchsetzung der Integritätsmaßnahmen zu unterstützen, beispielsweise als erste Instanz im Konfliktfall. Da in vielen Ländern Sprachbarrieren die Kommunikation zwischen Firmen und dem vorwiegend in englischer Sprache operierenden Global Compact-Büro erschweren, erfüllen die Netzwerke ebenso eine wichtige Funktion für die Schulung und Bereitstellung von Trainingsmaterialien in der jeweiligen Landessprache. Dies ist vor allem im Zusammenhang mit den jährlichen Fortschrittsberichten von entscheidender Bedeutung.

Annual Local Networks-Forum: Das seit 2003 stattfindende jährliche Local Networks-Forum bietet Vertretern der Länder- und Regionalnetzwerke die Möglichkeit zum Erfahrungsaustausch und dient gleichzeitig als Plattform, Beschlüsse über die weitere Ausgestaltung der Netzwerkarbeit zu fassen und Empfehlungen an das Global Compact-Büro in New York zu richten. Ergänzt wird das Forum durch jährliche Regionaltreffen.

Global Compact Board: Das Global Compact Board, der Aufsichtsrat der Initiative, wurde in seiner jetzigen Form im Jahr 2006 aus der Taufe gehoben und ersetzt den ursprünglichen Advisory Council mit einem klaren und erweiterten Mandat. Besetzt ist das Gremium mit 24 Vertretern aus Wirtschaft, Zivilgesellschaft, Arbeitgeber- und Arbeitnehmerverbänden, die vom Generalsekretär, als Vorsitzendem ex officio für die Dauer von zwei Jahren ernannt werden. Die Board-Mitgliedschaft ist ein unentgeltliches Ehrenamt auf persönlicher (nicht institutioneller) Basis. Innerhalb der Vereinten Nationen ist das Global Compact Board das höchstrangigste Beratungsgremium mit Beteiligung der Wirtschaft.

Zentrale Aufgabe des Board ist die beratende Begleitung des Global Compact und damit die Mitgestaltung des strategischen wie operativen Kurses der Initiative. Während das Board in aller Regel nur ein- bis zweimal jährlich zusammentrifft, sind nahezu alle Mitglieder aufgrund ihrer offiziellen Rolle und Kapazitäten aktiv in die inhaltliche Arbeit des Global Compact eingebunden. Seit 2008 existieren mehrere Board-Arbeitsgruppen, etwa zu Menschenrechten und Arbeitsnormen, Korruptionsbekämpfung oder Umweltschutz.

Eine weitere, wichtige Rolle des Board liegt in der Beratung im Konfliktfall, also immer dann, wenn Verstöße gegen die Integrity Measures angemahnt werden. Hier sind Erfahrung und Hintergrund der Board-Mitglieder von entscheidender Bedeutung, um im Dialog mit den beteiligten Parteien pragmatische Lösungen zu finden.

Global Compact-Büro: Das Global Compact-Büro in New York ist die zentrale Schaltstelle der Initiative. In enger Zusammenarbeit mit einer Reihe von UN-internen wie externen Partnern koordinieren die knapp 30 Mitarbeiter (Stand: Mai 2010) die inhaltliche Arbeit und die globalen Operationen. Zu den Kernaufgaben des Büros gehören die Steuerung der Themenschwerpunkte, die Sammlung der jährlichen Fortschrittsberichte, die Koordination der lokalen Netzwerke, Presse- und Öffentlichkeitsarbeit, die Organisation globaler Veranstaltungen (z.B. Global Compact Leaders Summit und Annual Local Networks-Forum), die UN-interne Koordination, die Überwachung und Umsetzung der Integritätsmaßnahmen, sowie die Betreuung des Global Compact Board.

Inter-Agency-Team: Das Inter-Agency-Team ist eine Koordinierungsgruppe aller am Global Compact inhaltlich beteiligten UN-Organisationen und Programme. Dazu gehören das Büro der Hohen Kommissarin für Menschenrechte (OHCHR), die Internationale Arbeitsorganisation (ILO), das UN-Umweltprogramm (UNEP), das UN-Büro für Drogen- und Verbrechensbekämpfung (UNODC), das UN-Entwicklungsprogramm (UNDP) und die Organisation für Industrielle Entwicklung (UNIDO). All diese Organisationen üben eine inhaltlich beratende Funktion zu den für ihre Arbeitsschwerpunkte relevanten Themen aus und werden in regelmäßigen Treffen über die Arbeit des Global Compact informiert. Sie werden durch den Direktor des Global Compact-Büros ex officio im Global Board repräsentiert.

Global Compact Donor Group: Die Arbeit des Global Compact-Büros wird zum überwiegenden Teil durch freiwillige Beiträge verschiedener Regierungen in einen UN-Treuhandfonds finanziert. Der gegenwärtige Jahresetat des Büros beläuft sich auf rund 4,5 Millionen US-Dollar. Die Donor Group trifft sich zweimal jährlich, um die Entwicklung des Global Compact zu evaluieren und stellt sicher, dass die eingezahlten Mittel effektiv und effizient verwendet werden. Gebernationen und weitere am Global Compact interessierte Staaten haben außerdem die Möglichkeit, sich im Rahmen einer mehrmals jährlich in New York zusammentreffenden ›Friends Group‹ über den Global Compact und sein Arbeitsprogramm zu informieren.

Um Programme und Veranstaltungen des Global Compact wirksam finanziell zu unterstützen, wurde im Jahr 2006 eine gemeinnützige Stiftung, die Foundation for the Global Compact, geschaffen. Über die Stiftung, über deren Mittelvergabe ein unabhängiger Verwaltungsrat entscheidet, können auch Firmen und andere Organisationen, in eng gesetzten Grenzen, einen finanziellen Beitrag leisten. Seit 2008 sind die Unternehmen im Global Compact dazu aufgerufen, einen jährlichen, nach Größe des Unternehmens gestaffelten Beitrag zu leisten. Das jährliche Budget der Stiftung liegt bei etwa 2 Millionen US-Dollar.

Neue Plattformen für neue Herausforderungen

Ging es in den ersten Jahren der Initiative vor allem darum, für nachhaltiges Wirtschaften als moralische Obligation zu werben und auf dieser Grundlage neue Firmen zum Beitritt zu bewegen, entwickelte sich über die Jahre die Notwendigkeit, ein wirtschaftliches Komplement zur ethischen Diskussion zu finden, letztlich den ›business case‹ stärker herauszustellen.

Dabei hat sich der Global Compact auf globale Trends gestützt und gleichzeitig neue Plattformen und Foren geschaffen, um diese Trends für die Initiative in einem sinnvollen Rahmen zu nutzen.

Principles for Responsible Investment (PRI): Als ersten Schritt zur stärkeren Einbindung der Finanzwelt rief der Global Compact im April 2006 gemeinsam mit der Finanzinitiative des UN-Umweltprogramms (UNEP FI) die »Principles for Responsible Investment« ins Leben. Die Initiative, vorwiegend adressiert an institutionelle Investoren und Anlagenmanager, hat es sich zum Ziel gesetzt, Umwelt- und Sozialthemen, aber auch Fragen der Corporate Governance stärker als zuvor bei Investitionsentscheidungen und Anlagemanagement zu berücksichtigen.

Dies ist vor allem darin begründet, dass Umwelt- und Sozialfragen, vom Klimawandel bis hin zur Korruptionsbekämpfung oder dem Schutz der Menschenrechte, in den vergangenen Jahren zunehmend an wirtschaftlich materieller Bedeutung gewonnen haben. Die Auswirkungen von Umweltschädigungen oder kostspielige Prozesse in Folge von Korruptionsskandalen oder Menschenrechtsverletzungen können also direkte und mitunter schwerwiegende Auswirkungen auf die Unternehmensbilanz und damit letztlich auch auf das Anlagerisiko haben.

Dabei verfolgen die PRI-Unterzeichner keine Desinvestitions-Strategie. Es geht in erster Linie darum, die gemeinsamen Interessen von Anlegern zu bündeln und so eine effektive Plattform zu schaffen, um Unternehmen für die finanziellen Konsequenzen von Umwelt- und Sozialrisiken zu sensibilisieren. Zu diesem Zweck wurde ein Engagement Clearinghouse geschaffen, über das jährlich etwa 50 gemeinsame Aktionen von Investoren koordiniert werden, so zum Beispiel ein Aufruf an über 9000 börsennotierte Unternehmen weltweit, dem Global Compact beizutreten.

Mehr als 730 institutionelle Anleger, Anlagenmanager und andere Partner haben sich den PRI bislang (Stand: April 2010) angeschlossen. Gemeinsam verfügen sie über ein Anlagevermögen von mehr als 18 Billionen US-Dollar.

Caring for Climate: Im Zeichen des Klimawandels hat auch der Global Compact große Anstrengungen unternommen, um unternehmerisches Engagement zu stärken und Lösungsansätzen der Wirtschaft eine stärkere Öffentlichkeit zu verschaffen. Auf dem Global Compact Leaders Summit 2007 wurde Caring for Climate ins Leben gerufen, eine Plattform, um den Erfahrungsaustausch zum Klimaschutz zu fördern und gleichzeitig der Wirtschaft eine Stimme im komplexen politischen Prozess der Klimaverhandlungen zu geben. Mehr als 360 Firmen im Global Compact haben sich zu den Prinzipien von Caring for Climate bekannt (Stand: Mai 2010) und damit auch eine Selbstverpflichtung zur regelmäßigen Berichterstattung über Ihre Klimaschutzaktivitäten abgegeben.

The CEO Water Mandate: Ebenfalls im Juli 2007 fiel der Startschuss für das CEO Water Mandate, eine Initiative des Global Compact, um Firmen in der Entwicklung und Umsetzung nachhaltigen Wassermanagements zu unterstützen. Diese Aktionsplattform entstand aus der Tatsache, dass Zugang zu sauberem Trinkwasser und sanitären Einrichtungen in vielen Regionen der Erde noch immer ein ernsthaftes Entwicklungshindernis mit vielfältigen und komplexen Auswirkungen darstellt. Während die Rolle der Wirtschaft bei der Nutzung von Wasserressourcen nicht unumstritten ist, bieten sich aber auch gleichzeitig Möglichkeiten, durch nachhaltiges Ressourcenmanagement und Innovation erheblich zur Verbesserung der Situation beizutragen. Als persönliche, freiwillige Absichtserklärung wird das »CEO Water Mandate« mittlerweile (Stand: Mai 2010) von über 60 Vorstandsvorsitzenden aus aller Welt unterstützt.

Insgesamt fordert das »CEO Water Mandate« von seinen Unterzeichnern, nachhaltigen wie verantwortlichen Umgang mit der Ressource Wasser im eigenen Einflussbereich zu priorisieren und in der jährlichen Communication on Progress gesondert über Praktiken und Maßnahmen im Zusammenhang mit Ressourcenverbrauch und -management zu berichten. Gleichzeitig bietet das »CEO Water Mandate« ein Forum, um gemeinsam mit Regierungen, UN, Zivilgesellschaft und anderen Akteuren Lösungsansätze zu entwickeln und zu beraten. Ein zehnköpfiger Lenkungskreis mit gleichmäßiger regionaler Repräsentanz steuert die Aktivitäten des CEO Water Mandate.

Principles for Responsible Management Education (PRME): Schon früh in der Entwicklung des Global Compact mehrten sich Stimmen, die sowohl aus ethischer wie auch ökonomischer Sicht dringenden

Bedarf sahen, soziale und ökologische Fragestellungen flächendeckend in die Ausbildung künftiger Führungskräfte zu integrieren.

Um das Konzept einer holistischen, an der Schaffung ökonomischer wie auch sozialer und ökologischer Werte orientierten Managementausbildung auf breiter Front voranzutreiben, wurde auf dem Global Compact Leaders Summit 2007 die Gründung einer neuen Initiative für Hochschulen, Forschungseinrichtungen und Dachorganisationen bekannt gegeben – der Principles for Responsible Management Education (PRME). Auf der Grundlage der zehn Prinzipien des Global Compact formulieren die PRME sechs Grundsätze, um Studierende betriebs- und wirtschaftswissenschaftlicher Studiengänge durch Lehre, akademische Forschung und Dialog mit gesellschaftlichen Akteuren besser auf die komplexen Herausforderungen im Spannungsfeld zwischen Wirtschaft, Gesellschaft und Umwelt vorzubereiten.

Unter der Führung des Global Compact und neun international führender Organisationen der Managemententwicklung und Hochschulakkreditierung zielen die PRME vor allem auf einen Prozess der kontinuierlichen Verbesserung der relevanten Institutionen. Koordiniert durch ein kleines Sekretariat in New York bietet die Initiative eine Reihe von Hilfestellungen, um die weit mehr als 300 angeschlossenen Hochschulen und sonstigen Einrichtungen in der Entwicklung und Umsetzung der notwendigen Programme zu unterstützen – von der Anpassung der Curricula bis zur Entwicklung von Trainings- und Weiterbildungsmaßnahmen. Eine Serie regelmäßiger Veranstaltungen des globalen PRME-Netzwerks gewährleistet den kontinuierlichen Erfahrungsaustausch (weitere Informationen: www.unprme.org).

Global Compact Cities Programme: Städte und Kommunen bieten ein besonderes Spektrum an menschlichen, materiellen und finanziellen Ressourcen und verfügen oft über einen erheblichen Spielraum, nachhaltiges Wirtschaften und speziell die Prinzipien des Global Compact in ihrem Einflussbereich zu fördern – einerseits durch die eigenen Operationen und andererseits durch die Durchsetzung klarer Vorgaben in der Vergabe von Mitteln oder im öffentlichen Auftragswesen. Nicht zuletzt nehmen Städte oft eine besondere Stellung im Kontakt mit lokalen Unternehmen ein und können mit Informationsangeboten und Dienstleistungen für die Teilnahme am Global Compact werben.

Als Reaktion auf das Interesse mehrerer Städte am Global Compact wurde im Jahr 2003 das Global Compact Cities Programme gegründet, die erste eigenständige Aktionsplattform in der Initiative. Das Programm unterstützt Städte weltweit in der Übertragung und Umsetzung der zehn Prinzipien in der kommunalen Verwaltung. Den Zielen des Global Compact entsprechend legt die Initiative besonderen Wert auf kollektives Handeln und den Dialog zwischen öffentlichen und privaten Akteuren und der Zivilgesellschaft.

Insgesamt stehen den teilnehmenden Städten mehrere Möglichkeiten zur Verfügung, ihr Bekenntnis zum Global Compact umzusetzen: als Fürsprecher verantwortlichen Wirtschaftens in der eigenen Verwaltung und den ortsansässigen Firmen; durch die Einführung von Nachhaltigkeitsberichterstattung und durch konkrete Projekte, die eine zentrale Herausforderung der jeweiligen Kommunen angehen, beispielsweise in den Bereichen Gesundheitsförderung oder Abfallwirtschaft.

Weltweit sind dem Global Compact gegenwärtig (Stand: Mai 2010) 37 Städte und Verwaltungsbezirke angeschlossen, die durch ein internationales Sekretariat am Global Cities Institute der RMIT-Universität in Melbourne/Australien koordiniert werden.

Der Global Compact in Deutschland

Die deutsche Wirtschaft hat sich seit Beginn der Initiative im Global Compact engagiert: BASF, Bayer, Daimler, die Deutsche Bank und die Deutsche Telekom gehörten zu den 44 Erstunterzeichnern, die am 26. Juli 2000 in New York vertreten waren. Vertreter dieser Unternehmen bildeten ursprünglich einen kleinen, informellen Kreis, die German Friends of the Global Compact, der sich in regelmäßigen Abständen zum Erfahrungsaustausch und zur Diskussion aktueller Fragen traf. Ebenfalls früh beteiligte sich die deutsche Sektion der International Chamber of Commerce (ICC). So entstand bereits in den Anfangsjahren eine aktive Gruppe von Unterstützern des Global Compact auf nationaler Ebene.

Auch auf politischer Seite wurde die Initiative begrüßt, nicht zuletzt, da sie Bemühungen entgegen kam, die Wirtschaft stärker in die Bewältigung globaler Herausforderungen einzubinden, beispielsweise als Partner in der Entwicklungszusammenarbeit. Gleichzeitig sah man das Potenzial des Global Compact als Dialog- und Lernplattform global für verantwortliches und nachhaltiges Wirtschaften zu werben. Schon im Jahr 2001 beschloss das Bundesministerium für Wirtschaftliche Zusammenarbeit (BMZ) daher, sowohl das Global Compact-Büro in New York, als auch die Schaffung eines geeigneten organisatorischen Rahmens, also eines lokalen Netzwerks, in Deutschland zu unterstützen. Mit der Koordination dieses entstehenden Netzwerks wurde das Berliner Büro für die Zusammenarbeit mit der Wirtschaft bei der Deutschen Gesellschaft für Technische Zusammenarbeit (GTZ) betraut – auch vor dem Hintergrund der steigenden Bedeutung sogenannter Public Private Partnerships. Die GTZ selbst trat dem Global Compact im Jahr 2004 bei.

Mit Schaffung einer zentralen Anlauf- und Koordinierungsstelle stieg auch die Zahl der deutschen Teilnehmer in der Initiative. Bis April 2010 waren dem Global Compact fast 170 deutsche Firmen beigetreten, darunter große DAX30-Konzerne und zahlreiche kleine und mittlere Unternehmen. Allerdings wurden auch 29 Firmen aufgrund versäumter Berichterstattung wieder aus der Initiative entfernt, was im internationalen Vergleich jedoch kein hoher Anteil ist. Gegenwärtig (Stand: April 2010) zählt das deutsche Netzwerk 139 teilnehmende Firmen. Auch Organisationen der Zivilgesellschaft und Hochschuleinrichtungen gehören dem deutschen Netzwerk an. Und über das im Jahr 2004 eingerichtete Global Compact Cities Programme für Städte und Gemeinden haben sich in Deutschland die Städte Berlin, Nürnberg und Bonn bislang den zehn Prinzipien des Global Compact verpflichtet.

Um die Arbeit des Global Compact in Deutschland zu stärken, wurde im Sommer 2007 ein formaler Lenkungskreis für das deutsche Netzwerk geschaffen. Diesem achtköpfigen Gremium gehören vier gewählte Vertreter beteiligter Unternehmen sowie je zwei Vertreter der Zivilgesellschaft und der beteiligten Bundesministerien an. Ohne Stimmrecht nehmen außerdem die ICC, ein Vertreter der Wissenschaft, ein Vertreter der Gebietskörperschaften und die GTZ als Focal Point am Lenkungskreis teil. Als zentrales Beschlussorgan entscheidet der Lenkungskreis über das Jahresprogramm und die Schwerpunktsetzung des deutschen Netzwerks und kontrolliert Erfolg und Qualität der Umsetzung.

Seit 2008 setzt das deutsche Netzwerk jährliche Schwerpunktthemen, die in unterschiedlichen Veranstaltungsformaten adressiert und diskutiert werden. Diese Schwerpunktsetzung erlaubt es dem Netzwerk, intensiv und kontinuierlich an spezifischen Herausforderungen und den Instrumenten zu ihrer Lösung zu arbeiten. Dies geschieht in Form von Workshops im Rahmen der Arbeitstreffen, Vortragsabenden und Coachings.

Dreimal jährlich organisiert das deutsche Netzwerk sogenannte ›Global Compact-Arbeitstreffen‹ in Berlin. Bei diesen Veranstaltungen geht es darum, die Umsetzung der zehn Prinzipien in den teilnehmenden Organisationen voran zu treiben. Im Vordergrund stehen der Erfahrungsaustausch, gemeinsames Lernen und die offene Diskussionen in vertraulicher Atmosphäre. Weitere Veranstaltungen, etwa gezielte Trainingsprogramme für Unternehmen, ergänzen das Programm.

Um die Finanzierung der Netzwerkaktivitäten auch langfristig auf ein solideres Fundament zu stellen, wurde im Jahr 2009 die Stiftung Deutsches Global Compact-Netzwerk gegründet.

Weitere Informationen

www.unglobalcompact.org
www.globalcompact.de

Georg Kell

5. Corporate Stewardship

Obwohl nicht unumstritten, kann die ›Stewardship-Theorie‹ zunächst als ein Gegenentwurf zu den innerhalb der modernen Managementtheorie weit verbreiteten Annahmen der ›Principal-Agent-Theorie‹ verstanden werden (vgl. u.a. Davis et al. 1997a; 1997b; Buchholtz et al. 2009, 330 f.; zur Kritik vgl. u.a. Albanese et al. 1997). Das Management, so die Annahme der ›Stewardship-Theorie‹, habe treuhänderische Pflichten gegenüber seinen Kapitalgebern, Mitarbeiterinnen und Mitarbeitern sowie Kundinnen und Kunden im Speziellen und gegenüber der Öffentlichkeit im Allgemeinen. In der ursprünglichen Wortbedeutung bezeichnet ›Steward‹ dabei den Kastellan oder Hofmeister, der während der Abwesenheit seines Herren damit beauftragt ist, dessen Besitz treuhänderisch zu verwalten, ihn instand zu halten und möglichst umsichtig zu bewirtschaften (vgl. Newton 1998, 606 f.; Maak/Ulrich 2007, 111). Im übertragenen Sinne wird diese ›Fürsorge‹ als eine Pflicht des Managements verstanden, die ihm ›anvertrauten‹ Ressourcen schonend zu gebrauchen und in der Entscheidungsfindung die Interessen der Stakeholder in den Vordergrund zu stellen.

Im Konzept der ›Corporate Stewardship‹ wird diese Vorstellung einer ›fürsorglichen Bewirtschaftung‹ auf den Umgang des Unternehmens mit seinen natürlichen, sozialen und kulturellen Ressourcen übertragen und verpflichtet das Unternehmen zu einer nachhaltigen Wirtschaftsweise. Grundlegend ist dabei das in der Idee einer Corporate Stewardship zum Ausdruck kommende Selbstverständnis des Unternehmens, durch seine Wirtschaftsweise die natürliche Umwelt zu schonen und für nachfolgende Generationen zu bewahren (vgl. Maak/Ulrich 207, 111 f.). Entsprechend beziehen sich die meisten Initiativen im Bereich einer Corporate Stewardship vor allem auf die nachhaltige Bewirtschaftung natürlicher Ressourcen. Aufgrund der mit dem Grundsatz einer ›Stewardship‹ auch verbundenen ›Rechenschaftspflicht‹ des ›Stewards‹, fordern diese Initiativen in der Regel die Einhaltung überprüfbarer und zertifizierbarer Standards, denen sich die der jeweiligen Initiative angeschlossenen Unternehmen unterwerfen. Durch Vergabe eines ›Gütesiegels‹ wird die Einhaltung dieser Prinzipien auch nach außen hin dokumentiert.

Schließlich findet der Gedanke einer fürsorglichen Umgangsweise mit der natürlichen Umwelt auch Anwendung im Gedanken der sogenannten »Produkt-Stewardship«. Damit wird innerhalb der Industrie ein Konzept bezeichnet, bei dem sich die Produktverantwortung des Herstellers auf den gesamten Produktlebenszyklus bezieht und mithin beispielsweise auch das mögliche Recycling oder die möglichst problemfreie und umweltschonende Entsorgung des Produktes mit einschließt.

Alle genannten Sichtweisen der ›Stewardship-Theorie‹ sollen im Folgenden näher dargestellt werden.

Stewardship als Managementprinzip

Zu den derzeit wohl populärsten Annahmen innerhalb der Management-Theorie zählt die als ›Principal-Agent-Theorie‹ bezeichnete Auffassung, dass das im Auftrag der Kapitalgeber und Eigner mit der Geschäftsführung moderner Kapitalgesellschaften beauftragte Management prinzipiell vor allem an der Maximierung des eigenen Nutzens interessiert sei und es daher spezifischer Überwachungsmethoden und Anreizsysteme bedürfe, um das Management dazu zu veranlassen, die Interessen der Auftraggeber/innen nicht aus den Augen zu verlieren. Sowohl die Unternehmenseigner (Prinzipale) als auch die in ihrem Auftrag handelnden Manager (Agenten) werden dabei als strikt rational agierende Nutzenmaximierer gesehen, die wechselseitig versuchen, ihre Interessen gegenüber der jeweils anderen Partei durchzusetzen, wobei sie jedoch über nur unvollständige Informationen hinsichtlich der Absichten und Fähigkeiten der anderen Partei verfügen (Informationsasymmetrie) (vgl. Jensen/Meckling 1976, 308). Während also die Kapitalgeber – so die Annahme – an einer möglichst hohen Rendite ihrer Investitionen interessiert sind, ist der von ihnen beauftragte Agent vor allem an der Maximierung seiner eigenen Wohlfahrt, z.B. Einkommen oder Macht, interessiert, wodurch spezifische Interessenkonflikte entstehen. Generell ergeben sich für den Auftraggeber (Prinzipal) aus dieser Sichtweise somit zwei grundlegende Schwierigkeiten: Zum einen kann er einen ungeeigneten Agenten mit der Geschäftsführung beauftragen (*adverse selection*), da er dessen Fähigkeiten nur unzureichend einschätzen kann (*hidden characteristics*) oder aber der Agent kann ihn hinsichtlich seiner wahren Absichten bewusst falsch informieren, respektive im Dunklen lassen (*hidden intention*). Zum anderen sind die mit der Geschäftsführung beauftragten Agenten versucht, ihre eigenen Interessen gegen die Interessen des Prinzipals durchzusetzen (*moral hazard*), insbesondere dann, wenn der Prinzipal nicht in der Lage ist, die einzelnen Handlungen zu kontrollieren oder diese in ihren Konsequenzen nicht beurteilen kann (*hidden action*). Um also sicherzustellen, dass der Agent im Sinne seines Auftraggebers handelt, bleiben dem Prinzipal generell nur zwei Möglichkeiten: Er kann zum einen versuchen, entsprechende Steuerungs- und Überwachungsmethoden zu implementieren, die das Wohlverhalten des Agenten garantieren helfen. Er kann zum anderen versuchen, durch entsprechende Entlohnungs- und Gratifikationssysteme Anreize zu schaffen, die die Erwirtschaftung einer maximalen Rendite für die Auftraggeber auch für den Agenten lohnend erscheinen lassen, z. B. durch die Implementierung entsprechender Bonus- oder Beteiligungssysteme (vgl. Eisenhardt 1989, 59 f.; Donaldson/Davis 1991, 50).

Die Agency-Theorie und das ihr zugrunde liegende Menschenbild haben in den vergangenen Jahren jedoch Kritik hervorgerufen, da sie die Vielschichtigkeit von Akteuren und des Verhaltens innerhalb von Organisationen ignorieren. Zum einen belegen Ergebnisse der Motivationsforschung, dass Akteure nicht nur materielle sondern auch nichtmaterielle oder intrinsische Bedürfnisse wie Wertschätzung, Selbstverwirklichung und Autonomie zu befriedigen versuchen (intrinsische Motivation) und dementsprechend nicht nur durch externe Anreize zur Arbeit motiviert werden können (Argyris 1973, 253 ff.). Zum anderen – und eng hiermit verbunden – bleibt der Einfluss situativer Faktoren wie der Unternehmenskultur und des Führungsstils auf das Mitarbeiterverhalten unberücksichtigt.

Die Stewardship-Theorie greift diese Kritik auf und hebt entgegen dem negativen Bild eines einzig seinem Eigeninteresse folgenden Homo Oeconomicus das pro-soziale Verhalten und die intrinsische Motivation von Akteuren sowie die sich hieraus ergebenden positiven Implikationen hervor. Denn versteht sich der Auftragnehmer nicht als Agent, der vor allem seine eigenen Interessen in den Vordergrund stellt, sondern als Bevollmächtigter, dessen Zielsetzung es ist, im besten Sinne für das Wohl seines Auftraggebers zu handeln und dessen Vermögen umsichtig zu verwalten, entfallen die oben beschriebenen Agentur-Probleme (vgl. Donaldson 1990, 377; Donaldson/Davis 1991, 51 f.). Dabei, so die Annahme der Stewardship-Theorie, ist der Auftragnehmer nicht nur seinem Auftraggeber verpflichtet, sondern auch für das Wohl der von ihm direkt oder indirekt Abhängigen oder der von seinem Handeln unmittelbar oder mittelbar Betroffenen (Stakeholder) verantwortlich. Hierbei wird angenommen, dass das Handeln zum Wohle der anderen für den Steward einen höheren Nutzen besitzt, als die Verfolgung eigener Interessen (vgl. Davis et al. 1997a, 24). In diesem Sinne lösen sich mögliche Interessenkonflikte zwischen Steward und Auftraggeber generell zu Gunsten des Auftraggebers auf. Zugleich definiert die Stewardship-Theorie auch die Rolle des Auftraggebers neu: Dieser sei weniger an der Maximierung seiner Kapitalrendite als vielmehr am Gedeihen seiner Organisation interessiert; diese Zielsetzung befindet sich auch im Einklang mit den Interessen des Stewards, so dass beide Parteien letztlich gleiche Zielsetzungen verfolgen (vgl. ebd., 24 f.).

Diese grundsätzlich andere Sichtweise des Verhältnisses von Eigentümer und Geschäftsführer hat weitreichende Folgen für die Gestaltung der (vertraglichen) Beziehungen zwischen Auftraggeber und Auftragnehmer, die vor allem in den Dimensionen Autonomie versus Kontrolle, intrinsische versus extrinsische Motivation, starke versus schwache Identifikation, organisationale versus personale Autoritätsbeziehung und Shareholder- versus Stakeholder-Orientierung zum Ausdruck kommt.

Autonomie versus Kontrolle: Während die Agentur-Theorie von der Notwendigkeit einer maximalen Kontrolle des Agenten durch den Prinzipal ausgeht, da es nur so möglich ist, die Wahrscheinlichkeit unerwünschten Verhaltens zu minimieren, baut die Stewardship-Theorie auf einen größtmöglichen Handlungsspielraum des Bevollmächtigten. Da der Steward eine Eigenmotivation besitzt, den Interessen seines Auftraggebers bestmöglich zu dienen, empfindet er die Beschränkung seiner Handlungsfreiheit, so die Annahme, als Autonomieverlust, was sich letztendlich kontraproduktiv auf seine Motivation auswirken würde und zur inneren Kündigung führen kann (vgl. Davis et al. 1997a, 25; Donaldson 2008, 308; Frey 1997). Allerdings ergibt sich hieraus auch ein erhöhtes Risiko für den Auftraggeber, der sich bei der Auswahl des Stewards generell vor das Problem gestellt sieht, die geeignete Person auszuwählen. Je risikoaverser also der Auftraggeber ist, desto eher wird er sich vom Bild des ›Agenten‹ leiten lassen und versuchen, durch entsprechende Überwachungs- und Steuerungsstrukturen die Handlungsmöglichkeiten des Stewards zu beschränken. Umgekehrt läuft der allzu ›vertrauensselige‹ Auftraggeber Gefahr, anstelle des pro-sozialen Stewards einen eigennutzmaximierenden Agenten zu rekrutieren und in diesem Falle gleichsam den ›Bock zum Gärtner‹ zu machen (vgl. Davis et al. 1997a, 25 f.).

Intrinsische versus extrinsische Motivation: Um entsprechende Anreize für das Wohlverhalten des Agenten zu setzen, geht die Agentur-Theorie davon aus, dass dieser sich vor allem durch extrinsische, d.h. materielle Anreize, wie Gehaltszahlung oder geldwerte Leistungen, in seinem Verhalten beeinflussen lasse. Entsprechend gelte es beispielsweise, den Agenten durch Boni und Gratifikationen am Unternehmenserfolg zu beteiligen, um so sein Verhalten an den Interessen des Prinzipals auszurichten. Demgegenüber stellt die Stewardship-Theorie vor allem die intrinsische Motivation der Akteure in den Vordergrund. Entsprechend sind es Erfolgsorientierung, Pflichtbewusstsein, Zugehörigkeitsgefühl, Streben nach Selbstverwirklichung und der stetige Wunsch nach Selbstentfaltung, die den Steward in seinem Handeln motiviere (vgl. Davis et al. 1997a, 28; Donaldson 2008, 308). Hinzu kommt ein hoher Grad an Identifikation mit den Zielen und dem Wohlergehen der Organisation, für die der Steward tätig ist. Hernandez spricht in diesem Zusammenhang von einer ›psychological ownership‹, die den Steward dazu veranlasse, aus eigenem Antrieb heraus das Wohlergehen der Organisation den eigenen Interessen überzuordnen (vgl. Hernandez 2008, 126). Allerdings ergebe sich hieraus auch die Gefahr, dass der hohe Identifikationsgrad mit den Zielen und Werten der Organisation dazu beitrage, dass der Steward letztendlich seine eigenen Werte vernachlässige und damit seine Fähigkeit, unternehmerische Verhaltensmuster in kritischer Distanz und auf Basis persönlicher Werte und Normen zu prüfen, verliere (vgl. ebd.).

Starke versus schwache Identifikation: Als Folge der überwiegend extrinsischen Motivation des Agenten ergibt sich eine nur mäßige Identifikation mit der Organisation. In der Regel tendieren Agenten entsprechend der ihnen unterstellten ausschließlich auf materiellen Anreizen basierenden Leistungsbereitschaft dazu, sich mit den Erfolgen des Unternehmens zu identifizieren, da diese qua Anreizstruktur mit den individuellen Zielen in Einklang stehen. Misserfolge hingegen werden beschönigt oder auf andere abgewälzt, um die eigenen Gratifikationen nicht zu gefährden. Entgegen dieser Verhaltensweise sieht sich der Steward vor allem der Gesamtorganisation gegenüber verpflichtet. Für ihn gilt es, Mängel in der Organisation zu beseitigen, Schwächen zu überwinden, Probleme zum Wohle der Organisation zu lösen und Fehler aufzuarbeiten, um so die eigene Arbeit stetig zu verbessern. Im Vordergrund steht dabei nicht das Eigeninteresse, sondern das Wohlergehen der Gesamtorganisation, mit der sich der Steward identifiziert. Die starke Identifikation des Stewards mit seiner Organisation äußert sich zum einen in dem Streben nach langfristiger Unternehmenszugehörigkeit (*continuance commitment*) und zum anderen in einer hohen Akzeptanz der Organisationsziele (*value commitment*), die zu fördern sich der Steward zur Aufgabe gemacht hat (vgl. Mayer/Schoorman 1992, 672; Davis et al. 1997a, 30).

Organisationale und personale Autoritätsbeziehung: Das Verhältnis zwischen Prinzipal und Agent ist geprägt durch eine formale Machtbeziehung, die sich aufgrund der Stellung des Prinzipals ergibt. Generell verfügt der Prinzipal über die Macht, das Verhalten des Agenten zu belohnen und besitzt zudem eine qua Organisationsstruktur legitimierte Autorität, die seitens des Agenten respektiert wird. Durch geeignete Anreizsysteme und qua institutioneller Machtbefugnisse (z.B. Auskunftsrechte etc.) ist der Prinzipal in der Lage, das Verhalten des Agenten zu steuern. Auch ist der Prinzipal in der Lage, Zwangsmittel gegen den Agenten anzuwenden, indem er diesem beispielsweise mit Beendigung des Geschäftsführungsvertrages droht oder den Vertrag kündigt. Demgegenüber beruht das Verhältnis zwischen Prinzipal und Steward vor allem auf der Anerkennung der persönlichen Autorität des Prinzipals durch den Steward. Diese gründet zum einen auf der fachlichen Kompetenz des Prinzipals (z.B. als Unternehmensgründer) und beruht zum anderen auf wechselseitiger Anerkennung und Respekt. Da diese persönliche Autorität des Prinzipals somit auch unabhängig von seiner organisationalen Stellung und seinen formalen Machtbefugnissen existiert, erweist sie sich bei der Gestaltung des Prinzipal-Steward-Verhältnisses als wesentlich stabiler als eine rein auf organisationalen Machtbefugnissen gegründete Autorität (vgl. Davis 1997a, 31 f.).

Shareholder- versus Stakeholder-Orientierung: Innerhalb der Prinzipal-Agent-Theorie ergibt sich eine klare Ausrichtung des Agenten an den Interessen des

Prinzipals. Da dieser qua Definition an einer größtmöglichen Eigenkapitalrendite interessiert ist, folgt der Agent als dessen Beauftragter einer klaren ›Shareholder-Orientierung‹, die durch die seitens des Prinzipals implementierten Steuerungs- und Anreizsysteme aufrechterhalten wird. Die im Rahmen der Stewardship-Theorie unterstellte Übereinstimmung der Zielsetzungen von Prinzipal und Steward führt hingegen dazu, dass aus Sicht des Stewards der Prinzipal nicht als außerhalb des Systems stehend, sondern als Teil des Kollektivs wahrgenommen wird (Davis 1997a, 29). Entsprechend sieht sich der Steward nicht in erster Linie den monetären Interessen eines Prinzipals gegenüber verpflichtet, sondern richtet seine Aktivitäten, im Einklang mit den Zielen seines Prinzipals, am langfristigen Wohlergehen der Gesamtorganisation aus. Diese gegenüber der Prinzipal-Agent-Theorie erweiterte Orientierung des Stewards am langfristigen Wohlergehen der Gesamtorganisation und die Übernahme persönlicher Verantwortung erweitern auch den Adressatenkreis, dem gegenüber sich ein Steward verpflichtet fühlt. Im Interesse der Organisation ist er bemüht, auch die internen und externen Stakeholder bei seinen Entscheidungen mit zu berücksichtigen und die unterschiedlichen Interessen der verschiedenen Anspruchsgruppen zum Ausgleich zu bringen (vgl. Hernandez 2008, 122).

Trotz des innerhalb der Stewardship-Theorie zum Ausdruck kommenden positiven Menschenbildes, das auch mögliche pro-soziale Verhaltensweisen und intrinsische Motive der Akteure berücksichtigt und den Manager nicht ausschließlich auf die Rolle eines rein extrinsisch motivierten rationalen Nutzenmaximierers reduziert, liegen gerade in dieser allzu optimistischen Sichtweise auch die möglichen Schwächen des Stewardship-Ansatzes. So werden in den Annahmen der Stewardship-Theorie systematisch Eigeninteresse, Interessenkonflikte und Informationsasymmetrien ausgeblendet, die durchaus auch die Beziehung zwischen Prinzipal und Steward beeinträchtigen können (vgl. Velte 2010, 291). Zum anderen wird weitgehend unbegründet eine Interessenharmonie zwischen Steward und internen und externen Stakeholdern unterstellt (vgl. u. a. Caldwell/Karri 2005, 254; Caldwell et al. 2006, 210 f.). Dabei dürfte sich die Verpflichtung des Stewards gegenüber Mitarbeitern, externen Stakeholdern und Gesellschaft zum Zwecke langfristiger Wohlfahrtssteigerung für alle Beteiligten (vgl. Caldwell et al. 2008, 153) wohl eher als ein anzustrebendes Ideal dann als Realität unternehmerischen Handelns erweisen.

Andererseits ist es für das Selbstverständnis zukünftiger Manager durchaus relevant, welches Bild des Managementverhaltens innerhalb der wirtschaftswissenschaftlichen Ausbildung und Forschung dominiert. Während in der Agentur-Theorie mit dem Eigennutz maximierenden Homo Oeconomicus ein eher negatives Menschenbild vorherrscht, steht dem innerhalb der Stewardship-Theorie der pro-sozial eingestellte Manager gegenüber (vgl. Donaldson 1990, 377). Obwohl sich beide Sichtweisen in ihrer Reinform wohl als allzu idealistisch erweisen dürften, scheint es dennoch oder gerade deshalb angebracht, das innerhalb der wirtschaftswissenschaftlichen Ausbildung dominierende Menschenbild der Principal-Agent-Theorie durch ein realistischeres Menschenbild zu ersetzen (Donaldson 2008, 309).

Corporate Stewardship

Das Konzept der ›Corporate Stewardship‹ greift die Idee der ›treuhänderischen Verwaltung‹ auf Ebene der Gesamtorganisation auf und überträgt diese auf den Umgang des Unternehmens mit seinen natürlichen, sozialen und kulturellen Ressourcen. In diesem Sinne verstehen sich Unternehmen als Stewards, wenn sie die ihnen anvertrauten Güter zum Wohle der kommenden Generationen fürsorglich und umsichtig bewirtschaften und erhalten: »Corporate Stewardship bezeichnet den Umgang einer Unternehmung mit natürlichen und soziokulturellen Ressourcen in einer treuhänderischen und fürsorglichen Weise, die den legitimen Ansprüchen anderer Menschen, auch zukünftige Generationen, gerecht wird [...]« (Maak/Ulrich 2007, 111). Die starke Orientierung des Corporate Stewardship Gedankens am Prinzip der Nachhaltigkeit kann dabei auch als Reaktion auf die Sensibilisierung der Öffentlichkeit für Umweltfragen und die beginnende ›Ökologiedebatte‹ der 1970er Jahre verstanden werden, wie sie in den USA vor allem durch Rachel Carsons Buch *Der Stumme Frühling* und in Europa durch den Bericht des Club of Rome *Grenzen des Wachstums* ausgelöst wurde. Entsprechend zielen die meisten Initiativen einer Corporate Stewardship insbesondere auf die Vermeidung der Übernutzung und den Erhalt der natürlichen Umwelt.

Wesentliches Kennzeichen aller Stewardship-Initiativen ist dabei, dass sich die betreffenden Unternehmen auf die Einhaltung der durch die jeweilige Initiative beschlossenen Grundsätze einer nachhaltigen und sozial-verträglichen Wirtschaftsweise verpflichten. Diese Grundsätze lassen sich als eine Art Verhaltensstandard verstehen, dessen Prinzipien zumeist im Rahmen sogenannter Multistakeholder-Dialoge gemeinsam mit Umweltschutz- und Menschenrechtsorganisationen sowie Vertretern der Wissenschaft und lokaler Gemeinschaften erarbeitet wurden. Um den Selbstverpflichtungscharakter dieser Verhaltensrichtlinien zu untestreichen, bestehen diese Initiativen in der Regel auf der Einhaltung überprüfbarer und zertifizierbarer Standards, deren Befolgung durch die Vergabe eines ›Gütesiegels‹ für den Verbraucher sichtbar gemacht werden soll.

Der Forest Stewardship Council: Eines der prominentesten Beispiele einer derartigen Initiative ist der 1993 ins Leben gerufene ›Forest Stewardship Council‹ (FSC). Ziel des FSC ist es, den Grundgedanken einer nachhaltigen Entwicklung im Bereich der Waldbewirtschaftung umzusetzen, wobei sowohl ökologische, ökonomische wie auch soziale Aspekte berücksichtigt werden sollen (vgl. FSC 2010). Zu den wesentlichen Grundsätzen des FSC zählt beispielsweise, Kahlschläge und den Einsatz von Bioziden im Sinne einer nachhaltigen Bewirtschaftung zu unterlassen, eine dauerhafte Marktversorgung und den Anbau marktgerechter Hölzer anzustreben und im Sinne einer sozialverträglichen Wirtschaftsweise dauerhafte Beschäftigungsverhältnisse sowie die Achtung der Nutzungsrechte Dritter zu garantieren (vgl. FSC 2010).

Der FSC ist bemüht, möglichst alle für den Bereich der Waldbewirtschaftung relevanten Stakeholder bei der Erstellung und Fortschreibung seiner Richtlinien mit einzubeziehen. Dies spiegelt sich auch in der paritätischen Zusammensetzung des FSC wider, dessen Entscheidungsgremium sich aus einer ›Umwelt-‹, ›Wirtschafts-‹ und ›Sozialkammer‹ mit jeweils gleicher Stimmberechtigung zusammensetzt (vgl. FSC 2010). Damit wird zugleich der Versuch unternommen, den Stakeholder-Dialog in den Entscheidungsstrukturen des FSC zu implementieren und alle drei Ebenen der Nachhaltigkeit – ökonomisch, ökologisch und sozial – gleichberechtigt zu berücksichtigen.

Im Einzelnen umfasst die Definition einer nachhaltigen Forstwirtschaft im Sinne des FSC zehn Prinzipien, die anhand von 53 Kriterien und zahlreichen Indikatoren, je nach nationalem Kontext, näher spezifiziert werden. Zu den Prinzipien zählen (vgl. FSC 2010):

(1) Die Einhaltung der Forstgesetze sowie der FSC Prinzipien: In diesem Sinne sollen bei der Waldbewirtschaftung alle relevanten Gesetze und internationalen Verträge und Abkommen beachtet werden und die Prinzipien des FSC Anwendung finden.

(2) Die klare Definition von Besitzansprüchen, Landnutzungsrechten und Verantwortlichkeiten: Entsprechend sollen die langfristigen Besitzansprüche und Nutzungsrechte an Land- und Forstressourcen klar definiert, dokumentiert und rechtlich verankert sein.

(3) Die Wahrung der Rechte indigener Völker: Die gesetzlichen und gewohnheitsmäßigen Rechte der indigenen Gruppen hinsichtlich Besitz, Nutzung und Bewirtschaftung von Land, Territorien und Ressourcen sind anzuerkennen und zu respektieren.

(4) Die Beziehung zu lokalen Gemeinschaften und die Wahrung der Arbeitnehmerrechte: Ziel der Waldbewirtschaftung soll es sein, das soziale und ökonomische Wohlergehen der im Wald Beschäftigten und der lokalen Bevölkerung langfristig zu erhalten oder zu vergrößern.

(5) Die ökonomische Effizienz: Die Bewirtschaftung soll die effiziente Nutzung der vielfältigen Produkte und Leistungen des Waldes fördern, um so langfristig wirtschaftliche, ökologische und soziale Vorteile zu gewährleisten.

(6) Die Auswirkungen auf die Umwelt: Es gilt, die biologische Vielfalt und die damit verbundenen Werte, die Wasserressourcen, die Böden sowie einzigartige und empfindliche Ökosysteme und Landschaften zu erhalten und die ökologische Funktionen und Unversehrtheit des Waldes zu gewährleisten.

(7) Die Erstellung eines Bewirtschaftungsplans: Dieser soll der Betriebsgröße und der Bewirtschaftungsintensität des Forstbetriebes entsprechen und die langfristigen Bewirtschaftungsziele und die Mittel zu deren Verwirklichung beschreiben.

(8) Die Kontrolle und Bewertung: Es soll eine der Betriebsstruktur angemessene Dokumentation und Bewertung des Waldzustandes, der Erträge der geernteten Waldprodukte, der Handels- und Verwertungskette, der Bewirtschaftungsmaßnahmen sowie deren sozialer und ökologischer Auswirkungen erfolgen.

(9) Die Erhaltung von Wäldern mit hohem Schutzwert: Bewirtschaftungsmaßnahmen in Wäldern mit hohem Schutzwert sollen darauf ausgelegt sein, deren Merkmale zu erhalten oder zu vermehren.
(10) Die Nutzung von Plantagenbewirtschaftung: Plantagen sollen als Ergänzung zu naturnaheren Bewirtschaftungsformen dienen, sie sollen den Druck auf ›Naturwälder‹ mindern und gleichzeitig deren Erhalt fördern.

Die Zertifizierung der Forst-, Herstellungs- und Handelsbetriebe erfolgt durch unabhängige Akkreditierungsorganisationen, die wiederum in regelmäßigen Abständen hinsichtlich der ordnungsgemäßen Durchführung der Zertifizierungen durch den FSC kontrolliert werden. Die Zertifizierung umfasst sowohl die Herstellungsbetriebe als auch die gesamte Liefer- und Verarbeitungskette. Dies soll verhindern, dass in den Endprodukten Hölzer aus nachhaltiger Bewirtschaftung mit anderen Hölzern, beispielsweise aus illegalem Einschlag, vermischt werden (vgl. Schepers 2010, 283). Um ein Höchstmaß an Transparenz der Herstellungsbedingungen für den Endverbraucher zu garantieren, vergibt der FSC drei unterschiedliche ›Produkt-Labels‹: ›FSC Pure‹, für Produkte aus einhundert Prozent FSC-Hölzern; ›FSC Mix‹ für Produkte, die aus FSC-Hölzern und Recycling-Material hergestellt wurden; und ›FSC Recycling‹ für Produkte aus reinem Recycling-Material (vgl. FSC 2010).

Zu den wesentlichen Stärken des FSC zählen die Formulierung strenger Standards, die Unabhängigkeit von staatlichen Organisationen, die unabhängige Zertifizierung, die als Multistakeholder-Dialog organisierte Festlegung der Standards, eine hohe Transparenz der Prozesse, die Bezugnahme auch auf soziale Nachhaltigkeit, die Zertifizierung der gesamten Lieferkette sowie die globale Anwendbarkeit der Standards (vgl. Schepers 2010, 280).

Generell hängt die Durchsetzung der FSC-Standards jedoch von der Akzeptanz des ›FSC-Labels‹ durch die Verbraucher ab. Dies erweist sich insbesondere in Schwellen- und Entwicklungsländern als problematisch, da eine nachhaltige Wirtschafts- und Produktionsweise seitens der Verbraucher hier nur bedingt honoriert wird. Demgegenüber steht ein vergleichsweise hoher Kosten- und Verwaltungsaufwand für die Zertifizierung der entsprechenden Forstbetriebe. Beides lässt es für viele Forstbetriebe insbesondere in Schwellen- und Entwicklungsländern daher als relativ unlukrativ erscheinen, sich auf die FSC-Standards zu verpflichten.

Der Marine Stewardship Council: Ein weiteres, ebenfalls bekanntes Beispiel einer derartigen Initiative ist der ›Marine Stewardship Council‹ (MSC), der sich die nachhaltige Nutzung maritimer Ressourcen zum Ziel gesetzt hat. Gegründet wurde der MSC 1997 als Gemeinschaftsinitiative des damals größten Fischverarbeiters, Unilever, und der Umweltschutzorganisation World Wide Fund For Nature (WWF). Seit 1999 ist der MSC eine eigenständige Organisation, die im Wesentlichen von Nichtregierungsorganisationen und Unternehmen getragen wird und sich durch Spenden und Lizenzverträge finanziert (vgl. MSC 2010). Wie beim FSC soll auch beim MSC eine nachhaltige Ressourcennutzung durch die Vergabe eines Gütesiegels ausgezeichnet werden. Entsprechend lautet das Selbstverständnis des MSC: »Unsere Mission ist es, mithilfe unseres ökologischen Zertifizierungs- und Kennzeichnungsprogramms einen Beitrag zu gesunden Weltmeeren zu leisten. Durch das Anerkennen und Belohnen nachhaltiger Praktiken beim Fischfang, das Beeinflussen von Verbraucherentscheidungen beim Kauf von Fisch und Meeresfrüchten und die Zusammenarbeit mit Partnern wollen wir die Fischerei in einen nachhaltigen Wirtschaftssektor verwandeln« (MSC 2010).

Um der Überfischung der Meere entgegenzuwirken, versucht der MSC langfristige Lösungen zu entwickeln, die sowohl umweltverträglich als auch ökonomisch sinnvoll sind. Ziel ist es somit einerseits, die Fang- und Verarbeitungsmethoden anhand entsprechender Standards umweltgerecht zu gestalten und andererseits diese ökologisch nachhaltige Bewirtschaftung durch ein entsprechendes Label für den Verbraucher sichtbar zu machen (vgl. Constance/Bonanno 2000, 125). Hierhinter verbirgt sich die Hoffnung, dass geänderte Konsumpräferenzen und der Erfolg des Labels dazu beitragen, zunehmend mehr Fischereibetriebe zu einer Zertifizierung ihrer Betriebe nach MSC zu bewegen (vgl. Cummins 2004, 86).

Vergleichbar der FSC-Zertifizierung bezieht sich auch die Zertifizierung des MSC auf die gesamte Herstellungskette. Dabei wird das Gütesiegel des MSC ausschließlich für Fischereiprodukte aus Wildfang und nicht für Erzeugnisse aus Fischzucht vergeben. Wesentliche Vergabekriterien sind die Einhaltung bestimmter Fangquoten, um eine Überfischung der Bestände zu vermeiden; Fangmethoden, die möglichst geringe Auswirkungen auf das Ökosystem haben; ein verantwortungsvolles Management in den Fischereibetrieben sowie die Einhaltung internationaler und nationaler gesetzlicher Fischereibestimmungen (vgl. MSC 2010; Constance/Bonanno 2000, 130). Maßgeblich für die Vergabe des MSC Siegels sind dabei zwei unterschiedliche Standards, deren Einhaltung ähnlich wie beim FSC von unabhängiger Seite zertifiziert wird: Der ›MSC Environmental Standard for Sustainable Fishing‹ garantiert, dass die Fangmethoden den MSC-Richtlinien entsprechen und der ›MSC Chain of Custody Standard‹ stellt sicher, dass das Endprodukt ausschließlich aus nach FSC Standard gefangenen Fischen hergestellt wurde (vgl. MSC 2010).

Allerdings bemängeln Kritiker, dass es sich beim MSC um eine Unternehmensinitiative handelt, die vor allem den Interessen der Industrie geschuldet sei. Zudem seien MSC-zertifizierte Produkte überwiegend für Verbraucher aus den westlichen Industrienationen interessant, während derartige Standards in den überbevölkerten und nur schwach entwickelten Ländern der südlichen Hemisphäre kaum geeignet erscheinen, die dortigen Ernährungsprobleme nachhaltig zu lösen. Entsprechend wird eine derartige Zertifizierung auch als eine Art ›Öko-Imperialismus‹ gesehen, der vorrangig den Interessen der Industrienationen dienen soll (vgl. Constance/Bonanno 2000, 131 f.). Andererseits lässt sich der MSC auch als eine Stewardship-Initiative verstehen, die auf eine Selbstbeschränkung der Akteure in jenen Bereichen zielt, in denen es die nationalen Regierungen und internationalen Organisationen versäumten, eine umweltverträgliche Bewirtschaftung maritimer Ressourcen durch entsprechende Gesetze sicherzustellen. Zudem wurde dem Vorwurf mangelnder Stakeholder-Repräsentanz durch die Implementierung zweier neuer Gremien Rechnung getragen. So wird der MSC Vorstand seit 2000 zum einen von einem ›Technical Advisory Board‹ beraten, der den Vorstand vor allem in technischen, wissenschaftlichen und rechtlichen Fragen berät. Zum anderen wurde dem Vorwurf der mangelnden Stakeholder-Orientierung durch die Implementierung eines ›Stakeholder Councils‹ begegnet, der Empfehlungen für die strategische Ausrichtung und Weiterentwicklung der MSC Standards geben soll (vgl. Cummins 2004, 88 f.).

Der Sustainable Tourism Stewardship Council: Ein abschließendes, möglicherweise etwas weniger bekanntes Beispiel für eine Stewardship Initiative stellt der auf Betreiben der Umweltschutzgruppe Rainforest Alliance in Zusammenarbeit mit verschiedenen Organisationen der Vereinten Nationen initiierte ›Sustainable Tourism Stewardship Council‹ (STSC) dar. Ziel des STSC ist es, Kriterien für einen ›nachhaltigen Tourismus‹ zu entwickeln. Ausschlaggebend für diese Initiative war nicht zuletzt die Beobachtung, dass es zwar bis dahin eine Vielzahl kleinerer und oftmals lokal beschränkter Initiativen für einen ›sanften Tourismus‹ gab, ein internationaler Standard mit einem entsprechenden Monitoring- und Zertifizierungssystem, der die Qualität derartiger Initiativen sicherzustellen und ihre Bekanntheit zu verbessern helfen konnte, bisher jedoch fehlte (vgl. Skinner et al. 2004, 121 f.).

Die Gründung des STSC im Jahre 2007 versteht sich als Beitrag zum sogenannten Marrakesch-Prozess, einem Zehn-Jahres-Programm zur Förderung nachhaltiger Produktion und nachhaltigen Konsums, wie er auf dem Weltgipfel für nachhaltige Entwicklung im Jahre 2002 in Johannesburg von der Staatengemeinschaft verabschiedet wurde. 2009 schloss sich der STSC mit der ›Partnership for Global Sustainable Tourism Criteria‹ zum ›Tourism Sustainability Council‹ (TSC) zusammen (vgl. STSC 2010). Die durch den STSC zwischenzeitlich als Grundlage für einen nachhaltigen Tourismus erarbeiteten ›Global Sustainabel Tourism Criteria‹ (GSTC) berücksichtigen neben ökologischen Aspekten vor allem auch soziale Aspekte bei ihren Empfehlungen und verstehen sich als Mindeststandards der Tourismusbranche. Zu den wichtigsten Anforderungen der GSTC zählen (GSTC 2010):

(1) Die Einrichtung eines Nachhaltigkeitsmanagementsystems, das ökologische, soziale und kulturelle sowie Qualitäts-, Sicherheits- und Gesundheitsaspekte berücksichtigt. Die Reiseveranstalter werden dazu angehalten, über die örtliche Kultur und die ökologischen Besonderheiten am Urlaubsort zu informieren und ihren Kunden geeignete Verhaltenstipps zur Verfügung zu stellen.

(2) Die Reduzierung negativer Auswirkungen durch die touristischen Aktivitäten sowie die Förderung des sozialen und ökonomischen Nutzens für die örtliche Bevölkerung. Ziel soll es sein, einheimische Arbeitskräfte vor allem auch in Leitungspositionen zu beschäftigen, die Infrastruktur der Gemeinden zu fördern, faire Entlohnung zu sichern und lokale Unternehmen

durch die Einbindung in die Leistungserstellung zu unterstützen.

(3) Die Bewahrung des kulturellen Erbes mit dem Ziel, dieses durch den Tourismus bestmöglich zu nutzen und mögliche Schäden zu minimieren. Besonderes Augenmerk gilt dabei dem Schutz lokaler archäologischer und historischer Stätten, dem Respekt vor religiösen und spirituellen Orten sowie der Beschränkung des Handels mit historischen Kunstgegenständen.

(4) Erhalt der natürlichen Ressourcen und Schonung der Umwelt. Beim Bau und beim Betrieb der Anlagen sollen umweltfreundliche Materialien verwendet, Verschmutzung vermieden, die Artenvielfalt, das Ökosystem und die Landschaft vor Ort erhalten sowie der Bestand wild lebender Tierpopulationen nicht gefährdet werden.

Zu den weiteren Aktivitäten der STSC zählen Schulungsmaßnahmen für Reiseveranstalter/innen, um diese für die ökologischen und soziokulturellen Folgen des Tourismus zu sensibilisieren und zur freiwilligen Einhaltung der Global Sustainable Tourism Criteria zu bewegen, ebenso Schulungen für Reiseführer und Touristen, in denen der STSC für einen nachhaltigen Tourismus werben will und auf die Berücksichtigung entsprechender Aspekte beispielsweise bei der Wahl des Urlaubshotels oder der Urlaubsregion hinwirken möchte (vgl. STSC 2010). Entsprechende Zertifizierungsrichtlinien für die Vergabe eines ›STSC-Siegels‹ werden derzeit erarbeitet.

Product-Stewardship

Eine weitere Verwendung findet der Gedanke des Stewardships im Konzept der sogenannten ›Product-Stewardship‹. Damit wird ein Konzept der Produktverantwortung bezeichnet, das sich auf den gesamten Produktlebenszyklus – von der Rohstoffgewinnung, über die Herstellung und die Produktverwendung bis hin zur Produktentsorgung bzw. zum Recycling – bezieht (vgl. Hart 1997, 71 f.). Erste Anstrengungen in dieser Richtung gehen auf Initiativen der chemischen Industrie Mitte der 1990er Jahre zurück, die vor allem ein gemeinsames Risikomanagement durch Kommunikation und Kollaboration über die gesamte Produktverwendungskette hinweg zum Ziel hatten (vgl. Cramer/Alders 1999, 135 f.). Heute wirkt sich der Gedanke einer Product-Stewardship neben den Bemühungen um eine umweltschonende Produktion vor allem im Produktdesign und in den verarbeiteten Materialien aus, die eine leichte Entsorgung der Grundstoffe, respektive ein Recycling einzelner Komponenten beispielsweise bei Altfahrzeugen oder Elektrogeräten, erlauben sollen.

Als Synonym für eine derartige Verantwortungsübernahme wird häufig der Begriff der ›Extended Producer Responsibility‹ verwendet. Anzumerken ist hierzu jedoch, dass sich die Konzepte in ihren Zielen und in ihrer praktischen Umsetzung zwar überschneiden, aber mindestens in zwei wesentlichen Punkten voneinander unterscheiden: Zum einen hinsichtlich ihres Ansatzes, wie ein verantwortungsvoller Umgang mit den Ressourcen befördert werden soll und zum anderen bezüglich ihres Adressatenkreises. Im Allgemeinen wird Product-Stewardship als ein freiwilliges Konzept verstanden, das nicht nur den Markeninhaber, sondern die gesamte Lieferkette ebenso wie den Staat und die Konsumenten in der Pflicht sieht, Ressourcen sorgsam zu verwenden und Müll zu vermeiden (»shared responsibility«) (U.S. EPA 1998). Diese Konzeption ist insbesondere im US-amerikanischen Raum verbreitet und wird seitens der US-amerikanischen Umweltbehörde auch als »Extended Product Responsibility« bezeichnet. Demgegenüber sieht das Konzept der Extended Producer Responsibility auch gesetzliche Regulierungen (Rücknahmeverordnungen, Steuern etc.) vor, die primär den Markeninhaber – infolge seiner zentralen Stellung innerhalb des Produktionsprozesses und der Lieferkette – zu einem umsichtigen Umgang mit den natürlichen Ressourcen anhalten sollen (Lindhqvist 2000; 1992). In einigen Fällen, wie bspw. in British Columbia, präsentiert sich diese Konzeption dabei unter dem Begriff ›Product Stewardship‹ (http://www.env.gov.bc.ca/epd/recycling/index.htm).

Zusammenfassung

Gemeinsames Element aller ›Stewardship-Bemühungen‹ ist der Gedanke einer verantwortungsbewussten, treuhänderischen und fürsorglichen Wirtschaftsweise. Diese Forderung kann sowohl auf das Handeln des Managements innerhalb einer Organisation als auch auf das Handeln der Organisation selbst und deren Produktpolitik bezogen werden. Für das Management bedeutet dies, dass der einzelne Manager die ihm anvertrauten Ressourcen zum Wohle seines Auftraggebers und der Gesellschaft verwalten soll, wobei nicht die maximale Kapitalrendite, sondern das Wohlergehen der Organisation und ihrer internen und externen Stakeholder das Ziel ist. Bezogen auf die Gesamtorganisation beschreibt der Leitgedanke einer ›Corporate Stewardship‹ die nachhaltige Wirtschaftsweise des Unternehmens und den schonenden Umgang mit den natürlichen Ressourcen, die es treuhänderisch zu verwalten und für nachfolgende Generationen zu erhalten gilt.

Literatur

Albanese, Robert/Dacin Tina M./Harris, Ira C.: Agents as Stewards. In: Academy of Management Review 22, 3 (1997), 609–611.

Argyris, Chris: Some Limits of Rational Man Organizational Theory. In: Public Administration Review 33 (1973), 253–267.

Buchholtz, Ann K./Brown, Jill A./Shabana, Kareem M.: Corporate Governance and Corporate Social Responsibility. In: Andrew Crane et al. (Hg.): The Oxford Handbook of Corporate Social Responsibility. Oxford 2009, 327–345.

Caldwell, Cam/Hayes, Linda A./Karri, Ranjan/Bernal, Patricia: Ethical Stewardship – Implications for Leadership and Trust. In: Journal of Business Ethics 78, 1–2 (2008), 153–164.

Caldwell, Cam/Karri, Ranjan: Organizational Governance and Ethical Systems: A Covenantal Approach to Building Trust. In: Journal of Business Ethics 58, 1–3 (2005), 249–259.

Caldwell, Cam/Karri, Ranjan/Vollmar, Pamela: Principal Theory and Principle Theory: Ethical Governance from the Follower's Perspective. In: Journal of Business Ethics 66, 2–3 (2006), 207–223.

Constance, Douglas H./Bonanno, Alessandro: Regulating the Global Fisheries: The World Wildlife Fund, Unilever and the Marine Stewardship Council. In: Agriculture and Human Values 17, 2 (2000), 125–139.

Cramer, Jacqueline/Alders, Gerard: The Design of a Product Stewardship Management System within Akzo Nobel. In: Eco-Management and Auditing 6, 3 (1999), 135–139.

Cummins, Alexia: The Marine Stewardship Council: A Multi-Stakeholder Approach to Sustainable Fishing. In: Corporate Social Responsibility and Environmental Management 11, 2 (2004), 85–94.

Davis, James H./Schoormann, David F./Donaldson, Lex: Toward a Stewardship Theory of Management. In: Academy of Management Review 22, 1 (1997a), 20–47.

–/–/–: The Distinctiveness of Agency Theory and Stewardship Theory. In: Academy of Management Review 22, 3 (1997b), 611–613.

Donaldson, Lex: The Ethereal Hand: Organizational Economics and Management Theory. In: Academy of Management Review 15, 3 (1990), 369–381.

–: Ethics Problems and Problems with Ethics: Toward a Pro-Management Theory. In: Journal of Business Ethics 78, 3 (2008), 299–311.

– /Davis, James H.: Stewardship Theory or Agency Theory: CEO Governance and Shareholder Returns. In: Australian Journal of Management 16, 1 (1991), 49–64.

Eisenhardt, Kathleen M.: Agency Theory: An Assessment and Review. In: Academy of Management Review 14, 1 (1989), 57–74.

FSC: Forest Stewardship Council – Arbeitsgruppe Deutschland e.V. In: http://www.fsc-deutschland.de (31.5.2010).

Frey, Bruno S.: Markt und Motivation. Wie ökonomische Anreize die (Arbeits-)Moral verdrängen. München 1997.

GSTC: Global Susainable Tourism Criteria. In: http://www.sustainabletourismcriteria.org/ (31.5.2010).

Hart, Stuart L.: Beyond Greening: Strategies for a Sustainable World. In: Harvard Business Review 75, 1 (1997), 66–76.

Hernandez, Morela: Promoting Stewardship Behavior in Organizations: A Leadership Model. In: Journal of Business Ethics 80, 1 (2008), 121–128.

Jensen, Michael C./Meckling, William H.: Theory of the Firm: Managerial Behavior, Agency Costs and Ownership Structure. In: Journal of Financial Economics 3, 4 (1976), 305–360.

Lindhqvist, Thomas: Extended Producer Responsibility. In: Ders.: Extended Producer Responsibility as a Strategy to Promote Cleaner Products. Lund 1992, 29–63.

–: Extended Producer Responsibility in Cleaner Production. Lund 2000 (auch in: http://www.lub.lu.se/luft/diss/tec355.pdf, 10.7.2010).

Maak, Thomas/Ulrich, Peter: Integre Unternehmensführung. Ethisches Orientierungswissen für die Wirtschaftspraxis. Stuttgart 2007.

Mayer, Roger C./Schoorman, F. David: Predicting Participation and Production Outcomes through a Two-Dimensional Model of Organizational Commitment. In: Academy of Management Journal 35, 3 (1992), 671–684.

MSC: Marine Stewardship Council – Fische und Meeresfrüchte aus zertifiziert nachhaltiger Fischerei. 2010. In: http://www.msc.org (31.5.2010).

Newton, Lisa H.: Stewardship. In: Patricia H. Werhane/

Edward R. Freeman (Hg.): Encyclopedic Dictionary of Business Ethics. Malden, Mass. 1998, 606–607.
Schepers, Donald H.: Challenges to Legitimacy at the Forest Stewardship Council. In: Journal of Business Ethics 92, 2 (2010), 279–290.
Skinner, Elizabeth/Font, Xavier/Sanabria, Ronald: Does Stewardship Travel Well? Benchmarking Accreditation and Certification. In: Corporate Social Responsibility and Environmental Management 11, 3 (2004), 121–132.
STSC: Sustainable Tourism. 2010. In: http://www.rainforest-alliance.org/tourism.cfm?id=main (31.5.2010).
United States Environmental Protection Agency (US. EPA): Extended Product Responsibility. In: http://www.epa.gov/wastes/partnerships/stewardship/basic.htm (10.7.2010).
Velte, Patrick: Stewardship-Theorie. In: Zeitschrift für Planung und Unternehmenssteuerung 20, 3 (2010), 285–293.

Michael S. Aßländer und Markus Schenkel

VIII. Bereichsethiken

1. Marketing-Ethik

Die Marketing-Ethik basiert auf ethischen Theorien. Ethik als Teilbereich der Philosophie beschäftigt sich mit moralischen Werten (dem Wünschbaren) und Normen (den Aufforderungen) des guten Handelns, z.B. mit Gerechtigkeit (Rawls 1993), Fairness oder Verantwortung (Jonas 1979). Eine Hemmschwelle für die Entwicklung der Marketing-Ethik liegt gerade in dieser Anwendung philosophischer Grundlagen, die für den Marketing-Wissenschaftler meist wenig zugängliches Neuland darstellen. In den USA dagegen, wo die Marketing-Ethik wesentlich mehr verbreitet ist, wird diese Verwurzelung in Theorien der Philosophie weniger stark verfolgt, sondern vielmehr in pragmatischer Absicht überwiegend eine sozialwissenschaftlich-empirische Forschung betrieben, was ihr aus deutscher Sicht den Vorwurf mangelnder theoretischer Fundierung eingetragen hat (Steinmann/Löhr 1987, 60). Aber auch in den USA gibt es Beispiele für die Anwendung ethischer Ansätze auf Marketing-Probleme und den Versuch der Verbindung von ethischen Theorien und Marketing-Theorien (u.a. Laczniak 1983).

Das Programm einer Marketing-Ethik hängt inhaltlich von den zugrunde gelegten philosophischen Wertbegriffen ab. Dabei ist in den vorliegenden Beiträgen zur Marketing-Ethik der Bezug auf das Konstrukt ›Verantwortung‹ vorherrschend und soll auch hier verfolgt werden. So hat sich in Theorie und Praxis die Befassung mit *Corporate Social Responsibility* (CSR) als Rahmen marketingtheoretischer Fragestellungen stark etabliert. Verantwortung tragen bedeutet, für die Folgen des Handelns (Tun oder Unterlassen) vor sich selbst und anderen einzustehen sowie für die Beweggründe, die zu diesem Handeln geführt haben. Ethik, die einer Verantwortungsorientierung folgt, könnte folgende Problemfelder umfassen:

- Welche Verantwortungsdefizite (Kritik) werden wahrgenommen und artikuliert?
- Wer trägt Verantwortung bzw. wem sind Handlungsfolgen zuzurechnen in Abhängigkeit von Rahmenbedingungen einer Handlung und hier insbesondere dem Handlungsfreiraum?
- Wer ist legitimiert, wertorientierte Forderungen aufzustellen und die Handelnden zur Rechenschaft zu ziehen (im Sinne des Stakeholder-Ansatzes die Frage nach den Betroffenen)?
- Wofür soll Verantwortung übernommen werden (positive oder negative Pflichten)? Verantwortung wird inhaltlich derzeitig in der ökonomischen, ökologischen und sozialen Dimension (sog. *triple bottom line*) diskutiert. Eine kulturelle Dimension könnte hinzugefügt werden. Das sich ergebende Verantwortungsbündel enthält Widersprüche, zu deren Lösung wertorientierte Prioritäten aufgestellt werden müssen.
- Mit welchen Strategien kann verantwortliches Marketing-Handeln unterstützt werden?

Begründung einer eigenen Bereichsethik im Rahmen der Unternehmensethik

Es ist für die Forschungsentwicklung und insbesondere auch für die Strukturierung der Lehre fraglich, ob es sinnvoll ist, Bereichsethiken im Rahmen der Unternehmensethik zu unterscheiden. Verantwortungsträger ist die Unternehmung, deren ethische Werte explizit oder implizit die Unternehmenskultur ausmachen und für deren Durchsetzung eine institutionelle Struktur geschaffen werden muss. Dies sind Inhalte einer übergreifenden Unternehmensethik. Die Frage nach dem Sinn einer Bereichsethik für das Marketing ist in Bezug zu den Auffassungen zum Erkenntnisobjekt der Marketing-Wissenschaft zu klären. Wird Marketing im Sinne einer marktorientierten Unternehmensführung bzw. als ›Unternehmensphilosophie‹ interpretiert, so liegt in diesem Führungsanspruch der herrschenden Marketinglehre ein entsprechend breites betriebswirtschaftliches Themenspektrum für eine Marketing-Ethik, die allerdings fast deckungsgleich mit einer allgemeinen Unternehmensethik wäre und dieser nur eine marktorientierte Interpretationslinie gäbe. Wird Marketing dagegen enger als betriebliche Funktion bzw. als eines der betrieblichen Tätigkeitsfelder – neben z.B. Produktion oder Finanzierung – gesehen, die sich in Aufgabeninhalten und Adressaten unterscheiden, dann ergeben sich auch verschiedene Ausprägungen von Verantwortlichkeiten. Der Marketing-Bereich hat in diesem Sinne vorrangig die Aufgabe, unter Einsatz spezifischer Instrumente die Beziehungen der Unternehmung zu ihren Kunden und Lieferanten zu gestalten. Diese bilden damit auch die primäre Stakeholder-Gruppe, wobei selbstverständlich beachtet werden muss, dass weitere Stakeholder-Gruppen als Betroffene des Marketing-Handelns zu berücksichtigen sind. Die Konstituierung einer Bereichsethik für das Marketing nach diesem Verständnis des Marketing-Begriffs dient einer Konkretisierung von problemspezifischen Verantwortlichkeiten und der Mittel ihrer Erfüllung. Sie stellt insofern einen operativen Teil der Unternehmensethik dar, der eigene spezielle Fragestellungen aufwirft. Dieser Beitrag soll sich auf ihn beschränken, um ethische Besonderheiten des Marketings herauszuarbeiten.

Eine so verstandene Marketing-Ethik speist sich aus verschiedenen Quellen. Zum einen sind es Kritik und moralische Anforderungen der Gesellschaft an die Unternehmen. Die Wahrnehmung derartiger Signale stellt gerade für das Marketing als Schnittstelle zwischen Unternehmung und Gesellschaft eine adäquate Aufgabe dar. Zum anderen resultieren weitere Impulse für die Marketing-Ethik aus theoretischen Entwicklungen in ihrem Umfeld. Dazu gehören Ansätze in der Marketing-Theorie selbst, in der Allgemeinen Betriebswirtschaftslehre sowie in der Wirtschafts- und Unternehmensethik. Beispielsweise hat der Stakeholder-Ansatz im Rahmen der Allgemeinen Betriebswirtschaftslehre zur Erweiterung des Verständnisses gesellschaftlicher Verantwortlichkeiten des Marketings und zur Entwicklung von Stakeholder-Dialogen als Baustein der Marketing-Ethik beigetragen.

Wahrnehmung ethischer Problemstellungen in der Entwicklung der Marketing-Theorie

Die Marketing-Ethik verbreitete sich in Deutschland eher zögerlich seit ca. Ende des 20. Jahrhunderts, in den USA dagegen wesentlich früher und auf breiterer Basis (Öberseder/Schlegelmilch 2010). Allerdings gab es Vorläufer, die sich mit der Kritik am Marketing oder mit Fragen seiner außerökonomischen Verantwortung auseinandergesetzt haben. Gesellschaftliche Kritik ist häufig der Anlass für die Beschäftigung mit ethikrelevanten Problemstellungen gewesen, selbst wenn diese Kritik nicht konzeptionell aufgearbeitet wurde.

Die Marketing-Theorie (zur Geschichte der Marketing-Theorie vgl. Hansen/Bode 1999), wie sie in Deutschland unter amerikanischem Einfluss aus der betrieblichen Absatzlehre zunächst in der vornehmlichen Anwendung auf den Konsumgütersektor entwickelt wurde, wollte ihrem Anspruch nach, auf der Basis einer verhaltenswissenschaftlich fundierten Kundenkenntnis, Bedürfnisse des Marktes befriedigen bzw. Problemlöser der Konsumenten sein und auf diese Weise ökonomischen Markterfolg realisieren. Im Sinne der Systemethik von Adam Smith – so wurde angenommen – ist derjenige am erfolgreichsten, der die im Markt herrschenden Bedürfnisse am besten versteht und befriedigen kann. Voraussetzung für diesen Mechanismus ist die sogenannte Souveränität der Konsumenten, ihre Fähigkeit also, die eigenen Bedürfnisse zu kennen und am Markt zu artikulieren und zu realisieren. Mit der Entwicklung und Verfeinerung des Marketing-Instrumentariums entstand nun allerdings gerade auch eine Gefährdung dieser Konsumentensouveränität, indem die Unternehmen durch Kenntniszuwachs in der Marktforschung und im Einsatz des marketingpolitischen Instrumentariums zunehmend in die Lage versetzt wurden, Bedürfnisse ihren ökonomischen Zielen entsprechend zu beeinflussen und zu verändern und damit für sich Handlungsspielräume zu gewinnen (Hansen/Stauss 1983). Damit entstanden neue unternehmensindividuelle Verantwortlichkeiten gegenüber den Konsumenten als wichtigster Stakeholder-Gruppe, die spezifische marketingethische Fragen aufwarfen. Diese wurden frühzeitig von dem amerikanischen Marketing-Wissenschaftler Dawson im Rahmen seines *Human Concepts of Marketing* thematisiert (Dawson 1969). Er ist insofern als einer der Vorläufer einer Marketing-Ethik zu betrachten.

In Deutschland entwickelten sich ca. Ende der 1960er Jahre gesellschaftliche Umbrüche, in denen einzelne Gruppen begannen, die Werte der Gesellschaft zu hinterfragen und insbesondere auch Kritik an den Konsumverhältnissen zu üben. Diese war zum einen sehr grundsätzlich und richtete sich gegen ›Konsumterror‹, ›Entfremdung‹ (Marcuse) und Materialisierung des Lebens (›Habenmentalität‹, Fromm) und damit vorrangig gegen das Marketing als Hauptverursacher. Diese Beiträge kamen weniger aus dem Wirtschaftsbereich, sondern eher von soziologischer, sozialpsychologischer und politologischer Seite. Zum anderen wurden missbräuchliche bzw. unmoralische Praktiken des Marketings angeprangert, wie z. B. Irreführung oder Diskriminierung der Konsumenten. Ein Teil der Marketing-Wissenschaftler griff diese Kritik auf, suchte nach erklärenden Handlungsbedingungen und nach Verfahren, diese Missstände zu beheben. Dazu gehört auch das »Konzept des verbraucherzentrierten Marketing«, bei dem es darum ging, die unterlegene Stellung des Konsumenten zu thematisieren und konsumentengerechtere Instrumente des Marketing zu entwickeln, wie z. B. das Beschwerdemanagement für verbesserte Möglichkeiten des Konsumenten, Unzufriedenheit zu artikulieren, oder das Konzept der Verbraucherabteilungen als Institution einer dialogischen Mitwirkung des Konsumenten an Marketing-Prozessen (Hansen/Schoenheit 1985).

Die beschriebenen, als Vorläufer einer Marketing-Ethik zu betrachtenden Ansätze beziehen sich auf die Konsumenten als wichtigster Stakeholder-Gruppe für das Marketing. Eine Ausweitung dieser Perspektive auf weitere Stakeholder-Gruppen fand seit den 1980er Jahren statt, als zunehmende externe Effekte (schädliche Folgen) des Marktgeschehens wahrgenommen wurden, für die man die Unternehmen und insbesondere das Marketing verantwortlich machte. Dazu gehören insbesondere ökologische Schäden, wie Ressourcenverschwendung und Belastung der Natur mit Emissionen und Abfällen. Als Reaktion auf diese Umweltprobleme und ihre gesellschaftliche Diskussion entwickelten sich in den 1980er und 1990er Jahren in der deutschen Marketing-Wissenschaft »ökologische Ansätze« (u. a. Meffert/Kirchgeorg 1992/1998), die ökologische Folgeschäden des Marketing-Instrumentariums analysierten und Gestaltungsmöglichkeiten der Übernahme ökologischer Verantwortung für das Marketing entwickelten. Damit wurde inhaltlich die ökologische Dimension der Marketing-Ethik angesprochen, die über das Marktgeschehen hinausreichend eine Perspektivenerweiterung auf umweltbezogene Stakeholder-Gruppen bedingte. Stellvertretend für die Natur gelten sie für das ökologische Marketing als Urteilsinstanzen, die Werte der langfristigen Umwelterhaltung vertreten. Für die Unternehmung entstehen dann Zielkonflikte, wenn die Konsumenten als Nachfrager an der Basis diese Werte der als ihre Vertreter auftretenden Stakeholder-Gruppe nicht bzw. noch nicht teilen und sie insofern im Markt auch nicht in ihrem Marktverhalten geltend machen. Die ökologische Marketing-Wissenschaft wurde weiterentwickelt zu einer »Wissenschaft des nachhaltigen Marketings«, in der die ökologische Verantwortungsdimension um ökonomische und soziale Komponenten erweitert und eine langfristige Marktperspektive eingenommen wurde (Balderjahn 2004; Belz/Bilharz 2005).

In ähnliche Richtung tendiert der »gesellschaftsorientierte Marketing-Ansatz« (u. a. Raffeé/Wiedmann 1985), der inhaltlich große Überschneidungen aufweist. Auch mit ihm entstand eine weitere Ausdehnung der Marketing-Perspektive, über die ökologische Orientierung hinausgehend, auf die Übernahme gesellschaftlicher Verantwortung in sozialer und ökonomischer Hinsicht, die eine entsprechende Erweiterung des Stakeholder-Kreises nach sich zieht. Dabei geht es nicht immer nur um gesellschaftliche Verantwortung als Folge des eigenen Marketing-Handelns, sondern darüber hinaus um Übernahme einer weitergehenden Verantwortung für gesellschaftliche Probleme, wie z. B. den Einsatz für Bildungsdefizite oder für Probleme der Entwicklungsländer mit Instrumenten, wie z. B. *Sponsoring* oder *Cause Related Marketing*. Diese gesellschaftsorientierte Perspektive ist eine Reaktion auf verstärkte Erwartungen der Gesellschaft an Unternehmen als *Corporate Citizen* (Schrader 2003) und hat rückwirkende Effekte auf das Marktgeschehen.

Die bisher erwähnten Ansätze der Marketing-Wissenschaft als Vorläufer einer Marketing-Ethik betreffen als Verantwortungsträger das Management *einzelner* Unternehmungen. Demgegenüber besteht mit dem *Makromarketing* eine Forschungsrichtung, die sich in *überbetrieblicher* Sichtweise mit Folgen des Marketing-Handelns auseinandersetzt (Hunt/Burnett 1982), wie z. B. die Beziehung des Marketings zu Themen wie Geschlechterdiskriminierung, Kaufzwang oder gesundheitsschädigendem Essverhalten. Darüber hinaus wird im Makromarketing auch thematisiert, inwieweit die Rahmenordnung die Handlungsbedingungen und damit auch die Spielräume des Marketings beeinflusst. Unter ethischen Gesichtspunkten sind die Ergebnisse dieser Forschungsrichtung des Makromarketings aussagereich für grundsätzliche Erkenntnisse über die Betroffenheiten bzw. Konsequenzen des Marketings, aus denen Verantwortlichkeiten abgeleitet werden können.

Die vorgetragenen Entwicklungsschritte marketingethisch orientierter Beiträge behandeln Unternehmen als Anbieter in Beziehung zu den Konsumenten als Nachfrager (sog. B-to-C-Marketing). Als weiteres umfangreiches Anwendungsfeld des Marketings wurden seit den 1980er Jahren auch Unternehmen als Nachfrager gesehen (sog. B-to-B-Marketing), für die zwar ähnliche Grundsatzfragen einer Marketing-Ethik bestehen, die sich jedoch mit anderen Ausprägungen des Marketing-Instrumentariums verbinden. Weiterhin wurde das Marketing etwa im gleichen Zeitraum auch auf gemeinnützige Institutionen ausgedehnt – wenn auch zögerlich angenommen (sog. Non Profit- oder Non Business-Marketing), wie z.B. Verbraucher- und Umweltorganisationen bis hin zu kirchlichen Einrichtungen (Kotler 1975). Damit gelten marketingethische Anforderungen für derartige Institutionen gleichermaßen. Dieser Beitrag beschränkt sich auf den klassischen Bereich des B-to-C-Marketings, um Überfrachtungen mit differenzierten Anwendungsfragen zu vermeiden.

Methodologische Vielfalt einer Marketing-Ethik

Die Marketing-Ethik widmet sich als Verantwortungsethik den speziellen Marketing-Problemen einerseits als *Normenethik* und andererseits als *Verfahrensethik* (Birnbacher 2007). Die Normenethik beschäftigt sich mit Inhalten, indem ethische Prinzipien oder Normen auf das Marketing-Geschehen angewendet werden (z.B. »Du sollst nicht irreführen«), Soll- und Istzustände miteinander verglichen und entsprechende Maßnahmen zur Verringerung von Verhaltenslücken unter Berücksichtigung von Faktoren des Handlungsrahmens entwickelt werden. Bei Verfahrensethiken geht es um Realisierungsprozesse, durch die handlungsorientierte Prinzipien oder Normen im Rahmen eines Verfahrens entwickelt, legitimiert und durchgesetzt werden (z.B. Eignung eines Dialogs zur Verständigung der Beteiligten) (Steinmann/Löhr 1994, 78ff.). Angesichts des bereits erwähnten Wertepluralismus gewinnt die Verfahrensethik, und hier insbesondere die Ethik des gesellschaftlichen Marketing-Dialogs, an Bedeutung (Hansen 1996).

Diese beiden Ansätze der Normen- oder Verfahrensethik können gemäß einer weiteren methodologischen Unterscheidung als *positive* oder *normative* Ethik konzipiert werden. Im Rahmen einer positiven Marketing-Ethik wird empirische Forschung zur Deskription und Explikation von Auffassungen über moralisch vertretbares oder unannehmbares Marketing-Handeln und seinen Determinanten betrieben. Dazu gehört z.B. Marktforschung über die faktisch im Markt bestehenden Wertvorstellungen der Konsumenten von Prinzipien gesundheitsförderlicher Produktpolitik oder von informativer Werbung. Demgegenüber entwickelt die normative bzw. präskriptive Marketing-Ethik Sollenssätze über verantwortliches Marketing-Handeln, die auf moralphilosophischen Grundlagen beruhen sollten. Ein Beispiel ist etwa die Frage, ob in Anbetracht des Prinzips der Gerechtigkeit eine wirtschaftlich durchaus nützliche Ungleichbehandlung der Konsumenten durch segmentspezifische Differenzierung der Marktbearbeitung, wie sie im Relationship Marketing üblich ist, moralisch vertretbar und verantwortbar wäre (Hohm/Hansen/Geisler 2006). Die normative Marketing-Ethik wird im Rahmen der klassischen Betriebswirtschaftslehre teilweise skeptisch gesehen. Dahinter stehen mehrere Methodenstreite über die Zulässigkeit einer normativen Wissenschaftsauffassung in betriebswirtschaftlichen Disziplinen und die Sorge darüber, ob eine moralphilosophische Fundierung normativer Inhalte kompetent geleistet werden kann.

Ein drittes methodologisches Kriterium betrifft verschiedene *Betrachtungsebenen*. Danach ist es üblich, in der Marketing-Ethik

- die Individualebene (Persönlichkeit und Handlungsbedingungen des Marketing-Entscheiders),
- die Mesoebene (Unternehmensebene bzw. Ebene der Marketing-Abteilung) und
- die Makroebene (überbetriebliche Ebene)

zu unterscheiden. Diese können jeweils mit den Ausprägungen der beiden anderen methodologischen Kriterien kombiniert werden, so dass eine erhebliche Anzahl von Verfahrensvarianten realisierbar wird.

Die folgenden beiden Abschnitte befassen sich zunächst mit spezifischen Inhalten und anschließend mit Verfahren der Marketing-Ethik.

Inhaltliche Konkretisierung einer verantwortungsorientierten Marketing-Ethik

Die inhaltliche Vielfalt des Wissenschaftsprogramms der Marketing-Ethik entsteht dadurch, dass es sehr unterschiedliche Ansätze in der Marketing-Theorie gibt, die jeweils eigene Fokussierungen auf zentrale Konstrukte haben. Mit ihnen müssen die beschriebenen methodologischen Varianten für die Entwicklung einer Marketing-Ethik verbunden werden. Im Rahmen eines *institutionen-ökonomischen Ansatzes* zum Marketing bilden z.B. Transaktionen auf unvollkommenen Märkten ein derartiges zentrales Konstrukt, dessen ethische Implikationen zu betrachten wären (Kaas 1999, 126 ff.). So wird ein ethisches Kernproblem in der Entstehung von Opportunismus der Marktakteure bei Marktunvollkommenheit gesehen. Der *Service-Dominant Logic*-Ansatz, der sich in der Tradition des *Dienstleistungsmarketings* und des *Relationship Marketings* entwickelte, hat seinen Fokus auf der Leitvorstellung vom Marketing als Co-Produktion von Nutzenstiftungen in der Beziehung zwischen Anbieter und Nachfrager, die damit auch den Ort der Moral darstellt (Vargo/Lusch 2004). Bei der Gestaltung von Geschäftsbeziehungen werden z.B. Mängel in den Beschwerdemöglichkeiten der Konsumenten oder Belästigungen beklagt. Am meisten untersucht sind Beiträge zur Marketing-Ethik auf der Basis des Marketing-Instrumentalansatzes. Dazu sollen anschließend einige konkrete Kritikpunkte exemplarisch referiert werden (Kaas 1999, 11 ff.), um ethische Spezifika des Marketings anschaulich zu machen.

Es werden im Folgenden fünf Problemfelder benannt, die übergreifend die ethische Gestaltung der Marketing-Instrumente betreffen:

- Marketing-Transparenz
- Leistungsmängel in Produkt- und Servicequalitäten
- Produkte, die ethisch verwerflich oder mit schadlichen Produktions- oder Konsumprozessen verbunden sind
- Diskriminierung
- Manipulation

Eine zentrale Voraussetzung für eine bedürfnisadäquate Versorgung der Konsumenten stellt *Markttransparenz* dar, denn die Konsumenten brauchen für optimale Kaufentscheidungen ausreichende Informationen, selbst wenn sie diese situationsbedingt nicht voll ausschöpfen. Ethische Defizite werden konstatiert, wenn Anbieter durch Vorenthaltung von Informationen oder durch Irreführungspraktiken die Informationslage der Konsumenten verschlechtern, wie z.B. durch Mängel in der Produktdeklaration, durch unkorrekte Preisauszeichnung, durch irreführende Werbe- und Verkaufsaussagen oder durch verwirrende Labeling-Politik. Ethische Bewertungen der Marketing-Aktivitäten sind allerdings oft schwierig, wie bereits in der Rechtsprechung zur Irreführung ersichtlich wird. Die unternehmerische Verantwortung für die Schaffung von Markttransparenz ist als umso höher einzustufen, je risikoreicher die Kaufentscheidungen für die Konsumenten sind. Die Handlungsspielräume für die Gestaltung der Markttransparenz und damit die Freiwilligkeit der Verantwortungsübernahme sind in solchen Märkten besonders groß, wo die gehandelten Leistungen hohe Vertrauensqualitäten haben.

Ein weiterer Problembereich ethischer Kritik sind *Leistungsmängel bzw. Defizite in Produkt- und Servicequalitäten*. Nun stellt das Angebot guter und schlechter Qualitäten ein wichtiges und unverzichtbares Wettbewerbselement dar. Daher können niedrige Qualitätsstandards nicht grundsätzlich ethisch verworfen werden und es entstehen auch hier Bewertungsprobleme. Als besonders problematisch ist einzustufen, wenn durch Qualitätsmängel Sicherheit und Gesundheit der Konsumenten gefährdet sind. Ein großes Thema der Verbraucherkritik ist seit langem die Obsoleszenzpolitik, mit der eine künstliche Veralterung der Produkte und damit ihre frühzeitige ökonomische Entwertung herbeigeführt wird.

Es gibt *Produkte*, die als *ethisch verwerflich* gelten, da sie nicht in das Wertesystem einer Gesellschaft bzw. einzelner Teilgruppierungen hineinpassen, wie z.B. gesundheitsschädliche Tabakwaren oder Alkoholika. Als Problem der gesellschaftlichen Verantwortungszuweisung besteht hierzu Diskussionsbedarf der zugrunde liegenden Normen und der Bewertung möglicher Schäden unter Berücksichtigung verschiedener Konsumformen derartiger Produkte. So ist z.B. oft zu hören, dass Gesundheitsschädigungen erst durch übermäßigen Genuss erfolgen. Angebotene Leistungen können auch ethisch verwerflich werden durch die verwendeten *Produktionsverfahren* oder durch schädliche Wirkungen der Konsumprozesse. Angesprochen sind hier sog. negative externe Effekte insbesondere in sozialer und ökologischer Hinsicht, die im Marktgeschehen unberücksichtigt bleiben, jedoch außermarktlich Betroffene schädigen. Beispiele sind Angebote von Produkten aus unsozialen Produktionsverfahren (z.B. Ausnutzung von Kinderarbeit) oder von Produkten, deren Produktion oder Konsum mit ökologisch schädlichen Emissionen verbunden ist. Für das Angebot in diesen Produktbereichen ethischer Verwerflichkeit stellt sich die Frage nach Kompensationsmöglichkeiten sowohl für Anbieter wie auch für Konsumenten, d.h. also nach der moralischen Vertretbarkeit von Ausgleichszahlungen. So können z.B. Hersteller, die Kinderarbeit in Entwicklungsländern beanspruchen, vor Ort Schuleinrichtungen unterstützen oder Konsumenten für emissionsträchtige Flugreisen Ausgleichszahlungen an Umweltorganisationen machen. Derartige Kompensationsangebote werden teilweise in ihrer Feigenblattfunktion kritisiert oder als Ablasshandel abgetan. Realistisch gesehen, gibt es aber durchaus Situationen, in denen die ursächliche Beseitigung eines marketingethischen Problems aussichtslos erscheint und daher Kompensationsangebote als Versuch einer gesellschaftlichen Wiedergutmachung akzeptiert werden müssen, wobei das Prinzip der Verhältnismäßigkeit einer Kompensation eine maßgebliche Rolle spielen muss.

Quer durch alle marketingpolitischen Instrumentalbereiche geht der Vorwurf der *Diskriminierung*, worunter die unfaire Benachteiligung von einzelnen Konsumenten oder von Konsumentengruppen zu verstehen ist, wie z.B. durch unfair differenzierte Preis- oder Serviceangebote, durch Darstellung diskriminierender Sachverhalte in der Werbung oder durch benachteiligende Zugangsbarrieren zu einem Leistungsangebot. Auch hier fällt die Bewertung des unethischen Marketing-Verhaltens schwer. Ein Grundprinzip des modernen Marketings ist nämlich – entsprechend einer sich ausdifferenzierenden Gesellschaft – die Marktsegmentierung, die gerade auf unterschiedlicher Behandlung der Konsumenten beruht und damit logischerweise auch Benachteiligungen hervorruft.

Weitere Kritikpunkte sind *Manipulation*, wie sie oft der Werbung und dem persönlichen Verkauf vorgeworfen werden, sind Täuschung z.B. durch Verpackungstechniken und Praktiken der Preispsychologie sowie Herstellung und Ausnutzung von Zwangslagen, wie z.B. durch überhöhte Preise bei Ersatzteilen, für die eine Monopolsituation besteht, oder durch nötigende Vertragsgestaltung.

Im Rahmen des *internationalen Marketings* haben all diese Kritikpunkte eine erweiterte ethische Problematik, weil unterschiedliche Werte und Normen der Länder aufeinander treffen und erhöhte Bewertungsfragen aufwerfen. Unterschiedliche Rechtsnormen in den Ländern setzen differenzierte moralische Handlungsbedingungen. Allerdings ist Marketing-Ethik insbesondere für die ethische Gestaltung von Handlungsspielräumen innerhalb dieses Rechtsrahmens zu diskutieren. Damit entstehen moralische Fragen z.B. bei länderspezifisch unterschiedlicher rechtlicher Behandlung von Gesundheits- und Sicherheitsfragen. Darf z.B. die Sicherheit von Haushaltsmaschinen in Entwicklungsländern bei einem niedrigeren rechtlichen Standard entgegen diesbezüglicher Einsichten geringer sein als im einheimischen Markt? Im internationalen Marketing stellt sich auch die Frage der Berücksichtigung von landesspezifischen Kontextfaktoren des Konsums. Förderliche Konsumprozesse bedingen bestimmte kulturelle, soziale, infrastrukturelle oder ökonomische Voraussetzungen, die unter marketingethischen Gesichtspunkten verantwortlich für Exportländer überprüft werden müssten (Gegenbeispiel war seinerzeit die Einführung von Muttermilch ersetzendem Milchpulver bei mangelhaften hygienischen Bedingungen auf dem afrikanischen Markt durch Nestlé). Unternehmen können sich dieser Verantwortung bei der Steuerung von Globalisierungsprozessen des Konsums durch das Marketing nicht entziehen.

Realisierungsverfahren einer verantwortungsorientierten Marketing-Ethik

Die Verfahrensethik richtet sich zum einen auf Prozesse der Entwicklung von inhaltlichen Normen und zum anderen auf Prozesse ihrer Durchsetzung. Dazu bestehen Ansatzpunkte auf betrieblicher und überbetrieblicher Ebene. Wesentliche Anstöße für die Zuweisung von Verantwortlichkeiten und die Erarbeitung von Normen sind Kritik und Forderungen einzelner Verbraucher, verbraucherpolitischer Organisationen und anderer Stakeholder-Gruppen, die aufgrund ihrer Betroffenheit legitimiert sind, ethische Defizite in der Marketing-Performance einzelner Unternehmen oder Unternehmensgruppen festzustellen und Ansprüche zu artikulieren. Eine Aufgabe der Unternehmen, die als typische Marktforschungstätigkeit gewertet werden kann, besteht darin, derartige Artikulationen wahrzunehmen bzw. sogar zu initiieren. Dazu eignen sich die Schaffung von Beschwerdekanälen zu einzelnen Verbrauchern, die Einrichtung von Verbraucherabteilungen oder Kundenforen für die institutionalisierte Einbeziehung betroffener Verbraucher oder ihrer Vertreter in innerbetriebliche Entscheidungsprozesse oder die Durchführung von Stakeholder-Dialogen für marketingethische Problementdeckungs- und -lösungsprozesse. Die Bedeutung dieses Verfahrens wird z.B. daraus ersichtlich, dass in der derzeitig verhandelten internationalen ISO 26000 (Guidance of Social Responsibility, FDIS 2010) »respect of stakeholder interest« als eines der wichtigsten Prinzipien einer verantwortungsvollen Unternehmensführung festgeschrieben ist. Während die Einrichtung von Beschwerdekanälen und die Institutionalisierung von

Verbraucherabteilungen eher von einzelnen Unternehmen praktizierte Verfahren darstellen, eignen sich Stakeholder-Dialoge darüberhinausgehend auch für überbetriebliche Anwendungen und können von Branchengremien, von NGOs als Stakeholder oder auch von Ministerien als sogenannte ›runde Tische‹ angestoßen werden. Forderungen für ethisch verantwortungsvolle dialogische Verfahren sind insbesondere Zugänglichkeit für die Beteiligung legitimierter Personengruppen, faire Kommunikation und Verfahrenstransparenz (Rettberg 1999).

Wenn bei der Entwicklung ethischer Marketing-Normen das im marktlichen und gesellschaftlichen Umfeld vorhandene Kritik- und Forderungspotential zugrunde gelegt wird, so kann diesen Verfahren vorgeworfen werden, dass sie in positivistischer Sichtweise nur wahrgenommene ethische Defizite sichtbar machen und diese Wahrnehmung durch Marketing-Aktivitäten der Unternehmen bereits interessenorientiert beeinflusst ist. Ein weiteres Problem besteht darin, dass sich in der Artikulation der Marketing-Kritik von Stakeholder-Gruppen die Wertepluralität unserer Gesellschaft widerspiegelt, was zu erheblichen Bewertungsproblemen führen kann. Beispielsweise wird ein Thema wie Frauendiskriminierung in der Werbung gesellschaftlich sehr unterschiedlich wahrgenommen und bewertet. Die Diskussion ethischer Probleme des Marketing-Mix kann nicht unabhängig von bestehenden Rechtsnormen diskutiert werden. Stakeholder-Kritik richtet sich dann zum einen auf die Auslegung und Einhaltung von bereits bestehenden rechtlichen Kodifizierungen, zum anderen auf die mangelhafte Verantwortungsübernahme im Umgang mit Handlungsspielräumen, innerhalb derer freiwillig Verantwortung getragen werden sollte.

Die Durchsetzungschance marketingethischer Normen ist eine Frage ihrer Eindeutigkeit für das Marketing-Handeln, ihrer Verbindlichkeit und der mit ihrer Einhaltung verbundenen Sanktionen. Es haben sich in der Praxis der Schaffung marketingethischer Normen unterschiedliche Begriffe herausgebildet, die hinsichtlich dieser Kriterien keineswegs eindeutig und überschneidungsfrei sind. So gibt es Verhaltensempfehlungen (z. B. »Ethical Norms and Values« der American Marketing Association), Richtlinien (z.B. ISO 26000, s.o.), Verhaltenscodes (z.B. Code of Conducts einer Unternehmung oder von Branchen) oder Verhaltensstandards (z.B. Standards für verantwortungsvolle Werbung durch den Deutschen Werberat), die in unterschiedlicher Konkretisierung formuliert sind und ein Tun oder Unterlassen beschreiben. Sie sind die Ausdrucksform ethisch gewünschten Marketing-Handelns bzw. eine freiwillige Selbstverpflichtung auf betrieblicher oder überbetrieblicher Ebene. Mit dem Beitritt zu überbetrieblichen Vereinbarungen fixieren die Unternehmen ihre gemeinsame marketingstrategische Orientierung und legen ein öffentliches Bekenntnis ihrer ethischen Marketing-Auffassung ab. Die Bindungskraft beruht auf den Kontrollmöglichkeiten, der damit herzustellenden Transparenz und dem Sanktionierungspotential. Eine positive Sanktionierung wird vor allem durch den Markt und das gesellschaftliche Umfeld erwartet, in dem die Zugehörigkeit zu derartigen Selbstverpflichtungen akquisitorische Wirkungen entfaltet, wobei eine entsprechende Vermarktung des marketingethischen Verpflichtungskonzeptes vorausgesetzt werden muss. Eine Möglichkeit, die Zugehörigkeit transparent und das Marketing-Verhalten kontrollierbar zu machen, besteht mit dem Instrument der Zertifizierung, das allerdings unter Umständen einen organisatorisch aufwändigen Apparat benötigt mit der Gefahr, dass ursprüngliche marketingethische Ambitionen verwässert und Prozesse verbürokratisiert werden. Auch negative Sanktionen bei Nicht-Einhaltung sind als Durchsetzungsmittel marketingethischer Normen möglich, wie z. B. Strafzahlungen, Verweigerung von Förderungen oder Ausschluss aus dem Kreis der betreffenden Institution mit all seinen möglichen negativen Folgen.

Ein wichtiges und effizientes Instrument der Durchsetzung von marketingethischen Normen stellen Label dar als Kennzeichnungen von Produkten (z. B. TransFair-Label), Dienstleistungen oder Unternehmen bzw. Unternehmensgruppen (z.B. Demeter). Ihnen liegt auf der Grundlage bestimmter normativer Kriterien eine vergleichende Beurteilung zugrunde. Kennzeichnende Institutionen können einzelne Unternehmen bzw. Unternehmensgruppen, staatliche Einrichtungen, Verbraucherorganisationen und sonstige NGOs sein. Label sind verdichtete Informationen und sollen einer Informationsentlastung der Konsumenten für die Realisierung normengerechter Käufe dienen. Insofern sind sie geeignet, marketingethisches Verhalten der Labelträger zu signalisieren und am Markt die kommunikativen Voraussetzungen für die Anerkennung durch die Nachfrager zu schaffen. Bedingungen für die Effizienz dieses Durchsetzungsverfahrens marketingethischer Normen sind Vertrauenswürdigkeit der Vergabeinstanzen und Transparenz der Verhaltensnormen, für die ein Label einsteht, bei gleichzeitiger Informationsentlastung der Adressaten. Diese Bedingungen sind allerdings schwer einzuhalten, da der Informationsmarkt zu einer Inflationierung einzelwirtschaftlicher Label tendiert. Dadurch entsteht die Gefahr einer Hypertrophierung, die für die Konsumenten weder die gewünschte Entlastung noch das notwendige Maß an Vertrauenswürdigkeit bringt, sondern im Gegenteil Konsumentenverwirrtheit hervorrufen kann (Langer/Eisend/Kuß 2008). Notwendig ist daher auf einer Metaebene die Entwicklung von Verfahrensnormen für den kontrollierten und verantwortungsvollen Umgang mit dem Labeling.

Marketing-Ethik aus verbraucherpolitischer Perspektive

Ein aussagekräftiger Anknüpfungspunkt für die Betrachtung der verbraucherpolitischen Perspektive auf die Marketing-Ethik ist die These von dem Konsumenten als Co-Produzenten der Anbieter bei der Realisierung von Nutzen. Sie fokussiert auf die Beziehung zwischen Produzenten und Konsumenten, die auch für die ethische Seite der Marketing-Praxis relevant ist. Die Konsumenten votieren zum einen mit ihrer Kaufentscheidung für Produkte und die dahinterstehenden Unternehmen und können dabei unter bestimmten Voraussetzungen auch die Anwendung marketingethischer Prinzipien belohnen und damit deren Durchsetzung unterstützen, wie bereits oben unter verfahrensethischer Perspektive ausgeführt wurde. Zu diesen Voraussetzungen gehört die Möglichkeit, Kenntnis über diesbezügliches Verhalten der Anbieter zu gewinnen und die Bereitschaft, dieses auch zu honorieren. Zum anderen müssen die Nachfrager während des Konsumprozesses als Co-Produzenten durch Ge- und Verbrauch den in Produkten enthaltenen Nutzen realisieren und Produkte entsorgen. Diese Konsum- und Entsorgungsprozesse sind ebenso wie Produktions- und Marketing-Prozesse unter Aspekten eines verantwortlichen Verhaltens zu sehen. So ist z.B. im Sinne einer ökologischen Marketing-Ethik der in den Produkten angelegte Ressourcenverbrauch ganz wesentlich durch die Gestaltung des Konsums zu steuern. Bei vielen Produkten (z.B. Autos) übersteigen sogar der Ressourcenverbrauch und die Umweltbelastungen durch Emissionen bei weitem die Umweltschädigungen durch die Produktion. Schließlich können die Konsumenten das marketingethische Verhalten der Anbieter auch erheblich durch die Option ›voice‹ im Markt beeinflussen. Das geschieht bereits durch die Beteiligung an Marktforschungsstudien, weiterhin durch Zufriedenheits- und Unzufriedenheitsäußerungen gegenüber Unternehmen oder durch privaten und öffentlichen Austausch von Konsumerfahrungen. Nie war diese Möglichkeit der öffentlichen Meinungsäußerung zu Konsumfragen so groß wie in Internetzeiten (Stauss 2000). Die ehemals private sogenannte ›face-to-face-Kommunikation‹ hat sich durch das Medium Internet um ein Vielfaches potenziert. Dadurch wächst allerdings die kommunikative Verantwortung der Konsumenten. Sie sind nämlich nicht nur als Co-Produzenten beteiligt an der Realisierung von Nutzen, sondern mit ihrem Erfahrungsaustausch als Co-Kommunikatoren ebenfalls beteiligt an der Schaffung von Unternehmensimages, was auch die marketingethische Seite des Anbieterverhaltens einschließt.

Den marketingethischen Anforderungen auf Anbieterseite stehen also konsumethische Anforderungen auf Verbraucherseite gegenüber. Politisch wurden diese gesellschaftlichen Ansprüche mit einem weltweiten Aktionsprogramm zur Nachhaltigkeit auf der Rio-Konferenz (1992) und der Folgekonferenz in Johannesburg (2002) festgeschrieben, das von den Länderregierungen umgesetzt werden sollte. Damit wurden alle Wirtschaftsakteure – also Unternehmen und Verbraucher sowie NGOs – zu der Entwicklung eines nachhaltigen, verantwortlichen Wirtschaftens aufgefordert.

Daraus ergeben sich Konsequenzen für die Verbraucherpolitik. Während sie im 20. Jahrhundert ihre Aufgabe noch in Schutz und Förderung der Konsumentensouveränität sah, ohne individuelle Bedürfnisstrukturen zu hinterfragen, geht es im 21. Jahrhundert zusätzlich um die Formung und Unterstützung eines sozial und ökologisch verantwortlich handelnden Konsumenten, der mit seinem Verhalten wiederum marketingethische Bestrebungen auf Anbieterseite fördert. Die damit wesentlich veränderten verbraucherpolitischen Aufgaben erfordern eine inhaltliche Umorientierung der verbraucherpolitischen Instrumente. Mit dem Instrument der Verbraucherbildung muss langfristig Kompetenz für die Wahrnehmung von konsumethischer Verantwortung und für die Ausübung der Konsumentenrolle geschaffen werden in einem Marktumfeld, das von einer Fülle alarmierender ökologischer und sozialer externer Effekte geprägt ist. Ein weiteres wichtiges verbraucherpolitisches Instrument stellt in diesem

Problemkontext die Verbraucherinformation dar, mit der u.a. Transparenz über das marketingethische Verhalten der Unternehmen und über die eigenen Handlungsbedingungen verantwortlichen Konsums geschaffen werden muss. Dazu gehört z.B. die Einbeziehung marketingethischer Prinzipien in Produkt- und Unternehmenstests (Institut für Markt-Umwelt-Gesellschaft e.V., imug, 1997) oder die Entwicklung von vertrauenswürdigen Labels. Vorangehend wurde die Bedeutung des gesellschaftlichen Dialogs als marketingethische Verfahrensethik betont. Dazu ist eine verstärkte organisatorische Vertretungsarbeit im Rahmen der Verbraucherpolitik notwendig. Marketingethische Orientierungen entstehen ganz wesentlich im Zusammenhang mit Kritik und Forderungen der betroffenen Stakeholder, die insofern mit der Zunahme der marketingethischen Problematik auch mehr gefordert sind. Die bisherigen Überlegungen bewegen sich innerhalb eines gegebenen Rechtsrahmens. Ein letztes verbraucherpolitisches Instrument richtet sich auf die Mitwirkung bei der Gestaltung von Rechtsnormen und stellt eine Möglichkeit dar, den Prinzipien der Marketing-Ethik mehr Verbindlichkeit zu verschaffen.

Resümee

- Die öffentliche Kritik an Unternehmen betrifft in besonderem Maße das Marketing und zeigt, dass eine Auseinandersetzung mit moralischen Fragen der Verantwortungsübernahme notwendig ist. Gleichzeitig wird aufgrund des zunehmenden Wertepluralismus in unserer Gesellschaft die moralische Urteilsfindung für Marketing-Manager schwieriger. Die sich hier öffnende Schere zwischen gesellschaftlichen Anforderungen und moralischer Marketing-Kompetenz macht die weitere Entwicklung einer Marketing-Ethik und ein entsprechendes Ausbildungsprogramm notwendig.
- Lediglich marketingorientierte Inhalte, die spezifische materielle Kenntnisse voraussetzen, machen die Etablierung einer Bereichsethik im Rahmen einer Unternehmensethik sinnvoll.
- Die Entwicklung einer Marketing-Ethik erfordert eine Basis in der Philosophie. Zu warnen ist vor theorielosem Moralisieren.
- Marketing-Theorie und -praxis haben seit ihren Anfängen in der Nachkriegszeit ständig Erweiterungen ihres Anwendungsfeldes erfahren. Entsprechend haben sich die Fragen der Marketing-Ethik ausgedehnt und ausdifferenziert.
- Die zunehmende Internationalität des Marketings erfordert eine interkulturelle Entwicklung der Marketing-Ethik (Enderle 1996). Die Anwendung marketingethischer Normen muss im Kontext der jeweiligen Handlungsbedingungen in den verschiedenen Ländern gesehen werden.
- Die notwendige Internationalisierung der Marketing-Ethik setzt voraus, dass auch die internationale Wissenschaftscommunity sich mit moralischen Werten und Normen auseinandersetzt (Moosmayer 2010).
- Enge Berührungspunkte zur ökologischen Marketing-Theorie sind zu berücksichtigen, um Doppelarbeiten zu vermeiden.
- Angesichts des bereits erwähnten Wertepluralismus gewinnt die Verfahrensethik und hier insbesondere die Ethik des gesellschaftlichen Marketing-Dialogs an Bedeutung (Hansen 1996).
- Die Entwicklung einer Marketing-Ethik für Unternehmen sollte nicht ohne eine Perspektive auf konsumethische Fragen und die damit verbundenen verbraucherpolitischen Aufgaben erfolgen (Schoeneborn 2009).
- Als Co-Produzenten bei der Realisierung von Nutzen haben die Verbraucher Einflussmöglichkeiten auf die Entwicklung und Durchsetzung marketingethischer Normen. Sie können ebenso Einfluss nehmen als Co-Kommunikatoren von Unternehmensimages.
- Die Marketing-Ethik wird allgemein als freiwillige Einschränkung von unternehmerischen Handlungsspielräumen gesehen. Sie bedeutet aber gleichzeitig auch eine Ausdehnung von Aufgaben und enthält somit zusätzliches Chancenpotential, wie z.B. die Förderung des nachhaltigen Konsums im Sinne eines verantwortlichen Wirtschaftens.

Literatur

Balderjahn, Ingo: Nachhaltiges Marketing-Management. Möglichkeiten einer umwelt- und sozialverträglichen Unternehmenspolitik. Stuttgart 2004.

Birnbacher, Dieter: Analytische Einführung in die Ethik [2003]. Berlin/New York ^{2}2007.

Belz, Frank-Martin/Bilharz, Michael (Hg.): Nachhaltigkeits-Marketing in Theorie und Praxis. Wiesbaden 2005.

Dawson, Leslie M.: The Human Concept: New Philosophy for Business. In: Business Horizons 12, 6 (1969), 29–38.

Enderle, Georges: FOCUS: A Comparison of Business

Ethics in North America and Continental Europe. In: Business Ethics – A European Review 5, 1 (1996), 33–46.
Hansen, Ursula: Marketing im gesellschaftlichen Dialog. In: Dies. (Hg.): Marketing im gesellschaftlichen Dialog. Frankfurt a. M./New York 1996, 33–53.
– /Bode, Matthias: Marketing und Konsum. München 1999.
– /Schoenheit, Ingo: Verbraucherabteilungen in privaten und öffentlichen Unternehmen. Frankfurt a. M./ New York 1985.
– /Stauss, Bernd: Marketing als marktorientierte Unternehmenspolitik oder als deren integrativer Bestandteil? In: Marketing-ZFP 5, 2 (1983), 77–86.
Hohm, Dirk/Hansen, Ursula/Geisler, Sonja: Ethische Implikationen einer kundenwertorientierten Marktbearbeitung. In: Bernd Günter/Sabrina Helm (Hg.): Kundenwert. Grundlagen – Innovative Konzepte – Praktische Umsetzungen [2001]. Wiesbaden ³2006, 811–834.
Hunt, Shelby D./Burnett, John J.: The Macromarketing/ Micromarketing Dichotomy: A Taxonomical Model. In: Journal of Marketing 46, 3 (1982), 11–26.
Institut für Markt-Umwelt-Gesellschaft e. V. (imug): Unternehmenstest. Neue Herausforderungen für das Management der sozialen und ökologischen Verantwortung. München 1997.
ISO 26000: Guidance on social responsibility. ISO/FDIS 26000: 2010.
Jonas, Hans: Das Prinzip Verantwortung – Versuch einer Ethik für die technologische Zivilisation. Frankfurt a. M. 1979.
Kaas, Klaus Peter: Marketing und Ethik. In: Gerd Rainer Wagner (Hg.): Unternehmensführung, Ethik und Umwelt. Hartmut Kreikebaum zum 65. Geburtstag. Wiesbaden 1999, 125–150.
Kotler, Philip: Marketing for Nonprofit Organizations. Englewood Cliffs 1975.
Langer, Alexandra/Eisend, Martin/Kuß, Alfred: Zu viel des Guten? Zum Einfluss der Zahl von Ökolabels auf die Konsumentenverwirrtheit. In: Marketing-ZFP 30, 1 (2008), 19–28.
Lasczniak, Gene R.: Framework for Analyzing Marketing Ethics. In: Journal of Macromarketing 47, 3 (1983), 7–18.
Moosmayer, Dirk: Professors as Value Agents. In: Higher Education (2010) (online).
Meffert, Heribert/Kirchgeorg, Manfred: Marktorientiertes Umweltmanagement. Konzeption – Strategie – Implementierung [1992]. Stuttgart ³1998.
Överseder, Magdalena/Schlegelmilch, Bodo B.: Ethik im Marketing: Themen, Entwicklungen und Perspektiven. In: Marketing-ZFP 32, 1 (2010), 53–63.
Raffée, Hans/Wiedmann, Klaus-Peter: Wertewandel und gesellschaftsorientiertes Marketing – Die Bewährungsprobe strategischer Unternehmensführung. In: Dies. (Hg.): Strategisches Marketing. Stuttgart 1985, 552–611.
Rawls, John: Eine Theorie der Gerechtigkeit. Frankfurt a. M. ⁷1993 (engl. 1971).
Rettberg, Bernd: Der Unternehmensdialog als Instrument einer gesellschaftsorientierten Unternehmensführung. Frankfurt a. M. 1999.
Schoeneborn, Silja: Die Rolle verbraucherpolitischer Akteure bei konsumentenorientierter Kommunikation über Corporate Social Responsibility. Marburg 2009.
Schrader, Ulf: Corporate Citizenship. Die Unternehmung als guter Bürger? Berlin 2003.
Stauss, Bernd: Using New Media for Customer Interaction: A Challenge for Relationship Marketing. In: Thorsten Hennig-Thurau/Ursula Hansen (Hg.): Relationship Marketing. Gaining Competitive Advantage Through Customer Satisfaction And Customer Retention. Berlin 2000, 233–253.
Steinmann, Horst/Löhr, Albert: Grundlagen der Unternehmensethik [1992]. Stuttgart ²1994.
– /– : Unternehmensethik. Begriff, Problemstände und Begründungsleistungen. In: Wissenschaftliche Gesellschaft für Theologie/Evangelische Akademie Loccum (Hg.): Theologische Aspekte der Wirtschaftsethik. Loccum 1987, 21–92.
Vargo, Stephen L./Lusch, Robert F.: Evolving to a New Dominant Logic for Marketing. In: Journal of Marketing 68 (2004), 1–17.

*Ursula Hansen**

* Ich danke Frau Privatdozentin Dr. rer. pol. Michaela Haase, Marketing Department der Freien Universität Berlin, für die konstruktive Durchsicht des Manuskriptes.

2. Management-Ethik

Die Theorie der Unternehmung untersucht die Bedingungen, unter denen residuales Einkommen erworben wird (vgl. Schneider 1993). In der managementethischen Theorie bildet das Risiko eine der zentralen Legitimationsgrundlagen für den Bezug von Residualeinkommen (vgl. Brink 2007). Vor diesem Hintergrund wird in der Literatur zwischen dem unternehmer- und dem managergeführten Unternehmen unterschieden. Unternehmer sind Eigentümer oder Inhaber eines Unternehmens beziehungsweise eines Betriebes (vgl. Schaller 2001). Eine unternehmerisch arbeitende Person zeichnet sich dadurch aus, dass sie einer gewerblichen und selbständigen Tätigkeit nachgeht. Im Bürgerlichen Gesetzbuch heißt es dazu: »Unternehmer ist eine natürliche oder juristische Person oder eine rechtsfähige Personengesellschaft, die bei Abschluss eines Rechtsgeschäfts in Ausübung ihrer gewerblichen oder selbständigen beruflichen Tätigkeit handelt« (§ 14 Abs. 1 BGB). Während der Unternehmer das riskante Residualeinkommen erhält, wird mit dem Mitarbeiter ein vertragliches Einkommen – das sogenannte Kontrakteinkommen – vereinbart, das unabhängig von der finanziellen Situation des Unternehmens gezahlt wird.

Während Eigentum und Kontrolle beim Unternehmer noch systematisch zusammengefasst sind, werden sie in der managergeführten Unternehmung getrennt (vgl. Berle/Means 1932). Der Agent leitet und kontrolliert das Unternehmen im Auftrag seines Prinzipals. Bei börsennotierten Unternehmen handelt der angestellte Manager im Auftrag der Aktionäre. Zwischen beiden besteht ein treuhänderisches Verhältnis. Der Aufsichtsrat wird vom Aktionär zur Überwachung des Managers eingesetzt. Das wirtschaftliche Risiko wird in der Regel vom Aktionär getragen, das Management erhält ein vertraglich festgelegtes Einkommen.

Historische Rekonstruktion des Unternehmers als Risikoträger

Auch in der historischen Rekonstruktion des Unternehmers nimmt das Risiko einen hohen Stellenwert ein. Bei Richard Cantillon (1931) etwa, der den Begriff ›entrepreneur‹ im 18. Jahrhundert einführt, ist der Unternehmer eine Art Pächter, der dem Grundeigentümer eine fixe Abgabe zahlt und selbst die Unsicherheit und Ungewissheit des Erwerbs von Einkommen übernimmt. Say (1971) versteht unter einem Unternehmer einen Faktorkombinierer, der unter Inkaufnahme von Risiken Produktionsfaktoren von niedriger zu höherer Produktivität führt. Die Neoklassik setzt auf Basis der Annahme vollständiger Information den Unternehmer im Modell mit dem Manager gleich und rekonstruiert beide als anonyme Entscheider.

Zu Beginn des 20. Jahrhunderts verhilft Joseph A. Schumpeter (2006) dem Unternehmer zu erneuter Bedeutung. In seinem zentralen Werk, der *Theorie der wirtschaftlichen Entwicklung*, setzt er sich mit dem schöpferischen Zerstörer auseinander. Auf der Suche nach neuen Faktorkombinationen entwickelt Schumpeter die Überlegungen von Say weiter. Der Unternehmer wird zu einem dynamischen und kreativen Erneuerer von Faktorkombinationen. »Die leitende Arbeit nämlich hat etwas Schöpferisches, sie setzt sich ihre Ziele, sie erfüllt eine besondere Funktion« (ebd., 29). Produkt- bzw. Prozessinnovationen leiten wirtschaftliche Veränderungs- und Entwicklungsprozesse ein. Entgegengestellt wird dem Unternehmer der *statische Wirt*, der in der Erfahrungswelt lebt, ohne das Neue zu suchen. Während Schumpeter dem Unternehmer eher Attribute wie dynamisch und energisch zuschreibt, ist der Wirt statisch und hedonistisch. Als eine Art Datenanpasser reagiert dieser – ähnlich dem neoklassischen Homo Occonomicus – auf vorgegebene Restriktionen und passt sich bei gegebenen Präferenzen an (vgl. ebd., 127 ff.).

Knight (1921) nimmt den Risikobegriff erneut auf und schließt damit an den Gedanken von Cantillon an. Seine Einteilung in Risiko auf der einen Seite, bei dem das Ausmaß des Ereignisses und die Eintrittswahrscheinlichkeit berechenbar sind und dessen Ausmaß über Diversifizierung reduziert werden kann, und Unsicherheit auf der anderen Seite, bei der dies nicht möglich ist, sind für Knight von zentraler Bedeutung. In der ungewissen Entscheidungssituation trägt der Unternehmer das Risiko und damit auch die moralischen Konsequenzen seiner Entscheidung, während der Manager moralfreie Routineentscheidungen trifft und daher risikofrei entscheidet: »There might be managers, superintendents, et cetera, for the purpose of co-ordinating the activities of individuals […] without responsibility of any sort« (ebd., 267 f.).

Als weiterer historischer Meilenstein gilt die Arbeit *The Nature of the Firm*, in der Ronald H. Coase (1937) die Transaktionskostentheorie darlegt. Coase gilt fortan als Begründer der Neuen Institutionenökonomik. Im Zentrum steht die Frage, unter welchen Bedingungen Märkte (genauer: der marktliche Vertrag zwischen zwei gleichrangigen natürlichen Vertragspartnern) durch Hierarchien (genauer: die firmeninterne Hierarchie mit Anweisungsbefugnis) als Koordinationsform abgelöst werden. Coase widerspricht der neoklassischen Annahme, dass ein Unternehmen lediglich auf seine Produktionsfunktion reduziert werden kann. Außerhalb des Unternehmens und gemäß der neoklassischen Gleichgewichtstheorie erfolgt die Koordination zwar über den Preis auf Märkten, innerhalb des Unternehmens übernimmt dies jedoch der sogenannte »entrepreneur-co-ordinator«. Bei Coase liegt das Risiko nicht beim Unternehmer allein. Folglich handeln Mitarbeiter weder zwangsläufig fixe Einkommen aus, noch steht dem Unternehmer notwendigerweise der Residualerlös zu: »One entrepreneur may sell his services to another for a certain sum of money, while the payment to his employees may be mainly or wholly a share in profits« (ebd., 392).

Unter den zeitgenössischen Wissenschaftlern ist Casson (1982) derjenige, der eine Theorie des Entrepreneurs in die Neoklassik zu integrieren versucht, indem einige neoklassische Annahmen abgeschwächt werden. Unvollständige und ungleich verteilte Informationen werden ebenso zugelassen wie Transaktionskosten, deren Minimierung fortan im Zentrum der Unternehmensführung steht. Der Entrepreneur wird zu einem Entscheider in komplexen und riskanten Situationen.

Die sogenannte ›Unternehmerforschung‹ nimmt das Risiko als zentrales Charakteristikum unternehmerischen Handelns auf und unterscheidet den personal-verhaltensorientierten vom funktionalen Zweig (vgl. Welzel 1995). Die *personal-verhaltensorientierte* Forschung stellt die Persönlichkeit des Unternehmers in den Mittelpunkt und bewegt sich damit im Spannungsfeld von real- und idealtypischen Unternehmerbildern wie auch von deskriptiven und normativen Unternehmerbedeutungen. Schumpeter rekurriert in seiner Theorie der wirtschaftlichen Entwicklung in seiner ersten Auflage von 1912 sehr ausführlich auf diese personal-verhaltensorientierte Sichtweise, während er sich in späteren Auflagen eher auf die Unternehmerfunktionen bezieht. Er unterscheidet bezüglich des realen Unternehmers vier Unternehmertypen (vgl. Schumpeter 1987): Der Fabrikherr und Kaufmann folgt eher technischen und mathematischen Interessen, der moderne Industriekapitän erhält seine Wertschätzung durch die Verfügungsgewalt und den Aktienbesitz, der Direktor ist stark an der Außenwirkung interessiert und der Gründer und Faiseur schließlich ist ein unternehmerischer Promotor. In seinem Denken wird Schumpeter stark von Max Weber beeinflusst. Auch in dem Weberschen Verständnis des Unternehmers wird das historische Individuum von dem Idealtypus unterschieden. Der Unternehmer ist von einer protestantischen Arbeitsethik geprägt, die Maßlosigkeit und Geltungssucht verhindert und durch Sparsamkeit und Weitsicht das Kapital zu höherer Produktivität führt.

Der *funktionale Zweig* der Unternehmerforschung greift die Bedeutung, die Rechtfertigung und die Wirkung von Unternehmern auf. Welzel (1995) zum Beispiel unterscheidet statische und dynamische Unternehmerfunktionen. Vor dem Hintergrund statischer Funktionen wird der Unternehmer als Unternehmensinhaber, Arbeitgeber, Kapitalist, Risikoträger oder Residualempfänger verstanden. Unter die dynamischen Unternehmerfunktionen fallen zum Beispiel Innovation oder Koordination. Bei Schaller (2001) finden sich vier zentrale Unternehmerfunktionen: Innovation, Risiko, Invention und Koordination. Bei Schneider (1993) werden drei Unternehmerfunktionen unterschieden: die zeitweise Übernahme von Einkommensunsicherheiten anderer Menschen als institutionenbegründende Unternehmerfunktion, die Suche nach Arbitrage- beziehungsweise Spekulationsgewinnen als institutionenerhaltende Funktion nach außen und das Durchsetzen von Änderungen als institutionenerhaltende Funktion innerhalb einer Organisation.

In der Theorie der Unternehmung wird der Manager mit Hilfe der Agentur-Theorie (s. u.), der Unternehmer mit Hilfe der Teamproduktionstheorie (s. u.) rekonstruiert. Aus den theoretischen Erklärungen lassen sich ethische Bezüge herstellen.

Ethische Aspekte der Agentur-Theorie

Die Agentur-Theorie zählt neben der Property Rights-Theorie und der Transaktionskostentheorie zur Neuen Institutionenökonomik. Diese entwickelte sich aus der Kritik an der Neoklassik, indem sie Annahmen wie etwa die vollständige Information durch die Annahme einer asymmetrisch verteilten und damit unvollständigen Information ablöste und das Konzept der begrenzten Rationalität einführte. Obwohl ihr Ursprung in der Volkswirtschaftslehre liegt, dominiert die Neue Institutionenökonomik auch die betriebswirtschaftliche Forschung (vgl. Ross 1987). Die Agentur-Theorie gilt mittlerweile als eine zentrale Theorie zur Erklärung von ethischem Management-Verhalten (vgl. Brink 2007; Hill/Jones 1992). Unter vertragstheoretischen Aspekten eignet sich die einschlägige Definition von Jensen und Meckling. Danach kann man die Agentur-Beziehung rekonstruieren, als »contract under which one or more persons (the principal[s]) engage another person (the agent) to perform some service on their behalf which involves delegating some decision making authority to the agent« (Jensen/Meckling 1976, 308). Das Verhältnis von Anteilseigner und Manager ist ein typisches Beispiel dafür. Der Agent erfüllt die Interessen des Prinzipals, wenn das Management das vom Aktionär investierte Kapital bestmöglich verzinst. Der Manager richtet folglich die Unternehmensstrategie allein auf das Wohl der Prinzipale aus. Ein zentrales Anliegen der Management-Ethik ist die Bewältigung des Prinzipal-Agenten-Problems zwischen Anteilseigner und Management. Dieses äußert sich in der Tatsache, dass Manager versucht sind, durch Ausnutzung von Informationsvorsprüngen individuelle Vorteile zu erzielen. Der Nutzen aus diesem Kalkül ist in der Regel nicht mit dem Interesse des Aktionärs vereinbar. Die Agentur-Theorie unterscheidet daher zwei sich daraus ergebende Agentur-Probleme.

Das wohl bekannteste Problem ist das des *moral hazard*, also das opportunistische Verhalten des Agenten *nach* Vertragsabschluss. Der Agent bekommt in dieser Situation entweder neue Informationen, die vom Prinzipal nicht wahrgenommen werden (*hidden information*) oder aber die Handlungen des Agenten können nur schlecht bzw. mit hohen Kosten vom Prinzipal beobachtet und kontrolliert werden (*hidden action = moral hazard* i.e.S.). Eine Variante von *moral hazard* ist das *shirking*. Hier investiert der Agent weniger Zeit und Arbeit in die ihm übertragene Aufgabe, d.h. er kann zu risikofreudig oder aber zu risikoavers sein oder verschwendet einfach Ressourcen und genießt seine Vorteile. Außerdem wäre es möglich, dass sich der Agent nach Vertragsabschluss nicht mehr an sein zuvor gegebenes Versprechen hält. So können Mitarbeiterinnen und Mitarbeiter zum Beispiel enttäuscht werden, weil ihnen versprochene Karrierewege oder Mitspracherechte verwährt bleiben. Beim sogenannten *consumption on the job* werden Ressourcen des Arbeitgebers (zum Beispiel das Internet) vom Arbeitnehmer für private Zwecke genutzt. Auch hier liegt eine moralische Defektion vor, die nur sehr schwer zu kontrollieren ist. Eine weitere Form des *moral hazard* ist die des *hold-up* (Raubüberfall), also die Gefahr, dass sich zum Beispiel die Unternehmung gegenüber dem Mitarbeiter opportunistisch verhält. Hold-up-Situationen, die sowohl auf Agenten- wie auch auf Prinzipalseite vorkommen, entstehen aufgrund der Faktorspezifizität von Transaktionen. Unter Spezifität versteht man eine Kennzeichnung organisationsrelevanter Transaktionseigenschaften, nämlich die Bestimmungsgröße einer wirtschaftlichen Abhängigkeit. Um einem Hold-up-Szenario entgegenzuwirken, richtet der Prinzipal Monitoringsysteme ein. In Deutschland übernimmt der Aufsichtsrat eine solche Überwachungsfunktion.

Neben den Ex-post-Informationsasymmetrien gibt es auch Ex-ante-Informationsasymmetrien, die zu einem Prinzipal-Agenten-Problem führen. Dieser Fall wird auch als *hidden characteristics* oder *adverse Selektion* bezeichnet (vgl. Arrow 1985). Oftmals sind bestimmte Eigenschaften eines Produktes oder einer Person vor Vertragsabschluss nicht bekannt. Das prominenteste Produkt-Beispiel ist die Negativauslese auf dem Gebrauchtwagenmarkt nach Akerlof (1970). In der Management-Ethik sind Ex-ante-Informationsasymmetrien zum Beispiel dann relevant, wenn dem Prinzipal bedeutende Eigenschaften eines Agenten nicht bekannt sind. Dies ist zum Beispiel bei der Neueinstellung eines Mitarbeiters der Fall, bei dem das Unternehmen keine vollständige Information über dessen wahrhaftige Motivation und Arbeitsbereitschaft zur Verfügung hat. Dass Mitarbeiter ein Interesse daran haben, sich so positiv wie möglich darzustellen, führt zu einer Verschärfung der Informationsasymmetrie. Auch hier trägt der Prinzipal das Risiko bei der Auswahl unerwünschter Vertragspartner *(adverse selection)*.

Agentur-Probleme und deren ethische Auswirkungen können durch verschiedene Maßnahmen abgeschwächt werden. Die *Reduktion von Informationsasymmetrien* wird nach Zeitpunkt (vor/nach Vertragsabschluss) und Vertragsseite (prinzipal-/agentseitig) differenziert, so dass vier verschiedene Varianten zu unterscheiden sind: Vor Vertragsabschluss kann der Prinzipal über das Screening den Agenten ›durchleuchten‹ und zum Beispiel Zeugnisse oder Gutachten einfordern (vgl. Stiglitz 1975). Beim *signaling* sendet der Agent von sich aus entscheidungsrelevante Informationen an den Prinzipal, entweder per Gesetz (z.B. Rechenschaftsberichte), freiwillig (z.B. ethische Selbstverpflichtungen) oder über eine Zwischenform (z.B. Deutscher Corporate Governance Kodex). Nach Vertragsabschluss können Informationsasymmetrien auf der Prinzipalseite über *monitoring* reduziert sowie mit Hilfe spezieller Überwachungssysteme (bspw. Zeiterfassung) und Überwachungsgremien (bspw. Aufsichtsrat, Qualitätssicherungs-, Revisions- oder Controllingabteilungen etc.) Arbeitsprozesse und Ergebnisse kontrolliert werden. Die Kontrolle über die Stimmrechtsausübung des Aktionärs, die Kontrolle durch die Kapital- und Produktmärkte (Markt für Unternehmenskontrolle), die Kontrolle durch Arbeits- und Managermärkte oder die Kontrolle durch Haftung wären weitere Monitoring-Maßnahmen. Für die Kontrollen muss der Prinzipal in der Regel finanzielle Ressourcen aufwenden. Das *reporting* erfolgt – ebenfalls nach Vertragsabschluss – auf der Agent-Seite: Hier stellen die Agenten selbst Daten für den Prinzipal bereit, um Informationsasymmetrien abzubauen.

Eine zweite Möglichkeit zur Lösung des Agentur-Problems ist die *Harmonisierung von Prinzipal- und Agenteninteresse,* z.B. durch avancierte Anreizsysteme wie etwa die Entlohnung über Aktien oder Optionen. Ethik-Kodizes oder Verhaltenskodizes könnten die Offenlegung von Interessenkonflikten einfordern. In diesem Zusammenhang stellt sich aus einer managementethischen Perspektive die Frage nach dem gerechten Lohn (vgl. Steinmann/Löhr 1991). Schließlich kann man als dritte Möglichkeit *Reputationskapital aufbauen* und in vertrauensstabilisierende Maßnahmen investieren.

Zentral für die Prinzipal-Agenten-Theorie sind – neben den Agentur-Problemen – die sogenannten Agentur-Kosten (vgl. Jensen/Meckling 1976): *Überwachungskosten* (*monitoring costs*) sind Kosten auf Seiten des Prinzipals für die Kontrolle und Steuerung des Agenten (z.B. Kosten beim Vertragsabschluss, Überwachung der Vertragsausführung). *Kautionskosten* (*bonding costs*) sind Kosten auf Seiten des Agenten für die Gewährleistung seiner Leistung (z.B. Rechnungslegung). Der *Residualverlust* (*residual loss*) bezeichnet den monetären Verlust für den Prinzipal durch das Nichterreichen einer First-Best-Lösung durch schlechtes Management (vgl. Schneider 1993, 264). Der Residualverlust stellt das Risiko für den Prinzipal dar und bildet die zentrale Begründung für die Ausrichtung des Agenten auf die Prinzipalinteressen.

Aus der Kritik an einer einseitig ökonomischen Interpretation von Agenturtheorien heraus argumentieren einige Management-Theoretiker für eine stärkere Stakeholder-Orientierung. Der vertragstheoretische Grundgedanke der Agentur-Theorie wurde in zwei managementethischen Ansätzen auf weitere Anspruchsgruppen ausgedehnt: Zum einen wird das Unternehmen nach Freeman und Evan als »set of multilateral contracts over time« (1990, 352) verstanden. Im Unterschied zur traditionellen Stakeholder-Theorie, bei der die Legitimation von Ansprüchen primär aus den Konsequenzen unternehmerischer Transaktionen abgeleitet wird, ergeben sich nunmehr legitime Ansprüche aus einer einvernehmlichen vertraglichen Lösung. Vertragliche Arrangements zur gegenseitigen Wertsteigerung beinhalten nicht nur explizite, sondern auch implizite Verträge. Ein impliziter Vertrag schließt sämtliche Bestandteile in oder neben einem expliziten Vertrag ein, die nicht präzise ausgehandelt und kodifiziert wurden, deren Änderung oder Herausnahme aber mindestens eine der Parteien den Vertrag nicht hätte schließen lassen.

Zum anderen haben Hill und Jones (1992) den vertragstheoretischen Ansatz zu einer Stakeholder-Agency-Theorie ausgearbeitet, derzufolge das Management die Funktion als Agent verschiedener Anspruchsgruppen übernimmt: »each stakeholder is a part of the nexus of implicit and explicit contracts that constitutes the firm« (ebd., 134). Je mehr Stakeholder sich an diesem Netzwerk beteiligen, desto eher werden die Interessen verschiedener Anspruchsgruppen ausbalanciert.

Risiko in der Theorie der Teamproduktion

Die Theorie der Teamproduktion wurde insbesondere von Alchian und Demsetz (1972) fundiert und von zahlreichen Autoren weiterentwickelt (vgl. Blair 1995; Blair/Stout 2001). Personalverhaltensorientierte und funktionale Aspekte des Unternehmers finden sich in diesem Ansatz wieder. Das Unternehmen wird als Knotenpunkt eines Netzwerks von Verträgen zwischen verschiedenen Ressourcenlieferanten verstanden. Unter Einsatz mehrerer Arten von Produktionsfaktoren unterschiedlicher Akteure wird im Team ein Ergebnis generiert, das in der Summe die Leistungen der einzelnen Akteure übersteigt und dessen Ergebnis sich den einzelnen Akteuren nicht exakt zuordnen lässt (vgl. Blair/Stout 2001).

> »We use the phrase ›team production‹ to refer to complex productive activity that requires multiple parties to make contributions that are to some extent

> both team specific [...] and unverifiable [...] to an outside party, such as a court. A third key attribute of team production is that the resulting output is nonseparable, meaning that it is impossible to attribute any particular portion of the result to any particular member's contribution« (ebd., 419).

Diese Umstände erschweren es, im Vorhinein zu klären, wer welchen Teambeitrag leisten soll und im Nachhinein festzulegen, inwieweit der Einzelne am gemeinsamen Output beteiligt war. Der einzelne Ressourcenlieferant kann seine teamspezifischen Investitionen nur durch den Verkauf des gesamten Teamproduktes kapitalisieren. Die Überwachung der einzelnen Arbeitsleistung durch die übrigen Teammitglieder ist kaum hinreichend möglich, so dass das einzelne Teammitglied einen Anreiz hat, seinen individuellen Leistungsbeitrag zu senken. Nach Vertragsabschluss entsteht somit das Risiko, dass sich einzelne Teammitglieder zu Trittbrettfahrern und Drückebergern entwickeln. »Each team member is vulnerable not only because the venture itself is inherently risky, but because any one of the other team members could try to ›hold-up‹ the team by threatening to pull her contributions back out unless she gets a larger share of the proceeds« (Blair 2003, 67). Aus der Teamproduktionstheorie ergeben sich ethische Zuschreibungs-, Verantwortungs- und Legitimitätsprobleme. Eine besondere Herausforderung liegt daher auch hier in der Ausgestaltung von anreizsetzenden und *moral hazard* verhindernden Entlohnungssystemen, um einen hohen Residualgewinn realisieren zu können (vgl. Blair/Stout 2001). Alchian und Demsetz schlagen vor, dass ein Teammitglied, traditionellerweise der Unternehmer, die Rolle des Prinzipals und damit die Überwachung übernimmt. Man überträgt dem Unternehmer das Verfügungsrecht über die Nettogewinne aus der Teamproduktion: das sogenannte Residualeinkommen. Dies ist unter zwei Bedingungen möglich: Zum einen muss der Residualeinkommensbezieher (*residual claimant*) ermächtigt werden, die Vertragskonditionen zu variieren, zum anderen muss er in die Lage versetzt werden, Rechte des Residualeinkommens an andere abzutreten beziehungsweise zu verkaufen. Der Prinzipal übernimmt als Residualeinkommensbezieher und Unternehmer folglich das Risiko, wohingegen die anderen Teammitglieder ex ante vertraglich abgesichert werden und damit risikofrei sind.

Der Unternehmer zeichnet sich in der Theorie der Teamproduktion nicht dadurch aus, dass er Eigentümer der Produktionsfaktoren ist, sondern *Träger des unternehmerischen Risikos* und vor allem *Residualeinkommensempfänger*. Alchian/Demsetz heben sich insofern von Coase ab, als sie dem Unternehmer nicht nur Macht beziehungsweise autoritäre Kontrolle zugestehen, sondern ihn als Knotenpunkt eines Netzwerks von Verträgen auch in die Pflicht nehmen, Verantwortung zu übernehmen.

In jüngster Zeit erlebt der Unternehmer eine Renaissance und rückt wieder in den Mittelpunkt unternehmensethischer Forschung (vgl. Heidbrink/Seele 2010). Gerade der besonnene Umgang mit Risiken, nachhaltiges Interesse sowie gelebte Werteorientierung und Unternehmenskultur zeichnen ihn aus. In zahlreichen Studien wurde das Verhältnis von Unternehmer und Residualeinkommen untersucht (vgl. Ulrich/Thielemann 1992). Zudem knüpfen zahlreiche Diskussionen am Bild des ›ehrbaren Kaufmanns‹ an (vgl. Albach 2007).

Risiko als Legitimationsgrundlage in der Management-Ethik

Blair und Stout bauen die *Theorie der Teamproduktion* in Verbindung mit der *Theorie unvollständiger Verträge* aus und argumentieren für eine stärkere Berücksichtigung der Mitarbeiter (vgl. Blair/Stout 2001). Eugene Fama verweist genau auf diesen Zusammenhang, dass in einem managergeführten Unternehmen zwar das Eigentum den Kapitaleignern übertragen wird, das Management aber – eine erfolgsabhängige Vergütung vorausgesetzt – neben den Aktionären ebenfalls zu einem Residualeinkommensbezieher wird (vgl. Fama 1980). »The firm is just the set of contracts covering the way inputs are joined to create outputs and the way receipts from outputs are shared among inputs. In this ›nexus of contracts‹ perspective, ownership of the firm is an irrelevant concept« (ebd., 290).

Sowohl die Überlegungen von Blair und Kollegen als auch die von Fama sind zunächst jedoch ökonomisch, weniger unternehmensethisch motiviert. In komplexen Organisationen sind unternehmensspezifische Investitionen verschiedener Anspruchsgruppen jedoch weit verbreitet. Mitarbeiter zum Beispiel bilden eine Anspruchsgruppe, die mit ihrem intellektuellen beziehungsweise technischen Know-how oder den starken Beziehungsnetzwerken hohe unternehmensspezifische Investitionen tätigt. Solche spezifischen Investitionen stellen in der Regel auf der Mitarbeiterseite versunkene Kosten dar, also

Kosten, die einmal eingesetzt nur mit hohem Wertverlust alternativ reinvestiert werden können (zum Beispiel in Form einer anderen Beschäftigung). In einer Situation, in der mehrere Mitarbeiterinnen und Mitarbeiter spezifisch investiert sind, könnte die frühzeitige Auflösung ihrer Teamproduktion ihre spezifische Investition gefährden. Durch seine spezifische Investition erhält der einzelne Mitarbeiter im Idealfall und damit im Vergleich zur zweitbesten Alternative eine Quasirente. Er ist an einem möglichst langfristigen Vertrag interessiert, da sich seine spezifische Investition nur so auszahlt. Scheitert die Kooperationsbeziehung, gehen die Quasirenten des Mitarbeiters verloren. Zwar wäre die Erfüllung seiner expliziten Verträge in der Regel juristisch einklagbar, dies gilt jedoch nicht für die impliziten Verträge. Auf diese greift man zurück, wenn die Aushandlung von expliziten Verträgen entweder mit prohibitiv hohen Kosten verbunden oder aber gar nicht möglich ist. Sie sind immer dann kritisch zu beurteilen, wenn der Mitarbeiter spezifisch investiert ist, da er bei einem Vertragsbruch dieser impliziten Verträge das Unternehmen nicht kostenlos verlassen und in eine gleichwertige Alternative wechseln kann. Je impliziter die Verträge sind, desto größer ist also die Gefahr, dass die Teamproduktion scheitert. Antizipiert der Mitarbeiter diese Hold-up-Gefahr, wird er die spezifischen Investitionen unterlassen und stattdessen in generell verwendbare Alternativen investieren. Dieser Zustand ist für die Unternehmensleitung nicht wünschenswert, da sich durch eine Unterinvestition in spezifisches Kapital die Wettbewerbsfähigkeit verschlechtert. Investitionen des Mitarbeiters sind also riskant. Daraus ergibt sich in der Konsequenz, dass ungesicherte Risiken des Mitarbeiters die Shareholder-Dominanz einschränken. Diese Risikoeinschätzung steht im Widerspruch zur Meinung vieler Ökonomen, die davon ausgehen, dass allein Shareholder das residuale Risiko nicht absichern könnten und daher residuale Risikoträger seien. Deshalb stünde auch nur ihnen ein Anspruch auf das Residuum zu. Alle anderen Anspruchsgruppen würden über explizite Verträge abgesichert. Boatright (2004, 13) kommt zu folgendem Ergebnis:

> »For shareholders this means that they will receive all residual revenues and that the firm will be operated to maximize the residual. For employees this means that wages will be paid, that they will receive some portion of the quasi-rents created by their acquisition of firm-specific knowledge and skills, and that they will share in the prosperity of the firm.«

Über die Ergebnisse hinaus, die sich aus der Theorie der Teamproduktion ergeben, zeigt ein kritischer Risikovergleich mit Blick auf Diversifizierung, Investitionstyp, Investitionsmenge, Risikohöhe und Sicherheit, dass Mitarbeiter gegenüber den Aktionären zum Teil deutlich höhere Risikograde aufweisen und damit legitime Ansprüche formulieren können. Betrachtet man zum Beispiel die *Diversifizierung* als eine Maßnahme zur Risikominderung, so fällt auf, dass Aktionäre ihr Risiko über Portfoliomanagement diversifizieren können. Mitarbeiter hingegen sind kaum in der Lage, Absicherungen in Form von Diversifizierungen durchzuführen (vgl. ebd., 12). Auch hinsichtlich des *Investitionstyps* und der *Investitionsmenge* zeigen sich Unterschiede. Der Aktionär ist in der Regel mit kurzfristig nicht benötigtem Geld teilinvestiert. Der Mitarbeiter hingegen ist mit Zeit und Arbeit voll investiert (nur bei Teilzeitarbeit trägt er ein geringeres Risiko). Während der Aktionär ferner mit Blick auf die *Risikohöhe* Gefahr läuft, einen materiellen (Teil-)Verlust zu erleiden (ein Totalverlust ist nur bei Konkurs des Unternehmens oder bei Derivaten möglich), riskiert der Mitarbeiter seinen Arbeitsplatz (in der Regel ein Totalverlust, außer bei Arbeitszeitverkürzung). Aktionäre haften im Gegensatz zum Mitarbeiter nur begrenzt für ihren finanziellen Einsatz. Betrachten wir die *Sicherheit* der vertraglichen Beziehung, so geht der Aktionär sein Investitionsrisiko bewusst ein und bekommt dafür auch höhere Renditen in Aussicht gestellt. Der Mitarbeiter sichert lediglich seine expliziten Verträge, die impliziten bleiben weiterhin risikoreich. Zwar können einzelne Aktionäre beim Kauf von Aktien keine Details verhandeln, wie dies etwa der Mitarbeiter in seinem Arbeitsvertrag kann, eine Entscheidungsrevision wäre aber jederzeit möglich, da Unternehmen kontinuierlich Informationen an den Markt senden und der Aktionär im Gegensatz zum Mitarbeiter jederzeit die Exit-Option wählen kann (vgl. Freeman/Evan 1990, 341). Zieht man hinzu, dass Aktionäre generell weniger risikoavers sind als Mitarbeiter, verstärkt sich dieser Effekt. Mitarbeiterinnen und Mitarbeiter haben eine besondere Risikoanfälligkeit: »In effect, creditors and other claimants are bearing some of the downside risk – they may be the ones who lose if the firm loses the gamble« (Blair 2003, 57). In ihrem Buch *Ownership and Control* geht Blair über die Position, nur den Eigentümern stünden residuale Ansprüche zu, hinaus, indem versprochene, zukünftige Gehälter von Mitarbeitern als riskante *residual claims* bezeichnet werden: »In other words, the promised higher wages are, in fact, ›not fixed‹, but contingent on the performance of the firm. Employees, therefore, are also ›residual claimants‹, who share in the business risk associated with the enterprise« (Blair 1995, 257). Betrachtet man das Risiko als eine Legitimationsgrundlage für Residualansprüche, so lassen sich also nicht nur Aktionärs-, sondern mindestens auch Mitarbeiterinteressen gleichermaßen in einer Management-Ethik berücksichtigen. Inwieweit weitere Stakeholder-Gruppen legitime Ansprüche ableiten können, wird die Forschung zeigen.

Literatur

Akerlof, George A.: The Market for ›Lemons‹: Quality Uncertainty and the Market Mechanism. In: Quarterly Journal of Economics 84, 3 (1970), 488–500.

Albach, Horst: Unternehmenstheorie und Unternehmensethik. In: Joachim Schwalbach/Günter Fandel (Hg.): Zeitschrift für Betriebswirtschaft. Special Issue: Der Ehrbare Kaufmann: Modernes Leitbild für Unternehmen? 1 (2007), 1–13.

Alchian, Armen A./Demsetz, Harold: Production, Information Costs, and Economic Organization. In: American Economic Review 62, 5 (1972), 777–795.

Arrow, Kenneth J.: The Economics of Agency. In: John W. Pratt/Richard J. Zeckhauser (Hg.): Principals and Agents: The Structure of Business. Boston, Mass. 1985, 37–51.

Berle, Adolf A./Means, Gardiner C.: The Modern Corporation and Private Property. New York 1932.

Blair, Margaret M.: Ownership and Control: Rethinking Corporate Governance for the Twenty-First Century. Washington, D.C. 1995.

–: Shareholder Value, Corporate Governance, and Corporate Performance. In: Peter K. Cornelius/Bruce Kogut (Hg.): Corporate Governance and Capital Flows in a Global World. Oxford 2003, 53–82.

– /Stout, Lynn A.: Director Accountability and the Mediating Role of the Corporate Board. In: Washington University Law Quarterly 79, 2 (2001), 403–449.

Boatright, John R.: Employee Governance and the Ownership of the Firm. In: Business Ethics Quarterly 14, 1 (2004), 1–21.

Brink, Alexander: Corporate Governance, Kapital und Ethik. Eine institutionenökonomische Kapitaltheorie impliziter Verträge. In: Birger P. Priddat: Moral als Indikator und Kontext von Ökonomie. Marburg 2007, 55–82.

Cantillon, Richard: Essai sur la nature du commerce en générale. Dt. Übers von Hella Hayek: Abhandlung über die Natur des Handelns im Allgemeinen. Sammlung sozialwissenschaftlicher Meister. Hg. von Heinrich Waentig. Bd. 35. Jena 1931.

Casson, Mark C.: The Entrepreneur. Oxford 1982.

Coase, Ronald H.: The Nature of the Firm. In: Economica 4, 16 (1937), 386–405.

Fama, Eugene F.: Agency Problems and the Theory of the Firm. In: Journal of Political Economy 88, 2 (1980), 288–307.

Freeman, R. Edward/Evan, William M.: Corporate Governance: A Stakeholder Interpretation. In: The Journal of Behavioral Economics 19, 4 (1990), 337–359.

Heidbrink, Ludger/Seele, Peter (Hg.): Unternehmertum. Vom Nutzen und Nachteil einer riskanten Lebensform. Frankfurt a. M. 2010.

Hill, Charles W. L./Jones, Thomas M.: Stakeholder-Agency Theory. In: Journal of Management Studies 29, 2 (1992), 131–154.

Jensen, Michael C./Meckling, William H.: Theory of the Firm: Managerial Behavior, Agency Costs and Ownership Structure. In: Journal of Financial Economics 3, 4 (1976), 305–360.

Knight, Frank H.: Risk, Uncertainty and Profit. Boston 1921.

Ross, Stephen A.: The Interrelations of Finance and Economics: Theoretical Perspectives. In: American Economic Review 77, 2 (1987), 29–34.

Say, Jean-Baptiste: A Treatise on Political Economy: or The Production, Distribution and Consumption of Wealth. New York 1971.

Schaller, Armin: Entrepreneurship oder wie man ein Unternehmen denken muß. In: Burkhard Danz/Werner Gleißner/Armin Schaller/Michael Veltins/Ulrich Blum/Frank Leibbrand (Hg.): Entrepreneurship und Unternehmertum. Denkstrukturen für eine neue Zeit. Wiesbaden 2001, 3–56.

Schneider, Dieter: Betriebswirtschaftslehre. Bd. 1: Grundlagen. München u. a. 1993.

Schumpeter, Joseph A.: Beiträge zur Sozialökonomik. Wien 1987.

–: Theorie der wirtschaftlichen Entwicklung: Eine Untersuchung über Unternehmergewinn, Kapital, Kredit, Zins und den Konjunkturzyklus. München/Leipzig 2006.

Steinmann, Horst/Löhr, Albert: Ethik im Personalwesen. Lohngerechtigkeit. Diskussionsbeiträge des Lehrstuhls für Allgemeine Betriebswirtschaftslehre und Unternehmensführung der Universität Erlangen-Nürnberg 52. Erlangen/Nürnberg 1991.

Stiglitz, Joseph E.: The Theory of Screening, Education

and the Distribution of Income. In: American Economic Review 65, 3 (1975), 283–300.
Ulrich, Peter/Thielemann, Ulrich: Unternehmensethische Denkmuster von Führungskräften – eine empirische Studie. Bern u.a. 1992.
Welzel, Burkhard: Der Unternehmer in der Nationalökonomie. Reihe: Untersuchungen zur Wirtschaftspolitik, Bd. 101. Hg. vom Institut für Wirtschaftspolitik an der Universität zu Köln. Köln 1995.

Alexander Brink

3. Ethik und Kapitalmarkt

Zum Verhältnis von Ethik, Kapitalmarkttheorie und Kapitalmärkten

Die überwiegende Zahl von Wissenschaftlern und Praktikern beschäftigt sich normalerweise eher am Rande und nur in Ausnahmefällen mit ethischen Fragstellungen, wenn es um Geld- und Kapitalmärkte geht. Aus wissenschaftlicher Sicht dürfte für diese Haltung fundamental das Verständnis von Geld als zentralem Medium der Finanzmärkte verantwortlich sein: Geld als Transaktions- und Wertaufbewahrungsmedium sowie Recheneinheit wird von den neoklassischen Gleichgewichtsökonomen lediglich die Rolle eines ›Schmiermittels‹ oder ›Numéraire‹ zugedacht, ohne dass die Durchführung wirtschaftlicher Austauschprozesse hohe, oft prohibitive Transaktionskosten auslösen würde. Lange Zeit wurde daher in der neoklassischen Theorie Geld keine direkte Einwirkungsmöglichkeit auf die realen Wirtschaftsprozesse zugestanden. Seine Einflusskraft wurde reduziert auf die Rolle eines Schleiers, der jederzeit aus den Wirtschaftsprozessen weggezogen werden könnte, ohne dass die dahinter liegenden Güter- und Faktoraustauschvorgänge, relativen Preise und der gesamte Allokationsprozess einer Wirtschaft davon betroffen wären. Unter den Bedingungen eines neoklassischen Gleichgewichtssystems muss ein vollständiges Marktsystem neben den Güter- und Faktormärkten ergänzend aus einem residualem Markt, dem Geldmarkt, bestehen, damit ein Gleichgewichts-Marktsystem mathematisch lösbar wird (vgl. Schäfer 1988).

Damit implizit verbunden ist die Vorstellung, dass nicht nur Geld- und mithin auch Kapitalmärkte, sondern auch die Geld- und Kapitalmarkttheorie wert- und ethikfrei seien. Faktisch findet in der Kapitalmarkttheorie eine Reflexion der in ihr enthaltenen impliziten und expliziten ethischen Annahmen sowie der aus den Handlungsempfehlungen der Modelle folgenden ethisch relevanten Konsequenzen bislang nur in Ausnahmefällen statt. Eng verbunden ist damit die Vorstellung, dass Ethik allenfalls in Verbindung mit Marktunvollkommenheiten und -externalitäten Relevanz besitze, etwa dann, wenn sich gesetzliche Regelungen des Kapitalmarkts als ineffizient erweisen. Der Ethik kann dann eine ›Behelfsfunktion‹ zur Überwindung von sub-optimalen Allokationsergebnissen auf den Kapitalmärkten beigemessen werden, beispielsweise durch die Forderung nach Einhaltung nicht kodifizierter moralischer Spielregeln, wie es gerne in Gestalt des ›ehrenwerten Kaufmanns‹ versinnbildlicht wird.

Darüber hinaus findet Ethik in den auf Gleichgewichtslösungen ausgerichteten, mit vollständigen und perfekten Kapitalmärkten operierenden Kapitalmarktmodellen und den sich hieraus ergebenden Handlungsempfehlungen, z.B. für die tägliche Vermögensverwaltung, das Risikomanagement und andere mehr, keinen Platz. Die herausragenden kapitalmarkttheoretischen Erkenntnisgewinne der vergangenen sechzig Jahre, deren Ausgangspunkt die Formalisierung eines Modells zum Aufbau von Anlageportfolios mit risikotragenden Anlageobjekten bildete (Portfolio-Selektions-Modell), kommen gänzlich ohne irgendeine Bezugnahme auf Ethik aus.

Weite Teile dessen, was man oft auch als New Finance (vgl. Cochrane 1999) bezeichnet, beruhen, wie die Geldtheorie selbst, auf einer neoklassischen Rahmentheorie, die soziale Vorgänge, wie Markttransaktionen und das Interagieren von Individuen, auf eine rein mathematisch-statistische Angelegenheit reduziert, ohne dass hierbei explizit ein Bezug auf ethische Grundlagen genommen wird. Menschliches Verhalten und die Beziehungen der Akteure untereinander werden – wie etwa bei den Axiomen von Neumann und Morgenstern, dem totalen Gleichgewichtsmodell von Arrow, Debreu und MacKenzie oder anderen bahnbrechenden Marktmodellen – auf einen Prämissenkranz reduziert, mit dem das Allokationsverhalten eines strikt rational agierenden, alle verfügbaren Informationen einsetzenden und ständig optimierenden Entscheidungsträgers postuliert wird. Daher müssen die mathematisch-statistischen und ökonometrischen Modelle der (neoklassisch fundierten) Kapitalmarkttheorie menschliches Verhalten zwangsläufig als wertfrei und ethisch bzw. moralisch neutral interpretieren. Dies gipfelt in der Vorstellung, dass Vorgänge auf den Kapitalmärkten Quasi-Gesetzen folgen, die mit den Naturwissenschaften besser erklärt werden können als mit den Verhaltenswissenschaften (vgl. Stulz 2000, 7). So dominiert nach wie vor in der Kapitalmarkttheorie die Ansicht, Vorgänge auf den Kapitalmärkten seien nicht von Individuen, sondern von exogenen Antriebskräften getragen und gleichen einem Lotterie- oder Roulette-Spiel (vgl. Schulmeister 2009, 6f.). Damit geraten Preisbildungen auf Zufallspfade (Random Walks), wie sie mit der aus der Biologie stammenden Brownschen Bewegung als ›Quelle‹ der dominierenden stochastischen Prozesse in Kapitalmarktmodellen beschrieben werden und fundamental Eingang in die Kapitalmarkttheorie und Denkhaltung der Kapitalmarkttheoretiker gehalten haben. Transaktionen auf Kapitalmärkten finden gleichsam als Spiele gegen die Ungewissheit der Natur statt, wobei die Art des Zustandekommens und die Verteilung der Spielergebnisse neutral gesehen werden (vgl. Shah 1997, 195f.). Ethische Fragen sind damit nicht modellkonsistent, gleichwohl aber realiter existent. So führt etwa Horrigan (1987, 105) aus:

> »In particular, the Option Pricing Model viewpoint, when joined to the Capital Asset Pricing Model, trivializes bankruptcy of the firm. The advice that stockholders can just ›walk away‹ from financial distress actively encourages firms to court bankruptcy risks. [...] [T]he interests of the workforce and the community in the livelihood of the firm are cynically assumed away as concerns of little importance. The firm just represents a ›crap shoot‹ on a ›lottery ticket‹ subsidized by creditors and employees.«

Mit dem Aufkommen der verhaltenswissenschaftlichen Kapitalmarkttheorie, erstmals begründet durch die bahnbrechenden Arbeiten von Kahneman und Tversky, wurde das bis dahin gängige Idealbild des universellen ›Homo Oeconomicus‹ neoklassischer Prägung vielfältigen psychologischen und sozialwissenschaftlichen ›Stresstests‹ unterzogen. So wurde gezeigt, dass auch auf Kapitalmärkten vielfach nur eingeschränkt von einem rationalen Verhalten der Marktteilnehmer/innen ausgegangen werden kann (Ansatz der Bounded Rationality) und welche Vielschichtigkeit die Verhaltensweisen und Entscheidungsmuster der Kapitalmarktakteure aufweisen (vgl. Shiller 2003). Aber auch hier wurde und wird die ethische Dimension menschlichen Handelns weitgehend ausgeblendet. Erst innerhalb der neueren Forschung wird auch Fragen des altruistischen oder philantropischen Verhaltens auf Kapitalmärkten ein gewisses Interesse entgegengebracht. Doch auch hier ist man letztendlich darum bemüht zu zeigen, dass die bekannten und in den Lehrbüchern der Universitäten und Business Schools lieb gewonnenen Kapitalmarktmodelle nach wie vor Bestand haben, wenngleich bestimmte Prämissen aufgrund der verhaltenswissenschaftlichen Erkenntnisse gelockert wurden. Dennoch hat die verhaltenswissenschaftliche Kapitalmarkttheorie mittlerweile durchaus zu einer kritischen ›Runderneuerung‹ des Verständnisses von Kapitalmarktvorgängen geführt. Dank ihrer Hilfe wurde die Fülle nicht rationaler Verhaltensweisen von Kapitalmarktteilnehmern strukturierbar und erklärbar und konnte für Zwecke der Anlageentscheidung instrumentalisiert werden. Trotz der Hinwendung zum Akteur und dessen Mikrokosmos der Entscheidungsfundierung umgeht man dabei jedoch eine Ablösung des bislang dominierenden Paradigmas rein exogen getriebener Handlungsweisen und der daraus folgenden stochastischen Prozesse. Eine mehr auf die Handlungen und sub-optimalen Verhaltensweisen der einzelnen Akteure rekurrierende Modellierung des Finanzmarktgeschehens findet nicht statt. Dabei böte die Bezugnahme auf den einzelnen Akteur auch einen Ansatzpunkt, um den, den neoklassischen Modellen der Wirtschaftswissenschaften zugrunde liegenden Prämissen, Ethik ›einzuhauchen‹.

Dennoch operieren auch der vermeintlich ethikfreie neoklassische Modellraum und die pragmatische Umsetzung der in ihm gewonnenen Modellerkenntnisse auf Basis einer implizit ethischen Grundlage. Bezeichnend hierfür ist, dass die Konzepte der Neoklassik aus der Grenznutzenschule hervorgingen und sich methodisch auf den Annahmen des Individualismus und des Gleichgewichtsprinzips ableiten. Der Homo Oeconomicus wird hierbei im Rahmen einer konsistenten Rationalitätsannahme als heuristisch-deskriptives Verhaltensmodell genutzt, das ethische Elemente im Entscheidungsverhalten der Akteure nur insofern berücksichtigt, als diese ihren ökonomischen Nutzen erhöhen. Diese Annahme wurzelt in den Theorien des Utilitarismus, wie er von Jeremy Bentham und John Stuart Mill im 18. und 19. Jahrhundert begründet wurde (vgl. Sen 1993). Aus utilitaristischer Perspektive sind Handlungen dann als moralisch ›gut‹ zu beurteilen, wenn sie in der Lage sind, das »größte Glück der größten Zahl« von Menschen zu bewirken. Aus dieser teleologischen Sicht rücken somit die Handlungsfolgen ins Zentrum der ethischen Beurteilung. Jedoch ist die teleologische Ethik nicht als exklusive Grundlage der Grenznutzenschule und der modernen neoklassischen Kapitalmarktmodelle zu sehen, diese lassen auch Raum für pflichten- und tugendethische Vorstellungen (vgl. Baron/Pettit/Slote 1997, 151).

Solche impliziten ethischen Grundlagen der Kapitalmärkte, der Kapitalmarkttheorie und des Verhaltens der Kapitalmarktteilnehmer werden in Theorie und Praxis im Regelfall nicht thematisiert. Allenfalls die aus der Subprime-Krise geborene weltweite Banken- und Finanzmarktkrise der Jahre 2008 und 2009 hat erstmals zu einer wahrnehmbaren Auseinandersetzung mit ethischen und moralischen Fragestellungen vor allem des Investmentbankings geführt: »It is time to reinstate moral reflection in financial thinking, as is done in other sensitive areas (biology, medicine and others). Finance is not an abstract mathematical theory but truly a social structure with a deep impact on the system and the individuals in the system« (Cossin 2009, 19).

Ethische Reflexionen scheinen also bislang für die Schule des Mainstream Finance nur eine situationsbezogene, vorübergehende Erscheinung zu sein. Eine ähnlich Einschätzung wurde daher auch bisher einem Segment des Kapitalmarkts entgegengebracht, das explizit die Kapitalallokation nicht ausschließlich an Rendite- und Risikoparametern ausrichtet, sondern den Anspruch erhebt, die Kapitalüberlassung auch an die Erfüllung bestimmter ethischer Prinzipien durch die Kapitalnehmer zu koppeln. Diese ethikbezogenen Kapitalanlagen sind seit einigen Jahrzehnten der sichtbarste Ausdruck einer expliziten Berücksichtigung ethischer Ingredienzien in der Kapitalallokation.

Explizite ethische Reflexion I: Ethikbezogene Kapitalanlagen

Eine ethikbezogene Kapitalanlage wird bestimmt durch das Handeln von Einzelinvestoren sowie Investorengruppen auf Basis einer teleologischen oder deontologischen Reflexion (vgl. Schäfer/Türck 2000): Eine deontologische Ethik manifestiert sich in unbedingt geltenden, situationsunabhängigen sittlichen Pflichten, d.h. bei Kapitalanlagen in Anlagevorschriften, die bestimmte Ausrichtungen der Wertschöpfung eines Unternehmens und/oder dessen Outputs als unvereinbar mit einer bestimmten Ethikhaltung erachten. In diese Anlagekategorie fallen sogenannte ›Sündenaktien‹. Damit wird ein freiwillig auferlegtes Verbot seitens der Anleger ausgedrückt, Kapitel in ganz bestimmten Unternehmen oder Branchen nicht anzulegen (beispielsweise in den Bereichen Alkohol-, Tabakwaren-, Kriegswaffenproduktion). Solche Anlageprinzipien finden sich traditionell bei religiös ausgerichteten Anlegerkreisen christlicher, aber auch moslemischer Glaubensrichtungen. Heute sind die meisten Formen ethikbezogener Kapitalanlagen an den Prinzipien einer teleologischen Ethik ausgerichtet. Hier wird aufgrund der zu erwartenden Folgen wirtschaftlichen Handelns situationsabhängig entschieden, was ›gut‹ und was ›schlecht‹ ist.

Grundsätzlich können alle Anlageformen als ethikbezogene Kapitalanlagen bezeichnet werden, die neben konventionellen Anlagekriterien (Rendite, Risiko und Liquidität) zusätzlich außerökonomische, d.h. ethische Werte bzw. moralische Prinzipien berücksichtigen (vgl. Schäfer 2001, 740 f.). Diese Anlageformen werden vielfach unter dem Begriff ›Socially Responsible Investment‹ (SRI) zusammengefasst, den der europäische Dachverband für ethische Geldanlagen, Eurosif, wie folgt definiert: »SRI, a generic term covering ethical, responsible investments, sustainable investments, and any other investment process that combines investors' financial objectives with their concerns about environmental, social, and governance (ESG) issues« (Eurosif 2008). ›Ethisches Investment‹ versucht somit die drei Kriterien Ökologie, Governance und Soziales für eine Selektion von Anlagetiteln heranzuziehen.

Diese drei Kriterien für die ›ethische Bewertung‹ von Kapitalanlagen stehen in enger inhaltlicher Verbindung mit den Konzepten der Nachhaltigkeit und der Corporate Social Responsibility (CSR). Dabei betont das Konzept der CSR insbesondere die Auswirkungen unternehmerischen Handelns auf die Anspruchsgruppen (Stakeholder) des Unternehmens. Substantiell in eine ähnliche Richtung weist das Konzept der Nachhaltigkeit bzw. nachhaltigen Entwicklung, wie es 1987 von der Brundtland Commission for Environment and Development im Auftrag der Vereinten Nationen erarbeitet wurde. Kennzeichnend hierfür ist der ethische Anspruch, gleichzeitig zwei Gerechtigkeitsdimensionen zu berücksichtigen: intragenerationale Gerechtigkeit – insbesondere zwischen industrialisierten und in Entwicklung befindlichen Ländern – sowie intergenerationale Gerechtigkeit zwischen der gegenwärtig lebenden und zukünftigen Generationen (vgl. Schäfer 2001).

Die Ausgestaltung ethikbezogener Kapitalanlagen erfolgt entweder angebots- oder nachfrageseitig, was eng mit den in Frage kommenden Anlegerkreisen verbunden ist. Für den Kreis der Privathaushalte ist es im sogenannten Retail-Banking üblich, aus vorgefertigten Anlageprodukten der Kreditinstitute auszuwählen, die in Aussicht stellen, bestimmte ethische Ansprüche bei der Kapitalanlage zu berücksichtigen. Eine konkrete Einflussmöglichkeit auf den ethisch ausgerichteten Steuerungsprozess hat dieser Kreis der Anleger jedoch nicht. Durch Selbstselektion in den Geschäftsabschlüssen äußern Privatanleger, welche Produkte und welche damit verbundene Merkmalsausprägungen ethischer Zielsetzungen sie präferieren. Die Anbieter offerieren zu diesem Zweck Anlageprodukte (meist in Form von Aktien-, Anleihe- oder Mischfonds) mit festen Ethik-Anlagestilen, die den vermuteten individuellen Ethikpräferenzen auf Seiten der Anleger entgegenkommen sollen. Demgegenüber erfolgt die Ausgestaltung ethikbezogener Kapitalanlagen für institutionelle Investoren, die ihre individuell verwalteten Vermögensportfolios nach ethischen Grundsätzen ausrichten, durch die Umsetzung der investorenseitig formulierten Anlagegrundsätze, in denen die ethischen Prinzipien des Anlegers direkt einfließen können.

Ethikbezogene Kapitalanlagen basieren somit im Wesentlichen auf der Umsetzung ethischer Anlageprinzipien. Insofern können sie auch als prinzipiengeleitete Kapitalanlagen verstanden werden (vgl. Ulrich/Jäger/Waxenberger 1998, 8 f.). Auf Basis ethischer Kriterienkataloge und entsprechend der anleger-individuellen ethischen Zielsetzungen soll durch die Kapitalvergabe lenkend in die Struktur des einzelwirtschaftlichen Produktionspotenzials und die Wertschöpfung von Institutionen und Unternehmen eingegriffen werden, um so die von Anlegern präferierten sozialen, Umwelt- oder Governance-Wirkungen herbeizuführen. Bemerkenswert ist die Ähnlichkeit zwischen dieser Vorgehensweise und der gesamtwirtschaftlichen Vorstellung einer Investitionslenkung: »Investitionslenkung zielt auf die öffentliche Beeinflussung der (sektoralen und regionalen) Struktur des Aggregats ›Private Investitionen‹ ab. [...] Für den ›Strukturaspekt‹ der privaten Investitionen, der für das Problem der Investitionslenkung zentral ist, bleibt das private Gewinnkalkül bestimmend« (Meißner 1974, 21). Ethisch geleitete Kapitalanlagen stellen jedoch im Gegensatz zu dieser Makrobetrachtung auf die Mikroebene, d.h. das einzelne Unternehmen ab, und werden von privaten Zielsetzungen bei der Beeinflussung angetrieben.

Explizite ethische Reflexion II: Ethikrelevante Kapitalmarktinformationen

Eine auf ethischen Prinzipien beruhende Kapitalanlage geht über eine rein ökonomische Zwecksetzung hinaus, insofern sie eine im Sinne der Kapitalgeber erwünschte Struktur der einzelwirtschaftlichen Wertschöpfung, Güterproduktion und der dabei auftretenden Externalitäten aufweist. Zur Abschätzung

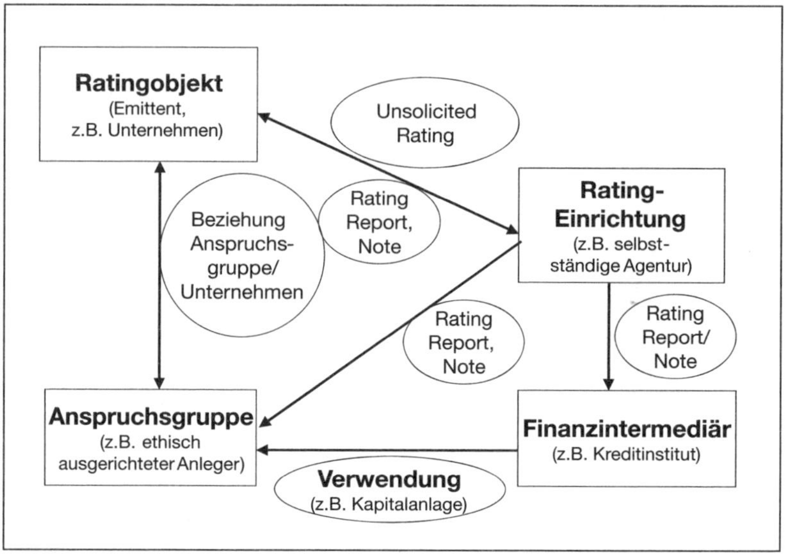

Grundsätzliche Beziehungen beim ethikbezogenen Rating

der gewünschten Wirkungen sind die Kenntnisse von Ursache-Wirkungs-Beziehungen und die inhaltliche Bestimmung der sozialen, ökologischen, ethischen und/oder Governance-Anliegen nicht nur anleger-, sondern auch anbieterseitig erforderlich. Zudem müssen die entscheidungsrelevanten Anlageinformationen verfügbar sein. Die dafür erforderlichen, spezifischen ›Informationstransformationsfunktionen‹ werden von speziellen Intermediären auf den Kapitalmärkten übernommen. Mittlerweile kann von einem eigenständigen Markt für Informationsdienstleistungen zur Ermittlung des ethischen Verhaltens von Kapitalnehmern, etwa im Sinne von Unternehmensnachhaltigkeit bzw. Corporate Social Responsibility, gesprochen werden (vgl. Schäfer 2005).

Die grundsätzlichen Beziehungen zwischen den Beteiligten in einem ethikbezogenen Rating sind in obiger Abbildung dargestellt. Hier wird ersichtlich, dass neben der direkten Beziehung zwischen Rating-Einrichtung und beurteiltem Unternehmen ein indirekter Einfluss der Rating-Einrichtung auf die Beziehung zwischen Anspruchsgruppen (vor allem Anleger) und Unternehmen besteht. Ethikbezogene Ratings werden derzeit überwiegend nicht im Auftrag der beurteilten Unternehmen erstellt (sog. ›Unsolicited Rating‹). Insofern die Rating-Einrichtung (etwa aus Vermarktungsabsichten für die gesamte Expertise) Informationen über ein einzelnes Unternehmen der Allgemeinheit zugänglich macht, kann diese Rating-Information teilweise Eigenschaften eines öffentlichen Gutes annehmen. Häufig aber geht das Rating nicht direkt in die Dispositionen der Anspruchsgruppen ein, sondern wird von Finanzintermediären (z. B. Kreditinstituten) für die Erstellung von Dienstleistungen (z. B. ethikbezogenen Kapitalanlagen) herangezogen, die dann erst markt- oder außermarktmäßig von Anspruchsgruppen erworben werden und so Steuerungswirkungen erzielen.

Rating-Einrichtungen produzieren ethikbezogene Informationsdienstleistungen vor allem für die Fundierung von Anlageentscheidungen und ähneln daher eher einem Sell-Side Research als einem Credit Rating. Die Qualität der Anlageentscheidung – respektive im Kontext ethisch geleiteter Kapitalanlagen auch die Wirkungsstärke der beabsichtigten Lenkung unternehmerischer Wertschöpfung bzw. des produzierten Outputs – hängt erheblich von der Leistungsfähigkeit der Rating-Einrichtung ab.

Ethische Reflexion und Interaktion – das Beispiel Mikrofinanz

Eine spezielle Form ethikbezogener Lenkungswirkung mittels einer Kapitalanlage liegt bei ›Mikrofinanz‹ vor. Wegen der im Vergleich zu ethikbezogenen Kapitalanlagen auf Aktien- und Anleihefonds direkteren Lenkungswirkung von Mikrofinanz wird diese auch als ›Focused Investing‹ bezeichnet. Unter Mikrofinanz wird die Bereitstellung von Finanzdienstleistungen für Kleinstgewerbetreibende zusammengefasst. Die größte politische und ökonomische Aufmerksamkeit wird dabei dem Mikrokredit zuteil (vgl. Sengupta/Aubuchon 2008). Ziel derartiger Mikrokredite ist es, Kapital für von Armut betroffene, aber wirtschaftlich aktive Privathaushalte vor allem in Entwicklungs- und Schwellenländern bereitzustellen und diese darin zu unterstützen, ihre Einkünfte durch ein Kleinstgewerbe zu begründen oder zu verbessern. Solche Mikro-Unternehmer benötigen zu diesem Zweck in der Regel die zeitlich befristete Überlassung von Finanzmitteln im Sinne von Gewerbekrediten, können aber in den meisten Entwicklungs- und Schwellenländern vor Ort nicht auf die Kapitalversorgung durch Kreditinstitute zurückgreifen. Ziel der Vergabe von Mikrokrediten ist es, diese ›Kredit-Rationierung‹ zu beheben. Im Zentrum stehen Kreditbeträge zwischen durchschnittlich 100 und 1000 US-Dollar. Sie fließen vor allem in die Bereiche Handwerk, Landwirtschaft und Handel. Mikrokredite weisen ganz spezifische Merkmale auf, die sie von herkömmlichen Kreditformen, -vergabeprozessen und -sicherheiten sowie Kreditnehmerkreisen unterscheiden. Auffällig ist, dass Frauen als Kreditnehmerinnen aufgrund ihrer empirisch nachgewiesenen hohen Zuverlässigkeit in der Tilgungs- und Zinszahlung, ihrer geringen Risikobereitschaft sowie engen familiären und sozialen Bindungen sehr niedrige Kreditausfälle aufweisen. Sie zählen daher auch zu den priorisierten Mikrokredit-Kundenkreisen. Daneben ist für Mikrokredite das Prinzip des Joint Liability Contracting kennzeichnend (vgl. Sengupta/Aubuchon 2008, 16–17). Darunter fällt vor allem die gruppenbasierte Mittelvergabe, bei der sich Mikro-Unternehmer zu einer Kreditnehmergruppe zusammenfinden. Die Gruppe repräsentiert eine annähernd homogene Risikoklasse, woran sich die Durchführungswege bei der Erfüllung der Kreditverträge ausrichten. Eine andere Ausprägungsform des Joint Liability Contractings ist die Kreditprolongation im Fall vertragskonformen Verhaltens.

Mikrokreditbeziehungen weisen aufgrund ihrer spezifischen vorgenannten Agency-Beziehungen besondere Kapitalkostenstrukturen auf (vgl. Faber 2005). So sind kaum Sicherheiten erforderlich bzw. üblich. Die Verwaltungskostenanteile sind ferner aufgrund der breiten räumlichen Verteilung der Kreditnehmer und der dadurch personalintensiven Betreuung durch Bankmitarbeiter überdurchschnittlich hoch. Die geringe Abschreibungsrate ist mit unter zwei Prozent sehr niedrig, wodurch der Credit Spread geringer ausfällt.

In einem funktionierenden Bankensystem, wie es in entwickelten Ländern in der Regel vorhanden ist, wäre es für zahlreiche Kleinstunternehmer aufgrund fehlender Sicherheiten meist unmöglich, einen Kredit zu erhalten. An dieser Stelle setzen Mikrofinanzinstitute (MFIs) an. Bei ihnen handelt es sich um spezialisierte, lokal verankerte Organisationen (vgl. Gyomlay 2005). Aus rechtlicher Perspektive betrachtet, variiert der Status der MFIs sehr stark. So engagieren sich in diesem Bereich neben staatlich regulierten Banken diverse Finanzinstitutionen, Stiftungen, Kooperativen sowie Nichtregierungsorganisationen (NGOs). Die MFIs können dem formellen, semiformellen oder informellen Sektor zugeordnet werden. Die Organisationen des formellen Sektors stehen unter einer Bankenregulierung und -aufsicht. Semiformelle Einrichtungen hingegen unterstehen keiner eigentlichen Bankenregulierung, verfügen jedoch über eine Zulassung und werden vielfach von Regierungsagenturen beaufsichtigt. Die Einrichtungen des informellen Sektors arbeiten gänzlich außerhalb staatlicher Regulierung und Beaufsichtigung (vgl. Dieckmann 2008). Den MFIs stehen dabei grundsätzlich zwei Formen der externen Kapitalbeschaffung zur Verfügung. Zum einen besteht ein Kapitalzugang durch Direktinvestitionen und zum andern durch den Zugang zum internationalen Finanzmarkt, in Form sogenannter Mikrofinanz-Investmentvehikel (MIVs). Da das für die ortsansässigen Mikrofinanzinstitute verfügbare nationale Sparvolumen in den Entwicklungs- und Schwellenländern in der Regel nicht ausreicht, um die hohe nationale Nachfrage nach Krediten zu decken, sind sie auf internationale Finanzierungsquellen angewiesen.

Kommerzielle Mikrofinanz-Investmentvehikel wurden zu diesem Zweck als Anlageformenentwickelt, damit (überwiegend institutionelle) Anleger den Mikrofinanzinstituten Eigen-, in den überwiegenden Fällen aber Fremdkapital bereitstellen können. Neben der Bereitschaft, mit der Kapitalanlage ein soziales Engagement zu fördern, ist die Erwirtschaftung einer Überrendite beabsichtigt. In der Regel ist es das Ziel des Managements solcher MIVs (in Gestalt von Investmentfonds), mit dem Mikrofinanz-Investmentvehikel die Mindestrendite, ausgedrückt in der Geldmarktrendite, zu übertreffen (vgl. Schäfer/Oehri 2008).

Mikrokredite und die zu ihrer Refinanzierung den MFIs überlassenen Kapitalbeträge aus MIVs ermöglichen ethisch ausgerichteten Anlegern eine dezidierte Form der Umsetzung ihrer ethischen Anlageprinzipien, die nicht an Unternehmen, sondern an private Haushalte adressiert sind, wobei die auf ethischen Prinzipien beruhenden Anlagen vor allem der Armutsbekämpfung dienen sollen. Ziel ist es, den wirtschaftlich aktiven Armen eine Hilfe zur Selbsthilfe und damit einen Weg zur Selbstbestimmung zu ermöglichen. Im Unterschied zur zielgerichteten Spende (Venture Philanthropy) sollen auf diese Weise keine wirtschaftlichen oder sozialen Abhängigkeiten der Kapitalnehmer geschaffen, sondern neue, sich selbstragende Formen des Wirtschaftens gefördert werden (Ansatz des sog. Social Business). Mit der Vergabe von Gewerbekrediten an Bezieher von Niedrigeinkommen können somit Anleger einen Sozialbeitrag leisten (Armutsreduzierung), welcher weit über den direkten Kreditnehmer hinausgeht (Multiplikatoreffekte durch die Haushalte und damit auch Finanzierung von Gesundheit, Ernährung, Unterkunft und Bildung) (vgl. Schäfer/Oehri 2008).

Kreditinstitute in ethisch begründeten Spannungsfeldern

Kapitalmärkte ermöglichen es nicht immer, dass Kapitalnehmer und -geber direkt Kontrakte abschließen und Transaktionen durchführen können. Meist sorgen Informationsasymmetrien, spezifische Anreizprobleme wie sie etwa aus ›Moral-Hazard‹-Situationen entstehen, aber auch ökonomisch-technische Besonderheiten wie Skalenerträge dafür, dass Intermediäre auf Kapitalmärkten die Durchführung und Ausgestaltung von Finanztransaktionen unterstützen. Der Bedeutung nach stellen Kreditinstitute die wichtigste Gruppe von Intermediären dar. Betrachtet man das Verhältnis von Kreditinstituten und Ethik unter historischen Aspekten, so lässt sich hier meist eine ambivalente Einschätzung gegenüber der Kredit- und Geldbranche, bzw. deren Vorläufern, den Geldhändlern und -wechslern, konstatieren (vgl. Schäfer 1997).

Kreditinstitute operieren in der Regel in Gestalt von Agenten und Treuhändern als Anbieter von Finanzdienstleistungen. Eine der zentralen Herausforderungen für die Effizienz der Intermediärsfunktion von Kreditinstituten ist, dass die Verträge zur Regelung der Leistungserstellung meist nur unvollständig formuliert werden und hohe Anteile impliziter Komponenten enthalten können. Damit trifft für die meisten Finanzdienstleistungen die Unterscheidung zwischen Such-, Erfahrungs- und Vertrauensgütern zu (vgl. Schäfer 1995). Während die Qualität von Suchgütern ohne (hohen) Aufwand zuverlässig festgestellt oder Gegenstand einer Gewährleistung sein kann, lässt sich die Qualität bei Erfahrungsgütern erst durch Ge- oder Verbrauch des Gutes im Zeitablauf erkennen. Die Qualität von Vertrauensgütern kann vor dem Erwerb gar nicht und danach meist nur kostenverursachend eingeschätzt werden. In diesem Sinne stellen Finanzdienstleistungen komplexe Verkettungen von Versprechen, Garantien, Warnungen, Beschreibungen, Prognosen etc. dar. Mit den hieraus erwachsenden Informationsasymmetrien geht – vor allem bei Privathaushalten – oft eine Wissensasymmetrie einher, d.h. ein Mangel an fachlicher Expertise zur Beurteilung des eigenen Finanzbedarfs und der zur Bedarfsdeckung geeigneten, am Markt erwerbbaren Finanzprodukte. Dieses als Problem mangelnder finanzieller Bildung bezeichnete Phänomen, gepaart mit mangelnder Informationsverfügbarkeit und -verarbeitungsfähigkeit, erzeugt bei den davon betroffenen Kapitalmarktteilnehmern eine hohe Verwundbarkeit in ihren Vermögenspositionen.

Durch die hierdurch begründete Unsicherheit steigt für die Nachfrager nach Finanzdienstleistungen die Gefahr, sich einseitig dem Fehlverhalten eines Kreditinstituts auszusetzen, das durch asymmetrische Information, Opportunismus, einseitig wirkende Anreizsysteme und Interessenkonflikte in den Geschäftsbeziehungen hervorgerufen werden kann. Verstärkt wird diese ungleiche Marktsituation oftmals dadurch, dass die Transaktionskosten zum Abbau solcher verhaltensbedingter Unsicherheiten prohibitiv hoch sein können. Daraus folgende diskretionäre Handlungsspielräume bescheren Kreditinstituten unter Umständen verlockende Aussichten, sich einseitig Vorteile zu Lasten der anderen Vertragspartei zu verschaffen, was im Regelfall in einem dem Nullsummenspiel vergleichbaren Handlungsumfeld zu Vermögens- und Einkommensverschiebungen zu Lasten der schlechter informierten Marktpartei, d.h. zu Lasten der Kundinnen und Kunden führt. Dies gilt insbesondere bei Vertrauensgütern, bei denen sich die Durchsetzung von Haftungsansprüchen generell als schwierig erweist. Zum oben genannten Problem, Einbußen durch mangelndes Wissen und unzureichende Informationen zu erleiden, gesellt sich dann noch die Gefahr, Vermögenseinbußen durch unkooperative, strategische Spielzüge eines Kreditinstituts zu erleiden.

Das Verhältnis von Kreditinstitut und Kunde weist dabei Merkmale einer Principal-Agent-Beziehung auf. Die Kunden von Finanzdienstleistungen stehen bei der Optimierung ihrer individuellen Entscheidungen vor einem Identifikationsproblem, da sie oft auf informationsineffizienten Märkten operieren. Die Folge dieser Informations- und Verhaltensproblematik ist die Ausprägung ungleicher Machtstrukturen auf Kapitalmärkten, die zu adverser Selektion, einer Form von Marktversagen, führen kann. Dies scheint staatliche Eingriffe zu rechtfertigen. Staatliche Regulierungen, gerade auf der Ebene des Vertragsverhältnisses zwischen Kreditinstituten und Privathaushalten (so etwa in Europa die MiFI-Direktive), nehmen mittlerweile breiten Raum in der Ordnungspolitik ein. Sie sind in weiten Teilen als Folge der zunehmenden Ausnutzung diskretionärer Handlungsspielräume durch Kreditinstitute und dem erforderlichen Schutz von Anlegern zu verstehen. Vor allem bei Wertpapiergeschäften sind solche Konflikte anzutreffen. Zwei Beispiele mögen dies illustrieren (vgl. Hoffmann 2009, 163 f.).

(1) Das Problem des sogenannten ›Frontrunnings‹: Hierunter versteht man, dass ein Kreditinstitut in der Rolle eines Brokers/Dealers in Kenntnis der Order eines Kunden eigene Transaktionen mit dem betroffenen Wertpapier ausführt, bevor das Kundengeschäft zur Ausführung gebracht wird. Das Kreditinstitut nutzt hierbei die in der Kundenorder enthaltene Information über die Werthaltigkeit des betroffenen Wertpapiers. Die Schädigung eines Kunden besteht insbesondere darin, dass die Kundenorder nach Ausführung des Geschäfts des Brokers/Dealers nur noch zu einem schlechteren Kurs (höher im Fall eines Kaufs und niedriger im Fall eines Verkaufs) möglich ist.

(2) Ein weiteres Beispiel bietet das sogenannte ›Churning‹. Es bezeichnet ein unethisches Verhalten eines Kreditinstituts in der Rolle eines Vermögensverwalters. Dabei ist es das Ziel des Instituts, Erträge zu erwirtschaften, indem es möglichst viele Wertpapiergeschäfte für Rechnung eines Kunden ausführt, für die es Provisionen verlangt, ohne dass diese Wertpapiergeschäfte im Interesse des Kunden wären. So besteht im Falle einer pro abgewickeltes Geschäft fixen Provisionseinheit ein Anreiz für das Kreditinstitut, das verwaltete Kundenvermögen möglichst häufig umzuschlagen.

In einem verschärften Wettbewerbsumfeld auf Kapitalmärkten, wie es bereits seit Jahrzehnten konstatiert wird, wächst die Neigung der Kreditinstitute zur Ausschöpfung solcher diskretionären Handlungsspielräume. Derlei unfaires Verhalten hat sich über die Zeit verstärkt und kann in Folge zu einer »Erosion von Erträgen, aber auch von Ethos und Stil führen« (Kopper 1992, 110). Gerade aber die beschriebenen Informations- und Wissensmängel machen deutlich, dass die Ertragslagen von Kreditinstituten nicht unerheblich davon abhängen, wie in einer labilen Kundenbeziehung über vertrauensbildende Maßnahmen zukünftige Geschäftsmöglichkeiten im Sinne von Wiederholungskäufen und Cross Sellings erhalten oder ermöglicht werden können. Es scheint also nicht nur aus ethischer Sicht geboten, dass Kreditinstitute die Verantwortung erkennen, ihre Kernkompetenz nicht nur im Management von Liquidität, Risiko etc. zu sehen, sondern auch darin, durch seriöse Geschäftspraktiken Reputation und Vertrauen zu schaffen und aufrecht zu erhalten.

Kreditinstitute im Einklang mit Ethik und Ökonomik (?)

Vertrauen sollte also als zentrales Verbindungsstück zwischen Kreditinstituten und Kunden zur Überbrückung von Informations- und Wissensasymmetrien gesehen werden. Damit stellt sich jedoch die Frage, wie sich ein derartiges Vertrauen in die Marktaktivitäten von Kreditinstituten auf einer ethischen Basis herstellen lässt. Hierzu soll im Folgenden auf den Ansatz der ›Affinität‹ abgestellt werden (vgl. Cowton 2002). Affinität bezeichnet ein Dach gemeinsamer Grundüberzeugungen unter dem Vertrauen reifen kann. Die ethisch relevante Dimension von Affinität ergibt sich aus den gemeinsam geteilten Wertüberzeugungen (›Shared Values‹) von Kreditinstitut (auf institutioneller und persönlicher Ebene) und Kunde. Solche gemeinsamen oder verwandten Wertvorstellungen resultieren zum Beispiel aus den ethischen Wurzeln eines Kreditinstituts und werden durch dessen Corporate Identity verkörpert. Shared Values ist zu eigen, dass sie nicht häufig geändert werden können. Sie stellen längerfristige Konstanten in der Unternehmenspolitik dar und können generell auf zwei Ebenen verlaufen (vgl. Schäfer 2000).

Auf der institutionellen Ebene kann Affinität ihren Ausdruck in einer gemeinsamen Herkunft und entsprechenden Traditionen, in einem geteilten Selbstverständnis und daraus abgeleiteten Handlungsprinzipien oder gemeinsamen ethischen Wertvorstellungen finden. Solche institutionellen Formen von Shared Values gründen sich z. B. auf Glaubensgemeinschaften (z. B. Islamic Banking) oder berufsständischen Zugehörigkeiten.

Zum anderen können sich Affinitäten auf einer persönlichen Ebene beispielsweise durch geteilte ethische Grundorientierungen ergeben (z. B. bezogen auf bestimmte Kundengruppen). Vergleichbare Effekte erzielt die Ähnlichkeit von Geschäftspartnern, die durch gemeinsame Wertvorstellungen sowie ethnische und soziale Herkunft geprägt sein können.

Die Affinität des Selbstverständnisses eines Kreditinstituts zu Kunden und Anspruchsgruppen ist dabei eng mit den Prinzipien Verantwortung und Integrität verknüpft. »The literature on trust suggests that confidence on the part of the trusting party results from the firm belief that the trustworthy party is reliable and has high integrity, which are associated with such qualities as consistent, competent, honest, fair, responsible, helpful, and benevolent« (Morgan/Hunt 1994, 23).

Diese Qualitäten verweisen im Prinzip auf das traditionelle Selbstverständnis eines Kreditinstituts. Vor allem auf der individuellen Ebene, also zwischen Kunden bzw. potenziellen Kunden und Mitarbeitern von Kreditinstituten, kommt der Integrität eine hohe Bedeutung zu. Beschrieben wird Integrität mit Attributen wie kompetent, empathisch, ehrlich, fair, hilfreich, wohlwollend, vorausschauend und fachlich qualifiziert. Verantwortung als zweite Unterkategorie von Affinität basiert im Gegensatz zur Integrität weniger auf der individuellen als auf der institutionellen Ebene. Verantwortung bedeutet, dass es dem Kunden möglich ist, eine begründete Vorstellung darüber zu entwickeln, welche Handlungen ein Kreditinstitut im konkreten Geschäftsfall vornehmen oder unterlassen wird. Verantwortung, im Sinne von vorhersagbaren Geschäftsentscheidungen, bildet die Voraussetzung für erfolgreiche geschäftliche Vorhaben von Kreditnehmern. Mit jeder Kreditvergabe übernimmt ein Kreditinstitut somit auch eine Mitverantwortung für den wirtschaftlichen Erfolg des Kreditnehmers.

Neben diesem mehr defensiven Verständnis von Verantwortung im Sinne eines Prinzips von Vorsicht und Berechenbarkeit steht eine offensive Vorstellung von Verantwortung der Kreditinstitute, die durch Fürsorge, Engagement und aktive Unterstützung (durchaus auch über den rein finanziellen Bereich hinaus) Kunden aktiv zu wirtschaftlichem Erfolg führen sollen. Hierbei handelt es sich nicht zwingend um eine ethisch-moralische Vorstellung; eine derartige Verantwortungsübernahme kann auch ausschließlich wirtschaftlich motiviert sein: Mit dem wirtschaftlichen Erfolg der Kunden findet sozusagen ein Co-Branding statt. Das Kreditinstitut kann durch Übernahme einer Mitverantwortung für den wirtschaftlichen Erfolg seiner Kunden darauf bauen, dass sich diese positive Nachricht verbreitet und zu Reputationseffekten bei Kunden und potenziellen Kunden führt.

Fazit

Ethik und Kapitalmärkte sind einander weitgehend fremd. Besonders deutlich wird dies in den wissenschaftlichen Grundlagen zur Preisbildung, Kapitalallokation und Ausgestaltung von Kapitalmärkten. Die relevanten kapitalmarkttheoretischen Modellgrundlagen sind oberflächlich gesehen ›ethikfreie Zonen‹. Dogmenhistorisch sind sie eingebettet in das neoklassische Paradigma der Gleichgewichtsmodelle mit perfekten und informationseffizienten Märkten und vollständigen Marktsystemen, in denen ein rational handelnder Homo Oeconomicus mehr Getriebener als Treiber der Marktergebnisse, respektive seiner Vermögensposition ist. Kapitalmärkte folgen idealiter mehr als andere Märkte einem individuell wenig beeinflussbaren stochastischen Prozess, der die Ergebnisse von Markttransaktionen einem Zufallsprinzip unterwirft, in dem der Einzelne keine Möglichkeiten zur Manipulation besitzt. Abgekoppelt von den Geldtransaktionen zugrunde liegenden Realprozessen – also der Güter- und Faktorallokation außerhalb des Kapitalbereichs – fungiert Geld als neutrales Medium, als ›Schmiermittel‹ für die realwirtschaftlichen Prozesse und vermag aufgrund dieser Hilfsrolle keinerlei Einfluss auf das Zustandekommen der realwirtschaftlichen Prozesse zu nehmen.

Unter diesem sehr restriktiven Paradigma gediehen sehr leistungsfähige Bewertungsmodelle, mit hohem praktischen Nutzen, wie der tagtäglich millionenfache Einsatz z. B. der Black/Scholes-Formel und des Capital Asset Pricing Modells sowie ihrer vielfältigen Abwandlungen, Verfeinerungen etc. zeigt. In all diesen Modellen findet Ethik keinen Platz. Dass im Gegensatz zu dieser ethikfreien Welt der Kapitalmarktmodelle und der damit tagtäglich begründeten Ausführung von Transaktionen auf Kapitalmärkten über die Zeit Absetzbewegungen stattgefunden haben, zeigt das Phänomen der ethikbezogenen Kapitalanlage. Aus strenger portfolio-theoretischer Sicht handelt es sich um eine nicht rationale Verhaltensweise (da das Anlageuniversum künstlich und gegen die Modellvernunft beschränkt wird), und dennoch gibt es eine wachsende Anzahl von Kapitalgebern, die den Erfolg ihrer Anlagen zumindest nicht ausschließlich an Rendite und Risiko messen, sondern auch danach beurteilen, inwieweit bei den Kapitalnehmern ethisch gewünschte soziale, ökologische oder Governance-Ziele verwirklicht werden. Zu diesem Zweck werden Informationen benötigt, die so am Kapitalmarkt in den Preisvektoren nicht enthalten sind, da in der Regel kein Marktpreis z.B. für Sozialleistungen eines Unternehmens existiert. Zur Bereitstellung solcherart benötigter ›Non-Financial Key Performance Indicators‹ haben sich ebenfalls in den vergangenen Jahren spezielle Informationsintermediäre herausgebildet – Einrichtungen, die ein Rating oder Research auf der Grundlage ethisch ausgerichteter Indikatoren durchführen. Das aus ethischer Sicht Bemerkenswerte hieran ist, dass soziale, ökologische und Governance-Daten nicht nur auf einer eher technischen Ebene erhoben und zu Informationen verdichtet werden. Die Funktion solcher Rating-Einrichtungen geht weit darüber hinaus, da sie ethischen Prinzipien durch entsprechende Parametrisierung, Indikatorenbestimmung und Gewichtungen in ihren Informationsdienstleistungen offen oder unterschwellig Gestalt verleihen. Nicht selten ermöglichen sie so ethisch gewillten Anlegern überhaupt erst eine ethische Positionsbestimmung, insbesondere wenn der Anleger aus einer Einheit mit pluralistischer Zusammensetzung besteht wie z.B. einem Pensionsfonds.

Nicht erst seit der jüngsten Bankenkrise ist mit der ethischen Diskussion im Bereich der Kapitalmärkte vor allem die Rolle der Kreditinstitute verbunden. Verkürzt gesprochen geht es um die Frage, ob Kreditinstitute Meilensteine oder eher ›Grabsteine‹ von Ethik und Moral auf den Kapitalmärkten darstellen. Die Auseinandersetzung um die ethische oder moralische Verantwortung von Finanzhäusern und -intermediären hat eine lange Historie, wenngleich sich die Bezeichnungen, Ausprägungen und Sichtweisen in den jeweiligen Zeitläufen verändert haben. Der hohe Grad impliziter und unvollständiger Verträge, mit denen Transaktionen auf Kapitalmärkten geregelt werden, bedingt die Verwundbarkeit der Marktpartei Nachfrager/Kunde durch Anbieter/Kreditinstitute. Hinzu kommen starke Anreize zum Opportunismus für die besser informierte und mit höherem Wissen ausgestattete Partei der Kreditinstitute. Dabei lässt sich zeigen, dass es möglich ist, jenseits der vielfältigen Formen zur Ausschöpfung diskretionärer Handlungsspielräume zu Lasten der Kunden, über die strategische Handlungskomponente Affinität und die Stärkung der Vertrauenskomponente eine paretonahe Situation für beide Marktseiten zu schaffen. Die Tatsache, dass sich sowohl Praxis als auch Forschung hier noch in den Anfängen befinden, mag als Beleg dafür gesehen werden, dass der Nachholbedarf ethischer Reflexion im Bereich der Finanzwirtschaft immer noch sehr hoch ist.

Literatur

Baron, Marcia W./Pettit, Philip/Slote, Michael: Three Methods of Ethics: A Debate. London 1997.

Bassiry, G.R./Jones, Marc: Adam Smith and the Economics of Contemporary Capitalism. In: Journal of Business Ethics 12, 8 (1993), 621–627.

Cochrane, John H.: New Facts in Finance. In: Economic Perspectives 23 (1999), 36–58.

Cossin, Didier: Financial Engineering's Fallout. In: MIT Sloan Management Review (Winter 2009), 19.

Cowton, Christopher, J.: Integrity, Responsibility and Affinity: Three Aspects of Ethics in Banking. In: Business Ethics: A European Review 11, 4 (2002), 393–400.

Dieckmann, Raimar: Mikrofinanz-Investments. Eine sozial verantwortliche Anlage mit großem Potenzial. Deutsche Bank Research. Aktuelle Themen 407. Frankfurt a.M. 2008.

Eurosif, European SRI Study 2008. In: http://www.uksif.org/cmsfiles/Eurosif_SRI_study_08.pdf (8.12.2009).

Faber, Veronique: Was heißt Mikrofinanz? In: Forum 250 (Oktober 2005), 24–26.

Gyomlay, Katinka: Dem Pioniergedanken eine Chance geben. In: Tagesanzeiger, Hintergrund (24.2.2005).

Hoffmann, Thomas: Anreizorientierte Aufsicht über Wertpapierdienstleister. Eine Analyse des Beziehungsgeflechts zwischen Finanzintermediären und ihren Kunden. Wiesbaden 2009.

Horrigan, James O.: The Ethics of the New Finance. In: Journal of Business Ethics 6, 2 (1987), 97–110.

Kopper, Hilmar: Neue Aufgaben und Ziele im Marketing einer internationalen Bank. In: Rosemarie Kohlbeck (Hg.): Bankmarketing vor neuen Aufgaben. Frankfurt a.M. 1992, 107–117.

Meißner, Werner: Investitionslenkung. Frankfurt a.M. 1974.

Morgan, Robert M./Hunt, Shelby D.: The Commitment-Trust Theory of Relationship Marketing. In: Journal of Marketing 58 (July 1994), 20–38.

Schäfer, Henry: Währungsqualität, asymmetrische Information und Transaktionskosten. Informationsökonomische Beiträge zu internationalen Währungsbeziehungen. Berlin 1988.

–: Information und Kooperation im Absatz von Bankdienstleistungen. In: zfbf (Schmalenbachs Zeitschrift für betriebswirtschaftliche Forschung) 47, 6 (1995), 531–544.
–: Kreditinstitute, Märkte und Öffentlichkeit – Reputation und Kommunikation versus Image und Werbung im Bankmanagement. In: Jürgen Hesse/Peter Kaupp (Hg.): Kundenkommunikation und Kundenbindung. Neuere Ansätze zum Dialog im Marketing. Baden-Baden 1997, 151–212.
–: Kundenbindung in der Versicherungswirtschaft – neo-institutionenökonomische Analyse und marketingpolitische Ansatzpunkte. In: Zeitschrift für die gesamte Versicherungswissenschaft 89, 1 (2000), 89–120.
–: Triple Bottom Line Investing – Ethik, Rendite und Risiko in der Kapitalanlage. In: Zeitschrift für das gesamte Kreditwesen 54, 13 (2001), 740–744.
–: International Corporate Social Responsibility Rating Systems – Conceptual Outline and Empirical Results. In: Journal of Corporate Citizenship 20 (2005), 107–120.
– /Oehri, Oliver: Microfinance als neue Anlageklasse. In: portfolio institutional 6 (Juli/August 2008), 16–21.
– /Türck, Rainer: Gesellschaft, Wirtschaft und Ethik – Rahmenbedingungen ethischer Finanzdienstleistungen. Berichte aus dem Forschungsprojekt Ethische Finanzdienstleistungen. Siegen, Bericht 1/2000.
Schulmeister, Stephan: Der Boom der Finanzderivate und seine Folgen. In: Aus Politik und Zeitgeschichte 26. Jg. (2009), 6–19.
Sen, Amartya: Money and Value. On the Ethics and Economics of Finance. In: Economics and Philosophy 9, 2 (1993), 203–227.
Sengupta, Raijdeep/Aubuchon, Craig P.: The Microfinance Revolution: An Overview. In: Federal Reserve Bank of St. Louis Review (Jan./Feb. 2008), 9–30.
Shah, Atul K.: The Social Dimensions of Financial Risk. In: Journal of Financial Regulation and Compliance 5, 3 (1997), 195–207.
Shiller, Robert J.: From Efficient Markets Theory to Bounded Rationality. In: The Journal of Economic Perspectives 17, 1 (2003), 83–104.
Stulz, Rene: Why Risk Management is not Rocket Science. In: Financial Times, Mastering Risk Series 27 (June 2000), 3–7.
Ulrich, Peter/Jäger, Urs/Waxenberger, Bernhard: Prinzipiengeleitetes Investment I. Kritische Analyse der gegenwärtigen Praxis bei »ethisch-ökologischen« Geldanlagen. Institut für Wirtschaftsethik, Beiträge und Berichte Nr. 83. St. Gallen 1998.

Henry Schäfer

4. Unternehmensethik und Organisation

Unternehmensorganisation als Gegenstand unternehmensethischer Analyse

Die Lebensgestaltung der in einer Unternehmung tätigen Menschen wird auf allen Hierarchieebenen in besonderem Maße durch die Organisation bestimmt. Deshalb bildet, neben den Ebenen des Individuums sowie der Rahmenordnung (Küpper 2006, 23 ff.; Ulrich 2001, 289 ff.), die Organisation einen Kernbereich für unternehmensethische Analysen. Während die damit eng verbundene Personalführung die unmittelbaren personellen Beziehungen insbesondere zwischen Vorgesetzten und Untergebenen betrifft, beinhaltet die *Organisation* die bewusste Gestaltung der Beziehungen zwischen den Subjekten, Arbeitsmitteln, Objekten und Verrichtungen als den Elementen, aus welchen die Prozesse einer Unternehmung zusammengesetzt sind (Küpper/Helber 2004, 29 ff.). Mit der Bildung von Aufgabenkomplexen, ihrer Zuordnung zu Stellen und deren Ordnung in einem hierarchischen Leitungssystem erhalten Unternehmungen eine Aufbauorganisation. Die Strukturierung der raum-zeitlichen Beziehungen zwischen den durchzuführenden Prozessen ist Gegenstand ihrer Ablauforganisation.

Das Führungsteilsystem Organisation (vgl. Küpper 2008, 28 ff.) betrifft unmittelbar den Handlungs- und Lebensbereich des jeweiligen Mitarbeiters. Dessen Vorstellungen zur Lebensgestaltung und die für eine Unternehmung sowie deren Mitglieder maßgeblichen Werte bzw. Ziele treffen hier unmittelbar aufeinander. Somit bestehen Bezüge zu dem in der Ethik diskutierten *Nahhorizont*, in dem der Umgang mit anderen »nicht durch abstrakte Prinzipien bestimmt« (Schulz 1993, 323) wird, sondern die persönliche Einstellung unmittelbar wirksam ist. In ihm wird die ethische Dimension des jeweiligen Handelns durch die Unmittelbarkeit des Kontakts sowie durch den Einfluss der individuellen Werthaltungen direkt erfahrbar. Für die meisten Menschen besitzt die Arbeitswelt ein großes Gewicht; in ihr bringen sie wesentliche Teile ihres Lebens zu. Deshalb erlangen die Übereinstimmung oder der Gegensatz zwischen ihren persönlichen Werten und ihrer wirtschaftlichen Tätigkeit hohes Gewicht. Je mehr Komplementarität zwischen diesen erreicht wird, desto sinnvoller ist für den Einzelnen sein Einsatz in der Unternehmung.

In der Organisation treffen individuelle und betriebliche Wertorientierungen unmittelbar aufeinander, wodurch sich zahlreiche *ethische Konflikte* ergeben, die in diesem Nahhorizont besonders wahrnehmbar und fühlbar sind. Eine unternehmensethische Aufgabe ist darin zu sehen, die wichtigsten von ihnen aufzudecken, sie ins Bewusstsein von Wissenschaft und Praxis zu rücken, diese in ihrer Struktur sowie ihren Wirkungen zu untersuchen und Ansätze für ihre Lösung aufzuzeigen. Im Einzelnen sind hiermit die Unternehmensziele sowie die Ausgestaltung verschiedener organisatorischer Gestaltungsvariablen angesprochen. Im Folgenden sollen die dort potentiell auftretenden Konflikte sowie Begründungsmuster für die in diesem Zusammenhang notwendigerweise stattfindenden Wertungen näher beleuchtet werden. Anschließend werden Möglichkeiten der Organisationsgestaltung zur Lösung solcher ethischen Konflikte aufgezeigt.

Legitimation organisatorischer Ziele und ihre Beziehungen zu individuellen Werten

Legitimation der Unternehmensziele: Unternehmensethische Konflikte treten zunächst in Bezug auf die Zielvorstellungen der Unternehmung auf. Dies gilt sowohl hinsichtlich der ethischen Bewertung und Legitimation der Ziele als auch im Hinblick auf ihre Beziehung zu den individuellen Zielen der Organisationsmitglieder. Empirische Studien zeigen, dass in Abhängigkeit bestimmter Determinanten wie Kultur, Industrie, Größe, Marktorientierung etc., in verschiedenen Unternehmen unterschiedliche konkret handlungsleitende Ziele dominieren; dies betrifft insbesondere das häufig vorherrschende Gewinnziel, dem je nach Unternehmen ein unterschiedlich hohes Gewicht im Zielsystem beigemessen wird (Küpper 2006, 203 ff.). Will man solche Zielvorstellungen nicht einfach apodiktisch setzen, bedürfen sie der ethischen Reflexion, Begründung und Legitimation. Hierzu sind in der Vergangenheit unterschiedliche Positionen entwickelt worden. So sehen einige Ökonomen unter Berufung auf volkswirtschaftliche Theorien die ethische Verantwortung von Unternehmern und Managern darin, den Gewinn einer Unternehmung zu maximieren, weil dadurch eine optimale Steuerung der Güter in einer Wirtschaft und letztlich Wohlstand erreicht wird (vgl. zur Kennzeichnung und Kritik Küpper/Schreck 2008). Andere, philosophisch begründete Positionen verweisen auf die Notwendigkeit einer weitergehenden Legitimation der Geschäftsstrategie über das Gewinnprinzip hinaus (Steinmann/Löhr 1995; Ulrich 2001, 430 ff.).

Ethische Beziehungen: Jenseits der Beurteilung der übergeordneten Handlungsmaximen von und in Unternehmen existieren innerhalb von Organisationen unterschiedliche *individuelle Zielvorstellungen*, die aufgrund notwendiger Weise existierender Handlungsspielräume unterschiedlich zur Geltung kommen und somit in Konflikt zueinander stehen können. Im Zentrum der unternehmensethischen Analysen stehen hierbei die *Beziehungen* zwischen *ökonomischen* und *moralischen Werten*. Ökonomische Werte werden als Unternehmensziele wirksam; moralische Werte konkretisieren sich in individuellen und gesellschaftlichen Normen und finden ihren Ausdruck in allgemeinen ethischen Prinzipien wie Freiheit, Entfaltungsmöglichkeit, Glück, Wohlstand oder sozialer Sicherheit. Die Beziehungen zwischen diesen Werten sind im Allgemeinen Gegenstand der deskriptiven Ethik und lassen sich in der ›deskriptiven Unternehmensethik‹ insbesondere anhand von Methoden der empirischen Forschung erkennen, wie sie auch in der Betriebswirtschaftslehre auf die verschiedenen Unternehmensziele angewandt werden. Als Ausgangspunkt derartiger Analysen kann man folgende wichtige *Beziehungen* identifizieren:

(a) *Beziehungen zwischen individuellen Wertvorstellungen:* Eine erste Art von Beziehungen betrifft die *individuellen Wertvorstellungen* und Ziele der in einer Unternehmung tätigen Personen. Sie arbeiten in ihr u. a. deshalb zusammen, weil ihnen daraus Vorteile erwachsen. Dies bedeutet, dass es einen Bereich der Komplementarität ihrer jeweiligen Nutzen gibt. Wichtige Gründe hierfür liegen in den Möglichkeiten der Arbeitsteilung, durch die jeder seine spezifischen Fähigkeiten einbringen und sich auf die Tätigkeiten konzentrieren kann, die er in besonderem Maße beherrscht. Maßgeblich für den Grad an Komplementarität sind neben der Art der Wertschöpfungsprozesse und ihrer Rahmenbedingungen die individuellen Nutzenvorstellungen der in Unternehmen arbeitenden Menschen. Je homogener diese sind und je stärker sie mit den Unternehmenszielen übereinstimmen, desto besser werden Mitarbeiter ihre Fähigkeiten einsetzen und mögliche Synergien für die Zielerreichung der Unternehmung realisieren können.

Konflikte aufgrund unterschiedlicher individueller Werte und Zielvorstellungen kommen insbesondere in Form von Verteilungsproblemen zum Ausdruck und betreffen sowohl den individuellen Beitrag zur Leistungserstellung als auch die Aufteilung des gemeinsam erwirtschafteten Überschusses. Auf der Einsatzseite entstehen Konflikte dann, wenn die Beiträge z.B. an Arbeitsleistung, Kapital und Risikoübernahme der verschiedenen Beteiligten bewertet werden müssen, um die ›Lasten‹ der Wertschöpfung ›gerecht‹ aufteilen zu können. Um verschiedenartige Einsätze auf unterschiedlichen Hierarchieebenen vergleichbar zu machen, müssen die mit diesen Einsätzen verbundenen Nutzengrößen (normativ) gewichtet werden. Eine solche Bewertung kann sich an einer allgemeinen ethischen Gerechtigkeitsnorm ausrichten und bildet dann zugleich die Basis für eine Verteilung des erzielten Überschusses.

(b) *Beziehungen individueller Werte zu sozialen Normen:* Eine weitere Bedeutung in der Unternehmensethik besitzt die Beziehung zwischen *individuellen* und *sozialen Normen.* Dabei geht es um das Verhältnis zwischen den vom Einzelnen verfolgten Werten sowie Zielen und denjenigen von Gruppen. Bei Letzteren kann es sich um den engeren Arbeitsbereich des Einzelnen, beispielsweise seine Abteilung oder Sparte, aber auch um die gesamte Unternehmung handeln. In diesem Beziehungsfeld kann eine Orientierung an den Gruppenzielen und -normen zugleich der individuellen Zielerreichung dienen. So ermöglicht die Zusammenarbeit in der Unternehmung und in ihren Teileinheiten die gemeinschaftliche Lösung von Problemen, beispielsweise durch Arbeitsteilung, und kann Synergien freisetzen, die auf individuelle Weise nicht erreichbar wären. Diese können sowohl als Verbesserungen innerhalb des ökonomischen Wertschöpfungsprozesses als auch in der Befriedigung sozialer Bedürfnisse der Einzelnen, wie etwa Kontaktstreben oder Kommunikationsbedürfnissen, zum Ausdruck kommen. Dann verlaufen individuelle und soziale Werte komplementär. Andererseits werden konkurrierende Beziehungen zwischen den individuellen Werten und sozialen Normen von Organisationsmitgliedern häufig als Gruppendruck und -zwang empfunden. Dies kann zu Handlungen des Einzelnen führen, die nicht der Verfolgung der Gruppenziele dienen. Solche ökonomisch wichtigen Wirkungen sind daher im Verhältnis zu Einschränkungen individueller Gestaltungsmöglichkeiten durch Organisationen zu bewerten.

(c) *Beziehungen ökonomischer Werte zu ethischen Prinzipien:* Auch im Verhältnis zwischen *ökonomischen Werten* und *allgemeinen ethischen Normen oder Prinzipien* können komplementäre Beziehungen bestehen. Beispielsweise lässt sich die Einhaltung ethischer Normen mit Zweckmäßigkeitsargumenten begründen. In diesem Sinne wird Moral als (informelle) Institution gesehen, deren positive Wirkung in der Verlässlichkeit der gegenseitigen Verhaltenserwartungen liegt. Stabile Verhaltenserwartungen wiederum verringern den Koordinationsaufwand und erlauben es somit, Transaktionskosten und damit Ressourcen zu sparen. Jedoch kann der Einzelne auch versuchen, sich durch Übertretung der Normen Vorteile zu verschaffen. Damit riskiert er, dass andere seinem Beispiel folgen und die mit Hilfe von Moral erzeugte Stabilität der Verhaltenserwartungen verloren geht. Wenn ethische Normen von allen eingehalten und damit zu Moral werden, erleichtern sie eine gesellschaftliche Koordination des Handelns.

Ethische Konfliktfelder der Organisationsgestaltung

Organisationsvariable Macht: Durch Freiräume bei der Ausgestaltung organisatorischer Gestaltungsvariablen eröffnet sich ein weiteres ethisches Konfliktfeld als Gegenstand der unternehmensethischen Analyse. Dabei spielt *Macht* als organisatorisches Instrument der Verhaltenssteuerung sowie zur Ordnung unternehmensinterner Beziehungen eine wichtige Rolle (Picot et al. 2005). Stets ist dabei, jenseits der möglichen Zweckmäßigkeit und gegebenenfalls Notwendigkeit der Anwendung von Macht zur Durchsetzung organisational erwünschter Ziele, auch die Gefahr ihres Missbrauchs verbunden. Der Umfang und die Art ihres Einsatzes sind zwar primär durch die Aufgaben und Ziele einer Unternehmung bestimmt. Dies legt jedoch noch nicht fest, welche individuellen Ziele der einzelnen Mitarbeiter/innen dabei in welchem Ausmaß zu respektieren sind und inwieweit ein Machteinsatz gegen die Interessen anderer zur Erreichung der Unternehmensziele gerechtfertigt werden kann. Allgemein akzeptiert ist sicher die Forderung, dass Persönlichkeitsrechte zu wahren sind und Sicherungen gegen Machtmissbrauch bestehen müssen. Deren konkrete Ausprägung und Gestaltung bilden ein unternehmensethisches Konfliktfeld.

Organisationsvariablen Entscheidungs- und Weisungsbefugnisse: Eng damit verbunden ist die *Legitimation von Führung.* In einer freiheitlich-demokratischen Gesellschaft ist davon auszugehen, dass hierarchische Unterordnung auf der Zustimmung der Betroffenen beruhen und auf Gesetze bzw. Verträge zurückgehen muss. Daraus lassen sich nach Ulrich (1999) zwei Legitimitätsbedingungen von Führung ableiten. Erstens müssen Weisungsbefugnisse durch den Arbeitsvertrag konstituiert und damit auch kündbar sein. Zweitens dürfen sich die Verfügungsrechte von Vorgesetzten nur auf die vertraglich vereinbarte Funktion eines Mitarbeiters und nicht auf dessen ganze Person erstrecken; die Weisungsrechte müssen also begrenzt sein. Verbunden mit der Frage nach der Legitimation von Weisungsrechten ist damit das Problem der Begründung der für die Gestaltung der Organisations- und Führungsbeziehungen in einer Unternehmung maßgeblichen Normen.

Durch den Eintritt in eine Unternehmung unterwirft sich jeder Mitarbeiter einer Ordnung, die von verschiedenen ökonomischen Sachzwängen bestimmt ist. Bedingt durch den Unternehmenszweck, die Struktur der Produktionsprozesse, die Arbeitsteilung und die Ausrichtung auf ein bestimmtes Organisationszielsystem ergeben sich sachliche Beschränkungen, die den Entscheidungs- und Handlungsspielraum des Einzelnen begrenzen. Ein weiteres ethisches Konfliktfeld ergibt sich daher im Spannungsfeld zwischen der Entfaltungsmöglichkeit des Individuums innerhalb des Unternehmens und den durch die Unternehmung vorgegebenen Bedingungen, unter denen dieses Handeln innerhalb der Organisation stattfindet (Rosenstiel/Woschée 2002, 196 ff.). Einerseits will der einzelne Mensch in seiner Tätigkeit für die Unternehmung ein Stück Lebensverwirklichung finden und seine Potentiale einbringen. Auf der anderen Seite steht die wirtschaftliche Rahmenordnung mit der Notwendigkeit zu Wirtschaftlichkeit und Gewinnerzielung im Wettbewerb als Zielsetzung mindestens der erwerbswirtschaftlichen Unternehmungen. Daraus ergibt sich ein Spannungsverhältnis zwischen dem Vertrauen in die persönliche ethisch-praktische Vernunft der Wirtschaftssubjekte und einer »normative[n] Überhöhung der anonymen (Sachzwang)-Logik des Marktes« (Ulrich 2002, 487).

Dieser Konflikt konkretisiert sich in der hierarchischen Einordnung des Individuums in die Organisation, aus der sich sowohl die Beziehungen zu Vorgesetzten sowie Untergebenen als auch die Kooperationsbeziehungen zu anderen Personen auf denselben Hierarchieebenen ergeben. In diesem stark personenbezogenen Konfliktfeld spielen der Führungsstil und die Art des persönlichen Umgangs miteinander eine wesentliche Rolle (Maak/Ulrich 2007, 367 ff.). Deren Ausprägung wird von übergeordneten Strukturen der Organisation, des Personalführungssystems sowie des innerbetrieblichen Steuerungssystems im Controlling beeinflusst (Küpper 2008). Beispielsweise wirken sich die organisatorischen Gestaltungsvariablen der Delegation und Partizipation, der Führungsgrundsätze sowie der Steuerung über zentrale Planvorgaben, Budgets, Zielvereinbarungen und/oder Verrechnungspreise auf die Entscheidungs- und damit Gestaltungsspielräume in den einzelnen Unternehmensbereichen aus.

Organisationsvariable Aufgabenverteilung: Während die Unternehmenshierarchie primär die personalen und sozialen Beziehungen betrifft, wird durch die sachliche Aufgabenabgrenzung und Arbeitsgestaltung der Handlungsspielraum in der konkreten Tätigkeit eingeschränkt. Dabei können einmal Spannungen zwischen den Arbeitsfähigkeiten sowie -wünschen des Betroffenen, den organisatorischen Regelungen und den Ansprüchen anderer Mitarbeiter auftreten. Deren Ordnung betrifft Aufgabenschwerpunkt und Arbeitsinhalt. Zum anderen wird das individuelle Handeln durch Regelungen im Hinblick auf die Flexibilität und die zeitliche Anordnung seiner Tätigkeit begrenzt. Die Aufgaben- und Arbeitsgestaltung ist in der Regel für jeden von Bedeutung. Sie wird im Hinblick auf seine Entfaltungsmöglichkeiten wichtig, wenn er sie beispielsweise als nicht persönlichkeitsfördernd, gesundheitsschädigend oder schwer ausführbar empfindet.

Begründungsmuster für Wertungen in der Organisationsgestaltung

Die Lösung der skizzierten Konflikte orientiert sich an Normen oder Kriterien, die entweder systematisch-logisch aus übergeordneten, allgemein anerkannten Normen hergeleitet sind und/oder empirische Folgen auslösen, die anhand solcher Normen positiv beurteilt werden. *Logische* und *empirische* Analysen liefern damit für diesen Bereich charakteristische Begründungsmuster.

Logisch-analytische Begründung: Als übergeordnete Normen, aus denen Handlungsregeln zur Lösung unternehmensethischer Konflikte in Personalführung und Organisation analytisch hergeleitet werden können, bieten sich vor allem die Menschenrechte aus der Charta der Vereinten Nationen sowie Normen des Christentums und des Humanismus an, wie sie beispielsweise in der Moral einer christlich-abendländischen Gesellschaft verankert sind. Ferner gibt es Bemühungen wie das von Hans Küng (1991) angestoßene Projekt Weltethos, dessen Anliegen es ist, gemeinsame moralische Grundwerte der Menschheit zu formulieren und auszuarbeiten, die über die Weltreligionen und Kontinente hinweg Anerkennung finden. Zu derartigen Grundwerten können die Achtung der Menschenwürde und die Bemühungen um dessen Wohl, Schutzrechte des Menschen, das Tötungsverbot, das Verbot von Lüge und Diebstahl sowie Respekt gegenüber den eigenen Eltern gerechnet werden. Auch die ›Goldene Regel‹ der Reziprozität stellt einen derartigen kulturübergreifenden Grundwert dar. Dazu kommt immer stärker die Achtung der natürlichen Umwelt.

Die für unsere Republik geltenden Grundrechte sind im Grundgesetz festgelegt. Sie gehen von der Achtung der Menschenwürde aus und schreiben insbesondere den Gleichheitsgrundsatz, die Gleichstellung der Geschlechter, das Recht auf Eigentum und dessen Sozialpflichtigkeit als wesentliche Grundwerte fest. Sowohl die Menschen- als auch die Grundrechte sind so allgemein gehalten, dass eine logisch eindeutige Herleitung operationaler Normen für die Konfliktfelder der Organisation lediglich begrenzt möglich ist. Dennoch erscheint es zweckmäßig, bei der Formulierung derartiger Normen ihren Bezug zu übergeordneten allgemeinen Werten aufzuzeigen. Durch eine Kennzeichnung und Diskussion dieser Beziehungen lassen sich die Wurzeln und der Inhalt solcher Normen besser erkennen und beurteilen. So wurden aus dem Grundrechtskatalog etwa Normen für die Unternehmensleitung sowie spezifische Mitarbeiterrechte in der Unternehmung abgeleitet (vgl. etwa Ulrich 1999, 2002). Eine weitere Konkretisierung von Normen ist in den Forschungsansätzen zur Humanisierung der Arbeit unternommen worden, deren Ziel in der Verbesserung der physischen, psychischen und sozialen Bedingungen des Arbeitslebens bestand (Kreikebaum 1988; Rosenstiel/Woschée 2002, 195).

Empirische Begründung: Die Ausrichtung von organisationsbezogenen Entscheidungen an ethischen Normen hat auch empirische Folgen. Sofern diese von dem Entscheidungsträger, der Unternehmung, den Betroffenen oder anderen urteilenden Personen bzw. Gruppen als positiv angesehen werden, dient die Herausarbeitung der für sie maßgebenden empirischen Beziehungen ihrer Begründung.

Nicht zuletzt auf Basis der Ergebnisse empirischer Studien kann man davon ausgehen, dass Menschen ein hohes Maß an Arbeitszufriedenheit anstreben und darin ein für sie hoch bewerteter individueller Wert liegt (Büssing 2004). Die Sicherheit des Arbeitsplatzes ist eine grundlegende Voraussetzung hierzu und eine Basis dafür, auf längere Sicht ein Arbeitsentgelt zu erzielen und damit eine materielle Lebensgrundlage zu schaffen. Die Arbeitsplatzsicherheit in einem Unternehmen hängt jedoch nicht zuletzt von ökonomischen Größen ab. Deshalb kommt der Wettbewerbsfähigkeit der Unternehmen und der hieraus resultierenden Beschäftigungswirkung eine wesentliche Bedeutung nicht nur für das Unternehmen selbst sondern auch für seine Mitarbeiterinnen und Mitarbeiter sowie die gesamte Volkswirtschaft zu. Für die Unternehmung steht die Erreichung ihrer ökonomischen Ziele im Normalfall im Vordergrund. Für sie sind daher die Wirkungen mitarbeiterbezogener Normen auf den Erfolg maßgebend. Empirische Erkenntnisse zur Analyse derartiger Beziehungen lassen sich vor allem aus der Organisations- und Betriebspsychologie gewinnen. So zeigt die psychologische Forschung »deutlich die positiven Folgen der Wahrung von Menschenwürde im Führungsstil« (Frey et al. 2002, 138), wohingegen Verletzungen der Menschenwürde negative Konsequenzen auslösen können (Frey 1998).

Ähnliches gilt für die Wirkungen der Organisationsgestaltung auf die Leistungsbereitschaft der Mitarbeiter. So können die Gestaltung der Aufgabenkomplexe, die Delegation von Entscheidungen und Qualifikationsmaßnahmen zu einer Ausweitung des Handlungsspielraums der Organisationsmitglieder führen. Wesentliche Dimensionen des Handlungsspielraums der Mitarbeiter sind die Inhalte der von ihnen auszuführenden Tätigkeiten, die ihnen übertragenen Entscheidungs- und Kontrollkompetenzen sowie ihre Kooperationsmöglichkeiten (Wächter 1991, 26 f.). Können auf diese Weise die Fähigkeiten von Mitarbeitern zugunsten der Unternehmung ausgeschöpft werden, so besteht eine Komplementarität zwischen sozialer und ökonomischer Effizienz (Krell 1999, 342).

Zudem lässt sich untersuchen, inwieweit die Verfolgung mitarbeiterbezogener Normen (wie etwa des

Kündigungsschutzes) ökonomische Konsequenzen haben kann, die sich z.B. über einen Rückgang der Nachfrage nach Arbeitskräften letztlich doch negativ auf Mitarbeiter auswirken. Damit werden die *konkurrierenden* Beziehungen zum Untersuchungsgegenstand. Die Analyse der empirischen Beziehungen zwischen den ökonomischen Organisationszielen und allgemein anerkannten humanen bzw. sozialen Werten trägt dazu bei, Wertentscheidungen in Unternehmen zu fundieren und hilft, Wege zur Auflösung von Wertkonflikten aufzuzeigen.

Rahmenbedingungen und Organisationsinstrumente zur Lösung unternehmensethischer Konflikte

Jenseits von unterschiedlichen Möglichkeiten zur Begründung und Fundierung von Werten und Normen stellt sich aus Perspektive der Unternehmung die Frage ihrer Umsetzung in der Organisation. Hier spielen zunächst (rechtliche) *Rahmenbedingungen* eine wichtige Rolle, deren Einhaltung durch entsprechende *Compliance*-Systeme gefördert wird (Küpper 2008, 50ff.). Darüber hinaus existieren Freiräume hinsichtlich der Ausgestaltung organisatorischer Gestaltungsvariablen sowie eine Reihe spezifischer Instrumente, welche der Umsetzung auch nicht gesetzlich kodifizierter Normen dienen.

Rahmenbedingungen der Organisationsgestaltung: Die Lösung unternehmensethischer Konflikte in der Organisation wird durch verschiedene Rahmenbedingungen beeinflusst, welche den Gestaltungsspielraum verändern und sich auf die Bewertung der Normen auswirken. Hierzu gehören zuerst die Komponenten der rechtlichen und der moralischen Ordnung, in die eine Unternehmung eingebettet ist. Maßgebliche *Rechtsvorschriften* finden sich im kollektiven Arbeitsrecht, das Tarifverträge, Arbeitskämpfe und die Mitbestimmung regelt, während das individuelle Arbeitsrecht neben Arbeitsverträgen insbesondere den Kündigungsschutz, die Arbeitszeiten sowie den Mutter-, Jugendarbeits- und Schwerbehindertenschutz umfasst. Eine zunehmende Bedeutung hat der Datenschutz erlangt, durch den die Sammlung und Weitergabe von Personaldaten beschränkt wird. Ferner wirken in die Organisation die in der Gesellschaft *anerkannten Wertvorstellungen* hinein. Von Bedeutung ist hier beispielsweise das Arbeitsethos. Während traditionell eher Tugenden wie Pflichterfüllung, Fleiß und Gehorsam im Vordergrund standen, führte der beobachtbare Wertewandel innerhalb der Gesellschaft auch zu einer neuen Arbeitsmoral (Kreikebaum 1999). Bei dieser rücken Kommunikation und Konsultation, Kreativität und Dialogfähigkeit sowie Partizipation in den Vordergrund. Ferner wird eine permanente Lernbereitschaft zur Bewältigung komplexer Arbeitsstrukturen erwartet sowie ein neues Verhältnis zwischen individueller Autonomie und sozialer Einordnung gesucht. Weitere Einflüsse auf das Wertegefüge in Organisationen können auch *berufsbezogene Kodizes* ausüben, wie beispielsweise der hippokratische Eid für Mediziner oder die für eine Reihe von Berufsgruppen wie beispielsweise Wirtschaftsprüfer oder Ingenieure entwickelten Berufsgrundsätze.

Zusätzliche normative Rahmenbedingungen setzt die *Corporate Governance* einer Unternehmung. Neben der Unternehmensverfassung kann sich eine Unternehmung auf kodifizierte Normen der Unternehmensführung verpflichten, wie sie unternehmensübergreifend von mehreren Gremien ausgearbeitet und empfohlen worden sind, so etwa durch die Regierungskommission Deutscher Corporate Governance Kodex. Darüber hinaus haben zahlreiche Unternehmungen eigene Unternehmens- und Führungsgrundsätze erarbeitet, an denen sich ihre Personalführung orientieren soll (Wunderer 1995).

Auf den Spielraum der Arbeitsgestaltung wirken sich darüber hinaus technologische Entwicklungen aus. Die Informations- und Kommunikationstechnologie sowie die moderne Fertigungstechnologie haben zu einer Anreicherung der Arbeitsinhalte, flexibleren Formen der Arbeitsgestaltung sowie einer Verringerung der räumlichen und zeitlichen Abhängigkeit des Mitarbeiters von der Unternehmung geführt. Dies ermöglicht es, unter Wahrung von hoher Produktivität auf weniger monotone sowie geringer automatisierte Fertigungstechniken überzugehen und Freiräume in der zeitlichen Anordnung der Arbeit zu schaffen. Dafür lassen sich verschiedenste Formen der Arbeitsgestaltung wie z.B. Job Enrichment, teilautonome Arbeitsgruppen sowie flexible Arbeitszeiten beispielsweise der Teil- und Gleitzeitarbeit oder des Job Sharings nutzen (Kreikebaum 1988). Diese können den Konflikt zwischen individuellen, sozialen und ökonomischen Zielen verringern.

Menschliches Verhalten wird in hohem Maße durch individuelle Wertvorstellungen und Regeln beeinflusst, die der Einzelne durch Herkunft, Erziehung und Erfahrung internalisiert hat. Diese bilden daher eine wichtige Determinante, die bei der Lösung unternehmensethischer Konflikte zu berücksichtigen ist. In ihr kommt eine für die Personalführung und Organisation besonders wichtige empirische Wirkung von Werten zum Ausdruck. Nach den Erkenntnissen der Neurobiologie (Roth 2003) werden viele Persönlichkeitsmerkmale eines Menschen sehr frühzeitig festgelegt. Darüber hinaus sind diese beim erwachsenen Menschen relativ stabil und nicht leicht veränderbar. Zu diesen Merkmalen gehören auch die vom Einzelnen beachteten Werte und Normen. Sie bilden daher eine für das Mitarbeiterverhalten in der Unternehmung wichtige Determinante, die sich aber nur in begrenztem Ausmaß durch die Unternehmung verändern lässt.

Organisatorische Gestaltungsvariablen: Die persönliche Entfaltungsmöglichkeit in einer Unternehmung wird in Bezug auf die Organisation vor allem durch die Abgrenzung des jeweiligen Aufgaben- sowie Arbeitsgebiets und die Einordnung in die Hierarchie bestimmt. Deshalb stellen die Aufgaben- sowie Arbeitsstrukturierung und die Gestaltung der Weisungsbeziehungen zwei wichtige Bereiche dar, in denen Konflikte zwischen den organisationalen und individuellen Zielen zu lösen sind. Da sich die Arbeitszufriedenheit positiv auf die Leistung auswirken kann und die Fähigkeiten der Mitarbeiter ein wertvolles Potential darstellen, erscheint es wünschenswert, Lösungen zugunsten der individuellen, sozialen und ökonomischen Ziele zu finden. Hierzu gilt es, jene empirischen Bereiche zu erkennen, in denen sich diese Ziele komplementär verhalten.

Die individuellen Entfaltungsmöglichkeiten werden für einen Menschen umso wichtiger, je mehr in seiner Entwicklung Achtung und Selbstverwirklichung in den Vordergrund rücken. Zugleich ist es für eine Unternehmung zweckmäßig, die Fähigkeiten und die Leistungsbereitschaft des Einzelnen für sich einzusetzen. Diese empirisch fundierten Hypothesen liefern im Hinblick auf die Lösung unternehmensethischer Konflikte Gründe für eine Dezentralisierung der Entscheidungs- sowie Weisungsrechte und für flache Hierarchien. Vielfach wird man durch die Einrichtung relativ autonomer Einheiten zu Organisationsalternativen gelangen können, die komplementäre Beziehungen zwischen den individuellen und den betrieblichen Zielen nutzen und auf diesem Weg zu einer Lösung unternehmensethischer Konflikte beitragen.

Dabei ist es wichtig, die Entscheidungs- und Weisungsrechte mit der Verantwortung der jeweiligen Instanzen abzustimmen. Hierzu ist organisatorisch zu regeln, über welche Mechanismen sichergestellt werden kann, dass Entscheidungsträger konkret Verantwortung für ihre Entscheidungen und deren Folgen übernehmen. Wie empirische Untersuchungen gezeigt haben, hängt die individuelle Bereitschaft zur Verantwortungsübernahme von den je subjektiv empfundenen Kompetenzen ab. Im Sinne einer angestrebten Komplementarität zwischen den individuellen und den Unternehmenszielen ist es deshalb notwendig, dass die Entscheidungsträger kompetent in Bezug auf die Aufgabenerfüllung und die damit verbundene Verantwortungsübernahme sind und sich auch so fühlen. Die Unternehmung kann dies über entsprechende Stellenbesetzung und Maßnahmen der Personalentwicklung fördern.

Je mehr auf diesem Weg eine hohe Übereinstimmung der insbesondere von den Entscheidungsträgern beachteten Werte und Normen erreichbar ist, umso eher nähert sich die Organisation einer sogenannten ›Clanstruktur‹ (Ouchi 1980), die durch ein hohes Maß an übereinstimmenden Werten bei den Führungskräften gekennzeichnet ist. Eine solche einheitliche Ausrichtung verringert den Aufwand, der für die Lösung von Wertkonflikten betrieben werden muss, und hat einen positiven Einfluss auf die Leistungsfähigkeit der Organisation. Eine werteorientierte Führung, die die Schaffung einheitlicher Wertvorstellungen, zum Beispiel in Form einer Corporate Value Identity, anstrebt, kann den Unternehmenserfolg positiv beeinflussen. Deshalb bildet die Schaffung organisationaler Einheiten mit übereinstimmenden Werthaltungen ein Organisationsinstrument, das darauf zielt, durch Unternehmensgrundsätze und die Gestaltung der Unternehmenskultur eine Ausrichtung der Unternehmensmitglieder auf übereinstimmende Werte und Normen zu erreichen.

Organisatorische Verankerung von Compliance und Ethikgrundsätzen: Dazu dient auch die Einrichtung von Organisationseinheiten, die sich unmittelbar mit der Einhaltung von rechtlichen Vorschriften und ethischen Grundsätzen in einer Unternehmung befassen. Eine Reihe von Verfehlungen und Skandalen in aus- und inländischen Unternehmungen wie etwa bei Siemens oder Enron hat so die Bedeutung der *Compliance* (›Befolgung‹) in das Bewusstsein gerückt. Damit bezeichnet man in Bezug auf Unternehmungen die Einhaltung von Gesetzen und rechtlichen sowie freiwilligen Richtlinien (Schneider/Schneider 2007). Zu letzteren können Satzungsbestimmungen sowie freiwillig von einer Unternehmung akzeptierte Grundsätze der Unternehmensführung gehören.

Auf den ersten Blick erscheint die Einhaltung der rechtlichen Rahmenbedingungen eine selbstverständliche Pflicht der Unternehmensführung. Eine Unternehmung ist immer in die Rechtsordnung des Staates eingebunden, in dem sie jeweils wirtschaftlich tätig ist. Um dies abzusichern, ist sie externen Prüfungssystemen unterworfen, wie etwa der für alle Unternehmen relevanten *steuerlichen Betriebsprüfung* oder der Prüfung des Jahresabschlusses durch *Wirtschaftsprüfer* bei Unternehmungen bestimmter Rechtsform und Größe.

Die Einhaltung der rechtlichen Vorschriften erreicht durch die länderübergreifende Tätigkeit sowie die zunehmende Internationalisierung von Unternehmen, wie sie insbesondere durch die seit 1990 stärker zu beobachtende *Globalisierung* vorangetrieben wird, eine neue Dimension. Derart tätige und strukturierte Unternehmungen müssen die Rechtssysteme verschiedener Länder beachten und ihren Umgang mit dem andersartigen Recht klären. Besonders offensichtlich wird diese Aufgabe an der Problematik der *Korruption* (Ashforth et al. 2008). Ihr Beispiel zeigt deutlich, dass sich nicht nur die Vorschriften der Staaten – insbesondere in verschiedenen Kontinenten und Kulturen – in Bezug auf die Zulässigkeit und steuerliche Behandlung von Bestechung unterscheiden, sondern dass auch die Strenge, mit der die Einhaltung eines Korruptionsverbotes gefordert wird, die Stringenz einer möglichen Strafverfolgung und der Einsatz von Korruption im Wettbewerb innerhalb verschiedener Kulturkreise durchaus variieren. Dadurch wird Korruption für international tätige Unternehmungen zu einem wichtigen Problem, das dramatische Folgen haben kann, wie an den Vorgängen bei Siemens seit Herbst 2006 sichtbar wurde.

Gegenstand der *Compliance* ist auch die Einhaltung jener Werte und Normen, die sich eine Unternehmung über die für sie relevanten rechtlichen Vorschriften hinaus selbst setzt. Deren bewusste Gestaltung und Umsetzung als spezifische *Unternehmenskultur* bildet eine eigenständige Führungsaufgabe. Sie ist eine Komponente der *Corporate Governance* und hat eine enge Beziehung zur Sicherung eines rechtskonformen Verhaltens, da sie gleichfalls die Ausrichtung des Handelns einer Unternehmung an normativen Regeln beinhaltet.

Aus beiden Formen der Compliance – in Bezug auf Rechts- und auf selbst gesetzte Normen – erwachsen spezifische *Führungsaufgaben*, die von den Leitungsorganen einer Unternehmung wahrgenommen werden müssen. Diese Organe müssen die Haltung gegenüber der Rechtsordnung eines bzw. den Rechtsordnungen verschiedener Länder sowie ein gegebenenfalls darüber hinausgehendes System von Unternehmensgrundsätzen festlegen. Für deren Umsetzung und Einhaltung bieten sich zwei grundsätzliche *Formen* an, die sich als passive und aktive *Compliance* charakterisieren lassen. Die eine Form setzt auf Kontrolle, die andere auf Überzeugung und Problemlösung (vgl. hierzu ähnlich Paine 1994). Bei der *passiven Compliance* geht es darum, die in einer Unternehmung durchgeführten Prozesse und die damit beauftragten Personen daraufhin zu überprüfen, ob die rechtlichen Normen sowie die von der Unternehmung vorgegebenen Grundsätze eingehalten werden, und sicherzustellen, dass es nicht zu einem Verstoß gegen diese Regelungen kommt. Bei ihr kann man im Normalfall erst im Nachhinein erkennen, ob die Normen und Regeln eingehalten wurden. Sie nutzt die verhaltenssteuernde (Droh-)Wirkung von Kontrollen und beeinflusst das Handeln vor allem durch die mit einer Aufdeckung von Verletzungen verbundenen Konsequenzen, welche die handelnden Personen vermeiden wollen.

Eine *aktive* Beeinflussung liegt vor, wenn die Führungskräfte und Mitarbeiter einer Unternehmung explizit für die Einhaltung der rechtlichen und betrieblichen Normen geschult werden. Dazu gehören als Ausgangspunkt die Information über die für eine Abteilung und ihre Entscheidungen relevanten Regelungen sowie deren Verankerung in die jeweiligen Entscheidungsroutinen. Führungskräfte und Mitarbeiter sollen davon überzeugt werden, dass es sich hierbei um Rahmenbedingungen handelt, deren Einhaltung ebenso notwendig wie die Ausrichtung auf die Unternehmensziele ist.

Zur organisatorischen Umsetzung der skizzierten Aufgaben ist eine Reihe spezifischer *Instrumente* entwickelt worden, welche die Einhaltung gesetzlicher und betrieblicher Normen unterstützen sollen. So dienen Wertemanagement-Systeme der Steuerung von organisatorischen Werten (Wieland 2007). Dabei sollen durch eine nach innen und außen gerichtete Festlegung auf bestimmte Werte eine Reduktion von Unsicherheit und der Aufbau von

Erwartungssicherheit erreicht werden. In engem Bezug hierzu stehen Ethik-Kodizes, in denen konsensfähige Handlungsnormen festgehalten werden, die den im Unternehmen handelnden Personen im Einzelfall als Hilfestellung bei ethischen Entscheidungen dienen sollen (Maak/Ulrich 2007, 237 ff.).

Ferner können spezifische Institutionen geschaffen werden, deren Aufgabe darin besteht, ethische Konflikte in einer Unternehmung zu erkennen, Verfahren zu ihrer Lösung auszuarbeiten und auf die Einhaltung ethischer Grundsätze zu achten. So bilden ›ethische Inseln‹ ein informelles Kommunikationsnetzwerk, mit dem man Konflikte über einen dialogischen Diskussionsprozess zu lösen versucht (Kreikebaum 1996, 277 ff.). Stärker formalisiert sind Ethikkomitees, wie man sie insbesondere in US-amerikanischen Unternehmen zur Unterstützung der obersten Unternehmensleitung findet. Ferner kann man explizit Vertrauenspersonen einsetzen, die als ›Ombudsleute‹ unmittelbare Ansprechpartner aller Mitarbeiter beim Auftreten ethischer Konflikte sind (Ulrich 2001, 456).

Bedeutung von Organisation und Personalführung für die Unternehmensethik

Die Arbeit in Unternehmungen ist für viele Menschen ein zentraler Bereich ihrer Lebensgestaltung. Dort verbringen sie einen beträchtlichen Teil ihrer Zeit; ihre berufliche Tätigkeit ist maßgeblich für die Erreichung der eigenen Ziele. Deshalb wird diese Tätigkeit oft zu einem wesentlichen Lebensinhalt. Ihre Gestaltung und Beeinflussung durch die Unternehmung ist daher ein ethisches Problem, das diese Menschen direkt betrifft.

Die Entfaltung des Einzelnen in der Unternehmung und seine Möglichkeiten, dabei die ihm wichtigen Wertsetzungen zu befolgen und seine eigenen Wertvorstellungen sowie Ziele umzusetzen, werden am unmittelbarsten durch die Organisation und die Personalführung bestimmt. Diese beiden Führungsteilsysteme wirken direkter und besser spürbar als andere wie die Planung und Kontrolle, die Unternehmensrechnung oder die Steuerungssysteme des Controlling auf das Handeln eines jeden ein. Daher bilden sie den zentralen Ansatzpunkt für die Analyse und Lösung ethischer Konflikte in Unternehmungen. Für den Einzelnen und seine Entfaltung sind sie vielfach wichtiger als grundsätzliche Fragen über Beziehungen zwischen Ökonomie und Ethik.

Literatur

Ashforth, Blake F. et al.: Re-viewing Organizational Corruption. In: Academy of Management Review 33, 3 (2008), 670–684.

Büssing, André: Arbeitszufriedenheit. In: Eduard Gaugler et al. (Hg): Handwörterbuch des Personalwesens. Stuttgart ³2004, 461–473.

Frey, Dieter: Center of Excellence – ein Weg zu Spitzenleistungen. In: Peter Weber (Hg): Leistungsorientiertes Management: Leistungen steigern statt Kosten senken. Frankfurt a. M. 1998, 199–233.

– et al.: Verhaltensregeln als Voraussetzung zur Realisierung moralisch-ethischer Werte in Firmen. In: Zeitschrift für Personalforschung 16. Jg. (2002), 135–155.

Kreikebaum, Hartmut: Humanisierung der Arbeit. Wiesbaden 1988.

–: Grundlagen der Unternehmensethik. Stuttgart 1996.

–: Arbeit – Zukunft der Arbeitsgemeinschaft. In: Wilhelm Korff et al. (Hg): Handbuch der Wirtschaftsethik. Bd. 4: Ausgewählte Handlungsfelder. Gütersloh 1999, 48–68.

Krell, Gertraude: Personal. In: Wilhelm Korff et al. (Hg): Handbuch der Wirtschaftsethik. Bd. 3: Ethik wirtschaftlichen Handelns. Gütersloh 1999, 340–354.

Küng, Hans: Projekt Weltethos. München ³1991.

Küpper, Hans-Ulrich: Unternehmensethik. Hintergründe, Konzepte, Anwendungen. Stuttgart 2006.

–: Controlling – Konzeption, Aufgaben, Instrumente. Stuttgart ⁵2008.

– /Helber, Stefan: Ablauforganisation in Produktion und Logistik. Stuttgart ³2004.

– /Schreck, Philipp: Unternehmensethik in Praxis, Forschung und Lehre – Status quo und Perspektiven im deutschsprachigen Raum. In: Andreas G. Scherer/Arnold Picot (Hg): Unternehmensethik und Corporate Social Responsibility. Herausforderungen an die Betriebswirtschaftslehre. zfbf (Schmalenbachs Zeitschrift für betriebswirtschaftliche Forschung) Sonderheft 58 (2008), 72–92.

Maak, Thomas/Ulrich, Peter: Integre Unternehmensführung. Ethisches Orientierungswissen für die Wirtschaftspraxis. Stuttgart 2007.

Ouchi, Williams G.: Markets, Bureaucracies, and Clans. In: Administrative Science Quarterly 25, 1 (1980), 129–141.

Paine, Lynn S.: Managing for Organizational Integrity. In: Harvard Business Review 72, 2 (1994), 106–117.

Picot, Arnold et al.: Organisation: eine ökonomische Perspektive. Stuttgart ⁴2005.

Rosenstiel, Lutz von/Woschée, Ralph-Michael: Wertkonflikte in der arbeits- und organisationspsychologischen Forschung und Praxis. In: Zeitschrift für Personalforschung 16. Jg. (2002), 187–208.

Roth, Gerhard: Fühlen, Denken, Handeln: Wie das Gehirn unser Verhalten steuert. Frankfurt a. M. 2003.

Schneider, Uwe H./Schneider, Sven H.: Konzern-Compliance als Aufgabe der Konzernleitung. In: Zeitschrift für Wirtschaftsrecht (2007), 2061–2065.

Schulz, Walter: Grundprobleme der Ethik. Stuttgart 1993.

Steinmann, Horst/Löhr, Albert: Unternehmensethik als Ordnungselement in der Marktwirtschaft. In: zfbf (Schmalenbachs Zeitschrift für betriebswirtschaftliche Forschung) 47, 2 (1995), 143–174.

Ulrich, Peter: Führungsethik. In: Wilhelm Korff et al. (Hg): Handbuch der Wirtschaftsethik. Bd. 4: Ausgewählte Handlungsfelder. Gütersloh 1999.

–: Integrative Wirtschaftsethik. Grundlagen einer lebensdienlichen Ökonomie. Bern u. a. [3]2001.

–: Ethik und Unternehmensführung. In: Hans-Ulrich Küpper/Alfred Wagenhofer (Hg): Handwörterbuch Unternehmensrechnung und Controlling. Stuttgart [4]2002, 486–494.

Wächter, Hartmut: Zur Bedeutung menschlicher Arbeit für ein Industrieunternehmen. In: Klaus Henning/Arno Bitzer (Hg): Ethische Aspekte von Wirtschaft und Arbeit. Mannheim u. a. 1991, 11–34.

Wieland, Josef: Die Ethik der Governance. Marburg [5]2007.

Wunderer, Rolf: Führungsgrundsätze. In: Alfred Kieser et al. (Hg): Handwörterbuch der Führung. Stuttgart [2]1995, 720–736.

Hans-Ulrich Küpper und Philipp Schreck

IX. Neue Herausforderungen der Wirtschafts- und Unternehmensethik

Wirtschaftsethik im Werden betitelte bereits vor mehr als zwanzig Jahren der Wirtschaftsethiker Georges Enderle seine Bestandsaufnahme der Wirtschaftsethik in Deutschland (Enderle 1988). Trotz aller zwischenzeitlich erfolgten Appelle seitens der Politik und der Medien an die Moral der Wirtschaft und trotz der öffentlichen Diskussionen um unmäßige Managergehälter und fragwürdige Unternehmenspraktiken scheint sich an dem *status nascendi* der Wirtschaftsethik auf den ersten Blick bis heute nur wenig geändert zu haben. Insbesondere in Deutschland wird das Thema der Wirtschafts- und Unternehmensethik an den meisten wirtschaftswissenschaftlichen Fachbereichen nach wie vor stiefmütterlich behandelt und ist bestenfalls gerade auf dem Weg, sich innerhalb der unternehmerischen Praxis und der akademischen Ausbildung zu etablieren. Zwar erwies sich Enderle in gewissem Sinne als Prophet, der künftige Entwicklungen der Wirtschaftsethik richtig vorausahnte. So etwa sah Enderle aufgrund der wachsenden Brisanz von Umweltthemen, einer stetigen Zunahme des Internationalisierungsgrades der Wirtschaft und sich verändernder Konsuminteressen einen stetig wachsenden öffentlichen Druck auf Unternehmen voraus, sich auch ihrer *moralischen* Verantwortung zu stellen. Die Glaubwürdigkeit, Legitimierung und gesellschaftliche Akzeptanz von Unternehmen, so Enderle, werde künftig davon abhängen, ob und in welchem Maße Unternehmen auf diese vielschichtigen Herausforderungen einzugehen vermögen (vgl. Enderle 1988, 15). Doch obwohl zahlreiche Entwicklungen in Politik und Wirtschaft, wie etwa die Initiierung des Global Compact durch Kofi Annan oder die Verabschiedung der ISO 26.000 Standards zum Thema gesellschaftliche Verantwortung von Organisationen, George Enderle recht zu geben scheinen und für die zunehmende Aktualität des Themas sprechen, bleibt mindestens auf Ebene der akademischen Ausbildung die Wirtschafts- und Unternehmensethik in Deutschland auch weiterhin bestenfalls »das ungeliebte Kind der Betriebswirtschaftslehre« (Steinmann/Löhr 2002).

Wenngleich Korruptionsprävention oder Umweltpolitik zwischenzeitlich auch als Verantwortungsbereiche innerhalb der unternehmerischen Praxis fraglos anerkannt werden und so das Thema der Wirtschaftsethik in Politik und wirtschaftlicher Praxis seit den 1990er Jahren in gewissem Sinne salonfähig geworden ist, bleibt das Projekt ›Wirtschafts- und Unternehmensethik‹ dennoch weiterhin ›im Werden‹ begriffen. Dies ist letztlich vor allem der Tatsache geschuldet, dass die Rahmenbedingungen des Wirtschaftens einem stetigen Wandel unterliegen und so auch die Fragestellungen und Themenfelder der Wirtschafts- und Unternehmensethik einer stetigen Anpassung und Erweiterung bedürfen. So lassen sich, rückblickend auf die wirtschaftsethische Diskussion seit den 1990er Jahren in Deutschland, zahlreiche Akzentverschiebungen erkennen. Stand in den Anfängen der Wirtschaftsethik in Deutschland zunächst die Frage nach den Bedingungen der Möglichkeit einer Wirtschafts- und Unternehmensethik überhaupt im Vordergrund und galt das überwiegende Interesse, vor allem der Akademiker, dem Begründungsproblem und den theoretischen Grundlagen einer Wirtschaftsethik, haben zahlreiche Entwicklungen innerhalb der Wirtschaft zu einer geäderten thematischen Ausrichtung der Wirtschaftsethik geführt.

So etwa ließen die großen Unternehmensskandale der jüngeren Vergangenheit, wie etwa um den US-amerikanischen Energiekonzern Enron, den italienischen Lebensmittelkonzern Parmalat oder das deutsche Technologieunternehmen Siemens, die Brisanz wirtschafts- und unternehmensethischer Fragestellungen deutlich werden. Neuartig an diesen Skandalen war nicht das Verhalten der einzelnen Akteure – Bestechung oder Bilanzfälschung sind keine Erfindungen der Moderne –, neu waren vielmehr der Aktionsradius der Akteure, die Tatsache, dass diese sich nicht entgegen den Marktmechanismen verhielten, sondern diese geschickt zu ihrem Vorteil nutzten, und das Ausmaß des Schadens. So waren etwa durch den Bankrott des Energiegiganten Enron alleine in den USA mehr als die Hälfte aller US-Haushalte mittelbar und unmittelbar betroffen und die Pleite des Milchkonzerns Parmalat in Italien belief sich nach Schätzungen auf eine Schadenssumme von etwa 15 Milliarden Euro, was mehr als einem Prozent des italienischen Bruttoinlandsproduktes entspricht (vgl. Aßländer 2010). In der Folge geriet nicht nur das Verhalten des Top-Managements einzelner Firmen in die Kritik, auch die marktwirtschaftlichen Selbststeuerungsmechanismen wurden seitens der kritischen Öffentlichkeit zunehmend in Zweifel gezogen. Offensichtlich, so der Verdacht, sei eine rein auf liberale Prinzipien gegründete Wettbewerbsordnung, die den eigennützigen Motiven ihrer Akteure keinerlei Schranken setze, nicht in der Lage, moralischem Fehlverhalten innerhalb der Wirtschaft effektiv entgegenzuwirken. Problematisch an dieser Entwicklung erscheint vor allem, dass Unternehmen, wirtschaften sie nicht zum Wohle sondern zum Schaden der Gemeinschaft, Gefahr laufen, langfristig ihre Glaubwürdigkeit einzubüßen und ihre *licence to operate* zu verlieren. Damit aber würde auch die Legitimität der freiheitlichen marktwirtschaftlichen Ordnung selbst in Frage gestellt werden. Um dieser Gefahr zu begegnen, etablierten sich innerhalb der wirtschaftlichen Praxis zahlreiche Initiativen mit dem Ziel, durch Selbstbindung der Wirtschaftsakteure an ethische Prinzipien dem drohenden Verlust ihrer ›moralischen Betriebsgenehmigung‹ entgegenzuwirken. Dies aber führte zu einem Umdenken innerhalb der unternehmerischen Praxis, die den ethischen Fragestellungen des Wirtschaftens zunehmend Aufmerksamkeit zu schenken begann.

Zum Zweiten lässt sich konstatieren, dass das Projekt der Wirtschafts- und Unternehmensethik auch in Deutschland längst zu einem internationalen Projekt geworden ist, mit der Folge, dass damit auch die spezifisch deutsche Frage nach der philosophischen Begründung der Wirtschafts- und Unternehmensethik zunehmend in den Hintergrund rückte. Verstärkt stehen innerhalb der letzten Jahre auch innerhalb der deutschen Wirtschafts- und Unternehmensethik empirische Analysen, Fallstudien und Implementierungsfragen eines wirtschafts- und unternehmensethischen Instrumentariums im Vordergrund der Betrachtungen. Hier spielt vor allem die Internationalisierung der Wirtschaft eine zentrale Rolle. So verpflichtet die US-amerikanische Gesetzgebung auch deutsche Unternehmen, sofern sie beispielsweise an der New Yorker Börse gelistet sind, bestimmte ethische Steuerungsinstrumente in ihren Unternehmensstrukturen, wie etwa Hinweisgebersysteme, Business Ethics oder Compliance Officer oder entsprechende Verhaltensrichtlinien für die Mitarbeiterinnen und Mitarbeiter, in ihren Unternehmensstrukturen zu verankern. Hinzu kommt, dass sich mit der Auslagerung von Zuliefer- und Fertigungsbetrieben in sogenannte Billiglohnländer weitere neue Themenfelder im Bereich der Wirtschafts- und Unternehmensethik ergeben haben. Vor allem seitens kritischer Nichtregierungsorganisationen (NGOs) werden hier die ökologischen und sozialen Herstellungsbedingungen in diesen Ländern kritisiert. Damit stellen sich aber auch für die Wirtschafts- und Unternehmensethik neue Fragen, wie etwa nach der Legitimität derartiger Nichtregierungsorganisationen, die durchaus eigene Zwecke mit ihren Kampagnen verfolgen, die Frage nach der Reichweite der Verantwortung von Unternehmen, die nun für Produktionsbedingungen verantwortlich gemacht werden, die sie nur mittelbar beeinflussen können, oder die Frage nach möglicherweise notwendigen suprastaatlichen Regulierungen oder verbindlichen Branchenstandards, die zur Verbesserung der sozialen und ökologischen Herstellungsbedingungen beitragen sollen.

Zum Dritten lässt sich innerhalb der letzten Jahre auch eine gewisse ›Politisierung‹ der Wirtschafts- und Unternehmensethikdebatte feststellen. So waren es nicht zuletzt zahlreiche politische Gremien, die dazu beitrugen, das Thema der Wirtschafts- und Unternehmensethik in Wissenschaft und Praxis zu verankern. An erster Stelle zu nennen ist hier wohl der 1999 auf dem Weltwirtschaftsgipfel in Davos auf Betreiben des vormaligen UN-Generalsekretärs Kofi Annan ins Leben gerufene Global Compact, der es sich zum Ziel gesetzt hat, zentrale Werte der menschlichen Gemeinschaft auch innerhalb der globalen Wirtschaftskultur zu verankern. Dabei steht der Global Compact in einer Reihe mit ähnlich gelagerten suprastaatlichen Initiativen, wie beispielsweise den Verhaltensrichtlinien der OECD für multinationale Unternehmen sowie diversen internationalen Branchen- und Verhaltensstandards, wie etwa den insbesondere im nordamerikanischen Raum bekannten Sullivan Principles oder dem sogenannten Caux Round Table. Auch auf europäischer Ebene wurde das Thema der Wirtschafts- und Unternehmensethik unter dem Stichwort der Corporate Social Responsibility von politischer Seite befördert. Mit dem 2001 erschienenen Grünbuch *Europäische Rahmenbedingungen für die Soziale Verantwortung der Unternehmen* schuf die Europäische Kommission eine wichtige Grundlage der wirtschafts- und unternehmensethischen Diskussion in Europa und verknüpfte das Thema korporativer Verantwortung zugleich mit den Grundsätzen einer ökonomisch, ökologisch und sozial nachhaltigen Entwicklung. Erneut wurde hierdurch das Themenspektrum der Wirtschafts- und Unternehmensethik ausgeweitet. Wurden ökologische Fragen bisher überwiegend im Kontext einer öko-sozialen Marktwirtschaft oder im Spezialgebiet des Nachhaltigkeits- oder Umweltmanagements behandelt, und spielten diese daher innerhalb der Wirtschaftsethik eine eher randständige Rolle, werden nun auch Themen wie Klimaschutz, Carbon-Footprint oder nachhaltiger Konsum zu zentralen Themen der Wirtschaftsethikdebatte.

Insgesamt haben diese Entwicklungen nicht nur zu einer Erweiterung des Themenspektrums der Wirtschafts- und Unternehmensethik beigetragen und die Einsicht in die Notwendigkeit ethischen Verhaltens innerhalb der Wirtschaft befördert. Sie umreißen zugleich auch die neuen Herausforderungen, denen sich die Wirtschafts- und Unternehmensethik in Zukunft zu stellen haben wird, und verweisen auf jene Themenbereiche, in denen zukünftig Forschungsbedarf besteht. Dabei zählen die mit der Globalisierung der Wirtschaftsräume, dem Klimawandel, der Armutsproblematik und nicht zuletzt mit der geänderten Wahrnehmung der Unternehmen in der Öffentlichkeit verbundenen Herausforderungen sicherlich zu den wichtigsten künftigen Themenfeldern der Wirtschafts- und Unternehmensethik.

Stichwort ›Globalisierung‹

Eine der ersten zu nennenden großen Herausforderungen an eine Wirtschafts- und Unternehmensethik stellt sicherlich auch in Zukunft die Globalisierung der Wirtschaftsräume und der damit einhergehende Steuerungsverlust nationalstaatlicher Regulierungen dar. Dabei ist es zunächst nicht einfach, das Phänomen ›Globalisierung‹ adäquat zu beschreiben. So unterscheidet der Münchner Soziologe Ulrich Beck drei ›Dimensionen‹ der Globalisierung (Beck 1997, 26 ff.): Beck zufolge bezeichnet dabei der Begriff ›Globalität‹ die Tatsache, dass wir in einer ›Weltgesellschaft‹ leben, und damit Ereignisse in ihren Auswirkungen nicht mehr lokal begrenzt sind, sondern die gesamte Weltgemeinschaft treffen. ›Globalisierung‹ hingegen beschreibt jene Prozesse durch die ›Globalität‹ entsteht. Hierzu zählen wirtschaftliche Prozesse ebenso wie Entwicklungen der Informationstechnologie oder politische Mechanismen. ›Globalismus‹ schließlich bezieht sich auf die eindimensionale Verkürzung der ›Globalität‹ auf eine rein ökonomische Perspektive. In diesem Sinne wird ›Globalismus‹ mit dem Weltmarkt gleichgesetzt und das Primat der Politik vor der Ökonomie aufgelöst. Globalität als Tatsache ist unumkehrbarer, da die geographische Ausdehnung des Handels und die internationale Verflechtung der Finanzmärkte, die Wissensverflechtung durch informationstechnologische Prozesse und mediale Vernetzung, die zunehmende Anzahl transnational agierender Akteure und die Globalisierung bestimmter Problemlagen, wie Armut oder Umweltzerstörung, einen Rückzug in die lokalen Gemeinschaften unmöglich machen (Beck 1997, 29 f.).

In diesem Prozess der Globalisierung erweist sich insbesondere die althergebrachte Vorstellung des (National-)Staates als Garanten einer Wirtschafts- und Rechtsordnung als problematisch. Nationalstaatliches Recht ist zunehmend weniger in der Lage, das Verhalten einzelner Wirtschaftsakteure zu steuern. Multinational agierende Unternehmen sind mindestens prinzipiell in der Lage, sich durch ›Abwanderung‹ dem Geltungsbereich nationalstaatlichen Rechts zu entziehen oder durch Drohung der Abwanderung nationalstaatliches Recht in ihrem Sinne zu beeinflussen (vgl. Habermas 1998, 70 f.). Beck spricht in diesem Kontext von der »transnationalen Entzugsmacht« der Konzerne, die der territorial gebundenen Organisationsmacht der Nationalstaaten überlegen sei, da Konzerne in der Lage sind, aufgrund informationstechnologischer Möglichkeiten räumliche Distanzen aufzuheben (vgl. Beck 1998, 18). Generell versetzt die Globalisierung Unternehmen in die Lage, Nationalstaaten im Standortwettbewerb gegeneinander auszuspielen (vgl. Beck 1997, 116). Um auch künftig als Wirtschaftsstandort lukrativ zu bleiben, müssen Nationalstaaten ihre Ordnungspolitik zunehmend an den Interessen der Wirtschaft ausrichten mit der Folge, dass die Bedürfnisse der Gemeinschaft politisch in den Hintergrund treten. In einer globalen Wirtschaft sind die Nationalstaaten gezwungen, mit Vergünstigungen, Infrastrukturleistungen, Steuervorteilen, Subventionen und einer unternehmensfreundlichen Gesetzgebung um die Gunst der Unternehmen zu werben.

Schließlich führen das Abwandern multinationaler Unternehmen aus den nationalen Steuergebieten und die damit verbundene globale Ausweitung der Konkurrenz auch auf den Arbeitsmärkten zu einer ›Entsolidarisierung‹ innerhalb der nationalstaatlich organisierten Gemeinschaften. Angesichts globaler Wirtschaftsbeziehungen ist für global agierende

Konzerne Solidarität nicht länger eine Frage ›nationaler Loyalität‹, die im Zweifel mittels nationaler Gesetzgeber sichergestellt werden kann. Innerhalb globaler Wirtschaftsräume wird Solidarität zum räumlich wie zeitlich begrenzten freiwilligen Engagement der Unternehmen (vgl. Beck 1997, 119f.; Giddens 1999, 121). Dabei erlaubt es eine globalisierte Wirtschaft vor allem den ›Globalisierungsgewinnern‹, sich ihren Beitragspflichten zu entziehen. Dies aber hat zur Folge, dass die auf innerstaatlicher Solidarität beruhenden sozialstaatlichen Arrangements der lokalen Wirtschaftsgemeinschaften brüchig werden und somit die Zustimmung zu einem freiheitlichen Wirtschaftssystem mindestens bei den ›Globalisierungsverlierern‹ nicht mehr stillschweigend vorausgesetzt werden kann. Damit aber steht auch die demokratische Legitimation einer liberalen Wirtschaftsordnung auf dem Spiel.

Andererseits ergeben sich für Nationalstaaten innerhalb der globalisierten Wirtschaft auch neue Handlungsoptionen. Zwar verlieren sie einerseits innerhalb ihrer Territorien zunehmend an Handlungsmacht gegenüber multinationalen Akteuren. Andererseits aber erweitern sich die Steuerungsmöglichkeiten insbesondere der westlichen Industrienationen, die nun international gesehen erheblich an Einfluss auf die ›Weltweltwirtschaftsordnung‹ gewinnen. So verliert die nationale Wirtschaftspolitik in den klassischen Bereichen an Bedeutung, zugleich aber ist sie für die Förderung und Koordinierung der wirtschaftlichen Aktivitäten im internationalen Kontext unumgänglich (vgl. Hirst/Thompson 1998, 104; Giddens 1999, 45).

Mit dem Prozess der Globalisierung kommt es somit zu einer Verschiebung der bisherigen ›Machtverhältnisse‹. Während die territoriale, nationalstaatliche Politik an Steuerungsmacht verliert, gewinnen suprastaatlich organisierte Gruppierungen an Einfluss. So wächst zum einen die Macht ›basisdemokratischer‹ Gruppierungen in Form sogenannter Nichtregierungsorganisationen, nicht zuletzt auch aufgrund ihrer ebenfalls multinationalen Aktionsradien. Zum anderen gewinnen transnationale Institutionen, wie etwa die Welthandelsorganisation (WTO) oder der internationale Währungsfonds (IWF) an Bedeutung für die Ausgestaltung der internationalen Wirtschaftsordnung. Angesichts dieser Entwicklungen sind Nationalstaaten gezwungen, ihre Handlungsfelder, die Möglichkeiten ihrer Einflussnahme und ihre Steuerungsmöglichkeiten zu überdenken. An Bedeutung gewinnen wird dabei einerseits die internationale Zusammenarbeit in transnationalen Gremien, wie es sich ja auch im Rahmen der vergangenen Wirtschaftskrise 2008/2009 gezeigt hat. Andererseits wird es für Nationalstaaten künftig verstärkt darum gehen, neue Governance-Strukturen jenseits der nationalen Gesetzgebung zu entwickeln, eine Moderatorenrolle gegenüber Nichtregierungsorganisationen und multinationalen Unternehmen einzunehmen und Prozesse einer diskursiven Verständigung, beispielsweise durch die Initiierung entsprechender Dialogforen und Arbeitskreise sowie die Selbstbindung der Akteure mittels sogenannter ›Soft-Laws‹ zu fördern.

Damit ergeben sich auch für die Wirtschaftsethik zahlreiche neue Themenfelder und Fragestellungen. So wird es künftig darum gehen, Fragen der Legitimität basisdemokratischer Vereinigungen zu klären und das Zusammenspiel zwischen Zivilgesellschaft, Staat und Unternehmen zu analysieren. Auch die Ausweitung ›nationalstaatlicher‹ Politik auf transnationale Institutionen wirft neue Fragen auf. So etwa gilt es, das Über- und Unterordnungsverhältnis suprastaatlicher und nationalstaatlicher Institutionen zu klären. Ein besonderes Augenmerk der Wirtschaftsethik schließlich muss in Zukunft auch den neuen Steuerungsmechanismen der Wirtschaft gelten, da Verhaltensstandards zunehmend jenseits der nationalstaatlichen Gesetzgebung als ›Soft-Laws‹ festgelegt und durch nicht-nationalstaatliche Gremien implementiert werden.

Stichwort ›natürliche Ressourcen‹

Seit den 1970er Jahren gewinnen Umweltthemen innerhalb der öffentlichen Wahrnehmung zunehmend an Bedeutung. Ausgelöst wurde die Ökologiedebatte in den USA vor allem durch Rachel Carsons Buch *Der Stumme Frühling* (Carson 1962/2007) und in Europa durch den Bericht des Club of Rome *Die Grenzen des Wachstums* (Meadows 1972). Allerdings haben sich die Akzente innerhalb der Umweltdiskussion seit ihren Anfängen deutlich verschoben. Standen zu Beginn der Ökologiebewegung vor allem die Schadstoffbelastung der natürlichen Umwelt durch den Einsatz von Chemikalien in der Landwirtschaft und durch Abfälle und Emissionen der Industrie auf der einen Seite und die Erschöpfbarkeit nicht-regenerierbarer natürlicher Ressourcen auf der anderen Seite im Zentrum der Diskussion, ist es heute vor allem der drohende Klimawandel, der die Diskussion beherrscht. Einigkeit in Politik, Wirtschaft und Zivilgesellschaft scheint dabei hinsichtlich der Notwendigkeit zu bestehen, vor allem die Emission der für den Klimawandel relevanten Treibhausgase zu reduzieren. Uneinigkeit hingegen besteht hinsichtlich der hierzu einzusetzenden Mittel ebenso wie hinsichtlich des Beitrages, den die einzelnen Nationen hierfür erbringen sollen.

Ihren Niederschlag innerhalb der aktuellen wirtschafts- und unternehmensethischen Diskussion findet die Umweltdebatte vor allem im Begriff der Corporate Social Responsibility (CSR) wie er seitens der Europäischen Kommission im sogenannten Grünbuch *Europäische Rahmenbedingungen für die Soziale Verantwortung der Unternehmen* festgeschrieben wurde. Hier wird CSR definiert als »ein Konzept, das den Unternehmen als Grundlage dient, auf freiwilliger Basis soziale Belange und Umweltbelange in ihre Unternehmenstätigkeit und in die Wechselbeziehungen mit den Stakeholdern zu integrieren« (Europäische Kommission 2001, 8). Damit wird die Beachtung umweltrelevanter Aspekte als Kernelement einer gesellschaftlich verantwortlichen Unternehmensführung festgelegt. Wenngleich man über die Motive der Industrie, sich dem Thema ›ökologische Nachhaltigkeit‹ zu widmen, und die Ernsthaftigkeit ihrer Bemühungen im Einzelnen streiten mag, so wird man gleichwohl konstatieren müssen, dass die Forderung, einen Beitrag zu einer ökologisch nachhaltigen Entwicklung zu leisten, von den meisten Unternehmen anerkannt wird. Allerdings ist auch die Kritik an der Motivationslage und der Glaubwürdigkeit des unternehmerischen Umweltengagements nicht unbegründet. So etwa steht der Vorwurf im Raum, dass es vor allem die damit verbundenen Kosteneinsparungen und nicht die Einsicht in die Notwendigkeit Ressourcen schonenden Wirtschaftens seien, die Unternehmen zur Nutzung ihrer Energieeinsparungspotenziale und zur effizienteren Planung ihres Rohstoffverbrauchs veranlassten. Auch werfen zahlreiche Umweltgruppen den Unternehmen sogenanntes ›Greenwashing‹ vor. In diesem Sinne handele es sich bei ihrem vorgeblichen Umweltengagement vor allem um trickreich inszenierte Public-Relations-Maßnahmen, die letztlich dem Aufbau eines umweltgerechten Unternehmensimages und der Generierung von ›Reputationskapital‹ geschuldet seien und keinen echten ›Gesinnungswandel‹ in den Vorstandsetagen dokumentieren würden. Im Kern sind es jedoch weniger theoretische Fragen des ›ob oder ob nicht‹ als vielmehr technische Fragen des ›wie‹, die die Diskussion um einen Beitrag der Unternehmen zu einer ökologisch nachhaltigen Entwicklung beherrschen.

Interessant in diesem Kontext erscheint dabei, dass Unternehmen sowohl unmittelbar – sei es durch Reduktion von Emissionen und Abfällen, sei es durch geringeren Ressourcenverbrauch – als auch mittelbar – beispielsweise vermittels der in ihren Produkten eingesetzten Rohstoffe, durch Verringerung des Energieverbrauchs bei der Produktverwendung oder durch verbesserte Recyclingfähigkeit der hergestellten Erzeugnisse – zu einer ökologisch nachhaltigen Entwicklung beitragen können. Entsprechend lässt sich die Forderung nach ökologischer Nachhaltigkeit nicht nur als Anforderung an den unmittelbaren Produktionsprozess formulieren, sondern auch auf die mit dem Transport des Produktes, seiner Verwendung und seiner Entsorgung zusammenhängenden Prozesse erweitern. Eine ökologisch verantwortliche Wirtschaftsweise erfordert es, den gesamten Produktlebenszyklus sowie die gesamte Lieferkette entsprechend ökologischer Nachhaltigkeitskriterien zu optimieren. Rekurriert wird in diesem Zusammenhang beispielsweise auf das Konzept des sogenannten ›Carbon Footprint‹, der als Vergleichsmaßstab zur Berechnung von Umwelteinflüssen im Zusammenhang mit der Produktion, des Produkteinsatzes und des Warenverkehrs, gemessen in CO_2-Äquivalenten, herangezogen wird. Dabei kann sich der zu ermittelnde Carbon-Footprint auf eine erstellte Leistung (Güter oder Dienstleistungen), einen betrieblichen Funktionsbereich (Verwaltung oder Vertrieb), einen einzelnen Herstellungs- oder Leistungsprozess oder auf das gesamte Unternehmen beziehen (vgl. ausführlich hierzu Frey/Mühlbach 2009). So haben beispielsweise einzelne Hersteller, aber auch erste Einzelhandelsunternehmen damit begonnen, den Carbon Footprint ausgewählter Produkte (Tomaten, Kartoffeln, Orangensaft, Waschmittel, Glühlampen) über deren gesamten Lebenszyklus hinweg mit dem Ziel zu ermitteln, auf Basis der gewonnenen Vergleichswerte effektiv zu einer Reduktion der CO_2-Emissionen beitragen zu können. Ähnliche Berechnungen werden in diesem Zusammenhang auch über den bei der Produkterstellung notwendigen Wasserverbrauch angestellt. Analog zum Begriff des ›Carbon Footprint‹ hat sich hier der Begriff des ›Water Footprint‹ etabliert, der den virtuellen Wasserverbrauch eines Produktes bezeichnet.

Allerdings erweitert sich durch diese Vorgehensweise auch das Spektrum unternehmerischer Nachhaltigkeitsbemühungen. So wird beispielsweise der Carbon-Footprint von Elektrogeräten in nicht unwesentlichem Maße durch die Gebrauchsgewohnheiten der Produktverwender bestimmt. Auch hängt die Bemühung der Unternehmen, Kriterien der Umweltverträglichkeit und soziale Anforderungen innerhalb ihrer Produktion und Lieferkette mit zu berücksichtigen wesentlich von der Akzeptanz ihrer Produkte am Markt und damit von der Bereitschaft ihrer Kunden, diese Bemühungen auch finanziell zu honorieren, ab. Adressaten der Forderung nach gesellschaftlicher Verantwortungsübernahme sind damit nicht mehr nur ausschließlich Unternehmen im Sinne einer Corporate Social Responsibility, sondern im erweiterten Sinne auch die Konsumenten, die zu einem entsprechenden Kaufverhalten aufgefordert sind. Derartiges sozial- und umweltbewusstes Käuferverhalten wird insbesondere innerhalb der Sozialwissenschaften unter dem Stichwort ›politischer Konsum‹ untersucht. Allgemein wird dabei politischer Konsum definiert als eine auf ethischen oder politischen Überlegungen basierende Wahl zwischen Produkten und Herstellern mit dem Ziel, Unternehmenspolitik oder institutionelle Strukturen zu verändern (vgl. u.a. Micheletti 2003, 15). Dabei werden derartige politisch motivierte Kaufhandlungen als Ausdruck der Verantwortungsübernahme und als Form demokratischer Partizipation verstanden, die einen Beitrag dazu leisten sollen, gesellschaftliche Veränderungsprozesse anzustoßen oder zu bestärken. Neben dem klassischen Konsumenten-Boykott entsteht hier eine neue Form sozial- und umweltbewussten Konsumentenverhaltens, das in Form von bewusst getroffenen und nicht ausschließlich preisorientierten Kaufentscheidungen Einfluss auf die Produktions- und Produktpolitik von Herstellern nehmen möchte. Die Verantwortungsübernahme beim Einkauf erscheint hier als Teil eines ›guten‹ bzw. ›nachhaltigen‹ Lebensstils, der sowohl das eigene Wohlbefinden stärkt, als auch mit positiven gesamtgesellschaftlichen Effekten verbunden ist (vgl. Kneip 2009, 129 f.).

Damit stellen sich auch im Zusammenhang der Wirtschafts- und Unternehmensethik künftig neue Fragen. Galt im Kontext der Wirtschafts- und Unternehmensethik bislang der einzelne Manager oder das Unternehmen als klassisches Subjekt der Verantwortung gilt es nun auch, das Zusammenspiel von Produzenten und Konsumenten als ›Produzenten-Konsumenten-Tandem‹ unter dem Blickwinkel verantwortlichen Verhaltens zu untersuchen. Damit aber wird das Themenspektrum der Wirtschafts- und Unternehmensethik künftig verstärkt auch um soziologische und sozialpsychologische Themen erweitert werden, wie sich dies beispielsweise im Bereich der experimentellen Ökonomie bereits andeutet.

Stichwort ›Armut‹

Mit den im Jahre 2000 verabschiedeten Millenniumszielen hat sich die Staatengemeinschaft vorgenommen, weltweit die Armut bis zum Jahr 2015 zu halbieren. Konkret wurden dabei insbesondere acht Ziele zur internationalen Armutsbekämpfung benannt und entsprechende Teilziele und Indikatoren zur Messung der Zielerreichung definiert. Ehrgeizige Ziele sind z.B., den Anteil der Bevölkerung, der unter extremer Armut leidet, zu halbieren, allen Kindern eine Grundschulausbildung zu ermöglichen, die Gleichstellung der Geschlechter zu fördern und insbesondere die Bildungschancen von Frauen zu verbessern, die Kinder- und Müttersterblichkeit weltweit zu verringern und die Gesundheit von Müttern zu verbessern, Aids, Malaria und andere übertragbare Krankheiten wirkungsvoll zu bekämpfen und einzudämmen, Umweltschutz und nachhaltige Entwicklung zu fördern und weltweite Entwicklungspartnerschaften aufzubauen (vgl. UN 2000). Zehn Jahre nach Verabschiedung der Millenniumsziele durch die Vereinten Nationen ist die Bilanz des bisher durch die Staatengemeinschaft Erreichten jedoch weitgehend ernüchternd.

Dennoch hatte die Verabschiedung der Millenniumsziele aus Sicht der Wirtschafts- und Unternehmensethik möglicherweise weiterreichende Konsequenzen als dies der bisher eher schwache Zielerreichungsgrad vermuten lässt. So haben die Millenniumsziele nicht unwesentlich dazu beigetragen, auch den Blick der Unternehmen für die Ärmsten der Armen (›Bottom of the Pyramid‹) zu schärfen. Dabei geht es nicht um Hilfsprogramme oder Public-Private-Partnership-Projekte zur Unterstützung bestimmter lokaler Gemeinschaften, sondern um die effektive Einbindung auch der ärmsten Bevölkerungsschichten in den wirtschaftlichen Wertschöpfungsprozess, sei es als Produzenten oder als Konsumenten. Angestoßen wurde diese Debatte vor allem durch C.K. Prahalad und Allen Hammond, die in ihrem Aufsatz »Serving the World's Poor, Profitably« darauf verwiesen, dass die Verbesserung der Lebensumstände der ärmsten Bevölkerungsschichten am unteren Ende der »ökonomischen Pyramide«, nicht nur ein »nobles Unterfangen« sei, sondern sich für Unternehmen auch als lukratives Geschäftsmodell entwickeln könne, das durch die Erschließung neuer Märkte und dem damit verbundenen Prosperitätszuwachs auch zur Stabilisierung der Armutsregionen der Welt beitragen könne (vgl. Prahalad/Hammond 2002, 48). Zu weltweiter Popularität verhalf dieser Idee die Verleihung des Friedensnobelpreises an Muhammad Yunus und die von ihm gegründete Grameen-Bank im Jahr 2006. Ziel der Grameen-Bank ist es, durch die Vergabe von Mikrokrediten den Aufbau von Kleinstgewerben zu fördern, um es so auch den Ärmsten der Armen zu ermöglichen, Anschluss an den Wirtschaftsprozess zu finden, ohne dabei auf ständige Hilfe von Außen angewiesen zu sein. Inspiriert von Yunus' Modell der Grameen-Bank haben zwischenzeitlich erste Unternehmen damit begonnen, Geschäftsmodelle auch für die Bevölkerungsschichten am unteren Ende der ökonomischen Pyramide zu entwickeln, mit dem Ziel, sowohl neue Kunden wie auch, dank neuer Geschäftsideen, neue Geschäftspartner zu gewinnen.

Obwohl es schwierig ist, die künftige Entwicklung derartiger neuer Geschäftsfelder und ihre Bedeutung für die Wirtschafts- und Unternehmensethik zu prognostizieren, scheint sich hier dennoch ein neuer Trend im Bereich der korporativen Verantwortungsübernahme zu zeigen, der darauf schließen lässt, dass das rein philanthropische Engagement der Unternehmen künftig um aktive Beiträge zu einer ›ökonomisch nachhaltigen Entwicklung‹ bisher benachteiligter Bevölkerungsgruppen erweitert werden wird.

Generell hat es den Anschein, als ob die Konsequenzen der wirtschaftlichen Globalisierung vor allem die Armutsproblematik in den Ländern der ›Dritten Welt‹ verschärfte. Jedoch zählen auch die Industrienationen der ersten Stunde nur bedingt zu den Gewinnern der Globalisierung. Die Verlagerung der Produktion in Billiglohnländer bedingt in den Industrienationen Arbeitsplatzverluste und reduziert Staatseinnahmen bei gleichzeitig wachsenden Soziallasten. Die Folge hiervon sind zunehmend prekärere Beschäftigungsverhältnisse und eine langfristige Vermögensumverteilung. Letztlich verschiebt sich die Trennlinie zwischen arm und reich entlang der Linie Arbeitsplatzbesitzer/Nicht-Arbeitsplatzbesitzer – und dies im globalen Maßstab. Hans-Peter Martin und Harald Schumann entwarfen hier das Szenario einer 20:80-Gesellschaft von 20% gutverdienenden Arbeitsplatzbesitzern und 80% Nicht-Arbeitsplatzbesitzern in prekären oder überhaupt keinen Beschäftigungsverhältnissen (vgl. Martin/Schumann 1996, 12 ff.). Dies hat, wie etwa der amerikanische Soziologe Richard Sennett betont, auch Auswirkungen auf das Wertegefüge der Gesellschaft selbst. Lebenslange Arbeit in einem Unternehmen, die Identifikation mit einem bestimmten Beruf und einem konkreten Arbeitgeber, Sparen und Konsumverzicht zum Wohle der eigenen Kinder oder des eigenen Lebensabends haben wenig Sinn, wenn sich die ökonomischen Rahmenbedingungen, unter denen diese Erwerbsarbeit stattfindet, ständig verändern (vgl. Sennett 1998, 132). Zusätzlich gerät durch die Abwanderung von Unternehmen auch der Sozial- und Wohlfahrtsstaat unter finanziellen Druck. Damit aber scheinen sich die klassischen Modelle lebenslanger Beschäftigung und die Systeme privater und staatlicher Daseinsvorsorge, basierend auf den klassischen Erwerbseinkommen, zunehmend aufzulösen. Als Alternativen hierzu existieren insbesondere von Seiten einiger Soziologen aber auch von Ökonomen Denkmodelle, das Problem durch ein staatlich garantiertes Grundeinkommen oder ein sogenanntes ›Bürgergeld‹ zu lösen. Dies böte zum einen die Möglichkeit, den Einzelnen vor dem Abgleiten in ein wirtschaftliches Prekariat zu schützen und schaffe zum anderen hinreichenden Freiraum für ›ehrenamtliche‹ gemeinnützige Beschäftigung auf Basis der staatlichen Grundsicherung (vgl. u.a. Gorz 2000, 115 ff.; 141 ff.; Beck 2000, 416–447). Jenseits der Frage nach den Finanzierungsmöglichkeiten einer derartigen staatlichen ›Sozialleistung‹ bleibt jedoch offen, ob eine derartige Grundsicherung auch auf Seiten der hierdurch Begünstigten, wie erhofft, zu einem gesteigerten Engagement für Staat und Gemeinwesen führen würde.

Insgesamt wird die Frage der ›relativen Armut‹ auch innerhalb der scheinbar reichen Industrienationen zunehmend an Bedeutung gewinnen. Entscheidend für die Definition von Armut, so der Nobelpreisträger Amartya Sen, sei nämlich nicht die tatsächliche Höhe des verfügbaren Einkommens, sondern die mit dieser Einkommenshöhe einhergehenden Möglichkeiten zur Selbstverwirklichung innerhalb der lokalen Gemeinschaft, in der dieses Einkommen erzielt wird. Sen spricht hier von sogenannten Verwirklichungschancen (*capabilities*), deren Ermangelung Armut im eigentlichen Sinne bestimme (vgl. Sen 2003, 110–138). Die Notwendigkeit, innerhalb bestimmter Kulturkreise oder Gesellschaftsgruppen über eine bestimmte Grundausstattung zu verfügen, um Verwirklichungschancen nutzen zu können – z. B. ein Auto zu haben, um Einkaufen zu können – kann erklären, warum auch in den scheinbar reichen Industrienationen real Hunger existiert. Da ein wesentlicher Teil der Haushaltseinkommen zur Aufrechterhaltung derartiger Verwirklichungschancen ausgegeben werden muss, sind Menschen unter Umständen bereit, ihre Lebensmittelversorgung zu Gunsten der Aufrechterhaltung ihres sozialen Status und der hieraus resultierenden *capabilities* zu opfern (Sen 2003, 112 f.).

Stichwort ›neues Selbstverständnis der Unternehmen‹

Angesichts des Wiederaufbaus nach dem Zweiten Weltkrieg und dem sogenannten deutschen Wirtschaftswunder galt das Interesse der Bevölkerung für lange Jahre vor allem dem Beitrag der Unternehmen zur Vollbeschäftigung und zu einem stetigen Wirtschaftswachstum und beschränkte sich somit fast ausschließlich auf die ökonomische Dimension unternehmerischen Handelns. Erst mit dem Aufkommen der Ökologiedebatte und der ›Dritte-Welt-Debatte‹ zu Beginn der 1980er Jahre rückten zunehmend auch ›moralische‹ Aspekte bei der Bewertung unternehmerischen Handelns in den Vordergrund und begannen die Maßstäbe, anhand derer unternehmerisches Handeln gemessen wurde, zu verändern. Beschleunigt wurde dieser Prozess durch das Bekanntwerden katastrophaler Fehler und unverantwortlicher geschäftlicher Praktiken. So etwa führten die rigiden Vermarktungspraktiken für Säuglingsnahrung des Lebensmittelkonzerns Nestlé Ende der 1970er Jahre zu ersten großen Verbraucherboykotten und die Chemieunglücke in Seveso (1976) und Bhopal (1984) ließen zunehmend Zweifel an der Sicherheit großtechnischer Anlagen und der Schutzvorkehrungen seitens der Industrie aufkommen. Spätestens seit Ende der 1980er Jahre hat sich so die Erwartungshaltung der Öffentlichkeit hinsichtlich des unternehmerischen Handelns geändert. Zunehmend häufiger steht nun auch die moralische Integrität von Unternehmen und Unternehmern selbst auf dem Prüfstand der öffentlichen Meinung. Unternehmen werden als gesellschaftliche Akteure betrachtet, die sich für ihre Geschäftspraktiken, Produktionsstandards und Verkaufsstrategien und deren soziale und ökologische Folgen gegenüber der Gesellschaft zu verantworten haben (vgl. Aßländer/Roloff 2004, 27).

Vor allem fordern zahlreiche sogenannte Nichtregierungsorganisationen (NGOs) als Vertreter der Zivilgesellschaft eine gesellschaftliche Verantwortungsübernahme durch Unternehmen. So hat sich spätestens mit Beginn der 1990er Jahre die Diskussion von der politischen Ebene auf die Ebene nichtstaatlicher, transnational agierender Interessenverbände verlagert, die ihre Anliegen nicht auf dem Wege parlamentarischer Gesetzgebung sondern direkt gegenüber den multinationalen Konzernen durchzusetzen versuchen. Das Spektrum derartiger Organisationen reicht dabei von großen Organisationen wie Greenpeace oder ATTAC bis hin zu kleineren Verbänden wie die Clean Clothes Campaign oder die amerikanische Organisation CorpWatch und umfasst Gruppierungen mit unterschiedlichsten Strategien von kooperativ (Econsens) bis hin zu radikal (ATTAC) (vgl. Aßländer/Roloff 2004, 28; zur strategischen Ausrichtung vgl. u. a. Curbach 2010, 152–160). Gemeinsam ist diesen Organisationen ihr zumeist globaler Aktionsradius. Sie nutzen modernste Medien, Web-Plattformen und E-Mail-Verteiler für ihre Boykottaufrufe und Shaming-Kampagnen und sind dank moderner Kommunikationsmedien in der Lage, unmittelbar auf Unternehmensaktivitäten zu reagieren und hierfür eine weltweite Öffentlichkeit zu mobilisieren. Eines der zentralen Probleme der Wirtschafts- und Unternehmensethik ergibt sich dabei aus der Frage, inwieweit derartige Organisationen als legitime Vertreter der Zivilgesellschaft angesehen werden müssen, da sie weder über ein politisches Mandat noch über Rechtstitel verfügen, die sie hierzu ermächtigen würden. Andererseits stellen sie einen realen Machtfaktor dar, der auch von Unternehmen zunehmend ernstgenommen wird. Das Spektrum der Kooperation reicht hier von sogenannten Stakeholder-Dialogen, in denen die Verständigung mit den Unternehmenskritikern im Vordergrund steht, bis hin zu Public-Private-Partnerships, in deren Rahmen gesellschaftliche Probleme in direkter Zusammenarbeit von Unternehmen, Politik und Vertretern der Zivilgesellschaft gelöst werden sollen. Zunehmend sind Unternehmen daran interessiert, das Fachwissen, aber auch die öffentliche Reputation von Nichtregierungsorganisationen zu nutzen und mit den entsprechenden Organisationen zusammenzuarbeiten. Interessanterweise verdankt sich diese Form der Kooperation gerade den Forderungen der radikalen Nichtregierungsorganisationen, die aus Unternehmenssicht zumeist nicht erfüllbar sind. Jedoch erscheinen gerade angesichts der Radikalität dieser Forderungen die Ansprüche kooperativer NGOs oftmals als gemäßigt und fördern so die Kooperationsbereitschaft der Unternehmen mit den weniger radikalen Organisationen, da deren Forderungen vergleichsweise erfüllbar scheinen (vgl. Curbach 2010, 159 f.). Verstärkt wird sich die Wirtschafts- und Unternehmensethik künftig auch mit derartigen sozialen Wirkmechanismen innerhalb der Zivilgesellschaft auseinandersetzen müssen, um so Verhaltensänderungen von Unternehmen erklären zu können.

Auch innerhalb der Unternehmen ist es zu einer Akzentverschiebung hinsichtlich der wahrzunehmenden Verantwortungsbereiche gekommen. Befördert wurde dies in Deutschland nicht zuletzt auch durch einen ›Generationenwechsel‹ im Management, der sich spätestens ab Mitte der 1990er Jahre abzeichnete. Sahen sich die bis dahin amtierenden Manager noch in der Tradition des ›rheinischen Kapitalismus‹ und so auch den wirtschaftspolitischen Idealen der Sozialen Marktwirtschaft verpflichtet, verstehen sich die Neuen selbst als ›Global Players‹, die sich dem Wirtschaftsstandort Deutschland nur mehr bedingt verpflichtet fühlen. Angesichts ihrer Orientierung an den Anforderungen internationaler Kapital- und Aktienmärkte und der Ausrichtung der Unternehmenspolitik an den scheinbaren Interessen der Aktionäre verschiebt sich auch der Horizont der Unternehmenspolitik: Nicht mehr langfristige Investitionen in die Standortsicherung stehen im Vordergrund, sondern kurzfristige Umsatzrenditen entsprechend der Erwartungen den internationalen Kapitalmärkte.

Umgekehrt ist es aber gerade auch diese Internationalisierung, die die Manager insbesondere der multinationalen Unternehmen erneut dazu zwingt, über die gesellschaftliche Verantwortung ihrer Unternehmen neu nachzudenken. So führt das Fehlen eindeutiger (supra)staatlicher Regulierungen und die Internationalisierung von Liefer- und Wertschöpfungsketten dazu, dass Unternehmen seitens ihrer Kunden beispielsweise für die Herstellungsbedingungen in ihren Zulieferbetrieben verantwortlich gemacht werden, obwohl sie für diese allenfalls mittelbar verantwortlich zeichnen. Da Unternehmen angesichts der Schwächen nationalstaatlicher Regulierungen nicht mehr einfach darauf verweisen können, in Übereinstimmung mit den Gesetzen zu handeln, wird die Frage nach den anzuwendenden Verhaltensstandards an die Unternehmen selbst zur Beantwortung zurückverwiesen. Mehr noch, da Unternehmen in ihren Gastländern vielfach über eine Handlungsmacht verfügen, die es ihnen erlaubt, Einfluss auf die Politik der jeweiligen Länder zu nehmen, gewinnen zunehmend auch politische Fragen, wie etwa die Einhaltung oder Förderung von Menschenrechten oder das aktive Vorgehen gegen Korruption, für die Unternehmenspolitik an Bedeutung. So hatte sich beispielsweise das Unternehmen Shell mit dem Vorwurf von Menschenrechtsorganisationen auseinanderzusetzen, Mitschuld an der Ermordung des nigerianischen Bürgerrechtlers Ken Saro-Wiwa im Jahre 1995 zu tragen, da es das Unternehmen versäumt hatte, seinen Einfluss auf die nigerianische Regierung unter General Sani Abacha geltend zu machen, um so den Justizmord zu verhindern (vgl. Okonta/Douglas 2003, 116–156). Seitens der kritischen Öffentlichkeit wurde es in diesem Falle als eine moralische Pflicht des Unternehmens gesehen, sich aktiv für die Wahrung der Menschenrechte einzusetzen. Shell reagierte im Nachgang mit der ausdrücklichen Verpflichtung der Unternehmenspolitik auf die UN Menschenrechtsdeklaration. Unter dem Stichwort ›Responsibilities‹ verpflichtet sich Shell in seinen weltweit gültigen »General Business Principles« nun explizit, grundlegende Menschenrechte im Einklang mit den legitimen Geschäftsinteressen des Unternehmens zu fördern (vgl. Shell 2005, 5). Damit aber wird die Durchsetzung fundamentaler Menschenrechte nicht mehr ausschließlich zum Anliegen nationalstaatlich organisierter Gesellschaften, sondern auch zur Verpflichtung transnational agierender Konzerne.

Somit wandelt sich auch das Bild der Unternehmen in der Öffentlichkeit. Unternehmen werden gleichsam als quasi-staatliche Akteure betrachtet, die für den Schutz bürgerlicher Rechte immer häufiger dort eintreten müssen, wo diese durch staatliche Organisationen nicht garantiert werden können (vgl. u. a. Matten/Crane 2005, 173). Insbesondere in jenen Fällen, in denen es einzelne Staaten unterlassen, die Rechte ihrer Bürger/innen umzusetzen, in denen sie hierfür noch keine Regelungen erlassen haben oder in Fällen, in denen sich derartige Regelungen außerhalb der Regulierungsmöglichkeiten der Nationalstaaten befinden, treten multinationale Konzerne zunehmend als ›Garanten‹ bürgerlicher Rechte in Erscheinung, die die vorhandenen Regulierungsdefizite staatlicher Organisationen ausgleichen (vgl. Matten/Crane 2005, 171 f.; Crane/Matten 2007, 74 f.).

Jedoch stellt sich hier aus wirtschafts- und unternehmensethischer Perspektive die durchaus schwer zu beantwortende Frage, inwieweit Unternehmen für Menschenrechts- oder Arbeitsrechtsverletzungen ihrer Zulieferbetriebe oder in den jeweiligen Gastländern verantwortlich gemacht werden können (vgl. Bowie/Werhane 2005, 83). In aller Regel kann hier eine Verantwortungszuweisung nur mittelbar erfolgen, insbesondere dann, wenn das einzelne Unternehmen – sei es, weil dies bewusst verschleiert wird, sei es, weil das Unternehmen hiervor die Augen verschließt – um die unmoralischen Praktiken seiner Zulieferbetriebe nicht weiß. Doch trotz dieser aus moralischer Sicht schwierigen Beweislage existieren Präzedenzfälle, in denen auch derartige ›mittelbare‹ Menschenrechtsverletzungen in gravierenden Fällen gerichtliche Schritte nach sich zogen. So wurde unter Bezugnahme auf den Alien Tort Claims Act die amerikanische Union Oil Company of California für Menschenrechtsverletzungen angeklagt, die von lokalen Militärs im Zusammenhang mit einem Gasprojekt des Unternehmens mit dessen Wissen in Burma begangen wurden (Bowie/Werhane 2005, 85 f.). Dem Gericht genügten in diesem Falle alleine die Mitwisserschaft und die Duldung durch das Unternehmen, um eine Klage zuzulassen. Unternehmen tragen damit auch eine rechtliche und moralische Mitverantwortung für Menschenrechtsverletzungen ihrer Geschäftspartner oder der Staaten, innerhalb derer sie sich engagieren, sofern sie davon Kenntnis haben und dies aus wirtschaftlichen Gründen billigend in Kauf nehmen. Letztlich hängt die Begründbarkeit unternehmerischen Handelns – verstanden als qua Konsens aller Betroffenen erzeugte Legitimität – entscheidend von der prinzipiellen Zustimmung der Öffentlichkeit ab. In diesem Sinne stellt sich die Frage, welche wesentlichen Bereiche unternehmerischen Handelns dieser Legitimationspflicht unterliegen und an welche Bedingungen eine derartige *licence to operate* geknüpft werden kann.

Künftig wird sich die Wirtschafts- und Unternehmensethik daher auch mit den faktischen Verantwortungszuweisungen der Öffentlichkeit an Unternehmen auseinanderzusetzen haben, wird deren Legitimität klären und die faktische Reichweite von Verantwortungsbeziehungen in ihre Betrachtungen mit einbeziehen müssen.

Literatur

Aßländer, Michael S.: Moral als Managementaufgabe. Zur Bedeutung persönlicher Werte des Managements für eine ethische Unternehmensführung. In: Olaf Schumann/Alexander Brink/Thomas Beschorner (Hg.): Unternehmensethik – Forschungsperspektiven zur Verhältnisbestimmung von Unternehmen und Gesellschaft. Marburg 2010, 17–55.

– /Roloff, Julia: Sozialstandards als Beispiel für soziale Verantwortung von Unternehmen. In: Journal für politische Bildung 3 (2004), 26–36.

Beck, Ulrich: Was ist Globalisierung? Frankfurt a. M. 1997.

–: Wie wird Demokratie im Zeitalter der Globalisierung möglich? – Eine Einleitung. In: Ders. (Hg.): Politik der Globalisierung. Frankfurt a. M. 1998, 7–66.

–: Die Seele der Demokratie: Bezahlte Bürgerarbeit. In: Ders. (Hg.): Die Zukunft von Arbeit und Demokratie. Frankfurt a. M. 2000, 416–447.

Bowie, Norman E./Werhane, Patricia H.: Management Ethics. Malden 2005.

Carson, Rachel: Der Stumme Frühling [1962]. München 2007.

Crane, Andrew/Matten, Dirk: Business Ethics. Oxford 2007.

Curbach, Janina: Gut ist nicht gut genug! – Zur gesellschaftlichen (Un)Produktivität von kritischen NGOs und CSR-Verweigerern. In: Michael S. Aßländer/Albert Löhr (Hg.): Corporate Social Responsibility in der Wirtschaftskrise. München 2010, 147–171.

Enderle, George: Wirtschaftsethik im Werden – Ansätze und Problembereiche der Wirtschaftsethik. Stuttgart 1988.

Europäische Kommission: Grünbuch: Europäische Rahmenbedingungen für die Soziale Verantwortung der Unternehmen. Luxemburg 2001.

Frey, Brigitte/Mühlbach, Daniel-Sebastian: Betriebliche Klimastrategie und Carbon Footprint. In: Michael S. Aßländer/Konstanze Senge (Hg.): CSR im Einzelhandel. Marburg 2009, 179–206.

Giddens, Anthony: Der Dritte Weg – Die Erneuerung der sozialen Demokratie. Frankfurt a. M. 1999.

Gorz, André: Arbeit zwischen Misere und Utopie. Frankfurt a. M. 2000.

Habermas, Jürgen: Jenseits des Nationalstaats? Bemerkungen zu Folgeproblemen der wirtschaftlichen Globalisierung. In: Ulrich Beck (Hg.): Politik der Globalisierung. Frankfurt a. M. 1998, 67–84.

Hirst, Paul/Thompson, Grahame: Globalisierung? Internationale Wirtschaftsbeziehungen, Nationalökonomie und die Formierung von Handelsblöcken. In:

Ulrich Beck (Hg.): Politik der Globalisierung. Frankfurt a.M. 1998, 85–133.
Kneip, Veronika: Unternehmenskritik und Discountpolitik – Konsumenten und Unternehmen in der Verantwortung. In: Michael S. Aßländer/Konstanze Senge (Hg.): Corporate Social Responsibility im Einzelhandel. Marburg 2009, 127–158.
Martin, Hans-Peter/Schumann, Harald: Die Globalisierungsfalle – Der Angriff auf Demokratie und Wohlstand. Reinbek 1996.
Matten, Dirk/Crane, Andrew: Corporate Citizenship: Toward an Extended Theoretical Conceptualization. In: Academy of Management Review 30, 1 (2005), 166–179.
Meadows, Dennis: Die Grenzen des Wachstums. Stuttgart 1972.
Micheletti, Michele: Virtue and Shopping – Individuals, Consumerism, and Collective Action. New York 2003.
Okonta, Ike/Douglas, Oronto: Where Vultures Feast – Shell, Human Rights, and Oil. London 2003.
Prahalad, C.K./Hammond, Allen: Serving the World's Poor, Profitably. In: Harvard Business Review 80, 9 (2002), 48–57.
Sen, Amartya: Ökonomie für den Menschen – Wege zu Gerechtigkeit und Solidarität in der Marktwirtschaft. München 2003.
Sennett, Richard: Der flexible Mensch. Berlin 1998.
Shell: General Business Principles (2005). http://www-static.shell.com/static/public/ downloads/corporate_pkg/sgbp_english.pdf (8.10.2010).
Steinmann, Horst/Löhr, Albert: Unternehmensethik – Zur Geschichte eines ungeliebten Kindes der Betriebswirtschaftslehre. In: Eduard Gaugler/Richard Köhler (Hg.): Entwicklungen der Betriebswirtschaftslehre. Stuttgart 2002, 509–535.
UN: United Nations Millennium Declaration (2000). http://www.un.org/millennium/declaration/ares552e.htm (8.10.10).

Michael S. Aßländer

X. Zentrale Begriffe

1. Buddhistische Wirtschaftsethik

Eine explizite buddhistische Wirtschaftsethik wurde erst nach dem Zweiten Weltkrieg formuliert. Sie kann allerdings nicht als ein einheitliches System wie z.B. die Katholische Soziallehre verstanden werden, sondern setzt sich aus vielfältigen, kulturell differenzierten Antworten auf ökonomische Fragen zusammen. Allerdings haben sich in den Ländern, in denen der Buddhismus besonders verbreitet war oder ist, auch schon in früherer Zeit ethische Systeme entwickelt, die auch wirtschaftliche Sachverhalte regelten (vgl. Chakravarti 1996). Als Modell für alle buddhistischen Traditionen gilt die Gesetzgebung des indisch-buddhistischen Königs Aśoka (272–235 v.Chr.), dessen Felsenedikte als frühestes Zeugnis einer buddhistischen Sozialethik gelten können. Aśoka fordert darin den Verzicht auf Tieropfer – Tiere sind in buddhistischer Analyse wie Menschen empfindende Lebewesen –, ließ Tierkrankenhäuser errichten und verankerte die Pflicht zur Toleranz anderer Religionen als Gesetz. In Thailand entwickelten in neuerer Zeit Buddhadasa (1986) und Prayudh A. Payutto (1999) eine buddhistische Ökonomie. Weitere Ansätze finden sich in Japan, Sri Lanka und Buthan. Im Westen skizzierte zuerst Ernst Friedrich Schumacher eine buddhistische Wirtschaftslehre (Schumacher 1973, 48–56). Ihm folgt eine Reihe von Artikeln (Harvey 2000), die sich der buddhistischen Ethik im Horizont moderner Fragestellungen nähern. Eine systematische Darstellung findet sich bei Brodbeck (2002). S.H. Dalai Lama legte jüngst eine Führungsethik vor (Dalai Lama 2008), die sich auf die Gestaltung von Marktwirtschaften bezieht. Im sogenannten *engagierten Buddhismus* (King 2005) werden ökonomisch-ethische Fragen im Rahmen einer umfassenden globalen Ethik behandelt und praktische Konzepte entwickelt.

Der Buddhismus zählt zu den fünf großen Weltreligionen. Er leitet seinen Namen ab von Gautama, dem »Buddha« (563–483 v.Chr.). »Buddha« ist kein Eigenname, sondern die Beschreibung dessen, was Buddha Gautama auf seiner Suche und in seiner spirituellen Praxis erreicht hat: Das große Erwachen (skr. *bodhi*). Der Buddhismus ist keine Religion im theologischen Sinn. Er kennt keinen Schöpfergott und keine göttliche Offenbarung. Die zentrale Diagnose des Buddhismus lautet, dass alle Lebensformen in einer gegenseitigen, vergänglichen Abhängigkeit stehen. Diese gegenseitige Abhängigkeit wird aber vielfach nicht erkannt, sondern nur *erlitten*. Die Menschen entwickeln eine tief verwurzelte Gewohnheit, die von dem illusionären Glauben an ein getrenntes Ich ausgeht und auch die Dinge als identische Entitäten betrachtet. Weil dies aber nicht der Tatsache der Vergänglichkeit entspricht, sind alle darauf gründenden Gedanken und Handlungen Täuschungen. Die Abhängigkeit wird als Leiden erfahren, das im Ergreifen fiktiver Identitäten gründet. Dieses Ergreifen ist primär ein geistiger Prozess, eine durch *begriffliches Denken* erzeugte Illusion der aparten Identität von Ego und Dingen.

Als Heilsziel gilt im Buddhismus demgemäß das Freiwerden von dieser Illusion. Hierbei dient die Ethik als unerlässliches Mittel und Voraussetzung der Erkenntnis. Man kann im Buddhismus eine analytische und eine normative Ethik unterscheiden. Die analytische Ethik betont die gegenseitige Abhängigkeit aller Phänomene als reale Voraussetzung für ein illusionsfreies Handeln und Erleben. Die normative Ethik zeigt Wege auf, wie dies zu erreichen ist. Da in der buddhistischen Diagnose das Festhalten fiktiver Entitäten ein geistiger Vorgang ist, rückt die Gedankenkontrolle durch vielfältige Übungen (Meditation) in den Mittelpunkt. Um die eigene Verfassung zu erkennen und so frei zu werden von selbst erzeugten Abhängigkeiten ist ein entsprechender Lebenswandel unerlässlich. Buddha formuliert als Prinzip hierbei das Vermeiden der Extreme (mittlerer Weg). Die normative Ethik kennt für Laien fünf Prinzipien (für Mönche und Nonnen sind es viel mehr), die allerdings nicht als ›Gesetze‹, sondern als Bedingungen aufzufassen sind: Die Einhaltung dieser Regeln ist die Voraussetzung für die Erkenntnis der Bedingtheit und Zirkularität der je eigenen Existenz. Diese fünf Regeln lauten: (1) Nicht töten; (2) nicht stehlen; (3) nicht lügen; (4) kein sexueller Missbrauch und (5) keine berauschenden Mittel, die das Bewusstsein trüben.

Man kann also den Buddhismus als ein ethisches System mit dem Ziel der Geisteskontrolle betrachten, um die gegenseitige Abhängigkeit aller Dinge zu erkennen und diese Erkenntnis praktisch einzuüben. Normativer Ausgangspunkt sind Gewaltlosigkeit, Toleranz und Mitgefühl. Das Mitgefühl ist der *ethische* Ausdruck der Verfassung der Menschen und ihrer Gesellschaft, nämlich eine unlösbar gegenseitig abhängige Matrix aus Gedanken und Handlungen. Die dem Ich eigentümliche Verblendung entfaltet sich in der Praxis als endloser Versuch, das illusionäre Ego-Territorium zu verteidigen. Daraus erwachsen ›Gier‹ und ›Aggression‹. Diese Motivationen gründen auf einer Illusion der Ignoranz gegenüber der faktischen Abhängigkeit aller Menschen voneinander und von der Natur.

Die Eigentümlichkeit der buddhistischen Ethik ist eine *innere Kausalität*. Handlungen werden ausschließlich nach ihrer Motivation beurteilt. Das Handlungsresultat besitzt primär keinen ethischen Wert. Allerdings führt die Motivation zu einer Programmierung von Gewohnheiten des Denkens und der Wahrnehmung. Damit erscheint das *Erlebnis* späterer Situationen als unmittelbares Resultat früherer Handlungen und deren Motivation (skr. *Karma*). Die buddhistische Ethik beurteilt Handlungen also nicht hinsichtlich ihres praktischen Nutzens (wie Utilitarismus und Pragmatismus), auch wird das Handeln nicht als Pflicht (aus göttlichem Gebot) betrachtet. Das Handeln ist das Ergebnis eines Denkprozesses, in dem Motive aus – irrtümlichen oder richtigen – Urteilen über die eigene Situation hervorgehen, wobei die Urteile wiederum abhängen von den früheren Erfahrungen und Gewohnheiten. Dieser Teufelskreis (skr. *Samsara*) egoistischer Motivation kann aber durchbrochen werden durch meditative Übungen und die soziale Praxis des Mitgefühls. In seiner Diagnose widerspricht die buddhistische Wirtschaftsethik damit dem Axiom des Homo Oeconomicus. Weder ist egoistisches Handeln eine anthropologische Konstante, noch handeln die Menschen aus der Kenntnis dessen, was sie glücklich macht: Die Freiheit von jeder Ich-Zentrierung. Daraus ergibt sich für die buddhistische Wirtschaftsethik der notwendige Einbezug des Anderen und der Natur. In einem frühen buddhistischen Text heißt es: »Mich selbst schützend, schütze ich den anderen, den anderen schützend, schütze ich mich selbst« (Nyānaponika 1986, 174).

Bereits in seiner ersten Lehrrede nannte Buddha das Streben nach Reichtum eine Hauptquelle der falschen Motivation. Man unterscheidet im Buddhismus drei ›Geistesgifte‹ (Gier, Aggression und Verblendung), die in der Wirtschaft objektiviert erscheinen: Die gegenseitige Abhängigkeit aller wirtschaftlichen Aktivitäten wird nicht in einer kommunikativen Sphäre organisiert, sondern durch die leere Abstraktion der Geldrechnung. Der Wert des Geldes und abgeleitet daraus aller Güter erwächst aus dem, was die Menschen ihm zuschreiben und durch ihr Handeln reproduzieren. Das illusionäre Ego-Territorium wird als die Handlungen eingrenzende Eigentumsschranke soziale Wirklichkeit. Die Geldgier und der Wettbewerb, die ökonomische Form der Aggression, untergraben das im Geld implizierte gegenseitige Vertrauen und erzeugen so Fehlentwicklungen der Märkte. Ähnlich lautet die Diagnose bei der durch Eigentumsrechte abgezirkelten Erde und den daraus sich ergebenen ökologischen Problemen (Brodbeck 2002, 54–74 und 145 ff.). Hier rät die buddhistische Wirtschaftsethik zur Einübung von Mitgefühl und der Erkenntnis der *inneren* Ursachen für Glück, bei transparenten Sozialbeziehungen. Man kann zeigen, dass sich die buddhistische Logik (vgl. Wayman 1999) auch für die kritische Analyse der ökonomischen Theorie fruchtbar machen lässt (Brodbeck 2002, 47–80).

Es wurden verschiedene Lösungsansätze für ökonomische Fehlentwicklungen im Rahmen der buddhistischen Wirtschaftsethik vorgeschlagen. Adressat bleibt in diesen Lösungsvorschlägen allerdings immer das Individuum – es ist aber das Gegenteil des methodologischen Individualismus intendiert: Das Individuum ist nicht frageloser Ausgangspunkt, sondern Träger unheilsamer, aber veränderbarer Motive. Bezüglich möglicher Wirtschaftssysteme wurden unterschiedliche Modelle vorgeschlagen. Die buddhistische Ethik zielt auf die Minderung von erlittenen Sachzwängen durch eine Veränderung der Motivation, gleich in welcher konkreten Form ökonomische Prozesse empirisch verwirklicht sind. Der Dalai Lama hat mehrfach sozialistische Lösungsansätze, sofern sie demokratischen und ökologischen Prinzipien gehorchen, befürwortet. Er anerkennt aber ausdrücklich das dynamische Lösungspotenzial der Marktwirtschaften, fordert darin aber sowohl eine soziale Einbettung, wie einen grundlegenden Wandel in der Motivation der Führungskräfte (Dalai Lama 2008). Buddhadasa, ein einflussreicher thailändischer Mönch, entwickelte ein Modell des

»Dhamma-Sozialismus« (von *Dhamma*: buddhistische Lehre). Buddhadasa fordert darin die Anerkennung der gegenseitigen Abhängigkeit aller Menschen und das Primat der Gemeinschaft vor individuellen Sonderinteressen (Buddhadasa 1986). Payutto (1999, 138 f.) betont vor allem die Differenz zwischen Nutzen und Glück: Die Abhängigkeit von Gütern durch bloße Vermehrung des Konsums fördert nicht das Glück. Buthan, ein vom Buddhismus geprägtes Land, hat das »Bruttonationalglück« demgemäß als Staatsziel festgeschrieben. Die buddhistische Wirtschaftsethik diagnostiziert für die kapitalistische Wirtschaftsweise einen grundlegenden Denkfehler, weil auf der einen Seite der Konsum als letztes Ziel gilt, die dazu hinführende Arbeit aber in ihrer Wirkung auf das Erleben der Menschen gar nicht ins Kalkül gezogen wird (Schumacher 1995; Payutto 1999, 81 ff.).

Literatur

Brodbeck, Karl-Heinz: Buddhistische Wirtschaftsethik. Aachen 2002.

Buddhadasa Bhikkhu: Dhammic Socialism. Bangkok 1986.

Chakravarti, Uma: The Social Dimensions of Early Buddhism. Delhi 1996.

Dalai Lama: Führen, Gestalten, Bewegen. Frankfurt a. M./New York 2008.

Harvey, Peter: Bibliography on Buddhist Ethics. In: Journal of Buddhist Ethics 7 (2000) (auch in: http://www.buddhistethics.org/7/harvey001.html, 13.8.2010).

King, Sallie B.: Being Benevolence. The Social Ethics of Engaged Buddhism. Honolulu 2005.

Nyānaponika: Schutz durch rechte Achtsamkeit. In: Zur Erkenntnis geneigt. Festschrift zum 85. Geburtstag des Ehrwürdigen Nyanaponika Mahathera. Konstanz 1986.

Payutto, Prayudh A.: Buddhistische Ökonomie. Bern 1999.

Schumacher, Ernst Friedrich: Small is Beautiful [1973]. Heidelberg 1995.

Wayman, Alex: A Millennium of Buddhist Logic. Delhi 1999.

Karl-Heinz Brodbeck

2. Ehrenamtliches Engagement

Ehrenamtliches Engagement spielt nach allgemeiner Meinung in der und für die *Zivilgesellschaft* eine besondere Rolle und wird daher von verschiedensten Seiten – auf lokaler wie auf globaler Ebene – immer wieder als wichtiges Element für den Zusammenhalt einer Gesellschaft eingefordert. Im Folgenden werden kurz damit verbundene Begriffe und die quantitative Dimension des ehrenamtlichen Engagements in Deutschland heute beleuchtet. Schließlich werden theoretische Erklärungen für ehrenamtliches Engagement und der Motivation hierzu sowie die Beziehung zur Wirtschaftsethik vorgestellt.

In der *Allgemeinen Encyclopädie der Wissenschaften und Künste* von 1838 heißt es: »*Ehrenamt*, verschieden von Ehrenposten und eine Unterart der Ehrenstellen, bezeichnet ein solches öffentliches Amt, das entweder mit keinem oder nur einem geringen Gehalt, auch, seiner Absicht nach, nicht mit der Hoffnung auf Erlangung eines besoldeten Amtes verbunden ist. [...] *Ehrenamt* nennt man jetzt ein solches Amt vorzugsweise darum, weil es von den Emolumenten öffentlicher Ämter nichts, als die mit jedem öffentlichen Amte verbundene Würde – Ehre dem Verwalter desselben gibt« (Buddeus 1838/2009, 426).

Während die Bedeutung der Würde, die mit einem öffentlichen Amt verbunden ist, heute für das ehrenamtliche Engagement keine besondere Rolle mehr spielt, ist der erste Teil der Begriffsdefinition, nämlich die freiwillige Tätigkeit ohne Erwerbszweck, weiterhin zentral für die Definition des ehrenamtlichen Engagements. Synonym werden auch die Begriffe *Freiwilligenarbeit, bürgerschaftliches Engagement, Bürgerarbeit* verwendet. Dabei verweist der Teilbegriff ›Arbeit‹ auf die Tatsache, dass ehrenamtliches Engagement gesellschaftliche Arbeit darstellt, also eine Tätigkeit für andere, welche am allgemeinen, durch die Form der Gesellschaft bestimmten, Leistungsaustausch zwischen ihren Mitgliedern teilnimmt (Kambartel 1993, 241). Der Begriffsteil ›Bürger‹ verweist auf zivilgesellschaftliche Konzeptionen. Man ist immer Bürger eines bestimmten Gemeinwesens, d. h. es wird von einer Gemeinschaft ausgegangen, in die das einzelne Individuum eingebettet ist. Ehrenamtliches Engagement wird innerhalb des Dritten Sektors erbracht, der oft auch als gemeinnütziger Sektor oder Nonprofit-Sektor bezeichnet wird. Als ehrenamtliches Engagement gelten Tätigkeiten, die (1) freiwillig und nicht auf materiellen Gewinn gerichtet sind, (2) gemeinwohlorientiert sind, (3) öffentlich bzw. im öffentlichen Raum stattfinden und in der Regel (4) gemeinschaftlich oder kooperativ ausgeübt werden (BMFSFJ 2005, Kap 1, 26). Erlinghagen unterscheidet noch feiner in seiner Sozioökonomie des ehrenamtlichen Engagements idealtypische Phänotypen und Genotypen des ehrenamtlichen Engagements, wobei die Phänotypen die unterschiedlichen Formalisierungsgrade berücksichtigen, während die Genotypen auf die inhaltlichen Formen von ehrenamtlichem Engagement eingehen (Erlinghagen 2000).

Die folgenden Zahlen zum ehrenamtliches Engagement basieren auf der umfangreichen und repräsentativen Umfrage, die 1999 und 2004 im Auftrag des Bundesministeriums für Familie, Senioren, Frauen und Jugend durch das Meinungsforschungsinstitut TNS Infratest Sozialforschung durchgeführt wurde (BMFSFJ 2005). Im Rahmen dieser Repräsentativerhebung zu »Ehrenamt, Freiwilligenarbeit und bürgerschaftlichem Engagement« wurden knapp 15.000 Männer und Frauen in Deutschland telefonisch zu ihrem freiwilligen Engagement befragt. Danach engagieren sich rund 23,4 Millionen, d.h. rund 36 % aller in Deutschland Lebenden im Alter über 14 Jahre in ihrer Freizeit ehrenamtlich in Verbänden, Initiativen oder Projekten. Das ist im Vergleich zum ersten Freiwilligensurvey von 1999 ein Anstieg der Zahl der freiwillig Engagierten um zwei Prozentpunkte. Vereine sind nach wie vor das wichtigste organisatorische Umfeld freiwilligen Engagements. 43 % der freiwilligen Tätigkeiten werden innerhalb von Vereinsstrukturen ausgeübt. Dieser Prozentsatz ist über die Zeit stabil. Gelegentlich wird für Deutschland als Folge des sozialen Wandels ein Trend der Entkopplung von ehrenamtlichem Engagement und Vereinsmitgliedschaft diagnostiziert. Verlierer dieser Entwicklung seien die Großorganisationen wie Parteien, Gewerkschaften oder Wohlfahrtsverbände, während sich Produzenten-Konsumenten-Gemeinschaften wie Selbsthilfegruppen oder Fördergesellschaften behaupten können. Diese Entwicklung werde durch neue projektorientierte Strukturen gefördert, die sich dadurch auszeichnen, dass ein kleiner professioneller Stab durch Ad-hoc-Spenden und befristete ehrenamtliche Mitarbeit unterstützt wird (Zimmer 1998, 102 f.). Die stabilen Zahlen in Bezug auf das ehrenamtliche Engagement in Vereinsstrukturen scheinen aber diesen Trend nicht vollständig zu bestätigen.

Ehrenamtlichen Tätigkeiten sind geschlechterspezifisch aufgeteilt: Leitungs- und Vorstandsfunktionen bzw. Wahlämter werden in erster Linie von Männern wahrgenommen, die mehrheitlich führen, verwalten und repräsentieren, also Tätigkeiten mit Berufsrelevanz und Prestige ausüben, während Frauen überwiegend helfende und betreuende Dienste am Menschen z.B. im familienbezogenen und sozialen Engagement übernehmen. Die Arbeitsteilung, die in Bezug auf Erwerbs- und Haus- bzw. Familienarbeit besteht, wird demnach auch im ehrenamtlichen Engagement reproduziert, wobei im Jahr 2004 ein zunehmendes Engagement von Männern in den Bereichen Schule und Kindergarten sowie im sozialen Bereich zu verzeichnen ist – Bereichen, die traditionell eher von Frauen geprägt sind. Mit 32 % sind Frauen in etwas geringerem Maße freiwillig tätig als Männer, die zu 39 % freiwillig engagiert sind, wobei diese Unterschiede mit Blick auf die Arbeitsteilung in der Familie zu sehen sind. Frauen reduzieren ihr ehrenamtliches Engagement sehr stark, wenn die jüngsten Kinder unter drei Jahre alt sind. Männer hingegen beteiligen sich in dieser Lebensphase ihrer Kinder deutlich überproportional. Von 1999 bis 2004 hat das Engagement der erwerbstätigen Frauen deutlich zugenommen.

Während 1999 die Unterschiede in Bezug auf Vereinsmitgliedschaft und freiwilliges Engagement zwischen den alten und neuen Ländern noch deutlich waren – der Anteil der Bevölkerung, der Mitglied in mindestens einem Verein ist, betrug in den alten Ländern 50 %, in den neuen Ländern nur 26 %; der Anteil Engagierter in den alten Ländern 36 %, in den neuen nur 28 % – haben sich die Zahlen bis 2004 etwas angenähert: Es gibt nun 37 % Engagierte in den alten Ländern und 31 % in den neuen.

Arbeitslose sind – dicht gefolgt von Rentnern und Pensionären – die Statusgruppe, die sich am wenigsten ehrenamtlich engagiert. Umso bemerkenswerter ist hier, dass gerade bei diesen beiden Gruppen ein enormer, überproportionaler Anstieg der freiwillig Engagierten von 1999 bis 2004 erfolgt ist. Diese Gruppe verbindet mit dem freiwilligen Engagement auch deutliche Interessen. Allerdings bleibt die Aussage richtig, dass mit steigendem Einkommen auch die Beteiligung am ehrenamtlichen Engagement steigt. Ehrenamtliche Arbeit verhält sich nicht substitutiv zu Erwerbsarbeit.

Die *Motive* Ehrenamtlicher wurden im Rahmen

einer großen Anzahl empirischer Studien erfragt (ausführlich vgl. Schüll 2004). Die Motivorientierung ist zwischen egoistisch-selbstbezüglich und altruistisch-fremdbezüglich aufgespannt. Ehrenamtlichen wird oft eine selbstlose, gute oder gemeinwohlorientierte Gesinnung unterstellt – persönliche Nutzenerwägungen werden als anrüchig betrachtet. Diese Vorstellung hat sich in empirischen Untersuchungen als unzutreffend erwiesen. Vielmehr sind die Handlungsmotive für ehrenamtliches Engagement durch einen Mix von nutzenorientierten, wertbasierten und kreativen Motiven (Joas 1992) zu charakterisieren.

Peter Schüll hat ein Erklärungsmodell für das ehrenamtliche Engagement entwickelt, um die mikrosoziologische Untersuchung des Zustandekommens von ehrenamtlichem Engagement zu ermöglichen. Dieses Modell kombiniert die Ressourcen einerseits und die Motive andererseits, die sich wechselseitig beeinflussen. Die Ressourcen sind in besonderem Maße von den soziodemographischen und sozioökonomischen Faktoren (z.B. Alter, Einkommen) abhängig. Diese Faktoren haben auch Einfluss auf die Motive, wenngleich dieser Einfluss nicht so stark ist wie der Einfluss der soziokulturellen Faktoren (z.B. Wertorientierungen, Erfahrungen), die in besonderem Maße die Motive (z.B. Gemeinwohlverpflichtung) und in geringerem Maße die Ressourcen (z.B. kulturelles Kapital) beeinflussen (Schüll 2004).

Ehrenamtliches Engagement ist somit weder als reines caritatives Geben oder reiner Altruismus noch als aus rein eigeninteressierten Motiven erwachsen zu charakterisieren, sondern enthält die Elemente des freiwilligen Gebens, des Nehmens und des Erwiderns. Auf diese Weise können die Organisationen des Dritten Sektors, innerhalb derer diese Gabebeziehungen (Hénaff 2009) entstehen, entscheidenden Anteil an der Entstehung von Sozialkapital erlangen, wie dies ausführlich auf empirischer Basis von Robert Putnam (2000) aufgezeigt wurde.

Aus wirtschaftsethischer Perspektive ist die Förderung des ehrenamtlichen Engagements sowohl ein Schritt zur Stabilisierung des Gemeinwesens als auch ein Beitrag, um Individuen auch außerhalb der Erwerbsarbeit Sinndimensionen in ihrem Handeln zu eröffnen. Im Bereich der Unternehmensethik kann ehrenamtliches Engagement als Corporate Volunteering Teil der Umsetzung unternehmensethischer Leitlinien (orientiert am Leitbild des Corporate Citizenship) bzw. Teil einer Corporate Social Responsibility-Strategie von Unternehmen sein.

Literatur

Buddeus: Ehrenamt. In: Johann Samuel Ersch/Johann Gottfried Gruber: Allgemeine Encyclopädie der Wissenschaften und Künste Section 1, Theil 31. Leipzig 1838, 426–428 (auch in: http://gdz.sub.uni-goettingen.de/no_cache/dms/load/img/?IDDOC=157803, 23.3.2009).

Bundesministerium für Familie, Senioren, Frauen und Jugend (vorgelegt von TNS Infratest Sozialforschung): Freiwilliges Engagement in Deutschland 1999–2004: Kurzfassung. München 2005. In: http://www.bmfsfj.de/BMFSFJ/Service/Publikationen/publikationen,did=73430.html (28.1.2011).

Erlinghagen, Marcel: Sozioökonomie des Ehrenamtes: Theorie der nicht-entlohnten haushaltsexternen organisierten Produktion. Gelsenkirchen 2000.

Hénaff, Marcel: Der Preis der Wahrheit. Gabe, Geld und Philosophie. Frankfurt a.M. 2009.

Joas, Hans: Die Kreativität des Handelns. Frankfurt a.M. 1992.

Kambartel, Friedrich: Arbeit und Praxis. In: Deutsche Zeitschrift für Philosophie 41, 2 (1993), 241–249.

Putnam, Robert D.: Bowling Alone. The Collapse and Revival of American Community. New York 2000.

Schüll, Peter: Motive Ehrenamtlicher. Eine soziologische Studie zum freiwilligen Engagement in ausgewählten Ehrenamtsbereichen. Berlin 2004.

Zimmer, Annette: Der Verein in Gesellschaft und Politik. In: Rupert Strachwitz (Hg.): Dritter Sektor – Dritte Kraft: Versuch einer Standortbestimmung. Düsseldorf 1998.

Bettina Hollstein

3. Eigentum

Ganz allgemein handelt es sich bei Eigentum um ein Recht, welches sich auf die Verfügungsgewalt im Umgang mit Dingen bezieht. Dinge sind dabei in einem weiten Sinne zu verstehen und umfassen neben materiellen mobilen und immobilen Gütern auch Immaterielles, etwa geistiges Eigentum in Form von Patenten, Marken- oder Urheberrechten. Das generelle Wesen des Eigentums ist, dass der Eigentümer das Recht hat, prinzipiell frei – d.h. innerhalb gesetzlicher Schranken – über sein Eigentum bestimmen zu können. Eigentumsrechte umfassen die Entscheidungsgewalt über den Umgang mit Dingen, insbesondere im Hinblick auf Nutzung, Ver- und Abänderung, Übertragung sowie den Ausschluss von Dritten von diesem Umgang. Weiterhin können Eigentumsrechte auch Ertragsrechte umfassen, demgemäß die Früchte des Eigentums (innerhalb eines vorher definierten Rahmens) dem Eigentümer zufallen.

Aneignung und Reichweite: Weitgehend Einigkeit besteht darin, dass individuelle Arbeitsleistung Eigentum konstituiert (vgl. etwa Locke 1992); eine Ausnahme bilden sozialistische und kommunistische Sichtweisen, die bürgerliches Privateigentum prinzipiell ablehnen (vgl. etwa Marx/Engels 1986). Die Frage nach den Grenzen sowie Bedingungen der Aneignung von Eigentum und damit nach der Reichweite von Eigentumsrechten wird kontrovers diskutiert. Vertreter enger Grenzen von Eigentumsrechten argumentieren dabei etwa vor dem Hintergrund damit verbundener Destabilisierungen der sozialen Ordnung (vgl. etwa Rousseau 1998). Demgegenüber betonen Vertreter von weitfassenden Eigentumsrechten deren Bedeutung für eine moderne Gesellschaft und Wohlstand (vgl. etwa Smith 1993).

Institutionelle Voraussetzungen: Eigentum wird durch gesetzliche Normen definiert und basiert somit auf institutionellen Voraussetzungen sowie deren Durchsetzung. Institutionelle Voraussetzungen in Form gesetzlicher Rahmenbedingungen konstituieren zum einen die Möglichkeit, Eigentum besitzen und nutzen zu können, zum anderen bestimmen sie die Grenzen im Umgang mit diesem. Insofern basieren die Konstituierung von Eigentum sowie der Schutz der damit verbundenen Rechte auf gesellschaftspolitischen Entscheidungen (vgl. auch Hobbes 2003). Die institutionelle Ermöglichung von Eigentumsrechten ist folglich Bestandteil der gesellschaftlichen Ordnung und hat im Dienste gesellschaftlicher Interessen zu stehen. Deutlich wird dies auch im vielfach formulierten Ausspruch, dass Eigentum verpflichtet (vgl. etwa Eucken 1990).

Begründung: Aus einer liberalen Perspektive heraus werden Eigentumsrechte als Voraussetzung für die Ermöglichung individueller Freiheit angesehen (vgl. etwa Locke 1992; Mises 1927). Die Bedeutung des Eigentums für die individuelle Selbstverwirklichung zeigt sich auch vor dem Hintergrund, dass der Besitz und Schutz von Eigentum in der allgemeinen Erklärung der Menschenrechte kodifiziert ist. Die gesellschaftliche Legitimität von Eigentum kann aus dem Selbstbestimmungsrecht des Einzelnen sowie den damit verbundenen positiven Auswirkungen auf das gesellschaftliche Zusammenleben abgeleitet werden (vgl. u.a. Aristoteles 1990). Aufgrund der wechselseitigen Vorteilhaftigkeit von Eigentum bestehen für jeden Bürger prinzipiell Anreize, Eigentumsrechte zu akzeptieren (vgl. etwa Hume 1973). So lässt sich etwa zeigen, dass durch die Konstituierung und Zuweisung von Eigentumsrechten die Internalisierung von gesellschaftlich unerwünschten externen Effekten erreicht werden kann (vgl. Demsetz 1967). Im Hinblick auf die normative Legitimationsfähigkeit von Eigentumsrechten lässt sich formulieren, dass Eigentum mit dem Interesse von Eigentümern und Nicht-Eigentümern zugleich zu begründen ist (vgl. Mises 1927). Auf diesen Aspekt weist auch Artikel 14 des Deutschen Grundgesetzes hin, demgemäß der Gebrauch von Eigentum dem Wohle der Allgemeinheit zu dienen hat. Bei der normativen Begründung von Eigentumsrechten ist zu beachten, dass diese nicht primär auf ein reziprokes Verhältnis abstellen, sondern auf deren gesamtgesellschaftliche Koordinationsfunktion für das gesellschaftliche Zusammenleben. Hieran wird deutlich, dass Eigentumsrechte nicht nur auf institutionellen Voraussetzungen beruhen, sondern diese ebenso selbst eine Institution darstellen.

Allgemeine gesellschaftliche Bedeutung: Die Institution ›Eigentum‹ leistet einen Beitrag zur individuellen Planbarkeit der Zukunft und damit zu einem gelingenden sowie produktiven gesellschaftlichen Zusammenleben. Die hinreichende Absicherung des Schutzes von Eigentumsrechten hält Akteure zu einem verantwortungsvollen Umgang mit Dingen an (vgl. etwa Aristoteles 1990). Im Zusammenspiel mit der Möglichkeit des Eigentumserwerbs werden Akteuren Anreize offeriert, Eigentum in prinzipiell produktive Interaktionen einzubringen sowie Leistungsanstrengungen im Hinblick auf die Erlangung von neuen Eigentumsrechten zu unternehmen (vgl. Smith 1993). Aufgrund der von Eigentumsrechten ausgehenden Anreize ist Eigentum grundlegend für Investitionen und damit auch für die Zukunftsfähigkeit einer Gesellschaft. Die Institution ›Eigentum‹ ist somit als gesellschaftlicher Vermögenswert zu begreifen.

Marktwirtschaftliche Relevanz: Eine besondere Bedeutung kommt gesicherten Eigentumsrechten für die Funktionsfähigkeit des marktwirtschaftlichen Systems zu. Die für Märkte charakteristischen Tauschaktivitäten beruhen darauf, dass die in den Tausch eingebrachten Dinge durch Eigentumsrechte definiert sind. Insofern ist Eigentum sowie dessen institutionelle Absicherung konstituierendes Element der Wirtschaftsordnung. Die Existenz von Eigentum ist Voraussetzung für Arbeitsteilung, Spezialisierung und somit zugleich eine Triebfeder für gesellschaftliche Zusammenarbeit und Garant des gesellschaftlichen Wohlstands (vgl. Smith 1993). Auch die spezifische Eigentumsform ›Unternehmen‹ – die als korporative Akteure dominante Subjekte in der Marktwirtschaft darstellen – stehen im Dienste der gesellschaftlichen Zusammenarbeit zum gegenseitigen Vorteil (vgl. Lin-Hi 2009). Allerdings zeigt die kontroverse Diskussion um die Verantwortung von Unternehmen, dass der Zusammenhang von Eigentumsrechten und deren Auswirkungen auf gesellschaftliche Kooperationen bisweilen nicht abschließend geklärt ist bzw. kritisch gesehen wird (vgl. etwa Ulrich 2008). Die damit verbundenen Unklarheiten, insbesondere im Hinblick auf tieferliegende Zusammenhänge und Unsicherheiten spiegeln sich auch und insbesondere bei immateriellen Eigentumsrechten sowie deren gesellschaftlicher Akzeptanz wider.

Immaterielle Eigentumsrechte: Für die Realisierung des Potenzials der gesellschaftlichen Zusammenarbeit gewinnt die Etablierung bzw. die Absicherung von immateriellen Eigentumsrechten zunehmend an Relevanz. Mit der fortschreitenden Entwicklung zur Informationsgesellschaft werden Informationen und Wissen zu einer zentralen Ressource. Immaterielle Eigentumsrechte bewirken prinzipiell, dass Akteure Anreize haben, Informationen und Wissen zu generieren, dieses in Tauschprozesse einzubringen und damit gesellschaftlich nutzbar zu machen. Neben der Herausforderung im Hinblick auf faktische Schutzmöglichkeiten von geistigem Eigentum – exemplarisch hierfür sei auf die Problematik einfacher Vervielfältigungsmöglichkeiten von digitalen Inhalten wie Software, Musik oder Filmen verwiesen – stellt sich die Frage nach der gesellschaftlichen Erwünschtheit bzw. der normativen Bewertung derartiger Eigentumsrechte sowohl generell als auch im Einzelfall.

Normative Spannungsverhältnisse von immateriellen Eigentumsrechten: Bisweilen werden immaterielle Eigentumsrechte recht kritisch betrachtet. Zum einen wird die grundsätzliche Frage nach der generellen Erwünschtheit der Privatisierung von Wissen gestellt (deutlich wird dies etwa bei der Diskussion um Softwarepatente). Zum anderen bringen immaterielle Eigentumsrechte in verschiedenen Fällen Nebenfolgen mit sich, welche normative Spannungsverhältnisse bedingen. Letzteres zeigt sich etwa bei der Patentierung von pharmazeutischen Wirkstoffen. Patentierungen führen (während des Patentschutzes) zu deutlich höheren Verkaufspreisen, infolgedessen Menschen aufgrund nicht vorhandener Zahlungsfähigkeit von deren Nutzung ausgeschlossen bleiben. Indes kann nicht vernachlässigt werden, dass erst die Möglichkeit zur Patentierung von Wirkstoffen Akteuren Anreize liefert, in Forschung und Entwicklung zu investieren. Insofern würde die Freigabe von Patenten im Arzneimittelbereich zwar im Status quo zahlungsschwachen Kranken zugute kommen, gleichzeitig würden hierdurch aber die Anreize für die Entwicklung neuer Medikamente massiv reduziert. Letzteres bedeutet ein Hemmnis für die unternehmerische und zugleich gesellschaftliche Innovationsfähigkeit, infolgedessen gesellschaftliche Kooperationspotenziale nicht ausgeschöpft werden können. Ein weiteres normatives Spannungsverhältnis betrifft die Frage nach der Patentierung von Wissen im Bereich von Biomaterial bzw. Gentechnik; in kritischer Weise ist hier auch von Biopiraterie die Rede. Auch die Patentierung von genverändertem Saatgut wird als problematisch angesehen, da Bauern damit in prekäre Abhängigkeitsverhältnisse von Anbietern geraten können. Gleichwohl bietet auch die Patentierung von derartigen immateriellen Gütern gesellschaftliche Kooperationsmöglichkeiten, sofern ein verantwortungsvoller

Umgang hinreichend sichergestellt werden kann. Um die Möglichkeiten der gesellschaftlichen Zusammenarbeit zum gegenseitigen Vorteil realisieren zu können, bedarf es geeigneter institutioneller Bedingungen, die dafür Sorge tragen, dass Eigentumsrechte nicht zu Lasten Dritter genutzt werden.

Literatur

Aristoteles: Politik. Hamburg [3]1990.

Demsetz, Harold: Toward a Theory of Property Rights. In: American Economic Review 57, 2 (1967), 347–359.

Eucken, Walter: Grundsätze der Wirtschaftspolitik [1952]. Tübingen [6]1990.

Hobbes, Thomas: Leviathan [1651]. Ditzingen 2003.

Hume, David: Ein Traktat über die menschliche Natur [1739/49]. Hamburg 1973.

Lin-Hi, Nick: Eine Theorie der Unternehmensverantwortung. Die Verknüpfung von Gewinnerzielung und gesellschaftlichen Interessen. Berlin 2009.

Locke, John: Zwei Abhandlungen über die Regierung [1690]. Frankfurt a. M. [5]1992.

Marx, Karl/Engels, Friedrich: Manifest der kommunistischen Partei [1848]. Ditzingen 1986.

Mises, Ludwig von: Liberalismus. Jena 1927.

Rousseau, Jean-Jacques: Abhandlung über den Ursprung und die Grundlagen der Ungleichheit unter den Menschen [1755]. Ditzingen 1998.

Smith, Adam: An Inquiry into the Nature and Causes of the Wealth of Nations [1776]. Oxford 1993.

Ulrich, Peter: Integrative Wirtschaftsethik: Grundlagen einer lebensdienlichen Ökonomie. Bern [4]2008.

Nick Lin-Hi

4. Einzelhandel

Der Einzelhandel hat eine große Bedeutung für Wirtschaft und Gesellschaft. Zum Einzelhandel zählen all jene Unternehmen, die vornehmlich nicht selbsterzeugte Waren und Dienstleitungen an Personen verkaufen, die diese nicht gewerblich verwenden. 2009 befanden sich unter den 50 größten der Fortune 500 Unternehmen acht Einzelhandelsunternehmen: Wal-Mart, CVS, Kroger, Cosco Wholesale, Home Depot, Target, Lowe's und Safeway. Seit 2002 – ausgenommen 2006 und 2009 - ist das größte Unternehmen der Welt der Einzelhändler Wal-Mart, USA, mit einem Umsatz von 405 Milliarden US-Dollar in 2008. Unter den 50 umsatzstärksten Unternehmen in Europa befinden sich acht Einzelhändler: Carrefour SA, Tesco plc., Metro AG, Schwarz-Gruppe, Rewe Gruppe, Aldi-Gruppe, Edeka Gruppe und Auchan Group. In Deutschland gab es unter den 50 umsatzstärksten Unternehmen im Jahr 2007 neun Handelsunternehmen: Metro, Schwarz-Gruppe, Rewe-Gruppe, Aldi-Gruppe, Edeka-Gruppe, Tengelmann-Gruppe, Arcandor, Otto-Gruppe und Lekkerland. Darüber hinaus gehört der Handel zu einem der bedeutendsten Ausbildungs- und Beschäftigungszweige in Deutschland. Er stellt ca. 23 Prozent aller Ausbildungsplätze in Deutschland und somit mehr als jede andere Branche. Zudem kommen ca. 8,8 Prozent der Arbeitsplätze aus dem Einzelhandel (Strack 2006, 57).

Unternehmensethik und Einzelhandel

Angesichts dieser Bedeutung des Einzelhandels für Wirtschaft und Gesellschaft stellt sich die Frage nach der Reichweite eines verantwortungsbewussten Umgangs von Handelsunternehmen in ökologischer, sozialer und gesellschaftlicher Hinsicht. Entsprechend der Besonderheiten der Branche konzentriert sich der Handel auf folgende fünf Aspekte: internationale Lieferkette; verantwortungsvolle Produktpolitik; Arbeitsbedingungen und Qualifikation in den Handelsunternehmen; betrieblicher Umweltschutz und effiziente Logistik; gesellschaftliches Engagement. Die wichtigsten Entwicklungen für die genannten Aspekte werden im Folgenden vorgestellt:

1. Internationale Lieferkette – Business Social Compliance Initiative (BSCI) und Deutsche Gesellschaft für Technische Zusammenarbeit (GTZ) Runder Tisch: Ein verantwortungsbewusster Umgang entlang der internationalen Lieferkette ist vor allem den Initiativen der BSCI und der GTZ Runder Tisch zu verdanken. Beide Initiativen unterstützen Reformen und Veränderungsprozesse in Entwicklungs- und Transformationsländern mit dem Ziel, die Lebens- und Arbeitsbedingungen zu verbessern. Die BSCI wurde im Frühjahr 2003 von der Foreign Trade Association (FTA) ins Leben gerufen. Sie versteht sich als ein Monitoring-System mit einem einheitlichen Standard für europäische Handels- und Produktionsunternehmen zur Einhaltung und Verbesserung der Sozialstandards ihrer Lieferanten. Der BSCI gehören mittlerweile 171 Unternehmen (58 deutsche) und fünf Verbände an. Bislang führte die BSCI ca. 1700 Audits durch. Beim ersten Audit fielen 74 Prozent der Unternehmen durch, nur bei 7 Prozent der Lieferanten gab es keine Beanstandungen. Die Bedeutung der BSCI für den Handel ist vor allem in ihrem branchenumfassenden Einfluss zu sehen, während die GTZ Runder Tisch lediglich sechs deutsche Unternehmen (adidas, BASF, PUMA, Arcandor, OTTO, Steilmann Gruppe) umfasst, dafür aber 18 weitere Organisationen (Verbände, Nichtregierungsorganisationen, Regierungsstellen, Gewerkschaften). Die GTZ Runder Tisch wurde 2001 ins Leben gerufen mit dem Ziel, Sozialstandards in Entwicklungsländern zu verbessern. Sie unterstützt zudem die Einführung freiwilliger Verhaltenskodizes in deutschen Unternehmen mit Produktionsstätten oder Zulieferern in Entwicklungsländern.

2. Verantwortungsvolle Produktpolitik – Die Rolle der Konsumenten: Eine verantwortungsvolle Produktpolitik des Handels ist zu einem großen Teil abhängig vom Nachfrageverhalten der Konsumenten. Es lässt sich feststellen, dass die Zahl weltweiter Verbraucherboykotte aufgrund sozial oder ökologisch bedenklicher Verhaltensweisen auch gegen Handelsunternehmen wächst (Kneip 2009). Zugleich orientiert sich eine stetig wachsende Zahl von Verbrauchern an Produktkennzeichnungen und Gütesiegeln. Dies scheint zu belegen, dass der Konsument zunehmend häufiger Produktinformationen nachfragt, die über den reinen Preis- und Qualitätsvergleich hinausgehen und beim Kauf seiner Produkte auch auf die sozialen und ökologischen Herstellungsbedingungen achtet. So hat sich etwa der Verkauf von »Fair-Trade-Produkten« in den meisten EU-Ländern zwischen 1997 bis 2003 verdreifacht (Stolle/Micheletti 2005, 43). Auch stieg der Verkauf von Biobaumwollprodukten in der Textilindustrie zwischen 2001 und 2005 weltweit um 35 Prozent von 245 Millionen US-Dollar auf 583 Millionen US-Dollar (Marktführer im Verkauf von Biobaumwolltextilien sind Patagonia, COOP, OTTO, Nike, Hess Natur) (future-on-wings e.V. 2008). Weiteres Indiz für die verstärkte Nachfrage nach Bioprodukten ist der Anstieg organisch bewirtschafteter Bodenflächen in 16 europäischen Ländern von nahe null Prozent im Jahr 1985 auf fünf Prozent im Jahre 2003. Diese Zahlen belegen, dass einem an den Kriterien einer ökologischen und sozialen Nachhaltigkeit orientierten Angebot des Handels tatsächlich auch eine entsprechende Nachfrage gegenübersteht und die durch Gütesiegel und Herkunftsbezeichnungen dem Konsumenten zur Verfügung gestellten Informationen auch für einen verantwortungsbewussten Konsum genutzt werden.

3. Arbeitsbedingungen und Qualifikation in den Handelsunternehmen – Sozialgesetze: Für den deutschen Einzelhandel gilt, dass viele Aspekte eines verantwortungsvollen Umgangs mit den Mitarbeiterinnen und Mitarbeitern rechtlich geregelt sind. Hierzu zählen sowohl die betrieblichen Arbeitsbedingungen, wie Kündigungsschutz, Krankenversicherung, Betriebsrente etc., als auch die Qualifikationsmöglichkeiten im Unternehmen, wie Fortbildung, Gleichstellungsbeauftragte bei Einstellungsverfahren etc. Insbesondere fallen Fragen der Sozialpolitik in den Aufgabenbereich von Gewerkschaften und Verbänden. Allerdings stellen die neuesten Skandale angesichts unerlaubter Bespitzelungen in Unternehmen, heimlicher Überwachungsmaßnahmen und sogar detektivischer Nachforschungen über private Beziehungen, Liebesverhältnisse, Scheidungen, Alkoholprobleme, Krankheiten oder Probleme in der Verwandtschaft bei Lidl, Schlecker, Rewe, Müller und Edeka die Effizienz rechtlicher Regelungen zum Schutze der Mitarbeiterinnen und Mitarbeiter vehement in Frage (o.V. 2009). Im Hinblick auf letztgenannte Enthüllungen ist es für Angestellte im deutschen Einzelhandel daher nur ein schwacher Trost, dass in anderen europäischen und nichteuropäischen Ländern wie Spanien, Türkei, USA und vielen Entwicklungsländern zum Teil wesentlich schlechtere bzw. teils katastrophale Arbeitsbedingungen herrschen. So geriet insbesondere Wal-Mart, der größte private Arbeitgeber der USA, in die Negativschlagzeilen als bekannt wurde, dass nur 46 Prozent der 1,5 Millionen Angestellten krankenversichert sind, dass in verschiedenen Bundesländern illegale Immigranten unter menschenunwürdigen Bedingungen arbeiten müssen und dass Frauen systematisch in ihren Karriere- und Entlohnungsmöglichkeiten benachteiligt werden (Senge 2006).

4. Betrieblicher Umweltschutz und effiziente Logistik – Carbon Footprint: Der Einzelhandel weist eine lange Kette von vorgelagerten Prozessen auf (Rohstoffbeschaffung, Herstellung, Logistik), welche die Umweltauswirkungen der verkauften Güter beeinflussen. Im Handel gibt es zahlreiche Bestrebungen, die Umweltauswirkungen gering zu halten. Neben der Umstellung auf Grünstrom (Rewe), der Nutzung von eigenen Solarkraftwerken (Lidl) oder der Eröffnung des Tengelmann Klimamarktes, ein Supermarkt in Mühlheim an der Ruhr, der ohne CO_2-Emmissionen und mit 50 Prozent weniger Energie betrieben wird, ist insbesondere die von Handelsunternehmen zunehmend durchgeführte Berechnung des Carbon Footprint von Bedeutung. Dieser gibt die Summe der direkt und indirekt anfallenden Treibhausgasemissionen einer Produkt- oder Leistungserstellung an, die im Ergebnis in CO_2-Äquivalenten je Betrachtungsobjekt ausgedrückt werden. Mittels des Carbon Footprint werden Maßnahmen entwickelt, um den betrieblichen Umweltschutz zu verbessern und die unternehmensbedingten Treibhausgasemissionen zu reduzieren. So haben die Supermarktketten Tesco und Migros den Carbon Footprint von ausgewählten Produkten (Tomaten, Kartoffeln, Orangensaft, Waschmittel, Glühlampen) ermittelt. Auch Lieferanten berechnen den Carbon Footprint, wie die Good Natured Juice Company, welche die Treibhausgasemissionen bei Verarbeitung ihrer Säfte zu Konzentraten um den Faktor sechs zu reduzieren versucht. OTTO strebt an, die CO_2-Emissionen bis 2020 um 50 Prozent zu reduzieren (Frey/Mühlbach 2009).

5. Gesellschaftliches Engagement – Tafel-Bewegung, Erdbebenopferhilfe, Kinder- und Jugendschutz: Das gesellschaftliche Engagement des Handels bezieht sich vor allem auf Unterstützung der breiteren Gesellschaft, außerhalb des Unternehmens und jenseits der Lieferkette. Beispielhaft ist die Tafel-Bewegung, die von vielen Händlern unterstützt wird und mittels derer 180.000 Kinder und Jugendliche täglich Nahrung erhalten (größter Spender ist REWE). Zu nennen sind zudem zahlreiche Einzelinitiativen von Händlern: IKEA unterstützt UNICEF und Save the Children; Deichmann initiiert eine Maßnahme gegen Jugendarbeitslosigkeit; Globus unterstützt SOS-Kinderdörfer; Tengelmann protegiert unter seinen Mitarbeiterinnen und Mitarbeitern einen Ehrenamtstag; Arcandor bietet u.a. Hilfe für Erdbebenopfer in China und hilft HIV-Kranken in Afrika.

Insgesamt lässt sich feststellen, dass im deutschen und europäischen Einzelhandel die Bemühungen um eine verantwortungsbewusste und an den Prinzipien einer ökologischen und sozialen Nachhaltigkeit orientierten Geschäftspolitik zunehmen und die Notwendigkeit, ethische Prinzipien innerhalb der Unternehmenspolitik zu beachten, erkannt wird. Erleichtert wird diese Entwicklung zum einen durch ein wachsendes Problembewusstsein für die ökologischen und sozialen Herstellungsbedingungen seitens der Verbraucher und zum anderen durch eine im steigenden Maße sozial- und umweltverträgliche Geschäftspolitik bei den Markenherstellern, der sich selbst die ehemals als ›Schwarze Schafe‹ verrufenen Textil-, Spielzeug und Sportartikelindustrien, die durch Betriebsauslagerungen nach Fernost, Niedriglöhne, Kinderarbeit und Arbeitslager in Misskredit gerieten, zunehmend verpflichtet sehen (Aßländer/Senge 2009).

Literatur

Aßländer, Michael S./Senge, Konstanze: (Hg.): Corporate Social Responsibility im Einzelhandel. Marburg 2009.

–/–: Einleitung. In: Dies. 2009, 7–22.

Frey, Brigitte/Mühlbach, Daniel-Sebastian: Betriebliche Klimastrategie und Carbon Footprint. In: Aßländer/Senge 2009, 179–206.

future-on-wings e.V.: Ökologischer Baumwollanbau macht zukunftsfähig. In: http://www.future-on-wings.net/konsum/biobaumwolle.htm (26.8.2010).

Kneip, Veronika: Unternehmenskritik und Discountpolitik. In: Aßländer/Senge 2009, 127–158.

o.V.: Edeka Spitzelaffäre. Schnüffeleien im Privatauto. In: Süddeutsche Zeitung Online, 30.11.2009.

Senge, Konstanze: Wie tragfähig ist CSR? Das Beispiel Wal-Mart. In: Forum Wirtschaftsethik 14. Jg., 3 (2006), 19–29.

–: Corporate Social Responsibility im Einzelhandel. Eine neo-institutionalistische Standortbestimmung. In: Aßländer/Senge 2009, 93–124.

Stolle, Dietlind/Micheletti, Michele: Warum werden Käufer zu ›politischen Verbrauchern‹? In: Forschungsjournal Neue Soziale Bewegungen 18, 4 (2005), 41–52.

Strack, David: Kulturelle Implikationen der Internalisierung im Lebensmittel-Einzelhandel. Berlin 2006.

Konstanze Senge

5. Feministische Wirtschaftsethik

Eine entwickelte und in den akademischen Institutionen etablierte feministische Wirtschaftsethik gibt es bislang nicht. Vielmehr gibt es einzelne Ansätze, die oftmals ausgehend von der feministischen Ökonomie einerseits oder der feministischen Ethik andererseits wirtschaftsethische Überlegungen formulieren.

Die *feministische Ökonomie* (vgl. u.a. Nelson 2007 mit weiteren Verweisen) ist erst seit den frühen 1990er Jahren ein kleiner, heterodoxer Bereich innerhalb der Wirtschaftswissenschaften. Sie konzentriert sich auf mikroökonomische Fragen, insbesondere auf das Thema unbezahlte oder schlecht bezahlte Arbeit von Frauen (Gather et al. 2007, 184 f.). Relativ neu sind Überlegungen zu einer feministischen Makroökonomie – insbesondere im Kontext der Globalisierung (Young 2004). Aus der Perspektive des Mainstreams wird den feministischen Ökonominnen entgegengehalten, sie würden die Ökonomie ›soziologischer‹ gestalten, was impliziert, dass die Ökonomie auf diese Weise weniger exakt, weniger mathematisch streng und ›rein‹ sei (Nelson 2007, 189). In diesem Punkt trifft sich die Mehrheit der feministischen Ökonominnen mit anderen heterodoxen wirtschaftswissenschaftlichen Strömungen, die Ökonomie als in das soziale Leben eingebettet betrachten und daher die Bedeutung von hierarchischen Geschlechterverhältnissen auch in der Ökonomie thematisieren.

Im Anschluss an die feministischen Studien der 1980er Jahre entstanden erste feministische Arbeiten in den Wirtschaftswissenschaften, die sich mit der Kritik von Dualismen wie Markt – Familie, Mann – Frau, rational – emotional, konkurrenzhaft – fürsorglich usw. befassten und dabei den Vorwurf erhoben, dass die Ökonomie sich für den Vorrang der Gegenstände und Methoden entschlossen habe, die kulturell gesehen als ›männlich‹ gelten. Innerhalb der feministischen Ökonomie gibt es in Bezug auf die Frage des Umgangs mit diesen Dualismen zwei unterschiedliche Auffassungen. Differenztheoretikerinnen stellen den kapitalistischen, ›mechanistischen‹ Marktbeziehungen ›authentische‹ soziale Beziehungen gegenüber. Autonome Märkte, die einer Eigenlogik folgen, stehen im scharfen Widerspruch zur Kultur und zur Lebenswelt, welche die reproduktiven, fürsorglichen Leistungen in der Gesellschaft bereitstellt. Arbeitsbeziehungen im Kapitalismus werden tendenziell als unpersönlich, verdinglicht, entfremdend und sinnentleert betrachtet (vgl. u.a. Bernhard Filli et al. 1994). Eine zentrale These in diesem Kontext ist die, dass es eine spezifisch weibliche Moral gäbe, die sich mit dem Begriff der *Sorge* verbinde. Diese These wurde in den 1980er Jahren von Carol Gilligan entwickelt auf der Basis von empirischen Untersuchungen, die sich mit dem Urteilen und Handeln in moralischen Konflikten befassten und geschlechtsspezifische Unterschiede aufwiesen (Gilligan 1996). Die soziale Orientierung von Männern erfolge aufgrund der geschlechtsspezifischen Persönlichkeitsentwicklung positionsbezogen, d.h. in Abgrenzung zueinander, während die von Frauen sich an menschlichen Beziehungen orientiere und nach der Fähigkeit der Anteilnahme und Fürsorge. Ein Moralkonzept der Fürsorge und Zuwendung stelle daher Verantwortungsgefühl, Empathie und Beziehungen in den Mittelpunkt, während ein Moralkonzept der Fairness moralische Entwicklung vom Verständnis von Rechten und Spielregeln, also vom Verstand, abhängig mache.

Diese Vorstellung einer weiblichen Moral ist von vielen Feministinnen kritisiert worden, weil sie eine dualistische Gegenüberstellung von ›männlicher‹ Gerechtigkeitshaltung versus ›weiblicher‹ Fürsorgehaltung impliziert (z.B. Nunner-Winkler 1991). Die beobachteten empirischen Befunde seien demnach nicht das Ergebnis von Weiblichkeit oder Männlichkeit an sich, sondern Folge der Konstruktion von ›idealen Stereotypen‹, die sich etwa ab der Mitte des 18. Jahrhunderts in modernen Gesellschaften entwickelt haben. Diese Konstruktionen hätten eine gesellschaftliche Arbeitsteilung hervorgebracht, die dem Mann den öffentlichen Raum und der Frau die häusliche Sphäre zugeordnet hat (Nagl-Docekal 1993, 13).

Wie auch die feministische Ökonomie entspringt die *feministische Ethik* (vgl. ausführlicher Wendel 2003 mit weiteren Verweisen) aus der Analyse und Kritik traditioneller (Ethik-)Konzepte und ihren expliziten oder impliziten frauenfeindlichen Tendenzen. Dabei richtete sich die Kritik einerseits gegen universalistische, deontologische Ethiken im Anschluss an Kant und deren Formalismus sowie das darin enthaltene Neutralitätspostulat des sogenannten ›moralischen Standpunkts‹. Auch neoaristotelische und kommunitaristische Ansätze kritisieren die Gerechtigkeitsperspektive und den damit verbundenen Ausschluss einer Ethik des Guten Lebens oder des Glücks dieser Ethiktradition. Andererseits kritisieren wiederum feministische Ethikerinnen im Anschluss an Kant, Rawls oder Habermas die Unzulänglichkeiten kommunitaristischer und neoaristotelischer Ethiken (Benhabib 1995; Nagl-Docekal 2000; Pauer-Studer 2000), indem sie insbesondere dem Kommunitarismus konservative Grundtendenzen, auch hinsichtlich der Geschlechterperspektive, vorwerfen. Aber auch im Bereich der aristotelischen Ethiken gibt es Versuche, diese feministisch zu reformulieren (Nussbaum 2003).

Im Anschluss an Wendel soll *feministische Wirtschaftsethik* als ein Projekt der Reflexion gelingender menschlicher Existenz in wirtschaftlichen Kontexten aus der Perspektive von Frauen definiert werden. Dabei sollte sowohl an die (aristotelische) Tradition der Ethiken eines guten Lebens angeknüpft werden als auch die Berücksichtigung eines (kantischen) deontologischen, verpflichtenden Moments der Verantwortung, insbesondere im Verhalten anderen gegenüber, eine Rolle spielen. Dies impliziert einen *universalen* Geltungsanspruch: Feministische Wirtschaftsethik richtet sich nicht allein an Frauen, sondern an alle Menschen. Dennoch ist sie nicht mit einem neutralen moralischen Standpunkt verbunden, sondern formuliert ihre Forderungen explizit aus der Perspektive von Frauen. Die Legitimität für diesen Standpunkt ergibt sich dabei nicht allein aus der Kritik des angeblich ›neutralen‹ oder ›objektiven‹ Standpunkts, sondern auch aus anthropologischen Überlegungen mit Blick auf das Alltagsleben der Menschen. In Wirtschaftsbetrieben, in Haushalten, auf Märkten agieren keine neutralen Homines Oeconomici, sondern Männer und Frauen, die durch Geschlechterdifferenzen geprägt werden und deren Reflexion auf ihr wirtschaftliches und wirtschaftsethisches Handeln durch die Erfahrungen mit Geschlechterdifferenzen beeinflusst wird.

Das Ergebnis von Vermittlungsversuchen, die – anknüpfend an die liberale Tradition – sowohl Gerechtigkeit (ohne Ansehen des Geschlechts) als auch die Berücksichtigung von Besonderheiten (beispielsweise einer weiblichen Moral der Fürsorge) verbinden wollen, sind Modelle, die beide Aspekte für eine menschliche Ethik als unentbehrlich betrachten – und zwar für beide Geschlechter verbindlich (Meier-Seethaler 1997, 28). Eine feministische Ethik ist demnach eine bestimmte, an der Benachteiligung von Frauen und der Asymmetrie in den Lebensmöglichkeiten von Frauen und Männern orientierte Sicht auf die Ethik. Eine feministische Wirtschaftsethik wendet diese Sicht auf den Gegenstandsbereich der Wirtschaft an. Dabei wird der Gegenstandsbereich weit gefasst und schließt u.a. auch reproduktive gesellschaftliche Austauschprozesse, die nicht mit Geldtransaktionen verbunden sind, ein. Auf diese Weise kann die verdeckte – nicht im Sozialprodukt ausgewiesene – Arbeit von Frauen, beispielsweise in der Kindererziehung, berücksichtigt werden.

Literatur

Benhabib, Seyla: Selbst im Kontext. Frankfurt a.M. 1995 (engl. 1992).

Bernhard Filli, Heidi/Günter, Andrea/Jochimsen, Maren/Knobloch, Ulrike/Praetorius, Ina/Schmuckli, Lisa/Vock, Ursula: Weiberwirtschaft. Frauen – Ökonomie – Ethik. Luzern 1994.

Gather, Claudia/Maier, Friederike/Veil, Mechtild: Thematische Einführung. In: Feministische Studien. Zeitschrift für interdisziplinäre Frauen- und Geschlechterforschung, Sonderheft »Geschlechterverhältnisse in der Ökonomie« 25, 2 (2007), 183–188.

Gilligan, Carol: Die andere Stimme: Lebenskonflikte und Moral der Frau. München 1996 (engl. 1982).

Meier-Seethaler, Carola: Gefühl und Urteilskraft: Ein Plädoyer für die emotionale Vernunft. München 1997.

Nagl-Docekal, Herta: Feministische Philosophie. Ergebnisse, Probleme, Perspektiven. Frankfurt a.M. 2000.

– /Pauer-Studer, Herlinde: Jenseits der Geschlechtermoral. Eine Einführung. In: Dies. (Hg.): Jenseits der Geschlechtermoral. Beiträge zur feministischen Ethik. Frankfurt a.M. 1993, 7–32.

Nelson, Julie A.: Ist die Ökonomie Teil der Gesellschaft? Bemerkungen aus feministischer Sicht. In: Feministische Studien, Zeitschrift für interdisziplinäre Frauen- und Geschlechterforschung, Sonderheft »Geschlechterverhältnisse in der Ökonomie« 25, 2 (2007), 189–201.

Nunner-Winkler, Gertrud: Weibliche Moral: Die Kontroverse um eine geschlechtsspezifische Ethik. Frankfurt a.M. u.a. 1991.

Nussbaum, Martha C.: Frauen und Arbeit – Der Fähigkeitenansatz. In: Zeitschrift für Wirtschafts- und Unternehmensethik, Themenschwerpunkt »Feministische Wirtschaftsethik« 4, 1 (2003), 8–31.

Pauer-Studer, Herlinde: Autonom leben: Reflexionen über Freiheit und Gleichheit. Frankfurt a.M. 2000.

Wendel, Saskia: Feministische Ethik zur Einführung. Hamburg 2003.

Young, Brigitte/Hoppe, Hella: Globalisierung. Aus Sicht der feministischen Makroökonomie. In: Ruth Becker et al. (Hg.): Handbuch Frauen- und Geschlechterforschung. Wiesbaden 2004, 485–493.

Bettina Hollstein

6. Gefangenen-Dilemma

In einer Situation vollständigen Wettbewerbs ist der Einzelne – so zumindest die Theorie – bei Strafe seines Untergangs zum Leistungswettbewerb gezwungen. Jede Form der Schwäche führt sofort zu einem Sieg der Konkurrenz. Dabei ist es völlig unerheblich, ob dieses ›Zurückbleiben‹ im Wettbewerb durch wirtschaftliches Unvermögen oder durch andere Gründe verursacht ist. Einerseits scheint diese Form des Wettbewerbs Motor für wirtschaftliche Leistungssteigerung zu sein, andererseits aber verhindert dieser Wettbewerb die Durchsetzung moralischer, ökologischer oder sozialer Standards, da derjenige, der diese nicht beachtet, Produktionskosten spart und sich somit einen Wettbewerbsvorteil verschafft.

Gefangener 1 / Gefangener 2	**kooperative Strategie**	**nicht kooperative Strategie**
kooperative Strategie	2 Jahre Haft	straffrei / 15 Jahre Haft
nicht kooperative Strategie	15 Jahre Haft / straffrei	10 Jahre Haft

Auszahlungsmatrix eines klassischen ›Gefangenen-Dilemmas‹

Das Grundmodell des Gefangenen-Dilemmas

Dieses Spannungsverhältnis von Markt und Moral lässt sich spieltheoretisch in Form des sogenannten ›Gefangenen-Dilemmas‹ (Rapoport/Chammah 1965) darstellen. Das Grundmodell ist relativ einfach: Zwei Häftlinge sind einer gemeinsam begangenen Straftat angeklagt. Da sie getrennt inhaftiert werden, besteht für sie keine Möglichkeit, eine gemeinsame Verteidigungsstrategie festzulegen. Verhalten sich die Angeklagten kooperativ und schweigen, können sie wegen eines geringen Vergehens zu zwei Jahren Haft verurteilt werden. Verhält sich einer der Angeklagten nicht kooperativ und belastetet den anderen, während dieser weiterhin kooperativ bleibt und schweigt, so findet die Kronzeugenregelung Anwendung und der Kronzeuge geht straffrei aus, während der andere Angeklagte zu fünfzehn Jahren Freiheitsstrafe verurteilt wird. Verhalten sich beide Angeklagte nicht kooperativ und belasten sich wechselseitig, werden beide zu zehn Jahren Haft verurteilt. Die obenstehende Abbildung zeigt die Auszahlungsmatrix der jeweiligen Verhaltensoptionen.

Wie sich zeigt, ist in diesem Falle unabhängig von der Strategiewahl des jeweiligen Mitgefangenen stets die nicht kooperative Strategie aus individueller Sicht am vorteilhaftesten. Verhält sich beispielsweise Gefangener 1 kooperativ, ist es für Gefangenen 2 vorteilhaft, sich nicht kooperativ zu verhalten, da er dann in den Genuss der Kronzeugenregelung kommt und straffrei ausgeht. Verhält sich Gefangener 1 hingegen nicht kooperativ, ist es für Gefangenen 2 ebenfalls ›vernünftiger‹, sich nicht kooperativ zu verhalten, da zehn Jahre Freiheitsstrafe besser sind als fünfzehn. Da es also für beide Gefangene rational erscheint, sich unter allen Umständen nicht kooperativ zu verhalten und den jeweils anderen zu belasten, werden sie letztendlich beide gestehen und zu zehn Jahren Gefängnis verurteilt. Dies entspricht aber weder dem individuell erreichbaren Optimum (straffrei), noch dem gesamtgesellschaftlichen Optimum (zwei mal zwei Jahre Haft). Insgesamt wird gesamtgesellschaftlich sogar das schlechtest mögliche Ergebnis erreicht (zwei mal zehn Jahre Haft).

Dieses aus der Dilemmasituation resultierende suboptimale Handlungsergebnis ergibt sich dabei nicht aus der fehlenden Berücksichtigung moralischer Größen, sondern ist einzig und alleine Resultat einer rationalen Strategienwahl (vgl. Vossenkuhl 1992, 200 f.) und beruht auf zwei Besonderheiten derartiger Dilemmastrukturen:

(1) Das Gefangenen-Dilemma besitzt eine Auszahlungsmatrix, bei der der Payoff des jeweiligen Verhaltens insgesamt bei Kooperation am günstigsten ist. Allerdings gilt für den Einzelnen, dass er eine maximale Auszahlung dann erreicht, wenn es ihm gelingt, den anderen zur Kooperation zu bewegen und gleichzeitig selbst unkooperativ zu sein. Es gilt: ›Gewinn durch Täuschung‹ > ›Gewinn durch Kooperation‹ > ›Gewinn durch Nicht-Kooperation‹ > ›Gewinn des Betrogenen‹ (vgl. Axelrod 1995, 8 f.).

(2) Es handelt sich beim Gefangenen-Dilemma um ein sogenanntes Nicht-Nullsummenspiel. Nullsummenspiele sind dadurch gekennzeichnet, dass der Gewinn des einen Spielers stets gleich dem Ver-

lust des anderen Spielers ist. Im Gegensatz dazu können sich die Spieler eines Nicht-Nullsummenspiels, wie etwa im Gefangenen-Dilemma, stets durch kooperatives Verhalten gleichzeitig besser stellen. Es geht nicht darum, den Mitspieler zu ›besiegen‹, sondern darum, gemeinsam ein optimales Ergebnis zu erreichen. Genau hierin aber liegt die Denkbarriere der meisten Spielerinnen und Spieler: Gewinnen heißt für sie, einen Gegner zu besiegen (vgl. Axelrod 1995, 101).

Dabei lassen sich im Gefangenen-Dilemma prinzipiell zwei Probleme unterscheiden: das Problem der Handlungskoordination und das Problem der Vertrauensbildung (vgl. Kern/Nida-Rümelin 1994, 204). Dabei bedeutet die Lösung des einen Problems noch nicht zwangsläufig die Lösung des anderen Problems: Gesetzt den Fall, es wäre den Gefangenen möglich, eine gemeinsame Strategie festzulegen, so besteht weiterhin die Gefahr, dass der jeweils Andere sich nicht an die getroffene Vereinbarung hält, mit dem Ziel, einen größeren Vorteil zu erringen.

Das Gefangenen-Dilemma als Grundmodell des Marktverhaltens

Aus Sicht der externen Beobachter – Gesellschaft, Konsumenten etc. – erscheinen derartige Gefangenen-Dilemma-Situationen durchaus wünschenswert, da sie zur kollektiven Selbstschädigung der am Gefangenen-Dilemma beteiligten Akteure führen. So ist es etwa in dem eingangs erwähnten Beispiel aus Sicht der Gesellschaft durchaus wünschenswert, dass die beiden Straftäter zu einer langjährigen Haftstrafe für ihre Tat verurteilt werden. Im ökonomischen Kontext erscheint jedoch problematisch, dass der innerhalb der Dilemmasituation erzeugte Wettbewerbsdruck nicht zwischen den handlungsleitenden Motiven unterscheiden kann: Gleichgültig, ob also ein Anbieter aufgrund von ökonomischen Fehlplanungen im Wettbewerb nicht mithalten kann oder aufgrund moralischer Beweggründe einen Wettbewerbsvorteil nicht nutzt, wird er gleichermaßen mit dem wirtschaftlichen Ruin bestraft. Der Markt sanktioniert moralisches, wettbewerblich nicht effizientes Verhalten und fördert unmoralisches, aber wettbewerblich vorteilhaftes Handeln. Kurz: Der Markt ist ›wertblind‹. Um hier zu gesellschaftlich erwünschten Verhaltensstandards zu gelangen, beispielsweise bei der Einhaltung von Umwelt- oder Sozialstandards, bedarf es entweder eines Anreizsystems, das die kooperative Lösung aufwertet oder aber der Einführung eines Sanktionsmechanismus, der die nicht-kooperative Strategie bestraft.

Nachbar 1 / Nachbar 2	Standard	Luxus
Standard	+5	+7 / +1
Luxus	+1 / +7	+2

Nutzenmatrix beim Autokauf

Obwohl die meisten Interpreten des Gefangenen-Dilemmas innerhalb der Wirtschaftsethik (vgl. u.a. Homann/Blome-Drees 1992; Suchanek 2001) vor allem den so erzeugten Leistungswettbewerb unter den Anbietern in den Vordergrund stellen, lässt sich zeigen, dass derartige Dilemmasituationen innerhalb von Marktwirtschaften nicht nur anbieterseitig zum Wohle der Konsumenten, sondern umgekehrt auch konsumentenseitig zum Wohle der Anbieter wirken, wie folgendes Beispiel zeigt: Zwei Nachbarn stehen vor der Kaufentscheidung für einen neuen PKW. Der Einfachheit halber wird davon ausgegangen, dass es nur zwei Fahrzeugtypen gibt: Standard und Luxus. Der Grundnutzen der Standardausführung betrage +5, der Zusatznutzen der Luxusausführung (mehr Komfort, Erbauungsnutzen) betrage +2. Allerdings kostet das Fahrzeug das Doppelte. Entsprechend dieser Preisdifferenz schmälert sich der Nutzen um –5. Fährt jedoch nur einer der beiden Nachbarn das Luxusfahrzeug, steigert dies sein Prestige (Geltungsnutzen) um +5 Nutzeneinheiten, während sich der Nutzen des Nachbarn mit der Standardausführung (Neidfaktor) um –4 reduziert (vgl. Fehr 2000, 70 ff.). Es ergibt sich die oben abgebildete Auszahlungsmatrix.

Entsprechend dieser Auszahlungsmatrix erscheint es für beide Nachbarn ›rational‹, sich für die Luxusvariante zu entscheiden. Letztlich führt dies kollektiv zum geringst möglichen Nutzen, den die beiden Konsumenten insgesamt realisieren (2 + 2). Sie schädigen sich also aufgrund ihrer Prestigesucht selbst, zum Wohle der Produzenten.

Das iterierte Gefangenen-Dilemma als Grundlage strategischer Entscheidungen

In der Praxis treten Gefangenen-Dilemma-Situationen jedoch selten als einmaliges Ereignis auf. Vielmehr sind Marktteilnehmer stets vor die Alternative ›kooperativ‹/›nicht kooperativ‹ gestellt, wobei sie mit zahlreichen unterschiedlichen Akteuren kooperieren. Man spricht dabei von einem iterierten Gefangenen-Dilemma oder ›Superspiel‹, in dem die Spieler die Spielsituation mehrfach hintereinander durchlaufen und so – zumindest theoretisch – Erfahrungen mit kooperativen und nicht-kooperativen Spielpartnern sammeln und Strategien im Umgang mit ihren Partnern entwickeln können. Axelrod geht davon aus, dass sich im iterierten Gefangenen-Dilemma mit gleichen Beteiligten allmählich kooperative Strategien entwickeln. Voraussetzung hierfür ist, dass die Spieler ein wie auch immer geartetes ›Gedächtnis‹ besitzen und in der Lage sind, sich mindestens den letzten Spielzug des Mitspielers zu ›merken‹ und dass eine hinreichend große Gruppe von Individuen existiert, die bereit sind zu kooperieren (vgl. Axelrod 1995, 157 ff.).

Die Idealstrategie im iterierten Gefangenen-Dilemma ist für Axelrod die sogenannte »Tit-for-Tat-Strategie« (»Wie Du mir, so ich Dir«) (vgl. Axelrod 1995, 32 ff., 87 ff.), bei der sich die einzelnen Spieler zunächst kooperativ verhalten, dann aber den jeweils letzten Spielzug ihres Partners auf genau die gleiche Weise beantworten und Kooperation durch Kooperation ›belohnen‹ und Nichtkooperation durch Nichtkooperation ›bestrafen‹. Dabei liegt der Erfolg weniger in den absoluten Ergebnissen, die mit Hilfe dieser Strategie erreicht werden können, sondern darin, dass die Strategie in der Lage ist, Spieler mit anderen Strategien zur Kooperation zu bewegen. Für Axelrod ist kooperatives Verhalten langfristig sogar in der Lage, ›Moral‹ zu erzeugen: Dauerhafte Kooperation kann dazu führen, dass die beteiligten Individuen nicht mehr nur auf ihren eigenen Vorteil bedacht sind, sondern sich ebenfalls um das Wohlergehen der anderen Spieler kümmern.

Literatur

Axelrod, Robert: Die Evolution der Kooperation. München [3]1995.

Fehr, Ernst: Neid, Status und Markt. In: Gerhard Schwarz/Robert Nef (Hg.): Neidökonomie. Zürich 2000, 63–76.

Homann, Karl/Blome-Drees, Franz: Wirtschafts- und Unternehmensethik. Göttingen 1992.

Kern, Lucian/Nida-Rümelin, Julian: Logik kollektiver Entscheidungen. München 1994.

Rapoport, Aanatol/Chammah, Albert M.: Prisoner's Dilemma. Ann Arbor 1965.

Suchanek, Andreas: Ökonomische Ethik. Tübingen 2001.

Vossenkuhl, Wilhelm: Ökonomische Rationalität und moralischer Nutzen. In: Hans Lenk/Matthias Maring (Hg.): Wirtschaft und Ethik. Stuttgart 1992, 186–213.

Michael S. Aßländer

7. Generationengerechtigkeit

›Generationen‹ haben als gesellschaftswissenschaftliche Kategorie lange Zeit weniger Aufmerksamkeit erfahren als beispielsweise die Kategorien ›Schicht‹ (bzw. deren Abwandlungen ›Klasse‹ oder ›Milieu‹) und ›Geschlecht‹. In den letzten Jahren ist jedoch ein bemerkenswertes Erstarken des Interesses an den Beziehungen, Konflikten und Gerechtigkeitsfragen zwischen den Generationen zu beobachten. Deutschsprachige Printmedien verwendeten den Begriff ›Generationengerechtigkeit‹ in den Jahren 2000 bis 2009 rund zehn Mal so häufig wie im Zeitraum von 1990 bis 1999.

So ist die ›Verantwortung für kommende Generationen‹ seit dem Aufkommen der ökologischen Bewegung eine viel zitierte Begründung dafür, dass die Natur geschützt werden sollte (siehe z.B. den ›Brundtland-Bericht‹ 1987). Auftrieb erhielt die Debatte um eine ›Generationengerechtigkeit‹ in den letzten Jahren aber vor allem aufgrund der demographischen Entwicklung und der Krise der Sozialversicherungssysteme.

Generationengerechtigkeit setzt sich aus den beiden Wortbestandteilen ›Generationen‹ und ›Gerechtigkeit‹ zusammen, die beide mehrdeutig sind. Im chronologischen Sinne können zunächst ›intertemporale Generationen als Gesamtheit der zu einer Zeit lebenden Menschen‹ (heute-zukünftig) und ›temporale Generationen als Altersgruppen‹ (jung-mittel-alt) unterschieden werden. Diese beiden chronologischen Generationenverständnisse müssen von gesellschaftlichen Generationen (Aufbaugeneration, 68er, 89er) und familialen Generationen (Großeltern-Eltern-Kinder) unterschieden werden. Bei Aussagen über Generationengerechtigkeit wird meist der chronologische Generationenbegriff zugrunde gelegt. Es sind nun verschiedene Vergleiche zwischen Generationen zu unterscheiden: Vertikal können Jung und Alt in einem festgelegten Jahr miteinander verglichen werden, diagonal wird Jugend mit Jugend oder Alter mit Alter zu unterschiedlichen Zeitpunkten verglichen.

Die Idee der Gerechtigkeit ist seit der griechischen Antike ein Gegenstand intensiver philosophischer Debatten. Eine sehr frühe Abhandlung über die Gerechtigkeit findet sich im fünften Buch der *Nikomachischen Ethik* von Aristoteles. Darin wird eine grundlegende Unterscheidung getroffen: Auf der einen Seite gibt es die »iustitia directiva«, die ausgleichende Gerechtigkeit, die z.B. das richtige Strafmaß festlegt; auf der anderen Seite die »iustitia distributiva«, die aus- bzw. verteilende Gerechtigkeit, die die Verteilung von Gesellschaftsgütern regelt. Systematische Konzepte und Theorien zur Gerechtigkeit zwischen intertemporalen Generationen wurden allerdings erst in den letzten Jahrzehnten formuliert. Diese Zeitverzögerung erklärt sich aus der unterschiedlichen Reichweite des menschlichen Aktionsradius damals und heute. Erst seit dem 20. Jahrhundert hat der Mensch mit der modernen Technik das Potential, durch sein Handeln das Schicksal von Menschheit und Natur bis in die ferne Zukunft irreversibel negativ zu beeinflussen. Weder in der Antike noch in der Renaissance gab es Umwelt-, Renten- und Staatsverschuldungsprobleme im heutigen Ausmaß, daher war objektiv der Bedarf nach Gerechtigkeitstheorien, die über einen räumlich und zeitlich eng begrenzten Bereich hinausgehen, nicht gegeben.

Drei Kernfragen stehen für die Theorien der Generationengerechtigkeit im Vordergrund: Ist eine Generationen ihren Nachfolge-Generationen etwas schuldig? Wenn ja, wie viel? Und wovon eigentlich?

Die erste Frage lässt sich klar bejahen. Aus moralischer Sicht dürfen zufällige Kriterien keine Basis für eine vermeidbare Ungleichbehandlung bzw. für eine mögliche Schlechterstellung sein. Dazu gehört auch der Zeitpunkt der Geburt. Das Diskriminierungsverbot aufgrund zufälliger Kriterien wie Geschlecht oder Hautfarbe gilt universell und wurde aus etablierten Gerechtigkeitstheorien längst in das kodifizierte Recht, z.B. die Menschenrechtserklärungen, übertragen. Das ›Können‹ ist dabei eine Voraussetzung für das ›Sollen‹. Da verstorbene Generationen nicht mehr besser- oder schlechtergestellt werden können, bezieht sich dieses Gebot nur auf die nachrückenden Generationen. Aus der Gerichtetheit des Zeitstrahls ergibt sich ein weiterer wichtiger Unterschied von Theorien der Generationengerechtigkeit zu Fragen der intragenerationellen Gerechtigkeit (z.B. Gerechtigkeit zwischen Armen und Reichen, Männern und Frauen, verschiedenen Nationen etc.): Frühere Generationen können spätere schädigen, aber nicht umgekehrt. Dadurch kommt es zu einer asymmetrischen Machtverteilung.

»Wie viel erhalten?« fragt im Sinne der ›austeilenden‹ Gerechtigkeit nach der *gerechten* Verteilung von Ressourcen, Gütern und Lasten. Die große Mehrheit aller Philosophen vertritt im Hinblick auf intergenerationelle Gerechtigkeit keinen absoluten, sondern einen komparativen Standard, also einen, der den erstrebenswerten Level einer Generation im Vergleich mit anderen Generationen festlegt. Im Rahmen solch komparativer Standards werden strikt egalitaristische Prinzipen (›genauso gut wie‹) nur sehr selten postuliert. Oft werden in der Literatur zur Generationengerechtigkeit komparative Standards zusammen mit der Formulierung ›mindestens genauso gut‹ verwendet, aber auch das Wort ›besser als‹ wird gebraucht. Einige Beispiele: Ähnlich wie John Locke rund 300 Jahre früher (»mindestens so viel und so gut«, Locke 1965, Sekt. 4) schreibt der Philosoph Otfried Höffe: »Verantwortungsvolle Eltern hinterlassen ihren Kindern ein Erbe, das *möglichst größer* ausfällt, als sie es von ihren Eltern übernommen haben« (Höffe 2007, 6; Hervorh. J. T.). James Woodward fasst es in ähnliche Worte: »Jede Generation sollte für nachrückende Generationen eine Bandbreite an Ressourcen und Chancen hinterlassen, die *mindestens gleich groß* ist wie die Bandbreite der eigenen Ressourcen und Chancen« (Woodward 1986, 19; Hervorh. J. T.). In ähnlicher Weise schlägt Dieter Birnbacher vor: »Was er ererbt hat, soll er ungemindert (›Bewahren‹) *und womöglich gesteigert* (›Bebauen‹) an die Zukünftigen weitergeben, sowohl als Privatmann als auch als Vertreter eines Kollektivs« (Birnbacher 1988, 220; Hervorh. J. T.).

Aber auch die Auffassung, dass Generationengerechtigkeit eine (nicht durch ›vielleicht‹ oder ›möglichst‹ eingeschränkte) Verpflichtung beinhaltet, das Wohl nachrückender Generationen zu steigern, hat ihre Anhänger und dies quer durch alle Parteien bzw. politische Richtungen. Der Ökonom Richard Hauser formuliert: »Jede Generation sollte an die nachfolgende einen positiven Nettotransfer leisten, der *höher* ist als jener, den sie von ihrer Vorgängergeneration empfangen hat« (Hauser 2004, 36; Hervorh. J. T.).

Karl Marx legt im dritten Band des *Kapitals* einen ganz ähnlichen Gedanken nieder: »Selbst eine ganze Gesellschaft, eine Nation, ja alle gleichzeitigen Gesellschaften zusammengenommen, sind nicht Eigentümer der Erde. Sie sind nur ihre Besitzer, ihre Nutznießer, und haben sie als boni patres familias den nachfolgenden Generationen *verbessert* zu hinterlassen« (Marx 1975, 784; Hervorh. J. T.). Auch Tremmel stellt sich mit seiner Konzeption von Generationengerechtigkeit als »Ermöglichung von Besserstellung« in diese Reihe (Tremmel 2010). Aus seiner Sicht würden Vertreter aller Generationen unter dem Rawlsschen Schleier der Unwissenheit gegen eine Gleichstellung aller Generationen votieren.

Je nachdem, ob die Formulierung ›mindestens so gut wie‹ oder ›besser als‹ verwendet wird, hat dies unterschiedliche Implikationen. Die erste Variante gehört noch zu den egalitaristischen Standards, wenn auch in abgeschwächter Form, die zweite jedoch nicht.

Die axiologische Frage »Was erhalten?« behandelt die Frage, was eigentlich das intrinsisch wertvolle Gut ist, das im Generationenvergleich erhalten bzw. weitergegeben werden sollte. Als alternative intrinsische Ziele von gesellschaftlichen Arrangements werden einerseits ›Kapital‹ und andererseits ›Wohl‹ (im Sinne von Bedürfniserfüllung) postuliert. Der ersten Ansicht zufolge ist die gesamte Generationenerbschaft mit dem finanzwirtschaftlichen Kapitalbegriff zu fassen, wobei diese Erbschaft z. B. in Naturkapital, Sachkapital, Finanzkapital, kulturelles Kapital, Sozialkapital und Wissenskapital aufgegliedert werden kann. Nach der zweiten Sichtweise kommt es hingegen darauf an, der Nachwelt ausreichend Chancen auf Bedürfnisbefriedigung (als Ergebnis einer bestimmten Güterausstattung) zu hinterlassen (vgl. Tremmel 2010).

Aus politikökonomischer Sicht wird seit Ende der 1980er Jahre die These diskutiert, dass aus Demokratien im Zuge des demographischen Wandels Gerontokratien werden könnten. Mit dem steigenden Alter des Medianwählers könnten die Parteien aus wahltaktischen Gründen bei Konflikten zwischen den Generationen den Interessen der Senioren den Vorzug geben. So behaupten z. B. Sinn und Uebelmesser (2002), dass für Rentenreformen nur noch ein enges Zeitfenster offenstehe, danach seien sie aufgrund der Übermacht der Rentner an der Wahlurne nicht mehr möglich.

Aus Perspektive der Wirtschafts- und Unternehmensethik stellt sich die Frage, wie ein ›generationengerechtes Unternehmen‹ (auch in Abgrenzung zum nachhaltigen Unternehmen) beschaffen sein kann. Hier geht es unter anderem um Fragen der generationengerechten Entlohnung (Stichwort Senioritätsprinzip) und der Diskriminierung aufgrund des (hohen oder niedrigen) Alters im Allgemeinen.

Literatur

Aristoteles: Die Nikomachische Ethik. Übers. von Olof Gigon. Hg. von Rainer Nickel. Düsseldorf/Zürich 2005.

Birnbacher, Dieter: Verantwortung für zukünftige Generationen. Stuttgart 1988.

Hauser, Richard: Generationengerechtigkeit, Volksver-

mögen und Vererbung. In: Björn Böhning/Kai Burmeister (Hg.): Generationen & Gerechtigkeit. Hamburg 2004, 29–44.
Höffe, Otfried: Gerechtigkeit zwischen den Generationen. In: Intergenerational Justice Review/GenerationenGerechtigkeit! 7, 4 (2007), 4–6.
Locke, John: Two Treatises of Government [1689]. Hg. von Peter Laslett. Second Treatise. New York 1965.
Marx, Karl: Das Kapital. Kritik der politischen Ökonomie. In: Karl Marx/Friedrich Engels: Werke. Bd. 25. Berlin 1975.
Sinn, Hans-Werner/Uebelmesser, Silke: Pensions and the Path to Gerontocracy in Germany. In: European Journal of Political Economy 19 (2002), 153–158.
Tremmel, Jörg: Eine Theorie der Generationengerechtigkeit. Paderborn 2010 (engl.: A Theory of Intergenerational Justice. London 2009).
Woodward, James: The Non-Identity Problem. In: Ethics 96, 4 (1986), 804–831.
World Commission on Environment and Development: Our Common Future. Oxford/New York/Toronto 1987.

Jörg Tremmel

8. Islamische Wirtschaftsethik

Grundlage der islamischen Religion ist der reine Monotheismus. Der eine und einzige Gott hat die Welt geschaffen, er lenkt und erhält sie. Die Menschen sind erschaffen worden, um ihre Begabungen und Fähigkeiten im Dienste Gottes zu entwickeln und gemäß seinen Geboten zu gebrauchen. Die islamische Glaubensbotschaft richtet sich mit all ihren Vorgaben an den gesamten Menschen und an die gesamte gottgefällige Ordnung des menschlichen Lebens. Deshalb kennt der Islam keine strikte Trennung zwischen Glaube, Ethik und Recht, mithin auch keine Trennung zwischen Wirtschaftsethik und Wirtschaftsrecht. Wirtschaftsethik bedeutet daher für den gläubigen Muslim islamisches Wirtschaftsrecht. Im islamischen Recht und speziell in dessen Wirtschaftsrecht sind deshalb ungeachtet der unterschiedlichen Rechtsschulen und der Kluft zwischen dem islamischen und dem praktisch geltenden Recht die Prinzipien der islamischen Wirtschaftsethik zu verorten (Kalisch 2003; Antes 1991).

Das islamische Recht (Scharia) ist in der frühen und expansiven Phase nach dem Tod des Propheten Mohammed entwickelt worden (Rohe 2009). Als primäre Quellen des Rechts gelten der *Koran*, die *Sunna* und der Konsens der islamischen Rechtsexperten. Der *Koran* besitzt als Quelle des göttlichen Rechts die höchste Autorität. Die hierin enthaltenen Rechtsnormen und Pflichten beanspruchen als das authentische Wort Gottes das Siegel ewig gültiger Regeln. Einen vergleichbaren Status wie der *Koran* genießt die *Sunna* als Gesamtheit der verbürgten Aussagen und Handlungen des Propheten, die als gottgeleitete Anweisungen gelten. Sie sind für die islamische Wirtschaftsethik ergiebig, weil sie auch die Erfahrungen des Propheten in seiner Rolle als Karawanenhändler und als Gemeindeführer in Medina umfassen. Als sekundäre Rechtsquellen sind das Prinzip des Analogieschlusses, nach dem die Regelung neuer Rechtsprobleme sich an Präzedenzfällen in den originären Quellen zu orientieren hat, und das Prinzip der eigenständigen Rechts- und Urteilsfindung durch Rechtsgelehrte, das jedoch in den einzelnen Rechtsschulen der Sunniten und Schiiten kontrovers bewertet wird, zu nennen.

Im islamischen Recht gilt die Wirtschaft als organischer Bestandteil des Gemeinwesens und ist demgemäß nach den göttlichen Geboten zu ordnen. Das maßgebende Ordnungsprinzip ist das Prinzip der

Einheit von Religion, Staat und Wirtschaft, damit letztlich auch der Einheit von Diesseits und Jenseits. Aus dieser theonomen Einheitsidee lassen sich einige Grundsätze einer islamischen Wirtschaftsethik ableiten, die sich auf die Eigentums-, Vertrags-, Steuer-, Sozial-, Geld- und Finanzordnung beziehen (Leipold 2008; Nienhaus 2004).

Der letzte Eigentümer aller Güter dieser Welt ist Allah, der den Menschen eingeschränkte Verfügungs- und Nutzungsrechte verliehen hat. Dieses Basisprinzip schließt die Anerkennung des kollektiven und des privaten Eigentums ein. Das Primat des Kollektiveigentums gilt für wichtige Naturressourcen, z.B. für Bodenschätze. Gegenüber diesen Gemeinschaftsgütern genießt bei normalen Gütern das Privateigentum Priorität. Es ist für alle Güter legitim, die durch individuelle Leistungen produziert sowie auf legitime Weise erworben oder auch vererbt worden sind. Die individuelle Arbeitsleistung gilt also als wichtigste Quelle für den Erwerb von Einkommen und Eigentum. Sie gilt sogar als religiöse Verpflichtung der Gläubigen. Die privaten Aktivitäten und die privaten Eigentumsrechte sollen jedoch den Prinzipien des Gemeinwohls und der Solidarität verpflichtet sein, deren Gehalt sich aus der Befolgung religiöser Normen und Pflichten ergibt. So soll das Vermögen nicht für die Befriedigung überzogener luxuriöser Bedürfnisse verwendet werden. Der Konsum von Alkohol oder Drogen ist verboten, wie der *Koran* generell zum mäßigen Konsum mahnt.

Die Unternehmer sollen gerechte Löhne zahlen, angemessene ortsübliche Preise verlangen und normale Gewinne anstreben. Ungerechtfertigte Gewinne auf Kosten anderer Geschäftspartner sind unzulässig. Dazu zählen Betrug, Diebstahl, Spekulation, Preistreiberei in Notsituationen und andere gewinnträchtige Irreführungen. Die Forderung nach gerechten Preisen und angemessenen und fairen Gewinnen und Geschäftspraktiken ist ein Postulat für wettbewerblich organisierte Märkte. Bei einer Monopolisierung der Märkte wird die Gefahr einer machtbedingten Ausbeutung der schwächeren Markt- und Geschäftspartner gesehen, weshalb sie zu bekämpfen ist. Die Geldpolitik hat primär für ein stabiles Preisniveau zu sorgen. Die Finanzpolitik sollte ausgeglichene Staatshaushalte anstreben. Zu den unbestrittenen staatlichen Grundaufgaben zählt ferner die Bereitstellung öffentlicher Güter, wie der Infrastruktur und der Organisation des Bildungssystems sowie anderer Rahmenbedingungen für das Funktionieren der Märkte und der Privatinitiative.

Zwei häufig und kontrovers diskutierte Besonderheiten seien kurz erläutert. Die erste ist die Zahlung von Zakat als Teil der fünf Grundpflichten. Es handelt sich um eine Abgabe, die sich am Vermögensbestand bzw. -ertrag bemisst und die an die im *Koran* konkret benannten unterstützungsbedürftigen Personen abzuführen ist. Die Abgabenhöhe ist im *Koran* selbst nicht genau festgesetzt. Ursprünglich waren 2,5 % des Vermögens sowie abgestufte Abgabensätze der jährlichen Ernteerträge (z.B. bei Weizen 10 %) abzuführen. Die Verwendung der Abgaben war und ist zweckgebunden. Sie dürfen also nicht zur Finanzierung beliebiger Staatsaufgaben verwendet werden. Heute ist Zakat an den Staat abzuführen und repräsentiert daher eine Art Sozial- oder Almosensteuer. Die Zahlung von Zakat ist nur ein Indikator für den hohen Stellenwert des Gerechtigkeitspostulats in der islamischen Wirtschaftsethik. Grundsätzlich sollen die Menschen alles wirtschaftliche Handeln nach dem Gerechtigkeitssinn ausrichten. Sie sollen also selbstlos und solidarisch handeln. Das Streben nach persönlichem Reichtum wird damit nicht geächtet. Insofern impliziert das islamische Gerechtigkeitsverständnis keine Gleichheit der sozialen und wirtschaftlichen Bedingungen. Denn die Menschen sind gottgegeben mit unterschiedlichen Begabungen und Fähigkeiten ausgestattet, die es fair und gerecht zu nutzen gilt.

Die zweite Besonderheit des islamischen Wirtschaftsrechts stellt das Zinsverbot dar, das mehrfach im *Koran* ausgesprochen wird. So wird im *Koran* (Sure 2, 276) unmissverständlich festgestellt: »Aber Allah hat den Handel erlaubt und den Wucher (Zinsnehmen) verboten.« Ursprünglich betraf das Verbot die Praxis der Notkredite, die etwa im Falle von Missernten aufgenommen werden mussten und deren Schuldsumme gemäß den Geschäftsusancen sich verdoppelte, wenn die Kredite am Fälligkeitstermin nicht zurückgezahlt werden konnten. Diese als Wucher empfundene Belastung trieb viele Schuldnerinnen und Schuldner in Not. Der lange Disput über die Auslegung des altarabischen Begriffs ›riba‹ hat insoweit zum Konsens geführt, als Kreditverträge nicht erlaubt sein sollen, die vorher festgesetzte Kapitalzuwächse oder vorher festgesetzte Zinsen beinhalten. Da Kapital auch in einer islamischen Wirtschaft ein knappes Gut ist, besteht das ökonomische Problem weniger im Zinsverbot als vielmehr im Finden eines Zinsersatzes und damit eines Preises für Kapital.

Als wichtigstes Substitut haben sich Vereinbarungen über prozentuale Erfolgsbeteiligungen entwickelt. So ist es erlaubt, dass ein Kreditgeber, z. B. eine Bank, ein spezifisches Projekt finanziert und nach dessen Fertigstellung prozentual am Gewinn oder Verlust beteiligt wird. Im Falle mehrerer Kapitalgeber, also neben Banken auch Privatpersonen, gilt es als legitim, wenn die Gewinnbeteiligungen variabel vereinbart und die Verluste anteilig aufgeteilt werden. Eine zulässige und übliche Praxis bilden auch zinslose Handelsgeschäfte, bei denen der Kreditgeber für den Kreditnehmer Waren kauft und an diesen mit einem Preisaufschlag verkauft. Ähnlich gelagert ist der Kauf eines Wechsels, also eines Zahlungsversprechens zu einem niedrigeren Preis durch eine Bank, den sie dann zum Nominalpreis verkauft. Damit wird der Zins zwar formaljuristisch, nicht jedoch faktisch vermieden. Juristisch bedeuten diese Aufschläge keinen Zins, da ihnen kein Darlehensvertrag, sondern ein Handelsvertrag mit einer Preisstundung zugrunde liegt. Der kreativen Substitution fest vereinbarter Zinszahlungen standen und stehen bis heute also viele Wege offen. Deshalb ist im Zinsverbot kein gravierendes Hindernis für die Wirtschaftsentwicklung zu vermuten.

Insgesamt ist der wirtschaftsrechtlich relevante Gehalt der originären Quellen und der Scharia eher als unspezifisch zu bezeichnen. Von den ca. 500 Gesetzesversen im Koran sind nur etwa 10 unmittelbar wirtschaftsrechtlicher Natur. Es dominieren allgemein gehaltene ethische Gebote und Verbote, die ordnungspolitisch mit verschiedenen Kombinationen der Privatinitiative, des Marktes und des Staatseinflusses vereinbar sind. Insgesamt dürften sie dem Leitbild einer wettbewerblich und sozial geordneten Marktwirtschaft entsprechen.

Literatur

Antes, Peter: Ethik und Politik im Islam. In: Ders./Khalid Duran/Tilman Nagel/Wiebke Walther (Hg): Der Islam. Religion – Ethik – Politik. Stuttgart/Berlin/Köln 1991, 58–97.

Kalisch, Muhammad: Islamische Wirtschaftsethik in einer islamischen und in einer nichtislamischen Umwelt. In: Hans G. Nutzinger (Hg.): Christliche, jüdische und islamische Wirtschaftsethik. Marburg 2003.

Leipold, Helmut: Der Bedingungszusammenhang zwischen Islam und wirtschaftlicher Entwicklung. In: Ders.: Die Ordnung von Wirtschaft und Gesellschaft als zentrale Aufgabe. Stuttgart 2008, 171–190.

Nienhaus, Volker: Der Islam – Bremse oder Motor der wirtschaftlichen Entwicklung? In: Michael von Hauff/Ute Vogt (Hg.): Islamische und westliche Welt. Marburg 2004, 227–253.

Rohe, Mathias: Das Islamische Recht. Geschichte und Gegenwart. München 2009.

Helmut Leipold

9. Jüdische Wirtschaftsethik

Im Schöpfungsbericht erscheint die Arbeit nicht als Strafe nach dem Sündenfall, sondern als eine natürliche Notwendigkeit des Menschen, der nicht als passiver Nutznießer des Gartens Eden zu betrachten ist. Im Judentum wird die menschliche Herrschaft »über die Fische im Meer und über die Vögel unter dem Himmel und über das Vieh und über die ganze Erde und über alles Gewürm, das auf Erden kriecht« (Gen 1,26) als Arbeit nach dem Willen Gottes konzipiert, nämlich als eine Arbeit, die gemäß dem göttlichen Gesetz ausgeführt werden soll. Die Einhaltung des göttlichen Gesetzes führt zu langem Leben, zum Frieden sowie zum Wohlstand. Aus diesem Grund ist dem Judentum die Verherrlichung der Armut völlig fremd.

Obwohl in der Hebräischen Bibel vor allem die Landwirtschaft mit Ackerbau und Viehzucht den Kern der Berichte über die Wirtschaftsethik bilden, findet man auch die Erwähnung von allgemeinen wirtschaftsethischen Prinzipien, die nicht nur mit einer bestimmten Wirtschaftsform verbunden, sondern zugleich auch zeitübergreifend sind:

- Die gerechte Behandlung von Bedürftigen und Armen ohne Ansehen der Person (Ex 23, 3–6 u.a.);
- die Einhaltung des Shabbatjahres und Überlassung der Ernte an Notleidende im siebten Jahr (dem sogenannten Jubeljahr; Lev 25, 3–7); alle sieben Jahre muss das Land sich erholen und die Produkte, die es hervorbringt, dürfen von allen bedürftigen Menschen und von allen Tieren verzehrt werden. In diesem Prinzip stehen die soziale Gerechtigkeit, der soziale Ausgleich und die Regeneration der Erde im Einklang. Nach der rabbinischen Lehre ist das *darkhei no'am* (die Förderung einer harmonischen sozialen Ordnung; Prov 3, 17) ein Grundprinzip der jüdischen Wirtschaftsethik;
- Erlass der Schulden nach sieben Jahren (Dtn 15, 1);
- Einhalten der Shabbatruhe (Dtn 5,14). Nach diesem Prinzip sollen alle Lebewesen – Menschen (Sklavinnen und Sklaven eingeschlossen) wie Tiere – einen Ruhetag genießen. An diesem Tag wird die Herrschaft des Menschen über die Schöpfung beschränkt, und die Wirtschaft bekommt eine deutliche Begrenzung ihres Einflusses auf das Leben der Geschöpfe;
- alle drei Jahre gilt es, den zehnten Teil der Ernte den Bedürftigen zu übergeben (Dtn 14, 28–29);
- die Bedürftigen und Armen u.a., die für eine Person arbeiten, müssen bis zum Sonnenuntergang des Arbeitstages ihren Lohn erhalten (Dtn 24, 14);
- nach sieben Jahren müssen Sklavinnen und Sklaven freigelassen und ihre ökonomische Existenz muss gewährleistet werden (Dtn 25, 39–41);
- Arme sollen finanziell durch ein zinsloses Darlehen unterstützt werden (Dtn 15, 7–8).

Diese wirtschaftsethischen Gesetze basieren auf zwei Prinzipien: die Barmherzigkeit (*rachamim*) als Verständnis für die Bedürfnisse der anderen Menschen und die Gerechtigkeit (*tzedaqa*) als Instrument, um das Leid des Menschen zu mildern bzw. zu beseitigen. Der höchste Zweck der jüdischen Wirtschaftsethik liegt darin, den Hilfsbedürftigen zur Autonomie zu verhelfen. Ein weiteres Prinzip ist die Ehrlichkeit (*kenut*), die für die Entstehung von Vertrauen und Zuverlässigkeit auch im Geschäftsleben unentbehrlich ist. Falsche bzw. falschinterpretierbare Informationen über die Güter sowie die irreführende Beratung von Unwissenden sind mit dem Verbot zu vergleichen, ein Hindernis in den Weg eines Blinden zu legen (Lev 19, 14).

Alle biblischen Aussagen über die Arbeitsverhältnisse beziehen sich auf die Knechtschaftserfahrung in Ägypten (Ex 1, 13–14): »Und die Ägypter zwangen die Kinder Israel zum Dienst mit Unbarmherzigkeit und machten ihnen ihr Leben sauer mit schwerer Arbeit in Ton und Ziegeln und mit allerlei Frönen auf dem Felde und mit allerlei Arbeit, die sie ihnen auflegten mit Unbarmherzigkeit.« Das Gedächtnis des Volkes als wirtschaftsethischer Kompass für die Gegenwart betrifft auch die Sklavenhaltung, die sich im Judentum von den altorientalischen Völkern sowie vom griechisch-römischen Recht völlig absondert: Die Sklavinnen und Sklaven sind kein Leibeigentum, sie gelten als Menschen und dürfen nicht beleidigt, misshandelt oder verletzt werden. Unter einem gesetzlichen Blickwinkel ist der Sklave bzw. die Sklavin im Judentum ein/e sechs Jahre lang verdingte/r Tagelöhner/in.

Das wirtschaftsethische Prinzip, nach dem jeder bedürftige Mensch die Möglichkeit haben soll, sich selbst und seine Familie zu ernähren (eine Art und Weise von ›Grundlebensunterhalt‹), ist die Grundlage aller Gesetze, die sich auf den Landbesitzer bzw. auf den Arbeitgeber beziehen und von denen Lev. 19, 9–10 ein vorbildhaftes Beispiel bietet: »Wenn du dein Land einerntest, sollst du nicht alles bis an die Enden umher abschneiden, auch nicht alles genau aufsammeln. Also auch sollst du deinen Weinberg nicht genau lesen noch die abgefallenen Beeren auflesen, sondern dem Armen und Fremdling sollst du es lassen; denn ich bin der HERR euer Gott.«

Während sich Lev. 19, 9–10 auf Juden/Jüdinnen und Nicht-Juden/Jüdinnen im Allgemeinen (»dem Armen und Fremdling«) bezieht, fehlt ein solcher Unterschied bezüglich des Zinsverbotes im Deuteronomium. Eigentlich konnte die Hebräische Bibel Fremden das Zinsnehmen nicht verbieten. Wenn fremde Darlehensgeber Zinsen eintreiben konnten, hätten zinslose Darlehen im Sinne des jüdischen Gesetzes zu einer einseitigen Benachteiligung und Ausbeutung geführt. Einige zeitgenössische Gelehrte (u.a. Braun 1994, 30) begründen die Erlaubnis, von Fremden Zinsen nehmen zu dürfen mit dem sogenannten Talionsprinzip, nach dem Gleiches mit Gleichem vergolten wird. Solche Interpreten benutzen Prinzipien der modernen Ökonomie für eine Vertiefung dieses Verbots: Zwischen Juden/Jüdinnen und Nichtjuden/Nichtjüdinnen hätte man es bei Zinsforderung mit einer Unterscheidung zwischen Produktiv- und Konsumdarlehen zu tun. Eberhard Klingenberg (1977, 36) verbindet das Zinsverbot mit der allgemeinen wirtschaftlichen Struktur des Alten Orients: Zur Entstehungszeit des Zinsverbotes bestand das jüdische Volk aus einem Stämmebund ohne Klassenteilung und organisierter Staatsgewalt. Das jüdische Volk betrieb hauptsächlich Viehzucht und Ackerbau, als Kreditwesen und Handel bei Babyloniern und Ägyptern bereits Teil des wirtschaftlichen Alltags waren.

Das Zinsverbot hat auch in der Wirtschaftsethik des Talmud (der mündlichen Überlieferung des jüdischen Gesetzes) eine zentrale Stellung. Diesbezüglich vertreten die Rabbinen sehr unterschiedliche Meinungen, obwohl der allgemeine Ausgangspunkt Lev. 19, 9–10 ist. Beispielsweise verbietet Rav Huna das verzinsliche Darlehen gegenüber Nichtjuden, während der größte Rabbiner und Religionsphilosoph des Mittelalters – Moses Maimonides (1138–1204) – die Meinung vertritt, dass die Zinsnahme von Fremden nicht nur erlaubt, sondern sogar geboten sei.

Das Beispiel des Zinsverbotes spiegelt die Schwierigkeit wider, biblische Gesetze zu erfüllen, die sich auf eine bestimmte Epoche bzw. auf ein bestimmtes Wirtschaftssystem beziehen. In diesem Fall, der selbstverständlich nicht nur die wirtschaftsethischen Gesetze betrifft, gilt das Prinzip von *mussar* (Benehmen, Verhalten, Disziplin als Erziehung und Selbsterziehung), dem zufolge die Verletzbarkeit und Anfälligkeit des Menschen gegenüber materiellen, psychischen und moralischen Beschädigungen nach einer Rücksichtnahme verlangt, die in der Liebe zum Nächsten verwurzelt ist. An diesem Prinzip müssen alle wirtschaftlichen und wirtschaftsethischen Gesetze – diejenigen eingeschlossen, die mit neuen gesellschaftlichen Systemen verbunden sind – ausgerichtet werden.

Literatur

Braun, Christian: Vom Wucherverbot zur Zinsanalyse 1150–1700. Winterthur 1994.

Eichhoff, Isabell: Religion – Wirtschaft – Ethik. Wirtschaftsethische Aspekte von Judentum, Christentum und Islam. Saarbrücken 2006.

Klingenberg, Eberhard: Das israelitische Zinsverbot in Thora, Mišnah und Talmud. In: Abhandlungen der geistes- und sozialwissenschaftlichen Klasse Nr. 7. Mainz 1977.

Levine, Aaron: Economics and Jewish Law. New York 1987.

Nutzinger, Hans G.: Christliche, jüdische und islamische Wirtschaftsethik. Über religiöse Grundlagen wirtschaftlichen Verhaltens in der säkularen Gesellschaft. Marburg 2006.

Ohrenstein, Roman O./Gordon, Barry: Economic Analysis in Talmudic Literature. Leiden/New York/Köln 1992.

Pava, Moses L.: Business Ethics: A Jewish Perspective. Jersey City, NJ 1997.

Tamari, Meir: With all your Possessions: Jewish Ethics and Economic Life. New York/London 1998.

Teutsch, David A.: A Guide to Jewish Practice: Organizational Ethics and Economic Justice. Wyncote, PA 2007.

Weber, Max: Die Wirtschaftsethik der Weltreligionen. Das antike Judentum. Schriften und Reden 1911–1920. Studienausgabe. Tübingen 2008.

Francesca Yardenit Albertini

10. Kulturalistische Wirtschaftsethik

Die ethische Konstellation des 21. Jahrhunderts

Die ethische Grundfrage »Was soll ich tun?« ist unter den Bedingungen des 21. Jahrhunderts vor allem in dreierlei Hinsicht zu spezifizieren: (1) Sie ist in gesellschaftlichen Verhältnissen, die wesentlich durch (insbesondere auch ökonomische) Organisationen geprägt sind, nicht nur auf individuelle, sondern auch auf kollektive Akteure zu beziehen. Diese müssen in ihrer Emergenz ernstgenommen werden und dürfen nicht nur als Ansammlungen von Individuen und deren Entscheidungen betrachtet werden. (2) Zudem fördert gerade die Globalisierung zutage, dass es für die Menschheit zwar globale und insofern gemeinsame Herausforderungen gibt, dass hierzu aber keine vorab definierten Lösungen existieren, die nur gefunden oder angewendet werden müssten. Darum, worin das »Sollen« bestehen könnte, muss gerungen werden und wegen der real existierenden Heterogenität der (individuellen wie kollektiven) Akteure ist das nicht einfach. Dabei erweisen sich die geschichtlich, räumlich oder wie auch immer bedingten kulturellen Bildungen und Prägungen der Akteure als ebenso heterogen wie deren in die Zukunft gerichtete, das eigene Gestalten beeinflussende kulturelle Orientierungen. (3) Schließlich sind die Einsichten gewachsen, dass die Zukunft prinzipiell offen ist. Das geht so weit, dass die Menschheit damit begonnen hat, durch die von ihr erzeugten globalen Klimaveränderungen die Bedingungen ihres evolutionären Fortschritts als solche in Frage zu stellen. Wenn aber die Entwicklung nicht mehr unter wohl definierten und breit akzeptierten Vorstellungen gesellschaftlichen Fortschritts beschrieben werden kann, gelangt die Frage »Was soll ich tun?« erst recht auf unsicheren Boden.

Konsequenzen für eine zukunftsfähige ethische Konzeption

Die erste Spezifizierung beantwortet vermutlich endgültig die Frage nach »Gesinnungs- oder Verantwortungsethik« zugunsten der letzteren. Angesichts der vielleicht nicht mehr zu bändigenden Vielfalt ökologischer, sozialer, ökonomischer, politischer und kultureller Probleme stellt sich insbesondere für ökonomische Organisationen die Frage, wie weit sie nicht nur willens, sondern auch praktisch in der Lage sind, gesellschaftliche Verantwortung zu übernehmen. Diese soll hier, in Abgrenzung zu dem, was in einem Teil der Literatur als Corporate Citizenship verstanden wird, mit Bezug auf das Kerngeschäft einer Unternehmung als Corporate Social Responsibility bezeichnet werden (vgl. Pfriem 2006, 331 ff.).

Die zweite Spezifizierung führt zu dem Befund, dass rein pflichtenethische Konzeptionen heute nicht mehr zeitgemäß sein können. Der Begriff der Pflicht gründet auf die Bezugnahme auf etwas von außen und/oder von vorneherein Vorgegebenes; dazu steht der Standpunkt, dass um das zu Sollende in konkret-historischen Situationen gerungen werden muss, in deutlichem Widerspruch. Baumann hat dazu präzise formuliert: »Nur Regeln können universal sein [...] Pflichten machen Menschen tendenziell gleich; Verantwortung macht sie zu Individuen« (Bauman 1995, 87). Im Sinne der ersten Spezifizierung gilt diese Formulierung ebenso für kollektive Akteure.

Die dritte Spezifizierung klärt über die imaginäre Wesenhaftigkeit der modernen Wirtschaftsgesellschaften auf. »Die gesellschaftlichen Dinge sind das, was sie sind, nur aufgrund der Bedeutungen, die in ihnen unmittelbar oder mittelbar, direkt oder indirekt Gestalt annehmen« (Castoriadis 1984, 582). Das gilt insbesondere für das (realgesellschaftliche) Feld der Ökonomie und das Feld der Ökonomik als zugehöriger Wissenschaft. Es sind nämlich »die ›Ökonomie‹ und das ›Ökonomische‹ zentrale gesellschaftliche imaginäre Bedeutungen, die sich nicht auf ›etwas‹ beziehen, sondern die umgekehrt den Ausgangspunkt darstellen, von dem aus zahllose Dinge in der Gesellschaft als ›ökonomisch‹ vorgestellt, reflektiert, behandelt beziehungsweise zu ›ökonomischen‹ gemacht werden« (Castoriadis 1984, 592).

Ausgehend von diesen Spezifizierungen können die Elemente einer kulturalistischen Unternehmens- und Wirtschaftsethik umrissen werden.

Kernelemente einer kulturalistischen Unternehmens- und Wirtschaftsethik

Alltagsmoralen sind als kulturelle Orientierungen und Praktiken zunächst unabhängig von der Frage zu betrachten, wie weit ethische und moralische Bedeutungszuweisungen als Selbst- oder Fremdbeschreibungen stattfinden. Ökonomisch betrachtet, gibt es keine an sich moralischen Güter, vielmehr moralische Bedeutungszuweisungen und Aufladungen von Gütern, die vorher oder gleichzeitig von anderen als moralisch völlig neutral betrachtet werden mögen (vgl. auch Wieland 2006, 15). Die kulturalistische Sicht nährt produktive Zweifel am genuin moralischen Handeln. Weder ein Individuum noch eine Organisation sind in der Lage, unabhängig von dem, was sie für wünschenswert, richtig oder schön halten, rein moralisch zu handeln. ›Moralisch‹ am moralischen Handeln ist ›nur‹ die mitlaufende moralische Konnotation der selbst vertretenen imaginären Bedeutungen, nichts sonst. Bereits Nietzsche hatte formuliert (1980, 92), dass es gar keine moralischen Phänomene an sich gibt, sondern nur eine moralische Ausdeutung von Phänomenen.

Der Markt ist ein sehr heterogenes, kulturelles Gefüge, ein Feld der Interaktionen zwischen verschiedenen Akteuren, das unterschiedlichste Optionen darauf, was wir Menschen aus uns und unserem Leben machen, eröffnet. Das Spektrum dieser Optionen übersteigt dabei bei weitem die systematische Einengung der Ökonomen. Gerade die Erosion des modernen Fortschritts- und Wachstumsglaubens offenbart, dass die Ökonomik vorausgesetzt hat, was es doch zu erklären gälte, denn: Was ist der Nutzen des Nutzens? Was ist der Gewinn des Gewinns?

Zukunftsfähige Antworten von Unternehmen auf gesellschaftliche Konstellationen und Probleme (als wahrgenommene Verantwortung im zunächst außermoralischen Sinne) lassen sich als das verstehen, was Schumpeter in einer seiner letzten Schriften als »Creative Response« bezeichnete (Schumpeter 1947, 150). Die kulturalistische Unternehmenstheorie und -ethik leugnet nicht die Vielfalt gesellschaftlicher Einflüsse auf das Handeln und die Entscheidungen von Unternehmen, geht aber – ebenfalls mit Schumpeter (1993, 137) – von einer treibenden Rolle der Unternehmung für das ökonomische Geschehen und die gesellschaftliche Entwicklung aus. Gesellschaft wiederum wird als Plattform von, unbewusst oder bewusst, miteinander im Wettbewerb stehenden kulturellen Orientierungen verstanden, die die künftige Entwicklung beeinflussen. Dies lässt sich als Ringen dieser kulturellen Orientierungen um Aufmerksamkeit, um Anerkennung und vielleicht auch um Hegemonie interpretieren.

Das Konzept ›Unternehmensverantwortung‹ (vgl. Beschorner et al. 2007) führt zu einer Renaissance der Tugendethik (vgl. Lautermann/Pfriem 2006). Damit lässt sich das ›ethische Können‹ in konkreten Handlungs- und Entscheidungssituationen bezeichnen. Moralische Kompetenz in diesem Sinne entsteht nicht durch Formeln oder Definitionen von Tugend, sondern durch das Erleben, aus eigener Kraft verantwortlich zu handeln. Tugenden sind moralische Gestaltungskräfte. Sie befähigen einen Akteur (eine Unternehmung), in einem komplexen Feld moralischer Ansprüche und ungewisser Ergebnisse zu handeln. Statt einer Überbetonung der Institutionalisierung von Moral in Form von Gesetzen, Regeln, Normen, Pflichten etc., die zwar wichtig, aber letztlich nie vollkommen (Wertepluralismus, komplexe Machtgefüge usw.) und immer nur vorläufig sein können, sind gerade für Unternehmen jene substantiellen Fähigkeiten des moralischen Urteilens und Handelns von Bedeutung. Wenn Tugenden Fähigkeiten sind, dann können und müssen sie erlernt und eingeübt werden: Individuen wie Organisationen sind aufgerufen, die für sie wichtigen Tugenden (also jene Fähigkeiten, die sich an ihren je eigenen Wert-Vorstellungen orientieren) zu trainieren. In der Praxis einer tugendbasierten Unternehmensethik kommt dem ›Instrument‹ des Übens eine zentrale Bedeutung zu. Ein allgemeines Trainingsprogramm könnte man kulturelle Bildung nennen (vgl. Pfriem 2007). Tugendhaftigkeit ist also zukunftsfähig zu rekonstruieren und darf nicht nur eingeschränkt als Rechtschaffenheit gegenüber bestehenden Regeln betrachtet werden. Sie muss vielmehr auf die unter heutigen Bedingungen denkbaren und auch real existierenden Situationen bzw. Situiertheiten bezogen werden. Dabei gibt es nicht nur eine (mögliche) Tugend der (eher passiven) Anpassung und des loyalen Engagements, sondern auch eine Tugend des (potentiell kritischen) Innovationsgeistes, die angesichts prinzipiell offener Zukünfte besonderes Gewicht bekommt. Indem eine kulturalistische Unternehmens- und Wirtschaftsethik die Beziehung individueller und kollektiver Akteure zu gegebenen Regeln hinterfragt, erweist sie sich als anschlussfähig an die Verfahren der (potentiellen) Regelinfragestellung und des (potentiellen) Regelbruchs *ökonomischer Innovationen.*

Literatur

Bauman, Zygmunt: Postmoderne Ethik. Hamburg 1995.
Beschorner, Thomas/Linnebach, Patrick/Pfriem, Reinhard/Ulrich, Günter (Hg.): Unternehmensverantwortung aus kulturalistischer Sicht. Marburg 2007.
Castoriadis, Cornelius: Gesellschaft als imaginäre Insti-

tution. Entwurf einer politischen Philosophie. Frankfurt a.M. 1984.
Lautermann, Christian/Pfriem, Reinhard: Es darf gewollt werden. Plädoyer für eine Renaissance der Tugendethik. In: Josef Wieland (Hg.): Die Tugend der Governance. Marburg 2006.
Nietzsche, Friedrich Wilhelm: Jenseits von Gut und Böse [1886]. Berlin/NewYork 1980.
Pfriem, Reinhard: Unternehmensstrategien. Ein kulturalistischer Zugang zum Strategischen Management. Marburg 2006.
–: Unsere mögliche Moral heißt kulturelle Bildung. Unternehmensethik für das 21. Jahrhundert. Marburg 2007.
Schumpeter, Joseph Alois: The Creative Response in Economic History. In: Journal of Economic History (Nov. 1947), 149–159.
–: Kapitalismus, Sozialismus und Demokratie [1950]. Tübingen/Basel 1993.
Wieland, Josef (Hg.): Die Tugend der Governance. Reflexion und Kritik. In: Ders.: Die Tugend der Governance. Marburg 2006.

Reinhard Pfriem

11. Kulturdifferenzen

Kultur und Kulturdifferenzen

Kultur kann man als Kategorienbegriff für Symbol- und Bedeutungssysteme verstehen, mit dem geographische oder ethnische Ausprägungen bezeichnet werden können. Kultur kann verstanden werden als die »Gesamtheit gemeinsamer materieller und ideeller Hervorbringungen, internalisierter Werte und Sinndeutungen sowie institutionalisierter Lebensformen von Menschen« (Klein 2008, 237). Der Begriff ›Kulturdifferenzen‹ bezieht sich auf das Phänomen der Unterschiedlichkeit von Symbol- und Bedeutungssystemen, die sich in Sprache, Konvention und anderen Verhaltensweisen manifestieren, die ihrerseits auf die innerhalb einer Kultur geltenden Werte und Normen bezogen sind. Kulturdifferenzen markieren sodann Grenzen der Verständigung zwischen Menschen unterschiedlicher kultureller Provenienz und sind prinzipiell in allen Bereichen des menschlichen Daseins möglich.

Interkulturelle Organisations- und Managementlehre

Durch eine zunehmende Verdichtung und Dynamik grenzüberschreitender ökonomischer Aktivität sind kulturelle Differenzen und die daraus resultierenden Friktionen im Unternehmensalltag in den Fokus der Organisations- und Managementforschung gerückt. Das gilt nicht nur, weil Unternehmen ihren angestammten Rechtsraum verlassen und für ihre Aktivitäten im Ausland nun andere Rechtsgrundlagen berücksichtigen müssen, sondern auch innerhalb des marktwirtschaftlich geprägten Weltmarktes sind im Ausland tätige Unternehmen darauf angewiesen, dass die gewährten Freiheits- und Wahlrechte genutzt und geschätzt werden. Die Vertragsfreiheit etwa gewährt ein Recht, dass sich für international tätige Unternehmen nur dann erfolgbringend auswirken kann, wenn es auch vor Ort wie selbstverständlich in Anspruch genommen wird. Außerdem erwarten Inländer, dass sich fremde Unternehmen und Geschäftsleute ihren Gepflogenheiten und Konventionen anpassen. Die Nichtbeachtung kultureller Eigenarten kann gravierende wirtschaftliche Folgen nach sich ziehen (Bergemann/Sourisseaux 2003, 1) bis hin zum Scheitern von Kooperationen wie etwa jene zwischen dem britischen Automobilhersteller Rover und BMW.

Bewährte heimische Managementmethoden und -instrumente funktionieren häufig im Ausland nicht oder nur eingeschränkt (ebd., 1). Das steigende Interesse an Kultur in Managementtheorie und -praxis sowie die Rückführung von Konflikten in internationalen Wirtschaftsbeziehungen auf kulturelle Faktoren hat in den letzten Jahren zur Etablierung der interkulturellen Managementforschung geführt, die den Einfluss von Kultur im wirtschaftlichen Kontext untersucht. Grundlegend und wegbereitend hierbei sind die quantitativ-statistisch orientierten und Kultur klassifizierenden Ansätze von Geert Hofstede (1980; 1991; 2001) und Fons Trompenaars (Trompenaars/Hampden-Turner 1997; Trompenaars/Woolliams 2003).

Geert Hofstede

Der Kultur klassifizierende Ansatz Geert Hofstedes beruht auf der Auswertung von rund 117.000 Fragebögen, die 1967 und 1973 von Mitarbeitern von 40 IBM Niederlassungen weltweit ausgefüllt wurden und bei der nationale arbeitsbezogene Werte untersucht wurden. Hieraus entwickelte Hofstede (1980) zunächst vier Indexe für die Erfassung arbeitsbezogener Werte einer Kultur, um die Klassifizierung und Vergleichbarkeit von interpersonellen und kulturspezifischen Verhaltensweisen zu ermöglichen. Diese Indexe sind (1) der Grad, zu dem die weniger mächtigen Mitglieder bereit sind, die Ungleichverteilung von Macht zu akzeptieren und sie auch erwarten (*power distance index*), (2) inwieweit Unbekanntes und Unwissen mit der Bildung formaler Regeln einhergeht (*uncertainty avoidance index*), (3) ob die Mitglieder einer Kultur sich eher als getrennt von ihren Gruppen (Familie, Religion, Staat, etc.) verstehen (*individualism*) sowie (4) die Tendenz innerhalb einer Kultur hin zu Wettbewerb, Durchsetzungsfähigkeit, Ehrgeiz und Kapitalbildung (*masculinity*). 1991 erweitert Hofstede diese vier Indexe mit (5) dem Index für die Zukunftsbezogenheit einer Gesellschaft (*long-term orientation*), die u.a. am Sparverhalten gemessen wird.

Trompenaarsscher Ansatz

Der Trompenaarssche Ansatz basiert auf 15.000 Tiefeninterviews mit Mitarbeitern in über 50 Ländern und fokussiert auf kulturelle Differenzen im internationalen Unternehmensalltag. Er verwendet folgende Dimensionen für die Erklärung kultureller Unterschiede in Organisationen (Trompenaars/Hampden-Turner 1997): (1) Je stärker die Regelorientierung in einer kulturellen Gemeinschaft ist, desto weniger wichtig sind soziale Beziehungen für die gesellschaftliche Ordnung (Universalismus/Partikularismus). (2) Je höhere die Alleinverantwortung und Entscheidungsmacht von Einzelpersonen, desto geringer ist die Gruppenzugehörigkeit (Individualismus/Kommunitarismus). (3) Die Differenz zwischen Gefühlen und Verhalten etwa durch Selbstbeherrschung deutet auf neutrales öffentliches Verhalten hin (Neutralität/Affektivität) und (4) die Teilnahme am öffentlichen Leben ist ein Maß für die Durchlässigkeit einer Kultur (Spezifisch/Diffus). Erfolgt die (5) Bestimmung des sozialen Status stärker durch Geburt als durch eigene Verdienste, dann ist die Kultur eher herkunftsbezogen (Leistung/Herkunft). Die (6) Einstellung zur Zeit zeigt sich daran, ob Handlungen eher konsekutiv erfolgen oder synchron (Serialität/Parallelität). (7) Kooperatives Verhalten mit und Anpassung an die Umwelt verweisen auf den Verzicht auf externe Kontrollen (interne Kontrolle/externe Kontrolle).

Die Möglichkeit einer globalen Wertegemeinschaft

Das Phänomen kultureller Differenzen im Prozess der wirtschaftlichen Globalisierung hat die Frage nach Verständigung und schließlich nach einer zivilen Weltgesellschaft evoziert. Aus einer Position des Kulturrelativismus sind alle Kulturen von gleichem Wert und von daher methodisch gleichrangig zu untersuchen (Boas 1911/1938). Aus dieser Hypothese wird häufig auf die Gleichrangigkeit der kulturell vermittelten Werte und Normen geschlossen und die kulturelle Kontextualisierung von Werten und Normen als notwendig erachtet (Davis 2008, 271). Wenn aber Werte und Normen immer kulturgebunden sind, dann stellt sich die Frage nach einem universalen normativen Konsens, insbesondere über Menschenrechte, als Grundlage für eine globale Wertegemeinschaft (Nida-Rümelin 2002, 3). Nach Rorty (1997, 9) kann es eine solche Norm nicht geben, vielmehr müssen wir uns »[...] von der Vorstellung trennen, es gebe unbedingte, transkulturelle moralische Pflichten, die in einer unveränderlichen, ahistorischen menschlichen Natur wurzeln«. Nida-Rümelin dagegen hält das Unterfangen einer globalen Zivilgesellschaft als »Variante des ethischen Kosmopolitismus« und auf der Grundlage eines normativen

Minimalkonsens als mit einer Vielfalt von Lebensformen und kulturellen Prägungen für vereinbar (ebd., 5). Kritiker einer universalistischen Position, wie etwa die des Overlapping Consensus nach John Rawls, lehnen die Idee eines gemeinsamen, kulturübergreifenden normativen Kerns ab, weil die Idee an sich schon als spezifisch für die europäisch-westliche Kultur verstanden wird. Sie sehen darin das Potential einer politisch motivierten kulturellen Nivellierung als Ergebnis einer kulturimperialistischen Bewegung, durch die der normative Minimalkonsens auf Kosten der jeweils kulturellen Besonderheiten und Identitäten gegründet wird (Davis 2008, 275–277).

Die Bedeutung kultureller Differenzen für Wirtschafts- und Unternehmensethik

Aus Perspektive der Wirtschafts- und Unternehmensethik ist zu klären, welche grundlegende Position ein Unternehmen im Hinblick auf den Umgang mit Konflikten im internationalen Umfeld einnimmt bzw. wie es mit der Spannung zwischen Universalismus und Kulturrelativismus umgeht (Gilbert 2001, 124). Denn Unternehmen sind im Zuge der internationalen wirtschaftlichen Verflechtung und Interdependenz zunehmend sowohl mit einer Verdichtung der kulturellen Differenzen konfrontiert, als auch mit einer stärkeren Aufmerksamkeit durch die breite Öffentlichkeit und Nichtregierungsorganisationen. Die Geschäftstätigkeit im Ausland bringt in der Regel eine Ansammlung komplexer Entscheidungen mit sich, die interkulturelle Kompetenz erfordern: Was ist der richtige Umgang mit Hierarchien im Rahmen eines Joint Ventures? Was ist eine gute Mitarbeiterführung vor Ort? Was können und dürfen wir von unseren Mitarbeiterinnen und Mitarbeitern erwarten und welche Sozialleistungen werden als gerecht erachtet? Wie stellt man vor Ort gute und stabile Kunden- und Lieferantenbeziehungen her? Eine Reihe von multinationalen Unternehmen haben in der Vergangenheit heimische Sozialstandards, i.e. Minimalstandards für Verbraucherschutz, Markttransparenz, Umweltschutz und Arbeitnehmerschutz durch Niederlassungen in Schwellen- und Entwicklungsländern umgangen (Gilbert 2001). Infolge dieser Entwicklung sind Instrumente entstanden wie Unternehmenskodizes, ethische Zertifizierung (insbesondere Social Accountability 8000), Verhaltenskodizes, Ethikkommissionen u.a., welche die Realisierung und Aufrechterhaltung von Sozialstandards über Landesgrenzen hinweg ermöglichen sollen.

Literatur

Bergemann, Niels/Sourisseaux, Andreas L.J. (Hg.): Interkulturelles Management. Heidelberg 2003.

Boas, Franz: The Mind of Primitive Man [1911]. New York [2]1938.

Davis, Joseph: Culture and Relativism. In: Society 45, 3 (2008), 270–276.

Gilbert, Dirk Ulrich: Social Accountability 8000 – Ein praktikables Instrument zur Implementierung von Unternehmensethik in international tätigen Unternehmen? In: Zeitschrift für Wirtschafts- und Unternehmensethik 2, 2 (2001), 123–148.

Hampden-Turner, Charles/Fons Trompenaars: Response to Geert Hofstede. In: International Journal of Intercultural Relations 21, 1 (1997), 149–159.

Hofstede, Geert: Culture's Consequences – International Differences in Work Related Values. Newbury Park u.a. 1980.

–: Cultures and Organizations. Software of the Mind. London 1991.

–: Culture's Consequences – Comparing Values, Behaviors, Institutions and Organizations Across Nations. Thousand Oaks u.a. [2]2001.

Klein, Gabriele: Kultur. In: Hermann Korte (Hg.): Handbuch Soziologie. Wiesbaden 2008, 237–252.

Nida-Rümelin, Julian: Globalisierung und kulturelle Differenz. Eine zivilgesellschaftliche Perspektive. In: Aus Politik und Zeitgeschichte B 12 (2002), 3–5.

Rorty, Richard: Relativismus: Finden und Machen. In: Antje Gimmler/Mike Sandbothe/Walther Chr. Zimmerli (Hg.): Die Wiederentdeckung der Zeit. Reflexionen, Analyse, Konzepte. Darmstadt 1997, 9–26.

Trompenaars, Fons/Hampden-Turner, Charles: Riding the Waves of Culture: Understanding Cultural Diversity in Global Business. New York [2]1997.

Trompenaars, Fons/Woolliams, Peter: Business Across Cultures. West Sussex 2003.

Mi-Yong Lee-Peuker

12. Leadership

Für das moralische Verhalten der Mitarbeiterinnen und Mitarbeiter im Betrieb kommt der »sozialen Praxis« im Unternehmen und damit dem Führungsverhalten der Vorgesetzten eine besondere Rolle zu (vgl. Gini 1997, 325). Sie sind in der Lage, jene Normen und Verhaltensstandards zu artikulieren und durchzusetzen, an denen sich das Mitarbeiterverhalten ausrichtet. Indem sie positive oder negative Anreize für bestimmte Verhaltensweisen setzen, bestimmen Vorgesetzte die moralischen Standards im betrieblichen Alltagshandeln und wirken so direkt auf das Moralverhalten der Mitarbeiterinnen und Mitarbeiter ein (vgl. Petrick/Qinn 2001, 331). Das Beispiel der Vorgesetzten und ihr Führungsstil beeinflussen die moralische Orientierung der Mitarbeiterinnen und Mitarbeiter dabei oftmals in weit höherem Maße als die formalen Vorgaben eines Ethikkodex oder eines Code of Conduct. So haben nicht zuletzt die Unternehmensskandale um Enron, Parmalat oder Siemens die Grenzen formaler Governance-Strukturen deutlich gemacht. Hier lässt sich zeigen, dass in praktisch allen genannten Unternehmen die tatsächlich gelebte Unternehmenskultur weit von den formalen Vorgaben der offiziellen Verhaltensrichtlinien abwich (vgl. Aßländer 2010). Von entscheidender Bedeutung für das moralische Verhalten der Mitarbeiterinnen und Mitarbeiter sind daher nicht zuletzt die persönliche Integrität und das gute Vorbild der Vorgesetzten und deren Offenheit und Sensibilität gegenüber moralischen Problemen. Der Führungsstil und die Führungspersönlichkeit des Vorgesetzten werden so zu einem wesentlichen Schlüsselfaktor für die moralische Orientierung der Angestellten im Unternehmen (vgl. Carlson/Perrewe 1995, 831).

Wissenschaftliche Arbeiten zum Führungsverhalten von Vorgesetzten akzentuieren im Wesentlichen zwei unterschiedliche Perspektiven. Während sich insbesondere ältere Studien vor allem mit der Person des Führenden, seinen formalen Machtbefugnissen und seinen Verhaltensweisen auseinandersetzten, fokussieren neuere Arbeiten vor allem auf das Verhältnis von Führenden und Geführten, um die spezifische Art der Führung und die Gefolgstreue der Geführten zu erklären. Generell wird dabei davon ausgegangen, dass dem Verhältnis von Führenden zu Geführten ein wechselseitiges Einverständnis zugrunde liegt und die Gefolgschaft nicht alleine durch die formalen oder faktischen Machtbefugnisse des Führenden begründet wird sondern auch Elemente einer freiwilligen Nachfolge beinhaltet (vgl. Guillén/González 2001, 176).

Insbesondere im angloamerikanischen Sprachraum werden zur Erklärung des Verhältnisses von Führenden und Geführten derzeit vor allem drei Arten von ›Leadership‹ thematisiert (vgl. u.a. Ciulla 1995, 5–28; Giampetro-Meyer et al. 1998, 1727 f.; Guillén/González 2001, 177 f.):

(1) Charismatischer Führungsstil (Transformational Leadership) basiert auf der Annahme, dass es dem Führenden gelingt, das Verhalten der Geführten durch das Setzen klarer Visionen und eindeutiger Ziele in seinem Sinne zu steuern. Der ›Transformational Leader‹ besitzt Charisma und inspiriert seine Gefolgschaft, er strahlt Selbstbewusstsein aus und besitzt die Macht, Veränderungen herbeizuführen. Er ist bereit, seine Visionen in die Tat umzusetzen, selbst dann, wenn dies mit hohen persönlichen Risiken, Opfern und Gefahren verbunden ist, und verdient sich so nicht nur Respekt sondern schafft damit zugleich eine Atmosphäre des Vertrauens und der Zuversicht in die Erreichung der angestrebten Ziele. Mithin zeichnet sich seine Gefolgschaft durch den Glauben an die Person des Führenden und ein hohes Maß an persönlicher Hingabe aus. Jedoch hängt das Maß dieses Vertrauens in eine ›charismatische Führungspersönlichkeit‹ auf Dauer entscheidend von ihren Erfolgen bei der Umsetzung der angestrebten Ziele und Visionen ab.

(2) Transaktionaler Führungsstil (Transactional Leadership): Grundlage des transaktionalen Führungsstils bildet ein System des ›sozialen Austauschs‹. Der Führende eröffnet seinen Gefolgsleuten ›soziale Chancen‹ und erhält im Austausch hierfür Loyalität und Leistung. Seine Botschaft an die Gefolgschaft lautet: »Do ut des«. Persönlicher Einsatz für die gemeinsame Sache und Loyalität gegenüber dem Führenden werden mit persönlichen Vorteilen und Bevorzugung, etwa bei der Prämienvergabe, der Zuteilung von Sondervergütungen oder bei Beförderungen belohnt. Die Fähigkeit des ›Transactional Leaders‹, seine Gefolgschaft zu motivieren, beruht somit vor allem auf seiner Fähigkeit, in seinen Augen wohlgefälliges Verhalten durch Belohnung und die Zuteilung materieller und sozialer Chancen sicherzustellen und missliebiges Verhalten durch Bestrafung und den Entzug derartiger Chancen zu unterbinden.

(3) Dienender Führungsstil (Servant Leadership): Der ›dienende‹ Führer versteht sich in erster Linie

als Diener seiner Gefolgschaft und ist vor allem am Wohlergehen seiner Mitarbeiter, seiner Kunden und seiner übrigen externen Stakeholder interessiert. Vorbild des Servant Leaders bildet die Figur des Dieners Leo in Hermann Hesses Erzählung »Die Morgenlandfahrt«, dessen Bedeutung für den Zusammenhalt der Reisegruppe erst offensichtlich wird, nachdem Leo die Gruppe verlassen hat. Erst ex post entpuppt sich Leo so als der wahre Führer der Gemeinschaft (vgl. Greenleaf 2003, 213). Entsprechend sieht der ›Servant Leader‹ seine Aufgabe darin, den Interessen all jener zu dienen, für deren Wohlergehen er unmittelbar und mittelbar verantwortlich ist und ist bestrebt, diese zu fördern und als Personen ›wachsen‹ zu lassen. Er respektiert die Individualität und Autonomie der Geführten und bemüht sich vor allem darum, die vorhandenen Anlagen jedes einzelnen zu fördern und zu stärken.

In der unternehmerischen Praxis sind insbesondere die beiden erstgenannten Führungsstile von Bedeutung, aber auch mit spezifischen ethischen Risiken verbunden, da sowohl charismatische wie auch transaktionale Führungsstile dazu verleiten, die moralischen Dimensionen bei der Beurteilung des eigenen Handelns auszublenden. So unterliegen beispielsweise charismatische Führernaturen häufig der Versuchung zur narzisstischen Selbstüberhöhung, die eine ethische Reflexion erschwert und sie für Kritik von außen unempfänglich werden lässt. Zudem sind charismatische Führer in der Lage, ihre Fähigkeiten und die Begeisterung ihrer Gefolgschaft sowohl zum Guten wie zum Bösen einzusetzen (Giampetro-Meyer et al. 1998, 1728 ff.). Demgegenüber führt die Überbetonung von Konformität und Gruppenzusammenhalt bei transaktionalen Führungspersönlichkeiten dazu, dass sie die Wirklichkeit nur mehr selektiv wahrnehmen und Mitarbeiterinnen und Mitarbeiter, die dem Gruppenverhalten kritisch gegenüberstehen aus ihrer ›Gefolgschaft‹ ausschließen. Bereits bei der Auswahl ihrer Gefolgsleute sind Transactional Leaders bestrebt, sich vor allem mit Anhängern zu umgeben, die ihre Anliegen bedingungslos unterstützen, womit sie eine mögliche moralische Kritik bereits ex ante ausschließen (vgl. Giampetro-Meyer et al. 1998, 1731 ff.).

Unter den Stichworten ›Responsible Leadership‹, ›Ethical Leadership‹ oder ›Leadership Ethics‹ werden das Führungsverhalten von Managern und die damit für die Organisation verbundenen Implikationen insbesondere in der englischsprachigen Wirtschaftsethikdebatte thematisiert. Nicht zuletzt geht es dabei auch um die Frage, ob angesichts der nicht unerheblichen Einflussmöglichkeiten der Führenden auf Unternehmenskultur und Mitarbeiterverhalten an Führungspersönlichkeiten nicht auch entsprechend höhere moralische Standards anzulegen seien. Einigkeit besteht dabei vor allem darüber, dass verantwortungsbewusstes Führungsverhalten einen integeren Charakter, moralische Sensibilität, persönliche Tugenden und Respekt gegenüber dem Gesetz seitens der Führenden voraussetzt. Allerdings ist umstritten, ob hierbei strengere Beurteilungskriterien als bei anderen Menschen anzulegen seien (vgl. Ciulla 2006, 24 f.). Gleiches gilt auch für die Annahme, dass ethisches Führungsverhalten vor allem von Altruismus und Wohlwollen gegenüber anderen geprägt sein müsse und ausschließlich dadurch legitimiert sei, dass es den Interessen der Gemeinschaft diene (vgl. Kanungo/Mendonca 1996, 35). Allerdings bedeutet dies im Umkehrschluss auch, dass das moralische Verhalten der Führungskräfte sich nicht auf eine ›Sondermoral‹ berufen darf, die es ihnen erlauben würde, sich außerhalb ethisch legitimierter Verhaltensstandards zu bewegen.

In jüngster Zeit haben unter anderem Thomas Maak and Nicola M. Pless versucht, die normativen Aspekte verantwortungsbewussten Führungsverhaltens auch außerhalb der Binnenperspektive des Unternehmens zu analysieren, indem sie nicht mehr ausschließlich das Führungsverhalten gegenüber Mitarbeiterinnen und Mitarbeitern thematisieren, sondern ›Leadership‹ als Aufgabe und Fähigkeit des Managements auch im Umgang mit unternehmensexternen Gruppen (Stakeholdern) betonen. Bedeutsam ist dabei, dass die Führungsrolle von Managern im Umgang mit unternehmensexternen Stakeholdern in weit geringerem Maße durch formale Machtbefugnisse und weit stärker durch deren soziale Fähigkeiten, ihre Integrität und ihr Geschick, die unterschiedlichen Interessenlagen der verschiedenen Stakeholder-Gemeinschaften auszugleichen, bestimmt wird und sich so dem Ideal einer ›Servant Leadership‹ annähert (Maak/Pless 2006; Maak 2007).

Literatur

Aßländer, Michael S.: Moral als Managementaufgabe. Zur Bedeutung persönlicher Werte des Managements für eine ethische Unternehmensführung. In: Olaf Schumann/Alexander Brink/Thomas Beschorner (Hg.): Unternehmensethik – Forschungsperspektiven zur Verhältnisbestimmung von Unternehmen und Gesellschaft. Marburg 2010, 17–55.

Carlson, Dawn S./Perrewe, Pamela L.: Institutionalization of Organizational Ethics Through Transformational Leadership. In: Journal of Business Ethics 14, 10 (1995), 829–838.

Ciulla, Joanne B.: Leadership Ethics: Mapping the Territory. In: Business Ethics Quarterly 5, 1 (1995), 5–28.

–: Ethics: The Heart of Leadership. In: Thomas Maak/ Nicola M. Pless (Hg.): Responsible Leadership. New York, NY 2006, 17–32.

Giampetro-Meyer, Andrea/Brown, Timothy/Browne, Neil M./Kubasek, Nancy: Do We Really Want More Leaders in Business? In: Journal of Business Ethics 17, 15 (1998), 1727–1736.

Gini, Al: Moral Leadership: An Overview. In: Journal of Business Ethics 16, 3 (1997), 323–330.

Greenleaf, Robert: The Servant as Leader. In: Ciulla, Joanne B. (Hg.): The Ethics of Leadership. Toronto 2003, 212–218.

Guillén, Manuel/González, Tomás F.: The Ethical Dimension of Managerial Leadership – Two Illustrative Case Studies in TQM. In: Journal of Business Ethics 34, 3–4 (2001), 175–189.

Kanungo, Rabindra N./Mendonca, Manuel: Ethical Dimensions of Leadership. Thousand Oaks, CA 1996.

Maak, Thomas: Responsible Leadership, Stakeholder Engagement, and the Emergence of Social Capital. In: Journal of Business Ethics 74, 4 (2007), 329–343.

–/Pless, Nicola: Responsible Leadership in a Stakeholder Society – A Relational Perspective. In: Journal of Business Ethics 66, 1 (2006), 99–115.

Petrick, Joseph A./Quinn, John F.: The Challenge of Leadership Accountability of Integrity Capacity as a Strategic Asset. In: Journal of Business Ethics 34, 3–4 (2001), 331–343.

Michael S. Aßländer

13. Letztbegründung

Definition

Der Begriff ›Letztbegründung‹ bezeichnet ein zentrales Problem der Philosophie (vgl. Gethmann 1980), nämlich die Frage nach einer letztgültigen Rechtfertigung des Erkennens und Handelns; gesucht wird nach Gründen, die ihrerseits keiner weiteren Begründung mehr bedürfen.

In der Erkenntnistheorie geht es um die Bestimmung der »Grenzen von Sinn und Unsinn« sowie »der Reichweite und Zuverlässigkeit unseres kognitiven Instrumentariums« (ebd.). Es geht also um die Frage, ob das, was wir erkennen, mit Sicherheit wahr ist und die Identifizierung von Wissen, das über jeden Zweifel erhaben ist, möglich ist (Albert 1990, 11). In der Ethik steht die Letztbegründung von Normen im Vordergrund, durch welche die Richtigkeit des Handelns absolut abgeleitet werden kann. So ist für Kant der Mensch qua Vernunft an eine durch den freien Willen bestimmte Idee vom Menschsein gebunden, die zu negieren vernünftigerweise unmöglich ist. Hieraus leitet Kant für die Ethik den Kategorischen Imperativ ab (Gottschalk 1999, 47). Nach Hoerster (2003, 105 ff.) lässt sich damit jedoch nicht begründen, warum die Einsicht qua Vernunft als legitimes Verfahren zur Ermittlung allgemein anerkannter moralischer Normen akzeptiert werden solle (ähnlich Hösle 1997, 261).

Kritischer Rationalismus

Karl Popper (1969, 33) lehnt die Existenz einer autoritären Quelle der Erkenntnis ab, da die Idee einer höchsten Autorität, d. h. die Existenz von unverfälschten und unfehlbaren Quellen, die eine reine Erkenntnis erlauben, metaphysisch sei. Zudem würde die Frage nach der Reinheit des Ursprungs von Erkenntnis mit der Frage nach Gültigkeit und Wahrheit verwechselt (ebd.).

Im Anschluss an Poppers Wissenschaftstheorie *Logik der Forschung* (1959/1969) hat Hans Albert in seinem *Traktat über Kritische Vernunft* (1968/1990) das traditionelle methodologische Theorem der Begründungsbedürftigkeit rationaler Aussagen als unvereinbar mit den praktischen Zielsetzungen der Rationalität wissenschaftlichen Wissens herausgestellt (Gethmann/Hegselmann 1977). Er formuliert das Programm eines *Kritischen Rationalismus*, dem das

Prinzip der kritischen Prüfung als Rationalitätspostulat zugrunde liegt (ebd.). Nach Albert (1990, 11 ff.) führt jeder Versuch der Letztbegründung notwendig in das »Münchhausen-Trilemma«. Danach hat der sich um die Letztbegründung Bemühende nur die Wahl zwischen drei gleichermaßen unbefriedigenden Möglichkeiten: (1) infiniter Regress, d.h. jede Aussage, die p begründet, muss ihrerseits begründet werden, (2) *petitio principii*, d.h. ein logischer Zirkel, in dem man im Laufe des Begründungsverfahrens auf Aussagen rekurriert, die zuvor bereits als begründungsbedürftig aufgewiesen wurden und (3) Abbruch des Begründungsverfahrens oder Rekurs auf ein Dogma, wodurch eine zureichende Begründung suspendiert würde (Albert 1990, 15 f.). An die Stelle der Letztbegründung setzt Albert seine Idee der ›kritischen Prüfung‹. Durch Fragen wie »Was können wir tun, um Irrtum aufzudecken?« oder »Auf welche Weise haben wir Aussicht, Irrtum zu erkennen und auszuschalten?« gilt es, der Geltung und Wahrheit von Erkenntnis näher zu kommen. Da es nur möglich ist, Wahrheit im fortwährenden kritischen Prozess zu erlangen, begründet dies im Kritischen Rationalismus die Verpflichtung auf Rationalität (ebd.).

Für die normative Ethik folgt im Kritischen Rationalismus aus der Unmöglichkeit der Letztbegründung von Erkenntnis die Unmöglichkeit der Begründung von Normen. Da eine rationale Letztbegründung ethischer Normen im Kritischen Rationalismus als unmöglich angesehen wird, empfiehlt es sich, dass das jeweils existierende Wertesystem sowie die bestehenden wissenschaftlichen Theorien im Hinblick auf ihre Tauglichkeit für die Praxis, d.h. für die Lösung realer Probleme und im Lichte von Alternativen, kontinuierlich überprüft werden (Fallibilismus) (Albert 1990, 77 f.).

Von den Kritikern des Kritischen Rationalismus wird diese fallibilistische Suche nach der Antwort auf die Frage nach dem richtigen Handeln jedoch als willkürlich und beliebig erachtet. Denn allenfalls könne gezeigt werden, warum es sinnvoll ist a zu tun, wenn b erreicht werden soll (Hösle 1997, 79). Eine Kritik der Zwecksetzungen selbst aber sei unmöglich (ebd.). Daraus folgt, dass im Kritischen Rationalismus etwa die Fragen »Wie kann ich am besten den Hunger in der Welt bekämpfen?« und »Wie kann ich am besten den Hunger in der Welt perennieren?« auf ethisch gleichem Niveau liegen (ebd.). Sofern Normen also nicht im Letzten begründbar sind, kann ihre Anerkennung nicht verpflichtend sein, so dass normative Urteile im Wesentlichen Geschmacks- und Machtfragen sind. Mit anderen Worten: Sie basieren auf unbegründbaren, subjektiven Wertentscheidungen und ihre Anerkennung ist kontingent (Kuhlmann 1981, 4).

Tranzendentalpragmatik und Diskursethik

Ausgehend u.a. von der Kritik am Kritischen Rationalismus und den möglichen Folgen der Unmöglichkeit ethischer Letztbegründung für das politische Handeln, wird in der Transzendentalpragmatik der Versuch einer nicht-deduktiven Letztbegründung unternommen, bei dem die Richtigkeit von Erkenntnis und Normen nicht aus einem ›letzten Grund‹ abgeleitet werden sollen.

Karl-Otto Apel, als einer der wichtigsten Vertreter der Transzendentalpragmatik, bestreitet dabei nicht, dass die Einzelwissenschaften von Axiomen ausgehen, die anhand ihrer Konsequenzen überprüft werden müssen und dass ihre Aussagen nicht sicher, sondern wahrscheinlich seien, mithin die Wissenschaft fallibel sei (Hösle 1997, 129). Die Verabsolutierung der Fallibilität hält Apel jedoch für illegitim und für selbstimmunisierend, da die prinzipielle Behauptung, dass keine Norm und keine Erkenntnis sicher seien, als Aussage selbst ebenfalls nicht sicher sei. So lässt sich vom Gegenüber stets erwidern: »Ich habe ja gesagt, dass nichts sicher sei – also auch nicht, dass nichts sicher sei« (Kuhlmann zitiert nach Hösle 1997, 129).

Apel vertritt dagegen die Auffassung, dass der Kritische Rationalismus zu Unrecht von der pragmatischen Dimension des Gesprächs abstrahiere (Hösle 1997, 127). Denn: Wer sinnvoll argumentiert, geht dabei immer schon davon aus, dass im Diskus wahre Ergebnisse generiert werden können (ebd., 125). Zudem setzt er voraus, dass der Gesprächspartner im Prinzip zur Erkenntnis der Wahrheit fähig ist (ebd.). Die Argumentationssituation als solche ist also unhintergehbar, denn ihr Apriori ist der Anspruch auf Wahrheit, der nicht bestritten werden kann, da sonst der Argumentierende selbst seine argumentative Kompetenz bestreiten würde (ebd.). Dabei beruft sich Apel auf Aristoteles Ausführungen zum Satz des Widerspruchs (Metaphysik), wonach jeder Diskussion als Prinzip zugrunde liegt, dass derjenige, der etwas sagt, mit seiner Aussage zugleich für sich und den anderen einen Wahrheitsanspruch vertritt; wer dies nicht tue, für den gebe es kein vernünftiges Gespräch – weder mit sich, noch mit anderen (ebd., 127).

Allerdings wendet Hösle (1997, 241 ff.) kritisch

gegen die Transzendentalpragmatik ein, dass diese auch nicht ohne eine Letztbegründung auskommen könne. Zwar sei sie in der Lage, das Geltungsproblem zu lösen, also die Frage, welche Normen in einer Kommunikationsgesellschaft gelten sollen, zu beantworten. Jedoch bliebe das Motivationsproblem, nämlich die Frage, warum der Mensch moralisch handeln solle, ungelöst (ebd., 261).

Wirtschafts- und Unternehmensethik

Ethikansätze, die ein bestimmtes Handlungsfeld als Gegenstand haben, wie etwa die Wirtschafts- und Unternehmensethik, sind gleichermaßen mit dem Problem der Letztbegründung konfrontiert, da sie jeweils auf ethischen Grundkonzeptionen basieren, in denen das Problem der Letztbegründung adressiert ist.

So rekurrieren Horst Steinmann und Albert Löhr in ihrem Ansatz auf den transzendentalpragmatischen Ansatz von Karl-Otto Apel, insbesondere auf dessen Weiterentwicklung zum Methodischen Konstruktivismus nach Kamlah und Lorenzen (1973). Ausgangspunkt bildet hierbei die Überlegung, dass der Konsens über richtiges Handeln bzw. gültige Normen argumentativ gewonnen wird, mithin eine sprachliche Konstruktionsleistung ist, die dem Zweck dient, gesellschaftlichen Frieden herzustellen. Hierzu leiste die Wirtschafts- und Unternehmensethik einen wesentlichen Beitrag (Steinmann/Löhr 1992, 68f.; Dies. 1994, 148ff.). Dies begründen die Autoren mit dem »erfahrungsgestützten Anfang in mitten des Lebens selbst, wo man in Konfliktsituationen die kategoriale Differenz zwischen verschiedenen Konfliktlösungsformen unmittelbar erleben kann und die Vorzugswürdigkeit der friedlichen Argumentation gegenüber allen machtinduzierten Manipulationen im allgemeinen schon verstanden und erkannt hat« (Steinmann/Löhr 1994, 149).

Schlussfolgerung

Trotz dieser Versuche bleibt das Problem der Letztbegründung ungelöst mit der Folge, dass auch auf bestimmte Handlungsfelder bezogene Ansätze im letzten nicht begründbar sind. Dennoch kommen insbesondere demokratisch verfasste Gesellschaften nicht ohne ein intersubjektiv anerkanntes, wenn auch nicht objektiv begründbares Fundament aus, wenn es um die Lösung gesellschaftlicher Probleme und damit auch wirtschafts- und unternehmensethischer Fragen geht (Hösle 1997, 241ff.).

Literatur

Albert, Hans: Traktat über Kritische Vernunft [1968]. Tübingen [5]1990.

Apel, Karl-Otto: The Problem of Philosophical Fundamental Grounding in Light of a Transcendental Pragmatics of Language. In: Man and World 8, 3 (1975), 239–275.

Gethmann, Carl Friedrich: Letztbegründung. In: Historisches Wörterbuch der Philosophie. Bd. 5. Basel 1980, Sp. 251–254.

– /Hegselmann, Rainer: Das Problem der Begründung zwischen Dezisionismus und Fundamentalismus. In: Zeitschrift für allgemeine Wissenschaftstheorie 8, 2 (1977), 342–368.

Gottschalk Niels: Diskursethik. Begründungs- und Anwendungsfragen. Diss. 1999. In: http://elib.uni-stuttgart.de/opus/volltexte/2002/1076/pdf/de.pdf (21.2. 2010).

Habermas, Jürgen: Diskursethik – Notizen zu einem Begründungsprogramm. In: Ders.: Moralbewusstsein und kommunikatives Handeln. Frankfurt a.M. 1983, 53–126.

Hoerster Norbert: Ethik und Interesse. Stuttgart 2003.

Hösle, Vittorio: Die Krise der Gegenwart und die Verantwortung der Philosophie: Transzendentalpragmatik [1990]. München [3]1997.

Kamlah, Wilhelm/Lorenzen, Paul: Logische Propädeutik [1967]. Mannheim [2]1973.

Kuhlmann, Wolfgang: Reflexive Letztbegründung. Zur These von der Unhintergehbarkeit der Argumentationssituation. In: Zeitschrift für philosophische Forschung 35, 1 (1981), 3–26.

–: Reflexive Letztbegründung versus radikaler Fallibilismus – Eine Replik. In: Zeitschrift für allgemeine Wissenschaftstheorie X VI/2 (1985), 357–374.

Pleines, Jürgen-Eckardt: Dialektik als Letztbegründung bei Hegel. In: Zeitschrift für philosophische Forschung 46, 4 (1992), 591–599.

Popper, Karl Raimund: Logik der Forschung [1959]. Tübingen [3]1969.

Steinmann, Horst/Löhr, Albert (1992): Unternehmungsethik. In: Erich Frese (Hg.): Handwörterbuch der Organisation. Stuttgart [3]1992, Sp. 2451–2463.

–/–: Unternehmensethik – Ein republikanisches Programm in der Kritik. In: Forum für Philosophie Bad Homburg (Hg.): Markt und Moral – Die Diskussion um die Unternehmensethik. Bern u.a. 1994, 145–180.

Ulrich, Peter: Integrative Wirtschaftsethik. Grundlagen einer lebensdienlichen Ökonomie. Bern/Stuttgart/ Wien [4]2008.

Mi-Yong Lee-Peuker

14. Lohngerechtigkeit

Lohn ist das Entgelt für Arbeit; in der Regel werden dabei dem periodisch ausgezahlten Nettoarbeitslohn für Arbeitnehmerinnen und Arbeitnehmer (Arbeiter, Angestellte und Beamte) die Lohnsteuer und die Arbeitnehmerbeiträge zur Sozialversicherung zugerechnet (Külp 1988, 73 f.). Gerechtigkeit ist, nachweislich seit Platon und Aristoteles, eine anerkannte moralische Leitidee für Gesellschaft und Individuen. Aristoteles unterscheidet dabei die *iustitia commutativa* (Tausch- oder Leistungsgerechtigkeit), die einem gerechten Tausch zugrunde liegt, von der *iustitia distributiva* (aufteilende Gerechtigkeit oder Verteilungsgerechtigkeit), die die Zuweisung von Gütern und Rechten durch die Gemeinschaft nach dem Prinzip der Angemessenheit bezeichnet (Aristoteles 2008, 1131a ff.).

Die Lohngerechtigkeit bezieht sich somit auf die gerechte Entlohnung in Bezug auf die getauschte Arbeitsleistung einerseits und die angemessene Entlohnung zur Finanzierung des Lebensunterhalts andererseits (Stabile 2008). Die Forderung, dass der Arbeiter einen Lohn erhalten soll, von dem er und seine Familie leben können, wurde bereits in den Schriften der Scholastik zum »gerechten Preis« formuliert (Ballestrem 2004, 515 mit weiteren Nachweisen). Die katholische Soziallehre, die sich auf diese Tradition beruft, ist heute gekennzeichnet durch eine Akzeptanz marktwirtschaftlicher Ordnungsvorstellungen, die das Prinzip der ›Leistungsgerechtigkeit‹ als Grundlage der Lohnfindung akzeptieren, fordert aber die Korrektur der Marktergebnisse in Bezug auf die Lohnbildung, da der menschlichen Arbeit eine besondere ethische Dignität zugesprochen wird und am Arbeitsmarkt systematische Machtungleichgewichte wahrgenommen werden. Hierbei wird auf den ›Lebenslohn‹ verwiesen, der ein menschenwürdiges Dasein, das über das physische Existenzminimum hinausgeht, ermöglichen soll (Nell-Breuning 1975, 135). Soziale Gerechtigkeit soll hierbei insbesondere durch die Rahmenordnung garantiert werden, so dass der Begriff der Lohngerechtigkeit vor allem als Indikator Anwendung findet, »wenn die Leistungsfähigkeit ordnungspolitischer Maßnahmen beurteilt wird oder staatliche Eingriffe aufgrund von Marktversagen gefordert werden« (Hecker 2008, 134).

Die Leistungsgerechtigkeit fordert, dass die relative Lohnhöhe der jeweiligen Leistung entspricht, und orientiert sich am Äquivalenzprinzip. Nach dem Äquivalenzprinzip muss der Lohn sowohl dem Anforderungsgrad (Arbeitsschwierigkeit gemessen durch Arbeitsbewertungen für Lohngruppen) als auch dem Leistungsgrad (persönliche Arbeitsleistung gemessen am Arbeitsergebnis) entsprechen. Dies wird z. B. umgesetzt durch arbeitsplatzdifferenzierte Lohnsätze gekoppelt mit leistungsabhängigen Zuschlägen für Leistungen oberhalb der Normalleistung (Kleinhenz et al. 2005). Die leistungsgerechte Entlohnung ermöglicht es, dem Lohn die Funktion eines Marktpreises zuzuweisen, der Knappheiten anzeigt und somit Allokationsfunktionen am Arbeitsmarkt übernimmt. Entsprechend der Grenzproduktivitätstheorie könnte auf diese Weise unter bestimmten idealen Annahmen der Lohn für einen gleichgewichtigen Arbeitsmarkt, d. h. einen Zustand ohne unfreiwillige Arbeitslosigkeit, sorgen. Wirtschaftsethisch relevant sind Zustände, in denen die Leistungsgerechtigkeit nicht beachtet wird, z. B. bei ungleicher Entlohnung für gleiche Arbeit (etwa von Frauen oder Farbigen) (vgl. beispielhaft Figart et al. 2002). Allerdings erfasst eine allein auf Marktpreisen basierte Interpretation der Leistungsgerechtigkeit einige Bereiche nicht, die für den Fortbestand der Gesellschaft unabdingbar sind, wie z. B. die nicht entlohnten Leistungen innerhalb von Familien oder im ehrenamtlichen Bereich (Hecker 2008, 288 f.).

Die Disziplin der Ökonomik grenzte sich historisch gerade dadurch von der Philosophie ab, dass sie die Frage nach der Verteilungsgerechtigkeit in den Bereich der privaten Tugenden verwies (Nutzinger 2005, 387). In der Tradition liberaler Denkansätze lassen sich kaum moralische Postulate für eine inhaltliche Ausgestaltung der Lohngerechtigkeit entwickeln, da zentraler Bestandteil der Idee liberaler Freiheitsrechte die Verfolgung eigener Interessen im Rahmen selbst geschlossener Verträge ist (Hecker 2008, 193). Erst John Rawls (1971) hat die Frage der Gerechtigkeit wieder in das Zentrum der politischen Debatte gerückt. Ausgangspunkt seiner liberalen Theorie bildet ein gedachter Urzustand, in dem sich die Mitglieder einer zukünftigen Gesellschaft qua Abstimmung für eine bestimmte Gesellschaftsordnung entscheiden; allerdings ist dieser Urzustand durch den »Schleier des Nichtwissens« (eine fiktive Situation, in der man nicht weiß, welche gesellschaftliche Stellung man einnehmen wird) gekennzeichnet. Rawls geht davon aus, dass sich Gesellschaften so eine Verfassung geben würden, die die Sicherung der Würde aller Betroffenen in allen denkbaren Situationen gewährleistet. Diese Verfassung ist gekennzeichnet durch größtmögliche Freiheitsrechte, ergänzt um das Ziel, auch den relativ schlechter Gestellten eine Verbesserung ihrer Situation zu ermöglichen. Für Rawls legitimiert nur dieses Differenzprinzip – also die Begünstigung der am schlechtesten Gestellten – Märkte, sofern sie eine effiziente Allokation ermöglichen. Die Rawlssche Gerechtigkeitstheorie ist somit – wie auch eine Reihe wirtschaftspolitischer Konzepte – mit einem Konzept von Lohngerechtigkeit vereinbar, das sich auf die Leistungsgerechtigkeit beschränkt. Allerdings gilt dies nur, sofern auch die soziale Gerechtigkeit über eine Rahmenordnung gewährleistet wird, die Chancengleichheit, Bedarfs- und Ausgleichsgerechtigkeit sowie die intergenerationale Gerechtigkeit verwirklicht (Hecker 2008, 289–299). Auch aus Sicht der ökonomischen Theorie der Ethik (z.B. K. Homann) ist die Lohngerechtigkeit normativ auf die Leistungsgerechtigkeit zu begrenzen, um eine effiziente Allokation am Arbeitsmarkt zu ermöglichen und Arbeitslosigkeit zu vermeiden.

Bezogen auf die Thematik der Mindestlöhne verweist die neoklassische ökonomische Theorie mit Blick auf die *Leistungsgerechtigkeit* (1) in erster Linie auf die Wohlfahrtsverluste durch die Einführung von Mindestlöhnen. Diese oder eine sozialpolitisch motivierte Nivellierung der Löhne führt unter den Annahmen der Grenzproduktivitätstheorie zu Geldentwertung (Inflation) oder Arbeitslosigkeit (Ribhegge 1993, 617), die gerade die Problemgruppen am Arbeitsmarkt in besonderem Maße betrifft. Da allerdings der Arbeitsmarkt nicht durch vollkommene Marktbedingungen gekennzeichnet ist, sondern durch erhebliche Informationsasymmetrien (Principal-Agent-Problematik), beschränkte Rationalitäten von Arbeitnehmern und -gebern sowie durch komplexe Beziehungen zwischen beiden Parteien kommt auch in einer vertragstheoretischen Perspektive der Fairness von Verträgen eine zentrale Rolle zu (ebd., 624). Im Rahmen der Behavioral Economics ist zudem empirisch belegt worden, dass das subjektive Fairnessempfinden und die Gerechtigkeitsvorstellungen der Wirtschaftssubjekte von großer Bedeutung sind für die Akzeptanz von Tauschprozessen in der Gesellschaft (Hecker 2008, 362 ff.). Durch Mindestlöhne könnte daher die politische Akzeptanz des erweiterten europäischen Binnenmarktes gefördert werden. In Bezug auf die Ausgestaltung wäre ein Mindestlohn für die Gesamtwirtschaft, der nicht wesentlich höher ist als der implizite Mindestlohn – die Sozialhilfe –, allokationspolitisch angemessen (Bauer/Schmidt 2007, 163).

Allerdings ist umstritten, ob sich das Arbeitsangebot so verhält, wie modelltheoretisch angenommen. Die empirischen Untersuchungen in unterschiedlichen Ländern zu dieser Frage deuten widersprüchliche Ergebnisse an (Hickel 2007). Insbesondere im Bereich des Niedriglohnsektors besteht daher aus der Perspektive der *Verteilungsgerechtigkeit* (2) in Deutschland Regelungsbedarf, der auch durch Kombilöhne oder Bürgereinkommen ausgefüllt werden könnte (Kratzsch 2007; Van Parijs 1995).

Die Vertreter der Dialogethik (z.B. H. Steinmann und A. Löhr) wenden aus der Diskursethik entwickelte allgemeine Anforderungen an Kommunikationsprozesse auch auf Tauschprozesse an (Unvoreingenommenheit, Nicht-Persuasivität, Zwanglosigkeit, Sachverständigkeit). Zur Verwirklichung der Lohngerechtigkeit als prozessuale Gerechtigkeit fordern sie die Etablierung von Kommunikationsprozessen, die ein faires Abwägen von Argumenten ermöglichen (Hecker 2008, 258 f.). In Bezug auf Managergehälter (z.B. *golden parachute*) beispielsweise ist die Frage der Machtbeziehungen und Informationsasymmetrien bei der Beurteilung der scheinbar allokationseffizienten Marktergebnisse (Bebchuk 2004) in wirtschaftsethischer Perspektive von Bedeutung.

Aus der Perspektive einer Wirtschaftsethik, die einige Grundannahmen der Ökonomik kritisiert, wären nicht nur die Preismechanismen, Nutzenkalküle und Marktannahmen, die von der Ökonomik auch für den Arbeitsmarkt als recht gut funktionierend angenommen werden, zu hinterfragen, sondern auch die grundlegende Vorstellung, dass der Arbeitsmarkt und die Ökonomie insgesamt als selbständiges System mit einer eigenen Logik quasi unabhängig von der Gesellschaft geregelt werden können. Unter Berücksichtigung der Tatsache, dass die Wirtschaft in die soziale Lebenswelt eingebettet ist, wird besonders deutlich, dass Arbeitsverhältnisse auch von Machtbeziehungen geprägt sind und dass die Frage der Menschenwürde von Arbeitnehmerinnen und Arbeitnehmern nicht auf ihre ›freiwillige‹ Zustimmung zu Verträgen reduziert werden kann, sondern auch die Frage der Entwicklungschancen zur Führung eines selbstbestimmten Lebens impliziert. Somit ist Lohngerechtigkeit nicht in erster Linie eine Aufgabe der Lohn- oder Wirtschaftspolitik, sondern der Gesellschaftspolitik (Ulrich 2007, 13 ff.).

Literatur

Aristoteles: Nikomachische Ethik. Übers. und hg. von Ursula Wolf. Reinbek bei Hamburg ²2008.
Ballestrem, Karl Graf: Lohn, Verdienst. In: Historisches Wörterbuch der Philosophie. Bd 5. Basel 2004, 503–521.
Bauer, Thomas/Schmidt, Christoph: Mindestlöhne und das Entsendegesetz. In: Wirtschaftsdienst 87, 3 (2007), 160–163.
Bebchuk, Lucian/Fried, Jesse: Pay without Performance: The Unfulfilled Promise of Executive Compensation. Cambridge u. a. 2004.
Figart, Deborah M./Mutari, Ellen/Power, Marilyn: Living Wages, Equal Wages: Gender and Labor Market Policies in the United States. London/New York 2002.
Hecker, Christian: Lohn- und Preisgerechtigkeit: Historische Rückblicke und aktuelle Perspektiven unter besonderer Berücksichtigung der christlichen Soziallehren. Marburg 2008.
Hickel, Rudolf: Kritische Hinweise zu Peter Kalmbach über Mindestlöhne in Deutschland. In: Wirtschaftsdienst – Zeitschrift für Wirtschaftspolitik 87, 10 (2007), 696–698.
Kleinhenz, Gerhard et al.: Äquivalenzprinzip. In: Gabler Wirtschafts-Lexikon. Wiesbaden 2005, 144–145.
Külp, Bernhard: Lohntheorie. In: Handwörterbuch der Wirtschaftswissenschaft (HdWW) zugleich Neuauflage des Handwörterbuchs der Sozialwissenschaften. 5. Bd. Stuttgart u. a. 1988, 73–99.
Kratzsch, Uwe: Mindestlöhne in Deutschland: Sollte das Arbeitnehmer-Entsendegesetz ausgeweitet werden? Saarbrücken 2007.
Nell-Breuning, Oswald von: Der Mensch in der heutigen Wirtschaftsgesellschaft. München/Wien 1975.
Nutzinger, Hans G.: Ökonomik und Gerechtigkeit: Grundsätzliche Überlegungen und der Anwendungsfall Klimapolitik. In: Thomas Beschorner et al.: Wirtschafts- und Unternehmensethik: Rückblick – Ausblick – Perspektiven. München/Mering 2005, 383–423.
Rawls, John: A Theory of Justice. Cambridge 1971.
Ribhegge, Hermann: Lohn. In: Georges Enderle et al. (Hg.): Lexikon der Wirtschaftsethik. Freiburg i. Br. u. a. 1993, 616–624.
Stabile, Donald R.: The Living Wage. Lessons from the History of Economic Thought. Northampton u. a. 2008.
Ulrich, Peter: Lohngerechtigkeit ade? Was vor sich geht, wie es zu beurteilen und was zu tun ist. St. Gallen 2007.
Van Parijs, Philippe: Real Freedom for All – What (if Anything) Can Justify Capitalism? Oxford u. a. 1995.

Bettina Hollstein

15. Menschenrechte

Die allgemeinen Menschenrechte zählen zu den wohl wichtigsten moralischen Errungenschaften der Aufklärung. Ihre endgültige Formulierung und ihre Deklaration durch die Vereinten Nationen vom 10. Dezember 1948 darf zu den Meilensteinen der Rechtsgeschichte gerechnet werden.

Historische Entwicklung

Allerdings zeigt ein Blick auf die Geschichte der allgemeinen Menschen- und Bürgerrechte, dass sich das Verständnis dessen, was als allen Menschen zuzugestehendes Recht angesehen wird, wie sich ein derartiges Recht begründen lässt und wer die Adressaten derartiger Rechtsnormen sind, durchaus gewandelt hat. Historisch gesehen lassen sich drei Phasen unterscheiden (vgl. Bobbio 1999a, 10 ff.):

(1) Zunächst entstehen die allgemeinen Menschenrechte als philosophisches Ideal. Entsprechend der philosophischen Naturrechtstradition der Aufklärung besitzt der Mensch von Geburt an unveräußerliche Rechte, die ihm weder genommen werden, noch von ihm selbst veräußert werden können. Selbst für einen Pessimisten wie Thomas Hobbes, der den Urzustand der Gesellschaft als »bellum omnium contra omnes« beschreibt, der letztlich nur durch die Übertragung aller natürlichen Rechte auf einen allmächtigen Staat beendet werden könne, bleibt mindestens das Recht auf Selbstverteidigung unveräußerlich (vgl. Hobbes 1987, 197). Diese Annahmen gleicher Geburtsrechte bleiben jedoch weitgehend dem philosophischen Ideal verhaftet. Sich dieser Tatsache bewusst schreibt Rousseau einleitend zu seinem *Contrat Social*: »Der Mensch ist frei geboren, und überall liegt er in Ketten« (Rousseau 1995, 61).

(2) In einer zweiten Phase wandelt sich das philosophische Ideal der Aufklärung zur regulativen Idee. Mit der Unterzeichnung der amerikanischen Unabhängigkeitserklärung am 4. Juli 1776 und der Verkündung der Allgemeinen Menschen- und Bürgerrechte zu Beginn der Französischen Revolution im August 1789 wird das Naturrechtsideal der freien und gleichen Geburt und der damit zusammenhängenden unveräußerlichen Rechte zur Richtschnur legitimer Gesetzgebung. Ziel dieser Gesetzgebung muss es sein, die Menschenrechte mittels staatlicher Gesetzgebung zu schützen und die hieraus resultie-

renden Ansprüche einzulösen (vgl. Bobbio 1999b, 52 f.). Menschenrechte werden zu Bürgerrechten, die der Staat dem einzelnen Staatsbürger garantiert.

(3) Diese Einschränkung wird erst durch die Deklaration universeller Menschenrechte durch die Völkergemeinschaft im Dezember 1948 aufgehoben. Damit beginnt eine dritte Phase in der Umsetzung allgemeiner Menschenrechte. Diese werden nun zugleich als universal begriffen, wie auch im Sinne eines positiven Rechts verstanden. Sie gelten für alle Menschen und sollen durch das übergeordnete Gremium der Völkergemeinschaft garantiert werden.

Anspruchs- und Abwehrrechte

Allerdings hat sich das, was als allen Menschen zu garantierendes Recht verstanden wird, im Zeitablauf erheblich gewandelt. Galt es für die ›philosophes‹ der Aufklärung vor allem, die Freiheit des Einzelnen gegen staatliche Willkür zu schützen (vgl. Bobbio 1999c, 72 f.), wird für die Gründungsväter der amerikanischen Nation und der französischen Republik der Staat zum Garanten für die Verwirklichung individueller Freiheit. Mit der UN-Deklaration schließlich umfassen die Menschenrechte, neben den genannten Aspekten, nun auch zunehmend soziale Fürsorgepflichten gegenüber dem Einzelnen, wie etwa das Recht auf bezahlte Arbeit (Artikel 23) oder auf die Gewährung von bezahltem Urlaub (Artikel 24). Während die Umsetzung von Abwehrrechten (Schutz des Lebens, Schutz vor Folter etc.) unproblematisch bleibt, da sie gegen jedermann gelten und es Aufgabe des Staates und der Völkergemeinschaft ist, den Einzelnen vor Übergriffen und Willkür zu schützen, bleibt die Einlösung der Anspruchsrechte (Recht auf Arbeit, Recht auf bezahlten Urlaub) problematisch, da der Adressat, dem gegenüber der Rechtsanspruch einzulösen wäre, offen bleibt. Allerdings erhellt die Präambel der Allgemeinen Menschenrechtsdeklaration, dass zur Wahrung der genannten Rechte nicht nur die Staatengemeinschaft und deren Institutionen aufgerufen sind; vielmehr fordert sie, dass jeder Einzelne und alle Organe der Gesellschaft sich bemühen, diese Rechte und Freiheiten zu fördern. Damit wird die soziale Sicherung zur Aufgabe der Gemeinschaft und aller ihrer Mitglieder.

Unternehmen als Normadressaten

Folgt man dieser Argumentation, bedeutet dies insbesondere im Rahmen einer Wirtschafts- und Unternehmensethik auch, die Frage nach den hieraus resultierenden Pflichten für Unternehmen zu stellen.

Angesichts eines globalisierungsbedingten zunehmenden Steuerungsverlustes staatlicher Ordnungsinstanzen und dem damit einhergehenden Machtgewinn transnational agierender Konzerne, wird auch die Durchsetzung der Menschenrechte nicht mehr als alleinige Aufgabe der Nationalstaaten gesehen. Wie der Unternehmensskandal um die Firma Shell im Zusammenhang mit der Ermordung des afrikanischen Bürgerrechtlers Ken Saro-Wiwa in Nigeria im Jahre 1995 zeigt (vgl. Okonta/Douglas 2003, 116–156), werden zunehmend auch Unternehmen für Menschenrechtsverletzungen innerhalb ihrer Einflusssphäre verantwortlich gemacht. Jenseits der Frage, ob Shell tatsächlich von diesem Justizmord profitierte und unabhängig davon, ob das Unternehmen wirklich in der Lage gewesen wäre, zu Gunsten Ken Saro-Wiwas zu intervenieren, zeigt der Protest zahlreicher Bürger- und Menschenrechtsaktivisten dennoch, dass das Unternehmen durchaus in der Pflicht gesehen wurde, sich aktiv für die Wahrung der Menschenrechte einzusetzen. Shell reagierte im Nachgang mit der ausdrücklichen Verpflichtung seiner Unternehmenspolitik auf die Menschenrechtsdeklarationen in seinen weltweit gültigen ›General Business Principles‹ (vgl. Shell 2005, 5).

Damit tritt die Durchsetzung fundamentaler Menschenrechte in gewissem Sinne in eine neue Phase. Folgt man dem Konzept einer unternehmerischen Verantwortung zur Wahrung und Durchsetzung der Menschenrechte, könnte dies nicht nur der theoretischen Fundierung einer Corporate Social Responsibility dienen, sondern hätte auch weitreichende Folgen für die korporative Verantwortung insbesondere der transnational agierenden Konzerne. So etwa sehen Dirk Matten und Andrew Crane Unternehmen als quasi-staatliche Akteure, die als Corporate Citizens dazu aufgerufen sind, sich für die Wahrung der Menschenrechte in all jenen Fällen einzusetzen, in denen es Staaten unterlassen, diese Rechte ihrer Bürgerinnen und Bürger zu verwirklichen, in denen sie hierfür noch keine Regelungen erlassen haben oder in Fällen, in denen sich derartige Regelungen außerhalb der Regulierungsmöglichkeiten der Nationalstaaten befinden (vgl. Matten/Crane 2005, 171 f.; Crane/Matten 2007, 74 f.).

Innerhalb der derzeitigen Wirtschafts- und Unternehmensethikdebatte gewinnt diese Betrachtung nicht zuletzt auch deshalb an Bedeutung, da sie eine normative Grundlage für die Verantwortungsbeziehung multinationaler Konzerne auch für das Verhalten beispielsweise ihrer Zulieferbetriebe bietet. So stellt sich in der Praxis die durchaus schwer zu beantwortende Frage, inwieweit Unternehmen für Menschenrechts- oder Arbeitsrechtsverletzungen ihrer Zulieferbetriebe verantwortlich gemacht werden können (vgl. Bowie/Werhane 2005, 83). In aller Regel kann hier eine Verantwortungszuweisung nur mittelbar erfolgen, insbesondere dann, wenn das einzelne Unternehmen um die unmoralischen Praktiken seiner Zulieferbetriebe nicht weiß. Trotz dieser in der Praxis oftmals schwierigen Beweislage, existieren Präzedenzfälle, in denen auch derartige ›mittelbare‹ Menschenrechtsverletzungen in gravierenden Fällen gerichtliche Schritte nach sich zogen. So wurde unter Bezugnahme auf den ›Alien Tort Claims Act‹ die amerikanische Union Oil Company of California für Menschenrechtsverletzungen angeklagt, die von lokalen Militärs im Zusammenhang mit einem Gasprojekt des Unternehmens mit dessen Wissen in Burma begangen wurden (vgl. Bowie/Werhane 2005, 85 f.). Dem Gericht genügten in diesem Falle alleine die Mitwisserschaft und die Duldung durch das Unternehmen, um eine Klage zuzulassen. Damit tragen Unternehmen unter Umständen auch eine rechtliche und moralische Mitverantwortung für Menschenrechtsverletzungen ihrer Geschäftspartner oder der Staaten, innerhalb derer sie sich engagieren, sofern sie davon Kenntnis haben und dies aus wirtschaftlichen Gründen billigend in Kauf nehmen (vgl. Bowie/Werhane 2005, 186).

Literatur

Bobbio, Norberto: Zeitalter der Menschenrechte – ist Toleranz durchsetzbar? Berlin 1999.

-: Gegenwart und Zukunft der Menschenrechte. In: Ders. 1999 [a].

–: Das Zeitalter der Menschenrechte. In: Ders. 1999 [b].

–: Menschenrechte und Gesellschaft. In: Ders. 1999 [c].

Bowie, Norman E./Werhane, Patricia H.: Management Ethics. Malden 2005.

Crane, Andrew/Matten, Dirk: Business Ethics. Oxford 2007.

Hobbes, Thomas: Leviathan. Stuttgart 1987.

Matten, Dirk/Crane, Andrew: Corporate Citizenship: Toward an Extended Theoretical Conceptualization. In: Academy of Management Review 30, 1 (2005), 166–179.

Okonta, Ike/Douglas, Oronto: Where Vultures Feast – Shell, Human Rights, and Oil. London 2003.

Rousseau, Jean-Jacques: Der Gesellschaftsvertrag. In: Ders.: Politische Schriften. Paderborn 1995.

Shell: General Business Principles (2005).

Vereinte Nationen: Allgemeine Erklärung der Menschenrechte. Frankfurt a. M. 1990.

Michael S. Aßländer

16. Neuroökonomie

Grundverständnis

Erkenntnisse der Neurowissenschaft haben in den vergangenen Jahren Eingang in verschiedenste Wissenschaftsbereiche gefunden und zur Gründung neuer Forschungsrichtungen geführt. Innerhalb der Wirtschaftswissenschaft ist daraus der interdisziplinäre Ansatz der Neuroökonomie entstanden. Als Teilgebiet der sozialen Neurowissenschaften beschreibt und erklärt die Neuroökonomie menschliches Verhalten in ökonomischen Entscheidungssituationen mittels neurowissenschaftlicher Methoden und mit Hilfe von Erklärungsansätzen aus der Psychologie und Soziologie (Schilke/Reimann 2007). Geforscht wird an ökonomischen Problemstellungen der neoklassischen Theorie, der experimentellen Ökonomie oder der Behavioral Economics. In jüngerer Zeit widmet sich die Neuroökonomie vermehrt auch anwendungsorientierten, betriebswirtschaftlichen Fragestellungen in den Bereichen Organisation, Marketing und Finance. Die verwendeten neurowissenschaftlichen Methoden geben Auskunft über die anatomische und funktionale Struktur des Gehirns und ablaufende neuronale Prozesse. In unilateralen (intrapersonellen) oder multilateralen (interpersonellen, interaktiven) Entscheidungssituationen dokumentieren sie die Hirnaktivität von Versuchspersonen. Dadurch sind Aussagen über die Lokalisierung und Differenzierung von Zuständen und Prozessen im Gehirn möglich. Ferner kann Aufschluss gegeben werden über die neuronalen Prozesse, die mit menschlichem Verhalten im Kontext sozialer und ökonomischer Entscheidungen einhergehen. Konzepte aus der Psychologie und Soziologie, aber auch aus der Anthropologie und Philosophie, ergänzen das ökonomisch formulierte Problem und die neurowissenschaftliche Methode mit Erklärungen und Beschreibungen der gemessenen Phänomene. Auf diese Weise untersuchte Phänomene sind zum Beispiel Belohnung und Bestrafung, Vertrauen, Kooperation, Fairness oder die Bildung von Präferenzen.

Methode

Das wachsende Interesse an der Neuroökonomie wird maßgeblich durch den Einsatz der verschiedenen neurowissenschaftlichen Methoden beeinflusst. Zum Einsatz kommen psychophysiologische Techniken (Messung körperlicher Indikatoren wie Schweiß, Blutdruck, Puls etc.), nichtinvasive Gehirnstimulation (z. B. die transkranielle Magnetstimulation), pharmakologische Substanzen (z. B. Oxytocin) und vor allem die funktionelle Magnetresonanztomographie (fMRT). Als bildgebendes Verfahren kann die fMRT in vergleichsweise hoher räumlicher Auflösung indirekt Aussagen über den Grad sowie über zeitliche Sequenzen der Aktivierung treffen. Sie ist eine nichtinvasive Technologie und basiert auf der Nutzung magnetischer Felder und hochfrequenter elektromagnetischer Wellen. Die Gewinnung der Daten nutzt die unterschiedlichen magnetischen Eigenschaften von sauerstoffreichem (oxygeniertem) und -armen (desoxygeniertem) Blut. In der Fachsprache bezeichnet man diesen Unterschied als BOLD-Effekt (Blood Oxygen Level Dependency). Der Schluss vom mittels fMRT gemessenen BOLD-Effekt auf die neuronale Aktivität beruht auf der Annahme, dass aktivierte Hirnareale durch einen erhöhten Stoffwechsel gekennzeichnet sind, was wiederum mit einem gesteigerten Bedarf an Sauerstoff einhergeht (vgl. dazu detaillierter Hüsing 2006, 35 ff.). Der Einsatz von bildgebenden Verfahren gilt aus neuroökonomischer Sicht als vorteilhaft gegenüber konventionellen Methoden, wie beispielsweise Fragebögen oder Interviews. Ein häufig genanntes Pro-Argument ist die Unabhängigkeit der mittels fMRT gemessenen Daten von verbalen oder schriftlichen Aussagen der Probanden, wodurch die Reliabilität der Daten erhöht wird. Ein weiterer Vorteil bezieht sich auf die Verknüpfung von nicht beobachtbaren, intrapersonellen Vorgängen und sichtbarem Verhalten, was zu einer Präzisierung innerhalb der ökonomischen Modell- und Theoriebildung beiträgt (Priddat 2007, 7). Bislang war es nicht möglich, im Gehirn ablaufende Prozesse in die Theoriebildung einzubeziehen, was durch den naturwissenschaftlichen Zugang jetzt möglich erscheint. Die Zahl der Themengebiete, die mit Hilfe des neuen Zugangs erforscht werden, ist auch innerhalb der Neuroökonomie vielfältig.

Themen

Im Themenbereich »Belohnung und Bestrafung« haben Knutson und Peterson (2005) in einer Studie versucht, Gehirnbereiche zu lokalisieren, die aufgrund der Erwartung von monetären Gewinnen aktiviert werden. Die Studie zeigt, dass bei der Verarbeitung von Belohnung durch monetäre Anreize (tatsächlich oder in Erwartung) zwei Gehirnbereiche (Nucleus Accumbens und der mediale präfrontale Cortex) besonders involviert sind (Knutson/Peterson 2005, 312). Nicht gezeigt wurde, ob dieselben oder andere Gehirnbereiche bei negativen monetären Erwartungen aktiviert sind. Auch lassen sich aus der Aktivierung dieser Gehirnbereiche keine allgemeinen Rückschlüsse auf ökonomisches oder soziales Verhalten schließen.

Die ›soziale Interaktion‹ wird innerhalb der Neuroökonomie in Bezug auf mehrere zwischenmenschliche Phänomene untersucht. So gibt es Studien, die sich für die Entstehung von Vertrauen, Fairness oder Kooperation interessieren. Andere erforschen die Rolle von Empathie, Reziprozität und die Theory of Mind (die Fähigkeit, sich in Bewusstseinsvorgänge von anderen Personen zu versetzten) (Singer/Fehr 2005, 340). Das zu untersuchende Phänomen wird dabei meist in eine ökonomische Spielsituation übersetzt, um es experimentell mess- und replizierbar zu gestalten. Beispiele kooperativer Spielstrategien sind das Ultimatum-Spiel oder das Diktator-Spiel. Je nach Strategie werden die Spiele anonym/nicht-anonym und über eine oder mehrere Runden gespielt. In ihrer Studie zeigen Krueger, Grafman und McCabe (2008), welche Gehirnbereiche bei Vertrauen und bei reziprokem Verhalten aktiviert und welche jeweils nur bei Vertrauen oder nur bei Reziprozität aktiviert sind. Gespielt wurde ein Mehrrunden-Ultimatum Spiel zwischen zwei sich fremden Spielern. Die neuronale Aktivität während der Interaktion wurde mittels fMRT gemessen. Die Studie zeigt, dass für die Entstehung von Vertrauen und Reziprozität Gehirnbereiche aktiviert sind, die bedeutend sind für Empathie (Anterior Insula) und das Mitfühlen mit einer anderen Person (anteriorer rostraler prefrontaler Cortex). Des Weiteren wurde gezeigt, dass Vertrauen mit einer spezifischen Aktiviertheit im frontopolaren Cortex einhergeht (Krueger et al. 2008, 3867 ff.). Auch diese Studie sieht ihren Beitrag in der Erweiterung und Bestätigung bisheriger Ergebnisse. Wenngleich gezeigt werden konnte, dass im ökonomischen Spiel sowohl das rationale Bewertungssystem zur Abwägung der monetären Investitionsentscheidung, als auch ›soziale Zentren‹ aktiviert sind, bedarf es weiterführender Forschung, um Entscheidungsprozesse besser zu erklären.

Der Problematik von Entscheidungen unter ›Risiko und Ambiguität‹ widmet sich die Studie von Dickhaut et al. (2003). In dieser Studie konnte der neuronale und somit auch psychologische Unterschied zwischen Entscheidungen bei Risiko und solchen unter Ambiguität gezeigt werden.

Ebenfalls mit intrapersonellen Vorgängen beschäftigen sich Studien zum Thema *Präferenzen.* Wie diese entstehen und durch was sie beeinflusst werden, ist Gegenstand der klassischen Marketing- und Konsumentenforschung, die durch den neuroökonomischen Ansatz nun weiter vorangetrieben wird. Studien haben gezeigt, dass die Präferenzen, die einer Entscheidung zugrunde liegen, stark von der Kenntnis der Marke abhängen. Oder anders gesagt, dass ein bereits bestehendes, positives Markenimage andere Bereiche aktiviert (nämlich solche, die mit Emotionen einhergehen), als eine unbekannte Marke (McClure et al. 2004). Für die Marketingforschung konnte damit die Bedeutung von affektiven Prozessen bestätigt werden.

Weitere neuroökonomische Anknüpfungspunkte an betriebswirtschaftliche Disziplinen finden sich in den Bereichen der Organisation- und Finanzwissenschaften (vgl. dazu Schilke/Reimann 2007).

Kritik

In Bezug auf ihren potentiellen Beitrag für die ökonomische Forschung sind Ergebnisse der Neuroökonomie auch kritisch zu betrachten. Zu nennen sind erstens methodische Schwächen hinsichtlich der Durchführung der Experimente unter Verwendung von fMRT oder möglichen anderen Verfahren. Probleme ergeben sich aufgrund: der Bewegungssensitivität von fMRT und durch die Art der indirekten Messung, der eingeschränkten Messbarkeit bestimmter Schädelregionen basierend auf Luft-Gewebe-Grenzen, von Bildartefakten durch externe Störfaktoren (Haarspangen, Zahnimplantate, etc.), komplexer statistischer Anforderungen bei der Auswertung der Daten hinsichtlich Schwellenwertbestimmung, Variabilität und dem Problem der nicht identischen Replizierbarkeit (Hüsing et al. 2006; Schilke/Reimann 2007). Unter dem Gesichtspunkt der ›Reverse Inference‹ ist auch die genannte Unabhängigkeit der Messresultate von verbalen und schriftlichen Aussagen der Probanden kritisch zu betrachten. Demnach können Rückschlüsse auf in einer Aufgabe involvierte psychische Prozesse nur dann getroffen werden, wenn die gemessene Region nur bei diesem spezifischen psychischen Prozess übermäßig aktiv ist. Zum jetzigen Zeitpunkt kann eine solch hohe raumzeitliche Auflösung mittels fMRT nicht gewährleistet werden (vgl. dazu detaillierter Christen 2009).

Zweitens werden ethische Bedenken geäußert, die sich zum einen auf gesundheitliche Risiken für die Probanden beziehen (Jones 2006), zum anderen in die Kategorie der lange währenden Diskussion um Determinismus und Willensfreiheit und der Frage nach einem neuen Menschenbild fallen (Janich 2009). Dieser Thematik widmet sich einerseits die ›Ethik der Neurowissenschaften‹, die sich als Bereichsethik im Zuge des neurowissenschaftlichen Fortschritts entwickelt hat (vgl. dazu Illes/Racine 2006), andererseits die Arbeit der ›Technologiefolgeabschätzung‹, die den Prozess des technologischen Fortschritts begleitet. Konkrete Befürchtungen richten sich auf die möglich werdende Gefahr der Manipulation von menschlichem Verhalten oder des Missbrauchs der gewonnenen Daten. Zum jetzigen Forschungsstand werden solche Risiken eher gering eingeschätzt (Hüsing et al. 2006).

Fazit/Ausblick

Trotz der zu diskutierenden Grenzen eröffnet die Verknüpfung aus Neurowissenschaft und Ökonomie eine zusätzliche Beobachtungsdimension, die dazu beiträgt, mehr über die Black Box ›Gehirn‹ zu erfahren. So ist der empirische Nachweis, dass Emotionen neben Kognition eine wichtige Rolle spielen, ein wesentlicher Beitrag, der die Ökonomie vom rein rational/kognitiven zu einem kognitiv/affektiven Ansatz weiterentwickelt. Zukünftige Forschungsfragen der Neuroökonomie werden sich neben der klassischen ökonomischen Grundlagenforschung vor allem mit anwendungsorientierten Fragen befassen. Neuere Entwicklungen übertragen Ergebnisse neurowissenschaftlicher Ethikforschung (Neuroscience of Ethics; vgl. dazu Reynolds/Ceranic 2007; Reynolds 2006; Salvador/Folger 2009) auf wirtschaftsethische Theorien oder fokussieren stärker auf das Individuum im Organisationskontext (Organizational Cognitive Neuroscience; vgl. dazu Senior/Butler 2008). Um menschliches Entscheidungsverhalten in seiner Komplexität zu verstehen, wird es aber nicht ausreichen, allein Prozesse im Gehirn zu untersuchen. Entscheidungen werden in der Gesellschaft getroffen und sind eingebettet in soziale Strukturen (Priddat/Kabalak 2008, 138).

Literatur

Christen, Markus: Naturalisierung von Moral? Abklärung des Beitrags der Neurowissenschaft zum Verständnis moralischer Orientierung. In: Johannes Fischer/Stefan Gruden (Hg.): Struktur der moralischen Orientierung. Münster u.a. 2010, 49–123.

Dickhaut, John/McCabe, Kevin/Nagode, Jenni/Rustichini, Aldo/Smith, Kip/Pardo, James: The Impact of the Certainty Context on the Process of Choice. In: Proceedings of the National Academy of Science 100 (2003), 3536–3541.

Hüsing, Bärbel/Jäncke, Lutz/Tag, Brigitte: Impact Assessment of Neuroimaging. Zürich 2006.

Illes, Judy/Racice, Eric: Neuroethical Responsibilities. In: The Canadian Journal of Neurological Sciences 33 (2006), 269–277.

Janich, Peter: Kein neues Menschenbild. Frankfurt a.M. 2009.

Jones, Leslie: The Ethics of Transcranial Stimulation. In: Science 315 (2007), 1663.

Knutson, Brian/Peterson, Richard: Neurally Reconstructing Expected Utility. In: Games and Economic Behavior 52 (2005), 305–315.

Krueger, Frank/Grafman, Jordan/McCabe, Kevin: Neural Correlates of Economic Game Playing. In: Philosophical Transactions of the Royal Society 363 (2008), 3859–3874.

Levy, Neil: Neuroethics. Cambridge 2007.

McClure, Samuel M./Li, Jian/Tomlin, Damon/Cypert, Kim S./Montague, Latané M./Montague, Read P.: Neural Correlates of Behavioral Preferences for Culturally Familiar Drinks. In: Neuron 33 (2004), 379–387.

Priddat, Birger: Vom Nutzen der Neuroeconomics. In: Ders. (Hg.): Neuroökonomie. Marburg 2007, 7–9.

– /Kabalak, Alihan: Wozu Neuroökonomie? In: Wirtschaftsdienst 2 (2008), 138–144.

Reynolds, Scott J.: Moral Awareness and Ethical Predispositions: Investigating the Role of Individual Differences in the Recognition of Moral Issues. In: Journal of Applied Psychology 91, 1 (2006), 233–243.

– /Ceranic, Tara L.: The Effects of Moral Judgement and Moral Identity on Moral Behavior: An Empirical Examination of the Moral Individual. In: Journal of Applied Psychology 92, 6 (2007), 1610–1624.

Salvador, Rommel/Folger, Robert G.: Business Ethics and the Brain. In: Business Ethics Quarterly 19, 1 (2009), 1–31.

Schilke, Oliver/Reimann, Martin: Neuroökonomie: Grundverständnis, Methoden und betriebswirtschaftliche Anwendungsfelder. In: Journal für Betriebswirtschaftslehre 57, 3–4 (2007), 247–262.

Senior, Carl/Butler, Michael: The Social Cognitive Neuroscience of Organisations. In: Special Issue of the *Annals of the New York Academy of Sciences* 1118 (2008), 206–210.
Singer, Tania/Fehr, Ernst: The Neuroeconomics of Mind Reading and Empathy. In: Neuroscientific Foundations of Economic Decision-Making 95, 2 (2005), 340–345.

Ina Maria Kaufmann

17. Non-Governmental Organizations

Der Begriff der Nichtregierungsorganisationen oder Non-Governmental Organizations, kurz NGOs, hat seinen Ursprung im Umfeld der Vereinten Nationen (UNO), die ihn 1945 in den Artikel 71 ihrer Charta aufnahm. Hier wurde festgelegt, dass NGOs von der UNO zu Beratungszwecken akkreditiert werden können. Mittlerweile versteht man unter dem Begriff gemeinhin zivilgesellschaftliche Vereinigungen, die weder direkt vom Staat noch von der Wirtschaft abhängen. In diesem Sinne sind NGOs sowohl ›non-governmental‹ als auch ›non-profit‹ oder ›not-for-profit‹ (Murphy/Bendell 1999, 5). Allerdings ergibt der alleinige Fokus darauf, was NGOs alles nicht sind, noch keine sinnvolle Definition von NGOs. Um NGOs analytisch treffend zu erfassen, müssen positive Merkmale identifiziert werden, anhand welcher NGOs definiert werden können.

Ein solches positives Merkmal besteht darin, dass NGOs über alle Disziplinen hinweg in irgendeiner Weise mit ›Öffentlichkeit‹ in Verbindung gebracht werden. Meist geschieht dies, indem NGOs als Vertreter von öffentlichen Anliegen oder des Allgemeinwohls definiert werden, die sich damit von Vertretern privater Anliegen unterscheiden (Fries 2003, 235). Andere Definitionen schreiben NGOs Öffentlichkeitseffekte zu, die sie erzeugen, indem sie zur öffentlichen Meinungsbildung beitragen und Ausgeschlossenen eine Stimme verleihen (Warren 2001, 61).

Jenseits dieser Einigkeit variieren die Definitionen von NGOs jedoch in Abhängigkeit von der wissenschaftlichen Disziplin, der sie entstammen. Juristische Konzeptionen bemühen sich bei der Definition um legale Kriterien, wie beispielsweise die formelle Registrierung von NGOs bei Regierungen oder internationalen Organisationen. Eine formelle Registrierung soll sicherstellen, dass die Aktivitäten einer NGO primär Bildungs-, karitativen, religiösen oder wissenschaftlichen Zwecken und dem öffentlichen, nicht dem privaten Vorteil dienen (Ebrahim 2003, 816). Weitere in Gesetzen festgehaltene Kriterien für die Anerkennung von NGOs beziehen sich auf ihre demokratischen internen Entscheidungsprozesse, auf ihre finanzielle Unabhängigkeit von staatlichen Mitteln oder auf das Vorhandensein eines Hauptquartiers (United Nations Economic and Social Council 1996).

Soziologische und politikwissenschaftliche Definitionen fokussieren demgegenüber stärker auf die Zusammensetzung von NGOs – so zum Beispiel auf die Frage, ob es sich um Mitgliedschafts- oder Nicht-Mitgliedschaftsorganisationen handelt – und auf die Tätigkeiten, welchen sie sich widmen (Martens 2002, 273). Entsprechend unterscheidet die Internationale Klassifikation von NGOs (ICNPO) insgesamt zwölf Klassen von NGOs in Abhängigkeit von ihren Tätigkeitsgebieten: (1) Kultur und Freizeit, (2) Bildung und Forschung, (3) Gesundheit, (4) Soziale Dienstleistungen, (5) Umwelt, (6) Entwicklung und Obdach, (7) Recht und Politik, (8) Philanthropische Intermediation und Förderung von Freiwilligenarbeit, (9) International, (10) Religion, (11) Wirtschafts- und Standesorganisationen sowie Gewerkschaften, weiterhin als Residualkategorie (12) »anderweitig nicht klassifiziert«. Wenn man bedenkt, wie stark sich NGOs darüber hinaus auch bezüglich Größe, Lebensdauer, Umfang ihrer Aktivitäten, Ideologien und kulturellem Hintergrund unterscheiden, wird deutlich, dass es kaum möglich ist, eine Definition zu finden, die jene Eigenschaften herausfiltert, die allen NGOs gemein sind (Princen/Finger 1994, 6).

Die umfassende Präsenz von NGOs in ganz unterschiedlichen Kontexten wirft außerdem Fragen zu ihrer Legitimität auf. So haben NGOs zum einen kein demokratisches Mandat für ihren Vertretungsanspruch, zum anderen wird auch die Legitimität der Forderungen, die sie stellen, kritisch hinterfragt (Beckert/Eckert 2004, 131 ff.). So ist beispielsweise umstritten, ob die Forderungen westlich geprägter NGOs, beispielsweise ihre Auslegung der zu wahrenden Rechte indigener Minderheiten, tatsächlich im Sinne der von ihnen vertretenen Bevölkerungsgruppen sind.

Ihre wirtschaftsethische Relevanz erlangen NGOs dadurch, dass sie im Rahmen der Stakeholder-Theorie als Anspruchsgruppen anerkannt werden, denen je nach Autor sowohl strategische als auch normative Bedeutung zukommt (Donaldson/Preston 1995). NGOs agieren als Kontrollinstanzen für die gesellschaftlichen Effekte unternehmerischen Handelns (Warren 2001, 117), wobei sie sich jedoch in ihren Einstellungen gegenüber Unternehmen stark unterscheiden: Während manche NGOs auf konfrontative Strategien wie zum Beispiel »name and shame«-Kampagnen oder Boykottaufrufe abzielen, stehen andere NGOs möglichen Kooperationen mit Unternehmen durchaus offen gegenüber.

Während sich die Zusammenarbeit zwischen Unternehmen und NGOs lange Zeit auf karitative Aktivitäten beschränkte, haben in den letzten Jahren intensivere Formen der Zusammenarbeit an Bedeutung gewonnen (Crane/Matten 2007, 436 f.). Unternehmen haben erkannt, dass NGOs nicht nur einen entscheidenden Einfluss auf ihre Reputation ausüben können, sondern dass sie oft auch über eine für Unternehmen wertvolle Expertise verfügen, die zur gemeinsamen Lösung gesellschaftlicher Probleme genutzt werden kann. Als Konsequenz gehen Unternehmen im Rahmen ihres Selbstverständnisses als Corporate Citizens, respektive als Teil ihrer Corporate Social Responsibility, vermehrt Partnerschaften mit kooperationsbereiten NGOs ein.

Literatur

Beckert, Jens/Eckert, Julia: Transnationale Solidaritätsnetzwerke und die Entstehung einer globalen Zivilgesellschaft: Einleitung. In: Dies./Martin Kohli/Wolfgang Streeck (Hg.): Transnationale Solidarität: Chancen und Grenzen. Frankfurt a. M. u. a. 2004, 129–134.

Crane, Andrew/Matten, Dirk: Business Ethics: Managing Corporate Citizenship and Sustainability in the Age of Globalization. Oxford 2007.

Donaldson, Thomas/Preston, Lee E.: The Stakeholder Theory of the Corporation: Concepts, Evidence, and Implications. In: Academy of Management Review 20, 1 (1995), 65–91.

Ebrahim, Alnoor: Accountability In Practice: Mechanisms for NGOs. In: World Development 31, 5 (2003), 813–829.

Fries, Richard: The Legal Environment of Civil Society. In: Mary Kaldor/Helmut Anheier/Marlies Glasius (Hg.): The Global Civil Society Yearbook 2003. Oxford 2003, 221–238.

Martens, Kerstin: Mission Impossible? Defining Nongovernmental Organizations. In: Voluntas: Journal of Voluntary and Nonprofit Organizations 13, 3 (2002), 271–285.

Murphy, David F./Bendell, Jem: Partners in Time? Business, NGOs and Sustainable Development. Geneva 1999.

Princen, Thomas/Finger, Matthias: Introduction. In: Dies. (Hg.): Environmental NGOs in World Politics: Linking the Local and the Global. London 1994.

United Nations Economic and Social Council. Consultative Relationship Between the United Nations and Non-governmental Organizations. Resolution 1996/31.

Warren, Mark E.: Democracy and Association. Princeton, NJ 2001.

Dorothea Baur

18. Ökonomische Analyse des Rechts

Begriff und Gegenstand

Die ›Ökonomische Analyse des Rechts‹ (im Folgenden abgekürzt als ÖAR), auch als ›Rechtsökonomik‹ bezeichnet, analysiert, wie die Bezeichnungen erwarten lassen, Rechtsregeln positiv wie normativ mit mikro-ökonomischen Methoden. Die positive Vorhersage menschlichen Verhaltens als Wirkung von Rechtsregeln erfolgt zumeist auf Grundlage eines um Informationsbeschränkungen erweiterten neoklassischen Modells des Homo Oeconomicus, in jüngerer Zeit aber immer häufiger unter Rückgriff auf Erkenntnisse der ›Behavioral Economics‹ und auf eigens im Rahmen der ÖAR durchgeführte Experimente. Für die normative Bewertung dieser Wirkungen wird auf in der Ökonomik übliche Kriterien zurückgegriffen (s.u.).

Holzschnittartig lassen sich drei Schulen der ÖAR unterscheiden, deren Erkenntnisinteresse sich aber überlappt. Die wohl bekannteste ist die Chicago School (z.B. Posner 1972). Sie betrachtet als Gegenstand der Theorie vor allem das existierende Recht und dessen Auslegung. Ausgangspunkt ist die theoretisch-analytisch und durch Erfahrung gestützte Annahme, dass das Recht, zumindest das Common Law, effizient (im Sinne von Pareto oder wenigstens von Kaldor und Hicks, s.u.) ist, so dass sich das Problem des Juristen – das Finden des Rechts – auf die Suche nach der für den konkreten Fall effizienten Ausgestaltung des Rechts reduziert. Mehr (aber nicht nur) aus gestaltender Perspektive sieht die New Haven School (z.B. Rose-Ackerman 1989) den Gegenstand der ÖAR in der legislativen oder richterlichen Rechtssetzung, wobei der Effizienzbegriff auch um Verteilungsgesichtspunkte ergänzt sein kann. In entgegengesetzter Richtung weicht die Österreichische Schule (z.B. Hayek 1976) von der Chicago School ab. Hier ist Ausgangspunkt der Überlegungen, dass die Gesellschaft als spontane Ordnung viel zu komplex sei, als dass der Mensch bewusst effiziente Rechtsregeln finden könnte. Gegenstand der Untersuchung ist deshalb das Verfahren, in dem tatsächlich wirkende Rechtsregeln entstehen und besonders die Fähigkeit dieses Verfahrens, die Vorteile der spontanen Ordnungsentstehung zu nutzen. Die Österreichische Schule hat in der – für die Zusammenarbeit zwischen Ökonomen und Juristen besonders wichtigen – auf konkrete Rechtsfragen bezogenen ÖAR nur eine geringe Verbreitung gefunden, weil die Österreichische Idee der spontanen Ordnung nur in den seltensten Fällen für juristische Fragestellungen unmittelbar anwendbar ist.

Normative Grundlagen

Alle drei Schulen bauen auch auf der normativen Seite auf dem methodologischen Individualismus auf; die zugrunde gelegten normativen Konzepte fußen allein auf dem Wohlergehen der Individuen einer Gesellschaft. Soweit möglich, wird für den Vergleich der Wirkungen zweier Rechtsregeln auf das Pareto-Kriterium zurückgegriffen; mithin wird eine Regel dann als einer anderen überlegen angesehen, wenn sie niemanden schlechter und mindestens eine Person besser stellt. Unmittelbare Anwendung findet dieses Kriterium vor allem im Bereich der Gestaltung von Verträgen einschließlich der Gestaltung von Unternehmensverfassungen.

Sobald es um die Auslegung von Verträgen oder sonstige nachträgliche Konfliktlösungen geht, kann scheinbar nur noch auf das Kaldor-Hicks-Kriterium zurückgegriffen werden, nach dem eine Verbesserung auch dann vorliegt, wenn die ›Verlierer‹ von den ›Gewinnern‹ aus deren Gewinn entschädigt werden könnten. Allerdings ist bei der Betrachtung von allgemein anzuwendenden rechtlichen *Regeln* je nach Rechtsgebiet zumeist unklar, wer welche Rolle in der Regelanwendung einnehmen wird. Im Erwartungswert sind dann bei Erfüllung des Kaldor-Hicks-Kriteriums alle Individuen besser gestellt, so dass sich dieses Kriterium auf das Pareto-Kriterium reduziert. Dieser Effekt wird verstärkt, wenn die Anwendung des Kaldor-Hicks-Kriteriums seinerseits als allgemein anzuwendende Regel betrachtet wird. Da sich das wohlfahrtsökonomische Ziel der Maximierung der Summe der Konsumenten- und der Produzentenrente auf das Kaldor-Hicks-Kriterium rückführen lässt, wird in partialmarktanalytischen Betrachtungen oft unmittelbar auf wohlfahrtsökonomische Überlegungen zurückgegriffen. Dabei werden Konsumenten und Produzenten oft nicht als einheitliche Gruppen betrachtet, um auch Umverteilungs- und Effizienzwirkungen innerhalb der Gruppen bewerten zu können.

Wenigstens die New Haven School ist aber auch bereit, ihre normativen Argumentationen unter Außerachtlassung des Arrow-Unmöglichkeitstheorems auf möglichst einfache soziale Wohlfahrtsfunktionen zu stützen und damit auch Verteilungsfragen und somit Fragen der sozialen Gerechtigkeit in ihre Überlegungen mit einzubeziehen.

Aus Sicht der Österreichischen Schule sind solche normativen Bewertungen der Ergebnisse sozialer Interaktion im Bereich der ÖAR aus zwei Gründen genauso wenig möglich wie in anderen Gebieten der Ökonomik: Zum einen ist die Komplexität der den Ergebnissen zugrundeliegenden evolutorischen Prozesse zu hoch für das menschliche Verstehen, zum anderen können zum jetzigen Zeitpunkt gemachte menschliche Verhaltensvorhersagen künftige Erfindungen denklogisch nicht berücksichtigen. Die Bewertung von Rechtsregeln kann aus Österreichischer Sicht deshalb allein danach beurteilt werden, ob das Verfahren, in dem sie entstanden sind, geeignet ist, effiziente Regeln zur Koordination menschlichen Handelns hervorzubringen. Diese Argumentation wird für komplexe Rechtsgebiete, in denen spontan evolvierende soziale Normen eine große Rolle spielen, teilweise von Autoren (z.B. Cooter 1994) aufgegriffen, die sonst eher der New Haven School zugerechnet werden können.

Steuerungsfunktion des Rechts

Die ÖAR ist eine rein konsequentialistische Theorie des Rechts. Nur wenn Recht menschliches Verhalten steuert, ist die Argumentation nach einer der beiden Hauptschulen, aber auch nach der Hayekianischen Schule überhaupt sinnvoll. Recht kann nicht an sich bewertet werden, sondern nur in seiner Wirkung auf das menschliche Verhalten. Die ÖAR betrachtet Recht und die darin enthaltenen Regeln also ausschließlich unter dem Aspekt der von ihnen ausgehenden Steuerungswirkung. Die Erkenntnisinteressen der ÖAR und der Forschung zu Corporate und Public Governance überschneiden sich somit in großem Umfang.

Dies beschränkt sich nicht nur auf Rechtsgebiete, die üblicherweise als Teile des Wirtschaftsrechts angesehen werden – z.B. Wettbewerbsrecht, Gesellschaftsrecht, Arbeitsrecht, Steuerrecht – sondern seit den 1960er Jahren auf alle Rechtsgebiete.

Im Privatrecht ergibt sich die Steuerungswirkung des Rechts aus Sicht der ÖAR stets aus einer Kombination aus Privatautonomie und ihrem rechtlichen Rahmen. Dieser kann jene dadurch begrenzen, dass er bestimmte Handlungen schlicht nicht zulässt oder zwingend bestimmte Konsequenzen an einzelne Handlungen knüpft; aber er kann jene auch allein dadurch steuern, dass er den Ausgangspunkt für privatautonome Interaktion mehrerer Individuen definiert. Der zuletzt genannte Ansatz liegt dem Coase-Theorem (Coase 1960) zugrunde, dessen positive Form die allokative Wirkungslosigkeit der Zuteilung von Eigentumsrechten bei hypothetischer Abwesenheit von Transaktionskosten postuliert, dessen normative Form aber explizit fordert, Eigentumsrechte so zuzuteilen, wie sie ohne Transaktionskosten privatautonom zugeteilt würden. Damit ist das normative Coase-Theorem ein Spezialfall des Kaldor-Hicks-Kriteriums, welches im Deliktsrecht direkt angewendet wird, um effiziente Haftungsregeln zu bestimmen. Eine Erweiterung des normativen Coase-Theorems fordert, dass Eigentumsrechte so zugeordnet werden sollen, dass die sich ergebenden Re-Allokationen der Rechte möglichst wenig Transaktionskosten verursachen. Diese Überlegung lässt sich unmittelbar auf das dispositive Vertragsrecht übertragen.

Zwingende Regeln im Vertragsrecht lassen sich aber ebenso wenig auf das Coase-Theorem zurückführen, wie zwingende Regeln im Arbeits-, im Gesellschafts- oder im Insolvenzrecht. Für ihre Begründung wird im Rahmen der ÖAR meist auf Informationsasymmetrien und in seltenen Fällen auf Marktmacht im strengen ökonomischen Sinne zurückgegriffen. Liegen bei Zuordnung der Eigentumsrechte entsprechend dem Coase-Theorem beide nicht vor, lassen sich Beschränkungen der Privatautonomie kaum begründen. Aber selbst wenn Informationsasymmetrien oder Marktmacht einen Markt prägen, geht die ÖAR nur dann von einer Rechtfertigung von Beschränkungen der Privatautonomie aus, wenn gezeigt werden kann, dass die konkrete rechtliche Ausgestaltung der Beschränkungen die jeweiligen Probleme tatsächlich lösen kann.

Die ÖAR dehnt sich mittlerweile auch auf das öffentliche Recht einschließlich des Strafrechts sowie das Verfassungsrecht aus. Während die ÖAR im Strafrecht als eigenständige Entwicklung in der Ökonomik gesehen werden muss, ist sie im Verwaltungsrecht oft sehr nahe an der Finanzwissenschaft angesiedelt, unterscheidet sich von dieser aber in der Genauigkeit, mit der konkrete Rechtsregeln untersucht werden. Wenn das Vorgehen der ÖAR auf das Verfassungsrecht, insbesondere auf das Staatsorganisationsrecht angewendet wird, verschwimmen die Grenzen zur Public Choice Theorie.

Literatur

Coase, Ronald H.: The Problem of Social Cost. In: Journal of Law and Economics 3, 1 (1960), 1–44.

Cooter, Robert D.: Structural Adjudication and the New Law Merchant: A Model of Decentralized Law. In: International Review of Law and Economics 14, 2 (1994), 215–231.

Hayek, Friedrich A.: Law, Legislation and Liberty, Bd. 2: The Mirage of Social Justice. Chicago 1976.

Posner, Richard A.: Economic Analysis of Law. Boston 1972.

Rose-Ackerman, Susan: Law and Economics: Paradigm, Politics, or Philosophy. In: Nicholas Mercuro (Hg.): Law and Economics. Boston 1989, 233–258.

Georg von Wangenheim

19. Ökonomische Ethik

›Ökonomische Ethik‹ ist ein Sammelbegriff für solche Theorien der Moral, die sich einer ökonomischen Methode bedienen (vgl. u. a. Homann/Blome-Drees 1992; Homann/Pies 1994; Homann 2002; 2003; Suchanek 2007; Lütge 2007). Die ausgewiesene Zielsetzung solcher Theorien besteht darin, die abendländische Ethiktradition mit der gesellschaftlichen Moderne zu versöhnen, um auf diese Weise dazu beizutragen, dass berechtigte moralische Anliegen in der Realität stärker zur Geltung kommen: Ökonomische Ethik versucht, die Verwirklichungschancen von Moral theoretisch zu analysieren und praktisch zu erhöhen. Zu diesem Zweck setzt sie darauf, die moderne Tradition der mit formaler Modellbildung operierenden rational-choice-basierten Wirtschafts- und Sozialwissenschaften mit der bis in das Mittelalter und die Antike zurückreichenden Tradition philosophischer und theologischer Moralreflexion zu integrieren. Sie will beide Traditionen wechselseitig füreinander fruchtbar machen: die Analyse der Sozialstruktur (›Ökonomik‹) und die Analyse der Semantik (›Ethik‹). In jüngster Zeit wird dieses Forschungsprogramm auch unter der Bezeichnung ›Ordonomik‹ vorangetrieben (vgl. Pies 2009a; 2009b).

Der methodische Ansatz der Ökonomischen Ethik lässt sich durch drei Elemente kennzeichnen. Hinsichtlich der Semantik arbeitet sie mit Perspektivwechseln zugunsten einer Win-Win-Orientierung, hinsichtlich der Sozialstruktur mit Modellen sozialer Dilemmata und hinsichtlich einer Integration der Analyse von Sozialstruktur und Semantik mit einem Mehr-Ebenen-Modell.

Die typische Vorgehensweise der Ökonomischen Ethik lässt sich wie folgt charakterisieren: Sie setzt ein mit einem empirisch vorfindbaren Problem, das moralische Bedenken hervorruft, die in der gesellschaftlichen Moralkommunikation intensiv adressiert werden (Beispiel: Umweltverschmutzung).

(1) Zunächst wird die Semantik analysiert. Hier findet man oft, dass das Problem in der öffentlichen Moralkommunikation als Werte-Konflikt thematisiert wird (Beispiel: Wirtschaftswachstum versus Umweltschutz), mit der unmittelbaren Folge, dass versucht wird, im wahrgenommenen Werte-Tradeoff eine moralische Rücksichtnahme appellativ einzufordern (postulierter Primat der Ökologie vor der Ökonomie).

(2) Der nächste Schritt besteht darin, diesen Werte-Tradeoff mittels einer orthogonalen Positionierung zu dekonstruieren (Paradigmawechsel von den Grenzen des Wachstums zum Wachstum der Grenzen). Zu diesem Zweck wird der Werte-Konflikt in einen Interessen-Konflikt übersetzt. Die Analyse wechselt von der Semantik zur Sozialstruktur: Sie interpretiert die Problemsituation als soziales Dilemma und rekonstruiert damit eine Simultaneität von gemeinsamen und konfligierenden Interessen: Im sozialen Dilemma erzielen rationale Akteure anreizbedingt ein pareto-inferiores Resultat, d. h. sie befinden sich in einer Situation kollektiver Selbstschädigung. Sie haben folglich ein gemeinsames Regelinteresse daran, ein besseres Spiel zu spielen. (Beispiel: Wenn aufgrund unvollständiger Eigentumsrechte Umweltressourcen im marktlichen Wettbewerb keinen oder einen zu niedrigen Preis haben, dann werden ökologisch engagierte Unternehmen nicht belohnt, sondern mit Gewinneinbußen bestraft, weil es ihnen nicht gelingt, durch einen sparsamen Umgang mit Ressourcen ihren Umsatz zu erhöhen oder ihre Kosten zu senken. Umweltschutz rechnet sich dann für sie nicht, auch wenn sie im Prinzip an einer sauberen Umwelt interessiert sind).

(3) Der nächste Schritt besteht darin, drei Ebenen auseinanderzuhalten: (a) das Basisspiel als dilemmatische Ausgangssituation, in der die Spielregeln aufgrund ihrer Anreizwirkung für eine kollektive Selbstschädigung sorgen; (b) das Metaspiel, in dem die Spielregeln des Basisspiels (re-)formiert werden; (c) das Meta-Metaspiel, in dem man sich über gemeinsame Regelinteressen verständigt. Während Appelle unmittelbar am Basisspiel (Ebene 1) ansetzen und von den Akteuren verlangen, sich in diesem Spiel – trotz unveränderter Anreize – anders zu verhalten, setzt die Normativität der Ökonomischen Ethik zwei Ebenen höher an: Die Win-Win-Perspektive ist ein Beitrag zum Regelfindungsdiskurs (Ebene 3). Die Fokussierung auf gemeinsame Interessen erhöht die Chancen, dass im Regelsetzungsprozess (Ebene 2) tatsächlich institutionelle Arrangements gesucht und gefunden werden, die das soziale Dilemma des Basisspiels überwinden. Es geht also nicht darum, in einem gegebenen Basisspiel Verhaltensänderungen zu bewirken, sondern vielmehr darum, eine Situationswahrnehmung (Semantik) und eine Situationsgestaltung (Sozialstruktur) zu fördern, die das Basisspiel konstruktiv ändern und so die moralisch erwünschten Verhaltensänderungen zum wechselseitigen Vorteil allererst möglich machen. (Beispiel: Das Nachhaltigkeitsdenken leitet dazu an, funktionale Arrangements zu institutionalisieren, mit denen sich Märkte für den Umweltschutz in Dienst nehmen lassen. Zertifikate für CO_2-Emissionen sind ein anschaulicher Beleg für die Möglichkeit, durch eine Gestaltung der Rahmenordnung umweltfreundliches Verhalten im Wettbewerb zu belohnen, d. h. moralisch erwünschte Handlungen wie Investitionen und Innovationen durch Anreize zu unterstützen).

Für ein angemessenes Verständnis dieser Methode ist es hilfreich, bestimmte Missverständnisse von vornherein zu vermeiden. Auf fünf sei hier explizit hingewiesen: (1) Der Homo Oeconomicus ist kein Menschenbild, sondern ein Modellkonstrukt für die positive Analyse. Dieses Modell sagt nicht normativ, wie der Mensch sich verhalten sollte. Auch bildet es nicht den Charakter eines Menschen ab. Vielmehr dient es dazu, den Anreiz-›Charakter‹ institutioneller Arrangements zu analysieren. Mit Hilfe dieses Modells wird also nicht eine Individualanalyse, sondern eine Situationsanalyse betrieben. (2) Das Modell des Homo Oeconomicus arbeitet mit einem offenen Vorteilsbegriff. Es modelliert die subjektive Klugheitskalkulation eines repräsentativen Akteurs, der in sozialer wie zeitlicher Hinsicht lernfähig ist, so dass das modellierte Eigeninteresse des Homo Oeconomicus weder mit Egoismus noch mit Kurzfristdenken verwechselt werden darf. Zudem werden monetäre ebenso wie nicht-monetäre Anreize in Ansatz gebracht. (3) Der zentrale Stellenwert, den das soziale Dilemma im Ansatz der ökonomischen Ethik einnimmt, wird leicht übersehen oder missverstanden. Er verdankt sich der Eigenschaft des Wettbewerbs, denjenigen in Nachteil zu bringen, der für seine (kostenträchtigen) Aktivitäten nicht belohnt wird. So wird dem Umstand Rechnung getragen, dass moralisches Engagement durch Wettbewerb in Erosionsgefahr geraten kann. (4) Ein weiteres Missverständnis liegt vor, wenn dem Ansatz vorgeworfen wird, zu optimistisch zu sein und Konflikte zu leugnen. In Wirklichkeit sind Konflikte der Ausgangspunkt für die Methode. Allerdings trägt sie ihre Normativität nicht einfach extern an den Konflikt heran, sondern weist die normative Win-Win-Orientierung als dem Konflikt inhärent auf: Normatives Sollen wird hier auf Wollen (Konsens) zurückgeführt, indem dieses Wollen als aus dem Konflikt entspringend gedacht wird. Es wird methodisch interiorisiert. Hierfür ist die Mehr-Ebenen-Analyse konstitutiv. (5) Der Ansatz der Ökonomischen Ethik ist weder marktgläubig, noch staatsgläubig; ganz im Gegenteil. Die Analyse sozialer Dilemmata schärft den Blick für die zahlreichen Fälle von Marktversagen und Staatsversagen, die zu moralischen Bedenken Anlass geben: Ökonomische Ethik aktiviert das Potential gesellschaftlicher Selbstorganisation, insbesondere in Form von mehrsektoralen ›New-Governance‹-Prozessen, bei denen Unternehmen zusammen mit staatlichen Akteuren und/oder zivilgesellschaftlichen Organisationen – sei es auf nationaler, sei es auf internationaler Ebene – ›Ordnungsverantwortung‹ übernehmen, indem sie gemeinsam an Spielregeln arbeiten, damit bessere Spiele gespielt werden können (vgl. Beckmann/Pies 2008).

Die Ökonomische Ethik kann als Wirtschaftsethik sowie als Unternehmensethik zur Entfaltung gebracht werden. Im ersten Fall lautet ihre Hauptthese: »Unter Wettbewerbsbedingungen avanciert die institutionelle Rahmenordnung zum systematischen Ort der Moral« (Homann/Pies 2000, 336). Mit dieser Einsicht macht sie darauf aufmerksam, dass es möglich ist, moralische Anliegen – anstatt durch eine Außerkraftsetzung – durch eine Inkraftsetzung des Marktes zur Geltung zu bringen und dass dies sogar Implementierungsvorteile bietet. Im zweiten Fall lautet ihre Hauptthese, dass Unternehmen »Moral als Produktionsfaktor« (Pies 2009b) einsetzen können. Mit dieser Einsicht macht sie darauf aufmerksam, dass Unternehmen als Corporate Citizens zu agieren vermögen, indem sie individuelle oder kollektive Bindungen organisieren, sei es für sich selbst, sei es – als Bindungsservice – für ihre diversen Stakeholder (vgl. Pies/Hielscher/Beckmann 2009). In sozialen Dilemmata können Bindungen Interaktionsprobleme lösen und damit ein Win-Win-Potential freisetzen, mit dem Unternehmen zur gesellschaftlichen Wertschöpfung beitragen.

Die Ökonomische Ethik ist inspiriert durch die Arbeiten von Gary S. Becker im Hinblick auf den Homo Oeconomicus, von James M. Buchanan im Hinblick auf die konsensorientierte Mehrstufigkeit der Drei-Ebenen-Analyse sowie von Thomas C. Schelling im Hinblick auf die produktive Rolle von Bindungen. Angeregt durch Thomas Hobbes stellt sie sich in die Tradition, ›more geometrico‹ Klugheitsargumente zu konstruieren, die in den gesellschaftspolitischen Diskurs eingebracht werden, um so einen wissenschaftlichen Beitrag für eine produktive Konfliktlösung zu leisten. Sie macht sich die Einsicht von Adam Smith zu Eigen, dass der Wohl-Stand einer Gesellschaft nicht vom Wohl-Wollen der einzelnen Akteure abhängt, sondern vielmehr von den Bedingungen und den formalen und informalen Institutionen, unter denen sie ihr Eigeninteresse zur Geltung zu bringen versuchen. Ferner sieht sich die Ökonomische Ethik in Einklang mit Immanuel Kants Betonung individueller ›Autonomie‹ und mit G.W.F. Hegels Kritik am leeren und abstrakten ›Sollen‹ sowie insbesondere mit seinem Projekt einer ›Versöhnung‹ des Individuums mit der modernen Gesellschaft. Mit Karl Marx teilt sie die Einsicht in den systemischen Charakter des Marktes. Doch während Marx im Unternehmer die ›Charaktermaske des Kapitals‹ sah, sieht die Ökonomische Ethik das Unternehmen als Wertschöpfungsorganisation im gesellschaftlichen Auftrag. Und anders als bei Karl Marx geht es der Ökonomischen Ethik nicht um eine Revolutionsheuristik zur Abschaffung des Wettbewerbs, sondern um eine Reformheuristik für soziale Dilemmata, die darauf zugeschnitten ist, systemkonforme Vorschläge zur (Re-)Formierung geeigneter Rahmenbedingungen für wettbewerbliches Verhalten generieren und kommunizieren zu können. Um mit Karl Popper zu sprechen, befindet sie sich damit »auf der Suche nach einer besseren Welt« (Popper 1995).

Literatur

Beckmann, Markus/Ingo Pies: Ordnungs-, Steuerungs- und Aufklärungsverantwortung – Konzeptionelle Überlegungen zugunsten einer semantischen Innovation. In: Ludger Heidbrink/Alfred Hirsch (Hg.): Verantwortung als marktwirtschaftliches Prinzip. Zum Verhältnis von Moral und Ökonomie. Frankfurt a.M./New York 2008, 31–67.

Homann, Karl: Vorteile und Anreize. Zur Grundlegung einer Ethik der Zukunft. Tübingen 2002.

–: Anreize und Moral. Gesellschaftstheorie – Ethik – Anwendungen. Münster 2003.

– /Blome-Drees, Franz: Wirtschafts- und Unternehmensethik. Göttingen 1992.

– /Pies, Ingo: Wirtschaftsethik in der Moderne: Zur ökonomischen Theorie der Moral. In: Ethik und Sozialwissenschaften (EUS) 5, 1 (1994), 3–12.

– /Pies, Ingo: Wirtschaftsethik und Ordnungspolitik – Die Rolle wissenschaftlicher Aufklärung. In: Helmut Leipold/Ingo Pies (Hg.): Ordnungstheorie und Ordnungspolitik – Konzeptionen und Entwicklungsperspektiven. Stuttgart 2000, 329–346.

Lütge, Christoph: Was hält eine Gesellschaft zusammen? Ethik im Zeitalter der Globalisierung. Tübingen 2007.

Pies, Ingo: Moral als Heuristik. Ordonomische Schriften zur Wirtschaftsethik. Berlin 2009a.
–: Moral als Produktionsfaktor. Ordonomische Schriften zur Unternehmensethik. Berlin 2009b.
– /Hielscher, Stefan/Beckmann, Markus: Moral Commitments and the Societal Role of Business: An Ordonomic Approach to Corporate Citizenship. In: Business Ethics Quarterly 19, 3 (2009), 375–401.
Popper, Karl R.: Auf der Suche nach einer besseren Welt. Vorträge und Aufsätze aus dreißig Jahren [1987]. München/Zürich 1995.
Suchanek, Andreas: Ökonomische Ethik [2001]. Stuttgart 2007.

Ingo Pies

20. Öko-soziale Marktwirtschaft

Eher ein politisches Konzept als wissenschaftliche Analyse

In einem wissenschaftlichen Handbuch zur Wirtschaftsethik den Gegenstand »Öko-soziale Marktwirtschaft« zu behandeln ist sinnvoll, weil es sich beim Konzept der Sozialen Marktwirtschaft und dann auch beim jüngeren Konzept der Öko-sozialen Marktwirtschaft ohnehin um Konzepte handelt(e), die mit einer absichtsvollen Korrektur marktwirtschaftlicher Mechanismen zu tun haben, die man als wirtschaftsethisch inspiriert bezeichnen mag. In einem wissenschaftlichen Handbuch zur Wirtschaftsethik den Gegenstand »Öko-soziale Marktwirtschaft« zu behandeln, ist allerdings auch schwierig, weil es sich sowohl im Fall der Sozialen Marktwirtschaft als auch bei der späteren Erweiterung zur Öko-sozialen Marktwirtschaft um dezidiert politische Konzepte handelt, also solche, die eher aus der gesellschaftspolitischen Auseinandersetzung als aus theoretischer Analyse generiert wurden.

In beiden Fällen lassen sich repräsentative Texte anführen, die dies bestätigen: als Wirtschaftsminister Konrad Adenauers – und später zwischen diesem und der ersten Großen Koalition der Bundesrepublik Deutschland auch (für kurze Zeit) Bundeskanzler – steht Ludwig Erhard für das Konzept der Sozialen Markwirtschaft (Erhard/Müller-Armack 1972). Eines der programmatischen Bücher für die Öko-soziale Marktwirtschaft stammt von Lutz Wicke – seinerzeit nicht nur wissenschaftlicher Leiter der wirtschaftswissenschaftlichen Abteilung des Umweltbundesamtes, sondern auch aktiver CDU-Politiker – sowie Lothar de Maizière – letzter Ministerpräsident der dann aufgelösten DDR – und dessen Bruder Thomas de Maizière – zum Zeitpunkt des Schreibens dieser Zeilen Innenminister der vereinigten Bundesrepublik Deutschland (Wicke/de Maizière/de Maizière 1990). Auf entsprechende unternehmerische Initiative abgestellt erschien im zeitlichen Umfeld der UN-Konferenz für Umwelt und Entwicklung 1992 das Buch *Kurswechsel. Globale unternehmerische Perspektiven für Entwicklung und Umwelt* (Schmidheiny 1992). Ausdrücklich auf den Begriff der Öko-sozialen Marktwirtschaft bezieht sich in jüngerer Zeit Radermacher (2002) – die politischen Rahmenbedingungen müssten entsprechend geändert werden. So weit von einem einheitlichen Konzept gesprochen werden kann, geht die Idee der Öko-sozialen Marktwirtschaft grundsätzlich von der Zuversicht aus, die Schattenseiten der modernen Wirtschaftsgesellschaften auf ordnungspolitischem Wege eindämmen und überwinden zu können. Dazu sollen vor allem marktkonforme Instrumente wie Steuern, Abgaben, finanzielle Anreize und handelbare Lizenzen zum Einsatz kommen. Zur Vervollständigung sei ergänzend hinzugefügt, dass seit 1994 ein Forum Ökologisch-Soziale Marktwirtschaft existiert (ursprünglich gegründet als Förderverein Ökologische Steuerreform, FOES, www.foes.de), das ebenfalls eher als – theoretisch wie politisch durchaus heterogene – praktische Intervention zu charakterisieren ist.

Die (zweistufige) Entstehungsgeschichte des Konzepts der Öko-sozialen Marktwirtschaft

Das 20. Jahrhundert war geprägt von heftigen politischen wie theoretischen Auseinandersetzungen über die Legitimität und die Zukunft der kapitalistischen Wirtschaftsweise. Inspiriert von der Kritik der politischen Ökonomie von Karl Marx (Marx 1967) hatte es weltweit über mehr als ein Jahrhundert lang eine sozialistische und kommunistische Arbeiterbewegung gegeben, die sich die Überwindung der kapitalistischen Gesellschaft auf die Fahnen geschrieben hatte. Dabei hatte Karl Marx den Begriff ›Kapitalismus‹ keineswegs erfunden. Jedoch führte seine Popularisierung in sozialistisch-kommunistischen Zusammenhängen nach 1945 in Europa und am extremsten in den deutschen Westzonen – also ab 1949 der Bundesrepublik Deutschland – dazu, dass der Begriff tabuisiert wurde.

Die Soziale Marktwirtschaft (vgl. ausführlich Goldschmidt/Wohlgemuth 2004; 2008) war vor allem eine politische Antwort westeuropäischer Kräfte auf die sozialen Verwerfungen infolge der Weltwirtschaftskrise von 1929, die zu massenhaften Verelendungsprozessen auch in Deutschland geführt hatten und damit letztlich den Sieg der nationalsozialistischen Diktatur vorbereiten halfen. Zudem war sie eine Reaktion auf den politischen Einfluss von Industrie und Wirtschaft, die durch ihre Unterstützung das Hitler-Regime mit ermöglicht hatten, was in der Parole »Kapitalismus führt zum Faschismus« zum Ausdruck kam. Ludwig Erhard ging es ebenso wie Alfred Müller-Armack, Franz Böhm, Walter Eucken, Wilhelm Röpke und anderen darum, aus dieser gesellschaftspolitischen Katastrophe die richtigen Lehren zu ziehen und dem Risiko der Verselbständigung marktwirtschaftlicher Mechanismen einen sozial orientierten Ordnungsrahmen zu geben.

Ähnlich reflektiert auch die politisch inspirierte Intervention zur Option auf die Entwicklung einer öko-sozialen Marktwirtschaft auf die grundsätzliche Infragestellung der marktwirtschaftlich-kapitalistischen Verhältnisse. So wurden Anfang und Mitte der 1980er Jahre die Stimmen, die im Namen der Ökologie vor allem die industrialistischen Auswüchse kapitalistischer Marktwirtschaften (und ähnlich auch dieselben Erscheinungen in den gerade noch bestehenden Wirtschaften sowjetischer Prägung) kritisierten, zunehmend lauter (exemplarisch für die Diskussion in Deutschland: Strasser/Traube 1981). In der Rückschau bemerkenswert erscheint dabei, dass das Plädoyer für die ökologische Erneuerung der Marktwirtschaft nicht nur zeitparallel zur Gründung grüner Parteien führte, sondern auch quer durch die bestehenden politischen Lager ging. Der aktive ÖVP-Politiker Josef Riegler (Riegler 1997) soll einer der Väter des Begriffs »Öko-soziale Marktwirtschaft« sein.

Kritische Reflexion des Konzepts der Öko-sozialen Marktwirtschaft in wirtschaftsethischer Absicht

Für den Wirtschaftswissenschaftler ergeben sich in kritischer Reflexion des Konzeptes der Öko-sozialen Marktwirtschaft einige Fragen. So mag der heterogene Zusammenschluss, den das Forum Ökologisch-Soziale Marktwirtschaft verkörpert, in politischer Hinsicht nicht nur sympathisch, sondern auch nützlich erscheinen (etwa für die Realisierung von Öko-Steuern und Umweltabgaben auf staatlicher Ebene). Doch fällt für die auf Differenzbildung verpflichtete wissenschaftliche Analyse insbesondere die Enthaltung von jeder auch nur ansatzweise gründlichen Diskussion auf. So gilt es kritisch zu analysieren, worin denn die systemischen Mechanismen bestehen könnten, die scheinbar die sozialen und/oder ökologischen Ziele im Vollzug des Wirtschaftens zu kurz kommen lassen und die zumindest genauer untersucht werden müssten. Zentral ist dabei die Frage, ob denn Formeln ökologischer Erneuerung und sozialer Einbettung wirklich mehr transportieren können als bloßes Wunschdenken.

Auf den ersten Blick assoziiert der Begriff ›Marktwirtschaft‹ eher nur Positives. Wer würde nicht den demokratischen Charakter und die wohlverstandene Dezentralität ökonomischer Entscheidungen befürworten. Selbst im sozialistischen Kontext wurde der Begriff ›Marktwirtschaft‹ adaptiert, nicht nur zur praktischen Legitimation, wie derzeit in China, sondern bereits zuvor, etwa mit Bezug auf die so bezeichnete Selbstverwaltung in Jugoslawien zu Zeiten Titos sowie in osteuropäischen Dissidentenbewegungen und dies durchaus auch theoretisch anspruchsvoll und authentisch (vgl. Janek 1975).

Auf den zweiten Blick zeigt sich, dass es eigentlich immer schon problematisch war, die komplexen (und absichtsvoll anonymen) Verhältnisse der Ökonomie innerhalb ihrerseits komplexer Gesellschaften mit einem Begriff zu belegen, der historisch traditionell für ausgeprägte persönliche Beziehungen steht. Zurückzuführen ist diese Vorstellung auf den schottischen Moralphilosophen Adam Smith, der die Idee der Marktwirtschaft als eines selbsttätigen Mechanismus in die Welt setzte und damit die Grundlagen für das moderne Verständnis von Ökonomie und Ökonomik schuf (Smith 1776). Die Vorstellung des Marktes (im Singular) als ›Gesamtheit aller idealen Teilmärkte‹ erscheint eher als Mystifikation (vgl. Oetsch 2009, 252). Es war der frühmoderne Glaube des 18. und 19. Jahrhunderts, Naturgesetzen analoge Marktgesetze zu konstruieren (vgl. ebd., 287), der durch ausufernde mathematische Modelle im 20. Jahrhundert sowohl eingehegt als auch verdrängt wurde und heute zu hinterfragen wäre. Zwischen Marktfiktion und Marktrealität wäre jedenfalls zu unterscheiden (vgl. Weidkuhn 1998, 330 ff.) und eine historisch-genetische Untersuchung des Phänomens Marktwirtschaft (jenseits des Marxismus; vgl. Polanyi 1978) zu unternehmen, um zu einer wirtschaftsethisch hinreichend befriedigenden Reflexion der Konzeption einer öko-sozialen Marktwirtschaft zu gelangen.

Literatur

Erhard, Ludwig/Müller-Armack, Alfred (Hg.): Soziale Marktwirtschaft. Ordnung der Zukunft. Frankfurt a. M. 1972.

Goldschmidt, Nils/Wohlgemuth, Michael (Hg): Die Zukunft der Sozialen Marktwirtschaft. Tübingen 2004.

–/– (Hg.): Grundtexte zur Freiburger Tradition der Ordnungsökonomik. Tübingen 2008.

Janek, Jaroslav: Marktwirtschaft und Arbeiterselbstverwaltung. Frankfurt a. M./New York 1975.

Marx, Karl: Das Kapital [1867]. Bd. I. Frankfurt a. M. 1967.

Oetsch, Walter Otto: Mythos Markt. Marktradikale Propaganda und ökonomische Theorie. Marburg 2009.

Polanyi, Karl: The Great Transformation [1944]. Frankfurt a. M. 1978.

Radermacher, Franz J.: Balance oder Zerstörung: Ökosoziale Martwirtschaft als Schlüssel zu einer weltweiten nachhaltigen Entwicklung. Wien 2002.

Riegler, Josef: Ökosoziale Marktwirtschaft. Denken und Handeln in Kreisläufen. Graz [2]1997.

Schmidheiny, Stephan: Kurswechsel. Globale unternehmerische Perspektiven für Entwicklung und Umwelt. Düsseldorf 1992.

Smith, Adam: An Inquiry into the Nature and Causes of the Wealth of Nations [1776]. Der Wohlstand der Nationen. München 2005.

Strasser, Johano/Traube, Klaus: Die Zukunft des Fortschritts. Der Sozialismus und die Krise des Industrialismus. Bonn 1981.

Weidkuhn, Peter: Reizwort Marktwirtschaft. Elemente einer Kulturanthropologie des Marktes. Frankfurt a. M./New York 1998.

Wicke, Lutz/de Maizière, Lothar/de Maizière, Thomas: Öko-soziale Marktwirtschaft für Ost und West. Der Weg aus Wirtschafts- und Umweltkrise. München 1990.

Reinhard Pfriem

21. Public Choice-Theorie

Begriff, theoretischer Hintergrund

Die Public Choice-Theorie (im Deutschen auch als »Neue Politische Ökonomie«, »ökonomische Theorie der Politik« oder »Theorie öffentlicher Entscheidungen« bezeichnet) untersucht die Governance-Strukturen des öffentlichen Sektors. Untersuchungsleitend ist dabei die Prämisse, dass sich auch im öffentlichen Sektor alle an Entscheidungen beteiligten Menschen genauso rational verhalten, wie ihnen dies auch in anderen Zusammenhängen, namentlich der Ökonomie, unterstellt wird. Gerade bei schwierigen Entscheidungssituationen, auf deren Ausgang der Einzelne nur mit geringer Wahrscheinlichkeit einen Einfluss hat, wird dabei oft auch angenommen, dass es rational ist, Informationen nur unvollständig zu sammeln oder Entscheidungsprobleme nicht in aller Tiefe zu durchdenken. Die untersuchten Entscheidungssituationen reichen dabei von einfachen oder komplexen Abstimmungssituationen in kleinen oder großen Gruppen über den Versuch von Interessengruppen oder einzelnen Unternehmen, politische Entscheidungen zu ihren eigenen Gunsten zu beeinflussen (selbst dann, wenn dies auf Kosten anderer Interessen geht), bis hin zur Interaktion von Menschen in Verwaltungen (›Bürokratien‹) mit ihren Auftraggebern (›Sponsoren‹) und den von Verwaltungsentscheidungen betroffenen Bürgern (ausführlich hierzu Mueller 2003).

Positive statt normative Ökonomik öffentlicher Entscheidungen

Ausgangspunkt der Theorie ist zunächst die Existenz von negativen technologischen externen Effekten und von öffentlichen Gütern. Individuelle Entscheidungen führen dazu, dass negative Externalitäten in zu großem Umfang und öffentliche Güter – also Güter, die vielen Menschen nicht-konkurrierend Nutzen stiften und die somit ›grenzkostenlos mehrnutzbar‹ sind und von deren Nutzung niemand ausgeschlossen werden kann, bei deren Produktion aber Kosten entstehen – in zu geringem Umfang bereitgestellt werden, weil in beiden Fällen die individuelle Entscheidungsstruktur der eines Gefangenen-Dilemmas gleicht. Nur wenn der Entscheidungsträger das Wohlergehen aller möglichen Nutznießer öffentlicher Güter im Blick hat, kann hier eine wohlfahrtsmaximierende Entscheidung getroffen werden. Die Suche nach einer Wohlfahrtsfunktion, welche diese (und andere) Entscheidungen gesellschaftlicher Repräsentanten zum Wohle der Gemeinschaft leiten sollte, fand ihr Ende mit der Entdeckung von Kenneth Arrow (1951), dass eine solche Funktion mindestens eines von fünf naheliegenden Axiomen verletzen muss (unbeschränkte individuelle Präferenzordnungen, schwache Pareto-Optimalität, Unabhängigkeit von irrelevanten Alternativen, Ausschluss der Konzentration von Entscheidungsmacht, Transitivität). Mit diesem ›Arrowschen Unmöglichkeitstheorem‹ begann die Betrachtung politischer Entscheidungen sich von der normativen auf die positive Seite zu verschieben. Die in der Folge erschienenen grundlegenden Werke zur positiven ökonomischen Analyse (Downs 1957; Olson 1965; Buchanan/Tullock 1962) liefern erste detaillierte Untersuchungen darüber, wie sich das Verhalten rationaler Individuen in Demokratien auswirkt, insbesondere wie dieses Verhalten dazu führt, dass politische Entscheidungen meist nicht an irgendeiner Form der gesellschaftlichen Wohlfahrt orientiert sind sondern an den Partikularinteressen einzelner gut organisierter Gruppen.

Teilbereiche

Da staatliche Governance eine Vielzahl von Entscheidungsebenen und Entscheidungsmechanismen enthält, deren Interaktion ausgesprochen komplex ist, spaltet sich die Public Choice-Theorie in verschiedene Zweige, deren Erkenntnisse in den anderen Zweigen zumeist nur als *black box* übernommen werden. Angesichts des beschränkten Raumes eines Handbucheintrags kann die folgende Darstellung die Zweige nur sehr verkürzt beschreiben.

Die *Theorie von Wahlen und Abstimmungen* untersucht, welche Ergebnisse unterschiedliche Wahl- oder Abstimmungsmechanismen bei gegebenen Präferenzen hervorbringen, wie groß der Einfluss einzelner Stimmberechtigter auf das Abstimmungsergebnis ist und wie Wahlergebnisse sich verändern, wenn Wähler expressiv oder strategisch wählen, also das Wahlverhalten als ehrlicher unmittelbarer Ausdruck der eigenen Präferenzen gesehen werden kann oder sich danach richtet, wie unter Berücksichtigung des Wahlverhaltens anderer das bestmögliche Abstimmungsergebnis erreicht werden kann. Gleichfalls wird untersucht, ob und wie sich der Einfluss von einzelnen Wählern oder Gruppen von Wählern

(z. T. sogar von Nationen) ändert, wenn sie nicht direkt über einzelne Sachverhalte abstimmen, sondern ihre Entscheidungskompetenz auf gewählte Abgeordnete oder Gruppen von Abgeordneten delegieren.

Solch strategisches Entscheidungsverhalten liegt auch der *positiven politischen Theorie* zugrunde, die auch unter der Bezeichnung ›Komitologie‹ firmiert. Hier geht es darum, wie Kammern eines Parlamentes oder auch andere ›Komitees‹ – gemeint sind die an einer zumeist gesetzgeberischen Entscheidung beteiligten Institutionen – oder die darin abstimmungsberechtigten Individuen verfahren, um unter Berücksichtigung der voraussichtlichen Ergebnisse später entscheidender ›Komitees‹ die am meisten präferierte Politikwirkung herbeizuführen. Besonders häufiger Untersuchungsgegenstand sind hier die US-amerikanische und die Europäische Gesetzgebung in ihren unterschiedlichen Facetten.

Einen ganz anderen Betrachtungswinkel politischer Entscheidungen nehmen die *Rent Seeking-Theorie* sowie die *positive Regulierungstheorie* ein. Hier geht es darum, wie Interessengruppen oder einzelne Unternehmen Politik dadurch in ihrem Sinne beeinflussen können, dass sie Ressourcen für Lobbyismus, für Öffentlichkeitsarbeit zur Wählerbeeinflussung aber auch für blanke Bestechung einsetzen. Während die auf Tullock (1980) zurückgehende Rent Seeking-Theorie den eigentlichen politischen Entscheidungsprozess als *black box* durch eine Erfolgsfunktion abbildet, die den Grad oder die Wahrscheinlichkeit des politischen Erfolgs in Beziehung zu den von den widerstreitenden Interessen aufgewendeten Ressourcen setzt, wird in der positiven Regulierungstheorie (grundlegend Peltzman 1976) anhand mehr oder weniger elaborierter Modelle untersucht, wie die aufgewendeten Ressourcen Entscheidungen von Wählern oder Politikern beeinflussen. Darüber hinaus unterscheiden sich die beiden Ansätze durch ihr primäres Erkenntnisziel. Der Rent Seeking-Theorie geht es wesentlich darum zu zeigen, dass und in welchem Umfang Ressourcen ausschließlich zu dem Zweck aufgewendet werden, Vorteile zu erlangen, denen bei anderen Nachteile in gleicher oder sogar noch größerer Höhe gegenüberstehen. Die positive Regulierungstheorie strebt hingegen vor allem Kenntnisse darüber an, wie sich tatsächlich beobachtbare ineffiziente Regulierungen erklären lassen.

Die Gesellschaft bindende Entscheidungen werden nicht nur von der Gesellschaft auf Politiker delegiert, sondern in einem weiteren Schritt auch von der Politik (dem Gesetzgeber) auf die Verwaltung. Die Wirkungen der in dieser Prinzipal-Agenten-Beziehung herrschenden Anreize und Informationsasymmetrien sind Gegenstand der auf Niskanen (1971) zurückgehenden *Bürokratietheorie.* Hier wird unterstellt, dass jeder Leiter einer Behörde (›Bürokratie‹) auch Interessen hat, die von denen der Politik oder einer vorgesetzten Behörde als Prinzipal abweichen, insbesondere was die Größe der Behörde und die persönlich nutzbare Ausstattung betrifft. Es wird gezeigt, dass, je nach Informationsstand und Verhandlungsmacht der Beteiligten, die Behörde ineffizient groß wird oder bei gegebener Größe ineffizient arbeitet (vgl. Parkinson 2005).

Wieder viel stärker normativ geprägt als die bisher dargestellten Teilbereiche der Public Choice-Theorie sind die *Föderalismustheorie* und die *Ökonomische Theorie der Verfassung.* In der Föderalismustheorie (Inman/Rubinfeld 1997) wird die Frage gestellt, wie in einem föderalen System Kompetenzen so verteilt werden können, dass unter Berücksichtigung der aus der Annahme der Eigennutzorientierung folgenden Einsichten der bisher dargestellten Elemente der Public Choice-Theorie Entscheidungen, die mehrere Körperschaften des föderalen Systems betreffen, möglichst wohlfahrtssteigernd getroffen werden. Ähnlich geht die Ökonomische Theorie der Verfassung (Voigt 1999) vor, die zum einen danach strebt, Vorschläge für die Staatsorganisation zu entwickeln, welche die Probleme, die sich entsprechend den anderen Teilen der Public Choice-Theorie aus der Eigennutzorientierung aller Entscheider ergeben, möglichst gering halten. Darüber hinaus wird hier auch die Wirkung von Grundrechten untersucht, die politischen und damit interessengeleiteten Entscheidungen Grenzen setzen. Da diese Grenzen von Gerichten – also von gemäß der theoretischen Annahmen mit eigennutzorientierten Menschen besetzten Institutionen – durchgesetzt werden müssen, werden hier auch wieder die unter dem Stichwort ›Komitologie‹ erwähnten Fragen der Interaktion zwischen politischen Institutionen relevant.

Literatur

Arrow, Kenneth J.: Social Choice and Individual Values. New York u.a. 1951.

Buchanan, James M./Tullock, Gordon: The Calculus of Consent. Ann Arbor 1962.

Downs, Anthony: An Economic Theory of Democracy. New York 1957.

Inman, Robert P./Rubinfeld, Daniel L.: Rethinking Federalism. In: Journal of Economic Perspectives 11, 4 (1997), 43–64.
Mueller, Dennis C.: Public Choice III. Cambridge, UK 2003.
Niskanen, William A.: Bureaucracy and Representative Government. Chicago 1971.
Olson, Mancur: The Logic of Collective Action. Cambridge, Mass. 1965.
Parkinson, Cyril N.: Parkinsons Gesetz und andere Untersuchungen über Verwaltung. Düsseldorf 2005.
Peltzman, Sam: Towards a More General Theory of Regulation? In: Journal of Law and Economics 19, 2 (1976), 211–240.
Tullock, Gordon: Efficient Rent Seeking. In: James M. Buchanan/Roger D. Tollison/Ders. (Hg.): Toward a Theory of the Rent-Seeking Society. College Station 1980, 97–112.
Voigt, Stefan: Explaining Constitutional Change – A Positive Economics Approach. Cheltenham 1999.

Georg von Wangenheim

22. Soziale Sicherung

Jeder Mensch benötigt soziale Sicherung: konstitutiv am Anfang des Lebens, solange man noch nicht selbst für sich sorgen kann; in vielen Fällen am Ende des Lebens, wenn altersbedingt die Kräfte nachlassen; aber oft auch in der Mitte des Lebens, wenn Notfälle zu meistern sind, die die eigenen Kräfte und Möglichkeiten übersteigen, so dass man auf die Hilfe anderer existentiell angewiesen ist.

Historisch lässt sich ein breites Spektrum unterschiedlicher Optionen zur Organisation sozialer Sicherung beobachten: In vormodernen Gesellschaften dominieren Kleingruppenmodelle. Träger sozialer Sicherung sind die Kernfamilie, die erweiterte Großfamilie bis zur Sippe, die unmittelbare Nachbarschaft oder die Dorfgemeinschaft. In modernen Gesellschaften treten Großgruppenmodelle – teils komplementär, teils substitutiv – hinzu. Hier werden auch Markt und Staat zu Trägern sozialer Sicherung.

Kleingruppenmodelle funktionieren innerhalb einer Gemeinschaft, die im Rahmen von *face-to-face*-Beziehungen Reziprozität sicherstellen, so dass nur derjenige Hilfe erlangt, der auch bereit ist, andere Gemeinschaftsmitglieder im Notfall ebenfalls zu unterstützen. In Großgruppenmodellen wird Solidarität im gesellschaftlichen Kontext organisiert. Sie wird institutionalisiert – mit der Folge, dass die Reziprozitätsgrundlage institutionalisierter Solidarität oftmals gar nicht mehr unmittelbar zu erkennen ist, so dass der Zusammenhang von Leistung und Gegenleistung leicht aus dem Blick gerät und soziale Sicherung oft als bloße ›Umverteilung‹ wahrgenommen wird.

Vormoderne Gesellschaften sind Subsistenzwirtschaften. In ihnen gibt es eine natürliche Untergrenze für den Lebensstandard, die man nicht dauerhaft unterschreitet, solange die eigene Arbeitskraft erhalten bleibt. Diese Arbeitskraft durch kriegs-, unfall-, krankheits- oder altersbedingte Umstände vorübergehend oder dauerhaft zu verlieren, ist daher das Hauptproblem, für das man in einer vormodernen Gesellschaft als Erwachsener eine soziale Sicherung benötigt.

Moderne Gesellschaften sind auf wirtschaftliches Wachstum programmiert. Sie bieten ihren Bürgerinnen und Bürgern vergleichsweise sehr viel höhere Lebensstandards (vgl. u.a. Maddison 2001; 2005; Clark 2007). Zugleich bedeutet dies, dass gewissermaßen die Fallhöhe zunimmt. Deshalb wird es als immer wichtiger empfunden, nicht nur das absolute, sondern auch das relative Einkommen in Notfällen sozial abzusichern. Einkommensrisiken entstehen in einer modernen Gesellschaft aber nicht nur durch eine Beeinträchtigung der eigenen physischen Arbeitskraft, sondern auch durch (strukturell bedingte) Arbeitslosigkeit, also durch die Notsituation, im System der arbeitsteiligen Zusammenarbeit keinen geeigneten Platz zu finden, an dem man sich produktiv in die Erzeugung von Gütern und Dienstleistungen einbringen kann. Hinzu kommt, dass der Bedarf an sozialer Sicherung auch deshalb kontinuierlich zunimmt, weil er sich auf immer mehr Bereiche und Lebenslagen erstreckt: Anders als in der vormodernen Gesellschaft, arbeiten die meisten Menschen in einer modernen Gesellschaft nicht (notgedrungen) bis zur altersbedingten Erschöpfung ihrer Arbeitskraft, sondern scheiden frühzeitig aus dem Arbeitsleben aus und bestreiten ihren Lebensunterhalt aus einer Kombination von eigenen Ersparnissen und Transfers, für die sie über ein Kapitaldeckungsverfahren oder ein Umlageverfahren zuvor Anrechte erworben haben. Aufgrund des medizinischen Fortschritts und anderer zivilisatorischer Errungenschaften leben die Menschen in modernen Gesellschaften zudem wesentlich länger, als dies früher der Fall war. Zugleich bekommen sie weniger Kinder. Die Folge dieses demographischen Wandels ist, dass die Finanzierung der Rententransfers zu einem Hauptproblem sozialer Sicherung avanciert ist. Zwei weitere Hauptprobleme sind historisch hinzugekommen: Zum einen werden für die Erhaltung der Arbeitskraft immer umfangreichere Gesundheitsleistungen benötigt, angefangen von der medizinischen Versorgung physischer Krankheitssymptome bis hin zur psychologischen Beratung, Behandlung und Betreuung. Zum anderen werden für den Aufbau der Arbeitskraft immer umfangreichere Bildungsleistungen benötigt. Hierzu gehört die Teilhabe an elementaren Bildungsleistungen – nicht erst im schulischen, sondern auch schon im vorschulischen Alter. Ferner gehört hierher die berufsqualifizierende Ausbildung. Aufgrund der immer größer werdenden Dynamik der modernen Wissensgesellschaft wird soziale Sicherung zunehmend auch auf Optionen für ein lebenslanges Lernen ausgedehnt.

Die Leistungen sozialer Sicherung in einer modernen Gesellschaft bestehen zumeist aus Transfers, die auf den ersten Blick wie bloße ›Umverteilung‹ aussehen. Bei näherer Betrachtung zeigt sich jedoch, dass diese Transfers nur durch komplexe Tauschakte zustande kommen, so dass man die zu diesen Transferleistungen zugehörigen Gegenleistungen mit ins Blickfeld rücken muss, wenn man das System sozialer Sicherung – seine Logik und Funktionsweise – verstehen will (zum Konzept einer ›Sozialpolitik *für* den Markt‹ vgl. Homann/Pies 1996; vgl. auch Phelps 2006; 2008). Hierbei ist es hilfreich, zwischen zwei Problemen strikt zu unterscheiden, auch wenn beide in der Realität zumeist gemeinsam – in Mischform – auftreten. Es handelt sich zum einen um das Problem inter-temporaler und zum anderen um das Problem inter-personaler Tauschakte, die jeweils auf soziale Sicherung abzielen (vgl. Pies 2000).

Bei einem inter-temporalen Tauschakt besteht das zugrunde liegende Problem sozialer Sicherung in einem Liquiditätsengpass. Folglich liegt die Lösung darin, dass eine Kreditbeziehung gesellschaftlich organisiert wird, die darauf beruht, dass man den ›Transfer‹, den man zur Überbrückung einer Notsituation erhält, später samt Zins und Zinseszins wieder ›zurücktransferiert‹. Bei einem inter-personalen Tauschakt besteht das zugrunde liegende Problem sozialer Sicherung in einem Risiko. Folglich liegt die Lösung darin, dass eine Versicherung gesellschaftlich organisiert wird, die darauf beruht, dass man den ›Transfer‹ nur deshalb von der Gruppe der Versicherten erhält, weil man sich mit eigenen Beiträgen daran beteiligt, auch die Risiken der anderen Versicherten abzusichern.

Erst aus einer solchen Perspektive auf das System sozialer Sicherung wird sichtbar, inwieweit das, was in einer vormodernen Gesellschaft nur durch persönliche Solidaritätsleistungen – *face-to-face* – an sozialer Sicherung geleistet werden konnte, in einer modernen Gesellschaft unpersönlich – aber extrem leistungsfähig! – organisiert werden kann. Sichtbar wird zudem, dass auch der Markt – vermittelt durch rein privat(rechtlich)e Kredit- und Versicherungsverträge – einen erheblichen Anteil zur sozialen Sicherung beisteuert. Im Klartext: Der Markt schafft durch seine Dynamik nicht nur immer neue Bedarfe an sozialer Sicherung, sondern er trägt in einer modernen Gesellschaft auch wesentlich dazu bei, dass diese Bedarfe befriedigt werden können. Man denke nur an die Sozialleistungen in und durch Unternehmen. Sichtbar wird drittens, dass jenseits des Marktes auch staatliche Arrangements sozialer Sicherung zum Zuge kommen und zwar durch öffentlich(rechtlich)e Kredit- und Versicherungsverträge, die vor allem dort erforderlich sind, wo privat(rechtlich)e Arrangements an die Grenzen ihrer Leistungsfähigkeit gelangen.

Schaut man aus dieser Perspektive auf die drei Hauptprobleme sozialer Sicherung in einer modernen Gesellschaft, so erweist sich das Bildungsproblem primär als ein inter-temporales Kreditproblem; das Gesundheitsproblem erweist sich primär als ein inter-personales Versicherungsproblem, während das Rentenproblem, obwohl es durch eine Renten-›Versicherung‹ adressiert wird, in erster Linie ein inter-temporales Kreditproblem darstellt. Das bedeutet: Das Problem sozialer Sicherung, den Lebensstandard im Alter zu sichern, hat weniger damit zu tun, den Einzelnen gegen Risiken abzusichern, als vielmehr damit, ein System der Ersparnisbildung zu organisieren (vgl. u.a. Barr 2004; Breyer/Buchholz 2009; zum deutschen Kontext vgl. Lampert/Althammer 2007).

Bildung ist ein inter-temporales Kreditproblem besonderer Art. Das liegt daran, dass es in einer modernen Gesellschaft – aus guten Gründen – nicht geduldet wird, Humankapital zur Beleihung – also als Kreditsicherung – zu verwenden, was einer freiwilligen Form von Leibeigenschaft gleichkäme. Hinzu kommt, dass wichtige Bildungsausgaben schon in einem Lebenszeitraum anfallen, in dem der Humankapitalinvestor noch nicht geschäftsfähig ist. Da – wiederum aus guten Gründen – nicht geduldet wird, dass sich Eltern zu Lasten ihrer Kinder verschulden können, kommen privatrechtliche Bildungskredite nur dann zustande, wenn der Staat als Bürge eintritt und den Banken gegenüber die Ausfallgarantie übernimmt. Statt dieser gleichsam minimalinvasiven Therapie wurde in vielen Ländern schon vor langer Zeit die mit zahlreichen Problemen und Folgeproblemen verbundene Extremlösung gewählt, die schulische Bildung nicht nur staatlich zu kreditieren, sondern sie unter staatlicher Regie anzubieten. Man setzt auf eine Steuerfinanzierung des Bildungsangebots, das (vermeintlich ›kostenlos‹) an Bildungsinvestoren abgegeben wird. Hiermit sind zahlreiche Ineffizienzen verbunden, die für Wissensgesellschaften immer schmerzhafter werden. Deshalb befindet sich der Bildungssektor derzeit in zahlreichen Ländern in einem Prozess grundlegender Reformen, um angesichts dynamischer Bedürfnisänderungen die Anpassungsdynamik im System zu erhöhen (vgl. Wössmann 2007).

Im Hinblick auf die Systeme sozialer Sicherung darf man nicht übersehen, dass von ihnen auch gravierende Fehlanreize ausgehen können. Beispielsweise kann ein hohes Niveau sozialer Sicherung dazu führen, dass es niedrig qualifizierten Arbeitnehmerinnen und Arbeitnehmern produktivitätsbedingt nicht mehr gelingt, einen für sie attraktiven Marktlohn zu erwirtschaften. Die Folge ist eine massenhafte Dauerarbeitslosigkeit (vgl. Phelps 1997; zur deutschen Diskussion vgl. ifo Schnelldienst 2007). In ähnlicher Weise ist auch das Dauerphänomen einer Kostenexplosion im Gesundheitswesen auf einen Fehlanreiz zurückzuführen: Solange es an einem funktionierenden Wettbewerb zwischen den Krankenkassen mangelt, gibt es im System sowohl auf der Anbieter-, als auch auf der Nachfragerseite ein starkes Interesse an quantitativer und qualitativer Leistungsausweitung (›moral hazard‹), nicht jedoch an Kostendämpfung (vgl. Breyer/Zweifel/Kifmann 2005). Hinzu kommt, dass der demographische Wandel, der oft als unabänderliches Schicksal (also als exogene Variable) aufgefasst wird, zum Teil als endogen verursacht betrachtet werden muss, weil die staatliche Sozialpolitik den Nutzen, den Eltern mit ihren Kindern verbinden, stark sozialisiert hat. Insofern kommt es darauf an, den sozialstaatlich gestifteten Generationenvertrag umfassend nachzubessern (vgl. Werding 1998).

Insgesamt ist festzuhalten, dass sich sämtliche Systeme sozialer Sicherung auf absehbare Zeit unter einem enorm großen Anpassungsdruck befinden, der nur durch grundlegende Reformen abgefangen werden kann. Für die (Wirtschafts-)Ethik ergibt sich aus diesem Befund folgende Problemstellung: Die Verwirklichung sozialer Sicherung ist ein moralisches Anliegen ersten Ranges. In der modernen Gesellschaft ist soziale Sicherung jedoch ein Systemproblem, das sich aufgrund seiner rasanten Komplexität einer intuitiven Wahrnehmung kategorial widersetzt. Ohne Theorie lässt sich die Praxis nicht funktional steuern. Deshalb ist Ethik erforderlich, um verbreitete Missverständnisse und darauf basierende moralische Fehlurteile korrigieren zu helfen. Eine funktionale Systemsteuerung ist nur möglich, wenn man soziale Sicherung nicht – als einseitig halbierte Solidarität – mit ›Umverteilung‹ gleichsetzt, sondern ›Transfers‹ als Bestandteile komplexer Tauschakte ansieht, in denen Leistungen und Gegenleistungen aneinander gekoppelt sein müssen, wenn die Solidaritätsleistung sozialer Sicherung nachhaltig sein soll. Der massive Reformdruck, unter dem gegenwärtig alle Systeme sozialer Sicherung stehen, wird sich nur dann konstruktiv bewältigen lassen, wenn die Reformdiskussion den Blick dafür schärft, dass es hier ganz besonders auf die Anreizwirkungen institutioneller Arrangements ankommt (vgl. Pies 2000).

Literatur

Barr, Nicholas: The Economics of the Welfare State. Oxford [4]2004.

Breyer, Friedrich/Buchholz, Wolfgang: Ökonomie des Sozialstaats. Berlin/Heidelberg/New York [2]2009.

Breyer, Friedrich/Zweifel, Peter/Kifmann, Mathias: Gesundheitsökonomik. Berlin/Heidelberg/New York [5]2005.

Clark, Gregory: A Farewell to Alms. A Brief Economic History of the World. Princeton/Oxford 2007.

Homann, Karl/Pies, Ingo: Sozialpolitik für den Markt: Theoretische Perspektiven konstitutioneller Ökonomik. In: Ingo Pies/Martin Leschke (Hg.): James Buchanans konstitutionelle Ökonomik. Tübingen 1996, 203–239.

ifo Schnelldienst: Reformkonzepte zur Erhöhung der Beschäftigung im Niedriglohnbereich. Sonderausgabe. ifo Schnelldienst 60. Jg. 9. KW, 28.2.2007.

Lampert, Heinz/Althammer, Jörg: Lehrbuch der Sozialpolitik. Berlin [8]2007.

Maddison, Angus: The World Economy: A Millennial Perspective. Paris 2001.

–: Growth and Interaction in the World Economy. The Roots of Modernity. Washington DC 2005.

Phelps, Edmund S.: Rewarding Work. How to Restore Participation and Self-Support to Free Enterprise. Cambridge, Mass./London 1997.

–: Macroeconomics for a Modern Economy. Nobel Prize Lecture vom 8. Dezember 2006 (http://nobelprize.org/nobel_prizes/economics/laureates/2006/phelps_lecture.pdf).

–: Dynamism and Inclusion: What? Why? How? CCS Working Paper 25 (2008) (auch unter: http://capitalism.columbia.edu/files/ccs/CCSWP25_Phelps.pdf).

Pies, Ingo: Ordnungspolitik in der Demokratie. Ein ökonomischer Ansatz diskursiver Politikberatung. Tübingen 2000.

Werding, Martin: Zur Rekonstruktion des Generationenvertrages. Tübingen 1998.

Wössmann, Ludger: Letzte Chance für gute Schulen. Die 12 großen Irrtümer und was wir wirklich ändern müssen. Gütersloh 2007.

Ingo Pies

23. Unternehmensberatung

Für Unternehmensethik wurde von Unternehmen in der Vergangenheit kein expliziter Beratungsbedarf gesehen und entsprechend nachgefragt. Öffentlich bekannt gewordene Skandale um Korruption und Rechtsverletzungen, die weltweite Finanzkrise und die globale Diskussion gesellschaftlicher Verantwortung rücken das Thema Ethik jedoch zusehends auch in das Blickfeld von Unternehmen. Dieser Beitrag aus der Beratungspraxis zeigt auf, wo eine professionelle Ethikberatung in Unternehmen zum Tragen kommt und worauf es dabei ankommt.

Unternehmensethik ernst nehmen: Von weichen Faktoren zu harten Stolpersteinen

Die sogenannten weichen Themen haben es in der Vergangenheit schwer gehabt, in Unternehmen ernst genommen zu werden. Während das ›weiche‹ Phänomen der Unternehmenskultur sich seit den 1980er Jahren immer wieder im Zusammenhang mit harten Themen wie Erfolg von Reengineering-Prozessen oder strategischen Mergers & Akquisitions (vgl. Sackmann 2004, 23) Gehör verschaffen konnte, wurde der Unternehmensethik nur am Rande Beachtung geschenkt. Die fehlende oder zumindest begrenzte Möglichkeit, die Relevanz weicher Themen in Zahlen abzubilden, gepaart mit einer einseitigen Shareholder-Orientierung, haben dazu geführt, dass in einer zahlenorientierten Wirtschaftswelt Ethik nicht an oberster Stelle steht – auch wenn deren Wirkung für den Unternehmenserfolg empirisch längst bewiesen ist. Eine ethisch fundierte Unternehmenskultur verschafft Unternehmen klare Wettbewerbsvorteile, so zum Beispiel bei der Gewinnung und Bindung begehrter Fachkräfte, aber auch auf den nationalen und internationalen Finanzmärkten.

Inzwischen sind sich Wissenschaft und zusehends auch Unternehmer und Top-Manager einig, dass ethisch korrektes Verhalten im 21. Jahrhundert für Unternehmen zum kritischen Erfolgsfaktor wird. Eine weltweite Befragung von CEOs, die 2009 von PricewaterhouseCoopers (PwC) vorgenommen wurde, belegt, dass zwei Drittel der befragten Top-Manager neben der Marke, der Reputation und der Fähigkeit, sich äußeren Veränderungen anzupassen, ein gut aufgestelltes Corporate Responsibility-Management als entscheidenden Faktor für dauerhaften Erfolg ansehen (vgl. Häßler et al. 2009, 4). Verantwortung ist Thema der Unternehmensethik. Ethische Themen erhalten in Unternehmen in dem Maße ihren festen Platz, in dem sie zu ›harten‹ Stolpersteinen werden, die Zukunftsfähigkeit und Bestandssicherung akut gefährden.

Wie Beratung ethisches Verhalten in Unternehmen stärkt: Ansatzpunkte der Ethikberatung

Für eine Ethikberatung von Unternehmen gibt es vor diesem Hintergrund zahlreiche Anknüpfungspunkte, von denen drei hier exemplarisch aufgezeigt werden sollen.

Normatives und strategisches Management: Auf einer normativ-strategischen Ebene unterstützt Ethikberatung die Eigentümer oder das Top-Management bei der Entwicklung eines ethisch fundierten unternehmerischen Selbstverständnisses und der Ableitung einer entsprechenden Unternehmensphilosophie und -politik. Der Zweck und die Art und Weise der Unternehmenstätigkeit werden dabei auch unter ethischen Gesichtspunkten reflektiert und gegebenenfalls neu formuliert. Das so entstehende Selbstverständnis gilt es, Top-Down ins Unternehmen zu tragen und auf allen Ebenen zu verankern. In einem ersten Schritt gehören dazu das Gestalten von Leitbildprozessen und das Ableiten von Verhaltens- und Führungsgrundsätzen sowie von konkretisierenden Richtlinien. Der normsetzenden Grundlagenarbeit folgt im nächsten Schritt eine unternehmensgerechte und unternehmensweite Umsetzung, bei der die Ethikberatung eine weitere wichtige Rolle spielt. Die Motivation zu einer ethischen Orientierung der unternehmerischen Tätigkeit ist dabei häufig auch intrinsischer Art: Sie erwächst aus persönlichen Überzeugungen der Unternehmer und deren Wunsch, sich als ehrbarer Wirtschaftsakteur von anderen abzuheben.

Des Weiteren unterstützt eine ethisch fundierte Managementberatung Führungskräfte, die eine Leitungsposition an der Unternehmensspitze neu bekleiden. Sie stehen vor der Herausforderung, sich im neuen Unternehmen zu positionieren und sind häufig Hoffnungsträger, an die große Erwartungen gerichtet werden. Eine Ethikberatung kann in der sogenannten Inaugurationsphase von Top-Managern sowohl deren positiver Positionierung dienen als auch weitreichende Veränderungen in Unternehmen ermöglichen, indem durch die neue Person an der Spitze ein Kulturwandel angestoßen wird, der unter ihrem Vorgänger nicht denkbar gewesen wäre.

Integritätsmanagement – Compliance- und Wertemanagement: Ethikberatung, die aus einer eher extrinsischen Motivation heraus nachgefragt wird, setzt häufig im Bereich des Compliance- und Wertemanagements bzw. Integritätsmanagements an. Der Begriff Integritätsmanagement wird hier als Synonym für ein kombiniertes Compliance- und Wertemanagement verwendet. Reines Compliance-Management führt in der Praxis zu reaktiven Regel- und Kontrollsystemen, durch die moralisches Fehlverhalten nicht wirksam vermieden werden kann. So galt der Siemens-Konzern im Bereich der Corporate Governance als mustergültig, bevor das Ausmaß an Korruption sukzessive über die Medien in der Öffentlichkeit bekannt wurde. Im Fall Siemens konnte sich – trotz einer ›beispielhaften‹ Compliance-Organisation – eine Unternehmenskultur entwickeln, in der korruptes Verhalten als strukturell verwurzelt anzusehen war (vgl. Grieger 2009, 105.). Integrität, verstanden als Rechts- und Prinzipientreue, aber auch als Übereinstimmung von selbst gesetztem (ethischen) Anspruch und der gelebten Wirklichkeit, erfordert für Unternehmen neben einer Compliance-Orientierung auch eine Orientierung an ethischen Werten. Um eine gelebte Integrität in Unternehmen herzustellen, bietet sich eine Form von Integritätsmanagement an, die eine Integration von Werte- und Compliance-Management sicherstellt.

Unternehmen, die Integritätsprogramme dieser Art aufstellen, zielen häufig darauf ab, Rechts- und Regelkonformität herzustellen und ethische Mindeststandards einzuhalten. Für unterschiedliche Rechtsformen gelten national und international Vorschriften, die ein Ethik-Management explizit einfordern. So müssen in deutschen Aktienunternehmen Vorstände und Aufsichtsräte erklären, inwieweit sie den Empfehlungen des »Deutschen Corporate Governance Kodex« nachkommen. Um den strengen Compliance- und Corporate Governance-Anforderungen des US-amerikanischen Sarbanes-Oxley Act (SOX) zu genügen, mussten Unternehmen, die Wertpapiere an US-Börsen handeln, Ethik-Kodizes oder Codes of Conduct entwickeln und implementieren (z.B. Deutsche Telekom AG). Für die Bewertung nicht börsennotierter Unternehmen werden innerhalb der Basel-II-Ratings der Banken ethikrelevante Kriterien erhoben, um Zukunftsfähigkeit und Risiken von Unternehmen abzubilden und bei der Gestaltung und Vergabe von Krediten zu berücksichtigen (vgl. Schäfer 2004, 4–9).

Viele Großunternehmen und Konzerne verlangen heute von ihren Lieferanten die Unterzeichnung von ethischen Richtlinien oder Kodizes. Mit der Unterzeichnung verpflichten sich die Lieferanten zur Einhaltung ethischer Verhaltensweisen und auf Mindeststandards im Innen- und Außenverhältnis. Einige Branchenverbände, wie der Zentralverband Elektrotechnik- und Elektronikindustrie (ZVEI) e.V., versuchen dieser Tendenz entgegenzuwirken, indem sie einen grundlegenden Kodex gemeinsam mit ihren Mitgliedern entwickelt haben. Dieser ›Muster‹-Code of Conduct zur gesellschaftlichen Verantwortung gibt den Mitgliedsunternehmen Orientierung und die Möglichkeit, ihren spezifischen Kodex daraus abzuleiten (vgl. ZVEI Code of Conduct zur gesellschaftlichen Verantwortung).

Neben der Einhaltung von ethischen Mindeststandards dienen Integritätsprogramme der Prävention aller Arten von Fehlverhalten, die Unternehmen materiellen oder immateriellen Schaden zufügen können. Aufgabe der Ethikberatung ist es, den Aufbau einer integren Organisation zu unterstützen und ethisch fundierte Managementsysteme zu etablieren. Das Aufgabenspektrum ist sehr groß. Typische Handlungsfelder, in denen Ethikberater unterstützen, liegen in den folgenden Bereichen:

- Compliance-Strukturen und -verantwortlichkeiten festlegen,
- Codes of Conduct entwickeln und implementieren,
- Einführen von Hinweisgeber- und Ombudsmann-Systemen,
- Sensibilisierung und Schulung im Umgang mit Werte-, Compliance- und Integritätsthemen,
- Coaching von Compliance- oder Integritätsbeauftragten,
- Compliance- und Wertekommunikation,
- Monitoring und Audit von Werte-, Compliance- und Integritätsmanagementsystemen.

CSR-Management: Den dritten aktuellen Beratungsbereich für Ethikberater bietet das Thema Corporate Social Responsibility (CSR), verbreitet auch als Corporate Responsibility (CR) bezeichnet. CSR lässt sich als konzeptuelles Dach über die Themen Corporate Governance, Nachhaltigkeit und Corporate Citizenship spannen (vgl. Bassen/Jastram/Meyer 2005, 235). Das CSR-Engagement von Unternehmen ist in unterschiedlichem Maße sowohl extrinsisch als auch intrinsisch motiviert und eröffnet Ansatzpunkte für eine externe Unterstützung, die sowohl auf der normativ-strategischen Ebene als auch im Bereich der kontinuierlichen Umsetzungsberatung der CSR-Ausrichtung des Compliance- und Wertemanagements ansetzen kann. Hinzu kommt der Beratungsbedarf, der sich aus den ethischen Implikationen von Aktivitäten wie Sponsoring, Mäzenatentum, Corporate Volunteering und generell dem Corporate Citizenship-Engagement ergibt.

Eine CSR-Beratung beginnt mit der Feststellung unternehmerischer wie ethischer Verantwortungsbereiche und der Identifikation relevanter Stakeholder. CSR-Konzeptionen legen das von Freeman begründete Stakeholder-Management zugrunde, bei dem sich die Anforderungen, welche die verschiedensten Stakeholder an ein Unternehmen stellen, auch in den Unternehmenszielen wiederfinden (vgl. Freeman 1984, 25). Der Ansatz impliziert eine klare Abkehr von der bis dahin weit verbreiteten reinen Shareholder-Orientierung mit ihrem alleinigen Fokus auf Finanz- und Kapitalmarktinteressen.

Mit Hilfe der Beratung können Unternehmen eine umfassende Standortbestimmung vornehmen, ihre gesellschaftliche Verantwortung bestimmen bzw. anerkennen und ein daran ausgerichtetes Selbstverständnis entwickeln, das es dann ganzheitlich umzusetzen gilt. In Abgrenzung zu den bereits vorgestellten Beratungsfeldern ist für die Beratung im Rahmen des CSR-Managements die Konzeption und Durchführung von Stakeholder-Dialogen hervorzuheben. Dieser Dialog ist zentral für die Ausgestaltung des CSR-Engagements, da die Besonderheit von CSR darin besteht, dass Unternehmen ihre Verantwortung in Bezug auf alle betroffenen Interessens- und Anspruchsgruppen (Stakeholder) wahrnehmen. Die Anliegen und Forderungen der Stakeholder werden im Dialog in Erfahrung gebracht und der Umgang damit auf der Basis ethischer Argumente gemeinsam ausgehandelt. Für Unternehmen ergibt sich daraus ein weiterer Bedarf, ethische Reflexions- und Argumentationskompetenz aufzubauen.

Durch die Berücksichtigung der vielseitigen Anforderungen unterschiedlichster Stakeholder geraten Unternehmen immer stärker in die Position und/oder verpflichten sich selbst dazu, verschiedenen Personenkreisen gegenüber Rechenschaft abzulegen. Ein weiteres Beratungsfeld stellt in diesem Zusammenhang der gesamte Bereich der CSR-Kommunikation und des Reportings dar. Hierbei geht es nicht darum, für das eigene Unternehmen zu werben, sondern deutlich zu machen, wo und wie es seiner Verantwortung nachkommt – oder auch nicht – und dafür Rede und Antwort zu stehen. Es gilt, transparent zu machen, wie das Unternehmen mit den vielseitigen und zum Teil konkurrierenden Interessen und Forderungen seiner Stakeholder umgeht. CSR-Kommunikation weicht deshalb auch von der herkömmlichen PR- und Marketingkommunikation ab. Die CSR-Kommunikation ist ein neues Handlungsfeld für Unternehmen, für das ausgereifte wissenschaftliche Konzeptionen noch ausstehen (vgl. Brugger 2008, 9). Konsequenterweise muss sie glaubwürdig sein und ihre Aufgabe darin begreifen, Transparenz und Ehrlichkeit gegenüber den Stakeholdern zu gewährleisten. Fehlende Sensibilität für eine aufrichtige und glaubwürdige CSR-Kommunikation wird sich negativ auf das Image von Unternehmen auswirken, ebenso wie das Werben mit sozialen Aktivitäten, die in keinem Bezug zur unternehmerischen Leistungserbringung stehen. In den CSR-Fachkreisen wird das Krombacher-Engagement für die Rettung des Regenwaldes immer wieder als Negativbeispiel für CSR-Kommunikation hervorgehoben, da nicht klar ist, warum genau eine Brauerei sich für den tropischen Regenwald verantwortlich fühlt und nicht etwa für das Wohlergehen alkoholabhängiger Menschen, um es plakativ zu formulieren.

Professionelle Unternehmensethikberatung orientiert sich an der ISO 26000. Die internationale Norm zur gesellschaftlichen Verantwortung von Organisationen, die Ende 2010 verabschiedet wurde, versteht sich als Leitfaden und beinhaltet grundlegende Prinzipien, Kernthemen und Handlungsfelder sowie Umsetzungshinweise für ein umfassendes, international anerkanntes CSR-Management. CSR-Beratung nach ISO 26000 setzt bei der Unternehmenssteuerung und -führung an, womit dem integrativen Anspruch der Norm Rechnung getragen wird. Es erfolgt die Integration bisher zumeist separat verfolgter Themen, wie beispielsweise der Sicherung von Arbeits- und Sozialstandards sowie Menschenrechten, der Unterstützung von fairem Wettbewerb und Handel, der Stärkung des eigenen regionalen Umfeldes sowie der Berücksichtigung der ökologischen Umwelt und des Anspruchs nach Nachhaltigkeit. Dies alles geschieht unter dem einen Dach der Wahrnehmung gesellschaftlicher Verantwortung. Neben einer Beratung in den aufgeführten Fachthemen verlangt die CSR-Beratung nach ISO 26000 zunächst nach einer ganzheitlichen Managementberatung, die beim normativen und strategischen Management ansetzt mit dem Ziel, dass die Wahrnehmung von Verantwortung auch in allen operativen Organisationsbereichen nach einheitlichen ethischen Maßstäben umgesetzt und bewusst eingehalten wird.

Sensibilisierung und Herstellung von ethischer Kompetenz: Herausforderungen bei der Beratung ethischer Themen in Unternehmen

Bei der Unternehmensethikberatung (vgl. ausführlich Kleinfeld 2004) geht es nicht darum, ein extern definiertes theoretisches Optimum zu erreichen und das beratene Unternehmen darauf hin auszurichten. Vielmehr sollen das Top-Management und die Verantwortlichen im Kundenunternehmen für die Relevanz, aber auch für das Spezifische der Auseinandersetzung mit moralisch relevanten Fragen in ihrem Unternehmen sensibilisiert werden. Unternehmensethikberatung unterstützt bei der Entwicklung eines entsprechenden Bewusstseins und einer eigenständigen (unternehmens-)ethischen Reflexions- und Argumentationskompetenz innerhalb von Unternehmen.

Die Schulung dieser Kompetenz und die hierdurch erzielte Entscheidungs- und Handlungssicherheit in ethischen Konflikt- oder Dilemmasituationen ist eine der bedeutendsten Aufgaben der Ethikberatung. Ethisches Urteilsvermögen, verbunden mit Rechtsbewusstsein, kann nur von menschlichen Individuen entwickelt werden.

Erfolgreiche Unternehmensethikberatung setzt hier ebenso wie bei der gewachsenen Unternehmenskultur an, auf deren Entwicklung gezielt Einfluss zu nehmen versucht wird (vgl. ausführlich Kleinfeld/Kettler 2006). Zur Aufgabe einer externen Beratung gehört in diesem Kontext nicht nur die Empfehlung entsprechender kulturgestaltender Maßnahmen. Sie hat auch zum Ziel, im Dialog mit den Führungsverantwortlichen die erforderlichen Denksets zu entwickeln und diese in einem nächsten Schritt in entsprechend konzipierten Schulungen und Trainings organisationsweit auch für Führungskräfte sowie Mitarbeiterinnen und Mitarbeiter anderer Ebenen – idealiter und aristotelisch gesprochen – zur »zweiten Natur« werden zu lassen.

Fazit

Die Aktionsfelder und Ansatzpunkte für Unternehmensethikberatung haben sich in den vergangenen Jahren stark gewandelt. Insbesondere in den Bereichen Compliance- und Wertemanagement sowie Corporate Social Responsibility kann professionelle Unternehmensethikberatung Unternehmen eine wertvolle Hilfe sein. Eine besondere Herausforderung besteht dabei darin, über sowohl personale als auch organisationale Bewusstseinsbildung eine quasi innere Haltung des Unternehmens entstehen zu lassen, die dafür sorgt, dass alle Aktivitäten auch an ethischen Maßstäben ausgerichtet werden.

Literatur

Bassen, Alexander/Jastram, Sarah/Meyer, Katrin: Corporate Social Responsibility. In: Zeitschrift für Wirtschafts- und Unternehmensethik 6, 2 (2005), 231–236.

Brugger, Florian: Unternehmerische Nachhaltigkeitskommunikation. Ansätze zur Stärkung unternehmerischer Nachhaltigkeit (2008), http://www.uni-lueneburg.de/csm/content/nama/downloads/download_publikationen/71-9_download.pdf (8.1.2010).

Häßler, Rolf D./Waldenfels, Pablo von /Wilhaus, Andrea: Corporate Responsibility bei Auslandsinvestitionen, Stand und Perspektiven des Managements von Auslandsinvestitionen unter sozialen und umweltbezogenen Gesichtspunkten. Hg. von PricewaterhouseCoopers und oekom research AG (Juni 2009), http://www.oekom-research.de/homepage/german/oekom_PwC_Auslandsinvestitionen.pdf (8.1.2010).

Freeman, R. Edward: Strategic Management. A Stakeholder Approach. Boston 1984.

Grieger, Jürgen: Korruption und Kultur bei der Siemens AG – Eine Handlungs-Struktur-Analyse. In: Peter Graeff/Karenina Schröder/Sebastian Wolf (Hg.): Der Korruptionsfall Siemens. Baden-Baden 2009, 103–130.

Kleinfeld, Annette: Warum Unternehmen Ethikberatung brauchen. In: Thomas Beschorner/Matthias Schmidt (Hg.): Integritäts- und Umweltmanagement in der Beratungspraxis. sfwu-Schriftenreihe. München 2004, 103–120.

– /Kettler, Anke: Ethisch fundiertes Wertemanagement als kulturrelevanter Veränderungsprozess in Organisationen. In: Forum Wirtschaftsethik 14, 2 (2006), 7–17.

Sackmann, Sonja A.: Erfolgsfaktor Unternehmenskultur: Mit kulturbewusstem Management Unternehmensziele erreichen und Identifikation schaffen – 6 Best Practice-Beispiele. Wiesbaden 2004.

Schäfer, Henry: Unternehmensnachhaltigkeit und Ausfallrisiko im Kontext von Basel II. In: Forum Wirtschaftsethik 12, 2 (2004), 4–9.

ZVEI – Zentralverband Elektrotechnik- und Elektronikindustrie e.V, ZVEI Code of Conduct zur gesellschaftlichen Verantwortung, http://www.zvei.de/index.php?id=4516 (8.1.2010).

Annette Kleinfeld

24. Unternehmenskultur

Was Goethes *Faust* mit Unternehmensethik zu tun hat

»Nun sag, wie hältst du's mit der Religion?« (Goethe: *Faust, Teil I*, Vers 3415). Die bekannte Gretchenfrage aus Goethes *Faust* ist im übertragenen Sinne auch für Unternehmen aktueller denn je. Wie halten es Unternehmen mit Moral und Ethik? Die Formulierung eines werbewirksamen ethischen Anspruchs allein reicht nicht aus. Die zunehmend kritische, globale Öffentlichkeit macht sich ein genaues Bild davon, ob und wie Anspruch und Wirklichkeit unternehmensethischer Grundsätze übereinstimmen. Die internen und externen Stakeholder befinden über die Glaubwürdigkeit von Unternehmen und darüber, ob sie das, *was* ein Unternehmen *wie* tut, aus moralischer Perspektive für gut heißen. Von Unternehmen wird eingefordert, sich zu ethischen Fragestellungen und Werten wie Verantwortung, Rechtschaffenheit und Ehrlichkeit zu positionieren und sie im Unternehmensalltag glaubwürdig umzusetzen. Ein Beleg dafür sind die Richtlinien zur Förderung ethischer Geschäftspraktiken des »Sarbanes-Oxley Act« zur Vermeidung von Wirtschaftskriminalität (SOX, 2002). Darin gefordert werden Ethik- und Verhaltenskodizes für US-börsennotierte Unternehmen. Dies entspricht einem formalisierten Umgang mit moralischen und ethischen Fragestellungen. Kodizes gehören in der Unternehmenspraxis zu den bekanntesten Ethikmaßnahmen; dennoch herrschen gerade unter deutschen Führungskräften Zweifel darüber, ob solche Kodizes sie wirklich darin unterstützen, unethisches Verhalten in ihrem Unternehmen zu vermeiden bzw. zu beseitigen (vgl. Winkler 2007, 159 ff.). So bevorzugen deutsche Führungskräfte eher einen informellen Umgang mit Fragen der Geschäftsmoral (vgl. Kreikebaum 2001, 4).

Die Frage die sich stellt, ist, wie die Unternehmensführung es schafft, ethische Orientierungen zur selbstverständlichen Entscheidungs- und Verhaltensgrundlage in ihrem Unternehmen werden zu lassen. Neben formal-strukturellen Maßnahmen muss Ethik auch informell, über die Unternehmenskultur, eine Verankerung im Unternehmen finden, um nachhaltig wirken zu können.

Die Kraft der Kultur – Warum sich Moral und Ethik in Unternehmen nicht immer regeln lassen

In Unternehmen gibt es ›Kräfte‹, die mitunter stärker auf das Verhalten ihrer Mitglieder wirken als formale Regeln. Häufig sind sie die Ursache dafür, dass sich Mitarbeiter/innen über das Formale, also Anordnungen von Vorgesetzten oder schriftlich fixierte Regeln, hinwegsetzen. Angesprochen ist die über Jahre hinweg gewachsene Kultur in Unternehmen.

> »Die Unternehmenskultur besteht aus der Gesamtheit von Normen, Wertvorstellungen, Denkhaltungen, Riten, Symbolen und Umgangsformen, welche die Verhaltensweisen der Mitarbeiter und somit das Erscheinungsbild einer Unternehmung prägen. Diese Verhaltensweisen haben sich im Unternehmen so gut eingebürgert, [dass] sie neuen Mitgliedern als die unternehmensspezifisch geeignete Art des Denkens und Fühlens zur Lösung von Problemen vermittelt wurden und werden« (Bickmann 1999, 56).

Tief in ihrem Inneren trägt die Unternehmenskultur die kollektiv geteilten Antworten auf grundlegende Fragen zu Annahmen über die Umwelt, die Wahrheit, die Zeit und den Raum, den Menschen sowie das menschliche Handeln und Miteinander (vgl. Schein 1985, 6). Je nachdem, welche Grundeinstellungen sich durch diese Antworten mit der Zeit gefestigt haben, existiert ein spezifisches Gerüst an Wert- und Moralvorstellungen. Es entwickeln sich, davon ausgehend, meist unbewusst typische allgemeingültige ›Spielregeln‹, die Maßstab allen Verhaltens in Organisationen sind. Kultur wirkt dann als personenunabhängiges und unsichtbares Steuerungsinstrument, das dem Unternehmen quasi kostenlos zur Verfügung steht und die hierarchische und formale Führung idealerweise unterstützt bzw. sogar entlastet. Im ungünstigen Fall wirkt die Kultur gegen die formale Unternehmenssteuerung.

Die Unternehmenskultur wird stark durch vergangene Entscheidungen und Handlungen des Managements geprägt (vgl. Grieger 2009, 118). Dies kann so weit gehen, dass sich dadurch beförderte kulturelle Vorstellungen von Moral und Ethik durchsetzen, die stark abweichen von denen, die sich ein Unternehmen in seinem Ethikkodex gibt. So gehörten bis Anfang 1999 Schmiergeldzahlungen in vielen Unternehmen zur praktizierten Routine, da sie steuerlich absetzbar waren. Routinen verkörpern die Kultur von Unternehmen (ebd., 119). Hier könnte eine Erklärung zu finden sein, warum es trotz Steuergesetzänderung und weitreichender Vorkehrungen, z.B. durch Compliance-Programme, in Unternehmen nach wie vor zu Schmiergeldaffären kommt: Kultur ändert sich nicht von heute auf morgen.

Die Tatsache, dass ein Unternehmen eine Kultur hat, sagt demnach noch nichts über deren moralische Qualität aus. Unternehmen, die integer und nach ethischen Wertvorstellungen handeln möchten, sind gut beraten, auch die Entwicklung ihrer Unternehmenskultur im Blick zu haben (vgl. Kleinfeld 2003, 68 f.).

Entstehung, Entwicklung und Veränderung von Unternehmenskultur

Damit stellt sich die Frage, wie sich eine Unternehmenskultur verändern lässt, um darin ethische Werthaltungen zu verankern? Um diese Frage zu beantworten, gilt es, sich zunächst zu vergegenwärtigen, wie eine Kultur entsteht. In der Regel ist diese stark beeinflusst von den Zielvorstellungen und den persönlichen Wert- und Moralvorstellungen der Unternehmensgründer und Führungskräfte. Diese haben eine zentrale Vorbildfunktion und leben mit ihrem Verhalten vor, was im Extremfall erlaubt ist und was nicht (vgl. Sackmann 2004, 212). Daneben bringt jedes Unternehmensmitglied seine individuellen Wert- und Moralvorstellungen ein. Im Zuge der Herausbildung von Unternehmenskultur wirken so unterschiedliche Vorstellungen und Einstellungen im situativen Kontext des Unternehmens und seines Umfelds zusammen. Einige davon werden als besonders erfolgreich erfahren und bewertet, da sie zu einer Form materieller oder immaterieller Belohnung durch eine interne oder externe Instanz führen. Alle Unternehmenszugehörigen machen als soziale Gemeinschaft ihre geteilten Erfahrungen, diese sind der Ausgangspunkt für das Entstehen von Kultur (vgl. Schein 2003, 29). Mit der Zeit entsteht eine unternehmensspezifische Werte- und Orientierungsstruktur, die dem Einzelnen soziale Sicherheit und Bindung gibt (vgl. Schreyögg 1996, 426). Dies erklärt auch die Tatsache, dass Veränderungen in Unternehmen auf große Widerstände treffen können, vor allem, wenn sie über Jahre hinweg entstandene und fest verwurzelte kulturelle Annahmen betreffen.

Unternehmenskultur entsteht und verändert sich demnach in einem interaktiven, komplexen sozialen Prozess, der wesentlich auf organisationalem Erfahrungslernen beruht. Eine Kultur zu verändern, erfordert nicht nur die Fähigkeit und Bereitschaft, Neues zu erlernen, sondern vor allem auch, Altes zu verlernen (vgl. Schein 2003, 115). Aufgrund der Komplexität des Kulturentwicklungsprozesses ist es auch nicht möglich, die künftig erwünschte, ethisch fundierte Unternehmenskultur einfach mittels einer ›10-Punkte-Strategie‹ aufzusetzen (Kleinfeld/Kettler 2006, 11). Vielmehr ist es Aufgabe des Managements und der Führungskräfte, durch geeignete Maßnahmen und ein vorbildliches Verhalten organisationales Lernen bewusst zu fördern und dadurch die Entwicklung der Unternehmenskultur in eine gewünschte Richtung hin zu lenken.

Ethische Werthaltungen zu Kultur werden lassen

Das Vorhaben, ethische Werte und Orientierungen zur Kultur werden zu lassen, sollte mit einer Ist-Analyse der Kultur beginnen. Eine Kulturerhebung macht bewusst, welche Werte und Geschäftsmoral aktuell über die Unternehmenskultur gefördert werden. Auch wenn eine Kultur aufgrund ihrer Komplexität nie als Ganzes beschrieben werden kann, so lassen sich mit einer Kulturanalyse (auf Basis einer gezielten Befragung von Führungskräften und Mitarbeitern) relativ genaue Hypothesen zu ethisch relevanten Werthaltungen und Moralvorstellungen abbilden. Sind diese Hypothesen erarbeitet und mit dem Management verifiziert, liefern sie zumeist auch Erklärungen dafür, warum in Unternehmen auf eine spezifische Art und Weise ›unethisch‹ gehandelt wird. Dabei zeigt sich in der Praxis häufig das interdependente Verhältnis von Kultur, Struktur und Strategie. Ein Kulturwandel wird in der Regel auch eine Veränderung von Strukturen und Prozessen erfordern, wie umgekehrt strategische Zielsetzungen nicht isoliert von den kulturellen Gegebenheiten gesehen werden können, um umsetzbar zu sein.

Aufbauend auf den Ergebnissen der Kulturanalyse und einer Betrachtung der Gesamtorganisation wird ein ausgewogenes Werteset bestimmt. Dieses sollte neben moralischen Werten auch solche beinhalten, die sich auf Leistung, Kommunikation und Kooperation im Unternehmen auswirken (vgl. Wieland 2004, 24). Dabei erfolgt auch die Berücksichtigung der langfristigen strategischen Ausrichtungen und anderen Anforderungen, z.B. im Zusammenhang mit Compliance. Mit einem ganzheitlichen, systematischen Wertemanagement gilt es dann, die so erarbeiteten Werte in das Unternehmen hineinzutragen und auch kulturell zu verankern. Dabei beginnt der Wertemanagementprozess mit der Kodifizierung der Werte in einem Leitbild, Unternehmenskodex oder analogem Dokument. In einem weiteren Schritt erfolgt die Umsetzung und Integration der Werte in die Unternehmenspolitik und in die formale Unternehmenssteuerung, in alle Strukturen und Prozesse sowie in Führungs- und andere Instrumente der Personalentwicklung. Am Ende sollten immer die Evaluation und kontinuierliche Verbesserung stehen, z. B. auf Basis eines Monitorings oder Audits.

Die Umsetzung von Leitbildern und Werteorientierungen stellt die eigentliche Herausforderung für Unternehmen dar. Auch hierfür ist es wichtig, die Kultur und somit die Erfahrungen und Erwartungen im Unternehmen zu berücksichtigen. Maßnahmen sollten zum Unternehmen passen und auf Bedürfnisse und Tabuthemen Rücksicht nehmen. Sie sollten in einen für alle Unternehmenszugehörigen nachvollziehbaren und verständlichen Kontext gebracht werden.

Dreh- und Angelpunkt eines gelingenden Wertemanagements sind jedoch die Führungskräfte: Sie müssen die (neuen) Werte vorleben und aus Überzeugung vermitteln (Sackmann 2004, 212). Hier kommt die enorme Bedeutung der informellen Vermittlung von Werteorientierungen und Ethik zum Tragen. Authentizität und Glaubwürdigkeit sowie der selbstverständliche Umgang mit den ethischen Orientierungen im Arbeitsalltag sind zentrale Erfolgsfaktoren eines erfolgreichen Wertemanagements. Die Führungskräfteentwicklung sollte hier ansetzen mit Angeboten zur Förderung der ethischen und kulturellen Führungskompetenz.

Veränderungen kultureller Annahmen benötigen ihre Zeit und erfordern viel Ausdauer seitens der Verantwortlichen, die kontinuierlich mit angemessenen Mitteln an einer nachhaltigen Umsetzung arbeiten müssen.

Fazit

Eine an ethischen Werten und Prinzipien ausgerichtete Unternehmenskultur ist Voraussetzung, um innerhalb einer zunehmend kritischeren Öffentlichkeit als integres und glaubwürdiges Unternehmen anerkannt zu werden. Für Unternehmen lohnt es sich zunehmend, über ein professionelles Wertemanagement ethische Orientierungen als Verhaltensgrundlage nachhaltig in ihrer Kultur zu verankern und so ihre Unternehmensintegrität wirksam zu stärken.

Literatur

Bickmann, Roland: Chance Identität. Impulse für das Management von Komplexität. Berlin/Heidelberg 1999.

Grieger, Jürgen: Korruption und Kultur bei der Siemens AG – Eine Handlungs-Struktur-Analyse. In: Peter Graeff/Karenina Schröder/Sebastian Wolf (Hg.): Der Korruptionsfall Siemens. Baden-Baden 2009, 103–130.

Kleinfeld, Annette: Werte und Wertemanagement. Schlüssel zur integren Organisation. In: Alexander Schlegel (Hg.): Wirtschaftskriminalität und Werte. Nordhausen 2003.

– /Kettler, Anke: Ethisch fundiertes Wertemanagement als kulturrelevanter Veränderungsprozess in Organisationen. In: Forum Wirtschaftsethik 14, 2 (2006), 7–17.

Kreikebaum, Hartmut/Behnam, Michael/Gilbert, Dirk Ulrich: Management ethischer Konflikte in international tätigen Unternehmen. Wiesbaden 2001.

Sackmann, Sonja: Erfolgsfaktor Unternehmenskultur. Mit kulturbewusstem Management Unternehmensziele erreichen und Identifikation schaffen. Wiesbaden 2004.

Sarbanes-Oxley Act (SOX): US-Bundesgesetz von 2002. Abrufbar unter: www.sec.gov/about/laws/soa2002.pdf (26.3.2010).

Schein, Edgar H.: Organizational Culture and Leadership. San Francisco/Washington/London 1985.

–: Organisationskultur – The Ed Schein Corporate Culture Survival Guide. Bergisch Gladbach 2003.

Schreyögg, Georg: Organisation – Grundlagen moderner Organisationsgestaltung. Wiesbaden 1996.

Wieland, Josef: Wozu Wertemanagement? Ein Leitfaden für die Praxis. In: Ders. (Hg.): Handbuch Wertemanagement. Hamburg 2004, 13–52.

Winkler, Ingo/Remisova, Anna: Welche ethischen Problembereiche thematisieren Unternehmen in Ethikkodizes? Ein Vergleich großer westdeutscher und slowakischer Unternehmen. In: Rainhart Lang/Annett Schmidt (Hg.): Individuum und Organisation. Neue Trends eines organisationswissenschaftlichen Forschungsfeldes. Wiesbaden 2007, 157–178.

Annette Kleinfeld und Anke Kettler

25. Verbände und Initiativen

Im Zuge der wirtschaftlichen, politischen und gesellschaftlichen Umbruchprozesse hat das Thema der korporativen gesellschaftlichen Verantwortung von Unternehmen (CSR) in Wissenschaft, Politik, Wirtschaft und Gesellschaft seit Mitte der 1980er Jahren zunehmend an Bedeutung gewonnen. Diese Entwicklung spiegelt sich auch in der steigenden Zahl von Interessenverbänden und Initiativen wider, die für eine ethische Orientierung wirtschaftlichen Handelns und die hierauf bezogenen Ziele ihrer Mitglieder eintreten.

Konfessionelle Verbände

Kirchliche Verbände, die für eine Stärkung von Ethik und Moral bzw. christlicher Werte in Wirtschaft und Gesellschaft eintreten, können mitunter auf eine mehr als 100-jährige Geschichte zurückblicken. Die Grundlage aller Verbände bildet das christliche Menschenbild, durch das die Verbandsarbeit geleitet und die jeweiligen wirtschafts- und unternehmensethischen Positionen begründet werden.

Der älteste katholische Verband – neben der katholischen Arbeiterbewegung und dem Deutschen Zentralverband des Kolpingwerkes – ist der Verband der Katholiken in Wirtschaft und Verwaltung (KKV), der als Katholischer Kaufmännischer Verein 1877 in Mainz gegründet wurde. Aktuell vertritt der KKV die Interessen von annähernd 9000 Mitgliedern. Die Gründung des Vereins lässt sich als eine Reaktion auf die Soziale Frage des 19. Jahrhunderts verstehen. Bezugspunkt seiner Arbeit bilden die drei Grundprinzipien der katholischen Soziallehre (Person-, Solidaritäts- und Subsidiaritätsprinzip). Ähnlich ausgerichtet ist der 1949 gegründete Bund katholischer Unternehmer (BKU) mit Sitz in Köln. Der BKU repräsentiert innerhalb der katholischen Sozialverbände annähernd 1200 Unternehmerinnen und Unternehmer. Im Auftrag der Deutschen Bischofskonferenz erarbeitet der BKU Stellungnahmen und Gutachten zu wirtschaftlichen Fragestellungen für Bischöfe und andere kirchliche Stellen und unterhält hierzu zahlreiche Arbeitskreise, unter anderem für Unternehmensethik.

In der evangelischen Kirche kommt diese Funktion dem 1966 entstandenen Arbeitskreis evangelischer Unternehmer (AEU) zu. In Zusammenarbeit mit dem BKU versucht auch der AEU, die Sichtweisen von Unternehmerinnen und Unternehmern in Bezug auf wirtschafts-, gesellschafts- und sozialpolitische Probleme und Fragestellungen innerhalb wie außerhalb der eigenen Glaubensgemeinschaft darzulegen. Beide Verbände sind Mitglied in der UNIAPAC, der Internationalen Vereinigung christlicher Unternehmer, die über 26 Verbände und mehr als 30.000 Mitglieder umfasst.

Ein überkonfessioneller Zusammenschluss ist ebenfalls der seit 1902 bestehende christliche Wirtschaftsverband CIW (Christen in der Wirtschaft). Der in Wuppertal ansässige Verband hat nach eigenen Angaben annähernd 1000 Mitglieder. Neben Seelsorge und Beratung sowie der Berufsmission als Verbandszweck hält der CIW – wie die anderen Verbände – Tagungen, Seminare und Arbeitskreise für seine Mitglieder ab. Ein besonderes Augenmerk hierauf richtet wiederum die 1948 in der Evangelischen Akademie Bad Boll entstandene Wirtschaftsgilde e.V., die sich im Rahmen von Tagungen mit wirtschafts- und unternehmensethischen Fragestellungen beschäftigt. Daneben verleiht die Vereinigung alle zwei Jahre den Preis für Wirtschaftsethik und Sozialgestaltung an Nachwuchswissenschaftlerinnen und -wissenschaftler. Ähnliche Auszeichnungen werden auch durch das Institut der deutschen Wirtschaft und die Plansecur-Stiftung vergeben. Erstere vergibt seit 1992 im Zweijahresrhythmus den Max Weber Preis für Wirtschaftsethik und Letztere seit 2001 jährlich den Plansecur Wissenschaftspreis für Wirtschafts- und Unternehmensethik.

Nicht-konfessionelle Verbände

Zu den wichtigsten Plattformen für Wirtschafts- und Unternehmensethik in Deutschland zählen das Deutsche Netzwerk Wirtschaftsethik (DNWE), das Forum Nachhaltiger Entwicklung der Deutschen Wirtschaft (econsense) und der Bundesdeutsche Arbeitskreis für Umweltbewusstes Management (B.A.U.M.).

Dabei fokussiert B.A.U.M. auf die ökologische Verantwortung von Unternehmen, Politik und Gesellschaft. Seit ihrer Gründung im Jahr 1984 setzt sich die Vereinigung aktiv und intensiv für den Umweltschutz und eine nachhaltige Wirtschaftsweise ein. Für dieses Engagement wurden B.A.U.M und dessen ungefähr 500 – mehrheitlich kleine und mittlere – Mitgliedsunternehmen bereits mehrfach ausgezeichnet.

Rein quantitativ betrachtet stellt econsense hierzu

mit aktuell 26 Mitgliedern einen vergleichsweise kleinen Zusammenschluss von Unternehmen dar. Dies sollte jedoch nicht über dessen politischen Einfluss und Bedeutung für den Diskurs über eine nachhaltige Entwicklung und die korporative gesellschaftliche Verantwortung von Unternehmen (CSR) hinwegtäuschen. Econsense ist ein Unternehmensnetzwerk von großen, global agierenden Organisationen und Unternehmen verschiedenster Industriesektoren. Gegründet wurde das Netzwerk auf Initiative des Bundesverbandes der deutschen Industrie (BDI) im Jahr 2000 mit dem Ziel, Unternehmen die Möglichkeit zu bieten, sich über Fragen der Nachhaltigkeit und CSR sowie deren konkrete Realisierung auszutauschen, ihren Standpunkt öffentlich darzulegen und entsprechend auf Politik und Gesellschaft einwirken zu können.

Ähnliche Unternehmensplattformen finden sich bspw. mit respACT in Österreich, Business in the Community (BITC) in Großbritannien oder Business & Society (B&S) in Belgien (vgl. CSR Europe). Gemeinsam mit mehr als 70 internationalen Unternehmen unterstützen und repräsentieren 27 solcher nationalen Organisationen das 1995 gegründete Europäische Unternehmensnetzwerk für CSR (CSR Europe) mit Sitz in Brüssel.

Ebenfalls in Brüssel ansässig ist die Business Social Compliance Initiative (BSCI), die 2003 durch die Außenhandelsvereinigung Foreign Trade Association mit dem Ziel gegründet wurde, die Arbeitsbedingungen in den globalen Zuliefererketten zu verbessern und transparenter zu gestalten. Mitgliedsunternehmen wird hierzu ein Sozialmanagementsystem angeboten, das die Implementierung internationaler Sozialstandards (BSCI Code), Audits und die Schulung von Zulieferern (*capacity building*) vorsieht. Für ihre Bemühungen wurde die derzeit von 406 Mitgliedsunternehmen getragene Initiative mit dem Preis für Unternehmensethik 2008 des Deutschen Netzwerks Wirtschaftsethik (DNWE) ausgezeichnet.

Das DNWE zählt zu den wichtigsten Vereinigungen im Bereich der Wirtschafts- und Unternehmensethik. Das Netzwerk wurde 1993 in Bad Homburg gegründet und versteht sich als Dialogforum für wirtschafts- und unternehmensethische Fragen in Wissenschaft und Praxis. Unterstützt und getragen wird die Arbeit des Netzwerks gegenwärtig von mehr als 600 Mitgliedern, 9 Regionalforen und 7 Arbeitskreisen unter anderem dem Studentischen Netzwerk für Wirtschafts- und Unternehmensethik (sneep). Neben der im zweijährigen Turnus erfolgenden Preisvergabe des Unternehmenspreises für Wirtschafts- und Unternehmensethik gehören regelmäßige Tagungen und Seminare zu wirtschafts- und unternehmensethischen Fragestellungen zu den wichtigsten Aktivitäten des Netzwerkes. Zudem gibt das DNWE mit der Vierteljahreszeitschrift ›Forum Wirtschaftsethik‹ eine der wenigen, relevanten deutschsprachigen Zeitschriften für Wirtschaftsethik heraus. Das DNWE ist ein National Chapter des European Business Ethics Network (EBEN).

Das European Business Ethics Network wurde im Jahr 1987 in Brüssel gegründet. Ziel des Netzwerkes ist es, das Thema ›Wirtschaft- und Unternehmensethik‹ in Wissenschaft, Politik, Wirtschaft und Gesellschaft länderübergreifend zu fördern. EBEN hält hierzu Konferenzen ab, unterhält verschiedene Arbeitsgruppen und kooperiert mit anderen internationalen Verbänden und Netzwerken im Bereich der Wirtschafts- und Unternehmensethik wie bspw. der International Society of Business, Economics, and Ethic (ISBEE), dem Lateinamerikanischen Netzwerk Wirtschaftsethik (ALeNE), dem Afrikanischen Netzwerk Wirtschaftsethik (BEN-Africa), der Japanischen Gesellschaft für wirtschaftsethische Studien (JABES), der Society for Business Ethics (SBE) oder der Fair Labor Association (FLA). Die Offenheit des Netzwerks gegenüber verschiedenen Sichtweisen spiegelt sich dabei auch in seiner heterogenen Mitgliederstruktur wider. Dem Netzwerk gehören derzeit über 1100 individuelle und institutionelle Mitglieder, mit unterschiedlichen kulturellen, gesellschaftlichen und beruflichen Hintergründen, an. Diese Pluralität prägt und kennzeichnet die Arbeit von EBEN und seinen derzeit 16 nationalen Netzwerken auf besonderer Weise. Dabei präsentiert sich der deutsprachige Raum durch das DNWE, das Österreichische Netzwerk Wirtschaftsethik (OeNWE) und das erst kürzlich gegründete Schweizer Netzwerk für Wirtschaftsethik (EBEN-Switzerland) als größte Fraktion innerhalb von EBEN. Wie diese und die übrigen nationalen Netzwerke wird auch EBEN durch einen ehrenamtlichen Vorstand geführt.

Weitere Vereinigungen

Neben den genannten sind in den vergangenen Jahren zahlreiche weitere Verbände, Gesellschaften und Plattformen entstanden, die versuchen, die Themen ›Nachhaltigkeit‹ und ›Wirtschafts- und Unternehmensethik‹ zu besetzen, das Engagement von Unternehmen sichtbar zu machen, Dialogräume zu schaffen, ihren Mitgliedern Beratung und Hilfestellungen anzubieten und sich für deren Interessen einzusetzen. Zu nennen sind in diesem Kontext unter anderem die Informationsportale CSR WeltWeit – Deutsche Unternehmen Global Engagiert und CSR Germany. Ersteres wurde im Jahr 2008 auf Initiative des Auswärtigen Amtes und der Bertelsmann Stiftung und letzteres durch den BDI und die Bundesvereinigung der Deutschen Arbeitgeber (BDA) mit dem Ziel geschaffen, das soziale und ökologische Engagement von Unternehmen zu dokumentieren und zu fördern. Wie diese beiden deutschen Spitzenverbände haben auch andere Verbände – wie die Industrie- und Handelskammer (IHK) oder der Zentralverband des Deutschen Handwerks (ZDH) – das Thema CSR mittlerweile aufgegriffen und entsprechende Arbeitskreise etc. eingerichtet. Gleiches gilt auch für die Gewerkschaften, die jedoch ihrer Logik folgend und entgegen den Wirtschaftsverbänden weniger auf Freiwilligkeit setzen sondern für eine stärkere rechtliche Regulierung von CSR eintreten.

Die kontrovers geführte Diskussion über CSR zwischen diesen und anderen Organisationen und gesellschaftlichen Gruppen, spiegelt letztlich die Relevanz des Themas aber auch die definitorische Unschärfe des Terminus CSR wider, die entsprechende Interpretations- und Handlungsspielräume eröffnet. Kooperation und Antagonismus bestimmen so in vielerlei Hinsicht das Verhältnis unter den Verbänden, die letztendlich auch immer um die Deutungs- und Bestimmungshoheit über Inhalt und Machbarkeit von CSR und Unternehmensethik kämpfen.

Literatur

Afrikanisches Netzwerk Wirtschaftsethik (BEN-Africa): http://www.benafrica.org/
Arbeitskreis evangelischer Unternehmer (AEU): http://www.aeu-online.de/
Bund katholischer Unternehmer (BKU): http://www.bku.de/index.php/
Bundesdeutsche Arbeitskreis für Umweltbewusstes Management (B.A.U.M.): www.baumev.de/
Christen in der Wirtschaft (CIW): http://www.ciw.de/
CSR Europe: http://www.csreurope.org/
CSR Germany: http://www.csrgermany.de/www/CSRcms.nsf/ID/home_de/
CSR WeltWeit: http://www.csr-weltweit.de/
Deutsches Netzwerk Wirtschaftsethik (DNWE): http://www.dnwe.de/
European Business Ethics Network (EBEN): http://www.eben-net.org/
Forum Nachhaltiger Entwicklung der Deutschen Wirtschaft (econsense): http://www.econsense.de/
International Society of Business, Economics, and Ethic (ISBEE): http://www.isbee.org/
Lateinamerikanisches Netzwerk Wirtschaftsethik (ALeNE): http://www.alene.org/ingles/quienes_somos/objetivos.htm
Österreichisches Netzwerk Wirtschaftsethik (OeNWE): http://www.oenwe.com/
Social Compliance Initative (BSCI): http://www.bsci-eu.org/
Society for Business Ethics (SBE): http://www.societyforbusinessethics.org/index.php?option=com_frontpage&Itemid=1
Verband der Katholiken in Wirtschaft und Verwaltung (KKV): http://www.kkv-bund.de/
Wirtschaftsgilde e.V.: http://www.wirtschaftsgilde.de/

Markus Schenkel

26. Wirtschaftspolitik

Wirtschaftspolitik ist ein Teilbereich der allgemeinen Politik in dem durch den Einsatz wirtschaftspolitischer Instrumente das wirtschaftliche und soziale Geschehen im Hinblick auf bestimmte gesellschaftliche Zielsetzungen beeinflusst werden soll. Das Grundproblem der Wirtschaftspolitik besteht somit in einer Ziel-Mittel-Beziehung, in der diejenigen staatlichen Institutionen, die als Träger der Wirtschaftspolitik legitimiert sind, zur Erreichung bestimmter angestrebter Ziele geeignete Mittel bzw. Instrumente einsetzen und ihre Wirkung kontrollieren. Durch den Einsatz wirtschaftspolitischer Instrumente werden entweder die rechtlich–institutionellen Rahmenbedingungen des Wirtschaftsprozesses qualitativ normiert (Ordnungspolitik) oder der Wirtschaftsprozess selbst soll im Hinblick auf quantitative Zielgrößen gesteuert werden (Prozesspolitik). Dieser in der Tradition der Theorie der Wirtschaftspolitik stehende instrumentelle Ansatz wurde in jüngerer Zeit durch institutionen- und politikökonomische Ansätze ergänzt (vgl. Frey/Kirchgässner 2002). Dabei werden auch der politische Willensbildungs- und Entscheidungsprozess und die Beziehungen zwischen wirtschaftlichen und politischen Institutionen analysiert. Bei der Beurteilung von Ziel-Mittel-Beziehungen sind nicht nur ökonomische Eignung und technische Realisierbarkeit von wirtschaftspolitischen Instrumenten maßgebend, auch Interessen und Wertvorstellungen hinter der Auswahl der Instrumente und ihre Durchsetzbarkeit und demokratische Legitimation in einem Gesellschaftsmodell, in dem politische Parteien um Wählerstimmen konkurrieren, sind zu berücksichtigen. So werden einerseits Entscheidungen der Regierung bzw. des Parlaments in Gesetzen und Verordnungen normiert, andererseits werden häufig bereits im Vorfeld Sachverständige und Vertreter marktmächtiger Verbände als Berater bei der Entscheidungsfindung im Rahmen der Ziel-Mittel-Auswahl im Parlament und seinen Ausschüssen hinzugezogen. Dadurch können bestimmte wirtschaftswissenschaftliche Lehrmeinungen und Partikularinteressen Diagnose und Prognose wirtschaftspolitischer Entscheidungen ex ante massiv beeinflussen. Ex post kann zudem die mit der eigentlichen Entscheidungsvorbereitung und -durchführung beauftragte Ministerialbürokratie eigene Bürokratieinteressen geltend machen.

Dabei ist die Frage, warum überhaupt Wirtschaftspolitik betrieben werden sollte, selbst begründungsbedürftig, da ökonomische Theorien häufig Gleichgewichtszustände beschreiben, aus denen ein wirtschaftspolitischer Handlungsbedarf des Staates nicht abgeleitet werden kann. Objekt der Wirtschaftspolitik sind aber nicht ökonomische Modellwelten, sondern ein in historischer Zeit ablaufender Wirtschaftsprozess in dem reale Menschen interagieren. Kommt es dabei zu sozialen Konflikten oder strukturellen Verwerfungen, muss die Wirtschaftspolitik darauf reagieren können.

Grundkonzepte

Unter dem Eindruck der Wirtschaftskrisen von 1919 und 1929 und deren sozialen Folgen sind nach dem Zweiten Weltkrieg vor allem drei Grundkonzepte prominent geworden:

(1) Mit der makroökonomischen Betrachtung des volkswirtschaftlichen Einkommenskreislaufs auf der Basis aggregierter Größen wie Volkseinkommen, Konsum- und Investitionsausgaben bei John Maynard Keynes erfolgte eine Wiederbelebung klassischer Traditionen der volkswirtschaftlichen Kreislaufanalyse. Ziel ist die Globalsteuerung der wirtschaftlichen Entwicklung durch Beeinflussung der Nachfrageaggregate Investition und Konsum (vgl. Keynes 1991, 23 ff.). Wesentlich für das Beschäftigungsniveau ist die Höhe des Volkseinkommens und dieses wiederum wird von der effektiven Gesamtnachfrage determiniert. Die effektive Gesamtnachfrage spaltet sich auf in Konsum- und Investitionsausgaben. Konsumausgaben werden von Einkommen und Konsumneigung determiniert, Investitionsausgaben von der Grenzleistungsfähigkeit des Kapitals im Zusammenhang mit langfristigen Erwartungen und dem Grad der Liquiditätspräferenz in Abhängigkeit vom Zinssatz (vgl. ebd., 89 ff.).

Im Kern sind für Keynes Arbeitslosigkeit und Unterbeschäftigung die Folge einer unzureichenden Gesamtnachfrage, die im Wesentlichen durch einen Nachfrageausfall bei überschüssiger Ersparnis über die Investitionsgüternachfrage induziert wird. Folglich sinkt der Absatz und damit die Nachfrage. Der Staat kann die Nachfragelücke kompensatorisch schließen, z. B. durch Investitionen und öffentliche Aufträge an private Unternehmen. Man spricht deshalb auch von einer ›nachfrageorientierten Wirtschaftspolitik‹. Notwendig dafür ist allerdings die Generierung finanzieller Mittel, die entweder durch vorher gebildete Rücklagen oder durch eine Kreditfinanzierung (*deficit spending*) erreicht werden kann. Ziel ist eine Konjunkturstabilisierung mittels staatlicher Beschäftigungspolitik.

Probleme für eine solche Wirtschaftspolitik können sich ergeben, wenn sie unter den Bedingungen einer strukturellen Beschäftigungskrise betrieben wird, wie sie insbesondere für die 1970er Jahre angenommen wurde. In diesem Fall tritt der Staat vermehrt als Konkurrent auf dem Kapitalmarkt auf, so dass die Finanzierung der Staatsnachfrage durch Kreditaufnahmen zu einer Erhöhung der Zinsen führt, wobei das gestiegene Zinsniveau Investitionsenthaltungen induzieren kann.

(2) Die Etablierung einer angebotsorientierten Wirtschaftspolitik auf der Basis monetaristischer Konzepte der Geldpolitik, wie sie insbesondere von Milton Friedman zu Beginn der 1960er Jahre angestoßen wurde (vgl. Friedman/Schwartz 1963), leitete spätestens seit Ende der 1970er Jahre einen Paradigmenwechsel ein. Im Wesentlichen stellt der Monetarismus einen Spezialfall der Globalsteuerung dar, indem das Wirtschaftswachstum auf Basis der sogenannten »Fisherschen Verkehrsgleichung« $M \times V = P \times Q$ monetär gesteuert wird. Irving Fisher hatte die Variablen Geldmenge (M) und Umlaufgeschwindigkeit des Geldes (V) sowie Preisniveau (P) und Handelsvolumen (Q) verknüpft, wobei er eine strikte Proportionalität zwischen Geldmenge und Preisniveau unterstellt (vgl. Fisher 1911). Die Monetaristen unterstellen eine enge Beziehung zwischen Änderungen der Geldmenge und Aktivitäten des realen Sektors, bei der eine verstetigte, an den Produktionsmöglichkeiten einer Volkswirtschaft ausgerichtete expansive Geldmengenpolitik die monetären Impulse über einen komplizierten Transmissionsmechanismus in den realwirtschaftlichen Bereich überträgt, so dass es zu einer Zunahme von Output und Beschäftigung kommt. Da hier keine direkten Eingriffe in den Wirtschaftsprozess erfolgen und die Wirtschaftspolitik langfristig zu einer Stabilisierung des Geldwerts und zu verlässlichen Rahmenbedingungen für private Investitionstätigkeit beitragen soll, spricht man auch von einer ›angebotsorientierten Wirtschaftspolitik‹. Sie wird durch die Steuerung der Geldmenge durch die Zentralbank vorgenommen und ist bis heute ein wichtiger Pfeiler z. B. in der Politik des Europäischen Zentralbanksystems geblieben.

Variationen der Geldmenge sind nach monetaristischer Auffassung für das Niveau des wirtschaftlichen Wachstums relevanter als eine direkte Nachfragesteuerung. Im Unterschied zu Keynes unterstellen die Monetaristen einen inhärent stabilen privatwirtschaftlichen Sektor, der exogene Schocks endogen kompensiert, solange sich die Wirtschaftsakteure an stabilen (monetären) Regeln orientieren können und keine diskretionären staatlichen Eingriffe die Quelle von prinzipiellen gesamtwirtschaftlichen Instabilitäten sind. Gegen den Monetarismus wird eingewendet, dass die Instabilität privater Investitionsentscheidungen unzureichende Berücksichtigung findet und insbesondere bei steigender Liquiditätspräferenz und sinkender Investitionsneigung eine expansive Geldpolitik verpufft (vgl. Ahrns/Feser 1997, 103).

(3) Eine interessante Besonderheit stellt der sogenannte ›Ordoliberalismus‹ dar, der für die Entwicklung der Bundesrepublik Deutschland nach dem Zweiten Weltkrieg wichtige Impulse setzte und insbesondere mit dem Namen Walter Eucken verbunden ist. Im Gegensatz zum klassischen Liberalismus bedarf eine freie Gesellschaft eines politischen Gestaltungsrahmens, indem ein ›starker Staat‹ die Wirtschaftsordnung bewusst gestaltet und umfangreiche rechtliche Normierungen insbesondere zum Schutz des Wettbewerbs vornimmt. Leitbild ist die Marktform der vollständigen Konkurrenz, die rechtlich-institutionell abgesichert werden muss, wobei sozialen Gesichtpunkten Rechnung getragen werden soll. Dazu bedarf es einer Reihe von Prinzipen, die die Wirtschaftsordnung konstituieren und die Art der Eingriffe regulieren (vgl. Eucken 1955, 254 ff.). Zu den konstituierenden Prinzipien zählt Eucken die Herstellung der vollständigen Konkurrenz mit funktionsfähigen Preissystem, freier Marktzugang und Marktaustritt (Gewerbefreiheit), eine Geldwertstabilität garantierende Geldordnung, Privateigentum an Produktionsmitteln bei voller Haftung des Eigentums (so dass Rechtsformen, die die Risiken unternehmerischer Tätigkeit zu stark auf andere, z. B. auf Gläubiger, abwälzen zu untersagen sind), Vertragsfreiheit, die aber ihre Grenzen dort findet, wo sie sich selbst aufhebt, sowie die Konstanz der Wirtschaftspolitik zur Wahrung einer widerspruchsfreien Ordnung.

Die regulierenden Prinzipien reichen über eine bloße Ordnungspolitik hinaus und sind nach wie vor aktuell. Eine strikte Monopolkontrolle soll zur Verhinderung oder Auflösung monopolistischer Marktpositionen beitragen; auf Märkten mit anormalen Marktreaktion soll eine staatliche Preissetzung Konkurrenzparadoxa verhindern (so soll nach Eucken die Setzung von Mindestlöhnen ›Marktanomalien‹ ausgleichen, wenn beispielsweise das Arbeitangebot auf Lohnänderungen »antikonjunkturell« reagiert); die durch den Marktmechanismus sich ergebende Einkommensverteilung soll durch eine progressive Einkommenssteuer korrigiert werden; schließlich kann eine staatliche Begrenzung der Nutzung produktiver Ressourcen erfolgen, z.B. zum Schutz der menschlichen Arbeit durch Arbeitszeitregelungen oder zum Schutz natürlicher Ressourcen vor Raubbau.

Einwände gegen ordoliberale Ordnungskonzeptionen manifestieren sich am Festhalten des Modells der vollständigen Konkurrenz, wobei die Ordoliberalen verkennen, dass es unterschiedliche Grade von Monopol und Konkurrenz geben kann bzw. diese Marktform gar nicht in der Realität herstellbar ist.

Ziele der Wirtschaftspolitik

Die im Rahmen der Wirtschaftspolitik angestrebten Ziele lassen sich einerseits aus dem konkreten politischen Handeln und andererseits aus gesetzlichen Grundlagen ableiten. So haben z.B. nach §1 des Stabilitätsgesetzes (Stabilitäts- und Wachstumsgesetz, erlassen im Juni 1967) in der Bundesrepublik Deutschland Bund und Länder bei ihren wirtschafts- und finanzpolitischen Maßnahmen die Erfordernisse eines gesamtwirtschaftlichen Gleichgewichts zu beachten. Dabei sind die wirtschaftspolitischen Instrumente von den Trägern der Wirtschaftspolitik so einzusetzen, dass sie im Rahmen der marktwirtschaftlichen Ordnung gleichzeitig zur Stabilität des Preisniveaus, zu einem hohen Beschäftigungsstand und außenwirtschaftlichen Gleichgewicht bei stetigem und angemessenem Wirtschaftswachstum beitragen. Häufig wird in diesem Zusammenhang auch von einem ›magischen Viereck‹ gesprochen. Traditionell wird der Zielkatalog der Wirtschaftspolitik um das Ziel der gerechten Einkommens- und Vermögensverteilung erweitert, da dieses Ziel in der öffentlichen Diskussion eine große Rolle spielt. In neuerer Zeit tritt dazu noch das Ziel der Erhaltung und Verbesserung der natürlichen Umwelt, das seit den 1970er Jahren unter den Stichworten ›ökologisches Gleichgewicht‹ bzw. ›nachhaltige Entwicklung‹ vermehrt in den Blickpunkt der Öffentlichkeit rückte.

Somit spricht man heute vom ›magischen Fünfeck‹ bzw. ›magischen Sechseck‹ der Wirtschaftspolitik. Der Ausdruck ›magisch‹ ist insofern gerechtfertigt, da es zwischen einzelnen Zielen – z.B. Preisniveaustabilität und hoher Beschäftigungsstand – zu Inkompatibilitäten kommen kann. Es bedarf daher einer eigenen Subdisziplin der Wirtschaftspolitik, der sogenannten Stabilisierungspolitik, die sämtliche Maßnahmen zur Erreichung bzw. Stabilisierung des gesamtgesellschaftlichen Gleichgewichts umfasst (vgl. Pätzold/Baade 2008).

Diese wirtschaftspolitischen Ziele stehen wiederum in Beziehung zu grundlegenden gesellschaftlichen Wertvorstellungen, die sich in höchsten gesellschaftlichen Zielen wie Freiheit, Frieden, Sicherheit und Gerechtigkeit manifestieren.

Vermittlung zwischen Wirtschaftstheorie und Wirtschaftspolitik

Um eine Vermittlung zwischen theoretischer und praktischer Wirtschaftspolitik zu erleichtern, wurde bereits 1963 der Sachverständigenrat zur Begutachtung der gesamtwirtschaftlichen Entwicklung (SVR) per Gesetzgebung geschaffen. Er hat jährlich jeweils bis zum 15. November ein Jahresgutachten über die gesamtwirtschaftliche Entwicklung zu erstellen. Dabei sollen Fehlentwicklungen analysiert und über Möglichkeiten ihrer Beseitigung informiert werden. Jeweils im darauf folgenden Januar legt die Bundesregierung die Eckpunkte ihrer Wirtschaftspolitik und eine Prognose über die zur erwartende gesamtwirtschaftlichen Entwicklung im sogenannten Jahreswirtschaftsbericht vor. Dieser enthält auch eine Stellungnahme zum Jahresgutachten des SVR. Gemeinsam mit der mittelfristigen Finanzplanung des Finanzministeriums soll somit die Regierung in die Lage versetzt werden, ihren Verfassungsauftrag zu erfüllen, der in Art. 109 Abs. 2 GG eine rechtliche Verpflichtung zu einer Globalsteuerung der Wirtschaft normiert. Auf die mangelnde Kongruenz zwischen theoretischer Zielvorgabe und prinzipiell diskontinuierlich verlaufenden realen Wirtschaftsprozessen reagiert die praktische Wirtschaftspolitik in der Regel pragmatisch mit der Einführung von Toleranzzonen, die sich im Zeitablauf ändern können:

So gilt z.B. heute ein hoher Beschäftigungsstand als erreicht, wenn ein Prozentsatz von 1 bis 4 des Arbeitskräftepotentials unbeschäftigt ist. Früher galt Vollbeschäftigung als realisiert, wenn die Arbeitslosenquote unter 1 % liegt. Wurde Preisniveaustabilität zunächst mit einer Preissteigerungsrate von Null identifiziert, gelten heute 1 bis 3 % Inflation als normal. Bezüglich des Wirtschaftswachstums galt früher eine Steigerungsrate des Bruttosozialprodukts von 4% als angemessen. Heute wird dieses Ziel des Wirtschaftswachstums jedoch häufig kritisch betrachtet. So wird einerseits von Befürwortern eines »Nullwachstums« auf die prinzipiell positive Kopplung von Produktionstätigkeit und Ressourcenabbau bzw. -belastung hingewiesen, andererseits wird ein »ökologisch nachhaltiges Wachstum« gefordert, d.h. ein wachstumsinduzierter umwelttechnischer Fortschritt durch Produkt- und Prozessinnovationen.

Inkompatibilitäten zwischen einzelnen Zielen sind auch abhängig von der konjunkturellen Entwicklung, d.h. sie können in unterschiedlichen Situationen verschieden stark ausgeprägt sein. Der SVR hat bei Zielkonflikten in der Vergangenheit häufig den Zielen besondere Aufmerksamkeit geschenkt, die er als am wenigsten verwirklicht ansah. Liegen Zielkonflikte vor, d.h. bestimmte Ziele können nur unter Verletzung anderer Ziele erreicht werden, kommt es entweder zu Kompromissen bei der Zielverfolgung oder zu einer Hierarchisierung der Ziele. Dabei können technisch-instrumentelle, historische oder ethische Überlegungen eine Rolle spielen.

Literatur

Ahrns, Hans-Jürgen/Feser, Hans-Dieter: Wirtschaftspolitik. Problemorientierte Einführung. München/Wien [7]1997.

Eucken, Walter: Grundsätze der Wirtschaftspolitik. Tübingen/Zürich [2]1955.

Fisher, Irving: The Purchasing Power of Money: Its Determination and Relation to Credit, Interest and Crises. New York 1911.

Frey, Bruno S./Kirchgässner, Gebhard: Demokratische Wirtschaftspolitik. München [3]2002.

Friedman, Milton/Schwartz, Anna: A Monetary History of the United States 1867–1960. Princeton 1963.

Keynes, John Maynard: The General Theory of Employment, Interest, and Money [1936]. San Diego/New York/London 1991.

Pätzold, Jürgen/Baade, Daniel: Stabilisierungspolitik. München [7]2008.

Andreas Stehl

27. Wirtschaftsprüfung

Wirtschaftsprüfung und Wirtschaftsethik stehen in mindestens zweifacher Hinsicht in einem Verhältnis zueinander. Erstens werden die Standards der Wirtschaftsprüfung sowie die Art und Weise der Durchführung insbesondere von Jahresabschlussprüfungen gewissermaßen selbst einer ethischen Bewertung in Fachwelt und Öffentlichkeit unterzogen. Insbesondere die ›Bilanzskandale‹ der letzten Jahre (Ahold, Comroad, Enron, FlowTex, Parmalat, Tyco, Worldcom etc.), aber auch Fälle systematischer Korruption (in Deutschland u.a. die Fälle Daimler, Ferrostaal, MAN und Siemens) haben das Vertrauen in die Wirtschaftsprüfung und die Wirtschaftsprüfer erschüttert. Im Gefolge des Enron-Skandals im Jahr 2002 musste die prüfende Gesellschaft, eine der damals Big-Five-Wirtschaftsprüfungsgesellschaften, liquidiert werden (vgl. Aßländer 2005).

Zweitens aber ist die Wirtschaftsprüfung selbst Element der Durchsetzung ethischer Ansprüche in der Wirtschaft. Als eine wesentliche Säule der Corporate Governance steht sie in erster Linie als Garant für die Integrität der Finanzberichterstattung, in deren Rahmen auch die Prüfung des Risikofrüherkennungssystems bei an deutschen Börsen notierten Aktiengesellschaften (nach KonTraG, BilMoG) bzw. des Risikomanagement- und Internen Kontrollsystems bei an US-Börsen notierten Unternehmungen (nach Sarbanes Oxley Act) stattfindet. Mit dem Gesetz zur Transparenz und Kontrolle im Unternehmensbereich (KonTraG) wurde im Aktiengesetz die Pflicht des Vorstandes kodifiziert, »geeignete Maßnahmen zu treffen, insbesondere ein Überwachungssystem einzurichten, damit den Fortbestand der Gesellschaft gefährdende Entwicklungen früh erkannt werden« (§ 91 Abs. 2 AktG). Mit dem Gesetz zur Modernisierung des Bilanzrechts (BilMoG) wurden die Vorschriften für Rechnungslegung und Corporate Governance von Unternehmen weiter modifiziert. Ebenso wurde im Gefolge einiger Bilanzskandale in den USA (v.a. Enron, WorldCom) der »Sarbanes Oxley Act« erlassen, um durch hohe Standards eine Steigerung der Verlässlichkeit der Finanzberichterstattung zu erreichen und das Vertrauen der Anleger in die an US-Börsen gelisteten Unternehmen zurückzugewinnen. Die bislang gesetzlich nicht normierten Prüfungen zur sogenannten ›Corporate Compliance‹ und von Nachhaltigkeitsberichten stellen einen weiteren Bereich dar, in dem Wirtschaftsprüfer/innen und Wirtschaftsprüfungsgesellschaften rechtliche und ethische Ansprüche an Unternehmen gewissermaßen durchzusetzen helfen.

Berufsethik in der Wirtschaftsprüfung

Um die Berufsethik in der Wirtschaftsprüfung zu erfassen, ist ein kurzer Blick in die Entstehungsgeschichte und eine Annäherung an den Gegenstand dieser Disziplin notwendig.

Die Wirtschaftsprüfung als gesetzlich normierte Institution (Ballwieser/Clemm 1999, 401) ist ein Kind der Weltwirtschaftskrise von 1929. In Deutschland wurde die Pflicht zur Prüfung von Jahresabschlüssen von Aktiengesellschaften mit der Aktienrechtsverordnung vom 19. September 1931 eingeführt, nachdem es in Deutschland bereits im August 1929 zum Konkurs der mit gefälschten Bilanzen operierenden Frankfurter Allgemeinen Versicherungs-Aktiengesellschaft gekommen war. Dieser und weitere Unternehmenszusammenbrüche haben bereits damals deutlich gemacht, dass die Wirtschaftsprüfung zur Sicherstellung ihrer Wirksamkeit an ganz besonders hohe ethische Standards geknüpft sein muss (vgl. u.a. Ludewig 2003, 1093). Der Wirtschaftsprüfer ist daher in Deutschland an einen Berufseid gebunden (WPO § 17).

Auf internationaler Ebene formuliert der »Code of Ethics for Professional Accountants der International Federation of Accountants« (IFAC) den ›Ethik-Standard‹ der Wirtschaftsprüfer (Marten/Quick/Ruhnke 2007, 124 ff.).

Die daraus hervorgehenden Werte (Verantwortungsbewusstsein und Integrität) für das Berufsbild des Wirtschaftsprüfers zielen u.a. auf das stete Bewusstsein des Wirtschaftsprüfers ab, dass Dritte (z.B. Investoren, Banken) Entscheidungen u.a. von seinem Prüfungsergebnis abhängig machen und er damit eine wesentliche Rolle für die Funktionsfähigkeit und Verlässlichkeit von Kapitalmärkten inne hat. Die Grundwerte der Aufrichtigkeit und Ehrlichkeit, die die Integrität des Wirtschaftsprüfers maßgeblich bestimmen sollen, sind praktisch an Überlegungen der Fairness und Gerechtigkeit zu bemessen: Niemand ist stets vollständig objektiv und gerecht – auch Wirtschaftsprüfer nicht –, aber eine vorsätzliche Unehrlichkeit oder Unaufrichtigkeit, ist definitiv zu unterlassen.

Die Werte Gewissenhaftigkeit, Sorgfalt und Sachkompetenz verdeutlichen die Komplexität der Aufgabenstellung, das dynamische Anforderungsprofil an den Wirtschaftsprüfer sowie die nicht zu unterschätzende Tatsache, dass wirksame Wirtschaftsprüfung neben kluger Planung und einem risikoorientierten und damit zielgenauen Prüfungsansatz immer auch die Beschäftigung mit dem Detail beinhaltet. Die Werte Vertraulichkeit und Verschwiegenheit sind maßgeblich für die Zusammenarbeit mit dem Mandanten und nur mit dessen Einverständnis oder aufgrund rechtlicher Möglichkeiten oder Erfordernisse zu suspendieren. Insbesondere die Forderung nach Unabhängigkeit hat sich in der Vergangenheit in vielfältiger Weise in strikten Regelungen niedergeschlagen, insbesondere für Wirtschaftsprüfer, die Jahresabschlüsse von bei der amerikanischen Börsenaufsicht SEC registrierten Unternehmen prüfen (Sarbanes Oxley Act of 2002: Title 2; IFAC Code of Ethics).

Die beschriebenen Grundwerte als die wesentlichen Bestandteile der Berufsethik der Wirtschaftsprüfer zielen darauf ab, dessen Rolle als öffentlicher Garant der Rechnungslegung und seine Garantiefunktion als Abschlussprüfer (Mattheus 2009, 573; Clemm 1980, 455–465) als eine wesentliche Säule der Corporate Governance zu ermöglichen und zu schützen, wobei es zugleich zu berücksichtigen gilt, dass der Wirtschaftsprüfer sowohl das Interesse der Anteilseigner (Aktionäre) und der Öffentlichkeit an einem unabhängigen und sachverständigen Urteil zu wahren hat als auch gleichzeitig wirtschaftliche Eigeninteressen verfolgen muss (Mattheus 2009, 579).

Abschlussprüfung als Element der Corporate Governance

Kern der Wirtschaftsprüfung ist die Prüfung der Jahresabschlussrechnungen von Unternehmen und Konzernen. Dabei hat der Wirtschaftsprüfer nach §317 HGB zu prüfen, ob die Finanzberichterstattung im Unternehmen oder Konzern gemäß den anzuwendenden Rechnungslegungsvorschriften (nach Handelsgesetzbuch oder zugelassener anderer Standards) erfolgte und ob ergänzende Bestimmungen des Gesellschaftsvertrags oder der Satzung beachtet worden sind. Darüber hinaus sind Lagebericht bzw. Konzernlagebericht darauf zu prüfen, ob diese mit dem Jahresabschluss bzw. mit dem Konzernabschluss sowie mit den bei der Prüfung gewonnenen Erkenntnissen des Abschlussprüfers in Einklang stehen und ob insgesamt eine zutreffende Vorstellung von der Lage des Unternehmens bzw. des Konzerns vermittelt wird. Dabei ist auch zu prüfen, ob die Chancen und Risiken der künftigen Entwicklung zutreffend dargestellt sind (§ 317 Abs. 2 HGB). Als Arbeitsergebnis der Abschlussprüfung erstellt der Prüfer einerseits einen Bericht an den Aufsichtsrat, andererseits erteilt er einen Bestätigungsvermerk, der externe Adressaten (Anteilseigner, Gläubiger etc.) formal über das Ergebnis der Prüfung informieren soll. Im Falle einer gesetz- und ordnungsgemäßen Finanzberichterstattung ist der Abschlussprüfer verpflichtet, einen uneingeschränkten Bestätigungsvermerk zu erteilen, selbst dann, wenn die Lage des betreffenden Unternehmens zur Besorgnis Anlass gibt oder gar der unmittelbare Zusammenbruch des Unternehmens droht (Mattheus 2009, 567). Entsprechend kann bei schonungsloser Darstellung der Unternehmenslage durch den gesetzlichen Vertreter ein uneingeschränktes Testat durch den Wirtschaftsprüfer nicht verweigert werden. Dabei ergibt sich eine in der Literatur viel zitierte sogenannte ›Erwartungslücke‹ (*expectation gap*) zwischen der tatsächlichen Aussage eines Bestätigungsvermerkes durch den Abschlussprüfer und den (vergleichsweise höheren) Erwartungen Dritter, z. B. potenzieller Anteilseigner, Gläubiger etc. (Velte 2009, 481–483; Bahr 2003; Mattheus 2009, 568).

Zusätzlich zu dieser Garantie- und Beglaubigungsfunktion unterstützt der Abschlussprüfer den Aufsichtsrat bei dessen Aufgabe der Überwachung der Rechnungslegung (§ 171 Abs. 1 AktG). Erst mittels der Unterstützung durch den Abschlussprüfer (ausführliche Berichterstattung und Teilnahme an der Bilanzsitzung) ist der Aufsichtsrat überhaupt in der Lage, die eigenständige Überwachungsaufgabe bzgl. der Rechnungslegung im Rahmen seiner Verpflichtung zur umfassenden Überwachung der Geschäftsleitung (§111 AktG) zu erfüllen (Mattheus 2009, 570 ff.).

Prüfung von Compliance-Maßnahmen in Unternehmen

Insbesondere die Globalisierung der Wirtschaft hat in den letzten Jahren neuartige und auf die Verantwortungsdimension des unternehmerischen Handelns fokussierte Management-Probleme auf die Tagesordnung der Leitungs- und Überwachungsorgane von Unternehmen gesetzt. Die Themenstellungen lassen sich im Wesentlichen den Bereichen Umwelt, Soziales und Corporate Governance zuordnen. Konkrete Handlungsbedarfe ergeben sich für Unternehmen durch die fortschreitende Regulierung insbesondere bezüglich der Einhaltung von verbindlichen externen Normen (Gesetzen), von Soft-Law (Wieland/Grüninger 2010, 115 f.) und – daraus abgeleiteten – selbst auferlegten internen Regeln, Verhaltensstandards und Verfahren. Die Einhaltung von Normen und Regeln sowie die darauf gerichteten Maßnahmen eines Unternehmens werden als Compliance bzw. Compliance Management bezeichnet.

Ein Compliance-Management-System (CMS) eines Unternehmens ist darauf gerichtet, die wesentlichen Compliance-Themen, -Regeln und -Maßnahmen zu bündeln, zu steuern und zu überwachen (Grüninger 2010). Eine gesetzliche Pflicht zum Compliance Management gibt es derzeit nicht; entsprechend existieren keine gesetzlich verbindlichen Standards, welche Elemente ein CMS aufweisen muss. Der Deutsche Corporate Governance Kodex (DCGK) sagt allerdings explizit, dass der Vorstand für die Einhaltung der gesetzlichen Bestimmungen und der unternehmensinternen Richtlinien zu sorgen hat und auf deren Beachtung durch die Konzernunternehmen hinwirken muss (DCGK: Tz. 4.1.3.). Zudem muss der Vorstand den Aufsichtsrat regelmäßig über Compliance informieren (DCGK: Tz. 3.4.) und der Prüfungsausschuss (Audit Committee) sich mit dem Thema befassen (DCGK: Tz. 5.3.2.). Nicht zuletzt aufgrund der benannten Berichtspflichten an den Aufsichtsrat und die Befassung im Prüfungsausschuss werden vermehrt CMS auf ihre Umsetzung und Funktionsfähigkeit hin überprüft und entsprechende Prüfungsaufträge an u. a. Wirtschaftsprüfer und Wirtschaftsprüfungsgesellschaften vergeben.

Literatur

Aßländer, Michael S.: Der Fall Enron. In: Forum Wirtschaftsethik 13, 2 (2005), 6–17 (im Internet unter http://www.dnwe.de/tl_files/ForumWE/2005/forum_2005_2.pdf, 30.8.2010).

Bahr, Andreas: Vertrauen in Wirtschaftsprüfer. Konzeptioneller Bezugsrahmen für eine realwissenschaftliche Theorie der Erwartungslücke. Wiesbaden 2003.

Ballwieser, Wolfgang/Clemm, Hermann: Wirtschaftsprüfung. In: Wilhelm Korff et al. (Hg.): Handbuch der Wirtschaftsethik. Bd. 3. Gütersloh 1999, 399–416.

Clemm, Hermann: Abschlussprüfer und Aufsichtsrat. In: Zeitschrift für Unternehmens- und Gesellschaftsrecht 9. Jg. (1980), 455–465.

Grüninger, Stephan: Werteorientiertes Compliance Ma-

nagement System. In: Josef Wieland/Roland Steinmeyer/Stephan Grüninger (Hg.): Handbuch Compliance-Management. Berlin 2010, 39–69.
Ludewig, Rainer: Zur Berufsethik der Wirtschaftsprüfer. In: Die Wirtschaftsprüfung 20 (2003), 1093–1099.
Marten, Kai-Uwe/Quick, Reiner/Ruhnke, Klaus: Wirtschaftsprüfung. Stuttgart [3]2007.
Mattheus, Daniela: Die Rolle des Abschlussprüfers in der Corporate Governance. In: Peter Hommelhoff/Klaus J. Hopt/Axel von Werder (Hg.): Handbuch Corporate Governance. Leitung und Überwachung börsennotierter Unternehmen in der Rechts- und Wirtschaftspraxis. Stuttgart 2009, 563–602.
Velte, Patrick: Die Erwartungslücke im Rahmen der externen Abschlussprüfung. In: Wirtschaftswissenschaftliches Studium 9 (2009), 481–483.
Wieland, Josef/Grüninger, Stephan: Die 10 Bausteine des Compliance Managmement: ComplianceProgramMonitor[ZfW]. In: Josef Wieland/Roland Steinmeyer/Stephan Grüninger (Hg.): Handbuch Compliance-Management. Berlin 2010, 111–135.

Stephan Grüninger

28. Zivilgesellschaft

Der Begriff der Zivilgesellschaft hat seit dem Ende des Kalten Krieges spätestens aber seit den Globalisierungsprotesten anlässlich von Gipfeltreffen ökonomischer Institutionen (z. B. der WTO-Ministerkonferenz in Seattle im November 1999) eine große Verbreitung erfahren und ist nicht mehr wegzudenken aus Debatten über das Zusammenwirken von Staat, Markt und Gesellschaft. Aus deskriptiv-analytischer Perspektive wird ›Zivilgesellschaft‹ als spezifischer Raum jenseits von Staat, Ökonomie und Privatheit verstanden, der durch Vereine, Verbände, Projektgruppen, Nichtregierungsorganisationen usw. geprägt ist und in dem bürgerschaftliches Engagement vor allem stattfindet (Kocka 2002, 16 f.). Über alle Interpretationen hinweg besteht Einigkeit darüber, dass die Zivilgesellschaft eine potenziell positive Rolle für die Demokratie spielt (Kersting 2002/03). Außerdem einigt alle Definitionen, dass sie sich auf die problematische Beziehung zwischen individuell und sozial, zwischen individuellem Vorteil und öffentlichem Interesse und zwischen persönlichen Leidenschaften und öffentlichen Pflichten beziehen (Seligman 1992, 5). Trotzdem begegnen Fachleute dem Begriff oft mit dem Vorwurf, dass er überladen und deshalb analytisch unscharf sei (Lohmann 2003, 12). Um diese Unschärfe zu überwinden ist es wichtig aufzuzeigen, auf welchen historischen und normativen Wurzeln das jeweilige Verständnis von Zivilgesellschaft gründet (Cohen 1999, 214).

Seine früheste Bedeutung erlangte der Begriff der ›Zivilgesellschaft‹ als Bezeichnung für eine friedliche Ordnung, die auf dem Konsens der Bürger basiert (Kaldor 2003, 7). In dieser Form wird der Begriff insbesondere von Denkern wie Locke, Hobbes, Ferguson und Kant verwendet. ›Zivilgesellschaft‹ umschreibt dabei ein normatives Projekt, das einen utopischen Entwurf einer zivilen Gesellschaft bezeichnet, »in der die Menschen als mündige Bürger friedlich zusammenleben würden: selbständig und frei, in Assoziationen (Vereinen) kooperierend und im öffentlichen Diskurs das Nötige entscheidend, unter der Herrschaft des Rechts und der Verfassung, aber ohne Gängelung durch den Obrigkeitsstaat, mit Toleranz für Vielfalt und Sinn für individuelle Leistung, aber ohne allzu große soziale Ungleichheit« (Kocka 2002, 16 f.).

Eine wichtige Neuauslegung erfuhr der Begriff durch Hegel, der die Zivilgesellschaft als Sphäre der

Differenz und des Widerspruchs definierte und dem Staat die Rolle des Vermittlers zuschrieb. Marx und Engels übernahmen diese Idee von Hegel, gingen aber davon aus, dass der Staat der Zivilgesellschaft *untergeordnet* war. Was jedoch beide, hegelianische und marxistische Konzeptionen, miteinander verband, war der Umstand, dass sie den Markt als Teil der Zivilgesellschaften betrachteten. In modernen Konzeptionen werden die beiden Bereiche hingegen voneinander getrennt (Kaldor 2003, 18).

In der gegenwärtigen Theoriedebatte lassen sich vor allem neomarxistische, neoliberale und diskurstheoretische Konzeptionen von Zivilgesellschaft unterscheiden. In ihrer *neomarxistischen* Variante wird die Zivilgesellschaft als anti-etatistische und aktivistische Sphäre beschrieben, die bestrebt ist, von aller durch Regierung oder Partei kontrollierter Kommunikation unabhängig zu sein. Seinen Ursprung hat dieser Trend in Lateinamerika und Osteuropa, wo die Zivilgesellschaft als eine Quelle der Selbstorganisation wahrgenommen wurde und wo die Forderung nach bürgerlicher Autonomie als Reaktion auf eine stetig wachsende Staatsmacht entstand (Cohen 1998, 370).

In der *neoliberalen* Konzeption wird die Zivilgesellschaft zugleich als Gegengewicht und Substitut staatlicher Ordnungsinstanzen gesehen und soll all jene originär staatlichen Aufgaben übernehmen, die seitens der staatlichen Einrichtungen nicht mehr oder nur mehr unzureichend wahrgenommen werden. Grundlegend hierfür ist die Einsicht, dass die Gestaltung der Globalisierung nicht alleine den wirtschaftlichen Akteuren überlassen werden dürfe und der Staat nicht durch den Markt ersetzt werden könne. Innerhalb der gesellschaftlichen Ordnung müssten NGOs daher als wahre demokratische Kraft anerkannt werden und Teile der vormals staatlichen Funktionen durch die Zivilgesellschaft übernommen werden (Chandhoke 2002, 43 ff.).

Die *diskurstheoretische* Variante schließlich porträtiert die Zivilgesellschaft als eine Sphäre, die durch das Ideal der öffentlichen Kommunikation gekennzeichnet ist und sich damit von Staat und Markt unterscheidet. Während die Akteure von Markt und Politik unter stetigem Entscheidungsdruck stehen (Cohen 1998, 370 f.), agieren zivilgesellschaftliche Akteure in institutionell ungebundenen Öffentlichkeiten, in denen öffentliche Diskurse gefördert werden (Warren 2001, 77). Zivilgesellschaft ist damit diejenige Sphäre, in der durch Verständigung Solidaritäten oder kollektive Identitäten geschaffen werden (Cohen 1998, 370).

Unabhängig vom zugrunde gelegten Begriffsverständnis wird die wirtschaftsethische Relevanz der Zivilgesellschaft dadurch deutlich, dass zivilgesellschaftliche Gruppierungen sowohl überstaatliche ökonomische Institutionen als auch einzelne Unternehmen vermehrt direkt mit ihren Forderungen nach sozial verantwortlichem Verhalten konfrontieren, ohne den Staat einzubeziehen (Palazzo/Scherer 2006, 81). Das Verhältnis zwischen zivilgesellschaftlichen und wirtschaftlichen Akteuren ist dabei je nach Kontext äußerst konfrontativ – man denke an die massiven Proteste gegen die Gipfeltreffen ökonomischer Institutionen oder gegen einzelne Unternehmen – oder aber auch durchaus kooperativ – dies wird anhand der steigenden Anzahl an Partnerschaften zwischen Unternehmen und NGOs, die gemeinhin als Hauptrepräsentanten der Zivilgesellschaft gelten, ersichtlich.

Literatur

Chandhoke, Neerah: The Limits of Global Civil Society. In: Marlies Glasius/Mary Kaldor/Helmut Anheier (Hg.): Global Civil Society. Oxford 2002, 35–53.

Cohen, Jean L.: Civil Society. In: Edward Craig (Hg.): Routledge Encyclopedia of Philosophy. Bd. 2. London 1998, 369–372.

–: Trust, Voluntary Association and Workable Democracy: The Contemporary American Discourse of Civil Society. In: Mark E. Warren (Hg.): Democracy and Trust. Cambridge u. a. 1999, 208–248.

Kaldor, Mary: Global Civil Society: An Answer to War. Cambridge 2003.

Kersting, Wolfgang: Demokratische Integration und demokratische Legitimität unter den Bedingungen der Globalisierung. Transit. In: Europäische Revue 24 (Winter 2002/2003), 110–123.

Kocka, Jürgen: Das Bürgertum als Träger von Zivilgesellschaft – Traditionslinien, Entwicklungen, Perspektiven. In: Enquete-Kommission »Zukunft des Bürgerschaftlichen Engagements« Deutscher Bundestag (Hg.): Bürgerschaftliches Engagement und Zivilgesellschaft. Opladen 2002, 15–22.

Lohmann, Georg: Demokratische Zivilgesellschaft und Bürgertugenden in Ost und West. Frankfurt a. M. 2003.

Palazzo, Guido/Scherer, Andreas G.: Corporate Legitimacy as Deliberation: A Communicative Framework. In: Journal of Business Ethics 66, 1 (2006), 71–88.

Seligman, Adam B.: The Idea of Civil Society. New York 1992.

Warren, Mark E.: Democracy and Association. Princeton, NJ 2001.

Dorothea Baur

XI. Anhang

1. Die Autorinnen und Autoren

Albertini, Francesca Yardenit, Prof. Dr., Professorin für Religionswissenschaft (Schwerpunkt: Jüdische Religionsgeschichte), Universität Potsdam (X.9 Jüdische Wirtschaftsethik).

Aßländer, Michael S., Prof. Dr., Fachbereich Sozialwissenschaften, Internationales Hochschulinstitut Zittau (I. Einleitung; III.1 Von der aristotelischen Trias zur schottischen Aufklärung; III. 4 Normative Betriebswirtschaftslehre; IV.A.1 Die wirtschafts- und unternehmensethische Debatte im deutschsprachigen Raum; IV.A.6 Republikanischer Ansatz; IV.A.7 Ordnungstheoretischer Ansatz; IV.B.4 Intentionalistischer Ansatz; V.1 Wirtschaftsethik als angewandte Ethik; VII.5 Corporate Stewardship; IX. Neue Herausforderungen der Wirtschafts- und Unternehmensethik; X.6 Gefangenendilemma; X.12 Leadership; X.15 Menschenrechte).

Baur, Dorothea, Dr., Post-doctoral research fellow am Institute for Social Innovation, ESADE University Barcelona (X.17 Non-Governmental Organizations; X.28 Zivilgesellschaft).

Beschorner, Thomas, Prof. Dr., Direktor des Instituts für Wirtschaftsethik der Universität St. Gallen (IV.A.8 Governanceethischer Ansatz; IV.B.5 Stakeholderorientierter Ansatz).

Brink, Alexander, Prof. Dr. Dr., Professor für Wirtschafts- und Unternehmensethik, Universität Bayreuth (II.3 Moralentwicklung und moralische Orientierung; VIII.2 Management-Ethik).

Brodbeck, Karl-Heinz, Prof. Dr., Professor am Fachbereich Wirtschaftswissenschaften, Fachhochschule Würzburg-Schweinfurt (III.3 Die Entwicklung der Ökonomie zur normativen Wissenschaft; X.1 Buddhistische Wirtschaftsethik).

Burkatzki, Eckhard, Dr., Wissenschaftlicher Mitarbeiter am Lehrstuhl für Sozialwissenschaften insbes. Umwelt-, Sozial- und Wirtschaftsethik, Internationales Hochschulinstitut Zittau (VI.9 Forensic Management).

Büscher, Martin, Prof. Dr., Professor für Wirtschaftswissenschaft mit Schwerpunkt Wirtschafts- und Unternehmensethik, Institut für Diakoniewissenschaft und DiakonieManagement (IDM), Kirchliche Hochschule Wuppertal/Bethel (IV.A.5 Integrative Wirtschaftsethik).

Dietzfelbinger, Daniel, Dr., Partner des Instituts persönlichkeit+ethik, München (IV.A.4 Evangelische Sozialethik).

Eigenstetter, Monika, Professorin am Fachbereich Wirtschaftsingenieurwesen, Hochschule Niederrhein (V.5 Werthaltungen in Unternehmen).

Goldschmidt, Nils, Prof. Dr., Professur für Sozialpolitik und Sozialverwaltung, Hochschule München (IV.A.2 Ethische Grundlagen der Sozialen Marktwirtschaft).

Gößling, Tobias, Dr., Assistant Professor am Department of Organisation Studies, Tilburg School of Social and Behavioural Science, Tilburg University (VI.2 Whistleblowing; VI.8 Ethics Officer).

Grüninger, Stephan, Prof. Dr., Wissenschaftlicher Direktor des Konstanz Institut für Corporate Governance – KICG (X.27 Wirtschaftsprüfung).

Hansen, Ursula, Prof. em. Dr. Dr. hc., Gesellschafterin und Vorstandsmitglied des Instituts für Markt-Umwelt-Gesellschaft (imug) e.V. (VIII.1 Marketing-Ethik).

Heidbrink, Ludger, Prof. Dr., Direktor des Center for Responsibility Research, Vorstandsmitglied des Kulturwissenschaftlichen Institut Essen (V.2 Der Verantwortungsbegriff der Wirtschaftsethik).

Hoffman, Michael W., Prof. Dr., Executive Director des Center for Business Ethics an der Bentley University (VI.8 Ethics Officer).

Hollstein, Bettina, Dr., Wissenschaftliche Kollegreferentin am Max-Weber-Kolleg für kultur- und sozialwissenschaftliche Studien, Universität Erfurt (X.2 Ehrenamtliches Engagement; X.5 Feministische Wirtschaftsethik; X.14 Lohngerechtigkeit).

Irlenbusch, Bernd, Prof. Dr., Direktor des Seminars für Allgemeine Betriebswirtschaft, Unternehmensentwicklung und Wirtschaftsethik, Universität zu Köln (III.5 Experimentelle Ökonomik).

Kaufmann, Ina Maria, lic. oec. publ., UFSP Ethik, Universität Zürich (X.16 Neuroökonomie).

Kell, Georg, Executive Director des UN Global Compact Office der Vereinten Nationen (VII.4 Global Compact).

Kettler, Anke, Geschäftsführerin der Dr. Kleinfeld CEC GmbH & Co. KG (X.24 Unternehmenskultur).

Keul, Hans-Klaus, Dr., EPG-Koordinator am Humboldt-Studienzentrum für Philosophie und Geisteswissenschaften, Universität Ulm (II.2 Grundpositionen der philosophischen Ethik).

Kleinfeld, Annette, Dr., Inhaberin und Geschäftsführerin der Dr. Kleinfeld CEC GmbH & Co. KG (X.23 Unternehmensberatung; X.24 Unternehmenskultur).

Knopf, Julia, Dr., Lehrbeauftragte im Bereich Didaktik der deutschen Sprache und Literatur, Universität Bayreuth (II.3 Moralentwicklung und moralische Orientierung).

Küpper, Hans-Ulrich, Prof. Dr., Vorstand des Instituts für Produktionswirtschaft und Controlling, Ludwig-Maximilians-Universität München (VIII.4 Unternehmensethik und Organisation).

Lautermann, Christian, Wissenschaftlicher Mitarbeiter am Lehrstuhls für Unternehmensführung und betriebliche Umweltpolitik, Universität Oldenburg (VI.7 Nachhaltigkeitsberichterstattung).

Lee-Peuker, Mi-Yong, Dr., Wissenschaftliche Mitarbeiterin am Helmholtz-Zentrum für Umweltforschung (UFZ) Leipzig (X.11 Kulturdifferenzen; X.13 Letztbegründung).

Leipold, Helmut, Prof. Dr., Professor am Lehrstuhl für Ordnungsökonomie und internationale Wirtschaftsbeziehungen, Philipps-Universität Marburg (X.8 Islamische Wirtschaftsethik).

Lin-Hi, Nick, Prof. Dr., Juniorprofessur für Corporate Social Responsibility, Universität Mannheim (X.3 Eigentum).

Mistela, Marta, Wissenschaftliche Mitarbeiterin am Lehrstuhl für Sozialwissenschaften insbes. Umwelt-, Sozial- und Wirtschaftsethik, Internationales Hochschulinstitut Zittau (VI.9 Forensic Management).

Palazzo, Bettina, Dr., Unternehmensberatung Palazzo & Palazzo, Lausanne (IV.B.1 Business Ethics im anglo-amerikanischen Sprachraum; IV.B.3 Kontraktualistischer Ansatz).

Palazzo, Guido, Prof. Dr., Professor an der Faculté des Hautes Etudes Commerciales (HEC), Université de Lausanne (IV.B.1 Business Ethics im angloamerikanischen Sprachraum; IV.B.3 Kontraktualistischer Ansatz).

Patzer, Moritz, Dr., Wissenschaftlicher Mitarbeiter am Lehrstuhl für Grundlagen der BWL und Theorien der Unternehmung, Universität Zürich (VII.3 Corporate Social Responsibility).

Pfriem, Reinhard, Prof. Dr., Inhaber des Lehrstuhls für Unternehmensführung und betriebliche Umweltpolitik, Universität Oldenburg (VI.7 Nachhaltigkeitsberichterstattung; X.10 Kulturalistische Wirtschaftsethik; X.20 Öko-soziale Marktwirtschaft).

Pies, Ingo, Prof. Dr., Inhaber des Lehrstuhls für Wirtschaftsethik, Martin-Luther-Universität Halle-Wittenberg (X.19 Ökonomische Ethik; X.22 Soziale Sicherung).

Priddat, Birger, Prof. Dr., Inhaber des Lehrstuhls für Politische Ökonomie, Universität Witten/Herdecke (III.2 Der Beginn der ökonomischen Wissenschaft).

Reese-Schäfer, Walter, Prof. Dr., Inhaber des Lehrstuhls für politische Theorie und Ideengeschichte, Universität Göttingen (IV.B.6 Kommunitarischer Ansatz).

Roloff, Julia, Prof. Dr., Associate Professor am Management and Organisation Department, ESC Rennes (VI.4 Sozialstandards; VII.2 Public Private Partnerships und Multistakeholder-Initiativen).

Schäfer, Henry, Prof. Dr., Leiter der Abt. III des Betriebswirtschaftlichen Instituts, Inhaber des Lehrstuhls für Allgemeine Betriebswirtschaftslehre und Finanzwirtschaft, Universität Stuttgart (VIII.3 Ethik und Kapitalmarkt).

Schenkel, Markus, Wissenschaftlicher Mitarbeiter am Lehrstuhl für Wirtschafts- und Unternehmensethik, Universität Kassel (VII.5 Corporate Stewardship; X.25 Verbände und Initiativen).

Scherer, Andreas Georg, Prof. Dr., Inhaber des Lehrstuhls für Grundlagen der BWL und Theorien der Unternehmung, Universität Zürich (VII.3 Corporate Social Responsibility).

Schmidt, André, Prof. Dr., Inhaber des Lehrstuhls für Makroökonomik und internationale Wirtschaft, Universität Witten/Herdecke (V.4 Ökonomische Rationalität).

Schrader, Ulf, Prof. Dr., Leiter des Instituts für Berufliche Bildung und Arbeitslehre / Ökonomie und nachhaltiger Konsum, Technische Universität Berlin (VII.1 Corporate Citizenship).

Schramm, Michael, Prof. Dr., Inhaber des Lehrstuhls für Katholische Theologie und Wirtschaftsethik, Universität Hohenheim (IV.A.3 Katholische Soziallehre).

Schreck, Philipp, Dr., Wissenschaftlicher Mitarbeiter am Institut für Produktionswirtschaft und Controlling, Ludwig-Maximilians-Universität München (VIII.4 Unternehmensethik und Organisation).

Schumann, Olaf J., Dr., Gastprofessur für Wirtschafts- und Unternehmensethik, Universität Kassel (II.1 Aufgaben und Methoden der philosophischen Ethik; II.2 Grundpositionen der philosophischen Ethik; V.1 Wirtschaftsethik als angewandte Ethik).

Senge, Konstanze, Dr., Wissenschaftliche Mitarbeiterin am Institut für Soziologie, Universität Hamburg (X.4 Einzelhandel).

Stehl, Andreas, Lehrstuhl für Wirtschafts- und Unternehmensethik, Universität Kassel (X.26 Wirtschaftspolitik).

Suchanek, Andreas, Prof. Dr., Inhaber des Dr. Werner Jackstädt-Lehrstuhls für Wirtschafts- und Unternehmensethik an der Handelshochschule Leipzig, Wissenschaftlicher Leiter des Wittenberg-Zentrum für Globale Ethik (V.3 Das Verhältnis von Markt und Moral).

Talaulicar, Till, Prof. Dr., Inhaber des Lehrstuhls für Corporate Governance & Board Dynamics, Universität Witten/Herdecke (VI.1 Ethikkodizes; VI.6 Deutscher Corporate Governance Kodex).

Thorhauer, Yvonne, Dr., Dozentin für Wirtschaftsethik, Johann Wolfgang Goethe-Universität Frankfurt (IV.B.2 Kantischer Ansatz).

Tremmel, Jörg, Prof. Dr. Dr., Juniorprofessor am Institut für Politikwissenschaft, Universität Tübingen (X.7 Generationengerechtigkeit).

Wangenheim, Georg von, Prof. Dr., Leiter des Fachgebiets Grundlagen des Rechts, Privatrecht und Ökonomik des Zivilrechts, Universität Kassel (X.18 Ökonomische Analyse des Rechts; X.21 Public Choice-Theorie).

Wieland, Josef, Prof. Dr., Lehrstuhl für BWL mit Schwerpunkt Wirtschafts- und Unternehmensethik an der HTWG Konstanz, Direktor des Konstanz Institut für WerteManagement (KIeM), Konstanz, Direktor des Zentrums für Wirtschaftsethik (ZfW) (VI.3 Wertemanagement; VI.5 Stakeholder-Management).

2. Personenregister

Abacha, Sani 395
Adenauer, Konrad 86, 447
Agle, Bradley R. 167
Agricola, Georg 31
Albach, Horst 3, 75
Albert, Hans 9, 44, 108, 429, 430
Alchian, Armen A. 362, 363
Allport, Gordon W. 219
Althusius, Johannes 38
Annan, Kofi 1, 329, 330, 388
Apel, Karl-Otto 24, 103, 430, 431
Appiah, Kwame Anthony 247
Argyris, Chris 56
Aristoteles 11, 12, 13, 14, 28, 29, 30, 38, 39, 40, 44, 189, 308, 310, 324, 415, 430, 432
Arrow, Kenneth J. 49, 170, 176, 212, 216, 217, 367, 442, 450
Aśoka 399
Augustinus, Aurelius 31
Axelrod, Robert 414

Badura, Jens 129
Banerjee, Subhabrata Bobby 324
Bannenberg, Britta 298
Barth, Karl 95
Baumann, Zygmunt 422
Becher, Johann Joachim 36
Beck, Ulrich 389
Becker, Gary S. 446
Behnam, Michael 153
Benedikt XVI., Papst 82, 85
Benjamin, Martin 159
Benson, Michael 296
Bentham, Jeremy 11, 14, 15, 41, 368
Bilsky, Wolfgang 219
Birnbacher, Dieter 15, 416
Bismarck, Otto von 83
Blair, Margaret M. 363
Blickle, Gerhard 295
Blome-Drees, Franz 122
Boatright, John R. 364
Böhm, Franz 76, 77, 78, 448
Bonhoeffer, Dietrich 77, 95
Bowie, Norman E. 137, 138–144, 145
Braithwaite, John 295
Braun, Christian 421
Brentano, Lujo 53
Buber, Martin 170, 175
Buchanan, James M. 79, 103, 446
Buddhadasa 399, 400, 401

Burrell, Gibson 325
Bussmann, Kai-D. 295

Cantillon, Richard 359
Carroll, Archie B. 193, 306, 322
Carson, Rachel 390
Cassell, Cathy 230
Casson, Mark C. 360
Chamberlin, Edward 50
Cicero, Marcus Tullius 30
Coase, Ronald H. 212, 359, 360, 363, 443
Cobbin, Deirdre M. 230
Cochran, Philip L. 251
Colbert, Jean-Baptiste 35
Coleman, James William 295, 296
Condillac, Etienne Bonnot de 170
Cournot, Antoine-Augustin 45
Crane, Andrew 435
Cressey, Donald R. 294
Cullen, John B. 223

Dalai Lama 399, 400
Davis, Leonard R. 22
Dawson, Leslie M. 350
Debreu, Gérard 367
Delekat, Friedrich 95
Demsetz, Harold 362, 363
Deng, Francis 317
Descartes, René 45, 170
Dewey, John 175
Dibelius, Otto 95
Dickhaut, John 438
Diehl, Karl 44
Dietze, Constantin von 78
Donaldson, Thomas 133, 146–153, 167, 246, 261, 325
Douglas, Mark 152
Driesel, Nicole 226
Duchrow, Ulrich 96
Dunfee, Thomas W. 133, 146–153, 325
Dunn, Patricia 291
Du Pont de Nemours, Pierre Samuel 37
Durkheim, Emile 175

Eckensberger, Lutz H. 22
Eckhart, Meister 32
Eigenstetter, Monika 226, 298
Engels, Friedrich 473
Erhard, Ludwig 71, 80, 447, 448
Erlinghagen, Marcel 402
Etzioni, Amitai 169–176, 308
Eucken, Walter 71, 76, 77, 78, 448, 467
Evan, William M. 362

Fama, Eugene 363
Farrell, Brian J. 230
Fehr, Ernst 64, 67
Ferguson, Adam 37, 38, 45, 472
Fetchenhauer, Detlev 297
Fischer, Dirk 167
Fisher, Irving 467
Frederick, William C. 152
Freeman, R. Edward 163, 164, 167, 168, 362, 457
French, Peter A. 155–161, 184, 195
Frey, John B. 54
Friedman, Milton 47, 143, 324, 467
Friedrichs, David O. 295
Fromm, Erich 350
Fürst, Michael 251

Gächter, Simon 67
Garriga, Elisabet 324
Gautama 399
Genovesi, Antonio 45
Gibson, David G. 251
Giersch, Herbert 51
Gilbert, Dirk Ulrich 153
Gilligan, Carol 22, 410
Goodpaster, Kenneth 158, 195
Gossen, Hermann Heinrich 45, 46
Grafman, Jordan 438
Grotius, Hugo 38
Grüninger, Stephan 251
Guala, Francesco 63
Gundlach, Gustav 86
Gürerk, Özgür 67
Gutenberg, Erich 52, 53, 55, 56, 57

Habermas, Jürgen 11, 16, 17, 22, 48, 180, 323
Habisch, André 305
Hales, John 35
Hammond, Allen 392
Harsanyi, John 88
Hart, Herbert L.A. 191
Hauser, Richard 416
Hayek, Friedrich August von 44, 45, 48, 50, 51, 200, 202, 442
Hegel, Georg Wilhelm Friedrich 41, 189, 446, 472
Hellauer, Josef 52
Herms, Eilert 97
Hertling, Georg Freiherr von 83
Herzberg, Frederick 55
Hicks, John 49, 442
Hill, Charles W.L. 362
Hirschman, Albert O. 38, 39
Hiß, Stefanie 194
Hitze, Franz 83
Hobbes, Thomas 11, 12, 13, 38, 45, 189, 307, 324, 434, 446, 472

Hoerster, Norbert 429
Höffe, Otfried 15, 190, 416
Hoffman, Michael W. 245
Höffner, Joseph 86
Hofmann, Stefan 300
Hofstede, Geert 221, 425
Holt, Charles A. 63
Homann, Karl 73, 74, 80, 116–122, 125, 128, 186, 206, 326, 433
Horrigan, James O. 367
Hoxie, Robert F. 54
Hübscher, Marc C. 127, 129
Hume, David 7, 8, 14, 37, 38, 43, 47, 68, 170, 179, 189
Huna, Rav 421
Hunsaker, Kevin 291
Husserl, Edmund 78
Hutcheson, Francis 37, 38

Ingelhart, Ronald 221
Irlenbusch, Bernd 67

Jähnichen, Traugott 97
Jehn, Karen A. 219
Jenkins, Anne 295
Jensen, Michael C. 361
Jevons, William Stanley 44, 45, 46
Johannes Paul II., Papst 84
Johannes XXIII., Papst 82, 84
Johnson, Phil 230
Jonas, Hans 190
Jones, Thomas M. 362
Justi, Johann Heinrich Gottlob von 35, 36

Kahneman, Daniel 245, 367
Kaldor, Nicholas 49, 442
Kamlah, Wilhelm 431
Kant, Immanuel 11, 15, 16, 17, 22, 42, 100, 137–145, 179, 182, 189, 203, 225, 261, 324, 325, 429, 446, 472
Kaufmann, Franz X. 225, 226
Kelman, Herbert C. 22
Kempski, Jürgen von 46
Kerber, Walter 225, 226
Kersting, Wolfgang 13
Ketteler, Bischof Wilhelm Emmanuel von 83
Keynes, John Maynard 44, 46, 466
Ki-moon, Ban 333
Klingenberg, Eberhard 421
Klüber, Franz 86
Kluckhohn, Florence 219, 221
Knies, Carl Gustav Adolf 42, 44
Knight, Frank H. 359
Knutson, Brian 437
Kohlberg, Lawrence 20, 21, 22, 23, 24, 223
Koslowski, Peter 24, 73
Kreikebaum, Hartmut 73
Krueger, Frank 438
Küng, Hans 246, 380
Küpper, Hans-Ulrich 58

LaMettrie, Julien Offray de 189
Lampe, Adolf 78
Leibniz, Gottfried Wilhelm 170
Lenk, Hans 72, 190
Leo XIII., Papst 73, 83
Likert, Rensis 56
Lindblom, Charles 171
Lindenberg, Siegwart 47
Lindzay, Gardner 219
Locke, John 35, 36, 37, 38, 39, 170, 189, 307, 416, 472
Löhr, Albert 73, 74, 108–110, 112–114, 186, 226, 431, 433
Lorenzen, Paul 431
Lucas, Robert 47, 51
Luhmann, Niklas 88, 124, 125, 126, 129, 182, 200
Lunau, York 221, 222
Luther, Martin 32, 91, 98

Maak, Thomas 428
MacKenzie, Lionel W. 367
Maimonides, Moses 421
Maizière, Thomas de 447
Malthus, Thomas Robert 45
Malynes, Gerard de 35
Marcuse, Herbert 350
Maring, Matthias 72
Marshall, Alfred 48
Marshall, Thomas H. 307
Martens, Jens 316
Martin, Hans-Peter 393
Marx, Karl 41, 42, 46, 198, 202, 416, 446, 448, 473
Matten, Dirk 322, 435
Matthews, Robert O. C. 213
Mayer, Don 152
Mayo, Elton 55
McCabe, Kevin 438
McCoy, Charles S. 245
McGregor, Douglas 55
Mead, George Herbert 22, 175
Meckenstock, Günter 96, 97
Meckling, William H. 361
Mehdorn, Hartmut 291
Meili, Christoph 244
Melé, Domènec 324
Menger, Carl 43, 44, 47, 58
Messner, Johannes 86, 87
Metelmann, Jörg 224
Metz, Johann Baptist 88
Meynhardt, Timo 224
Miksch, Leonhard 76, 79

Mill, James 41
Mill, John Stuart 14, 15, 41, 42, 46, 47, 53, 189, 307, 368
Milles, Thomas 35
Mises, Ludwig von 48, 50
Misselden, Edward 35
Mitchell, Ronald K. 167
Montesquieu, Charles de Secondat, Baron de la Brède et de 39
Moore, George Edward 179
Moore, Mark H. 224
Morgan, Gareth 325
Morgenstern, Oskar 367
Müller-Armack, Alfred 71, 76, 77, 95, 98, 99, 448
Mun, Thomas 35
Münsterberg, Hugo 43
Muth, John F. 51

Naumann, Friedrich 93
Nawroth, Edgar 86
Nell-Breuning, Oswald von 44, 82, 86, 87, 183
Neumann, John von 367
Nicklisch, Heinrich 52, 53, 54, 55, 57
Nida-Rümelin, Julian 425
Nielsen, Richard P. 114
Nietzsche, Friedrich 423
Nisbet, Robert 175
Niskanen, William 451
North, Douglass 214
Nunner-Winkler, Gertrud 23

Oettingen, Alexander von 91, 92
Ott, Konrad 179

Paccioli, Luca 31
Paine, Lynn Sharp 246
Palazzo, Guido 322, 325, 326
Pareto, Vilfredo 47, 48, 442
Parsons, Talcott 220
Paul VI., Papst 84, 85
Payutto, Prayudh A. 399, 401
Pesch, Heinrich 44, 85
Peterson, Richard 437
Pfeiffer, Raymond S. 161
Pfriem, Reinhard 167
Piaget, Jean 20, 21, 22, 23
Pieper, Annemarie 8
Pigou, Arthur Cecil 48, 50
Pius XI., Papst 73, 84
Platon 29, 30, 432
Pless, Nicola M. 428
Polo, Marco 33
Popper, Karl R. 7, 8, 44, 57, 179, 429, 446
Posner, Richard 442
Prahalad, C.K. 392
Preston, Lee E. 167, 261
Proudhon, Pierre Joseph 42
Pufendorf, Samuel 38
Putnam, Robert D. 308, 403

Quesnay, François 37

Raab, Julius 71
Radermacher, Franz Josef 447
Raphael, David D. 14
Rawls, John 11, 18, 19, 21, 22, 49, 79, 88, 89, 324, 325, 416, 426, 432, 433
Reidenbach, R. Eric 23, 24
Reinicke, Wolfgang H. 316, 317
Rendtorff, Trutz 95, 96
Rest, Jim R. 22
Ricardo, David 46
Rich, Arthur 96
Richter, Rudolf 213
Ricken, Frido 10
Rickert, Heinrich 43
Riegler, Josef 448
Riquetti Marquis de Mirabeau, Victor de 37
Ritter, Gerhard 77
Robin, Donald P. 23, 24
Robinson, Joan 50
Rockenbach, Bettina 67
Röpke, Wilhelm 51, 71, 76, 448
Rorty, Richard 425
Roscher, Wilhelm 44
Rose-Ackerman, Susan 442
Roth, Alvin E. 63
Roth, Gerhard 139
Rousseau, Jean-Jacques 308, 310, 434
Rüstow, Alexander 71, 76, 81

Sackmann, Sonja A. 226
Saint-Simon, Claude Henri de Rouvroy Comte de 42
Sandel, Michael 175
Saro-Wiwa, Ken 395, 435
Say, Jean-Baptiste 359
Schaller, Armin 360
Schanz, Günter 53
Schär, Johann Friedrich 52, 53
Scharpf, Fritz W. 170
Schein, Edgar H. 226
Schelling, Thomas C. 446
Scherer, Andreas 325, 326
Schmalenbach, Eugen 52, 53, 57
Schmidt, Fritz 52, 55
Schmidt, Klaus M. 64
Schmoller, Gustav von 8, 41, 42, 43, 44, 58
Schneider, Dieter 360
Schneider, Hendrik 295
Schranz, Mario 194
Schreiber, Wilfried 86, 87

Schüll, Peter 403
Schumacher, Ernst Friedrich 399
Schumann, Harald 393
Schumpeter, Joseph A. 47, 50, 359, 360, 423
Schwartz, Shalom H. 219, 226
Scitovsky, Tibor de 49
Selman, Robert L. 22
Selten, Reinhard 63
Sen, Amartya 81, 170, 211, 393
Seneca, Lucius Annäus 30
Senior, Nassau 41
Sennett, Richard 393
Seuse, Heinrich 32
Sharpe, William 51
Sherwin, Robert A. 200
Simon, Herbert 212
Simpson, Sally 296
Singer, Wolf 139
Sinn, Hans-Werner 416
Sismondi, Jean Charles Léonard Simonde de 42
Smith, Adam 8, 11, 13, 14, 33, 35–41, 45, 46, 48, 170, 171, 172, 198, 201, 202, 350, 446, 449
Smith, Ken 230
Sombart, Werner 41, 44, 55, 58
Sonnenfels, Joseph Freiherr von 36
Soule, Edward 151
Spann, Othmar 44
Spence, Laura J. 167
Spinoza, Baruch de 38, 170
Spranger, Eduard 219
Sraffa, Piero 50
Stackelberg, Heinrich von 50
Stammler, Rudolf 44
Steinmann, Horst 53, 73, 74, 108, 109, 112–114, 186, 326, 431, 433
Stigler, George J. 200
Stoecker, Adolf 93
Stoltzmann, Rudolph 44
Stout, Lynn A. 363
Streeck, Wolfgang 170
Strodtbeck, Fred 219, 221
Sully, Maximilien de Béthune Duc de 35

Tauler, Johannes 32
Taylor, Charles 175
Taylor, Frederick Winslow 54, 56
Thielemann, Ulrich 224, 225, 301
Thielicke, Helmut 95
Thomas von Aquin 32, 33, 189
Thomasius, Christian 38
Tillich, Paul 96
Tito, Josip Broz 449
Todt, Rudolf 92, 93
Toffler, Barbara L. 251
Tönnies, Ferdinand 38, 175
Tonoyan, Vartuhi 296
Toulmin, Stephen 180
Traub, Gottfried 93
Tremmel, Jörg 416
Treviño, Linda K. 251
Troeltsch, Ernst 73, 93, 94, 95
Trompenaars, Fons 425
Tullock, Gordon 451
Tversky, Amos 245, 367

Uebelmesser, Silke 416
Ulrich, Hans 53
Ulrich, Peter 24, 73, 74, 100, 101, 167, 186, 202, 224, 225, 326, 379
Utting, Peter 316

Vanberg, Viktor 79
Vernon, Philip E. 219
Victor, Bart 223
Vogel, David 135

Wagner, Adolph 42, 93
Walras, Leon 43, 44, 45, 46, 47, 48
Walzer, Michael 175, 308
Waters, James A. 113
Waxenberger, Bernhard 167
Weaver, Gary R. 251
Weber, Ludwig 93
Weber, Max 8, 27, 44, 93, 95, 166, 171, 201, 202, 221, 360
Weber, Wilhelm 87
Weinberg, Steven 88
Weisburd, David 295
Weiss, Joseph 163, 164, 167
Welzel, Burkhard 360
Wempe, Ben 151
Werhane, Patricia H. 183, 195
Wettstein, Florian 221, 222
Wichern, Johann Hinrich 92
Wicke, Lutz 447
Wieland, Josef 74, 124–130, 245, 300, 326
Williamson, Oliver E. 124, 126, 213
Windelband, Wilhelm 43
Windsor, Duane 325
Windthorst, Ludwig 83
Wöhe, Günter 56, 57
Wolff, Christian 38
Wood, Donna J. 167
Woodward, James 416
Wünsch, Georg 44, 73, 94

Yunus, Muhammad 393

Zimmerli, Walther Ch. 72
Zulehner. Paul M. 225, 226

3. Sachregister

Abwehrrechte 307, 435
Accountability, social 256, 317, 319, 426
Accountability, corporate 278, 283
Agentur-Kosten 362
Agentur-Problem 339, 361 f., 433
Agentur-Theorie 59, 143, 158, 338–341, 359–362, 372, 451
Akkomodation 20 ff.
Aktiengesellschaft 268, 270 f., 295, 469 f.
Aktionäre 163, 268 f., 271, 273 f., 359, 361–365, 395, 470
Ambiguität 438
Anfangsverteilung 48
Anreize 23, 41, 50, 62 ff., 66, 68, 74, 116, 121, 126 ff., 165, 173, 201, 203 ff., 209, 218, 235, 240, 266, 271, 274, 338–341, 362 f., 372 f., 404 f., 427, 438, 445 f., 451
Anreize, falsche 454
Anreize, monetäre 63, 438, 445
Anreize, zu kriminellem Handeln 294 ff., 299 f.
Anspruchsgruppen 1, 111, 127, 142 ff., 164, 166 ff., 229 f., 264, 278, 280 f., 283, 323 f., 341, 362 ff., 369 f., 374, 441, 457 *(siehe auch Stakeholder)*
Anspruchsrechte 435
Anthropologie (anthropologisch) 42, 82, 86, 91, 95 ff., 99, 103, 400, 410, 437, 449
Anwendungsorientierung (anwendungsorientiert) 10, 58, 129, 132, 178, 182, 251, 437, 439
Äquilibration 20
Äquivalenzprinzip 432
Arbeit 2, 27–33, 35, 37, 39–42, 46, 53–56, 83 f., 86 f., 92, 97 f., 140 ff., 145, 175 f., 202, 253 ff., 359, 376 ff., 380 ff., 393, 409 ff., 418, 420, 432 f., 435, 452 f., 468
Arbeiter/innen *(siehe Mitarbeiter/innen)*
Arbeiterfrage 73
Arbeitgeber 126, 140 f., 144, 288, 330, 334, 360 f., 393, 408, 420, 465
Arbeitnehmer/innen *(siehe Mitarbeiter/innen)*
Arbeitsbedingungen 56, 198, 221, 231, 247, 255, 319, 379, 406 ff., 464
Arbeitslosigkeit (Arbeitslose) 10, 39, 51, 176, 201, 253, 258, 393, 402, 432 f., 453 f., 466
Arbeitsmarkt 79, 83, 89, 242, 362, 389, 432 f.
Arbeitsplatz 55, 114, 141, 182, 200, 212 f., 242, 254 f., 297, 330, 364, 380, 393, 432
Arbeitsrecht *(siehe Arbeitsschutzbestimmungen)*
Arbeitsschutz *(siehe Arbeitsschutzbestimmungen)*
Arbeitsschutzbestimmungen 83, 140, 237, 253–256, 258, 306, 319, 326, 342, 381, 396, 426, 436
Arbeitsteilung (arbeitsteilig) 48, 51, 54 f., 109, 113, 120, 169, 190, 204, 230, 237, 359 f., 377 ff., 402, 405, 410, 453
Arbeitsvertrag 126, 128, 238, 265, 364, 379, 381
Arbeitswertlehre 46
Arbeitswissenschaft (-psychologie) 54, 56, 60, 297
Armut 10, 32 f., 39, 51, 85, 89, 98 f. 207, 307, 330, 332, 371 f., 389, 392 f., 420.
Arrows Unmöglichkeitstheorem 49, 170, 216 f., 442 f., 450
Assets, organisationsspezifische 63
Assets, transaktionsbezogene 63
Assimilation 20 f.
Audit 144 f., 249, 255–259, 277 f., 285, 300, 319, 407, 457, 462, 464, 471
Aufsichtsrat 268–275, 285, 319, 333, 359, 361 f., 471
Autarkie 12, 28
Autonomie (autonom) 9 f., 15 ff., 20 f., 49, 53, 56, 94, 109, 125, 139 ff., 144, 183, 195 f., 231, 333, 339, 381 f., 420, 428, 443, 446, 473

Behavioural Business Ethics 60 f., 246
Belohnung 21, 28, 56, 92, 120 f., 223, 235, 295, 340, 343, 356, 414, 427, 437 f., 445, 461
Beruf (beruflich) 27 ff., 32 f., 104 f., 219, 224 ff., 283, 292, 305, 359, 393, 402
Berufsethik, des Wirtschaftsprüfers 381, 470
Berufsethik, Luthersche 92 f., 98, 221
Beschäftigungspolitik 72, 141, 467
Beschwerdemanagement 222, 351
Bestrafung 21, 66 ff., 235, 241, 254, 427, 437
Betriebswirtschaftslehre (BWL) 44, 52–59, 73 ff., 132, 293, 326 f., 350, 352, 377, 387
Betrug 32, 130, 141, 231, 239, 288, 291, 297, 301, 418
Betrugsdreieck 294
bildgebende Verfahren 437
Bounded Ethicality 60
Bounded Moral Rationality 147
Bounded Rationality 211, 367
Brent Spar 127, 166
Brückendisziplin 73, 185 f.
Buddhismus 399 ff.
Bürgerrechte 105, 307 ff., 434 f.
Bürgerschaft 303, 307–311 *(siehe auch Corporate Citizenship)*
Bürokratie 132, 450 f., 466,
Business & Society 321, 464
Business Ethics 75, 132–135, 245, 287, 321, 325, 388
Business Schools 75, 134 f., 327, 367
Business Social Compliance Initiative (BSCI) 256 ff., 306, 317, 407, 464

Carbon Footprint 278, 389, 391 f., 408
Caux Round Table 388
Charakter 12, 99, 132, 144, 157, 160 f., 239, 241, 251, 264, 428, 445
Chrematistik 28 f.

Claimholder 167 f.
Coase-Theorem 443
Code of Conduct 144, 150 f., 298 ff., 355,427, 456 f. *(siehe auch Führungsgrundsätze; Verhaltensstandards)*
Code of Ethics 128, 248, 250, 470 *(siehe auch Ethikkodex)*
Commercial Society 38 ff.
Compliance 23, 74, 114, 130, 144, 185, 229, 231, 246 f., 250 f., 257 ff., 282, 287 ff., 301, 381 ff., 461
Compliance Management 246 f., 249 f., 299 ff., 456 f., 459
Compliance Officer 250, 286–289, 291 f., 388 *(siehe auch Ethics Officer)*
Corporate Citizen *(siehe Corporate Citizenship)*
Corporate Citizenship 1, 3, 143, 193, 223, 263, 303–311, 321 f., 324 f., 351, 403, 422, 435, 441, 446, 457
Corporate Giving 304 f., 309
Corporate Governance 3, 75, 184, 193, 196, 245, 268–275, 297, 299, 301, 335, 381, 383, 456 f., 469 ff.
Corporate Governance Kodex 268–275, 288 f., 381, 456, 471
Corporate Internal Decision (CID) Structures 156–162, 195
Corporate Responsibility *(siehe Corporate Social Responsibility)*
Corporate Social Responsibility (CSR) 1 ff., 75, 81, 134, 144, 184 f. 188, 193, 205, 239, 243, 247, 249, 276–279, 281 f., 285 ff., 291, 303, 306 f., 310 f., 315, 321–327, 332, 349, 369 f., 388, 391 f., 403, 422, 435, 441, 457 f., 459, 463 ff.
Corporate Stewardship 338–341, 345 f.
Corporate Volunteering 304 f., 309 f., 403, 457
Corruption Perception Index (CPI) 296
CSR Europe 2, 464
CSR Management 249 f., 457 f.
Cvil Society 38

Deliberation (deliberative) 172, 260, 316–319, 326
Demokratie (demokratisch) 17 f., 47, 49, 79, 90, 96, 98, 104 ff., 112, 120, 122, 137, 140, 145, 149, 206, 224 f., 238, 261, 281 ff., 310, 316 f., 319, 326, 379, 390, 392, 400, 416, 431, 440 f., 449 f., 466, 472 f.
Deregulierung 51, 101, 230, 270 f.
Determinismus 9 f., 189, 439
Deutsche Gesellschaft für Personalführung (DGfP) 223
Deutsche Gesellschaft für Technische Zusammenarbeit (GTZ) 337, 407
Deutscher Corporate Governance Kodex *(siehe Corporate Governance Kodex)*
Deutsches Netzwerk Wirtschaftsethik (DNWE) 223, 246, 287, 463
Diakonie 92
Dialog (dialogisch) 73, 104 f., 109 ff., 113, 152 f., 175, 188, 257, 260, 265, 267, 281, 318, 325, 331, 334, 336, 342, 350 ff., 357, 381, 384, 390, 433, 457 f., 465 *(siehe auch Diskurs; Stakeholder-Dialog)*
Differenzprinzip 18 f., 433
Diktatorspiel 64, 210, 438 *(siehe auch Ultimatumspiel)*
Dilemma 21, 23, 60, 111, 120 f., 134, 151, 180, 183, 185 f., 204, 206, 226, 300, 444 ff., 458 *(siehe auch Gefangenen-Dilemma)*
Diskriminierung 139, 147, 150, 182, 242, 253 ff., 323, 330, 351, 353 ff., 415 f.
Diskurs (diskursiv) 8, 11 f., 23 f., 47 f., 89, 109–114, 129 f., 134, 153, 167, 174 f., 186, 188, 207, 229, 246, 326, 332, 390, 446, 464, 472 f. *(siehe auch Dialog; Diskursethik)*
Diskursethik (diskursethisch) 16 f., 22, 24, 73 f., 88, 101 ff., 106, 112, 122, 124, 133, 152 f., 430, 433 *(siehe auch Dialog, Diskurs)*
Diversity 246, 269
Dritter Sektor 401 ff.
Dritter Weg 71, 85, 174

Ehrenamt 28, 334, 401 ff.
Ehrenamtliches Engagement *(siehe Engagement)*
Eigeninteresse 14, 23, 45, 79, 97, 102, 117, 171, 198, 201 ff., 206 f., 218, 223 f., 226, 339 ff., 445 f., 451, 470
Eigennutz *(siehe Eigeninteresse)*
Eigentum 28, 31, 35, 39 f., 42, 51, 58, 73, 79, 83 f., 86 f., 97, 200, 307, 319, 359, 363, 404 f., 418, 467 *(siehe auch Privateigentum)*
Eigentum, Rechte 148, 183, 206, 260 f., 400, 404 ff., 443, 445
Eigentum, Sozialverpflichtung 28, 72 f., 380
Einzelhandel 406 ff.
Emergenz 422
Engagement, bürgerschaftliches 81, 194, 304 f., 308, 311, 401 f., 472
Engagement, ehrenamtliches 305, 309, 393, 401 ff.,
Engagement, unternehmerisches 306, 335, 406, 408, 457 f.
Entlohnung 29 f., 33, 41, 55 f., 72 ff., 83 f., 86 f., 140, 199, 253 ff., 257, 295, 299, 313, 339, 344, 362 f., 408, 416, 418, 420, 432 f., 454, 468 *(siehe auch Living Wage; Mindestlohn)*
Entwicklungszusammenarbeit 312, 315, 336
Equator Principles 323
Ethical Trading Initiative 256, 316 f., 319
Ethics and Compliance Officers' Association – EOCA 245, 286 f., 292
Ethics Officer (Compliance Officer) 245, 250, 285–292, 388
Ethik *(siehe auch Individualethik, Institutionenethik)*
Ethik, angewandte 1, 3 f., 8 ff., 72 f., 111, 177–186
Ethik, deontologische 11,15, 180, 192, 230, 369, 410
Ethik, teleologische 137, 180, 192, 368
Ethik, theoretische 177 ff., 181

Ethik, utilitaristische 9, 11, 14 f., 41, 90, 101 ff., 137, 146, 149, 155, 169, 180, 182, 192, 368, 400
Ethik-Audit *(siehe Audit)*
Ethikberatung 455–459
ethikbezogene Kapitalanlage 368–371, 374
Ethikkodex (Code of Ethics) 128, 184, 229–235, 248, 250, 427, 426, 460, 462, 470
Ethikschulung *(siehe Ethik-Training)*
Ethik-Training 23, 144 f., 185, 223, 249, 285, 336 f., 457 f.
Ethisch verwerfliche Produkte 353
Ethische Entscheidungsfindung 132 f., 146 f., 149, 153, 230, 285, 288
Ethisches Investment *(siehe ethikbezogene Kapitalanlage)*
Ethisches Klima (Organisationsklima) 223–226, 232, 239, 298–301
European Business Ethics Network (EBEN) 287, 464
Evangelische Kirche in Deutschland (EKD) 85, 92, 97 f.
Evangelisch-Sozialer Kongress (ESK) 93
Experiment (experimentell) 9, 46, 60–68, 210 ff., 243, 251, 392, 437 f., 442
Externe Effekte 79, 101, 178, 201, 230, 264, 306, 351, 353, 356, 404, 450
Extractive Industry Transparency Initiative 317

Fair Labor Association (FLA) 256–259, 464
Fairness 9, 18, 61, 64 f., 97, 126, 129, 137, 138, 140, 147, 193 f., 203, 210 ff., 214, 278, 297 ff., 349, 410, 433, 437 f., 470
Fallibilismus 430
Federal Sentencing Guidelines 229 f., 286
Fehlschluss, logischer 179
Fehlschluss, naturalistischer 57 f., 147, 152, 179
Fehlschluss, normativistischer 199 f., 202 ff.
Fehlverhalten, in Organisationen 1, 3, 134, 157, 160 ff., 239 ff., 259, 331, 372
Fehlverhalten, von Mitarbeitern 156, 160 f., 239 f., 251, 230, 291, 300, 456 f.
Feministische Ethik 134, 409 f.
Feministische Ökonomie 409 f.
Feministische Wirtschaftsethik 409 ff.
Finanzberichterstattung 299, 469 ff.
Föderalismus 16, 451
Ford Pinto 158
Forensic Management 293–301
Forest Stewardship Council 153, 342 f.
Framing 62, 245 f., 250
Freiburger Kreis 77, 95
Freiburger Schule 78 ff., 86, 172 f.
Freiheit (freiheitlich) 9 f., 13, 15 f. 18 f., 21, 27, 41, 71, 77 ff., 90 ff., 94 f., 97 ff., 104 ff., 122, 139 ff., 144, 177, 183 f., 189 f., 203 ff., 225, 253, 300, 307 ff., 339, 377, 404, 435, 469
Freiheit, natürliches System 35, 38 ff., 201
Freiheit, wirtschaftliche 35, 39, 41, 79, 84, 115, 388, 390, 432 f., 467
Freiwilligenarbeit 401 f., 441
Frieden 13, 16, 39, 51, 108 f., 112, 115, 145, 201, 282, 420, 431, 468
Führungsgrundsätze 112, 288, 379, 381, 456 *(siehe auch Code of Conduct; Verhaltensstandards)*
Führungspersönlichkeit 280, 287, 427 f.
Führungsstil 23, 99, 144, 339, 379 f., 427 f.
Führungsverantwortung 5, 288, 290, 458
Führungsverhalten 427 f.
Fuzzy Logic 247, 249

Gefangenen-Dilemma 65, 118 ff., 171, 215 f., 412 ff., 450
Geldmenge 35, 49, 467
Geldpolitik 49, 51, 418, 467
Gemeinwohl 33, 87, 97 f., 117, 143, 171, 173 f., 188, 193 f., 196, 205, 218 f., 224 ff., 304 f., 307–310, 322, 324, 402 f., 418, 440
Generationen, zukünftige 49, 203, 207, 277, 279, 338, 341, 346, 369, 415 f.
Generationengerechtigkeit 203, 369, 415 f., 433
Generationenvertrag 86, 454 f.
Gerechtigkeit 12 ff., 18, 22, 27, 30, 40, 57 f., 60 f., 71 ff., 80 ff., 85, 87, 89 ff., 96 ff., 104, 129, 177, 184, 193 f., 198 f., 210 ff., 214, 251 f., 277, 349, 352, 369, 378, 410, 415 f., 418, 432 f., 468, 470,
Gerechtigkeit, ausgleichende 12, 415, 432
Gerechtigkeit, soziale 18, 58, 71, 84, 173, 420, 432 f., 443
Gerechtigkeit, verteilende 12, 14, 415, 432
Gesellschaftspolitik (gesellschaftspolitisch) 41, 57, 72, 91, 95, 104, 118, 260, 281 f., 404, 433, 446, 447 f.
Gesellschaftstheorie (gesellschaftstheoretisch) 124, 126 f., 260
Gesellschaftsvertrag 12 f., 16, 21, 38, 265, 308, 324, 470
Gestaltungsvariablen, organisatorische 377 ff., 381 f.
Gesundheitsschutz 255, 307
Gewerkschaftsfreiheit (Vereinigungsfreiheit) 73, 253 ff., 257, 323, 330
Gewinnprinzip 57, 112, 166, 377
Glaubwürdigkeit 105, 138, 234, 250 f., 277, 280, 283, 301, 387 f., 391, 458, 460, 462
Global Compact 1 f., 150 f., 153, 185, 247, 306, 315 ff., 323, 329–337, 387 f.
Global Reporting Initiative (GRI) 277 f., 279 f., 306, 316 f. 319, 323
Globale Wertegemeinschaft 425
Globalisierung 1 f., 5, 85, 103 f., 111, 114 f., 127, 174 f., 178, 185, 196, 246, 268, 303, 317, 322, 354, 383, 389 f., 393, 409, 422, 425, 435, 471, 472 ff.
Globalsteuerung 466 ff.
Glück 9, 11–16, 33, 35 f., 139 ff., 162, 169, 184, 219, 368, 377, 400 f., 410

Goldene Regel 22, 137, 199, 203, 206, 380 *(siehe auch Reziprozität)*
Governance 85, 104, 247, 256, 263, 266, 282 f., 300, 333, 369 f., 375, 390, 443, 446, 450 *(siehe auch Corporate Governance)*
Governanceethik 124–130, 245
Gütesiegel 222 f., 338, 342 f., 407

Handlungsfolgen 15, 145, 160, 178, 180, 189, 191 f., 194, 199, 349, 368
Handlungsorientierung 57, 59, 102, 114, 130, 221, 245 f., 295, 352
Handlungsspielräume 23, 41, 104 f., 112, 119, 142, 158, 166, 291, 339, 350, 353 ff., 357, 372 f., 375, 377, 379 f., 465
Handwerk 27 ff., 31 ff., 37, 52, 54 f., 371, 465
Hauswirtschaft (Oikonomik) 27 f. 186
Heterogenität 217, 316, 318, 322, 327, 422 f.
Hierarchie 27, 40, 84, 94, 113, 140, 156, 195, 200, 237–240, 270, 316, 360, 376, 378 f., 382, 460
Hinweisgeber 249, 301, 388, 457 *(siehe auch Whistleblowing)*
Homo Oeconomicus 15, 47 f., 59, 102 f., 121, 209, 218, 339, 341, 359, 367 f., 374, 400, 442, 445 f.
Human Concept of Marketing 350
Hypernormen 147–153, 246

Identitätsstiftung 245 f., 260
Individualethik (individualethisch) 23, 71, 82, 91 f., 96, 99, 104, 106, 111, 128, 132, 150, 185, 188
Individualismus (methodologischer Individualismus) 47 ff., 84 f., 155, 169, 174, 219, 368, 400, 425, 442
Individuum 20 f., 23, 39, 41, 47 ff., 91, 96–99, 139, 144, 153, 170, 172, 175, 183, 185, 214 ff., 223, 225 f., 379, 400, 423, 439, 446
Informationsasymmetrie 141, 338, 341, 361 f., 372, 433, 443, 451
Inkrementalismus 171
Innere Mission 92
Institutionenethik (institutionenethisch) 102, 104, 106, 126, 128, 185
Instrumentalisierung 16, 128, 141, 151, 202, 282, 331, 368
Integrative Wirtschaftsethik 24, 100 ff., 106 f.
Integrität 1, 104, 114, 144, 159 f., 203, 223, 226, 246, 294, 297 ff., 300 f., 315, 33 f., 374, 394, 427 f., 456 f., 462, 469 f. *(siehe auch Integrity)*
Integritätsmanagement 456 f.
Integrity 185, 246, 300 f., 331, 334
Intentionalismus 155–162
International Labor Organization (ILO) 247, 253–257, 323, 330, 334
Inversionsparadigma 120 f.
Investitionsrelevanz 266
Investivlohn 74, 87
Irrationalität 49, 215 f.
Irreführung 237, 351 ff., 418, 420
Islamisch Wirtschaftsethik 417 ff., 373
ISO 26000 1, 185, 247, 256, 323, 354 f., 387, 458

Jüdische Wirtschaftsethik 420 ff.
Jugendschutz 381, 408

Kaldor-Hicks-Kriterium 49, 442 f.
Kameralismus 36
Kapitalismus 40 ff., 76, 83, 85 f., 93 f., 96, 132, 140,145, 219, 221, 395, 410, 448
Kapitalmarkt 98, 366–375, 457, 467
Karma 400
Karriere 114, 238, 240, 242, 249, 265, 361, 408
Kategorischer Imperativ 9, 16 f., 22, 137–142, 145, 179, 199, 325, 429
Katholische Soziallehre 82–90
Kaufmann (Kaufleute) 28, 31 ff., 92, 360
Kaufmann, ehrbarer 98, 363, 367
Kenut (hebr., Ehrlichkeit) 420
Keynesianismus 44 ff., 51, 466 f.
Kinderarbeit 128, 221, 245 f., 253 ff., 319, 323, 330, 353, 408
Klimawandel 178, 207, 330, 332, 335, 389 ff., 422
Klugheit 12 f., 16, 151, 180, 445 f.
Kodex *(siehe Corporate Governance Kodex; Ethikkodex)*
Kodex, berufsspezifischer 223 f., 229, 381
Kodex, branchenspezifischer 229, 299, 355, 388
Kognitivismus 10, 17
Kohlberg-Modell 21 ff., 223
Komitologie 451
Kommunitarismus 106169–176, 308 f., 410, 425
Konflikte, ethische 377 f., 380 ff., 384, 458
Konflikte, Lösung 108–112, 123, 203 f., 233 f., 431, 442, 446
Konfliktspiel 216
Konkurrenz 40, 46, 50 f., 79, 86, 113, 118 f., 172 f., 175, 389, 412, 467 f.
Konstruktivismus 108
Konsum, politischer 182 f., 185, 356 f., 392, 407
Konsument 98, 102, 106, 119 f., 144, 183 ff., 219, 258 f., 345, 350–356, 392, 407, 413, 438 *(siehe auch Verbraucher)*
Konsumentenschutz *(siehe Verbraucherschutz)*
Kontraktualismus 146–154, 155
Kontrollsystem 251, 300, 456, 469
Konversionsparadigma 121
Kooperation 61, 64–68, 198, 204 ff., 245 f., 248, 261 ff., 412 ff.
Kooperationsprinzip 261 f.

Kooperationsrelevanz 266
Kooperationsrente (Kooperationsgewinne) 89, 126 ff., 204, 211, 263 f., 266
Kooperationsspiel 216
Koordinationsspiel 66
Koran 417 ff.
Korruption 61, 149 f., 181, 198, 237, 242, 245, 247, 282, 288 f., 291, 296, 333 ff., 383, 455 f., 469
Korruptionsprävention 223, 242, 291, 296, 330
Kosten-Nutzen-Analyse 49, 158, 165 f., 297
Kreditinstitute 369–375
Kritischer Rationalismus 7 f., 57, 179, 429 f.
Kultur (kulturell) 9 f., 50, 77, 81, 89, 93 ff., 100–106, 109, 130, 137 f., 142, 145, 147–150, 153, 166, 170, 180, 183, 195, 198, 218–225, 238, 240, 246 f., 296 ff., 322, 326, 338, 341, 344 f., 349, 354, 357, 377, 383, 394, 403, 409, 416, 422 f., 424 f., 441, 456, 458, 460 ff., 464 *(siehe auch Unternehmenskultur)*
Kultur, kriminogene 298
Kulturanalyse 461
Kulturdifferenzen 424 f.
Kulturrelativismus 425 f.
Kunstlehre (art) 44, 53, 57

Label 343, 353, 355 ff. *(siehe auch Gütesiegel)*
Leadership 427 f.
Legitimation 7, 13, 38, 40,73, 79, 93, 109, 111 f., 122 f., 153, 171, 188, 192, 198, 216, 326, 359, 362 f., 377 ff., 390, 396, 404, 449, 466 *(siehe auch Licence to Operate)*
Legitimation, demokratische 390, 441, 466
Legitimation, zweistufige 109, 122
Legitimität 3, 16 f., 22 f., 105, 122, 134, 144 f., 148, 166 ff., 186, 193, 196, 230, 242, 260 f., 263 f., 266, 280, 288 f., 292, 318, 323 f., 363, 379, 388, 390, 396, 404, 410, 441, 448 *(siehe auch Legitimation)*
Leistungsgerechtigkeit 40, 432 f.
Letztbegründung 9, 24, 177, 429 ff.
Liberalismus (liberal) 14, 18 f., 41, 45, 114, 169 ff., 307 ff., 468, 473
Liberalismus, politischer 50, 94 f., 105 f., 145, 169 f., 175, 303, 307 ff., 404, 410, 432
Liberalismus, ökonomischer 71, 73–76, 83, 85 ff., 105 f. 184, 388, 390 *(siehe auch Freiheit, wirtschaftliche; Neoliberalismus; Ordoliberalismus)*
Licence to Operate 127, 221, 280, 288, 388, 396
Lieferkette (supply chain) 222, 323, 343, 345, 391 f., 406 ff.
Living Wage 253, 257 *(siehe auch Entlohnung; Mindestlohn)*
Lohn (Lohngerechtigkeit) *(siehe Entlohnung)*
Loyalität (loyal) 22,106, 126, 133, 144, 191, 219,226, 238, 240, 300, 390, 423, 427,

Makroebene 4, 104, 125 f., 183 f., 220, 352
Makrovertrag, hypothetischer 146 ff., 151 ff.
Management, strategisches 105, 165 ff., 262, 456 ff.
Managementausbildung 134, 326, 336
Management-Ethik 184, 361 ff.
Managertypen 114
Manipulation 62, 198, 295, 353 f., 374, 431, 439
Marine Stewardship Council 343 f.
Marketing, ökologisches 351, 356 f.
Marketing-Ethik 349–357
Marktwirtschaft 1, 4, 18, 48, 50 f., 83 ff., 96, 98, 100 ff., 113, 116, 118–122, 133, 188, 196, 198–205, 226, 310, 399 f., 405, 413 *(siehe auch Soziale Marktwirtschaft)*
Marxismus 83, 170, 449, 473
Menschenbild 9, 54 f., 59, 73, 85, 87, 97, 102, 104, 122, 145, 221, 308, 339, 341, 439, 445, 463 *(siehe auch Homo Oeconomicus)*
Menschenrechte 2, 17, 84, 90, 137, 142, 145, 148, 175, 196, 221 f., 225, 247, 253–257, 315, 323 f., 330, 334 f. 342, 380, 395 f., 404, 415, 425, 434 ff., 458
Merkantilismus 35 ff.
Mesoebene 4, 104, 125 f., 184 f., 220, 352
Methodenstreit 58, 352
Mikroebene 104, 126, 148, 184 f., 220, 369
Millennium Development Goals 315, 330, 332, 392
Mindestlohn 253, 255, 257, 433, 468 *(siehe auch Living Wage; Entlohnung)*
Mitarbeiter/innen 5, 41 f., 56, 61, 73, 83 f., 86, 98, 113, 126, 138, 140 f., 152, 157, 159, 182, 185, 199 f., 219, 222 ff., 226, 230 ff., 234, 237–240, 242 ff., 251, 254–258, 261 f., 265 f., 270, 273, 275, 279 f., 285–288, 290, 296, 300 f., 305 f., 318, 326, 334, 338 f., 363 ff., 378–384, 388, 407 f., 425 f., 427 f., 432 f., 454, 458, 460 f.
Mitarbeiterverhalten 113, 223, 287 f., 296 ff., 339, 382, 427 f.
Mitbestimmung, betriebliche 1, 72 f., 86, 98, 261, 270, 275, 326, 381
Mitverantwortung, (ordnungs)politische 72 f., 98, 104 f., 114 f., 305 ff., 310 f.,
Moral Hazard 339, 361, 363, 372, 454
Moralentwicklung *(siehe Kohlberg-Modell)*
Moralökonomik 125
Motivation 20, 23, 40, 45 f., 92 f., 156, 159, 171, 204, 219–224, 242, 279 f., 288, 294, 299, 339 ff., 361, 363, 391, 400, 401, 427, 431, 433, 456 f.
Multistakeholder-Initiative 153, 196, 256–259, 316–320, 342 f. *(siehe auch Stakeholder)*
Münchhausen-Trilemma 9, 108, 430
Mussar (hebr., Benehmen, Verhalten, Disziplin als Erziehung und Selbsterziehung) 421

Nachhaltigkeit (Sustainability) 1, 3, 75, 98, 166, 193, 199, 203, 205, 246, 282–283, 286, 290 f., 306, 323 f., 332,

341–344, 356, 369 f., 389, 391, 407 f., 445, 457 f., 464
Nachhaltigkeitsberichterstattung 221, 276–283, 285, 303, 310, 317, 332, 336, 469
Nationalsozialismus 50, 53, 77 f., 95, 448
Nationalstaat 303, 309, 389 f., 395, 435
Naturrecht 35, 38, 83, 86, 88, 152, 434
Neoliberalismus 81, 86 f., 134, 174, 473
Neue Institutionenökonomik 124 ff., 129 f., 212 f., 296, 360 f.
Neuroethik 439
Neuroökonomie 437 ff.
Neurowissenschaft 10, 437 ff.
Nichtregierungsorganisation (NGO) 110, 130, 196, 255, 257 f., 262, 264 ff., 316, 318, 323, 327, 330, 343, 355 f., 371, 388, 390, 394 f., 407, 426, 440 f., 472 f.
Non Business-Marketing 352
Non-Governmental Organizations *(siehe Nichtregierungsorganisationen)*
Nonprofit-Sektor 237, 252, 402, 440
Normen, ethische (moralische) 23, 59, 68, 73, 87 f., 101, 108, 116 f., 120 f., 145, 147, 159, 161, 177, 180, 183, 185, 188, 191, 194, 203, 211, 221, 229, 231, 292, 355, 357, 378, 380, 429 f.
Normen, gesetzliche (rechtliche) 182, 270, 383, 404, 467
Normen, individuelle 297
Normen, soziale 67 f., 174, 378, 443
Normenkonflikte 148, 152
Nullsummenspiel 372, 412 f.

Obsoleszenz 353
Öffentliches Gut 42, 175, 216, 313, 319, 370, 418, 450
Öffentliches Gut-Spiel 66 f.
Öffentlichkeit, kritische 1, 104, 106, 112, 237, 240, 329, 331, 388, 395
Ökonomie, klassische 35, 41 f., 45, 51, 171
Ökonomie, politische 36, 38 f., 41 f., 44, 53, 73, 100, 103, 105, 170, 448, 450
Ökonomik, normative 43 f., 50 f., 118, 450
Ökonomik, positive 43 f., 75, 118, 450
Ökonomik, reine 43–48, 101 ff., 105
Ökonomische Ethik 433, 444 ff.
Ökonomische Theorie 31, 35 f., 73, 102, 106, 135, 147, 183 f., 208, 214 ff., 466
Ökonomismuskritik 102
Opportunistisches Verhalten (Opportunismus) 126, 138, 151, 159, 212 f., 223, 225 f., 271, 353, 361, 372, 375
Ordnungsethik 74, 104, 120, 122 f.
Ordnungsökonomik 79
Ordnungspolitik 38, 50 f., 72, 97, 104 f., 115, 122 f., 225, 373, 389, 419, 432, 448, 466 f. *(siehe auch Mitverantwortung (ordnungs)politische)*
Ordnungsverantwortung 446
Ordoliberalismus 51, 78 f., 81, 86, 467 f.
Ordonomik 444
Organisationales Lernen 279, 461
Organisationsklima 223
Organisationskultur 105, 113, 232, 243, 264, 300 *(siehe auch Unternehmenskultur)*
Organisationsstruktur 105, 113, 148, 157, 195, 243, 300, 329, 340 *(siehe auch Unternehmensstruktur)*
Organizational Citizenship Behavior (OCB) 223 f., 226, 263
Orthogonale Positionierung 445
Outsourcing 253, 279

Pareto-Kriterium 15, 48 ff., 66, 119, 215, 375, 442, 445, 450
Partnerschaft *(siehe Public Private Partnerships)*
Patente 404 f.
Person, juristische 183, 194, 309, 359
Person, moralische 155 ff., 159, 161 f., 183
Pflicht 16, 20 f., 28, 32, 91, 115, 116, 120, 122, 138–144, 149, 155, 179, 182 ff., 189, 191 f., 195, 307 ff., 322, 338, 349, 383, 395, 399 f., 417 f., 422 f., 425, 435, 469 f.
Pflichtethik 146, 155, 324 f., 422
Physikalismus 44–47
Physiokratie 33, 35, 37, 39, 45 f.
Politische Theorie 100, 324, 451
Polizey 36
Präferenzen 46, 49, 103, 116, 127, 151, 170–174, 200, 208–211, 216 f., 218, 233 ff., 248, 262, 332, 343, 359, 369, 437 f., 450
Präferenztheorie 46
Pragmatismus 8, 400
Principal-Agent-Theory *(siehe Agentur-Theorie)*
Principles for Responsible Management Education (PRME) *(siehe Wirtschaftsethikausbildung)*
Prinzip der responsiven Anpassung (PRA) 160 ff.
Priorisierung 148, 150, 152, 263–266
Prioritätsregeln *(siehe Priorisierung)*
Privateigentum 28, 42, 58, 79, 83 f., 86, 200, 404, 418, 467 *(siehe auch Eigentum)*
Privatrecht 17, 443
Privatwirtschaftslehre 52 f.
Produktpolitik 72, 123, 345, 352, 392, 406 f.
Produkt-Stewardship 345
Public Choice Theorie 79, 443, 450 f.
Public-Policy Network 316
Public Private Partnership 312–316, 320, 329, 332, 337, 392, 394, 411, 473

Rabbinertum 420 f.
Rachamim (hebr., Barmherzigkeit) 420
Rahmenbedingungen, experimentelle 61, 63,
Rahmenbedingungen, institutionelle 23, 63, 122, 128, 196, 294, 381

Rahmenbedingungen, rechtliche (gesetzliche) 114, 293, 312, 314, 381, 383, 404
Rahmenbedingungen, wirtschaftliche 58, 104, 106, 112, 116,120, 122, 173 f., 259, 296, 305, 324, 327, 387, 393, 448, 466 f.
Rahmenordnung 71 ff., 79 ff., 104, 108, 111 f., 117–123, 151, 181 ff., 186, 200, 206, 309 ff., 351, 379, 432 f., 445 f. *(siehe auch Wirtschaftsordnung)*
Rating (Rating-Agenturen) 292, 310, 370, 375 f., 456
Rational Choice 47, 174, 176, 215, 298, 444
Rationalität, beschränkte 211–215, 360, 433 *(siehe auch Bounded Rationality)*
Rationalität, individuelle 215 f.
Rationalität, kollektive 215 f.
Rationalität, ökonomische 4, 50, 73, 99, 100–103, 184, 188, 208–217, 245
Rationalität, perfekte 209 ff., 214 f.
Recht 13 f., 16 f., 42, 47, 112, 114, 125, 158, 165, 224, 322, 389, 417, 442 f. *(siehe auch Privatrecht)*
Rechte 18, 16, 18, 21, 36, 80, 83, 110, 140, 155, 162, 175, 183 f., 195, 231, 235, 247, 253–255, 307 ff., 324, 342, 380, 395, 404, 432, 441 *(siehe auch Menschenrechte)*
Rechtfertigung 40, 58, 91 f., 98 f., 111, 129, 131, 138, 160, 188 f., 297 f., 429
Rechtsordnung 24, 78 f., 84, 192, 198, 383, 389
Regeln, ethische (moralische) 45, 51, 116 f., 119, 180, 198
Regeln, rechtliche (gesetzliche) 80, 112, 166, 190 f., 193, 253, 299, 366, 407, 442
Regulierung 36, 41, 51, 79, 122, 127, 162, 173, 200, 206, 230, 268, 310, 322, 325, 327, 345, 371, 373, 388 f., 395, 435, 451, 465, 471
Relationship Marketing 352 f.
Relativismus 146 f., 226, 299, 425 f.
Republikanismus 16, 105 f., 303, 307–310
Restriktionen 41, 47, 109, 113, 116, 121 f., 233 ff., 359
Reziprozität 12, 18, 137 f., 143 f., 203, 211, 214, 380, 438, 452 *(siehe auch Goldene Regel)*
Riba (Wucherzins) 418
Risiko 213, 260, 294 ff., 298 ff., 335, 359–365, 367 ff., 371, 373, 375, 438
Risikomanagement 164, 282, 299, 345, 367, 469

SA 8000 247, 256, 317, 323, 426
Sabotage 60 f.
Sachgemäß 96, 98
Sachzwang 100, 105 f., 202, 224 f., 241, 379, 400
Sanktionen 67 f., 113, 112, 117, 119 f., 122, 151, 191, 223, 232 f., 235, 238, 240 ff., 296 ff., 300 f., 324, 355, 413
Sarbanes Oxley Act (SOX) 229, 242, 456, 460, 469 f.
Scharia (Islamisches Recht) 417, 419
Schottische Schule (Schottische Aufklärung) 35, 37 ff., 46, 201
Scientific Management 54 f.
Shareholder 163, 193, 222, 260, 295, 299, 339 ff., 363, 455, 457
Shareholder-Value 163, 324
Sklaven 13, 27 ff., 420
Social and Environmental Accounting Auditing and Reporting (SEAAR) 278
Social Audit *(siehe Audit)*
Society for the Advancement of Socio-Economics (SASE) 170
Soft Law 316, 320, 390, 471
Solidarismus 85 ff.
Solidarität (solidarisch) 84 f., 87–90, 97 f., 103, 106, 122, 199, 203, 205, 207, 389 f., 418, 452 ff., 463, 473
Sorge (Care) 22, 158, 223, 410
Soziale Frage 40 f., 82 f., 91 ff., 463
Soziale Interaktion 22, 438, 443
Soziale Marktwirtschaft 4, 50, 71 ff., 76–81, 86, 94–98, 104, 225, 271, 389, 326, 395, 447 ff. *(siehe auch Marktwirtschaft)*
Sozialismus, politischer 41 f., 50, 73, 83 f., 87
Sozialismus, religiöser 85
Sozialstandard 198, 253–259, 306, 317, 323, 407, 413, 426, 458, 464 *(siehe auch Verhaltensstandards)*
Spielregeln 79 f., 112, 118 ff., 122, 162, 173, 186, 199 f., 205 f., 225, 410, 445 f., 460
Spielzüge 119 f., 122, 186, 199, 205
Stakeholder 110 f., 123, 142 f., 163–168, 193, 222, 260–266, 285, 288 f., 316 ff., 324 f., 338–346, 350 f., 354 f., 362, 428, 441, 457 f. *(siehe auch Anspruchsgruppen; Multistakeholder-Initiativen)*
Stakeholder-Map 165, 261
Stakeholder-Value 165, 260
Stakeholder-Dialog 110, 260, 265 ff., 280 f., 310, 319, 342 f., 350, 354 f., 394, 457 *(siehe auch Diskurs; Dialog)*
Ständegesellschaft 30 ff., 39 f., 92
Subsidiarität (subsidiär) 72 f., 84, 87 f., 111 f., 196, 463
Sullivan Principles 388
Sunna 417
Sustainable Tourism Stewardship Council 344 f.
Sympathie 13 f., 117
Systemtheorie 124 ff., 129 f.
Systemverantwortung 188, 195 f. *(siehe auch Verantwortung)*

Teamproduktionstheorie 263, 360–364
Teleologischer Trichter 102
Teleopathie 158, 161
Theorie der Verfassung 451
Tit-for-Tat 414
Transaktionskosten 124, 126, 128, 130, 142, 112 ff., 265, 359 ff., 366, 372, 378, 443
Transferleistungen 19, 416, 453
Transitivität 216, 450
Transkulturalität (transkulturell) 246, 425

Transzendentalpragmatik 24, 430 f.
Treibhausgasemissionen *(siehe Carbon Footprint; Klimawandel)*
Triple Bottom Line 279, 282, 349 *(siehe auch Nachhaltigkeit)*
Tugend (tugendhaft) 11 f., 14, 27 f. 33, 40, 51, 54, 80 f., 91 f., 105 f., 127 f., 189, 246, 251, 308, 325, 381, 423, 428, 432
Tugendethik 11 f., 14, 79, 81, 126 ff., 133, 137, 179 f., 249, 251, 324, 368, 423
Tzedaqa (hebr., Gerechtigkeit) 420

Ultimatumspiel 64, 210, 438 *(siehe auch Diktatorspiel)*
Ungleichheitsaversion 63, 65 ff.
Universalisierungsgrundsatz 17, 22, 142, 180, 203
Universalismus 10, 15, 17, 44, 146 ff., 153, 221, 246, 410, 425 f.
unparteiischer Zuschauer (impartial spectator) 8 f., 13 f.
Unsichtbare Hand (invisible hand) 39, 45, 71, 158, 172, 186, 198, 202
Unternehmensberatung 292, 455–359
Unternehmensführung 23, 56 f., 73, 111, 132, 144, 184, 193, 196, 221, 246, 255 f., 261, 268 ff., 288, 299 ff., 323 f., 354, 383, 391, 460
Unternehmenskodex *(siehe Ethikkodex)*
Unternehmenskultur 23, 73, 105, 132, 185, 196, 222 f., 226 f., 295, 298 ff., 339, 349, 363, 382 f., 427 f., 455 f., 458, 460 ff. *(siehe auch Organisationskultur)*
Unternehmensstruktur 73, 113, 388 *(siehe auch Organisationsstruktur)*
Unternehmensverantwortung 3, 5, 72, 114, 164, 184, 193 f., 206, 282, 286, 288 ff., 305, 320, 322 f., 327, 329, 331, 333, 353, 423, 435 *(siehe auch Corporate Social Responsibility)*
Unternehmensziele 53, 113, 164 f., 183, 280, 293, 377 f., 382 f., 457
Unternehmer 80, 86, 98, 102, 105, 140, 225 f., 296, 359–365, 371, 418, 256, 263
Urteil, moralisches 10, 20–24, 114, 137, 182 f., 198 f., 231, 292, 423
Utilitarismus *(siehe Ethik, utilitaristische)*

Validität, externe 63 f.
Validität, interne 61, 64
Verantwortung, Begriff 188–197
Verantwortung, gesellschaftliche 26, 81, 222, 247, 253, 256, 261, 276 f., 279 f., 303, 306 f., 309 f. 311, 315, 321, 323, 325, 351, 353, 387, 392, 394 f., 422, 455, 457 f., 463 f. *(siehe auch Corporate Social Responsibility)*
Verantwortung, korporative 194 ff., 388, 393, 435 *(siehe auch Unternehmensverantwortung)*
Verantwortung, ökologische 104, 351, 463
Verantwortung, ökonomische 104, 196, 325
Verantwortung, rechtliche 144, 183, 191, 294
Verantwortung, soziale 72, 143, 218, 221 ff., 388, 391
Verantwortungsbereich 190, 194, 290, 333, 457
Verantwortungsethik 104, 180, 352, 422
Verantwortungsinstanz 190
Verantwortungssubjekt 161, 185, 190
Verbraucher 258, 332, 342 ff., 351–357, 407 f. *(siehe auch Konsument)*
Verbraucherpolitik 354, 356 ff.
Verbraucherproteste (-boykott) 72, 127, 221, 240, 392, 394, 407, 441
Verbraucherschutz 426
Verfügungsrechte 200, 213, 260, 263, 379
Verhalten, kontraproduktives 223–226, 297
Verhaltensanomalien 210
Verhaltenskodex 112, 223, 229, 255, 291, 298, 300, 323, 407, 426, 460 *(siehe auch Verhaltensstandards)*
Verhaltensökonomik 210 f.
Verhaltensstandards 117, 123, 161, 181, 194, 247 ff., 268 f., 275, 277 f., 287, 299 f., 316 f., 319, 323 f., 342, 355, 388, 390 *(siehe auch Code of Conduct)*
Verhaltenssteuerung 20, 114, 117 f., 122, 144, 182, 185, 220, 378, 383
Verteilungsgerechtigkeit 71, 73, 98, 432 f.
Verträge, klassische 213 f., 265 f.
Verträge, mikrosoziale
Verträge, neoklassische 214, 265
Verträge, relationale 213, 265
Vertragsrelevanz 213, 266
Vertragstheorie 11 ff., 16, 79, 103, 133, 147, 150–153, 261 ff., 265, 324 f., 361 f., 433
Vertrauen 36, 41, 51, 61, 72, 142 f., 149, 294, 296, 353, 355 f., 372 f., 379, 400, 413, 420, 427, 437 f., 469
Verwirklichungschancen (Capabilities) 81, 393 f.
Vitalpolitik 81
Vorstand 268–274, 288 f., 295, 469, 471

Wahrheit (wahrheitsgemäß) 10, 30, 47, 58, 62, 78, 85, 160, 179, 280, 429 f., 460
Wal-Mart 406 f.
Weltbürgertum 16 f., 145
Werte, Bedeutung 219 ff.
Werte, ethische (moralische) 8, 20, 57, 60, 114, 120, 122, 127 f., 138 f., 159 f., 171, 177, 202, 219, 245, 248, 262, 297, 349, 357, 369, 373, 377, 456, 461 f.
Werte, universelle 21, 142, 145, 329 f.
Werte-Circumplex 219, 226
Wertemanagement 124, 129 f., 188, 226, 245–251, 266, 383, 456 f., 459, 461 f.
Werteorientierung 105, 113, 218 f., 221–226, 251, 295, 298 f., 363, 377, 382, 403, 462
Wertewandel 221, 225, 381
Werthaltungen 59, 108, 111, 114, 117, 120, 122, 157, 159 f., 183 ff., 220–227, 251, 376, 382, 461
Wertparadoxon 46

Werturteil 46–51, 57 ff., 111
Werturteilsfreiheit 58 f., 184
Werturteilsstreit 8
Wettbewerb 39, 45 f., 48–51, 63, 67, 77 ff., 84, 86, 88, 95 ff., 103, 106, 112 ff., 116, 118–123, 127, 139, 142 f., 151, 172 ff., 188,198, 200 ff., 204, 206 f., 215 f., 263, 270, 277–280, 296 f., 299, 324, 327, 332, 353, 364, 373, 379 f., 383, 389, 400, 412 f., 418 f., 423, 425, 445 f., 454 f., 458, 467 *(siehe auch Konkurrenz)*
Wettbewerbsordnung *(siehe Rahmenordnung)*
Wettbewerbsvorteil 103, 113, 118 f., 123, 202, 222, 263, 296 f., 332, 412 f., 455
Whistle-Blower Protection Act 242
Whistleblowing (Whistleblower) 237–244 *(siehe auch Hinweisgeber)*
Wirtschaften, lebensdienliches 71, 77, 100, 102 f., 186
Wirtschaftsbürgerethik 104 ff.
Wirtschaftsethikausbildung 2 f., 74 f., 134 f., 327, 336 *(siehe auch Ethik-Training)*
Wirtschaftskriminalität 294–301, 460
Wirtschaftsordnung 48, 50 f., 57 f. 71–75, 78, 80, 86, 95 ff., 111, 114, 116, 120, 182, 219, 326, 388, 390, 405, 467 *(siehe auch Rahmenordnung)*
Wirtschaftspolitik 33, 36, 43 f., 49 ff., 60, 71 f., 77, 79, 98, 215 f., 390, 433, 466–469,
Wirtschaftsprüfung (Wirtschaftsprüfer) 268, 381, 282, 469–471
Wirtschaftsstil 93, 95, 99, 107
Wirtschaftswachstum 49, 72, 394, 444, 467 ff.
Wolfsberg Principles 323
Wohlfahrtsökonomik 15, 43 f., 48 ff., 74, 216 f., 442 f., 450
Wohlfahrtstheorie *(siehe Wohlfahrtsökonomik)*
Wohltätigkeit 14, 139, 142 f., 205
World Commission of Dams 316 f., 319
Würde (Menschenwürde) 16, 30, 87 f., 137, 139 f., 142, 177, 184, 199, 203, 246, 253, 380, 432 f.

Zakat (Almosenabgabe) 418
Zertifizierung 256, 317, 323, 338, 342 ff., 355, 426
Zinsverbot 30 f., 418 f., 421
Zivilgesellschaft 114, 196, 259, 261, 303 ff., 312, 316, 318 f., 323, 329, 331–337, 390, 394 f., 401, 425, 440, 446, 472 f.
Zulieferbetriebe 140, 221 f., 253, 255–259, 306, 319, 323, 388, 395 f., 407, 436, 464 *(siehe auch Lieferkette)*
Zuständigkeit 161, 189, 191, 195, 288
Zwangsarbeit 253 ff., 330
Zwei-Welten-Konzeption 101 f.